JAHRBUCH FÜR SCHLESISCHE KULTUR UND GESCHICHTE

BAND 53/54 • 2012/2013

JAHRBUCH FÜR SCHLESISCHE KULTUR UND GESCHICHTE

Im Auftrag der
STIFTUNG KULTURWERK SCHLESIEN

herausgegeben von

Winfried Irgang
Dietrich Meyer
Karel Müller
Johannes Schellakowsky
Ulrich Schmilewski

Band 53/54
2012/2013

Verlag Degener & Co., Inhaber Manfred Dreiss • Insingen
2015

Die Bände I–LII, 1955–2010, erschienen unter dem Titel
‚Jahrbuch der Schlesischen-Friedrich-Wilhelms-Universität zu Breslau'.

Eine Veröffentlichung der Stiftung Kulturwerk Schlesien, Würzburg.

Zugleich Jahresgabe des Vereins für Geschichte Schlesiens.

Redaktion:
Ulrich Schmilewski

Anschrift von Herausgebern und Redaktion:
Stiftung Kulturwerk Schlesien, Kardinal-Döpfner-Platz 1, 97070 Würzburg
info@kulturwerk-schlesien.de

Bibliografische Information Der Deutschen Bibliothek
Die Deutsche Bibliothek verzeichnet diese Publikation in der Deutschen Nationalbibliografie; detaillierte bibliografische Daten sind im Internet über http://dnb.ddb.de abrufbar.

Bibliographic information published by Die Deutsche Bibliothek
Die Deutsche Bibliothek lists this publication in the Deutsche Nationalbibliografie; detailed bibliographic data are available in the Internet at http://dnb.ddb.de.

Information bibliographique de Die Deutsche Bibliothek
Die Deutsche Bibliothek a répertorié cette publication dans la Deutsche Nationalbibliografie; les données bibliographiques détaillées peuvent être consultées sur Internet à l'adresse http://dnb.ddb.de.

http://www.degener-verlag.de • E-Mail: degener@degener-verlag.de
© 2015 by Verlag Degener & Co.

Alle Rechte vorbehalten. Ohne schriftliche Genehmigung des Verlages ist es nicht gestattet, das Werk unter Verwendung mechanischer, elektronischer und anderer Systeme in irgendeiner Weise zu verarbeiten und zu verbreiten. Insbesondere vorbehalten sind die Rechte der Vervielfältigung – auch von Teilen des Werkes – auf photomechanischem oder ähnlichem Wege, der tontechnischen Wiedergabe, des Vortrags, der Funk- und Fernsehsendung, der Speicherung in Datenverarbeitungsanlagen, der Übersetzung und der literarischen oder anderweitigen Bearbeitung.

Druck und Bindung: dimograf, Bielsko-Biała
ISSN 0448-1348 • ISBN 978-3-7686-3515-8

Inhaltsverzeichnis

Vom ‚Jahrbuch der Schlesischen Friedrich-Wilhelms-Universität zu Breslau' zum ‚Jahrbuch für schlesische Kultur und Geschichte' – Überlegungen zur Neukonzeption 9

Schlesien und die ehemaligen deutschen Ostgebiete im Prozeß der Wiedervereinigung 1989/90

Johannes Schellakowsky
„Schlesien und die ehemaligen deutschen Ostgebiete im Prozeß der Wiedervereinigung 1989/90" – Zur Konzeption der Jahrestagung 17

Tobias H. Irmscher
Der deutsch-polnische Vertrag vom 14. November 1990 über die Anerkennung der zwischen Polen und Deutschland bestehenden Grenze 25

Verena von Wiczlinski
Die ehemaligen deutschen Ostgebiete in den Diskussionen um die deutsche Wiedervereinigung 49

Peter Maser
„Wir sind doch Brüder …?" Christen und Kirchen im geteilten Deutschland und auf dem Weg in die deutsche Wiedervereinigung. Eine Vortragsskizze 79

Matthias Stickler
Beharrung, Bedeutungsverlust und Neuorientierung – Die Rolle des Bundes der Vertriebenen im Prozeß der Wiedervereinigung Deutschlands 91

Lisa Bicknell
Die Wiedervereinigung und die ehemaligen deutschen Ostgebiete aus polnischer Sicht 115

Joachim-Felix Leonhard
Fall und Bau der Berliner Mauer: An was erinnern wir uns heute und künftig? 135

Markus Bauer
Das Schlesische Museum zu Görlitz: Entstehung, Entwicklung und Konzeption. Das Projekt eines „Schlesischen Landesmuseums" und seine Realisierung im Jahre 2006 149

Christian-Erdmann Schott
Trauerarbeit und Erinnerungskultur der Vertriebenen 175

Theater in Schlesien

Bärbel Rudin
Zum Theater in Schlesien 189

Bernhard Jahn
Johann Christian Hallmanns Spätwerk (1699–1704) und der Kontext des Wiener Kaiserhofs: Opportunismus oder Interkonfessionalität? 191

Bärbel Rudin
An der Schwelle zur Theaterreform. Die Neuberin in Breslau 1724 213

Rainer Theobald
Adels-, Schul- und Wander-Oper. Beispiele für Formen und Stoffe des schlesischen Musiktheaters im 18. Jahrhundert 235

Adolf Scherl
Václav Tham und das Schloßtheater in Pleß 269

Lars Rebehn
Geisselbrecht in Schlesien. Wie man durch die Hintertür eine preußische Generalkonzession erlangt 295

Frank Ziegler
Carl Maria von Weber und das Musiktheater in Breslau zwischen 1804 und 1806 – Fakten, Legenden, Irrtümer 313

Paul S. Ulrich
Bühnenalmanache als Quelle zu den schlesischen Kurtheatern bis 1918 361

Beiträge

Martin Holý
Das Lateinschulwesen in Niederschlesien und der böhmische Adel (1550–1620) 447

Bernhard W. Scholz
Lamentation über Schlesiens Landwirtschaft. Zur Biographie des
Zentrumspolitikers Julius Szmula 481

Anna Mańko-Matysiak
Zum Spannungsfeld der frühneuzeitlichen Gelehrten-Laien-Kommunikation. Der Fall Johann Crato von Crafftheim 525

Klaus Hildebrandt
Zur Verleihung des Nobelpreises für Literatur an Gerhart Hauptmann
im Jahr 1912 547

Joachim Bahlcke
Die Geschichtswissenschaft an der Universität Breslau 1811 bis 1945.
Fachentwicklung – Personalstand – Forschungsschwerpunkte 569

Tobias Körfer
Das ungeliebte Patenkind. Die Geschichte der Traditionspflege der
„Universitas litterarum Vratislaviensis", der späteren „Schlesischen
Friedrich-Wilhelms-Universität zu Breslau" von 1811, durch die
Universität zu Köln 589

Miszellen

Bodo Heimann
Laudatio auf Therese Chromik anläßlich der Verleihung des Edith-Heine-Lyrikpreises 619

Jürgen W. Schmidt
Bau- und Festungsgefangene auf der schlesischen Festung Glatz. Drei
ungewöhnliche Schicksale aus den Jahren 1825, 1832 und 1896 ... 627

Besprechungen

Bernhard W. Scholz: Das geistliche Fürstentum Neisse. Eine ländliche
Elite unter der Herrschaft des Bischofs (1300–1650) (Karl Borchardt) 663

Tomasz Andrzejewski: Die Herren von Rechenberg im Herzogtum
Glogau während des 16. und 17. Jahrhunderts. Familie, Wirtschaft,
Politik, Kunst (Johannes Schellakowsky) 665

Joachim Bahlcke und Albrecht Ernst (Hg.): Schlesien und der deutsche Südwesten um 1600. Späthumanismus – reformierte Konfessionalisierung – politische Formierung (Dietrich Meyer) 669

Heinz Gelhoit: Das Korporationswesen in Breslau 1811–1938 (Johannes Schellakowsky) 673

Rahel Černá-Willi: Polisches Deutsch – Deutsches Polnisch. Edition und Analyse einer Sammlung von Paralleltexten des 18. Jahrhunderts aus Teschen/Oberschlesien (Daniela Pelka) 675

Krystian Heffner und Wolfgang Kreft (Bearb.): Opole. Oppeln (Heinz Peter Brogiato) 681

Berichte

1. Bericht der Historischen Kommission für Schlesien für die Jahre 2010 bis 2012 687

2. Bericht der Stiftung Kulturwerk Schlesien für die Jahre 2010 bis 2012 690

3. Gerhard-Möbus-Institut für Schlesienforschung (ehemals AN-Institut der Universität Würzburg), Bericht der Projektleitung über die Jahre 2012–2014 699

4. Jahresberichte 2010, 2011 und 2012 des Vereins für Geschichte Schlesiens e.V. 706

5. Bericht des Vereins für Schlesische Kirchengeschichte für die Jahre 2010, 2011 und 2012 710

6. Institut für ostdeutsche Kirchen- und Kulturgeschichte e.V., Jahresberichte 2010–2012 713

Verzeichnis der Mitarbeiter 724

Vom ‚Jahrbuch der Schlesischen Friedrich-Wilhelms-Universität zu Breslau' zum ‚Jahrbuch für schlesische Kultur und Geschichte' – Überlegungen zur Neukonzeption

Die auf die Traditionen der 1702 gegründeten habsburgischen Jesuitenakademie und der älteren brandenburgischen Landesuniversität Frankfurt an der Oder zurückgehende Breslauer Universitätsgründung der preußischen Reformzeit erlebte in ihrer über 300jährigen Geschichte zahlreiche Umbrüche und tiefgreifende Zäsuren. Diese hatten ihre Ursachen im Wechsel der Landeshoheit und in der räumlichen Verlegung, während die Reformimpulse der preußischen Bildungspolitik am Beginn des 19. Jahrhunderts zu einem kontinuierlichen Aufschwung der Hochschule führten. Um die Jahrhundertwende gehörte die Universität Breslau zur Spitzengruppe der deutschen Hochschulen und war das Zentrum der *„geistigen Metropole"* Breslau (Klaus Garber).

Der Umbruch der politischen Verhältnisse in Ostmitteleuropa und in Polen rückte nach 1989/90 die alten deutschen Breslauer Universitätstraditionen in das Bewußtsein der heutigen Universität Wrocław, wie man anhand des international beachteten Jubiläums im Jahr 2002 beobachten konnte. Das Ende staatlich verordneter Geschichtsbilder bedeutete auch eine Öffnung für das deutsch-polnische Kulturerbe. Im Sinne der transnationalen und epochenübergreifenden Universitätsidee berief man sich auf die intellektuelle Einheit Europas und verband dies mit einer positiven Rückbesinnung auf die jesuitisch-katholische wie die preußisch-deutsche Bildungstradition und auf das Erbe der 1789 gegründeten Universität Lwów (Lemberg). Die heutige Universität Wrocław verweist nicht ohne Stolz auf die Geschichte der Hochschule, ihre wissenschaftlichen Erfolge und auf das berühmte Universitätsgebäude mit der Aula Leopoldina.

Der Zweite Weltkrieg und das Vertreibungsgeschehen in Schlesien brachten für die Schlesische Friedrich-Wilhelms-Universität und die dort tätigen Wissenschafter die sicherlich bedeutendste Zäsur. So endete im Jahre 1945 die deutsche Universitätstradition und wurde in den Folgejahren von der neuen polnischen Universität Wrocław nahezu völlig ausgeblendet. Es war daher ein Anliegen des 1946 gegründeten Göttinger Arbeitskreises als Arbeitsgemeinschaft ostdeutscher Wissenschaftler, die kulturellen Leistungen der vertriebenen und umgesiedelten Deutschen in ihren Heimatgebieten darzustellen. Darüber hinaus setzte sich der Göttinger Arbeitskreis für eine Organisation der Vertriebenen in überparteilichen Landsmannschaften ein und wurde seit 1950 von der Bundesregierung institutionell gefördert.

Das in der Satzung formulierte Ziel des Arbeitskreises, die *„Erforschung aller Probleme, die mit der Deutschlandfrage, den deutschen Vertriebenen und ihren Heimatgebieten zusammenhängen"*, wurde durch die Organisation von Tagungen und zahlreiche Publikationen umgesetzt. In verschiedenen Reihen oder Einzelstudien legte der Göttinger Arbeitskreis bis 1970 rund 400 Veröffentlichungen vor, darunter viele bis heute grundlegende wissenschaftliche Arbeiten zu Ereignissen, Personen oder Orten der ehemaligen deutschen Ostgebiete. Neben den wissenschaftlichen Veröffentlichungen entfaltete der Arbeitskreis eine umfangreiche publizistische Tätigkeit und informierte in dem seit 1949 wöchentlich erscheinenden ‚Pressedienst der Heimatvertriebenen' über aktuelle Entwicklungen und Themen.

Zu den bis heute bedeutenden Leistungen des Arbeitskreises gehörte auch die Erinnerung an die ehemaligen deutschen Universitäten Königsberg und Breslau, was sich in der Herausgabe von zwei eigenständigen wissenschaftlichen Periodika niederschlug. Seit 1951 gab der Göttinger Arbeitskreis das in unregelmäßiger Folge erscheinende ‚Jahrbuch der Albertus-Universität zu Königsberg (Pr.)' heraus, in dem bis 1994 wichtige Beiträge zur Geschichte der Universität Königsberg publiziert werden konnten. Der Wahrung und Fortführung der Breslauer Universitätstradition diente das seit 1955 herausgegebene ‚Jahrbuch der Schlesischen Friedrich-Wilhelms-Universität zu Breslau', das nach den Worten des Sprechers der Landsmannschaft Schlesien, Julius Doms (1889–1964), *„den Fortbestand der deutschen Wissenschaft aus und über Schlesien"* sichtbar machen sollte, *„bis einst in Breslau wieder unsere Universität wirken kann."* In ähnlicher Weise liest sich das programmatische Vorwort des ersten Bandes, das der Vorsitzende des Göttinger Arbeitskreises, der bekannte Völkerrechtler Herbert Kraus (1884–1965), beisteuerte. So war es das erklärte Ziel des künftigen Periodikums, *„die geistige Gemeinschaft all derer zu bezeugen und zu festigen, die sich mit der Breslauer Alma Mater verbunden wissen."* Neben Aufsätzen zur Geschichte der Universität Breslau und ihres geistigen Umfeldes sollten vor allem landeskundliche und landesgeschichtliche Arbeiten zum Druck gebracht werden. In politischer Hinsicht erscheint es aus heutiger Perspektive bemerkenswert, daß in beiden Vorworten die doppelte Ausrichtung der Hochschule als schlesische Landesuniversität und als *„geistige Brücke über die Grenze nach Osten"* (Julius Doms) herausgestellt wurde.

Aufgrund der veränderten politischen Rahmenbedingungen durch die sozial-liberale Ostpolitik zu Beginn der 1970er Jahre verlor der Göttinger Arbeitskreis seine beratende Funktion in den Fragen der Deutschlandpolitik. Nach der Einstellung der finanziellen Förderung durch die Bundesregierung konnten die weitgespannten publizistischen Tätigkeiten nur noch in einem begrenzten Maß und mit einem kleineren Mitarbeiterstab fortgeführt werden. Die Folgen für die wissenschaftliche Wirksamkeit des Arbeitskreises waren gravierend: Während man an dem Königsberger Universitätsjahrbuch bis 1994 festhalten konnte und in größeren Abständen weitere Bände vorlegte, mußte der ‚Pressedienst der Heimatvertriebenen' eingestellt werden. Das von dem Bibliothekar Hans Jessen (1897–1979) redigierte ‚Jahrbuch der Schlesischen Friedrich-Wilhelms-Universität zu Breslau' konnte ebenfalls nicht weiter finanziert werden und stellte im Jahr 1973 sein Erscheinen ein.

Nach der Übertragung der Herausgabe an die 1975 gegründete Stiftung Kulturwerk Schlesien konnte die Zeitschrift 1978 nach fünfjähriger Unterbrechung fortgesetzt werden. Das Jahrbuch sollte ab dem Jahr 1979 *„der schlesischen Kultur und Wissenschaft in ihrer ganzen Breite als ständiges Publikationsorgan wieder voll zur Verfügung stehen",* erklärte der damalige stellvertretende Vorstandsvorsitzende der Stiftung Kulturwerk Schlesien, Josef Joachim Menzel. Mit seiner Herausgeberschaft ist auch ein neuer und erfolgreicher Abschnitt in der Geschichte des Breslauer Universitätsjahrbuchs verbunden. Als profunder Kenner der schlesischen Geschichte und langjähriger Vorstandsvorsitzender der Historischen Kommission für Schlesien lehrte er seit 1966 an der Universität Mainz und hatte dort von 1972 bis 1998 eine Professur für mittelalterliche Geschichte inne. Die Strukturen und das weitgespannte wissenschaftliche Netzwerk der bis zum Jahr 2000 institutionell geförderten Stiftung Kulturwerk Schlesien bildeten somit die Grundlage für eine kontinuierliche Weiterentwicklung und erforderliche Professionalisierung der Zeitschrift. Vor dem Hintergrund der aktuellen Forschungs- und Publikationsstrukturen erscheint es im Rückblick als großes Wagnis, ein angeschlagenes wissenschaftliches Publikationsorgan zu übernehmen, dessen Erscheinen unterbrochen worden war und dessen traditioneller Mitarbeiter- und Leserkreis verloren zu gehen drohte. Es ist daher das Verdienst von Josef Joachim Menzel, das

Breslauer Universitätsjahrbuch als alleiniger Herausgeber und von 2004 bis 2009 als Mitherausgeber trotz schwieriger Anfänge zu einem zentralen Periodikum der wissenschaftlichen Schlesienforschung ausgebaut zu haben. So wurde der Aufsatzteil der Zeitschrift seit dem Jahr 1979 um Berichte aus den Gremien und Vereinen der schlesischen Geschichte ergänzt. Damit verbunden war bereits in den 1980er Jahren ein langsamer Wandel vom ursprünglichen Anliegen der Zeitschrift zu einem wissenschaftlichen Organ der deutschsprachigen Schlesienforschung. Neben dem seit 1966 erscheinenden ‚Schlesischen Kulturspiegel' und der von Eberhard Günter Schulz (1929–2010) herausgegebenen Zeitschrift ‚Schlesien' (1956–1996) dokumentierte das Jahrbuch somit über viele Jahre auch die wissenschaftlichen Aktivitäten der Stiftung Kulturwerk Schlesien und der mit ihr verbundenen wissenschaftlichen Institutionen und Personen.

Das ‚Jahrbuch der Schlesischen Friedrich-Wilhelms-Universität zu Breslau' steht somit für die Leistungen und Anstrengungen mehrerer Wissenschaftsgenerationen nach 1945, deren Anliegen die Geschichte und Kultur der ehemaligen deutschen Ostgebiete und die Pflege und Dokumentation des historischen wie wissenschaftlichen Erbes der ehemaligen schlesischen Landesuniversität waren. Vor diesem Hintergrund kann man es auch als einen schlesischen wie ostdeutschen Erinnerungsort bezeichnen, dessen ausführliche Würdigung und Einordnung in den historiographischen Kontext Gegenstand der Jahrestagung 2015 sein werden.

Nach einer schwierigen Phase des Übergangs mit wechselnden Herausgebern, Verlagen und der Anbindung an unterschiedliche Institutionen entschied sich der Vorstand der Stiftung Kulturwerk Schlesien im Jahr 2012 für eine inhaltliche und organisatorische Neukonzeption des Breslauer Universitätsjahrbuchs. Dabei waren das bestehende Profil und die stärkere Akzentuierung neuer Elemente gleichermaßen zu berücksichtigen. Wenn das ‚Jahrbuch der Schlesischen Friedrich-Wilhelms-Universität zu Breslau' nun in veränderter Gestalt und unter dem neuen Titel ‚Jahrbuch für schlesische Kultur und Geschichte' erscheint, so ist damit kein bewußter und gewollter Traditionsbruch verbunden, sondern vielmehr die Einsicht in die seit dem Ende der 1980er Jahre stark veränderten politischen und wissenschaftlichen Rahmenbedingungen. Diese haben auch an der Universität Wrocław zu vielfach beachteten Wandlungsprozessen und zu einer unbelasteten Annäherung an die gemeinsame deutsche wie polnische Universitätsgeschichte geführt. Jenseits aller nationalen und ideologischen Vorbelastungen und geschichtspolitischen Kontroversen sollte man die

Rückbesinnung auf die deutsche Vergangenheit und die Pflege europäischer Universitätstraditionen anerkennend an der Universität Wrocław zur Kenntnis nehmen. Das Universitätsarchiv Wrocław (Archiwum Uniwersytetu Wrocławskiego), das zu den bedeutendsten Universitätsarchiven in Polen gehört und sich in der Kontinuität des 1931 gegründeten ehemaligen Breslauer Universitätsarchivs sieht, bewahrt das historischen Erbe der ehemaligen Schlesischen Friedrich-Wilhelms-Universität genauso wie das 1992 eröffnete Universitätsmuseum (Muzeum Uniwersytetu Wrocławskiego), das die Geschichte der Universität seit 1702 dokumentiert. Dies ist auch der Ausdruck einer neuen schlesischen Identität, in der die deutsche Geschichte und Kultur im kollektiven Gedächtnis einen festen Platz einnimmt – die heutige kulturelle Attraktivität der Stadt, die mit der Benennung zur Kulturhauptstadt Europas 2016 einen Höhepunkt finden wird, ist auch darin begründet.

Das ‚Jahrbuch für schlesische Kultur und Geschichte' wird zukünftig mehr als bisher die wissenschaftlichen Aktivitäten der Stiftung Kulturwerk Schlesien bündeln und sichtbar machen und steht als wissenschaftliches Publikationsorgan für Forschungen zur schlesischen Landesgeschichte und den benachbarten Regionen Wissenschaftlern aller Fachrichtungen zur Verfügung. Im Zentrum eines jeden Bandes sollen die Referate der jeweiligen Jahrestagungen stehen, die einen thematisch zusammenhängenden Block von wissenschaftlichen Aufsätzen bilden. Darüber hinaus steht das Jahrbuch für wissenschaftliche Abhandlungen und Quelleneditionen aus dem Bereich der schlesischen und der vergleichenden Landesgeschichte, der Wirtschafts- und Sozialgeschichte sowie der Bildungs- und Kulturgeschichte offen. Dies gilt auch für die Literatur-, Kunst- und Musikgeschichte sowie verwandte historische Disziplinen wie die Archäologie und Volkskunde. Neben dem Aufsatzteil soll auch Raum für kürzere Beiträge mit regionalhistorischer Ausrichtung sein. Eine weiter auszubauende Sektion Buchbesprechungen soll künftig als Diskussionsforum der Forschungen zur Geschichte Schlesiens und seiner benachbarten Regionen in Ostmittel- und Südosteuropa dienen.

Aus dem Bereich der vergleichenden Landesgeschichte, namentlich von Ludwig Petry (1908–1991), stammt bekanntlich der Begriff der „Brückenlandschaft" im Sinne einer Begegnungs- und Übergangszone unterschiedlicher Herrschaftsformen und kultureller Einflüsse und Prägungen. Über den Charakter Schlesiens als vielgestaltige und beziehungsreiche europäische

Brückenlandschaft zwischen Ost und West, zwischen Deutschen, Polen und Tschechen ist in den vergangenen Jahren viel geschrieben worden. Es war stets das Spannungsverhältnis zwischen regionaler Identität und konkurrierenden Einflüssen von außen, das die Geschichte Schlesiens und der Schlesier geprägt und geformt hat. In diesem Sinne soll das ‚Jahrbuch für Schlesische Kultur und Geschichte' geografisch nicht auf die schlesische Landesgeschichte allein beschränkt bleiben, vielmehr sind regionale Vergleiche erwünscht. Schlesien bleibt als Brückenlandschaft für historisches Arbeiten in vielfacher Hinsicht eine aufschlußreiche Beispiels- oder Vergleichsregion – das dokumentiert nicht zuletzt die Vielzahl der Themen von einschlägigen wissenschaftlichen Qualifikationsarbeiten auf polnischer, tschechischer und deutscher Seite. In diesem Sinne strebt das ‚Jahrbuch für Schlesische Kultur und Geschichte' über die bereits bestehenden Beziehungen hinaus Kooperationen mit polnischen und tschechischen Wissenschaftlern und Institutionen an. Der Vorstand der Stiftung Kulturwerk Schlesien verbindet mit dem neuen programmatischen Profil und der veränderten Konzeption des Jahrbuchs, das sich in seiner Anlage und seinem Erscheinungsbild an den aktuellen Standards wissenschaftlicher Fachorgane orientiert, die Hoffnung auf vielfältige und weiterführende Impulse für die schlesische Geschichte in ihren europäischen Bezügen.

Vorstand der Stiftung Kulturwerk Schlesien

Dr. Dietrich Meyer

Johannes Schellakowsky M.A.   Prof. Dr. Roland Gehrke

Schlesien und die
ehemaligen deutschen Ostgebiete
im Prozeß der Wiedervereinigung 1989/90

„Schlesien und die ehemaligen deutschen Ostgebiete im Prozeß der Wiedervereinigung 1989/90" – Zur Konzeption der Jahrestagung

Von Johannes Schellakowsky

Nach seiner Wahl zum Bundespräsidenten am 23. Mai 1994 bezeichnete Roman Herzog die epochale Wende der friedlichen Revolution und des Mauerfalls 1989 sowie der deutschen Wiedervereinigung 1990 als *„ein Wunder, das wir alle erleben."*[1] Während Urteile wie dieses noch ganz unter dem Eindruck der Geschehnisse und der geringen zeitlichen Distanz formuliert wurden, haben die Ereignisse selbst mittlerweile ihren Platz in der öffentlichen Erinnerungskultur und der Geschichtspolitik gefunden. Deutschland bestimmte mit dem Einigungsvertrag den 3. Oktober zum ‚Tag der Deutschen Einheit' und zum gesetzlichen Feiertag. Mit diesem einzigen Feiertag nach Bundesrecht ist der formale Akt der Wiedervereinigung verknüpft, während im kollektiven Gedächtnis die eigentliche historische Zäsur die Öffnung der Berliner Mauer am 9. November 1989 darstellt. Und dennoch hat man wiederum aus nachvollziehbaren historischen Gründen auf eine *„symbolpolitische Aufbereitung"*[2] dieses Datums verzichtet. Angesichts seiner Bilder und Ereignisse hätte sich der 9. November zu einem Gründungsmythos der neuen und wiedervereinigten Bundesrepublik entwickeln können. Es bleibt eine offene Frage, ob durch eine stärkere erinnerungspolitische Akzentuierung der friedlichen Revolution und des Mauerfalls eine höhere Akzeptanz der Wiedervereinigung gerade im Osten Deutschlands möglich gewesen wäre.[3] Im Zuge der

---

1) Abdruck der Rede in: FAZ vom 25. Mai 1994, S. 4.
2) Zur Deutung der Ereignisse vgl. Herfried Münkler: Die Deutschen und ihre Mythen, Reinbek bei Hamburg 2010 [zuerst Berlin 2009], bes. S. 477–490, Zitat S. 480.; ferner Herfried Münkler/Jens Hacke: Politische Mythisierungsprozesse in der Bundesrepublik: Entwicklungen und Tendenzen, in: Dies. (Hg.): Wege in die neue Bundesrepublik. Politische Mythen und kollektive Selbstbilder nach 1989, Frankfurt am Main 2009 (= Eigene und Fremde Welten 13), S. 15–31.
3) Vgl. Münkler: Die Deutschen (wie Anm. 2), S. 480.

„*Neuvermessung der Nation*"⁴ und der Diskussion um staatliche Symbole und Feiertage nach 1989 verlor der 17. Juni seinen Status als gesetzlicher Feiertag zugunsten des neuen Tages der Deutschen Einheit.⁵ Mit der diskussions- und emotionslosen Abschaffung des 17. Juni als deutscher Erinnerungsort wurde das einstige Symbol der deutschen Einheit aufgegeben, und die Geschichte der kollektiven Auflehnung gegen das SED-Regime trat erneut und noch stärker in den Hintergrund.

Seitdem hat sich das wiedervereinigte Deutschland in unterschiedlichen Etappen und in vielfältigen Formen mit seiner eigenen Geschichte⁶ und darüber hinaus mit den Jahrestagen des Mauerfalls und der Wiedervereinigung⁷ auseinandergesetzt. War bereits die Geschichte der frühen Bun-

---

4) Edgar WOLFRUM: Epilog oder Epoche? (Rück-)Blick der deutschen Geschichtswissenschaft vom Zeitalter der Zweistaatlichkeit bis zur Gegenwart, in: MÜNKLER/ HACKE (Hg.): Wege (wie Anm. 2), S. 33–63, Zitat S. 58.
5) Zum Umgang mit dem 17. Juni vgl. Edgar WOLFRUM: Ein ungebetener Erinnerungsort? Der 17. Juni im nationalen Gedächtnis der Bundesrepublik Deutschland, in: Roger ENGELMANN/Ilko-Sascha KOWALCZUK (Hg.): Volkserhebung gegen den SED-Staat. Eine Bestandsaufnahme zum 17. Juni 1953. Analysen und Dokumente, Göttingen 2005, S. 414–425. Grundlegend und mit Berücksichtigung politikwissenschaftlicher und soziologischer Fragestellung Edgar WOLFRUM: Geschichtspolitik in der Bundesrepublik Deutschland. Der Weg zur bundesrepublikanischen Erinnerung 1948–1990, Darmstadt 1999, bes. S. 65–84.
6) So beispielsweise Werner WEIDENFELD/Hartmut ZIMMERMANN (Hg.): Deutschland-Handbuch. Eine doppelte Bilanz 1949–1989, Bonn 1989 (= Schriftenreihe der Bundeszentrale für politische Bildung 275), ferner die handbuchartige Zusammenstellungen von Eckart CONZE/Gabriele METZLER (Hg.): 50 Jahre Bundesrepublik Deutschland. Daten und Diskussionen, Stuttgart 1999 bzw. Hans-Peter SCHWARZ (Koord.): Die Bundesrepublik Deutschland. Eine Bilanz nach 60 Jahren, München 2008 (= Zur Diskussion gestellt).
7) Um nur einige Titel zu nennen: Wolfgang HARDTWIG/Heinrich A. WINKLER (Hg.): Deutsche Entfremdung. Zum Befinden in Ost und West, München 1994 (= Beck'sche Reihe 1032); Ralf ALTENHOF/Eckhard JESSE (Hg.): Das wiedervereinigte Deutschland. Zwischenbilanz und Perspektiven, Düsseldorf 1995; Karl ECKART/ Eckhard JESSE (Hg.): Das wiedervereinigte Deutschland – eine erweiterte oder eine neue Bundesrepublik, Berlin 1999 (= Schriftenreihe der Gesellschaft für Deutschlandforschung 71); Lothar MERTENS (Hg.): Machtokkupation und Systemimplosion. Anfang und Ende der DDR – zehn Jahre danach, Berlin 2001 (= Schriftenreihe der Gesellschaft für Deutschlandforschung 80); Gerhard BESIER/Katarzyna STOKLOSA (Hg.): 15 Jahre Deutsche Einheit. Was ist geworden? Berlin u.a. 2007 (= Mittel- und Ostmitteleuropastudien 4). Aus politikwissenschaftlicher Perspektive zuletzt Eckhard JESSE: Systemwechsel in Deutschland. 1918/19 – 1933 – 1945/49 – 1989/90, Köln, Weimar, Wien 2010.

desrepublik von *„autistischen Dauerreflexionen"*[8] begleitet, so haben die markanten Jubiläumsjahre gerade der Ereignisse von 1989/90 die Frequenz solcher Bilanzierungen noch weiter gesteigert. Dabei handelte es sich, wie Hans-Peter Schwarz kritisch festgestellt hat, vielfach um standortbedingte Zwischenbilanzen, bisweilen besorgte, vielfach selbstquälerische oder sorgenvolle publizistische Diagnosen, die mehr dem vielzitierten Zeitgeist verpflichtet waren als ausgewogene Bestandsaufnahmen zu liefern.[9]

Während die offiziellen Feierlichkeiten zum Tag der Deutschen Einheit wechselnd in der Hauptstadt des Bundeslandes stattfinden, das zu diesem Zeitpunkt den Vorsitz im Bundesrat innehat, wird der 3. Oktober von der breiten Öffentlichkeit der Republik allenfalls über die mediale Berichterstattung wahrgenommen. Im Rhythmus von fünf und zehn Jahren wird dieses eingeübte Ritual der Selbst- und Gemeinschaftsvergewisserung durch ein verstärktes Interesse medial und publizistisch aufgebrochen, wenn es darum geht, die sogenannten runden Jahrestage in angemessener Weise zu würdigen. Die Spannweite der Urteile war in den vergangenen Jahren sehr breit und pendelte zwischen der positiv formulierten *„Zukunft Ost"*[10], einem vorsichtig formulierten *„Unbehagen in der Einheit"*[11], bis hin zu negativem *„Einheitsfrust"*[12] sowie dem *„Supergau Deutsche Einheit"*[13], um nur schlaglichtartig eine Auswahl an publizistischen oder journalistischen Publikationen zu zitieren. *„Warum nicht zusammenwächst, was zusammengehört"* entwickelte sich geradezu zu einer Leitfrage der Jahre nach der Wiedervereinigung, so daß darüber die Euphorie und die Aufbruchstimmung der Zeit nach 1989 vollends überdeckt wurde.[14]

Deutschland erinnerte sich 2009 und 2010 an den 20. Jahrestag der friedlichen Revolution und die Öffnung der Mauer sowie an die Wiedervereinigung im Jahr 1990. Das öffentliche Gedenken und die Formen des staatlichen Erinnerns waren jedoch von den aktuellen Ereignissen wie der

---

8) Vgl. den lesenswerten Aufsatz von Hans-Peter Schwarz: 100 Jahre deutscher Jubiläumsbilanzen, in: Ders. (wie Anm. 6), S. 9–32, Zitat S. 9.
9) Vgl. Schwarz (wie Anm. 6), S. 9f.
10) Wolfgang Thierse: Zukunft Ost. Perspektiven für Deutschland in der Mitte Europas, Berlin 2001.
11) Daniela Dahn: Westwärts und nicht vergessen. Vom Unbehagen in der Einheit, Berlin 1996.
12) Mathias Wedel: Einheitsfrust, Berlin 1994.
13) Uwe Müller: Supergau Deutsche Einheit, Berlin 2005.
14) Klaus Schröder: Das neue Deutschland. Warum nicht zusammenwächst, was zusammengehört, Berlin 2010.

weltweiten Wirtschafts- und Finanzkrise, der Schwäche des Euro und der angespannten Lage der öffentlichen Haushalte oder dem Rücktritt von Bundespräsident Horst Köhler im Mai 2010 überlagert. Vollends an den Rand gedrängt wurde deshalb auch die öffentliche Erinnerung an den 60. Jahrestag der Gründung der Bundesrepublik Deutschland und der Deutschen Demokratischen Republik sowie der 70. Jahrestag des Ausbruchs des Zweiten Weltkrieges.

In der Realität des wiedervereinigten Deutschland ist weitgehend Normalität eingetreten, die Erinnerung an die dramatischen Ereignisse von damals schwanken zwischen Verklärung und Vergessen, und die durch die Wiedervereinigung entstandenen politischen, wirtschaftlichen und gesellschaftlichen Probleme wurden und werden allmählich geringer. Zwei Jahrzehnte nach der Wiedervereinigung kann sich eine zunehmende Zahl jüngerer Deutscher weder an die Mauer noch an die deutsche Teilung erinnern. Das menschenverachtende und perspektivlose System der ehemaligen DDR ist bereits Gegenstand historischer Forschung geworden. Der 9. November erscheint heute im Gegensatz zu seiner bisherigen Tradition als ein Glücksfall der Geschichte und als glücklicher Tag in der Geschichte der Deutschen.

Die Ereignisse der Jahre 1989/90, der diplomatische und politische Prozeß der Wiedervereinigung und die Diskussion im In- und Ausland brachten die Frage der ehemaligen deutschen Ostgebiete in das Bewußtsein der Deutschen und ihrer internationalen Partner und Verbündeten. Das historische Ergebnis in Gestalt des Zwei-plus-Vier-Vertrages vom September 1990 ist bekannt: Was als *„diplomatisches Meisterwerk, historisches Dokument und wichtigster Vertrag des staatlich geeinten Deutschland"*[15] gefeiert und 2011 von der UNESCO in das Programm ‚Memory of the World'[16] aufgenommen wurde, stieß bei einem Teil der Vertriebenen und ihrer Verbände auf deutliche Kritik und offene Ablehnung. War die Wiedervereinigung des Jahres 1990 auch ein glücklicher Tag in der Geschichte und den Empfindungen der Vertriebenen?

---

15) Dieter BLUMENWITZ: Der Vertrag vom 12.9.1990 über die abschließende Regelung in bezug auf Deutschland, in: Neue Juristische Wochenschrift 48 (1990), S. 3041–3048.
16) Vgl. Zwei-Plus-Vier-Vertrag wird „Weltdokumentenerbe", online unter http://www.auswaertiges-amt.de/DE/Aussenpolitik/KulturDialog/Aktuelles/121010_BerlinerMauer_Unesco_Memory-of-the-World.html (zuletzt besucht am 2.4.2015).

Die Stiftung Kulturwerk Schlesien nahm die 20. Wiederkehr der Ereignisse von 1989/90 im Rahmen ihrer Jahrestagung 2010 zum Anlaß, sich dieser Fragestellung in Form einer wissenschaftlichen Tagung anzunähern. Dabei führte der fundierte Vortrag von *Dr. Tobias Irmscher* (München) in die internationalen und völkerrechtlichen Rahmenbedingungen ein, während *Dr. Verena v. Wiczlinski* (Mainz) aus historischer Perspektive die politischen Diskussionen und Entscheidungen in der Diskussion um die Wiedervereinigung ausführlich und auf breiter Quellen- und Literaturgrundlage referierte. Mit der Position der Vertriebenenverbände befaßte sich das instruktive Referat von *Privatdozent Dr. Matthias Stickler* (Würzburg), die Rolle der Kirchen skizzierte *Prof. Dr. Peter Maser* (Bad Kösen). Anhand von eindrucksvollen Bild- und Tondokumenten zum 9. November 1989 und der folgenden Jahre würdigte *Prof. Dr. Joachim-Felix Leonhard* (Alsbach) den Mauerfall und die Wiedervereinigung als mediales Ereignis. Ein besonderes Augenmerk galt auch der Entwicklung in Polen, wo man den Prozeß der Wiedervereinigung mit großer Aufmerksamkeit begleitete und die deutsch-polnischen Verträge von 1990/91 als Überwindung der Nachkriegsordnung deutete, wie *Lisa Bicknell M.A.* (Mainz) in ihrem ausgewogenen Beitrag herausarbeitete. Die Einrichtung und Entwicklung des Niederschlesischen Oberlausitzkreises 1994, der 2009 in den neu gebildeten Landkreis Görlitz integriert wurde, beschrieb *Landrat Bernd Lange* (Görlitz), dessen Vortrag leider nicht für den Druck zur Verfügung gestellt wurde. *Dr. Markus Bauer* (Görlitz) skizzierte die Geschichte des 2006 in Görlitz eröffneten Schlesischen Museums, dessen erste konkrete Planungen in die unmittelbare Zeit nach der Wiedervereinigung fielen und das als zentrales Museum für Schlesien und für schlesisches Kulturgut auf dem Gebiet der Bundesrepublik Deutschland auch eine überregionale Wirkung entfaltet hat. Die Befindlichkeiten der Vertriebenen nach 1989/90 zwischen Abschied, Trauerarbeit und der Erinnerung an die alte Heimat thematisierte schließlich der eindrucksvolle Vortrag von *Dr. Christian-Erdmann Schott* (Mainz).

Für manche Vertriebene war es kein leichter Weg zur deutschen Wiedervereinigung, da mit ihr der endgültige Verzicht auf die ehemaligen deutschen Ostgebiete verbunden war. Das für viele unheilvolle Junktim zwischen der Wiedervereinigung und der Anerkennung der Oder-Neiße-Grenze durch die erweiterte Bundesrepublik blieb umstritten, für manche auch inakzeptabel. Auf der anderen Seite boten der politische Wandel im Ostblock und der komplexe, aber letztlich erfolgreiche Prozeß der deutsch-polnischen Versöhnung neue und ungeahnte Perspektiven für die Vertriebenen und auch für die heutigen Bewohner Schlesiens. Die Öffnung der Grenzen und die Möglichkeit, die alte Heimat zu bereisen, bereinigten alte Vorurteile, klärten Wissensdefizite und brachten trotz aller Skepsis auf beiden Seiten eine *„zögernde Annäherung"*[17] in Gang. Im Sinne einer solchen neuen Orientierung nach 1989/90 erkundeten Polen und Deutsche, Vertriebene und die heutigen Bewohner Schlesiens gemeinsam ihre historischen Wurzeln und entdeckten Spuren und Wege einer transnationalen Erinnerungskultur. Es soll nicht unerwähnt bleiben, daß die Stiftung Kulturwerk Schlesien im ersten Jahrzehnt nach der Wende in Polen mit Ausstellungsprojekten, Tagungen und Publikationen an diesem kulturellen Brückenschlag beteiligt war. Und dies ist auch die Perspektive für die zukünftige Tätigkeit.

Abschließend sei allen beteiligten Referentinnen und Referenten verschiedener Fachrichtungen, die mit ihren Vorträgen aus unterschiedlichen Perspektiven und einer Vielzahl von Diskussionsbeiträgen zum Gelingen der Jahrestagung in der wie immer inspirierenden Atmosphäre des Klosters Himmelpforten beigetragen haben, herzlich gedankt. Dies gilt in gleicher Weise für die Teilnehmerinnen und Teilnehmer der Jahrestagung, deren wohlwollendes Interesse und nachdenkenswerte Resonanz für die Stiftung Kulturwerk Schlesien Ansporn und Interesse zugleich darstellen, erneut aktuelle politische oder gesellschaftliche Fragestellungen aufzugreifen. Zu danken ist ferner dem Vorstand der Stiftung Kulturwerk Schlesien, namentlich Herrn Prof. Dr. Karl Borchardt (München), der dieses Tagungsvorhaben von Anfang an mit großer Offenheit und Interesse unterstützt hat. Das Interesse und die Resonanz auf ein solches Tagungsprojekt erwiesen sich als sehr hoch, was die thematische Öffnung der Stiftungsarbeit für aktuelle politische, gesellschaftliche und kulturelle Fragestellungen bestätigt hat.

Wenn die Referate der Jahrestagung von 2010 nun nicht wie geplant schon früher und in Form eines Sammelbandes erscheinen, so hatte dies finanzielle Gründe, die eine zeitnahe und eigenständige Publikation nicht möglich machten. Der Vorstand der Stiftung Kulturwerk Schlesien hat sich jedoch 2012 für eine Neukonzeption und Umbenennung ihres traditionsreichen wissenschaftlichen Publikationsorgans, des ‚Jahrbuchs für die

---

17) So der Buchtitel von Krzystof RUCHNIEWICZ: Zögernde Annäherung. Studien zur Geschichte der deutsch-polnischen Beziehungen im 20. Jahrhundert, Dresden 2005.

Geschichte der Friedrich-Wilhelms-Universität zu Breslau', entsprechend den Standards landesgeschichtlicher Zeitschriften entschlossen. Es wird zukünftig deutlicher als bisher die wissenschaftlichen Aktivitäten der Stiftung Kulturwerk Schlesien dokumentieren und steht als epochenübergreifendes und interdisziplinär ausgerichtetes Forum für wissenschaftliche Beiträge zur Schlesienforschung zur Verfügung. So versammelt der erste neugestaltete Band des ‚Jahrbuchs für schlesische Kultur und Geschichte' die für die Drucklegung erweiterten und überarbeiteten Referate der Jahrestagung von 2010, die daher auch den Forschungsstand jenes Jahres widerspiegeln. Mit der Freude über die erfolgreiche Drucklegung des ersten Bandes verbindet sich daher der herzliche Dank an alle Referentinnen und Referenten für Ihre Mitwirkung und ihre Geduld bei der Veröffentlichung der Tagungsergebnisse. Für die immer sorgfältige und engagierte Redaktion sei Dr. Ulrich Schmilewski (Würzburg) ebenso nachdrücklich gedankt wie dem Bayerischen Staatsministerium für Arbeit und Sozialordnung, Familie und Frauen und dem Haus des Deutschen Ostens (München) für die finanzielle Förderung der Jahrestagung.

Der deutsch-polnische Vertrag vom 14. November 1990 über die Anerkennung der zwischen Polen und Deutschland bestehenden Grenze

Von Tobias H. Irmscher

Rechtliche Erörterungen werden in historischen Debatten nicht selten vernachlässigt oder zumindest in den Hintergrund gedrängt. Insbesondere in zeitgeschichtlichen Diskussionen ist es jedoch für eine vorurteilsfreie Beurteilung unentbehrlich, sich die rechtlichen Rahmenbedingungen in Erinnerung zu rufen. Für die Situation Schlesiens und der übrigen ehemaligen deutschen Ostgebiete ist dies maßgeblich der deutsch-polnische Grenzbestätigungsvertrag vom 14. November 1990. Er ist einer der zentralen Bausteine der abschließenden Bewältigung der Folgen des vom nationalsozialistischen Regime entfesselten Zweiten Weltkriegs im Verhältnis zwischen Deutschland und Polen, muß aber immer im Zusammenhang mit dem zwei Monate zuvor abgeschlossenen Vertrag über die abschließende Regelung in bezug auf Deutschland („Zwei-plus-Vier-Vertrag") gesehen werden. Der deutsch-polnische Grenzbestätigungsvertrag betrifft freilich nur die Gebiete, die 1945 unter polnische Verwaltung gestellt worden sind. Ähnlich Fragen sind im Verhältnis zur Sowjetunion in bezug auf das nördliche Ostpreußen zu beantworten, wofür hier angesichts der Unterschiede bei den tatsächlichen und rechtlichen Rahmenbedingungen jedoch kein Raum ist.

Für die juristische Erörterung des Vertragswerks von 1990 ist zunächst die Ausgangslage zu untersuchen, d.h. die bis dahin bestehende Situation historisch darzulegen und juristisch einzuordnen. In einem zweiten Schritt soll der Grenzvertrag dargestellt und seine Regelungswirkung im einzelnen untersucht werden, ehe in einem dritten Abschnitt eine Beurteilung aus heutiger Perspektive, d.h. eine Rückschau mit 20 Jahren Abstand versucht werden soll.

Eine juristische Betrachtungsweise muß natürlich ihrerseits die historischen und politischen Realitäten immer berücksichtigen und in die juristische Analyse einbeziehen. Zu diesen Realitäten gehört auch, daß der Inhalt des Grenzbestätigungsvertrags, d.h. die Anerkennung der Oder-Neiße-Linie als Grenze des vereinten Deutschlands, bei den verantwortlichen Akteuren in den Regierungen und Parlamenten offenbar recht bald feststand. Doch dies ist nicht so sehr eine rechtswissenschaftliche, als vielmehr eine historische Frage und muß daher in diesem Beitrag unbehandelt bleiben.

I. Die Situation in bezug auf die deutsch-polnische Grenze vor dem Abschluß des Vertrages von 1990

1. Die Konferenzen von Jalta und Potsdam

Die Grundlagen für die territoriale Neuordnung Europas, und insbesondere die Westverschiebung Polens, wurden auf der Konferenz von Jalta gelegt. Als Ausgleich für die von Stalin geforderte Verlegung seiner Ostgrenze wurde vereinbart, *„daß Polen einen beträchtlichen Gebietszuwachs im Norden und Westen erhalten muß."*[1] Allerdings wurde bereits hier vereinbart, *„daß die endgültige Festlegung der Westgrenze Polens danach bis zur Friedenskonferenz zurückzustellen ist."* Auf der Potsdamer Konferenz kamen die Siegermächte demgemäß überein, daß *„die früher deutschen Gebiete östlich der Linie, die von der Ostsee unmittelbar westlich von Swinemünde und von dort die Oder entlang bis zur Einmündung der westlichen Neiße und die westliche Neiße entlang bis zur tschechoslowakischen Grenze verläuft,* … [das südliche Ostpreußen und das Gebiet der Freien Stadt Danzig] … *unter die Verwaltung des polnischen Staates kommen und in dieser Hinsicht nicht als Teil der sowjetischen Besatzungszone in Deutschland betrachtet werden sollen."*[2] Im übrigen hieß es im Protokoll: *„Die Häupter der drei Regierungen bekräftigen ihre Auffassung, daß die endgültige Festlegung der Westgrenze bis zu der Friedenskonferenz zurückgestellt werden soll"*.[3]

---

1) Bericht der Krimkonferenz, Ziff. 6 „Polen", letzter Absatz, zit. nach: Helmuth STOECKER (Hg.): Handbuch der Verträge 1871–1964. Verträge und andere Dokumente aus der Geschichte der internationalen Beziehungen, Berlin (Ost) 1968, S. 335, 339.
2) Mitteilung über die Dreimächtekonferenz von Berlin vom 2. August 1945 (Potsdamer Protokoll), Abschnitt IX. b), Amtsblatt des Kontrollrats in Deutschland, Ergänzungsblatt Nr. 1, S. 13–19, hier S. 17.
3) Ebd.

Tatsächlich übernahmen die polnischen Verbände und Behörden die Verwaltung der fraglichen Gebiete[4] – und zwar keineswegs nur provisorisch, wie dies die Äußerungen der Hauptsiegermächte suggerieren konnten. Die unterschiedlichen Positionen der Westalliierten einerseits und der Sowjetunion und Polens andererseits traten hier sehr bald zutage: Erstere betonten die Vorläufigkeit, letztere sahen den Friedensvertragsvorbehalt überwiegend als formellen Akt, der lediglich eine Besiegelung der faktisch bereits bestehenden Grenzziehung bedeuten würde.[5]

Bereits der Wortlaut des Protokolls von Potsdam zeigt, daß es sich hier keineswegs um eine dauerhafte und gültige Verfügung über Staatsgebiet des Deutschen Reichs handeln konnte. Abgesehen davon würde dies auch eine Verfügungsbefugnis der Unterzeichner des Protokolls voraussetzen – was nicht der Fall war.[6] Trotz verschiedentlich geäußerter anderslautender Ansichten[7] kann es mittlerweile als gesichert gelten, daß das Deutsche Reich durch die bedingungslose Kapitulation am 8. Mai 1945 nicht als Völkerrechtssubjekt untergegangen ist und deshalb an einer Gebietsänderung hätte beteiligt werden müssen.

2. Die Haltung der DDR

Die DDR hatte bereits wenige Tage nach ihrer offiziellen Gründung im Oktober 1949 offiziell zu erkennen gegeben, daß sie die im Potsdamer Protokoll erwähnte Oder-Neiße-Grenze als endgültig und dauerhaft anzusehen

---

4) Zur Frage, inwieweit Stettin, das tatsächlich westlich der besagten Linie liegt, unter polnische Verwaltung kommen sollte, vgl. Bernhard KEMPEN: Die deutsch-polnische Grenze nach der Friedensregelung des Zwei-plus-Vier-Vertrages (Kölner Schriften zu Recht und Staat 1), Frankfurt am Main u.a. 1997, S. 74f. Tatsächlich war offenbar, wie dies die Protokolle und Erinnerungen Beteiligter zeigen, bereits in den Konferenzen von Jalta und Potsdam Einvernehmen darüber erzielt worden, daß Stettin unter polnische Verwaltung kommen sollte.
5) Vgl. die entsprechenden Äußerungen Molotows und Stalins bei KEMPEN (wie Anm. 4), S. 79.
6) Dieter BLUMENWITZ: Das Offenhalten der Vermögensfrage in den deutsch-polnischen Beziehungen (Kulturstiftung der Deutschen Vertriebenen. Studiengruppe für Politik und Völkerrecht. Forschungsergebnisse der Studiengruppe für Politik und Völkerrecht 13), Bonn 1992, S. 46f.
7) Vgl. Władysław CZAPLIŃSKI: Die friedliche Regelung mit Deutschland, in: Recht in Ost und West 35 (1991), S. 129–134, hier S. 131.

bereit sei. Am 6. Juli 1950[8] unterzeichneten die beiden Regierungen in Görlitz ein Abkommen *„über die deutsch-polnische Staatsgrenze"*[9]. Gemäß Art. 1 dieses Abkommens stellten die Vertragsparteien übereinstimmend fest, *„daß die festgelegte und bestehende Grenze, die von der Ostsee entlang der Linie westlich von der Ortschaft Swinoujscie und von dort entlang dem Fluß Oder bis zur Einmündung der Lausitzer Neiße und die Lausitzer Neiße entlang bis zur tschechoslowakischen Grenze verläuft, die Staatsgrenze zwischen Deutschland und Polen bildet"*.

Aus Sicht der DDR handelte es sich also um die Bestätigung einer „festgelegten und bestehenden Grenze", mit der das Grenzproblem als endgültig gelöst angesehen wurde – und zwar, so der Wortlaut dieses Abkommens, mit Wirkung für Deutschland als Ganzes.

Die Bundesrepublik und die Westalliierten traten dem Abschluß dieses Vertrags unter Hinweis auf den Friedensvertragsvorbehalt und die Vier-Mächte-Verantwortung entgegen.[10] Tatsächlich konnte mangels einer entsprechenden Zuständigkeit der DDR, für Deutschland als Ganzes zu handeln, dieser Vertrag nichts am territorialen Status der deutschen Ostgebiete ändern.[11]

3. Die Haltung der Bundesrepublik

Für die Bundesrepublik war die Nicht-Endgültigkeit der Grenzziehung im Osten Deutschlands ein fester Bestandteil des staatlichen Selbstverständnisses in den 1950er Jahren. Dies spiegelt sich auch in den Deutschlandverträgen von 1951/1954 wider, die die Rückübertragung der Souveränitätsrechte über die inneren und äußeren Angelegenheiten mit sich brachten: Art. 7 Abs. 1 des Deutschland- oder Generalvertrags[12] bekräftigt die gemeinsame Überzeugung der Vertragspartner – Westalliierte

---

8) Eine entsprechende zweiseitige Deklaration über die Grenzziehung war bereits am 6. Juni 1950 in Warschau abgegeben worden. Text in: Dietrich RAUSCHNING (Hg.): Rechtsstellung Deutschlands. Völkerrechtliche Verträge und andere rechtsgestaltende Akte (Beck-Texte im dtv 5552), [München] 1985, S. 232.
9) Das Abkommen wurde am 28. November 1950 ratifiziert; Text in: STOECKER (wie Anm. 1), S. 509f.
10) KEMPEN (wie Anm. 4), S. 83f.
11) Ebd., S. 259.
12) Bundesgesetzblatt [zit. als BGBl.] 1955, Teil II, S. 301ff.

und Bundesrepublik –, daß *„die endgültige Festlegung der Grenzen bis zu dieser Regelung aufgeschoben werden muß."* *„Diese Regelung"* – war nichts weniger als eine frei vereinbarte friedensvertragliche Regelung für ganz Deutschland.

Im Zuge der neuen deutschen Ostpolitik[13] kam es dann ab 1970 zu einer Reihe von bilateralen Verträgen mit osteuropäischen Staaten (und zum Grundlagenvertrag mit der DDR). Im Zuge dessen wurde nach sechs Verhandlungsrunden am 7. Dezember 1970 der Warschauer Vertrag zwischen der Bundesrepublik und der Volksrepublik Polen unterzeichnet.[14] Artikel 1 enthält zunächst die gemeinsame Feststellung der Vertragsparteien, daß *„die bestehende Grenzlinie, deren Verlauf im Kapitel IX der Beschlüsse der Potsdamer Konferenz vom 2. August 1945 von der Ostsee unmittelbar westlich von Swinemünde und von dort die Oder entlang bis zur Einmündung der Lausitzer Neiße und die Lausitzer Neiße entlang bis zur Grenze mit der Tschechoslowakei festgelegt worden ist, die westliche Staatsgrenze der Volksrepublik Polen bildet."* In Artikel 1 Absatz 3 erklärten die Parteien, *„daß sie gegeneinander keinerlei Gebietsansprüche haben und solche auch in Zukunft nicht erheben werden."*

Für Polen war dieser Punkt – die Anerkennung seiner Westgrenze – das vordringlichste Anliegen gewesen. Die Bundesregierung hingegen hatte darauf hingewiesen, daß ein Friedensvertrag mit Deutschland noch ausstehe und die Verantwortlichkeiten und Rechte der Vier Mächte in bezug auf Deutschland als Ganzes zu beachten seien.[15] Der Kompromiß sah wie folgt aus: der o.g. Text wurde Vertragsinhalt, die Bundesregierung wechselte jedoch noch vor der Unterzeichnung des Vertrags gleichlautende Noten mit den drei Westmächten, die in das für die Ratifikation erforderliche Zustimmungsgesetz aufgenommen und zusammen mit diesem im Bundesgesetzblatt veröffentlicht wurden. In diesem Notenwechsel wurde dargelegt, daß die Bundesregierung in den Vertragsverhandlungen mit Polen klargestellt habe, daß der Warschauer Vertrag die Rechte und Verantwortlichkeiten der Vier Mächte *„nicht berührt und nicht berühren kann"* und daß sie auch *„nur im Namen der Bundesrepublik Deutschland handeln kann"* (also nicht im Namen Deutschlands als Ganzem). Die der

---

13) Grundlagen hierfür waren bereits mit einer auf Gewaltverzichtserklärungen abzielenden Friedensnote 1966 gelegt worden, vgl. KEMPEN (wie Anm. 4), S. 101 mit weiteren Nachweisen.
14) BGBl. 1972 II, S. 362ff.
15) Zum Ganzen: KEMPEN (wie Anm. 4), S. 108.

polnischen Regierung übergebene Ratifikationsurkunde nahm auf das deutsche Zustimmungsgesetz und damit auf den Notenwechsel ausdrücklich Bezug.[16]

Welche Auswirkung hatte nun der Warschauer Vertrag auf den territorialen Status der Ostgebiete? Der besagte Notenwechsel verdeutlicht, daß die Bundesregierung weder willens noch in der Lage war, mit Wirkung für Deutschland als Ganzes über die Ostgebiete zu verfügen. Dies wurde sowohl von den drei Westmächten in ihren Antwortnoten bestätigt[17] als auch vom Bundesverfassungsgericht in seiner Entscheidung zu den Ostverträgen von 1975 unterstrichen.[18] Der Vertrag begründete damit für die handelnde Bundesrepublik lediglich eine Verpflichtung für sich selbst, diesen Status anzuerkennen; er stellte keine Verfügung dar, da dies in Ermangelung einer endgültigen Regelung im Potsdamer Protokoll oder sonst einer abschließenden Friedensregelung die Prärogative der Vier Mächte blieb.[19] Diese Position ist, dies sei bereits hier erwähnt, 1990 durch Parteien und Inhalt des Zwei-plus-Vier-Vertrags im Nachhinein bestätigt worden.[20]

---

16) Damit wurde die polnische Seite offiziell über den deutschen Rechtsstandpunkt in Kenntnis gesetzt; der Notenwechsel wurde zudem zu einem für die Vertragsauslegung entspr. Art. 31 Abs. 2 lit b) WVRK maßgeblichen Dokument. Eine andere Begründung bringt das Bundesverfassungsgericht in seinem Beschluß zu den Ostverträgen vom 7. Juli 1975 (1 BvR 274/72 u.a.), in: Amtliche Entscheidungssammlung [BVerfGE], Bd. 40, S. 141ff., S. 174: Gemäß Art. IV des Warschauer Vertrages blieben internationale Verträge der Parteien unberührt, wozu auf deutscher Seite auch der Deutschlandvertrag mit dem in dessen Art. 2 Satz 1 enthaltenen Vorbehalt zugunsten der Westmächte in bezug auf Deutschland als Ganzes zähle.
17) Antwortnote der Botschaft Ihrer Britischen Majestät vom 19. November 1970, abgedruckt in: RAUSCHNING (wie Anm. 8), S. 130f. Die Botschaften Frankreichs und der USA hatten gleichlautende Noten übermittelt (ebd.).
18) Bundesverfassungsgericht, Beschluß vom 7. Juli 1975, 1 BvR 274/72 u.a., BVerfGE 40, S. 141ff., hier S. 173f.
19) KEMPEN (wie Anm. 4), S. 262f.
20) Zur Debatte um die Rechtslage Deutschlands vor der Wiedervereinigung und die einzelnen in diesem Zusammenhang vertretenen Theorien s. nur: Dieter BLUMENWITZ: Die Grundlagen eines Friedensvertrages mit Deutschland. Ein völkerrechtlicher Beitrag zur künftigen Deutschlandpolitik (Schriften zum öffentlichen Recht 27), Berlin 1966, S. 71ff., und KEMPEN (wie Anm. 4), S. 259–272.
Das scheinbare Paradox, daß die Bundesrepublik Verpflichtungen nur für sich und ohne Wirkung für den deutschen Gesamtstaat eingehen konnte, läßt sich auf dem Boden der Identitätstheorie damit erklären, daß eine Identität eben nur im Hinblick auf die Rechtsfähigkeit besteht, dies jedoch nichts über die Handlungsfähigkeit für Deutschland als Ganzes aussagt. In bezug auf letztere besteht die Prärogative

4. Zusammenfassung

Die bis 1990 andauernde Rechtslage kann damit in aller Kürze so umschrieben werden: Für die Bundesrepublik bestand eine vertragliche Verpflichtung, die Oder-Neiße-Linie anzuerkennen und insbesondere keine Gebietsansprüche mehr zu erheben, ohne daß allerdings der Status der Ostgebiete endgültig geklärt war. Dies erfolgte dann mit dem Zwei-plus-Vier-Vertrag vom 12. September 1990 und dem Grenzbestätigungsvertrag vom 14. November 1990.

II. Der deutsch-polnische Grenzbestätigungsvertrag

1. Der politische und rechtliche Rahmen

Es ist bereits deutlich geworden, daß die Ostgebiete lediglich *einen* Aspekt der Kriegsfolgenbewältigung darstellten – und zwar den territorialen. Die Lösung dieser Frage würde also, und dies war bereits vor 1990 evident, von der Lösung des Deutschlandproblems im ganzen abhängen. Bereits daraus folgt, daß dem am 12. September 1990 in Moskau unterzeichneten Zwei-plus-Vier-Vertrag, dem „Vertrag über die abschließende Regelung in bezug auf Deutschland", eine zentrale Bedeutung auch für die östliche Grenze zukommt.[21]

Bekanntermaßen war ein Friedensvertrag mit Deutschland nach dem Zweiten Weltkrieg nie abgeschlossen worden, auch wenn ein Großteil der in einem Friedensvertrag üblicherweise geregelten Punkte[22] schon

---

der Vier Mächte, deren Kompetenz dem Zuständigkeitsmangel der Bundesrepublik entspricht (mit der Ausnahme des Staatsangehörigkeitsrechts); hierzu im einzelnen KEMPEN (wie Anm. 4), S. 267ff., v.a. S. 271.
Zur Einordnung der Wiedervereinigung vor dem Hintergrund der Deutschlandtheorien vgl. Dieter BLUMENWITZ: Der Vertrag vom 12. 9. 1990 über die abschließende Regelung in bezug auf Deutschland, in: Neue Juristische Wochenschrift 43 (1990), S. 3041–3048, hier S. 3041f.
21) Allgemein zum Zwei-plus-Vier-Vertrag: BLUMENWITZ: Vertrag (wie Anm. 20); Gilbert H. GORNIG: Der Zwei-plus-vier-Vertrag unter besonderer Berücksichtigung grenzbezogener Regelungen, in: Recht in Ost und West 35 (1991), S. 97–106.
22) Friedensverträge enthalten typischerweise eine ganze Reihe von Regelungen zur „Abwicklung" der Kriegsfolgen. Nach BLUMENWITZ: Vertrag (wie Anm. 20), S. 3042 mit Anm. 12, zählen hierzu insbesondere die folgenden drei Bereiche: (1) die Been-

recht bald geklärt worden war. Erwähnt seien nur die Beendigung des
Kriegszustandes, die Wiederaufnahme diplomatischer Beziehungen und
die Repatriierung von Kriegsgefangenen.[23] Andererseits bestand kein Zweifel daran – und die Viermächteverantwortlichkeit verdeutlichte dies am
besten –, daß entscheidende Punkte noch offen geblieben waren. Deren
wichtigste waren:
– die Reorganisation des deutschen Gesamtstaats (Deutschlands als Ganzem), sprich: die Wiedervereinigung,
– der territoriale Status Deutschlands,
– der militärische Status Deutschlands sowie
– die Frage der Reparationen, wenn auch allein im Hinblick auf die Westalliierten.[24]

Der Zwei-plus-Vier-Vertrag stellt keinen Friedensvertrag dar, regelt aber
endgültig die noch offenen Punkte, was auch aus seiner offiziellen Bezeichnung *„Vertrag über die abschließende Regelung in bezug auf Deutschland"*
folgt. Im einzelnen:
– Art. 1 Abs. 1 statuiert, daß das vereinte Deutschland die Gebiete der
  Bundesrepublik und der DDR umfassen wird – dies ist die Wiederherstellung des deutschen Gesamtstaats. Zudem werden gemäß Artikel 7
  Abs. 2 die alliierten Vorbehaltsrechte und -verantwortlichkeiten beendet,
  und Deutschland erhält die *„volle Souveränität über seine inneren und
  äußeren Angelegenheiten"* zurück.

---

digung des Kriegszustandes, (2) die Aufnahme friedlicher Beziehungen, insbesondere Wiederaufnahme der während des Krieges abgebrochenen diplomatischen
Beziehungen, (3) die Regelung der durch den Krieg entstandenen Rechtsfragen
(namentlich territoriale Regelungen, Rückführung von Kriegsgefangenen, die Behandlung der Verantwortlichen, Reparationen und Restitutionen, Wiederaufnahme
wirtschaftlicher Beziehungen einschließlich der Regelung des Schicksals von Privatvermögen und Privatverträgen, Abrüstungs- und Bündnisfragen).
23) Bereits in den fünfziger Jahren hatten die Hauptsiegermächte den Kriegszustand förmlich für beendet erklärt: die Westmächte durch separate Erklärungen
1951 (hierzu CZAPLIŃSKI [wie Anm. 7], S. 132) und die Sowjetunion 1955 (Text in:
STOECKER [wie Anm. 1], S. 589).
24) Die Reparationsfrage war sowohl im sog. Londoner Schuldenabkommen (das
primär die Vorkriegsauslandsschulden behandelte) als auch im Überleitungsvertrag
zwischen der Bundesrepublik und den Westmächten unter einen ausdrücklichen
Friedensvertragsvorbehalt gestellt worden. Allgemein zur Reparationsfrage: Helmut
RUMPF: Die Regelung der deutschen Reparationen nach dem Zweiten Weltkrieg, in:
Archiv des Völkerrechts 23 (1985), S. 74–101.

– Art. 1 enthält im übrigen die Übereinkunft, daß die bestehenden Außengrenzen endgültig sein werden und Deutschland keinerlei Gebietsansprüche gegen andere Staaten hat oder künftig erheben wird. Darin liegt die abschließende Regelung des territorialen Status Deutschlands.
– Der militärische Status, d.h. Abrüstungsverpflichtungen, der Abzug der sowjetischen Streitkräfte sowie die Bündnisfreiheit Deutschlands sind in den Artikeln 2 bis 6 geregelt.
– Lediglich zur Reparationsfrage enthält der Vertrag keine ausdrücklichen Bestimmungen. Die Vertragsparteien betrachteten diesen Punkt jedoch, soweit er überhaupt noch offen war, als obsolet und nicht mehr regelungsbedürftig.[25]

2. Der Inhalt des Grenzbestätigungsvertrags

Die praktisch wichtigste territoriale Fragestellung, die bis 1990 offengeblieben war, nämlich der Status der deutschen Ostgebiete, wird gleich mehrfach im Zwei-plus-Vier-Vertrag angesprochen. Wie eben angedeutet, enthält Art. 1 dieses Vertrags verschiedene Verpflichtungen, Erklärungen und Feststellungen, die alle darauf abzielen, die bestehenden Außengrenzen von Bundesrepublik und DDR dauerhaft festzuschreiben.[26] Vor allem heißt es in Abs. 2, und das ist die spezifischste Aussage für unseren Gegenstand: *„Das vereinte Deutschland und die Republik Polen bestätigen die zwischen ihnen bestehende Grenze in einem völkerrechtlich verbindlichen Vertrag."*

Diese Vereinbarung ist der Kern der Bestimmungen zum Status der deutschen Ostgebiete. Sie verpflichtet das vereinte Deutschland, insoweit eine bindende Regelung zu treffen. Dabei handelt es sich um eine im Völkerrecht recht eigentümliche Verpflichtung: Sie ist gerichtet auf einen Vertragsabschluß mit einem Drittstaat, ohne daß jener damit überhaupt

---

25) Zumindest soweit staatliche Reparationsansprüche betroffen sind, ist die Frage abschließend geregelt. Dies folgt auch aus dem Titel des Vertrags. Der Umstand, daß sich verschiedene Private (Zwangsarbeiter) diesem Rechtsstandpunkt nicht anzuschließen vermochten, kann nichts an dieser juristischen Bedeutung der verbindlichen vertraglichen Erklärung der Hauptsiegermächte („abschließende Regelung") ändern.
26) So heißt es u.a., diese würden *„am Tage des Inkrafttretens dieses Vertrags endgültig sein"* (Abs. 1 S. 2), und *„Das vereinte Deutschland hat keinerlei Gebietsansprüche gegen andere Staaten und wird solche auch nicht in Zukunft erheben."* (Abs. 3).

hätte rechtlich verpflichtet werden können. Diese Regelung wurde jedoch gerade durch die besondere Position Polens erforderlich gemacht, das eben nicht Vertragspartner des Zwei-plus-Vier-Vertrages war. Eine polnische Delegation war zwar, wie der letzte Absatz der Präambel ausdrücklich erwähnt, bei der dritten Verhandlungsrunde in Paris beteiligt, um die polnischen Interessen bei der abschließenden Regelung der Deutschlandfrage zu wahren. Da es jedoch im Kern um die Aufhebung der Viermächteverantwortlichkeit ging, also die „Rückübertragung" bestimmter Vorbehaltsrechte, konnten hier nur die vier Siegermächte Vertragspartei sein. Demgegenüber hatten die Vier Mächte aber keine ausschließliche Befugnis, in Verträge über die Rechtsposition bzw. den Status Dritter einzutreten – hier ist daneben auch die Zustimmung des jeweiligen Staates erforderlich.[27]

Dieser Verpflichtung aus Artikel 1 Abs. 2 kamen Deutschland und Polen mit dem Grenzbestätigungsvertrag nach, der am 14. November 1990 in Warschau unterzeichnet wurde. Er enthält lediglich drei operative Artikel: Artikel 1 betrifft die Bestätigung der mit der DDR vereinbarten Grenze, Artikel 2 enthält eine gegenseitige Verpflichtung zur Achtung der Unverletzlichkeit der Grenze, ihrer Souveränität und territorialen Integrität, und Artikel 3 enthält die beiderseitige Erklärung, daß sie gegeneinander keinerlei Gebietsansprüche haben.

a) Artikel 1: Im Einklang mit der Verpflichtung aus dem Zwei-plus-Vier-Vertrag wird in Artikel 1 zunächst die bestehende Ostgrenze „bestätigt". Bezugspunkt sind dabei zunächst die verschiedenen Vereinbarungen zwischen Polen und der DDR:
– der Görlitzer Vertrag von 1950,
– der *„Akt vom 27. Januar 1951 über die Ausführung der Markierung der Staatsgrenze"* und
– der die Oderbucht und die Seegebiete betreffende Vertrag vom 22. Mai 1989.

Zugleich wird Bezug genommen auf den Warschauer Vertrag mit der Bundesrepublik von 1970, der, wie gezeigt, seinerseits auf das Potsdamer Protokoll verweist. Diese doppelte Bezugnahme muß überraschen, zumal

---

[27] Art. 1 Abs. 2 des Zwei-plus-Vier-Vertrags spiegelt die Zustimmungserfordernis Polens wider, indem er ihm für den abzuschließenden Vertrag die Stellung der Verhandlungs- und Vertragspartei einräumt. Abgesichert wird dieses Interesse, indem Deutschland die Verpflichtung zur Bestätigung der zwischen den beiden Staaten faktisch bestehenden Grenze mittels völkerrechtlichen Vertrags auferlegt wird.

die Bundesrepublik den Görlitzer Vertrag früher immer als nichtig und unwirksam bezeichnet hatte.[28] Letztlich kann die Formulierung nur als pragmatisches Zugeständnis an die polnische Seite gewertet werden, die es beiden Seiten ermögliche, ihren überkommenen Rechtsstandpunkt zu wahren.

b) Artikel 2: In Artikel 2 lassen sich drei separate Aussagen unterscheiden: die beidseitige Erklärung, daß die Grenze „*jetzt und in Zukunft*" unverletzlich sei, die gegenseitige Verpflichtung zur uneingeschränkten Achtung der Souveränität und die gegenseitige Verpflichtung zur uneingeschränkten Achtung der territorialen Integrität. Alle drei Punkte hängen eng miteinander zusammen. Bemerkenswert ist insoweit die Abweichung zum offenkundigen Vorbild der Bestimmung, Art. I Abs. 2 des Warschauer Vertrags von 1970, der nur den ersten und dritten Aspekt enthielt; die Hinzufügung der Souveränität mag indes im Zusammenhang mit Deutschlands Wiedererlangung der äußeren Souveränität gesehen werden.[29] Denn insoweit erfolgt – wie rein abstrakt im vierten Absatz der Präambel – die Rückkoppelung des Grenzbestätigungsvertrags zum Zwei-plus-Vier-Vertrag und die polnische Anerkennung der Aufgabe der alliierten Vorbehaltsrechte zugunsten des vereinten und souveränen Deutschlands.

c) Artikel 3: Artikel 3 des Grenzbestätigungsvertrags schreibt fest, daß die Parteien gegeneinander keine Gebietsansprüche haben. Er wiederholt damit den Text des Warschauer Vertrags (Art. 1 Abs. 3). Zudem entspricht er der allgemeinen Verpflichtung Deutschlands gegenüber den Vier Mächten in Art. 1 Abs. 3 des Zwei-plus-Vier-Vertrags, dessen Geltung hier auf Polen ausgeweitet wird.[30]

3. Das Schicksal der Ostgebiete beim Abschluß des Grenzbestätigungsvertrags

Der Grenzbestätigungsvertrag und der Zwei-plus-Vier-Vertrag – beide müssen im Hinblick auf die unterschiedlichen Vertragsparteien und die gegenseitige Bezugnahme gemeinsam betrachtet werden – legen im Ergebnis fest, daß mit ihrem Inkrafttreten die hiervon erfaßten vormals deut-

---

28) KEMPEN (wie Anm. 4), S. 330.
29) Hierzu: BLUMENWITZ: Vertrag (wie Anm. 20), S. 3047.
30) Diese Verpflichtung erfaßt, wie die Formulierung klarstellt, nicht künftig entstehende territoriale Ansprüche und schließt eine einvernehmliche Grenzänderung im Wege des „peaceful change" nicht aus; KEMPEN (wie Anm. 4), S. 333.

schen Ostgebiete als zum Territorium Polens gehörig angesehen werden müssen, also seiner territorialen Souveränität unterfallen. Die Grenzfrage, und damit die territoriale Zuordnung der Ostgebiete zu Polen, ist damit eindeutig geregelt.

Was jedoch keineswegs geklärt ist – und Gegenstand heftiger Auseinandersetzungen in der wissenschaftlichen und politischen Debatte sowie vor den Gerichten bis hin zum Bundesverfassungsgericht wurde –, ist die Frage nach dem Erwerbsgrund. Mehrere Ansichten werden hierzu vertreten, die kurz dargestellt und diskutiert werden sollen, da sie den eigentlichen Kern des Problems betreffen.

a) Abtretung: Eine Möglichkeit, und auf den ersten Blick vielleicht die nächstliegende, wäre eine Abtretung der Gebiete.[31] Tatsächlich sind ein Großteil der territorialen Veränderungen in der Folge des Ersten Weltkriegs und – soweit Friedensverträge geschlossen wurden – auch nach dem Zweiten Weltkrieg in der Form von Abtretungen erfolgt. Unschädlich ist insoweit, wie der Vorgang in den zugrundeliegenden Rechtsakten im einzelnen genau bezeichnet wird, sofern deutlich wird, daß eine Übertragung der territorialen Souveränität von einem Staat auf einen anderen erfolgt. Gerade dies ist hier aber nicht der Fall: Weder der Zwei-plus-Vier-Vertrag noch der Grenzbestätigungsvertrag enthalten eine klare Regelung den Übergang der territorialen Souveränität betreffend. Es ermangelt einmal einer dahingehenden Erklärung Deutschlands, daß hier eine solche Übertragung erfolgen sollte; zudem lehnt auch Polen es ab, eine aus seiner Sicht bereits seit 1945 bestehende Rechtslage nunmehr durch eine Abtretung noch einmal zu vollziehen. Eine Abtretung erfolgte mit den Verträgen von 1990 mithin nicht.[32]

b) Adjudikation: Aus Sicht insbesondere der östlichen Politik und Völkerrechtswissenschaft ist der Rechtsgrund für den Gebietsübergang in einer „adjudicatio", d.h. der Zuweisung von Territorium durch die verbindliche völkerrechtliche Entscheidung der Potsdamer Konferenz, zu suchen.[33] Es kann hier offen bleiben, inwieweit eine solche Befugnis angesichts des Fortbestandes Deutschlands als Völkerrechtssubjekt auch nach der Übernahme

---

31) Zur Diskussion: KEMPEN (wie Anm. 4), S. 297–301.
32) BLUMENWITZ (wie Anm. 6), S. 26.
33) Krzysztof SKUBISZEWSKI: Administration of Territory and Sovereignty: A Comment on the Potsdam Agreement, Archiv des Völkerrechts 23 (1985), S. 31–41, hier S. 32f.; CZAPLIŃSKI (wie Anm. 7), S. 134.

der obersten Regierungsgewalt durch die Alliierten[34] diesen überhaupt zustand. Wie einleitend bereits gezeigt, ist der Wortlaut des Potsdamer Protokolls jedenfalls dahingehend eindeutig, daß die darin getroffenen Regelungen die Ostgebiete betreffend nur vorläufiger Natur waren und unter dem Vorbehalt eines Friedensvertrages standen. Eine „adjudicatio" in Form einer dauerhaften Verfügung kann mithin nicht gesehen werden.

c) Einseitige Anerkennung der Annexion: Der nächste mögliche Erwerbsgrund wäre die Annexion der fraglichen Gebiete durch Polen, die vom Annexionsopfer – Deutschland – einseitig anerkannt und damit rechtlich zulässig hätte werden können.[35] Es ist zwar mittlerweile unbestritten, daß eine gewaltsame Annexion im modernen Völkerrecht der Nachkriegszeit rechtswidrig und damit rechtlich wirkungslos ist. Dies zeigt die Staatenpraxis und insbesondere die sog. Friendly-Relations-Declaration der Generalversammlung der Vereinten Nationen von 1970,[36] die als Ausfluß des in der UN-Charta niedergelegten Gewaltverbots eine Verpflichtung der Staaten begründet sieht, durch Annexionen erlangte Gebietsveränderungen nicht anzuerkennen. Dem betroffenen Staat verbleibt – als Folge der Rechtswidrigkeit – die Territorialhoheit über das Gebiet und damit auch die Verfügungsbefugnis. Könnte er damit den fraglichen Teil auch abtreten, so bleibt es ihm mit gleicher Begründung unbenommen, im Nachhinein der rechtswidrigen Annexion zuzustimmen, und sie damit zu legalisieren.

Allerdings gilt auch hier, daß den Verträgen von 1990 ein solcher Erklärungswert nicht beigemessen werden kann: Weder wird auf eine Annexion Bezug genommen, noch die Legitimierung einer Grenzverschiebung ausgesprochen. Hinzu kommt, daß ein solcher Rechtsgrund für die Vertragspartner – und namentlich für das demokratische Polen – inakzeptabel gewesen wäre.[37] Nach ihrem Rechtsverständnis lag eben gerade keine – rechtswidrige – Annexion vor.

d) Anerkennung einer Ersitzung: Diskutiert worden ist auch die Ersitzung der deutschen Ostgebiete durch Polen und deren Bestätigung in den Verträgen von 1990.[38] Der völkerrechtliche Effektivitätsgrundsatz kennt

---

34) Vgl. die Erklärung in Anbetracht der Niederlage Deutschlands und der Übernahme der obersten Regierungsgewalt hinsichtlich Deutschlands, in: Amtsblatt des Kontrollrats in Deutschland, Ergänzungsblatt Nr. 1, S. 7–9.
35) Zur Diskussion KEMPEN (wie Anm. 4), S. 301–306.
36) Anhang zu Resolution 2625 (XXV) vom 24. Oktober 1970, Grundsatz 1.
37) BLUMENWITZ: Vertrag (wie Anm. 20), S. 3044.
38) Vgl. KEMPEN (wie Anm. 4), S. 273–288.

das Prinzip der Ersitzung als Erwerbstatbestand, setzt aber das Bestehen einer ungeklärten Situation voraus. Dies war aber im deutsch-polnischen Verhältnis nicht der Fall: Aus deutscher Sicht hatte Polen den Besitz – d.h. die Verwaltungshoheit – offenbar rechtswidrig erlangt. Zudem bestand, wie wir gesehen haben, ein eindeutiges Annexionsverbot. Die Ersitzung als Figur des Vertrauensschutzes greift aber nicht ein, wenn der Besitzer bösgläubig ist, d.h. von vorrangigen Gebietsansprüchen Kenntnis hat. Hier war jedoch die Endgültigkeit der Grenzlinie immer wieder in Zweifel gezogen worden.[39] Die deutsche Position war diesbezüglich jederzeit eindeutig, und angesichts des Viermächtevorbehalts konnte auch der Warschauer Vertrag insoweit keinen guten Glauben erzeugen.[40] Damit entfällt aber auch die Möglichkeit einer Ersitzung.

e) Dereliktion bei gleichzeitiger Okkupation durch Polen: Ein weiterer Ansatz, den Gebietserwerb durch Polen theoretisch zu erfassen, sieht darin die Kombination einer einseitigen Eigentumsaufgabe (Dereliktion) durch Deutschland mit einer einseitigen Besitzergreifung (Okkupation) durch Polen.[41] Diese Konstruktion ist zwar theoretisch möglich, bedeutete jedoch eine künstliche Aufspaltung eines einheitlichen Lebenssachverhalts. Darüber hinaus gilt: Auch hierfür enthalten die Vertragstexte keinerlei Anhaltspunkte, vielmehr deutet gerade die in Art. 1 Abs. 2 des Zwei-plus-Vier-Vertrags explizit erwähnte Vertragsform darauf hin, daß es gerade ein gegenseitiges Rechtsgeschäft sein würde – und nicht die Kombination zweier einseitiger Rechtsakte.

f) Die grenzbezogenen Regelungen als Regelungen zur Streitbeilegung: Die Suche nach einem Rechtsgrund erbringt wenig Erhellendes. Die maßgeblichen Verträge selbst lassen alles offen – bis dahin, ob sie überhaupt eine konstitutive, also selbst regelnde Feststellung über einen Gebietstransfer darstellen oder einen bereits erfolgten Transfer lediglich deklaratorisch bestätigen.[42] Dies hat einen Kommentator zur Einschätzung kommen lassen, daß Gegenstand der Verträge nicht der rechtliche Status der umstrittenen Gebiete sondern der vorausgegangene Konflikt um den rechtlichen Status war.[43]

---

39) BLUMENWITZ: Vertrag (wie Anm. 20), S. 3044.
40) Dieser Rechtsstandpunkt war der Volksrepublik Polen seinerzeit auch eindeutig in der Ratifikationsurkunde mitgeteilt worden, s.o. I.3.
41) GORNIG (wie Anm. 21), S. 102.
42) BLUMENWITZ (wie Anm. 6), S. 26.
43) KEMPEN (wie Anm. 4), S. 311.

Äußerungen der Bundesregierung und selbst des Bundesverfassungsgerichts vermeiden Festlegungen über den Rechtsgrund, flüchten sich vielmehr in Aussagen etwa der Art, daß der Vertrag „*Abschluß eines sich über vier Jahrzehnte erstreckenden Prozesses*"[44] oder allein eine „*gegenwarts- und zukunftsbezogenen Regelung*"[45] darstelle. Deutlich wird darin, daß der Erwerbgrund gerade offengehalten werden soll, aber eine endgültige, verbindliche Regelung getroffen wird. Es läßt sich sagen, daß alle Debatten insofern gewissermaßen „auf Null" zurückgesetzt werden und dann einvernehmlich über die Grenzziehung bzw. Zuteilung von Territorium entschieden wird. Der rechtliche Status der deutschen Ostgebiete wird letztlich außer Streit gestellt – ohne daß damit eine Aussage über die rechtliche Entstehung dieses Status getroffen würde.

Der Vertragstext läßt diesen Punkt bewußt und deutlich offen und ermöglicht so beiden Parteien, an ihren unterschiedlichen Rechtsstandpunkten zum Erwerbsgrund festzuhalten.[46] Damit lassen sich die Verträge von 1990 als Regelung zur Streitbeilegung einstufen. Diese Lesart ist die einzige, die sowohl die historische Realität und die politischen Entwicklungen als auch – vor allem – den durch den Wortlaut gesetzten rechtlichen Rahmen berücksichtigt.

4. Zur Rechtmäßigkeit des Grenzbestätigungsvertrags

Zweifel an der Rechtmäßigkeit und Gültigkeit des Vertrages schlagen letztlich nicht durch.

a) Ausübung von Zwang: In völkerrechtlicher Hinsicht ist die Rechtmäßigkeit und Gültigkeit unter dem Aspekt der Ausübung von Zwang beim Vertragsabschluß diskutiert worden.[47] Zwar sind nach allgemeinem Völkerrecht Verträge, die unter Androhung oder Anwendung von Gewalt abgeschlossen werden, nichtig (vgl. jetzt Art. 52 des Wiener Übereinkommens

---

44) Antwort des Auswärtigen Amtes, Az. 011-300.16 vom 11.7.1991 und 4.9.1991 auf die schriftlichen Anfragen von MdB Sauer (CDU), Nr. 7/27 und 8/247, zit. nach: BLUMENWITZ (wie Anm. 6), S. 25f.
45) Bundesverfassungsgericht, Beschluß vom 5. Juni 1992, 2 BvR 1613/91 u.a., in: Neue Juristische Wochenschrift 20 (1992), S. 3222–3224, hier S. 3223.
46) S. nur: KEMPEN (wie Anm. 4), S. 309ff., S. 313 m.w.N.
47) Ebd., S. 236–238.

über das Recht der Verträge). Der Gewaltbegriff umfaßt hier aber allein militärische Gewalt, die im vorliegenden Szenario keinerlei Rolle gespielt hat. Bloßer politischer Druck oder Zwang hingegen – dessen Vorliegen hier ebenfalls zumindest mit großen Fragezeichen versehen werden muß – ist von dieser Verbotsnorm nicht erfaßt.

b) Selbstbestimmungsrecht der Völker: Weiterhin wurde, mit größerer Berechtigung, die Frage der Vereinbarkeit der Verträge von 1990 mit dem Selbstbestimmungsrecht der Völker diskutiert.[48] Dieses hat mittlerweile unbestrittenermaßen Rechtsqualität erlangt[49] – selbst der Zwei-plus-Vier-Vertrag verweist an zwei Stellen in seiner Präambel auf dieses Recht. Es könnte dadurch betroffen sein, daß die Bevölkerung in den früheren Ostgebieten keinen Einfluß auf das Schicksal ihrer Heimatgebiete hatte. Doch ist zunächst schon fraglich, inwieweit ein Bevölkerungsteil sich auf dieses Recht berufen kann. Zudem gewährt es grundsätzlich kein Recht auf eine staatliche Organisation in einer bestimmten territorialen Ausdehnung. Maßgeblich wird insoweit aber sein, daß es ratione materiae, also inhaltlich, keine zwingende Beteiligung der Bevölkerung im Falle von territorialen Änderungen erforderlich macht. Zudem wird man mit der herrschenden Lehrmeinung sagen können, daß die Wiedererlangung der deutschen Einheit gerade auch Ausfluß des Selbstbestimmungsrechts des deutschen Volkes ist und daß das Heimatrecht des aus den Ostgebieten stammenden Teils der Bevölkerung insoweit bewußt von der Mehrheit aufgegeben worden ist – gewissermaßen als Preis für die deutsche Einheit.[50]

c) Eigentumspositionen: Die Rechtmäßigkeit des Grenzbestätigungsvertrags ist weiterhin auch – auf verfassungsrechtlicher Ebene – im Hinblick auf die Vermögenspositionen der Heimatvertriebenen, bezogen auf ihr dort gelegenes Eigentum, angezweifelt worden. Das Bundesverfassungsgericht hat hierzu bereits 1992 – im Einklang mit seinem Urteil zum Warschauer Vertrag von 1975[51] – festgestellt, daß die grenzbezogenen Regelungen die

---

48) Ebd., S. 238–247.
49) Siehe nur den gemeinsamen Art. 1 der beiden UN-Menschenrechtspakte vom 19. Dezember 1966 (Internationaler Pakt über bürgerliche und politische Rechte, BGBl. 1973 II, S. 1534; Internationaler Pakt über wirtschaftliche, soziale und kulturelle Rechte, BGBl. 1973 II, S. 1570).
50) KEMPEN (wie Anm. 4), S. 247.
51) Beschluß vom 7. Juli 1975, 1 BvR 274/72 u.a., BVerfGE, Bd. 40, S. 141ff., S. 167.

Eigentumssituation unberührt lassen.[52] Es handele sich insoweit nur um die Regelung der Zuordnung von bestimmten Gebieten zu einem Staat, nicht um eine hoheitliche Verfügung über privates Eigentum. Die von Art. 14 Grundgesetz geschützte individuelle Eigentumsposition bleibe unangetastet und würde jedenfalls nicht verschlechtert. Den Umstand, daß die Bundesregierung es unterlassen hat, im Rahmen der Vertragsverhandlungen Restitutionsansprüche der Vertriebenen vertraglich zu sichern oder innerstaatlich durch eine Entschädigungsregelung auszugleichen, sah das Bundesverfassungsgericht nicht als hinreichend an, die Möglichkeit einer Grundrechtsverletzung zu begründen.[53] Der Grenzbestätigungsvertrag ließ die privaten Eigentumsrechte mithin unberührt.[54]

5. Die Regelungen des Grenzbestätigungsvertrags im Verhältnis zu den übrigen Kriegsfolgeregelungen

Der letzte Punkt – die Frage der Eigentumsrechte – verweist auf einen weiteren Aspekt, der im Grenzbestätigungsvertrag offen geblieben war: das Verhältnis seiner Bestimmungen zu den übrigen Kriegsfolgeregelungen. Während, wie oben gezeigt, der Zwei-plus-Vier-Vertrag mit Ausnahme der als obsolet angesehenen Reparationsfragen sämtliche noch offenen Kriegsfolgen im Verhältnis zu den Hauptsiegermächten regelt, erfolgt eine solche umfassende Klärung im Grenzbestätigungsvertrag keineswegs. Dabei bestand eine große Reihe von Fragen gerade im deutsch-polnischen Verhältnis, die einer dringenden Klärung bedurften. Die deutsche Seite hatte in der Tat versucht, diese Punkte gemeinsam mit der Grenzfrage zu klären, stieß insoweit aber auf den unüberwindbaren Widerstand Polens. Erst mit dem am 17. Juni 1991, also mehr als sieben Monate später, unterzeichneten Nachbarschaftsvertrag wurden diese Fragen angesprochen.[55] Darin werden neben den für einen Nachbarschaftsvertrag üblichen

---

52) Beschluß vom 5. Juni 1992, 2 BvR 1613/91 u.a., in: Neue Juristische Wochenschrift 20 (1992), S. 3222f.
53) Ebd.
54) BLUMENWITZ (wie Anm. 6), S. 27.
55) Allerdings wurde die Zusammengehörigkeit der beiden Verträge dadurch hervorgehoben, daß beide Verträge nach dem Austausch der jeweiligen Ratifikationsurkunden gemeinsam am 16. Januar 1992 in Kraft traten; vgl. Dieter BLUMENWITZ: Der

Punkten vor allem die für Deutschland wichtigen Fragen des Schutzes der in Polen verbliebenen deutschen Minderheit (Art. 20) berührt. Zu Staatsangehörigkeits- und Vermögensfragen enthält der Vertrag explizit keine Regelung, wie Punkt 5 des dessen Unterzeichnung begleitenden Briefwechsels verdeutlicht.[56] Ebensowenig gelang es den Parteien, eine einvernehmliche Regelung zur Frage der Repatriierung von sich in polnischem Gewahrsam befindlichen deutschen Kulturgütern zu finden – Art. 28 Abs. 3 des Nachbarschaftsvertrags erwähnt diesen Punkt in einer sehr zurückhaltenden Weise.

Die Chance, im Zuge der Regelung der Grenzfrage diese kulturell und auch ökonomisch bedeutsamen Punkte einvernehmlich zu klären und damit den für das Miteinander des deutschen und des polnischen Volkes und das gegenseitige Verständnis wichtigen Rechtsfrieden zu schaffen, war somit 1990 vertan worden.

III. Die Situation in bezug auf die deutsch-polnische Grenze aus heutiger Sicht

Ausgehend von dieser auf den Vertragstext und die ihm vorausgehenden historischen und rechtlichen Gegebenheiten gestützten Darstellung sei nun eine Rückschau aus heutiger Perspektive, d.h. mit 20 Jahren Abstand, versucht.

Einfach ist dies im Hinblick auf die Grenzfrage: Die Verträge von 1990 – Zwei-plus-Vier-Vertrag und deutsch-polnischer Grenzbestätigungsvertrag – führten zu einer endgültigen und dauerhaften Klärung der Frage der polnischen Westgrenze und der territorialen Zugehörigkeit der früheren Ostgebiete. Der Dissens über den Erwerbsgrund hat zu einer facettenreichen wissenschaftlichen Diskussion geführt, an der Klarheit und Unbedingtheit der Grenzregelung aber nichts geändert. Auch das

---

Weg zum Vertrag über gute Nachbarschaft und freundschaftliche Zusammenarbeit zwischen der Bundesrepublik Deutschland und der Republik Polen, in: DERS./Gilbert H. GORNIG/Dietrich MURSWIEK (Hg.): Minderheitenschutz und Menschenrechte (Staats- und völkerrechtliche Abhandlungen der Studiengruppe für Politik und Völkerrecht 21), Berlin 2006, S. 77–88, hier S. 84.
56) Vgl. BLUMENWITZ (wie Anm. 6), S. 29–31. Der Briefwechsel ist abgedruckt: ebd., S. 123–124.

Bundesverfassungsgericht hat diese abschließende Regelung insoweit in Form und Substanz bestätigt.[57]

Wie vorhin schon angedeutet, ist jedoch eine ganze Reihe von Kriegsfolgefragen auch zwanzig Jahre nach Abschluß des Grenzbestätigungsvertrags weiterhin ungeklärt:

1. Offene Vermögensfragen I

Dies betrifft zuvorderst den Komplex der Vertreibung und damit zusammenhängender Restitutions- und Entschädigungsansprüche der Vertriebenen. Der Grenzbestätigungsvertrag beschränkte sich auf Territorialfragen, und der am 17. Juni 1991 abgeschlossene deutsch-polnische Nachbarschaftsvertrag hielt die Vermögensfragen ausweislich des ihn begleitenden Briefwechsels ebenfalls offen. Die Chance, im Zuge der Regelung der Grenzfrage diese kulturell und wirtschaftlich bedeutsamen Punkte einvernehmlich zu klären und dauerhaft Rechtsfrieden zu stiften, war damit vertan. Auch das Bundesverfassungsgericht hat das Offenhalten der Vermögensfrage wiederholt bestätigt, zugleich aber die Durchsetzung dieser Ansprüche ins absolute Ermessen der Bundesregierung gestellt. Bundeskanzler Schröder hat zwar 2004 öffentlich geäußert, daß es heute keinen Raum mehr für Restitutionsansprüche aus Deutschland geben dürfe, die die Geschichte auf den Kopf stellten; weiter: die mit dem Zweiten Weltkrieg zusammenhängenden Vermögensfragen seien für beide Regierungen kein Thema mehr in den deutsch-polnischen Beziehungen. Gleichwohl bestehen Zweifel an Reichweite und Wirksamkeit dieser und entsprechender nachfolgender Äußerungen.[58] Unter anderem sind Zweifel daran geäußert worden, ob eine Regierung über derartige Restitutionsansprüche zu Lasten ihrer Staatsbürger wirksam durch Verzicht verfügen kann.[59]

---

57) Beschluß vom 5. Juni 1992, 2 BvR 1613/91 u.a., in: Neue Juristische Wochenschrift 20 (1992), S. 3222.
58) Tobias H. IRMSCHER: Aktuelle Entwicklungen zur Vermögensfrage in den deutsch-polnischen Beziehungen, in: BLUMENWITZ /GORNIG /MURSWIEK (wie Anm. 55), S. 101–132.
59) Eckart KLEIN: Völkerrechtliche Grenzen des staatlichen Verzichts auf diplomatischen Schutz, in: Pierre-Marie DUPUY/Bardo FASSBENDER/Malcolm N. SHAW/Karl-Peter SOMMERMANN (Hg.): Völkerrecht als Wertordnung, Festschrift für Christian Tomuschat, Kehl 2006, S. 361–376.

Einzelne Fälle über die Rückgabe von Eigentum von Aussiedlern der zweiten Welle sind vor polnischen Gerichten anhängig gemacht worden, teilweise mit Erfolg. Andererseits hat der Europäische Gerichtshof für Menschenrechte in Straßburg in einer Entscheidung vom 7. Oktober 2008 eine von der Preußischen Treuhand initiierte Menschenrechtsbeschwerde gegen den polnischen Staat mit der Begründung abgewiesen, daß er in zeitlicher Hinsicht nicht für die Eigentumsentziehung durch Polen zuständig sei, und auch ein Staat nicht von Konventions wegen zum Erlaß von Restitutions- oder Rehabilitierungsvorschriften verpflichtet sei.[60] Das Offenhalten der Vermögensfrage droht also zu einer dauerhaft offenen, nie abschließend geklärten Frage im deutsch-polnischen Verhältnis zu werden, ohne daß die Bundesregierungen hier zu einer endgültigen innerstaatlichen Lösung im Wege einer Entschädigung nach sozialstaatlichen Grundsätzen bereit ist. Inwieweit dies dem Interesse dauerhafter gutnachbarschaftlicher Beziehungen zwischen Deutschen und Polen dient, darf bezweifelt werden.

2. Offene Vermögensfragen II

Auch auf polnischer Seite hat eine endgültige Lösung der Behandlung der privaten Eigentumsverhältnisse in den früheren Ostgebieten erst in den letzten Jahren und nach einer erfolgreichen Massenbeschwerde von Bewohnern der ehemaligen polnischen Ostgebiete beim Europäischen Gerichtshof für Menschenrechte eingesetzt.[61] Die Opfer der Umsiedlungen, die polnischen Vertriebenen, erhielten in den 1990er Jahren ein Zertifikat über den Wert ihres zurückgelassenen Grundeigentums. Damit hätten sie an der Versteigerung von Grundeigentum in den früheren deutschen Ostgebieten teilnehmen können sollen. Tatsächlich fanden solche Versteigerungen

---

60) Europäischer Gerichtshof für Menschenrechte, Entscheidung vom 7. Oktober 2008 (Beschwerde Nr. 47550/06), Preußische Treuhand GmbH & Co KG a.A. ./. Polen, in: Europäische Grundrechte-Zeitschrift 35 (2008), S. 685–695.
61) Europäischer Gerichtshof für Menschenrechte (Große Kammer), Urteil vom 22. Juni 2004 (Beschwerde Nr. 31443/96), Broniowski ./. Polen, in: Europäische Grundrechte-Zeitschrift 31 (2004), S. 472–484; Europäischer Gerichtshof für Menschenrechte, Urteil vom 4. Dezember 2007 (Beschwerde Nr. 50003/99), Wolkenberg u.a. ./. Polen, in: Europäische Grundrechte-Zeitschrift 35 (2008), S. 126–131, beide mit ausführlicher Schilderung des tatsächlichen Hintergrunds, Vgl. hierzu auch Marten BREUER: Urteilsfolgen bei strukturellen Problemen. Das erste „Piloturteil" des EGMR, in: Europäische Grundrechte-Zeitschrift 31 (2004), S. 445–451.

überhaupt nur äußerst selten statt, und bestimmtes Grundeigentum war gänzlich ausgenommen worden. Es bestand ein Entschädigungsanspruch also faktisch nur auf dem Papier. Dieser Umstand läßt erkennen, daß der polnische Staat das von den deutschen Vertriebenen konfiszierte Eigentum für sich behielt und noch nicht einmal zur Entschädigung seiner eigenen Vertriebenen einsetzte – was sich ohne weiteres damit erklären ließe, daß Polen selbst in seiner Einweisung als Verwaltungsmacht für die deutschen Ostgebiete 1945 mehr als fünf Jahrzehnte lang keinen wirksamen Eigentumsentzug in bezug auf das Privateigentum der vertriebenen Deutschen gesehen hat.

3. Kulturgüter

Offen ist auch weiterhin die Frage der Restitution deutscher Kulturgüter. Hier sind drei Fallgruppen zu unterscheiden:
– Kulturgut, das aus dem Territorium des heutigen Deutschland freiwillig während des Krieges in heutiges polnisches Gebiet ausgelagert wurde. Ein Beispiel hierfür ist die Handschriftensammlung der Preußischen Staatsbibliothek, die 1941 nach Krakau zum Schutz vor Kriegsschäden ausgelagert wurde (sog. Berlinka). Eine einvernehmliche Lösung über deren Rückführung ist noch immer nicht gefunden worden, die Werke sind aber mittlerweile der Öffentlichkeit zugänglich gemacht worden.
– Kulturgut, das geraubt wurde und im heutigen Polen wieder auftaucht (sog. Beutekunst), sowie
– Kulturgut, das sich immer schon in den heute zu Polen gehörenden Ostgebieten befand, aufgrund seiner Eigenart und engen Beziehung zur deutschen Bevölkerung aber als deutsches Kulturgut zu qualifizieren ist. Hierzu zählen beispielsweise alte Kirchenbücher und andere Dokumente von Bedeutung für die einzelnen Einwohner.[62]

Die Bundesregierung steht grundsätzlich weiterhin in Verhandlungen mit der polnischen Regierung zu diesen Punkten. Einzelne Erfolge konnten erzielt werden, in anderen Fällen sind die Verhandlungen ins Stocken

---

62) Zur Sonderfrage der Archive vgl. Michael SILAGI: Archive und Vertreibung, in: Gilbert H. GORNIG/Burkhard SCHÖBENER/Winfried BAUSBACK/Tobias H. IRMSCHER (Hg.): Iustitia et Pax. Gedächtnisschrift für Dieter Blumenwitz (Schriften zum Völkerrecht 176), Berlin 2008, S. 707–719, hier S. 710ff.

geraten. Zum Teil bemüht man sich um pragmatische Lösungen, die zwar keine endgültige Rückgabe bedeuten, aber den gemeinsamen Zugang und die gemeinsame Nutzung der jeweiligen Kulturgüter ermöglichen.[63]

4. Die Situation der deutschen Minderheiten in Polen

Schließlich gibt auch die Situation der deutschen Minderheit in Polen, ungeachtet der grundsätzlichen Klärung im Nachbarschaftsvertrag von 1991, immer wieder Anlaß zu Differenzen in Einzelfragen, namentlich, was die Zulassung offizieller topographischer Bezeichnungen in deutscher Sprache anbelangt.[64]

IV. Schluß

Der deutsch-polnische Grenzbestätigungsvertrag stellt ein wichtiges Datum in der wechselvollen deutsch-polnischen Geschichte dar, indem er eine endgültige Regelung der deutschen Ostgrenze und der Souveränität über die vormals deutschen Ostgebiete mit Wirkung gegenüber den Hauptsiegermächten und Polens trifft. Er zieht damit einen Schlußstrich unter die politischen und rechtlichen Auseinandersetzungen um den Verlust der deutschen Ostgebiete. Der Vertrag vom 14. November 1990 zeichnet

---

63) Vgl. hierzu allgemein Günter RAUER: Völkerrechtliche Aspekte der Rückführung kriegsbedingt verlagerten Kulturgutes nach Polen und Deutschland, in: Gilbert H. GORNIG/Hans-Detlef HORN/Dietrich MURSWIEK (Hg.): Kulturgüterschutz – internationale und nationale Aspekte (Staats- und völkerrechtliche Abhandlungen der Studiengruppe für Politik und Völkerrecht 24), Berlin 2007, S. 167–185.
64) BLUMENWITZ (wie Anm. 55), S. 86f.; Gerhard BARTODZIEJ: Über die Lage der deutschen Minderheiten in der Republik Polen und der Tschechischen Republik, in: BLUMENWITZ/GORNIG/MURSWIEK (wie Anm. 55), Berlin 2006, S. 89–99.
　Derartige Schwierigkeiten scheinen freilich ein immer wiederkehrendes Phänomen und Schicksal von Minderheiten zu sein – ungeachtet der modernen juristischen Instrumente zu ihrem Schutz. Die immer enger werdende europäische Integration im Rahmen der Europäischen Union, vor allem aber die Freizügigkeit, vermag hier vieles auszugleichen. Die zugleich immer weiter steigende Mobilität insbesondere der jüngeren Generation kann aber gerade im Falle der deutschen Minderheit in Polen zu einem zahlenmäßig starken Rückgang der deutschen Volksgruppe in Polen führen; vgl. ebd., S. 96.

sich in bezug auf seinen Regelungsgehalt durch diejenige Klarheit aus, die Grenzverträgen zwangsläufig immanent ist, insoweit sie die endgültige Zuordnung der Territorialhoheit regeln. Diese Einigung bedeutet eine zukunftsbezogene Regelung, die beiden Seiten ihre Rechtsposition beläßt und gleichzeitig im Kontext des Zwei-plus-Vier-Prozesses eine dauerhafte Friedensregelung für die Zukunft schafft. Daß diese Regelung weitergehende Fragen offen läßt, ist mit der Komplexität der Rechtslage Deutschlands nach 1945 zu erklären, aber gleichwohl in bezug auf die Unvollkommenheit als abschließende Regelung zu bedauern.

Anhang

Vertrag zwischen der Bundesrepublik Deutschland und der Republik Polen über die Bestätigung der zwischen ihnen bestehenden Grenze[65]

Die Bundesrepublik Deutschland und die Republik Polen –

IN DEM BESTREBEN, ihre gegenseitigen Beziehungen in Übereinstimmung mit dem Völkerrecht, insbesondere der Charta der Vereinten Nationen, und mit der in Helsinki unterzeichneten Schlußakte der Konferenz über Sicherheit und Zusammenarbeit in Europa sowie den Dokumenten der Folgekonferenzen zukunftsgewandt zu gestalten,

ENTSCHLOSSEN, gemeinsam einen Beitrag zum Aufbau einer europäischen Friedensordnung zu leisten, in der Grenzen nicht mehr trennen und die allen europäischen Völkern ein vertrauensvolles Zusammenleben und umfassende Zusammenarbeit zum Wohle aller sowie dauerhaften Frieden, Freiheit und Stabilität gewährleistet,

IN DER TIEFEN ÜBERZEUGUNG, daß die Vereinigung Deutschlands als Staat mit endgültigen Grenzen ein bedeutsamer Beitrag zu der Friedensordnung in Europa ist,

UNTER BERÜCKSICHTIGUNG des am 12. September 1990 unterzeichneten Vertrags über die abschließende Regelung in bezug auf Deutschland,

EINGEDENK dessen, daß seit Ende des Zweiten Weltkriegs 45 Jahre vergangen sind, und im Bewußtsein, daß das schwere Leid, das dieser Krieg mit sich gebracht hat, insbesondere auch der von zahlreichen Deutschen und Polen erlittene Verlust ihrer Heimat durch Vertreibung oder Aussiedlung, eine Mahnung und Herausforderung zur Gestaltung friedlicher Beziehungen zwischen den beiden Völkern und Staaten darstellt,

65) BGBl. 1991 II, S. 1329ff.

IN DEM WUNSCH, durch die Entwicklung ihrer Beziehungen feste Grundlagen für ein freundschaftliches Zusammenleben zu schaffen und die Politik der dauerhaften Verständigung und Versöhnung zwischen Deutschen und Polen fortzusetzen –

sind wie folgt übereingekommen:

Artikel 1

Die Vertragsparteien bestätigen die zwischen ihnen bestehende Grenze, deren Verlauf sich nach dem Abkommen vom 6. Juli 1950 zwischen der Deutschen Demokratischen Republik und der Republik Polen über die Markierung der festgelegten und bestehenden deutsch-polnischen Staatsgrenze und den zu seiner Durchführung und Ergänzung geschlossenen Vereinbarungen (Akt vom 27. Januar 1951 über die Ausführung der Markierung der Staatsgrenze zwischen Deutschland und Polen; Vertrag vom 22. Mai 1989 zwischen der Deutschen Demokratischen Republik und der Volksrepublik Polen über die Abgrenzung der Seegebiete in der Oderbucht) sowie dem Vertrag vom 7. Dezember 1970 zwischen der Bundesrepublik Deutschland und der Volksrepublik Polen über die Grundlagen der Normalisierung ihrer gegenseitigen Beziehungen bestimmt.

Artikel 2

Die Vertragsparteien erklären, daß die zwischen ihnen bestehende Grenze jetzt und in Zukunft unverletzlich ist und verpflichten sich gegenseitig zur uneingeschränkten Achtung ihrer Souveränität und territorialen Integrität.

Artikel 3

Die Vertragsparteien erklären, daß sie gegeneinander keinerlei Gebietsansprüche haben und solche auch in Zukunft nicht erheben werden.

Artikel 4

(1) Dieser Vertrag bedarf der Ratifikation; die Ratifikationsurkunden werden so bald wie möglich in Bonn ausgetauscht.
(2) Dieser Vertrag tritt am Tage des Austausches der Ratifikationsurkunden in Kraft.

Zu Urkund dessen haben die Vertreter der Vertragsparteien diesen Vertrag unterzeichnet und mit Siegeln versehen.

GESCHEHEN zu Warschau am 14. November 1990 in zwei Urschriften, jede in deutscher und polnischer Sprache, wobei jeder Wortlaut gleichermaßen verbindlich ist.

Die ehemaligen deutschen Ostgebiete in den Diskussionen um die deutsche Wiedervereinigung

Von Verena von Wiczlinski

> „Alle stimmen überein, daß ein vereinigtes Deutschland aus der Bundesrepublik, der Deutschen Demokratischen Republik und Berlin bestehen wird – nicht mehr und nicht weniger."
> US-Außenminister James A. Baker am 17. Juli 1990[1]

Mit dem Mauerfall am 9. November 1989 schien nach 40 Jahren plötzlich eine Revision der Teilung Deutschlands und der Welt und somit der zementierten politischen Nachkriegsordnung möglich. Die über Jahrzehnte hinweg oftmals zu Worthülsen entleerten Forderungen nach Wiedererlangung der deutschen Einheit gewannen schlagartig eine neue, aktuelle Bedeutung. Bald standen die Handelnden auch vor dem Problem, welche Rolle die ehemaligen deutschen Ostgebiete im Prozeß der Wiedervereinigung und der völkerrechtlichen Liquidierung der Nachkriegszeit spielten. Die deutsche Frage war, wie sich – auch in den oben zitierten Worten James Bakers – deutlich zeigte, nicht deckungsgleich mit der Frage der deutschen Ostgebiete. Dieser Aufsatz untersucht in sechs Abschnitten die Phasen, in die sich der Einigungsprozeß mit Blick auf die Bedeutung der Ostgebiete einteilen läßt. Generell muß dabei gesagt werden, daß während der Einigungsverhandlungen zwischen den einzelnen Ostgebieten im wesentlichen nicht unterschieden wurde.

Bereits am 9. November 1989 wurde deutlich, daß die Revisionsmöglichkeiten, an die mit dem Mauerfall gedacht wurde, nicht nur die innerdeutsche Grenze, sondern auch die deutschen Ostgebiete betrafen. An diesem Tag traf der Vorsitzende der Gewerkschaft *Solidarność*, Lech Wałęsa, mit Helmut Kohl in Warschau zusammen, bevor der Kanzler nach der denkwürdigen Ankündigung einer neuen Reiseregelung durch

---

[1] Erklärung des amerikanischen Außenministers James A. Baker, abgegeben bei der dritten Runde der Zwei-plus-Vier-Verhandlungen in Paris am 17.7.1990, in: Europa-Archiv 45 (1990), D 503–504, hier D 504.

Günter Schabowski, den Sekretär des ZK der SED für Informationswesen, seinen Staatsbesuch in Polen unterbrach. Bei diesem Treffen zeigte sich Wałęsa, selbst einer der Köpfe der polnischen Reformbewegung, über den Fall der Mauer mehr erschrocken als erfreut. Er äußerte *„Furcht und Besorgnis vor unkontrollierten Entwicklungen".*[2] Dabei lag auf der Hand, daß damit weniger die innerdeutschen Entwicklungen gemeint waren als jene, die Konsequenzen für Polen mit sich bringen konnten – die Frage der Oder-Neiße-Grenze.

Die Frage der endgültigen Anerkennung der Oder-Neiße-Linie als polnische Westgrenze war nach Wahlerfolgen der Republikaner bereits im Sommer 1989 zu einem Thema geworden. Die Partei der Republikaner, gegründet im Jahre 1985, hatte im Januar 1989 bei den Kommunalwahlen in Westberlin 7,5 Prozent und im Juni bei den Wahlen zum Europa-Parlament 7,1 Prozent der Stimmen erlangt.[3] Um weitere Erfolge der Rechten zu verhindern, hatten konservative Politiker daraufhin argumentiert, die Gebiete östlich der Oder und Neiße müßten einbezogen werden, wenn die Frage wieder auf die Tagesordnung kommen sollte. Bundesaußenminister Genscher hatte sich dadurch veranlaßt gesehen, in einer Rede vor der UNO am 27. September 1989 im Namen der Bundesregierung zu erklären, daß das Recht des polnischen Volkes, *„in sicheren Grenzen zu leben, von uns Deutschen weder jetzt noch in Zukunft durch Gebietsansprüche in Frage gestellt wird. Das Rad der Geschichte wird nicht zurückgedreht."*[4] Genscher wies explizit auf die *„Unverletzlichkeit der Grenzen"* als *„Grundlage des friedlichen Zusammenlebens in Europa"* hin.[5] Der Bundestag hatte diese Stellungnahme am 8. November 1989, einen Tag vor Kohls Besuch in Warschau, durch eine Resolution bekräftigt, in der er bei 400 : 4 Stimmen und 13 Enthaltungen erklärt hatte, daß die Bundesrepublik *„an Buchsta-*

---

2) Zit. n. Andreas RÖDDER: Deutschland, einig Vaterland. Die Geschichte der Wiedervereinigung, München 2009, S. 134.
3) Wahlergebnisse bei Uwe ANDERSEN und Wichard WOYKE: Handwörterbuch des politischen Systems der Bundesrepublik Deutschland, Opladen [5]2003, S. 546.
4) Rede des Bundesaußenministers Hans-Dietrich Genscher vor der 44. Generalversammlung der Vereinten Nationen in New York am 27. September 1989, Auszug, in: Michael LUDWIG: Polen und die deutsche Frage. Mit einer Dokumentation, Bonn 1991 (= Arbeitspapiere zur internationalen Politik 60), S. 168. S. dazu auch Hanns Jürgen KÜSTERS und Daniel HOFMANN (Bearb.): Deutsche Einheit. Sonderedition aus den Akten des Bundeskanzleramtes 1989/90. Dokumente zur Deutschlandpolitik [zit. als DzD Deutsche Einheit 1989/90], München 1998, S. 623 Anm. 2.
5) Rede des Bundesaußenministers Hans-Dietrich Genscher (wie Anm. 4), ebd.

ben und Geist des Warschauer Vertrags in allen seinen Teilen" festhalte und entschlossen sei, „die Beziehungen zur Volksrepublik Polen auf allen Gebieten weiter zu entwickeln."[6]

Dabei waren die politische Konstellation und die Rechtslage gleichermaßen eindeutig: *De jure* konnte eine endgültige Festlegung der Grenzen erst in einer künftigen friedensvertraglichen Regelung mit einem wiedervereinigten Deutschland erfolgen.[7] Während die DDR die Oder-Neiße-Grenze bereits im Görlitzer Vertrag vom 6. Juli 1950 definitiv anerkannt hatte, sah sich die Bundesrepublik angesichts der fortwirkenden alliierten Besatzungsrechte in bezug auf Deutschland als Ganzem nicht befugt, über die Grenzen von Gesamtdeutschland zu verfügen. Konrad Adenauer war der Auffassung, daß die Vertreibung Unrecht gewesen sei, das im Rahmen einer friedensvertraglichen Regelung ausgeglichen werden müsse, und beharrte darauf, die Oder-Neiße-Grenze nicht anzuerkennen, bis die deutsche Ostgrenze in einem Friedensvertrag unter deutscher Beteiligung festgelegt würde.[8] Allerdings gab die Bundesregierung bereits am 3. Oktober 1954 eine allgemeine Gewaltverzichtserklärung ab, und 1955 ließ Adenauer dem britischen Hohen Kommissar Sir Ivone Kirkpatrick vertraulich mitteilen, daß ihm die Westintegration wichtiger sei als die Wiedervereinigung Deutschlands.[9] Im Warschauer Vertrag vom 7. Dezember 1970 wurde von der Bundesrepublik die *„bestehende Grenzlinie"* als *„westliche Staatsgrenze der Volksrepublik Polen"* anerkannt.[10] Eine Revision der Oder-

6) DzD Deutsche Einheit 1989/90 (wie Anm. 4), S. 623 Anm. 3.
7) Manfred GÖRTEMAKER: Verhandlungen mit den Vier Mächten, http://www.bpb.de/themen/9VUO61,1,0,Verhandlungen_mit_den_Vier_M%E4chten.html (zuletzt besucht am 31.10.2014).
8) Siehe dazu Axel FROHN: Adenauer und die deutschen Ostgebiete in den fünfziger Jahren, in: Vierteljahreshefte für Zeitgeschichte 44 (1996), S. 485–525, hier S. 523. Von besonderem Interesse ist in diesem Zusammenhang, daß Adenauer das von ihm geforderte „Recht auf Heimat" der Vertriebenen auch dann gewahrt sah, wenn man den Vertriebenen die Möglichkeit der Rückkehr in ein Gebiet gab, das nach einem Friedensvertrag polnisch sein würde (ebd.).
9) Ebd. Vgl. dazu Hanns Jürgen KÜSTERS: Der Integrationsfriede. Viermächte-Verhandlungen über die Friedensregelung mit Deutschland 1945–1990, München 2000 (= Dokumente zur Deutschlandpolitik, Studien 9), S. 849f.
10) Vertrag zwischen der Bundesrepublik Deutschland und der Volksrepublik Polen über die Grundlagen der Normalisierung ihrer gegenseitigen Beziehungen vom 7. Dezember 1970, in: LUDWIG (wie Anm. 4), S. 154–156, hier S. 155. Dazu RÖDDER (wie Anm. 2), S. 236.

Neiße-Grenze wurde weder von der Regierung der DDR noch von jener der Bundesrepublik angestrebt.[11]

1. Erste Reaktion der Bundesregierung nach dem Mauerfall: Zögern und Zurückhaltung

Die erste, nur rund 20 Tage dauernde Phase nach dem Mauerfall war dadurch gekennzeichnet, daß Helmut Kohl sich zunächst der Initiative anderer gegenübersah und im wesentlichen abwartend reagierte. Entgegen der Genscher-Äußerung vor der UNO und der nachfolgenden Resolution des Bundestags war Kohl bei seinem Polen-Besuch in den Tagen der Maueröffnung sorgsam darauf bedacht, die Grenzgarantie nicht zu wiederholen. Er beharrte trotz öffentlicher Kritik auf seiner Position, daß eine endgültige Festlegung erst durch *„eine frei gewählte gesamtdeutsche Regierung und ein frei gewähltes gesamtdeutsches Parlament"* vorgenommen werden könne. Damit zog der Bundeskanzler sich auf den rechtlichen Standpunkt zurück, wobei das Motiv für sein Verhalten vor allem in den Erfolgen der Partei der Republikaner lag – er war darum bemüht, ihnen keine Argumente zu liefern.[12]

Auch in den ersten Wochen nach dem Mauerfall verhielt sich die Bonner Regierung weiter abwartend. Helmut Kohl erklärte am 16. November 1989: *„Wir werden jede Entscheidung, die die Menschen in der DDR in freier Selbstbestimmung treffen, selbstverständlich akzeptieren."*[13] Dabei ging es zunächst lediglich um die Frage der Reformfähigkeit und damit des Fortbestehens der DDR einerseits und um vorsichtige Überlegungen zur Wiedervereinigung von Bundesrepublik und DDR andererseits – von den Ostgebieten war nicht die Rede. Während in der DDR die Stimmung in den nächsten Tagen und Wochen aggressiver und der Wunsch nach Wiedervereinigung lauter wurden, forderten in der öffentlichen Meinung der Bundesrepublik zunächst nur einzelne Stimmen eine Wiedervereinigung, wie etwa der Herausgeber des *Spiegels* Rudolf Augstein oder der Vorstandssprecher der Deutschen Bank Alfred Herrhausen im *Spiegel* vom 20. No-

---

11) GÖRTEMAKER (wie Anm. 7), ebd.
12) Ebd.
13) Regierungserklärung Kohls zum Besuch in Polen und zur Lage in der DDR, 16.11.1989, in: Verhandlungen des Deutschen Bundestages. Stenogr. Berichte. Bd. 151, Plenarprotokoll 11/176, 16. November 1989, S. 13326–13335, hier S. 13335.

vember – eine ungewöhnliche Allianz. Dabei verfolgte der *Spiegel* selbst aber ebensowenig eine klare Gesamtlinie wie die in deutschlandpolitischen Fragen regierungsnähere *Frankfurter Allgemeine Zeitung.* Vorwärtsdrängende standen neben verhalteneren Stimmen.[14] Die deutschlandpolitische Debatte war in den Parteien und in der Öffentlichkeit auf allen Ebenen entbrannt, und überall mehrten sich in den Wochen nach dem Mauerfall die Forderungen an die Bundesregierung, ihre abwartende Haltung aufzugeben, Stellung zu beziehen und aktiv zu werden. Die Zeitung *Die Welt* kritisierte in heftiger Weise, die Regierung sei *„unvorbereitet, weil sie Ideen, die über die westdeutsche Existenz und deren Besitzstand hinausweisen, fürchtet. […] Und so kann es sein, daß der Mantel der Geschichte an ihr vorüberrauscht […]."*[15]

Horst Teltschik, Leiter der Abteilung 2 im Bundeskanzleramt für Fragen der Außen- und Deutschlandpolitik und einer der maßgeblichen Ratgeber Helmut Kohls während der Wendezeit, traf am 21. November 1989 in Bonn auf Nikolaj Portugalow, den Berater für Internationale Beziehungen des ZK der KPdSU. Portugalow händigte Teltschik mehrere Papiere mit zahlreichen Fragen aus, die es vor einer Wiedervereinigung zu lösen galt. Deutlich wurde darin die *„Sorge, daß die Entwicklung in den deutschdeutschen Beziehungen eine unerwünschte und gefährliche Richtung nehmen könnte"*,[16] die unter anderem in der Frage an den Bundeskanzler Ausdruck fand, ob die Ostverträge fortgelten würden, *„bis eine gesamteuropäische Friedensordnung geschaffen ist."*[17] Teltschik war nach eigenen Worten *„wie elektrisiert"* – wurde doch anhand dieser bereits sehr konkreten Fragen erstmals klar, *„[w]ie weit […] die Überlegungen in der sowjetischen Führung zur deutschen Einheit schon vorangeschritten"* waren.[18] Ebenso deutlich wurde in diesem Zusammenhang, daß sich die Perspektive der sowjetischen Führung über die innerdeutsche Grenze hinaus auch auf die Frage der Ostgebiete

---

14) RÖDDER (wie Anm. 2), S. 138. Siehe dazu auch ausführlich Andreas RÖDDER: Die deutsche Frage vor dem Einigungsvertrag. Parteien, Intellektuelle, Massenmedien in der Bundesrepublik, in: Historisch-Politische Mitteilungen 15 (2008), S. 297–311, hier S. 307.
15) Zit. n. RÖDDER (wie Anm. 2), S. 138. Zur Diskussion in den Parteien RÖDDER: Deutsche Frage (wie Anm. 14), S. 297–304.
16) Horst TELTSCHIK: 329 Tage. Innenansichten der Einigung, Berlin 1991, S. 43.
17) Ebd.
18) Ebd., S. 44. Dazu auch Hanns Jürgen KÜSTERS: Entscheidung für die deutsche Einheit. Einführung in die Edition, in: DzD Deutsche Einheit 1989/90 (wie Anm. 4), S. 21–236, hier S. 62.

richtete. Ähnliches galt für die polnische Regierung: Anläßlich des ersten Staatsbesuchs des polnischen Ministerpräsidenten Tadeusz Mazowiecki in der UdSSR vom 24. bis zum 27. November 1989 wurde das Thema der polnischen Westgrenze ebenfalls diskutiert. Auf einer Pressekonferenz vor Abflug der polnischen Delegation am 23. November 1989 betonte die polnische Regierungssprecherin zwar, „*daß Polen sich derzeit nicht aus dem Westen bedroht fühle*", erklärte jedoch auch, „*daß die Sowjetunion Garant für die Sicherheit Polens sei. In Anbetracht der derzeitigen Diskussion über eine mögliche deutsche Wiedervereinigung sei dieser Punkt von besonderer Bedeutung.*"[19] Am 27. November 1989 stellte der Vorsitzende der Republikaner, Franz Schönhuber, die Wiedervereinigung und Wiedergewinnung der deutschen Ostgebiete überdies als erstes Ziel des neuen Parteiprogramms vor. Dies löste Beunruhigung bei der Regierung aus, da die öffentliche Diskussion damit vollends zu zerfließen und unkontrollierbar zu werden drohte.[20] Während die deutschlandpolitischen Berater aus der Diplomatie Kohl weiter zur Zurückhaltung mahnten, drängten Teltschik und einige andere enge Mitarbeiter den Kanzler, „*öffentlich die Meinungsführerschaft im Hinblick auf die Wiedervereinigung*" zu übernehmen.[21]

2. Die Initiative Kohls: Der Zehn-Punkte-Plan vom 28. November 1989

Vor dem Deutschen Bundestag schlug Helmut Kohl am 28. November 1989 – völlig überraschend für die Öffentlichkeit – in seinem Zehn-Punkte-Plan praktische Schritte zur Überwindung der deutschen Teilung vor. Er hatte den Plan lediglich mit seinen engsten Vertrauten in seiner Privatwohnung in Ludwigshafen erarbeitet und sein Programm weder mit der Unionsführung noch dem Koalitionspartner FDP mitsamt Außenminister Genscher abgesprochen, damit der Plan nicht vorab bekannt würde. Kohl fürchtete um den Überraschungseffekt und wollte Widerstand im Vorfeld vermeiden. Erst am Vorabend der Regierungserklärung wurde

---

19) Premier Mazowiecki reist nach Moskau. „UdSSR Garant für Sicherheit Polens". Erstmals Gespräche über die Polen in der Sowjetunion, in: Süddeutsche Zeitung, 23.11.1989.
20) RÖDDER (wie Anm. 2), S. 138. Vgl. auch Hannes BAHRMANN und Christoph LINKS: Wir sind das Volk. Die DDR im Aufbruch. Eine Chronik, Berlin 1990, S. 146.
21) TELTSCHIK (wie Anm. 16), S. 49. Dazu auch RÖDDER (wie Anm. 2), S. 139.

auf Vorschlag Teltschiks eine Reihe ausgewählter Zeitungsjournalisten ins Kanzleramt eingeladen, um sie nach der Verpflichtung zu strikter Vertraulichkeit zu informieren.[22] Im Gegensatz zum diplomatischen Usus wurden auch die Westmächte nicht unterrichtet; nur dem Weißen Haus ließ man den Text kurz vor Beginn der Bundestagssitzung zukommen, und direkt nach der Rede informierte Kohl US-Präsident George Bush telefonisch von deren Inhalt.[23]

Das Programm begann mit humanitären und wirtschaftlichen Sofortmaßnahmen und zielte auf einen stufenweisen, europäisch eingebundenen Prozess, der über „konföderative Strukturen" zu einem bundesstaatlich verfassten vereinten Deutschland führen sollte.[24] *„Die Wiedervereinigung, das heißt die Wiedergewinnung der staatlichen Einheit Deutschlands, bleibt das politische Ziel der Bundesregierung."*[25] Das Programm war ohne Zeitplan formuliert, um den Entwicklungen flexibel angepaßt werden zu können.

Die Offensive der Zehn Punkte bedeutete den Höhe- und zugleich Wendepunkt des Jahres 1989.[26] In den Wochen um die Jahreswende 1989/90, von Andreas Rödder als „*Scharnierzeit des Einigungsprozesses*" bezeichnet,[27] verlor die Bürgerbewegung ihre treibende Kraft, während Kohl die Initiative ergriff. Der 28. November 1989 leitete damit die zweite Phase der Wiedervereinigung ein, in der Kohl die deutsche Frage auf die Tagesordnung der internationalen Politik setzte. Er sprach im Zehn-Punkte-Plan ausdrücklich von deren Lösung im europäischen Kontext: „*Die Entwicklung der innerdeutschen Beziehungen bleibt eingebettet in den gesamteuropäischen Prozeß, das heißt immer auch in die West-Ost-*

---

22) Küsters (wie Anm. 18), S. 63 und Teltschik (wie Anm. 16), S. 52f.
23) Vgl. dazu James A. Baker: Drei Jahre, die die Welt veränderten, Berlin 1996, S. 158, Schreiben des Bundeskanzlers Kohl an Präsident Bush, Bonn, 28. November 1989, in: DzD Deutsche Einheit 1989/90 (wie Anm. 4), Nr. 101, S. 567–573, hier S. 572f.; Küsters (wie Anm. 18), S. 63 und Rödder (wie Anm. 2), S. 140.
24) Rede von Bundeskanzler Dr. Helmut Kohl vor dem Deutschen Bundestag am 28. November 1989, Auszug, in: Ingo von Münch (Hg.): Dokumente der Wiedervereinigung Deutschlands, Stuttgart 1991, S. 57–66, hier S. 63; online als Zehn-Punkte-Programm Helmut Kohls zur Überwindung der Teilung Deutschlands und Europas vom 28.11.1989 unter http://webarchiv.bundestag.de/archive/2009/0109/geschichte/parlhist/dokumente/dok09.html (zuletzt besucht am 24.11.2014).
25) Rede von Bundeskanzler Dr. Helmut Kohl (wie Anm. 24), S. 65.
26) Oskar Fehrenbach: Deutschlands Fall und Auferstehung. Ein Rückblick auf das 20. Jahrhundert, Stuttgart, Leipzig 2000, S. 250.
27) Rödder (wie Anm. 2), S. 146.

Beziehungen. Die künftige Architektur Deutschlands muß sich einfügen in die künftige Architektur Gesamteuropas."[28] Kohl bemühte sich um Absicherung nach allen Seiten: ein elastischer Zeithorizont, Einbindung der deutschen Frage in die internationale und europäische Integration, Betonung der Bedeutung der KSZE, „konföderative Strukturen" statt des eindeutigeren Begriffs „Bundesstaat". Zwei Fragen sprach er gleichwohl nicht an: die Bündniszugehörigkeit und die deutschen Ostgebiete. Beide Fragen sollten in den nächsten Monaten entscheidende Bedeutung gewinnen.[29]

An Kohls Zehn Punkten war nichts neu. Alle Formulierungen von Selbstbestimmung und dem Bekenntnis zur deutschen Einheit waren – zumindest als Formeln – seit Jahrzehnten wiederholt geäußert worden, allerdings fernab der politischen Realitäten.[30] Bemerkenswert war die Tatsache, daß nun, da 40 Jahre nach der Teilung Deutschlands die Grenzöffnung eingetreten war, die man jahrelang gefordert hatte, die Bundesregierung über keinerlei tragfähige politische Konzeption verfügte, noch weniger über konkrete Vorarbeiten, Ablaufpläne oder Krisenszenarien für den Fall einer bevorstehenden Wiedervereinigung. Hanns Küsters bemerkt zutreffend: „*Womit Regierungen und Planungsstäbe nicht rechnen, darüber werden auch keine Überlegungen angestellt.*"[31] Auch Vorwarnungen des Bundesnachrichtendienstes hatte es nicht gegeben; dieser hatte sich im Sommer und Herbst 1989 lediglich mit den Vorgängen innerhalb der SED und der Situation der Länder in Osteuropa und der Sowjetunion befaßt.[32]

Obwohl Kohl in den Zehn Punkten also nicht über bereits früher formulierte Stellungnahmen der Bundesrepublik hinausgegangen war, rief er im In- und Ausland außerordentliche Reaktionen hervor, denn er hatte das Thema Wiedervereinigung offiziell auf die politische Agenda gesetzt und damit, wie auch zuvor von Teltschik gefordert, die Meinungsführerschaft übernommen.[33] Dies wurde besonders in Dresden am 19. Dezember deutlich, als Kohl vor der Frauenkirche, damals noch Ruine, eine seiner bedeutendsten Reden hielt. Vor einer begeisterten Menge eröffnete er die Möglichkeit der Wiedervereinigung und unterstrich: „*Und auch das lassen*

---

28) Rede von Bundeskanzler Dr. Helmut Kohl (wie Anm. 24), S. 63f.
29) Rödder (wie Anm. 2), S. 142.
30) Ebd., S. 141.
31) Küsters (wie Anm. 18), hier S. 59.
32) Ebd.
33) Rödder (wie Anm. 2), S. 142.

Sie mich hier auf diesem traditionsreichen Platz sagen: Mein Ziel bleibt – wenn die geschichtliche Stunde es zuläßt – die Einheit unserer Nation."[34]
Es war klar, daß in diesem Einigungsprozeß nicht nur die europäischen Nachbarn eine entscheidende Rolle spielen würden, sondern insbesondere alle Hauptsiegermächte des Zweiten Weltkrieges, über deren Zustimmung der außenpolitische Weg zur deutschen Einheit führen mußte. Bei ihnen stieß, wie bereits die ersten Reaktionen deutlich machten, die Aussicht auf eine bevorstehende Wiedervereinigung Deutschlands nicht auf ungetrübte Freude. In der Berliner Deklaration vom 5. Juni 1945 hatten die vier Alliierten die oberste Regierungsgewalt Deutschlands gemeinsam übernommen. Seine Gebiete östlich von Oder und Neiße wurden unter polnische bzw. in Nordostpreußen unter sowjetische Verwaltung gestellt. Die endgültige Regelung sollte in einem Friedensvertrag erfolgen, der bis 1990 nicht geschlossen war. Die Westalliierten und die UdSSR gaben stattdessen nach und nach Souveränitätsrechte an die Bundesrepublik bzw. die DDR zurück. Im Deutschlandvertrag von 1954 (eigentlich „Vertrag über die Beziehungen der Bundesrepublik Deutschland und den Drei Mächten", in Kraft getreten im Mai 1955) übertrugen die Westalliierten der Bundesrepublik ihre volle staatliche Souveränität mit einigen Vorbehalten in bezug auf Deutschland als Ganzem und auf Berlin. Die drei westlichen Siegermächte hatten sich zwar in Art. 7 des Deutschlandvertrags als *„gemeinsames Ziel"* auf ein *„wiedervereinigtes Deutschland"* verpflichtet, das *„eine freiheitlich-demokratische Verfassung, ähnlich wie die Bundesrepublik, besitzt und das in die europäische Gemeinschaft integriert ist"*.[35] Allerdings geschah dieses Bekenntnis zur Wiedervereinigung leichten Herzens, da, wie der britische Außenminister Edward Heath später einräumte, *„wir wußten, daß sie nicht passieren würde."*[36] Anders stellte sich die Situation auf der Seite der Sowjetunion dar. Im Jahre 1948 hatte der sowjetische Vertreter Wassilij Sokolowski angesichts der bevorstehenden Weststaatsgründung

---

34) Rede des Bundeskanzlers vor der Frauenkirche in Dresden. Kundgebung am 19. Dezember 1989, in: Presse- und Informationsamt der Bundesregierung (Hg.): Bulletin der Bundesregierung Nr. 150 vom 22. Dezember 1989, S. 1261–1262, hier S. 1262.
35) Vertrag über die Beziehungen zwischen der Bundesrepublik Deutschland und den Drei Mächten (26.5.1952, Fassung: 23.10.1954), in: documentArchiv.de, http://www.documentarchiv.de/brd/dtlvertrag.html (zuletzt besucht am 24.11.2014). Dazu Rödder (wie Anm. 2), S. 148.
36) Zit. nach Rödder (wie Anm. 2), S. 45.

den Alliierten Kontrollrat und damit die Vier-Mächte-Verwaltung unter Protest verlassen, und am 25. März 1954 war die Souveränität der DDR von der Sowjetunion anerkannt worden. Im Jahr 1973 mußte letztere aber auf der Basis der Vier-Mächte-Verwaltung agieren, als im Viermächteabkommen über Berlin zwischen den vier Besatzungsmächten im Rahmen der beginnenden Entspannung im Ost-West-Konflikt die Grundlagen für den Rechtsstatus Berlins, das Verhältnis West-Berlins zur damaligen Bundesrepublik Deutschland und der Zugang zu West-Berlin festgelegt wurden. Die Sowjetunion war sich 1989/90 genau wie die Westmächte der Vier-Mächte-Verantwortung für Deutschland wohl bewußt.[37]

Die Reaktionen der wichtigsten Hauptstädte auf Kohls Zehn Punkte waren dementsprechend unterschiedlich. Vielfach wurde das *„Fehlen eines ‚elften Punktes' kritisiert"*, der die endgültige Anerkennung der Oder-Neiße-Grenze zum Inhalt hatte.[38] Insbesondere in Polen verstärkte sich das Mißtrauen gegen die deutsche Regierung.[39] Wie Tadeusz Mazowiecki später erläuterte, gab die Nichterwähnung des deutschen Verhältnisses zu Polen in Kohls Programm den Ausschlag für seinen Entschluß, im weiteren Einigungsprozeß aktiv die Wahrung der polnischen Interessen voranzutreiben.[40] Die Unantastbarkeit der polnischen Grenze wurde auch von der französischen Regierung unterstrichen.[41] US-Außenminister James Baker stellte am folgenden Tag in einer Erklärung *„zur Frage der deutschen Wiedervereinigung"* im Weißen Haus *„vier Grundsätze zur Erlangung der deutschen Einheit"* auf, die fortan die Grundlage bildeten, auf denen die US-Regierung die deutsche Wiedervereinigung unterstützte. Dabei handelte es sich erstens um die Verwirklichung des Prinzips der Selbstbestimmung, zweitens um die fortdauernde Zugehörigkeit eines vereinten Deutschlands zur NATO und zur Europäischen Gemeinschaft (Baker sprach davon, daß es *„keinen Handel Neutralismus für Einheit"* geben dürfe und schloß damit eine Möglichkeit, wie sie die Stalin-Note 1952 vorgesehen hatte,

---

37) RÖDDER (wie Anm. 2), S. 148.
38) Werner WEIDENFELD: Außenpolitik für die deutsche Einheit. Die Entscheidungsjahre 1989/90, Stuttgart 1998 (= Geschichte der deutschen Einheit 4), S. 479.
39) Klaus ZIEMER: Zwischen Misstrauen und Hoffnung: Polen und die deutsche Vereinigung, in: Klaus-Dietmar HENKE (Hg.): Revolution und Wiedervereinigung 1989/90. Als in Deutschland die Realität die Phantasie überholte, München 2009, S. 509–524, hier S. 515.
40) WEIDENFELD (wie Anm. 38), S. 809 Anm. 1.
41) Ebd.

kategorisch aus), drittens um den Verlauf in einem schrittweisen, nicht überstürzten Prozeß und viertens um die „*Unverletzlichkeit der Grenzen in Europa*", wobei er eigens darauf hinwies, daß dieser Punkt in Kohls Zehn-Punkte-Rede nicht angesprochen worden sei.[42] Die Frage der Oder-Neiße-Grenze war auch in den Augen der US-Regierung ein möglicherweise destabilisierender Faktor, der von vornherein als nicht verhandelbar galt. Mit dem Anspruch auf Einbindung eines wiedervereinigten Deutschlands in das westliche Bündnissystem erhob man andererseits eine Maximalforderung, die über eine pragmatische Realpolitik deutlich hinausging. In dem Balanceakt zwischen Stabilität auf der einen Seite und erwünschter Veränderung auf der anderen Seite steuerte die Bush-Regierung damit den endgültigen Sieg des Westens im Ost-West-Konflikt an.[43]

Die britische Premierministerin Margaret Thatcher, die den deutschen Einigungsprozeß bis zum Schluß mit größter Skepsis beobachten sollte, brachte ihre Besorgnis darüber zum Ausdruck, daß nun „*plötzlich alles in Bewegung*" sei.[44] Der französische Präsident François Mitterrand äußerte zwar „volles Verständnis" für die Erklärung Kohls, Außenminister Roland Dumas legte jedoch besonderen Wert auf die Versicherung, daß „*die Wiedervereinigung nur im Kontext der europäischen Integration erfolgen müsse*".[45] Der Sprecher des sowjetischen Außenministeriums Gennadij Gerassimow, der sich zu dieser Zeit mit Gorbatschow auf einem Staatsbesuch in Rom befand, beeindruckte mit Ehrlichkeit, als er Kohls Zehn Punkte mit den Worten kommentierte, „*niemand in Europa sei begierig, ein vereintes Deutschland zu sehen, weil es die gegenwärtige Stabilität umstoßen würde.*" Er wies darauf hin, „*daß Außenminister Schewardnadse die Ansicht vertreten habe, falls die Wiederherstellung Deutschlands in den Grenzen von 1937 als Ziel fallengelassen werde, könne die Sowjetunion ihre Ablehnung des von Bundeskanzler Kohl formulierten Plans überdenken.*"[46]

Wie lassen sich diese Stellungnahmen – auch hinsichtlich der deutschen Ostgebiete – bewerten? Nach der Einschätzung Horst Teltschiks stand

---

42) Vorlage des Ministerialdirektors Teltschik an Bundeskanzler Kohl, Bonn, 30. November 1989, in: DzD Deutsche Einheit 1989/90 (wie Anm. 4), Nr. 102, S. 574–577, hier S. 574.
43) Siehe dazu auch Rödder (wie Anm. 2), S. 150.
44) Vorlage des Ministerialdirektors Teltschik (wie Anm. 42), S. 575.
45) Ebd.
46) Ebd., S. 576.

einer „*durchgehend*" positiven Reaktion der Amerikaner die kritischere Haltung von Premierministerin Thatcher gegenüber, die davon ausging, „*daß das Thema ‚deutsche Einheit' jetzt nicht auf die T[ages-]O[rdnung] gehört und ein überstürzter Prozeß in Richtung ‚deutsche Einheit' die Position Gorbatschows – und die Nachkriegsordnung in Europa*" (und damit auch die britische Position) gefährde.[47] Die offizielle französische Position wertete Teltschik als „*konstruktiv*" und zugleich von taktischen Überlegungen geprägt: Mitterand versuche, die Bundesregierung mit der nicht anfechtbaren Forderung nach einer Wiedervereinigung im europäischen Kontext auf eine „*klare Entscheidung*" beim weiteren Vorgehen in der europäischen Wirtschafts- und Währungsunion festzulegen – schließlich fand die Wiedervereinigung parallel zu den Verhandlungen über den Fortgang der Europäischen Gemeinschaft statt. Die sowjetische Position sei „*weniger negativ*" als sie zunächst schien. Man habe vor allem die Besorgnisse anderer vorgeschoben. Teltschik beurteilte die Erklärung Schewardnadses als „*klare[n] Hinweis*" darauf, daß die UdSSR bereit sei, unter der Voraussetzung des Verzichts auf die Grenzen von 1937 über Kohls Plan zu diskutieren. Vor allem aber wurde, wie Teltschik abschließend unterstrich, unübersehbar deutlich, „*daß auch in westlichen Hauptstädten die ‚Grenzfrage' mit der weiteren Entwicklung in Verbindung gebracht wird.*"[48] Das Thema der deutschen Ostgebiete stand damit seit November 1989 – dem Beginn des Einigungsprozesses – ebenso auf der politischen Agenda wie das Thema der innerdeutschen Grenze.

*3. Erzwungene Stellungnahme der Bundesregierung
zur polnischen Westgrenze und kurzfristige Beruhigung*

Auf dem Dreikönigstreffen der FDP am 6. Januar 1990 in Stuttgart verlangte Bundesaußenminister Genscher eine verbindliche Erklärung zur Endgültigkeit der Westgrenze Polens. „*Wer die deutsche Haltung zur polnischen Westgrenze offenhalten will*", warnte er, „*der schlägt das Tor zu zur deutschen Einheit.*"[49] Keine Verfassungsbestimmung hindere die Deutschen

---

47) Ebd., S. 577.
48) Ebd.
49) Auf dem Dreikönigstreffen der FDP. Zweifelsfreie Zusage Kohls an Polen verlangt, in: Süddeutsche Zeitung, 8.1.1990.

in der Bundesrepublik und in der DDR daran, schon zu diesem Zeitpunkt zu sagen, daß sie „*weder jetzt noch in Zukunft, weder getrennt noch geeint, die polnische Westgrenze in Frage stellen werden.*"[50] Die Äußerungen des Vizekanzlers wurden in Stuttgart mit starkem Beifall aufgenommen und auch als Kritik an Bundeskanzler Helmut Kohl verstanden, der, wie es hieß, mit Rücksichtnahme auf die Vertriebenenverbände eine klare Stellungnahme vermied.[51]

Nachdem Helmut Kohl bereits bei einem privaten Treffen mit dem französischen Staatspräsidenten Mitterrand am 4. Januar 1990 auf dessen Landsitz in Latché in der Gascogne das Thema der Oder-Neiße-Grenze „*offensiv*" angesprochen und die Diskussion als „*künstlich geschürte Debatte*" bezeichnet hatte, „*die innen- und parteipolitischen Interessen diene*",[52] erläuterte er, zunehmend von der Öffentlichkeit gedrängt, anläßlich der Bundespressekonferenz am 10. Januar 1990 seine Haltung zur Frage der polnischen Westgrenze, blieb aber weiterhin wenig konkret.[53] Er verwies auf die Äußerungen des Präsidenten des Bundesverfassungsgerichts Roman Herzog zu Jahresbeginn. Das Gericht, so Herzog, habe nie erklärt, daß sich die Wiedervereinigung unbedingt auf das Deutsche Reich in den Grenzen von 1937 erstrecken müsse. Trotzdem bestehe das Deutsche Reich fort und könne erst durch einen Friedensvertrag oder ein vergleichbares Instrument beendet werden. Nach der Vertreibung der Deutschen aus den Gebieten jenseits von Oder und Neiße und der Ansiedlung von Polen dort könne man allerdings nicht sagen, daß eine Wiedervereinigung, die sich nur auf die Bundesrepublik und die DDR beziehen und die Oder-Neiße-Grenze völkerrechtlich anerkennen würde, gegen den Wiedervereinigungsauftrag des Grundgesetzes verstoße.[54] Diese Äußerungen wiesen in eine neue Richtung, denn bis zu diesem Zeitpunkt war man verfassungsrechtlich stets

---

50) Ebd.
51) Ebd.
52) Teltschik (wie Anm. 16), S. 99 und Gespräch des Bundeskanzlers Kohl mit Staatspräsident Mitterrand, Latché, 4. Januar 1990, in: DzD Deutsche Einheit 1989/90 (wie Anm. 4), Nr. 135, S. 682–690, hier S. 684. Dazu auch Weidenfeld (wie Anm. 38), S. 482.
53) Der Kanzler drängt – mit Augenmaß. Nur in der Frage der Westgrenze Polens will Kohl offenbar weiter taktieren, in: Süddeutsche Zeitung, 11.1.1990.
54) Präsident des Verfassungsgerichts zur Diskussion über die polnische Westgrenze: Deutsches Reich besteht in alten Grenzen weiter, in: Süddeutsche Zeitung, 2.1.1990.

davon ausgegangen, daß die Regelung der Grenzfrage einen Friedensvertrag erfordere. Auch der polnische Außenminister Krzysztof Skubiszewski hatte bereits zuvor betont, daß die Grenzfrage auch im Rahmen einer allgemeinen Friedensregelung durch eine Reihe von bilateralen und internationalen Verträgen gelöst werden könne.[55]

Aus Sicht der Vertriebenen ergab sich damit ein unheilvoller Konnex zwischen der Wiedervereinigung und der Opferung der Ostgebiete. Trotz der rhetorischen Offenhaltung der Frage der deutschen Ostgebiete war für Kohl die Anerkennung der Oder-Neiße-Grenze letztlich die Gegenleistung der Deutschen für die Erlangung der Einheit, wie er selbst ausführte: „,Natürlich war mir in jenen Tagen ganz deutlich,' erinnert sich Kohl, ,daß eine wesentliche Voraussetzung für die Zustimmung der Vier Mächte und unserer Nachbarn zur deutschen Einheit die endgültige völkerrechtliche Anerkennung der Oder-Neiße-Linie als polnische Westgrenze sein würde.'"[56] Weder Adenauer noch die nachfolgenden Bundesregierungen hatten je erklärt, daß sie nicht zur Anerkennung der Oder-Neiße-Grenze bereit seien. Bereits am 16. Dezember 1989 hatte Kohl in einem Gespräch mit dem ungarischen Ministerpräsidenten Miklós Németh geäußert, „wenn [...] die Bundesrepublik Deutschland und die DDR eine Föderation bildeten, dann werde – mit Ausnahme einiger Randfiguren – kein Mensch mehr über diese Grenze reden".[57] Kern des Problems war die historische Belastung des deutsch-polnischen Verhältnisses in Verbindung mit der Frage des gegenseitigen Vertrauens,[58] auf das Kohl noch mehrfach zu sprechen kommen sollte. Dazu kamen zwei strategische Überlegungen des Bundeskanzlers: Erstens hätte die Regierung bei einer frühzeitigen offiziellen deutschen Festlegung in bezug auf die Oder-Neiße-Grenze nach dem Mauerfall ein wichtiges Faustpfand in den Verhandlungen um die Wiedervereinigung aus der Hand gegeben, Verfügungsmasse für einen endgültigen Verzicht auf Reparationsansprüche Polens. Zweitens fürchtete Kohl um die Unterstützung der Vertriebenen im Einigungsprozeß und damit um deren Wahlstimmen. Dieses innenpolitische Argument dürfte für ihn das gewichtigere gewesen sein,[59] denn

55) Weidenfeld (wie Anm. 38), S. 482.
56) Helmut Kohl: „Ich wollte Deutschlands Einheit", Berlin 1996, S. 245.
57) Gespräch des Bundeskanzlers Kohl mit Ministerpräsident Németh, Budapest, 16. Dezember 1989, in: DzD Deutsche Einheit 1989/90 (wie Anm. 4), Nr. 124, S. 651–657, hier S. 655. Dazu auch Küsters (wie Anm. 9), S. 850.
58) Küsters (wie Anm. 9), S. 850.
59) Vgl. ebd. und Rödder (wie Anm. 2), S. 237.

Polen hatte in einer Erklärung vom 23. August 1953 auf Reparationen gegenüber Deutschland verzichtet.[60] Im Zusammenhang mit dem Abschluß des Warschauer Vertrages vom 7. Dezember 1970 bestätigte Polen gegenüber der Bundesregierung, daß die Reparationsverzichtserklärung von 1953 sich auf ganz Deutschland bezog.[61] Der Bund der Vertriebenen, der für die deutschen Opfer der Vertreibung sprach, lehnte die Anerkennung der Oder-Neiße-Grenze ab. Herbert Czaja, Präsident des Bundes und zugleich CDU-Bundestagsabgeordneter, argumentierte rein völkerrechtlich und juristisch unangreifbar: Ohne Friedensvertrag sei die Grenzfrage nach wie vor offen.[62] Kohl fürchtete um die Mehrheit, wenn der CDU die Vertriebenen verloren gingen. Seine Taktik lief daher darauf hinaus, einen möglichst breiten innenpolitischen Konsens für die Einheit herzustellen und die Vertreter der Nichtanerkennung der Grenze mit dem Argument zur Zustimmung zu bewegen, daß man ohne Anerkennung der Grenze die Einheit nicht gewinnen könne.[63] Um ihr Einverständnis zu erringen, wollte er ihnen unter moralischer Würdigung ihres Verlustes die Bestätigung der Grenze als unumgängliche deutsche Konzession für den Gewinn der deutschen Einheit präsentieren: *„Andererseits schuldeten wir es den Millionen deutscher Heimatvertriebener und Flüchtlinge, diese Anerkennung, die laut Grundgesetz erst von einem gesamtdeutschen Souverän ausgesprochen werden durfte, nicht auf die leichte Schulter zu nehmen, sondern deutlich zu machen, daß hier ein für viele Menschen schmerzhafter Preis für die deutsche Einheit entrichtet wurde."*[64]

Kohl schien der Schritt der Anerkennung der Oder-Neiße-Grenze unumgänglich. Er wollte ihn jedoch erst möglichst spät tun. Dadurch aber provozierte er äußere und innere Konflikte, weil eine frühzeitige Festlegung von beiden Lagern gefordert wurde. International fand die polnische Position

---

60) Wortlaut der Erklärung in: Gespräch zwischen Scheel und Olszowski, 13. September 1972, in: Akten zur auswärtigen Politik der Bundesrepublik Deutschland, 1972, Bd. 2: 1. Juni bis 30. September, München 2003, S. 1234–1240, hier S. 1239 Anm. 19. Siehe dazu auch Telefongespräch des Bundeskanzlers Kohl mit Staatspräsident Mitterrand, Bonn, 5. März 1990, in: DzD Deutsche Einheit 1989/90 (wie Anm. 4), Nr. 203, S. 909–912, hier S. 910.
61) Siehe dazu: Reparationen an Polen, in: Frankfurter Allgemeine Zeitung, 16.9.2004, Nr. 216, S. 10.
62) Rödder (wie Anm. 2), S. 238.
63) Küsters (wie Anm. 9), S. 850.
64) Kohl (wie Anm. 56), S. 245.

vehemente Unterstützung – die Grenzfrage löste während des gesamten Einigungsprozesses die größten internationalen Verstimmungen aus.[65] Kohl bemühte sich daher um Beziehungspflege: In einer langen und sorgfältig vorbereiteten Rede am 17. Januar 1990 vor dem Institut Français des Relations Internationales (IFRI) in Paris sagte er erstmals öffentlich, daß in Deutschland niemand die Wiedervereinigung mit einer Veränderung der polnischen Westgrenze in Verbindung bringe. Nach der Unterscheidung zwischen der juristischen und der politischen Dimension der Oder-Neiße-Frage versicherte er, die Deutschen beabsichtigten nicht, *„im Europa von morgen eine Grenzdiskussion vom Zaun zu brechen, die die europäische Friedensordnung, die wir gemeinsam anstreben, gefährden müßte.“* Weiter unterstrich er, *„daß die Polen die Gewißheit haben müssen, in sicheren Grenzen zu leben“*, wobei er betonte, daß Grenzen *„in einem künftigen Europa der Freiheit an Bedeutung verlieren werden.“*[66] Damit gab Kohl der Forderung Genschers einer endgültigen Anerkennung der polnischen Westgrenze zwar nicht nach, ging aber weiter als je zuvor, was nicht nur von der FDP,[67] sondern auch von der polnischen Regierung gewürdigt wurde. Eine bindende Festlegung vermied der Kanzler aus den genannten Gründen jedoch weiterhin. Bereits am 18. Januar 1990, nur einen Tag später, verhinderte er durch geschicktes Taktieren mit der Geschäftsordnung im Bundestag die Abstimmung über einen von der SPD eingebrachten und ursprünglich von Rita Süßmuth Ende Dezember 1989 angeregten Antrag zu einer Entschließung des Bundestages, die dem polnischen Volk in Gegenwart und Zukunft das Recht auf sichere Grenzen garantieren sollte – die Passage war identisch mit dem Wortlaut von Genschers UNO-Rede im September 1989. Überdies enthielt der Antrag ein fast wörtliches Zitat der Ausführungen Genschers auf dem Dreikönigstreffen der Liberalen im Januar 1990. Es wäre daher damit zu rechnen gewesen, daß die FDP

---

65) RÖDDER (wie Anm. 2), S. 235 und S. 238.
66) Rede des Bundeskanzlers der Bundesrepublik Deutschland, Helmut Kohl, im Rahmen einer Konferenz des Institut Français des Relations Internationales (IFRI) in Paris am 17. Januar 1990 zum Thema „Die deutsche Frage und die europäische Verantwortung", Auszug, in: LUDWIG (wie Anm. 4), S. 197–199, hier S. 199. Vgl. auch WEIDENFELD (wie Anm. 38), S. 350f. und S. 483, TELTSCHIK (wie Anm. 16), S. 111 und KÜSTERS (wie Anm. 9), S. 851.
67) So räumte das damalige FDP-Präsidiumsmitglied Jürgen Möllemann ein, Kohl sei so weit gegangen, wie es ihm als CDU-Vorsitzendem möglich sei. WEIDENFELD (wie Anm. 38), S. 484.

dem Antrag zu- und Kohls Position im Bundestag überstimmen würde.⁶⁸ Der Grenzstreit führte 1990 innenpolitisch nicht nur „*an den Rand einer Koalitionskrise*"⁶⁹ – auch innerhalb der Union verliefen, wie das Beispiel Süßmuths zeigt, die Frontlinien nicht lediglich zwischen dem Kanzler und den Vertriebenen.

Am 7. Februar konzedierte Außenminister Skubiszewski in einer Rede vor der Deutschen Gesellschaft für Auswärtige Politik in Bonn, daß die „*Aufnahme der Grenzdebatte [...] künstlich, ja überflüssig [ist], weil die Oder-Neiße-Grenze ein Bestandteil der europäischen Ordnung ist.*"⁷⁰ Kohls Pariser Rede bezeichnete er als „*wichtige Ergänzung zu dem Zehn-Punkte-Programm*".⁷¹ Allerdings ließen die Spannungen nur vorübergehend nach.

4. Das Wiederaufflammen des Grenzstreits und der Mazowiecki-Plan

Im Januar und Februar 1990 wurden zunächst weitere Steine auf dem Weg zur deutschen Einigung aus dem Weg geräumt. Nachdem die sowjetische Regierung den Deutschen Ende Januar zugestanden hatte, allein zu entscheiden, ob sie in einem gemeinsamen Staat leben wollten, vereinbarten die Außenminister der NATO- und der Warschauer-Pakt-Staaten auf der Open-Skies-Konferenz im kanadischen Ottawa vom 12. bis 14. Februar 1990 einen „Zwei-plus-Vier-Prozeß" zur Diskussion der Regelung der äußeren Fragen der deutschen Einheit auf Ebene der Außenminister der beiden deutschen Staate und der vier Siegermächte.⁷² Die von Mazowiecki und Skubiszewski geforderte Teilnahme Polens an den Zwei-plus-Vier-Verhandlungen wurde von Kohl ebenso wie auch von den USA entschieden abgelehnt. Selbst Großbritannien gab keine klare Stellungnahme, und auch die Sowjetunion unterstützte das polnische

---

68) Ebd., S. 481f.
69) Ebd., S. 481.
70) Rede des polnischen Außenministers, Krzysztof Skubiszewski, über die polnische Haltung zur deutschen Vereinigung, gehalten vor der Deutschen Gesellschaft für Auswärtige Politik in Bonn am 7. Februar 1990, Auszug, in: LUDWIG (wie Anm. 4), S. 200–205, hier S. 201f. Dazu WEIDENFELD (wie Anm. 38), S. 483.
71) LUDWIG (wie Anm. 4), S. 202.
72) Dazu ausführlich RÖDDER (wie Anm. 2), S. 199f. und WEIDENFELD (wie Anm. 38), S. 222ff. und S. 250ff.

Ansinnen nicht erkennbar.[73] Mit dem sogenannten „Mazowiecki-Plan" forderte der polnische Ministerpräsident am 21. Februar 1990 daraufhin in einer Pressekonferenz vor der internationalen Öffentlichkeit unter expliziter Erwähnung der Partei der Republikaner und eines zunehmenden Nationalismus in der DDR nicht nur erneut die Teilnahme Polens an den Zwei-plus-Vier-Gesprächen und darüber hinaus an den Diskussionen zu Sicherheitsfragen, sondern auch die Paraphierung eines Grenzvertrages vor dem Zustandekommen der deutschen Einheit mit anschließender Ratifizierung durch ein gesamtdeutsches Parlament.[74] Außenminister Skubiszewski legte zusätzlich am 23. Februar 1990 einen Fünf-Punkte-Plan vor, der ebenfalls die Teilnahme Polens an den Zwei-plus-Vier-Verhandlungen und die Paraphierung einer Grenzregelung noch vor Herstellung der deutschen Einheit anstrebte.[75] Am 23. Februar führte Kohl deshalb ein langes Telefongespräch mit Mazowiecki, der den Kanzler ausführlich von den psychologischen Gegebenheiten in Polen unterrichtete. Kohl versuchte seine Sorgen hinsichtlich der Grenzfrage zu zerstreuen und wies seinerseits auf die psychologischen Bedingungen in Deutschland hin. Polen sei in Jalta zu Lasten Deutschlands nach Westen verschoben worden. Zwölf bis dreizehn Millionen Deutsche hätten ihre Heimat verloren, weitere zwei Millionen seien auf der Flucht und bei der Vertreibung umgekommen. Das Problem sei nicht die Grenze, sondern die Psychologie der Menschen. Tatsache sei überdies, daß sowohl in den alliierten Nachkriegsvereinbarungen als auch in den von Kohls Vorgängern unterschriebenen Verträgen die endgültige Grenzregelung einem Friedensvertrag vorbehalten worden sei.[76] Die wiederholte Betonung psychologischer Gegebenheiten von seiten Kohls wie auch Mazowieckis macht wiederum deutlich, daß die Streitpunkte letztlich weniger in der Substanz der Sachfragen als in deren Vermittlung der jeweiligen Öffentlichkeit gegenüber lagen.

73) WEIDENFELD (wie Anm. 38), S. 484.
74) Ebd., S. 485f. und ausführlich LUDWIG (wie Anm. 4), S. 51–63.
75) KÜSTERS (wie Anm. 18), S. 123.
76) Gespräch des Bundeskanzlers Kohl mit Präsident Bush, Camp David, 24. Februar 1990, in: DzD Deutsche Einheit 1989/90 (wie Anm. 4), Nr. 192, S. 860–873, hier S. 863. Kohl erklärte Bush gegenüber in Camp David später vertraulich, er halte aufgrund der möglichen Reparationsforderungen überhaupt nichts von einem Friedensvertrag. Die Bundesrepublik habe Wiedergutmachung geleistet; Reparationen seien innenpolitisch nicht durchsetzbar. Ebd. und KOHL (wie Anm. 56), S. 312f.

Bei einem Besuch Helmut Kohls in Camp David nur einen Tag später, am 24. und 25. Februar 1990, wurde die deutsch-amerikanische Zusammenarbeit im Wiedervereinigungsprozeß besiegelt. Im Verlauf der Gespräche diskutierten die beiden Regierungschefs neben der Frage der Bündniszugehörigkeit auch jene der deutsch-polnischen Grenze. Kohl sprach das Grenzproblem von sich aus an und bezeichnete es als lösbar. Er vereinbarte mit Bush in Camp David eine Arbeitsteilung im weiteren Einigungsprozeß. Die Bundesregierung würde für die innerdeutsche Organisation und die Auseinandersetzung mit der UdSSR sorgen, die US-Administration für die Leitung auf internationaler und sicherheitspolitischer Ebene, wobei die NATO-Mitgliedschaft das angestrebte Maximalziel blieb.[77] Für die Polen war das Treffen in Camp David eher ein Rückschlag; der Sprecher des US-Präsidenten erklärte nach Abschluß der Gespräche, Bush und Kohl lägen in der Grenzfrage *„auf einer Linie".*[78]

Ende Februar 1990 hatte sich eine radikale Veränderung der Sachlage seit November 1989 ergeben. Noch im Dezember war Kohls Zehn-Punkte-Plan auf so scharfe internationale Ablehnung gestoßen, daß er mit dem Gedanken gespielt hatte, die Wiedervereinigung zunächst zu verschieben. Nun, nur zwei Monate später, wurde eine schnelle deutsche Wiedervereinigung allseits anerkannt, unter anderem, weil Kohl beharrlich an seinem Einheitskurs festhielt und dabei von den USA konsequent unterstützt wurde, während es den wichtigsten Gegnern bzw. Skeptikern der Wiedervereinigung – UdSSR, Frankreich und Großbritannien – nicht gelang, zu einer gemeinsamen Linie zu finden.[79]

Dieser Befund stellte sich allerdings mit Blick auf die polnisch-deutsche Grenzfrage in bei weitem weniger rosigem Licht dar. Die Frage der Oder-Neiße-Grenze führte durch eine Offensive der polnischen Regierung im März 1990 zu heftigen Verstimmungen. Kohl weigerte sich nicht weiterhin, ein klärendes Wort zu sprechen und den Mazowiecki-Plan zu unterstützen. Da der innenpolitische Druck auf den Kanzler wuchs und sich die Grenzfrage nicht nur zu einer Zerreißfrage in der Koalition entwickelte, sondern die kritischen Stimmen auch innerhalb der Union lauter wurden, griff Kohl den Vorschlag Rita Süßmuths von Dezember 1989 auf und regte

---

77) RÖDDER (wie Anm. 2), S. 203f.
78) Zit. n. LUDWIG (wie Anm. 4), S. 65 Anm. 132.
79) RÖDDER (wie Anm. 2), S. 205.

eine gleichlautende Resolution des Bundestages und der Volkskammer zur Oder-Neiße-Frage an. Allerdings verschärfte er den innenpolitischen Streit, als er diese Resolution mit einer Forderung nach Regelung der Rechte für die deutsche Minderheit in Polen sowie nach einer Erklärung der Polen verknüpfen wollte, daß der Reparationsverzicht von 1953 weiterhin gelte.[80] Kohl versprach sich damit, so Teltschik, eine *„innenpolitische Entlastung, vor allem gegenüber den Vertriebenen.*"[81]

In etlichen schwierigen Diskussionen, in deren Verlauf Kohl davon sprach, daß es *„in der Koalition sehr schwer"* werde,[82] verständigten sich CDU/CSU und FDP schließlich auf einen Antrag, der einerseits Genschers Formulierung vor der UNO von September 1989 übernahm, andererseits aber auch Kohls Junktim enthielt, indem er formulierte, daß der polnische Reparationsverzicht vom 23. August 1953 und die gemeinsame Erklärung Mazowieckis und Kohls vom 14. November 1989 auch für das vereinte Deutschland fortgelten würden.[83] Die Resolution wurde am 8. März 1990 ohne Gegenstimme bei nur fünf Enthaltungen aus der Unionsfraktion verabschiedet.[84] Genscher, der sich zuvor den Mazowiecki-Plan durch den Vorschlag der Paraphierung eines Grenzvertrages vor der Vereinigung der beiden deutschen Staaten in klarer Opposition zu Kohl öffentlich zu eigen gemacht hatte, zog angesichts dieses Ausgangs nun seine Unterstützung zurück, wobei er allerdings keinen Zweifel an der Endgültigkeit der Oder-Neiße-Grenze ließ. Der Präsident des Bundes der Vertriebenen, Herbert Czaja, kritisierte, daß die Resolution einen förmlichen Vertrag mit Polen über die Rechte der deutschen Minderheit nicht ersetze. Hartmut Koschyk, Generalsekretär des Bundes der Vertriebenen, forderte eine freie Abstimmung über die Gebiete östlich von Oder und Neiße, in der die dort lebende Bevölkerung sowie die Heimatvertriebenen und ihre Nachkommen stimmberechtigt sein sollten.[85]

---

80) WEIDENFELD (wie Anm. 38), S. 487f.
81) TELTSCHIK (wie Anm. 16), S. 165. Dazu auch RÖDDER (wie Anm. 2), S. 240.
82) Zit. n. WEIDENFELD (wie Anm. 38), S. 488.
83) Ebd., S. 489. Die gemeinsame Erklärung vom 14. November 1989 enthielt unter anderem Zusicherungen an die polnischen bzw. deutschen Bevölkerungsgruppen, ihre Identität, Sprache und kulturelle Tradition wahren und pflegen zu können. Wortlaut der Erklärung als Auszug bei LUDWIG (wie Anm. 4), S. 177–178.
84) TELTSCHIK (wie Anm. 16), S. 169.
85) WEIDENFELD (wie Anm. 38), S. 489 und S. 815 Anm. 49, und RÖDDER (wie Anm. 2), S. 239.

Diese Entwicklungen waren nicht dazu angetan, die Nervosität der polnischen Regierung zu verringern. Anläßlich eines Besuchs in Paris am 10. März 1990 forderte Präsident Mazowiecki daher mit Vehemenz die Paraphierung eines Friedensvertrags vor der Wiedervereinigung, den die gesamtdeutsche Regierung später unterzeichnen sollte.[86] Auch Mitterrand verlangte öffentlich die polnische Beteiligung an den Zwei-plus-Vier-Gesprächen, ebenso einen Vertrag vom Rang eines Friedensvertrags über die Grenze unter Beteiligung der Vier Mächte und vor Vollendung der Einheit, der vom gesamtdeutschen Parlament dann zu ratifizieren sei. Mitterrand, der bislang im Einigungsprozeß keine tragende Rolle gespielt hatte, machte sich damit zum Anwalt der Interessen Warschaus und stellte sich öffentlich gegen Kohl.[87] Die Haltung der Mächte zu der Forderung Polens differierte geringfügig: Frankreich lehnte zwar eine direkte Mitwirkung des Landes an den Zwei-plus-Vier-Gesprächen ab, dachte aber an eine Assoziierung und stand einer Viermächtegarantie des Grenzvertrags positiv gegenüber. Margaret Thatcher nahm den Standpunkt Mazowieckis ein. Auch Schewardnadse unterstützte die polnischen Wünsche, ließ aber die Form der Beteiligung offen, während Gorbatschow sich bereits im Februar für einen Friedensvertrag eingesetzt hatte. Die amerikanische Position war flexibler: Bush blieb bei seiner in Camp David getroffenen Feststellung, daß die Unverletzlichkeit der Grenzen gewahrt bleiben müsse. Man müsse die Polen konsultieren, wobei er keinen Zeitplan dafür vorsah.[88]

Es war Polen in den vorangegangenen Wochen gelungen, faßte Ministerialdirigent Peter Hartmann in einer politischen Bewertung für den Kanzler die Lage zusammen, bei den deutschen Hauptverbündeten *„politische Unterstützung in einem erheblichen Ausmaße zu mobilisieren"*.[89] Kohls Vorgehen in der Frage der Grenzanerkennung schien zu scheitern; er drohte mürbe zu werden. Auf seinen außenpolitischen Berater Horst Teltschik wirkte er in diesen Märztagen *„fast depressiv"*.[90] Kohl fürchtete, wie schon in Camp David angedeutet, daß hinter den polnischen Wünschen vor allem Reparationsforderungen stünden. Prüfungen durch die Experten

---

86) Rödder (wie Anm. 2), S. 239.
87) Küsters (wie Anm. 18), S. 123.
88) Vorlage des Ministerialdirigenten Hartmann an Bundeskanzler Kohl, 13. März 1990, in: DzD Deutsche Einheit 1989/90 (wie Anm. 4), Nr. 216, S. 937–941, hier S. 938f.
89) Ebd., S. 939. Dazu auch Küsters (wie Anm. 18), S. 124.
90) Teltschik (wie Anm. 16), S. 173. Siehe dazu Küsters (wie Anm. 18), S. 123.

des Auswärtigen Amtes für das Kanzleramt ergaben, daß weder faktisch noch juristisch ein Anspruch auf Reparationsleistungen bestand. Denn „*Reparationsansprüche entstehen dem Grund und der Höhe nach nur durch vertragliche Vereinbarungen zwischen Sieger und Besiegtem.*" Eine solche „*vertragliche Verpflichtung*" für die Schäden des Zweiten Weltkriegs war die Bundesrepublik jedoch – mangels Friedensvertrags – „*bisher nie eingegangen.*" Dennoch hatte sie seit ihrer Gründung rund 100 Milliarden Mark Wiedergutmachung an Polen geleistet. Durch die Verzichtserklärungen der Gegner und die bereits erbrachten Leistungen Deutschlands sei „*die Reparationsproblematik [...] 45 Jahre nach Kriegsende de facto erledigt*", so das Gutachten.[91]

Während Kohl innenpolitisch um Geschlossenheit in der CDU bemüht war und die Vertriebenen zur Anerkennung der Grenze bewegen wollte, sah sich die Bundesregierung in der Grenzfrage international isoliert. Im Bundeskanzleramt war man sich darüber im klaren, daß man „*keine Illusionen haben*" sollte. „*In der Grenzfrage*", so die Vorlage Hartmanns, „*kann Polen im Westen mit einer stark emotional gefärbten Welle der Sympathie (hierbei spielt Erinnerung an den II. Weltkrieg erhebliche Rolle) rechnen*", zumal sich bei den Verhandlungspartnern der Bundesrepublik damit „*das diplomatische Kalkül*" verband, die polnische Westgrenze zu nutzen, „*um dem aus westlicher Sicht zu ungestümem Vorgehen auf dem Weg zur deutschen Einheit Steine in den Weg zu legen.*"[92] Man befürchtete im Kanzleramt erhebliche mögliche Schäden, einerseits für das deutsch-polnische Verhältnis und die Beziehungen zu den deutschen Hauptverbündeten, andererseits für das Fortschreiten des Einigungsprozesses. Ministerialdirigent Hartmann riet Kohl daher zur Entwicklung einer „*offensiven Strategie*". Einerseits müsse man sich mit den offenen polnischen Forderungen „*– soweit sie vertretbar sind –*" auseinandersetzen, zugleich aber den westlichen Verbündeten verdeutlichen, „*daß es für uns Grenzen der Zumutbarkeit gibt.*"[93]

---

91) Vorlage des Ministerialdirektors Teltschik an Bundeskanzler Kohl, Bonn, 15. März 1990, in: DzD Deutsche Einheit 1989/90 (wie Anm. 4), Nr. 222, S. 955–956. Zu den Wiedergutmachungsleistungen der Bundesrepublik an Polen siehe Gespräch des Bundeskanzlers Kohl mit Ministerpräsident Mazowiecki, Warschau, 14. November 1989, in: DzD Deutsche Einheit 1989/90 (wie Anm. 4), Nr. 92, S. 532–537, hier S. 534.
92) RÖDDER (wie Anm. 2) S. 242.
93) Vorlage des Ministerialdirigenten Hartmann an Bundeskanzler Kohl (wie Anm. 88), S. 939.

5. Offensive Kohls und erste freie Volkskammerwahlen in der DDR

Kohl folgte der Empfehlung seiner Berater. In zwei langen Telefongesprächen mit dem französischen Ministerpräsidenten Mitterrand und Jacques Delors, dem Präsidenten der Europäischen Kommission, kündigte er an, daß er den deutschen Einigungsprozeß nunmehr beschleunigen werde und von den Verbündeten Rückendeckung erwarte.[94] Das Telefonat mit Mitterand am 14. März 1990 war bemerkenswert. Kohl redete sich vier Tage vor den ersten freie Volkskammerwahlen in der DDR und spürbar zermürbt von der Grenzdiskussion nachgerade in Rage. Er begann seine Ausführungen mit einer Kehrtwende und unterstrich, *„er sei schon immer der Meinung gewesen"*, daß den Polen die Gelegenheit zur Mitwirkung bei der Behandlung der deutsch-polnischen Grenzen gegeben werden müsse. Im Anschluß kritisierte er, *„daß die polnische Seite ohne Rücksprache mit uns über die Aushandlung eines Vertrags spreche."* Er war verärgert, daß den Bundestagsresolutionen und den Erklärungen der deutschen Regierung so wenig Bedeutung beigemessen werde, und machte den französischen Präsidenten darauf aufmerksam, daß *„von Polen keine positive Geste [komme]. Er wolle hier auf das Beispiel des tschechoslowakischen Präsidenten hinweisen. Die ČSSR sei das erste Opfer Deutschlands gewesen. Aber auch die Tschechen hätten an den Deutschen Schlimmes verübt. Das Ergebnis der positiven Äußerung von Präsident Havel sei eine Erklärung der sudetendeutschen Landsmannschaft gewesen, die die größte Vertriebenengruppe in der Bundesrepublik sei. Der tschechoslowakische Präsident habe die Hand zur Versöhnung ausgestreckt, die die Sudetendeutschen ergriffen hätten. Jaruzelski tue dies nicht."* Kohl betonte, daß er die Aussöhnung mit Polen wolle und *„daß über 90 % der Bevölkerung für die Oder-Neiße-Grenze seien."* Dann ging er auf die Verhältnisse in Deutschland ein. *„In Paris lebe man heute wie auf einem anderen Stern. Auf dem Stern, auf dem er lebe, seien seit 1. Januar 140.000 Übersiedler eingetroffen. Falls die Wahl in der DDR in ihrem Ausgang nicht den Erwartungen der Menschen entspreche, würde diese Zahl noch ansteigen. Er betreibe keine Hektik. Er wolle auch kein Viertes Reich [...]. Aber es sei eine ungeheure Dynamik in der Entwicklung."*[95] Abschließend machte der Kanzler

---

94) GÖRTEMAKER (wie Anm. 7).
95) Telefongespräch des Bundeskanzlers Kohl mit Staatspräsident Mitterrand, 14. März 1990, in: DzD Deutsche Einheit 1989/90 (wie Anm. 4), Nr. 222, S. 943–947, hier S. 945.

Mitterrand gegenüber aus seiner persönlichen Enttäuschung keinen Hehl. „[…] [M]an dürfe bei allem nicht nur auf die Psychologie der Polen Rücksicht nehmen, sondern man müsse auch auf die Psychologie der Deutschen achten. Die Würde eines Landes sei wichtig; dies gelte jedoch für alle Länder. Er sei sehr betroffen über alles, was er erlebe, und die Gehässigkeit, mit der dies zum Ausdruck komme."[96] Mitterrand, der Kohl „insbesondere für den menschlichen Aspekt" dankte, versicherte, öffentlich klarzustellen, „das Verhältnis zwischen Deutschland und Frankreich, den beiden Regierungen und ihm selbst sei gut."[97]

Wie Kohl in dem Telefonat mit Mitterrand angedeutet hatte, hing die weitere Entwicklung vor allem vom Ausgang der ersten freien Wahlen zur DDR-Volkskammer am 18. März 1990 ab. Deren Ergebnis – ein fulminanter Sieg der „Allianz für Deutschland", die eine schnelle Vereinigung mit der Bundesrepublik befürwortete – trug erheblich dazu bei, die Position Kohls national und international zu stärken. Als Präsident Bush dem Bundeskanzler zum Wahlsieg der Unionsparteien in Ostdeutschland gratulierte, machte er deutlich, daß er „ohne Wenn und Aber" auf der Linie Kohls sei, wie Kanzlerberater Teltschik notierte.[98] Dem polnischen Ministerpräsidenten Mazowiecki, der am folgenden Tag zu einem Besuch in Washington weilte, sagte Bush, „daß er dem Bundeskanzler vertraue und der polnische Ministerpräsident dies ebenfalls tun solle".[99] Die polnische Regierung erkannte, daß sie eine gleichberechtigte Teilnahme an den Zwei-plus-Vier-Verhandlungen nicht durchsetzen konnte. Außenminister Skubiszewski erklärte sich deshalb am 26. März mit Genschers Position einverstanden, „daß die Oder-Neiße-Grenze eine deutsch-polnische Angelegenheit sei und deshalb eine Regelung durch die Vier Mächte nicht in Frage komme."[100] Zudem ließen die Polen ihre Forderung fallen, daß ein Zwei-plus-Vier-Treffen in Warschau abgehalten werden solle.[101]

Auch bei den Regierenden in Paris und Moskau führte der Ausgang der Volkskammerwahlen zu einer grundsätzlichen Änderung ihrer Politik. Er dokumentierte vor den Augen der Welt eindeutig den Wunsch nach der Ausübung des Selbstbestimmungsrechts der DDR-Bürger zugunsten einer

---

96) Ebd., S. 946.
97) Ebd.
98) TELTSCHIK (wie Anm. 16), S. 179.
99) Ebd., S. 181.
100) Ebd., S. 184.
101) Ebd.

raschen Wiedervereinigung.[102] Die französische Führung, offensichtlich besorgt, ein wiedervereinigtes Deutschland könnte das Interesse an der Europäischen Gemeinschaft verlieren, drängte nun sogar darauf, daß die Bundesrepublik die DDR so schnell wie möglich integrieren möge. Mitterrands außenpolitischer Berater Jacques Attali informierte Kohl, daß Paris jetzt „*mit Hochdruck*" an einer EG-Initiative zur Errichtung einer Europäischen Union arbeite, um so das vereinigte Deutschland fest in die europäische Integration einzubetten.[103] Selbst Margaret Thatcher bewegte sich. Sie lud im März 1990 Historiker und Politiker zur Diskussion über den deutschen Nationalcharakter und die Gefährlichkeit Deutschlands nach Chequers, Landsitz der britischen Premierminister, ein. Das Seminar war zwar geprägt von einer überwiegend deutschlandkritischen Haltung, dennoch riet Außenminister Douglas Hurd, anders als Margaret Thatcher, zur Gelassenheit. Am Ende eines geordneten Übergangsprozesses könnten sowohl ein geeintes Deutschland als auch eine neue, stabile Architektur Europas stehen. Allerdings wurde klar gefordert, daß die Oder-Neiße-Grenze von einem vereinten Deutschland durch einen völkerrechtlichen Vertrag garantiert werden müsse.[104]

Am Tag nach der Volkskammerwahl deutete die Sowjetunion an, daß sie sich einer NATO-Mitgliedschaft eines vereinten Deutschlands nicht in den Weg stellen werde. Man gelangte in Moskau mehr und mehr zu der Einsicht, ein in das westliche Bündnis eingebundene Deutschland sei weniger gefährlich und daher eher zu befürworten als ein in der Mitte Europas frei „*herumvagabundierendes*" Deutschland.[105]

Das Vorgehen Kohls, Einlenken in der Frage der Beteiligung Polens an den Grenzgesprächen und sanfter Druck in langen Gesprächen mit den Verbündeten, hatte in Verbindung mit seinem Triumph bei den Volkskammerwahlen international zu einer Wende geführt, zumal Kohl am 29. März 1990 in einer vielbeachteten Rede in Cambridge betonte, daß eine gleichlautende Erklärung der Regierungen und Parlamente von Bundesrepublik und DDR geplant sei – „*die politisch stärkste Form der Festlegung,*

---

102) Rödder (wie Anm. 2), S. 225.
103) Ebd.
104) Richard Kiessler, Frank Elbe: Ein runder Tisch mit scharfen Ecken. Der diplomatische Weg zur deutschen Einheit, Baden-Baden 1993, S. 64f.
105) Görtemaker (wie Anm. 7).

die von den Deutschen vor der Vereinigung vorgenommen werden" könne.[106] Der Höhepunkt des Grenzstreits war überwunden.

6. Die Anerkennung der Oder-Neiße-Grenze durch die beiden deutschen Parlamente und die Unterzeichnung des Zwei-plus-Vier-Vertrags

Am 11. Juni machte Kohl dem CDU-Bundesvorstand klar, daß es ohne die Anerkennung der Oder-Neiße-Grenze keine Einheit geben werde. Kohl setzte die Einheit international durch, wobei die definitive Anerkennung der Oder-Neiße-Linie nicht mehr in Frage gestellt wurde. Die Vertreter der Vertriebenenverbände in der Union lehnten diese Anerkennung zwar ab, aber schließlich kamen aus ihren Reihen nicht mehr als 15 Gegenstimmen (zehn aus der CDU, fünf aus der CSU), als am 21. und 22. Juni der Deutsche Bundestag und die Volkskammer in zwei gleichlautenden Beschlüssen dem *„Willen Ausdruck"* gaben, *„daß der Verlauf der Grenze zwischen dem vereinten Deutschland und der Republik Polen durch einen völkerrechtlichen Vertrag endgültig [...] bekräftigt und der bestehenden Grenze entsprechen werde."*[107] Die *„Unverletzlichkeit der [...] bestehenden Grenze"* wurde unterstrichen.[108] Dies bedeutete den endgültigen Abschied von den deutschen Ostgebieten: Ein jahrhundertelang deutsch besiedeltes Territorium von einer Fläche größer als die DDR wurde definitiv aufgegeben. Besiegelt wurde aber auch der sowjetische Anteil am Hitler-Stalin-Pakt zur vierten Teilung Polens, um dessentwillen ja die Westverschiebung Polens erfolgt war. Von nun an verlor das Thema seine Brisanz, auch wenn es in der Folge noch zu mehreren Scharmützeln über den Inhalt und insbesondere die Terminierung des geplanten Grenzvertrages mit Polen kommen sollte.[109]

---

106) Zit. n. WEIDENFELD (wie Anm. 38), S. 491.
107) Gemeinsame Entschließung des Deutschen Bundestages und der Volkskammer der Deutschen Demokratischen Republik zur deutsch-polnischen Grenze vom 21. Juni 1990, in: MÜNCH (wie Anm. 24), S. 280–281, hier S. 280.
108) Ebd., S. 281. Dazu RÖDDER (wie Anm. 2), S. 244, und WEIDENFELD (wie Anm. 38), S. 499.
109) Dazu im einzelnen WEIDENFELD (wie Anm. 38), S. 491–509. Siehe auch RÖDDER (wie Anm. 2), S. 244. Laut einem *Spiegel*-Artikel vom 21. Mai 2010 stand allerdings für die Sowjetunion bei der Frage der deutschen Wiedervereinigung auch die frühere preußische Provinz Ostpreußen zur Debatte. Nach einem geheimen Fernschreiben der Botschaft in Moskau vom 2. Juli 1990 habe der sowjetische Generalmajor Geli Batenin im Sommer 1990 gegenüber einem Bonner Diplomaten Interesse

Nach der Unterzeichnung des Vertrages über die Schaffung einer Wirtschafts-, Währungs- und Sozialunion zwischen der Bundesrepublik und der DDR am 18. Mai 1990, der Zustimmung Gorbatschows zu den noch strittigen Fragen sowie der Übereinkunft über den Abzug der sowjetischen Truppen aus der DDR und die wirtschaftliche Kooperation beider Staaten einigten sich am 17. Juli 1990 die sechs Außenminister in Paris in Anwesenheit des polnischen Außenministers beim dritten Zwei-plus-Vier-Treffen auf die endgültige Anerkennung der Oder-Neiße-Grenze. Überdies beschloß man, daß das Schlußdokument der Zwei-plus-Vier-Verhandlungen alle Bestimmungen zur deutschen Einheit enthalten sollte, so daß ein Friedensvertrag nicht mehr von Nöten war. Am 12. September wurde beim vierten und letzten Zwei-plus-Vier-Treffen in Moskau der Zwei-plus-Vier-Vertrag (*"Vertrag über die abschließende Regelung im Bezug auf Deutschland"*) unterzeichnet.[110] Formell handelte es sich nicht um einen Friedensvertrag, aber er übernahm dessen Funktion, beendete völkerrechtlich die Nachkriegszeit und regelte die bis dahin offen gebliebenen deutschen Fragen. Artikel 1 bestimmte: *"Das vereinte Deutschland*

---

an Verhandlungen über den sowjetischen Teil Ostpreußens signalisiert. Daraufhin sei Batenin mit Joachim von Arnim, dem Leiter des politischen Referats der Botschaft zusammengetroffen. Batenin, der damals zum Reformflügel unter den sowjetischen Militärs gezählt habe, sei von Arnim für einen Geheimdienstler gehalten worden. Der deutsche Diplomat gab sich, so der *Spiegel,* gegenüber den Avancen aus Moskau verschlossen. Arnim habe auf die bekannte Bonner Haltung hingewiesen: Gegenstand der Vereinigung seien die Bundesrepublik, die DDR und ganz Berlin. Wenn die Sowjetunion „Probleme mit der Entwicklung des nördlichen Ostpreußens habe, so sei das ihre Sache." Siehe dazu: Moskau bot Verhandlungen über Ostpreußen an, in: Spiegel Online, 25.5.2010, www.spiegel.de/politik/deutschland/0,1518,695928,00. html (zuletzt besucht am 26.11.2014). Die Authentizität dieser Quelle ist nicht klar erwiesen. In den offiziellen Dokumenten findet sich kein Anzeichen einer solchen Offerte. Vielmehr hatte Deutschlandexperte Portugalow noch im März 1990 gegenüber Kanzlerberater Teltschik deutlich gemacht, daß die Sowjetunion bei einem geplanten Beitritt der DDR nach Art. 23 GG befürchte, man wolle sich den Zugriff auf Gebiete Deutschlands in den Grenzen von 1937 und damit auf die Region Königsberg offenhalten (dazu Küsters [wie Anm. 20], S. 136). Dies spricht gegen ein solches Angebot im Juli 1990. Andererseits wuchsen die wirtschaftlichen Schwierigkeiten der UdSSR mit jedem Tag, und dies mag einen Gesinnungswandel bewirkt haben. Ist die Quelle authentisch, wäre die Ablehnung allerdings auf der Linie der von der Bundesregierung im Falle Polens verfolgten Politik, die bestehenden Grenzen wie auch im Falle der Oder-Neiße-Linie anzuerkennen und mit einem anderen Verfahren für Ostpreußen keine neuen Irritationen auszulösen.
110) Wortlaut bei Münch (wie Anm. 24), S. 372–377.

wird die Gebiete der Bundesrepublik Deutschland, der Deutschen Demokratischen Republik und ganz Berlins umfassen". Weiterhin legte er fest: „*Seine Außengrenzen werden die Außengrenzen der Deutschen Demokratischen Republik und der Bundesrepublik Deutschland sein und werden am Tage des Inkrafttretens dieses Vertrages endgültig sein.*"[111] Damit waren die Grenzen des wiedervereinigten Deutschlands endgültig festgeschrieben Der deutschpolnische Grenzvertrag vom 14. November 1990 bestätigte schließlich die Oder-Neiße-Linie als unverletzlich.[112]

7. Resümee

Welches Fazit läßt sich nun für die Bedeutung der deutschen Ostgebiete im Einigungsprozeß ziehen? Deutlich wurde in der gesamten Zeit die große Rolle der persönlichen Beziehungen der Staats- und Regierungschefs. Die engen Kontakte über persönliche Treffen, Telefonate und Briefe verhinderten bei aller Schwierigkeit im einzelnen in einer höchst fragilen Situation das Entstehen einer explosiven Lage und halfen, Kompromisse auszuhandeln. Der Schlüssel zur Wiedervereinigung lag jedoch bei Gorbatschow. Er allein konnte sie den Deutschen anbieten.[113] Kohl jedoch nutzte beherzt den *Kairos*, jenen glücklichen kurzen Moment des Schicksals, bei dessen ungenutztem Verstreichen eine Chance unwiederbringlich verlorengeht. Die Frage der deutschen Ostgebiete stand nicht im Blickpunkt der Freiheits- und Einheitsbewegung der Ostdeutschen. Ihnen ging es um Freiheit und Wohlstand, zumal die DDR die Unverletzlichkeit der Oder-Neiße-Grenze bereits 1950 definitiv anerkannt hatte, so daß diese im Bewußtsein der Ostdeutschen eine andere Realität darstellte als in jenem der Westdeutschen. Die Bundesrepublik handelte zwar im Umgang mit der DDR und Polen pragmatisch, die Grenze wurde faktisch von keiner Bundesregierung in Frage gestellt, rhetorisch-juristisch galt jedoch noch immer deren Vorläufigkeit.

Außenpolitisch geriet die Frage der deutschen Ostgebiete vom Tag des Mauerfalls an in das Zentrum des Interesses. Sowohl die Vier Mächte als

---

111) Ebd., S. 374.
112) Wortlaut des Vertrags in: Bulletin des Presse- und Informationsamtes der Bundesregierung vom 16. November 1990, Nr. 134, S. 1394.
113) KÜSTERS (wie Anm. 18), S. 233.

auch die Nachbarstaaten Deutschlands und insbesondere Polen wollten von Anfang an verhindern, daß die offene Lage von den Deutschen zur Revision der territorialen Nachkriegsordnung und damit als Ausgangspunkt einer neuerlichen Dominanz eines wiedererstarkten und vergrößerten Deutschlands in der Mitte Europas genutzt wurde. Für Helmut Kohl, der mit seiner Regierung und seiner Ministerialbürokratie Ende des Jahres 1989 zum Träger des Einigungsprozesses wurde, war die Anerkennung der Oder-Neiße-Grenze letztlich die Gegenleistung der Deutschen für die Erlangung der Einheit. Dennoch führte die Frage der polnischen Westgrenze im Laufe des Einigungsprozesses zu erheblichen Irritationen, nicht zuletzt auch dadurch, daß sich in ihr außenpolitische mit innenpolitischen Aspekten verquickten. Der Bund der Vertriebenen repräsentierte eine durch seine Wählerstimmen mächtige Interessenvertretung, die auf die juristische Position der Vorläufigkeit pochte. Der Kanzler wollte durch eine „Politik der Diagonale"[114] die endgültige Festlegung in der Frage der Ostgebiete mit Rücksicht auf die Wählerstimmen der Vertriebenen und die Bedeutung als Verhandlungsmasse gegenüber den Vier Mächten so lange wie möglich offenhalten, war aber zur Preisgabe entschlossen, da er keine andere Möglichkeit zur Erringung der Einheit sah. Die Vertriebenen akzeptierten schließlich mit großer Mehrheit die Oder-Neiße-Grenze, wobei das lange Taktieren Kohls nicht nur zu außenpolitischen Verwerfungen führte, sondern auch die Koalition erheblich belastete, da Außenminister Genscher sich bereits im Jahr 1989 für die definitive Anerkennung ausgesprochen hatte. Die Verhandlungspartner Deutschlands hatten den Fortbestand der seit 1945 bestehenden Grenzen von Anfang an zur Bedingung gemacht. Selbst die USA, in fast allen Fragen auf der Seite der Bundesregierung, blieben in zwei Punkten strikt: der Zugehörigkeit eines wiedervereinigten Deutschlands zur NATO und der Unverletzlichkeit der Oder-Neiße-Grenze. So unterschied sich die Lage Kohls mit Blick auf die Ostgebiete nicht wesentlich von der Lage, in der sich die westdeutschen Ministerpräsidenten im Jahr 1948 sahen, als sie von den Westalliierten mit den Frankfurter Dokumenten den Auftrag zur Gründung eines separaten Weststaates erhielten. Sie weigerten sich

---

114) Andreas Rödder: Wiedervereinigung 1989/90. Deutsche Revolution und internationale Ordnung, in: Ders. und Wolfgang Elz (Hg.): Deutschland in der Welt. Weichenstellungen in der Geschichte der Bundesrepublik, Göttingen 2010, S. 97–112, hier S. 107.

zunächst, weil sie die Verantwortung für die Teilung Deutschlands nicht auf sich nehmen wollten. Mit seinem berühmten Diktum: „*Die Spaltung Deutschlands wird nicht geschaffen, sie ist schon vorhanden*",[115] hatte der Berliner Oberbürgermeister Ernst Reuter damals deutlich gemacht, daß die Entscheidung darüber nicht bei den deutschen Ministerpräsidenten, sondern bei den Vier Mächten lag und schon längst gefallen war. Auch im Jahr 1990 lag die Entscheidung über die Oder-Neiße-Grenze nicht bei der Bundesregierung, die – dies war allerdings ein Unterschied zum Jahr 1948 – eine Revision auch nicht in Erwägung zog, zumal sich die DDR schon festgelegt hatte. Die Entscheidung lag ein letztes Mal in der Verantwortung der Vier Mächte, die sich in diesem Punkt, anders als in vielen anderen Einzelfragen des Einigungsprozesses, von Anfang an über die Nichtverhandelbarkeit einig waren.[116] Ergriff Helmut Kohl auch die historische Chance, die Vereinigung der Bundesrepublik und der DDR auf den Weg zu bringen, stand die endgültige Preisgabe der Ostgebiete letztlich von Anfang des Wiedervereinigungsprozesses an nicht in Frage.

---

115) Zit. n. Manfred GÖRTEMAKER: Geschichte der Bundesrepublik. Von der Gründung bis zur Gegenwart, München 1999, S. 55.
116) Bereits in den Verhandlungen mit den Westmächten über den Generalvertrag 1951 hatte US-Außenminister Dean Acheson Bundeskanzler Adenauer deutlich gemacht, daß der Begriff „vereintes Deutschland" sich in der Diktion der Alliierten lediglich auf die vier Besatzungszonen, nicht aber auf die Gebiete jenseits von Oder und Neiße beziehe (FROHN [wie Anm. 8], S. 511). In demselben Sinne unterstrich sein Nachfolger Dean Rusk 1963 dem damaligen Bundesaußenminister Gerhard Schröder gegenüber, daß „Unterstützung [nur] für die Wiedervereinigung zwischen der Bundesrepublik und der Zone" erlangt werden könne (ebd., S. 521).

„Wir sind doch Brüder ...?"
Christen und Kirchen im geteilten Deutschland und auf dem Weg in die deutsche Wiedervereinigung.
Eine Vortragsskizze[*]

Von Peter Maser

1951 trafen sich etwa 100.000 Christenmenschen aus ganz Deutschland im geteilten Berlin, um mitten im Kalten Krieg unter der Losung ‚Wir sind doch Brüder' einen großen Kirchentag miteinander zu feiern. Die ‚Schwestern' wurden damals noch nicht eigens erwähnt, aber sie waren natürlich auch in großer Zahl zu diesem gesamtdeutschen Fest gekommen. Die Kirchentagslosung ‚Wir sind doch Brüder' sprach damals eine Selbstverständlichkeit aus. Die Kirchen in Deutschland beteiligten sich nicht an der Teilung der Welt, sondern hielten zusammen.

---

[*] An weiterführender Literatur sei wenigstens genannt: Horst Dähn, Joachim Heise (Hg.): Staat und Kirchen in der DDR. Zum Stand der zeithistorischen und sozialwissenschaftlichen Forschung. Frankfurt am Main u.a. 2003 (= Kontexte. Neue Beiträge zur Historischen und Systematischen Theologie 34); Reinhard Henkys (Hg.): Die evangelischen Kirchen in der DDR. Beiträge zu einer Bestandsaufnahme. München 1982; Martin Höllen (Hg.): Loyale Distanz? Katholizismus und Kirchenpolitik in SBZ und DDR – Ein historischer Überblick in Dokumenten. Berlin 1994ff.; Peter Maser: Kirchen und Religionsgemeinschaften in der DDR 1949–1989. Ein Rückblick auf vierzig Jahre in Daten, Fakten und Meinungen, Konstanz 1992; Ders.: Niemals voll in das Regime integriert: Kirchen in der DDR, Erfurt 2013; Ders.: „Mit Luther alles in Butter?" Das Lutherjahr 1983 im Spiegel ausgewählter Akten, Berlin 2013; Rudolf Mau: Der Protestantismus im Osten Deutschlands (1945–1990). Leipzig 2005 (= Kirchengeschichte in Einzeldarstellungen IV/3); Detlef Pollack: Kirche in der Organisationsgesellschaft. Zum Wandel der gesellschaftlichen Lage der evangelischen Kirchen in der DDR. Stuttgart 1994; Trutz Rendtorff (Hg.): Protestantische Revolution? Kirche und Theologie in der DDR. Ekklesiologische Voraussetzungen, politischer Kontext, theologische und historische Kriterien. Vorträge und Diskussionen eines Kolloquiums in München. 26.–28. März 1992. Göttingen 1993 (= Akten zur Kirchlichen Zeitgeschichte B, 20). – Anm. d. Red.

Zehn Jahre später, im Sommer 1961, trafen sich wieder mehr als 100.000 Christenmenschen aus ganz Deutschland im geteilten Berlin zu einem Evangelischen Kirchentag. Noch waren die Grenzen durchlässig. Noch predigten die Bischöfe und Evangelisten aus dem Westen in den Kirchen und Stadien der ‚Hauptstadt der DDR' – und umgekehrt. Aber alle wußten, wie dunkel die Wolken waren, die inzwischen heraufgezogen waren. Geradezu beschwörend lautete die Kirchentagslosung des Jahres 1961: ‚Ich bin bei euch'. Jugendgruppen wurden bereits massiv behindert, wenn sie zu den Großveranstaltungen im Westteil Berlins fahren wollten. Den Kirchentag ließen die SED-Machthaber noch vorübergehen, aber dann schlugen sie zu. Die politische Teilung Deutschlands wurde am 13. August 1961 durch den Ausbau der innerdeutschen Grenze mit Mauern und Stacheldraht physisch vollendet. Auch führende Kirchenvertreter bekamen vorerst nur noch in seltenen Ausnahmefällen die Genehmigung zum Überschreiten der innerdeutschen Grenze. Die gesamtdeutschen Großveranstaltungen mit Zehntausenden von sog. ‚Laien-Christen', bei denen auf Straßen und Plätzen gesungen und gebetet, in Kirchen diskutiert und getanzt worden war, bei denen sich die Jugend aus beiden Teilen Deutschlands traf und alle die Kirchentagstücher trugen, wurden bei denen, die sie erlebt hatten, zur Legende. Die Jüngeren aber konnten sich das alles bald überhaupt nicht mehr vorstellen.

Als der Krieg 1945 zu Ende ging, waren die Kirchen die einzigen gesellschaftlichen Großorganisationen, die unbeirrt an ihrem gesamtdeutschen Anspruch festhielten. Die Mahnungen der katholischen und evangelischen Bischöfe, an der Gemeinschaft im Glauben über alle Zonengrenzen hinweg festzuhalten, fanden ein lebhaftes Echo in den Gemeinden. In der Gemeinschaft der weltweiten Ökumene wurden die deutsch-deutschen Entwicklungen voller Sorge beobachtet. Die mit Unterstützung der Kirchen in aller Welt tätigen kirchlichen Hilfswerke für die Menschen im zerstörten Deutschland machten keine Unterschiede zwischen Ost und West. Die Kirchengrenzen wurden nicht verändert. Theologiestudenten aus dem Osten studierten schon sehr bald – mehr oder weniger illegal – an westdeutschen Fakultäten oder gar im Ausland, zumeist in der Schweiz und in den USA. Nicht wenige junge Pfarrer und Priester aus dem Westen gaben ihre sichere Existenz dort auf, um in der DDR in den kirchlichen Dienst zu treten. Bischofskonferenzen, Kirchenleitungen und Synoden achteten penibel darauf, daß soviel Gemeinsamkeit wie nur irgend möglich erhalten blieb. Das galt z. B. für die

Gottesdienstordnungen, die Bibelausgaben und die Gesangbücher. Trotz immer unterschiedlicherer politischer Rahmenbedingungen versuchte man auch bei der kirchlichen Gesetzgebung, die Einheit so weit wie möglich zu wahren. Das brutale Vorgehen der DDR-Staatsmacht gegen die Kirchen 1952/53 – insbesondere gegen die kirchliche Jugendarbeit, die Studentengemeinden, Caritas und Diakonie –, das erst durch eine direkte Intervention der sowjetischen Führungsmacht Anfang Juni 1953 beendet wurde, zeigte den Christen im Westen allerdings auch, daß es kaum direkte Einwirkungsmöglichkeiten auf das kommunistische Regime im ostdeutschen Teilstaat gab. Mit der Einführung der Jugendweihe im November 1954 veränderten sich langfristig die kirchlichen Rahmenbedingungen im geteilten Deutschland: Die Kirchen in der DDR wurden in eine Minderheitensituation am Rande der Gesellschaft abgedrängt, die das Selbstbewußtsein der DDR-Christen entscheidend mitbestimmen sollte. Die Kirchen im Westen konnten hingegen ihre volkskirchlichen Strukturen und ihre zentrale Stellung im Gesellschaftsgefüge im wesentlichen bewahren. Seitdem sprachen die Kirchen in Deutschland nicht mehr wirklich auf gleicher Augenhöhe, auch wenn das selbstverständlich niemals deutlich artikuliert wurde. Die Gemeinden blieben von solchen Entwicklungen jedoch weithin unbeeindruckt, intensivierten allerdings ihr Engagement füreinander nun immer mehr.

Die Kirchen, die sich gerne als ‚wanderndes Gottesvolk' bezeichnen, erklärten jetzt das Besuchen der anderen zur Christenpflicht. Es reisten die Bischöfe und Theologieprofessoren hin und her, aber auch Jugendgruppen und Kirchenchöre. Man traf sich in Berlin zu gemeinsamen Bibelwochen. Es entstanden die ersten direkten Beziehungen zwischen Ortsgemeinden. Man besuchte sich untereinander, viele Briefe wurden geschrieben, aber auch ungezählte Pakete auf den Weg gebracht. In den Paketen aus dem Westen waren alle die Köstlichkeiten zu finden, die in der Mangelwirtschaft der DDR kaum zu bekommen waren. Die DDR-Christen kauften die Buchhandlungen und Kunstgewerbeläden leer, um sich so doch auch etwas erkenntlich zu zeigen. Am wichtigsten waren bei diesen ‚Patenschaften', wie man sie damals noch nannte, bevor sie dann in ‚Partnerschaften' umfirmiert wurden, aber die persönlichen Freundschaften, die dann oft über Jahrzehnte hielten. Wahrscheinlich wußten die Menschen, die in solchen ‚Partnerschaften' miteinander verbunden waren, am besten, wie die Freunde von der anderen Seite tatsächlich lebten, wie sie dachten und was sie hofften: *„Es haben nirgendwo so viele Begegnungen zwischen*

Deutschen in Ost und West stattgefunden, die nicht durch Familienbande miteinander verknüpft waren, wie in den Partnerschaften der Evangelischen Kirche", urteilte Bischof Heinz-Georg Binder, Beauftragter der EKD am Sitz der Bundesregierung, 1994 im Rückblick vor der Enquetekommission des Bundestages zur Aufarbeitung von Geschichte und Folgen der SED-Diktatur in Deutschland.

Mit dem Bau der Mauer 1961 änderten sich die gegenseitigen Wahrnehmungen über die innerdeutschen Grenzen allmählich, ohne daß man sich jedoch aus den Augen verlor. Die von der SED-Führung erzwungene ‚Abgrenzung' wirkte sich allerdings auch bei den Kirchen aus. Die katholischen Kirchenführer in der DDR hatten sich mit der neuen ‚vatikanischen Ostpolitik' Papst Pauls VI. auseinanderzusetzen, die auf einen Dialog mit den kommunistischen Regimen setzte, um die Lage der Katholiken im östlichen Herrschaftsbereich zu erleichtern. Im evangelischen Bereich wurde der ‚Alleinvertretungsanspruch' der gesamtdeutschen Evangelischen Kirche in Deutschland (EKD) zunehmend von solchen problematisiert, die die Konzeption einer ‚Kirche im Sozialismus' als angemessene Reaktion auf die zunehmende Marginalisierung der Kirchen in der sozialistischen Gesellschaft betrachteten. Mit der neuen DDR-Verfassung von 1968 erzwang die Staatsführung der DDR praktisch auch eine Teilung der gesamtdeutschen Kirchen. Die katholische Kirche in der DDR schuf sich mit der Berliner Ordinarienkonferenz, die ab 1976 Berliner Bischofskonferenz genannt wurde, eigene Strukturen, ohne sich dadurch in ihrer festen Einbindung in die römische Weltkirche irritieren zu lassen. Innerhalb der evangelischen Kirchen in der DDR bildete sich – gegen den erklärten Willen der SED-Machthaber – der Bund der Evangelischen Kirchen in der DDR (BEK). In seiner im Juni 1969 veröffentlichten Grundordnung bekannte sich der ‚Bund' allerdings ausdrücklich *„zu der besonderen Gemeinschaft der ganzen evangelischen Christenheit in Deutschland"* (Art. 4, 4).

Die neuen kirchlichen Strukturen in der DDR sicherten das Leben der Gemeinden ab, begünstigten aber auch die Abkoppelung der Kirchen im geteilten Deutschland in wichtigen Teilbereichen voneinander. Gegenseitige Gemeindebesuche waren immer schwieriger zu organisieren. ‚Westkontakte', auch solche kirchlicher Art, wurden in der DDR zunehmend kriminalisiert. Die Begegnungsveranstaltungen im Osten Berlins, zu denen die Christen aus dem Westen unter oft erheblichen Schwierigkeiten jeweils nur für einen Tag einreisen konnten, standen unter der ständigen Kontrolle der Stasi. In den Kaderabteilungen der Betriebe und Behörden mußten sich Christen in der DDR, die an solchen ‚Rüstzeiten' teilgenommen hatten, vorhalten lassen, sie hätten ‚unsere Republik' verraten. Berufliche Benachteiligungen und geheimdienstliche Repressionsmaßnahmen erzeugten einen Druck, dem bald nur noch solche widerstehen konnten, die in der DDR nichts zu verlieren hatten, also Rentner, kirchliche Mitarbeiter oder Menschen, die sich aus prinzipiellen Gründen entschlossen hatten, auf jede Karriere im Arbeiter-und-Bauern-Staat zu verzichten. Die Christen in der DDR mußten fürchten, in ein Ghetto abgedrängt zu werden, in dem nur noch Randsiedler der DDR-Gesellschaft Lebensmöglichkeiten fanden. Die Christen in der Bundesrepublik aber fühlten sich zu größter Vorsicht genötigt, um die ‚Geschwister' in der DDR nicht zu gefährden.

Die Verunsicherung an der Basis nahm zu, da es an genauen Informationen über die jeweils andere Seite fehlte. In dieser Situation übernahmen die Medien im Westen eine wichtige Funktion. Die Berichterstattung über den Westen insgesamt und das kirchliche Leben dort in den elektronischen Medien wurde in der DDR sorgfältig verfolgt. Jeden Sonntag hörten Tausende in der DDR die Rundfunkgottesdienste aus dem Westen, in denen die Grüße an die *„bedrängten Schwestern und Brüder im Osten"* niemals fehlen durften. Für die Christen im Westen hingegen wurden die zumeist sehr kenntnisreichen und engagierten Korrespondentenberichte aus der DDR immer wichtiger. Auch Medien und Journalisten, denen eine besondere Kirchennähe nicht unbedingt nachgesagt werden konnte, entwickelten sich damals zu hochqualifizierten Spezialisten für das Themenfeld ‚Kirchen und Christen in der DDR'. Für sie waren alle Bereiche des christlichen Lebens in der DDR auch politisch wichtig, erkannten sie darin doch jene republikweit verbreiteten ‚Nischen', in die die SED mit ihrem ideologischen Führungsanspruch nicht vorzudringen vermochte. Eine Kontaktbörse der besonderen Art stellte über viele Jahre hinweg auch die Leipziger Messe dar, die die DDR-Führung dazu zwang, sich um des Gesamterfolges dieses wichtigen Wirtschaftsereignisses willen bei Einreisegenehmigungen liberaler zu verhalten.

Die Kirchenleitungen versuchten mit allen Mitteln, sich der deutschen Teilung auf kirchlichem Gebiet in den Weg zu stellen. Eines der wichtigsten Instrumente dabei waren die ‚harten Devisen', die von den Kirchen im Westen in großem Umfang bereitgestellt wurden. Der SED-Staat kannte keine ideologische Scheu, wenn es um Westgeld ging. Mit Hilfe der Westkirchen wurden die Gehälter kirchlicher Mitarbeiter abgesichert. Tonnenweise kam das in der DDR immer knappe Druckpapier über die

Grenze, um die Weiterarbeit der kirchlichen Verlage zu sichern. Besonders eindrücklich erlebten die DDR-Bürger den Westen, wenn sie sich in konfessionellen Krankenhäusern behandeln ließen. Hier wurden sie mit modernster medizinischer Westtechnik behandelt. Selbst hohe SED-Genossen wollten darauf, wenn es ernst wurde, nicht verzichten. Weithin bekannt waren auch die finanziellen und materiellen Hilfen aus dem Westen, die die Erhaltung wertvoller Kirchenbauten ermöglichten. Die Kirchen im Westen haben alle diese Hilfen stets uneigennützig, großzügig und mit größter Diskretion zur Verfügung gestellt. Nur wenige Details waren über die entscheidende Rolle bekannt, die die Kirchen, insbesondere das Diakonische Werk in Stuttgart, bei den finanziellen Transfers der jeweiligen Bundesregierungen im Zusammenhang mit dem Häftlingsfreikauf spielten. Diese erreichten Im Laufe der Jahre immerhin eine Größenordnung von gut zwei Milliarden Mark.

Neben dem Einsatz von Geld blieben die Kirchen stets darum bemüht, auch über die innerdeutsche Grenze hinweg mit einer Stimme zu sprechen. Das gelang allerdings, trotz weitreichender theologischer Gemeinsamkeiten, keineswegs immer befriedigend. Ganz besonders im westdeutschen Protestantismus mehrten sich seit Ende der sechziger Jahre die kapitalismuskritischen Stimmen. Die DDR konnte dann als der ‚bessere deutsche Staat' erscheinen, in dem zwar wenig funktionierte, dem aber doch langfristig die Zukunft gehören müsse. Solche Stellungnahmen aus dem Westen, die insbesondere aus dem Umfeld der Kirchlichen Bruderschaften oder der Evangelischen Akademien zu hören waren und eine breite publizistische Beachtung fanden, schienen zumindest vordergründig mit solchen Voten aus der DDR zusammenzupassen, die einem ‚verbesserlichen Sozialismus' eine Chance geben wollten. Aus solchen grundsätzlichen Differenzen ergaben sich harte Auseinandersetzungen insbesondere im Bereich der Deutschland- und der Friedenspolitik. Diese wurden zwar im Westen sehr viel deutlicher wahrgenommen als in der DDR, sorgten aber insgesamt doch innerhalb des kirchlichen Establishments in beiden deutschen Teilstaaten für eine Gereiztheit, die auch vom Wohlklang synodaler und kirchenleitender Erklärungen nicht immer verdeckt werden konnte. In den Gemeinden der DDR wurden diese Entwicklungen allerdings sehr viel weniger als im Westen registriert, konnte die von der DDR-Zensur fast ausschließlich auf ‚fromme Themen' verpflichtete Kirchenpresse doch über solche Diskussionen kaum berichten. Außerdem hatten die allermeisten Christen in der DDR, die sich tagtäglich mit dem ‚realen

Sozialismus' herumzuschlagen hatten, für solche linksprotestantischen Illusionen ohnehin nur wenig Verständnis.

Mit der Frage nach einem angemessenen Friedensengagement und der Rolle von Kirchen und Christen im weltweiten Entspannungsprozeß kam zu Anfang der achtziger Jahre allerdings wieder ein Thema auf die Tagesordnung, das in Teilen der Gemeinden, auf Synoden, in Kirchenleitungen und in der Öffentlichkeit mit großem Engagement diskutiert wurde. In beiden Teilen Deutschlands artikulierten sich im Umfeld der Kirchen Friedensbewegungen, die sich allerdings auf eine erstaunliche Weise gegenseitig nur wenig zur Kenntnis nahmen. In der DDR ging diese unabhängige Friedensbewegung aus dem Einsatz der Wehrdienstverweigerer und Bausoldaten hervor. Solange die jungen Leute sich auf strikt pazifistische Positionen beschränkten und die Militarisierung des Lebens in der DDR anklagten, fanden sie dabei die Unterstützung ihrer Kirchenleitungen. Die Wehrdienstverweigerung wurde vorsichtig abwägend als das ‚deutlichere Zeugnis' christlichen Glaubens qualifiziert. Erst dann, als sich diese ursprünglich streng pazifistische Friedensbewegung zunehmend in eine politische Opposition verwandelte, gingen die Kirchenleitungen auf vorsichtige Distanz. Das Wort von der Kirche, die zwar für alle da sei, aber nicht für alles, machte die Runde. Es kam zu harten Konflikten mit den Bürgerrechtlern, die in der Phase verstärkter Entspannungsbemühungen immer selbstbewußter auftraten, ohne daß ihre Bewegung jemals Massencharakter angenommen hätte. In großen Teilen der traditionell gestimmten Gemeinden fand dieses gesellschaftliche Engagement für ‚Gerechtigkeit, Abrüstung, Frieden' und später auch die ‚Bewahrung der Schöpfung' wenig Zustimmung. Oft mußten Pfarrer vermittelnd eingreifen, um offen ausbrechende Konflikte zu moderieren. Mit der Bürgerrechtsbewegung wanderten ja auch Menschen in den ‚Schutzraum der Kirchen' ein, die nicht nur am Rande der DDR-Gesellschaft lebten, sondern auch über wenige kirchliche Bindungen verfügten. Im Westen wurden diese Entwicklungen in der DDR, vermittelt durch die Medien, auch außerhalb der Kirchen als Erstarken einer politischen Opposition im SED-Staat sorgfältig registriert.

Die Friedensbewegung im Westen war von Anfang an sehr viel politischer und weniger kirchennah, wenn auch in wesentlichen Gruppen christlich motiviert, aufgestellt. Ihr eigentlicher Auslöser war der sog. NATO-Doppelbeschluß vom Dezember 1979, durch den das nukleare ‚Gleichgewicht des Schreckens' gegenüber der mit SS-20-Raketen hochgerüsteten

Sowjetunion durch ‚Nachrüstung' wiederhergestellt werden sollte. Diese politische, wesentlich vom damaligen Bundeskanzler Helmut Schmidt mitgetragene Entscheidung des westlichen Bündnisses polarisierte die Gesellschaft und auch die Kirchen in der Bundesrepublik in einem vorher niemals gesehenen Ausmaß. Gegner der Wieder- und Atombewaffnung, Ostermarschierer, Aktivisten gegen den Vietnamkrieg und Pazifisten unterschiedlichster Art fanden zu einer großen Koalition zusammen. Eine der ersten Massendemonstrationen gegen den NATO-Doppelbeschluß fand im Rahmen des Kirchentages in Hamburg 1981 statt. Legendären Ruhm erlangte die Demonstration der 250.000 im Bonner Hofgarten im Oktober 1981. Auch beim Kirchentag in Hannover 1983 kam es wieder zu einer Großdemonstration der Friedensbewegung. Bei den gewaltfreien Aktionen der unterschiedlichsten Art, wie Sitzblockaden, Rüstungssteuerverweigerung, Fasten für den Frieden, Menschenketten, waren christliche Gruppen stets in den ersten Reihen zu finden, ohne daß sich die große Mehrheit der Gemeinden und Kirchenleitungen mit diesen Anliegen und Aktionsformen jemals voll identifiziert hätte. Die konkrete Politisierung des Friedensgebotes Jesu spaltete auch die Kirchen auf schmerzhafte Weise. Da die DDR-Medien die westdeutsche Friedensbewegung offensiv als Kampfgefährtin im ‚antiimperialistischen Kampf' propagandistisch vermarkteten, schenkten auch viele Christen in der DDR dem Verdacht Glauben, bei den Trägern violetter Halstücher und Friedensmarschierern handele es sich entweder um Kommunisten oder doch um ‚nützliche Idioten' im Sinne der kommunistischen Herrschaftspläne.

Daß beide deutschen Friedensbewegungen sich gegenseitig so wenig wahrnahmen, erklärt sich vor allem aus den vollständig unterschiedlichen Kulturen und politischen Zielstellungen dieser Bewegungen in Ost und West. Im Osten rechneten Kenner der Szene mit maximal 500 Aktivisten, die entweder als Einzelkämpfer oder im Rahmen kleiner Gruppen auftraten. Bürgerrechtler wie der Berliner Pfarrer Rainer Eppelmann oder der Dissident Robert Havemann konnten ihrem ‚Berliner Appell – Frieden schaffen ohne Waffen' 1982 nur über die West-Medien eine gewisse Aufmerksamkeit verschaffen, in der DDR blieb das Dokument fast unbekannt. Die Friedensbewegung der DDR fand zumeist hinter Kirchenmauern statt. Alle Versuche, den Protest nach außen zu tragen, z. B. mit dem Aufnäher ‚Schwerter zu Pflugscharen', wurden vom Ministerium für Staatssicherheit durch brutale Zwangsmaßnahmen abgeblockt. Die unabhängige Friedensbewegung in der DDR agierte in gesellschaftlichen Randbereichen ohne nennenswerte öffentliche Unterstützung. Manche führende Kirchenvertreter sahen in ihr mehr einen Störfaktor für das sich seit dem Staat-Kirche-Spitzengespräch vom März 1978 entspannende Verhältnis zum DDR-Staat und wirkten deshalb unter der Hand bei der Disziplinierung der Oppositionellen mit. Diese wiederum fanden kein Verhältnis zu den ‚Friedensfreunden' im Westen, ihren Massenveranstaltungen, ihrem moralisch-elitären Gehabe, ihren politischen Ambitionen und Koalitionen. Neben allen kulturellen Unterschieden spielten auch unterschiedliche politische Grundauffassungen eine von den Beteiligten kaum je eingestandene Rolle: Die Friedensbewegten im Westen träumten von einem idealen Sozialismus, dessen Anfänge möglicherweise schon in der DDR angelegt waren. Die unabhängige Friedensbewegung in der DDR verbot sich selber zwar jede grundsätzliche Kritik am Sozialismus und diskutierte allerlei ‚Dritte Wege' zwischen dem ‚Kapitalismus' (worunter dann auch unbesehen der freiheitlich-demokratische Rechtsstaat einbezogen wurde) und einem Sozialismus, von dem man doch längst wußte, daß er nicht zukunftsfähig war. Die Kontakte der beiden deutschen Friedensbewegungen über die Grenzen hinweg blieben deswegen Episode. Das galt auch für die 1980 gegründete Partei der ‚Grünen', die die politischen Potentiale der DDR-Opposition zunächst kaum erkannte.

In die Phase der größten Entfremdung, die auch von manchen gemeinsamen Erklärungen der Synoden und Kirchenleitungen in Ost und West kaum überbrückt werden konnte, fiel 1983 der 500. Geburtstag Martin Luthers. Die DDR-Staats- und Parteiführung stilisierte dieses Jubiläum zum nationalen Großereignis unter internationaler Beteiligung und schuf damit die Grundlagen für eine deutsch-deutsche Wiederbegegnung, die weit über den engeren kirchlichen Raum hinaus wirken sollte. Erstmals nach langer Zeit erlebten die Christen in der DDR gesamtdeutsche und internationale Beachtung auf allen Ebenen. Die Besucher aus aller Welt waren beeindruckt von der Lebendigkeit der an den Rand gedrängten Kirchen in der DDR. Auf den regionalen Kirchentagen eroberten sich die oppositionellen Gruppen eine Öffentlichkeitswirksamkeit, die bei den Vertretern des kirchlichen und staatlichen Establishments tiefe Beunruhigung auslösen mußte. Mit besonderer Sorge beobachtete das Ministerium für Staatssicherheit die Tätigkeit zahlreicher Reisekorrespondenten aus der Bundesrepublik und dem Ausland. Diese berichteten mit erstaunlichem Einfühlungsvermögen über das, was sie in der DDR erlebten. Ihre Berichte aus dem ‚Stammland der Reformation' wirkten über die elektronischen

Medien auch in die DDR zurück. Plötzlich wurde den Christen in der DDR bewußt: Wir werden zwar immer weniger, aber wir sind wichtig. Wir verkörpern eine große Vergangenheit und werden auch in der Zukunft mitzureden haben. Das Lutherjahr 1983 stärkte die Opposition in der DDR, die sich über die Kirchentage republikweit vernetzte und internationale Kontakte aufnehmen konnte, und förderte ein neues Gemeinschaftsbewußtsein der Christen an der Basis über Grenzen hinweg. In ungezählten Partnerbeziehungen wurden diese neuen Rahmenbedingungen vertieft und ausgebaut. Seit 1983 wußte man in Ost und West wieder, die *„besondere Gemeinschaft der ganzen evangelischen Christenheit in Deutschland"* ist eine lebendige Wirklichkeit, die durch intensivierte ökumenische Kontakte zur katholischen Christenheit wirksam flankiert wird.

Als im Herbst 1989 der Sturz der SED-Diktatur eingeleitet und die deutsche Wiedervereinigung auf den Weg gebracht wurde, waren Christinnen und Christen in ganz Deutschland auf diese Entwicklungen gut vorbereitet. Unter dem ‚Schutzdach' der Kirchen hatte sich die politische Opposition formiert, viele Christen übernahmen in der Phase des Umsturzes wichtige politische Funktionen, die oft über Jahrzehnte festgehaltenen Partnerbeziehungen der Gemeinden ebneten nun viele Wege. Bereits im Januar 1990 erklärten führende Vertreter von BEK und EKD auf einer gemeinsamen Tagung in Loccum den kirchlichen Willen, *„daß die beiden deutschen Staaten zusammenwachsen"*. Etwa zur gleichen Zeit erklärte der katholische Berliner Bischof Georg Sterzinsky in einer Predigt im Mainzer Dom die Berliner Bischofskonferenz zum Provisorium: *„Glücklicherweise sind die betroffenen Bistümer nie geteilt worden."* In den Gemeinden in Ost und West wurde die Entwicklung hin zur Wiedervereinigung ganz überwiegend aus vollem Herzen begrüßt. Andere Stimmen waren eher aus dem kirchlichen Establishment zu hören, wo z. B. vor *„Wiedervereinigung-Trunkenheit"* gewarnt und gefordert wurde: *„Wir wollen uns Zeit lassen."* Die Schnelligkeit der politischen Entwicklungen überrollte dann aber auch die Kirchen. Bereits im Frühjahr 1990 sprachen sich nur noch zwei Prozent der befragten Katholiken und Evangelischen in der DDR gegen die Wiedervereinigung aus. Der gesamtdeutsche Streit, ob zum Tag der Deutschen Einheit am 3. Oktober 1990 die Kirchenglocken geläutet werden sollten, blieb eine bizarre Episode. Der zentrale Gottesdienst zur deutschen Einheit in der überfüllten Berliner Marienkirche war ein ökumenisches Ereignis. Überall in den Kirchen in ganz Deutschland wurde an diesem Tag der Choral ‚Nun danket alle Gott' aus vollem Herzen angestimmt.

Selbstverständlich wurden überall im ganzen wiedervereinigten Land auch die Glocken geläutet. Daß auch den Christen im wiedervereinigten Deutschland die ‚Mühen der Ebenen' danach nicht erspart bleiben würden, machten sich viele damals noch nicht klar. In den 40 Jahren der deutschen Teilung war auch innerhalb der Kirchen die Fremdheit gewachsen. In den partnerschaftlichen Begegnungen der Christen über die Grenze hinweg war man unter festlichen Bedingungen zusammengekommen, hatte sich gegenseitig gewissermaßen im ‚Sonntagsstaat' erlebt und über vieles auch geschwiegen, um diese Begegnungen nicht unnötig zu belasten. Nachdem die Grenzen weggefallen waren, traf man sich dann im ‚Alltagsgewand', mußte über finanzielle Einzelfragen verhandeln, Strukturprobleme erörtern und Kirchengrenzen neu ordnen. Die partielle Durchdringung der Kirchen durch das Ministerium für Staatssicherheit löste zeitweilig einen wahren Schock im Kirchenvolk und nicht nur dort aus. Es war die Enquete-Kommission des Deutschen Bundestages, die hier vor Panikreaktionen warnte, als sie sinngemäß feststellte: „*Es trifft zu, daß dem Ministerium für Staatssicherheit erhebliche Einbrüche in den Bereich der Kirche gelangen. Selbst kirchenleitende Persönlichkeiten, insbesondere führende Kirchenjuristen, dienten dem Ministerium als ‚inoffizielle Mitarbeiter' (IM). Aber auf Grund der synodalen und demokratischen Strukturen innerhalb der evangelischen Kirchen und der weltweiten Verflechtungen der katholischen Kirche konnte das Ministerium für Staatssicherheit zu keiner Zeit die Herrschaft innerhalb der Kirchen übernehmen!*". Diese blieben trotz aller Manipulationsversuche und Irritationen sich selbst und ihrem im Evangelium begründeten Auftrag treu! Erst sehr zögernd waren die Kirchenleitungen bereit, die ebenfalls von der Enquete-Kommission des Deutschen Bundestages diagnostizierte Entchristianisierung als Folge der SED-Politik auf dem Gebiet der ehemaligen DDR wahrzunehmen. Entchristianisierung meint hierbei nicht nur die allgemein voranschreitende Säkularisierung der Gesellschaft, sondern den völligen Abbruch christlicher Traditionen und Kultur östlich der Elbe.

Der Prozeß der inneren Einigung verläuft auch innerhalb der Kirchen nur schleppend. Das wird vielfach beklagt. Aber was durfte hier tatsächlich erwartet werden? Mehr als 40 Jahre kommunistischer Diktatur haben langwirkende Spuren hinterlassen. Die Marginalisierung der Kirchen als Institutionen in den neuen Ländern ist unübersehbar. Ebenso deutlich läßt sich aber auch ein allmählicher Prozeß der Wiedereinwanderung der Kirchen in die Gesellschaft der neuen Länder beobachten: Überall erstrahlen die Kirchen in neuem Glanz, weil die Bürgergesellschaft auf diese Mittelpunkte des Dorfes oder der Stadt nicht verzichten will. Christliche Schulen schreiben eine Erfolgsgeschichte ohnegleichen. In Krisensituationen wird inzwischen wieder der Beistand der Kirchen ganz selbstverständlich eingefordert und angenommen. Man gehört zwar der Kirche nicht an, hat aber auch keine Berührungsängste mehr. Die Rolle der Kirchen als kultureller Faktor wird inzwischen allgemein anerkannt. Die Normalisierung schreitet voran. Diese Situation erfordert Gelassenheit und Geduld, ist aber auch von der Hoffnung geprägt, daß Christenmenschen und Kirchen auch jetzt die Zukunft offen steht.

Beharrung, Bedeutungsverlust und Neuorientierung – Die Rolle des Bundes der Vertriebenen im Prozeß der Wiedervereinigung Deutschlands

Von Matthias Stickler

1. Trügerische Gewißheiten – Einführende Überlegungen zur Stellung der Vertriebenenverbände in der frühen Ära Kohl

Die „Grenzfrage", genauer gesagt, der Anspruch, daß im Falle einer Lösung der Deutschen Frage sich der wiederherzustellende gesamtdeutsche Staat keineswegs nur auf „Potsdam-Deutschland", also die ehemaligen, 1945 gebildeten vier Besatzungszonen, beschränken dürfe, sondern das historische Territorium Deutschlands (mindestens) in den Grenzen von 1937 umfassen müsse, gehörte seit der Gründung der Vertriebenenverbände[1]

---

[1] Der Dachverband „Bund der Vertriebenen. Vereinigte Landsmannschaften und Landesverbände" (BdV) wurde 1957/58 gegründet. In ihm gingen die am 9. April 1949 gegründeten Verbände „Zentralverband vertriebener Deutscher" (ZvD) – seit 1954 „Bund vertriebener Deutscher" (BVD) – und „Vereinigte Ostdeutsche Landsmannschaften" (VOL) – seit 1952 „Verband der Landsmannschaften" (VdL) – auf. Zu den deutschen Vertriebenenverbänden vgl. vor allem Matthias Stickler: „Ostdeutsch heißt Gesamtdeutsch" – Organisation, Selbstverständnis und heimatpolitische Zielsetzungen der deutschen Vertriebenenverbände 1949–1972, Düsseldorf 2004 (= Forschungen und Quellen zur Zeitgeschichte 46) sowie im Überblick Ders.: Die deutschen Vertriebenenverbände – Interessengruppen mit gesamtnationalem Anspruch, in: Petra Rösgen, Annette Korthaus (Red.): Flucht, Vertreibung, Integration. Begleitbuch zur Ausstellung im Haus der Geschichte der Bundesrepublik Deutschland, Bonn, 3. Dezember 2005 bis 17. April 2006, im Deutschen Historischen Museum, Berlin, Mai bis August 2006, im Zeitgeschichtlichen Forum Leipzig der Stiftung Haus der Geschichte der Bundesrepublik Deutschland, 1. Dezember 2006 bis 15. April 2007, Bielefeld 2005, S. 144–153. Vgl. auch Ders.: Forschungen zur Geschichte der Vertriebenenverbände – Hinweise auf ein wenig beachtetes Arbeitsfeld der jüngeren Zeitgeschichte, in: Historisches Jahrbuch 128 (2008), S. 469–493. Vgl. auch Pertti Ahonen: After the Expulsion. West Germany and Eastern Europe 1945–1990, Oxford 2003.

zu deren wichtigen programmatischen Zielen.[2] War es den Vertriebenenverbänden in den 1950er und 1960er Jahren noch mit sehr großem Erfolg gelungen, Unionsparteien und SPD zumindest verbal auf ihre Linie festzulegen, weil beide großen Volksparteien auf das hinter ihnen stehende Wählerpotential Rücksicht nahmen, so begann indes seit den späten 1960er Jahren der Einfluß des Bundes der Vertriebenen (BdV) und seiner Mitgliedsverbände in dem Maße immer mehr zu schwinden wie in Bonn die Wiedervereinigung Deutschlands als Nahziel westdeutscher Außenpolitik immer mehr aus dem Blickfeld geriet. Es gelang dem BdV trotz massiver Anstrengungen deshalb auch nicht, die Neue Ostpolitik der Regierung Brandt/Scheel zu verhindern oder auch nur Modifizierungen zu erreichen.[3] Die vom BdV mitangestrengten Urteile des Bundesverfassungsgerichts zum Grundlagenvertrag und den Ostverträgen (1973 bzw. 1975) stellten zwar bemerkenswerte Teilerfolge dar, da die Rechtspositionen des BdV – d.h. Fortbestand des Deutschen Reiches in den Grenzen von 1937, endgültige Regelung der Grenzfrage erst durch eine demokratisch legitimierte gesamtdeutsche Regierung – in erheblichem Umfang bestätigt worden waren. Allerdings vermochte dies nicht zu verhindern, daß die damals bekräftigten Rechtspositionen im Bewußtsein einer breiten Öffentlichkeit einer stetigen Erosion unterworfen waren. Dennoch oder gerade deshalb versuchte der BdV immer wieder energisch, sich Gehör in der Grenzfrage zu verschaffen.[4] Dies um so mehr, als nach dem Regierungswechsel von

---

2) Vgl. hierzu Matthias STICKLER: Gegenspieler der Aussöhnung? Die Haltung der Vertriebenenverbände zur deutsch-polnischen Verständigung 1949 bis 1969, in: Friedhelm BOLL u.a. (Hg.): Versöhnung und Politik. Polnisch-deutsche Versöhnungsinitiativen der 1960er Jahre und die Entspannungspolitik, Bonn 2009 (= Archiv für Sozialgeschichte, Beiheft 27), S. 224–244 und DERS.: „... bis an die Memel"? Die Haltung der deutschen Vertriebenenverbände zur deutsch-polnischen Grenze, in: Karoline GIL, Christian PLETZING (Hg.): Granica. Die deutsch-polnische Grenze vom 19. bis zum 21. Jahrhundert. München 2010 (= Colloquia Baltica 19), S. 105–134.
3) Vgl. Matthias STICKLER: „Unserer Heimat droht Gefahr!" Der Kampf des Bundes der Vertriebenen (BdV) gegen die Ostverträge, in: Einsichten und Perspektiven. Bayerische Zeitschrift für Politik und Geschichte 1/2010, S. 18–33.
4) Im Folgenden stütze ich mich neben den angegebenen Quellen und Literaturtiteln auch auf die 2008 eingereichte Magisterarbeit meines Schülers Matthias Finster zum Thema „Die Diskurse über das öffentliche Gedenken an Flucht und Vertreibung in der Bundesrepublik Deutschland 1982–2006". Deren wesentliche Ergebnisse wurden, um die bis zum Jahre 2012 erschienene Literatur ergänzt, in Aufsatzform veröffentlicht: Matthias FINSTER: „50 Jahre Bund der Vertriebenen – das sind auch 50 Jahre deutsche Geschichte" – Die Arbeit des BdV nach 1982 im Spannungsfeld von

1982 wieder eine CDU-geführte Bundesregierung amtierte, von der der BdV eine aktive Unterstützung für seine heimatpolitischen Zielsetzungen erwartete. Daß derartige Hoffnungen trügerisch waren, weil Bundeskanzler Helmut Kohl in dieser Frage weniger sachorientiert als vielmehr parteitaktisch dachte,[5] wurde von den BdV-Politikern ganz offensichtlich nicht erkannt, möglicherweise wollte man es auch nicht wahrhaben.[6] Die Auseinandersetzungen um das Motto des 21. Bundestreffens Landsmannschaft Schlesien 1985 (*„Vierzig Jahre Vertreibung – Schlesien bleibt unser"*)[7] muß man in diesem Kontext zweifellos als kalkulierte Provokation bzw. als Versuch werten auszuloten, in wie weit die Regierung Kohl/Genscher bereit war, grenzrevisionistische Zielsetzungen mitzutragen bzw. eine derartige Programmatik wenigstens zu tolerieren.[8] Im Ergebnis erlitt die Landsmannschaft Schlesien und mit ihr indirekt der gesamte BdV eine empfindliche öffentliche Niederlage, weil Bundeskanzler Helmut Kohl

Verbandslobbyismus und Geschichtspolitik, in: Matthias STICKLER (Hg.): Jenseits von Aufrechnung und Verdrängung. Neue Forschungen zu Flucht, Vertreibung und Vertriebenenintegration, Stuttgart 2014 (= Historische Mitteilungen, Beihefte 86), S. 133–154.
5) Vgl. hierzu Karl-Rudolf KORTE: Deutschlandpolitik in Helmut Kohls Kanzlerschaft. Regierungsstil und Entscheidungen 1982–1989, Stuttgart 1998 (= Geschichte der deutschen Einheit 1), S. 249f. und 261f. Korte verweist darauf, daß es Kohl vor allem darum ging, der Union das heimatvertriebene Wählerklientel zu sichern.
6) Vgl. Beata OCIEPKA: Zwiazek Wypedzonych w systemie politycznym RFN i jego wplyw na stosunki polsko-niemieckie 1982–1992 [Der Bund der Vertriebenen im politischen System der Bundesrepublik Deutschland und sein Einfluß auf die deutsch-polnischen Beziehungen 1982–1992], Wrocław 1997 (= Acta Universitatis Wratislaviensis 1918; Niemcoznawstwo 7) [dt. Zusammenfassung S. 318–324]. Bemerkenswert ist der Befund von Ociepka, daß in den 1980er Jahren eine herausragende Tätigkeit für die Vertriebenenverbände innerhalb der CDU/CSU keinesfalls mehr karrierefördernd war, es vielmehr auffällt, daß Politiker mit Vertriebenenhintergrund dazu neigten, bei einem bundespolitischen Aufstieg entsprechende Verbandsämter aufzugeben.
7) Vgl. hierzu im Überblick AHONEN (wie Anm. 1), S. 258–260, KORTE (wie Anm. 5), S. 250–264 sowie – äußerst polemisch – Dietrich STROTHMANN: „Schlesien bleibt unser". Vertriebenenpolitiker und das Rad der Geschichte, in: Wolfgang BENZ (Hg.): Die Vertreibung der Deutschen aus dem Osten. Ursachen, Ereignisse, Frankfurt a.M. ²1995, S. 265–276. Dieser Beitrag stammt eigentlich aus dem Jahr 1985, wurde aber für die zweite Auflage des Sammelbandes zehn Jahre später unverändert übernommen.
8) Vgl. hierzu – polemisch – Wolfgang Benz im Vorwort von Benz (wie Anm. 7), S. 7.

eine Änderung des Mottos erzwang (*„40 Jahre Vertreibung – Schlesien bleibt unsere Zukunft – Im Europa freier Völker"*) und damit indirekt deutlich machte, daß es mit ihm kein Zurück gab zu den Parolen der 1950er und 1960er Jahre. Man konnte Kohls Verhalten aber auch als Distanzierung von den heimatpolitischen Zielsetzungen der Vertriebenenverbände interpretieren.[9] Problematisch für die Landsmannschaft Schlesien war darüber hinaus, daß es ihr nicht gelungen war, intern die Reihen zu schließen. Gerade unter der jüngeren Generation der Vertriebenenpolitiker gab es nicht wenige, die anderer Meinung als die Verbandsspitzen waren: So distanzierte sich der Bundestagsabgeordnete Helmut Sauer MdB (CDU, geb. 1945), BdV-Vizepräsident und niedersächsischer Landesvorsitzender der Landsmannschaft Schlesien in Niedersachsen, von dem ursprünglichen Motto, von dem er nach eigenen Angaben erst aus der Zeitung erfahren hatte.[10] Auch der Bundesvorsitzende der Schlesischen Jugend und Assistent von Sauer, Hartmut Koschyk (CSU, geb. 1959), übte Kritik am Bundesvorstand der Schlesier.[11] Daß der Rückhalt auch bei der eigenen Klientel trotz einer offensiven, vielfach auch aggressiven Vorgehensweise in der Grenzfrage langsam aber sicher schwand, zeigt ebenso eine Aktion

---

9) Vgl. Gerhard Spörl: Beschwörung einer versunkenen Welt, in: Die Welt, 21.6. 1985, S. 4. Es ist in diesem Zusammenhang aufschlußreich, einmal die Memoiren Helmut Kohls zu analysieren; vgl. Helmut Kohl: Erinnerungen 1982–1990, München 2005 und Ders.: Erinnerungen 1990–1994, München 2007. Herbert Czaja und Herbert Hupka werden darin mit keinem Wort erwähnt. Kohl geht zwar knapp auf das Schlesiertreffen 1985 ein, verbindet diese Ausführungen in bewährter Weise mit einer wohlwollenden Würdigung der Leistung der Vertriebenen beim Wiederaufbau Deutschlands und hebt hierbei vor allem die „Charta der Heimatvertriebenen" aus dem Jahr 1950 hervor (vgl. Kohl: Erinnerungen 1982–1990, S. 367–374), mehr aber nicht. Dieser Befund ist insofern bemerkenswert, als die regelmäßigen Kontakte zwischen den Vertriebenenverbänden und Kohl in den Jahren seiner Kanzlerschaft eigentlich anderes erwarten lassen. Diese Zurückhaltung ex post ist vielsagender als jede ausdrückliche Distanzierung im Text.
10) Manfred Schell: Schlesier-Motto auch intern umstritten, in: Die Welt, 21.12. 1984, S. 1.
11) [ohne Verf.]: Klagen über den mangelnden Einfluß auf die Wahl des Mottos. Vorwürfe des Vorsitzenden der Schlesischen Jugend an die Führung der Landsmannschaft, in: Frankfurter Allgemeine Zeitung, 16.1.1985, S. 3. Vgl. hierzu auch Herbert Hupka: Unruhiges Gewissen. Ein deutscher Lebenslauf. Erinnerungen, München 1994, S. 336–344; hier übt Hupka, der von 1968 bis 2000 Bundesvorsitzender der Landsmannschaft Schlesien und seit 1970 Vizepräsident des BdV war, scharfe Kritik an den „Abweichlern", denen er Profilierungsabsichten vorwirft (S. 338).

des BdV ein Jahr später: Im Herbst 1986 startete der Verband eine Unterschriftenaktion, die die „*verfassungskonforme Darstellung Deutschlands in den Grenzen von 1937*"[12] in den Medien, insbesondere im Fernsehen, zum Gegenstand hatte. Vor allem ARD und ZDF sollten verpflichtet werden, entsprechende Karten in ihrem Programm zu zeigen. Zusammen kamen bis 1988 ca. 60.000 Unterschriften – angesichts von behaupteten 2 Millionen organisierten Vertriebenen ein mehr als ernüchterndes Ergebnis.

Insofern kann man feststellen, daß sich auch in der Ära Kohl, gemessen an den eigenen Ansprüchen, der seit den späten 1960er Jahren zu beobachtende Bedeutungsverlust der Vertriebenenverbände unaufhaltsam fortsetzte, sieht man einmal von einigen Erfolgen auf dem Felde der symbolischen Politik sowie der Subventionierung durch den Bund ab, der nach dem Regierungswechsel von 1982 die einschlägigen Finanzmittel erheblich aufgestockt hatte.

Der offenkundig schwindende Einfluß der Vertriebenenverbände führte indes nicht dazu, daß diese ihre Programmatik sukzessive angepaßt bzw. revidiert hätten. Vielmehr ist festzustellen, daß sich die Mehrheit der organisierten Vertriebenen, und hierbei insbesondere viele ihrer gewählten Repräsentanten, in ihren akademisch-völkerrechtlichen Rechtspositionen gut eingerichtet hatten, die Frage nach deren Realisierbarkeit wurde dagegen nicht gestellt. Keine Rolle spielte für den BdV auch die ernsthaft nicht zu leugnende Tatsache, daß sich die Mehrheit der Westdeutschen mittlerweile mit dem Verlust der Ostgebiete abgefunden hatte.[13]

Entsprechend optimistisch bzw. angriffslustig agierte der BdV seit dem Herbst 1989. Seine Aktivitäten erstreckten sich hierbei insbesondere auf drei Politikfelder, die im Folgenden näher ausgeführt werden sollen: erstens die Verhinderung der Anerkennung der Oder-Neiße-Grenze durch die Bundesregierung; zweitens den Aufbau von Verbandsstrukturen in der untergehenden DDR bzw. den sich bildenden neuen Ländern, wodurch dem BdV bzw. den ihm angehörenden Verbänden neue Mitglieder zugeführt werden sollten; drittens die Entschädigungsfrage für Vertriebene

---

12) Deutscher Ostdienst Nr. 46/1988, S. 7.
13) Vgl. etwa die von EMNID für den „Spiegel" durchgeführte Umfrage vom Februar 1985: Auf die Frage, ob die Oder-Neiße-Linie als deutsch-polnische Grenze anerkannt werden solle, antworteten 76% der Befragten mit Ja und 24% mit Nein, wobei die Zustimmung bei den Wählern der Grünen mit 94% am höchsten war, bei denen der Union mit 66% am niedrigsten; vgl. Der Spiegel 6/1985, S. 93.

in der DDR und viertens die Ausdehnung der ostdeutschen Kulturförderung[14] auf die neuen Länder und damit die Erhöhung der entsprechenden Finanzmittel für die Vertriebenenverbände durch den Bund.

2. Wider die „Preisgabe Ostdeutschlands"[15] – Der BdV und die Frage der Anerkennung der Oder-Neiße-Linie 1989/90

Der BdV wurde von Krise und Kollaps der DDR im Sommer und Herbst 1989[16] in ähnlicher Weise überrascht wie die gesamte bundesdeutsche Öffentlichkeit. Angesichts des oben ausgeführten verwundert es nicht, daß sich dieser durch die Entwicklung nicht nur in seiner Haltung, stets

14) Ostdeutsche Kulturförderung meint hierbei (im alten Sinne des Wortes „ostdeutsch") Kulturförderung in bezug auf Geschichte und Kultur der früheren deutschen Ostgebiete.
15) Vgl. Herbert Czaja: Unterwegs zum kleinsten Deutschland. Mangel an Solidarität mit den Vertriebenen. Marginalien zu 50 Jahren Ostpolitik. Frankfurt a. M. 1996, S. 657. Der Begriff „Ostdeutschland" meint hier, anders als im heutigen Sprachgebrauch, die ehemaligen deutschen Ostgebiete.
16) Vgl. hierzu und zum Prozeß der Wiedervereinigung Deutschlands im Überblick: Andreas Wirsching: Abschied vom Provisorium 1982–1990, München 2006 (= Geschichte der Bundesrepublik Deutschland 6), S. 591–694; Michael Gehler: Deutschland. Von der Teilung zur Einigung. 1945 bis heute, Wien, Köln, Weimar 2010, S. 288–362. Vgl. ferner ausführlich: Josef Becker (Hg.): Wiedervereinigung in Mitteleuropa. Außen- und Innenansichten zur staatlichen Einheit Deutschlands, München 1992 (= Schriften der Philosophischen Fakultäten der Universität Augsburg 43); Elke Bruck, Peter M. Wagner (Hg.): Wege zum „2+4" Vertrag. Die äußeren Aspekte der deutschen Einheit, München 1996 (= Schriftenreihe der Forschungsgruppe Deutschland 6) Artur Hajnicz: Polens Wende und Deutschlands Vereinigung. Die Öffnung zur Normalität 1989–1992, Paderborn 1995; Konrad Jarausch: Die unverhoffte Einheit 1989–1990, Frankfurt a. M. 1995; Hanns Jürgen Küsters: Das Ringen um die deutsche Einheit. Die Regierung Helmut Kohl im Brennpunkt der Entscheidungen 1989/90. Freiburg, Basel, Wien 2009; Alexander von Plato: Die Vereinigung Deutschlands – ein weltpolitisches Machtspiel. Bush, Kohl, Gorbatschow und die geheimen Moskauer Protokolle, Bonn ²2003; Andreas Rödder: Deutschland einig Vaterland. Die Geschichte der Wiedervereinigung. München 2009; Werner Weidenfeld: Außenpolitik für die deutsche Einheit. Die Entscheidungsjahre 1989/90, Stuttgart 1998 (= Geschichte der deutschen Einheit 4); Ders., Karl-Rudolf Korte (Hg.): Handbuch zur deutschen Einheit 1949–1989– 1999. Frankfurt a. M., New York 1999 (aktual. u. erw. Neuausgabe). Vgl. auch die Erinnerungen von Horst Teltschik: 329 Tage. Innenansichten der Einigung. Berlin 1991. Wichtige Quellen sind abgedruckt in Hanns Jürgen Küsters, Daniel Hof-

an der Offenheit der deutschen Frage festgehalten zu haben, bestätigt sah, sondern darüber hinaus erwartete, im Zuge der Wiederherstellung der Einheit Deutschlands auch die Oder-Neiße-Linie revidieren zu können. Getreu der seit den 1950er Jahren verfolgten Verbandslinie wurde die Wiedervereinigung mit der DDR, „Mitteldeutschland" wie man unverdrossen sagte,[17] als unvollständig angesehen und darauf beharrt, daß nun die Verwirklichung des „Rechts auf die Heimat"[18] und damit die Rückgewinnung der deutschen Ostgebiete auf der Tagesordnung stehe und von der Bundesregierung entsprechende Initiativen ergriffen werden müßten. Der BdV begrüßte deshalb das „Zehn-Punkte-Programm" Helmut Kohls vom 28. November 1989, welches die Frage der deutschen Grenzen nicht erwähnte, d.h. – was in Polen heftige Befürchtungen weckte – keine Garantie der Oder-Neiße-Linie enthielt, als „Meisterleistung".[19] Das anfängliche Zögern Kohls, in der Grenzfrage eindeutig Stellung zu beziehen, wozu er immer mehr auch von den westlichen Verbündeten der Bundesrepublik gedrängt wurde, weckte beim BdV Hoffnungen, daß die Bundesregierung tatsächlich eine Grenzrevision anstrebe. Kohls Kalkül in dieser Frage war indes ein anderes: In Fortsetzung seiner vertriebenenpolitischen Linie seit 1982 kam es ihm zum einen darauf an, im Hinblick auf die 1990 anstehenden Bundestagswahlen die Wählerklientel nicht zu verlieren und den BdV schonend auf den endgültigen Verzicht auf die Ostgebiete vorzubereiten; zweitens sah er verhandlungstaktisch in den Ostgebieten eine deutsche Konzessionsmasse, die eingesetzt werden konnte im Tausch gegen einen endgültigen polnischen Verzicht auf Reparationen von Deutschland und eine einvernehmliche Regelung der Rechte der in Polen verbliebenen deutschen Minderheit.[20] Die scheinbare Chance auf

---

MANN (Hg.): Deutsche Einheit. Sonderedition aus den Akten des Bundeskanzleramtes 1989/90. München 1998 sowie in Hans Viktor BÖTTCHER (Hg.): Materialien zu Deutschlandfragen. Politiker und Wissenschaftler nehmen Stellung. 1989–1991, Bonn 1991.
17) Vgl. hierzu Herbert CZAJA: Deutschland – Erbe und Auftrag, in: Dieter BLUMENWITZ, Gottfried ZIEGER (Hg.): Beiträge zur deutschen Frage – historische und rechtliche Aspekte, Bonn 1984, S. 89–94, hier S. 90.
18) Vgl. hierzu STICKLER: „Ostdeutsch heißt Gesamtdeutsch" (wie Anm. 1), S. 357–369.
19) Deutscher Ostdienst Nr. 48/1989, S. 1.
20) Zu den diplomatischen und innenpolitischen Auseinandersetzungen um die Anerkennung der Oder-Neiße-Linie durch Deutschland vgl. v.a. WEIDENFELD (wie Anm. 16), S. 479–509, RÖDDER (wie Anm. 16), S. 235–244 und KÜSTERS: Das

eine Revision der Oder-Neiße-Linie hatte für den BdV noch eine zusätzliche emotionale Komponente, als sich im Jahr 1990 der Jahrestag der Verabschiedung der Charta der Heimatvertriebenen[21] zum vierzigsten Male jährte und aus Anlaß dieses für den Verband erinnerungspolitisch wichtigen Jubiläums am 5. August 1990 eine repräsentative Gedenkfeier in der Frankfurter Paulskirche stattfinden sollte.[22] Nach seinem eigenen Selbstverständnis war der BdV nun gleichsam auf der Zielgeraden. Was die führenden Vertriebenenpolitiker, an der Spitze der seit 1970 amtierende BdV-Präsident Herbert Czaja[23], aber nach wie vor ausblendeten, war, daß in den vergangenen Jahrzehnten Fakten geschaffen worden waren, die nicht mehr revidierbar waren: *„In sich schlüssig, fehlte dieser Position* [des BdV] *freilich der Sinn für die historisch-politischen Realitäten, daß jene 114.000 Quadratkilometer deutscher Ostgebiete seit viereinhalb Jahrzehnten polnisch (bzw. sowjetisch) besiedelt waren. Ihr fehlte das Gespür für die Bedeutung des der Vertreibung vorangegangenen deutschen Angriffs- und Vernichtungskrieges und für die internationale Wucht dieses Arguments, und schließlich ließ sie unberücksichtigt, daß ein ‚Revisionismus' der polnischen Westgrenze, wie Czaja ihn forderte, konsequenterweise auch Fragen der polnisch-sowjetischen*

Ringen um die deutsche Einheit (wie Anm. 16), S. 207–222. Zu Kohls Kalkül in bezug auf die Oder-Neiße-Linie vgl. auch KOHL: Erinnerungen 1990–1994 (wie Anm. 9), S. 256f.
21) Vgl. hierzu Matthias STICKLER: „Wir Heimatvertriebenen verzichten auf Rache und Vergeltung" – Die Stuttgarter Charta vom 5./6. August 1950 als zeithistorisches Dokument, in: Jörg-Dieter GAUGER (Hg.): „Zeichen der Menschlichkeit und des Willens zur Versöhnung". 60 Jahre Charta der Heimatvertriebenen, Sankt Augustin 2011, S. 43–74, auch unter http://www.kas.de/wf/doc/kas_22454-544-1-30.pdf?110406114811 (zuletzt besucht am 27.1.2015) und DERS.: Charta der deutschen Heimatvertriebenen, in: Online-Lexikon zur Kultur und Geschichte der Deutschen im östlichen Europa, 2012, http://ome-lexikon.uni-oldenburg.de/begriffe/charta-der-deutschen-heimatvertriebenen/ (zuletzt besucht am 27.1.2015).
22) Deutscher Ostdienst Nr. 1/1990.
23) Zu Czaja vgl. v.a. dessen memoirenähnliches Alterswerk „Unterwegs zum kleinsten Deutschland" (wie Anm. 15); vgl. ferner die von seiner Tochter herausgegebene offiziöse Biographie Christine Maria CZAJA (Hg.): Herbert Czaja. Anwalt für Menschenrechte. Bonn 2003 (= Historische Forschungen) sowie Jürgen ARETZ: Herbert Czaja, in: DERS., Rudolf MORSEY, Anton RAUSCHER (Hg.): Zeitgeschichte in Lebensbildern 9: Aus dem deutschen Katholizismus des 19. und 20. Jahrhunderts, Mainz 1999, S. 291–312. Vgl. ferner Matthias STICKLER: Die zwei Leben des Dr. Herbert Czaja (1914–1997) – Grundzüge eines Lebensbilds, in: STICKLER (Hg.): Jenseits von Aufrechnung und Verdrängung (wie Anm. 4), S. 45–63.

Grenze aufgeworfen hätte. *Die Revision von über vierzig Jahren europäischer Geschichte, wie sie im Falle der DDR vorgenommen wurde, mochte im Hinblick auf die Ostgebiete völkerrechtliche Legalität beanspruchen. Politisch aber lag sie, national und vor allem international, außerhalb jeder Diskussion.* "[24]

Die politischen Signale, die der BdV Ende 1989 erhielt, waren sehr ambivalent: Bundeskanzler Kohl verhielt sich, wie beschrieben, abwartend und vermied eine eindeutige Festlegung. So war in der „Entschließung des Bundestags zum Bericht zur Lage der Nation im geteilten Deutschland"[25] vom 8. November 1989 recht unmißverständlich davon die Rede, daß *„das Rad der Geschichte ... nicht zurückgedreht werde.* "[26] Andererseits wurde in der „Gemeinsamen Erklärung" zwischen Polen und der Bundesrepublik am 14. November 1989[27] von Warschau die Existenz einer deutschen Minderheit in Polen anerkannt[28], was der BdV als wichtigen Teilerfolg in seinem Sinne interpretieren konnte. Seit Ende Februar 1990 waren dann allerdings zunehmend deutlichere Anzeichen zu beobachten, die geeignet waren, die hohen Erwartungen des BdV zu dämpfen bzw. deutlich machten, daß die Zeit gegen ihn arbeitete. Anfang März signalisierte Kohl erstmals demonstrativ seine Bereitschaft, die Oder-Neiße-Linie als endgültig anzuerkennen.[29] Am 8. März 1990 nahm der Bundestag dann eine von der Regierungskoalition eingebrachte Resolution an, in der es hieß, daß *dem polnischen Volk* [das Recht eingeräumt wird] *in sicheren Grenzen zu leben"*, welche *„von uns Deutschen weder jetzt noch in Zukunft durch Gebietsansprüche in Frage gestellt"*[30] werden. Auch wenn diese Entschließung erst nach heftigen Auseinandersetzungen zwischen Union und FDP zustande kam, so war damit doch die Marschrichtung vorgegeben.

24) Rödder (wie Anm. 16), S. 238.
25) Auswärtiges Amt (Hg.): Umbruch in Europa. Die Ereignisse im 2. Halbjahr 1989. Eine Dokumentation. Bonn 1990, S. 75f.
26) Ebd., S. 76.
27) Vgl. Dieter Korger: Die Polenpolitik der deutschen Bundesregierung von 1982–1991, Bonn 1993 (= Mainzer Beiträge zur Europäischen Einigung 15), S. 71ff.
28) Vgl. Peter Mohlek: Der deutsch-polnische Nachbarschaftsvertrag und die deutsche Minderheit, in: Hans van der Meulen (Hg.): Anerkannt als Minderheit. Vergangenheit und Zukunft der Deutschen in Polen, Baden-Baden 1994, S. 99–112, hier S. 102.
29) Vgl. „Kohl für eine Erklärung des Bundestages und der Volkskammer zur polnischen Westgrenze", in: Frankfurter Allgemeine Zeitung, 1.3.1990, S. 1f.
30) Zitiert nach Deutscher Ostdienst Nr. 10/1990, S. 1.

Der BdV erkannte diese Gefahr natürlich und versuchte, sich dieser Entwicklung entgegenzustellen. Er interpretierte die Resolution offiziell so hilflos wie weltfremd als *„eine politische Willensbekundung"*, die „... *keine Verträge* [ersetzt]".[31] Wie ernst die Lage war, zeigte sich vor allem daran, daß selbst die CSU, die bislang beharrlich die Positionen des BdV vertreten hatte, in ihren Erklärungen von diesem abzurücken begann.[32] Um sich nicht in die Defensive drängen zu lassen, schlug BdV-Generalsekretär Hartmut Koschyk eine Befragung der von der Grenzfrage Betroffenen vor.[33] Ähnlich wie bei der Unterschriftenaktion zur Deutschlandkarte 1986, startete man eine Unterschriftenaktion. Gefragt wurde, ob die Gebiete östlich von Oder und Neiße *„zu Deutschland, zu Polen beziehungsweise zur Sowjetunion oder zu einem europäischen Territorium gehören sollen."*[34] Es wurden 40.000 Unterschriftenlisten für rechnerisch 1,2 Millionen Menschen verschickt[35]. Zusammen kamen innerhalb von eineinhalb Jahren immerhin 208.989 Unterschriften[36], die 1991 allerdings eher verschämt dem damaligen Bundesinnenminister Rudolf Seiters übergeben wurden. Ähnlich wie 1986/88 zeigte sich also, daß die Grenzfrage nicht einmal mehr dazu taugte, die eigene Klientel zu mobilisieren, ganz zu schweigen davon, daß man eine breitere deutsche oder internationale Öffentlichkeit erreichte.[37] Bemerkenswert ist immerhin, daß Herbert Czajas alter Gedanke einer Europäisierung der Oder-Neiße-Gebiete[38] 1990 nochmals, wenn auch erfolglos, aufgegriffen wurde.[39]

Im Hinblick auf die Anerkennung der Oder-Neiße-Linie als deutschpolnische Grenze ging nun alles sehr schnell, ohne daß der BdV dagegen etwas tun konnte: Am 21. Juni 1990 verabschiedeten Bundestag und Volkskammer gleichlautende Entschließungen zur Bestätigung der polnischen Westgrenze, die in gewisser Weise eine Vorleistung im Hinblick auf die

---

31) Ebd.
32) Deutscher Ostdienst Nr. 11/1990, S. 3f.
33) Deutscher Ostdienst Nr. 10/1990, S. 3.
34) Ebd.
35) Deutscher Ostdienst Nr. 15/1990, S. 12.
36) Deutscher Ostdienst Nr. 36/1991, S. 2.
37) Vgl. Markus MILDENBERGER: Brücke oder Barriere? Die Rolle der Vertriebenen in den deutsch-polnischen Beziehungen, in: Deutschland Archiv 33 (2000) 3, S. 416–424, hier S. 418.
38) Vgl. STICKLER: „Ostdeutsch heißt Gesamtdeutsch" (wie Anm. 1), S. 396f.
39) Deutscher Ostdienst Nr. 18/1990, S. 1.

Wiedervereinigung darstellten. Im Bundestag gab es, nachdem Helmut Kohl in der Unionsfraktion eindringlich um Zustimmung geworben hatte,[40] bei 504 abgegebenen Stimmen lediglich drei Enthaltungen und 15 Gegenstimmen aus dem Kreis der heimatvertriebenen Unionsabgeordneten, darunter Herbert Czaja, welcher seine Haltung auch vor dem Plenum ausführlich begründete.[41] Wenige Tage vorher war Czaja von Kohl zu einem persönlichen Gespräch empfangen worden, in welchem der Bundeskanzler um Verständnis für sein Vorgehen warb und sich über die Haltung der Abweichler informierte. Czaja sagte zu, sich bei der Bundestagsdebatte „*maßvoll und vorwärtsgerichtet*"[42] zu verhalten, eine Zusage, die er in seiner Rede einhielt.[43]

Am 5. August 1990 stellte sich Helmut Kohl dann auf der Gedenkfeier zum 40. Jahrestag der Verabschiedung der „Charta der Heimatvertriebenen" der Kritik der Vertriebenen, begründete seine Haltung und stellte unmißverständlich fest, daß „*die Grenze Polens, wie sie heute verläuft, [...] endgültig* [ist]. *Sie wird durch Gebietsansprüche von uns Deutschen weder heute noch in Zukunft in Frage gestellt.*"[44] Viele Teilnehmer quittierten diese Ausführungen mit deutlichen Mißfallenskundgebungen.[45] Kohl sicherte allerdings zu, daß die Bundesregierung bei den anstehenden Verhandlungen mit Polen die Verbürgung der Rechte der deutschen Minderheiten einfordern werde.[46] Nach der Wiederherstellung der deutschen Einheit am 3. Oktober 1990 erfolgte am 14. November 1990 dann die endgültige Anerkennung der Oder-Neiße-Linie durch den „*Vertrag zwischen der Bundesrepublik Deutschland und der Republik Polen über die Bestätigung der zwischen ihnen bestehenden Grenzen*". Dieser Vertrag regelte jedoch nicht die Rechtsstellung der deutschen Minderheit in Polen, was vom BdV scharf

---

40) Vgl. Teltschik (wie Anm. 16), S. 270–272.
41) Deutscher Ostdienst Nr. 25/1990, S. 1–3.
42) Teltschik (wie Anm. 16), S. 272.
43) Für Czaja war die Entscheidung Kohls, die Oder-Neiße-Linie anzuerkennen, eine schwere Enttäuschung, für die er aber bezeichnenderweise die Vertrauten Kohls und Außenminister Hans-Dietrich Genscher verantwortlich machte; vgl. Czaja (wie Anm. 15), S. 793–811. Daß Kohl in der Grenzfrage keineswegs leichtfertig, wohl aber pragmatisch handelte und selbst davon überzeugt war, daß es keine Revisionsmöglichkeiten mehr gab, wollte Czaja offenbar nicht sehen.
44) Presse- und Informationsdienst der Bundesregierung (Hg.): Bulletin 99 vom 17.8.1990, S. 841–846, hier S. 843.
45) Czaja (wie Anm. 15), S. 806.
46) Deutscher Ostdienst Nr. 32/1990, S. 1.

kritisiert wurde. Erst in dem am 17. Juni 1991 unterzeichneten Vertrag *„über gute Nachbarschaft und freundschaftliche Zusammenarbeit"* wurde in Artikel 20 in Polen die Existenz einer deutschen Minderheit völkerrechtlich bestätigt und deren Schutz garantiert.[47] Völlig ausgeklammert blieb die Vermögensfrage,[48] hätte dies doch bedeutet, daß zwischenstaatlich die Reparationsfrage und bundesdeutsch-innerstaatlich die Frage einer möglicherweise über den Lastenausgleich hinausgehenden endgültigen Entschädigung der Vertriebenen durch den Bund hätte thematisiert werden müssen. Vergeblich wandte sich der BdV an das Bundesverfassungsgericht, um seinen Rechtsstandpunkt, wie in den 1970er Jahren, dort erneut bestätigt zu erhalten, doch nahm jenes die Verfassungsbeschwerde nicht zur Entscheidung an.[49] Die endgültige Anerkennung der Oder-Neiße-Linie durch das vereinigte Deutschland in den Jahren 1990 und 1991 stellte für den BdV eine tiefempfundene, schwere Niederlage dar.[50] Czaja selbst äußerte über den deutsch-polnischen Vertrag mit sichtlicher Verbitterung, daß *„der eine mehr oder weniger 100% seiner Maximalforderung erhält, der andere, das möchte ich auf die Deutschen beziehen, etwa 0 %."*[51]

Die Durchsetzung dieser in der Sache unnachgiebigen Linie in der deutsch-polnischen Grenzfrage, die vor allem Herbert Czaja betrieb, führte im BdV innerverbandlich zu erheblichen Differenzen, die letztlich mit dem Rücktritt des BdV-Generalsekretärs Hartmut Koschyk endeten: Am 30. Juni 1991 hatte der BdV auf seiner Bundesversammlung eine Erklärung verabschiedet, in der es wörtlich hieß: *„Solche Verträge können wir nicht mittragen. Unser Ringen um bessere Verträge geht weiter."*[52] Das war eine

---

47) Vgl. dazu Ekkehard STRAUSS: Der Minderheitenschutz in den Nachbarschaftsverträgen und die deutschen Minderheiten, in: Dieter BLUMENWITZ, Gilbert H. GORNIG, Dietrich MURSWIEK (Hg.): Rechtsanspruch und Rechtswirklichkeit des europäischen Minderheitenschutzes, Köln 1998 (= Staats- und völkerrechtliche Abhandlungen der Studiengruppe für Politik und Völkerrecht 17), S. 39–46.
48) Vgl. dazu Dieter BLUMENWITZ: Das Offenhalten der Vermögensfrage in den deutsch-polnischen Beziehungen, Bonn 1992 (= Forschungsergebnisse der Studiengruppe für Politik und Völkerrecht 13).
49) Deutscher Ostdienst Sonderdruck in Nr. 42/1993.
50) Deutscher Ostdienst Nr. 1/1992, S. 1.
51) Herbert CZAJA: Überlegungen zu den deutsch-polnischen Beziehungen heute und morgen, in: Markus LEUSCHNER (Red.): Die deutsch-polnischen Beziehungen heute und morgen. Ergebnisse eines Informationsaustausches zwischen polnischen Journalisten und deutschen Vertriebenen. Niemiecko-polskie stosunki dziś i jutro, Bonn 1993, S. 18–27, hier S. 23.
52) Deutscher Ostdienst Nr. 27/1991, S. 1.

unverhohlene Kampfansage an die Politik der Bundesregierung. Koschyk, der bis zum Frühjahr 1991 die Linie des BdV noch voll mitgetragen hatte, kritisierte diese starre Haltung und plädierte dafür, die neuen Verhältnisse zu respektieren.[53] Für Czaja bedeutete das Verhalten Koschyks, wie er selbst äußerte, *„eine sehr tiefe menschliche Erschütterung",*[54] letztlich sah er darin einen Verrat an den Prinzipien des BdV. Die Gründe Koschyks für seinen Meinungswandel sind leicht zu benennen: Der bereits in den 1980er Jahren aufgebrochene Generationenkonflikt setzte sich unvermindert fort.[55] Koschyk wollte den Verband durch eine neue Programmatik in die Zukunft führen; er argumentierte, daß eine starre Verweigerungshaltung politisches Handeln nicht ersetzen könne.[56] Ein weiterer Grund war Koschyks Selbstverständnis als Bundestagsabgeordneter. Er äußerte, er könne eine *„Weisungsbindung an den BdV-Präsidenten mit seiner neuen Aufgabe als Volksvertreter nicht* [vereinbaren]."[57] Darüber hinaus dürfte eine Rolle gespielt haben, daß Koschyk seine beginnende politische Karriere in Bonn bzw. Berlin nicht mit dem Verdacht, ein Gegner der deutsch-polnischen Versöhnung zu sein, belastet sehen wollte.

1994 kandidierte Czaja nicht mehr für den BdV-Vorsitz und machte dem bereits 61jährigen sudetendeutschen CSU-Bundestagsabgeordneten Fritz Wittmann Platz. Dieser war offenkundig ein Übergangskandidat, der bereits 1998 durch die damals 55jährige, in Westpreußen geborene Bundestagsabgeordnete Erika Steinbach (CDU) ersetzt wurde.

3. Nach der heimatpolitischen Niederlage: alte und neue Herausforderungen für den BdV im zusammenwachsenden Deutschland

Wie oben bereits erwähnt, hatte neben dem Optimismus in bezug auf die Grenzfrage noch ein weiterer Umstand den BdV um die Jahreswende 1989/90 hoffnungsvoll in die Zukunft blicken lassen: Durch die Öffnung

---

53) Thomas URBAN: Es gibt noch viel zu regeln. Im deutsch-polnischen Abkommen sind wichtige Fragen ungelöst geblieben, in: Süddeutsche Zeitung, 18.10.1991, S. 3.
54) CZAJA (wie Anm. 15), S. 801.
55) Politische Differenzen, in: Süddeutsche Zeitung vom 1. Juli 1991, S. 4.
56) Vgl. Hartmut KOSCHYK: BdV – Bund der Versöhnung?, in: Friedbert PFLÜGER, Winfrid LIPSCHER (Hg.): Feinde werden Freunde. Von den Schwierigkeiten der deutsch-polnischen Nachbarschaft, Bonn 1993, S. 419–426, hier S. 425.
57) Der Spiegel Nr. 28/1991, S. 27.

der innerdeutschen Grenze und den sich beschleunigenden Zerfall des SED-Staates war es nun möglich, unter den drei Millionen Vertriebenen, die nach dem Bau der Mauer in der DDR geblieben waren, für die Ziele des BdV zu werben. Ein gewisses Interesse für den BdV bzw. allgemein für die Gründung von Interessenvertretungen bestand bei vielen Vertriebenen in der DDR insofern, als deren Schicksal im zweiten deutschen Staat von Anfang an tabuisiert worden war, die Gründung von Vertriebenenorganisationen war bereits im Ansatz verhindert worden, und den Betroffenen begegnete man noch bis in die 1970er Jahre hinein mit Mißtrauen;[58] entsprechend groß war das Bedürfnis nun endlich über die traumatischen Erlebnisse der Vergangenheit sprechen und für die eigenen Interessen eintreten zu können.[59] Für den BdV ergab sich damit die Chance, nach Jahren der Schrumpfung die Mitgliederzahlen[60] durch eine neue Klientel wieder zu erhöhen.

58) Zur Vertriebenenintegration in der DDR vgl. v.a. Heike AMOS: Die Vertriebenenpolitik der SED 1949 bis 1990, München 2009 (= Schriftenreihe der Vierteljahrshefte für Zeitgeschichte, Sondernummer); Michael SCHWARTZ: „Umsiedler" – Flüchtlinge und Vertriebene in der SBZ und DDR, in: RÖSGEN, KORTHAUS (wie Anm. 1), Bielefeld 2005, S. 90–101; DERS.: „Verantwortliche Arbeit beim Wiederaufbau". Die Vertriebenen und die Formation neuer administrativer Eliten in der SBZ/DDR, in: Günther SCHULZ (Hg.): Vertriebene Eliten. Vertreibung und Verfolgung von Führungsschichten im 20. Jahrhundert, München 2001 (= Deutsche Führungsschichten in der Neuzeit 24, Büdinger Forschungen zur Sozialgeschichte 1999), S. 165–197; DERS.: Vertriebene und „Umsiedlerpolitik". Integrationskonflikte in den deutschen Nachkriegs-Gesellschaften und die Assimilationsstrategien in der SBZ/DDR 1945 bis 1961, München 2004 (= Quellen und Darstellungen zur Zeitgeschichte 61); Philipp THER: Deutsche und polnische Vertriebene. Gesellschaft und Vertriebenenpolitik in der SBZ/DDR und in Polen 1945–1956, Göttingen 1998 (= Kritische Studien zur Geschichtswissenschaft 127); Manfred WILLE u.a. (Hg.): Die Vertriebenen in der SBZ/DDR. Dokumente. 3 Bde., Wiesbaden 1996–2003.
59) Vgl. Bernhard FISCH: „Wir brauchen einen langen Atem". Die deutschen Vertriebenen 1990–1999. Eine Innenansicht, Jena, Plauen, Quedlinburg 2001, S. 14. Bernhard Fisch, der 1926 in Ostpreußen geboren wurde, war einer der Vertriebenenpolitiker der ersten Stunde in der späten DDR; später überwarf sich Fisch mit dem BdV und war seither ein scharfer Kritiker der Vertriebenenverbände. Der Band, der starke autobiographische Züge hat, wirkt auf weiten Strecken als Abrechnungsschrift, bietet wegen des scharfen Blicks des Insiders aber dennoch wertvolle Einblicke.
60) Der BdV gab bis ca. 2012/2013 stereotyp „mehr als" bzw. „rund" 2 Millionen Mitglieder an. Diese Zahlen waren sehr wahrscheinlich stark überhöht. Vgl. hierzu die Meldung der Nachrichtenagentur DDP vom 6.1.2010, die nach umfangreichen

Bereits Ende 1989 nahmen erstmals junge DDR-Bürger an einer Jugendveranstaltung des BdV teil[61]. In der ersten Hälfte des Jahres 1990 entstanden dann in der DDR eigenständige Vertriebenenverbände wie der „Umsiedlerbund der DDR", der „Verband der Vertriebenen" oder, als größte Organisation, der „Verband der Umsiedler der DDR" (VdU).[62] Der BdV war von Anfang an bestrebt, diese noch ungefestigten Vereinigungen in seine Verbandsstrukturen zu integrieren bzw., sofern dies nicht möglich war, ihnen wenigstens Mitglieder abzuwerben. Problematisch war aus Sicht des BdV vor allem die Verwendung des Begriffs „Umsiedler", der als *„stalinistisch"* und *„geschichtsfälschend"* kritisiert wurde.[63] In den folgenden zwei bis drei Jahren gelang es dem BdV, seine Verbandsstruktur auf die neuen Länder zu übertragen und dort Landsmannschaften und Landesverbände nach dem Vorbild der alten Bundesrepublik zu gründen.[64] Die einzelnen neuen BdV-Landesverbände entstanden schnell, beginnend mit dem thüringischen Landesverband am 11. November 1990.[65] Es folgten Gründungen in Brandenburg, „Sachsen/Schlesische Lausitz", Sachsen-Anhalt und Mecklenburg-Vorpommern. Bis 1993 gewann der BdV nach eigenen Angaben dadurch 150.000 neue Mitglieder hinzu;[66] bis Ende 1994 waren es insgesamt circa 200.000.[67] Dem BdV gelang es auf diese

Recherchen nur noch etwa 550.000 Mitglieder für realistisch hält. Vgl. hierzu auch Frankfurter Allgemeine Zeitung, 9.1.2010, S. 5 und Süddeutsche Zeitung, 8.1.2010, S. 6. Für die Zeit um 1990 dürften die oben erwähnten 40.000 Unterschriftenlisten ein Indiz für die tatsächliche Mitgliederzahl sein, also ca. 1,2 Millionen Menschen.
61) Deutscher Ostdienst Nr. 48/1989, S. 8.
62) Vgl. Fisch (wie Anm. 59), S. 13f.
63) Deutscher Ostdienst Nr. 33/1990, S. 7. „Umsiedler" war in der Tat eine euphemistische Bezeichnung für Flüchtlinge und Vertriebene in der DDR, die die SMAD und die SED eingeführt hatten, um das Gewaltsame der Zwangsmigrationsvorgänge am Ende des und nach dem Zweiten Weltkrieg zu verschleiern.
64) Deutscher Ostdienst Nr. 13/1990, S. 1 und Fisch (wie Anm. 59), S. 17–19 und S. 21–28.
65) Deutscher Ostdienst Nr. 46/1990, S. 9.
66) Deutscher Ostdienst Nr. 13/1993, S. 10. Einen vergleichbaren Mitgliederzustrom erlebte aus ähnlichen Gründen zur gleichen Zeit auch der Verband der Heimkehrer (VdH); vgl. Birgit Schwelling: Heimkehr – Erinnerung – Integration. Der Verband der Heimkehrer, die ehemaligen Kriegsgefangenen und die westdeutsche Nachkriegsgesellschaft, [Habil.-Schrift, Frankfurt/Oder 2007/08] Paderborn 2010 (= Sammlung Schöningh zur Geschichte und Gegenwart).
67) Vgl. Alfred Theisen: Die Vertreibung der Deutschen – Ein unbewältigtes Kapitel europäischer Zeitgeschichte, in: Aus Politik und Zeitgeschichte 45 (1995), B 7–8, S. 20–33, hier S. 22.

Weise vergleichsweise schnell, in den neuen Bundesländern funktionsfähige Verbandsstrukturen aufzubauen und die neuen Landesverbände in die Arbeit einzubinden. Die DDR-Konkurrenzorganisationen überlebten diesen Verdrängungswettkampf nicht; der VdU ging im November 1990 im BdV auf. Überschattet wurden diese Aktivitäten zu Beginn der 1990er Jahre durch den tief sitzenden Schock und die Frustration über die Niederlage in der Grenzfrage in den Jahren 1990 und 1991, wobei Fisch darauf verweist, daß dieses Thema in den neuen Ländern keine besonders wichtige Rolle gespielt habe.[68]

Daß es dem BdV so schnell gelang, in den neuen Ländern Fuß zu fassen, hing auch und vor allem mit der anfangs ungelösten Lastenausgleichsfrage zusammen. Das vorrangige Ziel des BdV im Hinblick auf die Vertriebenen in der DDR war die finanzielle Entschädigung ihrer Klientel gemäß den Bestimmungen des Bundeslastenausgleichsgesetzes von 1952,[69] dessen Regelungen man auf die DDR zu übertragen suchte.[70] Das Hauptproblem war, daß dieser Komplex im Einigungsvertrag dahingehend geregelt worden war, daß die Übertragung der westdeutschen Lastenausgleichsregelungen

---

68) FISCH (wie Anm. 59), S. 14.
69) Vgl. zum Lastenausgleich in der Bundesrepublik v.a. Werner ABELSHAUSER: Der Lastenausgleich und die Eingliederung der Vertriebenen und Flüchtlinge – Eine Skizze, in: Rainer SCHULZE u.a. (Hg.): Flüchtlinge und Vertriebene in der westdeutschen Nachkriegsgeschichte. Bilanzierung der Forschung und Perspektiven für die zukünftige Forschungsarbeit, Hildesheim 1987 (= Veröffentlichungen der Historischen Kommission für Niedersachsen und Bremen 38, 4; Quellen und Untersuchungen zur Geschichte Niedersachsens nach 1945, 4), S. 229–238; Paul ERKER (Hg.): Rechnung für Hitlers Krieg. Aspekte und Probleme des Lastenausgleichs, Heidelberg 2004 (= Pforzheimer Gespräche zur Sozial-, Stadt- und Wirtschaftsgeschichte 3); Rudolf FRITZ: Der Einfluß der Parteien und Geschädigtenverbände auf die Schadensfeststellung im Lastenausgleich, [Phil. Diss. FU Berlin 1964] Berlin 1964; Hans NEUHOFF: Der Lastenausgleich aus der Sicht der Vertriebenen, in: Hans Joachim VON MERKATZ (Hg.): Aus Trümmern wurden Fundamente. Vertriebene/Flüchtlinge/Aussiedler. Drei Jahrzehnte Integration, Düsseldorf 1979, S. 129–149; Reinhold SCHILLINGER: Der Lastenausgleich, in: Benz (wie Anm. 7), S. 231–243; Arnold SYWOTTEK: Der Entscheidungsprozess beim Lastenausgleich 1945–1952. St. Katharinen 1998; Rüdiger WENZEL: Die große Verschiebung? Das Ringen um den Lastenausgleich im Nachkriegsdeutschland von den ersten Vorarbeiten bis zur Verabschiedung des Gesetzes 1952, Stuttgart 2008 (= Historische Mitteilungen, Beiheft 70); Lutz WIEGAND: Der Lastenausgleich in der Bundesrepublik Deutschland 1949 bis 1985, [Diss. Heidelberg 1991] Frankfurt a. M. u.a. 1992 (= Europäische Hochschulschriften Reihe 5, Volks- und Betriebswirtschaft 1271).
70) Vgl. hierzu und zum Folgenden FISCH (wie Anm. 59), S. 18f. und S. 87–98.

auf die neuen Länder ausgeschlossen war, insofern also die Gefahr bestand, daß die Vertriebenen in der DDR leer ausgehen würden. Für die Vertriebenenverbände bedeutete dieser für ihre Klientel nachteilige Rechtszustand die Chance, an ihre erfolgreiche sozialpolitische Lobbyarbeit in den 1950er Jahren anzuknüpfen, ein Tätigkeitsfeld, das geeignet war, die erlittene Niederlage in der Grenzfrage zu überlagern und sinnstiftend zu wirken. Am Ende eines langen politischen Kampfes[71] um einen finanziellen Ausgleich stand schließlich das Vertriebenenzuwendungsgesetz vom 27. September 1994, das eine Einmalzahlung von 4.000 DM vorsah.[72] Viele Vertriebene in den neuen Bundesländern waren aber dennoch unzufrieden wegen der Voraussetzungen, die zu erfüllen waren, um diese Summe überhaupt zu erhalten.[73] So waren etwa nur solche Antragssteller bezugsberechtigt, die *„nach der Vertreibung ihren ständigen Wohnsitz im Beitrittsgebiet vor dem 3. Oktober 1990 genommen und ihn dort bis zu diesem Zeitpunkt ohne Unterbrechung innegehabt haben"* (§ 2, Abs. 1)[74], ausgeschlossen waren Bauern, die Land aufgrund der sogenannten Bodenreform in der SBZ erhalten hatten (§ 2, Abs. 1) und *„solche Vertriebene [...], die vor oder nach Ende des Zweiten Weltkriegs einem totalitären System erheblich Vorschub geleistet oder durch ihr Verhalten gegen die Grundsätze der Menschlichkeit oder der Rechtsstaatlichkeit verstoßen haben."* (§ 2, Abs. 2)[75] Bemerkenswert am Vertriebenenzuwendungsgesetz war eine Bestimmung in § 1, in der es hieß, daß die *„einmalige Zuwendung [...] zugleich der innerstaatlichen Abgeltung aller materiellen Schäden und Verluste, die mit den Ereignissen und Folgen des*

---

71) Fisch betont in seiner Darstellung immer wieder die (angebliche) Lethargie vieler westdeutscher Vertriebenenpolitiker und sieht in der letztlich erfolgreichen Lösung des Problems vor allem einen Erfolg des BdV in den neuen Ländern, v.a. seines eigenen Landesverbands Thüringen.
72) Vgl. hierzu Heinz Berresheim: Das Bundesvertriebenengesetz. Zielsetzung, Inhalt und Ergebnis nach 40 Jahren, in: Wilfried Schlau (Hg.): Die Ostdeutschen. Eine dokumentarische Bilanz 1945–1995, München 1996 (= Studienbuchreihe der Stiftung Ostdeutscher Kulturrat 12), S. 131–152, hier S. 150.
73) Vgl. Fisch (wie Anm. 59), S. 91f.
74) D.h. ausgeschlossen waren DDR-Flüchtlinge, die die DDR nach dem Mauerfall am 9. November 1989 verlassen hatten.
75) Gesetz über eine einmalige Zuwendung an die im Beitrittsgebiet lebenden Vertriebenen (Vertriebenenzuwendungsgesetz – VertrZuwG) vom 27.9.1994. Es ist bezeichnend für die Argumentationsweise Fischs, daß er die Bestimmungen des § 2 ausschließlich als Siegerjustiz des Westens gegenüber *„Staats- und Parteifunktionären"* (gemeint sind offenbar solche der DDR) wertet, obgleich sich diese ebenso gegen NS-Belastete richtet; vgl. Fisch (wie Anm. 59), S. 91.

Zweiten Weltkriegs in Zusammenhang stehen" diene. Der Bundesgesetzgeber betrachtete also, anders als beim Lastenausgleichsgesetz 1952, die Einmalzahlung ausdrücklich als Entschädigung, die weitergehende Forderungen ausschloß.[76] Versuche des BdV, das Vertriebenenzuwendungsgesetz nach den Bundestagswahlen 1994 noch einmal zu novellieren und hierbei insbesondere die Stichtagsregelung und den Ausschluß der Nutznießer der Bodenreform zu verändern, scheiterten endgültig 1997.[77]

Erfolge konnten der BdV und seine Mitgliedsverbände nach 1990 auch verbuchen auf dem Felde seiner Finanzausstattung, die sich im Vergleich zur Situation nach 1982 noch einmal spürbar verbesserte: Der BdV hatte sich von Anfang an für die Ausdehnung der ostdeutschen Kulturförderung auf die neuen Bundesländer eingesetzt. Für diese Kulturförderung wurden die Finanzmittel von 1990 auf 1991 von 20 Millionen DM auf 35 Millionen DM erhöht.[78] Grund hierfür war zum einen, daß der BdV durch die Ausdehnung seiner Tätigkeit auf die neuen Länder und durch ein größer gewordenes Aufgabenfeld neue Aufgaben bekommen hatte, die einen höheren Finanzbedarf erforderten. Zum anderen stellte die deutliche Erhöhung in gewisser Weise eine Art Ausgleichszahlung dar, mit der die Bundesregierung das seit der Anerkennung der Oder-Neiße-Linie angespannte Verhältnis zum BdV zu verbessern suchte. Parallel dazu kam es aber vereinzelt in den Bundesländern, in denen SPD und die Grünen regierten, zu Kürzungen der finanziellen Mittel.[79] Neben seinen Aufgaben in der Kulturförderung sollte sich der BdV nach dem Willen der Bundesregierung weiterhin intensiv um die seit dem Zusammenbruch des Ostblocks verstärkt nach Deutschland einwandernden Spätaussiedler kümmern. Zusätzlich sollte er vor allem im deutsch-polnischen Dialog eine Brückenfunktion einnehmen, was implizierte, daß der BdV sich auch der in den ost- und ostmitteleuropäischen Staaten verbliebenen Deutschen

---

76) Ebd., S. 91f. Ob man darin allerdings eine *„Erpressung der Vertriebenen"* durch die Bundesregierung sehen kann, der die Antragssteller zwang, *„die Bundesrepublik Deutschland von ihrer Verantwortung in der Eigentumsfrage freizustellen"*, wie Fisch argumentiert, sei einmal dahingestellt.
77) Vgl. ebd., S. 93–96. Fisch macht im Rückblick die seiner Meinung nach schwächliche Haltung des (West-)BdV für das Scheitern verantwortlich. Bemerkenswert am Rande ist, daß die PDS den Vorstoß des BdV partiell unterstützte, vorrangig aber mit dem Ziel, die im Vertriebenenzuwendungsgesetz festgelegte Gleichbehandlung von Funktionären des NS-Regimes und des SED-Regimes aufzuheben.
78) Deutscher Ostdienst Nr. 22/1991, S. 7.
79) Deutscher Ostdienst Nr. 45/1991, S. 3.

annehmen mußte.[80] Diese partielle Verlagerung der Verbandstätigkeit, die ähnlich wie die Entschädigungsfragen für Vertriebene in den neuen Ländern geeignet waren, dem BdV nach der Lösung der Grenzfrage ein neues identitätsstiftendes Betätigungsfeld zu eröffnen, wurde vom BdV grundsätzlich bejaht.[81] Er verknüpfte damit auch die Hoffnung, durch die Zuwanderung von Aussiedlern nach Deutschland neue Mitglieder zu gewinnen, wie dies Herbert Czaja 1992 indirekt auf einem BdV-Mitarbeiterkongreß in Braunschweig zum Ausdruck brachte.[82] Derartige Erwartungen erfüllten sich allerdings langfristig nicht, wie Herbert Hupka 1996 eingestehen mußte.[83]

Während der BdV in den bisher genannten Politikfeldern bemerkenswerte Erfolge verbuchen konnte, die geeignet waren seine Stellung im politischen System der Bundesrepublik Deutschland (wieder) zu festigen und seine Verbandsstrukturen zu stabilisieren, gab es andererseits als Folge des endgültigen Endes der Nachkriegszeit und der völkerrechtlichen Regelung der Grenzfrage nach 1990 Gesetzgebungsvorhaben, die das Selbstverständnis der Vertriebenenverbände, wie sich dieses nach 1949 entwickelt hatte, empfindlich tangierten. So paßte die Bundesregierung mit dem „Kriegsfolgenbereinigungsgesetz" vom 21. Dezember 1992 das Bundesvertriebenengesetz der neuen politischen Situation an.[84] Eine der wichtigsten Folgen dieses Gesetzes war die Abschaffung des Vertriebenenausweises und damit des quasi erblichen Vertriebenenstatus, der 1953 eingeführt worden war, um eine „biologische Lösung" der Grenzfrage zu verhindern. Für den BdV stellt sich seither die Frage, wie groß seine Klientel eigentlich noch ist. Die bis heute offiziell stets angeführten ca. 15 Millionen Vertriebenen (unter Einschluß der Nachkommen der tatsächlich als Folge des Zweiten Weltkriegs geflüchteten und vertriebenen Deutschen) basieren im wesentlichen auf Schätzungen aus den 1980er Jahren.[85]

---

80) Bundestagsdrucksache 12/2310, S. 2.
81) Deutscher Ostdienst Nr. 4/1993, S. 1–3.
82) Deutscher Ostdienst Nr. 45/1992, S. 1.
83) Vgl. FISCH (wie Anm. 59), S. 58. Ob man in diesem Zusammenhang aber unbedingt von einem Versagen des BdV bei der Betreuung der Rußlanddeutschen sprechen kann, wie dies Fisch in gewohnt scharfer Diktion tut, erscheint doch eher fraglich.
84) Vgl. BERRESHEIM (wie Anm. 72), S. 131; vgl. dazu auch Brigitta GAA-UNTERPAUL: Das Kriegsfolgenbereinigungsgesetz und die Änderung für das Vertriebenenrecht, in: Neue Juristische Wochenschrift 46 (1999), 33, S. 2080–2082.
85) Vgl. Gerhardt REICHLING: Die deutschen Vertriebenen in Zahlen, 2 Bde. Bonn 1985, 1989, v.a. Bd. 1, S. 59 und Bd. 2, S. 30f.

4. Fazit und Ausblick

Die scheinbare Aufwertung des BdV seit dem Regierungswechsel von 1982 hatte den führenden BdV-Politikern und dem harten Kern ihrer Klientel einen gesellschaftlichen und politischen Bedeutungsgewinn suggeriert, der, wie im Rückblick deutlich wird, in keiner Weise der Realität entsprach. Überdeutlich wurde dies in den Jahren 1990 bis 1991, als trotz heftiger Gegenwehr des BdV die Oder-Neiße-Linie durch das vereinigte Deutschland anerkannt wurde. Bezeichnend ist in diesem Zusammenhang, daß der BdV, anders als noch in den frühen 1970er Jahren, keine beeindrukkenden Großdemonstrationen mehr zustande brachte. Offenbar gelang es dem BdV nicht mehr, seine Klientel für derartige Protestformen zu motivieren, obgleich es sich um eine der Kernfragen der Verbandspolitik handelte. Vor diesem Hintergrund verwundert es nicht, daß die Regierung Kohl, als sich die Chance zur Wiedervereinigung mit der DDR bot, in ihrer Deutschlandpolitik keine wirkliche Rücksicht mehr auf den langjährigen Verbündeten BdV nahm. Generell wird man sagen können, daß die Regierung Kohl nach 1990 einen Schlußstrich unter die Grenzfrage und die damit zusammenhängenden Rechtsfragen setzen wollte. Darauf verweist nicht zuletzt die Bundesgesetzgebung, vor allem die Regelung der Lastenausgleichsfrage in den neuen Ländern und die Änderungen des Bundesvertriebenengesetzes 1992 und 1993.

Der politische Einfluß des BdV in der Phase der Wiedervereinigung war somit letztlich geringer als dies zeitgenössisch wahrgenommen wurde. Wie Timothy Garton Ash zu Recht festgestellt hat, waren die Vertriebenen innerhalb der CDU keine „Macht" mehr,[86] sie stellten „nur noch" eine Klientel dar, die als grundsätzlich wichtiges Wählerpotential angesehen wurde – nicht weniger, aber auch nicht mehr. Die Einflußmöglichkeiten schwanden in den kommenden Jahren sogar noch weiter, 1992 waren nur noch zwei BdV-Vorstandsmitglieder im Bundestag vertreten.[87]

---

86) Vgl. Timothy GARTON ASH: Im Namen Europas. Deutschland und der geteilte Kontinent, München, Wien 1993 (engl. OA 1993), S. 50.
87) Vgl. OCIEPKA (wie Anm. 6), S. 321; vgl. die Auflistung von Heimatvertriebenen in Bundestag und Bundesregierung bis 1998 bei Helmut NEUBACH: Heimatvertriebene in den politischen Parteien, in: Christof DAHM, Hans-Jakob TEBARTH (Hg.): Die Bundesrepublik und die Vertriebenen. Fünfzig Jahre Eingliederung, Aufbau und Verständigung mit den Staaten des östlichen Europas, Bonn 2000, S. 37–65.

Schwer tat sich weiterhin die SPD im Umgang mit dem BdV. Die Wurzel des Konflikts lag in den Auseinandersetzungen um die Neue Ostpolitik nach 1969. Soweit die SPD in den Ländern als Regierungspartei die Möglichkeit dazu hatte, bediente sie sich nicht selten des Mittels der Finanzkürzungen, so etwa 1990 die rot-grüne Landesregierung unter Ministerpräsident Gerhard Schröder in Niedersachsen, dem Patenland der Schlesier, wo der Landsmannschaft Schlesien die Mittel erheblich gekürzt und zusätzlich die seit 1950 bestehende Patenschaft aufgekündigt wurde.[88] Diese Politik wurde ab 1998 in gewisser Weise auch von der rot-grünen Bundesregierung unter Gerhard Schröder als Bundeskanzler fortgeführt.[89]

Die unnachgiebige Haltung des BdV in bezug auf die deutsch-polnische Grenzfrage erwies sich als langfristige Hypothek für den Verband, entstand doch der Eindruck, daß der BdV grundsätzlich nicht versöhnungsbereit war. Der Versuch Hartmut Koschyks, einen programmatischen Neustart zu nutzen, hätte ein Befreiungsschlag sein können, doch scheiterte er an der Beharrungskraft der alten Männer in der Verbandsspitze. Die Folgen dieser Erstarrung waren langfristig problematisch: Die Mitgliederzahlen stagnierten mittelfristig, trotz der Bildung von Landesverbänden und Landsmannschaften in den neuen Ländern, bzw. sanken sogar weiter; die erhoffte Initialzündung konnte durch die Wiedervereinigung nicht erreicht werden. Dem BdV gelang es, wie oben dargelegt, zudem nicht, in der Grenzfrage seine Mitglieder wirklich zu mobilisieren, wie die mäßige Beteiligung an den beiden Unterschriftenaktionen zeigt. Letztlich stand der BdV Mitte der 1990er Jahre vor einer ähnlichen Herausforderung wie Ende der 1950er Jahre, als die Lastenausgleichsmaßnahmen zu greifen begonnen hatten: Nach der endgültigen Regelung der Grenzfrage bedurfte es eines neuen Themas, das geeignet war, die Existenz des Verbandes vor seinen Mitgliedern aber auch innerhalb der bundesdeutschen Gesellschaft zu rechtfertigen. Der BdV hatte sich ganz offensichtlich in seiner Programmatik von dem, was die Mehrheit der Menschen im wiedervereinigten Deutschland berührte, entfernt.

Ein Teil der organisierten Vertriebenen nahm das 1990/91 ausgeklammerte Problem des nach 1945 enteigneten Vermögens der Vertriebenen in den Blick und kehrte damit in gewisser Weise zur ursprünglichen Rolle

---

88) Deutscher Ostdienst Nr. 33/1990, S. 1.
89) Vgl. Frankfurter Allgemeine Zeitung, 1.9.1999, S. 47, 3.11.1999, S. 54 und 21.9.2000, S. 55.

der Vertriebenenverbände, vorrangig als Sachwalter der ökonomischen Interessen ihrer Klientel zu fungieren, zurück. Die Aktivitäten der zu diesem Zwecke gegründeten, in Düsseldorf ansässigen Organisation „Preußische Treuhand GmbH & Co. KG a. A.",[90] die gegenüber Polen Entschädigungsleistungen für die materiellen Verluste der Vertriebenen einklagen wollte, erregten große mediale Aufmerksamkeit im In- und Ausland. Auch wenn es menschlich verständlich ist, daß Vertriebene das Unrecht ihrer entschädigungslosen Enteignung nicht auf sich beruhen lassen wollen, so sind derartige Aktivitäten für die Außenwirkung der Vertriebenenverbände dennoch problematisch: Sie müssen in der Öffentlichkeit den ohnehin verbreiteten Eindruck bestätigen und verstärken, daß die Vertriebenenverbände rückwärtsgewandte Vereinigungen sind, die vorrangig partikulare Interessen einer ganz bestimmten Alters- und Erfahrungsgruppe vertreten. Daß dies in der BdV-Spitze ganz offensichtlich ähnlich gesehen wurde, zeigt sich nicht zuletzt daran, daß sich der BdV von der „Preußischen Treuhand" deutlich distanziert hat.

Ein in vielerlei Hinsicht neues Betätigungsfeld eröffnete sich für den BdV seit den späten 1990er Jahren durch sein wachsendes Engagement für Fragen des Schutzes nationaler Minderheiten und gegen neue Vertreibungen. Diese Aktivitäten, v.a. das Projekt „Zentrum gegen Vertreibungen"[91] bzw. seit 2008 die Bundesstiftung „Flucht, Vertreibung, Versöhnung"[92] in Berlin, die von Erika Steinbach stark forciert wurden, führen weg von der deutschen Nabelschau, der bisherigen Konzentration auf die eigene Opferrolle und Grenzfragen und sichern dem BdV zudem eine – wenngleich nicht immer freundliche – hohe Medienpräsenz. Erleichtert wurde dieser neue Kurs durch das schockierende Erlebnis der ethnischen Säuberungen auf dem Balkan im Gefolge des Zerfalls Jugoslawiens, deren Greuel das Fernsehen in jedes deutsche Wohnzimmer übertrug. Diese wiesen bei allen Unterschieden doch eine beklemmende Ähnlichkeit mit den Vertreibungen nach dem Zweiten Weltkrieg auf und weckten bei vielen Zeitzeugen lange verdrängte Erinnerungen und bei vielen Nachgeborenen ein neues Interesse am Thema „Flucht und Vertreibung" – abzulesen etwa am großen Erfolg der Ausstellungen „Flucht, Vertreibung, Integration"

---

90) Vgl. www.preussische-treuhand.org (zuletzt besucht am 30.1.2015).
91) www.z-g-v.de (zuletzt besucht am 30.1.2015).
92) www.sfvv.de (zuletzt besucht am 30.1.2015).

des Bonner Hauses der Geschichte der Bundesrepublik Deutschland[93] bzw. „Erzwungene Wege"[94] des Bundes der Vertriebenen respektive des „Zentrums gegen Vertreibungen" in Berlin sowie medialen Umsetzungen dieser Thematik. Dieser Trend eröffnet auch die Chance zu verhindern, daß das historische Erbe des früheren deutschen Ostens der Vergessenheit anheimfällt. Manfred Kittel hat in einem 2007 erschienenen viel beachteten Buch provokativ, aber durchaus zutreffend von der *„Vertreibung der Vertriebenen"* und ihrer Heimatgebiete aus der Erinnerungskultur der Bundesrepublik Deutschland seit den 1960er Jahren gesprochen,[95] eine Entwicklung, die inzwischen gestoppt zu sein scheint. Die sich daraus ergebenden Folgen für den BdV sind noch nicht absehbar, aber es gibt Anzeichen dafür, daß es den Vertriebenenverbänden, die seit den 1960er Jahren nicht mehr in der Lage gewesen waren, über den Kreis ihrer engagierten Mitglieder hinaus Zustimmung für ihre Zielsetzungen zu bekommen, mit diesem Thema gelingen könnte, vom Rand in die Mitte der Gesellschaft zurückzukehren. Voraussetzung hierfür war der endgültige Abschied des BdV von dem bis Anfang der 1990er Jahre vertretenen Verbandsziel einer Revision der „Potsdamer Grenzen" Deutschlands. Im Lichte der Gesamtgeschichte des BdV und seiner Vorläuferverbände seit 1949 wird man diese in die Zukunft gerichtete, für viele Mitglieder der Vertriebenenverbände schmerzhafte Entscheidung, obgleich sie erst spät erfolgte, keineswegs geringschätzen dürfen.

93) Vgl. Rösgen, Korthaus (wie Anm. 1).
94) Vgl. Katharina Klotz, Doris Müller-Toovey, Wilfried Rogasch: Erzwungene Wege. Flucht und Vertreibung im Europa des 20. Jahrhunderts, Berlin 2006.
95) Manfred Kittel: Vertreibung der Vertriebenen? Der historische deutsche Osten in der Erinnerungskultur der Bundesrepublik (1961–1982), München 2007 (= Schriftenreihe der Vierteljahrshefte für Zeitgeschichte, Sondernummer).

Die Wiedervereinigung und die ehemaligen deutschen Ostgebiete aus polnischer Sicht

Von Lisa Bicknell

Die Vorbereitung der Wiedervereinigung Deutschlands nach dem Fall der Berliner Mauer 1989 öffnete nicht nur für deutsche Politiker den juristischen Fragenkomplex um die ehemaligen deutschen Ostgebiete erneut.[1] Auch und vor allem die polnische Außenpolitik sah im Kontext der Wiedervereinigung die Chance und zugleich die dringende Notwendigkeit der endgültigen völkerrechtlichen Klärung der Fragen von Grenzen und Nachbarschaft. Der folgende Beitrag widmet sich speziell der polnischen Sicht. Die Bearbeitung des Themenkomplexes „Wiedervereinigung und die ehemaligen deutschen Ostgebiete aus polnischer Sicht" wirft allerdings unmittelbar Fragen zur Betrachtungsperspektive auf, welche die Komplexität des Themas erahnen lassen. Man könnte argumentieren, daß bei der Betrachtung des Themas „aus polnischer Sicht" eher von „neuen Westgebieten" oder gar den „Potsdamer Westgebieten"[2] gesprochen werden sollte. Dies ist jedoch im Hinblick auf kommunistische Propaganda wiederum problematisch, und daher bietet es sich im Kontext der Wiedervereinigungsdiskussion tatsächlich – auch im polnischen Fall – an, von „ehemaligen deutschen Ostgebieten" zu sprechen. Weiterhin ist es eigentlich nicht möglich, von einer „polnischen Sicht" als solcher zu sprechen. Denn auch wenn es eine offizielle kommunistische Lesart gab, hatte sich in der polnischen Gesellschaft, in kirchlichen und oppositionellen Kreisen, eine eigenständige Sichtweise entwickelt, die für die polnische Sichtweise in den Wiedervereinigungsjahren 1989 bis 1991 maßgeblich war. Die polnische Haltung und der erfolgte Meinungswandel sind überdies nur im Kontext

---

1) Vgl. Andreas Rödder: Deutschland einig Vaterland. Die Geschichte der Wiedervereinigung, München 2009.
2) Wie z.B. in: Die Botschaft der polnischen Bischöfe an die deutschen Bischöfe, Rom, 18. November 1965 [zit. als: Botschaft], in: Hans-Adolf Jacobsen, Mieczysław Tomala (Hg.): Bonn – Warschau 1945–1991. Die deutsch-polnischen Beziehungen. Analyse und Dokumentation, Köln 1992, S. 135–142.

der Entwicklung der bilateralen Beziehungen zwischen der Bundesrepublik Deutschland und Polen zu verstehen, weswegen im Folgenden zunächst kurz auf politische und gesellschaftliche Meilensteine in diesen Beziehungen seit 1945 eingegangen werden soll. Vor dem Hintergrund dieser Rahmenbedingungen werden daraufhin die Meinungen der drei ganz unterschiedlichen, aber alle auf ihre Weise die polnische Gesellschaft prägenden Gruppen, dargestellt: zunächst die offizielle Parteimeinung, dann die Haltung der katholischen Kreise in Polen und schließlich die Überlegungen der seit 1976 klar artikulierten Meinung der außerparlamentarischen Oppositionsgruppen.[3] Aus dieser Gegenüberstellung erst lassen sich Aussagen über die polnische Sicht als solche ableiten.[4] Abschließend widmet sich der Beitrag der Frage nach der Rolle Deutschlands und Polens innerhalb einer gesamteuropäischen Friedensordnung. Dieser Aspekt findet bereits in der Zeit der Volksrepublik in unterschiedlichsten Argumentationen immer wieder Erwähnung, er spielt bei der Haltung zur Wiedervereinigung eine große Rolle und hat mindestens bis zur EU-Osterweiterung 2004, wenn nicht gar bis heute, seine Relevanz nicht verloren.

Die bilaterale Beziehungsgeschichte

Polen und Deutschland waren beide großflächig zerstört und territorial verschoben aus dem Zweiten Weltkrieg hervorgegangen. Sie erschienen 1948/49 als die drei Staaten „Volksrepublik Polen", „Bundesrepublik Deutsch-

---

3) Einen wichtigen Beitrag zur Auswertung der unterschiedlichen Meinungen innerhalb der polnischen Gesellschaft hat Stefan Garsztecki mit seiner 1995 an der Universität Trier eingereichten Dissertation zum „Deutschlandbild in der offiziellen, der katholischen und der oppositionellen Publizistik Polens 1970–1989" geleistet, welche durch eigene Forschungen zur polnischen Rezeption der Neuen Ostpolitik für den Anfangszeitraum ergänzt werden konnten: Stefan GARSZTECKI: Das Deutschlandbild in der offiziellen, der katholischen und der oppositionellen Publizistik Polens 1970–1989. Feindbild contra Annäherung. Marburg 1997 (= Materialien und Studien zur Ostmitteleuropa-Forschung 1); Lisa BICKNELL: Polen und die Neue Ostpolitik, 1969–1972. Eine Presseanalyse, Magisterarbeit vorgelegt dem Fachbereich Geschichts- und Kulturwissenschaften der Johannes Gutenberg-Universität Mainz im Dezember 2009.
4) Mieczysław Tomala lieferte für den Zeitraum des Einigungsprozesses in seiner Dokumentation zur Wiedervereinigung sowohl eine reichhaltige Quellensammlung als auch detaillierte Analysen: Mieczysław TOMALA: Polen und die deutsche Wiedervereinigung. Übers. aus dem Poln. von Karin Tomala, Warszawa 2004.

land" und „Deutsche Demokratische Republik" wieder auf der politischen Landkarte. Schon 1950 erkannte die DDR mit dem Görlitzer Vertrag die Oder-Neiße-Grenze als polnische Westgrenze an, und Polen rechtfertigte in der Präambel seiner neuen Verfassung von 1952 die Übernahme der Ostgebiete als „wiedergewonnene Lande, auf ewig zurückgekehrt."[5] Die Grenzanerkennung durch die DDR wurde polnischerseits klar im Kontext der sowjetischen Hegemonie über DDR und Polen gesehen und konnte langfristig nicht als eine echte Garantie der Grenze gewertet werden. Diese Garantie konnte nur das „*echte Deutschland*"[6] – die Bundesrepublik – erteilen, welche sich jedoch der politischen Aufarbeitung der deutsch-polnischen Vergangenheit u. a. durch die sog. Hallstein-Doktrin (seit 1955) ganz offiziell den Weg versperrte. Der polnische Parteichef Władysław Gomułka, der weitaus mehr als sein Vorgänger Bolesław Bierut auf nationale Interessen und Bedürfnisse bedacht war, äußerte schon kurz nach Amtsübernahme die polnische Bereitschaft zu „*normalen Beziehungen*" mit der Bundesrepublik.[7] Auf den Vorschlag eines Nichtangriffspakts, geäußert durch den Außenminister der Bundesrepublik, Heinrich von Brentano, mußte der polnische Ministerpräsident, Józef Cyrankiewicz, die polnische Bereitschaft im Jahr 1959 allerdings konkretisieren: Sämtliche Verträge setzten polnischerseits die (längst überfällige) Aufnahme diplomatischer Beziehungen voraus.[8] In den 60er Jahren bereiteten erste Wirtschaftskontakte,[9] aber vor allem die kirchlichen Versöhnungsinitiativen der politischen Annäherung den Weg.[10] Die Aufnahme diplomatischer Beziehungen erfolgte schließlich

---

5) Verfassung der Volksrepublik Polen (Konstitucja Konstytucja Polskiej Rzeczyspospolitej Ludowej) vom 22. Juli 1952, aus: http://www.verfassungen.eu/pl/verf52-i.htm (zuletzt besucht am 19.1.2015).
6) Adam Krzemiński: Polen im 20. Jahrhundert. Ein historischer Essay, München 1993, hier S. 143.
7) Hans-Adolf Jacobsen, Mieczysław Tomala: Bonn – Warschau 1945–1991. Die deutsch-polnischen Beziehungen. Analyse und Dokumentation, Köln 1992, S. 603.
8) Ebd., S. 605.
9) Als erste Schritte wären hier das Handelsabkommen von 1963 sowie die darauf aufbauende Errichtung einer Deutschen Handelsvertretung in Warschau unter Außenminister Gerhard Schröder zu nennen. Vgl. Jacobsen/Tomala (wie Anm. 7), S. 606.
10) Eine Übersicht über die kirchlichen Akteure findet sich im Bericht von Winfried Lipscher: Kulturelle Zusammenarbeit. Bundesrepublik Deutschland – Volksrepublik Polen. Ein Bericht, Darmstadt 1982, S. 237–247. Lipscher nennt als Hauptinitiativen die Predigt des Bischofs von Berlin, Julius Döpfner, über den Frieden zwi-

im Rahmen der Neuen Ostpolitik der Regierung Brandt/Scheel auf der Basis des Warschauer Vertrages von 1970. Erst hiernach konnten sich die zwischenmenschlichen und institutionellen Kontakte intensivieren, und das gegenseitige Verständnis füreinander wuchs. Der 1985 in einer Rede des polnischen Parteichefs Wojciech Jaruzelskis zum 40. Jahrestag *„der Rückkehr der West- und Nordgebiete zur Heimat"* geäußerte Satz *„Wir verstehen heute und haben auch damals verstanden, daß die Notwendigkeit, das Vaterhaus zu verlassen, für viele Deutsche ein schweres Erlebnis gewesen ist."* scheint in dem Zusammenhang bemerkenswert. Ein vergleichbarer Ausdruck des Verständnisses für Vertriebene wäre im Jahr 1970 noch undenkbar gewesen.[11]

In diesem, den politischen Umständen entsprechend, schon als positiv zu bewertenden Status quo der 1980er Jahre herrschte jedoch zumindest für die polnische Bevölkerung unterschwellig noch immer starke Ungewißheit bezüglich der endgültigen völkerrechtlichen Anerkennung der Oder-Neiße-Grenze. Diese latente Angst konnte 1990 durch den deutschpolnischen Grenzvertrag und 1991 durch den Nachbarschaftsvertrag schließlich beseitigt werden.

Haltungen und Meinungswandel bei offiziellen, katholischen und oppositionellen Akteuren

Die offizielle Haltung der Volksrepublik Polen in der Nachkriegszeit war mehr als eindeutig: Die Übertragung der ehemaligen deutschen Ostgebiete an Polen erfolgte als *„Kompensation für die mit Blick auf die Machtverhält-*

---

schen Deutschen und Polen (1960), das Tübinger Memorandum (1961/62), die EKD-Denkschrift (1965), den Versöhnungsbrief der polnischen Bischöfe an ihre Amtsbrüder (1965), und das Bensberger Memorandum (1968).
11) Auszüge aus der Rede des Ministerpräsidenten, General W. Jaruzelski, auf der Kundgebung der Bevölkerung in Wrocław (Breslau), anläßlich des 40. Jahrestages der Rückkehr der West- und Nordgebiete zur Heimat, 7. Mai 1985 (Original abgedruckt in Trybuna Ludu, 8. Mai 1985), in: JACOBSEN/TOMALA (wie Anm. 7), S. 377–378, hier S. 378. Während die Rede noch altbekannten Argumentationsmustern folgt, ist gerade die Haltung zu den Vertriebenen bemerkenswert: Ihnen wird Verständnis entgegengebracht und nicht mehr der 1970 noch sehr übliche revanchistische Generalverdacht. Jaruzelski dankt auch explizit den Teilen der deutschen Bevölkerung, welche die *„Unantastbarkeit der bestehenden Grenzen anerkennen"* (S. 377) und erklärt auf dieser Basis die Bereitschaft zum Dialog.

nisse unabänderlichen Gebietsverluste im Osten".[12] Die Westverschiebung Polens wurde dabei aber offiziell als eine durch die sowjetischen Verhandlungen ermöglichte *„Rückkehr"* in urpolnische Gebiete, ins Gebiet des sog. *„Piastenpolen"* propagiert und nicht etwa als die Konsequenz der Ausdehnung des sowjetischen Herrschaftsgebietes.[13] Die Tatsache, daß die Kompensation zu Lasten Deutschlands erfolgte, wurde als die gerechte Strafe für den Zweiten Weltkrieg empfunden. Die Gebietsabtrennungen und die Teilung Deutschlands wurden zudem als eine dringend notwendige Basis für die langfristige Schwächung Deutschlands gesehen, welche für den zukünftigen Frieden in Europa als Voraussetzung erachtet wurde.[14]

Der Bezug auf den Status quo der Nachkriegszeit lieferte zudem auch eine wichtige Legitimationsquelle für die polnische kommunistische Regierung, der Polnischen Vereinigten Arbeiterpartei (PVAP), da ihrer Darstellung zufolge nur sie durch ihre guten Beziehungen zur Sowjetunion die Sicherheit Nachkriegspolens, vor allem gegenüber deutschen Forderungen, gewährleisten könne. Daß aber dennoch ein Bedürfnis nach einer Regelung der Frage der ehemaligen deutschen Ostgebiete bestand, zeigte sich spätestens im Vorfeld der Verhandlungen um den Warschauer Vertrag 1970. So schrieb z.b. Mieczysław Rakowski, Chefredakteur der wichtigsten kommunistischen Wochenzeitung in Polen, daß *„die erste Bedingung für die Normalisierung der Beziehungen zwischen beiden Staaten die Anerkennung der Grenze an Oder und Neiße"* sei und daß *„für Polen aus nationalen und psychologischen Gründen die Grenzangelegenheit die wichtigste"* sei.[15]

Die Wiedervereinigung Deutschlands selbst mußte einerseits aus „sozialistischer Solidarität" mit der SED (Sozialistische Einheitspartei Deutschlands) abgelehnt werden – war doch auch die PVAP selbst nur von Kremls Gnaden an der Macht. Eine Wiedervereinigung Deutschlands als sozialistischer Staat war ohnehin nicht absehbar, und daher beschränkte man sich auf den Machterhalt, den Status quo. Andererseits konnte sich die Regierung

---

12) Garsztecki (wie Anm. 3), S.184.
13) Władysław Gomulka erläuterte auf dem dritten Parteitag der PVAP im Jahr 1959, daß das polnische Volk *„gerechterweise zurückgekehrt* [sei] *zu* [seinem] *mütterlichen polnischen Piastengebiet an Oder und Lausitzer Neiße."*, zit. nach Mieczysław Rakowski: My i Niemcy [Wir und die Deutschen], in: Polityka 16.8.1969.
14) Garsztecki (wie Anm. 3), S. 184, spricht von der *„Bannung einer erneuten deutschen Gefahr durch die deutsche Zweistaatlichkeit."*
15) Mieczysław Rakowski: Klimaty w NRF 3 [Klima in der BRD 3], in: Polityka 17.1.1970.

bei der Frage der Wiedervereinigung auch auf historisch begründete Ängste der Bevölkerung stützen, für die *„ein starkes, geeintes Deutschland in der Vergangenheit stets eine Gefährdung für Polen bedeutet habe."*[16] Nach Abschluß des Warschauer Vertrags vom Dezember 1970 wurde der Bundesrepublik unter Anerkennung ihres Realismus ein bereits veränderter Ton entgegengebracht. Wirklich neue und veränderte Haltungen gegenüber Deutschland und der Bundesrepublik sind aber erst infolge der nach dem Vertrag aufgebauten Kontakt- und Austauschmöglichkeiten zwischen Polen und Bürgern der Bundesrepublik zu erkennen. Angefangen mit den deutsch-polnischen Schulbuchkonferenzen über erste Städtepartnerschaften, bilaterale Foren, Universitätspartnerschaften, erweiterte Kirchenbeziehungen bis hin zur Gründung des Deutschen Polen-Instituts in Darmstadt im Jahre 1980 wurden in den 1970er Jahren Grundsteine gelegt, die nicht nur das kirchliche und oppositionelle Deutschlandbild grundlegend verbesserten, sondern sogar in Parteikreisen zu begrenztem Umdenken führten.[17] Der Publizist Richard Wojna, der noch 1971 die historische Divergenz des *„nationalen und staatlichen Strebens"* des deutschen Volkes kritisiert hatte,[18] schrieb 1984 einen sehr umfangreichen Artikel zum *„Recht der Deutschen auf die eigene Geschichte".*[19] Auch Daniel Passent, Journalist der führenden polnischen Wochenzeitung *Polityka* (Politik), forderte nach einem längeren Aufenthalt bei der Wochenzeitung *Die Zeit* Anerkennung für das Leid der Deutschen und verstärkten Kulturaustausch zwischen Polen und der Bundesrepublik. Die Wiedervereinigung hingegen lehnte er bei allem Verständnis weiterhin ab.[20] Durch die des *Polityka*-Journalisten und Deutschlandexperten Adam Krzemiński formulierte *„Möglichkeit einer offenen demokratischen Nachbarschaft der beiden deutschen Staaten im*

---

16) GARSZTECKI (wie Anm. 3), S. 156. In diesem Zusammenhang lassen sich auch diverse polnische Vorstöße für die Bildung einer atomwaffenfreien Zone sehen – allen voran der sog. Rapacki-Plan, den der polnische Außenminister 1957 vorlegte.
17) Vgl. hierzu im Detail den Bericht von LIPSCHER (wie Anm. 10).
18) Richard WOJNA: Und ruhig fließt der Rhein [orig.: Spokojnie płynie Ren], in: Hans-Adolf JACOBSEN, Mieczysław TOMALA: Wie Deutsche und Polen einander sehen, Düsseldorf 1973, S. 106–114, hier S. 111.
19) Richard WOJNA: Prawo Niemców do historii [Das Recht der Deutschen auf die eigene Geschichte], in: Polityka 17.3.1984. Vgl. auch GARSZTECKI (wie Anm. 3) S. 164.
20) Daniel PASSENT: Jesteśmy sobie potrzebni [Brauchen wir uns noch], in: Polityka 1985, zit. nach: GARSZTECKI (wie Anm. 3), S. 166.

Rahmen der europäischen Konföderation "[21] war der Raum für Bewegungen kommunistischer Kreise hinsichtlich einer deutschen Wiedervereinigung 1988 aber endgültig ausgereizt: Die Herrschaft der PVAP und eine polnische Zustimmung zur Wiedervereinigung schlossen sich letztendlich aus: *"Das ‚gemeinsame europäische Haus' hatte nun Warschau erreicht, aber die Konsequenzen daraus, daß man in einem gemeinsamen Haus Familien nicht gegen ihren Willen trennen kann, wurden noch nicht gezogen, konnten vielleicht nicht gezogen werden* [...] *auf letztere* [die Teilung Deutschlands] *zu verzichten, mußte zwangsläufig auch die Nachkriegsordnung erschüttern und die Herrschaftsgrundlage der PVAP grundsätzlich in Frage stellen. Die Instrumentalisierung der Deutschen Frage nach innen war also Macht- und Herrschaftsinstrument schlechthin.*"[22]

Der entscheidende Schritt hin zur Akzeptanz des deutschen Wiedervereinigungsbestrebens konnte demnach nur von einer demokratisch legitimierten, nicht von der Sowjetunion abhängigen Regierung getätigt werden. Dieser Regierungswechsel erfolgte als Konsequenz der Gespräche am Runden Tisch und der halbfreien Wahlen in Polen 1989. Erster bürgerlicher Ministerpräsident seit 40 Jahren wurde Tadeusz Mazowiecki, einer der wichtigsten Vertreter der katholischen Opposition, die seit 1956 sogar im Sejm vertreten war. Der Einfluß der katholischen Oppositionsgruppe ZNAK [Zeichen] auf den gesellschaftlichen Meinungsbildungsprozeß durch die katholischen Wochen- und Monatszeitungen, die während der kommunistischen Herrschaft fast durchgehend publizierten, ist nicht zu unterschätzen. Die katholische Haltung zur Bundesrepublik, zum geteilten Deutschland und zur Oder-Neiße-Grenze, welche ebenfalls einen langen Entwicklungsprozeß in der Nachkriegszeit durchlief, ist für die polnische Haltung im Jahr 1989 also durchaus von Belang. Im allgemeinen ist dazu festzustellen, daß die katholischen Journalisten das Thema „Eingliederung der ehemals deutschen Ostgebiete" nach Möglichkeit zu vermeiden versuchten. Während die Gebietsabtrennung durchaus als gerechte Strafe für die polnischen Leiden im Zweiten Weltkrieg sowie als notwendige Kompensation für die verlorenen polnischen Ostgebiete gesehen wurde, folgte man der Propagandalinie von „wiedergewonnenen Gebieten" nicht.[23] Das

---

21) Adam KRZEMIŃSKI: Nie na styk, ale na zakładkę. Konferencja w środku Europy? [Keine Begegnung, aber Überlappung. Eine Konferenz in der Mitte Europas?], in: Polityka 10.9.1988. Vgl. GARSZTECKI (wie Anm. 3), S. 168.
22) GARSZTECKI (wie Anm. 3,) S. 183.
23) Vgl. GARSZTECKI (wie Anm. 3), S. 170 und 190.

Unbehagen, welches die katholische Kirche bei diesem Thema empfand, läßt sich der „Botschaft der polnischen Bischöfe an die deutschen Bischöfe" aus dem Jahr 1965 deutlich entnehmen.[24] Darin beschrieb der Episkopat die Schrecken des Zweiten Weltkriegs, der für Polen „*als totale Vernichtung und Ausrottung gedacht*" gewesen sei und leitete daraus – erklärend und rechtfertigend – das „*elementare Sicherheitsbedürfnis*" des polnischen Volkes und die Notwendigkeit der Anerkennung der Westgrenze ab.[25] Man bedauerte das „*Leid der Millionen von Flüchtlingen und vertriebenen Deutschen*", betonte jedoch, daß die Eingliederung der Gebiete und deren Anerkennung als Teil Polens eine „*Existenzfrage (keine Frage des ‚größeren Lebensraums'!)*" sei, da man die Polen nach dem Zweiten Weltkrieg, nach dem Verlust der eigenen Ostgebiete und auf Grund der großen Zerstörungen in Warschau hätte irgendwo unterbringen müssen.[26] Der Brief endet mit der Bitte zum Dialog und dem bedeutungsträchtigen Satz: „[Wir] *gewähren Vergebung und bitten um Vergebung*".[27] Die abschließende Bitte um Vergebung spiegelt die Haltung des Episkopats zu den „Potsdamer Westgebieten" und dem Unrecht der Vertreibung der Deutschen aus diesen unmißverständlich wider. Damit waren die polnischen Bischöfe jedoch nicht nur den polnischen Politikern um Jahrzehnte voraus, auch die katholische Laienbewegung und die große Mehrheit der polnischen Gesellschaft konnten zunächst nicht nachvollziehen, „*wofür sie die Deutschen um Vergebung bitten sollten.*"[28] Intensive Kontakte zwischen polnischen und deutschen Kirchenvertretern sowie deutliche humanitäre Zeichen der deutschen Bevölkerung an Polen, etwa während des Kriegszustands in Polen 1981 bis 1983, veränderten das sehr durch die Erinnerung an den Zweiten Weltkrieg geprägte Bild der polnischen Bevölkerung von der Bundesrepublik. Der katholische Publizist Stanisław Stomma, ebenfalls Mitglied der ZNAK-Gruppe, verfaßte bereits 1980 ein Werk zu den deutsch-polnischen Beziehungen von 1871 bis 1933, in dem er deutlich machte, daß das Preußentum nicht die Basis für den Nationalsozialismus bildete.[29] Die Lösung von dieser vorurteilsbeladenen

---

24) Vgl. Botschaft (wie Anm. 2), S. 135–142.
25) Ebd., S. 140.
26) Ebd., S. 141.
27) Ebd., S. 142.
28) Krzemiński (wie Anm. 6), S. 142.
29) Stanisław Stomma: Czy fatalizm wrogości? Refleksje o stosunkach Polsko-Niemieckich 1871–1933 [Fatalismus der Feindseligkeit? Reflexionen über die polnisch-deutschen Beziehungen 1871–1933], Kraków 1980.

Gleichsetzung bildete eine Voraussetzung für ein deutlich positiveres und auf die Zukunft gerichtetes Deutschlandbild.

Über die seit 1956 anerkannte und mit geringfügigen Rechten ausgestattete katholische Opposition hinaus bildete und organisierte sich seit 1976 eine immer stärker werdende Gewerkschaftsopposition, die als die spätere Solidarność-Bewegung bekannt geworden ist. Unter dem Schirm der Solidarność [Solidarität] fanden sich verschiedenste Gruppen zusammen, die zwar unterschiedliche Strömungen vertraten, aber in dem Wunsch nach einer demokratischen Wende vereint waren. Krystyna Rogaczewska hat die Haltung der verschiedenen Gruppen zu Deutschland untersucht und festgestellt, daß in deutschlandpolitischen Fragen innerhalb der Opposition homogene Ansichten bestanden.[30] Am ausführlichsten setzte sich die Gruppe „Polnische Verständigung für Unabhängigkeit" (Polskie Porozumienie Niepodległościowe: PPN) mit den Fragen der deutschen Wiedervereinigung und der Haltung zu den ehemaligen deutschen Ostgebieten in ihrem Papier „Polen und Deutschland" auseinander.[31] Darin schrieben die Autoren: „*Wenn unser Postulat nach Unabhängigkeit voll einsichtig sein soll, so verpflichtet es uns, darüber nachzudenken, wie sich die internationale Lage Polens in dem Augenblick ändern wird, wenn es die Unabhängigkeit erringt.*" Und weiter: „*Eine der Folgen polnischer Unabhängigkeit wären neue Möglichkeiten einer Vereinigung Deutschlands.*"[32] Die deutsche Wiedervereinigung wurde in direkten Zusammenhang mit der polnischen Unabhängigkeit gestellt und berge daher Chancen und Risiken zugleich. Die Chance habe ganz klar in der gemeinsamen Aushebelung der Ordnung von Jalta und Potsdam bestanden, welcher sowohl Deutschland als auch Polen zum Opfer gefallen seien. Mit der Formel „*za wasze zjednoczenie i naszą niepodległość*" [Für eure Einheit und unsere Unabhängigkeit] forderte die Opposition eine Abkehr von der anti-deutschen Propaganda,[33]

---

30) Krystyna Rogaczewska: Niemcy w myśli politycznej polskiej opozycji w latach 1976–1989 [Deutschland im politischen Gedankengut der polnischen Opposition in den Jahren 1976–1989], Wrocław 1998 (= Acta Universitatis Wratislaviensis, Politologia 23), S. 162.
31) Polskie Porozumienie Niepodległościowe: Polska i Niemcy [Polnische Verständigung für Unabhängigkeit: Polen und Deutschland]. Eine deutsche Übersetzung findet sich in der Zeitschrift Osteuropa 29 (1979), 10, S. A 101–A 105 [zit. als: PPN]. Vgl. dazu auch die Analyse von Xaver Mooshütter: Polens Nachbar im Westen: Deutschland, in: Osteuropa 29 (1979), 2, S. 137–146.
32) PPN (wie Anm. 31), S. A 101.
33) Garsztecki (wie Anm. 3), S. 178.

da „*kein kluges Volk sich in seiner Politik von der Pflege eines Feindbildes leiten lassen*" könne,[34] umso mehr, da „*die Westverschiebung Polens als sowjetischer Kunstgriff angesehen wurde, der Polen durch die zwangsweise Gegnerschaft zu Deutschland in Abhängigkeit von der Sowjetunion halten sollte.*"[35] Das Risiko, das laut PPN viele Polen in einer Wiedervereinigung sähen, bestünde in der Gefahr, „*daß ein gestärktes Deutschland seine Macht dazu ausnützen* [würde], *um die Herausgabe von Gebieten zu erzwingen.*"[36] Zu der Frage der Ostgebiete und der Oder-Neiße-Grenze stellten sie aber fest: „*Unabhängig davon, wie wir die Art und Weise der Festlegung unserer Grenzen 1945 und der damaligen Möglichkeiten einer vernünftigen Grenzziehung beurteilen, die gegenwärtigen Grenzen mit Deutschland sehen wir als unveränderlich an.*"[37] In einem europäischen Kontext jedoch, in dem die Bundesrepublik gegenwärtig unweigerlich zu betrachten sei, spielten „*die Grenzen eine immer geringere Rolle*".[38] Im Rahmen der Europäischen Gemeinschaft sei eine Wiedervereinigung Deutschlands nicht nur ungefährlich, sondern sogar ein Gewinn für Polen, da diese „*die Möglichkeit einer Zusammenarbeit mit der Gemeinschaft* [...] *und damit schließlich die Chance einer echten Wahl von Bündnissen und Wirtschaftsgemeinschaften*" zur Folge hätte.[39] Vor diesem Hintergrund sollte die Wiedervereinigung unter zwei Bedingungen begrüßt und forciert werden: der Anerkennung der Oder-Neiße-Grenze und der Vereinigung Deutschlands im Rahmen der Europäischen Gemeinschaft.[40]

Sowohl in der katholischen als auch in der gewerkschaftlichen Opposition entwickelte sich also eine Offenheit gegenüber der Wiedervereinigung Deutschlands bei gleichzeitig klar formulierten Bedenken. Diese Bedenken konnten schon aus zeitlichen Gründen nicht mehr vor dem Mauerfall zwischen der neuen demokratisch legitimierten polnischen Regierung und der Regierung der Bundesrepublik ausgeräumt werden. Sie führten zu einer diplomatischen Handlungsweise, die ohne einen Einblick in die Vorgeschichte und die Entwicklung der deutschlandpolitischen Haltung der jungen polnischen Regierung nur schwer nachvollziehbar ist.

---

34) PPN (wie Anm. 31), S. A 105.
35) GARSZTECKI (wie Anm. 3), S. 192.
36) PPN (wie Anm. 31), S. A 104.
37) Ebd., S. A 102.
38) Ebd.
39) Ebd., S. A 104
40) Ebd.

Die polnische Sicht im Jahr 1989

„*Als die Mauer fiel, saßen wir in der Residenz des deutschen Botschafters und verfolgten auf dem Bildschirm deutsche Zeitgeschichte. Keiner konnte im ersten Augenblick rational erfassen, was geschehen ist. Alles wird anders, das wussten wir. Doch kaum jemand wagte zu sagen, dass die Stunde der Wahrheit geschlagen habe und der wahre Weg der Verständigung vor uns liege.*"[41]

Als die Mauer am 9. November 1989 fiel, waren in Polen bereits die wichtigsten Schritte im Übergang vom kommunistischen zum demokratischen Polen vollzogen worden. Als Folge der Vereinbarungen am „Runden Tisch" gewann die demokratische Opposition in den ersten „halbfreien" Wahlen im Juni 1989 alle frei zu vergebenden Sitze. Obgleich General Jaruzelski übergangsweise Staatsoberhaupt blieb, konnte der ehemalige Oppositionsabgeordnete Tadeusz Mazowiecki auf Vorschlag von Lech Wałęsa im August 1989 zum Ministerpräsidenten gewählt werden.[42] Der Jurist und Deutschlandexperte Krzysztof Skubiszewski war fortan als Außenminister gemeinsam mit Mazowiecki für die Beziehungen mit Deutschland verantwortlich. In ihrer Deutschlandpolitik übernahmen Ministerpräsident und Außenminister die positiv angelegte Haltung gegenüber Deutschland, welche PPN und andere Oppositionsmitglieder seit Ende der 1970er Jahre propagierten. Dabei konnten sie aber auch die Bedenken der kirchlichen Gruppen und die Ängste der Bevölkerung, die teils auf der erfolgreichen Propaganda der vergangenen 40 Jahre, aber auch auf deutscherseits gestreuten Ungewißheiten beruhten, nicht völlig vernachlässigen. Das polnische Mißtrauen gegenüber der ernsthaften Wertschätzung polnischer Bedürfnisse durch Bundeskanzler Helmut Kohl und die Bundesrepublik wurde im Kontext des Mauerfalls durch zwei wichtige Umstände kaum verringert: Dies war zum einen die (durchaus nachvollziehbare) Unterbrechung des Polenbesuchs Kohls, der vom 9. bis zum 14. November angesetzt war, durch die Rückreise nach Berlin am 10. November 1989, zum anderen aber auch das Übergehen der Grenzfrage im Zehn-Punkte-Programm Kohls zur Deutschlandpolitik vom 28. November 1989.[43] Der Sejm-Abgeordnete Marek Jurek brachte die polnische Haltung im Januar 1990 auf den Punkt: „*Wir haben eigentlich alle vor der*

---

41) Karin Tomala, in: Tomala (wie Anm. 4), S. 9.
42) Jacobsen/Tomala (wie Anm. 7), S. 639.
43) Vgl. Tomala (wie Anm. 4), S. 51.

*Vereinigung Deutschlands Angst [...] sogar diejenigen, die [...] sich für die Vereinigung aussprechen.*⁴⁴ Skubiszewski gab sich in den Monaten nach dem Mauerfall dementsprechend sichtlich Mühe, Parlament und vor allem Bevölkerung in seinen Ansprachen zu besänftigen. Im November 1989 betonte er, daß die Perspektiven für eine Wiedervereinigung weit entfernt lägen, im Dezember appellierte er, mit Ruhe auf die Entwicklung zu reagieren und das große Ziel, die Einheit Europas, nicht aus dem Auge zu lassen. Im Februar 1990 stellte er schließlich fest, daß Polen durch die Einheit Deutschlands nichts verliere.⁴⁵

Während Skubiszewski die Realität des schnellen Tempos der Wiedervereinigung erkannt hatte, sprach sich die Bevölkerung für einen langsamen Prozeß aus, der entsprechend den Vorstellungen der PPN-Gruppe die Neuordnung Europas zur Vorbedingung machte. Ein Berater der Regierung für Deutschlandfragen, Jerzy Sułek, erklärte im Januar 1990 folgendes: *„Die Einheit Deutschlands verstehe ich als einen Prozeß, nicht als einen einmaligen Akt. Sie erfordert eine vollkommen neue Sicherheitsstruktur in Europa ..."*⁴⁶ Der Wunsch der polnischen Bevölkerung nach einem langsamen Prozeß wurde auch in Umfragen zur deutschen Einheit deutlich unterstrichen:

Fragenkürzel	**Oktober 1988**	**Februar 1990**
Gegen Wiedervereinigung	40,3 %	40,7 %
Für, aber später	18,5 %	34,4 %
Für, sofort	12,8 %	6,6 %
Keine Meinung	28,4 %	18,6 %

Während sich 1988 12 % für eine sofortige Wiedervereinigung ausgesprochen hatten und über ein Viertel der Befragten keine Meinung äußerte, hatte bis zum Februar 1990 die Meinung, daß eine Wiedervereinigung zu einem späteren Zeitpunkt zu befürworten sei, deutlich zugenommen (von 18,5 % auf 34,4 %). Nur noch ein Fünftel hatte keine Meinung, aber nur noch 6,6 % befürworteten die sofortige Wiedervereinigung nun, da sie durch die Folgen des Mauerfalls potentielle Wirklichkeit geworden war. Die konstanten 40 % Gegner einer Wiedervereinigung sind laut Mieczysław

---

44) Zit. nach ebd., S. 37.
45) Vgl. ebd., S. 35f.
46) Zit. nach ebd., S. 38.

Tomala vor allem durch mangelndes Vertrauen in Bundeskanzler Kohl zu erklären.[47]

Die polnische Diplomatie mußte sich angesichts der beschleunigten Wiedervereinigungsbemühungen von den über Jahre in der Opposition erarbeiteten Positionen verabschieden. Die Vorstellung der europäischen Integration als Vorbedingung für die Wiedervereinigung war angesichts der bereits anberaumten Zwei-plus-Vier-Gespräche nicht länger aufrecht zu erhalten. Die zweite Vorbedingung, die Grenzanerkennung wurde hingegen umso vehementer durchzusetzen versucht. In einem Brief an die Siegermächte im Vorfeld der Gespräche forderte Mazowiecki die Teilnahme Polens an den Gesprächen, da die *„vitalen Interessen"* Polens betroffen seien.[48] Er schlug weiterhin vor, einen Grenzvertrag noch während der Gespräche trilateral zwischen DDR, Bundesrepublik und Polen zu paraphieren, um ihn dann schließlich mit dem vereinten Deutschland zu ratifizieren.[49] Zu diesem Zweck legte das polnische Parlament im April 1990 bereits einen Vertragsentwurf *„über die Grundlagen der gegenseitigen Beziehungen mit Deutschland"* vor.[50]

Nachdem klar wurde, daß über die unzähligen *„Bekundungen guten Willens"*[51] hinaus, zu denen Äußerungen aller führenden deutschen Politiker sowie Resolutionen beider deutschen Parlamente zu einem Grenzvertrag zählten, keine völkerrechtlichen verbindenden Schritte vor der vollzogenen Einheit eingeleitet würden, mußte die polnische Diplomatie erneut umschwenken: Sie forderte nun einen unmittelbar nach der Einheit zu schließenden Grenzvertrag und einen darauf aufbauenden *„umfassenden Vertrag"*.[52] Diese Forderung wurde durch den Grenzvertrag vom 14. November 1990 und den Nachbarschaftsvertrag vom 12. Juni 1991 schließlich auch umgesetzt.

Außenminister Skubiszewski wertete den polnischen Einfluß auf die Zwei-plus-Vier-Gespräche als Erfolg, da *„das mögliche Maximum"* für Polen erreicht werden konnte, indem das vereinigte Deutschland für die

---

47) Vgl. ebd., S. 43.
48) Brief des polnischen Ministerpräsidenten, Tadeusz Mazowiecki, an die Premierministerin Großbritanniens, Margaret Thatcher, in: Ebd., S. 61–63, hier S. 62.
49) Ebd., S. 63.
50) Entwurf des Vertrags zwischen der Republik Polen und Deutschland über die Grundlagen ihrer gegenseitigen Beziehungen, in: Ebd., S. 139–141.
51) Ebd., S. 199.
52) Vgl. ebd., S. 194.

Klärung der bilateralen Beziehungen wichtige Grundgesetzänderungen anstrebe. Zudem ziehe die Berücksichtigung Polens in den Verhandlungen einen Prestigegewinn in Europa nach sich.[53]

Die polnische Presse kritisierte diese von Skubiszewski vertretene Haltung jedoch und stellte sowohl den Erfolg als auch den Prestigegewinn in Frage. Andrzej Kostarczyk analysierte am 16. Oktober 1990 rückblickend die polnischen Handlungsoptionen: Durch das enorme Tempo der Wiedervereinigungsbemühungen seit dem Mauerfall habe die polnische Außenpolitik vor der Alternative gestanden: *„Sich mit diesen* [bereits abgegebenen] *Garantien zufrieden zu geben und damit Deutschland im gewissen Sinne einen in blanco Scheck* [sic!] *für eine europäische Glaubwürdigkeit auszustellen oder die Position zu vertreten, dass das keine ausreichenden Garantien sind.“*[54] Er kritisierte die Regierung dafür, sich – nicht zuletzt auf Druck der öffentlichen Meinung – für die zweite Alternative entschieden zu haben. Dies habe zu einem *„lang andauernden und beschwerlichen politischen Kontertanz“* geführt.[55] Der vermeintliche Verhandlungserfolg sei keiner gewesen, da die beiden deutschen Staaten und die vier Großmächte ohnehin die Grenzen nie in Frage gestellt hätten. Polen habe es versäumt, durch *„ein positives Angebot“* und dadurch, *„den Akzent auf Chancen zu legen“*, eine Interessengemeinschaft mit Deutschland herzustellen. *„Wir hätten für Deutschland in seinen Bemühungen um die Einheit ein Bündnispartner sein können, als es das am meisten benötigte. Doch“*, so kritisierte er weiter, *„waren wir dagegen eher ein unangenehmer, schwieriger Verhandlungspartner.“*[56] Einen Prestigegewinn durch die Verhandlungssituation sah Kostarczyk mitnichten. Durch die gewählte Vorgehensweise *„hatte man die gute Konjunktur verpasst, um sich wenigstens mit einem Scharnier an die EU zu hängen und Deutschland als entscheidende Stimme zu gewinnen, die unseren Beitritt erleichtern könnte.“*

Mieczysław Tomala stellte in seiner Dokumentation hingegen fest, daß die deutsch-polnischen Beziehungen keinen Schaden davontrugen. Den Brief von Kohl an Mazowiecki vom 6. September 1990 beschrieb er als *„versöhnend und entgegenkommend formuliert“*[57] und kam zu dem Fazit,

---

53) Ebd., S. 215f.
54) Andrzej Kostarczyk, in: Życie Warszawy vom 16.10.1990, zit. nach Tomala (wie Anm. 4), S. 224.
55) Ebd., S. 225.
56) Ebd.
57) Ebd., S. 233.

daß „sich [n]ach all diesen Dissonan[z]en schnell zeigte, dass Deutschland ein berechenbarer Staat geworden war und Polen freundschaftlich gegenüberstand. Das führte in Polen auch zum Ansteigen des Sympathiethermometers gegenüber den Deutschen. Aufgrund der Vereinigung Deutschlands hat Polen die große historische Chance erhalten, seine Beziehungen mit dem westlichen Nachbarn neu zu gestalten. Angesichts dieser Chance sollte man wirklich wachsam sein, um sie nicht zu verpassen."[58]

Zusammenfassung: Wiedervereinigung und Ostgebiete aus polnischer Sicht

Zur polnischen Sicht auf die Wiedervereinigung und die ehemaligen deutschen Ostgebiete kann man Folgendes festhalten: Auf die Frage nach der Zugehörigkeit der Gebiete zu Polen herrschte in allen politischen Lagern, in der gesamten Bevölkerung Einigkeit. Zwar gab es unterschiedliche Argumentationslinien; die Notwendigkeit, diese Gebiete zu Polen zu zählen, war jedoch auch für Kirchen und Opposition eine Frage der Existenz. Die Anerkennung der Oder-Neiße-Grenze als polnische Westgrenze wurde nicht nur von allen kommunistischen Regierungen, sondern bereits 1965 im Hirtenbrief der polnischen Bischöfe und auch 1977 von der polnischen Oppositionsgruppe PPN nachdrücklich gefordert. Die demokratischen Kräfte sahen Polen selbst dabei ebenso als Opfer der Regelungen von Jalta und Potsdam an, wie es das geteilte deutsche Volk auch war. Die Entwicklung bzw. Festigung dieser Position fand sich dementsprechend auch in der Haltung der demokratischen Regierung Mazowieckis wieder, welche im Zuge der Wiedervereinigung Deutschlands eine endgültige völkerrechtliche Anerkennung der Grenze forderte.

Die Wiedervereinigung Deutschlands konnte im Selbstverständnis der sozialistischen Staatengemeinschaft letztlich nur abgelehnt werden, da diese mit großer Wahrscheinlichkeit eine Verringerung der Einflußsphäre der Sowjetunion bedeutet hätte. Während polnische katholische Kreise Angst vor einem Erstarken Deutschlands im Zuge einer Wiedervereinigung bekundeten, prinzipiell dem deutschen Volk aber dieses Recht nicht absprechen wollten, war für die seit 1976 entstandene Oppositionsbewegung die Verringerung der sowjetischen Einflußsphäre das entscheidende Argument für eine Unterstützung der Wiedervereinigung Deutschlands. Diese sollte

---

58) Ebd., S. 243.

allerdings mit umfassenden und vorausgehenden Sicherheitsgarantien in einen europäischen Kontext eingebunden werden. Der Prozeß der Wiedervereinigung selbst hatte die polnische Regierung, die sich selbst noch in einem langsamen, vorsichtigen Transformationsprozeß befand, völlig überrollt. Pro-deutsche und pro-europäische Haltungen konnten tief sitzende Ängste und alte Propagandabilder in so kurzer Zeit nicht ablösen. Für das noch junge demokratische Polen war es in dieser Zeit äußerst schwierig, die neuen demokratischen Partner, aber auch das eigene Volk, einzuschätzen und zufrieden zu stellen. Der französische Polenexperte Michel Foucher bringt dies auf den Punkt: *„Wenn [die] Polen sich in der Grenzfrage, einem im Europa von 1990 fast anachronistisch anmutenden Problem, so empfindlich zeigen, so liegt das zweifelsohne daran, daß ihr Staat in seiner heutigen Gestalt der jüngste des Kontinents ist, während ihre Nation zu den ältesten gehört."*[59]

Umso wichtiger sind die Erfolge der Unterzeichnung des Grenzvertrags und des Nachbarschaftsvertrags zu werten. Diese haben maßgeblich dazu beigetragen, Mißtrauen abzubauen und die Zustimmung zu Deutschland rasant ansteigen zu lassen. Ohne ein vereintes Deutschland jedoch wären diese Verträge so nicht möglich gewesen und so *„können wir heute mit gutem Gewissen sagen, dass erst durch die Einheit Deutschlands ein fester Baustein für gutnachbarschaftliche Beziehungen zwischen Deutschland und Polen geschaffen wurde."*[60]

Ausblick: Deutschland, Polen und Europa

Eine detaillierte Betrachtung der deutsch-polnischen Beziehungen der Nachkriegszeit und der Haltung unterschiedlichster Gruppen zur Bundesrepublik läßt einen Aspekt immer wieder deutlich zu Tage treten: Die aus polnischer Sicht wechselseitige Bedeutung Deutschlands für Europa und Europas für Deutschland. Dabei standen sich die Angst vor einem starken und aggressiven Deutschland und die Hoffnung auf ein starkes, friedliches, deeskalierend wirkendes Europa gegenüber. Erste Versuche der Einflußnahme und der Teilhabe an einem solchen deeskalierenden euro-

---

59) Michel Foucher, zit. nach Tomala (wie Anm. 4), S. 198.
60) Karin Tomala (wie Anm. 41), S. 11.

päischen Raum wurden polnischerseits bereits kurz nach den Römischen Verträgen geäußert: Der damalige Außenminister Adam Rapacki schlug im sogenannten Rapacki-Plan (1957) die Errichtung einer atomwaffenfreien Zone in Mitteleuropa, also um Deutschland und Polen, vor. Dies griff Parteichef Władysław Gomułka 1963 auf, als er vorschlug, die Rüstung in Mitteleuropa einzufrieren. Auch die erste Initiative für eine europäische Sicherheitskonferenz, wie sie 1973 bis 1975 in Helsinki verwirklicht wurde, ging auf Vorschläge des polnischen Außenministers Rapacki von 1964 zurück.

Während diese offiziellen polnischen Initiativen allerdings im Einklang mit sowjetischen Interessen standen und diese explizit berücksichtigten, sahen die polnischen Oppositionellen in einem Fokus auf Deutschland und Europa die Chance zur Befreiung vom sowjetischen Joch: Wie bereits beschrieben, sah z.b. die PPN-Gruppe in der Wiedervereinigung Deutschlands die Chance, durch ein so entstehendes „gemeinsames europäisches Haus"[61] die Überwindung der Blockkonfrontation und die freie Wahl der Bündnispartner für Polen zu erreichen. In diesem europäischen Sinne also war die Wiedervereinigung Deutschlands auch im nationalen Interesse Polens zu begrüßen.

Die Wiedervereinigung selbst fand schließlich nicht in der von Polen anvisierten Reihenfolge – erst die Einheit Europas, dann die Einheit Deutschlands – statt. Zwei Monate nach dem Mauerfall, im Januar 1990, setzte sich Mazowiecki vor dem polnischen Parlament für die Schaffung eines Rates für europäische Zusammenarbeit ein. Dieser sollte die nun anstehende europäische Integration vorbereiten. Der polnische Außenminister Skubiszewski sprach sich im Februar 1990 bei seinem Besuch in Bonn für die Einigung beider deutscher Staaten im gesamteuropäischen Rahmen aus. Auch wenn sich Polen mit der Reihenfolge der Ereignisse nicht durchsetzen konnte, blieb die Verbindung „vereintes Deutschland – vereintes Europa" bestehen. So stellte Skubiszewski in der Abschluß-Pressekonferenz der Zwei-plus-Vier-Verhandlungen in Paris fest, daß *„es kein vereintes Deutschland ohne ein vereintes Europa geben werde. Polen kehre jetzt in gewisser Weise nach Europa zurück."*[62]

---

61) Vgl. Anm. 21.
62) JACOBSEN (wie Anm. 7), S. 635.

Die Hoffnung auf eine gemeinsame europäische Zukunft stand für die polnische Opposition vor 1989 (also die polnische Regierung nach 1989) in unmittelbarem Zusammenhang mit den Forderungen der polnischen Bürgerrechtsbewegung und ihrer Haltung zur Wiedervereinigung. Wie die PPN 1977 schon schrieb, sei es *„für die Zukunft Deutschlands nicht gleichgültig, ob Polen souverän ist oder nicht."*[63] Die *„großherzige Überwindung von Vorurteilen und Befürchtungen"* sollte vom polnischen Volk *„zum Wohl der Zukunft"* geschehen; eine Zukunft, in welcher Polen ein gleichberechtigter Platz in einem vereinten Europa zuteilwürde.[64] Die Feststellung einer *„großherzigen Überwindung"* beinhaltet den Kern des deutschlandpolitischen Selbstverständnisses nach 1989, vor allem im Kontext der Osterweiterung der EU. Zwar wurde die Unterstützung der Wiedervereinigung als die richtige Politik angesehen, jedoch zugleich als Überwindung der eigenen Angst und nicht gänzlich ausräumbarer Befürchtungen vor deutschem Erstarken verstanden. Den polnischen Beitrag zur Schaffung der Rahmenbedingungen für die deutsche Einheit würdigte Helmut Kohl bereits in seiner Regierungserklärung vom 23. August 1990.[65] Aus diesem Beitrag alleine ließe sich eine „Bringschuld" Deutschlands im Einsatz für polnische Interessen ableiten.[66] In Kombination mit der Tatsache, daß Polen auch ohne die Grenzregelung und ohne eine vorher vollzogene europäische Integration nicht heftig gegen die Wiedervereinigung protestierte, ist der Vertrauensvorschuß aber im polnischen Selbstbild evident. Diese Zusammenhänge wurden in der Diskussion um die Details der Osterweiterung gerne vergessen, und polnische Empfindlichkeiten diesbezüglich wurden unter den Tisch gekehrt. Wenngleich es sicherlich bedenklich ist, in solchen Fällen von direkter Schuld oder Verpflichtung auszugehen, muß man festhalten, daß aus polnischer Sicht bereits wichtige Leistungen für ein zukünftiges geeintes und friedliches Europa in den Jahren 1989 bis 1991 erbracht wurden. Der polnische Staatspräsident Lech Wałęsa bezeichnete Deutschland in seiner Vereidigungsrede als Polens *„freundlich gesinntes Tor nach Europa"*.[67]

---

63) PPN (wie Anm. 31), S. A 103.
64) Ebd., S. A 104.
65) JACOBSEN (wie Anm. 7), S. 637.
66) Vgl. Roland FREUDENSTEIN: Poland, Germany and the EU, in: International Affairs 74/1 (1988), S. 41–54 und zu Fragen von Schuld und Moral vor allem S. 45f.
67) JACOBSEN (wie Anm. 7), S. 639.

Deutschland selbst sah sich im Prozeß der EU-Osterweiterung durchaus auch als „Anwalt Polens".[68] Daß Polen bei einer Erweiterung zur Vorreitergruppe gehören würde, stand für Deutschland und damit für die EU nicht zur Disposition. Während der deutschen EU-Ratspäsidentschaft im Jahr 1994 wurden auch die Kriterien für die Aufnahme von Polen, Tschechien, der Slowakei und Ungarn formuliert und durch den Rat in Essen bestätigt. Diesen dadurch begonnenen Aufnahmeprozeß bezeichnete Helmut Kohl bei seinem Besuch in Polen im Juli 1995 in seiner Rede vor dem polnischen Parlament als irreversibel.[69]

Die Aufnahme Polens in die Europäische Union hat entsprechend der europäischen Idee die deutsch-polnische Grenze noch durchlässiger gemacht und eine starke Intensivierung der zwischenmenschlichen Kontakte sowie Möglichkeiten zur Verständigung geschaffen. Damit hat sich die Hoffnung des damaligen deutschen Innenministers Wolfgang Schäuble, mehr als erfüllt: 1991 schrieb er in seinem Buch „Der Vertrag – wie ich über die deutsche Einheit verhandelte": „*Die einzige wirkliche Chance, für die Menschen aus den Ostgebieten etwas zu erreichen, liegt eben heute darin, dafür zu sorgen, daß Grenzen nicht mehr trennen, sondern überwunden werden.' Erstmals seit über 40 Jahren konnte sich die Lage in Europa zum Besseren wenden. ‚Aber sie kann nur besser werden', habe ich gesagt, ‚wenn wir über Grenzen nicht mehr streiten. Deswegen müssen wir sie anerkennen. Erst wenn jeder Zweifel auch an der Oder-Neiße-Grenze beseitigt ist, können wir auch mit den Polen über eine Verbesserung der Lebensverhältnisse in der alten Heimat wirklich reden und dafür sorgen, dass diese Grenze nicht mehr trennt."*[70]

Somit können die Wiedervereinigung und die Verträge von 1990/91 als Überwindung der Nachkriegsordnung, als Ende der deutschen Teilung, aber auch als Ende der Teilung Europas gesehen werden. Dabei ist die Mauer nicht nur zwischen den beiden deutschen Staaten, sondern auch zwischen den Nachbarn Deutschland und Polen gefallen.

---

68) Krzysztof RUCHNIEWICZ: Zögernde Annäherung. Studien zur Geschichte der deutsch-polnischen Beziehungen im 20. Jahrhundert, Dresden 2005 (= Mitteleuropa-Studien 7), S. 155.
69) Jan TRUSZCZYŃSKI: Polish-German Relations and European Integration, in: Witold M. GÓRALSKI (Hg.): Poland-Germany 1945–2007. From Confrontation to Cooperation and Partnership in Europe. Studies and Documents, Warsaw 2007, S. 271–308, hier S. 279.
70) Wolfgang SCHÄUBLE: Der Vertrag. Wie ich über die deutsche Einheit verhandelte, Stuttgart 1991, S. 62.

Fall und Bau der Berliner Mauer:
An was erinnern wir uns heute und künftig?*

Von Joachim-Felix Leonhard

„Geschichtsforschung ist", so meinte der bekannte französische Historiker Fernand Braudel in seinem Vorwort zu dem Sammelband ‚Die Welt des Mittelmeeres', *„nichts anderes als die andauernde Befragung der Vergangenheit im Namen der Probleme und der Wißbegier der Gegenwart – auch des Beunruhigenden und Beängstigenden der Zeit, in der wir uns bewegen und von der wir belagert werden."*[1]

---

*) Der Vortrag wurde durch gezeigte Filmausschnitte ergänzt. In den Anmerkungen wird auf inhaltlich gleiche Filme hingewiesen, jedoch aus anderen Internetquellen. – An Literatur sei beispielsweise hingewiesen auf Konrad Hugo Jarausch: Die unverhoffte Einheit 1989–1990 (Edition Suhrkamp 1877, N.F. 877), Frankfurt a.M. 1995; Jürgen Kocka: Vereinigungskrise. Zur Geschichte der Gegenwart (Kleine Vandenhoeck-Reihe 1576), Göttingen 1995; Hans-Hermann Hertle: Der Fall der Mauer. Die unbeabsichtigte Selbstauflösung des SED-Staates, Opladen 1996; Robert Grünbaum: Deutsche Einheit, Opladen 2000; Thomas Schuhbauer: Umbruch im Fernsehen, Fernsehen im Umbruch. Die Rolle des DDR-Fernsehens in der Revolution und im Prozeß der deutschen Vereinigung 1989–1990 am Beispiel des Jugendmagazins Elf99, Berlin 2001 [Diss. Berlin FU 2000]; Alexander von Plato: Die Vereinigung Deutschlands – ein weltpolitisches Machtspiel. Bush, Kohl, Gorbatschow und die geheimen Moskauer Protokolle, Berlin 2002; Franziska Hupe: Der Weg zur deutschen Wiedervereinigung 1989/90, München 2008; Andreas Rödder: Deutschland einig Vaterland. Die Geschichte der Wiedervereinigung, München 2009; Ders.: Geschichte der deutschen Wiedervereinigung (C.H. Beck Wissen 2736), München 2011; Gerhard A. Ritter: Hans-Dietrich Genscher, das Auswärtige Amt und die deutsche Vereinigung, München 2013; Meinrad Maria Grewenig (Hg.): 25 Jahre Deutsche Wiedervereinigung. Fotografien von Helmut R. Schulze, Heidelberg 2014. – Anm. d. Red.

1) Fernand Braudel u.a. (Hg.): Die Welt des Mittelmeeres. Zur Geschichte und Geographie kultureller Lebensformen. Frankfurt a.M. 1987, S. 4.

"Wir sind das Volk!" Wo stehen wir heute?

Zwanzig Jahre sind vergangen, seit Bürgerinnen und Bürger eines Landes das ernst nahmen, was der im Jahre 1949 parallel zur Bundesrepublik gegründete Staat im zweiten Adjektiv seiner Namensgebung formuliert hatte: Sie zogen am 9. November 1989 mit viel Mut und Überzeugung in Leipzig auf die Straße, riefen "Wir sind das Volk!", eigentlich: "Wir! sind das Volk!", also der *demos* will *kratos*, die Herrschaft, will die eigentliche und richtige Demokratie. Die Bürgerinnen und Bürger fanden zu einer Bewegung zusammen, die nicht ohne Verbindung war zu Religion und Kirche, die beide Zuflucht geboten hatten in vierzigjähriger Diktatur, um die Gedanken – wieder – frei werden zu lassen. Überhaupt war und ist der Einfluß der Kirche und Kirchen und insonderheit der polnischen Kirche, hier vor allem das Einwirken Karol Wojtyłas als Erzbischof von Krakau und später als Papst Johannes Paul II., auf die Freiheitsbewegungen im mittleren Osteuropa für den historisch-politischen Prozeß von erheblicher Bedeutung – und hat merkwürdigerweise dennoch nicht oder so noch nicht den Stellenwert in der zeitgeschichtlichen Forschung erreicht, den er von der Sache her zweifelsohne verdient. Ob dies mit unserer vorzugsweise säkular-politischen Betrachtungsweise zusammenhängt oder wo immer sonst die Gründe für diese Vernachlässigung zu sehen sind, soll hier nicht weiter verfolgt werden, da dies Thema einer eigenen Betrachtung sein müßte, doch ist es zumindest eine Anmerkung wert.

Geschichtsforschung im Braudel'schen Sinne als breite Befragung der Vergangenheit im Namen der Wißbegier der Gegenwart: Eine Beobachtung, die schon deshalb Erwähnung verdient, weil im wiedervereinigten Deutschland, zwanzig Jahre später, nicht selten die Auffassung anzutreffen ist, der Fall der Mauer markiere das Ende der Diktatur des SED-Staates und sei irgendwie als *gesamt*deutsche Aktion zu sehen und nicht als die Erhebung der Ostdeutschen gegen ihre Machthaber im eigenen Staat. Ja, es bereitet Sorgen, wenn Schüler in Berliner Schulen heute in Umfragen Willy Brandt für einen Politiker der DDR bzw. gar für den Staatsratsvorsitzenden der DDR halten oder wenn, was noch gravierender wirkt, die Partei ‚Die Linke', insbesondere ihre westdeutschen Sektierer, all' die historischen Erfahrungen im Umgang mit dem Unrechtsgebaren dieses Staates schon wieder *lethe*, dem Flusse des Vergessens, überantworten wollen. So, als sei da nicht viel gewesen, so, als ob alles halb so schlimm gewesen sei, obwohl eben dies kritisch im Sinne von *krinein*, also analytisch, zu beurteilen ist, was diese Vergangenheit für die Gegenwart sei. Fast könnte man sich dann fragen, weswegen eigentlich die Menschen am 9. November, der ja in der jüngeren deutschen Geschichte eine Art ‚Schicksalstag' gewesen ist oder zu sein scheint, unter hohem Risiko für Leben und Freiheit auf die Straße gingen und eben diese Freiheit einforderten.

Verdrängen, Vergessen: Interessiert uns das alles schon nicht mehr, weil wir uns entweder allzu sehr auf die Gegenwart, zumal in ihrer medialen Präsentation in Hörfunk, Fernsehen und, nicht zu vergessen, der distanzlosen Direktheit des Internet, beziehen und unsere Wißbegier uns nicht mehr aktiv antreibt, sondern wir vielleicht rezeptiv die Informationen schon so aufnehmen, wie sie dargeboten werden? So, als ob über das Internet und seine Informationsangebote schon bereits historische Wirklichkeiten und Wahrheiten dargestellt werden, die ja den Nachgeborenen fast schon Echtheit und Garantie verheißen, wenn nicht im Unterricht in den Schulen auch historisch-politische Kritikfähigkeit als Lernziel des notwendiger denn je aktiven Geschichtsunterrichtes gilt?

Zwanzig Jahre sind vergangen seit jenen zu Recht freudetrunkenen Tagen der Jahre 1989 und 1990, eine weitere Generation, die vor zwanzig Jahren geboren wurde, ist mittlerweile erwachsen, hat die Tage nicht erlebt, wandert eher von Ost nach West auf der Suche nach Arbeit, wohingegen der westliche Teil der vereinigten Generation kaum einen Studienplatz im Osten aufsucht, wo Binnenmigration meist einseitig verläuft und die Frage erlaubt ist, ob schon zusammengeführt ist, was ja in der Tat auch zusammengehört, um das Wort Willy Brandts zu bemühen. Ja, man wird nicht ohne Sorge im Blick auf die bereits in einer Umfrage erhobenen geschichtlichen Kenntnisse die Frage stellen (müssen), wie die jetzige Generation der 20- bis 30jährigen das an die nächste Generation weitergeben kann? Und: Wie erst sind die Vorstellungen zu vermitteln, die die Väter und Mütter noch erhielten von ihrer Elterngeneration und deren Vorläufergeneration, die die Trennung Deutschlands noch als Prozeß erlebt hatten, deren Ergebnis und Ende 1989 feststellbar war? Und: Wie werden die Bilder und Töne, die direkten, in das eidetische Gedächtnis der Menschen gehenden Informationen und die Impressionen der deutsch-deutschen Teilung, deren Hauptsymbol die Demarkationslinie zwischen Lübeck und Hof war und als deren ‚Zentralmonument' die Berliner Mauer gelten mag, wie werden diese Entwicklungen und Ereignisse in die Köpfe und damit in die individuelle und kollektive Gedächtnisbildung Eingang finden und auch bewahrt werden können?

Eine spannende Frage, nicht nur für uns in Deutschland, sondern, weil die Ereignisse eben in ihrer medialen Vermittlung weltweit wirkten, auch für das Gedächtnis der Menschheit, genauer: für das Unesco-Programm „Memory of the World".[2] In diesem Programm werden Dokumente gleich welcher Art, also Handschriften, Bücher, Fotos, Filme, Tondokumente u.v.a.m., in einem Weltregister zusammengeführt, bei dem die Relevanz und nicht die Redundanz Maß aller Dinge ist. Weniges und Wichtiges zählt, nicht Vollständigkeit der Dokumentation, sondern das, was man gleichsam auf eine ‚elektronische Arche' oder im Sinne der Robinsonfrage auf eine Insel mitnehmen würde. Darauf hat sich das deutsche Nationalkomitee verständigt, als es vor wenigen Wochen das Projekt „Bau und Fall der Berliner Mauer" für einen Eintrag in das besagte Register angemeldet hat. Wie dieses komplexe Thema, das uns Deutschen ja viel näher ist, der Weltgemeinschaft zu vermitteln ist, die ja die Bilder über das Fernsehen aufgenommen hat, ist ein spannender Prozeß: Nicht, was wir aus unserer Sicht dabei für wichtig halten, sondern wie die anderen in der Welt die Entwicklung sehen, ist also von Bedeutung; nicht etwa die Pressekonferenz, in der ein unsicher gewordener Günter Schabowski den Startschuß zum Öffnen der Grenze unfreiwillig gab, ja geradezu fahrlässig agierte, weil er den auf der Rückseite der Pressemitteilung des Ministerrates stehenden Sperrvermerk nicht erkannte bzw. nicht davon wußte und demzufolge entgegen der dort vermerkten Weisung eine „sofortige" Regelung verkündete; nicht also diese Pressekonferenz, die alle, die sie am Fernsehen direkt vernommen haben, nicht verstanden haben und die den nachwachsenden Generationen in ihren Nuancen erst erklärt werden muß und schon gar nicht in den sprachlichen Verzögerungen von nicht der deutschen Sprache mächtigen Rezipienten in der Welt verstanden werden kann, steht also im Vordergrund, sondern die Folge der Ereignisse über einen längeren Zeitraum als den der wenigen Monate vor und nach dem 9. November 1989, mit einem Wort: die Dokumentation des historisch-politischen Prozesses. Davon soll im Folgenden die Rede sein, wenn wir uns von den Bildern des Jahres 1989 zurückerinnern auf die Entwicklung, die seit dem 13. August 1961 ihren Lauf genommen hat.

---

2) http://www.unesco.de/mow.html (zuletzt besucht am 17.10.2014).

Audiovisuelle Quellen – in den Äther gesendet, auch in den Wind? Zum Überblick über die historischen Quellen von Hörfunk und Fernsehen

Zuvor möchte ich aber eine Übersicht über die Quellen und die Archive geben, aus denen die einzelnen Dokumente stammen. Vieles ist dabei wiederum den Besonderheiten des Staates DDR, aber auch den Regelungen geschuldet, mit denen man nach 1989 im Rahmen des Einigungsvertrages die Vergangenheit des Staates DDR sowie seine Dokumentation und die Bewältigung seiner Vergangenheit in Angriff genommen hat. Zuerst hat der Einigungsvertrag in vielen Fällen eine klare Regelung gefunden, in denen er die Dokumente, die aus dem ‚staatlichen' Handeln der DDR entstanden sind, ihren schon bestehenden (bundesrepublikanischen) Parallel-Organisationen zugeordnet hat: Dies gilt für die Bestände des Zentralen Staatsarchivs der DDR und deren Zuordnung zum Bundesarchiv, für die Deutsche Staatsbibliothek und die ehemals Ostberliner Museen zur Stiftung Preußischer Kulturbesitz und so fort. Nicht darin einbezogen waren die Bestände, die sogenannten ‚nicht-staatlichen' Institutionen entstammten, was keineswegs bedeutete, daß sie etwa dem Zugriff der allseits herrschenden Staatspartei SED entgangen wären: Dies waren beispielsweise Filme im Firmenarchiv des VEB Sachsenring in Zwickau, die nach Willen der seinerzeitigen Treuhand als altes Material angesehen wurden und um ein Haar vernichtet worden wären, darunter auch das alte Filmarchiv der Firma August Horch als Vorgängerfirma des genannten VEB mit Filmaufnahmen aus der Pionierzeit des Automobilbaus in Deutschland. Eine andere Kategorie von Archivbeständen betraf z.B. die Bestände der Parteihochschule der SED in Berlin, die gleichfalls im strengen Sinne als ‚nicht-staatlich' angesehen wurden, und die nur gerettet wurden, weil das Bundesarchiv sie in seine Obhut, genauer in die Stiftung Parteien und Massenorganisationen der DDR, aufnahm. Das dritte Beispiel betrifft die Sendungen von Hörfunk und Fernsehen der DDR, die glcichfalls nicht als staatlich angesehen wurden. Für sie findet sich im Gegensatz zu den zuvor genannten Beständen des kulturgeschichtlichen Erbes der DDR lediglich der eher summarische Hinweis im Einigungsvertrag, wonach Aktiv- und Passivvermögen des Staatlichen Komitees des Rundfunks bzw. des Fernsehens der DDR (gemäß föderaler Grundstruktur der öffentlich-rechtlichen Medien der Bundesrepublik Deutschland) an die neuen Länder und Berlin gehen sollte. Dies bedeutete riesige Liegenschaften, eine teure Studioausrüstung und, nicht zu vergessen, ein auf 25 Standorte des ehemaligen

Staatsgebietes der DDR verstreutes Programmvermögen. All' dies war, im Gegensatz zu den erwähnten öffentlich-rechtlichen Institutionen, allerdings in einem keineswegs einfachen Planungs- und Entscheidungsprozeß zunächst für die Allgemeinheit, d. h. auch für die historische Forschung, zu sichern und für die Benutzung zur Verfügung zu stellen.

Von 1989 nach 1961 oder vom Ende zum Anfang: ein Rücklauf der Geschichte

Wenn es um die Frage nach dem gleichsam politisch-historisch bedeutendsten Dokument für die Wiedervereinigung Deutschlands geht, so ist dies wegen seiner völkerrechtlich verbindlichen Funktion sicher der sog. „Zwei-plus-Vier-Vertrag". Generell ist festzustellen, daß nach dem physischen Fall der Mauer und dem ihm folgenden Kollaps des Staates DDR und ihrer Staatspartei SED eine erste demokratische Handlung im Sinne der Befreiung die ersten freien Wahlen zur Volkskammer im März 1990 waren. Darüber wurde in der „Aktuellen Kamera" des Ostens ebenso berichtet wie im westlichen Fernsehen in der „Tagesschau" und in der „Heute"-Sendung. Bald aber wurde klar, daß die Errichtung einer deutschen Einheit intern vertraglicher Vereinbarungen zwischen den beiden deutschen Staaten und extern völkerrechtlicher Regelungen bedurfte, was im letzteren nichts Geringeres bedeutete als die Zustimmung der alliierten Siegermächte von 1945, und zwar nunmehr immerhin 45 Jahre nach Ende des Zweiten Weltkrieges. Zwischen der Regierung der Bundesrepublik Deutschland und der der Deutschen Demokratischen Republik wurde ein solcher Vertrag am 31. August 1990, also knapp zwei Monate vor Vollendung der Einheit, abgeschlossen. Parallel dazu liefen die Verhandlungen zwischen den Außenministern der vier Siegermächte und den beiden deutschen Vertretern, also ‚zwei plus vier', was dann mit der Unterzeichnung des Vertrages am 12. September 1990 in Moskau seinen ersten Abschluß fand. Bis dahin waren aber noch einige Stolpersteine aus dem Weg zu räumen, was dann vor allem in einem Telefonat zwischen Bundeskanzler Helmut Kohl und dem sowjetischen Präsidenten Michail Gorbatschow geschah, als es um den Abzug der sowjetischen Truppen aus Deutschland bis zum Jahre 1994 ging. Bekanntlich konnte auch dieses Problem gelöst werden, wenngleich die Verabschiedung der Truppen im September 1994 den ‚Schönheitsfehler' hatte, daß die sowjetischen Soldaten einen Tag vor den militärischen Einheiten der drei Westalliierten verabschiedet wurden, und zwar nicht ebenfalls am Gendarmenmarkt in der Stadtmitte, sondern weiter weg im Treptower Park. Was mit dem auch als ‚Souveränitätsvertrag' bezeichneten Abkommen, das ja einen förmlichen Friedensvertrag ersetzte, vollzogen wurde, reichte weit in die Geschichte zurück, bedeutete der von den Alliierten abgeschlossene Vertrag doch nichts anderes als die Aufgabe all' ihrer Rechte und Verantwortlichkeiten, wie sie sich aus der Funktion als Besatzungsmächte ergeben hatten. Ohne deren Eingreifen hätten sich die Deutschen, wie schon Thomas Mann in seiner Rundfunkrede am 13. Mai 1945 an die deutschen Hörer festgestellt hatte, wohl nicht selbst von der Diktatur befreien können.

Am 1. Oktober 1990 nun erklärten die Vier Mächte in New York die Aufhebung ihrer Rechte gegenüber Berlin und Deutschland als Ganzem, und am 3. Oktober 1990 trat die DDR der Bundesrepublik Deutschland bei. Deutschland, jetzt wieder vereinigt, hatte seine volle völkerrechtliche Souveränität wieder erlangt durch ein Meisterwerk an Diplomatie und Staatskunst, das zugleich einen Markstein bildet im Blick auf die europäische Einigung. Allerdings zeitigte der von den Außenministern James Baker (USA), Eduard Schewardnadse (Sowjetunion), Douglas Hurd (Großbritannien), Roland Dumas (Frankreich) sowie Hans-Dietrich Genscher und Lothar de Maizière (der den zurückgetretenen Markus Meckel vertrat) unterzeichnete Vertrag zuvor noch ein besonderes protokollarisches Problem: Es fehlte der DDR-Delegation ein gültiger amtlicher Stempel. Die Volkskammer hatte nämlich bereits das Staatssymbol mit Hammer, Zirkel und Ährenkranz abgeschafft, ohne ein neues anzunehmen. Ohne Stempel wollte die Sowjetunion den Vertragstext aber nicht anerkennen. Ein in der nahegelegenen Botschaft vorhandener und eigentlich bereits ausgedienter Stempel konnte dann aber doch Abhilfe schaffen.

Wer sich heute Gedanken darüber macht, wie der tatsächliche Verlauf der Mauer, aber auch der des elektrischen Maschendrahtzaunes und des gesamten Grenzsystems mit automatischen Schießanlagen und nicht automatischem, aber dennoch oft vollzogenem Schießbefehl an der Grenze war, kann dies heute durch ein einzigartiges Filmdokument, nämlich mittels eines Hubschrauberflugs über die Demarkationslinie, erfahren, den eine private Firma wohlweislich und rechtzeitig im Sinne der kollektiven Gedächtnisbildung gefertigt hat.[3] 28 Jahre war dieser Todesstreifen Barriere,

---

3) http://www.unesco.org/archives/multimedia/index.php?s=films_details&pg=33&id=2815 (zuletzt besucht am 17.10.2014).

um Menschen und Dörfer zu trennen, und umso eindrucksvoller wirken die nur drei Monate nach dem Fall der Mauer aufgenommenen Bilder, als die Grenze noch nicht wie am Potsdamer Platz überbaut war, noch nicht wie an der sog. East Side Gallery nahe dem Berliner Ostbahnhof zwar künstlerisch gestaltet und zugleich durch eben die künstlerische Gestaltung ihrer stets Tristesse und Bedrohung vermittelnden Wirklichkeit enthoben wurde; ursprünglich noch, bevor der Todesstreifen durch die Natur etwa in der Rhön bei Point Alpha überwuchert worden wäre, würde dort nicht wie an wenigen ausgesuchten Stellen der ursprüngliche Zustand ausreichend für die Nachwelt vermittelt, nämlich so, wie er wirklich war und nicht, wie er heute schon wieder inszeniert werden muß.

Während der Pressekonferenz von Günter Schabowski am 9. November 1989 wurden über eine Stunde lang alle möglichen Punkte, wie das Zentralkomitee, aber auch einzelne Mitglieder, die Wirtschaftsreformen und vieles andere mehr angesprochen, und erst zum Schluß kam die Rede auf die Lage der Flüchtlinge, insbesondere in der Prager Botschaft, für die laut Schabowski die Aufnahmemöglichkeit in der BRD erschöpft sei. Allerdings, so schränkte er ein, habe das Politbüro die Lage erörtert und Vorschläge für neue Regelungen verabschiedet: „*Deshalb haben wir uns dazu entschlossen, heute eine Regelung zu treffen, die es jedem Bürger der DDR möglich macht, über Grenzübergangspunkte der DDR auszureisen.*"[4]

Wenn normalerweise die Medien über Wirklichkeiten und Ereignisse berichten, so geschah am Abend des 9. November 1989, möglicherweise zum ersten und bislang einzigen Mal in der Weltgeschichte, das Gegenteil – und damit etwas, was im Nachhinein, je länger die Distanz zum Ereignis wird, umso schwerer zu verstehen sein mag. Das Unberechenbare, Überraschende als Moment und als gleichsam historischer Zufall sind es, die diese Veranstaltung durchzogen und Folgen zeitigten, die von der Veranstaltung ausgingen. Sie begannen im Grunde genommen schon bei der Terminierung, denn eigentlich sollte diese Pressekonferenz am Morgen des 10. November stattfinden. Der Ministerrat der Regierung der DDR hatte sich nach den seit dem 4. November stattfindenden Ausreisen von DDR-Bürgern via Tschechoslowakei darauf verständigt, Reisen zu bestimmten Konditionen in die Bundesrepublik zu erlauben, jedoch keineswegs etwa den Grenzwall vollständig zu öffnen oder gar im Sinne der

---

4) http://www.mdr.de/damals/archiv/zeitstrahl/avobjekt352.html (zuletzt besucht am 30.9.2014).

Aufforderung von Ronald Reagan an Michail Gorbatschow am 12. Juni 1987 vor dem Brandenburger Tor etwa die Grenzzäune niederzureißen („*Mr. Gorbatschow, tear down this wall!*"). Visa und Paß sollten nunmehr erforderlich sein, um diese Reisen zu bewerkstelligen, und um dies einerseits zu kommunizieren und damit den Druck aus der innenpolitischen Situation etwas herauszunehmen und andererseits genügend Zeit für die Organisation zu gewinnen, sollte der Regierungssprecher diese Regelung am 10. November um 4.00 Uhr morgens verkünden. Die Regelung und das Verfahren zur Kommunikation desselben waren bis um 18.00 Uhr des 9. November im Umlaufverfahren unter den Mitgliedern des Politbüros abgestimmt, Reiseregulierung und Pressemitteilung von Willi Stoph als Vorsitzendem des Ministerrates abgezeichnet worden.

Eigentlich hätte die Entwicklung den geplanten Verlauf nehmen sollen und wohl auch genommen, wenn nicht der schon traditionelle Kompetenzstreit und Machtkampf zwischen Regierung und Partei dazu geführt hätte, daß nicht der Sprecher der Regierung, sondern Schabowski als Sprecher der Partei und Mitglied des Politbüros bereits mit der bekannten konfusen Ankündigung den Weg dazu bereitete, tatsächlich die Grenze vorzeitig zu öffnen, aber eben nicht so, wie es die eigentliche Abmachung vorgegeben hatte. Dies wäre vielleicht nicht weiter von Bedeutung gewesen und hätte zumindest kaum zu solch rascher Reaktion der Bürgerinnen und Bürger geführt, wäre diese, im übrigen von vornherein internationale Pressekonferenz nicht direkt, also *live*, vom Fernsehen der DDR übertragen worden. Schabowski hatte den Entwurf der Reiseregelung und der Pressemitteilung von SED-Parteichef Egon Krenz erhalten, aber er war nicht darauf hingewiesen worden, daß die Pressemitteilung erst in der Frühe des folgenden Tages, nämlich um 4.00 Uhr, erfolgen sollte. So steuerte er, der nicht an den Sitzungen des Politbüros und des Zentralkomitees am Nachmittag teilgenommen hatte und daher das Verfahren nicht vollständig kannte, eher ahnungslos auf die Pressekonferenz zu, die dann bereits um 19.00 Uhr stattfand. In dieser Veranstaltung verkündete er die Reiseregelungen und, gefragt nach dem Zeitpunkt des Inkrafttretens, wurde er unsicher und sagte, was im Nachhinein von großer Wirkung war: „*Sofort, ohne Verzug!*"[5]

War das Ganze bisher noch bestenfalls als Kommunikationspanne zwischen Regierung und Partei anzusehen, so wurde aus der Rezeption durch die bundesrepublikanischen Medien, insbesondere durch die „Tagesthe-

5) Ebd.

men" der ARD, Politik gemacht, denn Hans-Joachim Friedrichs, der Moderator, interpretierte mutig die aus Ostberlin kommenden und eher noch vagen Hinweise Schabowskis als einen klaren Beschluß, die Mauer jetzt zu öffnen – wiewohl von Seiten des Ostens davon weder von Regierungs- noch von Parteiseite die Rede sein konnte. Dem historisch-politischen Prozeß der Öffnung ging also weder ein Akt staatlichen Handelns voraus noch eine irgendwie geartete ‚offizielle' Anordnung; vielmehr erklärt sich heute das ‚actum et factum' als Verkettung von Umständen und Zufällen, die zunächst nichts miteinander zu tun hatten und erst durch ihre Verbindung den politischen Sprengstoff ausmachten, der die nachmaligen Schritte maßgeblich bestimmten sollte. Sie zeigen aber auch, wie sehr Medien die Politik zu beeinflussen imstande sind, obwohl dies hier gerade nicht geplant war, sondern eher zufällig geschah – und wie wichtig es ist, sich der Medien- und Kommunikationsgeschichte und ihren audiovisuellen Quellen des 20. und 21. Jahrhunderts als Aussagen zur Zeitgeschichte zuzuwenden und gleichzeitig Abstand zu nehmen vom zeitbedingten dictum Hans Rothfels', wonach die Wahrheit in den Akten liege, „veritas in actis".

Wie sehr noch zwanzig Jahre später die individuelle und kollektive Erinnerung hochkommt, machen die ersten Bilder deutlich, die Menschen die Grenze überschreiten zeigen. Diese ersten Fernsehaufnahmen sind in gewisser Weise wie manch anderes in diesem Zusammenhang dem Zufall geschuldet, da nicht die Kameraleute von ARD und ZDF an der Bornholmer Straße waren, sondern jene von Spiegel TV. Im Trubel und Chaos des Ereignisses waren nämlich die Reporter des SFB (für die ARD), von RIAS und ZDF rasch zur Pressekonferenz mit Günther Schabowski geeilt, und nur dem Umstand, daß Spiegel TV als neues und privates Fernsehunternehmen nicht bei der Regierung der DDR akkreditiert und somit eben nicht zur besagten Pressekonferenz zugelassen war, ließ Reporter und Kameraleute von Spiegel TV dann an die Bornholmer Straße fahren, wo Gerüchten zufolge „viel los" sein sollte. Was dann auch stimmte und Spiegel TV die ersten Bilder vom Grenzübertritt aufnehmen und erste Interviews mit glücklichen Menschen führen ließ.[6]

All' dies markiert den Endpunkt einer kurzfristigen Entwicklung, an deren Anfang sich am 9. Oktober 1989 in Leipzig 70.000 Menschen versammelten und gegen das Regime protestierten. Es ist bemerkenswert, daß zwar das ‚offizielle' Fernsehen der DDR darüber nicht berichtete, wohl aber

6) http://www.youtube.com/watch?v=3bN9ZRj3NBs (zuletzt besucht am 30.9.2014).

eine Kamera des Jugendsenders „Elf99", benannt nach der Postleitzahl des Ostberliner Stadtbezirks Adlershof, der Heimstätte des DDR-Fernsehens, das Geschehen verfolgte. Dies blieb nicht ohne Folgen, denn der „wind of change", den die Hannoveraner Rockgruppe ‚Scorpions' balladenhaft verewigte, blies die Altherrengarde an der Spitze der SED bald von ihren Postamenten: Erich Honecker, der noch wenige Monate vorher anläßlich der Vierzig-Jahr-Feiern der DDR gemutmaßt hatte, *„den Sozialismus in seinem Lauf hält weder Ochs noch Esel auf"*, hatte auf Drängen der Partei bereits am 17. Oktober das Szepter an Egon Krenz weitergegeben, der – eher schwach – ‚Wandel' als politisches Programm zu einem Zeitpunkt ausgab, zu dem die Massen längst mehr forderten, nämlich Freiheit und Selbstbestimmung. Die Menschen hatten sich eben nicht damit abgefunden, ein Unrechtssystem nur etwa zu ertragen, das zudem die eigenen Bürger einsperrte und sie lediglich in die sozialistischen Bruderländer in Urlaub fahren ließ. Als aber, zuerst in Ungarn, das erste Loch in den Maschendrahtzaun geschnitten wurde, gab es kein Halten mehr, war mehr *wind* denn *change*, wuchs die Sehnsucht nach Freiheit und nach Abwurf Jahre getragenen Joches, zeigte sich, wie sehr die Medien Emotionalität vermittelten, wenn es um dieses Ringen um Freiheit ging, am besten vermittelt durch die leidenschaftlichen Bilder aus der Prager Botschaft.

Was war das, was die Menschen lehrte und drängte, diese Schritte zu gehen? Ohne Rücksicht auf Verluste, auch ohne Rücksicht auf Verlust des Lebens. Allzu oft hatte die Grenze als unüberwindlich gegolten, und doch haben es immer wieder Menschen gewagt, diese Linie unter Einsatz ihres Lebens zu überwinden. Schon deshalb ist es von Bedeutung, sich gelungene aber auch mißlungene Fluchten vor Augen zu führen, weil nur sie in besonderer Weise verdeutlichen können, was die Freude über die Öffnung der Grenzen auslöste. Trauer und Entsetzen machten sich breit, wenn Menschen die Flucht, die sie auf alle denkbaren Möglichkeiten versuchten, mißlang und sie ihr Leben an der Mauer ließen. Allein in Berlin zählt diese Statistik 136 Tote an der Mauer, allen voran der damals 18 Jahre alte Arbeiter Peter Fechter, der deshalb so tief in unserem Gedächtnis verankert ist, weil seine Tötung am 17. August 1962 die Hilflosigkeit des einzelnen gegenüber dem System in den Medien und Bildern in erschreckender Weise dokumentiert.[7]

---

7) http://www.youtube.com/watch?v=rLXgIZ6_9LU (zuletzt besucht am 10.10. 2014).

Andere hatten Glück, weil ihnen die Flucht gelang. So ist der in den Fernsehnachrichten rund um die Welt gezeigte Sprung, zu dem Conrad Schumann, ein 19jähriger Volkspolizist, über den Stacheldraht ansetzte, mit einiger Sicherheit im eidetischen Gedächtnis derer archiviert, die diesen Sprung seinerzeit in der abendlichen Tagesschau oder als Photo in vielen Tageszeitungen in aller Welt gesehen hatten: Weil sie dieses Bild nicht vergessen werden.[8] Wer in der Berliner Abendschau vom 22. September 1961 Bilder der Flucht eines Mannes und einer Frau in der Bernauer Straße – beide sprangen aus dem Fenster im dritten Stock eines Hauses – sah, wird auch diese Bilder kaum vergessen.[9] Und noch am 22. August 1988 konnte die Abendschau des Senders Freies Berlin von einer dramatischen, aber geglückten Flucht über die Spree in der Nähe des Reichstages berichten. Bilder, die an der Grenze aufgenommen wurden und hart an der Grenze zwischen Einsatz und Erschöpfung, Plan und emotionaler Belastung waren.

Warum aber kam es überhaupt dazu, daß Menschen wie Conrad Schumann und Peter Fechter flohen oder fliehen wollten? Was hatte das Regime denn getan, um die eigenen Bürger einzusperren, ungeachtet der Tatsache, daß dies vor den Augen der Weltöffentlichkeit und nicht zuletzt vor laufenden Kameras geschah. Es hatte nichts anderes getan, als auch noch die letzten Löcher zu stopfen, durch die Menschen gelangen konnten, um einander zu begegnen, gründlich, zu 150 %.

Die Versuche, den einmal begonnenen Prozeß der Abschottung von außen her abzublocken, waren zwar von spektakulären Auftritten begleitet, zu denen die zwar berühmte, letztlich aber wirkungslose Rede John F. Kennedys vor dem Schöneberger Rathaus im Juni 1963 gehört, blieben jedoch von begrenzter Wirkung. Von Anfang an war das Unternehmen, ein ganzes Land nach Westen hin abzuschotten, ja nicht als Alleingang der DDR zu sehen, sondern Teil einer Gesamtkonfrontation, die die Welt in zwei Blöcke teilte, zu denen noch die sog. Dritte Welt hinzutrat.

Der Bau der Mauer war von langer Hand geplant, lange geheim gehalten worden und zweifelsohne innerhalb des Warschauer Pakts und vor allem mit der Sowjetunion abgestimmt. Es mutet heutzutage geradezu gespen-

---

8) http://www.youtube.com/watch?v=SMV7phB_4nA&feature=related (zuletzt besucht am 10.10.2014).
9) Selbe Szene gezeigt unter http://www.berlin-mauer.de/videos/flucht-an-der-bernauer-strasse-1961-534/ Zeit: 00:47-00:51 (zuletzt besucht am 10.10.2014).

stisch an, wie sich Walter Ulbricht zunächst um die Wahrheit drückte, daß die Bürger scharenweise das Land verließen. Als der Strom der Abwandernden weiter anschwoll, ließ ihn und die SED schließlich den Bau einer Mauer bzw. von Befestigungsanlagen erwägen, um des drohenden Totalexodus der Bürger der DDR Herr zu werden. Immerhin hatten bis zum Bau von Mauer und Todesstreifen zwischen 1945 und 1961 annähernd dreieinhalb Millionen Bürger das Land verlassen, und zwar hinüber zum Klassenfeind, der sich in der „Westdeutschland" genannten und auf Landkarten zu „WD" abgekürzten Bundesrepublik Deutschland befand. Da 80 % der Flüchtlinge den Weg nach Westen über West-Berlin antraten, galt es, dem nunmehr einen Riegel vorzuschieben, jedoch in aller Ruhe und solange wie möglich unentdeckt.

So nahm es wenig Wunder, daß Walter Ulbricht am 15. Juni 1961, also knapp zwei Monate vor dem Beginn des Mauerbaus, zu einer internationalen Pressekonferenz einlud und auf die Frage von Annamarie Doherr, der Korrespondentin der *Frankfurter Rundschau*, ob der Bau einer Mauer geplant sei, erklärte: „*Niemand hat die Absicht, eine Mauer zu errichten!*"[10]

Zum Schluß

Mag es Zufall sein oder nicht – am Anfang und Ende der Mauer, ihres Baus und ihres Zusammenbruchs, standen Pressekonferenzen, die beide von politischer Camouflage lebten bzw. leben sollten: Am Anfang war der Versuch, die eigentliche und dann doch eintretende Situation durch Werfen medialer Nebelkerzen zu verschleiern und zu verdecken, und am Ende die vollständige Unsicherheit in der Beurteilung der Situation und die hernach folgende mediale Interpretation durch den Westen. Es zeigt, wie sehr Zeitgeschichte – auch – als Geschichte der Massenkommunikation und medialen Techniken zu verstehen ist, wie sehr die zeitnah empfangenen Töne des Hörfunks und die Bilder des Fernsehens, neuerdings erst recht des Internets, unsere Wahrnehmung bestimmen und unser Urteil und unsere Einschätzung von Realität(en) prägen. Es gilt, die Quellen zu werten, sie kritisch einzuordnen, um nicht Realität als solche unbedenklich zu empfinden, die zuweilen doch nicht mehr ist als Inszenierung durch

---

10) http://www.youtube.com/watch?v=YjgKKOdVRx4 (zuletzt besucht am 10.10. 2014).

Medien. Auch wenn wir zunehmend von ‚gefühlten' (was ist das?) Siegen und Entwicklungen sprechen, sollte bei aller Emotionalität, mit der wir politische Entwicklungen über die Medien verfolgen, der Verstand und das ihm aufgegebene Urteilsvermögen nicht gänzlich hinter die *emotio* zurücktreten. Das zuletzt Gesagte hat natürlich mit dem eigentlichen Thema schon gar nichts mehr zu tun und wäre Gegenstand eines neuen Diskurses.

Das Schlesische Museum zu Görlitz: Entstehung, Entwicklung und Konzeption. Das Projekt eines „Schlesischen Landesmuseums" und seine Realisierung im Jahre 2006

Von Markus Bauer

Bis 1945 verfügte das deutsche Schlesien über eine vielfältige und reich gegliederte Museumslandschaft. Flaggschiffe waren die großen, im 19. Jahrhundert wurzelnden Breslauer Museen, das Schlesische Museum für Kunst und Altertümer und das Schlesische Museum der Bildenden Künste. Alle größeren Städte hatten eigene Stadtmuseen, von denen die ältesten, diejenigen in Teschen und Troppau, bis in die Anfangsjahre des 19. Jahrhunderts zurückreichten, die meisten anderen zu Beginn des 20. Jahrhunderts oder in der Zeit der Weimarer Republik gegründet wurden. Zu nennen sind zahlreiche Privatsammlungen, die öffentlichen Zugang gewährten, darunter als vielleicht wichtigste die Kunstsammlung von Toni und Albert Neisser im Scheitniger Park in Breslau.[1]

Nach 1945, nach Weltkrieg, Flucht und Vertreibung, riß im nun polnischen Schlesien die Kontinuität in der Museumsgeschichte zur Vorkriegsepoche zunächst gänzlich ab. In Deutschland gab es nun kein Museum mehr, das sich ausschließlich oder hauptsächlich mit Schlesien befaßte. Erst langsam und über viele Jahre hinweg bildeten sich neue Samm-

---

1) Piotr Łukaszewicz: Das Nationalmuseum in Breslau vor dem Hintergrund der Geschichte der Breslauer Kunstmuseen, in: Die Blume Europas. Meisterwerke aus dem Nationalmuseum Breslau (Wrocław). Katalog der Ausstellung im Wallraf-Richartz-Museum 22.4.–30.7.2006, Köln 2006, S. 13–28; Markus Bauer u.a. (Hg.): Schlesisches Museum zu Görlitz – Museum für eine europäische Kulturregion. Muzeum Śląskie w Görlitz – Muzeum europejskiego regionu kulturowego, Dößel 2006, in diesem Band besonders die Beiträge von Markus Bauer (Das Schlesische Museum – Entwicklung, Aufgaben, Perspektiven. Muzeum Śląskie – rozwój, zadania, perspektywy, in: Ebd., S. 13–22) und Tobias Wegner (Museen in Schlesien – gestern und heute. Muzea na Śląsku – wczoraj i dziś, in: Ebd., S. 35–44).

lungstraditionen, jetzt in Westdeutschland.[2] Die Initiative ging dabei wesentlich von den vertriebenen Schlesiern aus. In vielen westdeutschen Städten kristallisierte sich seit den 1950er und frühen 1960er Jahren das soziale und kulturelle Leben der Vertriebenen in Heimatstuben. Das waren Treffpunkte, an denen Selbsthilfe organisiert, Geselligkeit gepflegt und kulturelle Traditionen weitergeführt wurden. In den Heimatstuben trug man Andenken an die Heimat zusammen, Fotos, Bilder, Aufzeichnungen, alte Bücher, Teile der Kirchenausstattung, die man bei der Flucht mitgenommen hatte, originale oder – häufiger – nachgeschneiderte Trachten u.ä. mehr. Dies hatte zur Folge, daß es heute für fast jede Stadt in Schlesien eine kleine museale Präsentation in Westdeutschland gibt; über die schlesischen Heimatstuben ist in letzter Zeit viel gesagt und geschrieben worden. Das Schlesische Museum hat bereits vor zehn Jahre eine Bestandsaufnahme der noch existierenden Einrichtungen durchgeführt;[3] die Ergebnisse haben jetzt Aufnahme gefunden in das große Erfassungsprojekt des Bundesinstituts für Geschichte der Deutschen im östlichen Europa in Oldenburg.[4] Zwei Museologen besuchten damals alle Heimatstuben, erfaßten und fotografierten die Bestände. Es zeigte sich, daß noch rund 85 auf Schlesien bezogene Heimatstuben existieren. Die Sammlungen sind von sehr unterschiedlicher Qualität. Manchmal handelt es sich lediglich um eine Ansammlung sehr persönlicher Andenken; in manchen Fällen haben aber sachverständige Betreuer über Jahrzehnte hinweg durch gezielte Erwerbungen im Kunsthandel kleine Museen von Bedeutung und Attraktivität aufgebaut. Die wichtigsten Heimatstuben sind diejenigen für Breslau in

---

2) Markus BAUER: Schlesien im Museum. Kultur und Geschichte Schlesiens in deutschen und polnischen Museen nach dem Zweiten Weltkrieg, in: 60 Jahre Patenschaft Niedersachsen – Landsmannschaft Schlesien. Schlesien in Europa: Nachbarschaft, Beziehungsgeschichte, Kulturaustausch. Tagungsdokumentation zum wissenschaftlichen Symposion 23. und 24.9.2010 Sparkassen-Forum Hannover, Hannover [2011], S. 92–100; online im Internet: www.mi.niedersachsen.de/download/58478 (zuletzt besucht am 28.3.2015).
3) Cornelia EISLER/Markus BAUER (Bearb.): Schlesische Heimatstuben in der Bundesrepublik Deutschland. Ein Projekt des Schlesischen Museums zu Görlitz. Görlitz [2004]; online in Internet: www.schlesisches-museum.de/hst (zuletzt besucht am 28.3.2015).
4) www.bkge.de/heimatsammlungen (zuletzt besucht am 28.3.2015). Vgl. auch Bundesinstitut für Kultur und Geschichte der Deutschen im östlichen Europa (Hg.): Was wird aus den Heimatsammlungen? Überlegungen, Denkanstöße, Lösungsansätze. [Oldenburg] 2007.

Köln, für Liegnitz in Wuppertal und für Brieg in Goslar. Auch das Museum für Österreichisch-Schlesien, das in den 1950er Jahren zunächst in einer Wiener Privatwohnung eingerichtet wurde, ist längst seinen bescheidenen Ursprüngen entwachsen. 1975 eröffnete das Mährisch-Schlesische Heimatmuseum in Klosterneuburg und hat sich inzwischen nicht zuletzt durch seine rege Ausstellungstätigkeit einen guten Namen gemacht.

Mit den Heimatstuben beginnt die Geschichte des schlesischen Museumswesens im Nachkriegsdeutschland. Allerdings waren die Heimatstuben gewöhnlich nur auf einen engen geographischen Raum, eine Stadt oder einen Kreis, ausgerichtet. Auch wenn sich manche im Laufe der Zeit einem größeren Publikum öffneten, haben sie doch den Charakter von privaten Treffpunkten kleiner heimatverbundener Gemeinschaften nie ganz verloren. Andere kulturelle Institutionen der Vertriebenen bemühten sich von Anfang an um einen weiteren Gesichtskreis und um ein höheres wissenschaftliches Niveau. Hier ist als erstes die Stiftung Kulturwerk Schlesien in Würzburg als wichtigste auf Schlesien bezogene Kultureinrichtung in der alten Bundesrepublik zu nennen, sodann Haus Schlesien in Königswinter mit seinem Museum für schlesische Landeskunde, das durch seinen großen Trägerverein eine enge Beziehung zu den schlesischen Heimatvereinigungen bewahrt hat.

Initiativen für ein Zentralmuseum

Die Idee, ein zentrales schlesisches Museum auf dem Boden der Bundesrepublik Deutschland zu errichten, ist in den 1970er Jahren entstanden. Damals waren die Heimatstuben und andere örtliche kulturelle Einrichtungen der Vertriebenen bereits in eine Krise geraten. Die nachwachsende Generation identifizierte sich nicht mehr mit der Heimat ihrer Eltern, vielerorts hatten die Heimatstuben merklich an Zulauf verloren, die Sammlungen drohten zu veröden. Man hoffte, daß durch eine Konzentration der Kräfte und durch eine Zentralisierung der musealen Aktivitäten die Kulturarbeit intensiviert und in ihrer Qualität verbessert werden könnte. 1982 beschloß der Bundestag eine „Grundsatzkonzeption zur Weiterführung der ostdeutschen Kulturarbeit". Hierin wurde die Zersplitterung des ostdeutschen Kulturgutes in der Bundesrepublik Deutschland beklagt, der gefährdete Fortbestand der Heimatstuben und der enge Gesichtskreis der Museen und Sammlungen, die meist ausschließlich auf die Heimatgemeinde einer ortsansässigen Vertriebenengruppe ausgerichtet waren. Neue Museen sollten die Kulturlandschaften der ehemals deutschen Gebiete im Osten umfassend darstellen und zugleich als Sammelstellen für Kulturgut dienen, das andernorts nicht mehr sachgerecht aufbewahrt werden konnte. Es sollte ein breiter, fast enzyklopädisch zu nennender Ansatz verfolgt werden: Geschichte, Volkskunst, Brauchtum, Geistesleben, Kunst sollten Berücksichtigung und Darstellung finden, aber auch Lebens- und Arbeitsbedingungen, Technik, Industrie, Handwerk, Landwirtschaft, Landschaft, Baudenkmale und Baustile.[5]

Auf dieser Grundlage und fußend auf § 96 des Bundesvertriebenengesetzes (BVFG), der Bund und Land zu einer Pflege der ostdeutschen Kulturtraditionen verpflichtet, sind seitdem Museen für West- und Ostpreußen, für Pommern und für die ehemaligen deutschen Siedlungsgebiete in Südosteuropa entstanden. Sie befinden sich in Münster, Lüneburg, Greifswald und Ulm. Träger sind der Bund und die zuständige Landsmannschaft unter Beteiligung des Bundeslandes, in dem das Museum ansässig ist, zuweilen auch der jeweiligen Stadt. Da es für Schlesien in Deutschland zwei Landsmannschaften gibt – die Landsmannschaft Schlesien und die Landsmannschaft Oberschlesien – entstanden hier Gründungsinitiativen für zwei Museum. Der Museumsneubau des Oberschlesischen Landesmuseums in Ratingen wurde 1998 eröffnet.

Neben dem Oberschlesischen Landesmuseum sollte es aber auch ein Museum für Gesamtschlesien geben. Hierfür setzte sich vor allem die Landsmannschaft Schlesien ein; die treibende Kraft war über Jahrzehnte hinweg Herbert Hupka. Er hat es sich nicht nehmen lassen, den Weg zu einem schlesischen Museum vom Anfang bis zum Ende zu durchschreiten. Gegen den Rat seiner Ärzte und schwer gezeichnet durch einen Unfall nahm er an der Eröffnung des Schlesischen Museums zu Görlitz am 13. Mai 2006 teil; es war sein letzter öffentlicher Auftritt.[6] Bereits 1974, lange bevor es ähnliche Initiativen bei anderen Landsmannschaften gab, errichtete unter seinem Vorsitz die Landsmannschaft Schlesien die „Stiftung Schlesien" mit dem Auftrag, Kulturgut für ein schlesisches Museum zu

---

5) Jürgen MARTENS: Museumspolitik für das Erbe der ehemals deutschen Gebiete, in: Museumskunde 58 (1993), H. 2/3, S. 123–130.
6) Schlesisches Museum zu Görlitz – Eröffnung am 13.05.06. Grußworte – Festreden – Predigt. Hgg. vom Verein der Freunde und Förderer des Schlesischen Museums zu Görlitz – Landesmuseum Schlesien e.V., Görlitz 2006.

sammeln. Es ist – nebenbei bemerkt – sehr zu bedauern, daß diese Sammlung, bis auf gelegentliche Präsentation der Eisenkunstgußobjekte, seit vielen Jahren der Öffentlichkeit nicht zur Verfügung steht.

Das Museum für Schlesien sollte in Niedersachsen entstehen, dem Patenland der Schlesier. 1980, zwei Jahre bevor sich der Bundestag mit der Angelegenheit befaßte, bekundete die niedersächsische Landesregierung ihre grundsätzliche Bereitschaft, ein zentrales Museum für Schlesien einzurichten. 1983 bewarb sich Braunschweig als Sitz für dieses Museum, später brachte sich Hildesheim ins Gespräch. Einen starken Befürworter fand das Museumsprojekt in der Person Ernst Albrechts, des Ministerpräsidenten von Niedersachsen von 1976 bis 1990. Immer wieder trieb er das Vorhaben voran, in der Hoffnung und Erwartung, daß auch der Bund sich schließlich an den Aufwendungen beteiligen würde. Eine solche Zusage blieb bis 1990, bis zum Ende des niedersächsischen Museumsprojektes, freilich aus. 1985 konstituierte sich die Arbeitsgruppe „Schlesienmuseum" beim niedersächsischen Ministerium für Wissenschaft und Kunst. Maßgebliche Persönlichkeiten des schlesischen Kulturlebens in Deutschland arbeiteten hier mit: Klaus Ullmann, Eberhard Günter Schulz, Friedrich-Carl Schultze-Rhonof und natürlich Herbert Hupka (außerdem Idis B. Hartmann, bis 1986: Bernard Korzus, Direktor des Westfälischen Landesmuseums, danach der Kunsthistoriker Gerhard Wietek, Leiter des Schleswig-Holsteinischen Landesmuseums, und Ministerialrat Hans-Günter Peters. Den Vorsitz hatte Ministerialdirigent a.D. Günter Fuchs). Die Arbeitsgruppe kam zu dem Ergebnis, daß keine der bis dahin bestehenden schlesischen Sammlungen und musealen Einrichtungen als Keimzelle für ein Landesmuseum geeignet und daher eine neue Institution zu errichten sei.[7] Diese sollte in Hildesheim entstehen; dort stand ein geeigneter Bau bereit, die seit Jahren ungenützte „Sülte" mit rund 5.000 qm Ausstellungsfläche.

Als Träger des Museums schlug die Arbeitsgruppe eine Stiftung öffentlichen Rechts vor. Man war sich uneins, wie die neu zu errichtende Stiftung sich zu den schon bestehenden schlesischen Kultureinrichtungen stellen sollte, also vor allem zum Kulturwerk Schlesien, zu Haus Schlesien und

---

7) Gutachterliche Stellungnahme zur Errichtung und Konzeption eines Landesmuseums Schlesien in Niedersachsen. Vorgelegt von der Arbeitsgruppe unter dem Vorsitz von Ministerialdirigent a.D. Günter Fuchs, 1987 (unveröffentlichtes Manuskript im Archiv des Schlesischen Museums zu Görlitz).

zur Stiftung Schlesien. Ein Teil der Arbeitsgruppe empfahl, die Stiftung als Dachorganisation der schon bestehenden Einrichtungen aufzubauen, um Kräfte zu bündeln und zu optimieren und um das neue Museum an den Mitteln aus der Westvermögens-Zuführungsverordnung teilhaben lassen zu können, also den auf Bundesgebiet gelegenen Vermögen von ehemals schlesischen Kreditinstituten und Versicherungen, die 1974 für die Zwecke schlesischer Kulturarbeit der Stiftung Kulturwerk Schlesien zur Verfügung gestellt worden waren. Andere Mitglieder der Arbeitsgruppe hielten eine organisatorische Vereinigung der schlesischen Kulturinstitutionen, die ja nur auf freiwilliger Basis hätte erfolgen können, für realitätsfern und rieten dazu, die Aufgaben der neuen Stiftung auf die Trägerschaft des Museums zu beschränken.

Die Arbeitsgruppe „Schlesienmuseum" legte ihren Abschlussbericht 1987 vor. Bereits im darauffolgenden Jahr gründete sich der Verein Landesmuseum Schlesien e.V. in Hannover, der in der Folge der Motor des Unternehmens werden sollte. Den Vorsitz übernahm der Landtagsabgeordnete Walter Lellek. 1989 stellte die Stadt Hildesheim die „Sülte", das von allen favorisierte Museumsgebäude, zur Verfügung. Die Bauplanungen liefen auf vollen Touren, als die Regierung Albrecht bei der Landtagswahl am 13. Mai 1990 nicht wiedergewählt wurde. Neuer Ministerpräsident wurde Gerhard Schröder, der eine rot-grüne Koalition bildete. Unter den zahlreichen Vorhaben der Regierung Albrecht, die nun auf den Prüfstand kamen und schließlich beendet wurden, war auch das Projekt eines Landesmuseums Schlesiens. Am 27. Juli 1990 erfuhr man aus der Presse, die zuständige Ministerin für Wissenschaft und Kunst, Helga Schuchardt, habe die Landeszuschüsse für das Museum gestoppt. Die anfallenden Kosten für die Vorplanung wurden schon nicht mehr übernommen, so daß die Stadt Hildesheim für die Arbeit ihres Hochbauamtes selbst aufkommen und der Verein Landesmuseum Schlesien für die bereits fälligen Architektenhonorare einen privaten Sponsor finden mußte.[8]

Dem Museumsprojekt war nun der Boden entzogen. Rund ein Jahr verharrte es in diesem schwebenden Zustand. Dann kam es zu einem neuen Anlauf, rund 450 km weiter östlich, in Görlitz.

---

8) Idis B. HARTMANN: Schlesisches Museum zu Görlitz. Museumskonzeption – Stand 10.6.1998 (unveröffentlichtes Manuskript im Archiv des Schlesischen Museums zu Görlitz).

Die Anfänge des Schlesischen Museums in den 1990er Jahren in Görlitz

Erstmals nahmen im Juli 1991 offizielle Vertreter von Städten und Gemeinden der DDR am Deutschlandtreffen der Schlesier teil, darunter auch der Görlitzer Oberbürgermeister Matthias Lechner, der ein Grußwort sprach. Am Rande des Treffens kam es zu einem Gespräch über die Perspektiven einer Museumsgründung in Görlitz.[9] Bereits im darauffolgenden Monat reisten Vertreter des Vereins Landesmuseum Schlesien von der Leine an die Neiße. Sie führten Gespräche mit Verantwortlichen der sächsischen Landesregierung und mit den Behörden in Görlitz um auszuloten, ob die Stadt, die seit 1815 zur preußischen Provinz Schlesien gehört hatte, sich als Sitz eines Landesmuseums Schlesien eignen könnte.

Beiden Seiten war damals nicht bewußt, daß sie sich anschickten, einen Beschluß zur Ausführung zu bringen, den der Görlitzer Stadtrat 45 Jahre zuvor gefaßt hatte. Im Juli 1946 hatte nämlich der von der SED dominierte Rat der Stadt einstimmig beschlossen, in Görlitz ein Schlesisches Museum zu gründen, um dort *„schlesisches Schrifttum, Werke schlesischer Maler, Graphiker und Bildhauer und Erzeugnisse des schlesischen Gewerbefleißes"* zu sammeln.[10] Wie war es zu diesem erstaunlichen Vorgang gekommen? Man muß sich darüber im Klaren sein, daß Görlitz in den unmittelbaren Nachkriegsjahren *die* deutsche Flüchtlingsstadt par excellence war.[11] Am Ende der 1940er Jahre waren fast 40 % der Bevölkerung Vertriebene und Flüchtlinge – keine andere deutsche Stadt hatte einen so hohen Anteil an Zwangsmigranten aufzuweisen. Flucht und Vertreibung waren die beherrschenden Faktoren in der Görlitzer Nachkriegsgeschichte. Die Ansiedlung einer großen Zahl von Flüchtlingen aus dem Inneren Schlesiens bewirkte, daß die Stadt, die seit 1815 ihre historischen Beziehungen zur Oberlausitz nie aufgegeben hatte, zu keiner Zeit in ihrer Geschichte so schlesisch war und fühlte wie eben in diesen Jahren. Auch wenn sie vertrieben waren, in Görlitz konnten sich die Schlesier weiter heimisch

---

9) Nach einem Bericht der Sächsischen Zeitung vom 7.4.1992.
10) Ratsarchiv Görlitz, Innere Verwaltung Nr. 651 (5.8.1946). Der Rat der Stadt Görlitz faßte diesen Beschluß am 31.7.1946. Die hierüber ausgestellte Urkunde trägt den Titel „Herrliche Heimat! Dir in Treue zu dienen sei uns Verpflichtung und Dank in Deiner ernstesten Zeit."
11) Markus LAMMERT: Die Stadt der Vertriebenen. Görlitz 1945–1953, Görlitz 2012 (= Neues Lausitzisches Magazin, Beiheft 10).

fühlen. Dazu trug natürlich nicht zuletzt die Kontinuität kirchlicher Verwaltungsstrukturen bei. Im März 1947 ließ sich Kardinalvikar Ferdinand Piontek als Nachfolger des Breslauer Fürstbischofs Bertram in Görlitz nieder. Im Mai desselben Jahres nahm die Leitung der Evangelischen Kirche von Schlesien mit Bischof Ernst Hornig an der Spitze ihre Tätigkeit in Görlitz auf. Görlitz übernahm damit von Breslau zentralkirchliche Funktionen für die schlesischen Gebiete westlich der Neiße. Es stand in diesen Jahren außer Frage, daß Görlitz als letzte größere deutsch gebliebene Stadt in Schlesien dem historischen und kulturellen Erbe dieses Landes besonders verpflichtet war. Dies war auch die Haltung der örtlichen KPD, dann der SED, die den Oberbürgermeister stellte. Straßen wurden nach verdienten Protagonisten der schlesischen Arbeiterbewegung, das Theater nach Gerhart Hauptmann umbenannt. In diesem Zusammenhang kam es zum Beschluß, ein schlesisches Museum gründen zu wollen.

Die Ausführung freilich unterblieb. Die offizielle politische Linie der SED, auf die natürlich auch die örtlichen Parteiorganisationen bald einschwenkten, verhinderte auf Jahre einen positiven Bezug zu Schlesien und seinen Traditionen im Kulturleben der Stadt. Allein die Vertriebenen selbst bewahrten die Erinnerung und hielten die Verbindung untereinander aufrecht. Vor allem die ehemaligen Bürger Breslaus und der kleinen Städte und Dörfer unmittelbar östlich der Neiße trafen sich regelmäßig in bestimmten Heimen, Gaststätten und Friseursalons und bei organisierten Spaziergängen an der Neiße. Noch in den frühen Fünfzigerjahren bereiteten „illegale Umsiedlerzusammenkünfte" in Görlitz der SED Sorgen. Auch von regelrechten Widerstandsgruppen, gebildet von ehemaligen Breslauern und Liegnitzern, die in Görlitz und Umgebung Flugblätter verteilten, ist in Polizeiakten die Rede. Es verwundert nicht, daß beim Aufstand am 17. Juni 1953 in Görlitz sofort Parolen gegen die Oder-Neiße-Grenze laut wurden. Die prekäre soziale Lage und die besondere Zusammensetzung der Bevölkerung machten die Stadt zu einem Brennpunkt des Aufstands.

Jahrzehntelang waren die schlesischen Traditionen in Görlitz und den anderen ehemals zum preußischen Schlesien gehörenden Gebieten westlich der Neiße verschüttet, unterdrückt und tabuisiert. Unmittelbar nach der politischen Wende des Jahres 1989 brachen sie sich wieder Bahn. Schlesien stand sofort wieder auf der Tagesordnung. Eine Durchsicht der Görlitzer Lokalpresse läßt erkennen, wie seit dem Frühjahr 1990 eine Welle von Vorträgen, Lesungen, Tagungen, Ausstellungen und Diskussionen zum Thema Schlesien über Görlitz hinwegging. In Zeitungsartikeln und Leserbriefspalten erinnerte man sich an die Zugehörigkeit der Stadt zu Schlesien vor 1945 und stritt erregt über die Konsequenzen, die dieser Tatbestand nun im Zusammenhang mit der politischen Wende haben müsse. 1.500 Konzertbesucher sangen im März 1990 beim Auftritt von Heino in der Görlitzer Stadthalle stehend das Schlesierlied, wie der „Spiegel" verwundert und ein wenig alarmiert vermeldete.[12] Man hat den Eindruck, daß die eruptive Heftigkeit der Erinnerung in einem unmittelbaren Zusammenhang mit der Macht des gerade überwundenen Tabus stand. Allenthalben schossen nun schlesische Vereinigungen mit kultureller und politischer Zielsetzung aus dem Boden wie die Unabhängige Initiativgruppe Niederschlesien, das Kuratorium Schlesische Lausitz, der Schlesische Heimatbund, aber auch schrille Stimmen wie diejenige einer Schlesisch-Regionalen Freiheitsfront waren zu vernehmen. Im Laufe der nächsten Jahre wurden zahlreiche Firmen und Institutionen mit einem Namensbezug zu Schlesien neu oder wieder gegründet. Die Niederschlesische Sparkasse öffnete ihre Schalter, die hier ansässige evangelische Landeskirche gab ihre 1968 zwangsweise eingeführte Benennung nach dem Görlitzer Kirchenbezirk auf und nannte sich nun nach der schlesischen Oberlausitz. Nach einer Zwangspause von 54 Jahren fanden die traditionsreichen Schlesischen Musikfeste in Görlitz wieder eine Fortsetzung.

Im politischen Raum erregte besonders die Diskussion um die Errichtung eines Bundeslandes Schlesien die Gemüter.[13] Die Forderung tauchte erstmals im Vorfeld der Volkskammerwahl vom 18. März 1990 auf. Die Unabhängige Initiativgruppe Niederschlesien, die politisch aktivste der neugegründeten schlesischen Gruppierungen, machte sie populär, die Deutsche Soziale Union griff sie auf und gewann mit ihr im Wahlkreis Görlitz 25 % der Stimmen. Es gab aber auch sofort Widerspruch. Nicht nur die SED-beherrschten Räte, sondern auch die demokratischen Gruppierungen an den Runden Tischen der Kreise Görlitz-Land, Niesky, Zittau und Hoyerswerda sprachen sich gegen den Anschluß an ein Bundesland Schlesien aus. Die CDU, die sich immer mehr als die dominierende politische Kraft in der Region profilierte und Werte wie Heimatverbundenheit und regionale Traditionen für sich reklamierte, blieb reserviert. Dies läßt

---

12) Der Spiegel vom 9.4.1990.
13) Michael Richter: Die Bildung des Freistaates Sachsen, Friedliche Revolution, Föderalisierung, deutsche Einheit 1989/90, Göttingen 2004 (= Schriften des Hannah-Arendt-Instituts für Totalitarismusforschung 24), S. 474–485.

sich besonders an der Haltung von Georg Janovsky aufzeigen, der für die CDU den Wahlkreis Görlitz in der Volkskammer vertrat. Am 22. Juli 1990 kam es in der Volkskammer zu einem Eklat, als Janovsky forderte, bei der Neubildung der Länder die Existenz der schlesischen Lausitz zu berücksichtigen. Allerdings machte er sich die Forderung nach einem eigenen Bundesland nicht zueigen, sondern befürwortete die Errichtung eines Regierungsbezirks Schlesien mit Sitz in Görlitz. Auch von einem „Bindestrichland" Sachsen-Schlesien war zeitweilig die Rede. Letztlich blieben alle diese Bestrebungen ohne Erfolg. Bereits im August 1990 war klar, daß die ehemals niederschlesischen Gebiete einem Regierungsbezirk Dresden im neu errichteten Freistaat Sachsen zugeschlagen werden sollten. Dennoch blieben die Kampagnen für eine eigenständige schlesische Gebietskörperschaft im wiedervereinigten Deutschland nicht ganz ohne Folgen. Dresden hatte den Ruf wohl verstanden und war durchaus bereit, die regionale Besonderheit der östlichen Oberlausitz anzuerkennen und den schlesischen Traditionen innerhalb des Freistaats einen besonderen Status einzuräumen. Ausdrücklich nimmt die Verfassung des Freistaats Sachsen von 1992 Bezug auf Niederschlesien und macht schon in der Präambel deutlich, daß der neu errichtete Freistaat nicht nur in der Tradition der Mark Meißen und des sächsischen Staates, sondern eben auch Niederschlesiens steht. Die Verfassung erlaubt es, *„im schlesischen Teil des Landes die Farben und das Wappen Niederschlesiens"* gleichberechtigt neben denjenigen des Freistaats Sachsen zu führen und räumt damit der niederschlesischen Region einen Sonderstatus ein, den in Sachsen sonst nur das sorbische Gebiet mit seiner autochthonen, slawisch sprechenden Minderheit erlangte. Damit schien der Streit um Schlesien im Gefüge des sächsischen Freistaats beigelegt. Dennoch flackerte die Diskussion ein Jahr später wieder auf, als es um eine Neubildung der Kreise ging. Inzwischen hatte sich freilich auch die Gegenseite formiert: die Anhänger einer auf Geschichte und Begriff der Oberlausitz ausgerichteten regionalen Tradition. 1992 kam es zur Gründung des Kuratoriums Einige Oberlausitz, das sich als Gegengewicht zu den pro-schlesischen Gruppen versteht und danach strebte (durch eine letztlich erfolglose Petition beim Landtag), eine Revision des Schlesienbezugs in der Landesverfassung zu erreichen.[14] Dennoch gelang der schlesischen Partei diesmal ein Teilsieg. In der Nachfolge

14) www.unsere-oberlausitz.de/index.php?option=com_content&task=view&id=24 (zuletzt besucht am 28.3.2014).

der ehemaligen Landkreise Görlitz-Land, Niesky und Weißwasser kam es 1994 zur Errichtung des Niederschlesischen Oberlausitzkreises. Die ungeschlachte sprachliche Fügung läßt erkennen, wie schwer man sich tat, einen Kompromiß zu finden.

In diese Zeit leidenschaftlicher Debatten und teilweise polemischer Auseinandersetzungen über die politische Aktualität des schlesischen Erbes auf deutschem Boden fällt der Start des Projektes eines schlesischen Museums in Görlitz. Allerdings wurde das Unternehmen – sicher zu seinem Vorteil – nie in einen unmittelbaren Zusammenhang mit den politischen Kontroversen gebracht, mit denen es gleichwohl in einem zeitgeschichtlichen Kontext steht. Treibende Kraft war zunächst und auf einige Jahre hin der Verein Landesmuseum Schlesien, zunächst noch unter dem Vorsitz von Walter E. Lellek und mit Herbert Hupka als Mitglied im Vereinsvorstand und grauer Eminenz. Nachdem Niedersachsen als staatliche Hilfsmacht ausgefallen war, trat nun der Bund auf den Plan, also die Regierung Helmut Kohl und das Bundesinnenministerium, das in den entscheidenden Jahren nacheinander von Wolfgang Schäuble, Rudolf Seiters und Manfred Kanther geführt wurde. Von Anfang an genoß das Museumsprojekt in Görlitz Bundesunterstützung. Dies blieb so, dauerhaft über alle Krisen und Nöte hinweg, bis auf den heutigen Tag und unabhängig davon, welche Parteien die Bundesregierung stellten.

Im Sommer 1991 reisten also Vertreter des Vereinsvorstands und des Bundesinnenministeriums an, um Erkundigungen über die Aussichten für ein schlesisches Landesmuseum in Görlitz anzustellen. Ihre Anfragen stießen sofort auf Interesse und Wohlwollen bei der Stadtverwaltung und bei den neu sich bildenden politischen Gruppierungen im Stadtrat. Es bedurfte nur kurzer Prüfung, um ein geeignetes Gebäude ausfindig zu machen, das in der Verfügungsgewalt der Kommune stand: Der Schönhof, ein prächtiges, aber stark sanierungsbedürftiges renaissancezeitliches Bürgerhaus, mitten in der Altstadt beim Rathaus gelegen, seit 1909 im städtischen Eigentum, bot sich als Museumsgebäude an. Bis Ende der 1970er Jahre hatte der Schönhof als Jugendherberge von Görlitz gedient, seitdem stand er leer.[15] In den 1980er Jahren sollte hier ein Bettenhaus für den benachbarten Gasthof „Zum Goldenen Baum" entstehen. Dies hätte eine weitgehende Zerstörung der historischen Bausubstanz zur Folge gehabt. Bauuntersuchungen ließen jedoch erkennen, daß sich im

---

15) Sächsische Zeitung vom 3.4.1991.

Schönhof, der in der Literatur als ältestes profanes Renaissance-Gebäude nördlich der Alpen genannt wurde, hinter Einbauten, abgehängten Decken und Verschalungen des 19. und 20. Jahrhunderts die bauliche Gestalt der Frührenaissance weitgehend erhalten hatte. Man nahm daher von den Umbaumaßnahmen zunächst Abstand. In den Monaten des politischen Umbruchs 1989 und 1990 gehörte die Frage nach der Zukunft und der Nutzung des Schönhofs zu den wichtigsten der zahlreichen ungelösten Probleme bei der Rettung der Görlitzer Altstadt. Der Schönhof galt nun als „herausragender Schandfleck" der Innenstadt. Eine umfassende Sanierung, die diesem bedeutenden Denkmal gerecht werden konnte, überstieg die Möglichkeiten der Stadt; immerhin Bausicherungsmaßnahmen, vor allem an den Dächern, wurden nun in städtischer Regie und mit Hilfe von Denkmalmitteln aus Baden-Württemberg durchgeführt. Ideen für eine zukünftige Nutzung waren vage. Schon 1990, als von einem Landesmuseum Schlesien noch nicht die Rede war, hatte der Magistrat sich für die Errichtung eines Hauses für Kultur und Kunst im Schönhof ausgesprochen, es solle dort ein *„Begegnungsort für und mit der Stadt, der Oberlausitz, schlesischer und böhmischer Geschichte und Kultur mit europäischen Dimensionen entstehen"*. Im September 1991 gab die Stadtverordnetenversammlung ihre Zustimmung, den Schönhof für die Errichtung eines Landesmuseums Schlesien zur Verfügung zu stellen, knüpfte hieran freilich die Bedingung, die Stadt dürfe sich nicht selbst an der Sanierung des Gebäudekomplexes finanziell beteiligen.[16] Noch im selben Jahr 1991 verlegte der Verein Landesmuseum Schlesien seinen Sitz von Hannover nach Görlitz. Er stellte zwei Mitarbeiter eines Aufbaustabes ein, die aus Bundesmitteln finanziert und in späteren Jahren durch eine wechselnde Zahl von ABM-Kräften unterstützt wurden. Ein Arbeitsraum im Görlitzer Rathaus konnte bezogen werden, 1995 erfolgte der Umzug in ein provisorisch eingerichtetes Büro im Schönhof selbst.

Mit dem Start des Museumsprojektes in Görlitz wurden Gesprächskontakte zur Landesregierung in Dresden geknüpft. Namentlich die Bundesvertreter legten großen Wert auf eine frühzeitige Einbindung des Freistaats Sachsen in das Vorhaben, bildete doch die Beteiligung der Sitzländer ein zentrales Element bei den Bestrebungen des Bundes, Zentralmuseen für die ehemals ostdeutschen Gebiete einzurichten. Die Regierung Biedenkopf zeigte Interesse, vielleicht wollte man hier nun unter Beweis stellen, daß

---

16) Sächsische Zeitung vom 2.10.1991.

eine Pflege schlesischer Geschichte und Kultur auch auf dem Boden und im institutionellen Rahmen eines Bundeslandes Sachsen möglich war. Aber es gab in der Landesregierung offenbar auch Sorgen und Vorbehalte. So wird kolportiert, Kurt Biedenkopf selbst sei von Bedenken gegenüber den westdeutschen Initiatoren des Museumsprojektes und ihren Görlitzer Unterstützern erfüllt gewesen und habe darauf bestanden, daß Georg Janovsky, inzwischen Bundestagsabgeordneter von Görlitz, sich der Sache annahm. Denn dieser hatte es schon zwei Jahre zuvor in der Diskussion um das Bundesland Schlesien verstanden, die schlesische Sache zu betreiben, ohne den schlesischen Heißspornen das Feld zu überlassen. Jedenfalls kam es am 1. April 1992 zu einer Neugründung des Vereins Landesmuseum Schlesien in Görlitz, eine neue Satzung wurde verabschiedet und auf einer nachfolgenden Sitzung wurde Georg Janovsky zum Vorsitzenden gewählt.[17] Ihm gelang in der Folgezeit die Zusammenführung des westdeutschen, stark von der Landsmannschaft Schlesien bestimmten Kerns der Mitgliedschaft mit den neuen, ortsansässigen Kräften. Schon eineinhalb Jahre später, im September 1993, berichtete die Sächsische Zeitung, die „Berufsschlesier" aus Westdeutschland, wie der Journalist formulierte, hätten im Verein die Mehrheit verloren.[18] Rund zwei Drittel der jetzt über hundert Mitglieder seien in Ostsachsen ansässig. Angesichts der Größe der Aufgabe, namentlich bei der millionenschweren Sanierung des Schönhofs, war jedoch bald klar, daß der Verein als Träger des Museumsprojektes und Verantwortlicher für die Bewirtschaftung der Sanierungsmittel überfordert war. Bis 1995 wurden 3,9 Mio. DM verausgabt, man rechnete mit noch einmal 40 Mio. DM bis zur vollständigen Fertigstellung,[19] eine Summe, die freilich am Ende nicht ganz erreicht wurde. Träger des Projektes sollte daher eine Stiftung werden, in der staatliche Vertreter unmittelbar eine Kontrolle über die Ausrichtung des Projektes und die Verwendung der Mittel haben würden. Die Jahre von 1992 bis 1995 waren von Bemühungen bestimmt, den Freistaat Sachsen ins Boot zu holen und in die Pflicht zu nehmen. Trotz der grundsätzlichen politischen Bereitschaft hierzu wollten sich die Regierung Biedenkopf und der zuständige Staatsminister Hans-Joachim Meyer vom Ministerium für Wissenschaft und Kunst lange Zeit nicht dazu verstehen. Das Land bestand zunächst darauf, auch die Stadt

---

17) Sächsische Zeitung vom 7.4.1992.
18) Sächsische Zeitung vom 3.9.1993.
19) Sächsische Zeitung vom 12.9.1995.

Görlitz zu einem Drittel an den Baukosten zu beteiligen, äußerte aber auch Vorbehalte gegenüber der inhaltlichen Ausrichtung des Projektes. Nach einem Bericht der Sächsischen Zeitung vom September 1994 gab es damals in der Landesregierung Sorge wegen einer nicht genügenden Einbeziehung der polnischen und tschechischen Nachbarn bei der Konzeption des Museums.[20] Was sich hinter dieser Andeutung verbarg, war zu einem späteren Zeitpunkt[21] gleichfalls in der Zeitung zu lesen: Danach hatte im Mai 1993 der Kulturattaché der polnischen Botschaft in Bonn gegenüber Vertretern der sächsischen Landesregierung gegen den Namen Landesmuseum Schlesien, wie es im Bericht der Zeitung hieß, *„hoheitliche Bedenken"* vorgebracht. Offenbar machte man sich beim Ministerium für Wissenschaft und Kunst diese Bedenken zu eigen. Die unklare Haltung der sächsischen Seite veranlaßte den Vertreter des Bundesinnenministeriums, Ministerialrat Jürgen Martens, im Dezember 1994 zu ungewöhnlich deutlichen Worten: Der Bund werde die Förderung des Museumsprojektes einstellen, sollte Sachsen weiterhin die Errichtung einer Trägerstiftung verzögern und eine finanzielle Beteiligung an der nächsten Etappe der Sanierung (die rund 2,5 Mio. DM kosten werde) verweigern. Man könne sich sehr wohl ein Landesmuseum Schlesien auch in Westdeutschland, etwa im Haus Schlesien in Königswinter, vorstellen.[22]

Im Sommer 1995 endete das Tauziehen mit einem Kompromiß. Staatsminister Meyer gab am 22. Juli bekannt, der Freistaat werde in die Förderung des Museumsprojektes eintreten und die nächste Bauetappe im Schönhof gemeinsam mit dem Bund finanzieren.[23] Auf eine Beteiligung der Stadt Görlitz an diesen Kosten wurde verzichtet, zugleich erklärte sich die Stadt bereit, künftig den Bauunterhalt für den fertig gestellten Schönhof zu übernehmen. In der Namensfrage setzte sich Sachsen durch: Gegen den Protest des Vereins und der Mitarbeiter des Aufbaustabs wurde der Name „Landesmuseum Schlesien" fallen gelassen und stattdessen die Bezeichnung „Schlesisches Museum zu Görlitz" gewählt. Die Errichtung der Stiftung zog sich bis Ende 1996 hin. Am 18. Februar 1997 fand die konstituierende Sitzung des Stiftungsrats statt.

20) Sächsische Zeitung vom 28.9.1994.
21) Sächsische Zeitung vom 21.2.1996.
22) Sächsische Zeitung vom 15.12.1994.
23) Sächsische Zeitung vom 22.7.1995.

Damit war der weitere Aufbau des Museums auf eine sichere institutionelle Grundlage gestellt. In der Stiftungssatzung behielten sich die vier Stifter, die Bundesrepublik Deutschland, der Freistaat Sachsen, die Stadt Görlitz und die Landsmannschaft Schlesien, weitgehende Rechte vor. Vertreter der Stifter sitzen nicht nur im Stiftungsrat, der die Grundlinien der Stiftungsarbeit bestimmt, über den Wirtschaftsplan und den jährlichen Arbeitsplan entscheidet, sondern stellten in den Anfangsjahren auch den Stiftungsvorstand, der mit operativen Aufgaben betraut war. Trotz einer formalen Gleichberechtigung der Stifter kam und kommt noch immer den Vertretern des Bundes und des Freistaats Sachsen eine besonders starke Stellung in den Stiftungsgremien zu; denn die bürgerlich-rechtliche Museumsstiftung ist mit einem nur symbolischen Kapital ausgestattet und ganz auf die institutionelle Förderung angewiesen, die Bund und Freistaat in paritätischer Weise gewähren. Der Vorsitz im Stiftungsrat wechselt im Turnus von fünf Jahren zwischen Bund und Land. Seit 1997 hatten den Vorsitz nacheinander inne: Staatssekretär Eckhardt Noack vom Sächsischen Staatsministerium für Wissenschaft und Kunst, Ministerialdirigent Hans-Wilhelm Hünefeld aus dem Hause des Kulturbeauftragten der Bundesregierung (BKM), Staatssekretär Knut Nevermann und Ministerialdirigent Thomas Früh, beide wiederum vom sächsischen Kunstministerium, und gegenwärtig Thomas Lindner (BKM). Im Laufe der Jahre hat sich die staatliche Kontrolle abgeschwächt, allein schon dadurch, daß der Satzung entsprechend nach und nach weitere Personen in den Stiftungsrat aufgenommen wurden: der Vorsitzende des Wissenschaftlichen Beirats – das war in den Jahren des Aufbaus Norbert Conrads, seit 2007 Winfried Irgang, jetzt Elisabeth Fendl – und anfangs eine, gegenwärtig drei Persönlichkeiten des öffentlichen Lebens (Klaus-Dieter Lehmann, Präsident der Stiftung Preußischer Kulturbesitz, dann an seiner Stelle der Vizepräsident Norbert Zimmermann, als zweites der polnische Kunsthistoriker und Denkmalpfleger Andrzej Tomaszewski und schließlich Sławomir Tryc, Kulturattaché an der polnischen Botschaft in Berlin sowie Konrad Vanja, der ehemalige Direktor des Museums Europäischer Kulturen, und der Breslauer Museumsdirektor Maciej Łagiewski). Nach der Eröffnung des Museums 2006 zogen sich die Vertreter der Stifter aus dem Stiftungsvorstand zurück. Nach der geänderten Satzung ist nun stets der Museumsdirektor Vorsitzender des Vorstands, die übrigen Mitglieder werden vom Stiftungsrat bestimmt, aber nicht mehr länger von den Institutionen der Stifter als deren unmittelbare Vertreter benannt.

Mit der Gründung der Stiftung erfuhr der Museumsaufbau einen merklichen Aufschwung. Erst jetzt nahm ein handlungsfähiger Arbeitsstab mit mehreren Wissenschaftlern, einer aus Fachkräften bestehenden Verwaltung und einem Direktor an der Spitze seine Tätigkeit auf. Man muß im Rückblick sagen, daß die beiden bis dahin beschäftigten Mitarbeiter von der Aufgabe, aus dem Nichts heraus in der Ruine des Schönhofs ein Museum aufzubauen, völlig überfordert waren – was nicht ihnen anzulasten ist. Sie waren vollauf damit beschäftigt und damit durchaus erfolgreich, für die Idee eines zentralen Museums für Schlesien in einem skeptischen, manchmal auch ignoranten kulturellen Umfeld in Sachsen zu werben, Mißtrauen in Polen zu zerstreuen, Arbeitsbeziehungen mit den traditionellen schlesischen Kulturinstitutionen in Westdeutschland und mit Museen im polnischen Schlesien herzustellen, die Sanierungsarbeiten im Schönhof zu koordinieren und sich durch Veranstaltungen und Ausstellungen in Görlitz bekannt zu machen.

Schon die erste, nur wenige Monate amtierende Aufbauleiterin Ruth Goebel hatte 1993 eine programmatische Ausstellung „Schlesien – eine Brücke in Europa" zustande gebracht, die in zwei kahlen, unsanierten Räumen im Schönhof und später noch in einigen kleineren Museen in Westdeutschland gezeigt wurde.[24] Seit 1995 gab es ein provisorisch eingerichtetes Ausstellungskabinett im Schönhof,[25] und der von 1994 bis 1997 amtierende Aufbauleiter Chris Schmitz sah seine hauptsächliche Aufgabe darin, hier einen ständigen Ausstellungsbetrieb am Leben zu halten, indem er jährlich zwei bis drei Ausstellungen zu Themen der schlesischen Geschichte oder mit Arbeiten zeitgenössischer, aus Schlesien stammender Künstler veranstaltete. Diese Ausstellungen entstanden unter schwierigsten räumlichen und organisatorischen Bedingungen, darunter litt zuweilen die Qualität. Für die eigentliche Aufgabe, den Aufbau einer Sammlung und die Entwicklung einer Museumskonzeption, war keine Zeit.

In Ermangelung eines neuen Konzepts mußte das alte herhalten, die konzeptionellen Überlegungen, die im Rahmen der „Gutachterlichen Stellungnahme" der niedersächsischen Arbeitsgruppe „Schlesienmuseum" in den 80er Jahren angestellt worden waren.[26] Dieses Konzept bot freilich wenig praktische Anleitung für die Situation in Görlitz. Es beschreibt in sehr allgemeinen Worten die Aufgaben und Funktionen eines Landes-

---

24) Sächsische Zeitung vom 3.9.1993.
25) Sächsische Zeitung vom 27.5.1995.
26) Wie Anm. 7.

museums klassischen Typs, wie er sich im Laufe des 19. Jahrhunderts im Westen, vor allem im Südwesten Deutschlands herausgebildet hat, dort hervorgegangen aus reichen fürstlichen Sammlungen und mit dem Anspruch, in einer staatlichen Institution der Landeshauptstadt Natur, Geschichte, Kunst, Sitten und Gebräuche des Landes umfassend und mit einer gewissen Verbindlichkeit zur Darstellung zu bringen. Ein solches Universalmuseum sollte auch das 1987 für Hildesheim geplante Landesmuseum Schlesien werden, mit Abteilungen für Natur- und Landschaftskunde, Vor- und Frühgeschichte, Kunstgeschichte, Volkskunde und Alltagskultur, Siedlungsgeschichte, Wirtschafts- und Militärgeschichte, Wissenschaft, Literatur und Musik. Einige Besonderheiten ergaben sich freilich aus dem Umstand, daß sich das Museum außerhalb seines Arbeitsgebietes befinden und sich auf eine nicht mehr existierende historische Formation beziehen würde. Das Museum sollte eine „Auffangstelle für schlesisches Kunst- und Kulturgut" werden und gegenüber den kleineren schlesischen Einrichtungen und Heimatstuben eine Beratungspflicht wahrnehmen. Auch wenn man dem Museum einen allgemeinen, auf die gesamte Öffentlichkeit ausgerichteten Bildungsauftrag erteilen wollte, zeigen doch zahlreiche Formulierungen, daß man in erster Linie die vertriebenen Schlesier und ihre Nachkommen als Publikum vor Augen hatte. Leitsatz 1 für die Konzeption lautet: *„Das Landesmuseum Schlesien muß sich als Bildungs- und Informationsangebot für den Schlesier der Erlebnis- und Bekenntnisgeneration, aber auch an den Einheimischen und Ausländer verstehen."* Ja, es sollte darum gehen, eine nicht näher definierte schlesische Gegenwartskunst – was immer man darunter verstehen mag – unter den Bedingungen von Flucht, Vertreibung und Exil zu pflegen und weiter zu entwickeln. Ateliers für zeitgenössische schlesische Künstler, Talentförderung des schlesischen Künstler-Nachwuchses sollten ein Markenzeichen des Museums werden, *„zumal es immer schwieriger wird, vor allem bei der jungen Generation, den Schlesier unter den Künstlern ausfindig zu machen".*

Entscheidenden Anteil an der Übertragung der Hildesheimer Konzeption auf den Schönhof in Görlitz hatte Idis B. Hartmann, langjährige Kulturreferentin der Landsmannschaft Schlesien. Sie hatte an der Gutachterlichen Stellungnahme der Arbeitsgruppe Schlesienmuseum mitgearbeitet und nahm als Mitglied des Vorstands im Verein Landesmuseum Schlesien, später als Vertreterin der Landsmannschaft Schlesien im Vorstand der Stiftung Schlesisches Museum zu Görlitz über beinahe zwanzig Jahre hinweg Einfluß auf den Aufbau des Museums. Frau Hartmann arbeitete 1991 das Museumskonzept aus der „Gutachterlichen Stellungnahme" für

Hildesheim in Form einer vierseitigen Skizze für Görlitz um,[27] und Alfons W. Bierbaum, Leiter des Rheinischen Museumsamtes Brauweiler, der als Berater gewonnen werden konnte, entwickelte hieraus ein Funktions-. und Raumkonzept für den Schönhof.[28] Danach sollte sich die ständige Ausstellung auf den historischen Schönhof, das älteste der drei Gebäude im Schönhofkomplex, mit seinen rund 1.200 qm Ausstellungsfläche, beschränken. Von den beiden Hintergebäuden aus dem 19. Jahrhundert sollte das erste eine didaktisch-mediale landeskundliche Präsentation und Wechselausstellungen beherbergen; im anderen sollten eine Cafeteria, Veranstaltungs- und Arbeitsräume für die Museumsmitarbeiter sowie eine Bibliothek eingerichtet werden. Dieses Konzept wurde im September 1993 vom Trägerverein und von den Zuwendungsgebern akzeptiert und bildete im wesentlichen die Grundlage der Planungen bis 1999, wenn es auch im einzelnen immer wieder Kritik gab. So wurde von Idis Hartmann, aber auch von Chris Schmitz[29] bemängelt, daß unbedingt mehr Flächen für die ständige Ausstellung und für das Magazin zur Verfügung zu stellen seien. Hieraus ergaben sich Forderungen, einen Funktionsbau im hinteren Teil des Grundstücks neu zu errichten bzw. das östlich angrenzende Nachbargebäude des Schönhofs zu erwerben. Letzteres scheiterte zwar, aber immerhin gelang 1998 der Erwerb des Gebäudes Untermarkt 4 zwei Häuser weiter, so daß schließlich die Arbeits- und Magazinräume ausgelagert und die Räume im Schönhofkomplex ausschließlich den Zwecken von Ausstellungen und Veranstaltungen gewidmet werden konnten.

Entwicklung der Sammlung nach 1999

Unbeantwortet blieb freilich die Frage, was denn eigentlich in den Ausstellungsräumen gezeigt werden sollte. Schon die Arbeitsgruppe „Schlesienmuseum" hatte zur Frage, woher die Exponate und Sammlungen des Landesmuseums stammen sollten, nur vage Andeutungen gemacht, auf die

---

27) Idis B. HARTMANN: Nutzungskonzeption für den „Schönhof" in Görlitz als Landesmuseum Schlesien, 23.8.1991 (unveröffentlichtes Manuskript im Archiv des Schlesischen Museums zu Görlitz).
28) Nikolaus SIMON: Landesmuseum Schlesien im Schönhof Görlitz. Aufgabenstellung und Raum- und Funktionsplan, 15.9.1993 (unveröffentlichtes Manuskript im Archiv des Schlesischen Museums zu Görlitz).
29) Chris SCHMITZ: Konzeption für das Landesmuseum Schlesien, Stiftung bürgerlichen Rechts, „Schlesisches Museum zu Görlitz", 10.9.1997 (unveröffentlichtes Manuskript im Archiv des Schlesischen Museums zu Görlitz).

Heimatstuben und zahlreiche Erinnerungsstücke in Privatbesitz verwiesen und im übrigen angeregt, man müsse eben – da ja der Zugang zu Schlesien versperrt war – schlesisches Kultur- und Kunstgut auf dem internationalen Kunstmarkt erwerben, ob in München, Paris, London oder New York. Diese Bemühungen waren freilich noch nicht sehr weit gediehen, als am 1. Januar 1999 das neue Museumsteam in Görlitz unter meiner Leitung seine Arbeit begann, zwei Jahre vor der bereits öffentlich angekündigten Eröffnung des Schlesischen Museums. Die Sammlung bestand damals fast ausschließlich aus Artefakten der allerjüngsten Zeit, d.h. aus den Jahrzehnten nach 1945. Aus der Zeit davor gab es eine einzige Skulptur, vier Ölgemälde aus drei Jahrhunderten, an Grafik einige Schülerarbeiten aus der Breslauer Akademie der 1920er Jahre und elf Kupferstiche von Friedrich Bernhard Werner, vier Silberschmiedearbeiten und zwei Schränke, sämtlich aus dem 19. Jahrhundert, ein einziges Glas, vier Porzellantassen und vier Stück Bunzlauer Keramik. Die numismatische Sammlung enthielt nur Notgeld aus der Zeit nach dem Ersten Weltkrieg, keine einzige Münze oder Medaille. Mit dieser Sammlung war nun freilich kein Staat und kein Museum zu machen.

Den Museumsmitarbeitern war bewußt, daß ihnen Zeit für einen langfristig angelegten und organischen Sammlungsaufbau nicht gegeben war. Zwar erhielt das Museum, sobald in den Medien mit einiger Regelmäßigkeit über seine Aktivtäten berichtet wurde, eine große Zahl von Schenkungen aus dem Besitz alter Schlesier, doch stammten diese Erinnerungsstücke fast ausschließlich aus der Sphäre des alltäglichen Lebens im Schlesien der 1930er und frühen 1940er Jahre und genügten keineswegs, die jahrhundertealte Kulturtradition Schlesiens zu repräsentieren. Schnell war klar, daß man auf die Sammlungstätigkeit und Sammlungserfahrung anderer werde zurückgreifen müssen. Grundstock für die Sammlung des Museums wurde schließlich das schlesische Kulturgut im Eigentum der Bundesrepublik Deutschland, das seit den 1950er Jahren auf der Grundlage des § 96 Bundesvertriebenengesetz von Staats wegen erworben worden war. Dieser Schatz ist aus einer langen, institutionell fest gegründeten Tradition schlesischer Kulturpflege im Nachkriegsdeutschland erwachsen. Haus Schlesien in Königswinter und die Stiftung Kulturwerk Schlesien, aber auch das Germanische Nationalmuseum in Nürnberg haben über Jahrzehnte hinweg im Auftrag und mit Mitteln des Bundes Museumsgut schlesischer Provenienz erworben, aufbewahrt, gepflegt, wissenschaftlich bearbeitet, publiziert und ausgestellt. Persönlichkeiten wie Klaus Ullmann (Haus Schlesien), Eberhard Schulz (Stiftung Kulturwerk Schlesien) und

Klaus Pechstein (Germanisches Nationalmuseum) haben sich bei der Sicherung schlesischen Kulturguts für die Öffentlichkeit und beim Aufbau qualitätvoller, profilierter Sammlungen bleibende Verdienste erworben. Einige Einrichtungen, so die Stiftung Kulturwerk Schlesien, waren sofort bereit, ihre Sammlungen für die Präsentation in Görlitz zur Verfügung zu stellen, andere wollten diesen Schritt nicht gehen. Nach langem Ringen entschied der Kulturbeauftragte der Bundesregierung 2001, einen großen Teil des dem Bund gehörenden schlesischen Museumsgutes nach Görlitz zu transferieren. Aus Görlitzer Perspektive war die Entscheidung unvermeidlich; sie hat freilich dem Schlesischen Museum nicht nur Freunde gemacht, und es dauerte einige Jahre, bis verlorenes Vertrauen zu einigen der Betroffenen wieder hergestellt und Zusammenarbeit wieder möglich war. Bei den Leihgaben der Bundesrepublik Deutschland handelte es sich um etwa ein Dutzend Gemälde und Skulpturen, gut 200 Zeichnungen und Grafiken, rund 40 Gold- und Silberschmiedearbeiten, etwa 50 Gläser des 18. und 19. Jahrhunderts, zahlreiche Fayencen und eine gute Auswahl schlesischen Porzellans sowie Sammlungen von Keramik und Münzen.

Während noch die Verhandlungen über die Bundesleihgaben liefen, suchte die Museumsleitung nach anderen Wegen, die Sammlung zu erweitern. Systematisch wurden Kooperationen mit renommierten Sammlern aufgebaut, die in unterschiedlichen Bereichen der schlesischen Kulturgeschichte aktiv waren, mit dem Ziel, profilierte Sammlungsbestände an das Museum zu binden, als Leihgaben für Sonderausstellungen, aber auch für die ständige Ausstellung, oder auch in einzelnen Fällen vollständig und dauerhaft zu übernehmen. Innerhalb weniger Jahre gelang es, zu günstigen Preisen hochwertige, zusammenhängende Sammlungsbestände käuflich zu erwerben, so in den Bereichen Keramik, Münzen und Medaillen und barockem Glas, in denen das Museum inzwischen gut sortiert ist. Auch als Dauerleihgaben hat das Schlesische Museum größere Sammlungskomplexe erlangen können, so eine bedeutende Porzellansammlung und einen großen Bestand von Ansichten und Veduten aus Schlesien. Der bislang größte Erfolg war der 2001 gelungene Erwerb einer wichtigen Kunstsammlung mit Werken der Breslauer Moderne. Es handelt sich um fast 70 Gemälde und Skulpturen und rund 2.000 Werke auf Papier, darunter Arbeiten von Otto Mueller, Oskar Moll und Johannes Molzahn.[30]

---

30) Die Sammlung wurde 2004/2005 in einer Sonderausstellung präsentiert. Johanna BRADE: Werkstätten der Moderne. Lehrer und Schüler der Breslauer Akademie 1903–1932, Halle 2004.

Bereits zwei Jahre nach dem Start des neuen Museumsteams konnten erste Ergebnisse vorgezeigt werden. Zwar war es noch nicht möglich – wie angestrebt –, die ständige Ausstellung im Schönhof zu eröffnen; dort wurde noch bis in den Winter 2005 gebaut. Aber immerhin, der zweite Gebäudekomplex des Schlesischen Museums, das Haus zum Goldenen Baum, Untermarkt 4, stand schon bereit, und dort wurde seit 2001 eine Interimsausstellung unter dem Titel „Auf der Suche nach Schlesien" gezeigt, die einen Ausblick auf die zu erwartende ständige Ausstellung im Schönhof geben sollte.[31] Diese wurde endlich im Mai 2006 für das Publikum freigegeben.[32] Inzwischen war eine Sammlung entstanden, breit genug angelegt, um einen Überblick über die schlesische Kulturgeschichte in den letzten Jahrhunderten zu bieten. Lücken konnten zuletzt durch großzügig gewährte Leihgaben gefüllt werden. Das Oberschlesische Landesmuseum in Ratingen, Haus Schlesien in Königswinter, die Städtischen Sammlungen für Geschichte und Kultur Görlitz, die Stiftung Kulturwerk Schlesien, das Deutsche Historische Museum und das Museum Europäischer Kulturen in Berlin haben hierzu beigetragen.

Schwerpunkte der Sammlung des Schlesischen Museums sind hochwertiges Kunsthandwerk und Kunstgewerbe des 17. bis 19. Jahrhunderts (hier vor allem Goldschmiedearbeiten, Eisenkunstguß, Glas und Fayencen), Objekte der Alltagskultur des 19. und frühen 20. Jahrhunderts (Ausstattung adliger und bürgerlicher Haushalte; volkskundliche Objekte; Touristica und „Riesengebirgskunst") sowie der Industriekultur, des Großstadtlebens und der Kunst in der Zwischenkriegszeit mit einem besonderen Akzent auf der Kunst der klassischen Moderne im Umkreis um die Breslauer Akademie. Defizite, die sich auch wohl künftig kaum werden beheben lassen, bestehen für die bildende Kunst der älteren Zeit und generell für die historischen Epochen vor dem 17. Jahrhundert. Seit der Eröffnung der ständigen Ausstellung haben sich die Akzente bei der weiteren Entwicklung der Sammlung verlagert, von einer sehr auf die kurzfristige Nutzbarmachung für die Präsentation ausgerichteten Erwerbspolitik hin zu einer langfristigen und planmäßigen Entwicklung und Profilierung der Sammlung, zur Ausbildung von Zusammenhängen, Schwerpunkten und Alleinstellungsmerkmalen.

---

31) Markus BAUER (Red.): Auf der Suche nach Schlesien. Zwischenbilanz beim Aufbau des Museums. Halle 2001.
32) BAUER: Schlesisches Museum (wie Anm. 1).

MARKUS BAUER

Konzeption der Schönhof-Ausstellung

Parallel zum Aufbau der Sammlung und in ständiger Wechselwirkung mit diesem Entwicklungsprozeß konkretisierte sich in den Jahren 1999 bis 2005 die inhaltliche Konzeption für die Arbeit des Museums und die Struktur der ständigen Ausstellung. Gegenüber den Vorstellungen der Arbeitsgruppe „Schlesienmuseum", die zwanzig Jahre zuvor, noch vor der Wiedervereinigung und der Überwindung der europäischen Spaltung entwickelt worden waren, ergaben sich nun doch erhebliche Veränderungen. Inzwischen war das Museum dem Gegenstand seines Interesses und dem Objekt seiner Begierde, dem Land Schlesien, sehr viel näher gerückt: Schlesien selbst hatte sich dramatisch geändert, das Land, das in den Jahrzehnten vor 1989 dem Bewußtsein der meisten Deutschen in Ost und West fast völlig entrückt war. In Deutschland erwachte ein neues Interesse an diesem Land, längst nicht mehr nur bei den aus Schlesien Vertriebenen und ihren unmittelbaren Nachkommen. Es bestand Konsens in der Stiftung, daß dem Rechnung zu tragen sei und das Museum seinen Blickwinkel erweitern müsse. Ein Schlesisches Museum zu Beginn des 21. Jahrhunderts kann nicht mehr ausschließlich oder auch nur hauptsächlich ein Museum für die vertriebenen Schlesier sein, sondern muß weitere Zielgruppen für sich erschließen, darunter auch polnische Besucher, die in ihrer eigenen Sprache anzusprechen sind. Das Thema „Vertreibung" ist noch immer zentral und bedeutungsvoll, aber es kommt eine neue Fragestellung dazu: über die Katastrophen von Krieg und Vertreibung hinweg – was bleibt vom alten Schlesien, was ist historisches Erbe und Auftrag an ein neues europäisches Schlesien?

Die Auseinandersetzung um die Museumskonzeption wurde von den Mitarbeitern des Museums geführt, vor allem aber auch im Stiftungsrat, der ja satzungsgemäß die Grundlinien der Museumsarbeit vorgibt. Allerdings bestand in diesem Gremium ein Konsens, sich auf die Entscheidung grundsätzlicher Fragen zu beschränken und sich nicht in inhaltliche Details einzumischen. Umso wichtiger war die Rolle des Wissenschaftlichen Beirats, der in ungewöhnlich intensiver Weise an der Arbeit beteiligt wurde, nicht nur die Ausstellungskonzeption aktiv mitentwickelte, sondern sämtliche Ausstellungstexte prüfte, bewertete und korrigierte.

Die Diskussion im Stiftungsrat verlief – trotz unterschiedlicher Bewertungen durch einzelne Mitglieder– stets sachlich und im ganzen harmonisch. Sie war getragen vom Willen zum Konsens. Dies fand seinen Ausdruck in der einhelligen Zustimmung aller Mitglieder des Stiftungsrats zu den „Leitlinien für die Arbeit des Schlesischen Museums" von 2005, in denen wichtige Ergebnisse der Diskussion der vergangenen Jahre festgehalten wurden.[33] Hier wurde nun als zentrale Aufgabe des Schlesischen Museums hervorgehoben, Schlesiens deutsche Kulturtraditionen darzustellen, sie aber zugleich in eine europäische Perspektive zu stellen und einen Beitrag zur europäischen Verständigung zu leisten – eine deutliche Akzentverschiebung gegenüber dem Konzept von 1987. Nach dem jetzt gewonnenen Verständnis ist das Schlesische Museum ein kulturhistorisches Museum für die historischen Epochen vom Mittelalter bis zur Vertreibung der Deutschen. Dies bedeutete eine Absage an den Universalanspruch des Landesmuseums mit seinen Abteilungen für Natur- und Landeskunde, Vor- und Frühgeschichte und entließ zugleich das Museum aus der schwer einzulösenden Verpflichtung, eine schlesische Gegenwartskunst pflegen zu müssen, was immer man darunter verstehen könnte. Auch in geographischer Hinsicht wurde das zu bearbeitende Gebiet noch einmal definiert, es sollte ganz Schlesien einschließlich Oberschlesiens und Österreichisch-Schlesiens behandelt werden, die nordöstliche Oberlausitz mit Görlitz aber nur seit ihrer staatsrechtlichen Zugehörigkeit zum preußischen Schlesien. Hierbei war der Auftrag des Kulturhistorischen Museums der Stadt Görlitz zu berücksichtigen. Auch Aufgaben jenseits des traditionellen musealen Kanons wurden hier nun erwähnt: ein umfassender Bildungsauftrag und Funktionen als Kontakt- und Clearing-Stelle für eine auf Schlesien bezogene international vernetzte Kulturarbeit.

Bei der Konzeption der ständigen Ausstellung war der umfassende, enzyklopädische Anspruch, von dem die Planungen von 1987 getragen waren, nicht aufrecht zu halten. Ausstellungsfläche, Umfang und Qualität der Museumssammlung hätten das nicht hergegeben, und es ist auch die Frage, ob der hier sich artikulierende, aus dem 19. Jahrhundert stammende universale Ansatz heute noch zeitgemäß ist. Stattdessen kam es darauf an, das Allgemeine im Exemplarischen zu finden, Leitthemen für einzelne historische Epochen zu formulieren und mit Hilfe von ausgewählten kulturgeschichtlichen Exponaten anschaulich zu machen, ferner einzelnen

---

33) Leitlinien für die Arbeit des Schlesischen Museums. Beschlossen vom Stiftungsrat der Stiftung Schlesisches Museum zu Görlitz am 13.5.2006 (unveröffentlichtes Papier im Archiv des Schlesischen Museums zu Görlitz).

hervorgehobenen Sammlungskonvoluten Raum zur Entfaltung ihrer ästhetischen Qualitäten zu geben. Die Konzeption hatte sodann Rücksicht zu nehmen auf das Ausstellungsgebäude. Nach seiner umfassenden Sanierung war der Schönhof als Musterbeispiel eines oberlausitzischen Handels- und Bürgerhauses des 16. Jahrhunderts wiedererstanden, mit reich gegliederter Fassadenarchitektur und üppig bemalten Balkendecken, mit Bauplastik und Wandmalereien der Frührenaissance, ein Bau von hohem kulturgeschichtlichem Rang. Der Umgang mit diesem baulichen Erbe gehörte zu den größten Herausforderungen beim Umbau des Hauses zum Museum und bei der Einrichtung einer ständigen Ausstellung. Die Räume mußten klimatisiert und durch ein dichtes Netz von Leitungen für die Stromversorgung, für Kommunikations- und Sicherheitstechnik erschlossen werden. Davon sollten die restaurierten Oberflächen der Decken und Wände möglichst unberührt bleiben. Die Ausstellung mußte sich einfügen und Rücksicht nehmen auf die vorgefundene Architektur – und sich zugleich abheben und zu einer eigenen Sprache der Formen und Farben finden. Es war ein großes Glück, daß für die Gestaltung der ständigen Ausstellung ein Architekt gewonnen werden konnte, der zu den führenden deutschen Museumsgestaltern gehört: Professor Hans Günter Merz, dessen Büro u.a. für das Mercedes-Museum in Stuttgart, für die Alte Nationalgalerie und das Museum für Kommunikation in Berlin und für die Ausstellungsgestaltung im neuen Militärgeschichtlichen Museum in Dresden verantwortlich zeichnet.

Am Anfang des Ausstellungsrundgangs stehen zwei umfangreiche Einführungen und Querschnittsdarstellungen; sie geben erste Orientierung und sprechen zentrale, epochenübergreifende Themen der schlesischen Geschichte an. Der Einstieg erfolgt über eine Vorstellung berühmter Landschaften und Stätten Schlesiens. Auf einem Podest sind sechs Themeninseln aufgebaut, die sich aus Bildern, Modellen und Objektgruppen zusammensetzen. Monitore, die in das Podest eingelassen sind, bieten zusätzliche Information. Die zweite Präsentation wählt den Zugang über Personen und Begebenheiten. In fünfzehn historischen und biographischen Episoden werden mit Hilfe jeweils eines einzigen Objektes verschiedene Facetten des historischen Lebens in Schlesien vorgestellt.

Der chronologischen Reihenfolge entsprechend und der Architektur der Museumsgebäude angemessen, werden im historischen Schönhof vor allem Themen der älteren Geschichte behandelt, von der Zeit der Piasten bis in die frühe preußische Epoche. Leitthemen sind die Wechsel in der

Landesherrschaft und die religiösen und ständischen Auseinandersetzungen im Zeitalter des Konfessionalismus. Lichte, vielfach durchbrochene Präsentationswände bieten die Exponate dar und sind zugleich Träger von Information in Text und Bild. Ein besonderes Gewicht liegt auf der barocken Blüte Schlesiens in den Jahrzehnten um 1700, die auch in Reichtum und Vielfalt der Exponate ihren Niederschlag gefunden hat. In den historisch orientierten Rundgang eingefügt sind Kabinette mit kunsthandwerklichen Sammlungen, eine Auswahl von Glas, Keramik, Fayencen und Porzellan, von Zinn und Eisenkunstguß, von Gold- und Silberschmiedearbeiten. Die Exponate werden „schwebend" auf grazilen Ständern in großen modernen Vitrinenräumen präsentiert.

Der Rundgang findet im Mittelhaus seinen Fortgang. Den Anfang macht hier ein Raum, der unter dem Titel „Die Provinz im Umbruch" die Geschichte des 19. Jahrhunderts behandelt. Im Mittelpunkt stehen die Themen Industrialisierung, bürgerliches Leben in Breslau und die Entdeckung der schlesischen Landschaft. Die Auseinandersetzung um die Moderne liefert das Leitthema für die nächste Abteilung, die einen zentralen Gesichtspunkt der jüngeren schlesischen Kunstgeschichte anspricht: die Kunst im ersten Drittel des 20. Jahrhunderts im Umkreis der Breslauer Akademie. Auf der Galerie darüber wird die zeitgleich verlaufende politische und Gesellschaftsgeschichte behandelt: die Zeit des späten Kaiserreiches und der Weimarer Republik. Den Abschluß bilden die beiden Erdgeschoßräume des Mittelhauses, wo die Themen „Schlesien im Nationalsozialismus", „Vertreibung" und „Schlesien und die Schlesier nach 1945" behandelt werden. Die Gestaltung ist hier zurückhaltend, nüchtern, dokumentarisch. Zwei lange Tischvitrinen präsentieren Exponate, Fotos und Texte. Große hinterleuchtete Grafikflächen bieten Information in Wort und Bild.

Die historische Ausstellung findet eine Ergänzung und in gewissem Sinne einen Gegenpol in den Multimedia-Präsentationen „Schlesienreise" und „Schlesien nach 1945" im rückwärtigen, am Fischmarkt gelegenen Museumsgebäude. Diese bieten Impressionen vom Leben im heutigen Schlesien und lassen die Distanz der polnischen Gegenwart zur deutsch geprägten Vergangenheit erkennen. Zugleich wird deutlich, wie hartnäckig die Geschichte nachwirkt und wie kulturelle Traditionen ihre Fortsetzung finden. Der Kreis zur historischen Ausstellung schließt sich damit.

Inzwischen sind fast zehn Jahre vergangen, seitdem die Ausstellung des Schlesischen Museums im Schönhof eröffnet wurde, rund 250.000

Besucher haben sie inzwischen gesehen. Die Resonanz bei den Besuchern wie auch die veröffentlichte Meinung in den Medien ist sehr positiv.[34] Die Sammlung ist inzwischen gewachsen, kleinere Ergänzungen, Erweiterungen und Korrekturen in der Ausstellung wurden vorgenommen, und man kann wohl sagen, daß sich das Konzept im großen und ganzen bewährt hat. Ein Audio-Guide für Erwachsene und für Kinder in drei Sprachen, ein vielfältiges Angebot von Führungen und museumspädagogischen Programmen dienen dazu, die Inhalte der Ausstellung den Besuchern besser zu erschließen. Weitere Elemente werden hinzukommen: ein umfangreiches mediales Angebot mit kulturgeschichtlichen Informationen über Schlesien, dargeboten über Bildschirme, und computergesteuerte Lern- und Spielstationen für Kinder. Auch in Zukunft wird das Museum auf geänderte Ansprüche und Erwartungen der Besucher reagieren, seine Sprache modernisieren und seine Angebote anpassen müssen. Diese Formen der Vermittlung sind Veränderungen unterworfen und zeitgebunden. Unverändert aber bleibt der lange Atem des Sammelns und Forschens, der alle diejenigen erfüllte, die sich seit 1945 für das schlesische Kulturgut einsetzten, ob in Heimatstuben, Kulturwerken oder Museen, die Freude am langsamen Aufwachsen, sich Verdichten und Vertiefen der Sammlungen, an der Zunahme der Erkenntnis und des Wissens um die Sammlungsobjekte und ihre Entstehungsbedingungen, und schließlich das gemeinsame Bestreben, sich und anderen Schlesien und seine reiche Kulturgeschichte verständlich zu machen.

---

34) Einige wichtige Pressestimmen finden sich auf der Homepage des Museums: www.schlesisches-museum.de/index.php?id=1370 und folgende Seiten (zuletzt besucht am 28.3.2014).

Trauerarbeit und Erinnerungskultur der Vertriebenen

Von Christian-Erdmann Schott

Mit der Eingliederung der Vertriebenen waren die inneren Verletzungen, die sie als Ausgestoßene und Entrechtete in der alten und als unerwünschte Eindringlinge in der neuen Heimat davongetragen hatten, nicht vernarbt und nicht verheilt. Daran konnten auch die Jahre und Jahrzehnte, die seitdem ins Land gegangen sind, nichts ändern. Daran haben auch Ärzte und Therapeuten, soweit sie überhaupt verfügbar und befähigt waren, sich dieser Leiden anzunehmen, nichts ändern können. Die Verletzungen blieben, ja durch das in der Bevölkerung rapide wachsende Desinteresse an den Schicksalen der Vertriebenen fühlten diese sich erneut verletzt. Viele von ihnen entwickelten sich zu verschämten Kranken, das heißt, zu Menschen, die ihre Leiden und ihre Verletzungen vor der Öffentlichkeit zu verbergen und zu verstecken suchten. Den meisten war klar, daß damit eigentlich eine Fehlentwicklung eingeleitet wurde. Sie waren und sind auch darauf ansprechbar und geben zu, daß sich ihre Probleme auf diese Weise nur verschieben, aber nicht wirklich lösen lassen.

Zu den großen Leistungen der Vertriebenen gehört, daß sie schließlich selbst den Weg für eine persönliche Therapie gefunden haben. Er besteht darin, daß sie noch einmal die Begegnung mit ihrer Heimat suchen. Sie wollen noch einmal dorthin zurückkehren, wo sie hergekommen sind – nun aber nicht, um sich dort wieder niederzulassen oder etwas (zurück) haben zu wollen, sondern um das, was sie noch einmal gesehen und gefühlt haben, jetzt loszulassen und frei zu geben. In diesem Sinne handelt es sich um eine Rückkehr mit den beiden erklärten Zielen Abschied und Erinnerung. Wobei hier, wie auch sonst im Leben, das Abschiednehmen auch mit Trauer verbunden ist und darum auch als Trauerarbeit wahrgenommen werden kann – und das sogar dann, wenn die Betroffenen das selbst gar nicht so sehen.

Im Folgenden soll es um diese beiden stillen Bewegungen gehen. Beide haben unter den Vertriebenen inzwischen eine große Breiten- und Tiefenwirkung erreicht. Das heißt, Tausende, über die Jahre hinweg sogar

Zehn-, ja Hunderttausende Ost- und Westpreußen, Pommern, Posener, Schlesier und andere sind davon erfaßt. Sie fahren in die alte Heimat, zurück, aber sie kommen wieder, hierher, wo sie jetzt leben. Sie tun das, weil es ihnen hilft. Die Öffentlichkeit in Deutschland und in Polen hat diese Entwicklung in ihrer Bedeutung kaum erfaßt, jedenfalls nicht registriert. Dabei sollte es nicht bleiben.

I. Abschied in Trauer und Würde

Die Institution, bei der mir diese Zusammenhänge klar geworden sind, war die diakonische Hilfe, die von evangelischen Vertriebenen für notleidende Menschen in den früheren Heimatgebieten aufgebaut worden ist, und zwar von den Johannitern. Hier zunächst einige Zahlen aus dem Bereich der so genannten Ostgenossenschaften des Johanniterordens:
– Die Schlesische Genossenschaft hat in dem begrenzten Zeitraum von 1980 bis 1998 in 924 Transporten 3.000 Tonnen Hilfsgüter im Wert von 78,9 Millionen DM nach Schlesien verbracht.[1]
– Die Preußische Genossenschaft hat zwischen 1986 und 1998 durch Hilfsgütertransporte Ostpreußen mit 25,6 Millionen DM unterstützt – nicht gerechnet die Paketaktionen und der außerordentliche Einsatz bei der Gründung von Sozialstationen.[2]
– Die Pommersche Genossenschaft hat zwischen 1983 und 1991 Hinterpommern mit Gütertransporten im Wert vom 6.913.930 DM unterstützt, nicht gerechnet die Sozialstationen und die direkten Unterstützungen für evangelische Kirchengemeinden.[3]
In der Geschichte der Posen-Westpreußischen Genossenschaft heißt es zu diesem Thema: *„Mitglieder der Genossenschaft unternahmen in Pkws oder Lkws Fahrten mit Hilfsgütern nach Polen. Es zeigte sich dabei, wie wichtig gerade auch der persönliche Kontakt zu den Betreuten durch Gespräche, gemeinsame Kirchgänge und Teilnahme an Veranstaltungen am Ort war. Dieser*

---

1) Christian-Erdmann Schott: Die Hilfsaktionen der Johanniter östlich von Oder und Neiße in den Jahren 1952 bis 1998, in: Ders.: Geh aus Deinem Vaterland … Vertreibung – Integration – Vermächtnis der evangelischen Schlesier. Vorträge, Aufsätze, Predigten, Berlin u.a. 2008 (= Beiträge zu Theologie, Kirche und Gesellschaft im 20. Jahrhundert, 13), S. 165–186, hier S. 169.
2) Ebd., S. 179.
3) Ebd., S. 175.

persönliche Einsatz gehörte zu den festen Grundregeln der Hilfen, die durch die Genossenschaft gewährt wurden. Auf jedem der jährlichen Rittertage wurden die Mitglieder der Genossenschaft immer wieder zu solchen Fahrten mit persönlichem Engagement ermuntert, das die Hilfsaktionen erst zur vollen Erfüllung der Ordensregel zum Dienst am Nächsten werden ließ. Der materielle Umfang der Hilfen [...] läßt sich nicht beziffern".[4]

Erwähnt werden muß in diesem Zusammenhang auch die Osthilfe der Johanniter-Unfall-Hilfe e. V. (JUH), über deren finanzielle Auswirkungen mir aber verläßliche Zahlen nicht vorgelegen haben.[5]

Bemerkenswert an dieser Aufstellung sind nicht allein die hohen materiellen Werte, die hier zum Einsatz gebracht worden sind. Bemerkenswert ist mindestens ebenso die Mannschaft, die sie erbringt. Unter den Johanniter-Rittern, die sich in dieser auffallenden Weise für die alte Heimat engagieren, sind viele, die zum Teil große Besitzungen besessen hatten oder geerbt hätten; Besitzungen, die mitunter über Jahrhunderte in direkter Folge in der Familie gewesen waren. Bemerkenswert ist schließlich der relativ kurze zeitliche Abstand zwischen Flucht und Vertreibung auf der einen und dem Anlaufen der diakonischen Hilfen auf der anderen Seite. Sehr abgekürzt könnte man sagen: 1945 verlassen die Johanniter gezwungenermaßen in großen Trecks ihre Heimat, dreißig Jahre später kommen sie als diakonische Helfer wieder. Die Frage liegt nahe: Was hat hier stattgefunden? Was ist in diesen Menschen abgelaufen? Natürlich wissen wir, daß es gar nicht so wenige waren, die es zeitlebens abgelehnt haben, noch einmal einen Fuß in die alte Heimat zu setzen und den Zorn über das Unrecht, das sie erlitten hatten, nie überwunden haben. Aber hier geht es ja nicht um die Zornigen und um die Verbitterten, sondern um die, die wieder hingefahren sind und den verbliebenen Deutschen, dann auch den notleidenden Polen geholfen haben.

Wenn man versucht, auf diese und ähnliche Fragen eine Antwort zu finden, wird man von einer sicheren Erkenntnis ausgehen können. Der Beobachtung nämlich, daß für die Vertriebenen dieser Einschnitt in ihrer Biographie, der mit dem Verlassen der Heimat beginnt, eine traumatische Zäsur bedeutet. Es war eben kein bloßer Wechsel eines Wohnortes, kein bloßer Umzug von einem Ort zu einem anderen, sondern eine gewaltsame Entwurzelung mit all den Schmerzen und Ratlosigkeiten, die damit

---

4) Ebd., S. 172f.
5) Ebd., S. 181–183.

verbunden waren. In den Familien, in den Freundeskreisen, auch in den Ostgenossenschaften des Johanniterordens wurde über diese Traumata gesprochen. Immer wieder ging der Blick zurück. Es war überdeutlich: Hier lag für die allermeisten ein Stück unbewältigte Vergangenheit. Die alte Heimat ließ sie nicht los. Das Wissen um ihre Herkunft lebte wie eine offene Wunde in ihnen.

Und nun haben sie etwas begonnen, was wir in dieser Art eigentlich nur aus der seelsorgerlichen Begleitung von Trauernden kannten. So wie Trauernde oft viele Monate hindurch zu den Gräbern ihrer Verstorbenen wandern, sich dort einige Zeit aufhalten, um dann wieder nach Hause zu gehen – bis sie eines Tages die Zustimmung zu diesem Verlust, den Schnitt des Abschiedes vollziehen und sich dem Leben mit neuer gesammelter Kraft zuwenden können, so fuhren nun die Leute aus dem ehemals deutschen Osten „in die alte Heimat". Sie sahen den Verfall der Landschaft, ihres Besitzes, die Not vieler Bewohner und halfen, wo es ihnen möglich war. Aber mit diesen Fahrten begann das Loslassen, der Abschied. Sie konnten das Ende des deutschen Ostens nunmehr auch für sich persönlich oder als Gruppe annehmen und akzeptieren, ohne in Haß oder Verbitterung oder beleidigtes Gekränktsein abzugleiten.

Die Johanniter sind nur eine kleine, aber durchaus exemplarische Gruppe. Bei der großen Mehrzahl der Vertriebenen zeigt sich diese Trauerarbeit in einer Bewegung, die häufig unter dem Stichwort „Heimwehtourismus" abgehandelt wird. Dieser Begriff ist nicht ganz unbrauchbar, weil er zeigt, daß die Tourismusbranche immerhin eine gewisse Sensibilität erkennen läßt, indem sie sich bemüht, das Besondere dieser Art von Reisen – etwa im Unterschied zu Geschäfts-, Vergnügungs- oder Kulturreisen – zu erfassen und dann auch entsprechend zu bedienen. Und trotzdem, was hinter diesem Heimweh steckt, bleibt unbekannt, unbenannt. Diese sogenannten Heimwehtouristen wissen es zum Teil selbst nicht. Und doch fahren sie in die alte Heimat – allein oder mit ihrem Ehepartner, mit Kindern und Enkeln, als ehemalige Schulklassen oder Konfirmandengruppen, als Chöre, Heimatkreise oder Kirchengemeinden, als Freundeskreise oder Jahrgangsgemeinschaften.

Als ich begann, nach dem Sinn dieser breiten Bewegung unter den Vertriebenen zu fragen, habe ich mich an eine alte Frau gewandt, die gerade aus Schlesien wieder gekommen war und habe sie gefragt: „Was machen Sie da? Was läuft da eigentlich ab?" Da hat sie mir eine sehr schlichte, aber überzeugende Antwort gegeben. Sie sagte: „Jedes Mal, wenn ich von

Schlesien wiederkomme, fühle ich mich ein bißchen wohler". Ich denke, das wird auch die Witwe sagen, die wieder einmal auf dem Friedhof gewesen ist und am Grab ihres Mannes gestanden hat.

Und doch – in der Trauerarbeit der Vertriebenen gibt es zwei Elemente, die über unseren herkömmlichen Umgang mit Ende und Abschied hinausgehen. Das eine ist die trotz Abschied und im Abschied bewußt gesuchte Rückanbindung an die eigene Geschichte. Sehr eindrucksvoll beschreibt das Katharina Elliger in ihrem Buch „Und tief in der Seele das Ferne. Die Geschichte einer Vertreibung aus Schlesien".[6] Die Autorin, 1929 in Bauerwitz/Oberschlesien als Tochter eines Lehrers geboren, hat sehr schwere Jahre 1945 und 1946 unter Russen und Polen in Bauerwitz durchleben müssen. Nach der Vertreibung konnte sie studieren, wurde Gymnasiallehrerin, unter anderem für katholische Religion, und lebt heute verheiratet und als Mutter von zwei erwachsenen Kindern in Tübingen. Sie hatte es lange abgelehnt, in ihre Heimat zu reisen. 1987 ist sie das erste, 1999 das zweite Mal nach Schlesien gefahren. Bei dieser zweiten Reise kam sie auch nach Bauerwitz. Es war eine Begegnung, die sie zugleich fürchtete und herbeisehnte. Und nun war sie, zusammen mit ihrem Mann, am Ort ihrer Kindheit. Sie schreibt: *„Es war wirklich so, wie ich es in Erinnerung hatte – nichts hatte sich verschoben, nichts hatte ich ergänzt oder mir ausgedacht, im Gegenteil, mir sprangen immer neue Details ins Auge, die meine inneren Bilder bestätigten. Jetzt wusste ich, dass es gut war, hergekommen zu sein.*

Plötzlich löte sich der Bann: Das jahrzehntelange Gefühl von Unwiederbringlichkeit, Vergeblichkeit und Trauer wandelte sich in Dankbarkeit. Hier lagen meine Wurzeln: … hier, in der Geborgenheit dieser sanften kleinen Welt. Ich war stolz auf meine Heimat. Mit wem hätte ich tauschen wollen?"[7]

Um die gleiche Thematik und doch auch wieder ganz anders geht es im Porträt einer alten Dame in dem Buch von Hilke Lorenz „Heimat aus dem Koffer".[8] Unter der Überschrift „Die halbe Wahrheit ist noch keine Lüge",[9] erzählt Hilke Lorenz von Frau Charlotte Iden, die auf der Flucht aus Johannesmühle/Neumark und dann als Flüchtlingsmädchen so un-

---

6) Katharina ELLIGER: Und tief in der Seele das Ferne. Die Geschichte einer Vertreibung aus Schlesien, Reinbek bei Hamburg 2004, Zitate nach der 4. Aufl., ebd. 2008.
7) Ebd., S. 216f.
8) Hilke LORENZ: Heimat aus dem Koffer. Vom Leben nach Flucht und Vertreibung, Berlin 2009.
9) Ebd., S. 71–106.

glaublich viel Bedrückendes erlebt hat, daß sie den Umzug ihrer Familie von Bayern nach Hessen nutzte, um ihre Identität als Flüchtling abzulegen und sich der neuen Umgebung nur noch als Zugang aus Bayern zu präsentieren – mit der Folge, daß sie ihre wahre Identität von nun an über Jahrzehnte unterdrückte, auch in ihrer Familie nicht über ihre Herkunft sprach und erst nach der Wiedervereinigung im Jahr 1990 dem Drängen ihres in Berlin lebenden Sohnes nachgab und mit ihm und gewissermaßen unter seinem Schutz nach Johannesmühle fuhr.

Dort geschah nun das Gegenteil von dem, was Frau Iden immer befürchtet hatte. Sie hatte Angst, daß diese Begegnung mit dem Ort ihrer Kindheit, mit ihrem Elternhaus sie niederziehen und schwer belasten würde, und sie erlebte nun gerade diese Wiederbegegnung als befreiende, erlösende Erfahrung. Was sie jahrzehntelang nicht tun konnte, plötzlich konnte sie es. Sie konnte wieder über ihr Leben reden, und sie wollte darüber reden: *„Gerne würde sie den Ort auch ihren beiden Enkelkindern zeigen. ‚Zurück zu den Wurzeln' nennt sie das. Die beiden sollen ihre neugierigen Fragen stellen. Und die Großmutter ist begierig, sie ihnen zu beantworten. Vielleicht schon im nächsten Sommer. Das ist eine fundamentale Veränderung – als sei Charlotte Iden noch einmal eine neue Person geworden, als hätte sie sich noch einmal gehäutet".*[10]

Diese Wiederanknüpfung an einen fast abgerissenen Faden, der Zugang zu den eigenen Wurzeln wird von den Betroffenen als ein großes Glück empfunden. Dabei ist aber immer klar und es steht auch gar nicht in der Diskussion, daß diese persönliche Rückbesinnung auf die eigene Geschichte letztlich nur zu verstehen ist als Teil der Trauerarbeit, die die Flüchtlinge und Vertriebenen im Blick auf die alte Heimat zu leisten haben. Niemand hat die Absicht, diesen Zusammenhang aufzugeben oder zu leugnen.

Im Gegenteil, die Unumkehrbarkeit der historisch-politischen Entscheidungen im Blick auf Schlesien verlangt von den Vertriebenen die Einwilligung und Anerkennung der Gegebenheiten, ob sie nun wollen oder nicht. Und das schmerzt viele immer noch. Katharina Elliger berichtet, daß ihr die Nonne Schwester Alexandra vom Kloster in Bad Kudowa erzählt habe, wie sie die vertriebenen Schlesier in der alten Heimat erlebe: „Sie laufen hier herum, können keine Ruhe finden. Und dann kommen sie hierher und weinen, weinen, weinen".[11]

---

10) Ebd., S. 105.
11) ELLIGER (wie Anm. 6), S. 240.

In vielen Fällen wissen sie nicht, was sie anderes tun könnten. Es sind oft übermenschliche Lasten und Bilder, die die Seele niederdrücken. In diesem Sinne schreibt Hilke Lorenz auch über Charlotte Iden: Sie trug „*ihr Leben lang den Unfrieden der Erinnerungsbilder mit sich herum*".[12]

Sie schleppen so viel mit sich herum, diese Kinder von damals, für die es nie eine fachgerechte Psychotherapie gegeben hat; die vielmehr sehen mußten, wie sie die Rechtlosigkeit in der alten und die Ablehnung in der neuen Heimat so weit verdrängten, daß sie einen Beruf und eine Karriere hinlegen und durchkommen konnten. Wenn man sich in sie hineinhört, versteht man, was sie mit diesen Reisen zu den Wurzeln vor allem wollen: Sie kommen, um endgültig Abschied zu nehmen von Schlesien, mit dem Ziel, einen Abschluß zu finden, Frieden zu machen mit sich selbst, mit ihrer eigenen Geschichte, besonders mit diesem schweren Abschnitt. Das ist Trauerarbeit, aber es ist auch Hoffnung dabei. Und das ist das andere, was nach vorn, in die Zukunft weist.

Vor dem Hintergrund dieser Beobachtungen fragt es sich, ob die Schlesier wirklich Völkerverständigung wollen, wenn sie nach Schlesien fahren. Zunächst einmal wollen sie nach all dem Belastenden den Frieden mit sich selbst und für sich selbst. Daß ihre Gesprächspartner sie freundlich annehmen und signalisieren, daß sie von diesen deutschen Schlesiern keine Gefahr fürchten, ist ein wünschenswerter Nebeneffekt. Es ist erfreulich, wenn das auch dabei herauskommt. Aber die Hauptabsicht ist das nicht – oder jedenfalls nicht gleich und sofort.

In dem Buch „Brücken nach Polen. Berichte aus der Gemeinschaft evangelischer Schlesier" ist von dieser stillen Bewegung einiges festgehalten.[13] Es zeigt sich, was diese Menschen wollen, wenn sie nach Schlesien fahren. Sie wollen es nicht zurück. Sie sind keine Revanchisten oder Revisionisten. Sie sind Trauernde, die das Land ihrer Väter segnen in die Hände der jetzt dort lebenden Polen legen – und das auch gesagt haben. So schreibt Mechthild Thümmel, die heute in Greifswald lebt und viele Jahre hindurch regelmäßig nach Buchwald im Riesengebirge gefahren ist, wo sie 1930 im Pfarrhaus geboren wurde, am Ende ihres Berichtes: „*Wir bleiben Schlesien immer verbunden und wünschen den jetzt dort wohnenden*

---

12) LORENZ (wie Anm. 8), S. 88.
13) Christian-Erdmann SCHOTT (Hg.): Brücken nach Polen. Berichte aus der Gemeinschaft evangelischer Schlesier, Würzburg 2003.

polnischen Menschen, dass sie in Frieden und Wohlbefinden in ihrer heutigen Heimat leben und gedeihen mögen".[14]

Und Eberhard Günter Schulz, Präsident der Stiftung Ostdeutscher Kulturrat, endete seinen Bericht: *„Die ... Menschlichkeit zwischen verschiedenen Völkern darf nicht zugrunde gehen, bloß weil auch wir die Folgen der Wahnideen von Herrschern über uns auszubaden haben".*[15]

II. Sicherung der Erinnerung

Aber so ganz spurlos wollen die alten Schlesier dann doch nicht von der Bildfläche verschwinden. Daß sie, ihre Familien, ihre Vorfahren in Schlesien gelebt haben, möchten sie an geeigneter Stelle festgehalten sehen. So kommt es zu dem Bemühen um Herstellung und Sicherung von Spuren der Erinnerung in und an den früheren Wohnorten der Vertriebenen. Es ist nachvollziehbar, daß diese Bewegung im wesentlichen lokal oder regional ausgerichtet ist und auf kleine, überschaubare Einheiten wie Dörfer, Kirchengemeinden, Kirchspiele, Kleinstädte, Stadtteile, Friedhöfe, Brücken, Schulen, Rathäuser, Bahnhöfe bezogen und beschränkt bleibt. Die erinnerungspolitischen Absichten der Stifter treten damit letztlich auch gar nicht in Konkurrenz zu den großen Einrichtungen des Staates, also zum Beispiel gegenüber dem „Zentrum gegen Vertreibungen" in Berlin, dem Schlesischen Museum zu Görlitz oder dem Oberschlesischen Museum in Ratingen-Hösel. Die Stifter und Spender, die hier tätig sind, wollen gezielt eine erinnerungspolitische Maßnahme ergreifen für diesen Ort oder für diesen lokalen Bezug. Nicht selten fühlen sie sich durch die Erinnerung an Vorfahren, Verwandte oder gesamtfamiliäre Traditionen dazu verpflichtet.

Daß sie sich dabei durch die schlechten Erfahrungen, die die Deutschen mit ihren Erinnerungsstätten (Friedhöfe, Denkmäler) nach 1945 in Schlesien vielfach machen mußten, nur begrenzt leiten lassen, ist zugleich sehr bemerkenswert und erklärungsbedürftig. Aus zahlreichen Berichten wissen wir, daß die polnische Bevölkerung, soweit es ihr möglich war, deutsche

---

14) Mechthild Thümmel: Buchwald im Riesengebirge, in: Schott (wie Anm. 13), S. 165–168, hier S. 168.
15) Eberhard Günter Schulz: Die Völker müssen es ausbaden, in: Schott (wie Anm. 13), S. 195–201, hier S. 201.

Spuren in großem Stil vernichtet und getilgt hat, eben weil man nicht an die früheren Bewohner erinnert werden wollte.

Diese Erlebnisse sind unter den deutschen Schlesiern nicht vergessen. Ganz bewußt möchte man sie aber nicht zum Maßstab des erinnerungspolitischen Handelns machen. Man sucht nach einem neuen Anfang mit den polnischen Schlesiern und hofft, daß sie bereit sind, die deutsche Geschichte, die vor ihnen gewesen ist, in ihr Selbst- und Geschichtsbild aufzunehmen. Insofern ist es etwas durchaus Neues, das sich hier abspielt: Die Deutschen akzeptieren ihre Vertreibung und sie bitten zugleich um einen Platz in der Erinnerung in der jeweiligen lokalen oder regionalen Ausprägung. Die Verhandlungen mit den polnischen Gemeindepfarrern, Bürgermeistern, Lehrern im Vorfeld einer erinnerungspolitischen Maßnahme nehmen denn auch in aller Regel einen großen Raum ein und müssen mit großer Geduld und Sorgfalt geführt werden. Eben weil nur die Zustimmung der polnischen Behörden auch die Garantie für den späteren Denkmalschutz bedeutet.

Dieser Vorgang zeigt aber auch, daß das Bedürfnis nach Sicherung der Erinnerung an die deutsche Vergangenheit in Schlesien kunstgeschichtlich gesehen keine wirklich neuen Formen hervorgebracht hat. Es wäre ja immerhin denkbar, daß man versucht hätte, Formen zu entwickeln, die sich ohne die Beteiligung von Polen realisieren ließen. So wie sich die Dinge heute darstellen, hat man solche Formen nicht gefunden. Es bleibt bei den alten Formen – Gedenktafeln, Erinnerungskreuze, Hinweise, Mahnmale, restaurierte Geschichtszeugen –, die aber sicher und geschützt nur in Kooperation mit Polen verwirklicht werden können. Aber genau das wollen die vertriebenen Schlesier. Hier liegt das Neue dieser Bewegung. Es liegt darin, daß die Vertriebenen um einen erkennbaren Platz als Gäste im Geschichtsbild bitten und darauf vertrauen, daß dieser Platz von den Verantwortlichen auch nach ihrer Lebenszeit geachtet und gepflegt wird. In diesem Vertrauen liegt das Besondere dieser Bewegung. Es beruht auf der Hoffnung, daß Schlesien und die Schlesier, Polen und Deutsche, Katholiken und Evangelische sich als übernational-europäische Erbengemeinschaft verstehen und annehmen wollen.

Dabei sollte nicht übersehen werden, daß ein verengter Blick auf die großen staatlichen Einrichtungen der öffentlichen Erinnerungskultur in Deutschland wie in Polen, in der Regel aufbereitet und gefördert auch durch die öffentlichen Medien, dazu führt, daß die lokal-regionale Erinnerungsarbeit vielfach übersehen oder gar nicht erst wahrgenommen wird. Tatsache ist aber, daß wir schon seit einigen Jahren gerade auch in Schlesien eine so lebhafte, einsatzfreudige und auch erfolgreiche Erinnerungsarbeit wie sonst nirgendwo im gesamten übrigen Deutschland haben. Das Bedürfnis, Zeugnisse der Erinnerung aufzustellen, ist ungebrochen. Es erfaßt immer wieder neue Spendergruppen. In der Regel kommt das Geld für einen solchen Zweck auch wirklich zusammen, ja, ein solcher Zweck hat eine zusammenführende, verbindende Bedeutung. Man will noch einmal etwas für die alte Heimat tun. Niemand will sich ausschließen, alle wollen dabei sein. Nicht selten ist das Aufstellen einer Gedenktafel das letzte große Ziel, das einen Interessenverband noch zusammenhält, auch wenn die einzelnen Mitglieder eigentlich schon nicht mehr viel unternehmen können. Wie viele Zeichen der Erinnerung an die deutschen Schlesier in den letzten Jahrzehnten im Land selbst aufgestellt worden sind, habe ich nicht feststellen können. Festzuhalten bleibt aber, daß Schlesien erinnerungspolitisch gesehen ein boomendes Land ist, auch wenn es in Deutschland – fast – niemand bemerkt.

Aus den offiziellen Verlautbarungen und Berichten, die bei derartigen Anlässen herausgegeben werden, habe ich für diesen Beitrag zwei ausgewählt. Im einen Fall handelt es sich um die Predigt, die Pastor Martin Gregor am 1. September 2001 in Döberle, Kreis Oels, polnisch Dobra, bei der Einweihung der deutsch-polnischen Gedenktafel auf Bitten des katholischen Gemeindepfarrers gehalten[16] und dann auch in einer polnischen Kirchenzeitung veröffentlicht hat. In dieser Predigt sagte er unter anderem: *„Die Gedenktafel für die Toten aus der Zeit vor 1945/46 ist am Fuß eines Kreuzes angebracht. Eines Kreuzes, unter dem ein Deutscher begraben liegt. Das Kreuz sieht man schon von weitem, für die Gedenktafel muss man sich bücken, wenn man die deutsche und die polnische Inschrift lesen will. Über all unseren Ansätzen zur Versöhnung steht das Kreuz und erinnert uns immer neu an den Frieden, den Jesus Christus mit seinem Blut geschlossen und besiegelt hat."*[17]

Und er schließt seine Predigt: *„Ich bin sehr dankbar, dass ich hier in dieser Kirche, die von 1934–45 meine Heimatkirche war, zu Ihnen sprechen konnte mit einer Predigt über ein Wort aus der Bibel. Gott gebe, dass mit dem*

---

16) Martin GREGOR: Die Gedenktafel in Döberle, Kreis Oels/Dobra, in: SCHOTT (wie Anm. 13), S. 117–123, die Predigt S. 120–123.
17) Ebd., S. 122.

heutigen Tag ein neuer, guter Schritt auf dem Weg der Versöhnung und des Friedens zwischen polnischen und deutschen Menschen getan wird. Amen."[18] Im anderen Fall handelt es sich um einen Bericht von Maria Luft über die Einweihung des größten Denkmals der Stadt Breslau. Es geht um eine 70 Meter lange Mauer im Grabiszyński-Park, die an 120 untergegangene Friedhöfe aller Breslauer Konfessionen erinnern soll. Die Einweihung am 30. Oktober 2008 nahmen Erzbischof Maria Gołębiewski und Bischof Wlodzimierz Juszczak, der orthodoxe Bischof Jeremiasz, der lutherische Bischof Ryszard Bogusz und der Breslauer Rabbiner Itzchak Rapoport vor. Etwa 70 Grabsteine und Erde von allen Friedhöfen sind in diese „Friedhofsmauer ohne Friedhof" eingelassen. Auf Deutsch heißt es: „Zum Andenken an die früheren Bewohner unserer Stadt, die auf Friedhöfen beigesetzt wurden, die heute nicht mehr bestehen." Und der Breslauer Stadtpräsident, Rafał Dutkiewicz, erklärte: „*Dieses Denkmal soll ein Ort für Deutsche und Polen sein, ein Ort, der ehemalige und heutige Breslauer verbindet.*"[19]

III. Zur Geschichte vom Abschiednehmen der Vertriebenen

Lassen Sie mich nach diesen Gedanken die Geschichte von Abschied und Trauer der Vertriebenen noch ein bißchen weiter erzählen und dabei daran erinnern, daß den Vertriebenen schon vor über vierzig Jahren sehr ernsthaft nahegelegt worden ist, ihre Vergangenheit im Osten nicht weiter zu thematisieren und am besten ruhen zu lassen. Das war damals nach dem Erscheinen der sogenannten „Ostdenkschrift" der Evangelischen Kirche in Deutschland im Jahre 1965. Dieses Ansinnen hat damals zu sehr schwierigen Diskussionen geführt. Viele Vertriebene hatten seitdem das Gefühl, daß sie von der Kirche, von ihrer Evangelischen Kirche, im Stich gelassen und nicht verstanden werden.
   Wenn man diesen Vorgang heute in den Rahmen der Trauerarbeit der Vertriebenen, wie sie hier beschrieben wurde, hineinstellt und von da aus noch einmal aufrollt, dann könnte das eine Geschichte ergeben, die sich etwa so anhört: Eine Witwe, die hier für die Vertriebenen steht, geht

---

18) Ebd., S. 123.
19) Maria Luft: Neues Denkmal für ehemalige Breslauer. Breslau setzt Zeichen der Versöhnung, in: Adalbertusforum. Zeitschrift für ostmitteleuropäische Begegnung 16 (2009), Nr. 43 (Juni), S. 12f.

auch längere Zeit nach dem Tod ihres Mannes noch immer sehr häufig zu dessen Grab. Einem alten Freund erscheint diese Trauerzeit als zu lange. Er spricht die Witwe an und sagt: „Dein lieber Mann ist ja nun schon einige Zeit tot, und er kommt auch nicht wieder. Das Alte ist vergangen. Laß doch dieses Rennen zum Friedhof. Es bringt nichts. Wende dich dem Leben wieder zu, der Zukunft, jetzt und heute."

Die Witwe würde sagen: Dieser Freund versteht mich nicht. Abschied, Loslassen, Trauer braucht seine Zeit. Und wenn sie anderen, nicht Betroffenen als zu lange erscheint, dann sollen sie doch, bitte schön, uns die Zeit lassen, die wir brauchen.

Theater in Schlesien

Zum Theater in Schlesien

Von Bärbel Rudin

Keine der historischen deutschen Theaterlandschaften ist in ihrer Tiefenstruktur je so umgepolt worden wie die schlesische durch ihren Übergang von Habsburg an Preußen. Den Umbruch markierte die Stadt Breslau unmittelbar nach dem ersten Schlesischen Krieg bei der Renovierung ihres Ballhaus-Theaters, das die preußische Heeresführung als Mehl- und Proviantmagazin zweckentfremdet hatte. Nicht nur wurde ein Satz splendider neuer Szenerien angeschafft, sondern auch im Parterre *„eine schöne Loge vor Ihro Königl. Mayst."* eingebaut. Damit korrespondierte als augenfälliges Zeichen der politischen Wende ein Portalvorhang *„von roth gefärbter Leinwand, darauf der große Preuß. Adler im Lorber Crantz gemahlt"*. Dieses Stück Stoff kam am 23. März 1743 in Anwesenheit König Friedrichs II. erstmals zum Einsatz. Die kulturräumlichen Koordinaten davor und danach standen fast 270 Jahre später unter dem Generalthema „Theater in Schlesien" im Blickfeld der Jahrestagung 2012 der Stiftung Kulturwerk Schlesien.

Für die konzeptionelle Leitlinie, neue Forschungserträge im Zeitrahmen vom späten 17. bis ins 20. Jahrhundert vorzustellen, waren wenig bekannte oder bisher unzureichend ausgeleuchtete theaterhistorische Aspekte bestimmend. Im Zusammenklang der Spezialbeiträge über theatrale Gattungen, institutionelle Trägerschaften und die organisatorischen und künstlerischen Praktiken von Individuen oder Spielkörpern sollte ein repräsentatives Gesamtbild sichtbar werden, dessen abschließende Thematik im vorliegenden Band jedoch ausgekoppelt ist. Mit seinem auf das Zeitfenster 1933 beschränkten Vortrag gab Matthias Luft Einblick in eine breiter gefaßte Untersuchung, die bereits 2014 unter dem Titel „‚Kulturbollwerk im Osten'. Breslauer Bühnen 1930–1936" als achter Band der ‚Wissenschaftlichen Schriften des Vereins für Geschichte Schlesiens' erschienen ist. Das 20. Jahrhundert wird gleichwohl in Paul S. Ulrichs Studie über „Schlesische Kurtheater bis 1918" ausgiebig berücksichtigt. Die regional- und epochentypische Begleiterscheinung des Badetourismus hat der Autor hier zusätzlich in monumentalen Tabellenwerken dokumentiert.

Zurück zum Anfang: Aus dreierlei Perspektiven wird die Theaterpraxis in der Ära unter der böhmischen Krone untersucht. Das Breslauer protestantische Schultheater im konfessionellen Spannungsfeld analysiert Bernhard Jahn in „Johann Christian Hallmanns Spätwerk (1699–1704) und der Kontext des Wiener Kaiserhofs". Rainer Theobald spinnt den Faden weiter mit Belegen aus seiner an Unikaten reichen Libretti-Sammlung. Seine Ausführungen zu „Adels-, Schul- und Wander-Oper. Beispiele für Formen und Stoffe des schlesischen Musiktheaters im 18. Jahrhundert" umfassen auch die bislang unterbelichtete Breslauer italienische Barockoper. Einer aussagekräftigen Episode der kulturräumlichen Grenzüberschreitung widmet sich zwischenhin Bärbel Rudin unter dem Titel „An der Schwelle zur Theaterreform. Die Neuberin in Breslau 1724".

Wiederum drei Beiträge führen in die preußische Epoche, zwei davon mit dem Auftaktjahr 1805 in die Provinz. Die für das oberschlesische Bühnenwesen signifikante Brückenfunktion nach Böhmen verdeutlicht Adolf Scherl. Schauspiele preußischen Geistes und Singspiele Wiener Couleur kennzeichnen seinen quellengesättigten Beitrag über „Václav Tham und das Schloßtheater in Pleß", ein schlesisches Kulturzentrum des Fürsten von Anhalt-Köthen-Pleß. Den Kontrast zwischen ortsfestem Ensemble in höfischer Trägerschaft und dem ambulanten Bühnengewerbe kann Lars Rebehn besonders sinnfällig machen durch seine Recherchen über einen der bedeutendsten und erfolgreichsten Marionettenspieler um 1800: „Geisselbrecht in Schlesien. Wie man durch die Hintertür eine preußische Generalkonzession erlangt". Für zwei Jahre reist man schließlich mit Frank Ziegler zurück in die Metropole, um einen anspruchsvollen jungen Orchesterchef wahrzunehmen. Sein berühmter Name leuchtet über einem Wust der „Fakten, Legenden, Irrtümer", die der Autor in detaillierter Analyse entwirrt. Mit „Carl Maria von Weber und das Musiktheater in Breslau zwischen 1804 und 1806" schließt sich der Vorhang über signifikant unterschiedlichen Spielformen und Adressierungen von Theater an der Schwelle des 19. Jahrhunderts.

Johann Christian Hallmanns Spätwerk (1699–1704) und der Kontext des Wiener Kaiserhofs: Opportunismus oder Interkonfessionalität?

Von Bernhard Jahn

„Er hatte um sein Glück zu finden, die Lutherische Religion mit der Päpstischen verwechselt, er fand aber dabey sein Unglücke, denn er verlohr seine Patrone und Gönner, und starb endlich vor etlichen Jahren in höchster Armuth zu Breßlau, da er sich die meiste Zeit seines Lebens aufgehalten."[1]

Dieser knappe Passus aus Gottlieb Stolles 1718 erstmals erschienenen ‚Kurtze[n] Anleitung zur Historie der Gelahrheit' scheint wie kein zweiter für das negative Hallmann-Bild, das in der Forschung lange kursierte und immer wieder auflebt, verantwortlich zu sein. Stolles Bemerkung enthält den latenten Vorwurf, Hallmann sei nicht aus religiösen Gründen konvertiert, sondern eben, um sein *„Glück zu finden"*, das heißt, um auf opportunistische Weise in katholischen Kreisen rund um den Wiener Kaiserhof im weiteren oder engeren Sinn zu reüssieren. Mag die Konversion zum Katholizismus für einen gläubigen Protestanten wie Stolle an und für sich schon indiskutabel sein, so erhöht sich der Abscheu, wenn diese Konversion aus strategischen Gründen vollzogen wurde. Daß das Werk eines solchen Dichters von einer protestantisch dominierten Literaturgeschichtsschreibung seit dem 18. Jahrhundert dann nur mit wenig Wohlwollen betrachtet werden kann, ist nicht überraschend.

Doch das Stolle-Zitat entfaltete in der Literaturwissenschaft darüber hinaus eine tiefere und weniger leicht zu durchschauende Wirkung, vor allem auf jene Forscher, die Hallmann neutral gegenüber standen oder ihm sogar wohlgesonnen waren. Stolles recht vage gehaltene Bemerkung enthält keine exakteren Zeitangaben, so daß wir nicht wissen, in welchem Jahr Hallmann konvertierte. Da wir auch sein Todesjahr nicht kennen,

---

1) Gottlieb Stolle: Kurtze Anleitung zur Historie der Gelahrheit, Halle 1718, S. 253f.

die Angaben schwanken zwischen 1704 und 1716,² ist der Zeitpunkt der Konversion schwer bestimmbar. In der Forschung wird allgemein angenommen, daß die Konversion Mitte der 1680er Jahre vollzogen wurde,³ doch da stichhaltige Argumente fehlen, könnte der Übertritt auch erst nach 1704, dem Jahr, in dem letztmals eine literarische Tätigkeit Hallmanns zu belegen ist, stattgefunden haben. Nichts spricht dagegen.

Nun ist die Angabe, Hallmann sei konvertiert, allerdings nur bei Stolle zu finden. Gottlieb Stolles Angaben müssen nicht stimmen. Daß Hallmann in Breslau verstorben sei, wie Stolle behauptet, widerspricht anderen Angaben, die berichten, er sei in Wien verstorben.⁴ Stolles ‚Kurtze Anleitung zur Historie der Gelahrheit'⁵ ist, was das Kapitel über die Poesie betrifft, eine genuin protestantische Geschichte der Literatur, streng an Opitz ausgerichtet und somit latent antikatholisch. Süddeutsche Dichtung kommt nicht vor, und theatrale Formen wie die Oper, an denen Hallmann sich orientierte, lehnt Stolle ab.⁶ Möglichweise ist Hallmann ja gar nicht konvertiert,⁷ und es könnte Stolle nur darum zu tun gewesen sein, Hallmanns Ruf zu schädigen. Andere biographische Unternehmungen aus der ersten Hälfte des 18. Jahrhunderts wie etwa Johann Matthesons Sammlung

2) Die Angabe Wien 1716 geht wohl auf Johann Georg Peuker zurück; vgl. Gerhard SPELLERBERG: Zu Leben und Werk von Johann Christian Hallmann, in: Johann Christian HALLMANN: Mariamne. Trauerspiel, hg. von Gerhard SPELLERBERG, Stuttgart 1973, S. 18–185, hier S. 181.
3) Ebd., S. 180.
4) Ebd., S.181.
5) Zum Konzept der *Historia Literaria* vgl. Frank GRUNERT, Friedrich VOLLHARDT (Hg.): Historia literaria. Neuordnungen des Wissens im 17. und 18. Jahrhundert, Berlin 2007. Zu Stolles Poesie-Kapitel vgl. Olaf SIMONS: Marteaus Europa oder Der Roman, bevor er Literatur wurde. Eine Untersuchung des deutschen und englischen Buchangebots der Jahre 1710 bis 1720, Amsterdam, Atlanta 2001, S. 142–160.
6) STOLLE (wie Anm. 1), S. 260.
7) Schon Szarota erwägt diese Möglichkeit: Elida Maria SZAROTA: Geschichte, Politik und Gesellschaft im Drama des 17. Jahrhunderts, Bern, München 1976, S. 103. Auch SPELLERBERG (wie Anm. 2), S. 180 äußert sich vorsichtig. Selbst die sechs erhaltenen Briefe von Christian Gryphius an Christian Stieff, die darüber berichten, wie der 1699 wieder in Breslau weilende Hallmann versucht, seine ‚Catharina' zunächst von protestantischen Schülern des Elisabeth-Gymnasiums, dann von katholischen Schülern aufführen zu lassen, enthalten keine klare Aussage über Hallmanns Konfession; vgl. Dietrich EGGERS: Die Bewertung der deutschen Sprache und Literatur in den deutschen Schulactus von Christian Gryphius, Meisenheim am Glan 1967, S. 147–149. Ich werde diese Briefe weiter unten im Sinne des interkonfessionellen Paradigmas deuten.

von Musikerbiographien ‚Ehren-Pforte' verfuhren ebenso und ruinierten auf lange Zeit den Ruf jener Personen, gegenüber denen die Biographen Ressentiments hegten.[8] Die Möglichkeit, daß ein Zeitgenosse Hallmann durch eine erfundene Behauptung schädigen wollte, sollte daher zumindest in Erwägung gezogen werden.

Doch wie dem auch sei, Stolles Bemerkung setzte schon in den frühesten literaturwissenschaftlichen Untersuchungen ein interpretatorisches Spiel in Gang, das auf einer ganz einfachen Regel basiert: Welches Werk von Hallmann der Literaturwissenschaftler auch lesen mag, er suche als Interpret das Katholische in diesem Werk. Je nach ideologischer Ausrichtung der Zeit konnte und kann der Befund dann noch mit einem ästhetischen Verdammungsurteil kombiniert werden, das sich aus der Vorstellung speist, die deutsche Literatur um 1700 habe sich in einem Stadium des Verfalls befunden. Daraus ergibt sich als zweite interpretatorische Grundregel: Welches Werk von Hallmann der Literaturwissenschaftler auch lesen mag, er zeige die Verfallstendenzen in diesem Werk auf.

Da die Zeit um 1700 in der neueren germanistischen Forschung heute nicht mehr vorrangig unter dem Paradigma des Verfalls betrachtet wird,[9] werden sich die folgenden Ausführungen auf die Problematisierung der ersten Interpretationsregel konzentrieren.

Schon das erste Werk, das nur als Szenar von 1662 vorliegende Trauer-Spiel ‚Der Bestrafte Geitz / Oder Hingerichte Mauritius, Kayser zu Constantinopel'[10] ist in dieser Hinsicht verdächtig, greift Hallmann hier doch ein Thema auf, das zu den beliebtesten des Jesuitentheaters gehörte,[11] und tatsächlich stellt das Trauer-Spiel, soweit sich das aus dem Szenar sicher erschließen läßt, die Übersetzung einer Tragödie des Jesuiten Jacob Masen

---

8) Dies betrifft etwa den Komponisten Johann Adam Reincken; vgl. die Darstellung in Johann MATTHESON: Grundlage einer Ehren-Pforte, Hamburg 1740, hg. von Max SCHNEIDER, Berlin 1910, S. 292–293.
9) Vgl. Sylvia HEUDECKER, Dirk NIEFANGER, Jörg WESCHE (Hg.): Kulturelle Orientierung um 1700. Traditionen, Programme, konzeptionelle Vielfalt, Tübingen 2004; ferner demnächst erscheinend: Daniel FULDA, Jörn STEIGERWALD (Hg.): Um 1700. Die europäische Frühaufklärung zwischen Öffnung und Schließung.
10) Das Trauerspiel ist als Szenar erhalten. Reprint in: Das Breslauer Schultheater im 17. und 18. Jahrhundert, hg. und mit einem Nachwort versehen von Konrad GAJEK, Tübingen 1994, S. 479–482.
11) Vgl. Jean-Marie VALENTIN: Le Théâtre des Jésuits dans les pays de langue Allemande. Répertoire bibliographique, Bd. 2, Stuttgart 1984, S. 997. Im Register wird unter dem Stichwort ‚Maurice' auf rund fünfzig Bearbeitungen verwiesen.

dar.¹² Sollte Hallmann so früh schon, angeblich verfaßte er das Werk als Siebzehnjähriger, mit dem Katholizismus geliebäugelt haben? Aber auch ohne daß eine unmittelbare Parallele zum Jesuitentheater gegeben wäre, machte sich Hallmann früh verdächtig, so etwa in dem 1667 publizierten Schäferspiel ‚Urania'.¹³ Wie Christiane Caemmerer¹⁴ in ihrer Interpretation zeigt, weicht die ‚Urania' hinsichtlich ihrer Anlage und Aussage von der Gattungs-Tradition der Schäferspiele signifikant ab: Gefeiert wird nicht, wie gattungstypisch zu erwarten, die Liebe in der einen oder anderen Form, am Schluß stehen nicht zahlreiche Hochzeiten, sondern Hallmann präsentiert vielmehr ein asketisches Keuschheitsideal, das auch für die Ehe Gültigkeit beansprucht, wie an dem Ehepaar Urania – Silvano exemplifiziert wird.¹⁵ Wenn dann noch, wie Caemmerer zeigt, Urania der Gottesmutter Maria angenähert wird, dann liegt der Schluß nahe, den Caemmerer auch tatsächlich zieht, daß „*hier schon Elemente des Katholizismus auszumachen* [sind], *obwohl man im allgemeinen erst 1680 als das Jahr seines Übertritts zum katholischen Glauben ansetzt*".¹⁶ Hinzu kommt die Form von Hallmanns Schäferspiel: Eine Einheit der Handlung fehlt, vielmehr werden verschiedene positive oder negative Formen der Liebe anhand von Exempla reigenartig vorgeführt.¹⁷ Und diese eher systematische als dramatische Abfolge ähnelt dann doch wieder dem Aufbau zahlloser Jesuitendramen.

Caemmerer spielt also das Spiel „*Suche das Katholische in jedem Werk Hallmanns*" und wird fündig. Aber, und das zeichnet ihre Interpretation aus, sie macht auch die Gegenprobe und verweist auf protestantische Elemente. So gibt es, obwohl Luther die Sexualität in der Ehe verankert hatte, nach Caemmerer durchaus auch protestantische Askese-Konzepte für die

---

12) Vgl. Kurt Kolitz: Johann Christian Hallmann. Ein Beitrag zur Geschichte des deutschen Dramas in der Barockzeit, Berlin 1911, S. 25. Jacob Masens Tragödie ‚Mauritius Orientis Imperator' war 1654 im dritten Teil von Masens ‚Palaestra eloquentiae' erschienen.
13) Ediert in: Johann Christian Hallmann: Sämtliche Werke, hg. von Gerhard Spellerberg, Bd. 3,1, Berlin, New York 1987, S. 1–149.
14) Christiane Caemmerer: Siegender Cupido oder Triumphierende Keuschheit. Deutsche Schäferspiele des 17. Jahrhunderts, Stuttgart-Bad Cannstatt 1998, S. 414–436.
15) Ebd., S. 429f.
16) Ebd., S. 435.
17) Ebd., S. 418.

Ehe,[18] und die episodisch reihende Exempla-Struktur findet sich häufig im protestantischen Schultheater, gerade auch in Breslau.[19] Auch das 1666 vom Breslauer Magdalenen-Gymnasium aufgeführte Trauerspiel ‚Verführter Fürst Oder entseelter Theodoricus'[20] weckt sofort den Verdacht, eine jesuitische Thematik zu entfalten, gibt es doch über zwanzig Jesuitendramen, die die Herrschaft des Ostgotenkönigs Theoderich in Italien zum Gegenstand machen.[21] Und dies nicht ohne Grund, da das Sujet sich hervorragend für konfessionelle Zuspitzungen eignet. Theoderich als Anhänger des arianischen Glaubens hatte den Philosophen Boethius hinrichten lassen. In der Jesuitendramatik wurden die Goten zu protestantischen Ketzern, die Italiener mit Symmachus und Boethius an der Spitze zu katholischen Märtyrern.

Hallmann übernimmt dieses jesuitische Zuordnungsmodell, verändert es aber signifikant. Zunächst einmal, wie schon Szarota nachwies,[22] wird der konfessionelle Gegensatz nahezu eliminiert, es geht Hallmann nicht so sehr um die Religion, sondern um Staatsraison, was auch dem historischen Konflikt zwischen Theoderich und Boethius eher entspricht. An die Stelle des Religionskonflikts tritt der Konflikt zwischen Eroberervolk und besiegten Landesbewohnern. Dieser Konflikt nun greift, wie Szarota überzeugend darlegt, die Lage Schlesiens nach dem Westfälischen Frieden auf, so daß es nun zu folgender paradoxer Gleichung kommt: Die protestantischen Schlesier entsprechen den katholischen Italienern und die arianischen [= protestantischen] Goten den katholischen Habsburger Eroberern Schlesiens.[23] Daß die katholische Seite, also die Italiener, im Trauerspiel, recht positiv gezeichnet wird, bedeutet nun, wenn man die eben erläuterte Zuordnung vornimmt, gerade keine Parteinahme für die Katholiken, sondern, geschickt camoufliert, eine Parteinahme für die

---

18) Vgl. Caemmerers Hinweis auf Erasmus SARCERIUS: Ein Buch vom heiligen Ehestande. Leipzig 1553. Zu Sarcerius s. Erika KARTSCHOKE (Hg.): Repertorium deutschsprachiger Ehelehren der Frühen Neuzeit, Bd. I,1, Berlin 1996, S. 181–185.
19) Vgl. etwa die 1742 am Elisabeth-Gymnasium aufgeführte ‚Mayen-Lust' von Christoph Köler, bei der die Schüler einzeln verschiedene Blumen vor- und darstellen, GAJEK (wie Anm. 10), S. 61–68, oder 1656 die ‚Cosmotheoriae Europologia' von Johannes Gebhard, bei der die Schüler die verschiedenen Regionen Europas vorstellen, ebd., S. 73–80.
20) Ediert in HALLMANN, Sämtliche Werke (wie Anm. 13), Bd. 1, 1975, S. 1–191.
21) Vgl. VALENTIN (wie Anm. 11), S. 1009 (Théodoric) und auch S. 974 (Boèce).
22) SZAROTA (wie Anm. 7), S. 88.
23) Ebd., S. 91.

protestantischen Schlesier. Hallmann scheint mit den Konfessionszuordnungen zu spielen, zeichnet beide Konfessionen positiv und plädiert im übrigen in seinem Drama für religiöse Toleranz.[24] Um dem Dilemma der Frage nach den katholischen Tendenzen bei Hallmann zu entkommen, und um eine neue Perspektive auf sein Werk zu gewinnen, soll im folgenden der Deutungsansatz der Interkonfessionalität vorgestellt und erprobt werden.[25] Es geht bei diesem Ansatz um einen Blickwechsel, der durch den Versuch entsteht, das 17. Jahrhundert einmal nicht als das Zeitalter der konfessionellen Spannungen zu beschreiben, das es zwar sicherlich war, sondern als ein Zeitalter interkonfessioneller Bezüge und Beziehungen. Welche Gemeinsamkeiten bestanden zwischen den Konfessionen im 17. Jahrhundert, wie arbeiteten sie zusammen, was übernahmen sie voneinander, in welchen Bereichen trat das Trennende der Konfessionen in den Hintergrund?

Durch den Perspektivwechsel entsteht ein anderes 17. Jahrhundert. Und dies nicht erst gegen Ende des 17. Jahrhunderts, als der sächsische Kurfürst aus politischen Gründen zum Katholizismus konvertierte, weil er die polnische Krone haben wollte, sondern schon während des Dreißigjährigen Krieges. So lobt etwa der Wedeler Pastor Johann Rist, der nie im Verdacht stand, mit dem Katholizismus zu liebäugeln, die „*Herren Patribus der Societät Jesu*" in einer späten Schrift als in Theaterdingen „[un] *übertrefflich erfahren*"[26] und konstruiert seine Dramen so sehr nach deren Prinzipien, daß aus dem bekennenden Opitzianer Rist unter der Hand ein Anti-Opitzianer wird.

Ähnliches findet sich im Bereich der Musik: Betrachtet man die Mitglieder der Hofkapellen, wird man feststellen, daß die künstlerische Qualität Vorrang vor der Konfession besaß. Agostino Steffani etwa, ein katholischer Priester und Komponist, war als Komponist und Diplomat zeitweise für

---

24) Ebd., S. 92.
25) Vgl. als erste Annäherung: Kaspar von Greyerz (Hg.): Interkonfessionalität – Transkonfessionalität – binnenkonfessionelle Pluralität. Neue Forschungen zur Konfessionalisierungsthese, Gütersloh 2003. Das Graduiertenkolleg „Interkonfessionalität" an der Universität Hamburg erprobt zur Zeit die Anwendung des Paradigmas besonders auch im Bereich der frühneuzeitlichen Kunstproduktion.
26) Johann Rist: AllerEdelste Belustigung ... Hamburg 1666, in: Ders.: Sämtliche Werke, Bd. 5, hg. von Eberhard Mannack, Berlin, New York 1974, S. 183–411, hier S. 276.

den Hannoveraner Kurfürsten Ernst August tätig.[27] Auch Johann Sebastian Bach komponierte eine katholische Messe für den Dresdner Hof, ohne daß ihm dies von der Forschung als Opportunismus ausgelegt worden wäre.

Es scheinen vor allem die Künste gewesen zu sein, die eine Plattform zur Entfaltung inter- oder transkonfessioneller Zusammenarbeit bereitstellten. Ja, es gab Gattungen, die im 17. Jahrhundert von vornherein überkonfessionell angelegt waren: Dazu zählt allen voran die Oper. Vor diesem Hintergrund, der hier nur skizziert werden kann, da er einer systematischeren Aufarbeitung noch harrt, verliert Hallmanns Werk das Odium des Opportunistischen. Vielmehr läßt es sich völlig unabhängig von der Frage, wie es sein Verfasser mit der Religion hielt, in größere interkonfessionelle Zusammenhänge einordnen, in denen nahezu alle Autoren der Zeit stehen.

Auch Opitz, Gryphius und Lohenstein rezipierten katholische Autoren, waren etwa von jesuitischer Dramatik beeinflußt, und während man in den Fesseln des konfessionellen Schemas die einen als gute Lutheraner und Hallmann als Opportunisten und Apostaten bezeichnen muß, ermöglicht der interkonfessionelle Ansatz hier eine wertungsfreie Perspektive.

In dem Stolle-Zitat ist ein zweiter Vorwurf angelegt, der allerdings erst mit Johann Christoph Gottsched in den 1730er Jahren dann seine volle Wirkmacht entfalten sollte: Hallmann hat mit seiner vermeintlichen Konversion nicht nur die protestantische Seite verlassen, sondern, indem er versuchte, am Wiener Kaiserhof zu reüssieren, auch die Interessen der deutschen Literatur verraten, das Konzept einer nationalsprachlichen deutschen Literatur, für das Opitz und seine Nachfolger standen und das Gottsched wieder aufgriff.[28]

Nun ist der Wiener Kaiserhof zu Zeiten Leopolds I. und Josephs I. in der Tat nicht als Förderer deutschsprachiger Literatur in Erscheinung getreten. Sofern Literatur im engeren Sinne hier überhaupt gefördert wurde, dominierten die lateinische und die italienische Dichtung.[29] Im Bereich

---

27) Zu Agostino Steffani als Diplomat vgl. Claudia KAUFOLD: Ein Musiker als Diplomat: Abbé Agostino Steffani in hannoverschen Diensten (1688–1703), Bielefeld 1997.
28) Vgl. Dieter BREUER: Regionale Vielfalt und nationale Einheit. Zu einer Kontroverse des Barockzeitalters, in: Weißenfels als Ort literarischer und künstlerischer Kultur im Barockzeitalter, hg. von Roswitha JACOBSEN, Amsterdam, Atlanta 1994 (= Chloe 18), S. 7–22.
29) Vgl. Michael RITTER: „Man sieht der Sternen König glantzen". Der Kaiserhof im barocken Wien als Zentrum deutsch-italienischer Literaturbestrebungen (1653–

des Theaters, der den Kernbereich der leopoldinischen Kunstförderung ausmachte, herrschte die lateinische Sprache, in der Oper das Italienische. Da der Kaiserhof für das Konzept einer nationalsprachlichen Literatur unbrauchbar war, wurde er von den Dichtern und der Literaturgeschichtsschreibung ab der zweiten Hälfte des 18. Jahrhunderts zusammen mit der süddeutsch-katholischen Literatur sehr stark abgewertet.[30] Am Kaiserhof lief sozusagen das falsche Programm, das außerdem zunehmend veraltete, da sich das Konzept der nationalsprachlich verankerten Literaturen spätestens ab 1800 durchgesetzt und alle anderen Modelle verdrängt hatte. Kaiser Leopold selbst und seine Kunstauffassung galten bis weit ins 20. Jahrhundert hinein als altmodisch und überholt. Das verblüfft zumindest insofern, als ja auch Friedrich der Große rund hundert Jahre später der deutschsprachigen Literatur distanziert gegenüber stand und in seinem Opernhaus unter den Linden ausschließlich italienische Opern spielen ließ.

In der Geschichtswissenschaft lassen sich seit den letzten zehn bis 15 Jahren nun allerdings Konturen eines neuen Leopold-Bildes erkennen. An die Stelle des bigotten und ewig zaudernden Jesuitenzöglings, der besser in einem geistlichen Amt aufgehoben gewesen wäre, tritt ein Medienstratege, dem es durch seine Propaganda gelingt, das Reich immer wieder in seinem Sinne zu mobilisieren. Das Bild des Medienstrategen Leopold ist ein Effekt der Studien von Andreas Gestrich,[31] in denen der Absolutismus nicht mehr im Sinne des alten Habermasschen Öffentlichkeitsmodells als eine Kultur der körperlichen Präsenz, bei der alles von der Präsenz des Fürsten bzw. des Hofstaats abhängt, gefaßt wird, sondern durchaus im modernen Sinne als eine Medienöffentlichkeit, bei der das Bild des Fürsten von und durch die Medien gemacht wird. Untersuchungen, etwa von Maria Goloubeva oder Jutta Schumann, konnten zeigen, daß neben traditionellen Medien wie Gedenkmünzen oder Statuen auch tatsächlich schon die Presse mit Zeitungen, Zeitschriften, Flugschriften und Flugblättern eine erhebliche

---

1718) am besonderen Beispiel der Libretto-Dichtung, Wien 1999, bes. S. 9–18, ferner Erika KANDUTH: Italienische Dichtung am Wiener Hof im 17. Jahrhundert, in: Beiträge zur Aufnahme der italienischen und spanischen Literatur in Deutschland im 16. und 17. Jahrhundert, hg. von Alberto MARTINO, Amsterdam 1990 (= Chloe 9), S. 171–207.
30) Vgl. die immer noch nicht überholte Diagnose von Dieter BREUER: Oberdeutsche Literatur 1565–1650. Deutsche Literaturgeschichte und Territorialgeschichte in frühabsolutistischer Zeit, München 1979, bes. S. 1–21.
31) Andreas GESTRICH: Absolutismus und Öffentlichkeit. Politische Kommunikation in Deutschland zu Beginn des 18. Jahrhunderts, Göttingen 1994.

Rolle in der Politik spielte.[32] Leopolds politische Situation war bekanntlich alles andere als einfach, mußte er doch einen Zweitfrontenkrieg gegen die Türken im Osten und Ludwig XIV. im Westen führen, wobei sich seine katholischen Verbündeten, etwa der bayerische Kurfürst Max Emanuel, nicht eben als zuverlässig erwiesen. Leopold stand permanent unter dem Druck, seine politischen Absichten im Reich darzustellen und die Fürsten wie auch allgemein die Öffentlichkeit für seine Ziele zu mobilisieren. So wurden ab den 1660er Jahren alle politischen Aktionen des Kaisers von Medienkampagnen, d.h. von Flugblättern und Zeitungsberichten, begleitet.

Ein Medium in diesem Zusammenhang aber, das uns heute nicht mehr vorrangig als politisches erscheint, hatte dabei die Funktion eines Leitmediums: das Theater und hier vor allem die Oper. Und dies vielleicht auch deshalb, weil das Theater eine Schnittstelle ermöglichte zwischen dem alten Konzept der körperlichen Präsenz – im Theater sind Zuschauer und Schauspieler körperlich anwesend –, und den neuen nichtleiblichen Medien: Die Theateraufführungen wurden mit großem publizistischem Aufwand begleitet: gedruckte Textbücher, die an den europäischen Adel verschickt wurden, Berichte über die Aufführung in Festberichten und Zeitschriften.

In diesem Funktionsgeflecht ist auch das Theater eines Johann Christian Hallmanns einzuordnen. Um 1700 war das Theater ein genuin politisches Medium, und dies sicherlich in stärkerem Maße als um 1600. Insofern steht zu erwarten, daß Hallmann auch in seinen späten Theaterproduktionen politische Aussagen macht, weil dies vom Theater erwartet wird. Zieht man vergleichend die um 1700 entstandenen und im Breslauer Magdalenen-Gymnasium aufgeführten Redeactus von Christian Gryphius heran, so erkennt man auch hier die casuale Anbindung an den Habsburger Hof. Der Redeactus von den ‚Opern und Balletten' am 1. und 2. September 1700 etwa endet mit folgender Szene:

„Die vier Jahrs-Zeiten und Zwölff Monate erörtern in einer singenden Vorstellung / wer unter Ihnen das meiste bei dem Glücke des Grossen LEOPOLDS und allerdurchlauchtigsten JOSEPHS getan habe."[33]

---

32) Wegweisend war hier die Studie von Peter BURKE: Ludwig XIV. Die Inszenierung des Sonnenkönigs, Berlin 1993, deren Konzept dann auf Leopold übertragen wurde Maria GOLOUBEVA: The Glorification of Emperor Leopold I in Image, Spectacle and Text, Mainz 2000; Jutta SCHUMANN: Die andere Sonne. Kaiserbild und Medienstrategien im Zeitalter Leopolds I., Berlin 2003.
33) Christian GRYPHIUS: Der Teutschen Rätzel-Weißheit Andern Theils Dritte Vorstellung Von den Operen und Balletten. Breslau 1700, S. 4.

Wenn diese und ähnliche Szenen dem heutigen Betrachter gelegentlich als allzu planes Lob auf den Wiener Kaiserhof erscheinen, ist Vorsicht geboten, denn das Herrscherlob erweist sich als eine dialektische Angelegenheit. Lob und Kritik sind untrennbar miteinander verbunden, stellt doch das Lob Maßstäbe auf, denen der Gelobte entsprechen, vor denen er aber auch jämmerlich versagen kann.[34] Durch die Blume des Lobs konnten weitreichende Forderungen artikuliert werden. Auch in den freien Reichsstädten wie z. B. in Hamburg wurde den Habsburgern mit zahlreichen Opern und Prologen gehuldigt, ohne daß die Hamburger seitens der Forschung bislang des Opportunismus geziehen worden wären, sie artikulierten lediglich ihre politischen Interessen, die nicht immer kaiserkonform waren.[35] Wer dieses Verfahren, den Herrscher in die Pflicht zu nehmen, im Zusammenhang mit Hallmann als opportunistisch betrachtet und von *„obrigkeitsverpflichtete*[r] *Literatur"*[36] spricht, der hat nicht verstanden, wie das Theater um 1700 in der Gesellschaft funktioniert. Treffender wäre es, von obrigkeitsverpflichtender Literatur zu sprechen.

***

Wendet man sich nun unter dem Paradigma der Interkonfessionalität dem Spätwerk Hallmanns zu, so verliert es viel von seinem Odium. Zehn Dramen sind es, die zwischen 1699 und 1704 in Breslau zur Aufführung

---

34) Vgl. die Aufsätze in dem Band von Pierre BÉHAR, Herbert SCHNEIDER (Hg.): Der Fürst und sein Volk. Herrscherlob und Herrscherkritik in den habsburgischen Ländern der frühen Neuzeit, St. Ingbert 2004, besonders Jörg Jochen BERNS: Herrscherlob und Herrscherkritik in habsburgischen Fürstenspiegeln zu Beginn des 16. Jahrhunderts: Maximilian I. und Erasmus, S. 25–44 sowie Herbert SCHNEIDER: »La Monarchia Latina Triofante« von Antonio Draghi, ‚Festa Teatrale' zur Geburt des Erbprinzen Joseph (1678) oder: Wie legitim ist Lob und Kritik in der höfischen Panegyrik, S. 169–144.
35) Vgl. Dorothea SCHRÖDER: Zeitgeschichte auf der Opernbühne. Barockes Musiktheater in Hamburg im Dienst von Politik und Diplomatie (1690–1745), Göttingen 1998, bes. S. 83–173.
36) So etwa Anne WAGNIART: Das Projekt einer deutschsprachigen Kaiserliteratur im Schlesien des 17. Jahrhunderts, in: Études Germaniques 65 (2010), S. 163–180, hier S. 177, oder S. 180 über Hallmann und Butschky: *„kritiklose Herolde des österreichischen Absolutismus"*. In diesem Zusammenhang muß natürlich auch das Verfallsklischee bedient werden: *„So kam es zu einer tiefen Krise der deutschen Literatur"* (S. 179).

gelangten und die bislang nur im Lichte der Aussagen Stolles betrachtet worden sind:

‚Die unüberwindliche Keuschheit, Oder Die Großmüthige Liberata Prinzessin in Portugal'
  Szenar: Breslau 1699.
  Gesamttext: Trauer-Spiel, Breslau 1700.
‚Die sterbende Unschuld, Oder Die Höchstbeleidigte Catharina, Königin in England'
  Szenar: Breslau 1699.
  Szenar: Breslau 1704.
  Gesamttext: Musicalisches Trauer-Spiel. Sammelausgabe, Breslau 1684.
‚Die triumffirende Gerechtigkeit, Oder Der Vergnügte Alexander Magnus'
  Szenar: Breslau 1700.
‚Die tyrannische Regiersucht, Oder Die Unbarmherzige Laodice, Königin in Armenien'
  Szenar: Breslau 1700.
‚Die merckwürdige Klugheit, Oder Der Siegprangende Ariaspes, König in Ponto'
  Szenar: Breslau 1700.
‚Das Frohlockende Hirten Volck Oder Der Gekrönte Schäffer Lionato'
  Szenar: Breslau 1703.
  Szenar: Breslau 1704.
‚Der Rechtmässige Kron-Printz Oder Der Triumphirende Salomon'
  Szenar: Breslau 1703.
  Szenar: Breslau 1704.
‚Die himmlische Liebe, Oder Die Großmüthige Märterin Sophia'
  Szenar: Breslau 1704.
  Gesamttext: Trauer-Spiel, Liegnitz 1671 und Sammelausgabe, Breslau 1684.
‚Die Schaubühne des Glückes, Oder der Tapffere Heraclius'
  Szenar: Breslau 1704.
  Gesamttext: Schau-Spiel. Sammelausgabe, 1684.
‚Die betrogene Keuschheit Oder Die Entehrte Paulina'
  Szenar, Breslau 1704.[37]

---

37) Als Quelle für die Zusammenstellung diente Gerhard DÜNNHAUPT: Personalbibliographien zu den Drucken des Barock. 2., verbess. u. wesentl. verm. Aufl., Bd. 3,

Nur vier dieser Dramen, ‚Liberata', ‚Catharina', ‚Sophia' und ‚Heraclius', liegen in zeitgenössischen Drucken vor, die übrigen sechs sind verloren, erhalten haben sich lediglich Szenare, und selbst diese Szenare sind seit dem Zweiten Weltkrieg größtenteils verschollen, waren aber glücklicherweise schon 1910 von Werner Richter ediert worden.[38]

Über die Bemühungen Hallmanns, 1699 in Breslau als Dramatiker wieder Fuß zu fassen, geben sechs Briefe Auskunft, die Christian Gryphius im April und Mai 1699 an Christian Stieff richtete.[39] Demnach versuchte Hallmann zunächst wohl, seine ‚Catharina' von Schülern des (protestantischen) Elisabeth-Gymnasiums aufführen zu lassen (Brief vom 1.4.). Nachdem sich diese Möglichkeit teils aus Geldmangel, teils wegen Intrigen nicht realisieren ließ, wandte Hallmann sich an die Breslauer Jesuiten, um sein Drama aufführen zu können (Brief vom 13.5.). Doch auch diese Möglichkeit scheint sich zerschlagen zu haben, so daß Hallmann schließlich auf nicht-schulische Kräfte für die Aufführung zurückgegriffen haben dürfte. Gryphius spricht von „Herren Diener und Laqueyen", das Szenar nennt „Etliche Studirende" als Schauspieler.[40] Interessant sind diese Briefstellen nicht nur, weil sie abermals keinen sicheren Hinweis auf die Konfession Hallmanns geben (warum wendet sich der angeblich konvertierte Hallmann zuerst an ein protestantisches Gymnasium?), sondern mehr noch, weil daraus Hallmanns interkonfessionelles Konzept deutlich wird. Er bietet seine ‚Catharina' sowohl einem protestantischen wie dann auch einem katholischen Gymnasium zur Aufführung an. Anhand einiger Beispiele soll nun sondiert werden, wie nahe oder wie fern diese späten Dramen Hallmanns der Theaterproduktion rund um den Wiener Kaiserhof stehen, ob sich katholische Tendenzen finden lassen und wie diese zu beurteilen sind. Zunächst einmal bleibt festzuhalten, daß die meisten dieser Stücke politisch auf den Kaiserhof bezogen sind. Dies kann schon in der Widmung des Szenars deutlich werden, so etwa,

---

Stuttgart 1991, S. 1932–1945; Werner RICHTER: Liebeskampf 1630 und Schaubühne 1670. Ein Beitrag zur deutschen Theatergeschichte des siebzehnten Jahrhunderts, Berlin 1910 (= Palaestra 78), S. 343–413.
38) RICHTER, ebd. Das Szenar für die drei Aufführungen des Jahres 1700 findet sich als Faksimile in Anne Vakily WAGINART: Le parcours artistique de Johann Christian Hallmann et le projet d'un théâtre impérial allemand (1662–1704), Diss. Université de Paris-IV Sorbonne, Paris 2002, 2 Bde., hier Bd. 2, S. 734–739.
39) Die Briefpassagen sind abgedruckt bei EGGERS (wie Anm. 7), S. 147–149.
40) Ebd., S. 149; DÜNNHAUPT (wie Anm. 37), S. 1944.

wenn 1703 zwei „Opern" anläßlich des Geburtstags von Kaiser Leopold aufgeführt werden, spätestens aber die Schlußszene der Dramen enthält eine Huldigungsszene, meist an Leopold, gelegentlich auch an den römischen König Joseph, den späteren Kaiser Joseph I. Diese Licenze, wie man sie im Musiktheater nennt, finden sich in den Jahrzehnten um 1700 in den Theateraufführungen der freien Reichsstädte ebenso wie auf den höfischen Bühnen. Sie stellen sozusagen den Normalfall der politischen Diplomatie dar, wobei das Theater, wie schon angedeutet, als zentrales Medium genutzt wird, sie finden sich auch, wie schon am Beispiel von Christian Gryphius demonstriert, bei den Schultheateraufführungen der Breslauer Gymnasien.

Als noch enger mit der politischen Aussage verknüpft erweisen sich die beiden 1703 aufgeführten „Opern" ‚Das frohlockende Hirten Volck Oder Der Gekrönte Schäffer Lionato' sowie ‚Der Rechtmäßige Kron-Printz Oder Der Triumphirende Salomon'.[41]

Beide Stücke beziehen Stellung zum Spanischen Erbfolgekrieg. Der ‚Lionato' ist ein sogenanntes Schlüsselstück, ein Libretto a chiave, d. h. jede Figur des Spiels steht, mehr oder weniger stark verschlüsselt, für eine Figur oder ein Land in der aktuellen politischen Szenerie. Es ging beim Spanischen Erbfolgekrieg um die Nachfolge auf dem spanischen Thron, auf den Philipp von Anjou, ein Enkel Ludwigs XIV., und die österreichischen Habsburger Ansprüche erhoben. Die ins Schäfermilieu verlegte Handlung nimmt diesen Konflikt auf, die Handlung spielt in Eribia, einem Anagramm für Iberia, der Thronverlust wird als Entführung der Schäferstochter Silvia durch Ferino, der für Philipp steht, verschlüsselt dargestellt. Der Rückgewinnung der entführten Silvia, die die Handlung des Schäferspiels ausmacht, entspricht dann auf der politischen Ebene die Rückgewinnung des spanischen Throns. In der Schlußszene des ersten Aufzugs findet sich eine verschlüsselte Aussage zu Schlesien, eine Huldigung bzw. Bitte an Kaiser Leopold:

„*Eine Singende Schäfferin aus Elissia* [d. h. Silesia] *dancket den Göttern, daß sie unter dem Preißwürdigen Schutz ihres Ober-Hirtens des Lionatos* [d. h. Kaiser Leopolds] *ihr Lämmlein auf der Weide sicher aus- und eintreiben und des Feld-Lebens in sanffter Ruhe genüssen kann. Bittet dannenhero daß ihr diese Glückseeligkeit ferner beständig sein möge.*"[42]

---

41) Richter (wie Anm. 37), S. 388–392 (Lionato), S. 392–397 (Salomo).
42) Ebd., S. 389.

Das Verfahren, Literatur als Schlüsselliteratur zu konzipieren, erreichte um 1700 seinen Höhepunkt. Das gilt für das Theater ebenso wie für die Romanproduktion. Der Roman wurde zwischen 1680 und 1720 weniger als fiktionale Literatur aufgefaßt, sondern mehr als Historia, als geschichtlicher Tatsachenbericht, wobei das Faktische der Historia in verschlüsselter Form geboten wurde. Die Jahrzehnte um 1700 sind das goldene Zeitalter der Schlüsselliteratur. Wie eine umfangreiche Studie von Olaf Simons an hunderten von Romanen zeigen konnte, gilt dies nicht nur für Deutschland, sondern auch für England und Frankreich.[43] Das Lesen eines Romans oder eines Librettos[44] bedeutete für die Zeitgenossen also, die Anspielungen des Textes zu entschlüsseln, um auf diese Weise zur politischen Aussage des Textes zu gelangen. Ob ein Roman in der Antike spielte, in Asien oder bei den Germanen, war nicht schon für sich genommen als coleur locale relevant, sondern erst im Hinblick auf die möglichen Bezüge der Handlung zur politischen Gegenwart. Gelegentlich wurden auch Entschlüsselungen gedruckt, so etwa für die Romane Hunolds. Die Verwendung dieser Technik war weder typisch für den Wiener Hof noch für das Jesuitentheater, sondern kann als konfessionsübergreifendes europäisches Phänomen gelten. Wenn Hallmann dieses Verschlüsselungsverfahren anwendet, demonstriert er nicht so sehr eine besondere Nähe zu Wien, sondern vor allem, daß er sich literarisch auf der Höhe der Zeit befindet.

Auch in dem zweiten, 1703 aufgeführten Stück, dem ‚Triumphirenden Salomo', geht es um eine Stellungnahme zu den spanischen Erbstreitigkeiten. Hallmann bedient sich hier einer nun tatsächlich für das jesuitische Theater spezifischen Technik, der *adumbratio*.[45] Dieses Verfahren basiert auf dem spätantik-mittelalterlichen bibelhermeneutischen Verfahren der Typologie.

Schon im Mittelalter konnte das typologische Verfahren so abgeändert werden, daß Gestalten oder Ereignisse des Alten Testaments auf die politische Gegenwart bezogen wurden.[46] Ebenso verfährt auch Hallmann. Er

---

43) SIMONS (wie Anm. 5), S. 208–258.
44) Vgl. meine Analyse einiger Münchner Libretti: Bernhard JAHN: Die Oper als politisches Medium. Funktionen des Musiktheaters am Hof Max Emanuels, in: Stephan HÖRNER, Sebastian WERR (Hg.): Das Musikleben am Hof von Kurfürst Max Emanuel, Tutzing 2012, S. 27–40.
45) Vgl. dazu schon KOLITZ (wie Anm. 12), S. 17.
46) Vgl. Friedrich OHLY: Typologie als Denkform der Geschichtsbetrachtung, in: DERS.: Ausgewählte und neue Schriften zur Literaturgeschichte und zur Bedeu-

greift aus dem ersten Buch der Könige (2,12–34) den Streit der beiden Stiefbrüder Salomon und Adonia auf. Salomon war von David die Königskrone vererbt worden, Adonia rebellierte dagegen, wurde im Auftrag Salomons ermordet. Hallmann folgt der in der Bibel berichteten Handlung sehr genau, gestaltet allerdings die in der Bibel ebenfalls schon angelegte erotische Thematik – Adonia begehrt Abisag, die einst schon David verbunden war – breiter aus. Übertragen auf die aktuelle politische Situation stellt der jüdische Thron den spanischen dar, Adonia ist der französische Kronprätendent Philipp, Salomon ist der habsburgische König Karl III., der spätere Kaiser Karl VI. Die biblische Parallele soll den habsburgischen Thronanspruch legitimieren und überhöhen.

Obwohl das von Hallmann angewandte Verfahren der *adumbratio* für die Jesuitenbühne typisch ist, fällt auf, daß die Adonia-Geschichte nur ganz selten auf der Jesuiten-Bühne behandelt wurde. Vor Hallmann sind nur zwei Stücke bei Valentin belegt, ein drittes wurde 1704 in Bonn aufgeführt.[47] Hallmanns Stoffwahl ist insofern dann doch eher untypisch, der Stoff eignet sich vorrangig als Fürstenspiegel und bietet wegen der recht harschen Ausschaltung der politischen Gegner keine Möglichkeit für deren religiöse *conversio*. Da sich die Szenare der Jesuitendramen ebenfalls erhalten haben, ist ein Vergleich zwischen Hallmann und den Jesuitendramen möglich. Ich beschränke mich auf den 1669 in Hildesheim aufgeführten ‚Adonias'.[48] Typisch für die jesuitische Dramatik, aber bei Hallmann fehlend, sind die allegorischen Figuren, die die inneren Antriebe der Figuren auf der Bühne schon während der Handlung (und nicht erst in den Reyen) verkörpern. So tritt etwa im zweiten Teil der Ehrgeiz mit seinem Gefolge auf und *„zieret Adoniam mit königlicher Kleydung"*.[49] So wird szenisch deutlich, aus welchen affektpsychologischen Motiven heraus Adonias handelt. Bei Hallmann wird diese Motivation im Dialog entwickelt. Die unterschiedliche Darstellungstechnik hängt vor allem auch mit der unterschiedlichen Sprache: hier Latein, dort deutsch, zusammen.

---

tungsforschung, hg. von Uwe RUBERG und Dietmar PEIL, Stuttgart, Leipzig 1995, S. 445–472, bes. S. 460ff.
47) Vgl. VALENTIN (wie Anm. 11), Bd. 1, Nr. 2208 (Hildesheim 1669), Nr. 2647 (Neuß 1681), Nr. 3585 (Bonn 1704).
48) Die Perioche wurde ediert von Paul BAHLMANN: Jesuiten-Dramen der niederrhein. Ordensprovinz. Leipzig 1896 (= Beihefte zum Centralblatt für Bibliothekswesen 6/15), S. 172–175.
49) Ebd., S. 173.

Die bei Hallmann breit ausgestaltete Liebesthematik um Abisag wird im Jesuitendrama nur knapp erwähnt und bleibt auf politische Motive beschränkt. Die explizit didaktischen Passagen des Jesuitendramas, etwa in Szene 1,7 als Nathan Salomon unterrichtet, wie ein Reich zu regieren sei, fehlen bei Hallmann.

Unter den späten Dramen Hallmanns finden sich mit ‚Liberata', ‚Catharina', ‚Sophia' und ‚Paulina' vier Dramen, die in der Forschung als Märtyrerdramen subsumiert werden und damit unter Katholizismus-Verdacht geraten. Die Tatsache, daß etwa Liberata eine kanonisierte Heilige der katholischen Kirche darstellt,[50] bedeutet aber noch nicht, daß es sich bei Hallmanns ‚Liberata' um ein katholisches Märtyrerdrama handelt. Zwar wird sie im Text selbst als „Helden-gleiche Märterin" apostrophiert,[51] doch sind in jüngster Zeit vor allem von Heinz-Werner Radtke im Hinblick auf Gryphius die Unterschiede zwischen dem katholischen und dem lutherischen Märtyrerverständnis herausgearbeitet worden.[52] Was in allen Märtyrerdramen Hallmanns fehlt, ist die für das katholische Verständnis essentielle interzessorische Funktion der Märtyrer als Vermittler zwischen Gott und den Menschen.[53] Die Märtyrer sind Zeugen, bedürfen aber gleichwohl der göttlichen Gnade, können also nicht selbst Gnade (etwa in Form eines Sündenablasses) gewähren.[54] Um diese göttliche Gnade bittet Liberata Gott in ihrer Todesstunde.[55] Vielmehr können, ähnlich wie die Heldinnen und Helden bei Gryphius, die Märtyrerinnen bei Hallmann als Ausdruck der lutherischen *theologia crucis* verstanden werden, nach der das Leiden Christi und das Leiden der Christen zusammen gehören.[56]

Bei eingehenderer Betrachtung erweist sich vieles in Hallmanns Märtyrerdramen nicht als spezifisch katholisch, sondern als interkonfessionelles Gemeingut. So stellen zum Beispiel die Chöre der „*streitenden Kirche*" am Ende des vierten und der „*triumphierenden Kirche*" am Ende des fünften

---

50) Vgl. Kolitz (wie Anm. 12), S. 131.
51) Hallmann, Sämtliche Werke (wie Anm. 13), Bd. 2, S. 347.
52) Heinz-Werner Radtke: Vom neuen, gerechten, freien Menschen. Ein Paradigmenwechsel in Andreas Gryphius' Trauerspielzyklus, Bern 2011.
53) Ebd., S. 42–47.
54) Ebd., S. 46f.
55) Hallmann: Sämtliche Werke (wie Anm. 13), Bd. 2, S. 347. Vgl. auch den Reyen des zweiten Aktes der ‚Sophia': Hier werden die geängstigten Christen, denen das Martyrium bevorsteht, von der göttlichen Barmherzigkeit getröstet (ebd., S. 65f.).
56) Radtke (wie Anm. 52), S. 47–54.

Aufzugs des Märtyrerdramas ‚Liberata' keineswegs typisch jesuitische Allegorien dar, wie Kolitz meinte,[57] sondern werden auch im protestantischen Drama seit dem 16. Jahrhundert verwendet.[58] Betrachtet man den Chor der streitenden Kirche genauer, und das ist möglich, weil der Text der ‚Liberata' 1700 im Druck erschien,[59] so stellt man fest, daß es sich um die Paraphrase eines der bekanntesten Kirchenlieder Johann Rists handelt. Lautet die erste Strophe bei Hallmann nach dem Ende der vierten Abhandlung:

„*O Traurigkeit!*
O bittres Leid!
Jst das nicht zu beweinen?
Liberatens Tugend-Glantz kann nicht ferner scheinen!"[60]

so heißt es bei Rist 1641:

„*O Traurigkeit*
O Hertzeleid!
ist das nicht zu beklagen/
Gott des Vaters einigs Kind/
wird ins Grab getragen."[61]

In Hallmanns Paraphrase von Rists Karfreitagslied tritt die Märtyrerin Liberata an die Stelle Christi und wird so zu einem Exemplum für die imitatio Christi. Für die Lieder der übrigen Aktschlüsse wäre zu prüfen, ob es sich ebenfalls um Kontrafakturen protestantischer Kirchenlieder handelt.

Als völlig unabhängig vom Jesuitendrama erweist sich Hallmanns nur im Szenar von 1704 überlieferte ‚Paulina'. Schon Richter stellte 1910 fest: „*Es*

---

57) Kolitz (wie Anm. 12), S. 132.
58) Vgl. etwa Caspar Stieler: Die erfreuete Unschuldt, Rudolstadt 1666. Hier tritt im ersten Zwischenspiel die „*streitende Kirche*" auf (S. 38).
59) Ediert in: Hallmann: Sämtliche Werke (wie Anm. 13), Bd. 2, S. 237–367.
60) Ebd., S. 348.
61) Johann Rist: Himmlische Lieder, Lüneburg 1641 (Reprint Hildesheim 2011), Das erste Zehen, S. 13–15. Die erste Strophe von Rists Lied (sowie die Melodie) sind katholischen Ursprungs. Der Text stammt von keinem geringeren als Friedrich Spee. Vgl. dazu Irmgard Scheitler: Frömmigkeit ohne Konfessionsgrenzen. Spee-Rezeption in der protestantischen Erbauungsliteratur, in: Spee-Jahrbuch 13 (2006), S. 87–112.

fehlt der Paulina jede katholisierende Tendenz."[62] Streng genommen handelt es sich auch gar nicht um ein Märtyrerdrama: Die Handlung spielt im heidnischen Rom zu Zeiten des Kaisers Tiberius. Paulina, eine römische Adlige, vergiftet sich, nachdem sie von Decius Mundus im Tempel vergewaltigt worden ist. Eine Variante der Lucretia-Geschichte also, was Hallmann dadurch verdeutlicht, daß Lucretia der Paulina erscheint, und sie nach der Vergewaltigung zum Selbstmord auffordert. Der Aspekt der Selbsttötung ist unkatholisch und verweist auf neustoische Kontexte. Die antikatholische Wendung des Stückes verschärft sich, wenn man weiß, daß Hallmann den Suizid Paulinas gegenüber seiner Quelle hinzuerfunden hat.[63]

Sollte Hallmann also beabsichtigt haben, sich beim Wiener Kaiserhof mit katholischen Dramen jesuitischer Machart einzuschmeicheln, dann muß man konstatieren, daß er sich dabei denkbar ungeschickt angestellt hat. Wahrscheinlicher scheint eher das Gegenteil: Er vertrat weiterhin die protestantische Sache, griff nun aber in seiner Dramatik, wie es um 1700 üblich war, auf interkonfessionelle Elemente zurück.

***

Abschließend sei, um diesen Befund noch aus einer anderen Perspektive zu stützen, der Blick auf einen formalen Aspekt des Hallmannschen Spätwerks gelenkt, ein Aspekt, der auch wieder unter dem Verdacht einer opportunistischen Verbindung mit dem Wiener Hof steht. In den Szenaren von 1699 und 1700 werden die zu präsentierenden Stücke jeweils als „Schau-Spiele" bezeichnet, 1703 und 1704 dann als „Opern", wobei drei der Werke, ‚Catharina', ‚Sophia' und ‚Heraclius', bei den früheren Aufführungen als „Schau-Spiele" angekündigt worden waren. Mit dem Stichwort „Veroperung" ist ein weiterer Aspekt des Hallmannschen Schaffens benannt, der von der Forschung negativ verbucht worden ist. Hallmann wurde vorgeworfen, er habe sich zu stark von der italienischen Oper beeinflussen lassen, die auf billige szenische Effekte, ja insgesamt auf Veräußerlichung setze und habe so die hehren Ideale des schlesischen Kunstdramas verraten.

Ich möchte mich im folgenden mit diesem Vorwurf nicht abermals auseinandersetzen,[64] sondern lediglich betonen, daß sich die Theaterlandschaft

---

62) RICHTER (wie Anm. 37), S. 382.
63) Ebd., S. 383.
64) Vgl. dazu Bernhard JAHN: »L'Adelaide« und »L'Heraclio« in Venedig, Breslau und Hamburg. Transformationen zweier Bühnenwerke im Spannungsverhältnis

seit den Zeiten von Gryphius und Lohenstein erheblich verändert hatte. Das nur gesprochen vorgetragene Schauspiel, wenn es denn je existiert hat,[65] war um 1700 aus der Mode gekommen und durch verschiedene Formen von Musiktheater ersetzt worden. Der schon mehrmals erwähnte Christian Gryphius brachte dies im Programm zu einem Schulactus im Jahre 1700 auf den Punkt: *„Den Operen selbst bin ich/ wie schon gedacht worden/ nicht allzugünstig/ und bilde mir gäntzlich ein/ sie haben uns die andern Traur- und Lust-Spiele verterbet.“*[66]

Doch handelt es sich bei Hallmanns späten Werken, die er Opern nennt, tatsächlich um Opern? Obwohl wir nur die Szenare kennen, darf bezweifelt werden, daß es sich bei Hallmanns Stücken tatsächlich um Opern in dem Sinne handelte, daß der Text von Anfang bis Ende vertont worden wäre als eine Abfolge von Rezitativen, Arien und Ensembles. Meine Skepsis beruht darauf, daß auch der ‚Heraclius' sich unter den 1704 aufgeführten Werken befindet. ‚Die Schaubühne des Glückes, Oder der Tapffere Heraclius' dürfte identisch sein mit dem 1684 publizierten Schau-Spiel ‚Die listige Rache Oder der tapffre Heraclius'. Letzteres ist tatsächlich die Übersetzung eines venezianischen Opernlibrettos, aber in formaler Hinsicht mit signifikanten Änderungen. Hallmann wandelte die in Sieben- und Elfsilblern verfaßte venezianische Vorlage in einen Prosatext mit elf eingestreuten Strophenliedern um, so daß aus der venezianischen Oper ein Schauspiel mit Liedeinlagen wird.[67] Dieses Verfahren der Opernrezeption ist für die Wanderbühnen jener Zeit typisch, nicht aber für die großen höfischen und städtischen Bühnen des deutschsprachigen Raumes.

Ein weiterer Unterschied kommt hinzu. Die italienischen Opern und die nach italienischem Vorbild modellierten Opern in Deutschland sind von der Handlungsstruktur her anders aufgebaut als die Hallmannschen Texte. Im Kern finden wir jeweils eine doppelte Dreiecksgeschichte, aus der sich allerhand amouröse Verwicklungen ergeben, die sich aber am Schluß zu einem *lieto fine* auflösen. Hallmann baut zwar verstärkt Liebesgeschichten in seine Dramen ein, diese jedoch folgen anderen, tragischen

---

zwischen Musik- und Sprechtheater, in: Deutsche Vierteljahrsschrift 68 (1994), S. 650–694.
65) Vgl. jetzt den eindrucksvollen Katalog der Schauspielmusiken in der Frühen Neuzeit von Irmgard SCHEITLER: Schauspielmusik. Funktion und Ästhetik im deutschsprachigen Drama der Frühen Neuzeit, Bd. 1: Materialteil, Tutzing 2013.
66) GRYPHIUS (wie Anm. 33), S. 1.
67) Vgl. JAHN (wie Am. 64).

Prinzipien. Eine Ausnahme bildet nur der direkt auf ein venezianisches Libretto zurückgehende ‚Heraclius'.

Geht man davon aus, daß Hallmann in Italien und Wien echte, also durchgängig vertonte Opern mit *lieto fine* kennengelernt hatte und also wußte, welche Eigenschaften vorhanden sein mußten, so stellt sich die Frage, warum er seine Stücke, die sich von Wiener Opern doch sehr deutlich unterschieden, dennoch Opern nannte.

Hallmann wollte wohl, vermutlich im Sinne einer Werbemaßnahme, auf den erhöhten Musikanteil in den Schauspielen hinweisen. In den Szenaren aus dem Jahre 1704 endet jeder Akt mit einem sogenannten *„musicalischen Auftritt"*, einem Reyen, der wie in den früheren schlesischen Dramen die Handlung des Aktes kommentierend ins Allgemeine hob, der aber nun durchgehend gesungen wurde. Durch diese Bezeichnung wird umgekehrt allerdings wiederum implizit auch deutlich, daß die vorhergehende Handlung des Aufzugs nicht gesungen, sondern gesprochen wurde. Der *„musicalische Auftritt"* umfaßt dabei in der Regel allerdings keine dialogisierte Szene, sondern besteht aus einem Strophenlied, das von einer allegorischen Figur oder einem Chor gesungen wurde.

Opernartig sind die aufgeführten Stücke aber auch insofern, als sie, wie das Szenar von 1704 betont, *„Auf einem mit Maschinen ausgeziertem Theatro"*[68] aufgeführt wurden. Im 17. Jahrhundert war die Oper fast stärker noch als mit Musik mit den szenischen Effekten eines elaborierten Maschinen-Theaters verbunden. Die beiden von Hallmann übersetzten venezianischen Opern ‚Heraclius' und ‚Adelheid' mit einstürzenden Bergwerken und brennenden Türmen, mit schnell wechselbaren, kontrastreichen Bühnenbildern konnten hier als Paradigma dienen.[69]

Auch was die Opernhaftigkeit betrifft, muß man konstatieren, daß Hallmann sehr weit von der Opernpraxis des Wiener Hofes entfernt ist. Wollte er sich durch Opern in kaiserlichen Kreisen einschmeicheln, hätte er sich an den Libretti des Wiener Hoflibrettisten Nicolò Minato orientieren müssen, die im großen und ganzen doch völlig anders aussahen. Naheliegender ist aber auch bei diesem Punkt, daß Hallmann auf ein zahlendes Breslauer Publikum abzielte, das er mit ein wenig Werbung zu locken versuchte.

Zu fragen bliebe, ob nicht die vielen interkonfessionellen Elemente, die sich in Hallmanns Spätwerk finden und die um 1700 nicht ungewöhnlich

---

68) DÜNNHAUPT (wie Anm. 37), S. 1945.
69) JAHN (wie Anm. 64), S. 685–692.

sind, von Hallmann bewußt unter marktstrategischen Gesichtspunkten eingesetzt wurden, um in Breslau Zuschauer beider Konfessionen als Publikum zu gewinnen. Und wer wird es einem Impressario verübeln wollen, daß er Publikum haben möchte? Das ist ein Opportunismus, der auch hundert Jahre später dem Theaterdirektor Goethe nicht fremd war.

An der Schwelle zur Theaterreform.
Die Neuberin in Breslau 1724

Von Bärbel Rudin

Eine Briefmarke

Mit einem Satz von Sonderbriefmarken erinnerte die Deutsche Bundespost 1976 an vier Schauspielerinnen von nationalem Rang. Als Nummer eins firmierte *„Caroline Neuber"*. So hieß die große Theaterprinzipalin und -reformerin seit 1881, da ihr erster Biograph Johann Friedrich Freiherr von Reden-Esbeck in seiner dilettantischen, aber wegen des großen Materialreichtums bislang unverzichtbaren Monographie „Caroline Neuber und ihre Zeitgenossen"[1] den Hauptnamen Friederike – Rufform Rieke oder Riekchen – aus unerfindlichen Gründen unterschlagen hatte. Noch heute gibt es in Dresden eine Caroline-Neuber-Grundschule und wird alle zwei Jahre der Caroline-Neuber-Preis der Stadt Leipzig an weibliche Theaterschaffende des deutschen Sprachraums verliehen. Dies zur Lernfähigkeit von Kultusbürokratien.

Der Entwurf für die 30-Pfennig-Briefmarke stammte von Dorothea Fischer-Nosbisch. Nach den Vorgaben des Theaterwissenschaftlichen Instituts der Universität Köln, das sich im Philatelistischen Dienst der Post entsprechend äußerte, hat sie die Künstlerin als Medea in Pierre Corneilles gleichnamiger Tragödie dargestellt, dabei in dem gepuderten Grundton, der stilisierten Kulissenbühne, dem barocken Römerhabit mit Schnürbrust, Perücke und der gezierten Gestikulation die wesentlichen Zeitzüge recht ansprechend getroffen – nur, leider, Corneilles »Medée« ist von der Neuberin nie gespielt worden. Eine deutsche Übersetzung war zu ihrer Zeit gar nicht im Repertoire.[2]

---

1) Friedr[ich] Joh[ann] von Reden-Esbeck: Caroline Neuber und ihre Zeitgenossen. Ein Beitrag zur deutschen Kultur- und Theatergeschichte, Leipzig 1881 (Reprint: Leipzig 1985 mit Nachwort und Ergänzungs-Bibliographie von Wolfram Günther).
2) Elsa Jubert: La place de Pierre Corneille dans le répertoire des troupes du monde germanique au XVIIIe siècle, in: Jean-Marie Valentin, Laure Gauthier (Ed.): Pierre

Die Kölner Akademiker hatten sich wohl den vierten Band von Heinz Kindermanns „Theatergeschichte Europas" (1961) gegriffen, wo eine stramme Matrone, barfüßig, im Hauskleid, ohne Perücke, mit aufgekrempelten Ärmeln munter disputierend, nach der Rötelzeichnung eines gewissen Dietrich abgebildet ist. Das sei *„Karoline Neuber als Medea"* in der von Gottsched, jawohl, von Johann Christoph Gottsched übersetzten Tragödie des Corneille, behauptet die Bildlegende.[3] Dem Leipziger Literaturpapst wurde schon viel angehängt. Doch im Wust von Geschichtsklitterungen um und über Person und Reformwerk der Neuberin nimmt das ihr zugefälschte Rollenbild als Medea eine Sonderstellung ein. Der Zeichner einer auf dem Theater absolut unzulässigen Rückenansicht ist anonym, das Weibsbild auch. Es wurde bloß auf die „Neuberin gedeutet" und die Urheberschaft C. W. F. Dietrich „zugeschrieben", wie 1954, bei der Erstveröffentlichung, die Kommentierung lautete.[4] Eine schizophrene Aussage, denn die in zeitgenössischer Anmutung dem Blatt beigefügte Erläuterung läßt keinerlei Deutungsspielraum zu. Gertrud Rudloff-Hille, eine sonst verdienstvolle Forscherin, hatte das Alltagsdokument aus ihrem Privatbesitz für eine von ihr kuratierte Ausstellung zum Dresdner Barocktheater aus Materialnot eigenhändig gefälscht – dabei jedoch als vermeintliches Muster der errungenen Klassizität ausgerechnet die Titelrolle eines Stückes erwählt, das in Wahrheit für die schlimmsten Verirrungen gegen den französischen Regelkanon stand. Was die Briefmarke der Deutschen Bundespost nach solchen Vorgaben genau genommen zeigt, ist eine Szene aus Breslau an der Schwelle zur Theaterreform.

Die Neuberin in einer nie gespielten Rolle auf einer Briefmarke [Neuberin-Museum, Reichenbach i. V.]

Corneille et L'Allemagne. L'œuvre dramatique de Pierre Corneille dans le monde germanique (XVIIe–XIXe siècles), Paris 2007, S.173–192, hier S. 184f.
3) Heinz KINDERMANN: Theatergeschichte Europas, Bd. 4: Von der Aufklärung zur Romantik (1. Teil), Salzburg 1961, S. 495.
4) (Gertrud RUDLOFF-HILLE:) Staatliche Kunstsammlungen Dresden. [Katalog] Abteilung Barocktheater im Zwinger, [Dresden] 1954, S. 30, Abb. 24.

Theaterstars

Auf die Neuberin gedeutete anonyme Rötelzeichnung [Aus Gertrud Rudloff-Hille: Staatliche Kunstsammlungen Dresden. (Katalog) Abteilung Barocktheater im Zwinger, (Dresden) 1954, S. 30, Abb. 24]

Am 28. Juli 1724 beendeten die „Königlich Polnischen und kurfürstlich Sächsischen privilegierten Hof-Comoedianten" mit einem Musterbeispiel der frühaufklärerischen sächsischen Typenkomödie, *„dem bekandten neuen Nach-Spiel: Der Dreßdnische Schlendrian genandt, worinnen alle Stände vom Adel bis zum Landmann ihre Sentenz bekommen"*, die Sommerspielzeit im Dresdner Gewandhaus und wandten sich, wie das ‚Sächsische Kern-Chronicon' meldete, geradewegs nach Breslau.[5] Offenbar planten sie, da die Theatersaison hier normalerweise mit Beginn des Crucis-Markt, am 14. September, eingeläutet wurde, nur einen kurzzeitigen Abstecher. Der Breslauer Bühnenbetrieb hatte sich nämlich seit 1717, nach langem Erliegen wegen drohender Pest, zur Domäne österreichischer Konkurrenten, speziell der in Prag stationierten Truppen, entwickelt;[6] die schlesische Metropole galt dem von Königsberg bis Straßburg führenden sächsischen Unternehmen als schwieriges Pflaster. Gleich bei sei-

---

5) Sächsisches Kern-Chronicon, Couvert 45, Freyburg 1724, S. 295 (vom 20. August); freundliche Mitteilung von Lars Rebehn M.A.
6) Bärbel RUDIN: Von »Alexanders Mord-Banquet« bis zur »Kindheit Mosis«. Eine unbekannte Kollektion von Theaterzetteln der Wanderbühne, in: Daphnis. Zeitschrift für Mittlere Deutsche Literatur und Kultur der Frühen Neuzeit 35, 2006, S. 193–261, hier S. 253ff.

Anno 1719, kamen die Hochteutsch Wienerische Comoedianten, mit ih„
rem neuē noch nie hie gewesenen, Hanß-Wurst an, und haben den 29 Septembr.
ihr Theatrum eröffnet.

Anno 172?, kamen die Chur-Sächß:
mit ihrem neuen vorher nie gewest:
H. Pickgut an und haben im Nov:
angefangen

Anno 1721, haben sich die Königl. Polnisch. Chur-Sächs. privilegirten
Hof Comoedianten eingefunden, und den 15. September ihren an„
fang gemacht.

Lavierte Federzeichnung eines Breslauer Theaterchronisten
[Wien Museum, Wien, Inv.-Nr. 120.754]

nem ersten Aufenthalt 1721, noch unter der Leitung des langjährigen Prinzipals Johann Caspar Haacke,[7] war es unverhofft in eine für seinen komischen Protagonisten Harlekin gefährliche Kampfzone geraten. Das verdeutlichen die graphischen Kommentare eines lokalen Theaterchronisten zu diesem und dem um zwei Jahre vorausgehenden Gastspiel „*Wienerischer*" Akteure „*mit ihrem neuen noch nie hie gewesenen/ Hanns-Wurst*".[8] Der Spaßmacher in bäuerlicher Salzburger Tracht – als Rollentyp eine Novität – hatte dem Harlekin der Firma Haacke, die Rang und Prestige gewohnheitsmäßig mit dem am Eingang ausgehängten polnisch-sächsischen Doppelwappen dokumentierte, ganz klar die Schau gestohlen.

Inzwischen war Haacke verstorben, seine Witwe im Spätsommer 1723 mit dem Schauspieler Carl Ludwig Hoffmann eine dritte Ehe eingegangen. Das damals in Augsburg eingereichte Personalverzeichnis,[9] elf Herren und fünf Damen umfassend, läßt in der Betonung sowohl der konfessionellen Gegensätze als auch der Allüren des 26jährigen weiblichen Stars zwei zukunftsträchtige Konfliktherde erahnen:

„*Die Nahmen*
der Königl. Polnisch und Churfürstl. Sächsischen privilegirten
Teutschen Hoff-Comoedianten sind:

Carl Ludwig Hoffmann, Dir: Com: A. C.[10]
Sophie Hoffmannin
Christiana Sophia Elensohnin, die ältere Tochter
Friedrich Wilhelm Elensohn, der Sohn.
Catharina Susanna Elensohnin, die jüngere Tochter
Wilhelm Augustin   A.C.

---

7) Vgl. den Artikel von Adolf SCHERL/Bärbel RUDIN in: Alena JAKUBCOVÁ, Matthias J. PERNERSTORFER (Hg.): Theater in Böhmen, Mähren und Schlesien. Von den Anfängen bis zum Ausgang des 18. Jahrhunderts. Ein Lexikon. Neu bearb., deutschsprachige Ausgabe, Wien 2013 (= Theatergeschichte Österreichs X/6), S. 246–248.
8) Vgl. ebd., Abb. S. 278. – Die lavierte Federzeichnung tauchte 1965 im Antiquariatshandel auf und wurde vom Wien Museum, Wien, erworben (Inv.-Nr. 120.754). Die Lokalisierung des Blattes in Breslau aufgrund der Truppenfrequenz gelang RUDIN (wie Anm. 6), S. 213f.
9) Bärbel RUDIN: Zwischen den Messen in die Residenz. Das Theater- und Schaustellergewerbe in Dresden und Leipzig nach den Standgeldrechnungen (1679–1728), in: Wanderbühne. Theaterkunst als fahrendes Gewerbe, Berlin 1988 (= Kleine Schriften der Gesellschaft für Theatergeschichte 34/35), S. 74–104, hier Abb. S. 102.
10) A.C. = Augsburgischer Confession.

Dorothea Augustinin	A.C.
Peter Christoph Angot	A.C.
Joseph Ferdinand Müller, der Arleqv.	
Johann Friedrich Lohrends [recte: Lorenz]	A.C.
Friedrich Wilhelm Öls	A.C.
Johann Peter Hilverding	
Georg Pasch	A.C.
Conrad Walcker, Theatr. Meister	A.C.
Friederica Carolina Neuberin geb. Weissenbornin	A.C.
Johann Neuber	A.C."

Den einen Krisenherd bildete die schon lange schwärende Parteiung der katholischen Minderheit, d. h. der drei Kinder mit Namen Elenson aus Frau Hoffmanns erster Ehe, und des Harlekin-Darstellers Joseph Ferdinand Müller,[11] der 1725 Catharina Susanna Elenson, die jüngste der beiden Töchter, heiraten sollte. Ein weiteres Konfliktpotential unterstreicht das Schriftstück in demonstrativer Abgehobenheit: die herausfordernde künstlerische Dominanz von „*Friederica Carolina Neuberin geb. Weissenbornin*" innerhalb des kursächsischen Ensembles, dem sie spätestens seit 1721 gemeinsam mit ihrem Ehemann angehörte.[12] Daß sie in dieser Formation als brillante Verwandlungskünstlerin den Aufstieg der franko-italienischen Typenkomödie an vorderster Front mittrug, brauchte ihr nicht erst später Gottsched zu bescheinigen. Wie verbitternd musste es da für sie sein, daß der Augsburger Kupferstecher Elias Bae(c)k, als gewiefter Merchandising-Händler bemüht, aus dem „*tollen Gelächter*" über die spektakulären „*Narren-Händel*" Profit zu ziehen, den „*Schalcks-Possen nach Art des Scaramouche, oder des Arlequin*" und dem darin eingespielten Komikerduo Peter Christoph Angot und Müller in Rollenkupfern den Vorzug gab.[13]

Ihre anschließenden Aktivitäten in Dresden seit Februar 1724[14] unterbrach die Gesellschaft mit einem Besuch der Leipziger Ostermesse. Ihre

---

11) Vgl. SCHERL/RUDIN (wie Anm. 7), S. 479–482.
12) Vgl. Bärbel RUDIN: Friederike Caroline Neuber, in: Wilhelm KÜHLMANN (Hg.): Killy Literaturlexikon, 2. überarb. Aufl., 8. Bd., Berlin, New York 2010, S. 530–533.
13) Bärbel RUDIN: Venedig im Norden oder: Harlekin und die Buffonisten. „Die Hochfürstl. Braunschw. Lüneb. Wolffenbüttelschen Teutschen Hof-Acteurs" (1727–1732), Reichenbach i. V. 2000 (= Schriften des Neuberin-Museums 4), S. 32–34, 118f. Anm. 59.
14) RUDIN (wie Anm. 9), S. 101.

Giosep. Ferd. Müller presentando la persona d' Arlequino.
Der Munter Polithir kan Traurige lustig machen. Selbst ein Heraclitus mus meiner Einfalt lachen.
Mein semper froher Geist bringt alls in bon humor. Wañ Ich den Arlequin stell in der Masque vor.

Harlekin Joseph Ferdinand Müller, Kupferstich von E. Bae(c)k, 1723
[Theaterwissenschaftliche Sammlung Köln, Sammlung Niessen]

zwölf Vorstellungen auf dem Saal über den Fleischbänken[15] führten zu jener für das deutsche Theater schicksalhaften Begegnung zwischen dem jungen Königsberger Magister der Philosophie namens Gottsched, dessen dramatische Kenntnisse aus Opitz, Gryphius, Lohenstein und Molière wunderlich zusammengestoppelt waren, und der in Darstellungsweise und Repertoiregestaltung ihren tradierten Gesetzen unterliegenden Berufsbühne. Zum ersten Mal in seinem Leben saß der Provinzler staunenden Auges und Ohres vor den Kulissen, überwältigt von einem Spektakel, das sich seine Bücherweisheit nicht hatte träumen lassen. Da „*die privilegierten Dresdenischen Hofkomödianten* […] *nur zur Meßzeit*" nach Leipzig kamen, „*versäumte ich fast kein einziges Stücke, so mir noch neu war*", schreibt er acht Jahre später. „*Dergestalt stillte ich zwar anfänglich mein Verlangen dadurch: Allein, ich ward auch die große Verwirrung bald gewahr, darin diese Schaubühne steckte.*" Zu einer solchen Erkenntnis kann er allerdings erst im Laufe der Zeit gekommen sein, und wenn ihm im Nachhinein »Der Streit zwischen Liebe und Ehre oder Roderich und Chimene«, d. h. Pierre Corneilles »Cid« in der zählebigen Prosaübersetzung des Straßburgers Isaac Clauss von 1655,[16] unter lauter abgeschmacktem Zeug als einzig passables Stück erschien,[17] so war er noch 1725 ganz anderen Sinnes. Zunächst konnten allerdings nur flüchtige Kontakte geknüpft werden, denn Hoffmann kehrte bei Messeschluß sofort nach Dresden zurück.

15) Lebenselixier. Theater, Budenzauber, Freilichtspektakel im Alten Reich, 1. Bd.: Das Rechnungswesen über öffentliche Vergnügungen in Hamburg und Leipzig (mit einem Anhang zu Braunschweig). Quellen und Kommentare. Hg. von Bärbel Rudin in Verbindung mit Horst Flechsig und Lars Rebehn, Reichenbach i. V. 2004 (= Schriften des Neuberin-Museums 13), S. 262.
16) Österreichische Nationalbibliothek Wien (zit. als ÖNB), Cod. Mscr. Vindob. 15.114: »Comedie. Benandt Le Cid oder Der Streit zwischen Ehre und Liebe«, Abschrieb Gera 1713; Rudolf Raab: Pierre Corneille in deutschen Übersetzungen und auf der deutschen Bühne bis Lessing. Ein Beitrag zur Literatur- und Theatergeschichte des 17. und 18. Jahrhunderts, Phil. Diss. Heidelberg 1910, S. 48ff.; vgl. Helmut G. Asper: Spieltexte der Wanderbühne. Ein Verzeichnis der Dramenmanuskripte des 17. und 18. Jahrhunderts in Wiener Bibliotheken, Wien 1975 (= Quellen zur Theatergeschichte 1), S. 128.
17) Johann Christoph Gottsched: Sterbender Cato. Im Anhang aus der zeitgenössischen Diskussion über Gottscheds Drama. Hg. von Horst Steinmetz, Stuttgart 1964, S. 6f.

Kassenschlager

Wie die Leipziger „Neuen Zeitungen von Gelehrten Sachen" in ihrer Ausgabe vom 31. Juli der literarisch interessierten Welt kundtaten, hatten die „Hof-Comoedianten" in Dresden u. a. zwei Novitäten herausgebracht, deren Autor Johann Ulrich König an der publizistischen Offensive nicht unschuldig gewesen sein dürfte. »Der geduldige Socrates«, 1721 mit Georg Philipp Telemanns Musik als Hamburger Oper gegeben,[18] nunmehr gleich zahlreichen anderen Libretti von der Sprechbühne adaptiert, war zusammen mit dem noch ungedruckten Nachspiel »Der Dreßdner Frauen Schlendrian« am 7. März erstmals in Szene gesetzt und wegen einer beiden Stücken gemeinsamen Attraktion geradezu überrannt worden. Das vermutlich auf den Theaterzetteln angekündigte darstellerische Bravourstück zweier Doppelrollen hatte eine *„solche nombreuse Anzahl Spectatores"* herbeigelockt, *„daß der Platz vor dieselbe zu enge geworden, und viele ohne hinein zu kommen wieder weggehen müssen."*[19] Xantippe und Mirto, die beiden Nervensägen des Socrates, und im Nachspiel Frau Rechts und Frau Links *„spielte eine Frau so wohl, daß ihr jedermann das Zeugnis gegeben, sie habe es allen Italiänerinnen und Frantzösinnen weit zuvor getan"*: Friederike Caroline Neuber errang ihren ersten Presseerfolg.[20] Keine Frage, daß die beiden Schlager in Kürze Wallfahrten zum Ballhaus in der Breslauer Neustadt auslösten.

Knapp vor der Abreise nach Schlesien bewies ein überaus talentierter Neuzugang seine Brauchbarkeit auch im dramaturgischen Geschäft. *„Dresdae/ mens. Julio/ M.DCC.XXIV"* beendete der Pfarrerssohn Johann Joseph Kohlhardt[21] den Aufschrieb seiner redigierten Einrichtung der dreiaktigen

---

18) Hans Joachim MARX, Dorothea SCHRÖDER: Die Hamburger Gänsemarkt-Oper. Katalog der Textbücher (1678–1748), Laaber 1995, S. 183f.; Königs Libretto fußte auf »La patienza di Socrate con due moglie« von Nicoló Minato (Prag 1680).
19) Sächsisches Kern-Chronicon (wie Anm. 5), Couvert 42, 1724, S. 260 (vom 9. März).
20) Hannah SASSE: Friedericke Caroline Neuber. Versuch einer Neuwertung, Phil. Diss. Freiburg/Brsg. 1937, S. 26. – Zum literarischen Standort von Königs Nachspiel vgl. Walter HINCK: Das deutsche Lustspiel des 17. und 18. Jahrhunderts und die italienische Komödie. Commedia dell'arte und Théâtre italien, Stuttgart 1965, S. 153–155.
21) In der Sekundärliteratur firmiert Kohlhardt mit dem Vornamen Friedrich, den ihm Joseph KÜRSCHNER (Allgemeine Deutsche Biographie 16, 1882, S. 447f.) zugelegt hatte, ehe sechs Jahre später (wie Anm. 22) die authentischen Taufnamen zutage traten.

Tragödie »Mars in tieffster Trauer«.[22] Sie hatte am selben Tag Premiere. Bisher kaum beachtet, berichtete das „Sächsische Kern-Chronicon" in aller Ausführlichkeit

"von der gantz neuen extra-sehens-würdigen und galanten Haupt- und Etats-Action [...], so die Königl. Pohln. und Churfl. Sächßl. privilegirten Hochteutschen Hoff-Comödianten Montags am 24. Jul. 1724. aufm gewand-Hauß in Neu-Dreßden, (allwo solche einige Wochen lang täglich agiret,) bey Zuschauung einer unerhörten Menge Volcks, mit allerseits vollständigem applausu, unter dem Titul: **Mars in tieffster Trauer, bey denen blutigen Cypressen der Schwedisch-Carolinischen Leiche**, *auf ihrem Theatro vorgestellet, darinnen der unglückseel. Todes-Fall Caroli XII. der Schweden, Gothen und Wenden Königs, ec. welcher in den Aprochen vor Friedrichshall, in der Nacht zwischen dem 11. und 12. Dec. 1718. seinen heldenmüthigen Geist aufgegeben, und das solenne Castrum doloris præsentiret worden. In dem ersten Actu ward der March nach Friedrichshall von diesem Helden beschlossen; in dem andern Actu unter Begleitung der Göttin Bellonæ würcklich vollnzogen, und im dritten Actu die Belagerung dieses offtermeldten Ortes, das Bombardement desselben, auch die Ertödtung dieses Nordischen Heldens durch eine Falconet-Kugel, sehr deutlich vorgestellet, worbey in allen drey Actibus Arlequin als ein lustiger Cuirassier-Reuter, nebst einer sehr geschwätzigen Marquetändrin, die seriesité dieser Action adouçiret, welcher Arlequin auch im letzten Actu als ein Deserteur und Verräther in der Stadt Friedrichshall gespiesset, und die Marquetändrin gehangen vorgestellet und gesehen worden, und obwohl die Enge des Theatri nicht verstattet, solches alles so deutlich, als es auf dem grossen Welt-Saal geschen, vorzustellen, so assecurire doch, daß, was die Historie betrifft, nichts vergessen, auch alles sehr nervös und wohl ersonnen und inventiret vorgestellet worden. Der Epilogus dieser Haupt-Action stellete die Königl. Leiche auf einem Parade-Bette in dem ansehnlichen Castro doloris vor, sintemahln das gantze Theatrum mit schwartzem Trauer-Boy umzogen, und mit 32. Cheredons besetzet war. Bey der Königl. Leiche sahe man Cron und Scepter liegen; zur rechten Hand saß zu Füssen eine Weibes-Person, die*

---

22) ÖNB, Cod. Mscr. Vindob. 13.339: »Mars In Tieffster Trauer bey denen blutigen Cypressen der Schwedisch-Carolinischen Leiche. Das ist: Der unglückseellige Todes-Fall [...]«; Carl HEINE (Hg.): Der Unglückseelige Todes-Fall Caroli XII. Ein Drama des XVIII. Jahrhunderts, Halle a. S. 1888; vgl. ASPER (wie Anm. 16), S. 117.

das Königreich Schweden præsentirte, zum Haupte der Kriegs-GOtt Mars, lincker Hand erschien dem Marti gegen über die Göttin Bellona, und unten die Fama, davon Schweden auf eine sehr lamentable Art den Tod dieses Heldens in einer netten Poetischen Rede bedauret; Bellona die Nichtigkeit der Welt in Teutschen Reimen verwirfft; Mars in einer gebundenen Rede den Verlust seines heldenmüthigen Sohnes beklaget, und endlich die Fama einen ungemein schönen und langen Panegyricum hält, auch mit solchen die hohen und niedern Spectatores dimittiret. Es haben nachgehends diese Comödianten nur noch 4mahl agiret [...] '23

Diese „Haupt- und Etats-Action" ist die letzte einer seit 1701 produzierten Reihe von szenischen Reportagen über Siege und Niederlagen des „Löwen aus Mitternacht" Karl XII. und zugleich der Prototyp eines Schauspielerdramas.[24] Das europäische Schlachtenpanorama des Großen Nordischen Krieges und des Spanischen Erbfolgekrieges war die Geburtsstunde tagesfälliger martialischer Dokudramen, als deren Autor sich vor allem der studierte pommersche Pfarrersohn Johann Georg Ludovici einen Namen machte. Er wird aus gutem Grund für den Verfasser von »Mars in tieffster Trauer« gehalten. Kohlhardt hat die zeitnah zum Tod des Heldenkönigs 1719/20 entstandene Originalfassung, wovon eine Kopie aus dem Bühnenschriftenvertrieb überliefert ist, klug gekürzt.[25] Die in Dresden „*mit allerseits vollständigem applausi*" aufgenommene und sicher auch im Breslauer Ballhaus präsentierte Einstudierung trug entscheidend zum Siegeszug der ans Herz rührenden Heroiade bei. Sie rangierte, wegen ihrer Regellosigkeit von Gottsched erbittert befehdet, noch für Jahrzehnte unter den erfolgreichsten Kassenschlagern.

---

23) Wie Anm. 5, S. 293–295.
24) Günther HANSEN: Formen der Commedia dell'Arte in Deutschland, hg. von Helmut ASPER, Emsdetten 1984, S. 64–71; Bärbel RUDIN:»Banise« als Haupt- und Staatsaktion. Zum erfolgreichsten Lückenbüßer der deutschen Verspätung im Drama, in: Dieter MARTIN, Karin VORDERSTEMANN (Hg.): Die europäische Banise. Rezeption und Übersetzung eines barocken Bestsellers, Berlin, Boston 2013 (= Frühe Neuzeit 175), S. 67–90, hier S. 89.
25) HANSEN (wie Anm. 24), S. 69–71. – Am Schluß von Kohlhardts Manuskript gibt es ein umfängliches Requisitenverzeichnis, worin neben den Kriegs- und Trauergerätschaften „*Sallat und würste, vor die Marquetaenterin, die recroutes zu speisen, wie auch hier Salat und Essig* [!]" aufgelistet sind (ASPER [wie Anm. 16], S. 90 f.).

Eine Librettoadaption

Der Personalstand des Ensembles hatte sich gegenüber dem Vorjahr in vier Positionen geändert, als Carl Ludwig Hoffmann Anfang August 1724 nach Breslau aufbrach. Für den Wien-Heimkehrer Johann Peter Hilverding war Kohlhardt gewonnen, der kaum zwei Jahre engagierte Friedrich Wilhelm Öls[26] durch Johann Paul Stengel, ein ehemaliges Mitglied,[27] ausgetauscht worden. Beide wechselten spätestens um die Jahreswende bereits wieder ihre Stellung.[28] Die in den älteren Fächern schwierige Situation seit dem Abgang der Eheleute Augustin ließ sich erst durch das Engagement von Christoph und Elisabeth (Elzbieta) Felix bereinigen. Das Ehepaar, den Sommer über unter dem Prinzipal Franz Albert Defraine im nordböhmischen Bad Kukus beschäftigt,[29] half zwar nur übergangsweise aus,[30] schlug aber durch den branchenüblichen Transfer von Textgut eine, wie es den Anschein hat, sehr wirksame Brücke zu den aktuellen Produktlinien im habsburgischen Kulturraum.

Eines der nagelneuen *„capital Stück*[e]" namens »Alba Cornelia« aus Defraines opernlastigem Repertoire[31] ist ein augenfälliges Beispiel. Man brauchte in Breslau eine Weile, um die Sprechfassung des zehn Jahre alten Librettos von Pietro Pariati zur Wiener Kaiseroper »Alba Cornelia« (Musik: Francesco Bartolomeo Conti)[32] einzustudieren. Aber da sich der vermeint-

---

26) Bärbel RUDIN: Brunnenkur mit Hanswurst und Thomas Morus. Kukus oder Ems? Kulturräumliche Aspekte barocker Badetheater, in: Daphnis. Zeitschrift für Mittlere Deutsche Literatur und Kultur der Frühen Neuzeit 38, 2009, S. 695–718, hier S. 706 Anm. 47.
27) Adolf SCHMIEDECKE: Die Neuberin in Weißenfels, in: Euphorion. Zeitschrift für Literaturgeschichte 4. Folge, 54, 1960, S. 188–194, hier S. 190.
28) Vom 28. Dezember 1724 bis 19. Januar 1725 spielten die Hofkomödianten auf der Leipziger Neujahrsmesse (Lebenselixier [wie Anm. 15], I, S. 263). Auf der bereits am 10. Januar ausgefertigten Liste zu ihrer Einquartierung in Weißenfels fehlen Kohlhardt und Stengel (SCHMIEDECKE [wie Anm. 27], S. 191).
29) Adolf SCHERL: Berufstheater in Prag 1680–1739, Wien 1999 (= Theatergeschichte Österreichs X/5), S. 93, 207.
30) Die Eheleute müssen mit Abschluß der Breslauer Saison wieder nach Böhmen zurückgekehrt sein. Anfang 1725 waren sie noch nicht ersetzt (wie Anm. 28).
31) RUDIN (wie Anm. 26), S. 709–711.
32) Giovanna GRONDA: La carriera di un librettista. Pietro Pariati da Reggio di Lombardia, Bologna 1990 (= Proscenio 5), S. 187f.; vgl. Alberto MARTINO: Die italienische Literatur im deutschen Sprachraum. Ergänzungen und Berichtigungen zu Frank-Rutger Hausmanns Bibliographie, Amsterdam, Atalanta, GA 1994 (= Chloe

liche Abstecher überaus erfolgreich Monat um Monat und schließlich bis zur ultimativen Gestattungsfrist in der ersten Adventswoche hinzog, blieb ja Zeit genug – Zeit auch für das Design des aufwendigen heraldischen Apparats im Prolog einer Festaufführung, die mit „*Dem Höchsten und Hohen zur Zeit in Breßlau anwesenden Adel*" rechnete. Ein 16seitiges Programmheft im Folioformat begleitete das Ereignis. Gottsched, dem der Prinzipal offenbar bei der Rückkehr zur Leipziger Neujahrsmesse voller Stolz ein Exemplar vermachte, deponierte es als abschreckendes Anschauungsmaterial in seiner Sammlung.[33] Das Titelblatt verhieß:

Programm zu einer Breslauer Festaufführung, 1724 [Klassik Stiftung Weimar, Herzogin Anna Amalia Bibliothek, Sign. 08:81]

„*Der
Wahrhaffte Adel
Jn einem Musicalischen Prologo
Nebst
Einer unvergleichlichen Haupt-undStaats-Action* [!],

17), S. 257, wo als Librettist noch irrtümlich Silvio Stampiglia angenommen wird; neben dem italienischen Libretto war auch eine deutsche Übersetzung dieser kaiserlichen „*Faßnacht-Unterhaltung*" erschienen.
33) Herzogin Anna Amalia Bibliothek Weimar, Sign. 08:81. – Erstmals bibliographisch erschlossen von Reinhart MEYER, Eva SIXT: Bibliographia dramatica et dramaticorum. Kommentierte Bibliographie der im ehemaligen deutschen Reichsgebiet gedruckten und gespielten Dramen des 18. Jahrhunderts nebst deren Bearbeitungen und Übersetzungen und ihrer Rezeption bis in die Gegenwart, 2. Abteilung, Einzeltitel, Bd. 5 (1722–1725), Tübingen 1996, S. 245f.; die Vorlage, Pariatis Libretto, hat Meyer allerdings nicht erkannt.

genannt
ALBA CORNELIA,
Oder:
Die der Liebe vorgezogene Freyheit
des Vaterlands
Jn dem Hertzen
Einer Großmüthigen Römerin /
Wird
Zu Ehren
Der sämmtlichen Hohen
NOBLESSE
allhier in Breßlau,
Heute Freytags den 1. Decembris des 1724sten Jahres
unterthänigst aufgeführet werden
Von denen in kurtzen abgehenden
Königl. Pohln. und Churfl. Sächsis. privilegirten Teutschen
Hof-COMOEDIANTEN."

Der nach dem herkömmlichen Aufbau solcher Akzidenzdrucke in extenso mitgeteilte Prolog ist geradezu eine Huldigungsorgie. Die Allegorien Fortitudo, Genealogia und Eruditio wetteifern in gebundener Rede, die sich zu Arien aufschwingt, um den Vorrang, „des Adels ächten Kern" zu repräsentieren, bis der Musengott Phoebus den Streit im ariosen Sprechgesang schlichtet:

„*Ach Schlesien! O wie beglückt bist du,*
Da dein geprießner Adel
Durch Tapfferkeit, Geblüt und Weißheit ohne Tadel
Bey andern Ländern weit und fern
Dich längst in gröstes Ansehn bracht,
Ja dich der Welt zum Sitz der Helden macht!
Dein Adel/ dein berühmter Adel
Beut ja an Alterthum auch Fürsten-Häusern
Selbst Trutz;
Sein Helden-Muth prangt längst mit Lorber-Reisern;
Ja, seine Staats-Gelehrsamkeit
Sein Welt-erfahrnes Wissen
Die er den größten Höfen weyht/
Sieht man die Printzen ja mit höchster Gnade küssen."

Der Ranghöchste unter den emphatisch Gefeierten fehlte. Breslaus Fürstbischof Franz Ludwig von Pfalz-Neuburg, als kaiserlicher Oberlandeshauptmann auch weltliches Oberhaupt in Schlesien, Bischof von Worms, Propst von Ellwangen, Hochmeister des Deutschen Ordens und Kurfürst von Trier, ein theaterpolitisch bedeutender Mäzen,[34] oblag seinen Amtsgeschäften am Mittelrhein.[35] Immerhin kehrte er Anfang 1726 eben noch rechtzeitig zurück, um »Alba Cornelia« als Produktion der frisch etablierten italienischen Opernimpresa in originaler musikalischer Faktur erleben zu können.[36]

Die Story kannten Ballhaus-Besucher also schon. Im Dedikationsdruck firmiert sie unter dem gerade aufkommenden Begriff der „Haupt- und Staatsaktion",[37] der sogar in Dresden – man erinnere sich an die *„Hauptund Etats-Action"* – noch gewöhnungsbedürftig war: Sylla, der Befreier Roms von der Schreckensherrschaft des Mario, übt selbst eine *„wüterische Ober-Gewalt"* aus. Die Vermählung mit seinem Sohn Elio verweigert Alba Cornelia, eine Scipionentochter, *„bis sich Sylla der mißgebrauchten Regierung gäntzlich begeben, da sie denn mit einer Heldenmüthigen Tugend, die Freyheit ihres Vaterlandes, nicht allein der anerbothenen Hoheit, sondern auch der zu dem Elio so brünstig getragenen Liebe, vorgezogen;"* am Ende restituiert der Tyrann, *„durch ihren so großmüthigen Geist bezwungen"*, die vormaligen Gesetze und den Senat. Über die Besetzung der *„Unterredende[n] Personen"* schweigen derlei Drucke. Wer im gerauteten Gewand und mit der schwarzen Gesichtsmaske des Harlekin einen *„Diener bey Hofe"* gab, ist so sonnenklar wie die Verkörperung der heroischen Titelfigur durch Madame Neuber. Den in Alba Cornelia verliebten Sohn des Sylla spielte ziemlich sicher Johann Friedrich Lorenz,[38] den Tyrannen selbst am ehesten Kohlhardt, entsprechend den vier Tage später gut erkennbaren Fachprofilen.

---

34) Rudin (wie Anm. 6), S. 218f., 225f., 252ff.; Dies. (wie Anm. 26), S. 698–704.
35) Ludwig Petry: Zum Itinerar Franz Ludwigs von Pfalz-Neuburg als Trierer Kurfürst (1716–1729), in: Beiträge zur Mainzer Kirchengeschichte in der Neuzeit. Festschrift für Anton Philipp Brück zum 60. Geburtstag, hg. von Franz Rudolf Reichert, Mainz 1973 (= Quellen und Abhandlungen zur mittelrheinischen Kirchengeschichte 17), S. 208–217, hier S. 213f.
36) Meyer/Sixt (wie Anm. 33), Bd. 3 (1709–1716), 1993, S. 321; Martino (wie Anm. 32), S. 257; vgl. Petry (wie Anm. 35), S. 215. – Zur Breslauer italienischen Oper vgl. in diesem Band den Beitrag von Rainer Theobald: Adels-, Schul- und Wander-Oper, S. 236ff.
37) Rudin (wie Anm. 24), S. 74.
38) Vgl. Scherl/Rudin (wie Anm. 7), S. 402f.

Ein Trauerspiel „Met konst- en vliegh-werken"

Laut einem Ankündigungsentwurf von Hoffmanns Hand wollte die Gesellschaft am 5. Dezember,

> *„in der letzten Woche ihres Agirens*
> *mit einer gantz Neuen, noch niemahls in Breslau gesehenen*
> *und mit viel und mancherley Vorstellungen ausgezierten Haupt- und Staats-Action aufwarten,*
> *genannt:*
> *Die rasende Medea mit*
> *Arlequin, einem verzagten Soldaten."*

Als sei schon die Ära der Maschinenkomödie hereingebrochen, wurde der Schaulust ein Panoptikum an schrillen Dekorations- und Verwandlungseffekten verheißen, zum Beispiel:

> *„1. Königl. Vorsaal welcher sich in eine wüsteney verwandelt, wo sich dann im prospecte zwei Brüder präsentiren so sich einander ermorden, item Jason vor dem Baum, welcher von dem 3köpffichten Cerbero verwahret wird.*
> *2. Zwey Soldaten, den einen die Medea in eine Säule und nachgehends in einen Bären, den anderen aber in einen Baum und folgends in einen Löwen verwandelt.*
> *3. Die Verwandlung des Arlequins in einen Nacht-Stuhl.* […]
> *9. Der Flug des Cerberi übers Theatrum.* [...]
> *13. Die bezauberte brennende Crone, so* [d. h. worin] *Medea die Creusa gehüllt, wobey diese Ihren Todt findet.*
> *14. Medea in der Lufft, wie sie des Jasons beyde Kinder ermordet."*[39]

Diese vor Rachgier über Jasons Untreue rasende Medea spielte und, so darf man wohl sagen, flog die Neuberin. Kohlhardt mimte den König Creon, Lorenz den jämmerlichen Helden Jason; dessen scheußlich ermordete Braut und Tochter verkörperten „*Trienchen*" alias Susanna Catharina Elenson und ihre Schwester, die ältere „*fille*". Cerberus war eine Trickfigur, Monsieur Felix anscheinend unpäßlich. Die Herren Hoffmann, Stengel,

---

[39] ÖNB, Cod. Mscr. Vindob. 13.189: »Die rasende Medea mit Arlequin einem verzagten Soldaten«, Beilage, publiziert von Herbert JUNKERS: Niederländische Schauspieler und niederländisches Schauspiel im 17. und 18. Jahrhundert in Deutschland, Haag 1936, S. 218f.

Pasch und „*Friederich*" Wilhelm Elenson tummelten sich in Nebenrollen, Angot und Neuber in jeweils zweien, blieben aber sämtlich auf den Brettern und mussten nicht wie Harlekin Müller hinter einer blitzschnell aus dem Unterboden hochgeschobenen Nachtstuhl-Attrappe in der Versenkung verschwinden. Die Prinzipalin sah man nur in einem geisterhaften Gefährt über die Szene preschen. Wenn jedoch die Neuberin aus einem „*von zwei feuerspeienden Drachen gezogenen Wagen*" die beiden Kinderpuppen abwarf, war Vertrauen in die Tragfähigkeit des Fluggeräts erstes Gebot. Auch Madame Felix, streckenweise Medeas Amme, als Juno dazu bestimmt, in einer Wolke vom Schnürboden herabzufahren, mußte auf die Verläßlichkeit der Bühnentechnik im Breslauer Ballhaus bauen können.[40]

Genauer über die szenische Praxis informiert ein „*Pro memoria*"[41] überschriebener Einsatzplan für Bühnenarbeiter, Statisten und den Theatermeister Conrad Walcker, ein Dokument von seltener heuristischer Qualität. Es mag hier genügen, am Beispiel des 1. Aktes über das illusionistische Instrumentarium der Klappkulissen, Donnermaschinen, Kolophoniumblitze, Versenkungen, Setzstücke, über die schlagartige Verwandlung von Kulissen und Prospekten und die Beleuchtungseffekte unterrichtet zu werden:

„In dem 1 Actus
3 Persohn. 1 bey dem rechten der 2te bey dem linken flügel der 3te bey der Prospect Gardine zu verwandeln. Der tischler oben zum donnern ein ander zum blitzen. NB licht im prospect.
2 Soldaten einer in der bärenhaut, der ander in der löwenhaut. NB einer unter dem Theatro zum auffschieben
Hinten im Prospect muß felsen seyn. Wo 2 soldaten sich einander im römischen habit sich ermorden.
Item der baum woran das gülden fliß hängt, vor welchem ein Soldat als Jason knyet. etc.
NB die Verwandlung geschicht 3 mahl <u>à tempo justo</u>."

---

40) Die von Carl Heine: Das Schauspiel der deutschen Wanderbühne vor Gottsched, Halle/S. 1889, S. 47 mitgeteilte Besetzungsliste enthält zahlreiche Verlesungen, die Junkers (wie Anm. 39), S. 214f., 218 Anm. 2, korrigiert hat; nur die eingefahrenen Falschnamen „*Posch*" (früher „*Brich*") für Pasch und „*Striegel*" für Stengel blieben. Asper (wie Anm. 16), S. 114, hat unabhängig davon mehrere Namen nicht zu entziffern vermocht.
41) Asper (wie Anm. 16), S. 92–94.

Das Wellenschieben zur Imitation des Styx, das Hochkurbeln von Medeas und Junos „*Machine*[n]", das Präparieren der „*Crone zum brennen*", Statistenaufmärsche, Trompetenstöße, Fackeln, Tumult und so fort, den ganzen logistischen Aufwand zwischen Himmel und Hölle haben Regisseur Hoffmann und Theatermeister Walcker vollkommen im Sinne des Autors betrieben. Aufgeführt wurde nämlich eine Übersetzung der »Medea« von Jan Vos, jenes berühmt-berüchtigten Trauerspiels „*Met konst- en vlieghwerken*", das seit 1665 zu den großen „*Publiktrekkers*" der Amsterdamer Schouwburg zählte.[42] Entfesselter Zauber einer Zauberin. Als „*vrij progressief*" denkender Dichter hatte Vos im Vorwort zur Erstauflage (1667) den Regelkanon des klassischen Altertums abgelehnt, die Auffassung von poetischer Wahrscheinlichkeit sei zeitgebunden, „*de waarheid van de zaken*" eine Frage der Übereinkunft,[43] worin ihn der beispiellose Erfolg und die bis ca. 1710 neun Auflagen des Werkes bestätigten.[44]

Das vom D[iretor] C[omicus] Hoffmann signierte Spielbuch ist mitsamt den zitierten Materialien der Breslauer Produktion wahrscheinlich aus dem Nachlaß des Harlekin Müller, der 1761 in Wien starb, oder seines Schwagers Friedrich Wilhelm Elenson in die Österreichische Nationalbibliothek gelangt.[45] Spätere Aufführungen sind bisher nicht belegt. Die Herausforderungen für Ausstattung und Regie dürften ein starkes Hindernis gewesen sein. Aber auch für eine früher zu datierende Rezeption des barocken Effektstücks mangelt es an belastbaren Daten. Die Berufung auf eine 1678 am Dresdner Hof präsentierte »Tragicomoedie von Jason und Medea«[46] geht fehl. Es handelt sich um eine Adaption des seit 1649 häufig vertonten tragikomischen Opernlibrettos »Giasone« von Giacinto Andrea Cicognini, die in einem Manuskript des fürstlich Eggenbergischen Hoftheaters in Böhmisch Krumau vorliegt, aber wegen der hanebüchenen

---

42) Genauer Vergleich bei JUNKERS (wie Anm. 39), S. 215–217.
43) Mieke B. SMITS-VELDT: Het Nederlandse Renaissancetoneel, Utrecht 1991, S. 101–103. – Ebenso zeitbedingt ist das vernichtende Urteil von Wilhelm CREIZENACH: Die Tragödien des Holländers Jan Vos auf der deutschen Bühne, in: Berichte der philol.-histor. Classe der Königl. Sächs. Gesellschaft der Wissenschaften 1886, S. 94–118, hier S. 107ff.
44) Vgl. die Ausgaben bis 1771: www.let.leidenuniv.nl/Dutch/Ceneton/LijstCeneton.html (zuletzt besucht am 17.3.2015).
45) Dies gilt auch für die beiden anderen hier besprochenen Manuskripte (wie Anm. 16 u. 22); vgl. ASPER (wie Anm. 15), S. 37ff.
46) Junkers (wie Anm. 39), S. 213.

Amoral des Helden auf der Sprechbühne außerhalb der Hofsphäre wenig Anklang fand.[47]

So drängt sich der Verdacht auf, daß »Die rasende Medea« in jene Kategorie von Adaptionen fällt, die – wie ich es einmal formuliert habe – durch Stochern und Graben im Abraum der europäischen Dramenliteratur gewonnen wurden, um den wachsenden Bedarf an Textzufuhr etwa seit dem zweiten Jahrzehnt des 18. Jahrhunderts zu decken. Ursächlich war die sprunghafte Vermehrung von Schauspieltruppen, deren Repertoireverschleiß bei zunehmend regionalisierten Betriebsstrukturen, d. h. längeren Verweilzeiten und häufiger Wiederkehr, auch zu der zeittypisch steigenden Zahl von Libretti-Bearbeitungen führte. Eine Hypothese sei gewagt: Denkbar ist, daß sich unter den Zuträgereien der Eheleute Felix ebenso wie eine Abschrift des *„capital Stück*[s]*"* »Alba Cornelia« eine solche der »Rasenden Medea«, allerdings dann ursprünglich *„mit Hanswurst einem verzagten Soldaten"*, befand – denn nicht zufällig hatten sie den Sommer in Kukus gemeinsam mit dem promovierten Juristen und Schauspielerkollegen Heinrich Rademin zugebracht, einem der maßgeblichen Lieferanten derartigen Textnachschubs.[48] Doch wer immer nach der Jan-Vos-Trouvaille gegriffen hatte, er lag im populären Trend zur multimedialen performativen Entfesselung der Körper und Elemente, worauf auch die Neuausgaben des Stückes seit 1725 mit dem zusätzlichen Bühnenzauber von *„nieuwe baletten, zang en vertooningen"* spekulierten.

Am 7. Dezember verabschiedete sich die Kompanie mit einem Vorspiel in pastoralem Ambiente und angeblich einem Schauspiel namens »Lentulus«, wie eine verunglückte Überlieferung wissen will.[49] Tatsächlich ist Lentulus der Name von Syllas Vertrautem, einem schlimmen Strippenzieher in »Alba Cornelia«, und also bildete dieses aus Böhmen importierte staatstragende Opus das Breslauer Finale.

---

47) Bärbel Rudin: Die Textbibliothek der eggenbergischen Hofkomödianten in Český Krumlov / Böhmisch Krumau (1677–1691). Eine kulturgeografische Zeitreise, in: Jill Bepler, Helga Meise (Hg.): Sammeln, Lesen, Übersetzen als höfische Praxis der Frühen Neuzeit. Die böhmische Bibliothek der Fürsten Eggenberg im Kontext der Fürsten- und Fürstinnenbibliotheken der Zeit, Wiesbaden 2010, S. 73–106, hier S. 90f.
48) Rudin/Scherl (wie Anm. 7), S. 540–545.
49) August Kahlert: Die italienische Oper in Breslau im Anfange des 18. Jahrhunderts, in: Schlesische Provinzial-Blätter 105, 1837, S. 513–520, hier S. 520; Maximilian Schlesinger: Geschichte des Breslauer Theaters, Bd. 1: 1522–1841, Berlin 1898, S. 18.

Eine italienische Komödie

Christoph und Elisabeth Felix könnten auch für den Transfer einer Spielvorlage verantwortlich sein, die einen Markstein in der Laufbahn der Neuberin setzt. Beider vormaliger Prinzipal Defraine, von Kukus über Prag im Frühjahr 1725 nach Augsburg gewandert, nannte unter seinen Stücken, die *„nach genauer nachfrage"* dort unbekannt waren, »Hanns-Wurst in dem Reich der Todten«.[50] Einer der größten Bühnenhits im zweiten Drittel des 18. Jahrhunderts kündigte sich an. Es ist der bislang früheste Nachweis für die Rezeption von Laurent Bordelons revueförmiger Komödie »Les Intrigues d'Arlequin aux Champs Elisées« aus Evariste Gherardis Sammlung »Théâtre italien« (1701), einem wahren Tollhaus von Verkleidungsszenen austauschbarer Figuren,[51] worin die Neuberin als Virtuosin des Stegreifs wenig später Gottsched in Leipzig entzückte. Voller Begeisterung über ihre Charakteristik von viererlei Studententypen, über die Rasanz des Rollenwechsels, die mimetische Bravour, und als habe er nicht ein paar Zeilen zuvor Komödien nach dem *„phantastischen Geschmacke der Italiener"* verworfen, rief er den Leserinnen seiner Zeitschrift »Die Vernünftigen Tadlerinnen« im Oktober 1725 zu:

„Wenn ihr doch wertheste Tadlerinnen die verschiedenen Personen gesehen hättet, die daselbst auftraten! [...] und vor allen andern, vier Bursche von den berühmtesten Sächsischen Academien, waren so unvergleichlich characterisiret, daß ich mein Lebenslang nichts schöners gesehen habe. Ich will Euch von diesen vier letztern nur soviel sagen, daß der Jenenser Ungestüm, der Hallenser Fleißig, der Wittenberger Haberecht und der Leipziger Zuallemgut geheissen, und daß diese vier verschiedenen Leute, nemlich ein Schläger, ein Freund der morgenländischen Sprachen, ein Zäncker, und ein galant homme von einem viermal verkleideten Frauenzimmer so herrlich vorgestellet worden, daß ihnen nichts als eine männlichere gröbere Stimme gefehlet."[52]

---

50) Rudin (wie Anm. 26), S. 710 Anm. 66.
51) Otto G. Schindler: Das Reich der Toten, der Lederhändler von Bergamo und der Philosoph in der Narrengasse. Commedia dell'arte bei der Neuberin, in: Bärbel Rudin/Marion Schulz (Hg.): Vernunft und Sinnlichkeit. Beiträge zur Theaterepoche der Neuberin, Reichenbach i. V. 1999 (= Schriften des Neuberin-Museums 2), S. 37–95, hier S. 37–60, Liste von Aufführungen: S. 79–82.
52) Umfassende kritische Würdigung der *„Hofmannische[n] Bande"* in: Die Vernünftigen Tadlerinnen [hg. von Johann Christoph Gottsched], Halle 1725, 44. St., S. 386–388.

AN DER SCHWELLE ZUR THEATERREFORM

Im Dezember 1725 starb Sophie Haacke-Hoffmann, ein Jahr später zerfiel die Truppe im Familienstreit, auf den Trümmern begann 1727 die Prinzipalskarriere des Ehepaars Neuber.[53] Und damit begann, gestützt auf das polnisch-sächsische Privileg, im Bündnis mit Gottsched die Arbeit am Projekt einer regelmäßigen deutschen Schaubühne. Es begann die Reinigung von den artifiziellen Verblüffungen der italienischen Typenkomödie, von Dramenwerken, die sich „*an keine Einheit der Zeit und des Orts*" banden, oft „*nicht einmahl eine rechte Haupt-Handlung in ihren Fabeln*" hatten und „*alles mit Geistern, Zaubereyen und Gespenstern*" füllten.[54] Das Generalverdikt nach dem rationalistischen Natürlichkeitsprinzip hätte auch die ins Feindbild der Oper fallende Haupt- und Staatsaktion »Alba Cornelia« getroffen,[55] ganz zu schweigen von dem aller Vernunftwahrheit spottenden Nervenkitzel „*Met konst- en vliegh-werken*": »Die rasende Medea« aus Breslau. Wie schön, daß eine Briefmarke der Deutschen Bundespost so treffsicher erfaßt hat, was die Gottsched-Neubersche Reform verwarf.

---

53) Rudin (wie Anm. 13), S. 22ff.
54) Joh[ann] Christoph Gottsched: Versuch einer Critischen Dichtkunst vor die Deutschen; Darinnen erstlich die allgemeinen Regeln der Poesie, hernach alle besondere Gattungen der Gedichte, abgehandelt und mit Exempeln erläutert werden […], Leipzig 1730, S. 590.
55) Ebd., S. 607: „*Die Vernunft muß man zu Hause lassen, wenn man in die Oper geht.*"

Adels-, Schul- und Wander-Oper.
Beispiele für Formen und Stoffe des schlesischen Musiktheaters im 18. Jahrhundert

Von Rainer Theobald

Daß die schlesische Metropole Breslau im 18. Jahrhundert fast ein Jahrzehnt lang eine stehende italienische Opernbühne beherbergte, hat bereits der zeitgenössische Komponist und Musikgelehrte Johann Mattheson in seiner ‚Grundlage einer Ehrenpforte' 1740 chronistisch vermerkt.[1] Dennoch blieb diese Epoche mehr als 150 Jahre nahezu vergessen, bis 1898 Maximilian Schlesinger in seiner ‚Geschichte des Breslauer Theaters'[2] dem Unternehmen sechs Seiten widmete und schließlich 1910 der Literatur- und Theaterhistoriker Hans Heinrich Borcherdt alles noch Auffindbare über die Breslauer italienische Oper in einem maßgeblichen Aufsatz zusammentrug.[3] Seitdem sind wieder mehr als 100 Jahre vergangen, ohne daß – mit einer Ausnahme – wesentliche neue Zeugnisse oder Erkenntnisse hinzugekommen wären. Darin zeigt sich der seit jeher eklatante Mangel an Quellenmaterial, der dann durch den Zweiten Weltkrieg und seine Folgen die Forschungssituation gänzlich aussichtslos erscheinen ließ. Dabei hat die Beschäftigung mit dem schlesischen Theaterwesen des 18. Jahrhunderts in den letzten zwei Jahrzehnten eine wesentliche Neubelebung erfahren, in erster Linie durch die zielstrebige und erfolgreiche Beleuchtung der in Schlesien besonders zahlreich und lebhaft operierenden Wandertruppen, aber auch durch Bernd Vogelsangs grundlegenden Katalog der Spielstätten und der Geschichte ihrer Nutzung.[4] Im Vergleich dazu sind die ersten Be-

---

1) Johann Mattheson: Grundlage einer Ehrenpforte [...], Hamburg 1740, hg. von Max Schneider, Berlin 1910 (Reprint: Kassel 1969), S. 374ff.
2) Maximilian Schlesinger: Geschichte des Breslauer Theaters, Bd. 1, Breslau 1898, S. 19ff.
3) Hans Heinrich Borcherdt: Geschichte der italienischen Oper in Breslau, in: Zeitschrift des Vereins für Geschichte Schlesiens 44 (1910), S. 18–51.
4) Bernd Vogelsang: Theaterbau in Schlesien, Dortmund 1984 (= Funde und Befunde zur schlesischen Theatergeschichte 2).

mühungen um eine schlesische Opernpflege nach dem Vorbild südlicher und westlicher Residenzen und Handelsstädte auch in neuerer Zeit nur selten Gegenstand wissenschaftlicher Untersuchung gewesen. So können auch solche kleinen Mosaiksteine, wie ich sie hier darbieten möchte, vielleicht willkommene Beiträge zur Klärung des Bildes sein, das wir uns von der frühen Opernkultur in Schlesien zu machen versuchen.

Eine Breslauer Opera seria

Die Geschichte der Breslauer italienischen Oper der Jahre 1725 bis 1734 hier nachzuerzählen, hieße Bekanntes zu wiederholen und den Rahmen dieses Aufsatzes zu sprengen. Das Unternehmen, das unter dem Einfluß des für den Import und „Umschlag" bedeutender Theatertruppen so ungemein wichtigen Reichsgrafen Franz Anton von Sporck[5] entstand, der als Statthalter des Königreichs Böhmen italienische Operisten ins Land geholt hatte und auf eigene Kosten beschäftigte, blieb während der ganzen Zeit seiner Existenz von der finanziellen Förderung durch die Breslauer katholische Aristokratie – an deren Spitze der Kirchenfürst Franz Ludwig stand, Kur-Erzbischof von Trier bzw. seit 1729 von Mainz sowie Bischof von Breslau – abhängig und konnte sich als feste Unterhaltungsstätte beim bürgerlichen, überwiegend protestantischen Publikum neben den Wandertruppen nicht dauerhaft etablieren, wie dies doch längere Zeit in Hamburg gelungen war. Das eigens zum Opernhaus umgebaute Breslauer Ballhaus (von dessen Zuschauerraum bekanntlich eine Abbildung aus einem Stammbuch existiert)[6] auf der Breitengasse in der Neustadt erlebte sechs Mal einen Wechsel des Impresarios, bis der Betrieb endgültig eingestellt werden mußte. Einer der wichtigsten Komponisten dieser Ära war der aus Venedig stammende Sänger und Kapellmeister Antonio Bioni (1698 – nach 1738),[7] der aus der Denzio-Peruzzischen Truppe stammte und mit dieser 1724 für das Theater des Grafen Sporck im böhmischen

---

5) Vgl. Daniel E. FREEMAN: The Opera Theater of Count Franz Anton von Sporck in Prague, New York 1992.
6) Abgebildet u. a. bei Helmut G. ASPER: Hanswurst. Studien zum Lustigmacher auf der Berufsschauspielerbühne in Deutschland im 17. und 18. Jahrhundert, Emsdetten 1980, Abb. 113.
7) Vgl. Sven HANSELL, Daniel E. FREEMAN: Bioni, in: New Grove Dictionary of Music and Musicians, 2. ed., Bd. III., London, New York 2001, S. 601f.

Kukus engagiert worden, aber im Mai 1726 Peruzzi nach Breslau gefolgt war. Reinhard Strohm (dem ich nicht nur für diesen Aufsatz wertvolle Hinweise verdanke) hat kürzlich anläßlich der Entdeckung des Notenmaterials aller Arien zu Bionis Breslauer Oper »Andromaca« gemeinsam mit Michal Bristiger eine erste grundlegende Würdigung der Persönlichkeit dieses Komponisten vorgelegt.[8] Nach Anfängen als Opernsänger in den Jahren 1720 bis 1721 trat Bioni ab 1721 in Chioggia, Udine und Ferrara mit eigenen Opern hervor, von denen »Orlando furioso« die erfolgreichste war und sich lange im Repertoire der italienischen Bühnen nicht nur in Breslau, sondern z.B. auch bei den Truppen Antonio Peruzzis und Angelo Mingottis hielt. Das Libretto einer anderen von Bioni bearbeiteten Oper soll hier nun stellvertretend für das Repertoire der Breslauer italienischen Opernperiode etwas eingehender betrachtet werden. Es handelt sich um das Textbuch zur Oper »La Cosstanza di Griselda«, die vom 18. bis 29. Juni 1728 unter der Impresa des Buffosängers und Librettisten Santo Burigotti und des Alt-Kastraten und Komponisten Giovanni Dreyer im Breslauer Ballhaus-Theater gespielt wurde. Das Exemplar befindet sich in der Theatersammlung Rainer Theobald, Berlin, und ist, wie alle Textbücher dieser Breslauer Opernperiode, von größter Seltenheit. Gottsched in seinem ‚Nöthigen Vorrath' kennt es nicht, aber Matthesons Informant über die Breslauer Oper, deren zweiter Cembalist Johann Georg Hofmann, muß ein Exemplar besessen haben. Doch im Karlsruher Virtuellen Katalog, ebenso wie im großen Librettiverzeichnis von Claudio Sartori[9] findet sich kein Nachweis mehr, so daß das vorliegende Exemplar möglicherweise das einzig erhaltene ist. Bereits Hans Heinrich Borcherdt, der 1910 noch siebzehn von ehemals 23 erhaltenen Textbüchern benutzen konnte, hat dieses nicht in Händen gehabt: Er kennt weder den Autor des Textes, noch den Empfänger der Widmung. Als Librettist läßt sich sehr schnell Apostolo Zeno identifizieren, aber offenbar mit einer abweichenden Textfassung, wie sie im gleichen Jahr mit Musik von Tommaso Albinoni auch in Venedig

---

8) Michal Bristiger, Reinhard Strohm: „Libertà, marito e trono fur miei beni …": Die wiederentdeckte Andromaca von Antonio Bioni (Breslau 1730), in: N. Dubowy, C. Herr, A. Zórawska-Witkowska (Hg.): Opera Subjects and European Relationships, Berlin 2007 (= Italian Opera in Central Europe, 1618–1780, Bd. 3), S. 73–109.
9) Claudio Sartori: I libretti Italiani a stampa dalle origini al 1800, 7 Bde., Cuneo 1990–(1995).

aufgeführt worden war.[10] Schon in diesem Indiz zeigt sich die gesamte Tendenz der um diese Zeit nach Mittel- und Nordeuropa hereinströmenden italienischen Oper: Es war die aktuelle **venezianische** Oper, die nunmehr für Jahrzehnte das Repertoire aller im alten Reich sowie den östlich und nördlich angrenzenden Staaten auftretenden italienischen Operntruppen weitgehend beherrschte.

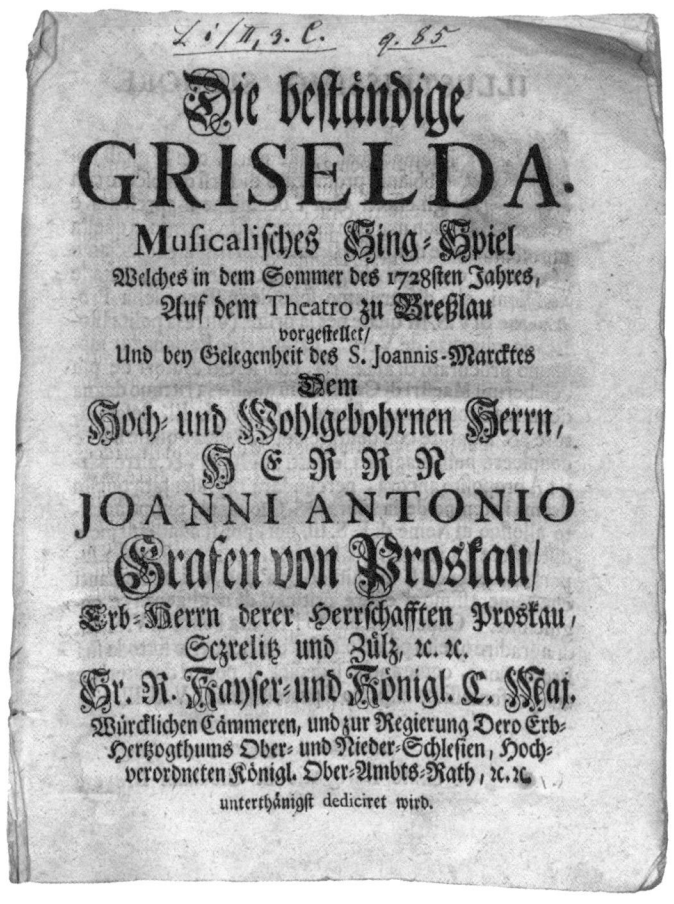

Titelblatt »Die beständige Griselda«, 1728
[Sammlung Dr. Rainer Theobald, Berlin]

---

10) Ebd., Bd. III, Nr. 12537.

Unser Libretto (im üblichen Buntpapier-Umschlag der Zeit) umfaßt 47 Blatt, von denen 90 Seiten bedruckt sind, und zwar in italienisch-deutschem Paralleltext. Das Format entspricht mit 20,2 x 16 cm dem seit der zweiten Hälfte des 17. Jahrhunderts für höfische Opernaufführungen in Deutschland üblichen Quartformat. Die Arien sind durch Fettdruck und größeren Schriftgrad hervorgehoben. Ein Verleger oder Drucker ist nicht genannt. Auf dem deutschen Titelblatt wird »Die beständige Griselda« „*auf dem Theatro zu Breßlau*" annonciert und „*bey Gelegenheit des S. Joannis Marcktes dem Hoch- und Wohlgebohrnen Herrn* [...] *Joanni Antonio Grafen von Proskau* [...] *Sr. R. Kayser- und Königl. C. Maj. Würcklichen Cämmeren, und zur Regierung Dero Erb-Hertzogthums Ober- und Nieder-Schlesien, Hochverordneten Königl. Ober-Ambts-Rath* [...] *dediciret*". Graf Johann von Proskau gehörte zum engeren Kreis der unverzagten Förderer des Breslauer Opern-Unternehmens, die, wie es scheint, bei der unzureichenden Auslastung durch Theaterbesuch den größten Teil der hohen Personal- und Ausstattungskosten zu tragen hatten. Seinem Mäzenatentum gilt denn auch die von den Impresarii Burigotti und Dreyer unterzeichnete Widmung, in der sie an ihrer Oper „*die artige Historie*", „*die fleißig ausgearbeiteten Verse*", die „*wohl-choisirten Personen*" und die Musik „*von denen berühmtesten Capell-Meistern*" rühmen, „*wodurch dann dieses Gedicht* [...] *meritiret, in die Protection Euer Hoch-Gräfl. Gnaden, als eines so sonderbahren Liebhaber und Kenner der Music, wovor Dieselbten jederman, in Dero, nach Italien und andern Ländern gethanen Reisen, erkannt und bewundert hat, aufgenommen zu werden.*" Auch hier wird also die Verbindung nach Italien angeführt, um die Qualifikation eines Rezipienten für das Verständnis der aktuell führenden Musikrichtung zu belegen.

Apostolo Zenos dreiaktiges »Dramma per musica«, zuerst 1701 in Venedig aufgeführt und seitdem von diversen Komponisten vertont, erzählt die Geschichte der Schäferin Griselda, mit der sich Gualtiero, König von Thessalien, vermählt. Die Mesalliance erregt Neid und Mißgunst Ottones, eines thessalischen Adligen, der nach der Geburt einer Tochter Griseldas, hier Oronta genannt, das Volk gegen den König aufwiegelt, bis dieser verspricht, die kleine Oronta töten zu lassen. Heimlich läßt er sie jedoch in die Obhut eines befreundeten Fürsten, hier mit dem Namen Tigrane, nach Athen bringen. Als nach der Geburt eines Söhnchens, Everardo genannt, im Volk erneut Unruhen entstehen, erklärt sich König Gualtiero zum Schein bereit, sich von Griselda zu trennen und nach einer neuen Prinzessin Ausschau zu halten. In Wirklichkeit läßt er aber seine jetzt 15jährige Tochter Oronta als seine scheinbar neue Braut aus Athen holen, begleitet von Tigrane. Inzwischen hat der finstere Ottone Griselda erpreßt, indem er durch die Drohung, ihren kleinen Sohn Everardo zu töten, ihre Zusage erzwingt, ihn zu heiraten. Im Verlaufe diverser Wirrungen stellt Gualtiero schlechten Gewissens Griselda vor verschiedene harte Proben ihrer Zuneigung und Treue, bis sie schließlich bekennt, lieber sterben zu wollen als Ottones Frau zu werden. Nun wird alles aufgeklärt, die scheinbar neue Braut wird Griselda als ihre totgeglaubte Tochter Oronta vorgestellt und bei dieser günstigen Gelegenheit gleich mit dem Athener Fürsten Tigrane vermählt, Griselda bleibt Gualtieros Gemahlin, und selbst dem sich reumütig gebenden Schurken Ottone wird seine doch nicht unerhebliche Schuld von Gualtiero überaus großmütig mit einem Satz verziehen. Der Autor der deutschen Übersetzung wird nicht genannt; sie ist, wie üblich, im Gegensatz zum Original bis auf die Arien in Prosa gehalten. Er übernimmt auch in den – übrigens ziemlich frei übersetzten – Arien nicht das Versmaß des Originals, bemüht sich aber, den Charakter der Vorlage zu wahren. So hört sich eine von Bioni komponierte Arie der komischen Dienerfigur Elpino, die mit einem Echo-Effekt arbeitet, im Deutschen wie folgt an:

„*Was war das jenes Hertz / in Freundlichkeit erhob?*
Das Lob!
Und wodurch meinest du, die Treue zu verdienen?
Durch dienen!
Dann dienen und Beständigkeit
Bringt manche zur Erkäntlichkeit.
Wann dann ein schönes Kind / sich freundlich zu dir hält:
Gieb Geld,
Und wodurch soll ihr Hertz / zu dir allein sich lencken?
Durch schencken!
Dann kanst du Hahn im Korbe seyn;
Jedoch / es trifft gar selten ein."

Borcherdt gibt für diese Oper ein Intermezzo »Nissa [sic] ed Elpino« an. Tatsächlich enden der erste und der zweite Akt mit einem Auftritt der Schäferin Nisa und des Bedienten Gualtieros, Elpino, die nach allerlei neckendem Liebesgeplänkel den Aufzug jeweils mit einem Duett beschließen. Die Szenen sind nicht als selbständige Intermezzi gekennzeichnet, und es gibt noch weitere Auftritte der beiden, so daß das komische Paar hier, anders als bei den vielen sonstigen zu dieser Zeit in Venedig entstehenden Intermezzi, keine beliebig verwendbare Einlage liefert, sondern durchaus in die Handlung einbezogen ist. Die in der Literatur überlieferte Angabe, Bioni habe die Musik zu einem Intermezzo »Nissa ed Elpino« geliefert, ist also irreführend.

Vergleicht man nun Bionis Bearbeitung von Zenos Oper, so fällt zunächst auf, daß der Schauplatz von Italien nach Griechenland verlegt ist. Diese Änderung findet sich schon in Orlandinis Version unter dem Titel »La virtù nel cimento« (Mantua 1717) und in der Venezianer »Griselda«-Aufführung von 1720 (Teatro S. Samuele). In Zenos ursprünglicher Fassung ist Gualtiero König von Sizilien, und der befreundete Fürst stammt aus Apulien. Dieser heißt bei Zeno nicht Tigrane, sondern Corrado, wie auch Gualtieros Tochter ursprünglich nicht Oronta, sondern Costanza heißt. Und Costanza wird bei Zeno von Roberto, einem jüngeren Bruder Corrados, geliebt, den es in Bionis Fassung nicht gibt; hier sind die beiden Brüder offenbar zu einer Figur (Tigrane) verschmolzen. Dafür ist bei Bioni eine Partnerin des Dieners Elpino eingeführt, die Schäferin Nisa, die es bei Zeno nicht gibt. In dieser Form war das Personal, wie es scheint, dem Breslauer Ensemble besser angepaßt. Das Textbuch enthält, wie seit etwa 1720 im deutschsprachigen Raum üblich, die Besetzung der Aufführung: Gualtiero: der Alt-Kastrat Giovanni Dreyer. – Griselda: die Sopranistin Barbara Bianchi. – Oronta: Veneranda Bernina (Sopran?). – Tigrane: die Altistin Chiara Ferri (also die Männerrolle von einer Frau anstelle eines Kastraten gesungen). – Ottone: der Tenor Lorenzo Moretti. – Nisa: die Altistin Giulia Gessi. – Die aus Mailand stammende Primadonna Barbara Bianchi gehörte seit 1727 zum Breslauer Ensemble, wechselte aber 1731, wie später auch andere Breslauer Sänger, zu der in Vicenza gegründeten, nachmals im Reichsgebiet hochberühmten Truppe des Angelo Mingotti über. Die sieben Bühnenbilder mit dem üblichen Szenen-Kanon der Opera seria (Audienz-Zimmer, Hafen, Wald mit Bauernhütte, königlicher Park, Festsaal etc.) stammten, wie im Textbuch angegeben, von Antonio Pantaleoni, der während ihres ganzen höchst wechselvollen Verlaufs der Breslauer Unternehmung treu blieb, auch eine Spielzeit als Impresario fungierte, aber sonst weder vorher noch nachher irgendwo als Bühnenbildner belegt ist. Wenden wir uns der *„von vielen höchst-berühmten Virtuosen"* stammenden Musik der »Griselda« zu, so läßt sich folgende Statistik aufstellen:

Die Oper enthält 26 Arien, fünf Duette und einen Schlußchor. Zenos Text ist vielfach gekürzt und der etwas veränderten Konstellation der Personen angepaßt. Während die beibehaltenen Passagen der Rezitative ziemlich genau Zenos Original entsprechen, sind natürlich die Texte aller Arien neu eingefügt. Letztere verteilen sich auf folgende Komponisten, die im Textbuch angegeben sind, wobei gelegentlich Zweifel an der Richtigkeit von Bionis Zuordnung angebracht erscheinen: Antonio Bioni (6), Giuseppe Boneventi (1), Giovanni Maria Capelli (2, aus »Mitridate« und »I fratelli riconosciuti«), Francesco Gasparini (1, aus »Artemisia«), Geminiano Giacomelli (2, aus »Ipermestra«), Georg Friedrich Händel (1, die Arie „*Se il tuo core io non avrò penerò* ..." konnte ich allerdings bisher keiner Oper zuordnen; auffallend ist, daß es in der Übersetzung heißt: „*Aria **von der Music** des Herrn Hendels*", während sonst immer steht: „*Aria **von dem Herrn** ...*". Vielleicht ist hier der für Breslau geschriebene Text einer Arie oder einer anderen Musik Händels unterlegt), Giuseppe Maria Orlandini (1, aus »Artaserse«), Nicola Porpora (2), Giovanni Porta (1, die Arie stammt aber aus »Partenope« = »Rosmira« von Sarri oder Vinci), Domenico Sarri (1, ebenfalls aus dem »Partenope«-Libretto), Giovanni Verocai (2), Leonardo Vinci (2, aus »Farnace« und »Rosmira«) und Antonio Vivaldi (1, aus »Teuzzone«); ferner drei Arien ohne Angabe des Komponisten (darunter „*Torbido intorno al core*", wohl von Nicola Porpora). Von den fünf Duetten stammen zwei von Bioni, die übrigen sind anonym, desgleichen der Schlußchor „*Dopo l'oribile fiero timor* ...", der aus Zenos »Merope« entnommen ist. Da auch, wie beim Personal angegeben, die Rezitative und die Zwischenspiele „*von der Composition des M. Bioni*" sind, ist bei der Oper trotz ihres Pasticcio-Charakters sein schöpferischer Anteil von allen der größte, und es bestätigt sich die aus der äußeren Geschichte der Breslauer italienischen Oper bereits zu schließende Vermutung, daß Antonio Bioni, seit 1731 vom Kurfürsten Franz Ludwig mit dem Titel „*Kur-Mainzischer Kammerkompositeur*" ausgestattet, von seinem Eintritt 1726 bis zum Ende der letzten Impresa 1734 die musikalische Seele des Unternehmens war. Er blieb auch nach der Einstellung des Spielbetriebs im Theatergebäude wohnen, bis er sich 1738 nach Wien wandte, wo sich seine Spur nach 1739 verliert. Von den 40 Opern, die von 1725 bis 1734 in Breslau aufgeführt wurden, sind 21 von Bioni allein komponiert, bei mindestens sieben weiteren ist er als Komponist oder Arrangeur beteiligt. Es lohnte sich also, auch nach Bristigers und Strohms Vorarbeit, weiterhin den Spuren dieses zeitweise hoch geschätzten, durch Libretti und musikalische Beziehungen vielfältig mit Antonio Vivaldi verbundenen Komponisten nachzugehen, der den weitaus größten Teil seiner Lebensarbeit der Breslauer Oper gewidmet hat.

Daß das Unternehmen aufgeben mußte, gerade zu einer Zeit, als wandernde Truppen die venezianische Oper erfolgreich im deutschsprachigen Raum zu popularisieren begannen, ist kein Widerspruch: Für eine stehende Oper fehlte das Publikum. Die Produktionen waren zu schnell „abgespielt"; die kleine Schar aristokratischer Musikliebhaber, die den Betrieb finanzieren mußte, konnte nicht schnell genug mit Neuheiten bedient werden. Das protestantische Bürgertum, entweder noch unter pietistischem Einfluß allem Theater ablehnend gegenüberstehend, oder das handfeste, allgemeinverständliche Spiel der deutschen Wandertruppen dem fremdsprachigen und fremdartigen Import vorziehend, blieb nach Befriedigung der anfänglichen Neugier zunehmend fern – eine wirtschaftliche Situation, der, wie schon die Kollegen des rezitierenden Schauspiels, auch die Operntruppen nur durch permanenten Ortswechsel begegnen konnten. Ob Breslau, Leipzig oder Augsburg – mit Ausnahme der weltoffenen Hafenstadt Hamburg hatte keine der großen Handelsstädte so viel Zulauf an Fremden, daß sich eine stehende Oper trotz zeitweiliger Erfolge ohne adliges Mäzenatentum über einen längeren Zeitraum behaupten konnte. Dennoch läßt sich abschließend als positive Bilanz feststellen: Die frühe Begegnung Breslaus mit der italienischen Oper brachte nicht nur die Bekanntschaft mit einer neuen Stilrichtung der Musikgeschichte, sondern auch mit einem neuen Phänomen der Darstellungskunst: dem Virtuosentum der ausübenden Künstler. Noch lange nach der Wende zum 18. Jahrhundert enthielten die Operntextbücher der deutschen und österreichischen Hofbühnen keine Angaben über die Sänger (im Gegensatz zu den handschriftlichen Partituren in Wien). Der Textautor wurde genannt und nur dann, wenn es sich um besonders berühmte Künstler handelte, auch der Bühnenbildner und der Komponist. Die Sänger galten als Hofbedienstete, die keinen Anspruch darauf hatten, als Künstler im Textbuch genannt zu werden. Unser »Griselda«-Libretto gibt jedoch nicht nur die Rollenbesetzung an, sondern auch den Komponisten jeder einzelnen Arie. Der Zuschauer sollte nicht mehr die Musik als solche genießen, sondern detailliert erfahren, wessen Kunst ihm hier zur gefälligen Bewunderung geboten wird – eine neue Ära in der Aufführungspraxis nördlich der Alpen.

Eine sonderbare Schuloper

Während also die italienische Oper allmählich nicht nur an den Höfen, sondern teils durch Wandertruppen, teils durch Mäzenatentum oder Unternehmergeist auch in den Städten ein adliges oder großbürgerliches Publikum fand, war das Schultheater, sowohl an den Jesuitengymnasien als auch an den protestantischen Lateinschulen, nur langsam der Entwicklung des professionellen Theaters gefolgt. Zu sehr standen die traditionellen Schulordnungen, in denen die Lehrzwecke des Theaterspiels festgelegt waren, einer Anpassung an modische Tendenzen im Wege. Hinzu kam mit der Ausbreitung des Pietismus und des fanatisch geführten Streites um die *„Mitteldinge"* (Adiaphora) eine je nach lokaler Ausrichtung der Geistlichkeit mehr oder weniger bühnenfeindliche Stimmung, die auch vor dem schulischen Musiktheater nicht haltmachte.[11] Zwar wuchs der Anteil der Musik in den Schulschauspielen im Verlauf des 17. Jahrhunderts kontinuierlich, und um 1700 wurden schon vielerorts regelrechte kleine Opern mit lokalen und aktuellen Themen aufgeführt, insbesondere wenn bestimmte Feste, wie etwa das Gregoriusfest Aufführungen veranlaßten, die den streng pädagogisch-rhetorischen Auftrag zugunsten attraktiver Unterhaltung in den Hintergrund treten ließen. Doch die Werke der großen schlesischen Dramatiker, die man spielte, wenn nicht der Rektor selbst die Feder ergriff, die von musikalischen Passagen durchzogenen Dramen von Martin und Christian Gryphius, Johann Christian Hallmann und anderen, sie blieben mit ihrer schwerfälligen Weitschweifigkeit, den lebensfernen Allegorien und anspruchsvollen politisch-weltanschaulichen oder religiös-moralischen Konflikten zu sehr der oft schwerblütigen deutschen Barockoper verwandt, die, wie Gottsched triumphierend feststellte, in den ersten Jahrzehnten des 18. Jahrhunderts in auffallender Geschwindigkeit ihre Autoren und ihr Publikum verlor und deshalb die aus Italien einsickernden Tendenzen der Musiktheater-Unterhaltung nicht dauerhaft fernhalten konnte.

Ausnahmen von der philosophisch-moralischen Schuldramatik bildeten bereits im 17. Jahrhundert solche Aufführungen, die entweder die Lokalgeschichte behandelten oder, bei entsprechenden Anlässen, der Huldigung des Landesherrn dienen sollten, der in aller Regel ja auch der Förderer der pädagogischen Einrichtung war. In solchen Fällen wandte sich der Blick der Autoren weg von Terenz und Plautus, von den alttestamentarischen Stoffen und den Märtyrern und suchte, soweit man sie kannte, die eher weltlichen und aktuellen Theaterformen nachzuahmen, die bei Hofe üblich und beliebt waren und Aussicht hatten, dort zu gefallen. So findet man bereits im Jahre 1659 in Preßburg (um ein außerschlesisches Beispiel zu nennen) eine Aufführung des dortigen protestantischen Gymnasiums,

---

11) Darüber handelt neuerdings ausführlich Ulrike WELS: Gottfried Hoffmann (1658–1712). Eine Studie zum protestantischen Schultheater im Zeitalter des Pietismus, Würzburg 2012.

in der mit einer ausgewachsenen Oper Kaiser Leopold I. gehuldigt und dabei ein Prunk entfaltet wird, der den großen Theaterfesten des Wiener Hofes kaum nachsteht, für die Musik und das Bühnenbild hervorragende Künstler heranzieht und selbst das Libretto, ganz nach italienischem und Wiener Vorbild, mit gefalteten Szenenkupfern ausgestattet im Druck erscheint.[12] Solche hervorragenden Leistungen waren allerdings Ausnahmen in der Geschichte des Schultheaters und waren nicht nur von den Autoren und Musikern des Lehrpersonals, sondern auch vom Grad der Förderung durch Mäzene und städtisches Bürgertum abhängig.

Das Lyzeum der Stadt Lauban in der schlesischen Oberlausitz, 24 km östlich von Görlitz gelegen, hatte sich in der langen Geschichte seiner Schulaufführungen immer der Konkurrenz mit der lebhaften Theaterkultur des reichen und bedeutenden Görlitz zu stellen. Der erste Beleg einer Laubaner Schulaufführung stammt aus dem Jahr 1569. Nach verschiedenen Spielorten war spätestens ab 1674, als ein großer Tanzsaal eingebaut wurde, das Rathaus, das damit drei repräsentative Säle beherbergte, auch für das Schultheater die bevorzugte Spielstätte. Lauban mit dem umliegenden Teil der schlesischen Oberlausitz gehörte seit 1623 als Pfandbesitz, seit 1635 dann als erblicher Besitz zu Kursachsen. 1723 war auf dem Görlitzer Schultheater »Das pflichtmäßige Andencken, des in diesem angegangenen Jahre zu Ende gehenden Seculi, des unter dem glorwürdigsten Sächsischen Rauten-Stocke genossenen Hundertjährigen Schutzes der beyden Lausitzischen Marg-Graffthümer« dargestellt worden; 1734, nach der Krönung des Kurfürsten als Friedrich August II. von Sachsen und König August III. von Polen, folgte das Huldigungsspiel »Das Königreich Pohlen ist keine Glücks-Gabe, sondern ein Geschenk Gottes und verdienter Lohn der Tugend«, und 1736 feierte Elias Eichler »Das Andenken der vor 100 Jahren geschehenen Übergabe der beiden Lausitzschen Marg-Grafthümer an das durchlauchtige Churhaus Sachsens«.

Wollte Lauban, das in jüngerer Zeit besonders unter dem Rektorat Gottfried Hoffmanns (1658–1712) eine Blütezeit des Schultheaters erlebt hatte, in der Gunst des Kurfürsten und Königs nicht ins Hintertreffen geraten, so mußte eine Aufführung ins Werk gesetzt werden, die sich von der bisherigen Schultheater-Praxis abhob und als Huldigungs-Instrument neue Maßstäbe setzte. Rund 40 Jahre früher, 1694, als Hoffmann noch Konrektor war und die ersten pietistischen Angriffe des Laubaner Pastors

---

12) Exemplare nur in der British Library und in der Sammlung Rainer Theobald.

Johannes Muscovius gegen die angeblich von der frommen Hingabe ablenkende Instrumentalmusik abwehren mußte, hatte man, wie eine in der Fachliteratur bisher unbekannte Perioche (4 S. Lauban, „gedruckt bey Johann Georg Dehnen") in der Theatersammlung Rainer Theobald zeigt, auf der Laubaner Schulbühne unter dem Rektor George Wende den Tod Johann Georgs IV. noch in herkömmlicher Weise mit sieben „*Entrées*" betrauert, in denen 22 Schüler, als historische Personen oder als Allegorien kostümiert, ihre Betrübnis-, Lob- und Gedenk-Botschaften vortrugen.[13] Auch Wende hatte bei Hoffmann unchristliche Tendenzen entdeckt, so daß er 1695 im Streit mit Hoffmann aus dem Amt schied und letzterer das Rektorat übernahm. Sein Nachfolger, Friedrich Gude, neigte noch mehr dem Pietismus zu, und erst als 1732 Gottfried Böttner zum Rektor ernannt wurde, war die pietistische Agitation so weit abgeebbt, daß das Schultheater sich wieder frei entfalten konnte. Jetzt blickte man nach Wien, wo 1732 mit »Adriano in Siria«, 1734 mit »La clemenza di Tito« zwei Opern Pietro Metastasios ihren Siegeszug durch Europa angetreten hatten; man dachte an Breslau, an Leipzig und an Brünn, wo die Mingottische Operntruppe ihre ersten Triumphe nördlich der Alpen feierte, und entschloß sich, zum Namenstag des katholischen Kurfürsten am 3. August 1735 eine Oper nach italienischem Vorbild in Szene zu setzen. Für die Komposition wurde der Laubaner Musikdirektor Christian Gottfried Hellmund gewonnen. Der 1698 in Zülzendorf bei Brieg als Sohn des dortigen Organisten geborene Hellmund war von 1730 bis zu seinem Tod 1772 Organist an der Hauptkirche in Lauban und führte den Titel *„Fürstlich sächsischer Kapellmeister"*. Nach Studien in Jena und Löwen, Stellungen in Oels und Forst (Niederlausitz) sowie Reisen nach Hamburg und in die Niederlande hatte er nicht nur umfassende musikalische, sondern auch technische Kenntnisse gesammelt, die seinem starken Interesse für kunstvolle Maschinen zugute kamen. So hatte er eine Art Glockenspiel erfunden, das er in Hamburg auch Telemann vorführte, und in Lauban

---

13) Das Titelblatt lautet: Als der Durchlauchtigste, Großmächtige Fürst und Herr, Herr Johann George IV. [...] Unser (weiland) Gnädigster Chur-Fürst und Herr, an 15. Tag Julii, Anno 1694 mit Hoch-Chur-Fürstlichen Exequien [...] auch zu Lauban, in gebührender unterthänigster Dehmut betrauret wurde, wolte Tags darauf diejenigen Fata, welche bißhero etliche Chur-Fürsten zu Sachsen genöthiget, ihren Brüdern die Chur und Regierung zu überlassen, durch hierzu bestimmte Personen in gehörige Betrachtung ziehen lassen M. George Wende, R. und Inspector.

leitete er eine Fabrik, in der Leinwand mit Gold- und Farbendruck versehen wurde. Seine Schuloper von 1735 wird in der ohnehin spärlichen Literatur über Hellmund nicht erwähnt.

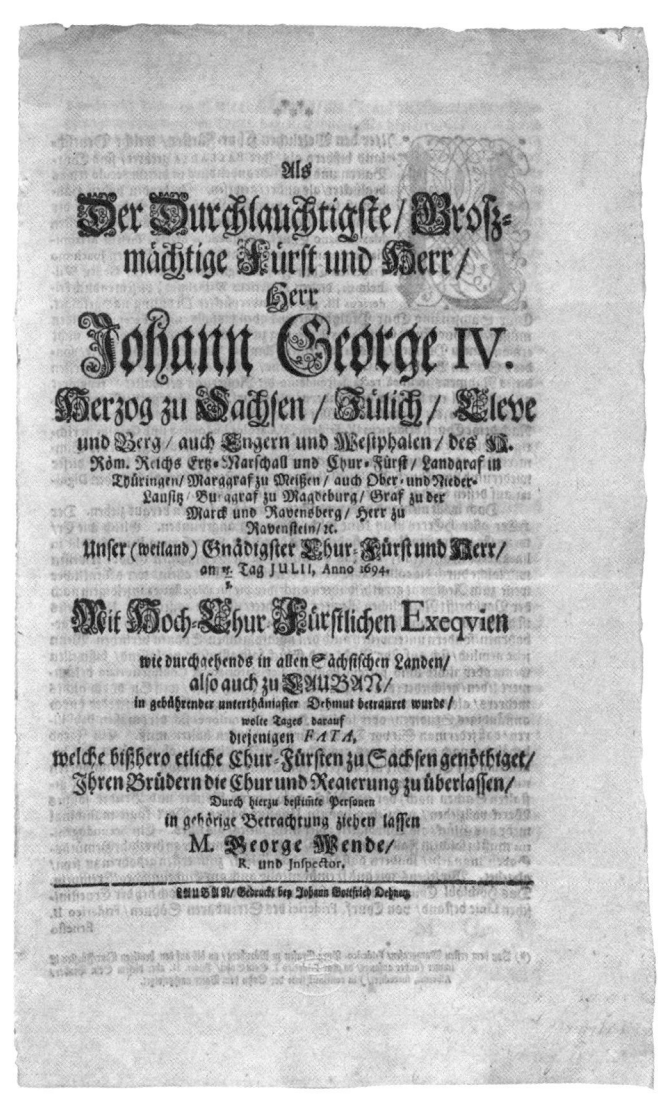

Titelblatt »Fata«, 1694
[Sammlung Dr. Rainer Theobald, Berlin]

Das Textbuch ist die einzige ergiebige Quelle für diese bemerkenswerte Laubaner Opernaufführung, und deshalb soll es hier im folgenden näher betrachtet werden. Der Original-Druck ist laut Karlsruher Virtuellem Katalog weltweit nur in zwei Bibliotheken nachgewiesen: in München und Tübingen; sonst sind nur Mikrofilme vorhanden. Ein drittes Exemplar befindet sich in der Theatersammlung Rainer Theobald, und so kann uns dieses hier als Grundlage dienen (Abb. 3). Das Format des Druckes ist das zu dieser Zeit für Opern im deutschen Sprachraum übliche Quartformat und entspricht fast millimetergenau dem der Breslauer »Griselda« von 1728. Das Heft umfaßt zwei ungezählte Vorblätter mit Titel, Argumentum, Rollenbesetzung, „*Verwandelung des Schauplatzes*" und „*Ballets und Entrées*" sowie 52 gezählte Seiten. Die Titelseite lautet komplett: »Augustus, oder Die siegende Liebe, Anno 1735. den 3. Aug. an dem Höchsterfreulichen Nahmens-Feste Sr. Königl. Majest. und Churfürstl. Durchl. Augusti III. Königes in Pohlen und Churfürstens zu Sachsen, etc. etc. unsers allergnädigsten Herrn und Landes-Vaters, zu Bezeugung unterthänigst-gehorsamster Devotion, mit Erlaubniß E. Hoch-Edl. Magistrats zu Lauban, auf dem dasigen Rathhause, in einer Opera aufgeführet von Christian Gottfried Hellmunden, Directore Musices. Lauban, gedruckt mit Schillischen Schriften.«

Der Autor des Textes wird also nicht genannt. Bereits Gottsched, der die Oper in seinem ‚Nöthigen Vorrath' verzeichnet, kannte den Verfasser nicht, und dabei ist es bis heute geblieben. Doch läßt sich dieser mit einiger Wahrscheinlichkeit identifizieren: Üblicherweise war der Rektor des Gymnasiums für die dramatischen Vorlagen der Schulaufführungen zuständig. In Lauban hatte, wie gesagt, seit 1732 Gottfried Böttner (1680–1740) aus Friedersdorf am Queis das Rektorat inne. 32 Veröffentlichungen von ihm sind bekannt, die allermeisten in Latein und von philosophischem Inhalt, keine einzige dramatischen oder belletristischen Charakters. Immerhin erschienen 1733 Programme »de contubernio Musarum et Musices« und »Von des Königs Augusti II. Einsichten in die Künste und Wissenschaften, und seinem Bezeigen gegen ihre Verehrer und Liebhaber«. Zu den letzteren zählte Böttner sich offenbar selbst, so daß also zumindest eine theaterfreundliche Atmosphäre an seinem Lyzeum gegeben war. Als Autor unserer bühnengerechten Oper ist Böttner jedoch kaum vorstellbar. Ganz anders der seit 1732 amtierende Konrektor des Lyzeums, Samuel Seidel (1698–1755), der nicht nur Böttners Schwiegersohn war, sondern 1740 auch sein Nachfolger wurde. Der aus Schmölln im Altenburgischen stammende Seidel hatte die Schulen in Altenburg und dem noch von Christian

Weise geprägten Zittau sowie die Universität Leipzig besucht, war Mitglied der „*Teutschen Gesellschaft*" in Leipzig gewesen und gehörte zum Freundeskreis Gottscheds. Unter seinen mehr als 65 Veröffentlichungen finden sich Programme ‚über die Zulässigkeit der Schulkomödien' (1739), ‚ad actum dramaticum in solemnibus' (1741), ‚von den Lustspielen' (1748) sowie eine zehnteilige Sammlung von Gedichten (1748), nachdem er bereits zu vielen Anlässen anakreontische Kasualpoesien geliefert hatte. Wir werden also wohl nicht fehlgehen, wenn wir Samuel Seidel als den Librettisten der Laubaner Schuloper von 1735 annehmen.

Für die Auswahl des Stoffes, den man bei solchen Anlässen aus der Geschichte antiker Kaiser und Feldherren zu entnehmen pflegte, erwies

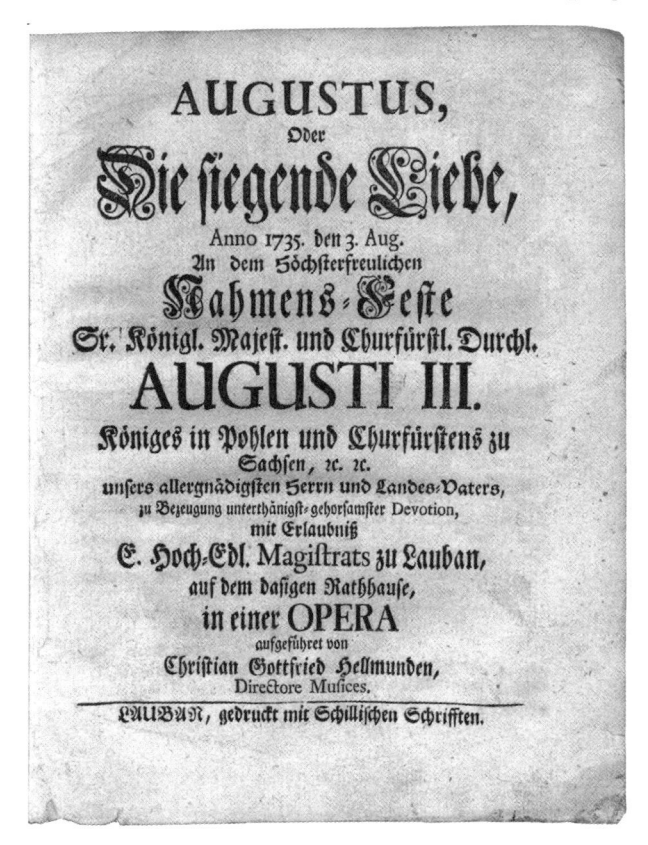

Titelblatt »Die siegende Liebe«, 1735
[Sammlung Dr. Rainer Theobald, Berlin]

sich als besonders günstig, daß der Kurfürst den Namen August führte. Damit erübrigte sich eine sonst oft recht gewaltsam symbolisierte Identifikation des Landesherrn mit der Bühnenfigur des antiken Herrschers. Der Handlungsverlauf zeigt die dreiaktige Form der italienischen Oper und enthält 40 Arien (fast immer mit der Bezeichnung „*Da Capo*"), zwei Duette und drei Chöre bzw. Ensemble-Szenen. Die Aktschlüsse sind, wie in der Opera seria, jeweils von Balletten gefolgt. Die formalen Eigenschaften lassen also bereits auf eine Adaption von Stilkriterien der Opern Apostolo Zenos und Pietro Metastasios schließen. Es findet sich keine Prosa; alles ist in gereimte Verse gefaßt, die sich auch auf Stichomythien erstrecken. Die gewichtigen, ausgefeilten Dialoge mit wechselnden, z.T. anspruchsvollen Reim-Schemata könnten darauf hindeuten, daß auf Rezitative weitgehend verzichtet wurde und diese Texte gesprochen wurden. Andererseits ist bekannt, daß sich etwa bei der Hamburger Oper die Rezitative auch auf Dialoge in strengen Vers- und Reimformen erstreckten. Wendet man sich dem Personenverzeichnis und dem Inhalt zu, so stößt man auf bemerkenswerte Abweichungen von der Tradition der Schulschauspiele. Die Oper enthält elf Gesangs- und Sprechrollen. Bisher war es in den Schulkomödien üblich, im Interesse der Darsteller und ihrer Eltern so viele Schüler wie nur irgend möglich in der Aufführung zu beschäftigen und alle im gedruckten Textbuch oder Programm namentlich zu nennen. So enthält das Programm einer Schulaufführung von zwei Haupt- und zwei Nachspielen im benachbarten Sorau aus dem Jahre 1716[14] mehr als 100 Rollen, deren Darsteller alle mit ihrer Herkunft aufgezählt werden. Und ein Lüneburger Schulprogramm von 1731[15] sieht für seine zwei fünfaktigen Schauspiele insgesamt 76 Rollen vor, deren Besetzung ebenso penibel aufgelistet wird. Somit sind elf Sänger in der Laubaner Schuloper von 1735 eine Zahl, die vom herkömmlichen Brauch auffallend abweicht und viel mehr der Besetzung einer Oper Zenos oder Metastasios gleicht. Fünf der elf Rollen sind weiblich – die Frauenquote von fast 50 % erscheint für eine Schüleraufführung im 18. Jahrhundert zunächst recht hoch, doch ist sie kaum höher als bei Terenz und Plautus. Die Besetzung lautet wie folgt: „[Kaiser] *Augustus, der Römische Monarch*": Johann Abraham Krügel aus Volckersdorf (Lausitz). – „*Octavia, dessen Schwester*": Johann Christoph Rößler aus Heidersdorf (Lausitz). – „*Livia, zuerst Tiberii, hernach Augusti Gemahlin*": Johann Samuel Portmann aus Bunzlau (Schlesien). – „*Tibe-*

---

14) Exemplar in der Sammlung Rainer Theobald.
15) Exemplar in der Sammlung Rainer Theobald.

rius und *Fabius, zwei Römische Feld-Herren*": Johann Christian Kersten aus Guben (Lausitz) und Gottlieb Wilhelm Heupel aus Lichtenau bei Lauban. – "*Lucilius, des Kaysers Staats-Rath*": Christ. Gottl. Döring aus Greiffenberg (Schlesien). – "*Messalla, Römischer Raths-Herr*": Joh. Christ. Enckelmann aus Neu-Gersdorf bei Lauban. – "*Curculio, des Kaysers lustiger Hof-Bediente*": Johann Christ. Grabs aus Gebhardsdorf bei Lauban. – "*Fama, eine Göttin*": Gottlieb Bayer aus Neustadt (Lausitz). – "*Sarmatia*" und "*Saxonia, zwey Nymphen*": Gottlieb Krügel aus Volckersdorf und Gottlieb Schmied aus Weigsdorf (Lausitz). Wie man sieht, entspricht das Personal dem einer zeitgenössischen Oper italienischen Stils – mit Ausnahme der Komischen Person: der Name des "*Curculio*", des lustigen Höflings, bei den Wandertruppen der "*Courtisan*", verrät den Autor als Schulmann. "*Curculio*" (deutsch: der Kornwurm) ist bekanntlich der Parasit in der gleichnamigen Komödie des Plautus. Das übrige Personal läßt jedoch den üblichen Plot der Opera seria erwarten: kriegerische Helden, eine Liebesintrige mit Eifersucht und einem Schurken, komplizierte Verwicklungen und Verwechslungen, die fast zum Mord oder Selbstmord führen, bevor durch göttliche Fügung und fürstliche Großmut und Weisheit die Gerechtigkeit und die Moral siegen und alles ein befriedigendes Ende findet. Nicht so die Laubaner Schuloper von 1735.

Zunächst einmal findet so gut wie keine äußere Handlung statt; dies ist bei solchen Huldigungsstücken allerdings noch keine Seltenheit. Aber der gesamte Handlungsverlauf konzentriert sich auf die innere Entwicklung in der Haltung einer Frau zu der Frage, ob sie ihre glückliche Ehe mit einem erfolgreichen Feldherrn aufgeben soll, um dem Kaiser zu gefallen, der sie zur Gemahlin begehrt. Die Spannung für den Zuschauer besteht also lediglich darin, ob es dem Kaiser schließlich gelingt, seine gleich anfangs verkündete Neigung durchzusetzen und die verheiratete Frau seinem Feldherrn abspenstig zu machen. Diese Grundkonstellation wird im Verlauf der Oper nach und nach von allen Beteiligten reflektiert und kommentiert, wobei die eheliche und außereheliche Liebe in all ihren ethischen Aspekten, noch sinnlich verstärkt durch "*Amouretten*" und allegorische "*Begierden*", das Thema der meisten Dialoge und Arien ist – ein recht sonderbarer Stoff für eine Theatervorstellung durch die Knaben eines städtischen Gymnasiums!

Die erste Szene zeigt den Audienzsaal des Kaisers, wo vier Gefangene aus dem siegreich beendeten Krieg mit Dalmatien in Gegenwart von Tiberius, Fabius und Lucilius vor Augustus knien. Ein Chor der siegreichen Römer eröffnet den Dialog, in dem von verschiedenen Seiten die Bilanz des

Krieges gezogen wird, bis der Kaiser befiehlt, den Gefangenen die Ketten abzunehmen, sie aber weiter zu bewachen und abzuführen. Alleingelassen stellt sich der Kaiser die Frage: *"Wer aber wird der Ketten mich entschlagen? / Ich liebe, doch ich darffs nicht wagen, / Vor jemand auf der Welt zu sagen, / Wen meine Seele liebt. / Ich muß in allen Fällen / von außen mich gantz anders stellen, / als mein Gemüth von innen spricht."* Seine Schwester Octavia kommt hinzu, bemerkt des Kaisers Schwermut, dringt in ihn, die Ursache zu verraten, und nachdem sie noch in einer Arie festgestellt hat, daß vor allem *"erhabne Geister"* und *"grosse Helden"*, seltener jedoch Bösewichte von der Liebe befallen werden, gesteht er ihr schließlich: *"Ich liebe, ja ich brenne."* Nachdem er ihr den Namen des Ziels seiner Begierde, der mit dem Feldherrn Tiberius verheirateten Livia, ins Ohr geflüstert hat, verspricht Octavia, ohne einen Augenblick zu stutzen oder zu zögern, ihm Livias Liebe *"zuzuwenden"*. Dies veranlaßt Augustus, bevor er abgeht, zu einer Arie mit folgendem Text: *"Die Hoffnung schifft auf lauter Wellen, / die immer durch einander gehn. / Bald stürmen die Verzweiflungs-Winde, / bald weht die Zuversicht gelinde. / Die Sehnsucht muß bey allen Fällen / stets zwischen Furcht und Sorgen stehn."* Allein gelassen, kommen Octavia Bedenken, ob des Kaisers Liebe auch die notwendige Standhaftigkeit besitzt und das Vorhaben nicht zu schwierig wird. Doch sie tröstet sich mit einer Arie folgenden Inhalts: *"Frauenzimmer / komt doch immer / mit ihrem Rath am allerersten an. / Wo der Männer Witz und Krafft / unterweilen wenig schafft, / da hat kluger Weiber List, / die nicht auszugründen ist, / das mehrstemahl den besten Fang gethan."* In die letzten Töne fällt der auftretende Curculio ein, durch eine Weinflasche unter dem Arm sogleich als komische Figur und Trinker erkennbar. Nach einem närrischen Dialog in der Art der Hanswurst-Zwischenspiele in den Haupt- und Staatsaktionen geht Octavia verärgert ab, während die beiden Räte Lucilius und Messalla auftreten, über den Krieg und seine Opfer philosophierend. Lucilius beklagt, daß man den Kaiser so wenig zu sehen bekomme, und Messalla stimmt ihm zu: *"Regenten sind der Sonne gleich, / die das gesammte Land erwärmt und fruchtbar macht. / Wenn diese nicht mit holden Strahlen lacht, / so wird man sich an ihr nicht sehr erquicken. / Ein grosser Fürste kan sein Reich / durch seine Gegenwart am freudigsten beglücken."* Lucilius erstrebt eine Audienz bei Augustus und heuert dazu Curculio an, der sie ihm zu verschaffen verspricht.

Die nächste Szene bringt einen langen Dialog zwischen Livia und dem aus dem Krieg heimkehrenden Tiberius, in dessen Verlauf die beiden sich mit einem Duett und zwei Arien ihrer ewigen und glühenden Liebe versichern. Beim Abgehen macht Tiberius die eher harmlose Bemerkung *„Ach unterhalte doch die schöne Glut, / daß mein Entfernet-seyn ihr niemals Abbruch thut."* Das allein reicht aus, daß Livia anschließend in einem Monolog sinniert: *„Der süssen Liebe bittre Frucht / ist die verdammte Eyfersucht. / Sie ist dem Manns-Volck gar gemein. / Zwar weiß ich nicht, ob sie es alle seyn. / Das aber ist gewiß, daß mein Tiberius / in diesem Hospital sich kranck befinden muß. / Weßwegen dürfft er sonsten sprechen: / Es möchte sein Entfernet-seyn / nur nichts an meiner Liebe brechen."* Nun tritt Augustus in Begleitung Octavias auf und macht der zunächst irritierten Livia in immer deutlicheren Worten klar, daß er sie liebt und begehrt. Wieder allein gelassen, führt sie einen Monolog mit einem bemerkenswerten Moralverständnis: *„Mich liebt Tiberius. / Das nenn ich seine Schuldigkeit; / dabey fällt mir zwar dieses ein: / Es heisset meine Pflicht / mich ebenfals ihn nur alleine lieben. / Mich liebt August. / So wird das kleine Licht / vom größeren vertrieben. / Und also schenckt das Glück uns offt / da, wo wir nie gedacht, Zufriedenheit."* Ein beachtlicher Sinneswandel, nachdem sie eben noch ihrem Mann glühende und ewige Liebe geschworen hat! Die vorletzte Szene bringt ein philosophisches Gespräch zwischen den Feldherren Tiberius und Fabius über Macht und Gewalt angesichts der gefangenen Dalmatier, und die Handlung des ersten Aktes schließt mit einer Arie des *„tiefsinnig auf und abgehenden"* Augustus, in der es unter anderem heißt: *„Mein brünstig Verlangen muß endlich gewinnen, / mein Lieben macht keine Beschwerlichkeit matt."* Es folgt das obligatorische Ballett, hier ausgeführt von *„4 Römischen Obristen und 4 gefangenen Dalmatiern"*.

Der Schauplatz des zweiten Aktes ist *„ein Garten mit einer lustigen Allee"*. Hier wird Livia beharrlich von ihrem Ehemann befragt, warum sie so *„laulig"* sei, und er argwöhnt, daß *„ein neuer Brandt"* ihm ihr Herz *„entwandt"* habe: *„Ein liebend Auge sieht gar scharff auf iede Mine: / und wenn es denn was lauliches vermerckt, / sogleich wird der Verdacht bestärckt."* Livia antwortet stets ausweichend und geht schließlich ab, während Tiberius zurückbleibend seinen Verdacht, wenn auch noch nicht bestätigt, so doch begründet sieht. Curculio tritt auf und wendet sich direkt an die Zuschauer, indem er nach Art des Capitano aus der Commedia dell'arte tönt: *„Muckt ja bey Leibe keiner nicht! / Das ist der Mann, der Hälse bricht. / Tritt ihm die Gall ein wenig ins Gekröse, / so wird er auf einmal recht bitter böse."* Der Kaiser naht sich, im Gespräch mit Livia, der er immer heftiger seine Liebe versichert, während Livia zurückhaltend bleibt und auf die pflichtgemäße Treue gegenüber Tiberius verweist. Nach ihrem Abgang setzt Augustus das Gespräch mit seiner hinzukommenden Schwester fort, die ihn wieder in seinem Vorhaben bestärkt und meint, er habe schon halb gewonnen. Sie entfernen sich wieder, während der vorher vom Kaiser zu seinem Ärger vescheuchte Curculio zurückkehrt und bei einem Selbstgespräch im Park ein größeres Paket entdeckt. Als er es öffnet, springt nach und nach eine Schar „*Amouretten*" heraus, die ihn umtanzen und necken, bis der vorhin so Großsprecherische hinfällt und davonkriechend die Götter um Hilfe anruft. Nachdem alle verschwunden sind, treten Lucilius und Tiberius auf, zu denen sich bald auch Fabius und Messalla gesellen. Anläßlich des sehnlich erwarteten Triumphzuges des Kaisers entwickeln sich Gespräche über Geduld, Untertanenliebe, Mäßigung in den Begierden und andere Bürgertugenden. Der Verfasser stellt hier also der sinnlichen Begierde des Kaisers die ideellen Begierden der Untertanen gegenüber, die sich auf Ruhm, Ehre und Gerechtigkeit beschränken. Entsprechend endet der zweite Akt mit einer „*Entrée der Begierden*" – wie immer man sich diese, von Schülern verkörpert, auch vorstellen mag.

Der dritte Akt, der Tiberius und Livia auf der „*kayserlichen Gallerie*" zeigt, beginnt mit einer Arie des Tiberius, die eine überraschende Wende ankündigt: Aus Liebe zu Livia, für die er „*alles auf der Welt*" täte, habe er sich entschlossen, „*sein bestes Kleinod selbst dem Kayser anzutragen. / Noch dieser Tag soll meinen Schluß erfüllen.*" Die erstaunte Livia bringt Einwände hervor und erinnert an die Treue, die sie sich einst vor den Göttern gelobt hätten: „*Es würde ja durch uns der Liebes-Bund gebrochen.*" Doch Tiberius erwidert: „*Ey, die Gesetze sprechen uns von dem Verbindniß frey, / wenn ich mich meines Rechts mit Vorbedacht begebe.*" Livia: „*So darfst du ferner auch nichts mehr an mich begehren.*" Tiberius: „*Nichts, als daß Livia stets glücklich lieb und lebe.*" Livia: „*O welch ein großer Helden-Geist, / der sich itzund aus der Entschlüssung weist! / So giebst du mir die Freiheit völlig wieder?*" Tiberius: „*Ja.*" Livia: „*Nun, so leg ich die gleich für dem Kayser nieder*" (will gehen). Tiberius (hält sie zurück): „*Erlaube, daß ich mit gegenwärtig sey.*" / Livia: „*Wohlan, so bin ich noch gebunden und doch frey.*" Die Szene verwandelt sich in einen „*grossen Salon*", den man wohl besser als Thronsaal bezeichnet, denn Augustus sitzt auf dem Thron, Octavia ihm zur Seite. Sie erwarten die große Siegesfeier, die bald auch beginnt. Die gefangenen Dalmatier werden vorgeführt und nach gehöriger Gardinenpredigt vom Kaiser mit Leben und Freiheit beschenkt, was diesem Anlaß bietet, seine eigene Güte und Gerechtigkeit zu rühmen. Und bei diesem Siegesfest solle Lucilius sich bemühen, „*daß Ordnung, Schönheit, Pracht der Bürger Augen auf sich ziehn.*" Dem Courtisan Curculio, der auch um „*ein Aemtchen*" bittet, wird zugestanden: *„Du magst die Aufsicht mit bei Küch und Keller halten"*, was ihn natürlich begeistert und zu der Arie anheben läßt: *„So werd ich zwantzigmal zu den Bedienten sagen: / Füllt die Schüsseln, schenckt die Becher / voll biß an die Ränder an, / daß man wie ein Mauer-Brecher / bey der Taffel strotzen kan."*

Nun treten Tiberius und Livia vor die Versammlung. Nach lobenden Worten des Kaisers für Tiberius' Heldentaten führt dieser Livia vor den Thron und stimmt folgende Da capo-Arie an: *„Hier liefert die Hand / von meinem bißherig / genoßnen Vergnügen! das edelste Pfand. / Hier giebet mein Hertze, die Pflicht zu bezeugen, / Sein köstlichstes Kleinod dem Kayser zu eigen. / So macht es bei diesen und künfftigen Siegen / die Treue bekant."* Besorgt fragt der Kaiser, ob er das Verschenken solcher Kostbarkeit nicht bereuen werde, doch Tiberius weist das von sich, und Livia stimmt die Arie an: *„Ich gehe frey und ungezwungen / den Weg, so mir das Schicksal weist. / Ist eigne Schuld bey meiner Liebe, / so weiß ich, daß die heißen Triebe, / die von des Himmels Winck entsprungen, / die Unschuld selbst für billig preist."* Worauf Augustus seiner *„schönsten Livia"* verkündet, *„dein mir ergebner Sinn / hat längst in meiner Brust die Gegen-Gunst gefunden / und die erkläret dich hiermit zur Kayserin"*, und sie zur rechten Seite des Thrones führt. Nach einem Liebeduett der beiden meldet sich der Ratsherr Messalla und verkündet, daß Rat und Bürgerschaft von Rom beschlossen hätten, dem Kaiser den offiziellen Titel *„Landesvater"* zu verleihen, wozu er auch gleich die Urkunde überreicht. Während des Chores *„Es lebe der Vater des Landes, August!"* beginnt das, was in der Opera seria die Licenza ist: Allegorien treten auf, und die bisher mittelbare Huldigung des Herrschers geht in die unmittelbare über: Fama schwebt aus den Wolken herab, in den Händen ein Bildnis des Kurfürsten; die Nymphen Sarmatia und Saxonia gesellen sich zu der Festversammlung, und alle wetteifern darin, den Herrscher in euphuistischen Arien zu preisen. Das aus fünf Strophen bestehende Schluß-Ensemble mit dem Refrain *„Es lebe der Vater des Landes, August"* stellte den Textautor noch vor die Schwierigkeit, fünf verschiedene Reime auf *„ust"* zu finden, was ihm dann aber glänzend gelingt, so daß die Oper mit einem *„Ballet der Kayserlichen Hof-Dames und Cavalliers"* angemessen schließen kann.

Was dem heutigen Betrachter hingegen nicht angemessen erscheint, ist das Sujet und seine Behandlung im Verhältnis zu den formalen Bedingungen seiner theatralischen Umsetzung. Während die technischen Voraussetzungen in Lauban offenbar höheren Ansprüchen genügten (die fünf

Schauplätze implizieren zwei Verwandlungen bei offener Szene, und auch die Vorrichtung für eine dea ex machina muß existiert haben), erscheint der Stoff für die Aufführung an einer Knabenschule doch zunächst denkbar ungeeignet. In einem Staat mit katholischem Herrscherhaus wird auf der Bühne freudig die Ehescheidung propagiert. Die lebhafte Aktion, die normalerweise Schülern wie Publikum die Freude und das Interesse am Theaterspiel gewährleistet, fehlt fast völlig. Stattdessen wird in nicht weniger als 20 Arien und Duetten die Liebe in vielen Aspekten besungen. Fünf Knaben haben Frauenrollen zu übernehmen, und zwar keine komischen, die immerhin noch denkbar wären, sondern ernste, bedeutsame, die in Charakterzeichnung und dialogischer Gewichtung den männlichen Rollen gleichwertig, wenn nicht überlegen scheinen. Zwar waren seit der Aufnahme von Plautus und Terenz in den Rhetorik-Unterricht die Schüler in der Verkörperung weiblicher Rollen geübt, aber hier handelte es sich um eine Neuproduktion, und das Publikum hatte sich seit langem an Schauspielerinnen und Sängerinnen auf den professionellen Bühnen gewöhnt. Hier hingegen haben kleine Knaben als *„Amouretten"* zu agieren, und andere treten als *„Begierden"* auf. Es liegt die Frage nahe, ob der Stoff nicht vielleicht Parallelen zu den Verhältnissen am sächsischen Hof enthält, mit denen dem Kurfürsten sozusagen moralisch der Rücken gestärkt werden sollte. Doch ist Friedrich August II., anders als sein Vater, nicht durch Mätressenwirtschaft oder Ehefrauenwechsel berüchtigt. Die ihm 1719 angetraute Maria Josepha, eine Tochter Kaiser Josephs I., gebar ihm 15 Kinder, und von einer Zerrüttung der Ehe ist zumindest mir nichts bekannt.[16] Der Stoff ist also, wenn nicht der Phantasie des Autors entsprungen, durch andere Quellen angeregt. Nun finden sich in vielen Opern Konflikte zwischen Liebe und Staatsräson, und auch der Triumphzug mit anschließender Freilassung der Kriegsgefangenen ist z. B. bei »Adriano in Siria« vorgegeben. Dort überwindet allerdings der Kaiser seine Leidenschaft und kehrt zu seiner Braut zurück. Die Botschaft unserer Oper lautet: *„Alles für das Wohl des Herrschers!"* Fast alle Personen überbieten sich gegenseitig in Edelmut, und der Entschluß, das eigene Glück dem Glück des Fürsten zu opfern und darin eine neue Befriedigung zu finden, erhebt das Ehepaar Tiberius-Livia zu den eigentlichen Helden der Oper.

---

16) Oder sollte etwa der Wechsel Livias zur gekrönten Gemahlin des Augustus die freiwillige Hingabe Polens an den Kurfürsten von Sachsen symbolisieren?

Ambulantes Musiktheater als patriotisches Fürstenlob

Nach Betrachtung dieser beiden Beispiele können wir bereits festhalten, daß Schlesien, anders als manche westlicher gelegenen Gebiete, keineswegs wegen seiner im Osten des Reiches wurzelnden Kultur mit den aktuellen Tendenzen des Musiktheaters verspätet in Berührung kam. Vielmehr zeigen die Erscheinungsformen schlesischer Theaterkultur im 18. Jahrhundert eine überraschende Schnelligkeit und Offenheit in der Rezeption und Adaption süd- und westeuropäischer Vorbilder, ohne sich durch lokale Traditionen allzusehr hemmen zu lassen. Dies gilt auch für die zweite Hälfte des Jahrhunderts, als das italienische Dramma giocoso und das französische Singspiel die Opera seria als vorherrschende Gattung des Musiktheaters ablösen, in Schlesien verbreitet durch allmählich perfekter ausgestattete und ausgebildete ambulante Theatertruppen. Seit den 40er Jahren des 18. Jahrhunderts überschwemmte die von Rousseau ausgelöste „*European vogue of Favart*", wie sie Alfred Iacuzzi treffend nennt,[17] auch flächendeckend das Reichsgebiet. Die heiteren Singspiele mit ihren leicht auszuführenden und zu konsumierenden Melodien erforderten keine anspruchsvollen Musiker, keine langjährig ausgebildeten und entsprechend kostspieligen Sänger mehr, sondern ermöglichten es nun auch den Schauspieltruppen, wenn sie nur einige musikalische und stimmlich begabte Mitglieder besaßen, dem neuen bürgerlichen Geschmack zu folgen und dem Musiktheater einen hohen, ja gelegentlich maßgeblichen Anteil in ihrem Repertoire einzuräumen. Fabrikmäßig arbeitende Übersetzer wie der Frankfurter Johann Heinrich Faber oder der Mannheimer Verleger Christian Friedrich Schwan belieferten das Reich und seine Wandertruppen mit der aktuellen Pariser Konfektionsware, so daß die „*Operette*" in den 60er und 70er Jahren z.B. bei den Wandertruppen der Prinzipale Seyler, Böhm und Großmann durchschnittlich 25 bis 34 % des Repertoires ausmachte.[18]

Der große Bedarf an Singspielen beflügelte natürlich auch die deutschen Dramatiker und Komponisten, und so versuchten sich in allen Gegen-

---

17) Vgl. Alfred Iacuzzi: The European Vogue of Favart. The Diffusion of the Opéracomique, New York 1932, bes. S. 123–209: Favart in Germany.
18) Vgl. Reinhart Meyer: Der Anteil des Singspiels und der Oper am Repertoire der deutschen Bühnen in der zweiten Hälfte des 18. Jahrhunderts, in: Colloquim der Arbeitsstelle 18. Jahrhunder, Gesamthochschule Wuppertal, Universität Münster. Amorbach vom 2. bis 4. Oktober 1979, Heidelberg 1981 (= Beiträge zur Geschichte der Literatur und Kunst des 18. Jahrhunderts 5), S. 29ff.

den des Reiches lokal und überregional wirkende literarische Größen, angefangen von Stephanie, Weiße, Meissner, Gotter und Engel bis hin zu Wieland und Goethe, in der Produktion von *„Schauspielen mit Gesang"*. Vergleicht man die Repertoire-Verzeichnisse der deutschen Wandertruppen, einschließlich der frühen *„Nationaltheater"*, miteinander, so findet sich viel Übereinstimmung im musikalischen Bereich, und nur gelegentlich werden lokale Verhältnisse, etwa zu besonderen Anlässen, auch musikalisch thematisiert. Entsprechend läßt sich auch im Repertoire der Theaterformation, die in der zweiten Hälfte des 18. Jahrhunderts den schlesischen Raum beherrschte, die zeitweilig auf zwei Unternehmen verteilte Familie Wäser, wenig spezifisch Schlesisches entdecken – zumindest, was die bekannten Fragmente ihres Repertoires betrifft, denn trotz der Existenz einer frühen Dissertation und vieler Mitteilungen über die Wäserschen Wandertruppen ist ihr Repertoire nur lückenhaft überliefert.[19] In den vorhandenen Verzeichnissen begegnen uns zwischen 1772 und 1797 dieselben Komponisten wie bei den übrigen deutschen Truppen, vor allem Hiller und Dittersdorf. Ein in Schlesien entstandenes Singspiel, das nachweislich von der Wäserschen Truppe gespielt wurde und somit als Beispiel genuin schlesischen Musiktheaters dieser Epoche gelten kann, ist selten zu finden.

Umso höher ist ein kleiner Band in der Sammlung Theobald zu bewerten, der ‚Schauspiele mit Gesang' von Karl Emil Schubert betitelt und 1779 bei Christian Friedrich Gutsch in Breslau und Leipzig erschienen ist. Das Buch ist heute in mehreren deutschen Bibliotheken (auch digitalisiert) greifbar,[20] war aber, wie es scheint, 1893 unauffindbar, als Edmund Goetze den 5. Band von Goedekes ‚Grundrisz' herausbrachte, dessen Bearbeiter Schuberts Sammelband offenbar nur vom Hörensagen kannte, so ungenau, unvollständig und fehlerhaft ist er beschrieben. Anders als bei Goedeke angegeben, enthält das Buch fünf musikbezogene Bühnenwerke, die alle separat paginiert und jeweils mit eigenem, 1779 datiertem Titelblatt, aber auch gemeinsam mit Sammeltitel erschienen sind. Der Sammlung vorangestellt ist eine Widmung an den Kronprinzen von Preußen (Friedrich Wilhelm II.) und eine *„Vorrede"* des Autors, datiert Breslau, den 20. März

---

19) Alfred Mai: Die Wäser'sche Schauspielergesellschaft in Schlesien (1772–97), Phil. Diss. Breslau 1928 [Teildruck]. Vor allem in der Litteratur- und Theater-Zeitung, hrsg. von Chr. A. Bertram, Berlin 1778–1784, finden sich über einen längeren Zeitraum reichende Repertoire-Verzeichnisse der Wäserschen Truppen.
20) Vgl. Reinhart Meyer: Bibliographia dramatica et dramaticorum, 37 Bde., Tübingen (etc.) 1986–2011, hier 1. Abt., Bd. 2, S. 937 und 2. Abt., Bd. 27, S. 307f.

1779. Über Karl Emil Schubert erfährt man bei Goedeke nur, daß er am 15. Januar 1741 in Neuwied geboren wurde, als Stadtgerichtssekretär in Breslau tätig war und dort am 9. Januar 1803 gestorben ist. Der World Catalogue nennt noch eine ‚Ode an mein Vaterland' (Breslau 1786) und eine Bearbeitung der Oper »Inkle und Yariko oder er war nicht ganz Barbar«, die 1798 in Kassel mit den Verfasser-Initialen „*J. W. D.*" erschienen ist.[21] Schuberts Neigung zum Theater fand offenbar Gegenliebe. In der „*Vorrede*" gibt er nämlich Auskunft über die Entstehung jedes der fünf Stücke, nennt die Quellen und die Komponisten und betont jeweils die Aufführung durch „*die*" Wäsersche Truppe. Das erste Stück, »Zemire und Azor. Eine romantischkomische Oper in vier Aufzügen«, basierend auf Marmontel-Grétrys berühmter Comédie-Ballet, die in einem märchenhaften Persien spielt, war bereits 1775 bei Korn in Breslau erschienen,[22] jedoch in einer Fassung, bei der die Gesänge von Schubert, der übrige (Prosa-) Text und die Musik von Gotthilf von Baumgarten[23] stammten. Jetzt legt Schubert eine neue Version vor, von der er sagt:

> „*Ich wagte es daher, mit Erlaubniß des Breslauischen Herrn Uebersetzers, den Dialog ganz umzuschmelzen, und ihm wo möglich durch eine freyere Behandlung des Originals mehr Geschmeidigkeit, und besonders mehr Deutschheit zu geben, die Arien aber, so weit die Musik es zuließ, hier und da zu feilen [...] In ihrer Ausbildung wagte ichs, meiner Phantasie zu folgen. Dieses Schauspiel ist 1776, von der Wäserschen Schauspielergesellschaft, in Breslau zum öftern nicht ohne Beyfall aufgeführt worden.*"

Diese Theatertruppe war von Johann Ernst Christian Wäser (1743–1781) gegründet worden und hatte zunächst das Baltikum bereist, bis sie 1768 auch nach Nord- und Mitteldeutschland vorstieß, in Lübeck, Kiel und Hamburg spielte, 1770 sogar mit Heinrich Gottfried Koch in Leipzig

---

21) Wilhelm HILL: Die deutschen Theaterzeitschriften des achtzehnten Jahrhunderts, Weimar 1915, und ihm folgend Annemarie SCHWERDT: Theater und Zeitung (1700–1850). Entwicklungsstufen der Theaterkritik, nachgewiesen am Breslauer Zeitungswesen, Würzburg 1938 (= Zeitung und Leben 54), erwähnen ohne Quellenangabe eine 1772 erschienene ‚Breslauische Dramaturgie' von Schubert, konnten jedoch kein Exemplar ausfindig machen.
22) MEYER (wie Anm. 20), 2. Abt., Bd. 26, S. 166.
23) Von dem im schlesischen Großstrehlitz geborenen Offizier und Landrat Gotthilf von Baumgarten (1741–1813) sind als Musiktheater-Kompositionen zwei Opern, ein Festspiel und ein Melodrama bekannt.

konkurrierte und schließlich am 24. Januar 1772 das noch von Franz Schuch erbaute Theater in Breslau, genannt *„Kalte Asche"*, wiedereröffnete, nachdem Wäser es käuflich erworben hatte. Da jedoch die Breslauer Bühne die Truppe nicht dauerhaft ernährte, unternahm letztere, insbesondere im Sommer, längere Gastspielreisen, von denen eine 1775 auch nach Potsdam führte, wo der preußische Kronprinz lebhaftes Interesse an den Vorstellungen zeigte. Am 23. März 1775 hatte Wäser das von Karl Theophil Döbbelin abgegebene Generalprivileg für alle preußischen Lande erlangt, mit der Einschränkung, daß er nicht in Konkurrenz zu Döbbelin treten dürfe, sondern bei Überschneidung von Gastspielterminen diesem immer den Vortritt lassen müsse. Der nunmehr gewonnene große Aktionsradius veranlaßte Wäser, nachdem er 1776 die personellen Reste einer anderen, zugrundegegangenen Truppe übernommen hatte, eine zweite Gesellschaft zu formieren, mit der er in die Gebiete westlich von Oder und Elbe vorzustoßen beabsichtigte, während die erste Truppe unter Leitung seiner Frau Maria Barbara, geb. Schmidtschneider (1749–1797), für Breslau und den schlesisch-pommerschen Raum zuständig bleiben sollte. Da beide Truppen bis zum Tod Johann Ernst Christian Wäsers sich an kaum einem Ort länger als einige Monate aufhielten und sich immer wieder in Breslau einfanden, ist es für den Chronisten oft nicht leicht zu erkennen, um welche Truppe es sich handelt, wenn, wie hier bei Schubert, nur von *„der Wäserschen Gesellschaft"* die Rede ist. Bei den hier besprochenen Aufführungen handelt es sich jeweils, soweit für mich erkennbar, um die *„zweite"* Wäsersche Truppe, die 1776 gegründet wurde. In diesen Zeitraum fällt die Aufführung der Schubertschen Neubearbeitung von »Zemire und Azor«. Christian Wäser war von seinem erfolgreichen Potsdam-Gastspiel, wo möglicherweise bereits Schuberts erste Fassung von »Zemire und Azor« aufgeführt worden war, im Dezember 1775 nach Breslau zurückgekehrt. Hier spielte er bis 31. Mai 1776 und wandte sich dann mit seiner Truppe nach Wien, um dort im Kärntnertortheater aufzutreten. Die Erstaufführung der Neufassung des, wie Schubert sagt, *„in Breslau zum öftern nicht ohne Beyfall aufgeführten"* Singspiels »Zemire und Azor« fand am 18. Mai 1776 statt.[24]

Vergleicht man Schuberts Fassung von 1776 mit dem drei Jahre zuvor erschienenen französischen Text des Librettos zur Berliner Aufführung auf dem friderizianischen Hoftheater, so zeigt sich, daß Schubert den Mund

24) Wie Anm. 22.

ziemlich voll genommen hat. Seine Übertragung folgt dem Original Szene für Szene sehr genau, mit dem einzigen Unterschied, daß er, wie schon sein Vorgänger Baumgarten, die gereimten Verse der Rezitative des Originals in Prosa auflöst. Den Texten der Arien hingegen verleiht er meistens das Versmaß des Vorbildes (dies läßt Rückschlüsse auf Baumgartens Musik zu), und er bemüht sich um möglichst poetische Wendungen sowie um Verdeutlichung von Situationen und Gefühlen. Als Beispiel mag Zemires Arie im fünften Auftritt des zweiten Aktes dienen:

„*La fauvette avec ses petits,*	„*Umhüpft von ihren lieben Kleinen*
Se croit la Reine du Boccage:	*Dünkt sich des Waldes Königinn*
De leur réveil, par son ramage,	*Die Grasemücke; preist den Hainen*
Tous les echos sont avertis.	*Ihr Glück und ihren Liedersinn.*
Sa naissance famille	*Freut sich des holden Spieles,*
Autour d'elle fautille,	*Des friedlichen Gewühles*
Voltige & prend l'essor;	*Der Brut und wärmet so*
Rensemble sous son aîle,	*Am kühlen Abend gütig*
De leur amour pour elle,	*Mit mütterlichem Fittig,*
Elle jouit encor.	*Und weckt zur Lust sie früh.*
Mais par malheur	*Doch bald erscheint*
Vient d'Oiseleur,	*Der Vögel Feind*
Qui lui ravit son espérance	*Und raubt ihr grausam alle Freuden.*
La pauvre mère! elle ne pense	*Die arme Mutter! Durch den Wald,*
Qu'à son malheur.	*Und weit durch die Gefilde hallt*
Tout retentit de sa douleur."	*Das Klaglied ihrer Leiden.*"

Es zeigt sich, daß Schubert bemüht ist, dem Original so eng wie möglich zu folgen, aber der deutschen Version eine poetischere Sprache zu verleihen, ihr wenn auch nicht mehr „*Deutschheit*", so doch mehr Deutlichkeit zu geben. Es spricht im übrigen für seine Ballett-Kapazitäten, daß er auch zwei Ballette des Originals beibehalten hat, deren Fehlen beispielsweise in der Wiener Aufführung von 1779 bemängelt wurde.[25]

Gleichfalls im Jahr 1776, und zwar am 24. Januar, dem Geburtstag Friedrichs des Großen, wurde in Breslau Schuberts kurzes Gelegenheitsstück »Das Opfer der Treue. Ein Vorspiel mit Gesängen« von der Wäserschen

---

25) Vgl. Otto MICHTNER: Das alte Burgtheater als Opernbühne von der Einführung des deutschen Singspiels (1778) bis zum Tod Kaiser Leopolds II. (1792), Wien 1970 (= Theatergeschichte Österreichs III/1), S. 75.

Truppe aufgeführt. Es ist ein dialogisiertes Huldigungsgedicht, gesprochen und gesungen von mehreren Göttinnen, einer Muse, einer Allgorie und *„einigen Einwohnern der Gegend"*. Budorgis, die Schutzgöttin von Breslau, tritt auf, ferner die Treue, die Göttin Ceres, die Muse Thalia sowie die Sieges- und Friedensgöttin; sie alle huldigen dem König in unterschiedlicher Weise, wobei keines der für solche Zwecke unerläßlichen Lokale und Requisiten fehlt: anmutige Gegend, Tempel mit korinthischen Säulen, Altar, Füllhorn, Porträt Friedrichs und Lorbeerkranz.

Zwei weitere solcher pathetischen Huldigungsstücke füllen den Band. »Der Tempel des Schicksals. Ein Vorspiel mit Arien« wurde am Neujahrstag 1779 in Breslau aufgeführt und vier Mal wiederholt. Schubert wandte sich damit der neuen Gattung des Melodramas zu. Das Personenverzeichnis sagt bereits alles wesentliche über den Inhalt aus: Budorgis (Schutzgöttin von Breslau), der Schutzgeist der preußischen Staaten, die Siegesgöttin, die Friedensgöttin, drei Musen, drei Grazien, Genien, die Gottheit der Zeit. Auch hier wird wortreich dem König Friedrich gehuldigt, jedoch auffallenderweise so, als wäre er eigentlich schon abgetreten. Zugleich wird immer wieder darauf hingewiesen, daß Preußen auch in Zukunft kein Unheil drohe, denn sein Nachfolger, der Kronprinz, stehe bereit, *„der Liebling der Menschheit, die Freude der Brennen"*. Offensichtlich besaßen Wäser und Schubert entweder bereits die Gunst des Kronprinzen, oder man bemühte sich eifrig, sie zu gewinnen. Zu der Aufführung sagt der Autor in der Vorrede, daß die Tempelszene nur pantomimisch dargestellt wurde, *„weil diese Rollen nicht mit Sängern besetzt werden konnten"* – ein Hinweis auf die oft beklagten Defizite im Personal Wäsers. Für uns interessant ist die Tatsache, daß dieses Stück auch in Christian August von Bertrams Berliner ‚Litteratur- und Theater-Zeitung'[26] abgedruckt wurde, und zwar offenbar vor dem Separatdruck, der dann unserem Sammelband eingefügt wurde. Beide Fassungen unterscheiden sich nicht unerheblich in den Bühnenanweisungen und der Beschreibung der Szenerie. Die Buchfassung betont – im Jahr der Beendigung des Bayerischen Erbfolgekrieges – in auffallender Weise die Friedfertigkeit Preußens und seines Königs. In der Zeitschrift ertönt *„eine kriegerische Symphonie"*, als sich der *„Schutzgeist der preußischen Staaten"* und der *„Gott der Zeit"* mit Genien und Friedensgöttin am Tempel mit Friedrichs Bildnis versammeln. In der Buchfassung heißt es dagegen nur: *„Eine sanfte Symphonie wird gehört."* Wo

---

26) Litteratur- und Theater-Zeitung, 1779, Nr. 13, S. 193–200.

es in der Zeitschrift noch heißt, *„Ein feyerliches Ballet machte den Beschluß"*, steht in der Buchversion: *„Schlußballet, das Freude an der Zurückkehr des Friedens ausdrückt."* Beide Fassungen schließen nicht mit einer Huldigung an den König, sondern erflehen der Götter Gunst für den Kronprinzen.

In derselben Zeitschrift, wo auch regelmäßig über den Spielplan der Wäserschen Truppen berichtet wird, findet sich am 10. April 1779 eine Besprechung der Aufführung. Der anonyme Kritiker schreibt unter anderem:

„Der Verfasser weiß so gut, als ein anderer, was sich gegen dergleichen allegorische sowohl, als gegen die mythologischen Vorstellungen sagen läßt, wie wenig Wirkung sie auf der Bühne thun, und ihrer Natur nach thun können, zumal wenn sie nicht durch eine in allem Betracht glänzende Aufführung, die wenigstens den Sinnen schmeichelt, und so die Aufmerksamkeit fesselt, unterstützt werden [...] *In Ansehung der Aufführung dieses Prologs konnte man mit Herrn Böheim, welcher den Genius des Preußischen Staats, mit Madam Böheim, welche die Stadt Breslau in Kostume, Deklamation und Geberde – die in solchen Stücken allerdings mit Verstande erhöht werden müssen – gut vorstellten, und wie auch mit der Madam Schmidt, welche als Muse, und mit Madam Bauch, welche als Grazie Arien sangen, wohl zufrieden seyn. Auch die Musik des Herrn Holly gefiel. In dem Kostume und der Dekoration war überhaupt nichts zu tadeln, als daß die Musen und Grazien nicht ganz im griechischmythologischen Geschmack gekleidet, und die Tänze nicht Charaktertänze waren, wie das Sujet erforderte."*

Auch das wenig später, nämlich wieder am Geburtstag des Königs, dem 24. Januar 1779, aufgeführte Singspiel »Der Patriot auf dem Lande. Eine Familienscene, mit Gesang und Tanz« mußte bei solchem Datum einen apologetischen Anstrich erhalten. Schubert erreichte dies durch das Anfügen eines Divertissements, in dem *„der Genius des Preussischen Staates"*, drei Musen, drei Grazien, Krieger und *„Genien der Freude und Scherze"* auftreten. Über das Stück selbst sagt der Autor: *„Die Familienscene, der Patriot, ist nach meiner eignen Idee entworfen und ausgeführt. Man rücke ihr nicht Mangel der Handlung vor. Gesinnungen waren mir Hauptsache: enthält's davon ein lebhaftes, rührendes Gemälde, so ist meine Absicht erreicht."* Das kleine, aus vier Auftritten bestehende Stück war im übrigen bereits im Vorjahr zu des Königs Geburtstag aufgeführt worden und erscheint hier im Druck in der *„ganz umgearbeiteten"* Fassung der Aufführung des Jahres 1779.

Einer anderen Gattung gehört das fünfte und chronologisch jüngste Musikdrama des Bandes an. »Deukalion und Pyrrha« von Germain-François

Poullain de Saint-Foix erschien zuerst 1741 in Paris als einaktige Komödie, 1753 dann als Ballett in Versen. Schubert hat, wie er in der Vorrede bekennt, beide Versionen benutzt, um sie zu der aktuellen, gerade in Mode gekommenen Kunstform des Melodramas umzugestalten. Es wird wenig gesungen, den größten Teil der Handlung nehmen lange, erregte oder gefühlvolle Monologe und Dialoge ein, die von Musik begleitet sind. Für Abwechslung sorgen Furien, Venus, Amor und Amoretten sowie die Allegorie der Unschuld und der „*Genius der goldnen Zeit*". Schubert betont, er habe die Vorbilder „*zuweilen ganz verlassen, um einen eignen Weg zu gehn, besonders in der Furienscene, – zu welcher ich die nach meiner Empfindung zu frostigen Tiraden der Zwietracht erweitert habe.*" Obwohl Schuberts Fassung zweimal komponiert wurde, fand die Breslauer Premiere erst am 18. Dezember 1780 statt.[27] Der Autor schreibt im März 1779 in der Vorrede: „*Mein würdiger Freund, der Oberamtsregierungsadvocat Uber arbeitet an einer Composition dieses Melodramas. Auch der Musikdirektor der Wäserschen Schauspielergesellschaft, Herr Holly, hat solches kürzlich für dieses Theater in Musik gesetzt.*" Von dem Breslauer Juristen, Musikliebhaber und Komponisten Christian Benjamin Uber (1764–1812) ist jedoch nur eine Kantate dieses Titels ohne Aufführungsdatum bekannt. Der professionelle Musiker und fruchtbare Komponist Franz Andreas Holly (1747–1783) stammte aus Böhmisch Luba und gelangte nach Tätigkeit bei den renommierten Theatertruppen von Johann Joseph von Brunian in Prag und Heinrich Gottfried Koch in Berlin 1774 zur Wäserschen Truppe, der er bis zu seinem Tod treu blieb. Schlesinger schreibt: „*Man berichtet von ihm, daß er wenig theoretische Kenntnisse, aber viel Phantasie und Herz besessen habe*".[28] Immerhin waren Brunian und Koch in ihren letzten Jahren vor allem für die Qualität ihrer Singspiel-Aufführungen berühmt. Von den hier besprochenen fünf musikalischen Bühnenwerken des Wäserschen Repertoires waren außer »Zemire und Azor« alle von Holly komponiert.

Auch von dieser Aufführung gibt es eine Rezension in der ‚Litteratur- und Theater-Zeitung'. Sie ist in zweifacher Hinsicht für uns von Interesse. Zum einen gewährt sie einen Einblick in die Breslauer Bühnenverhältnisse vor Eröffnung des Langhansschen Theaterneubaus (1782) und die Leistungsfähigkeit der Wäserschen Truppe. Zum anderen zeigt sie wieder einmal, welche Vorsicht zu walten hat, wenn man, selbst bei einem theaternahen

---

27) MEYER (wie Anm. 20), 2. Abt., Bd. 27, S. 307.
28) SCHLESINGER (wie Anm. 2), S. 67 Anm.

Autor, lediglich aus den Worten des Verfassers im gedruckten Text die Gestalt einer historischen Aufführung zu rekonstruieren versucht. Der anonyme Kritiker schreibt:

„Ganz unrecht mag der Rezensent von Schuberts Schauspielen in Ihrer Zeitung nicht haben, wenn er meint, der Dichter verlange zu viel vom Theaterprinzipal. Freylich scheint das Stück mehr für ein Operntheater gearbeitet, als für die gewöhnlichen deutschen Bühnen. Täuschung des Auges wie des Ohr's ist einem Stück von der Art unentbehrlich, und die ist auf einem kleinen dunkeln Theater ohne Dekorationen und Maschinen freylich nicht zu erwarten. Sonach sollten allerdings Gesellschaften, die keine bessere Schaubühne haben, als die unsrige, dergleichen Stücke lieber nicht geben, als sie dergestalt mißhandeln, wie heute geschehen. Zwar haben wir ein nicht sehr begehrliches Publikum. Es läßt sich vielmehr gern und leicht täuschen, wenn es nur einige Anstalten dazu gewahr wird, wie im Elysium, wo man's um des Vorhangs von Gaze willen übersieht, daß die Bühne mehr den Gefilden der Nacht als Elysium gleicht.[29] *Aber daß man schlechterdings gar nichts auf die Aufführung eines Melodramas, das ausdrücklich einigen Glanz erfordert, wenden, schlechterdings gar nichts, auch nicht das leicht zu habende, das unentbehrliche von dem, was der Dichter so deutlich und umständlich vorschrieb, herbeyschaffen würde, nun, das war freylich nicht vorher zu sehen, und der Verfasser konnte das nicht erwarten. In der That wurde die Bühne, die bald dunkel war, immer finsterer, wo sie sich erhellen soll: kein anbrechender Morgen war zu sehn, keine Quelle, worin sich Pyrrha besieht. Die Bildsäule, die sich in den Amor verwandelt, war wider die ausdrückliche Vorschrift des Dichters eine jämmerlich gemalte männliche Figur in Mannshöhe. Da war kein Wasser, das sich verlief, keine Ruinen, kein lachendes Gefilde, und alles das sind doch offenbar noch Forderungen, die auch das kleinste Theater gestattet. – Es ist ekelhaft, sich bey einer solchen Beschreibung zu verweilen, also zu den Rollen. Mlle. Baumann die ältere, Pyrrha: Wenn etwas in dieser Rolle liegt, das sie anziehend machen kann, so sinds die in ihrer Seele abwechselnden Empfindungen mit ihren Schattirungen […] und Hr. Holly, der Compositeur des Stücks, scheint darin ein ziemlich weites Feld für seine Kunst gefunden zu haben. Die Schauspielerin allein scheint dies nicht gefühlt zu haben, sie überging alle diese Nuancen von Furcht, Haß, Hoffnung, Eifersucht und Liebe, um von Anfang bis zu*

---

29) Vielleicht eine Anspielung auf »Elysium. Ein Vorspiel mit Arien« von Johann Georg Jacobi und Anton Schweitzer, das 1773 im Druck erschienen war.

Ende nichts als schmelzende Zärtlichkeit auszudrücken, woraus, ich gesteh es, im Ganzen eine Eintönigkeit entstand, die der Musik ohnerachtet nicht auszuhalten war. Mich wundert das von ihr, da ich sie schon andre leidenschaftliche Rollen, mit angemesseneren Ausdruck habe spielen sehn. Freylich hat sie sich noch in der von Musik begleiteten Deklamation nicht versucht, die allerdings ein eignes Studium fordert. Deukalion wurde von Hrn. Ackermann vollends gar mißhandelt, denn da Mlle. Baumann doch in den Stellen, wo Liebe auszudrücken ist, den wahren Ton traf, so traf dieser ihn nirgend, und ich muß bekennen: daß man nichts Langweiligers hören kann, als seinen Monolog. Hingegen that die jüngere Mlle. Baumann, der Amor zu theil worden, alles was in ihren Kräften stand, das unzufriedne Publikum schadlos zu halten. Besonders sang sie im Terzett ganz vortreflich. Die Ballets waren in der Hast verfertigt, ohne Karakter und Ausdruck, mit einem Wort, höchst elend, und besonders der Kampf des Schäfers mit dem Ungeheuer der burleskesten Farce würdig. Sie sehn, wie ganz natürlich das zuging, daß das Stück ohngeachtet der recht guten Musik nicht nur nicht gefiel, sondern mißfiel. Daß der minder aufgeklärte Theil des Publikums nicht zu unterscheiden weis, wo die Schuld seiner Unzufriedenheit am Dichter und wo am Schauspieler liegt, verzeiht man ihm."

Zieht man die Bilanz der Betrachtung von Schubert-Hollys Musiktheater-Produktion, so lassen sich kaum eigenständige Merkmale, geschweige denn spezifisch „*schlesische*" Charakteristika erkennen. Wäsers Spielplan entsprach weitgehend dem aktuellen Stand des Repertoires der deutschen Wanderbühnen, und wenn einheimische Autoren und Komponisten Eigenes beisteuern konnten, so wurden diese Stücke gern angenommen, um zusätzliches Publikum und Wohlwollen der Kritik zu gewinnen, aber eine planvolle Spielplangestaltung einschließlich der Förderung lokaler Talente war bei der ambulanten Betriebsform dieses Gewerbes kaum möglich. Immerhin haben wir hier einmal fünf Stücke aus dem Wäserschen Repertoire so kennengelernt, wie sie – mit der oben genannten Einschränkung – tatsächlich aufgeführt wurden, während die Gestalt der meisten anderen Aufführungen des Wäser-Spielplans nur mit Hilfe fremder Drucke erschlossen werden kann. Auffallend an der Schubertschen Sammlung ist der vorherrschende, vor allem dem preußischen Kronprinzen geltende Patriotismus, der sich in drei Huldigungsstücken manifestiert, darüber hinaus in den vorangestellten Widmungsversen an Friedrich Wilhelm, wo es u. a. heißt: „*Verkennt der Allgeliebteste der Prinzen / Im schwachen Schattenriß sein Bild, / So kennt's die seligste von Schlesiens Provinzen, / Der sich's in allem seinem Glanz enthüllt* [...] *Heil mir, wenn eines dieser kleinen Spiele – / Im Herzensdrange Dir geweiht, / Wenn dieser Blümchen eins, nur eines Dir gefiele, / Die Dir vielleicht zu kühn Thalia streut. / Sie strahlen nicht im Glanz erborgter Triebe, / Im Farbentand der Schmeicheley: / Sie blühten auf im Sonnenschein der Königsliebe; / Ihr Duft und Schmuck ist Patriotentreu.*"

Hier verknüpft sich ein Band, das die bürgerlichen »Schauspiele mit Gesang« Schuberts mit den vorher betrachteten Gattungen des schlesischen Musiktheaters im 18. Jahrhundert verbindet: Auch und gerade im musikalisch geprägten Theater Schlesiens ist die Hinwendung zum Landesherrn, sei es der sächsische oder der preußische König, ein ständiges Bedürfnis, eine politische und wirtschaftliche Notwendigkeit, um der außerhalb des Kernlandes gelegenen Provinz die Gunst des Herrschers zu erhalten und immer aufs neue zu erbitten. Huldigungs-Gedichte und -Vorspiele waren nicht nur ein Charakteristikum der Wandertruppen. Solange das städtische Publikum nicht ausreichte, eine aufwendige Kunstform dauerhaft am Leben zu erhalten, war im Zeitalter des Absolutismus immer wieder der Landesherr, zumindest aber der Aristokrat die Adresse, wenn es darum ging, irgendwo der Pflege der Musen auf die Beine zu helfen.

Verzeichnis der über die zitierten Titel hinaus benutzten Literatur

ALEXANDER, Richard J.: Das Jesuitentheater in Schlesien: Eine Übersicht, in: Theaterarbeit im gesellschaftlichen Wandel dreier Jahrhunderte, Dortmund 1983 (= Funde und Befunde zur schlesischen Theatergeschichte, hg. von Bärbel RUDIN, Bd. 1).

BÖHME, Erdmann Werner: Die frühdeutsche Oper in Thüringen. Ein Jahrhundert mitteldeutscher Musik- und Theatergeschichte des Barock, Stadtroda 1931.

BROCKPÄHLER, Renate: Handbuch zur Geschichte der Barockoper in Deutschland, Emsdetten 1964 (= Die Schaubühne 62).

BÜNGER, [Fritz]: Die Schulschauspiele und ihr Untergang, in: Preußische Jahrbücher, 152, 1913.

DUBOWY, Norbert: Italienische Opern im mitteldeutschen Theater am Ende des 17. Jahrhunderts: Dresden und Leipzig, in: Barockes Musiktheater im mitteldeutschen Raum im 17. und 18. Jahrhundert. 8. Arolser Barock-Festspiele 1993. Tagungsbericht, Köln 1994 (= Arolser Beiträge zur Musikforschung 2).

ECKSTEIN: Die Feier des Gregoriusfestes am Gymnasium zu Zittau, Zittau 1888 (= Beilage zum Jahresbericht des Gymnasiums zu Zittau, Ostern 1888).

EGGERS, Dietrich: Das Breslauer Schultheater unter Christian Gryphius, in: Stadt – Schule – Universität – Buchwesen und die deutsche Literatur im 17. Jahrhundert. Vorlagen und Diskussionen eines Barock-Symposions der Deutschen Forschungsgemeinschaft 1974 in Wolfenbüttel, hg. von A. SCHÖNE, München 1976.

EGGERS, Katrin: Die Schulaufführung um 1700 in Altenburg als Mikrokosmos von Repräsentationsverhältnissen, in: Jahrbuch Musik und Gender, Bd. 1: Feste – Opern –

Prozessionen. Musik als kulturelle Repräsentation, hg. von K. Hottmann und Chr. Siegert. Hildesheim [usw.] 2008.

EGERT, Walther: Christian Weise und seine Bühne, Berlin und Leipzig 1935 (= Germanisch und Deutsch 9).

FAMBACH, Oscar: Breslauer Theatergeschichte (bis Weihnachten 1797), in: Jahrbuch der Schlesischen Friedrich-Wilhelms-Universität zu Breslau 13 (1968), S. 78–108.

GOEDEKE, Karl: Grundrisz zur Geschichte der deutschen Dichtung. Fortgeführt von Edmund Goetze, 5. Bd., 2. Abt., Dresden 1893.

GONDOLATSCH, Max: Beiträge zur Musikgeschichte von Lauban, in: Oberlausitzer Heimatzeitung 6 (1925), 8 (1927).

GOTTSCHED, Johann Christoph: Nöthiger Vorrath zur Geschichte der deutschen Dichtkunst. 2 Teile. – Im Anhang: Gottfried Chr. FREIESLEBEN: Kleine Nachlese, Leipzig 1757–1765 (Reprint aller drei Teile, Hildesheim 1970).

GUDOPP, Ernst: Dramatische Aufführungen auf Berliner Gymnasien im 17. Jahrhundert. 2 Teile, Berlin 1900–1902 (= Wiss. Beilage zum Jahresbericht des Leibniz-Gymnasiums zu Berlin, Ostern 1900 u. 1902).

HERRMANN, Walther: Geschichte der Schauspielkunst in Freiberg, in: Schriften zur Theaterwissenschaft, hg. von der Theaterhochschule Leipzig, Bd. II, Berlin 1960.

HOFFMANN, Herbert: Das Görlitzer barocke Schultheater, Königsberg (Ostpr.) 1932 (= Königsberger deutsche Forschungen 10).

HORTSCHANSKY, Klaus (Hg.): Opernheld und Opernheldin im 18. Jahrhundert. Aspekte der Librettoforschung. Ein Tagungsbericht, Hamburg, Eisenach 1991.

KAHLERT, August: Die italienische Oper in Breslau am Anfange des 18. Jahrhunderts, in: Schlesische Provinzial-Blätter 105 (1837), S. 513–520, 106 (1837), S. 3–11.

KAISER, Marianne: Mitternacht – Zeidler – Weise. Das protestantische Schultheater nach 1648 im Kampf gegen höfische Kultur und absolutistisches Regiment, Göttingen 1972 (= Palaestra 259).

KÜSTER, Konrad: „Theatralisch vorgestellet" – Zur Aufführungspraxis höfischer Vokalwerke in Thüringen um 1710/20, in: Barockes Musiktheater im mitteldeutschen Raum im 17. und 18. Jahrhundert. 8. Arolser Barock-Festspiele 1993. Tagungsbericht, Köln 1994 (= Arolser Beiträge zur Musikforschung 2).

MARX, Hans Joachim u. Dorothea SCHRÖDER: Die Hamburger Gänsemarkt-Oper. Katalog der Textbücher (1678–1748). Laaber 1995.

MÜLLER, Reinhard: Beiträge zur Geschichte des Schultheaters am Gymnasium Josephinum in Hildesheim, Hildesheim 1901 (= Wiss. Beigabe zum Programm der Anstalt).

OTTO, Gottlieb Friedrich: Lexikon der seit dem funfzehenden Jahrhunderte verstorbenen und jeztlebenden Oberlausizischen Schriftsteller und Künstler. Görlitz 1800–1821.

PABST, Karl Theodor: Ueber eine im Jahre 1705 zu Arnstadt aufgeführte Operette. Ein Beitrag zur Geschichte der deutschen Nationallitteratur, in: Programm des [...] Gymnasiums zu Arnstadt für das Schuljahr von Ostern 1845 bis Ostern 1846, Arnstadt 1846.

PETRICK, Romy: Dresdens bürgerliches Musik- und Theaterleben im 18. Jahrhundert. Marburg 2011.

SCHIMPF, Wolfgang: Lyrisches Theater. Das Melodrama des 18. Jahrhunderts, Göttingen 1988 (= Palestra 282).

STIEGER, Franz: Opernlexikon, 11 Bde., Tutzing 1975–1983.

WEBER, Karl: Geschichte des Theaterwesens in Schlesien. Redaktion: Bärbel RUDIN, Dortmund 1980 (= Veröffentlichungen der Forschungsstelle Ostmitteleuropa, Reihe A, Nr. 29).

Václav Tham und das Schloßtheater in Pleß

Von Adolf Scherl

*Das Schloß der Fürsten von Anhalt-Köthen-Pleß
als schlesisches Kulturzentrum*

Im Jahre 1765 wurde durch Friedrich Erdmann von Anhalt-Köthen (1731–1797) die Nebenlinie dieses Adelsgeschlechts mit Benennung „von Anhalt-Köthen-Pleß" gegründet. Friedrich Erdmann, Sohn des Köthener Herzogs August Ludwig, erhielt damals durch Schenkung von Seiten der Familie seiner verstorbenen Mutter Emilie von Promnitz († 1732) die freie Standesherrschaft Pleß in Oberschlesien und gewann auch die Belehnung durch Friedrich II. von Preußen.[1] Ihm folgte 1797 sein zweiter Sohn Ferdinand Friedrich (1767–1830),[2] der in der preußischen Armee Karriere machte und 1818, nach dem Tod seines minderjährigen Vetters, die Regierung im Herzogtum Köthen übernahm. Unter den Fürsten von Anhalt-Köthen-Pleß entwickelte sich das Schloß zu Pleß zu einer Pflegestätte aller üblichen Sparten der Hofkultur. Bekannt ist die Schloßkapelle,[3] gerühmt wurden in der lokalen Presse die Redouten. Bald fehlte auch das Theater nicht.[4]

Allem Anschein nach war bei der Pflege des Theaters nicht nur der Fürst selbst der spiritus agens; auch sein jüngster Bruder, Prinz Ludwig (1783–1841),[5] bezeugte bald sein reges Interesse daran. Diese Bemühungen gipfelten 1804 in der Entscheidung des regierenden Fürsten, eine Hofbühne

---

1) Hermann Wäschke: Anhaltische Geschichte, Bd. II, Cöthen 1913, S. 214, 568.
2) Vgl. [Ferdinand] Siebigk: Ferdinand (Herzog von Anhalt-Köthen) in: Allgemeine Deutsche Biographie 6 (1877), S. 671–677. – Der erstgeborene Emanuel Ernst Erdmann († 1808) wurde wegen „Geistesschwäche" von der Erbfolge ausgeschlossen.
3) Die Bedeutung der Hofkapelle wird zwar in der Literatur oft betont, aber ihre Geschichte wurde bisher nicht geschrieben; vgl. z. B. Lothar Hoffmann-Erbrecht: Musikgeschichte Schlesiens, Dülmen 1986, S. 97.
4) Max Dubinski: Oberschlesische Hoftheater, in: Oberschlesischer Heimatkalender 1933, S. 16–21; Ludwik Musioł: Pszczyna, Katowice 1936, S. 508ff.
5) Über ihn Wolfgang Hubertus: Der Prinz Ludwig, Zeitungsausschnitte aus unbekanntem Organ in Wojewódskie Archiwum Państwowe w Katowiciach, Oddział terenowy w Pszczynie (zit. als Archiv Pleß), ohne Sign.

mit einer fest engagierten professionellen Schauspielertruppe zu gründen. Diese Gesellschaft wurde von Joseph Sartori geleitet, und Václav (Wenzel) Tham, einst der erste Vertreter der neutschechischen dramatischen Dichtung und tschechisch-deutscher Schauspieler, erhielt den Posten des Regisseurs.

Die Schauspielergesellschaft Joseph Sartoris

Diese Truppe wurde, wie es scheint, eigens für Pleß neu zusammengestellt. Joseph Sartori entstammte möglicherweise der bekannten Schauspielerdynastie dieses Namens,[6] ist aber vorher als Prinzipal nicht belegt. Als Schauspieler trat er in älteren Charakterrollen u.a. 1793 in Teschen und 1796 in Troppau auf, damals im Bühnenverband des Georg Schantroch.[7] Bald danach ließ er sich aber als Goldarbeiter und Juwelier in Pleß nieder und wurde zum Berater des regierenden Fürsten Ferdinand Friedrich in Theatersachen. Da hofgebundene Ensembles gewöhnlich außerhalb der Herbst-Winter-Saison ihr Brot auf Reisen zu verdienen hatten, mußte eine Konzession beschafft werden. Das war nicht einfach, denn die Konzessionen für Schlesien rechts und links der Oder waren damals schon für längere Fristen erteilt worden. Schließlich konnte Adolf Freiherr von Lots, genannt Heinrich, der 1803 seine Gewerbe-Rechte an den Oelser Kapellmeister Trahndorf abgetreten hatte, bewogen werden, sie dem Plesser Hoftheater zu überlassen.[8] Joseph Sartori wurde Direktor des Hoftheaters und leitete es bis 1806. Laut Dubinski rechnete man zunächst mit Heinrich selbst als Regisseur. Die Regie trat aber bald ein anderer Mann an, nämlich der erwähnte Böhme Wenzel Tham, der spätestens am 25. Februar 1805 zum Ensemble stieß. An diesem Tage spielte er hier als Gast die Rolle des Ritters Bruno in Spießens »Clara von Hoheneichen«, und zwar, nach der Meinung

---

6) Über diese Familie, deren Mitglieder allerdings überwiegend die Schreibweise „Sartory" benutzten Richard Maria WERNER (Hg.): Gallerie von Teutschen Schauspielern und Schauspielerinnen nebst Johann Friedrich Schinks Zusätzen und Berichtigungen, Berlin 1910 (= Schriften der Gesellschaft für Theatergeschichte 13), S. 354.
7) Handschriftlicher Theaterzettel abgedruckt in: Teschener Theateralmanach zur Erinnerung an den 26. Januar 1943, Beilage. Die hier vertretene Vermutung, daß es sich um den Wiener Schauspieler Johann Sartory handelte, kann nicht stimmen, da dieser schon längst am Wiener Theater in der Leopoldstadt engagiert war. – Zemský archiv v Opavě/Staatsarchiv Troppau, Troppauer Theaterzettel (nachträglich mit rotem Bleistift auf 1796 datiert).
8) DUBINSKI (wie Anm. 4), S. 21.

des Prinzen Ludwig, „*ganz unvergleichlich*".[9] Tham war mit seiner zweiten Frau Josefa, geb. Groisinger, in der Saison 1803/04 bei Wenzel Mihule in Troppau engagiert.[10] Dieser hatte sich mit seinem bisherigen Kollegen Joseph Mayer im April darum bemüht, noch während der Sommermonate 1804 im alten Troppauer Theater spielen zu dürfen, das gleich danach durch ein neues ersetzt werden sollte. Am 15. Juni 1804 wurde der Antrag jedoch abgelehnt.[11] Mihule verließ Troppau in Richtung Kaschau, wo ihn ein trauriges Ende erwartete,[12] und das Ehepaar Tham suchte ein neues Engagement. Dies fand es also in Pleß.

Wenzel Tham hatte damals schon eine zwanzigjährige Theaterlaufbahn hinter sich. Geboren 1765 in Prag, war er gerade vierzig Jahre alt. Zuerst Dichter, Dramatiker und Theaterpublizist, gab er 1789 seinen Beruf bei der Polizei auf und wurde im zweisprachigen tschechisch-deutschen Vaterländischen Theater in Prag als Dramatiker und Schauspieler angestellt, wo er von 1789 bis 1799 mit Ausnahme von kurzen Zeitabschnitten in den Jahren 1793 und 1796 tätig blieb und besonders als tschechischer Dramatiker aufklärerischer Richtung bedeutend wurde. Beinahe die Hälfte des tschechischen Repertoires stammte aus seiner Feder, entweder als Autor oder als Übersetzer und Bearbeiter. Schon damals bewährte er sich aber auch als Schauspieler in beiden Sprachen. 1799 gründete er mit dem später berühmten Kasperle des Wiener Leopoldstadttheaters, Wenzel Svoboda, eine eigene Gesellschaft, spielte mit ihr deutschsprachig in Reichenberg, Grottau und anderswo in Nordböhmen und Mähren, vermochte sie aber nicht für längere Zeit zu erhalten. Dann spielte er zuerst (seit 1802) bei Joseph Rothe in Brünn, während seine junge Frau bei Mihule in Troppau Fuß fassen konnte. Hierher folgte ihr Tham für die Saison 1803/04. Die Plesser Hofbühne erhielt in ihm eine tüchtige Schauspielerkraft mit breiten literarischen Kenntnissen und mit Erfahrungen in der Ensembleführung.[13]

---

9) Archiv Pleß, Sign. A Ks Pszcz II-858: „Tagebuch. Louis." (zit. als Tagebuch).
10) Bohumír INDRA: Po stopách Václava Tháma v severomoravském kraji [In den Fußtapfen von Václav Thám in der nordmährischen Region], in: Vlastivědné listy severomoravského kraje 7 (1981), S. 21–26.
11) Moravský zemský archiv v Brně/Staatsarchiv Brünn, Fonds B 14, Sign. 108, fol. 410ff.
12) Jolantha PUKÁNSKY-KÁDÁR: Geschichte des deutschen Theaters in Ungarn, Bd. I, München 1933, S. 150f.
13) Über W. Tham vgl. Ferdinand Břetislav MIKOVEC: Zur Geschichte des Prager Theaters, in: Bohemia (Prag) vom 20. Juli 1860, S. 153; František BAŤHA: Václav Thám, zakladatel českého divadla v době obrozenské [Václav Thám, der Begründer

Spätestens seit dem 12. Juni 1805 wirkte er in der Plessischen Hoftruppe. Aus dem Troppauer Ensemble kamen mit ihm noch die Eheleute Kurz samt Sohn und Tochter zu Sartori.[14] August Kurz d. Ä. war in den Jahren 1795/96 Direktor des Stadttheaters in Klagenfurt.[15] Außer ihnen gehörten zur Gesellschaft noch der Ballettmeister Huber mit seiner Frau (Tänzerin), seinem Sohn und seiner Schwiegertochter, dann der später in Oberschlesien mit eigener Gesellschaft wirkende Bernhard Seibt[16] mit Frau und einige weitere, die uns nur nach ihren Familiennamen bekannt sind: Goldammer mit Tochter, Bauernfeind mit Frau und Tochter, Heinke, König, Locke, Seidel, Baier, Wandel, Gührer, Grimm.[17] Es war eine mittelgroße Truppe, jedoch befähigt, nicht nur Schauspiele, sondern auch Opern, Singspiele und kleine Ballette aufzuführen. Spezialisten für Gesangsrollen waren das Ehepaar Kurz und die jüngere Mad. Huber. In der Musiksparte wirkte die Plesser Hofkapelle mit. Ballettmeister Huber sorgte für Tanznummern, Balletteinlagen und für die tänzerische Erziehung des Ensembles: *„Herr Huber"*, wurde berichtet, *"hat besonders noch den Vorzug, daß sein Unterricht im Tanzen sehr zu loben ist, er besitzt eine seltene Geduld und die Fähigkeit seinen Schülern die ersten Anfangsgründe leicht und angenehm zu machen."*[18]

des tschechischen Theaters in der Zeit der nationalen Wiedergeburt], in: Slovesná věda 5 (1952), S. 127ff.; Miroslav KAČER: Václav Thám. Studie divadelně historická [Václav Thám. Eine theatergeschichtliche Studie], Praha 1965; Adolf SCHERL: Václav Thám, Stichwort, in: Národní divadlo a jeho předchůdci [Das Nationaltheater und seine Vorgänger], Praha 1988, S. 522–523.
14) Die Mitglieder der Familie Kurz erscheinen auf den Troppauer Theaterzetteln aus dem Jahre 1804; Staatsarchiv Troppau, Fonds Troppauer Theaterzettel.
15) Wilhelm KOSCH: Deutsches Theater-Lexikon, 2. Bd., Klagenfurt, Wien 1960, S. 1005.
16) Zu Bernhard Seibt s. Heinrich N[ENTWIG]: Wanderbühne in Schlesien, in: Schlesien 7 (1913/14), S. 157–160, 213–216, 271–274, hier S. 159f., 214; Friedrich KAMINSKY: Die Schauspielbühne in Oberschlesien und der Grafschaft Glatz bis 1813, in: Volk und Heimat 3 (1926), Nr. 2 (Sonderheft), S. 1–20, hier S. 16f.; Zbigniew RASZEWSKI: Z tradycji teatralnych Pomorza Wielkopolski i Sląska [Zur Theatertradition im großpolnischen Teil Pommerns und in Schlesien], in: Studia z dziejów teatru v Polsce, Tom. III, Wrocław 1955, S. 105ff.
17) Namensverzeichnis zusammengestellt aufgrund der Theaterzettel und Rechnungen im Archiv Pleß.
18) Einige Bemerkungen über das Hochfürstliche Pleßische Theater, in: Der Beobachter an der Weichsel 1 (1806), S. 22.

Das Theater

Das Theaterleben im Schloß zu Pleß hatte zuerst die Form des Liebhabertheaters. Fürst Ferdinand Friedrich hat hier die erste belegte Bühne innerhalb des Schloßgebäudes am Anfang des Jahres 1799 errichtet. Joseph Sartori leitete die Arbeiten, und das Theater begann am 7. Januar 1799 mit dem Lustspiel »Die drei Schwestern« von Christian Heinrich Spieß auch für die Öffentlichkeit zu spielen. *„Es folgten in der nächsten Zeit Aufführungen von Meißners »Die Leichtsinnigen«, Sheridans-Leonhardis »Die Lästerschule« und Bretzners »Die Erbschaft aus Ostindien«. Als Prologdichter wird uns hier ein Herr Obst genannt."* Das Theater muß guten Zuspruch gefunden haben, weil es seitens der konzessionierten Wandertruppen sogar für eine wirtschaftliche Bedrohung gehalten wurde.[19]

Schon früher waren aber auch professionelle Wandertruppen zu Gastspielen nach Pleß gekommen. Die Randlage hatte sie zum Grenzverkehr aus Mähren eingeladen. Die erste bisher bekannte war jene der Prinzipals Philip Andrasch schon im Jahre 1776 (er kam über Bielitz aus Mährisch-Schlesien).[20] Am 22. Juli 1790 soll Fürst Friedrich Erdmann die aus Olmütz bekannte Gesellschaft des Andreas Hornung aus Bielitz engagiert haben, deren Einreise jedoch von der Provinzialkammer in Breslau abgelehnt wurde. Sie spielte dann aber im Sommer 1796 im Plesser Schloß und besuchte anschließend Gleiwitz.[21] Die letzte unter den nur einmalig auftretenden Truppen dürfte die *„hiergewesene Schauspieler Gesellschaft"* gewesen sein, die bei den Feierlichkeiten am 14. Oktober 1803 anläßlich der Ankunft der Herrschaften Ferdinand Friedrichs und Luise von Holstein-Sonderburg-Beck (die noch in demselben Jahre starb) nach ihrer in Ostpreußen stattgefundenen Hochzeit mitwirkte und dafür aus der „Renth-Kammer-Kasse" entlohnt wurde. Nach Dubinski handelt es sich um die Hallasche Gesellschaft, die vorher in Teschen gespielt hatte. Die Truppe gab eine

---

19) Dubinski (wie Anm. 4), S. 20.
20) Ebd., S. 19f. – Zum Folgenden vgl. auch Bernd Vogelsang: Theaterbau in Schlesien. Dortmund 1984 (= Funde und Befunde zur schlesischen Theatergeschichte 2), S. 298–300.
21) Kaminsky (wie Anm. 16), S. 15; Dubinski (wie Anm. 4), S. 20; vgl. auch Friedrich Kaminsky: Einfluß der oesterreichischen Bühne, insbesondere Dittersdorffs, auf das oberschlesische Theaterleben, in: Schlesisches Jahrbuch für deutsche Kulturarbeit im gesamtschlesischen Raume 1 (1928), S. 85–87.

Huldigungsoper »Die Ankunft des Gutsherrn«, am folgenden Tage dann eine Schauspielvorstellung.[22]

Im Jahre 1803 ließ der Fürst im Schloßgarten ein selbständiges Theatergebäude erbauen, das sich bis heute allerdings nicht erhalten hat. Es lag *"an dem mittleren Weg der drei vom Schlosse ausstrahlenden Alleen"*.[23] Der Zuschauerraum faßte etwa 600 Personen.[24] Dieses Theater wurde mit den Festvorstellungen im Oktober 1803 eröffnet. Schon damals darf man eine Standard-Ausstattung mit Kulissen und Kostümen voraussetzen. Ein Jahr danach entschloß sich der Fürst, in diesem Haus einen Bühnenbetrieb mit einer eigenen Schauspielertruppe zu eröffnen.

Über die finanzielle Sicherung des Hoftheaters gibt es leider nur indirekte Quellenangaben. Offenbar wurde die Benutzung von Theaterraum, Dekorationen, Kostümen und Bibliothek dem Direktor unentgeltlich geboten, der seinerseits Eintrittsgeld vom nicht höfischen Publikum erhielt und daraus die Schauspielergagen bezahlte. Lots-Heinrich behauptete später, der Fürst habe außerdem jährlich 300 Reichstaler zum Unterhalt der Truppe beigesteuert.[25] Ferner wurden der Bühnenchef und alle Schauspieler zu Weihnachten mit Fischen beschenkt.[26] Die Hofkapelle scheint aus der Dienerschaft zusammengesetzt gewesen zu sein, da sich unter den mit Deputatsnaturalien Belohnten nur zwei *"Musici"* befanden.

Einen Teil des Jahres, die Wintermonate bis März einschließend, verbrachte die „Hof- Schauspieler-Gesellschaft" in Pleß, dann führte sie das übliche Leben des ambulanten Theatergewerbes. Ihre Reisestationen im Frühling und Sommer 1805 waren Gleiwitz, Oppeln, Oels, Kalisch.

Die Produktionen des Plessischen Hoftheaters wurden auch in der Presse verfolgt, und zwar nicht nur in der örtlichen Zeitschrift ‚Der Beobachter an der Weichsel' (verlegt durch Carl Benjamin Feistel, „Hochfürstl. Hofbuch-

---

22) Archiv Pleß, Sign. IV-150: „Jahres-Rechnung über die Hochfürstlich Anhalt-Pleßische Renth-Cammer-Casse vom 1. Julii 1803 bis letzten Junii 1803", Pos. 491. – DUBINSKI (wie Anm. 4), S. 20.
23) Ebd.
24) Als am 4. März 1805 die erste Schloßtheatersaison endete, gab man eine freie Vorstellung. Prinz Ludwig notierte in seinem Tagebuch (wie Anm. 9): *"Es waren über 600 Menschen im Theater."*
25) DUBINSKI (wie Anm. 4), S. 21.
26) Archiv Pleß, Sign. A Ks Pscz IV-718: „Schloß-Hausvogtey Jahres-Rechnung pro anno 1805/6, Designation der zum heiligen Abend zu ertheilenden Fische, Pro Anno 1805".

Schloß Pleß in seiner heutigen neubarocken Gestalt. Bildpostkarte um 1960
[Privatarchiv Dr. Scherl]

drucker", der auch einige Theatertexte der Pleßischen Liebhaberbühne herausgab), sondern auch in der Leipziger ‚Zeitung für die elegante Welt' und in der Breslauer Zeitschrift ‚Schlesische Provinzial-Blätter'.

Das Repertoire

Für den Zeitraum vom 1. November 1804 bis 31. März 1806 ist es möglich, ein fast vollständiges Repertoireverzeichnis zusammenzustellen, das hier im Anhang publiziert wird. Das Hoftheater in Pleß ist natürlich für das Gebiet des preußischen Schlesien nichts Außerordentliches. Schon früher gab es Schloßtheater in Neisse, Warmbrunn, Oels, Carlsruhe oder Koschentin. Das Repertoire ist aber selten derart umfassend dokumentiert und gestattet daher eine stichhaltige Analyse. Größtenteils deckt es sich mit dem der zeitgenössischen deutschsprachigen Bühnen insgesamt. Noch deutlicher ähnelt der Spielplan jenem von entsprechend kleinen Schloßbühnen.

Merkmale wie die sehr niedrige Zahl von Reprisen (nur etwa 13 % der aufgeführten Titel wurden ein- bis dreimal wiederholt), der ziemlich hohe Anteil von musikalischen Werken (25 %) und der überwiegende Anteil von Stücken der Marktführer August Wilhelm Iffland und August von Kotzebue (hier 36 % von allen Schauspieltiteln) sind charakteristisch für den Spielplan fast aller Theatertruppen der Zeit. Merkwürdiger ist die offensichtliche Tendenz, allmählich das literarische Niveau besonders des eigentlichen Plesser Repertoires zu heben. Für die zweite Schloßsaison im Winter 1805/06 studierten Sartori und Tham mit dem Ensemble zum Beispiel Schillers »Kabale und Liebe« neu ein, und bald danach brachten sie eine Reprise von »Die Räuber«.[27] Unter den musikalischen Produktionen erschienen Mozarts »Don Juan« nebst der Reprise von »Die Entführung aus dem Serail« und die deutsch aufgeführte Oper Antonio Salieris »Der Talisman«. Diese Sparte war schon von Anfang an ziemlich ambitiös. Man gab die Singspiele »Apotheker und Doktor« und »Rotes Käppchen« des Carl Ditters von Dittersdorf (der in Schlesien auch wegen seiner Theatertätigkeit in Johannisberg und Oels beliebt war), Franz Xaver Süßmayrs »Der Spiegel von Arkadien«, Peter von Winters »Das unterbrochene Opferfest« und einige deutsche Bearbeitungen italienischer und französicher Opern, so »Die eingebildeten Philosophen« und »La Molinara« von Giovanni Battista Paisiello oder Salieris »Der Talisman« und die fast frischen Novitäten »Tage der Gefahr« (»Der Wasserträger«) von Luigi Cherubini und »Der Tollkopf« von Étienne-Henri Méhul. Während das Angebot des Sprechtheaters also ausgesprochen „preußisch" orientiert war, wobei Schillers Dramen und die Stücke und Bearbeitungen Friedrich Ludwig Schröders eher Ausnahmen bildeten, war das Singspielrepertoire, abgesehen von »Fanchon das Leiermädchen« (Kotzebue/Friedrich Heinrich Himmel), vor allem durch Wien inspiriert. Doch das Niveau sank selten unter den Durchschnitt der besseren Stücke von Wenzel Müller und Ferdinand Kauer. Hier darf man den Einfluß des aufklärerisch gesinnten Tham vermuten, der auch mit der Prager Mozart-Tradition vertraut war. Durch die Anforderungen der Hofbühne wurde außerdem seine Vorliebe für Produkte der Wiener Vorstadtbühnen offenbar zum Vorteil korrigiert. Diesen stand insbesondere Prinz Ludwig fremd gegenüber. Als man am 6. Januar 1806 »Die

---

27) In diesem Punkt müssen die Angaben KAMINSKYS (wie Anm. 16) über die deutschen Klassiker im damaligen Repertoire der Wandertruppen in Schlesien ergänzt werden.

Teufelsmühle« von Müller gab, ging er lieber Whist spielen, und über Karl Friedrich Henslers »Rinaldo Rinaldini« äußerte er sich mit Abscheu: *„Dieses Stück finde ich unter alle Kritik schlecht."*[28]

Die Darstellungskunst

Das Schauspielensemble des Plesser Hoftheaters war nicht allzu zahlreich. Dem Namen nach sind uns 24 Mitglieder bekannt, die natürlich in allen Gattungen einsetzbar sein mußten. Die Erfolge bei Publikum und Kritik verbürgte der künstlerisch starke Kern der Truppe, den etwa zehn Schauspielerpersönlichkeiten bildeten. In einer der ersten Nachrichten über die Gründung des Theaters schrieb der Referent, der Fürst habe *„die Schauspieler hierzu aus verschiedenen Gegenden unter vorteilhaften Bedingungen engagiren laßen"*.[29] Das Ergebnis was überraschend erfreulich. Der Direktor selbst spielte, wie es scheint, in dieser Zeit nicht mehr. Das Ensemble verfügte über eine gute junge Liebhaberin und zugleich erstklassige erste Sopranistin in Mad. Huber der Jüngeren, über eine weitere junge Heldin und gute Sopranistin in Mad. Seibt, über einen jugendlichen Helden und zugleich ersten Tenor, den jüngeren August Kurz, über immer gelobte Charakterschauspieler wie Wenzel Tham, Bernhard Seibt, der dabei auch ein guter Baßsänger war, Herrn August Kurz d. Ä. und Herrn Goldammer, über talentvolle Vertreterinnen des naiven Faches (Demoiselle Goldammer und Demoiselle Bauernfeind), über das Tänzerpaar Huber mit begabten Familienmitgliedern, die in komischen und Liebhaberrollen Anerkennung fanden, eine komische Alte (Mad. Renner) und mehrere Darsteller der Nebenrollen, unter welchen auch Thams junge Gattin Josefa figurierte. Insgesamt war hier ein Ensemble zusammengetroffen, das die Repertoireaufgaben ohne Schwierigkeiten löste und vorwiegend Beifall erntete. Die Kritik lobte in mehreren Fällen eine *„tadellose"* Bewältigung aller Rollen.[30]

Von den einzelnen Darstellern wurde am häufigsten der erste Tenor der Truppe, August Kurz d. J., herausgestrichen. Der Kritiker der Lokalzeitschrift hob schon in den ersten Nachrichten sein Talent sowohl für

---

28) Tagebuch (wie Anm. 9), am 6. Januar und 13. März 1806.
29) Pleß, den 10. April 1805, in: Schlesische Provinzialblätter 41 (1805), S. 388–390.
30) Z. B. in der anonymen Rezension von »Belmont und Konstanze« am 18. Januar 1806 (wie Anm. 18).

Gesangsrollen als auch für Schauspielpartien hervor,[31] und auch der Rezensent in den ‚Schlesischen Provinzial-Blättern' reihte ihn in die kleine Gruppe der tüchtigsten Mitglieder des Ensembles ein. Prinz Ludwig fand seinen Tamino in der »Zauberflöte« (2. März 1805) *„sehr gut",*[32] auch sein Belmont in »Die Entführung aus dem Serail« wurde gerühmt.[33] Positive Urteile begleiteten seine Plesser Auftritte über die gesamte Dauer der Existenz dieser Hoftruppe.

Häufiges Lob erntete auch Wenzel Tham, der hier seine schon früher bewährte Fähigkeit, in mehreren Rollenfächern hervorzutreten, wieder geltend machte. Hier spielte er Helden- und Charakterrollen (z. B. Herb in Wilhelm Vogels »Der Amerikaner« oder Gewürzkrämer Bertrand in »Fanchon das Leiermädchen«) und wurde für *„richtige Behandlung"*[34] der Rollen von der Kritik gewürdigt und vom Publikum mit Beifall bedacht. Sein Herb in Vogels Lustspiel »Der Amerikaner« regte den Kritiker zu einer treffenden Gesamtcharakteristik an: *„Herr Tham als Herb zeichnete sich sehr vorteilhaft aus u. bewies in mehreren Zügen, daß er ein denkender Künstler ist."*[35] Als intellektuell ausgerichteter Schauspieler der rationalistischen Epoche der Aufklärung wurde Tham schon in Prag gepriesen.

Die anspruchsvollsten Sopranpartien wurden der Gattin Bernhard Seibts anvertraut. Der Kritiker der Lokalzeitschrift hob sie gleich in seiner ersten Rezension hervor. Ihre Konstanze in »Die Entführung aus dem Serail« fand er *„vorzüglich gut"* gesungen: *„Sie besitzt eine angenehme, schöne Stimme und ist selbst Künstlerin."*[36]

Viel Aufmerksamkeit widmete dieser Kritiker den beiden talentierten jungen Darstellerinnen der naiven Rollen, der Dem. Bauernfeind und der sie bald überragenden Dem. Goldammer. Die junge Goldammer hatte ihn zuerst als Rosalie in Johann Friedrich Jüngers »Was sein soll, schickt sich wohl« bezaubert, er verfolgte dann die Entfaltung ihrer Kunst in mehreren Rollen von Kotzebues Schauspielen: als Eulalia in »Menschenhaß und Reue«, als Fanchon in »Fanchon das Leiermädchen« und als Gurli in »Die Indianer in England«. Ihre Eulalia galt ihm noch als eine zu unreife Krea-

---

31) Einige Bemerkungen über das Hochfürstliche Pleßische Theater, in: Der Beobachter an der Weichsel 1 (1806), S. 13–15.
32) Tagebuch (wie Anm. 9), 2. März 1805.
33) Wie Anm. 18.
34) Wie Anm. 31.
35) Hochfürstliches Hoftheater, in: Der Beobachter an der Weichsel 1 (1806), S. 56.
36) Wie Anm. 18 und 31.

tion, die sich zwar durch einige äußerst gelungene Momente auszeichne, aber allen Forderungen an *„die gesammte Darstellung, das Ergreifen einzelner, großer Momente, die Nüancierung der verschiedenen Leidenschaften, das Festhalten des Charakters"* nicht gerecht werde.[37] Besonders ihre Darstellung der Gurli würdigte er aber als *„lobenswerth und richtig nuanciert"* und pries *„ihr gesammtes Spiel, ihr ganzes Benehmen"*, das ein tiefes Studium der Rolle verrate.

Die Inszenierung

Glücklicherweise sind wir hinsichtlich der Inszenierungsgewohnheiten im Hoftheater zu Pleß nicht nur auf vereinzelte Erwähnungen in Zeitungsartikeln angewiesen. Seit 12. Juni 1805 führte Wenzel Tham nämlich als Regisseur der Truppe ein ‚Szenarien-Buch des Hochfürstlichen Anhalt-Köthen Pleßschen Hoftheaters'.[38] Es war ein chronologisch geführtes Inspizientenbuch für alle neu einstudierten Stücke, immer mit vier Kolonnen auf der Doppelseite großen Formats: links die Szenenfolge mit Auftritten von einzelnen Personen, rechts *„Theater"* (die Dekoration), *„Requisiten"* (einschließlich Kostümen) und *„Anmerkungen"*, welche hauptsächlich Beleuchtung und Toneffekte sowie Musik im Schauspiel betrafen. Da einige Stückszenare datiert sind, ist es auch eine ergiebige Quelle für das nachstehende Repertoireverzeichnis und für das Itinerar der Truppe.

Insgesamt birgt dieses Szenarienbuch auf den ersten Blick eine Enttäuschung hinsichtlich der Behandlung der Szenerie, da sie in den meisten Fällen nur durch die Abschrift der Bühnenanweisung im gedruckten Text

---

37) Hochfürstliches Hoftheater, in: Der Beobachter an der Weichsel 1 (1806), S. 32.
38) Archiv Pleß, Sign. A. Ks Pszcz II-917: Szenarien-Buch des Hochfürstlichen Anhalt-Köthen Pleßschen Hoftheaters. Unter der Direkzion des Herrn Joseph Sartori. Oppeln in kgl. Preußischen Ober-Schlesien. Vom 12ten Juny 1805. Verfaßt von Wenzel Tham, Mitglied der Gesellschaft. – Auf diese Quelle hat zuerst Karol Musioł: Mozartiana in schlesischen Archiven und Bibliotheken, in: Acta Mozartiana 6, 1959, H. 2, S. 31–35, aufmerksam gemacht. Zu einem ähnlich ergiebigen Fundusinventar des Ludwigsburger Schloßtheaters von 1818, das zum Teil mit den noch erhaltenen Prospekten, Kulissen und Setzstücken abgeglichen werden kann, vgl. Bärbel Rudin: Gemalte Wasser, elysische Felder, Fanchons blaues Zimmer. Illusionsproduktion aus dem Ludwigsburger Fundus, in: 250 Jahre Schlosstheater Ludwigsburg. Von der Hofoper zum lebendigen Theaterdenkmal, Stuttgart 2008 (= KulturGeschichte Baden-Württemberg), S. 46f.

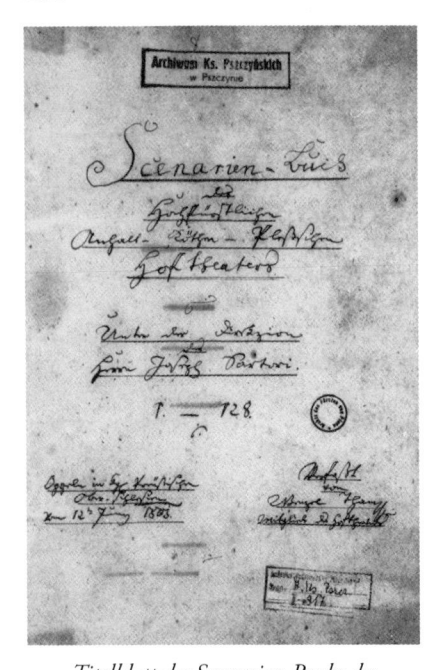

Titelblatt des Szenarien-Buchs des Hochfürstlichen Anhalt-Küthen-Pleßschen Hoftheaters [Archiv Pleß, Sign. A. Ks Pszcz II-917]

angegeben wird. Das führt allerdings in manchen Fällen zu Zweifeln über die wirkliche Gestalt der Dekoration, z.B. wenn in Emanuel Schikaneders »Tiroler Wastl« *"Prater mit Wirthshütte, Baum mit Rasenbank"* vorgeschrieben sind. Beim genaueren Vergleich der Szenenbeschreibungen im Szenar mit den gedruckten Bühnenanweisungen in betreffenden Texten wird aber bald klar, daß es sich hier immer um Hinweise auf Dekorationsteile handelt, die im Fundus des Theaters zur Verfügung standen. Dadurch erfahren wir auch etwas über die Bühnenausstattung und den Dekorationsfundus des Plessischen Schloßtheaters. Klar ist, daß die Bühne mit einem üblichen Satz von Typendekorationen ausgestattet war: Es gab Wald, Wald im Winter, freie Gegend, Garten, Meerufer, Feldlager, mindestens zwei Säle, Zimmer, Gaststube, Werkstatt. Bei den Szenen im Freien konnte Variabilität einerseits durch verschiedenste Kombinationen von Dekorationsteilen, sehr oft asymmetrisch arrangiert, erzielt werden, andererseits aber auch durch überraschend viele Praktikabeln und charakterisierende Requisiten.

So konnte man in Dittersdorfs »Rothes Käppchen« den Dorfprospekt mit den Kulissen des Schlosses auf der einen und des bürgerlichen Hauses auf der anderen Seite kombinieren. Eine Walddekoration konnte im Hintergrund entweder durch *"Wald mit Thurm"*, wie im IV. und V. Akt von »Die Räuber«, oder bloß mit dem Waldprospekt der Typendekoration abgeschlossen werden.

Nicht alles wurde in dieser Zeit nur gemalt, obwohl Wirklichkeitssimulation mit dem Farbtopf noch lange währen sollte. So war z. B. in Kotzebues »Die Hussiten vor Naumburg« *"Lager mit Prokops praktikabeln Zelt"*

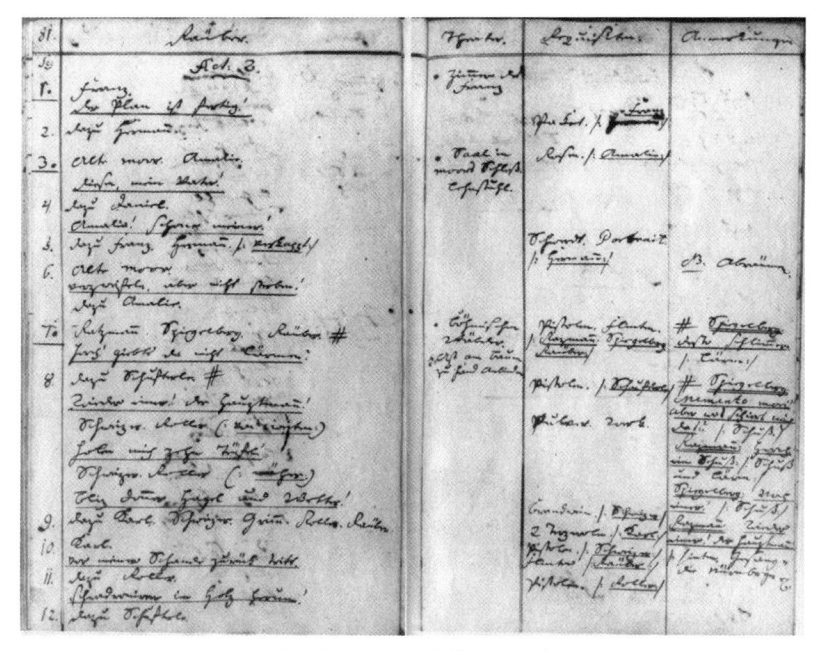

Aus dem Szenar zu Schillers »Räubern«
[Archiv Pleß, Sign. A. Ks Pszcz II-917]

angeordnet, so konnte in »Die Entführung aus dem Serail« mindestens ein „Schiff mit Brett", auf dem Bassa und Konstanze in I. Akt hereinfuhren, am Ufer wirklich landen – nicht aber der Chor der Janitscharen, der offenbar zu Fuß durch die Wasserbahnen auf die Bühne kommen mußte; dasselbe in Kotzebues »Eremit auf Formentera«: *„Schaluppe kömt, man steigt aus, sie kehrt zurück."* Auch der *„Karren mit Faß"* in Cherubinis »Wasserträger« (hier unter dem Titel »Tage der Gefahr«) war als handgreifliches Gerät dabei. Natürlich mußte das Theater auf dem Theater in »Travestierter Hamlet« ebenfalls praktikabel eingerichtet sein, desgleichen der Brunnen in »Rothes Käppchen« mit Ziehstange und Eimer, ebenso der Ast, an welchem Karl Moor seine rechte Hand im II. Akt von »Die Räuber« anbindet. Fast jede Szene im Freien war mit einer „Rasenbank" ausgestattet.

Das andere inszenatorische Merkmal der Plessische Hoftruppe, das durch unser Bühnenbuch reichlich bezeugt wird, ist die Sorgfalt hinsichtlich der sachlich, historisch und geographisch getreuen Ausstattung mit Requisiten. Der offenbar anders ästhetisch orientierte Rezensent der Lokalzeitschrift beanstandete übrigens schon in seinem ersten Bericht über Henslers »Der Waffenschmidt« die allzu derbe Realistik der Inszenierung: *„Die ganz uneleganten Spinnräder, das widrige Gequitsche derselben während des Gesanges, wo ja allenfalls Spinnrokken die Stelle vertreten konnten, das machte einen unangenehmen Eindruck. Es ist doch wohl ein allgemein anerkannter Satz, daß das Theater uns alles idealisch verschönert darstellen soll, und ein solcher Anblick erinnert uns unfreundlich an das gemeine Leben."*[39] In dieser Hinsicht war aber Thams und Sartoris „Regie" immer eher geneigt, die Illusion des Zuschauers durch reale Elemente zu stützen. Dazu bot sich natürlich am meisten Gelegenheit, wenn die Truppe direkt auf der Schloßbühne spielte. Das läßt sich leicht durch einen Vergleich der zitierten Rezension mit dem früheren Szenar, das für Oppeln vorbereitet wurde, beweisen. Die Kritik betraf nämlich eine der ersten Vorstellungen nach der Rückkehr der Gesellschaft nach Pleß. Im Szenar zum »Waffenschmidt« sucht man aber noch vergebens Angaben über die kritisierten Requisiten, die offenbar nur der besser ausgestattete Fundus der Plesser Schloßbühne bieten konnte. Da werden zwar viele Schmiedwerkzeuge, Waffen und Rüstungen in der Schmiede aufgezählt, aber statt der Spinnräder nur „*2 Kunkeln"* für Stadingers Zimmer.

Sonst gibt das Szenarienbuch ein Bild von einem Theater, welches von Attributen des alltäglichen Lebens schon fast überflutet wurde. Nicht nur Tische und Sessel, Sofas und Lehnstühle, sondern auch Kafeezeug, Trinkschokolade, Tabakdosen, Tabakpfeifen, Weingläser, Tischklingeln, Taschenuhren, Geldbörsen oder Geldbeutel, sogar Perrückenstöcke, Stikkereien, Strickstrümpfe und Nähzeug füllten den Bühnenraum, in dem Ifflands und Kotzebues Stücke einander so dicht folgten. Nicht zufällig dreht sich die Intrige von Kotzebues »Die Stricknadeln« ganz und gar um derlei hausfrauliche Requisiten. Wahrscheinlich halfen auch Requisiten, aus einem „*Garten",* jene oben angeführte Praterdekoration hervorzuzaubern, indem man „*zwei Hennen"* und „*Knackwurst"* servierte und Musikanten mit „*Harphe"* und Flöte auf die Bühne stellte; in Räuberstücken wieder Schwerter, Degen, Pistolen, Gewehre.

Die Füllung der Bühnenfläche mit Möbeln mußte natürlich die Verwandlungen deutlich erschweren. In »Kabale und Liebe« stand der von

---

39) Wie Anm. 31, S.14.

Schiller vorgeschriebene „*Flügel*" wirklich im Saal der Lady Milford, in »Fanchon das Leiermädchen« eine „*Kommode*" und eine „*Toilette*", gewiß die damals modische Chippendale-Toilette. In Stücken mit mehreren Verwandlungen half man sich oft durch einen Zwischenvorhang, hinter dem die Szene umgeräumt wurde (Vorschrift „*Kurtzes Zimmer*" in Dittersdorffs »Gespenst mit der Trommel«).

Was die Kostümierung anlangt, erscheinen nur solche Kleidungsstücke und Accessoires im Szenarienbuch vermerkt, die nicht pflichtmäßig zur persönlichen Garderobe des Schauspielpersonals gehörten, also z.B. komische Augengläser für den Buchhalter im »Tiroler Wastl«, ebenda das „*Viganokleid*", mit welchem die Tirolerin ihren Wastl zu verblüffen versucht, kostbare Schmuckstücke und Orden, Tuch für den Geist in »Travestierter Hamlet«, große Nase für Gustav in Salieris »Talisman«, ferner Degen und Pistolen.

Die Mühe, welche die Regie stets auf die Steigerung der szenischen Illusion verwendete, spiegelt sich auch in der Behandlung der Tonkulisse: Uhrenschläge verschiedener Klangfarbe, Gefechtslärm, Schüsse, Donnerschläge ertönten hinter der Bühne ebenso wie Jagdgetöse, Musik oder Gesang aus der Ferne, um das Milieu der Handlung überzeugend akustisch auszumalen.

Auch die Beleuchtung spielte dabei eine wichtige Rolle. Die Abstufung der Intensität (offenbar durch Senkung der Beleuchtungseinrichtung wie im erhaltenen zeitgenössischen Schloßtheater in Leitomischl) erlaubte „*Mondlicht*" zu simulieren, man spielte auch in der „*Nacht*" mit Lichtern und Laternen, zum Beispiel in »Die Räuber« (IV, 13) rund um ein „*Wachtfeuer*". »Der Eremit auf Formentera« beginnt mit einer Szene am Meerufer: „*Sonne geht auf*", lautet der Wink für den Beleuchter.

Lauter Merkmale der Epoche, die Winfried Klara in seinem Buch über das Theaterkostüm dieser Zeit so treffend und vielseitig zu charakterisieren wußte: der Epoche des Übergangs von Sturm und Drang und aufklärerischem Klassizismus zur Romantik, die aber unter starkem Einfluß der englischen Sachlichkeit verlief.[40]

---

40) Winfried KLARA: Schauspielkostüm und Schauspieldarstellung, Berlin 1931 (= Schriften der Gesellschaft für Theatergeschichte 43).

Napoleonische Kriege und das Schloßtheater Pleß

Preußens Epochenzäsur, die katastrophale Niederlage gegen Napoleon in der Doppelschlacht bei Jena und Auerstedt (14. Oktober 1806), woran auch Fürst Ferdinand Friedrich als preußischer Oberst mit einem Husarenregiment beteiligt war, bedeutete das Ende für seine „Hof-Schauspieler-Gesellschaft".

Am 31. März 1806 hatte sie als Abschiedsvorstellung den »Tiroler Wastl« auf die Schloßbühne gebracht. Zwei Stützen für die Vermutung, daß sie zunächst weiterhin Theater spielte, bietet das oben besprochene Szenarienbuch, das nach den Angaben zur letzten Aufführung in Pleß noch undatierte Szenare zu 23 Stücken enthält, sowie eine Handschrift mit Schikaneders Singspiel »Die Waldmänner« im Plessischen Archiv,[41] die zwar nicht von Tham rührt, aber sehr wahrscheinlich sind die Zusätze (mit Bleistift) sein Werk. Der Schlußteil des unten beigefügten Repertoireverzeichnisses ist also in diesem Sinne nur hypothetisch; er liefert keine direkten Belege für Produktionen der Truppe. Man kann lediglich mutmaßen, daß sie die bewährte Reiseroute des Jahres 1805 auch im Frühling 1806 wieder angetreten und sich spätestens im Herbst aufgelöst hat. Ihr ehemaliger Brotherr war seit November als Generalgouverneur von Schlesien und der Grafschaft Glatz in Kampfhandlungen verwickelt. Die „*Schloß-Hausvogtey Jahres-Rechnung pro anno 1806/07*" nennt keinen Schauspieler mehr.[42] Sartori verharrte in fürstlichen Diensten, Wenzel Tham erschien zur Jahreswende wieder in Prag,[43] dort begegnen wir von 1807 bis 1809 auch Dem. Bauernfeind im Engagement am Kleinseitner Theater,[44] die übrigen Mitglieder der Truppe hinterließen für diesen Zeitabschnitt keine Spuren. Nur die Schloßkapelle hatte Bestand.

---

41) Archiv Pleß, Sign. A Ks Pszcz II-918, Nr. 2 (ohne Titelangabe).
42) Wie Anm. 26, Sign. IV-719. Sartori erscheint hier als Name eines Handwerkers, weiter auch in der verstümmelten Form „Satori" in der Nachbarschaft von Musikanten, die am Heiligabend 1806 mit Fischen beschenkt wurden.
43) Das wird durch zwei eigenhändige Eintragungen Thams im Stammbuch von Jan Nepomuk Štěpánek (31. Dezember 1806 und 1. Januar 1806) belegt, die zuerst Baťha (wie Anm. 13) publizierte.
44) Prager Theateralmanach auf das Jahr 1808, Prag 1807; Prager Theater-Almanach auf das Jahr 1809, Prag 1808. – Prager Theaterzettel aus dem Jahre 1809 in der Theaterabteilung des Nationalmuseums Prag, Sign. P-6-A-265.

Bis zur großen Theaterdämmerung in Pleß

Da Pleß nach dem Tilsiter Frieden (7. Juni 1807) unter französischer Besatzung verblieb, wandte sich Fürst Ferdinand Friedrich nach Wien, reiste alsdann viel und kehrte erst 1810 zurück.[45] Im zweiten Quartal dieses Jahres soll Joseph Sartori verstorben sein. Er hatte sich noch 1808 erfolglos bemüht, aus den Mitgliedern des aufgelösten Krakauer deutschen Ensembles eine eigene Schauspielergesellschaft zu bilden und mit dieser in Neutitschein und Fulnek im österreichischen Schlesien zu spielen, erhielt aber vom Brünner Gubernium keine Bewilligung zur Einreise.[46]

Unterdessen erlebte Pleß den Durchzug von „Mauerweilern". 1808 war dies die Gesellschaft des Brünners Karl Flebbe, die aus Bielitz kam. Flebbe hatte 1805/06 als Direktor des Troppauer Theaters gewirkt. Über seine Tätigkeit in Pleß wissen wir nur, daß die Kritik die zahllosen Zauberopern in seinem Programm beanstandete. Flebbe reiste dann weiter nach Görlitz.[47] 1809 erschien der am Ort schon bekannte Bernhard Seibt, der sich jetzt als Prinzipal bis 1810 in Schlesien, dann in Polen und Preußen bewegte.[48] Ein für Mai des folgenden Jahres geplantes Gastspiel der Truppe Bernhard Köhlers wurde offenbar erst 1813 realisiert.[49] Inzwischen hatte sich das für Oberschlesien konzessionierte Bühnenunternehmen von Wilhelm Groche und den Geschwistern Vogt über eine enthusiastische Besprechung seines Mitte Juni 1812 abgeschlossenen Plesser Vorstellungszyklus in den ‚Schlesischen Provinzial-Blättern' freuen dürfen.[50] 1816 brachte Karl Flebbe, der spätestens seit 1813 in Blielitz einen lukrativen „Gast- und Koffeehausbetrieb" mit seinem Spielprivileg verband,[51] als Kompagnon

---

45) Siebigk (wie Anm. 2), S. 673.
46) Staatsarchiv Brünn, Fonds B 14, Sign. 108, fol. 200–203.
47) Über Flebbes nicht allzu erfolgreiche Tätigkeit im neu erbauten Troppauer Theater 1805/06 vgl. die Korrespondenz des Troppauer Magistrats mit Georg Schantroch aus dem Jahre 1806, Staatsarchiv Troppau, Fonds 159, Sign. LXXXII/5. Über Flebbe in Pleß und Görlitz Dubinski (wie Anm. 4), S. 21; Kaminsky: Einfluß (wie Anm. 21), S. 87.
48) Vgl. Anm. 16.
49) Max Dubinski: Beziehungen des schlesischen Theaters zu Polen, in: Der Oberschlesier 16, 1934, S. 520–525, hier S. 523.
50) Wie Anm. 20, S. 300.
51) Ebd., S. 16–18.

des Troppauer Prinzipals Joseph Mayer noch einmal dramatisches Leben in das verstaubte Haus,[52] ehe die große Theaterdämmerung begann.

Nachdem Fürst Ferdinand Friedrich 1818 die Regierung im Herzogtum Anhalt-Köthen angetreten und seinem Bruder Ludwig die Standesherrschaft Pleß überlassen hatte, blieb das Hoftheater über ein Vierteljahrhundert lang *„unbenutzt"*.[53]

Tagesrepertoire des
„Hochfürstlichen Anhalt-Köthen-Pleßischen Hoftheaters"
vom 1. November 1804 bis 1806

Abkürzungen in den Quellenangaben: A – Theaterzettel im Archiv Pleß, H – Handschrift im Archiv Pleß, R – Referat in der Presse, S I – Szenarienbuch des Hochfürstlichen Anhalt-Köthen-Pleßischen Hoftheaters, Teil I, S II – dasselbe, Teil II (nur Register erhalten), T – Tagebuch des Prinzen Ludwig von Anhalt-Köthen-Pleß, V – Vorbericht in der Presse

Datum	Ort	Autor	Titel	Quelle
1. Nov. 1804	Pleß	A. von Kotzebue	Die falsche Scham	T
3. Nov. 1804	Pleß	A. von Kotzebue	Armuth und Edelsinn	T
5. Nov. 1804	Pleß	T. Körner	Deutsche Treue	T
?	?	P. u. J. Weidmann/ J. B. Schenk	Der Dorfbarbier	T
3. Febr. 1805	Pleß	J.-F. Regnard	Der Zerstreute	T
7. Febr. 1805	Pleß	F. W. Ziegler	Die Mohrin	T
9. Febr. 1805	Pleß	G. Stephanie d. J./ K. Ditters von Dittersdorff	Apotheker und Doktor	T
11. Febr. 1805	Pleß	A. von Kotzebue	Die Pagenstreiche	T
13. Febr. 1805	Pleß	Eisenbeck	Der Alte im Sacke	T

---

52) KAMINSKY: Einfluß (wie Anm. 21), S. 85. – Flebbe starb *„als renommierter Weinstubenbesitzer und Großbürger von Teschen"*, so V. KARGER in: Teschener Theateralmanach (wie Anm. 7), S. 13.
53) VOGELSANG (wie Anm. 20), S. 300.

18. Febr. 1805	Pleß	E. Schikaneder/ F. X. Süßmayr	Der Spiegel von Arkadien	T
19. Febr. 1805	Pleß	E. Schikaneder	Der Tiroler Wastl	T
25. Febr. 1805	Pleß	?	Die politische Kammerjungfer	T
28. Febr. 1805	Pleß	Ch. H. Spieß	Clara von Hoheneichen	T, R
2. März 1805	Pleß	E. Schikaneder/ W. A. Mozart	Die Zauberflöte	T
3. März 1805	Pleß	A. von Kotzebue	Graf Benyofski	T
4. März 1805	Pleß	J. M. Babo	Bürgerglück	T
?	Gleiwitz	?	?	R
Juni 1805	Oppeln	G. Bertati (G. Stephanie d. J.)/ A. Salieri	Die eingebildeten Philosophen	S I
?	Oppeln	F. W. Ziegler	Barbarey und Größe	S I
?	Oppeln	E. Schikaneder	Tyroler Wastl	S I
?	Oppeln	J. Franul von Weißenthurn	Beschämte Eifersucht	S I
?	Oppeln	A. von Kotzebue	Die Schlaue Witwe	S I
?	Oppeln	B. J. Marsollier/ J. Perinet/ N. Dalayrac	Die beiden kleinen Savoyarden	S I
?	Oppeln	F. W. Ziegler	Jolantha, Königin von Jerusalem	S I
?	Oppeln	A. von Kotzebue	Die Unglücklichen	S I
?	Oppeln	K. L. Gieseke/ V. F. Tuczek	Der travestirte Hamlet	S I
?	Oppeln	Ch. H. Spieß	General Schlenzheim	S I
?	Oppeln	J.-N. Bouilly (G. F. Treitschke)/ L. Cherubini	Tage der Gefahr	S I
?	Oppeln	A. von Kotzebue	Eduard in Schottland	S I
?	Oppeln	A. von Kotzebue	Hussiten vor Naumburg	S I

?	Oppeln	A. F. von Brühl	Kindliche Liebe	S I
?	Oppeln	G. Stephanie d. J./ K. Ditters von Dittersdorff	Apotheker und Doktor	S I
?	Oppeln	A. von Kotzebue	Der Schauspieler wider Willen	S I
Nach 11. Juli 1805	Oppeln	K. F. Hensler/ F. Kauer	Der Waffenschmidt	S I
Nach 11. Aug. 1805	Oels	F. X. K. Gewey	Der seltene Prozeß	S I
?	Oels	J.-N. Bouilly (A. von Kotzebue)/ F. H. Himmel	Fanchon das Leiermädchen	A
21. Aug. 1805	Oels	J.-N. Bouilly (A. von Kotzebue)/ F. H. Himmel	Fanchon das Leiermädchen	A, S I
23. Aug. 1805	Oels	A. von Kotzebue	Das Kind der Liebe	A, S I
2. Sept. 1805	Kalisch	A. von Kotzebue	Das Kind der Liebe	S II
?	Kalisch	A. von Kotzebue	Armuth und Edelsinn	S I
?	Kalisch	F. W. Ziegler	Stumme Liebe	S I
?	Kalisch	A. W. Iffland	Verbrechen aus Ehrsucht	S I
?	Kalisch	J. F. Jünger	Was sein soll schickt sich wohl	S I
?	Kalisch	C. M. Heigel	Der Perückenstock	S I
Nach 28. Nov. 1805	Pleß	Ch. A. Vulpius/ K. Ditters von Ditterdorf	Rotes Käppchen	S I
?	Pleß	F. Schiller	Kabale und Liebe	S I
8. Dez. 1805	Pleß	K. Hensler/ W. Müller	Die Teufelsmühle	T
10. Dez. 1805	Pleß	J. F. von Weißenthurn	Die beschämte Eifersucht	T
12. Dez. 1805	Pleß	K. F. Hensler/ F. Kauer	Der Waffenschmidt	T
16. Dez. 1805	Pleß	F. Schiller	Die Räuber	T

17. Dez. 1805	Pleß	J. F. Jünger	Was sein soll schickt sich wohl	T
?	?	A. von Kotzebue	Der Schauspieler wider Willen	T
19. Dez. 1805	Pleß	F. W. Ziegler	Yolantha, Königin von Jerusalem	T
22. Dez. 1805	Pleß	Ch. F. Bretzner/ W. A. Mozart	Entführung aus dem Serail	T, S I
26. Dez. 1805	Pleß	J. Perinet/ Verschiedene	Die Liebe macht kurzen Prozeß oder Die Heirat auf gewiße Art	T
27. Dez. 1805	Pleß	F. J. H. von Soden	Die Blinde	T, S I
?	Pleß	?/K. Ditters von Dittersdorf	Das Gespenst mit der Trommel	S I
1. Jan. 1806	Pleß	A. J. von Guttenberg	Das Neujahrsgeschenk	T
?	?	?	Die Eli von Riesgarden	T
3. Jan. 1806	Pleß	A. von Kotzebue	Kreutzfahrer	T
5. Jan. 1806	Pleß	F. L. Schröder	Victorine oder Wohltreu trägt Zinsen	T, S I
6. Jan. 1806	Pleß	K. F. Hensler/ W. Müller	Die Teufelsmühle	T
9. Jan 1806	Pleß	L. da Ponte (F. Eberl)/ G. Paesiello	Der Talisman oder die Zigeuner	T, S I
12. Jan. 1806	Pleß	K. F. Hensler/ F. Kauer	Der Waffenschmidt	T, R
13. Jan 1806	Pleß	W. Vogel	Der Amerikaner	T, S I, R
16. Jan. 1806	Pleß	F. G. Hagemann	Leichtsinn und gutes Herz	T, R
?	?	J. N. Bouilly (?)/ E. Méhul	Der Tollkopf	T
18. Jan. 1806	Pleß	Ch. F. Bretzner/ W. A. Mozart	Belmont und Constanze	R
20. Jan. 1806	Pleß	K. F. Hensler/ F. Kauer	Der Waffenschmidt	R

22. Jan. 1806	Pleß	J. F. Jünger	Was sein soll schickt sich wohl	T
?	?	A. von Kotzebue	Der Schauspieler wider willen	T
23. Jan. 1806	Pleß	A. von Kotzebue	Die Hussiten vor Naumburg	T, R
26. Jan. 1806	Pleß	A. von Kotzebue	Menschenhaß und Reue	T, S I, R
27. Jan. 1806	Pleß	A. W. Iffland	Verbrechen aus Ehrsucht	T, R
30. Jan. 1806	Pleß	A. von Kotzebue/ P. Ritter	Der Eremit auf Formentera	T, S I, R
1. Febr. 1806	Pleß	A. von Kotzebue	Die deutschen Kleinstädter	T, R
3. Febr. 1806	Pleß	A. von Kotzebue	Unser Fritz	R, S I
?	?	G. Bertati (G. Stephanie d. J.)/ A. Salieri	Die eingebildeten Philosophen	R
6. Febr. 1806	Pleß	F. W. Ziegler	Incognito oder Der König auf Reisen	T
8. Febr. 1806	Pleß	F. L. Schröder	Die Eifersüchtigen	T, S I
11. Febr. 1806	Pleß	A. W. Iffland	Alte und neue Zeit	T, S I
14. Febr. 1806	Pleß	J.-N. Bouilly (A. von Kotzebue)/ F. H. Himmel	Fanchon das Leiermädchen	T, R
15. Febr. 1806	Pleß	W. Vogel	Der Amerikaner	R
16. Febr. 1806	Pleß	A. von Kotzebue	Der Trunkenbold	T
?	?	A. von Kotzebue	Die Sparbüchse	T
17. Febr. 1806	Pleß	Ch. H. Spieß	Die Mausfalle	T
?	?	?	Die veränderte Zitter (Ballett)	T
23. Febr. 1806	Pleß	A. von Kotzebue/ P. Ritter	Der Eremit auf Formentera	T
24. Febr. 1806	Pleß	A. von Kotzebue	Die Schädellehre	T
?	?	A. von Kotzebue	Der Hahnenschlag	T

27. Febr. 1806	Pleß	F. X. Huber/ P. Winter	Das unterbrochene Opferfest	T, S II
2. März 1806	Pleß	J. F. Jünger	Der offene Briefwechsel	T
4. März 1806	Pleß	J. Perinet/ Verschiedene	Die Liebe macht kurzen Prozeß	V
6. März 1806	Pleß	A. von Kotzebue	Die Stricknadeln	V
11. März 1806	Pleß	E. Grossmann	Der Teufel im Aktenstübchen	T
?	?	J. F. von Weißenthurn	Die beschämte Eifersucht	T
13. März 1806	Pleß	K. F. Hensler	Rinaldo Rinaldini	T, S II
16. März 1806	Pleß	L. da Ponte (F. Eberl)/ A. Salieri	Der Talisman	T
18. März 1806	Pleß	A. von Kotzebue	Die Indianer in England	T, S II, R
19. März 1806	Plaß	F. X. Huber/ P. Winter	Das unterbrochene Opferfest	V, S II
20. März 1806	Pleß	F. X. Huber/ P. Winter	Das unterbrochene Opferfest	T, S II
23. März 1806	Pleß	A. von Kotzebue	Der Wirrwarr	T
25. März 1806	Pleß	L. da Ponte (?)/ W. A. Mozart	Don Juan	T, S II
27. März 1806	Pleß	J. F. Jünger	Er mengt sich in Alles	T, S II
30. März 1806	Pleß	E. Schikaneder/ J. Haibel	Hanns Dolinger	T, S II
31. März 1806	Pleß	E. Schikaneder	Der Tiroler Wastel	T
1806	?	F. W. Ziegler	Tag der Erlösung	S II
1806	?	L. da Ponte (F. Eberl)/ V. Martin y Soler	Baum der Diana	S II
1806	?	Ch. H. Spieß	Johann von Nepomuk	S II
1806	?	F. Christel	Die Preußischen Husaren	S II
1806	?	F. Kratter	Vizekanzler	S II

1806	?	G. Palomba (Ch. F. Bretzner)/G. Paisiello	La Molinara	S II
1806	?	J. A. Törring-Seefeld	Agnes Bernauerin	S II
1806	?	A. W. Iffland	Die Jäger	S II
1806	?	A. W. Iffland	Vaterhaus	S II
1806	?	A. von Kotzebue	Barmherzige Brüder	S II
1806	?	G. Stephanie d. J.	Deserteur aus Kinderliebe	S II
1806	?	F. L. Schröder	Stille Wässer sind betrüglich	S II
1806	?	L. Ch. Caigniez (M. Stegmayer)/ A. Quaisain	Salomons Urtheil	S II
1806	?	?	Der Spieler	S II
1806	?	B. J. Marsollier des Vivetiéres (?)/ N. Dalayrac	Thurm von Gothenburg	S II
1806	?	A. von Kotzebue	Die Beichte	S II
1806	?	A. von Kotzebue	Gefährliche Nachbarschaft	S II
1806	?	H. F. Möller	Graf von Waltron	S II
1806	?	K. F. Hensler/ F. Kauer	Das Donauweibchen	S II
?	?	K. F. Hensler/ W. Müller	Teufelstein in Mödling	S II
1806	?	F. Guolfinger von Steinsberg/ F. X. Tuczek	Hanns Klachl	S II
1806	?	A. von Törring-Seefeld	Sophie	S II
1806	?	J. D. Beil	[Familie] Spaden	S II
1806	?	E. Schikaneder/ J. B. Henneberg	Die Waldmänner	H

Anhang: Zwei Theaterzettel der Gesellschaft Joseph Sartoris
(Archiv Pleß, Sign. A Ks Pszcz II-918)

Mit gnädigster Erlaubniß
Sr. Herzogl. Durchlaucht zu Braunschweig Oels
wird von der
Hof-Schauspieler-Gesellschaft aus Pleß
auf dem hiesigen Herzoglichen Hof-Theater
Mittwoch den 21 August 1805
zum zweitenmal aufgeführt:

F a n c h o n   d a s   L e i e r m ä d c h e n.

Eine hier noch nicht gesehene Operette in 3 Akten,
nach einem französischen Vaudevill bearbeitet von A. v. Kotzebue,
in Musik gesetzt von Fr. Hr. Himmel, Kgl. Pr. Kapellmeister.

Personen:

Fanchon, das Leiermädchen	Mad. Huber jun.
Obrister von Francarville, unter dem Namen eines jungen Mahlers Eduard	Herr Kurz jun.
Saint Val, Husaren Officier	Herr Kurz sen.
Der Abbe d'Lattaignant	Herr Seibt
Frau von Russel, Tante des Obristen	Mad. Huber sen.
Andre, ein Savoyard, Fanchons Bruder	Herr König
Bertrand, ein Gewürzkrämer	Herr Tham
Augustin, dessen Neffe, Geselle bei Martin	Herr Heinke
Florine, Fanchons Kammermädchen	Dem. Kurz
Vincent, ein alter Haushofmeister bei Fanchon	Herr Locke
Ein Polizeibedienter	Herr Baier
Einige stumme Personen.	

Der Schauplatz ist in Paris in Fanchons Hotel
Preise der Plätze:

In den Logen	8 Ggr
Erster Platz im Parterr	4 Ggr
Zweiter Platz im Parterr	2 Ggr

Der Besuch auf dem Theater wird gehorsamst verbeten.
Die Kasse wird um halb 6 Uhr geöffnet.
Der Anfang ist um 6 Uhr.

Mit gnädigster Erlaubniß
Sr. Herzogl. Durchlaucht zu Braunschweig-Oels
wird von der
Hof-Schauspieler-Gesellschaft aus Pleß
auf dem hiesigen Herzoglichen Hof-Theater
Freitag, den 23 August 1805
aufgeführt:

Das Kind der Liebe

Ein Schauspiel in fünf Aufzügen von Kotzebue.

Personen:

Obrister, Baron von Wildenhain, außer Diensten	Herr Goldammer
Amalia, seine Tochter	Dem. Goldammer
Der Pfarrer auf dem Gute des Obristen	Herr Kurz jun.
Graf von der Mulde, Kammerjunker	Herr König
Wilhelmine	Mad. Huber sen.
Fritz Böttcher, ein junger Soldat	Herr Baier
Christian, Tafeldecker des Obristen	Herr Tham
Ein Wirth	Herr Huber jun.
Ein Bauer	Herr Seidel
Eine Bäuerin	Mad. Bauernfeind
Ein Bedienter des Obristen	Herr Heinke
Ein Jäger	Herr Wandel

NB Herr und Dem. Goldammer werden die Ehre haben sich in oben angezeigten Rollen bestens zu empfehlen.

Aufgemuntert durch das gnädige Wohlwollen der werthesten Theaterfreunde, habe ich beschlossen meine Abreise um eine Woche später zu versetzen. Es würde unschicklich seyn, dem so gnädig gestimmten Wunsch des sämmtlichen verehrungswürdigen Publikums nicht zu willfahren, um so sehr es für mich keinen schmeichelhaftern Lohn giebt, als Ihre fortdauernde Zufriedenheit zu verdienen.

Sartori
Direktor

Preise der Plätze:

In den Logen	8 Ggr
Erster Platz im Parterr	4 Ggr
Zweiter Platz im Parterr	2 Ggr

Der Besuch auf dem Theater wird gehorsamst verbeten.
Die Kasse wird um halb 6 Uhr eröffnet.
Der Anfang ist um 6 Uhr.

Geisselbrecht in Schlesien.
Wie man durch die Hintertür eine preußische Generalkonzession erlangt

Von Lars Rebehn

O, du seliger Traum jener phantastischen Welt!
Könnt Ihr mich tadeln, die ihr auch in Arkadien waret
(Carl Weisflog)[1]

Im Winter 1803/1804 erschienen erstmals die beiden Marionettenspieler Joseph Schütz und Johann Georg Dreher mit ihrem *„oberdeutschen Casperle"* in Berlin und machten Furore. Die literarisch interessierten Kreise der preußischen Hauptstadt strömten in die Vorstellungen und manch angehender Literaturwissenschaftler[2] gewann hier erstmals Vorstellungen von einer deutschen Schauspieltradition, die so auf den Stadttheatern nicht mehr zu finden war. Besonders das Puppenspiel vom Doktor Faust rückte in den Mittelpunkt des Interesses. Da Schütz die Existenz eines Manuskripts leugnete, wurden während der Vorstellungen Mitschriften durchgeführt, die allerdings Fragment blieben.[3]

---

1) Carl Weisflog: Der Jahrmarkt zu Mäuseborn, in: Ders.: Phantasiestücke und Historien, Bd. 7, Dresden, Leipzig, 1839, S. 13–50, hier S. 44. – Die wichtigste Quelle für Geisselbrechts Wirken in Schlesien sind Briefe des Marionettenspielers an seinen Förderer Johann Daniel Falk in Weimar. Da diese komplett ediert werden sollen, wird hier nur in Klammern das Datum der einzelnen Briefe genannt, die sich im Original im Goethe- und Schiller-Archiv in Weimar befinden (GSA 15/II 1 B 3). Anfragen an polnische Archive blieben bisher leider erfolglos. Der Universitätsbibliothek Wrocław, Schlesisches Kabinett, sei an dieser Stelle herzlich für die Unterstützung bei der Auswertung von Breslauer Zeitungen gedankt. – Das kürzlich veröffentlichte Buch von Gerd Eversberg: Das Marionettenspiel vom Doktor Faust. Georg Geißelbrecht und seine Faust-Version um 1800, Göttingen 2012, ist leider voller Fehler und Ungenauigkeiten und kann an dieser Stelle nicht empfohlen werden.
2) Die Germanistik erhielt ihren ersten Lehrstuhl 1810 in Berlin an der neugegründeten Universität.
3) Vgl. Rudolf Weil: Das Berliner Theaterpublikum unter A. W. Ifflands Direktorium (1796 bis 1814), Berlin 1932 (= Schriften der Gesellschaft für Theatergesell-

Die verschiedensten literarischen wie literaturwissenschaftlichen Strömungen nutzten seit dieser Zeit das Puppenspiel als Gegenmodell zu den bestehenden Theaterverhältnissen. Einige wollten sogar aus ihm heraus das deutsche Theater reformieren. Zugleich diente es als Quelle für das Schauspiel früherer Zeiten.[4]

Nicht nur in den Kreisen der Gebildeten, sondern auch unter den fahrenden Puppenspielern verbreitete sich die Nachricht vom Erfolg der Schütz-Dreherschen Gesellschaft rasch. Einiges konnte man den Zeitungen entnehmen, wichtiger waren aber die Gespräche unter Berufskollegen. Der neben Schütz und Dreher bekannteste Marionettenspieler zu Beginn des 19. Jahrhunderts, Johann Georg Geisselbrecht, wußte geradezu Sagenhaftes zu berichten, nachdem er Dreher, der sich für einige Zeit von Schütz getrennt hatte, und dessen neue Kompagnons Eberle und Langmann besucht hatte:

„Diese Woche war ich drüben und sah ihr Spiel, und ihre inerliche Verhältnisse – und sah daß Sich die Leute sehr gut stehen, und einen grossen Reichthum haben. Sie haben in Berlin und Potsdam ein ganzes Jahr gespielt, und die drei Ersten Monathe in Berlin jeden Abend 150 Thl. eingenommen" [22.9.1804].

Sein sehnlichster Wunsch war nun, selbst in Berlin aufzutreten. Einerseits lockten gute Verdienstmöglichkeiten, andererseits wollte er seine Kräfte mit Schütz und Dreher im künstlerischen Wettstreit messen. Im Oktober 1805 schrieb er: *„Ich hoffe zukünfftigen Winter an Ihrer Stelle zu seyn – und mit neuen Stücken und einem ganz andern Aranggement aufzutreten."* Im Gegensatz zu seiner Konkurrenz, die meist nur aus dem Gedächtnis spielte, setzte Geisselbrecht neben den überlieferten Stoffen auch auf literarische Bearbeitungen. So führte er die beliebten deutschen Operetten von Christian Felix Weiße und Bretzner auf. Den »Don Juan« gab er in der

---

schaft 12), S. 53–55; Alexander WEIGEL: *„Denen sämtlichen concessionirten Puppenspielern hierselbst"*. Das Marionettentheater und die Theaterpolizei in Berlin 1810, in: Manfred WEGNER (Hg.): Die Spiele der Puppe. Beiträge zur Kunst- und Sozialgeschichte des Figurentheaters im 19. und 20. Jahrhundert, Köln 1989, S. 20–33, hier S. 24–25, 245; Friedrich Heinrich VON DER HAGEN: Das alte und neue Spiel vom Dr. Faust, in: Germania. Neues Jahrbuch der Berlinischen Gesellschaft für Deutsche Sprache und Alterthumskunde, Bd. 4, Berlin 1841, S. 211–224.
4) Vgl. Gerd TAUBE: Puppenspiel als kulturhistorisches Phänomen, Tübingen 1995 (= Theatron 14), S. 115ff.

Bearbeitung von Cremeri. Daneben zeigte er Lustspiele von Mylius und Stephanie dem Jüngeren und seit seiner Begegnung mit Clemens Brentano waren auch Lust- und Schauspiele von Philipp Hafner und Carlo Gozzi in seinem Repertoire. Seit 1804 ließ er sich aber auch Stücke von Johann Daniel Falk und Siegfried August Mahlmann schreiben. Die Literatursatire sollte für die nächsten Jahre sein Feld werden:

„[…] *indessen können wir noch mehrere Stücke einstudieren, denn in Berlin müßten wir wenig: 1 Duzend solcher Stücke haben. 7 haben wir nun schon,*[5] *nur Schade daß Mahlmann zurückgetretten ist – und ich glaube und bins überzeugt daß wenn man Müh und Kosten drauf wendet, man auch mit Marionetten dem Publikum was Gescheides machen kann*"[6] [15.8.1805].

Wie ernst Geisselbrecht seine Berliner Konkurrenz nahm, läßt sich auch folgender Äußerung vom Oktober 1804 entnehmen: „*Noch etwas neues! Der Hanswurst hat seinen Nammen verlohren, und heißt* Casperl, *weil ihn Dreher und Schüz so tauften, so muß ich ihn auch so nennen - - -*" Daß sich das erste Auftreten in Berlin bis zum April 1811 hinziehen würde, war zu diesem Zeitpunkt noch nicht zu erkennen.

Lehr- und Wanderjahre

Johann Georg Geisselbrecht[7] wurde am 23. November 1762 in Hanau als Sohn eines Schuhmachermeisters geboren, der in der dortigen Johannes-

---

5) Zu diesen sieben Schauspielen zählte Geisselbrecht »Herodes vor Bethlehem« und »Hanswurst und seine Familie oder Simon Lämmchen« von August Mahlmann, »Die lustige Hahnreyschaft« und »Die Prinzessin mit dem Schweinerüssel« von Falk und auch die beiden Fiaben »Das grüne Vögelchen« und »Das blaue Ungeheuer« von Gozzi.
6) Mahlmann musste sich vorerst um die Herausgabe der ‚Zeitung für die elegante Welt' kümmern. Mit den versprochenen Texten konnte er erst 1806 aufwarten. Später traten als Autoren noch der Kriegsrat Gerlach, Carl Stein, Julius von Voß und August von Kotzebue hinzu.
7) Der Jurist und Puppenspielforscher Hans Richard PURSCHKE (1911–1986) hat erstmals 1960 in dem Katalog „Bunte Welt des Puppenspiels" (Historisches Museum Frankfurt/Main 1960/61, S. 24–27) die Biographie Geisselbrechts in ihren Grundlagen skizziert (ergänzt und mit Quellen versehen im Katalog „Die ganze Welt des Puppenspiels", Gewerbemuseum Nürnberg 1962). Zahlreiche neuere Funde, die sich in ihrer Fülle an dieser Stelle nicht angeben lassen, wurden für die Biographie herangezogen.

kirchgasse eine kleine Werkstatt betrieb. Nach dem frühen Tod des Vaters heiratete die Mutter 1767 einen Schustergesellen. Der einzige Sohn ging jedoch nicht bei seinem Stiefvater in die Lehre, um später die Werkstatt zu übernehmen, sondern machte vermutlich eine Lehre als Schneider. Während seiner Wanderjahre trat er um 1782 bei einem Marionettenprinzipal in Engagement und blieb von da an der Bühne treu. Nach einigen Jahren machte er sich selbständig. Sein Repertoire wies ein teilweise hohes Alter auf. Geisselbrechts Lehrmeister muß einem bedeutenden süddeutschen Theater vorgestanden haben. In den Jahren nach 1790 reiste Geisselbrecht in der Schweiz, dem Elsaß, in Baden, Schwaben, Franken und Hessen. Einzig das Kurfürstentum Bayern blieb ihm versperrt, da hier ein rigides Patentsystem bestand, das nur von Phasen gänzlichen Spielverbots unterbrochen wurde.[8]

Noch bis zu Beginn des 19. Jahrhunderts war Süddeutschland ein bunter Flickenteppich auf der Landkarte. Spielgenehmigungen mussten gewöhnlich bei den örtlichen Bürgermeistern oder Stadträten eingeholt werden. Mit dem Erstarken der Flächenstaaten und zunehmender Zentralisierung wurde es immer schwieriger, eine Erlaubnis zu erhalten. In der Reichsstadt Nürnberg erhielt Geisselbrecht 1796 auf seine schriftliche Anfrage einen abschlägigen Bescheid. Erst nachdem er persönlich vorstellig wurde, erteilte der Rat ihm eine nur *„auf einige Tage"* befristete Bewilligung für Schattenspiele. Aber Geisselbrecht konnte sich auf die Qualität seiner Aufführungen verlassen. Aus wenigen Tagen wurden drei Monate.[9] Die nach Meinung des Nürnberger Rats ‚anrüchigen' Marionetten verdrängten bald das ‚harmlosere' Schattenspiel. Selbst in Frankfurt gelang ihm zur Herbstmesse 1802 eine Verlängerung um fünf Tage.

Geisselbrecht war ein geschickter Verhandlungspartner, der stets auf die Forderungen der Behörden einging. Im nächsten Schritt wurden

---

8) Vgl. Emil VIERLINGER: München – Stadt der Puppenspiele, München 1943, S. 26–40.

9) Hans Richard PURSCHKE: Puppenspiel und verwandte Künste in der Reichsstadt Nürnberg, in: Mitteilungen des Vereins für Geschichte der Stadt Nürnberg 68 (1981), S. 243–248. Die Qualität von Geisselbrechts Spiel alleine hätte den Rat aber sicherlich nicht zur Genehmigung dieser außergewöhnlich langen Spieldauer bewogen, vielmehr war Geisselbrechts Frau hochschwanger und nicht mehr reisefähig. Trotzdem ist es bemerkenswert, daß der Prinzipal sein Publikum so lange bei Laune halten konnte, wenn auch zahlreiche Stücke in Ermangelung eines umfangreicheren Repertoires wiederholt werden mußten.

dann bessere Konditionen ausgehandelt. Auch suchte Geisselbrecht den Kontakt zu hochgestellten Persönlichkeiten und zu Zeitungsleuten, die als Multiplikatoren seines Ruhmes dienten. Im Mai 1804 zählte sogar Johann Wolfgang von Goethe zu seinen Zuschauern, den er sich allerdings nicht zum Freund machte. Damals spielte der Mechanikus in verschiedenen sächsischen und thüringischen Städten und kam zum Jahrmarkt auch nach Weimar, wo er im Rathaussaal gastierte. Der dort lebende Satiriker Johann Daniel Falk überließ ihm sein Märchenspiel »Die Prinzessin mit dem Schweinerüssel«, das viel Beifall erhielt. Ein Epilog, der das Schiller'sche Reiterlied parodierte, machte sich allerdings über den Schauspielerstand lustig. Die beleidigten Hofschauspieler erreichten bei Goethe ein Spielverbot für Geisselbrecht und lösten damit den sogenannten „Marionettenkrieg" aus, der sich als literarische Fehde in der ‚Zeitung für die elegante Welt' fortsetzte.[10] Geisselbrecht hatte bei dieser Angelegenheit zwar einen wirtschaftlichen Schaden erlitten, dafür aber einen Freund gewonnen, mit dem er einen ausführlichen Briefwechsel begann. Falk schrieb später noch weitere Stücke für das Theater.

Im Herbst 1804 wollte Geisselbrecht die Leipziger Messe besuchen, auf der Schütz und Dreher in den Vorjahren große Erfolge gefeiert hatten. Mit dem dabei erworbenen Renommee wäre ihm sicherlich der Weg nach Berlin gebahnt worden. Nach dem Streit mit den Weimarer Hofschauspielern, die sich vermutlich von Bad Lauchstädt aus an den Leipziger Magistrat wandten, wurde ihm die bereits erteilte Erlaubnis für die Leipziger Messe wieder entzogen.

Eine preußische Konzession

Nun wollte sich Geisselbrecht einen anderen Zugang nach Preußen verschaffen. Dazu benötigte er ein allerhöchstes Privilegium. Eine Kompanie mit Joseph Schütz scheiterte, dafür sprang dann der italienische Schattenspieler und Schausteller Seraphino Cavallieri ein, der bereits seit über 30

---

10) Bericht von einem lustigen Kriege: zwischen Geisselbrechts Marionetten und den Hofschauspielern in Weimar, in: Zeitung für die elegante Welt 4 (1804), Nr. 69, Sp. 545–548; Protestazion der Weimarschen Hofschauspieler, in: Ebd., Nr. 88, Sp. 704f.; Krieg zwischen den Marionetten und den Weimarschen Hofschauspielern. Neueste Zeitungsberichte, in: Ebd., Nr. 89, Sp. 707–711. Alle Artikel erschienen anonym, ihr Verfasser war Johann Daniel FALK.

Jahren in Deutschland reiste und jetzt eine preußische Generalkonzession für seine Wachsfiguren besaß. *"Freilich muß ich ihm den 3ten Theil abgeben, allein ich denck, wenn ich nur einmal im Preusischen bin, so kann ich mir wohl selbst eine Consession verschaffen."* [9.10.1804]

Erster Anlaufpunkt in Preußen war Frankfurt an der Oder. Von dort sollte es zu Beginn des Jahres 1805 direkt in die schlesische Metropole Breslau gehen, was aber wohl nicht geschah. Vorerst blieb Geisselbrecht in Niederschlesien. Nähere Auskunft über die ersten Versuche zur Erlangung der Konzession hätte ein verloren gegangener Brief geben können. Aber auch im preußischen Schlesien war die Post nicht immer zuverlässig. Mehr als einmal bereitete sie ihm Schwierigkeiten. Im März 1805 hatte er sich seines kostspieligen Partners Cavallieri bereits entledigt und besaß eine befristete Spielerlaubnis für die schlesischen Städte. Ein gleichzeitiger Vorstoß nach Berlin scheiterte zu diesem Zeitpunkt noch:

"Indem ich den vergangenen Winter eine Vorstellung an den König machen ließ um die Conzeßion zu bekommen, aber – eine garstige Antwort erhielt – wovon ich in Schlesien nichts sagte bis ich alles in richtigkeit habe" [15.8.1805].

Die schlesische Generalkonzession erforderte noch einmal größere Investitionen, bedingt durch den Erwerb der preußischen Staatsangehörigkeit. Die *"Eigenschaft als Preuße"* – so hieß es in zeitgenössischen Heimatscheinen – ließ sich am leichtesten durch das Bürgerrecht einer preußischen Stadt erlangen. Der Hesse Geisselbrecht kaufte sich für 480 Taler ein Haus in Bunzlau und sollte als Hausbesitzer und Bürger dort vereidigt werden. Diese stolze Summe konnte ein Marionettenspieler natürlich nicht ständig mit sich führen. Besonders in Kriegszeiten waren die Straßen unsicher. Deshalb benutzte er einen Wechsel, der allerdings wochenlang in der Post hängenblieb, da diese – wie bereits erwähnt – nicht sehr zuverlässig war. Geisselbrecht entstanden dadurch ein Schaden von 50 Talern und viele Scherereien. Am 19. Oktober 1805 wurde er als Bürger der Stadt Bunzlau vereidigt und erhielt auch eine *"General Conzesion über ganz Ober und Niederschlesien"*, worüber er mit Stolz vermeldete: *"eine Königl: Conzeßion ist eine schöne Sache, und ich kann sagen so und so lange will ich spielen nicht wie im Reich darf er spielen"* [20.12.1805]. Auf seinen Theaterzetteln bezeichnete er sich nun als *"allergnädigst concessionirt"* und vergaß auch nicht auf sein neuerworbenes Bürgerrecht hinzuweisen.

Als frischgebackener Preuße machte Geisselbrecht sogleich durch Wohltätigkeit in Jauer auf sich aufmerksam:

„Durch einen aus Unvorsichtigkeit hier veranlaßten Brand wurden am 12. Novbr. d. J. zwey vorstädtische Häuser eingeäschert und ihre armen Bewohner ihres Obdachs beraubt. Der gerade anwesende Director eines Marionettentheaters, G e i ß e l b r e c h t, schenkt unaufgefordert die Einnahme einer Vorstellung (welche nach vorhergegangener Ankündigung, nicht unbeträchtlich ausfiel) den abgebrannten Familien und erndtete dadurch nicht nur ihren Dank, sondern auch den verdienten Beifall aller, die uneigennützige Freigebigkeit zu schätzen wissen. Jauer. F – isch."[11]

Das Haus in Bunzlau hatte bereits nach einem Tag seinen Zweck erfüllt und wurde schnell mit Hypotheken belastet. Gelebt hat Geisselbrecht hier nie, heimischer dagegen fühlte sich der Mechanikus in der Hauptstadt Breslau, wohin er seinen Freund und Förderer Johann Daniel Falk einlud:

„Es wäre wohl am Besten Sie machten eine Spazierreise und kämmen zu uns nach Breßlau; was Küche und Keller vermögen, steht ihnen zu Befehl – da wollte Ihnen alles zeigen – Ach die Freude entzückt mich wenn ich mir den unmöglichsten Gedancken, mir einiger Maßen Möglich dencke" [18.10.1805].

Im Winter und Frühjahr 1805 hielt sich Geisselbrecht wohl im nördlichen Schlesien auf, wo er Bekanntschaft mit Carl Weisflog machte, vielleicht auch in der Hauptstadt Breslau, von Juni bis November in Glogau, Lüben, Haynau, Löwenberg, Bunzlau und Jauer, um im Dezember sein triumphales Gastspiel in der Hauptstadt anzutreten. Von Februar bis August 1806 gastierte er in Ohlau, Brieg, Neisse, Glatz und während der Badesaison in Bad Landeck. Auftrittsorte waren neben den Theatersälen großer Gasthäuser auch Redoutensäle.

Schlesien war in dieser Zeit vom großen Welttheater, dem Krieg gegen Napoleon gekennzeichnet, gegen den die Marionettenbühne klein und unbedeutend erschien. Der dritte und vierte Koalitionskrieg hatte große russische und preußische Truppenverbände hierher geführt. In der Folge stiegen die Preise für Kartoffeln und Getreide rapide an. *„Neuigkeiten weiß ich vor diesesmal nichts zu schreiben als daß es sehr theuer hier ist, und daß Sich die Menschen früh Morgens an den Bäckerhäuser ums Brod schlagen"* [27.6.1805]. Zugleich steigerten sich aber die wirtschaftlichen Aktivitäten.

---

11) Schlesische Provinzialblätter 1805, S. 582. Die Notiz wurde dann noch in der ‚National-Zeitung der Teutschen' 1806, Sp. 121f., als *„Moralisches Beyspiel"* zur Nachahmung nachgedruckt.

So schrieb Geisselbrecht im Dezember 1805: *„überhaupt ist Breßlau die lebhafteste Stadt die ich in meinem Leben bereißt habe."*[12] Hier befand sich das russische Hauptquartier, und allein 11.000 Bauern sollen für Schanzarbeiten an den Befestigungswerken verpflichtet gewesen sein: *„die gehen alle Morgens und Abends zum Theil an meinen Fenstern vorbey"* [5.1.1806].

Gemeine Soldaten und Offiziere waren in dieser Zeit ein wichtiges Theaterpublikum, da sie regelmäßig Sold erhielten. Aus Löwenberg schrieb Geisselbrecht im Oktober 1805: *„Das Militair ist hier alles fort und nach Südpreussen marschirt, das thut uns viel Schaden."* Aus Breslau hieß es im Februar 1806: *„Die Russen haben mir eine manche Ducate eingetragen – Diese Woche marschieren sie aber alle wieder ab nach Hauß, auch die Preusen rücken wieder in Ihre StandQuatire."* Ein abziehender Obrist wollte ihn gar zu einer Reise in die russische Hauptstadt St. Petersburg überreden: *„aber aber – die Reise ist gar zu weit – und da würde ich vielleicht nicht mehr sehen meine Freunde in Weimar, nein ich gehe nicht hin"* [5.1.1806].

»Die Prinzessin mit dem Schweinerüssel«

Falk erhielt auch stets Nachricht über den Erfolg der von ihm verfaßten Stücke auf der Bühne. So kann Geisselbrecht schon bald vermelden, *„daß die Prinzeßin mit dem Schweinerüßel mein Glück in Schlesien macht."* Aus Glogau berichtete er nach neunwöchigem Aufenthalt: *„Die <u>Prinzeßin</u> haben <u>wir 4 mal</u>, dreymal <u>auf begehren</u> aufgeführt die Hahnreyschaft hat auch sehr wohl gefallen, und wir mußten Sie dem Fürst von Carolath*[13] *Repetieren"* [15.8.1805]. Ähnlicher Erfolg stellt sich auch in Breslau ein:

„Nun kann ich ihnen von Breßlau schreiben, und Ihnen abermal meinen Danck wegen der Prinzeßin nicht genug bezeugen, denn auch hier in Breßlau macht Sie unter der Noblesse den stärcksten Eindruck, und wird nun schon zum zweiten mal auf Begehren aufgeführt" [20.12.1805].

Nach der vierten Aufführung berichtete er:

„Ihre Prinzeßin macht rasendes Aufsehen man will durchaus den Kaiser Franz in der Rolle des Königs erblicken – Das Hiesige Publikum ist sehr fein

---

12) Geisselbrecht hatte immerhin mehrfach auf der Frankfurter Herbstmesse gespielt und auch Leipzig zur Zeit der Herbstmesse besucht.
13) Fürst Heinrich Carl Erdmann zu Carolath-Beuthen, Reichsgraf zu Schönaich (1759–1817 Carolath), seit 1791 Fürst.

und belacht und beklatscht fast alle Stellen, die selbst in Weimar nicht so auffallend waren, so zum Exempel, wie ‚Tückisch' meine ‚Augen' blinzen,[14] *das wurde applaudirt"* [5.1.1806].

Während des Winters 1805/1806 führte er sie in Breslau allein acht Mal auf: *„Ihre Prinzessin wird in Schlesien vergöttert."*

In der schlesischen Hauptstadt

Seine größten Erfolge feierte Geisselbrecht in Schlesiens Hauptstadt Breslau – nicht nur mit der »Prinzessin«. Aber folgen wir seinen eigenen Worten:

„Erstens muß ich ihnen zu meinen (und da ich ihrer gütigen Theilnahme überzeugt bin) auch zu Ihrem Vergnügen melden, daß es uns hier in Breßlau nicht nur mittelmäßig gut geht, sondern die Göttin Fortuna die mir seit der Abwesenheit von Ihnen beständig den Rücken zugekehrt, und mich beinahe zur Verzweiflung gebracht hat, nun gänzlich mit mir ausgesöhnt zu seyn scheint – wir haben hier <u>alle Tage voll</u> – Sonntags und Feiertags muß ich die Menschen zu Hunderten abweisen" [5.1.1806].

Die Konkurrenz des von Aktionären getragenen Theaters brauchte er nicht zu fürchten:

„Die Hiesigen Schauspieler Spielen alle Tage, das ganze Jahr, <u>keinen</u> Tag ausgenommen – Seit wir hier sind geben Sie sich entsezliche Mühe, und geben die grösten Stücke – allein – seit 8 Tagen haben Sie ihren 2 Groschen Plaz geschloßen, weil die Marionetten auch auf den lezten Plaz so viel nehmen, das schadet uns nichts, denn wenn unser 2 Groschen Plaz voll ist, ehe sie wieder fort gehn, geben sie 4 oder 8 ggr. Die Schauspieler betragen sich hier ganz freundschaftlich und sind die Ersten die alle mal das Chor in der Prinzeßin applaudieren" [5.1.1806].

---

14) Im ersten Aufzug, dritten Auftritt, der »Prinzessin mit dem Schweinerüssel« sagt der Prinz von Kaschemier, nachdem er von den verzauberten Erdbeeren gegessen hat: *„Gott, welch ein plötzlicher Verdruß, Was für ein Bild in diesem Fluß? Das kann ja mein Portrait nicht seyn: Das ist kein Prinz, das ist ein Schwein! Wie tückisch meine Augen blinzen; O unglückseeligster der Prinzen, Verflucht, verflucht die Zauberfrucht; O daß mein Mund sie je versucht! Verflucht, verflucht die Zauberschüssel: Sie gab mir einen Schweinerüssel!"*, vgl. Johann Daniel FALK: Neueste Sammlung kleiner Satiren, Gedichte und Erzählungen, Berlin 1804, S. 151.

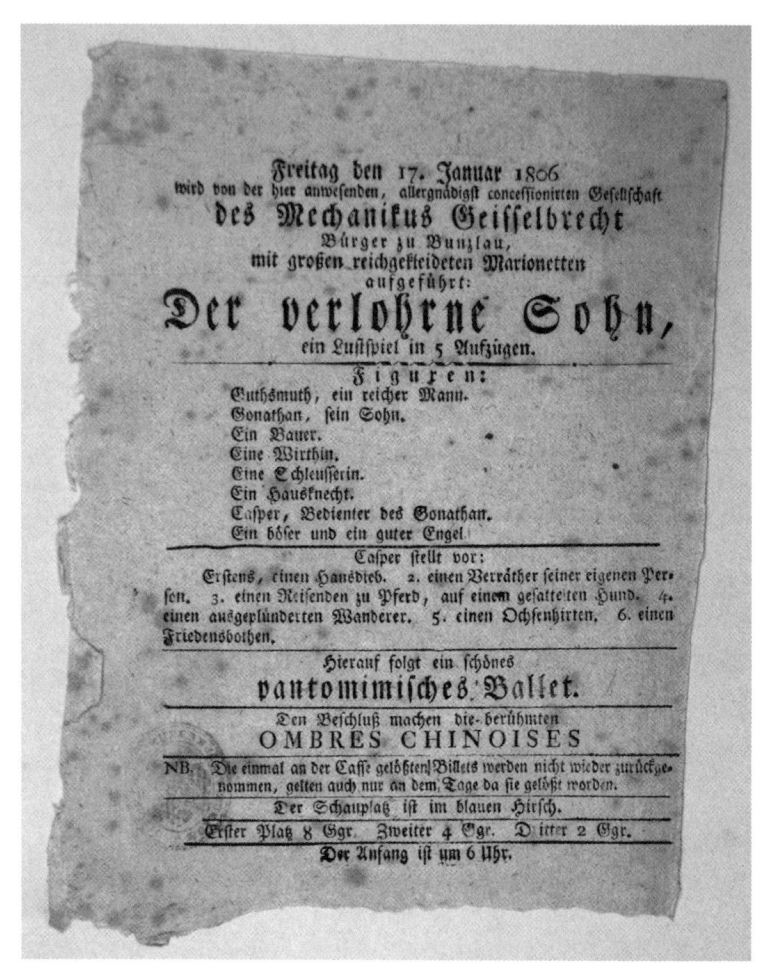

> **Freitag den 17. Januar 1806**
> wird von der hier anwesenden, allergnädigst concessionirten Gesellschaft
> **des Mechanikus Geisselbrecht**
> Bürger zu Bunzlau,
> mit grossen reichgekleideten Marionetten
> aufgeführt:
> **Der verlohrne Sohn,**
> ein Lustspiel in 5 Aufzügen.
>
> Figuren:
> Guthsmuth, ein reicher Mann.
> Gonathan, sein Sohn.
> Ein Bauer.
> Eine Wirthin.
> Eine Schleusserin.
> Ein Hausknecht.
> Casper, Bedienter des Gonathan.
> Ein böser und ein guter Engel.
>
> Casper stellt vor:
> Erstens, einen Hausdieb. 2. einen Verräther seiner eigenen Person. 3. einen Reisenden zu Pferd, auf einem gesattelten Hund. 4. einen ausgeplünderten Wanderer. 5. einen Ochsenhirten. 6. einen Friedensbothen.
>
> Hierauf folgt ein schönes
> **pantomimisches Ballet.**
>
> Den Beschluß machen die berühmten
> **OMBRES CHINOISES**
>
> NB. Die einmal an der Casse gelößten Billets werden nicht wieder zurückgenommen, gelten auch nur an dem Tage da sie gelößt worden.
> Der Schauplatz ist im blauen Hirsch.
> Erster Platz 8 Ggr. Zweiter 4 Ggr. Dritter 2 Ggr.
> Der Anfang ist um 6 Uhr.

Zettel »Der verlorene Sohn«, 17. Januar 1806, im Blauen Hirsch, Breslau
[Puppentheatersammlung Dresden]

Weiterhin berichtete er über die Menschenbühne:

„Wir haben hier in der Nationalbühne einen neuen Acteur der grosses Aufsehen macht und alle Tage spielt, er heißt Herr Reinhardt,[15] *komt von*

---

15) Wahrscheinlich handelt es sich hierbei um den Schauspieler und Theaterleiter Bernhard Heinrich Carl Reinhard (1763/69 Gotha – 1836 München), der von 1793

Hamburg. Sie führen hier rechte gute Stücke, auch oft recht elendes Zeug auf. Gestern wurde das alte Trauerspiel Emilie Galotti gegeben, worinnen Herr Reinhard den Marinelli machte, er steht alle mal mit großen Schriften auf dem Zettel. Die gefährliche Nachbarschaft aus Kozebus Almanach wird hier zum Eckel aufgeführt, fast alle Woche 3mal – auch die Beichte,[16] *wird sehr oft gegeben, und das Komödienhause ist immer übervoll. Sie wollten es größer bauen lassen aber es ihnen höhern Orts nicht erlaubt"* [9.2.1806].

Der publizistische Niederschlag des Gastspiels in der überregionalen Presse fiel im Vergleich zur euphorischen Schilderung Geisselbrechts recht bescheiden aus. Der Hauptgrund scheint Rücksichtnahme auf das Theater gewesen zu sein. In den ‚Wöchentlichen Theater-Nachrichten aus Breslau' wurde der Marionettenbühne mit einem einzigen Satz gedacht: „*Heute dürften wohl mit anderm auch die Marionetten im blauen Hirsch Ursache sein, daß das Haus so leer blieb: vielleicht verursachen auch gewisse andere Marionetten es, daß sie so wenigen Beifall erhält.*"[17]

Der von den Falk-Widersachern Garlieb Merkel und August von Kotzebue verantwortete ‚Freimüthige' schrieb immerhin wohlwollend: „*Geisselbrechts Marionetten, vorzüglich sein Hanswurst – ein Beförderer Falkischer Späße – belustigen seit 6 Wochen das Publikum und erhielten großen Zulauf; immer giebt er zum allerletzten Male die – einzigen!! – Meisterwerke und kanns nicht zu Ende bringen vor – lauter Belustigung.*"[18] Die ‚Schlesischen Provinzialblätter' gaben sich in ihrem Bericht am neutralsten:

„*Seit einigen Monaten* [!] *giebt auch der Mechanikus Geisselbrecht Tag für Tag in dem blauen Hirsch Schauspiele, nach dem Anschlagzettel, mit reich gekleideten Marionetten, recht belustigende Puppentänze und Ombres chinoises. Die Stücke sind Haupt- und Staatsactionen, Travestirungen und Possen. Zum Glück spielt Casper in allen die Hauptrolle. Dieser Hanswurst,*

---

bis 1797 bei F. L. Schröder in Hamburg engagiert war und nach einem Skandal von Hamburg fortging.
16) »Die gefährliche Nachbarschaft. Ein Lustspiel in Einem Akt« und »Die Beichte. Lustspiel in Einem Akt«, in: August von Kotzebue: Almanach Dramatischer Spiele zur geselligen Unterhaltung auf dem Lande, Bd. 4, Berlin 1806.
17) Wöchentliche Theater-Nachrichten aus Breslau 1806, Nr. 31, S. 247f. Notiz zu einer Theatervorstellung am 3. Januar 1806 (freundlicher Hinweis von Grzegorz Sobel, Gabinet Śląsko-Łużycki, Universitätsbibliothek Wrocław).
18) Theaternachricht. Breslau den 9ten Febr. 1806, in: Der Freimüthige und Ernst und Scherz, hg. von A. v. Kotzebue und G. Merkel, Berlin, Nr. 32, 14.2.1806, S. 128.

oder vielmehr sein Sprecher, ist ein wahrer Comikus und eigentlich die Angel, welche die Lacher fängt. Ihm ist auch die Ehre oder Unehre des Herausrufens wiederfahren, mit dem im Theater mancher Mißbrauch getrieben wird. Mehrere Stücke sind auf Begehren wiederholt worden, am öftersten Falks Prinzessin mit dem Schweinerüssel."[19]

Während die Stücke von Mahlmann und Falk auch in den nächsten zwei Jahrzehnten die Basis von Geisselbrechts Repertoire bildeten, war der Erfolg von »Wilhelm Tell der Tausendkünstler, oder der travestirte Tell, ein Schauspiel mit Gesang, Tanz und Spektakel in 3 Aufzügen«[20] mit seinen zwei Wiederholungen eine einmalige Ausnahme. Verfasser dieser Literatursatire, in der alle Schriftsteller der damaligen Zeit ihr Fett abbekamen, war der Kieler Professor und Kameralist August Christian Heinrich Niemann. Wahrscheinlich konnte es überhaupt nur in einer großen Stadt, am besten noch mit einer Universität, einen gewissen Erfolg finden; es verlor aber zu schnell an Aktualität. Wie Geisselbrecht die alleine im Titelverzeichnis genannten 41 Personen auf die Bühne gebracht hat, ist unklar. Wahrscheinlich wurde mutig gestrichen. Welche Köpfe mag er für Kotzebue, Vulpius oder Friedrich Schlegel verwendet haben? Liebhaber, Helden und Intriganten, Naturburschen und Väter standen in teils größerer Auswahl zur Verfügung. Auch später versuchte sich Geisselbrecht an Literatursatiren, die trotz ihrer Dialogformen meist nicht für die Bühne geschrieben waren und daher nur selten überzeugen konnten. Einzig Mahlmann und Falk, die die Bühne nicht außer Acht gelassen hatten, konnten sich von ihnen behaupten.

„Ist er ein Christ oder ein Jude?" – Zensur

Allerdings erlebte Geisselbrecht in Breslau nicht nur glückliche Momente, sondern auch einen herben Rückschlag. Nach den Erfolgen von »Die Prinzessin mit dem Schweinerüssel« und »Die lustige Hahnreyschaft« erhielt er im August 1805 ein neues Manuskript von Falk: »Unser Herr

---

19) Schlesische Provinzialblätter, 1806, Bd. 1, Nr. 1, S. 91. Der Bericht in Falks Zeitung ‚Elysium und Tartarus' 1806, Nr. 21, S. 84 kann an dieser Stelle nicht angeführt werden, da er ausschließlich auf den Briefen Geisselbrechts basiert.
20) Schlesische Zeitung, Breslau, Nr. 4, 8.1.1806, Nr. 6, 13.1.1806 und Nr. 10, 22.1.1806.

und der Schmidt von Apolda. Eine alte thüringische Volkssage«. Die ganze Gesellschaft jubelte, und Geisselbrechts Frau gar „*weinte vor Freuden*".

Als Motiv diente ein alter Schwank um die betrogenen Teufel. Ein Schmied erhält von Jesus, der mit seinem Esel und Petrus durch das Thüringer Land zieht, drei Wünsche frei, die er scheinbar sinnlos vertut. Der Schmied ist ein rauher und doch herzensguter Mensch. Wegen seines steten Fluchens soll ihm aber der Himmel verwehrt bleiben. Als drei gefallene Engel ihn auf seine Flüche hin holen wollen, foppt er sie mit Hilfe der drei Wünsche und trotzt selbst Luzifer. Dem Todesengel verweigert er sich nicht, doch richtet er in der Hölle mit seinem Hammer viel Schaden an. Zu guter Letzt gelangt er doch noch in den Himmel.

Christus, Petrus, der Teufel als Frauenzimmer und der Esel, auf dem Christus reitet, wurden sofort als Marionetten für Falks Heimtheater gebaut, alle weiteren Akteure und Requisiten entstanden als Schattenspielfiguren. In zwei Paketen gelangte die Inszenierung dann nach Weimar. Die Uraufführung auf Geisselbrechts großer Bühne, die wahrscheinlich nur mit Marionetten erfolgte, zog sich aber hin: „*Noch habe ich den Schmiedt nicht auffführen können, denn in den kleinen Städten haben die Menschen zu wenig Aufklärung, aber ich glaube in Breßlau –* " [18.10.1805]. Die erste Aufführung war für den 18. Januar 1806 vorgesehen, doch blieb Geisselbrecht skeptisch:

„*[…] zukünftige Woche führen wir den Schmidt von Appolda zum Ersten mal hier auf. Ich werde Ihnen dann gleich melden ob wir mit reüsieren, ich fürchte aber, daß er uns verbotnen wird, wegen dem Christus – Ich habe ihn zwar schon vor 8 Tagen in der Kornschen Buchhandlung bekommen, und kann denen Herrn das Stück gedruckt zeigen, und ich glaube wenn ein Stück gedruckt ist – so kann mans auch auffführen*" [5.1.1806].

Leider bewahrheiteten sich seine Befürchtungen:

„*Hier übersende Ihnen einen Zettel vom Schmidt von Appolda, wir haben ihn nur einmal auffführen dürfen, den andern Tag als Sonntags den 19ten wurde ich auf Montags den 20ten aufs Rathhaus zittirt, und als ich hin kam hatten Sie einen Zettel und der Herr Geheimderath schrie mich an, <u>Und er schämt sich nicht solch Zeug aufzuführen, ist er ein Christ oder ein Jude??</u> – und nur das gedruckte Buch konnte mich vor einer Strafe schüzen, – ich mußte es dem Herrn Fiscal [Staatsanwalt] lesen lasen, und bekam es mit dem Bedeuten wieder zurück, zum lesen wäre es wohl gut, aber nicht zum auffführen – wenn nur statt dem Christus eine andere Figur könnte* *genommen werden – Sie sehen also daß die Marionette auch nicht völlige Freiheit hat"* [9.2.1806].

Eine weitere Aufführung ist erst wieder für das Jahr 1809 belegt, als Wilhelm von Humboldt das Stück in Königsberg/Pr. sah und urteilte:

„Man spielt Stücke von Mahlmann, Falk u. a., worin sehr lustige und jetzt auch bedeutende Dinge vorkommen. [...] Der Prinz Zeisig [von Mahlmann], *die betrogenen Teufel* [d. i. »Unser Herr und der Schmidt von Apolda«], *sind wirklich Stücke von viel Talent, die man zehnmal lieber sieht, als die Menge elender oder mittelmäßiger Kotzebuescher oder Ifflandischer Dramen."*[21]

Ein großer Verlust

Der Krieg war nicht nur einträglich für das Marionettentheater in Schlesien – die meisten reisenden Schauspielergesellschaften hatten sich aufgelöst oder in friedlichere Regionen zurückgezogen –, sondern brachte sich auch immer wieder mit all seinen Schrecken in Erinnerung:

„Ich muß ihnen mit Betrübniß den Tod meines Mahlers Herrn Carl Zitterkopf bekannt machen, er starb am 12ten Merz zu Brigg in Schlesien an dem dazumahl Herrschenden Epidemischen Nervenfieber. Zugleicher Zeit lag die Chatharina Frick, welche in ihrer Prinzeßin die Kammerfrau machte an der nemlichen Krankheit darnieder und wurde den 13ten Merz nach Katholischem Brauch mit dem Hl. Öhl versehen, hat sich aber Gottlob wieder durchgerissen, es hält aber mit ihren Kräften sehr schwer bis sie solche erlangt; der König in der Prinzeßin war dem Herrn Carl seine lezte Rolle, er lag nur 11 Tage kranck, als er an einem Schlagfluß während wir alle in der Komödie waren starb; wir übrigen haben uns durch Präservativ Mittel glücklich vor der Seuche gerettet, in Neisse sind 3 Doctor in einer Woche gestorben, 2 wurden hintereinander an einem Tage begraben, der Schrecken war allgemein. Man sagt die Russen hätten diese Kranckheit ins Land gebracht – Denn wo dieselbe Spitäler hatten sind ganze Dörfer aus gestorben – 2 Monath war ich nicht im Stand einen Brief zu schreiben,

---

21) Anna von Sydow (Hg.): Wilhelm und Caroline von Humboldt in ihren Briefen, Bd. 3, Berlin 1909, S. 170f.

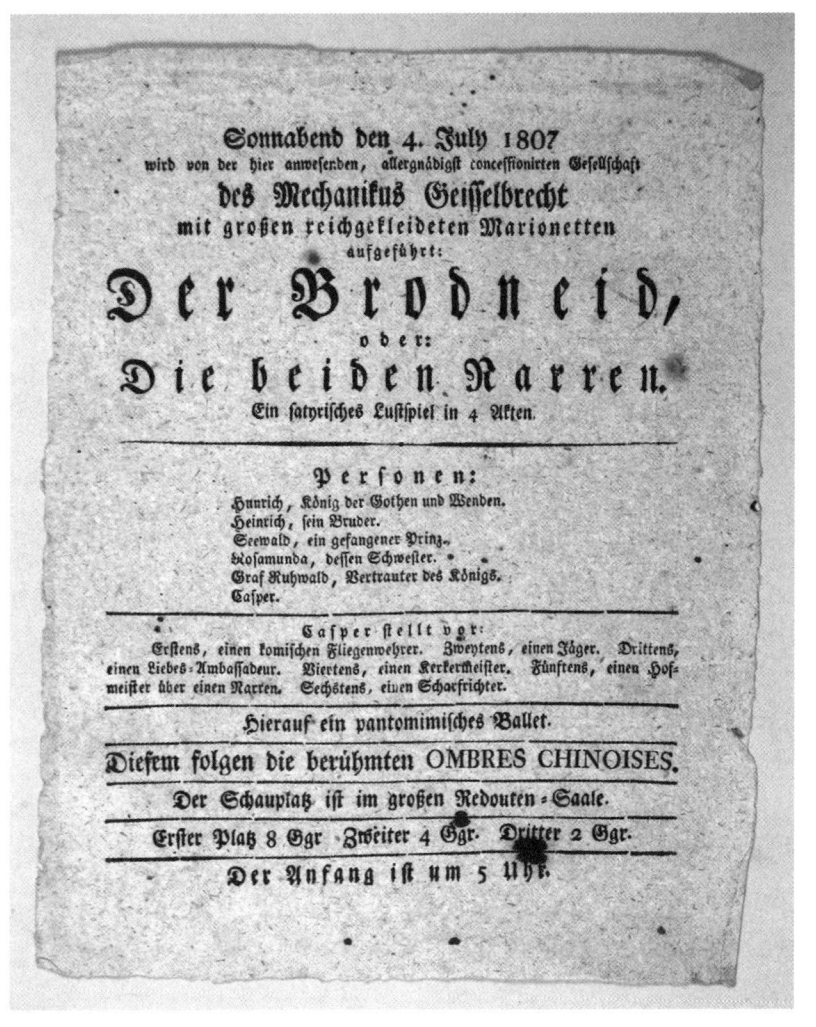

GEISSELBRECHT IN SCHLESIEN

Sonnabend den 4. July 1807
wird von der hier anwesenden, allergnädigst concessionirten Gesellschaft
des Mechanikus Geißelbrecht
mit großen reichgekleideten Marionetten
aufgeführt:

Der Brodneid,
oder:
Die beiden Narren.
Ein satyrisches Lustspiel in 4 Akten.

Personen:
Hunrich, König der Gothen und Wenden.
Heinrich, sein Bruder.
Seewald, ein gefangener Prinz.
Rosamunda, dessen Schwester.
Graf Ruhwald, Vertrauter des Königs.
Casper.

Casper stellt vor:
Erstens, einen komischen Fliegenwehrer. Zweytens, einen Jäger. Drittens, einen Liebes-Ambassadeur. Viertens, einen Kerkermeister. Fünftens, einen Hofmeister über einen Narren. Sechstens, einen Scharfrichter.

Hierauf ein pantomimisches Ballet.

Diesem folgen die berühmten OMBRES CHINOISES.

Der Schauplatz ist im großen Redouten-Saale.

Erster Platz 8 Ggr. Zweiter 4 Ggr. Dritter 2 Ggr.

Der Anfang ist um 5 Uhr.

Zettel »Der Brodneid oder Die beiden Narren«,
4. Juli 1807, im großen Redoutensaal, Breslau (?)
[Puppentheatersammlung Dresden]

unsere Gesellschaft war zusammen eingespielt, einig, und zufrieden – nun ist mir eine mächtige Stüze entrissen, ich habe zwar wieder einen andern angenommen, nahmens Hayd; ein Schauspieler, er declamirt sehr brav, aber er kan das Figuren Führen nicht lernen ohngeachtet er schon 6 Wochen bey

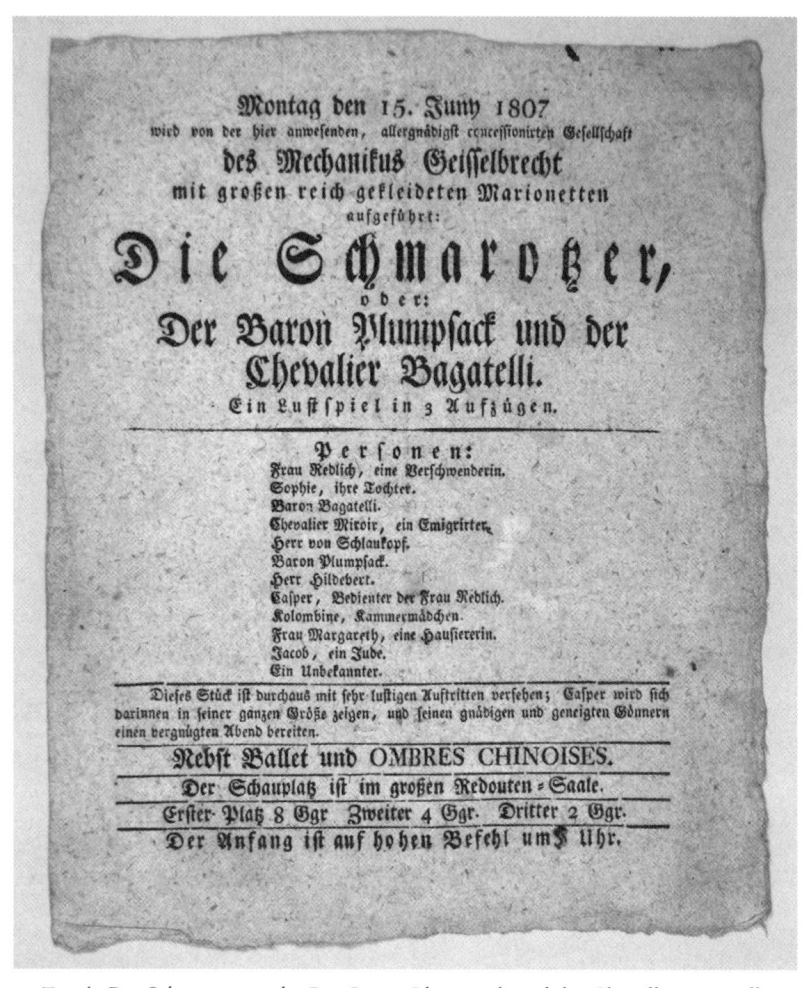

Zettel »Die Schmarotzer oder Der Baron Plumpsack und der Chevallier Bagatelli«
(d. i. »Die bürgerliche Dame« von Philipp Hafner, Wien 1763),
15. Juli 1807, im großen Redoutensaal, Breslau (?)
[Puppentheatersammlung Dresden]

mir ist, so kann er noch nicht die geringste Figur diregieren, und das Decoration mahlen ist ein grosser Verlust für mich" [23.6.1806].

Die erfolgreiche Gesellschaft, die zwei Monate lang in Breslau gewirkt hatte, brach um 1808/10 endgültig auseinander, als sich die Witwe Barbara

Zitterkopf und R. Schäfer selbständig machten und dann in Rußland, Finnland und Schweden spielten. Die Lücken wurden nach und nach durch die eigenen fünf Kinder geschlossen, die in den Theaterbetrieb hineingewachsen waren.

Die Generalkonzession

Auch in der ersten Hälfte des Jahres 1807 spielte die Truppe in kleineren Städten Schlesiens, vielleicht während des Sommers auch wieder in Breslau. Die Zeiten allerdings hatten sich verändert. Durch die Belagerung hatte Breslau gelitten, der Saal im Gasthof zum Blauen Hirschen war ein Opfer des Bombardements geworden. Geisselbrecht wandte sich dann über die polnische Grenze ins Großherzogtum Warschau. Im Oktober war er in Rawicz. Als nächste Auftrittsorte sind von Mai bis September 1809 Königsberg, im Oktober und November Danzig, im Februar 1810 Marienwerder und im März Mewe nachgewiesen. In diesen Zeitraum fallen auch Aufführungen jenseits der russischen Grenze.

Königsberg, nach dem Zusammenbruch Preußens 1807 zur Residenz des Hofes geworden, hatte nur ein schlechtes Theater, und so fand Geisselbrecht ein dankbares Publikum vor, zu dem wiederholt auch der gesamte Hofstaat zählte. Er wurde sogar mit seiner Bühne zu Privatvorstellungen ins Schloß eingeladen. Endlich hatte Geisselbrecht sein Ziel erreicht. Am 27. August 1809 wurde ihm auf Anweisung des Königs die Erlaubnis erteilt, *„seine mechanischen Künste und Puppenspiele in allen Städten der preußischen Monarchie nach vorheriger Meldung bei der Orts-Polizei-Behörde und mit deren Vorwißen zu produziren"*. Nun konnte er endlich seinen langgehegten Wunsch erfüllen. Innerhalb des Zeitraums von April 1811 bis Mai 1813 spielte er fast zehn Monate in Berlin. Seine Vorstellungen wurden ein großer Erfolg und konnten sich durchaus mit jenen von Schütz und Dreher messen. Auch Mitglieder des Königshauses suchten sein kleines Theater auf. Auf der Welle des Patriotismus schwimmend, führte er im Frühjahr 1813 in stetem Wechsel zwei antifranzösische Stücke von Carl Stein und August von Kotzebue auf, die ihm volle Kassen brachten.

Zwischen 1814 und 1820 reiste Geisselbrecht durch Mecklenburg-Schwerin, Hamburg, Lübeck, Schleswig-Holstein und Dänemark, anschließend mehrere Jahre in den mittleren Provinzen Preußens und den thüringischen Herzogtümern. 1825 gelangte er noch ein letztes Mal in seine hessische Heimat, wo er in Frankfurt, Offenbach, Hanau und Darmstadt spielte. Am 15. Januar 1826 starb er in Weinheim an der Bergstraße. Ein Sohn, der das Theater übernahm, konnte nicht an die alten Erfolge anknüpfen. In Thüringen folgte bald der Konkurs. Geisselbrechts Kinder gaben das Puppenspiel auf und wechselten zur großen Bühne über. Der Mechanikus Geisselbrecht hat Schlesien nach seiner zweieinhalbjährigen Tournee nie wieder betreten, aber seine Kinder und Enkel fanden in der theaterbegeisterten Provinz wiederholt Engagements.[22]

22) So in der Saison 1844/45 ein Geisselbrecht in der reisenden Gesellschaft von August Weise in Glatz, und in der Saison 1849/50 der Musikdirektor Wilhelm Geisselbrecht (1810–1878) am Stadttheater in Glogau, das zugleich Liegnitz, Warmbrunn und Görlitz bespielte. 1859/60 spielte ein Geisselbrecht am Stadttheater Neisse Väter und Charakterrollen. 1870/71 war Julius Müller-Geisselbrecht aus der Enkel-Generation als Regisseur der Posse und Operette von der Direktion Axt in Sorau engagiert, die auch Forst in der Lausitz, Crossen an der Oder und Grünberg bereiste; vgl. Almanach für Freunde der Schauspielkunst bzw. Deutscher Bühnen-Almanach 1836ff. Inzwischen ist auch erschienen Lars REBEHN: Johann Georg Geisselbrecht. Ein verkanntes Puppenspiel-Genie der Goethe-Zeit, in: Das andere Theater Nr. 83, 2013 (23), S. 28–33 (vhl. auch http://lithes.uni-graz.at/downloads/Rebehn_Geisselbrecht.pdf und http://lithes.uni-graz.at/downloads/Rebehn_Rez_Eversberg.pdf [beide zuletzt besucht 17.4.2015]).

Carl Maria von Weber und das Musiktheater in Breslau zwischen 1804 und 1806 – Fakten, Legenden, Irrtümer

Von Frank Ziegler

Carl Maria von Webers erste Anstellung als Theater-Dirigent ist schon mehrfach Thema von Publikationen gewesen, doch infolge des beklagenswerten Mangels an schriftlichen Zeugnissen des Musikers aus seinen Breslauer Jahren ist unser Bild von dieser Periode noch immer lückenhaft. Viele ältere Arbeiten kranken zudem an der unkritischen Benutzung der Weber-Biographie von Max Maria von Weber. Dieses mehrbändige Lebensbild, das der Sohn des Komponisten in der ersten Hälfte der 1860er Jahre verfaßt hatte, galt lange Zeit als ein biographisches Standardwerk und wird teils auch heute noch als solches genutzt. Dabei hat sich längst herausgestellt, daß es, obgleich auf vielen Originaldokumenten aus Familienbesitz und Berichten von Zeitzeugen basierend, eher einem biographischen Roman als einer verläßlichen Quellenstudie gleicht; allzu frei wurden Dichtung und Wahrheit miteinander vermengt, von zahllosen Ungenauigkeiten und Widersprüchen ganz zu schweigen. Selbst Herbert Stabenows ansonsten verdienstvolle Dissertation von 1911 über die „Blütezeit" des Breslauer Theaters[1] folgte dieser Darstellung allzu leichtfertig, obgleich bereits 1909 Hans Heinrich Borcherdt auf die Unzuverlässigkeit dieser Biographie bezüglich der schlesischen Jahre des Komponisten aufmerksam gemacht hatte.[2] Freilich hat Borcherdt selbst durch fragwürdige Behauptungen und mangelnde Quellentreue eher zur weiteren Verwirrung als zur Klärung beigetragen. In jüngerer Zeit erschlossen vor allem Maria Zduniak[3] und

---

1) Vgl. Herbert Stabenow: Geschichte des Breslauer Theaters während seiner Blütezeit (1798–1823), Phil. Diss. Breslau [1921 Masch.].
2) Vgl. Hans Heinrich Borcherdt: Carl Maria von Weber in Schlesien, in: Schlesische Heimat-Blätter. Zeitschrift für Schlesische Kultur 2 (1909), S. 185–190, 213–217, zu Max Maria von Weber S. 185.
3) Vgl. Maria Zduniak: Webers Wirken am „Königlich privilegierten Breslauischen Theater", in: Carl Maria von Weber und der Gedanke der Nationaloper, Dresden 1986 (= Schriftenreihe der Hochschule für Musik „Carl Maria von Weber" Dresden,

Till Gerrit Waidelich[4] neue Quellen zum Thema Weber in Breslau, doch eine erneute Prüfung scheint überfällig, um die tatsächlich dokumentierten Fakten vom Weber-‚Mythos' zu scheiden.

Auch wenn nur wenige persönliche Dokumente Webers aus seiner Breslauer Zeit greifbar sind, das dortige Theaterarchiv durch Privatisierungen und Brände verstreut bzw. vernichtet wurde und die Presseberichterstattung über die Bühne lückenhaft ist, erlauben die überlieferten Materialien doch in etlichen Details eine Revision der gängigen Darstellung von Webers Breslauer Wirken, wie nachfolgend anhand einiger ausgewählter thematischer Schwerpunkte erläutert werden soll, und zwar hinsichtlich der Umstände seiner Anstellung, seiner Einflußmöglichkeiten auf den Ensemble- und den Repertoireaufbau, seiner Amtsführung (unter disziplinarischen wie musikalischen Gesichtspunkten) sowie der Gründe für seinen Weggang aus Breslau.

1. Webers Anstellung: Vertragsabschluß und Dienstbeginn

Als Anfang 1804 der als Musikdirektor amtierende Jurist Heinrich Carl Ebell signalisierte, die Leitung des Breslauer Theaterorchesters im Frühjahr niederlegen zu wollen, um als Sekretär in die Kriegs- und Domänenkammer zu wechseln,[5] setzte sich der künstlerische Direktor Friedrich Bothe mit Georg Joseph Vogler in Wien in Verbindung. Vogler, der bei seinen Breslau-Aufenthalten 1801/02 vor allem als Organist Aufsehen erregt hatte und seitdem mit Ebell in Briefkontakt stand,[6] wurde um Vermittlung eines

---

Sonderheft 10), S. 245–256; DIES.: Carl Maria von Weber in Schlesien, in: Weberiana. Mitteilungen der Internationalen Carl-Maria-von-Weber-Gesellschaft e. V. 13 (2003), S. 5–26.
4) Vgl. Till Gerrit WAIDELICH: *Ein gewisses Eingreifen* und die *hie und da ganz unrichtige Beobachtung der Tempos*. Weitere Dokumente zum Dirigenten Weber in Breslau 1805–1806, in: Weberiana 3 (1994), S. 26–32.
5) Ebell hatte im Juni 1801 erfolgreich in Breslau konzertiert und war daraufhin als Musikdirektor des Theaters engagiert worden; vgl. Schlesische Provinzialblätter 34 (1801), Nr. 7 (Juli), S. 65. Seinen Dienst trat er im September an; vgl. Ebd., 35 (1802), Nr. 1, S. 69. Sein Wechsel in die Kriegs- und Domänenkammer fand zeitgleich mit der Berufung des Theaterdirektors Friedrich Bothe zum Kriegs- und Domänenrat statt.
6) Vgl. Carl Julius Adolph HOFFMANN: Die Tonkünstler Schlesiens. Ein Beitrag zur Kunstgeschichte Schlesiens, vom Jahr 960 bis 1830, Breslau 1830, S. 446. Der

Nachfolgers gebeten. Glaubt man Max Maria von Weber, so schlug er zwei seiner Schüler vor: den 25jährigen Johann Baptist Gänsbacher und den 17jährigen Carl Maria von Weber.[7] Die Bitte muß spätestens Anfang April in Wien eingegangen sein, denn schon am 6. April meldete Weber seinem Freund Thaddäus Susan: *„Ich fürchte nur daß ich nicht lange mehr Vogler noch Wien genießen werde können, eben erhalte ich den Ruf nach Breslau als Director des Orchesters mit 600 Thaler Fixum und einem Benefice, welches auch 4-500 Thaler trägt. Was soll ich thun, der Antrag ist ehrenvoll."*[8]

Von Gänsbacher findet sich kein Wort – nicht nur hier; er wird in keiner zeitgenössischen Quelle als Anwärter auf das Breslauer Amt erwähnt. Auch seine Autobiographie enthält keinen Beleg dafür, vielmehr den Hinweis, daß Gänsbacher im Frühjahr 1804, also etwa zeitgleich, Wien verließ, um mit der Familie des Reichsgrafen Karl Anton Firmian auf das Gut von Anna Gräfin Althann im böhmischen Brunnersdorf zu reisen.[9] Sollte Vogler tatsächlich auch seinen achteinhalb Jahre älteren Schüler in Vorschlag gebracht haben, so erstaunt, daß dieser in seinen Erinnerungen die für einen jungen Musiker so wichtige Aussicht auf eine besoldete Anstellung keiner Erwähnung für wert befand und somit auch keinen Grund nannte, warum er ein solches Angebot hätte ausschlagen sollen.

Grund für Voglers mehrmonatigen Schlesien-Aufenthalt war in erster Linie der Umbau der Orgel in der Schweidnitzer evangelischen Friedenskirche nach seinem „Simplifikationssystem" im Vorfeld der Festlichkeiten zum Andenken an die Stiftung der Kirche 1652 (der eigentliche Kirchenbau fiel erst in die Jahre 1656/57). Zum Stiftungsfest am 23. September 1802 komponierte Vogler einen Altargesang und war für die abendliche Festmusik zuständig; vgl. Schlesische Provinzialblätter 36 (1802), Nr. 10, S. 384–386. Ein geplanter vergleichbarer Umbau der Orgel in der Breslauer Magdalenenkirche unterblieb auf Initiative des dortigen Kaufmanns David Tobias Knoll; vgl. Carl KOSSMALY, Carlo (d. i. Carl Heinrich HERZEL): Schlesisches Tonkünstler-Lexikon [...], H. 4, Breslau 1847, S. 325. Außerdem komponierte Vogler 1802 für das Breslauer Theater eine Rübezahl-Oper (»Der Koppengeist auf Reisen«, Text: Samuel Gottlieb Bürde), deren Einstudierung Ebell geleitet haben dürfte.
7) Max Maria VON WEBER: Carl Maria von Weber. Ein Lebensbild, Bd. 1, Leipzig 1864, S. 86; dort heißt es, daß Gänsbacher *„im Voraus die Stelle ablehnte, so daß sie nun Weber zufiel"*.
8) Briefe von Carl Maria von Weber, in: Wiener Zeitschrift für Kunst, Literatur, Theater und Mode 1843, Nr. 3 (5. Januar), S. 20 (Brief vom 2.–6. April 1804).
9) Johann GÄNSBACHER: Denkwürdigkeiten aus meinem Leben, hg. von Walter Senn, Thaur/Tirol 1986, S. 20. Gräfin Althann war die Schwiegermutter des Reichsgrafen Firmian.

Weber entschied sich schnell und signalisierte seine Zustimmung. Nachdem Vogler dies nach Breslau gemeldet hatte, wurde dort am 1. Mai 1804 der Anstellungskontrakt für den neuen ersten Musikdirektor aufgesetzt:

„Die Direction des Kgl. privil. Breslauschen Theater einer Seits und der Herr Musicdirector Carl Maria von Weber andrer Seits sind, auf dem Grund der von dem Herrn Abbé Vogler unterm 7^t und 25ten April 1804 angezeigten und von dem Herrn v Weber genehmigten Bedingungen, insofern solche nicht der anliegenden Dienstanweisung für den Musikdirektor entgegen sind, dahin übereingekommen:
*1. Herr Carl Maria v Weber engagirt sich als Musicdirector bey gedachtem Theater auf zwey Jahr von Johannis 1804 bis dahin 1806 für eine wöchentliche Gage, im ersten Jahre von Zwölf Reichsthaler, im zweiten von Vierzehn Reichsthaler,*¹⁰ *halb in Courant, halb in Münze zahlbar.*
*2. Es wird dem Herrn v Weber verstattet, am grünen Donnerstage in der Charwoche und in der Mitte des Monats Juli an einem Tage, an welchem nicht gespielt wird, ein Benefiz Concert im Schauspielhause geben zu dürfen, wozu er freie Beleuchtung und freies Orchester hat.*¹¹
3. Dagegen verpflichtet sich nun Herr v Weber, die diesem Contracte beigefügte Dienstanweisung nach allen Theilen pünctlich zu befolgen[...]

---

10) Das ergibt ein festes Jahresgehalt von 624 (1804/05) bzw. 728 Talern (1805/06), also mehr als im Brief an Susan mitgeteilt. Der ebenfalls 1804 (als Nachfolger von Friedrich Bothe) berufene Theaterdirektor Johann Gottlieb Rhode erhielt ein Jahresgehalt von 800 Talern, unwesentlich mehr als der Musikdirektor; vgl. Zeitung für die elegante Welt 4 (1804), Nr. 62 (24. Mai), Sp. 493.
11) Diese vier Benefizkonzerte fanden an den beiden Gründonnerstagen (11. April 1805, 3. April 1806) sowie am 27. Juli 1805 und 21. Juni 1806 statt; das per Kontrakt garantierte Juli-Konzert 1806 wurde demnach wegen des früheren Engagement-Endes (Johannis = 24. Juni) vorverlegt. Die Festlegung hinsichtlich des Gründonnerstags mußte zwangsläufig zu Termin-Kollisionen führen, da *„Einem alten Herkommen gemäß* [...] *seit langer Zeit in jedem Jahre am grünen Donnerstage ein Oratorium hieselbst aufgeführt worden"*; 1805 führte dies dazu, daß Joseph Ignaz Schnabel am selben Tag in der Aula Leopoldina Haydns »Schöpfung« dirigierte; vgl. den Bericht in Berlinische Musikalische Zeitung 1 (1805), Nr. 38, S. 151f., hier S. 152. 1806 wurde die Situation dadurch zusätzlich verschärft, weil Schnabel wiederum am Gründonnerstag (3. April), also parallel zu Webers Benefiz, in der Aula Leopoldina Haydns »Schöpfung« dirigierte, Musikdirektor Jan Janeczek dasselbe Werk aber bereits am 1. April am selben Ort aufgeführt hatte; vgl. u. a. die parallelen Konzertanzeigen in: Schlesische privilegirte Zeitung 1806, Nachtrag zu Nr. 38 (29. März), S. 545f. und Nachtrag zu Nr. 39 (31. März), S. 559.

4. *Sollte einer von beiden Contrahenten, nach Ablauf des ersten Jahres diese Verbindung aufheben wollen, so muß die Aufkündigung nach den ersten sechs Monaten aber spätestens am Neujahrstage erfolgen. Sonst wird dieser Contract als auf ein Jahr verlängert angesehen.*
Breslau den 1sten May 1804.
Direction des Kgl. privil. Breslauschen Theaters
Bothe   Hayn   Schiller"[12]

Weber scheint dieser Vertrag spätestens am 8. Mai vorgelegen zu haben, beendete er doch an diesem Tag einen Brief an seinen Freund Susan bereits mit dem Namenszusatz „*Capell-Director des kön. pr. Theaters in Breslau.*"[13] Er unterzeichnete das für die Direktion bestimmte Vertrags-Exemplar ohne Zögern und sandte es umgehend nach Breslau zurück.[14]

Webers Berufung fand in Breslau keineswegs allgemeine Zustimmung. Joseph Ignaz Schnabel, seit 1798 Konzertmeister des Theaterorchesters, hatte dort schon mehrfach vertretungsweise Aufführungen geleitet und auch Schauspiel- sowie Gelegenheitsmusiken für das Theater komponiert;[15] in einer Ende November 1803 zusammengestellten Personalübersicht wird Schnabel sogar bereits neben Ebell und Jan Janeczek (bzw. Johann

---

12) Staatsbibliothek zu Berlin – Preußischer Kulturbesitz (zit. als D-B), Mus. ms. theor. C. M. v. Weber WFN 7, Nr. 21. Die ursprünglich dem Schreiben beigefügte Dienstanweisung fehlt heute leider. Die drei unterzeichnenden Direktoren waren der noch amtierende künstlerische Leiter Friedrich Bothe sowie der Tuchkaufmann Carl Christian Hayn als technischer Leiter und Johann Christian Ferdinand Schiller, Direktoriums-Mitglied der Zucker-Raffinerie, als kaufmännischer Leiter.
13) Briefe von Carl Maria von Weber (wie Anm. 8), 1843, Nr. 4 (6. Januar), S. 26 (Brief vom 10. April bis 8. Mai 1804).
14) In einem Korrespondenzbericht an die ‚Zeitung für die elegante Welt' aus Breslau vom 16. Mai wird erwähnt, daß Weber „*so eben den Kontrakt eingesandt*" habe; vgl. 4 (1804), Nr. 62 (24. Mai), Sp. 493.
15) Ludwig Anton Leopold Siebigk erwähnte schon 1801, daß Schnabel, „*ein Mann von vielen Talenten für die Komposition, [...] auch in Abwesenheit der Direktoren dirigirt*" habe; vgl. L. A. L. SIEBIGK: Brief aus Breslau, über den Zustand der Musik daselbst, in: Allgemeine musikalische Zeitung 3 (1801/02), Nr. 21 (18. Februar 1801), Sp. 363. Für die Breslauer Erstaufführung des »Macbeth« (8. Dezember 1801) komponierte Schnabel einen Geistermarsch; vgl. Maximilian SCHLESINGER: Geschichte des Breslauer Theaters, Bd. 1 [mehr nicht erschienen], Berlin 1898, S. 99. Zur Theaterfeier anläßlich des 70. Geburtstags des Veteranen Simon Friedrich Koberwein (26. September 1803) steuerte er die Festkantate bei; vgl. Journal des Luxus und der Moden 18 (1803), Nr. 11 (November), S. 607.

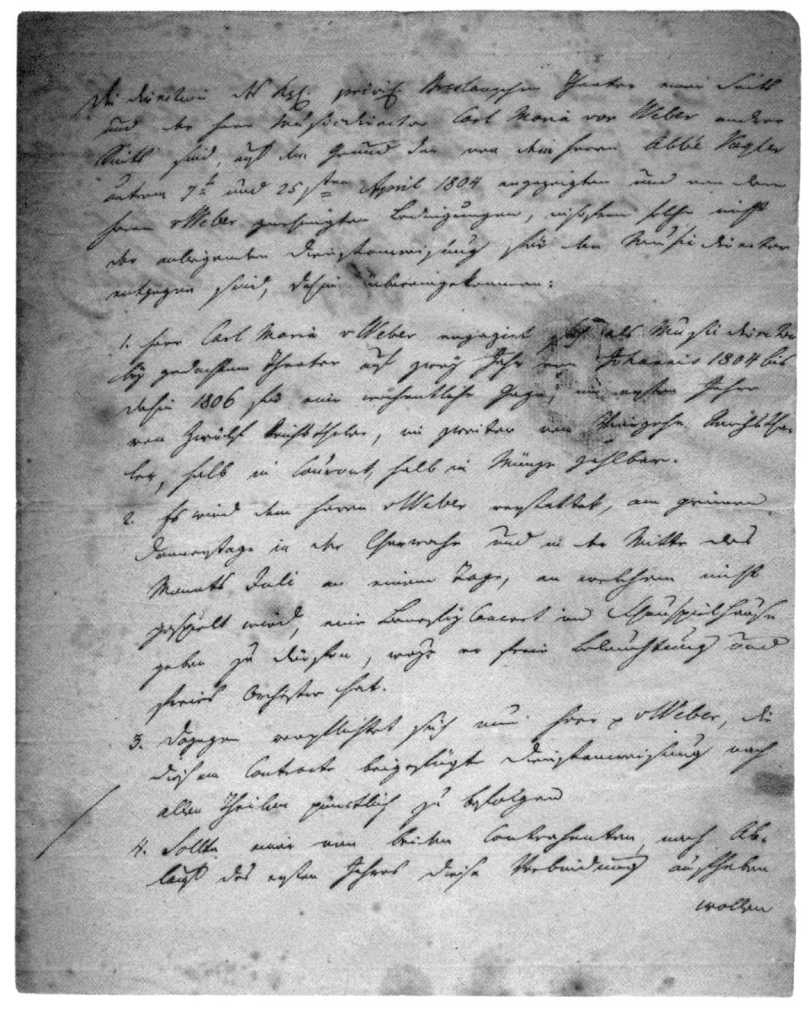

Die erste Seite des Anstellungskontrakts
[Staatsbibliothek zu Berlin – Preußischer Kulturbesitz, Mus. ms. theor. C. M. v. Weber WFN 7, Nr. 21]

Janetzek/Janetschek) als Musikdirektor des Breslauer Theaters aufgelistet.[16] Der knapp Siebenunddreißigjährige hatte möglicherweise darauf spekuliert, Ebells Nachfolge als erster Musikdirektor antreten zu können, das deutet zumindest eine anonym veröffentlichte Schnabel-Biographie aus dem Jahr 1831 an.[17] Nun sollte er einen fast zwanzig Jahre Jüngeren vor die Nase gesetzt bekommen – eine verletzende Zurücksetzung. Schnabel verließ das Theater mit Ablauf seines Vertrages im Frühjahr 1804,[18] also noch vor Webers Eintreffen in Breslau; in einem Zeitungsbericht liest man diesbezüglich: *„Ein ihn kränkender Vorfall bestimmte denselben nach der Verlaufszeit seines Contracts abzugehen"*.[19]

Über Schnabels Abschied und sein Verhältnis zu Weber ist viel spekuliert worden; Borcherdt hielt Hoffnungen des Musikers auf den Musikdirektorenposten für *„unwahrscheinlich, da wohl Janetzek viel eher berechtigt gewesen wäre als Schnabel"*,[20] übersieht dabei aber die Vorgeschichte: Janeczek hatte bereits 1792 bis 1797 als zweiter Musikdirektor der in Breslau spielenden Wäserschen Schauspielgesellschaft amtiert und wurde nach Abgang des ersten Musikdirektors Joseph Maar[21] (April 1797) für drei Jahre alleiniger musikalischer Leiter, zunächst unter Direktorin Maria Barbara Wäser und schließlich (nach Umwandlung des Prinzipal- in ein Aktientheater 1798) auch unter der neuen Direktion. Danach wurde er allerdings wieder auf die Stellvertreter-Position zurückversetzt, die er bis zu seinem Tod unter allen folgenden ersten Musikdirektoren (Vincenc Ferrerius Tuček 1800 bis Frühjahr 1801,[22] H. C. Ebell September 1801 bis April 1804, C. M.

---

16) Vgl. Theater-Kalender auf das Jahr 1804, hg. von Johann Gottlieb Schmieder, Hamburg, S. 174: *„Musikdirectoren, die Hrn. Ebel, Janetzeck und Schnabel."*
17) Vgl. die Biographie Schnabels in: Eutonia, eine hauptsächlich pädagogische Musik-Zeitschrift [...], hg. von Johann Gottfried HIENTZSCH 6 (1831) (Breslau), S. 188; dort liest man, durch Webers Anstellung könnten *„dem Schnabel Hoffnungen vereitelt worden sein"*.
18) Vgl. den Mai-Bericht aus Breslau in Allgemeine musikalische Zeitung 6 (1803/04), Nr. 34 (23. Mai 1804), Sp. 579: *„Auf unserm Theater ist nichts Neues von Erheblichkeit vorgefallen. Der Musikdirektor, Hr. Ebel, hat seinen Posten aufgegeben und ist Kammer-Secretair geworden. Hr. Schnabel, der erste Geiger, gehet auch ab."*
19) Berlinische Musikalische Zeitung 1 (1804/05), Nr. 38, S. 152.
20) Vgl. BORCHERDT (wie Anm. 2), S. 188.
21) Joseph Maar hatte nach dem Tod des Wäserschen Musikdirektors Franz Andreas Holly († Breslau 13. Mai 1783) dessen Posten übernommen; vgl. Kurze Geschichte des gegenwärtigen Theaters zu Breslau, in: Neues Theater-Journal für Deutschland, H. 1, Leipzig 1788, S. 38.
22) Am 27. April 1801 trat Tuček bereits sein neues Amt als Kapellmeister des Leo-

von Weber Juli 1804 bis Juni 1806) behalten sollte. Eine Bewerbung Janeczeks 1804 nach Ebells Rücktritt ist somit eher fraglich, zumal Friedrich Wilhelm Berner in Janeczeks Nekrolog feststellte: *„Im Ganzen genommen eignete er sich vielleicht nicht sowohl zu einem Musikdirektor, als vielmehr zu einem Virtuosen auf der Violine."* Berner wies zudem auf die *„allzu große Schüchternheit"* und die Kränklichkeit *„in den letzten Jahren seines Lebens"* hin.[23] Auf Amtsmüdigkeit deutet auch die Todesnachricht in den ‚Schlesischen Provinzialblättern' hin, wo rückblickend darauf hingewiesen wird, daß Janeczek *„in seiner beßern Lebensperiode als Violinist goutirt wurde"*;[24] in jüngerer Zeit war dies offenbar nicht mehr der Fall.

Konflikte dürfte es tatsächlich gegeben haben. Carl Julius Adolph Hoffmann berichtete über eine *„Parteienbildung"* in Breslau und wies darauf hin, daß Webers *„Parthey [...] Schnabeln nicht wohl wollte"*[25] – umgekehrt dürfte es ähnlich gewesen sein. Für Max Maria von Webers Behauptung, daß auch der zweite Musikdirektor, Janeczek, zur Anti-Weber-Partei gehört haben soll,[26] finden sich hingegen ebensowenig Belege wie für die Behauptung, Schnabel habe Weber bei seinem Amtsantritt mit einer regelrechten Pressekampagne zu schaden versucht;[27] bislang ließen sich keinerlei Veröffentlichungen dieser Art nachweisen.

Daß das Verhältnis zwischen Weber und Schnabel, der erst ein Jahr später auf den wesentlich schlechter dotierten Posten des Domkapellmeisters berufen wurde,[28] nicht frei von Spannungen war, erscheint fast zwangsläufig.[29] Bei späteren Treffen der beiden (Mai/Juni 1812 in Berlin sowie 17. August

---

poldstädter Theaters in Wien an; vgl. Rudolph ANGERMÜLLER: Wenzel Müller und „sein" Leopoldstädter Theater. Mit besonderer Berücksichtigung der Tagebücher Wenzel Müllers, Wien, Köln, Weimar 2009 (= Wiener Schriften zur Stilkunde und Aufführungspraxis 5), S. 194.
23) Vgl. Berlinische Musikalische Zeitung 2 (1806), Nr. 45, S. 180.
24) Schlesische Provinzialblätter 44 (1806), Nr. 12 (Dezember), S. 546.
25) K. J. HOFFMANN: Friedrich Wilhelm Berner, in: Schlesische Provinzialblätter 87 (1828), Nr. 3 (März), S. 247–255, Nr. 4 (April), S. 312–320, hier S. 254.
26) Vgl. Max Maria VON WEBER (wie Anm. 7), 1, S. 97.
27) Vgl. Michael LEINERT: Carl Maria von Weber, Reinbek [4]1996, S. 24.
28) Vgl. den Anstellungsakt vom 3. März 1805 (geltend ab 1. April d. J.), nach dem Schnabel *„einen jährlichen Gehalt von Zwey Hundert und Fünf und Zwanzig Reichsthaler"* erhielt; nach Hans Erdmann GUCKEL: Katholische Kirchenmusik in Schlesien, Leipzig 1912, S. 81–83.
29) Vgl. die Biographie in Eutonia (wie Anm. 17), S. 188: *„es herrschte zwischen beiden Männern längere Zeit eine Art Spannung."*

1819 in Hosterwitz bei Dresden) signalisieren Webers Tagebuchnotizen zwar keinerlei Animositäten – immerhin war keine direkte Konkurrenzsituation mehr gegeben –, aber auch keinen freundschaftlichen, sondern bestenfalls einen freundlich-höflichen Umgang.[30]

Webers Dienstbeginn war laut Vertrag auf Johannis, also den 24. Juni, festgelegt, doch er wandte sich nicht direkt nach Breslau, sondern zunächst in familiären Angelegenheiten nach Augsburg. Er verließ Wien wohl am 28. oder 29. Mai[31] und reiste über Salzburg und München[32] in die Freie Reichsstadt, wo er am 5. Juni ankam. Am 14. Juni ging es von dort weiter nach Karlsbad[33] und möglicherweise mit einem Kurzaufenthalt in Chemnitz[34] über Freiberg und Dresden nach Breslau. Wann er dort eintraf,

---

30) Vgl. Webers Tagebücher in D-B, Mus. ms. autogr. theor C. M. v. Weber WFN 1. Schnabel bat Weber 1812 in Berlin um die Vermittlung von Kirchenmusik-Werken, u. a. von Johann Baptist Gänsbacher und Franz Danzi (vgl. Webers vier Briefe an die Genannten, jeweils vom 23. Mai und 14. Juli). Im Gegensatz zum ebenfalls in Berlin anwesenden Berner, den Weber ausdrücklich als seinen Freund vorstellte, beantragte er im Falle Schnabels jedoch keine Aufnahme in den Harmonischen Verein, der gleichgesinnte Künstler aus dem Umkreis Webers miteinander verband. In Webers Stammbuch (D-B, Mus. ms. theor. C. M. v. Weber WFN 5) findet sich, im Gegensatz zu anderen befreundeten Künstlern, kein Eintrag Schnabels.
31) Am 28. Mai 1804 trug sich Joseph Susan in Wien in Webers Stammbuch (wie Anm. 30, Bl. 77r) ein. Das Datum kommentierte er mit dem Zusatz „*den lezten Tage* [sic] *Ihres Hierseyns*".
32) Vgl. die „*Fremden-Anzeige*" im Münchner Anzeiger 1804, Nr. 23 (6. Juni): „*Bey Hrn. Franz Xaver Böck, Weingastgeber zum goldenen Kreutze in der Kaufingergasse, Nro. 25. vom 28. May bis 3. Juny. [...] Hr. v. Weber, von Wien.*" Da Weber an letzter Stelle der bei Böck abgestiegenen Gäste genannt ist, dürfte er am letzten Tag des angegebenen Zeitraums (also am 3. Juni) eingetroffen sein. Irritierend ist, daß Weber das (heute verschollene) Autograph seines Liedes »Wiedersehn« (JV 42) mit dem Zusatz versah, es sei am 4. Juni [sic] in Salzburg „*auf der Durchreise von Wien nach Breslau auf Susan's Zimmer*" komponiert worden; vgl. Friedrich Wilhelm Jähns: Carl Maria von Weber in seinen Werken. Chronologisch-thematisches Verzeichniss seiner sämmtlichen Compositionen, Berlin 1871, S. 57.
33) Über den Aufenthalt in Augsburg und die Weiterreise nach Karlsbad informierte Weber seinen Freund Thaddäus Susan im Brief vom 12./14. Juni 1804; vgl. Briefe von Carl Maria von Weber (wie Anm. 8), 1843, Nr. 4 (6. Januar), S. 26f.
34) Der spätere Kantor Christoph Friedrich August Kurzwelly hatte Carl Maria von Weber bereits im Frühjahr 1801 in Chemnitz kennengelernt; vgl. seinen Eintrag „*am Tage der Trennung*" von Weber, dem 17. Mai 1801, in dessen Stammbuch (wie Anm. 30, Bl. 56v). Er erinnerte sich 1862 etwa 90jährig, Weber sei später „*noch einmal auf ganz kurze Zeit nach Chemnitz zurück*[gekommen], *wo er bei mir wohnte [...]. Er war nur ganz kurze Zeit bei mir u. ging dann über Freiberg nach Dresden.*"; vgl. den Brief

bleibt ungewiß. Auch sein tatsächlicher Dienstantritt als Musikdirektor läßt sich nicht sicher bestimmen – Max Maria von Weber datierte ihn auf Juli 1804,[35] Maximilian Schlesinger in seiner Breslauer Theatergeschichte genauer auf den 11. Juli,[36] was angesichts des vertraglich fixierten Beginns mit Johannis sehr spät erscheint, deshalb aber nicht falsch sein muß.

Leider geben die zeitgenössischen Berichte keine zusätzlichen Anhaltspunkte; sicher ist lediglich, daß sich der frischgebackene Orchesterchef dem Breslauer Publikum zwischen den beiden am 17. Juli gegebenen Theaterstücken als Pianist präsentierte.[37] Die Aufführung von Winters Oper »Das unterbrochene Opferfest« am 21. Juni 1804, die der junge Eichendorff in seinen Tagebuchnotizen festhielt,[38] dürfte jedenfalls noch vom zweiten Musikdirektor Janeczek dirigiert worden sein.

des Chemnitzer Bürgermeisters Johannes Friedrich Müller an Max Maria von Weber vom 7. Mai 1862 (in Abschrift von Friedrich Wilhelm Jähns), D-B, Weberiana Cl. V [Mappe XVIII], Abt. 4 B, Nr. 14D. Kurzwelly, dessen Angaben auch sonst sehr fehlerhaft sind, datierte dieses Wiedersehen unsicher auf „*1802 oder 1803*", allerdings ergibt die beschriebene Reiseroute für das Jahr 1804 sehr viel mehr Sinn als für Webers Reise zwischen August und Dezember 1802 von und nach München, für die nur Stationen im Raum Thüringen/Franken (Meiningen, Eisenach, Sondershausen auf der Hin- sowie Hildburghausen und Coburg auf der Rückreise) und in Norddeutschland (Braunschweig, Rellingen, Schleswig, Eutin, Altona, Hamburg) bezeugt sind und deren zeitliche Abfolge kaum einen zusätzlichen Abstecher nach Sachsen denkbar erscheinen läßt. 1803 hielt sich Weber zunächst in Augsburg auf, um im August nach Wien zu reisen, wo er seinen Unterricht bei Vogler begann; in diesem Jahr ist ein Chemnitz-Besuch definitiv auszuschließen.
35) Vgl. Max Maria von Weber (wie Anm. 7), 1, S. 87.
36) Schlesinger (wie Anm. 15), S. 104; Schlesinger beruft sich (ebenso wie Borcherdt [wie Anm. 2], S. 186 mit derselben Datumsangabe) auf Richard Conrad Kießlings Manuskript zur Breslauer Theatergeschichte, das auf Archivalien basierte, die Kießling (als beratender Mitdirektor des Breslauer Theaters 1857–1862) bei Räumung des Theaterarchivs 1862 übernommen hatte. Teile seiner Sammlung gelangten 1896 in den Antiquariatshandel, darunter „*Handschriftliche Akten der Theaterkasse*" aus der Zeit 1798–1823; vgl. Bärbel Rudin: Von *Alexanders Mord-Banquet* bis zur *Kindheit Mosis*. Eine unbekannte Kollektion von Theaterzetteln der Wanderbühne, in: Daphnis. Zeitschrift für Mittlere Deutsche Literatur und Kultur der Frühen Neuzeit (1400–1750) 35 (2006), S. 210f. (speziell Anm. 72).
37) Vgl. Zduniak: Weber in Schlesien (wie Anm. 3), S. 6.
38) Vgl. Joseph von Eichendorff: Tagebücher. Text, hg. von Ursula Regener und Franz Heiduk, Tübingen 2006 (= Eichendorff: Sämtliche Werke 11/1), S. 116.

*Zettel »Das Schloß Limburg oder Die beyden Gefangenen« und »Der Perückenstock«,
17. Juli 1804, im Breslauer Theater
[Biblioteka Uniwersytecka we Wrocławiu]*

2. Zur personellen Situation am Breslauer Theater

a) Das Sängerpersonal 1804/06

Max Maria von Weber behauptete, sein Vater habe aktiv die Zusammensetzung des Breslauer Sängerensembles beeinflußt; demnach *„beantragte* [er] *das Engagement des Sängers Brandt aus Cassel und der Sängerin Müller aus Weimar zur Complettierung des Personals".*[39] Tatsächlich hatte Weber 1811 in einem Bewerbungsbrief um die Kapellmeisterstelle am Wiesbadener Hoftheater rückblickend durchaus selbstbewußt geschrieben, daß er *„in Breslau zu der Zufriedenheit des Publikums* [...] *die Oper neu organisirte",*[40] doch hinsichtlich der Personalpolitik hatte er als Musikdirektor keinerlei direkte Verfügungsgewalt; *„alles, was Engagements betrifft, Zahl der Mitglieder, Bestimmung der Gagen"* usw., lag, wie man in Ifflands Theater-Almanach von 1807 nachlesen kann, im alleinigen Entscheidungsspielraum der dreiköpfigen Theaterdirektion.[41] Weber konnte als Musikdirektor bestenfalls Vorschläge unterbreiten; doch wie realistisch ist diese Behauptung? Während Webers Amtszeit kamen vier wichtige Protagonisten für das Musiktheater neu ans Haus: der Tenor Fr. A. Corradini (ab April 1805), Marie Elise Müller und Franz Brand (beide ab Mai 1805) und Mad. A. Wöhner, geb. Suhadolsky (ab April 1806), wobei Corradini lediglich *„als zweiter Tenorist"* engagiert wurde.[42] In erster Linie wurden durch Abgänge bzw. Todesfälle entstandene Lücken im Ensemble gefüllt: Die Müller ersetzte die nach Danzig abgegangene Veltheim, die Wöhner die verstorbene Elisabeth Wilhelmine Bürde, Brand den Tenor Julius Miller, der vorübergehend nach Petersburg wechselte; bald nach dessen Rückkehr nach Breslau ging Brand wieder ab. Die vier Sänger kamen von den Theatern Brünn (Corradini), Weimar (Müller), Kassel (Brand) und Warschau

---

39) Max Maria von WEBER (wie Anm. 7), 1, S. 100.
40) Vgl. [Heinrich] SCHALK: Carl Maria von Weber's Beziehungen zu Wiesbaden, in: Annalen des Vereins für Nassauische Alterthumskunde und Geschichtsforschung 13 (1874), S. 359f., hier S. 360.
41) Vgl. Almanach fürs Theater, hg. von August Wilhelm Iffland, Bd. 1, 1807, S. 303. Ähnlich heißt es in den Statuten des Theaters von 1798, die *„Wahl der Schauspieler, Sänger und der übrigen zum Theater* [...] *gehörigen Personen, und die Bestimmung ihrer Gehälter"* obliege dem aus drei Personen bestehenden Direktorium; vgl. Grund-Sätze die Breslausche Theateranstalt und deren Verwaltung betreffend, Breslau 1798, S. 10.
42) Vgl. Schlesische privilegirte Zeitung 1805, Nr. 26 (2. März), S. 320.

(Wöhner) – keines dieser Häuser hatte Weber in den zurückliegenden Jahren besucht; von keinem der Sänger sind Kontakte mit Weber vor dem Breslauer Engagement bekannt. Insofern erscheint zumindest fraglich, ob Weber sie tatsächlich empfehlen konnte.

Denkbar scheint dies bestenfalls im Falle des Ehepaars Wöhner, das von Warschau nach Breslau wechselte. In Warschau hatte sich im Frühjahr 1805 Webers Halbbruder Fridolin von Weber aufgehalten.[43] Er könnte bei seinem Bruder ein ‚gutes Wort' für die Anfängerin eingelegt haben, von der es in einem Korrespondenzbericht vom 20. März 1805 im ‚Freimüthigen' heißt: *„Madam Wöhne[r] kann einmal als Sängerin etwas leisten."*[44] Da die Wöhners in Breslau allerdings nicht gefielen, verließen sie das Theater nach Ablauf ihres Jahreskontrakts wieder.

b) Orchester und Chor

In seiner autobiographischen Skizze von 1818 schrieb Weber über seine Breslauer Zeit: *„Ich schuf da ein neues Orchester und Chor".*[45] Die Breslauer Kritik gab ihm hinsichtlich des Orchesters Recht; bereits in der November-Ausgabe der ‚Schlesischen Provinzialblätter' von 1804 wird Weber als *„Musikdirektor von Einsicht, Trieb und Directionsgabe"* gelobt und hervorgehoben: *„Unter ihm ist die vorbereitete Verbeßerung des Orchesters durch Verstärkung mit brauchbaren Musikern und durch mehrere Verpflichtung der*

---

43) Vgl. die Einträge in dessen Stammbuch (D-B, Mus. ms. autogr. S 7) vom März 1805 aus Warschau (Bl. 32r, 59v, 94v). Fridolin von Weber dürfte mit jenem Musikdirektor Weber identisch sein, der im Mai 1805 die Stadt verließ; vgl. Zeitung für die elegante Welt 5 (1805), Nr. 66 (1. Juni), Sp. 528. Vermutlich Fridolins Frau Magdalena Barbara Margaretha von Weber, geb. Wild, besuchte im März 1805 von Warschau kommend Breslau; unter den *„Angekommene[n] Fremde[n]"* ist in der ‚Schlesischen privilegirten Zeitung' vom 2. März 1805 genannt: *„Im Blauen Hirsch [abgestiegen]: Frau v. Weber von Warschau";* vgl. ebd., 1805, Nachtrag zu Nr. 26 (2. März), S. 323.
44) Der Freimüthige 3 (1805), Bd. 1, Nr. 69 (6. April), S. 276. In der Warschauer Uraufführung von E.T.A. Hoffmanns Oper »Die lustigen Musikanten« am 6. April 1805 sang Mad. Wöhner unter Leitung des Musikdirektors [Fridolin von?] Weber die Fabiola; vgl. Friedrich SCHNAPP: Der Musiker E.T.A. Hoffmann. Ein Dokumentenband, Hildesheim 1981, S. 46. Ehemann Carl Wöhner war Schauspieler und trat in Breslau im Musiktheater lediglich in Nebenrollen in Erscheinung.
45) Carl Maria VON WEBER: Hinterlassene Schriften, hg. von Theodor Hell [d. i. Karl Gottfried Theodor Winkler], Dresden, Leipzig 1828, Bd. 1, S. XI.

bereits angestellten mittelst Erhöhung ihrer Gagen bewerkstelliget worden. Es hat unter Leitung und Einfluß des Hrn. v. W. schon merkliche Fortschritte gemacht und wenn es zusammengehalten und mit ausdauerndem Eifer dirigirt wird; so wird es gewiß jede billige Forderung, die an ein hiesiges Orchester gemacht werden kann, befriedigen."[46]

Auch in den ‚Wöchentlichen Theater-Nachrichten' wird auf die *„stärkere und überhaupt bessere Besetzung der blasenden Instrumente"* des Orchesters, *„seitdem der Hr. v. Weber an dessen Spitze steht"*,[47] hingewiesen. Daß Weber diese somit durch zwei Zeitzeugen bestätigte Vergrößerung des Orchesters und die damit verbundene Gagen-Erhöhung allerdings – wie die Darstellung bei Max Maria von Weber und anderen Biographen vermuten läßt[48] – der Direktion gegen ihre Überzeugung abtrotzte, ist falsch. Eine derart einflußreiche Position hatte der Berufsanfänger nicht; vielmehr arbeitete er mit dem Einverständnis seiner Vorgesetzten an der Konsolidierung des Orchesters. Die Direktoren waren sich der problematischen Situation durchaus bewußt; die Orchesterstärke war um 1800 sogar leicht rückläufig: 1799 zählte man noch 15 festangestellte Musiker,[49] 1800 nur noch *„Zehn Personen in Gage"*;[50] 1803 sind allerdings bereits wieder *„13 in Gagestehende [sic] Musici"* bezeugt.[51] Siebigk diagnostizierte 1801: *„Zwar ist das Orchester beym Theater fest und bleibend engagirt. Allein es ist theils dem Theater nicht möglich, seine Instrumentisten so zu belohnen, dass dieselben – dem grössern*

---

46) Schlesische Provinzialblätter 40, 1804, Nr. 11 (November), S. 506.
47) Wöchentliche Theater-Nachrichten aus Breslau 1 (1805/06), Nr. 5, S. 36.
48) Vgl. Max Maria von Weber (wie Anm. 7), 1, S. 100–104.
49) Vgl. Christoph Friedrich Heinrich, Conrad Heinrich Hollmann, Carl Conrad Streit: An das Breslauische Publikum über die Verwaltung des hiesigen Theaters im Jahre 1798, Breslau 1799, S. 29. Borcherdt (wie Anm. 2), S. 187 nennt ohne Quellenangabe für 1798 14 Musiker und gibt sogar eine (abgesehen vom Fehlen der Bratsche) plausibel erscheinende Sitzverteilung an: drei 1. und zwei 2. Geigen, ein Cello, ein Kontrabaß, eine Flöte, zwei Oboen, eine Klarinette, ein Fagott, zwei Hörner. Bohn überliefert (ebenso ohne Angabe von Quellen) für die Zeit der Direktionsübernahme durch Streit (um 1799/1800) ebenso eine Besetzungsstärke von 14 festangestellten Musikern mit leicht abweichender Verteilung in den Streichern: vier Geiger, ein Cellist, zwei Kontrabassisten; vgl. Emil Bohn: Carl Maria von Weber in Schlesien, Teil 1, in: Breslauer Zeitung 67 (1886), Nr. 829 (26. November), Morgen-Ausgabe.
50) Taschenbuch fürs Theater, hg. von Heinrich Gottlieb Schmieder, Hamburg 1801, S. 260.
51) Vgl. die Personalübersicht von Ende November 1803 in Theater-Kalender auf das Jahr 1804 (wie Anm. 16), S. 174.

Theile nach – nicht auf anderweitigen Verdienst bedacht seyn sollten; theils hängt die Subsistenz des Theaters vom Geschmacke des Publikums [...] ab – Hindernisse genug, um die wahre Ausbildung des Orchesters zu erschweren und das Vergnügen des Hörers zu mindern."[52]

Man hatte bereits vor Webers Dienstantritt versucht, das Orchester zu verstärken – offenbar nicht ohne Erfolg. Ein Korrespondenzbericht von Anfang 1804 in der ‚Allgemeinen musikalischen Zeitung' schätzte ein, daß sich die Theatermusik seit 1797 *„um vieles verbessert"* habe, beschrieb die Lage freilich noch immer als kritisch: *„Unsre besten Musiker sind dabey mit zehn, zwölf, funfzehn Thalern Gage monatlich angestellt. Allein sie ist noch lange nicht zu dem Grade der Vollkommenheit gediehen, welchen sie doch erreichen kann, und welcher auch erreicht werden würde, wenn die zur Verstärkung bey der Oper angestellten Subjecte, festgesetzte monatliche Gage erhielten, es möchte Oper gegeben werden, oder nicht. Wer kann sie zur Rede stellen, wenn sie bey vorkommenden Accidenzien (so nennen sie zufällige Bestellungen zu Konzert- oder Tanzmusik) acht Groschen (!) fahren lassen, sich dafür ein paar Gulden verdienen, und sodann den ersten Besten, der keine Probe mitgemacht, und oft die Stimme noch nicht gesehen hat, die er spielen soll, an ihre Stelle ins Theater schikken? Wie kann dieser das ohnedem oft inkonsequent genommene Tempo auf den ersten Anblick errathen? Kein Wunder, wenn dem Fremden durch hörbare Stockung und Verwirrung, vorzüglich bey Blasinstrumenten, ein nachtheiliges Urtheil abgenöthigt wird, welches nicht statt finden könnte, wenn auch die bey der Oper angestellten Musiker bestimmten und bessern Gehalt hätten."*[53]

Noch kritischer war der Rezensent der ‚Schlesischen Provinzialblätter'; anläßlich einer Aufführung von Mozarts »Entführung aus dem Serail« am 16. September 1803 rügte er: *„Der so oft hörbare Mangel an Präcision, richtigem Ausdruck und Reinheit im Orchester, kann dem Musikdirektor so lange nicht zur Last gelegt werden, als die Direktion nicht dafür sorgt, daß eine bestimmte Anzahl von guten Musikern durch ein festes Engagement gebunden wird."*[54]

Nach der Premiere von Dalayracs Oper »Lehmann« am 22. Oktober 1803 bekräftigte er sein Urteil: *„Der Ausführung des Orchesters fehlte wie*

---

52) SIEBIGK (wie Anm. 15), Sp. 360.
53) Briefe über Breslau, in: Allgemeine musikalische Zeitung 6 (1803/04), Nr. 19 (8. Februar 1804), Sp. 309 (ungezeichnet).
54) Schlesische Provinzialblätter 38 (1803), Nr. 9 (September), S. 273f.

gewöhnlich Genauigkeit, Sicherheit in den Uebergängen, und nöthige Rücksicht auf die Stimmen der Sänger."[55]

Die anhaltende Kritik einerseits, andererseits aber auch die unter Direktor Bothe (1802–1804) erreichte Stabilisierung der finanziellen Situation des Theaters veranlaßten die Direktion, ihre Bemühungen zu verstärken; in einem Bericht vom 16. Mai 1804, also vor Webers Amtsantritt, liest man: „*Es werden nun auch, bei verbesserten Kassen-Umständen noch mehr stehende Mitglieder im Orchester angenommen.*"[56]

Es war vermutlich derselbe Kritiker, der im Herbst 1803 die Leistungen des Orchesters gerügt hatte, der ein Jahr später dessen „*merkliche Fortschritte*" und die Verstärkung unter Webers Leitung konstatierte (s. o.). In welchem Umfang sich diese Orchesterreform allerdings zahlenmäßig auswirkte, läßt sich nicht belegen.[57] Besetzungszahlen sind erst aus späteren Jahren dokumentiert; die lassen freilich vermuten, daß die personelle Aufstockung eher langsam voranschritt. Zum Jahr 1811 liest man: „*Das stehende Orchester besteht aus 18 monatlich besoldeten Musikern, die bey großen Opern durch außerdem Bezahlte vermehrt werden.*"[58] 1822 sind im gedruckten Repertorium neben den beiden Musikdirektoren (Gottlob Benedict Bierey und Carl Luge[59]) und dem Instrumentenmeister (Bernothe) 24 Musiker namentlich erwähnt, dazu „*Extra ordinarii. Drei Posaunisten. Zwei Hornisten. Zwei Violonzellisten.*"[60] Die bereits 1804 kritisierte Unterscheidung zwischen festangestelltem Musikerstamm und separat entlohnten Zusatz-Instrumentalisten blieb also weiterhin bestehen. Freilich müssen Webers Bemühungen um die Verbesserung der Leistungsfähigkeit

---

55) Ebd., Nr. 11 (November), S. 444.
56) Zeitung für die elegante Welt 4 (1804), Nr. 62 (24. Mai), Sp. 494.
57) Laut STABENOW (wie Anm. 1), S. 12 wurde die Zahl der Orchestermusiker unter Weber von 15 auf 18 erhöht; allerdings ließen sich dafür keine zeitgenössischen Belege ermitteln. Möglicherweise erschloß Stabenow diese Zahlen lediglich aus den für 1799 (15) und 1811 (18) dokumentierten Orchesterstärken.
58) Friedrich Ludwig SCHMIDT: Almanach fürs Theater 1812, Leipzig [1811], S. 149f.
59) Luge wurde 1806 Nachfolger von Janeczek als 2. Musikdirektor; vgl. Schlesische Provinzialblätter 44 (1806), Nr. 12 (Dezember), S. 546 sowie Afflands Almanach (wie Anm. 41), 1, S. 308. Luge hatte wohl schon während Webers Amtszeit zum Orchesterpersonal gehört; laut STABENOW (wie Anm. 1), S. 13 hatte Weber ihn im Dezember 1805 als „*Vorgeiger*" angestellt, vermutlich also als Ersatz für den im August 1805 abgegangenen Geiger Dötzer.
60) Repertorium des Theaters in Breslau im Jahre 1822, hg. von Carl Friedrich JUST, Breslau 1823, S. 6.

des Orchesters nicht zwangsläufig zu einer deutlichen Vergrößerung der Personalstärke geführt haben, da Hoffmann behauptete, daß der neue Musikdirektor nicht nur *„mehrere tüchtige Leute engagirt"*, sondern auch *„weniger brauchbare entlassen"* habe.[61] Inwieweit Hoffmanns Schilderung – immerhin fast 25 Jahre nach Webers Breslau-Aufenthalt verfaßt – verbürgt ist, kann, so lange weder Personalunterlagen noch namentliche Listen der Orchestermusiker verfügbar sind, nicht abschließend beurteilt werden.

Geht man davon aus, daß Weber in den Fragmenten seiner ursprünglich für das Breslauer Theater vorgesehenen Oper »Rübezahl« (nach einem Libretto von Theaterdirektor Johann Gottlieb Rhode) auf die Besetzungsstärke des dortigen Orchesters Rücksicht nahm und nicht von vornherein Zusatzmusiker einplante, so müßte man gegenüber der von Borcherdt für 1798 angegebenen Orchesterbesetzung (vgl. Anm. 49) von einigen Zuwächsen ausgehen, denn Weber verlangte das damals übliche Standardorchester: neben einem kompletten Streicherapparat (mit Bratsche) durchweg doppelt besetzte Bläser (Flöten, Oboen, Klarinetten, Fagotte, Hörner). Doch eine solch pragmatische Orientierung an den Gegebenheiten[62] muß Spekulation bleiben, zumal die beiden zuvor ebenfalls speziell für die Breslauer Bühne geschriebenen »Rübezahl«-Opern von Tuček (UA 1801) und Vogler (UA 1802; vgl. Anm. 6), abgesehen von den zusätzlich verlangten Trompeten und Pauken (bei Vogler außerdem in einer Nummer Triangel und Tamburin), identisch besetzt sind[63] – trotz nachweislich kleinerer Normalbesetzung des Orchesters zur Zeit ihrer Uraufführungen.

Die von Zeitzeugen mehrfach hervorgehobene Konsolidierung des Orchesters unter Weber scheint übrigens nicht dauerhaft gewesen zu sein; inwieweit die nachfolgenden Musikdirektoren Johann Michael Müller[64]

---

61) Hoffmann (wie Anm. 6), S. 454. Selbständig, also ohne Wissen der Direktoren, konnte Weber freilich keine Engagementsverhandlungen führen. In den Statuten des Theaters von 1798 heißt es, die Wahl der *„zum Orchester gehörigen Personen, und die Bestimmung ihrer Gehälter"* obliege dem Direktorium; vgl. Grund-Sätze (wie Anm. 41), S. 10. In dieser Hinsicht ist Hoffmanns Aussage zumindest ungenau.
62) Wenig später im oberschlesischen Carlsruhe nahm Weber bei der Komposition seiner beiden Sinfonien (Winter 1806/07) sehr wohl Rücksicht auf die Zusammensetzung des dortigen Orchesters; vgl. Frank Ziegler: Spurensuche in Schlesien – Weber und Carlsruhe (Pokój), in: Weberiana 13 (2003), S. 77f.
63) Vgl. die Aufführungsmaterialien in der Biblioteka Uniwersytecka we Wrocławiu, 61324 Muz. (Tuček) sowie 61325 Muz. (Vogler).
64) Müller war 1805 gemeinsam mit seiner Frau, der Sängerin Marie Elise Müller, engagiert worden, zunächst ab Mai 1805 als *„erster Violinspieler"* im Breslauer Thea-

und Carl Luge dies zu verantworten hatten, bleibe dahingestellt. Die politischen und finanziellen Rahmenbedingungen für die künstlerische Arbeit waren in den Zeiten des Krieges, besonders während der französischen Belagerung und der Besetzung Breslaus im Winter 1806/07, sicherlich nicht die besten.

Als 1808 nach Müllers Abgang Gottlob Benedict Bierey als neuer erster Musikdirektor ins Amt kam, fand er das Orchester angeblich *„in dem elendesten, einer Stadt wie Breslau unwürdigsten Zustand"* vor. In einer ‚Denkschrift' liest man: *„Die Unordnung in demselben war so groß, daß die Musiker sogar während der Vorstellung das Orchester oft verließen, um in einem benachbarten Bierhause ihren Durst zu stillen, und dann nicht selten zu spät oder gar nicht wieder zurückkamen. Häufig schickten sie auch (wenn sie einen bessern Verdienst den Tag fanden) einen Stellvertreter zur Vorstellung, der nicht einmal die Proben Morgens mitgemacht hatte und völlig untauglich war. So war es wirklich bewundernswerth, daß es Bierey bei dieser gänzlichen Auflösung aller Subordination dahin brachte, daß keines der Mitglieder wagte, sich auch ihm, wie seinen Vorgängern, zu widersetzen, und sich so bald in die strenge Disciplin, die er sogleich einführte, fügte. Aber der Respect, den sein Ruf, seine großen Talente und Kenntnisse wie seine Pünctlichkeit und Ordnungsliebe Allen einflößte, und die Liebe, die er bei aller Strenge sich durch seine Autorität, Unpartheilichkeit, Anspruch[s]losigkeit und seinen Eifer für die Ehre des Orchesters erwarb, machten es ihm möglich, dasselbe so aus der Lethargie, in die es versunken war, gleich im ersten Jahre, wo ihn der Comité noch gar nicht dabei mit Mitteln unterstützte, zu solcher Vervollkommnung zu erheben!"*[65]

Inwieweit dabei vielleicht übertrieben wurde, um Biereys Leistung deutlicher herauszustreichen, kann kaum noch überprüft werden. Der bereits 1801 und 1804 beschriebene Umstand, daß die Musiker versuchten, ihr Gehalt durch Nebenverdienste aufzubessern, und statt ihrer Vertreter ohne

---

terorchester. Im Konzert am 4. Juni 1805 präsentierte er sich mit einem *„Violinkonzert von seiner eigenen Komposition"*, das ebenso wie sein *„geschmackvoller, schöner Vortrag"* allgemeinen Beifall fand; vgl. Wöchentliche Theater-Nachrichten aus Breslau 1 (1805/06), Nr. 2, S. 12. Im Sommer 1806 trat er Webers Nachfolge als erster Musikdirektor an. Bereits zuvor war er in Breslau als Dirigent hervorgetreten, so leitete er am 22. Januar 1806 *„mit Präzision und Reinheit"* die Premiere von Cimarosas »Heimlicher Ehe«; vgl. ebd., 1 (1805/06), Nr. 34, S. 270.

65) Denkschrift zur Erinnerung an Bierey und seine Verwaltung des Breslauer Theaters bei Eröffnung des neuen Schauspielhauses zu Breslau im October des Jahres 1841, Breslau 1841, S. 19.

vorherige Proben den Dienst im Orchestergraben versahen, war jedenfalls offenbar noch immer (oder wieder) die Regel.

Die Situation im Chor scheint sich unter Webers Ägide nicht grundsätzlich verändert zu haben; der Theaterchor rekrutierte sich aus den sogenannten Choralisten bei den beiden Hauptpfarrkirchen St. Elisabeth und St. Maria Magdalena. Bereits Anfang des Jahrhunderts liest man, die Theater-*„Choristen"* kämen *„Von den Lutherischen und Katholischen Hauptkirchen"* und *„werden für Proben und Vorstellungen einzeln bezahlt"*.[66] 1803 ist die Zahl dieser Choralisten mit zehn angegeben,[67] 1807 mit zwölf;[68] zu ihnen gehörte u. a. der später als Souffleur in Breslau und Berlin tätige, mit einer schönen Tenorstimme begabte Carl Friedrich Just.[69] Auch Holtei erinnerte sich in seiner Autobiographie an die in den Jahren seiner Kindheit in Breslau tätigen *„Choralisten"*, zu denen er schrieb: *„So heißen (oder hießen denn ich weiß nicht, wie es jetzt ist?) eine Art von Sängern, die neben ihrem Amte: gewisse Gattungen altprotestantischer Kirchenmessen aufzuführen, auch das Gewerbe haben, bei mittleren Leichenbegängnissen den Sarg zu tragen, bei vornehmeren den Wagen, der ihn führt, zu begleiten. Ein Theil dieser Leute bildete auch gewöhnlich zu meiner Zeit den Stamm des Theaterchores."*[70]

Ließen die Chorsänger im Theater ein besonderes darstellerisches Talent erkennen, so wurden ihnen nach und nach auch kleinere solistische Partien

---

66) Taschenbuch fürs Theater, hg. von Heinrich Gottlieb Schmieder, Hamburg 1801, S. 260.
67) Vgl. die Personalübersicht von Ende November 1803 in: Theater-Kalender auf das Jahr 1804 (wie Anm. 16), S. 174: *„10 Choralisten besetzen die Chorstimmen der Oper."*
68) Vgl. Carl Adolph Menzel: Topographische Chronik von Breslau, 8. Quartal, Breslau 1807, darin Nr. 99, S. 769ff.: *„Wohlthätige Anstalten in Breslau"*; darin sind auf S. 776 die *„Choralisten der beyden Pfarrkirchen zu Elisabeth und Magdalene"* erwähnt, die zwei Stuben im Hospital St. Hieronymi *„zur Wohnung erhalten"* hätten; diese *„12 Choralisten"* seien *„jetzt zugleich Sänger beym Theater"*.
69) Vgl. Carl Friedrich Just: Memoiren eines Theater-Souffleurs, in: Vorläufiger Schluß des Jahrbuchs und Repertoriums des Königsstädtischen Theaters in Berlin, vom 16. Dezember 1850 bis 30. Juni 1851, als zum Schlusse dieser Bühne, hg. von dems., Berlin 1852, S. 98–100; demnach war Just 1799/1800 neben seinem Dienst als Choralist an der Magdalenen-Kirche *„auch als Chorist beim Theater beschäftigt"* (S. 99f.), pausierte dann während seiner Anstellung als Souffleur (Oktober 1800 bis Februar 1801) und trat danach *„wieder als Chorist bei demselben Theater ein"* (S. 100). 1818 wechselte er wieder in die Stellung als Souffleur (vgl. S. 103f.).
70) Karl von Holtei: Vierzig Jahre, Bd. 1, Berlin 1843, S. 58.

anvertraut, wie im Falle des Schauspielers Karl Johann Gottfried Keller, der ab 1805 im Chor mitwirkte, 1814 als Bassbuffo ins Solistenensemble aufstieg und später (1820–1841) immerhin am Dresdner Hoftheater wirkte.[71] Hin und wieder wurde der Chor auch durch Schauspieler verstärkt, deren gesangliche Fähigkeiten für solistische Partien nicht ausreichten; so kritisierte man anläßlich der Vorstellung von Hillers »Jagd« am 27. Oktober 1805, daß im Bauernchor *„eine Stimme sehr widerlich"* hervortrat – jene des Schauspielers Gottlieb Carl Schaffner.[72]

Die Chorproben gehörten möglicherweise nicht in erster Linie zu Webers Pflichten, sondern wurden von Mitgliedern des Solistenensembles besorgt. Ein Rezensent erwähnte anläßlich der Aufführung von Mozarts »Titus« am 9. Juli 1805: *„Uebrigens werden die Chöre [...] vorzüglich durch Hrn. Neugebauers Fleiß, und die sichere Leitung des Orchesters, gut ausgeführt."*[73] Demnach hatte der Bassist Wenzel Neugebauer die Einstudierung übernommen; Webers umsichtiges Dirigat hatte freilich ebenso Einfluß auf die verbesserte Leistung. Ob Neugebauer der einzige ‚Chorleiter im Nebenberuf' war, ist ungewiß. Im Theater-Almanach von 1807 liest man, dem Bariton Carl Philipp Augustin Schüler sei *„das Arrangement der Chöre u. Statisten in der Op.[er] u. im Schausp.[iel] übertragen"*,[74] damit scheint allerdings weniger die musikalische Einstudierung, als das Bühnenarrangement, also die szenische Darstellung, gemeint.

3. Webers Amtsführung als Musikdirektor

a) Disziplinarische Aspekte

Als Weber noch nicht achtzehnjährig sein Amt als Musikdirektor antrat, waren die meisten Musiker und Sänger, die nunmehr seiner Leitung unterstanden, deutlich älter und routinierter als er. Daß es in dieser Situation zwischen dem jugendlichen, experimentierfreudigen und in seinem Auftreten wohl nicht allzu diplomatischen Dirigenten, der mit großen Ambitionen nach Breslau gekommen war, und dem Personal zu Reibungen

---

71) Vgl. SCHLESINGER (wie Anm. 15), S. 152.
72) Wöchentliche Theater-Nachrichten aus Breslau 1 (1805/06), Nr. 22, S. 170.
73) Ebd., Nr. 7, S. 53.
74) Ifflands Almanach (wie Anm. 41) 1, S. 306.

kam, ist zu vermuten – die entsprechenden Darstellungen in der Weber-Biographik erscheinen nachvollziehbar, allerdings sind in den überlieferten zeitgenössischen Dokumenten bestenfalls Indizien für solche Konflikte zu finden. So dürfte, wie bereits erwähnt, Schnabels Ausscheiden aus dem Orchester, obwohl nicht direkt durch Weber verursacht, tatsächlich zu Spannungen unter den Musikern geführt haben.

In einem Schreiben an Direktor Rhode vom 9. Mai 1805[75] nahm Weber auf seine Situation Bezug; er schrieb, *„daß selbst augenscheinlicher Verdruß und vorauszusehende Feindseligkeiten"* ihn nicht haben abhalten können, alles zu tun, was er *„der guten Sache für zuträglich hielt"*. Ob er mit diesen *„vorauszusehende[n] Feindseligkeiten"* auf die Rolle Schnabels oder vielmehr allgemein auf die Problematik des jugendlichen Leiters vor einem älteren Ensemble anspielen wollte, kann nur gemutmaßt werden.

Carl Marie B. von Weber, Punktierstich von Johann Neidl nach Joseph Lange (1804) [Staatsbibliothek zu Berlin – Preußischer Kulturbesitz]

Dieses Dokument erlaubt einen seltenen Einblick in Webers Dienstalltag als Musikdirektor. Es handelt sich um die Antwort auf eine nicht überlieferte Anfrage Rhodes vom 6. Mai 1805, in der dieser Weber offenbar bezüglich des Ablaufs der Proben zu Méhuls Oper »Der Tollkopf« gerügt hatte, jedenfalls äußerte sich Weber gekränkt, daß sein *„Eifer für die Erhal-*

---

75) Staats- und Universitätsbibliothek Carl von Ossietzky Hamburg, Campe-Sammlung 15.

tung des Ganzen" angezweifelt werde, und sah sich genötigt, *"Rechenschaft [...] abzulegen"*.

Nimmt man an, daß der allgemeine Geschäftsgang 1805 ähnlich jenem war, den Rhode 1816 in den Breslauer Theatergesetzen formulierte, so oblag nach Auswahl eines aufzuführenden Werks durch die Direktion dem Musikdirektor der *"Vorschlag zu Besetzung der Rollen; und zwar bei großen [...] Opern innerhalb sechs, bei kleinen innerhalb vier Tagen."* Gleichzeitig hatte er den Direktoren mitzuteilen, *"innerhalb welcher* [Zeit] *die Musik völlig einstudirt seyn kann"*. Hatte die *"Direktion die* [Rollen-]*Vertheilung gebilligt"*, so wurden *"die Musikstimmen durch den Musikdirektor den Mitgliedern zugetheilt"*.[76]

Die Materialien zum »Tollkopf« waren im März ausgeteilt worden; am 28. März 1805 hatte Weber laut seinem Rechtfertigungsschreiben eine erste Probe angesetzt, bei der es zu einer kleinen Revolte der Sänger kam, wobei, wie Weber angibt, *"H: Schüler, und alle übrigen herzlichen Wiederwillen dagegen* [also gegen die Oper] *bezeigten, sämtlich die Stimmen zusammenlegten"* und ihn *"baten, es bey der Direktion dahin zu bringen, daß man wo möglich die Oper liegen ließe."* Da Rhode dieses Ansinnen zurückwies, ließ Weber *"die Stimmen wieder zu ihren Besizern bringen, und alles gieng seinen alten Gang fort."* Verzögerungen unterschiedlicher Art führten dazu, daß die Proben erst am 29. April, also erst einen Monat später, wiederaufgenommen wurden. Zwei Tage später, am 1. Mai, wurde in der ‚Schlesischen privilegirten Zeitung' die Premiere mit dem 3. Mai terminiert.[77] Als diese abgesagt werden mußte, war Rhodes Geduld offenbar am Ende – er forderte vom Musikdirektor eine Erklärung; der konnte in seinem Rechtfertigungsschreiben für die Zeit zwischen 29. April und 6. Mai auf tägliche Proben hinweisen. Es lag also nicht an der musikalischen Vorbereitung, daß das Werk bei seiner Premiere am 11. Mai *"kein Glück"*[78] hatte.

---

76) [Johann Gottlieb Rhode, Johann Christoph Schmiege:] Gesetze des Theaters zu Breslau, Breslau 1816, S. 2.
77) Vgl. Schlesische privilegirte Zeitung 1805, Nr. 51 (1. Mai), S. 659.
78) Vgl. Schlesische Provinzialblätter 41 (1805), Nr. 5 (Mai), S. 518. Die Kritik zeigt sich hier besonders uneinig; während in den ‚Wöchentlichen Theater-Nachrichten' aus Breslau 1 (1805/06), Nr. 1, S. 4 die Musik gelobt, die Darstellung jedoch getadelt wurde, pries der Kritiker des ‚Freimüthigen' 3 (1805), Bd. 1, Nr. 104 (25. Mai), S. 416 besonders die Rollendarstellung als *"korrekt"* und *"bemerkenswerth"*, bescheinigte Kuttner und Carl Räder *"richtige Charakterisirung"* ihrer Partien (Pandolfo bzw. Lysandro) und Herrn Schüler als Scapin einen *"Triumph seines komischen Genies"*.

Weber mußte offenbar seine Position zwischen Direktion und Ensemble, also einerseits weisungsgebunden, andererseits weisungsberechtigt, erst finden. Gegenüber Rhode erklärte er, daß er hinter der Angelegenheit keine „*boshafte*[n] [...] *Kabalen*" vermute, äußerte sich allerdings enttäuscht, „*daß manche Menschen die ich in vielen Rücksichten für sehr bequem und gerne nichts thuend halte, doch in einer Hinsicht* [nämlich bezogen auf die Arbeit anderer] *sehr Aufmerksam und Exact seyn können.*"

Zu diesen Personen, die Weber das Leben offenbar schwer machten, dürften die Schülers gehört haben. Beide hatten – sie eine der Hauptsängerinnen, er erster Komiker – einen besonderen Rang im Ensemble und waren sich dessen durchaus bewußt.[79] Publikum wie Presse[80] standen auf ihrer Seite, und ihre Position behaupteten sie streitbar auch gegen die Direktion.[81] Schüler, der Wortführer der Revolte vom März 1805, wird auch in einem anderen Schreiben Webers an Rhode vom November 1805 als unkollegial beschrieben.[82] Der Komiker hatte sich für die Aufführung der Oper »Das Geheimniß« von Solié am 22. November 1805 von Direktor Rhode eine Zusatzstrophe zu einer Romanze[83] dichten lassen. Er

---

79) Auch Weber schätzte die musikalischen Fähigkeiten der Schüler, sonst hätte er sie wohl kaum – als einziges Mitglied des Breslauer Sängerensembles – gebeten, sich an mindestens drei seiner vier Benefiz-Konzerte zu beteiligen; vgl. ZDUNIAK: Weber in Schlesien (wie Anm. 3), S. 14f.
80) Grattenauer feierte sie: „*Ein solches Ehepaar hat itzt vielleicht kein deutsches Theater.*"; vgl. Karl Wilhelm Friedrich GRATTENAUER: Von der Pflicht der Regierung in Rücksicht auf Schauspiele, Breslau 1808, S. 38. Im ‚Breslauischen Erzähler' erschien 1805 ein ungezeichnetes Preisgedicht „*An Herrn Schüler bey der Darstellung des Geizigen von Moliere.*"; vgl. 6 (1805), Nr. 26 (22. Juni), S. 416.
81) Grattenauer berichtete – Partei für das Ehepaar ergreifend – über Auseinandersetzungen zwischen den Schülers und Direktor Hayn; vgl. GRATTENAUER (wie Anm. 80), S. 38f. Danach hatte Hayn der Sängerin Launenhaftigkeit und Verfehlungen im Ton vorgeworfen. Rhode verteidigte dagegen Hayn; vgl. Johann Gottlieb RHODE: Ueber die Schrift des Hrn. D. Grattenauer von der Pflicht der Regierung in Rücksicht auf Schauspiele, in so fern darinn von mir die Rede ist, Breslau [1808], S. 7f.
82) Vgl. Webers Schreiben vom 25. November 1805; derzeit Krakau, Biblioteka Jagiellońska, Slg. Varnhagen, MS. 273.
83) Weber schrieb: „*Vor der an denselben Tage statt gehabten Probe des Geheimnißes sagte mir H: Schüler daß Sie so gütig gewesen ihm einen 4.' Vers zu der bekanten Romanze,* »*Weiber euch sezt die Zeit ein Ziel*« *zu machen.*" In den Berliner Textmaterialien zur Herklots-Übersetzung von Soliés »Geheimniß«, die auch in Breslau gespielt wurde, ist dieses Solo (Nr. 7, die letzte Nummer vor dem Finale) der Partie des Hofraths Döring (in Breslau gespielt von Friedrich Gehlhaar) zugeordnet; vgl. den Berliner Textdruck (Arienbuch) von 1803 sowie die beiden handschriftlichen Textbücher

informierte den Musikdirektor vor der morgendlichen Probe zwar über diese Ergänzung, nicht aber über einen zusätzlichen Dialog, der vor dieser Strophe eingeschoben werden sollte. In der abendlichen Vorstellung kam es zum fast schon zwangsläufigen Schmiß, wie der Kritiker der ‚Theater-Nachrichten' mißbilligend bemerkte: „[...] *das Orchester spielte die Komposition der vorhergegangenen Arie und es ward – keine gesungen, die Schauspieler hielten im Spiel so lange inne &c. &c. Hr. Schüler ward nach der Vorstellung herausgerufen, und erklärte die Sache als »Misverständniß«* [...]."[84]

Weber erklärte in besagtem Schreiben an Rhode die Situation folgendermaßen: „*Bey der Aufführung Abends, machte ich daher nach einander fort wie es die Sache mit sich bringt. vermuthlich hatte sich H: Schüler durch das End Ritornell der Flöte irre führen laßen, und fieng daher nicht an, ich dachte er wollte vielleicht etwas dazwischen sprechen und war diskret genug Stille zu gebieten um ihm Zeit zu laßen sich zu sammeln, und fieng nachdem er einige Worte über die Schlauheit der Weiber gesprochen, und ich glaubt die Musik paßte, wieder an. – Da nun H: Schüler noch nicht wieder anfieng, sondern Sich so gegen mich betrug, daß das Publikum glauben muste ich hätte gefehlt, ich auch immer noch glaubte, ein Schauspieler von so vieler Routine und Gegenwart des Geistes wie H: Schüler, würde Sich leicht wieder finden und noch anfangen, so machte ich die Musik zu Ende.*"

b) Die musikalische Arbeit

Mußte Weber hinsichtlich der disziplinarischen Verantwortung seines Amtes also einen wohl recht schmerzhaften Lernprozeß durchmachen, so wurde seine musikalische Leitungstätigkeit ganz überwiegend gelobt. Nach der ersten eigenen Produktion, Mozarts »Titus«, war die Zustimmung einhellig; in den ‚Schlesischen Provinzialblättern' las man: „*Chor und Orchester bewiesen, wie viel unsere Oper durch die Anstellung des Herrn Musikdirektor von Weber gewonnen hat, welcher seinem wichtigen Posten mit eben so viel Eifer als Sachkenntniß vorsteht.*"[85] Und im ‚Freimüthigen' wurde

(D-B, Mus. ms. TO 483, 1 und 2). Schüler, der in Breslau den Bedienten Thomas gab, erhielt demnach eine Zusatzstrophe, die das Solo des Hofraths aufgriff.
84) Wöchentliche Theater-Nachrichten aus Breslau 1 (1805/06), Nr. 25, S. 199.
85) Schlesische Provinzialblätter 40 (1804), Nr. 9 (September), S. 273. Gerügt wurde dagegen die Darbietung am 3. August 1805, ausgerechnet die Festaufführung anläßlich des Geburtstags des Königs, in die sich „*viele Dissonanzen, selbst auffallend im*

berichtet: *"Seit Hr. v. Weber das Orchester dirigirt, hat die Oper sehr gewonnen; er verbindet Fleiß mit Talent und handhabt das Ganze mit Energie."*[86]
Auch bei späteren Produktionen waren sich die Rezensenten über die Qualität der Weberschen Arbeit meist einig; sie lobten an Himmels »Fanchon« (Premiere 9. November 1804), daß *"der Zauber der Composition [...] bey der guten Execution durch das Orchester gleich mächtig Kenner und Nichtkenner ergriff"*,[87] bestätigten bei »Maria von Montalban« (Premiere 22. Februar 1805), daß *"Die Musik von Winter, wirklich brav exekutirt* [wurde] *durch den Fleiß unseres Musikdirektors von Weber"*,[88] und bezeichneten anläßlich der Wiederaufnahme von Wranitzkys »Oberon« (15. Juli 1805) die Wiedergabe durch das Orchester als *"verdienstlich"*.[89]

Selbst Haydns »Roland« (Premiere 20. Dezember 1805), der weder Publikum noch Kritik nachhaltig begeisterte, wurde nach einhelliger Meinung vom Orchester *"sehr gut ausgeführt"*.[90] Zu Mozarts »Zauberflöte« schwärmte ein Rezensent: *"[...] das Orchester accompagnirte brav, vorzüglich gut ward die Simphonie gegeben und man erkannte an so manchen, nicht unbemerkt gebliebenen, feinen Schattirungen die einsichtsvolle Direktion des Hrn. v. Weber."*[91]

Orchester" mischten; Wöchentliche Theater-Nachrichten aus Breslau 1 (1805/06), Nr. 10, S. 75. Zur Neujahrsaufführung 1806 überwog wieder das Lob: *"das Orchester allein verdienet Anerkennung; es führt diese hohen herrlichen Kompositionen treflich aus"*; ebd., 1 (1805/06), Nr. 31, S. 245.
86) Der Freimüthige 2 (1804), Bd. 2, Nr. 214 (26. Oktober), S. 336.
87) Schlesische Provinzialblätter 40 (1804), Nr. 12 (Dezember), S. 593. Weniger gelang die Aufführung am 26. Februar 1806: *"Auch kam's der Musik auf eine – Handvoll Takte mehr oder weniger – nicht an!"*; Wöchentliche Theater-Nachrichten aus Breslau 1 (1805/06), Nr. 39, S. 311.
88) Der Freimüthige 3 (1805), Bd. 1, Nr. 51 (12. März), S. 204. Zur Aufführung am 25. Juni 1805 liest man: *"Das Orchester leistet alles"*; Wöchentliche Theater-Nachrichten aus Breslau 1 (1805/06), Nr. 5, S. 39. Die Premiere hatte sich längere Zeit verzögert; vgl. Schlesische privilegirte Zeitung 1805, Nr. 19 (13. Februar), S. 231: *"Die Krankheit mehrerer Personen aus der Oper setzte zu Anfang dieses Monats die Direction in nicht geringe Verlegenheit, und die neu einstudirte Oper: Maria von Montalban, hat deswegen bis jetzt liegen bleiben müssen."*; ebd., Nr. 20 (16. Februar), S. 245: *"Wegen der noch fortdauernden Krankheit der Madame Veltheim, hat die Oper: Maria von Montalban noch nicht gegeben werden können."*
89) Wöchentliche Theater-Nachrichten aus Breslau 1 (1805/06), Nr. 8, S. 60.
90) Der Freimüthige 3 (1805), Bd. 2, Nr. 258 (27. Dezember), S. 616; vgl. auch Wöchentliche Theater-Nachrichten aus Breslau 1 (1805/06), Nr. 29, S. 232: *"Die Exekution der Musik wurde vom Orchester gut gehandhabt."*
91) Wöchentliche Theater-Nachrichten aus Breslau 1 (1805/06), Nr. 49, S. 390 (Repertoire-Aufführung am 6. Mai 1806).

Eine der letzten großen Produktionen vor Webers Abschied von Breslau war Mozarts »Così fan tutte« (Premiere 10. April 1806). Auch hier überwog zunächst Lob, denn die Sänger *„und das Orchester lieferten ihre Aufgaben so korrekt und schön, daß man – eine reine Harmonie im Ganzen gewahr wurde und mit Entzükken sich dem Genusse hingab!"*[92] Erst zu einer der späteren Aufführungen (15. Mai 1806) kritisierten die ‚Wöchentlichen Theater-Nachrichten': *„Die Ouvertüre thut wenig Wirkung und das wohl aus dem Grunde, weil das Orchester ihren Charakter nicht zu fühlen scheint. Die so oft wiederkehrenden kleinen Solos der Oboe, Flöte und des Fagotts werden nicht nett und geläufig gegeben, auch einige Stellen von den Violinen nicht ganz zweckmäßig vorgetragen."*[93] Trotz weiterer Detail-Kritik an der schlechten Stimmung der Hörner, mangelnder Präzision der Streicher usw. wurde der Musikdirektor aber ausdrücklich ausgenommen, da *„Hr. v. Weber jedesmal sehr richtig bezeichnet"*.[94]

Nur in einem Punkt wurden Weber immer wieder Vorhaltungen gemacht: in der Wahl der Tempi. Bereits die anfangs zitierte sehr positive Besprechung des »Titus« in den ‚Schlesischen Provinzialblättern' (vgl. Anm. 85) enthält einen entsprechenden Nebensatz, daß Weber *„wohl nur ein einziger kleiner Vorwurf nicht mit Unrecht"* treffe, *„dieser nehmlich, hier und da die Tempi ein wenig zu sehr zu übereilen."* In die ‚Wöchentlichen Theater-Nachrichten' wurde im Juni 1805 sogar eine Einsendung *„an den Hrn. Musikdirektor von Weber"* eingerückt, welche die *„hie und da ganz unrichtige Beobachtung der Tempos"* ausführlich thematisierte.[95]

Dieser mehrfach erhobene Vorwurf verliert allerdings an Bedeutung, wenn man sich bewußt macht, daß er quasi ostinat in der Breslauer Musikkritik zu finden ist, auch schon vor Webers Amtsantritt. Anläßlich der Aufführung von Dalayracs Oper »Lehmann« gab der Kritiker der ‚Schlesischen Provinzialblätter' zu bedenken: *„Sollten nicht einige Tempos verfehlt worden seyn? So erschien uns z. B. daß Amelinens herrliche Romanze viel zu schnell ausgeführt wurde."*[96] Und zur Neueinstudierung des »Don

---

92) Ebd., Nr. 45, S. 359.
93) Ebd., Nr. 50, S. 398.
94) Ebd., S. 399.
95) Wöchentliche Theater-Nachrichten aus Breslau 1 (1805/06), Nr. 5, S. 36; vgl. auch WAIDELICH (wie Anm. 4), S. 28f.
96) Schlesische Provinzialblätter 38 (1803), Nr. 11 (November), S. 444.

Giovanni« im Januar 1804 liest man in derselben Zeitschrift, daß *„in der Wahl der Tempi manche Mißgriffe gethan wurden"*.[97]

Problematisch bleibt die Einordnung einer kritischen Beurteilung Webers, die angeblich *„ein kompetenter Richter seiner Zeit"* geäußert hatte und die Carl Julius Adolph Hoffmann 1830 in seinem schlesischen Tonkünstler-Lexikon veröffentlichte.[98] Ob sie wirklich einer zeitgenössischen Veröffentlichung entstammt, ließ sich bislang nicht nachweisen. Max Maria von Weber behauptete, der Amtsvorgänger seines Vaters in Breslau, Heinrich Carl Ebell, sei der Verfasser gewesen.[99] Dessen Verhältnis zu Weber ist unklar; Ebells Eintrag in Webers Stammbuch vom 17. Juni 1806 deutet nicht auf Diskrepanzen hin,[100] erstaunlich ist freilich, daß Weber sich an Ebells philomusischer Gesellschaft, einem Verein, der sich die *„gegenseitige Belehrung über theoretisch-musikalische Gegenstände"* zum Ziel gesetzt hatte und vom August 1804 bis 1806 bestand, offenbar nicht beteiligte, obwohl einer seiner wichtigsten Breslauer Freunde, Friedrich Wilhelm Berner, dort sehr aktiv war.[101] Stattdessen initiierte Weber einen vergleichbaren musikalischen Konkurrenz-Klub.[102] Ob Ebell allerdings die von Hoffmann wiedergegebene ambivalente Einschätzung Webers zuzuweisen ist, bleibt weiterhin fraglich.

Die Verlautbarung beginnt durchaus positiv und hebt die *„Präcision und Sicherheit des Orchesters"* unter Webers Leitung hervor; er wisse, mit *„gehöriger Bestimmtheit [...] das Zeitmaaß anzudeuten"*, verstehe *„die Kunst, dem Orchester Feuer und Lust durch eine rege Direktion einzuflößen, es durch kleine Winke auf Beobachtung der Modifikationen [...] aufmerksam zu machen"*, und besitze *„unbestechliches Taktgefühl"*. Doch dann folgen drei Kritik-

---

97) Ebd., 39 (1804), Nr. 1 (Januar), S. 68. Tempofragen stehen auch im Mittelpunkt der Besprechung in: Allgemeine musikalische Zeitung 6 (1803/04), Nr. 30 (25. April 1804), S. 509–511.
98) Vgl. Hoffmann (wie Anm. 6), S. 453f.
99) Vgl. Max Maria von Weber (wie Anm. 7), 1, S. 102 (dort Auszug aus der Kritik wie im Hoffmann-Lexikon mit der falschen Angabe, das Zitat käme aus der ‚Allgemeinen musikalischen Zeitung'); ähnlich bei Borcherdt (wie Anm. 2), S. 187.
100) Stammbuch (wie Anm. 30), Bl. 98r.
101) Vgl. Hoffmann (wie Anm. 6), S. 76–78, hier S. 76, auch Georg Münzer: Beiträge zur Konzertgeschichte Breslaus am Ende des vorigen und zu Anfang dieses Jahrhunderts, Phil. Diss. Berlin 1890, S. 16f.
102) Vgl. Ziegler (wie Anm. 62), S. 32f. Dem Klub gehörte neben Weber und Berner auch der Tenor Julius Miller an.

punkte: Einer betrifft erneut die überwiegend zu schnelle Tempowahl; es folgt der Vorwurf, daß Weber *„das Singpersonale zu wenig* [unterstütze], *weil er dem Orchester zu viel Aufmerksamkeit"* schenke.

Am ausführlichsten wird eine angeblich von Weber neu eingeführte Sitzordnung des Orchesters gerügt, die akustisch wenig überzeugend gewesen sei. Max Maria von Weber schenkte dieser Überlieferung Glauben und schmückte sie in der Biographie seines Vaters weiter aus,[103] hatte dieser doch später in Dresden ganz ähnliche Schwierigkeiten gehabt, wo eine von ihm eingeführte Umgruppierung der Musiker im Graben auf königliche Ordre hin wieder rückgängig gemacht wurde. Ein solches Experimentieren Webers mit klanglichen Effekten bereits in Breslau scheint durchaus denkbar, erstaunlich ist nur, daß man über diese angeblichen Versuche bezüglich der Orchestersitzordnung aus keiner zeitgenössischen Quelle auch nur andeutungsweise erfährt. Der Verdacht liegt nahe, daß hier im Zuge der Anekdoten-Bildung nach Webers Tod tatsächlich dokumentierte Fakten miteinander vermengt und zeitlich falsch eingeordnet wurden. Allerdings gab es, obgleich zwischen Webers Wirken in Breslau und dem Erscheinen der Hoffmannschen Publikation ein Vierteljahrhundert vergangen war, doch noch etliche Zeitzeugen, die dieser Darstellung hätten widersprechen können – so bleibt der von Hoffmann wiedergegebene Text weiterhin mit etlichen Fragezeichen versehen.

Ähnliches gilt für die Darstellung des Breslauer Probenalltags innerhalb der Weber-Literatur. Max Maria von Weber vermutete, daß sein Vater *„schon damals [...] die später jederzeit von ihm beim Einstudiren neuer Werke beobachtete Methode"*, d.h. ein System von Gesangs-, Lese-, Quartett-, Orchester-, Setz- (also Bühnen-) und Generalproben, entwickelt habe.[104] Eine solche Behauptung kann weder bestätigt, noch widerlegt werden, denn abgesehen von dem erwähnten Schreiben Webers an Rhode vom 9. Mai 1805, das über die Proben zwischen dem 21. März und dem 6. Mai 1805 Auskunft gibt (s.o.), sind keinerlei Dokumente bekannt, die den Einstudierungsprozeß beleuchten. Ein genau strukturierter Probenalltag, wie man ihn aus Webers Tagebüchern der Prager und Dresdner Jahre kennt, läßt sich aus den dortigen Angaben nicht rekonstruieren.

---

103) Max Maria von Weber (wie Anm. 7), 1, S. 96f.
104) Ebd., S. 101. Zur späteren Probenordnung vgl. Frank Ziegler: Webers Probenarbeit an der Dresdner Oper, in: Tagungsbericht Dresden 2006 sowie weitere Aufsätze und Quellenstudien, Mainz 2007 (= Weber-Studien 8), S. 91–115.

4. Zum Spielplan

Das Musiktheater-Repertoire der Weberschen Amtszeit in Breslau umreißt Max Maria von Weber mit einem einzigen Satz: *„Carl Maria von Weber studirte außer den Tageszugstücken, die er auf Wunsch der Direktion geben mußte, der Kunst und sich zu Liebe Mozart's »Don Juan«, Salieri's »Axur«, Winter's »Elise«, Weigl's »Corsar aus Liebe«, Süßmeier's »Gulnare«, Himmel's »Fanchon«, Paësiello's »Schöne Müllerin«, Paër's »Camilla«, Reichardt's »Tamerlan« und andere ein."*[105]

Diese scheinbar klare Bilanz ist in den Details allerdings ebenso falsch wie in der Gesamtaussage: Die genannten Werke von Winter, Süßmayr, Paisiello, Paër und Reichardt sind zwischen Juli 1804 und Juni 1806 auf dem Breslauer Spielplan nicht nachweisbar; »Don Giovanni«, »Axur« und »Corsar« waren bereits vor Webers Ankunft einstudiert und gehörten zum abrufbaren Repertoire. Lediglich die »Fanchon« hatte unter Webers Direktion Premiere.

Problematisch ist vor allem der vom Weber-Sohn erweckte Anschein, daß anspruchsvollere Werke von seinem Vater ausgewählt wurden, während die Direktion vorrangig Interesse an finanziell einträglichen Zugstücken hatte. Hätte es solche Differenzen bezüglich des Spielplans gegeben, hätte der Musikdirektor kaum Möglichkeiten gehabt, seine Vorstellungen gegen die drei Direktoren durchzusetzen, denn ebenso wie Engagements von Sängern und Orchestermusikern war die *„Auswahl der Stücke"* deren alleiniges Privileg,[106] wenn auch nach genau definierten Richtlinien: Laut den Statuten von 1798 sollte sich die Direktion dabei vor allem der *„Unterhaltung des Publicums"* und der *„Abwechslung"* verpflichtet fühlen und keine *„entschiedene Vorliebe für eine oder andere Gattungen"* erkennen lassen, sondern immer die Ausgewogenheit des Spielplans im Auge behalten: *„Die Direction muß dahero in diesem Punkte äußerst tolerant, und nicht für eine critisch strenge Auswahl der Stücke, sondern nur für Mannigfaltigkeit besorgt seyn, und dem Publico dadurch Gelegenheit geben, für sich selbst die Vergleichung zwischen gut und schlecht anstellen zu können. Guten Stücken lasse man, durch Anspannung von Seiten der Schauspieler; und durch Aufmerksamkeit*

---

105) Max Maria von Weber (wie Anm. 7), 1, S. 101.
106) Grund-Sätze (wie Anm. 41), S. 10; noch in Ifflands Almanach (wie Anm. 41), 1, S. 303 wird bestätigt, daß die Wahl des Repertoires ausschließlich *„von der Direction abhängt"*.

für das Geschmackvolle und Schickliche der Kleidung und Dekoration, volle Gerechtigkeit wiederfahren. Die schlechten aber doch beliebten Stücke, benutze man für die Casse, und ersetze das, was ihnen an Kunst und Schönheit fehlt, durch Schimmer und Reiz für die Sinne."[107]

Gegen diesen somit festgeschriebenen, im Hinblick auf die wirtschaftliche Situation des Unternehmens erforderlichen Spagat zwischen anspruchsvollen Werken zur Geschmacksbildung und oberflächlicheren Unterhaltungsstücken als Kassenfüller lief die Breslauer Theaterkritik von Beginn an Sturm. Im Musiktheater waren es vor allem die Singspiele und Possen Wiener Provenienz, besonders von Wenzel Müller, Franz Xaver Süßmayr oder Ferdinand Kauer, deren Melange aus teils märchenhaften Sujets, teils trivialer Komik, oft spektakulären Bühneneffekten und überwiegend leicht konsumierbarer Musik einen Großteil des Publikums begeisterte. Ihnen galt nicht nur in Breslau der Abscheu des Feuilletons; allerorten versuchten Kritiker mit ästhetischem ‚Sendungsbewußtsein', diese Zugstücke zu bekämpfen. In Nürnberg klagte man 1801: *„In den jetzt so beliebten Wiener Produkten sollte man glauben, die Narrenspitäler hätten sich auf dem Theater ausgeleert; jeder triebe ad libitum sein Wesen, tragisch oder komisch; und die Komponisten ließen dazu geigen, blasen, flöten, je nachdem sie ebenfalls lichthelle Augenblicke haben, oder nicht. Je ungereimter alles durch einander geht, je größer der Beifall; je länger erhält sich ein solches Singspiel in Süden und Norden, Westen und Osten. Nach dem Maaße wie Plan, Ordnung und gesunder Menschenverstand in einem Singspiele sichtbar werden, hat es der Anhänger weniger [...].*"[108] Und selbst in Wien, dem Ursprungsort vieler solcher Werke, spottete man in Versform über die allzu beliebten Zauberopern:

„Da stehen wir, und schaun, und schaun, und schaun und schaun empor, Und sind, weil Ihr's so wollt, ganz Auge und halb Ohr."[109]

Das Wettern der Kritiker über den angeblich so schlechten Geschmack des Publikums und über die Bereitschaft der Theaterdirektion, diesen zu

---

107) Grund-Sätze (wie Anm. 41), S. 10f.
108) Deutsches Theater. Wie es war, ist, seyn sollte, und als Hoftheater seyn könnte, Deutschland [Nürnberg] 1801, S. 123f.
109) Wiener Theater-Zeitung 1 (1806), Nr. 2 (8. Juli), S. 29 (Überschrift: „Die Zauberoper", Autorensigle: „–e."*).

bedienen, zieht sich wie ein roter Faden durch die Breslauer Theaterkritik. Wenige Monate nachdem in Breslau das Wäsersche Prinzipaltheater in ein Aktien-Unternehmen umgewandelt worden war, erschien schon eine anonyme Flugschrift, die den Verbleib der Werke Müllers und Süßmayrs im Repertoire geißelte: *„Haben wir bis auf diesen Augenblick, da wir bereits 3 Monathe unter ihren* [sic; gemeint sind die Aktionäre] *wohlthätigen Zepter leben, auch das geringste Bestreben gemerkt, unserm durch die vorige Verwaltung so sehr herrunter gesunkenen Geschmack wieder auf zuhelfen? »Spuckt nicht noch stets der Alte überall im Heiligthume des guten Geschmacks«? Noch ist das erbärmliche Sonntagskind das Ressor, womit sonst die W*[äser] *wirkte, und izt die Direktoren die Beutel der Gaffer zu ihren Gunsten aufschnallen. Der Spiegel von Arcadien hat, unter ihrer weisen Verwaltung, bereits neunmahl das Publikum zur Genüge überzeugt, welche erbärmliche Schauspieler und Menschen Jupiter aus Kürbissen erschuff."*[110]

Besonders erbittert reagierte man darauf, daß, obwohl zu Zeiten der Prinzipalin Wäser *„in Journalen und Provinzialblättern über die Aufführung und das öftere Wiederholen des Sonntagskindes und des alten Ueberall und Nirgends 1ten Theil weidlich geschimpft"* worden war, die neue Direktion als erste musikalische Neueinstudierung ausgerechnet den 2. Teil des letztgenannten Werks wählte und damit *„immer ein volles Haus"* hatte.[111] Wenzel Müllers Dauerbrenner »Der alte Überall und Nirgends« und »Das neue Sonntagskind« ergötzten übrigens noch zu Webers Zeiten das Publikum, nur Süßmayrs »Spiegel von Arcadien« war inzwischen abgesetzt.

Gegen die allgemeine Publikumsbeschimpfung, in die 1801 auch Ludwig Anton Leopold Siebigk mit der Klage einstimmte, *„dass die Meisterstücke*

---

110) Schreiben an M** einige der neuesten Vorfälle des Breslauischen Theaters betreffend; im Jahre 1798, den 15ten März, „Germanien" 1798, S. 12f. Diese Flugschrift erschien als Erwiderung auf den Beitrag: Ausführliche Nachricht von den neuesten Schicksalen des Breslauischen Theaters, in: Schlesische Provinzialblätter 27 (1798), Nr. 2 (Februar), S. 153–162 und Nr. 3 (März), S. 251–257. Die innerhalb der wiedergegebenen Passage als Zitat gekennzeichnete Frage greift ebenso einen Bericht aus dieser Zeitschrift auf, und zwar: Briefe über die Wäsersche Schaubühne in Breslau. Dritter [und Vierter] Brief, in: Schlesische Provinzialblätter 26 (1797), Nr. 10 (Oktober), S. 297–320; dort heißt es (S. 309): *„Spucken aber die Ueberalls unaufhörlich im Heiligthume des guten Geschmacks, verrathen sie nur Streben nach Bereicherung, wird dabey keine Rücksicht auf den zärtern Gaumen des bessern Theils* [des Publikums] *genommen: so verdient der Eigennutz allgemeine Verachtung, der so unanständig jeden edleren Zweck mit Füssen tritt."*
111) Vgl. Journal des Luxus und der Moden 13 (1798), Nr. 7 (Juli), S. 417f.

der Tonkunst den mittelmässigen und in vieler Rücksicht elenden Produkten Wenzel Müllers, Kauers und anderer nachstehen",[112] erhoben sich nur selten mäßigende Stimmen, so etwa in einem Korrespondenzbericht im ‚Journal des Luxus und der Moden' vom April 1801, dessen Autor beschwichtigte: „Man hat neuerlich häufig in Flugblättern und Journalen dem hiesigen Publikum das Zeichen des Thieres aufdrücken wollen, das die Disteln weit lieber frißt, als den fettesten Klee. Allein ich darf es Ihnen versichern, daß unser Publikum sich nicht allein in Henslers Donaufluten, und dem edeln Schwestern-Paare von Prag gefällt, sondern an höhern Produkten ein lebhafteres und dauerndes Interesse nimmt, als an den Werken jener klassischen Gallerie-Dichter."[113]

Auch die Bemerkungen über das Theater in den ‚Auszügen aus dem Tagebuche eines Reisenden während seines Aufenthalts zu Breslau', die im November 1804 publiziert wurden, wenden sich gegen die Polemik der einheimischen Kritiker und stellen sich auf die Seite der Direktion: „Das Theater giebt überall für den Beobachter einen Maaßstab des öffentlichen Geschmacks, oder, wenn man lieber will, des Geschmacks der Mehrheit. Denn überall fast hängt das Theater und seine Fortdauer von dem Beifall der Menge und dem daraus entspringenden Besuch des Hauses ab. Man ist also gezwungen, in dieser Hinsicht den noch in seiner Kindheit faselnden Geschmack der Menge zu schonen, und kann nur in unmerklichen Fortschritten auf eine Veredlung desselben wirken. Man ist gezwungen, durch Donaunymphen die Kasse in den Stand zu setzen, für die gebildetern Freunde der Kunst einmal bei leerem Hause den natürlichen Sohn[114] geben zu können."[115]

Doch der Tenor der Theaterkritik blieb auch in den Jahren 1804 bis 1806 hinsichtlich der für das finanzielle Überleben des Theaters unumgänglichen Unterhaltungsstücke ablehnend;[116] selbst in der von Theaterdirektor

---

112) SIEBIGK (wie Anm. 15), in: Allgemeine musikalische Zeitung 3 (1801/02), Nr. 20 (11. Februar 1801), Sp. 351.
113) Journal des Luxus und der Moden 16 (1801), Nr. 7 (Juli), S. 363f. Die angesprochenen Werke sind Kauers »Donauweibchen« (Text von Carl Friedrich Hensler) und Wenzel Müllers »Die Schwestern von Prag«, beide auch zu Webers Zeiten noch im Repertoire.
114) Schauspiel in fünf Aufzügen von Leopold Huber.
115) Auszüge aus dem Tagebuche eines Reisenden während seines Aufenthalts zu Breslau (gez. „K–l."), in: Der Breslauische Erzähler. Eine Wochenschrift 5 (1804), Nr. 46 (10. November), S. 723.
116) Vgl. auch Der Freimüthige 3 (1805), Bd. 2, Nr. 181 (10. September), S. 208: „Es ist sonderbar, daß weder Trauerspiele, noch reine Lustspiele, noch Charakter-Possen

Rhode herausgegebenen Wochenschrift ‚Der Breslauische Erzähler' findet sich das Lamento: *„Wir klagen mit Recht über den immer mehr herrschend werdenden theatralischen Unfug unserer Zeit und den verdorbnen Geschmack unsrer Theaterfreunde, die nur Sinn für Possenspiele und Zaubereyen haben, bey den schönsten Darstellungen unsrer Meisterwerke aber gefühllos bleiben.*"[117]

An anderer Stelle beklagte man den Umstand, daß *„nur Donauweibchens und Teufelssteine [...] die Subsistenz der zum öffentlichen Vergnügen veranstalteten Unternehmungen sichern"*.[118] Karl Wilhelm Friedrich Grattenauer schloß daraus, daß ein privat geführtes Theater nie in erster Linie der Kunst und Bildung dienen könne, da *„alles, was sich in den Händen des Merkantilismus je befunden hat und noch befindet, augenblicklich zur Waare geworden ist, noch wird, und nothwendig werden muß, weil die Thätigkeit des Merkantilismus nur dahin strebt, daß alles Ideale im Realen seinen Untergang finde, mithin die Kunst von den Prozenten begraben werde. Dies allein ist denn auch der Grund, warum auf unserm Theater viele unwürdige, gemeine, werthlose, abgeschmackte Possen- und Narrenspiele so zur Tagesordnung gebracht sind, daß sich der gebildetste Theil unseres Publikums aus dem Schauspielhause längst verbannt hat. Wer kann und mag die Hexen-, Geister-, Gespenster-, Feen-, Nixen-, Kobolds- und Teufelsspektakel, begleitet mit einer oft ganz erbärmlichen Musik, wohl hören und sehen wollen, die zur Belustigung des vornehmen und gemeinen Pöbels, wie man sagt, darum so häufig gegeben werden, weil sie die Kasse am reichlichsten füllen?"*[119]

Dabei verkannte Grattenauer, daß gerade unter dem künstlerischen Direktor Rhode – und somit auch unter Mitwirkung Webers – eine Neuausrichtung des Repertoires stattgefunden hatte, die die vom Publikum ge-

---

Glück machen; Opern, nichts als Opern, will man. Für das Große, Erhabene des Trauerspiels herrscht kein Gefühl, für das Lustspiel kein feiner Sinn, für die gute Poesie keine Reflexion; der Operunsinn [sic] *dringt allein durch."*
117) Nachricht von einem alten geistlichen Schauspiele, in: Der Breslauische Erzähler. Eine Wochenschrift 6 (1805), Nr. 41 (5. Oktober), S. 652f. (Artikel ungezeichnet).
118) Aus: Briefe über Breslau, in: Allgemeine musikalische Zeitung 6 (1803/04), Nr. 19 (8. Februar 1804), Sp. 311. Auch Wenzel Müllers *Teufelstein von Mödlingen* gehörte während Webers Amtszeit noch zum Breslauer Repertoire.
119) GRATTENAUER (wie Anm. 80), S. 42f. Der Angriff wird fortgesetzt (ebd., S. 44): „die musizirende[n] Tischler-, Bettler-, Juden- und Banditenfamilien, die tanzende[n] Esel und Mühlsäcke, die singende[n] Drachen, Windmühlen-, Höllen- und Galgengeister – die sollen nicht länger, so wie bisher, zum Skandal für die Hefe des Volks ihr Wesen im Tempel deutscher Kunst treiben dürfen."

liebten, von den Kritikern aber verteufelten Wiener Singspiele zwar nicht gänzlich von der Bühne verbannte, ihren Anteil am Spielplan aber deutlich reduzierte. Andere Beobachter hatten dies durchaus wahrgenommen, so der Korrespondent der ‚Abend-Zeitung', der im Sommer 1806 resümierte: „*Ueberhaupt bildet sich das hiesige Theater durch die Direktion des talentvollen Hrn. Professor Rhade [sic] immer mehr aus und gewinnt an Fortschritten in der Kunst. Nur eins zu nennen: seit einem Jahre sind der Donaunymphen &c. kunstverderbende Schaaren immer weniger gezeigt worden und höchstens vier solche Afterkunstprodukte und Galleriestücke erschienen!*"[120]

Eine verläßliche Repertoirestatistik ist lediglich für Webers zweites Amtsjahr in Breslau (für die Monate Juni 1805 bis Juni 1806) zu ermitteln, davor ist der Spielplan nur in Auszügen bekannt.[121] Legt man die nicht ganz vollständigen, gleichwohl aussagekräftigen Daten einem Vergleich zugrunde, so fällt auf: Unterhaltende, musikalisch leichtgewichtige Werke von Ferdinand Kauer, Wenzel Müller, Johann Baptist Schenk oder Franz Xaver Süßmayr waren weder hinsichtlich der Zahl der Stücke noch der Aufführungen ein besonderer Schwerpunkt, lediglich Kauers »Weiber sind getreuer als Männer« erreichte mit acht Vorstellungen eine vergleichsweise hohe Zahl von Wiederholungen. Wranitzkys »Oberon« gehört sowohl hinsichtlich des Sujets (nach Wielands gleichnamigem Versepos) als auch der Komposition zu den anspruchsvolleren Vertretern des Wiener Singspiels – in Breslau kam die Produktion im beschriebenen Zeitraum auf neun Aufführungen. Das vielgescholtene, 1805 in einer Neueinstudierung präsentierte »Donauweibchen« von Kauer schlug mit sieben Vorstellungen für beide Teile gemeinsam zu Buche, Wenzel Müllers »Schwestern von Prag« mit sechs Aufführungen.

Vordere Plätze belegten zur Zeit von Webers Amtsführung jedoch anspruchsvolle, musikalisch äußerst gehaltvolle Bühnenwerke: Mozarts »Titus« (16), »Zauberflöte« (8), »Don Giovanni« (7) und »Così fan tutte« (6 ab April 1806) sowie Salieris »Axur« (11), daneben französische Opern

---

120) Abend-Zeitung, Dresden, 2 (1806), Nr. 61 (30. Juli), S. 244. Auch STABENOW (wie Anm. 1), S. 45 kam zu dem Ergebnis, daß Rhode „*mit großem Geschicke ein Repertoire zusammen*[stellte]*, das einerseits dem Abwechslungsbedürfnisse und dem Geschmacke der Menge angepaßt war, andererseits aber klassische und sonstige wertvolle Stücke nicht vernachlässigte*".
121) Genaue Repertoire-Übersicht bei Frank ZIEGLER: Das Königlich privilegirte Breslauische Theater während der Amtszeit Carl Maria von Webers als Musikdirektor (1804–1806) – eine Dokumentation (in Vorb.).

wie Bertons »Aline« (15), Cherubinis[122] »Wasserträger« (9) und Deviennes »Die wandernden Komödianten« (7).

Mozarts Opern, die bereits unter Direktorin Wäser ihren Einzug in Breslau gehalten hatten,[123] gehörten zu den Favoriten von Rhode wie von Weber. Geradezu programmatisch wurden sowohl am Beginn als auch gegen Ende von Webers Amtszeit zwei Mozart-Neueinstudierungen positioniert: der »Titus« (1. August 1804) und »Così fan tutte« (10. April 1806). Zu »Così« hatte Rhode die deutsche Textfassung erarbeitet; ihm gelang damit ein weithin beachteter Erfolg. Das um 1800 aufgrund des damals als anstößig empfundenen Sujets (inkl. Partnertausch) in der Originalgestalt immer wieder als problematisch, wenn nicht als unaufführbar betrachtete Werk hatte viele Bearbeitungsversuche über sich ergehen lassen müssen. Rhodes Version unter dem Titel »Mädchenrache« tilgte den moralisch tabuisierten Treuebruch der Frauen: Von der Wette der Männer informiert, gehen die Schwestern auf das Spiel der Liebhaber ein und prüfen ihrerseits deren Treue – so verlor die Handlung ihre oft beargwöhnte vermeintliche Anstößigkeit.[124]

Zwischen diesen beiden Premieren lagen die Wiederaufnahme der »Hochzeit des Figaro« (Dezember 1804) und die Neueinstudierung der »Zauberflöte« (5. Juni 1805); »Don Giovanni« und »Entführung aus dem Serail« gehörten schon bei Webers Eintreffen zum Repertoire und kamen immer wieder auf den Spielplan.

---

122) Möglicherweise war auch die Einstudierung von Cherubinis »Faniska« noch auf Webers Initiative zurückzuführen. Die Breslauer Erstaufführung (16. Juli 1806) leitete zwar bereits sein Nachfolger Johann Michael Müller, aber an den Proben war höchstwahrscheinlich auch Weber beteiligt, der mit der Ouvertüre des Werks sein Abschiedskonzert am 21. Juni 1806 eröffnete; vgl. ZDUNIAK: Webers Wirken (wie Anm. 3), S. 14.
123) Vgl. Maria ZDUNIAK: Mozart-Opern in Breslau 1787–1823, in: Bericht über den Internationalen Mozart-Kongreß Salzburg 1991, Kassel u. a. 1992 (= Mozart-Jahrbuch 1991), Teilbd. 1, S. 237–243. Die erste Opernpremiere, die »Entführung aus dem Serail« (»Bellmont und Konstanze«) am 24. August 1787, blieb allerdings hinter den Erwartungen zurück: „*Es ist ein wahrer Ohrenschmauß, so eine herrliche und für Ohr und Herz geschaffene Musik vorstellen zu hören. [...] Demohngeachtet hat dieses Singspiel nicht diejenige Sensation hier in Breslau erregt, die es an andern Orten bewirkt hat.*"; vgl. Kurze Geschichte (wie Anm. 21), S. 51.
124) Vgl. die begeisterten Rezensionen in Wöchentliche Theater-Nachrichten aus Breslau 1 (1805/06), Nr. 45, S. 357–359; Der Freimüthige 4 (1806), Bd. 1, Nr. 78 (19. April), S. 312; Wiener Theater-Zeitung 1 (1806), Bd. 2, Nr. 19 (16. November), S. 109f.

Absoluter Spielplan-Favorit war Himmels »Fanchon« mit fast vierzig dokumentierten Vorstellungen – sicherlich kein Spitzenwerk des frühen 19. Jahrhunderts, aber doch ein von der Kritik, auch in Breslau, hoch gelobtes.[125] Der Erfolg war so groß, daß im September 1805 in der Breslauer Zeitschrift ‚Erholungen. Zur Beförderung der Humanität und einer abwechselnden Unterhaltung', die sonst keinerlei Theaterberichte enthält, Kupferstiche mit ausgewählten Szenendarstellungen erschienen.[126] Weber selbst fand anläßlich der Dresdner Einstudierung 1817 in seiner öffentlichen Werkeinführung anerkennende Worte für das Stück,[127] bekannte allerdings gegenüber seiner Braut Caroline Brandt, daß ihm persönlich die »Fanchon« inzwischen *„höchlichst zuwider"* sei: *„du weißt, daß ich sie gewiß 80mal dirigirt habe. Sie hängt mir ellenlang zum Halse heraus."*[128] Etwa die Hälfte dieser geschätzten 80 Aufführungen hatte in Breslau stattgefunden. Damals hatte Weber übrigens gehofft, an der Erfolgsgeschichte des Werks partizipieren zu können; an den Verlag Breitkopf & Härtel schrieb er am 12. März 1805: *„Fanchon, das Leiermädchen liegt beynah vollendet als Quartett für 2 Violinen Bratsche und Violoncell in meinem Pulte, von dem Beyfall mit dem diese Oper in Berlin, Breslau, und selbst bey ihnen aufgenommen, brauche ich nicht erst, Erwähnung zu thun, denn zu auffallend ist der Enthusiasmus mit dem Sie überall gesehen, und alles dazu gehörige gesucht*

---

125) Laut STABENOW (wie Anm. 1), S. 50 war die »Fanchon« mit 105 Aufführungen zwischen dem 9. November 1804 und dem 6. November 1823 das meistgespielte Werk des Musiktheaters in Breslau in dieser Zeit. Der Breslauer Gymnasiast Joseph von Eichendorff besuchte »Fanchon« Ende 1804 allein vier Mal und wiederholt 1805 auf der Durchreise zur Universität Halle, vgl. Bärbel RUDIN: „Abends ins Theater". Das schlesische Bühnenwesen nach Eichendorffs Tagebüchern, in: Konrad EHLICH (Hg.): Eichendorffs Inkognito, Wiesbaden 1997 (= Studien der Forschungsstelle Ostmitteleuropa an der Universität Dortmund 22), S. 121–134, hier S. 126–128.
126) Vgl. die Anzeige vom Verleger August Schall in: Schlesische privilegirte Zeitung 1805, Nachtrag zu Nr. 105 (7. September), S. 1404; danach im 35. und 36. Stück des 3. Jahrgangs der Zeitschrift folgende Kupfer: *„Madame Müller* [sic] *als Fanchon, Hr. Räder, der erste Tenorist an unserer Bühne, als Major v. Francarville, Hr.* [Christian Friedrich] *Müller als St. Val, Hr. Kuttner (unnachahmlich) als Abbe Lattaignant, Hr. Kaibel als Andre, charakteristisch dargestellt"*. Bei der Angabe Mad. Müller muß es sich allerdings um ein Versehen handeln – die Titelrolle wurde durchgehend von Ludowika Gehlhaar gespielt.
127) Besprechung innerhalb der Serie „*Dramatisch-musikalische Notizen*" in: Abend-Zeitung, Dresden, hg. von Theodor HELL [d. i. Karl Gottfried Theodor WINKLER] und Friedrich KIND, 1 (1817), Nr. 47 (24. Februar).
128) Brief vom (19.–)21. Februar 1817, D-B, Mus. ep. C. M. v. Weber 80.

wird, ich dächte also das in dieser Hinsicht mein Arrangement ein für jeden Liebhaber willkommnes Geschenk seyn wird. – Sollte Ew: Wohlgebohren Lust haben es in Verlag zu nehmen, so bitte ich Sie mir mit umgehender Post ihre Meinung hierüber zu wißen zu thun, indem meines Erachtens hier kein Augenblik Zeit zu verlieren sey."[129]

Ob Weber zu dieser Zeit das Streichquartett-Arrangement tatsächlich „*beynah vollendet*" hatte oder beim Verlag zunächst nur testen wollte, ob überhaupt Interesse besteht, bleibt ungewiß; Spuren der Bearbeitung haben sich jedenfalls, abgesehen von diesem Angebot, nicht erhalten. Ohnehin kam Weber zu spät: Eine Bearbeitung für die genannte Besetzung hatte das Leipziger Bureau de Musique (Hoffmeister & Kühnel) bereits im Katalog zur Leipziger Ostermesse 1805 annonciert (Verlagsnummer: 393),[130] sie dürfte im März 1805 bereits unter der Presse gewesen sein. In Breslau war sie spätestens ab Mai zu haben.[131]

Fanden die Werke von Mozart und Himmel sowohl bei der Kritik als auch beim Publikum Anklang, so waren andere ambitionierte Einstudierungen weniger erfolgreich. Méhuls »Schatzgräber« (Erstaufführung 22. August 1804) fand keine große Zustimmung,[132] Paërs »Banditen« (2. Oktober 1804) „*langweilten*",[133] die ersten beiden Vorstellungen von Winters »Maria von Montalban« (22./23. Februar 1805) fanden „*bey mäßigem Zuspruch*" statt.[134] Méhuls »Tollkopf« (11. Mai 1805),[135] Bernhard Anselm Webers »Wette« (11. Oktober 1805)[136] sowie Antonio Salieris »Neger« (9. November 1805)[137] erhielten wenig oder keinen Beifall und verschwanden

---

129) Brief in der Musikabteilung der Universitäts- und Landesbibliothek Darmstadt.
130) Vgl. Axel BEER: „Empfehlenswerthe Musikalien". Besprechungen musikalischer Neuerscheinungen außerhalb der Fachpresse, Bd. 1, Göttingen 2000 (= Hainholz Musikwissenschaft 3), S. 237. Hier ist Weber als Arrangeur auszuschließen, da die Kühnelschen Brief-Kopierbücher (Peters-Verlagsarchiv) erst ab 1806 Kontakte zur Familie von Weber (zunächst zu Vater Franz Anton von Weber) dokumentieren.
131) Vgl. die Anzeige des Musikalienhändlers Franz Ernst Christoph Leuckart in: Schlesische privilegirte Zeitung 1805, Nachtrag zu Nr. 55 (11. Mai), S. 724:»Fanchon« *arr. en Quatuors*" ohne Verlagsangabe.
132) Vgl. Schlesische Provinzialblätter 40 (1804), Nr. 12 (Dezember), S. 592: Das Werk wurde „*nicht mit der Sorgfalt gegeben, die allein dieser französischen Oper von einem Acte eine günstige Aufnahme verschaffen kan*[n]".
133) Vgl. ebd.
134) Vgl. ebd., 41 (1805), Nr. 2 (Februar), S. 202.
135) Vgl. Der Freimüthige 3 (1805), Bd. 1, Nr. 104 (25. Mai), S. 416.
136) Vgl. Wöchentliche Theater-Nachrichten aus Breslau 1 (1805/06), Nr. 19, S. 152.
137) Vgl. ebd., Nr. 23, S. 184.

bald vom Spielplan. Besonders schmerzlich war wohl der ausbleibende Erfolg bei Haydns »Orlando Paladino«, der in der deutschen Textfassung Rhodes am 20. Dezember 1805 als »Roland« erstaufgeführt wurde. Im ‚Freimüthigen' hieß es nach der Premiere recht positiv: *„Die Musik wurde vom Orchester sehr gut ausgeführt und das Ganze erhielt den verdienten Beifall."*[138] Die ‚Wöchentlichen Theater-Nachrichten' zeichneten jedoch hinsichtlich der Publikumsreaktion ein anderes Bild: *„Das Ganze gieng passabel; jedoch mehrern Beifalls war es werth, als es erhielt. – Die Exekution der Musik wurde vom Orchester gut gehandhabt."*[139]

Nach der zweiten Aufführung am 3. Januar 1806 fand der Kritiker einen Grund für den Mißerfolg außerhalb des Theaters: *„[...] diese [...] so schöne Oper findet den Beyfall nicht, der ihr gebührt; woran mag's liegen? – – Heute dürften wohl mit anderm auch die Marionetten im blauen Hirsch Ursache sein, daß das Haus so leer blieb [...]."*[140] Die Puppentheateraufführungen und Schattenspiele von Johann Georg Geisselbrecht,[141] die dem Theater ganze zwei Monate hindurch (vom 11. Dezember 1805 bis 11. Februar 1806) Publikum abwarben, erwähnten auch die ‚Schlesischen Provinzialblätter': *„Seit einigen Monaten giebt auch der Mechanikus Geißelbrecht Tag für Tag in dem blauen Hirsch Schauspiele, nach dem Anschlagzeddel, mit reich gekleideten Marionetten, recht belustigende Puppentänze und Ombres chinoises. Die Stücke sind Haupt- und Staatsactionen, Travestirungen und Possen. Zum Glück spielt Casper in allen die Hauptrolle. Dieser Hanswurst, oder vielmehr sein Sprecher, ist ein wahrer Comikus und eigentlich die Angel, welche die Lacher fängt. [...] Mehrere Stücke sind auf Begehren wiederholet worden, am öftersten Falks Prinzessin mit dem Schweinerüssel."*[142]

---

138) Der Freimüthige 3 (1805), Bd. 2, Nr. 258 (27. Dezember), S. 616.
139) Wöchentliche Theater-Nachrichten aus Breslau 1 (1805/06), Nr. 29, S. 232.
140) Ebd., 1 (1805/06), Nr. 31, S. 245.
141) Zu Geisselbrechts Wanderungen durch Deutschland, die Schweiz, Rußland und Dänemark vgl. ausführlich Gerd EVERSBERG: Der Mechanikus Georg Geißelbrecht. Zur Geschichte eines wandernden Marionettentheaters um 1800, in: Wanderbühne. Theaterkunst als fahrendes Gewerbe, Berlin 1988 (= Kleine Schriften der Gesellschaft für Theatergeschichte 34/35), S. 105–128.
142) Schlesische Provinzialblätter 43 (1806), Nr. 1 (Januar), S. 91. Zu Geisselbrechts Aufenthalt in Schlesien vgl. auch Johann Daniel FALK: Die Prinzessin mit dem Schweinerüssel. Lustspiele. Gedichte. Publizistik, hg. von Paul SAUPE, Berlin 1988, S. 653. Zu den nahezu täglich stattfindenden Breslauer Aufführungen vgl. die Anzeigen in der ‚Schlesischen privilegirten Zeitung' zwischen Jg. 1805, Nachtrag zu Nr. 146 (11. Dezember), S. 1958 und Jg. 1806, Nachtrag zu Nr. 18 (10. Februar),

5. Webers Dienstende

Weber hat seinen Breslauer Zweijahresvertrag keineswegs gekündigt, lediglich nicht verlängert – Gründe dafür wurden immer wieder in speziellen Anlässen gesucht. Auf den Prüfstand gehören die in der Weber-Biographik tradierten Hinweise auf angeblich unüberbrückbare Konflikte des Musikdirektors mit der Theaterdirektion und in diesem Zusammenhang auch auf einen Unfall Webers.

a) Der angebliche Unfall

1857 veröffentlichte der Breslauer Universitätsprofessor August Kahlert in einem Sammelband mit Erzählungen und Aufsätzen den Text ‚Die Lebensrettung', der einen lebensbedrohlichen Unfall Webers in Breslau schildert. Demnach fand Friedrich Wilhelm Berner, zu einer Verabredung mit Weber zu spät kommend, den Freund scheinbar leblos am Boden liegend und holte eilig Ärzte herbei. Weiter heißt es: *„Bald klärte sich das Ereigniß auf: eine Vergiftung lag vor, die durch die angewandten Mittel schnell beseitigt wurde, sobald man erst deren Beschaffenheit kannte. Weber war nämlich aus dem Theater nach Hause gekommen und hatte, bevor er sich zur Arbeit an seine neue Opernpartitur* [»Rübezahl«] *setzte, ein Glas Wein trinken wollen, unglücklicherweise aber anstatt der Weinflasche eine seinem mit ihm zusammenwohnenden Vater gehörige Flasche ergriffen, die ein Medicament zu äußerlichem Gebrauch, dessen Bestandtheile ätzender Natur waren, enthielt. Ein Brechmittel that seine Schuldigkeit, die Betäubung wich."*[143]

Max Maria von Weber dramatisierte in der Biographie seines Vaters von 1864 das Geschehen weiter: Ihm zufolge war es eine Flasche mit *„Salpetersäure"*, die Vater Franz Anton von Weber *„zu seinen Kupferstecher-Arbeiten"* benötigte und *„thörichter Weise unter die Weinflaschen gestellt"* hatte, die die Katastrophe auslöste. Zudem behauptete er, Weber habe durch den Vorfall seine Singstimme fast verloren (sie sei dauerhaft *„auf den dritten*

S. 249. Falks 1804 für Geisselbrechts Marionettentheater geschriebene »Prinzessin« gehörte wie andernorts auch in Breslau zu den Spielplanfavoriten (angekündigt für den 16., 21. und 30. Dezember 1805, 7., 15., 23. und 26. Januar 1806).
143) August KAHLERT: Die Lebensrettung, in: Für den Friedhof der evangelischen Gemeinde in Gratz in Steiermark. Erzählungen, vermischte Aufsätze und Gedichte, Braunschweig, Wien, Graz 1857, S. 146–150, hier S. 147f.

Theil ihrer Ausgiebigkeit reducirt" worden), und brachte das Geschehen mit Webers Entscheidung in Verbindung, seine Anstellung am Breslauer Theater aufzugeben, da die Theaterdirektion die dem Unfall folgende fast zweimonatige krankheitsbedingte Abwesenheit des Musikdirektors benutzt habe, um *„mit* [...] *Reductionen am Personalbestande des Theaters und des Orchesters den Anfang zu machen";*[144] von all dem ist bei Kahlert nicht die Rede. Die ausgeschmückte Variante des Weber-Sohns fand Eingang in jede nachfolgende Weber-Biographie, wurde sogar in einen möglichen Suizid-Versuch umgedeutet,[145] wirft aber, wie auch Kahlerts Schilderung Fragen auf: Wieso sollte Vater Weber seine Medikamente bzw. Kupferstich-Utensilien in der Wohnung des Sohnes (in der Taschengasse gegenüber dem Theater[146]) aufbewahrt haben, da er doch selbst ein anderes Quartier bewohnte (Ohlauer Gasse Nr. 1102[147])? Und wieso sang Weber sein gesamtes Leben hindurch im geselligen Kreis viel und gern, bis 1811 sogar öffentlich in Konzerten, wenn er angeblich 1805/06 seine Singstimme weitgehend verloren hatte? Abgesehen davon finden sich weder für eine mehrwöchige Dienstunfähigkeit Webers in Breslau[148] noch für

---

144) Max Maria von WEBER (wie Anm.7), 1, S. 103f.
145) Vgl. Dieter KERNER: Krankheiten großer Musiker, Bd. 2, Stuttgart 1969, S. 10. Alle ärztlichen Betrachtungen des Unfallhergangs stützen sich ausschließlich auf die Angaben Max Maria von Webers, die sie durchaus unterschiedlich bewerten; vgl. neben Kerner auch Gerhard BÖHME: Medizinische Porträts berühmter Komponisten, [Bd. 1], Stuttgart, New York 1979, S. 90; Franz Hermann FRANKEN: Die Krankheiten großer Komponisten, Bd. 2, Wilhelmshaven 1989 (= Taschenbücher zur Musikwissenschaft 105), S. 75f.; Anton NEUMAYR: Musik und Medizin, Bd. 2: Am Beispiel der deutschen Romantik, Wien 1989, S. 76f.
146) Laut BORCHERDT (wie Anm. 2), S. 214 wohnte Carl Maria von Weber zunächst am Salzring, erst später in der Taschengasse; dafür ließen sich keine Belege ermitteln. Laut Konzertanzeigen von 1805/06 war Webers Domizil *„beim Töpfermeister Hönsch, dem Theater gegenüber";* vgl. ZDUNIAK: Weber in Schlesien (wie Anm. 3), S. 14.
147) Vgl. den Briefentwurf der Karlsruher Theaterdirektion an Franz Anton von Weber vom 18. August 1805, bezugnehmend auf dessen (nicht überlieferte) Anfrage vom 23. Juli 1805; Generallandesarchiv Karlsruhe, in: GLA 56/110. In dem von Walter publizierten Brief von Franz Anton von Weber an die Mannheimer Theaterdirektion vom 2. August 1805 dürfte die Adressen-Übertragung *„Hauer Gasse N. 1102"* auf einem Lesefehler beruhen; vgl. Friedrich WALTER: Archiv und Bibliothek des Grossh. Hof- und Nationaltheaters in Mannheim 1779–1839, Bd. 1: Das Theater-Archiv, Leipzig 1899, S. 443f. (Intendant Friedrich Anton von Venningen vermerkte auf diesem Brief *„ad acta ohne Antwort").*
148) Mitte März 1806 findet sich ein Hinweis, daß *„wegen Krankheiten keine oder nur selten Opern gegeben werden können";* vgl. Wöchentliche Theater-Nachrichten

einen massiven Personalabbau in dieser Zeit eindeutige Hinweise, und eine der Entlassungen, die Max Maria von Weber mit dem Geschehen in Verbindung bringt, jene des Geigers Dötzer, fand nicht, wie von ihm behauptet, im Frühjahr 1806 statt, sondern bereits im Sommer 1805 – da erfreute sich Weber bester Gesundheit. Bei Dötzers Abschiedskonzert am 24. August 1805 in der Aula Leopoldina wirkte er als Pianist mit.[149] Was also ist wahr an der Überlieferung, was Erfindung?

Kahlert hatte in einem Brief an Max Maria von Weber vom 3. Dezember 1860 beteuert: *„Mein Aufsatz in Holtei's Buch*[150] *ist buchstäblich wahr"*. Er ergänzte: *„die Vergiftungsgeschichte steht auch in der kleinen Biographie Berner's von Hientzsch (1828)"*; zudem rühmte er sich, er habe *„Berner wohlgekannt"*, der *„oft u. mit Liebe"* von Weber gesprochen habe.[151] Zeitzeuge war er freilich nicht; Kahlert wurde am 5. März 1807 geboren, einen Tag bevor Weber Breslau (nach seinem Winter-Aufenthalt 1806/07 im oberschlesischen Carlsruhe) letztmalig verließ.

Kahlerts Vorlage war nach seinen Angaben die Berner-Biographie von Johann Gottfried Hientzsch, die 1829 (nicht 1828) zunächst als Artikel in

---

aus Breslau 1 (1805/06), Nr. 41, S. 327. Ob ein Zusammenhang mit Weber besteht, ist allerdings ungewiß; es dürfte sich wohl eher um Krankheiten im Sängerensemble handeln.
149) Vgl. die Konzertanzeigen in Schlesische privilegirte Zeitung 1805, Nachtrag zu Nr. 98 (21. August), S. 1312 und Nachtrag zu Nr. 99 (24. August), S. 1327f.; auch Wöchentliche Theater-Nachrichten aus Breslau 1 (1805/06), Nr. 12, S. 96 zum 24. August: *„Hr. Dözer, ehemaliges Mitglied des Orchesters der Bühne, gab in der Aula Leopoldina zum Abschied ein Konzert. Wir bemerken es bloß, um zu bedauern, daß wir Hrn. Dözer verlieren."* Dötzers Abschieds-Anzeige vom 6. September erschien in Schlesische privilegirte Zeitung 1805, Nachtrag zu Nr. 105 (7. September), S. 1404.
150) Holtei ist auf dem Titelblatt der Sammlung (vgl. Anm. 143) zwar nicht ausdrücklich als Herausgeber angegeben, in einem Text des Braunschweiger Verlegers Friedrich Vieweg auf der Rückseite des Außentitels wird er jedoch als Initiator und Herausgeber benannt. Von Holtei stammen sowohl der gedichtete Prolog (S. XIX–XXI) als auch eine weitere Dichtung (S. 279f.), eine Gedicht-Übersetzung (S. 277f.) und ein Prosatext (S. 378–386); zudem konnte er zur Vertonung seines Textes ‚Des Dichter's Wahlspruch' Giacomo Meyerbeer gewinnen, der eigens für diese Publikation einen Kanon komponierte (S. 677–690).
151) Abschrift des Briefes durch Friedrich Wilhelm Jähns in: D-B, Weberiana Cl. V [Mappe XVIII], Abt. 4 B, Nr. 14E. In einer älteren Publikation Kahlerts über Weber werden dessen Breslauer Jahre mit keinem Wort erwähnt, somit auch der Unfall nicht; vgl. August KAHLERT: Blätter aus der Brieftasche eines Musikers, Breslau 1832, S. 171–175; in diesem Text versuchte Kahlert lediglich eine Einordnung der Musik Webers, ohne biographische Hinweise.

der Zeitschrift Eutonia[152] und dann auch separat[153] veröffentlicht worden war. Diese griff wiederum auf einen Nachruf auf Berner von Carl Julius Adolph Hoffmann zurück, der 1828 in den ‚Schlesischen Provinzialblättern' erschienen war. Dort findet sich in einer Anmerkung die erste entsprechende Unfall-Schilderung, die Hientzsch fast buchstabengetreu übernommen hatte. Der Ausgangspunkt ist derselbe: Weber habe Berner gebeten, ihn bei der Arbeit an seiner geplanten »Rübezahl«-Oper zu unterstützen. Das Ereignis selbst ist folgendermaßen beschrieben: *„Weber ladet Bernern, der sich eines Abends mit ihm im Theater befand, zu sich ein, um mit ihm an jener Oper gemeinschaftlich zu arbeiten. Dieser begiebt sich, nachdem er sich eine Stunde nach dem Schlusse des Stückes irgendwo anders verweilt hatte, in die Wohnung seines Freundes. Er tritt in das Zimmer, und findet Webern besinnungslos auf dem Boden liegen. Er hatte, ehe er an seine Arbeit gehen wollte, vermuthlich ut incitaretur, statt einer Weinflasche eine Flasche worin sich ein mit Vitriolsäure gemischtes Medikament befand, und die sein Vater, der davon Gebrauch machen wollte, neben jene hingestellt hatte, ergriffen, und ein halbes Glas davon geleert. Ohne Zeichen des Lebens sinkt er um, wird von Bernern in diesem Zustande getroffen, und nur durch dessen schleunige Vorkehrungen und durch die angestrengtesten Maaßregeln der Aerzte zu sich gebracht. Eine Stunde später, und Weber war vielleicht nicht mehr."*[154]

Doch wie glaubhaft ist diese Überlieferung? Mißtrauen ist generell bei Anekdoten angebracht, die unmittelbar nach dem Tod der Beteiligten erschienen; als Hoffmanns Beitrag herauskam, war Weber noch keine zwei Jahre tot, Berner gerade zehn Monate; widersprechen konnten sie nicht mehr. In der von Hientzsch herausgegebenen ‚Eutonia' wurde 1837 beklagt, daß diesem für seine Berner-Biographie von 1829 (wie Anm. 152) „*2 Hauptquellen* [...] *entgangen*" waren: Berners „*Briefwechsel mit den vorzüglichsten Künstlern Europa's, besonders mit Maria von Weber* [...]*, und dann sein mit Sorgfalt von seiner ersten Bildungszeit an gehaltenes Tagebuch*".[155]

---

152) H. [d. i. Johann Gottfried HIENTZSCH]: Friedrich Wilhelm Berner, in: Eutonia (wie Anm. 17), 1 (1829), S. 271–310 (Unfall-Schilderung auf S. 280).
153) [Johann Gottfried HIENTZSCH:] Friedrich Wilhelm Berner [...] nach seinem Leben und Wirken in der Musik dargestellt. Zugleich ein Beitrag zur Geschichte des Musikwesens von Breslau während der letzten 20–30 Jahre; besonders abgedruckt aus der Eutonia, Breslau 1829 (Unfall-Schilderung auf S. 11).
154) HOFFMANN (wie Anm. 25), S. 253f.
155) Ueber Fr. Wilh. Berner, ehemals Musikdirektor und Oberorganisten zu Breslau, in: Eutonia (wie Anm. 17), 10 (1837), S. 124 (ungezeichnet). Den Verlust des

Beides – die Korrespondenz ebenso wie die sieben Bände Tagebuchnotizen – sind verschollen, können also zur Klärung nicht beitragen.

Bei aller Skepsis – ein wahrer Kern ist in vielen solchen Anekdoten zu finden: Die Behauptung, daß Weber seinen Freund Berner bat, ihn bei seinem Opern-Projekt zu unterstützen, scheint glaubhaft; eine vergleichbare Zusammenarbeit mit Musikerkollegen ist für Weber, der häufig und gern im Diskurs mit Freunden Anregungen suchte, geradezu charakteristisch. Auch der Umstand, daß die enge Freundschaft mit Berner für Weber in Breslau quasi Lebenselixier war, ist unumstritten. Die Unfallschilderung selbst sollte freilich unter größtem Vorbehalt betrachtet werden – immerhin macht stutzig, daß Hoffmann sie lediglich im Berner-Nekrolog in den ‚Provinzialblättern' publizierte. Dieser Beitrag war laut Anmerkung des Herausgebers Johann Gustav Gottlieb Büsching ein Vorabdruck, eine *„Probe"* des von Hoffmann *„mit großen Fleiße bearbeiteten Lexikons Schlesischer Tonkünstler"*.[156] In dem zwei Jahre später herausgegebenen Werk fehlt die entsprechende Passage jedoch,[157] wobei kaum zu klären ist, ob sie dem Verfasser lediglich als zu anekdotisch und somit einem Lexikon-Artikel nicht angemessen erschien, oder ob er inzwischen selbst Zweifel an der Glaubwürdigkeit hegte.

Einen Vorfall mit Vitriolsäure gab es übrigens zu Webers Zeit am Breslauer Theater tatsächlich, allerdings war der Musikdirektor daran nicht unmittelbar beteiligt. Am 16. März 1805 wurde während einer Vorstellung von Himmels Oper »Fanchon« ein Säure-Anschlag auf die Darstellerin der Titelpartie, die beliebte Schauspielerin Ludowika Gehlhaar, verübt. Das Attentat endete glimpflich; die Gehlhaar wurde lediglich am Arm verletzt und stand zehn Tage später bereits wieder auf der Bühne. Auf Hinweise, die zur Entdeckung und Verurteilung der Täter führen, wurden erhebliche Belohnungen ausgesetzt: 100 Dukaten durch die Theaterdirektion sowie 200 Reichstaler durch das Polizeidirektorium.[158] Der Vorfall erregte auch

---

Tagebuchs beklagte bereits 1935 Wolfram Eschenbach: Friedrich Wilhelm Berner (1780–1827). Ein Beitrag zur Breslauer Musikgeschichte, Phil. Diss. Breslau 1935, S. 13.
156) Hoffmann (wie Anm. 25), S. 247 (erste Anmerkung, gez. „B.", d. i. der Hg. J. G. G. Büsching).
157) Hoffmann (wie Anm. 6), S. 21.
158) Vgl. Schlesische privilegirte Zeitung 1805, Nachtrag zu Nr. 34 (20. März), S. 427, Nachtrag zu Nr. 35 (23. März), S. 439 sowie Nachtrag zu Nr. 36 (25. März), S. 455.

überregional großes Aufsehen – in etlichen Zeitschriften wurde darüber berichtet.[159] Von einem Säure-Unfall Webers hingegen spricht keine zeitgenössische Quelle!

b) Kontroversen mit der Direktion?

Mit Webers Amtsverzicht 1806 wurde auch eine im Januar desselben Jahres von Theaterdirektor Rhode verfaßte Verteidigungsschrift ‚Ueber einige Verhältnisse des Theaters zu Breslau' in Verbindung gebracht. In diesem Text setzte sich Rhode mit diversen Vorwürfen der Presse gegen die Direktion auseinander, u.a. bezüglich des Repertoires.[160] Als Grundlage für einen kostendeckenden Theaterbetrieb hatte man Anfang 1805 eine Durchschnittseinnahme pro Vorstellung von 120 Talern ermittelt, die nach überraschenden Einnahmeausfällen durch die Landestrauer im März[161] auf 123 Taler korrigiert werden musste. Anhand der Einnahmen zwischen dem 3. und 12. Dezember machte Rhode das Dilemma der Direktion augenscheinlich: Nur eine der Vorstellungen erreichte den für einen ausgeglichenen Haushalt nötigen Betrag. Kotzebues »Deutsche Kleinstädter« (9. Dezember) erbrachten etwa 59, seine »Johanna von Montfaucon« (3. Dezember) etwa 79, Lessings »Nathan« in der Schillerschen Bearbeitung (5. Dezember) gute 70 und Schillers »Jungfrau von Orleans« (11. Dezember) etwas über 100, das Lustspiel »Die drei Gefangenen« nach Emmanuel Mercier Dupaty (7. Dezember) sogar nur etwas mehr als 36 Taler. Besser als das Schauspiel schnitt im Durchschnitt die Oper ab: Hillers »Jagd« (4. Dezember) kam auf gute 71, Bertons »Aline«

---

159) Vgl. u.a. die Korrespondenzberichte in: Der Freimüthige 3 (1805), Nr. 61 (26. März), S. 244 und Nr. 65 (1. April), S. 260; Zeitung für die elegante Welt 5 (1805), Nr. 40 (2. April), Sp. 317f.; Abend-Zeitung, Dresden, 1 (1805), Nr. 28 (6. April), Sp. 114; Schlesische Provinzialblätter 41 (1805), Nr. 3 (März), S. 315f.
160) Vgl. Johann Gottlieb RHODE: Ueber einige Verhältnisse des Theaters zu Breslau. Ein Wort zur Vertheidigung der Direction desselben, Breslau 1806, speziell S. 14–16. Angezeigt ist diese Publikation erstmals in Schlesische privilegirte Zeitung 1806, Nachtrag zu Nr. 13 (29. Januar), S. 176 vom Verleger Carl Friedrich Barth (Datierung der Anzeige: 15. Januar).
161) Am 25. Februar 1805 war Friederike, die Witwe des vormaligen Königs Friedrich Wilhelm II. von Preußen, gestorben. Während der Landestrauer blieb das Theater vom 3. bis 10. März geschlossen; vgl. Schlesische Provinzialblätter 41 (1805), Nr. 3 (März), S. 315.

(6. Dezember) auf etwa 92, Wranitzkys »Oberon« (12. Dezember) auf über 101 und Mozarts »Don Giovanni« (10. Dezember) sogar auf etwas mehr als 119 Taler, auch sie blieb aber defizitär. Die Fehlbeträge, die sich auf diese Weise angesammelt hatten, glich Kauers vielgeschmähtes »Donauweibchen« (Teil 2, 8. Dezember) mit einer Einnahme von 219 Talern – also 96 Talern Reingewinn – aus! Rhode merkte dazu an: *„Hätte die Direction in diesem Zeitraum den Freunden des bessern Geschmacks wohl einen Nathan den Weisen, eine Jungfrau von Orleans, eine Aline, selbst Don Juan geben können; hätte die einzige Donaunymphe alle*[n] *diese*[n] *Stücke*[n] *nicht durchgeholfen? [...] So viel es möglich ist, sucht die Direction gewiß den Anforderungen eines gebildtern Geschmacks zu entsprechen; kann sie es nicht immer, so ist aus Obigem klar, daß die Schuld nicht ihr beizumessen sey!"*[162]

Max Maria von Weber deutete dies nun als Indiz eines beginnenden Konflikts zwischen der Direktion und Weber: *„Nachdem er bis Ende des Jahres 1805 fungirt, Oper und Orchester in bester Weise beeinflußt, den Etat dieser Institute aber auch sehr wesentlich erhöht hatte, zog die darüber mißvergnügte Direktion Bilanz [...]. Die Direktion drang nun auf Reduction im Personal und Orchester, Webers's Ansehen sank und seine Stellung wurde eine immer unbehaglichere.*"[163]

Die in der Weber-Biographik seitdem unwidersprochen wiederholte These, Webers künstlerische Ansprüche wären mit den Sparvorgaben der Direktion nicht vereinbar gewesen und hätten zu unüberbrückbaren Spannungen geführt, läßt sich beim genaueren Blick auf die Quellen nicht halten: Immerhin war es gerade die Opernsparte, die laut Rhodes Rechnung die Defizite des Schauspiels ausglich.[164] Rhodes Behauptung wird durch die Beobachtungen eines Breslau-Besuchers vom Ende des Jahres 1804 bestätigt: *„Die Vorliebe der Breslauer für die Oper scheint entschieden zu seyn. Im Theater wechselt sie mit dem Schauspiel und schafft gewöhnlich ein volleres Haus."*[165]

---

162) Rhode (wie Anm. 160), S. 15f.
163) Max Maria von Weber (wie Anm. 7), 1, S. 102f.
164) Im Frühjahr 1806 war die Situation immerhin so stabil, daß den Aktionären Gewinne ausgezahlt werden konnten; vgl. Schlesische privilegirte Zeitung 1806, Nachtrag zu Nr. 35 (22. März), S. 503: *„(Bekanntmachung.) Den Inhabern der Theater-Actien wird hierdurch bekannt gemacht, daß ihnen die Interessen vom verflossenen Jahre den 26. und 27. März des Morgens von 9 bis 12 Uhr in dem Comptoir des Kaufmanns Hrn. Websky und Sohn gegen Vorzeigung der Actien bezahlt werden sollen. Breslau den 19. März 1806."*
165) Auszüge aus dem Tagebuche (wie Anm. 115), S. 723.

Zudem dürfte Webers Vorsatz, Breslau zu verlassen, schon im Sommer, also Monate vor den von Rhode geschilderten Problemen, gefaßt worden sein. Zu dieser Zeit bemühte sich jedenfalls Vater Franz Anton von Weber erfolglos um neue Anstellungen für seinen Sohn am Badischen Hoftheater in Karlsruhe sowie am Nationaltheater in Mannheim.[166] Gegen einen tiefgreifenden Konflikt mit Rhode sprechen noch dazu das gemeinsame »Rübezahl«-Opernprojekt ebenso wie Rhodes freundschaftlicher Eintrag in Webers Stammbuch vom 25. Januar 1806.[167]

Auch die Behauptung, daß Webers Ansehen in Breslau sank, steht den Verlautbarungen in der Presse diametral entgegen; schließlich klagte man nach seinem Abschiedskonzert vom 21. Juni 1806: *"Es ist zu bedauern, daß Hr. v. Weber uns verläßt, da er sich um das Orchester sehr verdient gemacht hat, und man seinem Talente so manche Verbesserung verdankt."*[168]

Carl Maria von Weber selbst sah seine Breslauer Jahre rückblickend als eine Zeit des Reifens an; seine Arbeit als Musikdirektor habe ihm, wie er in seiner Autobiographie von 1818 bekannte, *"ein neues Feld zur Erweiterung der Effektkenntnisse"* eröffnet, die *"vielen Dienstgeschäfte"* ihn jedoch *"nicht viel zu eigenen Arbeiten kommen"* lassen. Auch wenn er diesen Umstand nachträglich positiv darstellte, da ihm somit Zeit blieb, die bislang *"mit übergroßer Begierde in mich gesogenen verschiedenartigen Kunst-Principe abgähren"* und stärker *"das Selbständige [...] hervortreten zu lassen"*,[169] so dürfte 1805/06 der Eindruck, am eigenen Schaffen gehindert zu werden, überwogen haben. Ebenso wie in Prag, wo er 1816 nach Ablauf seines Dreijahresvertrags den Posten als Musikdirektor aufgab, ohne eine neue Anstellung in Aussicht zu haben, entschied er sich auch in Breslau gegen die berufliche und finanzielle Absicherung, die ihm – so die Bezeichnung der Prager Zeit – als „Joch" erschien, zugunsten einer unsicheren Freiheit, unsicher insbesondere durch die politisch instabile Lage, zugunsten der Kreativität.

Wann genau Weber seinen Dienst beendete, ist ebenso wenig gesichert wie der Beginn. Sein Vertrag endete mit Johannis, also dem 24. Juni 1806, der Konzertauftritt am 21. Juni könnte also tatsächlich der letzte gewesen sein. Verbürgt ist, daß bei Carl Ludwig Kaibels Deklamatorium am 12. Juli

---

166) Zu der von Franz Anton von Weber geführten diesbezüglichen Korrespondenz vgl. Anm. 147.
167) Stammbuch (wie Anm. 30), Bl. 127r.
168) Wöchentliche Theater-Nachrichten aus Breslau 2 (1806/07), Nr. 3, S. 22.
169) Vgl. Carl Maria von Weber (wie Anm. 45), 1, S. XI.

bereits Johann Michael Müller als neuer Musikdirektor am Pult stand.[170] Dessen Berufung als Nachfolger Webers ist einem Korrespondenzbericht vom 13. Juli 1806 im ‚Freimüthigen' zu entnehmen.[171]

Soviel Widerspruch in Details Max Maria von Webers Darstellung der Breslauer Zeit seines Vaters auch verdient; in der Bewertung dieser Jahre kann man ihr beipflichten: „[...] *selbst wenn Carl Maria als Componist und ausübender Musiker in Breslau nicht fortgeschritten wäre, ein reicher Gewinnst wäre ihm jedenfalls geblieben, nämlich die als Dirigent [...] und Organisator gesammelten Erfahrungen, die 1813 dem Theater zu Prag, 1817 dem zu Dresden mit Goldwerth zu Gute kommen sollten.*"[172]

---

170) Vgl. Wöchentliche Theater-Nachrichten aus Breslau 2 (1806/07), Nr. 7, S. 51.
171) Der Freimüthige 4 (1806), Bd. 2, Nr. 146 (22. Juli), S. 67: „*Der Musikdirektor Hr. von Weber ist abgegangen; an seine Stelle ist der Musikdirektor Müller getreten.*"
172) Max Maria von Weber (wie Anm. 7), 1, S. 106.

Bühnenalmanache als Quelle
zu den schlesischen Kurtheatern bis 1918

Von Paul S. Ulrich

Ein Charakteristikum der schlesischen Bühnenlandschaft sind die Kur- oder Badetheater. Trotzdem gehören sie unter der hohen Zahl von Spielstätten in dieser Region mehrheitlich zu den historiographischen Stiefkindern.[1] Schuld daran trägt ihre zumeist schwer faßbare passagere Gestalt, die ihnen als Spezialform der Sommertheater[2] eignete, verbunden mit der Funktion des erholsam-geselligen Zeitvertreibs. Im Gegensatz zu den meisten Sommertheatern, deren Publikum sich aus Einheimischen und der regionalen Bevölkerung rekrutierte, waren die Besucher der Kurtheater überwiegend Kurgäste und *„Passanten"*, also Gelegenheitsbesucher. Diese bevorzugten Stücke, die Unterhaltung und Ablenkung boten – obschon es in den Theateralmanachen vielfach heißt, das Repertoire umfasse *„auch klassische"* Schau- und Lustspiele. Insofern sind die hier ermittelten Datenspuren schlesischer Kurtheater als Meßlatte für die Konjunkturlagen des Gesundheitstourismus zu werten, wobei der enorme Zuwachs an Aufführungslokalen in Gaststätten und Hotels um die Jahrhundertwende[3] die Partizipation auch abgelegener Kurorte an der wirtschaftlichen Hochblüte im Reich verdeutlicht.

---

1) Zumindest Aspekte dieser Theaterart behandeln Karl Weber: Geschichte des Theaterwesens in Schlesien. Daten und Fakten – von den Anfängen bis zum Jahre 1944, Dortmund 1980 (= Veröffentlichungen der Forschungsstelle Ostmitteleuropa, Reihe A, Nr. 29), S. 237–249 und Bernd Vogelsang: Funde und Befunde zur schlesischen Theatergeschichte, Bd. 2: Theaterbau in Schlesien, Dortmund 1984 (= Veröffentlichungen der Forschungsstelle Ostmitteleuropa, Reihe A, Nr. 41).
2) Vgl. Paul S. Ulrich: Von Mai bis September wurde auch gespielt. Deutschsprachige Badetheater, Kurtheater, Sommertheater und Freilichtspiele bis Ende des ersten Weltkrieges, in: Estudios Filológicos Alemanes. Revista del Grupo de Investigación Filología Alemana 23 (2011), S. 71–91. – *„Von den 101 Sommertheatern, die im Neuen Theater-Almanach 1907/08 gelistet waren, waren 52 in Bädern und Kurorten"*, so Charlotte Engel-Reimers: Die deutschen Bühnen und ihre Angehörigen. Eine Untersuchung über ihre wirtschaftliche Lage, Leipzig 1911, S. 28f.
3) Vgl. die Statistik bei Vogelsang (wie Anm. 1), S. XXIXf.

Eine touristische Interessengemeinschaft

Von den Kurtheatern profitierten:

1. Schauspieler und Theaterdirektoren. Da die meisten Theater nur von Herbst bis Ostern spielten und manche nur Saisonverträge abschlossen, konnte die finanzielle Durststrecke über die Sommermonate durch Arbeitsmöglichkeiten in den Kurorten überwunden werden. Für beide Parteien gab es oft einen zweiten Grund, warum sie diese Art von Sommerbühnen, besonders in den namhaften Kurorten, präferierten. Falls dort ein renommierter Theaterdirektor urlaubte, durften Schauspieler hoffen, er werde ihre Fähigkeiten mit einem Vertragsabschluß für die kommende Saison honorieren. Gastierende Direktoren hinwiederum spekulierten darauf, eventuell zur Kur weilende berühmte Schauspieler/innen für Gastrollen gewinnen zu können, um ihr Angebot zu attraktivieren.

2. Die Kurorte. Das Vorhandensein einer Theatergesellschaft steigerte den Freizeitwert eines Kurorts und konnte im Wettbewerb der Besucherlenkung als Werbung benutzt werden. Die Kurverwaltung selbst hatte nur in seltenen Fällen zusätzliche wirtschaftliche Belastungen, da der gastierende Direktor einen Pachtvertrag über die jeweilige Räumlichkeit abschloß und die künstlerische und finanzielle Verantwortung für sein Unternehmen trug.

3. Die Kurgäste. Die gewöhnlich in den Morgenstunden stattfindenden therapeutischen Anwendungen ließen den Kurgästen für den Rest des Tages viel Freiraum zu erholsamen Aktivitäten. Der Besuch von Theaterveranstaltungen, meist am Abend, versprach außer angenehmem Zeitvertreib auch die Möglichkeit, in den Pausen gesellschaftliche Kontakte zu pflegen.

Einigen Theaterdirektoren gelang es, bestimmte Kurorte erfolgreich und regelmäßig zu bespielen, so daß sie quasi ein Hausrecht besaßen, während andere nur gelegentlich als *„Mauerweiler"* auftauchten und nirgendwo Fuß zu fassen vermochten (vgl. die Liste in Anhang 2) oder dies auch gar nicht beabsichtigten. Denn so mancher mutige Schauspieler nutzte die Sommerspielzeit, um sich zum Direktor aufzuwerfen. Theatergewerblicher Erfolg in einem Kurort bot ihm sodann Chancen, seine Geschäftstätigkeit auf den regulären Betrieb städtischer Institute auszudehnen.

Die Gesellschaften waren in ihrer Struktur sehr unterschiedlich: Jene, deren Mitglieder Ganzjahresverträge hatten, waren an feste Häuser verpflichtet und unternahmen, häufig in ihrem engeren Einzugsgebiet, sommerliche Abstecher in einen Kurort oder tourten durch mehrere solcher Abspielstätten. Es gab Gesellschaften, die für die Sommermonate engagiert und am Saisonende vollständig oder teilweise aufgelöst wurden.

Kur- und Badeorte

Kurorte sind Gemeinden oder Gemeindeteile, deren natürliche Heilmittel des Bodens, des Wassers oder des Klimas für medizinische (balneologische) Therapien erschlossen und ausgebaut wurden. Wenn sie Wasserkuren (Badekur oder Trinkkur) anbieten, werden sie auch als Badeorte bezeichnet. Im 18. Jahrhundert wurden die Kurorte vorwiegend als fürstliche Sommer-Residenzen und vom Adel und Großbürgertum als Urlaubsstätten frequentiert. Sie waren nicht nur Erholungsorte mit therapeutischem Repertoire, sondern gesellschaftliche Treffpunkte. Um ein anspruchsvolles Publikum zu halten, sorgten die Kurorte für Unterhaltungsangebote.[4] Ein Spektrum von „*Theater- und Opernvorführungen, Festveranstaltungen, Konzerten, gediegener Restauration, Billiard- und Lesezimmern*" bildete sich im Laufe der Zeit heraus.[5]

„*Leichte, angenehme Lektüre, Musik, Theater sind die besten Zerstreuungsmittel für die Zeit, in welcher man dem Aufenthalt in der freien Natur entsagen muß.*"[6]

„*Außerdem gewähren prächtige Alleen, öffentliche Anlagen, Spaziergänge, gute musikalische Unterhaltungen, zuweilen Theater, häufige Concerte, Ausflüge nach nahen und entfernten romantischen Vergnügungsorten, Sehenswerthes und geschichtlich Denkwürdiges hinreichenden Genuss, so dass sich der Badekurzeit täglich neue Reize und Veränderungen darbieten.*"[7]

„*Theater gehören zur Mode, und die meisten Bäder Deutschlands machen diese Mode mit, wodurch sie viel gewinnen. Ein Theater auf der Mittlern*

---

4) Bärbel RUDIN: Brunnenkur mit Hanswurst und Thomas Morus. Kukus oder Ems? Kulturräumliche Aspekte barocker Badetheater, in: Daphnis. Zeitschrift für Mittlere Deutsche Literatur und Kultur der Frühen Neuzeit 38 (2009), S. 695–718; Johannes STEUDEL: Therapeutische und soziologische Funktion der Mineralbäder im 19. Jahrhundert, in: Walter ARTELT, Walter RÜEGG (Hg.): Der Arzt und der Kranke in der Gesellschaft des 19. Jahrhunderts. Vorträge eines Symposiums vom 1. bis 3. April 1963 in Frankfurt a. M., Stuttgart 1967 (= Studien zur Medizingeschichte des neunzehnten Jahrhunderts 1), S. 85.
5) Rolf BOTHE (Hg.): Kurstädte in Deutschland. Zur Geschichte einer Baugattung, Berlin 1984, S. 73.
6) Bernhard PREISS: Der Kurort Warmbrunn, seine warmen Schwefelquellen und die ihnen zugehörigen Heilanstalten, Breslau 1850, S. 254f.
7) C. NIEBERGALL: Arnstadt. Soolbad an Thüringer Waldgebirge, seine heilkräftigen Wirkungen und seine günstigen Lokalverhältnisse, Erfurt, Leipzig 1852, S. 180.

Stufe verfeinert die Sitten, lehrt Lebensart und bildet die Menschen, gewährt also manchem Badegast viel Unterhaltung, besonders bei schlechtem Wetter, wo dieses unschädliche Vergnügen den Vorzug hat vor vielen anderen, als: Spiel, Tanz u. m. dgl. – Ruhig sieht man Scenen aus dem menschlichen Leben vorstellen, und das Herz fühlt die Moral; hingegen erhizt man sich bei dem Spiele, welches Manchen hingerissen und vernichtet hat, oder man tanzt, welches für Badende nicht immer vortheilhaft ist."[8]

Im 19. Jahrhundert nahmen die medizinischen Behandlungen auch für ein breiteres Publikum zu, obwohl die touristischen Aspekte immer blieben. Die Besucherstatistiken weisen aus, daß die Zahl der Gelegenheitsbesucher meist doppelt so hoch lag wie die der residierenden Kurgäste. Mit dem Ausbau des Eisenbahnnetzes in der zweiten Jahrhunderthälfte erlebten die Bäder und Kurorte in ganz Europa eine enorme Steigerung des Besucheraufkommens. Eine Flut von balneologischem Schrifttum, von Ratgebern, Reiseführern und Periodika begleitete diesen aufblühenden Zweig des Fremdenverkehrs und brachte außer den obligaten Informationen über Heilanstalten, Hotelwesen usw. häufig auch Angaben zu Optionen der Freizeitgestaltung.

Eine Überraschung bescheren die hier interessierenden Kurorte in Preußisch-Schlesien und der sächsischen Oberlausitz (Ostschlesien),[9] insofern ihre Zahl in der Literatur zwischen elf[10] und 92 variiert: Hauck[11] nennt elf, Meyr[12] 14, Hufeland[13] 15, Karl Weber[14] 16, Deutsch[15] 18, von

---

8) Lexa: Theater-Blatt von Wiesbaden, in: Rheinische Blätter vom 8.8.1820, Nr. 127, S. 512.
9) Die österreichisch-schlesischen Kurorte sind ausgeklammert.
10) Dieter Pohl: Die Grafschaft Glatz – das schlesische Bäder- und Erholungsland (http://www.grafschaft-glatz.de/kultur/kultur09.htm, modifiziert am 24.10.2010) kommt auf nur zehn Kurorte in Schlesien, davon fünf in der Grafschaft Glatz. Vermutlich zählte Bad Muskau nicht dazu.
11) Gustav Hauck: Die Heilquellen und Kurorte Deutschlands. Pegologisches Lexikon, Leipzig 1865.
12) Ignaz Meyr: Anleitung der Wahl der Kurorte. Praktische Rathschläge für Ärzte und Kurbedürftige, Wien 1871.
13) Christian Wilhelm Hufeland, Emil Osann (Hg.): Journal der praktischen Heilkunde. Supplement-Heft. 1829.
14) Weber (wie Anm. 1).
15) Carl Deutsch: Schlesiens Heilquellen und Kurorte. Zugleich ein Führer durch das Schlesische Gebirge, Breslau 1873.

Zedlitz[16] und Marsch[17] zählen je 26, Friedrich Benedict Weber[18] errechnet 32, Bluff[19] 35, Osann[20] 40, Hoennicke[21] 73 und Riesen[22] 92. Abgesehen von den divergenten Zeitschichten des Datenmaterials schulden sich die unterschiedlichen Zahlen primär uneinheitlichen Begriffsbestimmungen. Riesen subsumiert sämtliche Orte mit Erholungsqualitäten, sei es als Sommerfrische oder auch für den Wintersport. Außerdem listet er Städte wie Neisse oder Hirschberg auf, die vereinzelte Kureinrichtungen besaßen, aber nicht als Kurort bezeichnet werden können. Zudem werden oft noch kleinere Ortschaften aufgeführt, die Nutzern benachbarter Kurbetriebe als Unterkunft dienten.

---

16) Leopold Freiherr von ZEDLITZ: Reisetaschenbuch für Berlin, alle Preussische Staaten und die benachbarten Länder. Mit genauer Berücksichtigung, nach amtlichen Quellen, der diplomatischen Post-, Zoll- und Strassen-Verhältnisse, und einer Uebersicht sämmtlicher Preussischen Bäder, Berlin 1831.
17) Angelika MARSCH: Kur- und Badeorte Schlesiens – einst und jetzt. Śląskie kuroty i zdroje – dawniej i dziś, Würzburg 2009.
18) Obwohl Friedrich Benedict WEBER: Handbuch der staatswirthschaftlichen Statistik und Verwaltungskunde der Preußischen Monarchie, Bd. 1, Breslau 1840, S. 114–116 insgesamt 32 Kurorte in Schlesien und in der Grafschaft Glatz angibt, werden nur elf – Warmbrunn, Flinsberg, Ober-Salzbrunn, Altwasser, Diersdorf, Charlottenbrunn, Cudowa, Bad Reinerz, Bad Landeck, Nieder-Langenau und Hermannsbad bei Muskau – genannt.
19) Mathias Joseph BLUFF: Die Leistungen und Fortschritte der Medizin in Deutschland im Jahre 1832 (= Repertorisches Jahrbuch für die Leistungen der gesammten Heilkunde, Bd. 1) Berlin 1833, S. 323. Bluff bezieht sich auf Carl Amand MÜLLER: Taschenbuch für schlesische Bade- und Brunnengäste, oder kurze Beschreibung aller in Schlesien (beider Antheile), der Grafschaft Glatz und dem Preussischen Antheil der Lausitz befindlichen Mineralbrunnen und Badeanstalten, Breslau 1835, wo 79 Orte genannt werden. Viele der von Müller genannten Orte hatten lediglich Quellen, aber zumindest zu dieser Zeit keinen richtigen Kurbetrieb.
20) Emil OSANN: Physikalisch-medicinische Darstellung der bekannten Heilquellen der vorzüglichsten Länder Europa's, Bd. 2, Berlin 1841.
21) Julius August HOENNICKE: Die Mineral-Quellen der Provinz Schlesien in physikalisch-chemischer, geognostischer und medizinisch-praktischer Beziehung, Wohlau 1857.
22) Eduard RIESEN (Hg.): Die Welt der Bäder und Kurorte. Bäderlexikon. Praktischer Ratgeber und internationaler Führer durch alle für Kurzwecke in Betracht kommenden Ortschaften und Sanatorien. Winterausgabe 1924/25, Wittenberg, Berlin 1924.

Kurtheater

Da die Einwohnerzahl in den Kurorten selten 3.000 überschritt, waren eigenständige Theatergebäude bis ins späte 19. Jahrhundert die Ausnahme. Namen wie Badetheater, Kurtheater, Kursaaltheater, Sommertheater, Gartentheater oder Naturtheater verdecken die tatsächliche Beschaffenheit der temporären Spielstätten in Kurhallen, Hotels, Gasthäusern, Biergärten oder provisorischen Freilichtanlagen. Die ersten selbständigen Theaterbauten wurden von der Standesherrschaft in Muskau, Salzbrunn und Warmbrunn errichtet und gingen mit der Zeit in kommunale Verwaltung über. Anfangs waren es meist Holzkonstruktionen (sehr markant z.B. in Salzbrunn), um die Jahrhundertwende dominierten feste Gebäude.[23] Interessanterweise hatten sie kaum anders als die Stadttheater eine Bestuhlung für 300 bis 700 Besucher, die Mehrzahl der Kurtheater umfaßte 300 bis 500 Sitzplätze. Neben großzügig angelegten Kurhäusern mit Konversationssaal, Theater, Kolonnaden, Spiel- und Restaurationsräumen sowie Trink- und Wandelhallen entstanden zahlreiche kleinere Gesellschaftsgebäude wie Schützenhäuser und Kasinos, nach außen als Saalbauten, d.h. als Versammlungsgebäude, deutlich erkennbar.[24]

„[…] *Jetzt unterhält man sich dort* [in Warmbrunn] *sehr gut mit Bällen, Reünions, Spazierfahrten in die nähere und fernere Umgegend, und bei schlechtem Wetter hat man den Gesellschaftssaal und ein kleines niedliches Theater. Schauspiel scheint eine große Liebhaberei in Schlesien zu sein. Nicht nur in Warmbrunn und Salzbrunn, wo man es zur Unterhaltung der Badegäste eingerichtet hat, sondern auch in ganz kleinen Städten mit einigen tausend Einwohnern, gab es Schauspiele.*"[25]

Die örtlichen Regelungen des Kurbetriebs beeinflußten auch insoweit das Theater, als z.B. meistens erwartet wurde, daß die Gäste um 21 Uhr auf ihren Zimmern waren, d.h. die Theateraufführungen mußten spätestens um 20:30 Uhr beendet sein. In vielen Kurorten waren die gefährlichsten Konkurrenten für Theaterunternehmer die reizvolle Landschaft, die zu

---

23) BOTHE (wie Anm. 5), S. 13.
24) Ebd., S. 33f.
25) Ida HAHN-HAHN: Orientalische Briefe, Bd. 1, Berlin 1844, S. 21, ebenso bei Beate BOROWKA-CLAUSBERG (Hg.): Unterwegs zum Orient. Ida Gräfin Hahn-Hans Schlesienfahrt 1843. Ein Reisebericht, Würzburg 2007, S. 45.

Spaziergängen, Réunionen und „*Piqueniques*"[26] [Picknicks] lockte, und andere bei schönem Wetter im Freien arrangierte Veranstaltungen. Dazu kamen Musikdarbietungen, die in kaum einem Kurort fehlten. Die Konzerte fanden teils im Freien, teils in den Räumlichkeiten des Kurhauses statt. Auch die Bälle, die abendlichen Tanzveranstaltungen – besonders am Samstag – und nachmittags abgehaltene „*Theedansans*"[27] [Thé dansant] erfreuten sich großer Beliebtheit. Weitere Konkurrenten des Theaters waren Akrobaten, Feuerwerker, Mechaniker und Taschenspieler,[28] die auf öffentlichen Plätzen „*manche Stunde nicht unangenehm zerstreu*[t]*en*".[29]

Die Badesaison begann gewöhnlich im Juni und endete zwischen August und Oktober, häufig bereits Anfang September. Die jeweiligen Verweilzeiten der Bühnenensembles richteten sich auch nach deren Verpflichtungen in anderen Orten. Ab 1889 mehrten sich in den Almanachen genaue Angaben über Anfang und Ende der Spielzeiten. Ein Betrieb von selten mehr als drei bis vier Vorstellungen wöchentlich war für schlesische Kurtheater üblich. Samstags wurde wegen der favorisierten Tanzveranstaltungen und Bälle fast nie gespielt. Freilichtaufführungen sollten auch bei herrlichem Sommerwetter die Theaterkasse füllen helfen.[30]

Ein Spezifikum der schlesischen Bäderlandschaft war die lange, bisweilen sogar über zwei Jahrzehnte währende personelle Kontinuität in der Leitung von Kurtheatern (vgl. die beiden Anhänge). Dieses Phänomen erklärt sich aus der kulturräumlichen Topographie, d. h. aus der von Lauban bis Neisse, vom Hirschberger Tal bis zum Glatzer Becken gereihten dichten Kette ortsfester Bühnen, die meist im Verbundsystem Vereinigter Stadttheater das wirtschaftliche Fundament abgaben für den sommerlichen Wechsel in die nahen Kurorte des Iser- und Riesengebirges. Andererseits ermöglichten

---

26) Georg Lorenz SOMMER, Friedrich BOSCHAN: Kaiser Franzensbad bei Eger und seine Umgebungen, Eger 1842, S. 216.
27) Carl August SCHIMMER: Das Kaiserthum Oesterreich in seinen merkwürdigsten Städten, Badeorten, seinen Domen, Kirchen und sonstigen ausgezeichneten Baudenkmälern alter und neuer Zeit, historisch-topographisch dargestellt, Bd. 1, Darmstadt 1851, S. 64.
28) Gottfried SCHMELKES: Teplitz und seine Mineral-Quellen. Mit besonderer Rücksicht auf ihren Werth als Heilmittel, Dresden [usw.] 1841, S. 56; SOMMER/BOSCHAN (wie Anm. 26), S. 216.
29) Julius BÜRKNER: Schlesiens Wasser-Heil-Anstalten und Prießnitzens Heilmethode. Ein Handbuch, Breslau 1841, S. 228f.
30) WEBER (wie Anm. 1), S. 247f.

diese Exkursionen den Theaterunternehmen die ganzjährige betriebliche Auslastung mit dem Ergebnis so herausragender operativer Leistungen wie der rund ein Vierteljahrhundert ununterbrochenen Gemeinschaft zwischen den Vereinigten Stadttheatern Neisse-Hirschberg und Bad Warmbrunn bzw. zwischen Waldenburg-Jauer und Bad Reinerz. Hervorzuheben sind die Direktionen von Ernst Dietrich (1884–1890 in Bad Reinerz), Kurt Eberhardt (1912–1916 in Bad Muskau), Juliette Ewers (1886–1888 in Bad Landeck, 1890–1911 in Bad Salzbrunn), Ernst Georgi und seiner Witwe Laura (1866–1891 in Bad Warmbrunn), von Hugo Gerlach (1902–1911 in Bad Kudowa), Therese Mohr (1906–1917 in Bad Charlottenbrunn), Adolfine Müller (1910–1018 in Bad Salzbrunn), Karl Pötter und seiner Familie (1892–1918 in Bad Reinerz), Otto Wilhelm Reißland und seiner Familie (1857–1868 in Bad Salzbrunn), von Julius Ricklinger (1895–1912 in Bad Muskau), Otto Wenghöfer (1904–1916 in Bad Warmbrunn) und Oscar Will (1914–1918 in Altheide und Bad Kudowa).

Bühnenalmanache

Die seit 1774 für den deutschen Sprachraum veröffentlichten Theaterkalender oder -almanache liefern oder sind aktuelle Bestandsaufnahmen von Betriebsformen, Personalverhältnissen und Arbeitsprofilen lokaler Bühneninstitute und reisender Ensembles.[31] Eine kontinuierliche und umfassende Berichterstattung setzte allerdings erst 1836 ein: Der Theateragent Ludwig Wolff versuchte in seinem ‚Almanach für Freunde der Schauspielkunst' (ab 1862 ‚Deutscher Bühnen-Almanach') ein möglichst vollständiges *„Verzeichniß der deutschen Bühnen, ihrer Vorstände und Mitglieder"* zu geben. Das Werk erschien ununterbrochen bis 1893. Der erste Jahrgang

---

31) Unter der großen Zahl lokaler Almanache, die fast immer von Souffleuren auf eigene Kosten publiziert wurden, konnten bisher keine für die schlesischen Kurtheater ermittelt werden. Zu den Souffleur-Journalen vgl. Paul S. ULRICH: Pankratius Brüllers Vermächtnis. Der Souffleur und seine Theateralmanache und -journale, in: Rückert-Studien, 13 (2001) (= Jahrbuch der Rückert-Gesellschaft e.V. 2000/2001), S. 157–181; DERS.: Abonnement Suspendu der Unterirdischen Gedächtnisstützen. Souffleurjournale und -almanache, Quellen der deutschen Theatergeschichte, in: Aktuelle Tendenzen der Theatergeschichte, Berlin 1997 (= Kleine Schriften der Gesellschaft für Theatergeschichte 37/38), S. 83–101.

verzeichnet fast 70 Ensembles, der letzte über 400. Ein konkurrierender Theateragent gab dann 1858–1879 ‚Ferdinand Roeder's Theater-Kalender' heraus. 1873 kam der ‚Almanach der Genossenschaft Deutscher Bühnenangehöriger' hinzu (ab 1889 u. d. T. ‚Neuer Theater-Almanach', ab 1914 ‚Deutsches Bühnen-Jahrbuch'). Obwohl diese drei Organe von 1873 bis 1879 parallel erschienen, sind höchstens 75% der Einträge annähernd deckungsgleich. Von 1900 bis 1902 gab es noch den ‚Deutschen Bühnen-Kalender', und 1912 bis 1917 brachte der Deutsche Bühnen-Verein das ‚Deutsche Theater-Adressbuch' heraus.

Die Wahrnehmung der Kurorte Schlesiens in den Bühnenalmanachen ist sehr unterschiedlich. Die früheste Erwähnung einer gastierenden Truppe datiert 1821/22 aus Altwasser und Schmiedeberg. In den 1840er Jahren beginnt die regelmäßige Dokumentation der Kurtheater in Landeck, Salzbrunn und Warmbrunn. Erst um 1890 wird die Bespielung anderer Kurorte in den Almanachen häufiger verzeichnet. Die Angaben beziehen sie sich fast immer auf die vorausgehende Saison, da sommerliche Aktivitäten zeitversetzt Aufnahme in die Jahresbände fanden. Überdies sind im Datenmaterial reisender Gesellschaften wegen der starken Personalfluktuation und der häufigen Standortwechsel oder Abstecher-Verbünden informelle Defizite einzukalkulieren.[32] Sporadisch trifft man auf zusätzliche Mitteilungen, etwa über Einwohnerzahl, Hotelwesen, Gästeliste, Presseorgane, Bestuhlung des Theatersaals, Bühnentechnik u.ä., am ehesten im ‚Deutschen Theater-Adressbuch'.

Schlesische Kurorte mit Theaterbetrieb

Der nachfolgende Aufriß von schlesischen Kurorten, für die im Zeitraum bis 1918 Theateraktivitäten belegbar sind, verweist, wo nötig, auf die einschlägigen Passagen in Karl Webers und Bernd Vogelsangs Standardwerken, schöpft aber aus anderen Quellen und versteht sich als systematische Ergänzung. Entscheidend ist die Erwähnung in den Bühnenalmanachen, wobei – im Gegensatz zur Liste sämtlicher Kurtheater-Einträge

---

[32] So finden sich Einträge für eine Gesellschaft oft unter verschiedenen Orten und mit divergierenden Personalständen.

(Anhang 1)³³ – auch Auftritte außerhalb der Sommersaison oder ohne erkennbare Adressierung an Badegäste berücksichtigt werden. Hilfreiche und darum hier regelmäßig zitierte Einblicke in die lokalen Verhältnisse aus der Sicht von Theaterdirektoren und Schauspielern auf Engagementsuche gewährt das 1889 erschienene Theaterlexikon von Oppenheim und Gettke.³⁴ Warum sieben Jahre später in einer amtlichen Statistik der Theater in Preußen die meisten schlesischen Kurorte fehlen, bleibt ein bürokratisches Rätsel.³⁵

*Altheide Bad*³⁶ [Polanica-Zdrój]

„*Bad in Schlesien, schwach besucht. Im Sommer wurde daselbst oft mit Arrangement von Theater-Vorst*[*ellungen*] *der Versuch, jedoch vergebens gemacht. Konzerte welche im ‚Bade-Gasthof' stattfinden, sind immer spärlich besucht gewesen.*"³⁷

Der Kurbetrieb begann um 1828. Das Unterhaltungsprogramm entsprach dem in anderen Kurorten: eine Kapelle, die zwei- bis dreimal täglich spielte, wöchentlich entweder eine Réunion im Festsaal des Kurhauses oder ein Tanzkränzchen im alten Kursaal. Zusätzlich wurden Gartenfeste mit Feuerwerk und Kinderfeste veranstaltet.³⁸ Die laut Oppenheim/Gettke nicht besonders erfolgreichen Theateraufführungen fanden entweder in

---

33) Anhang 2 verzeichnet alle Theaterdirektoren, die nach den Almanachen zumindest einmal in einem schlesischen Kurort nachgewiesen sind mit ihren weiteren beruflichen Aktivitäten auf dieser Quellenbasis.
34) Adolf OPPENHEIM, Ernst GETTKE: Deutsches Theater-Lexikon. Eine Encyklopädie alles Wissenswerthen der Schauspielkunst und Bühnentechnik, Leipzig 1889. Erfaßt sind jedoch nur Kurorte mit mindestens 2.000 Einwohnern.
35) Victor von WAIKOWSKY-BIEDAU: Die Theater in Preussen, in: Zeitschrift des Königlich preussischen statistischen Landesamts 36 (1896), S. 265–284.
36) WEBER (wie Anm. 1) S. 237; VOGELSANG (wie Anm. 1), S. 3–5; Paul PREIS: Die Entwicklung der Kurkapellen und Kurtheater in den Grafschafter Bädern. Ein Beitrag zur Musik- und Theatergeschichte der Grafschaft Glatz. II. Kurmusik und Kurtheater in den Bädern des Kreises Glatz. Altheide-Bad, in: Ostdeutsche Heimat. Jahrbuch der Grafschaft Glatz. Grofschoaftersch Häämtebärnla 20 (1968), S. 49–51. Vgl. auch https://de.wikipedia.org/wiki/Polanica-Zdr%C3%B3j (zuletzt besucht am 30.3.2015): „*Altheide Bad ist der einzige Kurort im deutschen Sprachraum, der die Bezeichnung ‚Bad' am Ende des Namens hat.*"
37) OPPENHEIM/GETTKE (wie Anm. 34), S. 29.
38) Wilhelm PATSCHOVSKY: Führer durch Bad Altheide (Grafschaft Glatz) und Umgebung, Schweidnitz [um 1900], S. 36.

Gasthäusern, im Kurhaus oder im Freilichttheater statt. Anfang des 20. Jahrhunderts wurde das Kurhaus neu angelegt und ein Kurpark eingerichtet. Der ‚Neue Theater-Almanach' von 1904 vermerkt ein *„Freiherrlich von der Goltz'sches Kurtheater"*,[39] wo vom 28. Mai bis Ende August gespielt wurde. Vermutlich befand es sich wie sein 1913 mit 300 Sitzplätzen eröffneter Nachfolger in der Kurhalle, denn erst 1925 wurde ein freistehendes Kurtheater erbaut.

Bad Altreichenau [Stare Bogaczowice]
Hoennicke und Osann erwähnen Altreichenau als Kurort. 1901/02 wurden sommers Theateraufführungen veranstaltet. Weitere Nachweise liefern die Almanache nicht.

Arnsdorf [Miłków]
Bluff und Osann bezeichnen Arnsdorf als Kurort. Theatergastspiele wurden den Almanachen 1891, 1892 und 1912 gemeldet,[40] aber nicht, ob sie speziell für Kurgäste bestimmt waren.

Carlsruhe[41] [Pokój]
Herzog Heinrich Friedrich Eugen von Württemberg ließ 1793/94 die alte Interims-Kirche als Theater einrichten[42], das – mit Unterbrechung von 1806 bis 1823 – für Aufführungen verwendet wurde, bis es 1873 abbrannte. In den Almanachen sind nur 1897 (ohne Angabe der Spielstätte), 1898 (in einem „*Kurtheater*") und 1912 (dienstags, freitags, sonntags im „Kurtheater" des Hotels „Zum schwarzen Adler" sowie auf einer Freilichtbühne im Park) gastierende Ensembles nachgewiesen.

---

39) Freiherr von der Goltz übernahm 1904 den Kurbetrieb, vgl. http://www.glatzer-bergland.eu/bad-altheide/bad-altheide-geschichte (zuletzt besucht am 30.8.2013).
40) Neuer Theater-Almanach (zit. als NTA) 3 (1892), S. 487; NTA 4 (1893), S. 528f.; Deutsches Theater-Adressbuch (zit. als DTA) 1 (1912), S. 606.
41) Vogelsang (wie Anm. 1), S. 104–108.
42) Johann Christian Benjamin Regehly: Geschichte und Beschreibung von Carlsruhe in Oberschlesien von seinem ersten Entstehen im Jahr 1748 bis auf das erste fünfzigjährige Jubeljahr 1798 … Nürnberg 1799, S. 153f.; vgl. Erich Wiese: Biedermeierreise durch Schlesien, Darmstadt 1966, S. 94: „[…] *das Vergnügen des Orts ist durch das Theater, die Concerte, und das neue Gasthaus so erhöht worden, daß auch viele Fremde meilenweit häufig herkommen, um das Schauspiel und die Concerte zu besuchen.*"

Centnerbrunn[43] [in Kunzendorf]

Obwohl die Almanache schweigen, ist mindestens ab 1834, als die – damals auch Wasserheilanstalt Kunzendorf genannte – Kuranlage von dem Mitbegründer und leidenschaftlich theaterinteressiertem Karl Niederführ geleitet wurde, mit gelegentlichen Schauspielvorstellungen zu rechnen.[44] Weber erwähnt ein Freilichttheater 1911,[45] das in den Almanachen nicht vorkommt.

Bad Charlottenbrunn[46] [Jedlina-Zdrój]

„Badeort. Nur in den Monaten Juli und August von ca. 3000 Kurgästen besucht. Theater im Saale ‚Zur Hoffnung'[47] faßt 300 Pers[onen]. Theater- und Konzertunternehmer werden gut thun, sich die Einnahme von der Badedirektion und dem Kurverein garantiren zu lassen, da ohne Garantie daselbst selten ein Erfolg erzielt wurde."[48]

Erstmals 1872 verzeichnete hier der ‚Deutsche Bühnen-Almanach' ein Sommertheater.[49] Das 1894 von Oppenheim/Gettke und Waikowsky-Biedau erwähnte Badetheater kommt in den Almanachen nicht vor. 1906 bis 1917 bestritt die Gesellschaft von Therese Mohr ein *„Kurtheater"*, dessen Domizil zumindest von 1911 bis 1913 das Hotel „Kaiserhof" war. 1912 fanden die Vorstellungen am Dienstag, Freitag und Sonntag statt; 1914 nur dienstags und freitags und 1915 viermal wöchentlich abends um 8 Uhr in einer Lokalität mit 250 Sitzplätzen.

Dittersbach [Podgórze (Wałbrzych)]

Einzig von Riesen als Kurort erwähnt, evtl. wegen der Nähe zu Altwasser. Nur 1893 ist die Gesellschaft von Johann Lumpe – ohne Angabe der Spielstätte – hier nachgewiesen.[50]

---

43) Vogelsang (wie Anm. 1), S. 110.
44) Ebd.
45) Weber (wie Anm. 1), S. 248.
46) Ebd., S. 244; Vogelsang (wie Anm. 1), S. 111f.
47) Bei Waikowsky-Biedau (wie Anm. 35), S. 278 hieß der Gasthof „Zur Friedenshoffnung". Er hatte 255 Sitze, vier Wochen lang wurde jeweils an drei Tagen gespielt.
48) Oppenheim/Gettke (wie Anm. 34), S. 166.
49) Deutscher Bühnen-Almanach (zit. als DBA) 37 (1873), S. [B]420.
50) NTA 5 (1894), S. 598.

Bad Flinsberg[51] [Świeradów-Zdrój][52]
Almanach-Einträge gibt es erstmals 1887 und 1889 zu einem Sommertheater. 1894 wurde in einem Badetheater gespielt. Es fiel offenbar dem Feuer, das 1895 die meisten Kur- und Badeeinrichtungen zerstörte, zum Opfer, denn im selben Jahr ist von einem neuen Kurtheater die Rede. 1902 existierte wieder ein Sommertheater, 1907 bis 1917 zunächst in Zweijahresabständen, seit 1911 alljährlich ein Kurtheater. Ob dieses nur von 1911 bis 1913, wie angegeben, im „Hotel Rübezahl"[53] beheimatet war, ist nicht zu klären.

Freiburg/Schlesien [Świebodzice]
Einzig von Riesen als Kurort aufgeführt. Ab 1878 kommt Freiburg hin und wieder als Station reisender Gesellschaften in den Almanachen vor, Waikowsky-Biedau weist ein Theater im „Hotel zum Anker" mit 600 Sitzplätzen nach.[54] Ein kurbezogener Kontext ist nicht erkennbar.

Friedeberg/Queis[55] [Mirsk]
Friedeberg wird ebenfalls nur von Riesen als Kurort erwähnt. Auftritte ambulanter Schauspielformationen melden die Almanache ab 1889 sporadisch, ohne Zusammenhang mit einem Kurbetrieb. Ansonsten sorgten Laien für Unterhaltung: *„Man brauchte auch im arbeitsamen Friedeberg einen Ausgleich zum Alltag und spielte selbst Theater, teils im Schwarzen Adler, teils im Schützenhause."*[56]

---

51) Weber (wie Anm. 1), S. 245; Vogelsang (wie Anm. 1), S. 114–116.
52) Das unfern gelegene böhmische Bad Liebwerda war für Flinsberger Kurgäste ein beliebtes Ausflugsziel. Bürkner (wie Anm. 29), S. 255: *„Der Sonntag wird nie ohne Tanz gefeiert; sehr oft aber auch ganz in Liebwerda hingebracht."* In Bad Liebwerda wird 1884 ein Sommertheater (DBA 49 [1885], S. [B]282), 1891 ein Badetheater (DBA 56 [1892], S. [B]706f.) vermeldet.
53) Dort wurde der Theaterraum 1911 mit 300 Sitzplätzen eröffnet (NTA 23 [1912], S. 410).
54) Waikowsky-Biedau (wie Anm. 35), S. 273: *„Bespielung 13 Wochen im Jahr an jeweils einem Tag."*
55) Vogelsang (wie Anm. 1), S. 123f.
56) Wiese (wie Anm. 42), S. 324; vgl. auch Vogelsang (wie Anm. 1), S. 123.

Gleiwitz[57] [Gliwice]

Gilt nur Hoennicke als Kurort. Auswirkungen auf die Bühnenpraxis sind nicht ersichtlich. Ab Mitte des 19. Jahrhunderts hatte das Gleiwitzer Stadttheater einen Stammplatz in den Almanachen. Laut Waikowsky-Biedau kam es mit dem Konzerthaus auf eine 850 Sitze umfassende Bestuhlung und wurde 24 Wochen pro Jahr an jeweils fünf Tagen bespielt.[58]

Görbersdorf [Sokołowsko]

„*In diesem hübschen, vom Waldenburger Gebirge umschlossenen Kurort werden vielfach Vorstellungen arrangirt und finden auch sehr häufig Konzerte statt. Der Besitzer der berühmten Brehmer'schen Heilanstalt läßt meist die Theatergesellschaften, welche Waldenburg, Braunau [...], Gottesberg besuchen, für seine Kurgäste kommen und finden die Vorstellungen in dem hübsch eingerichteten Saaltheater der Brehmer'schen Heilanstalt statt. An Honorar erhält der Direktor für jede Theatervorstellung 150 Mk., für jedes Konzert 200 Mk. und die etwaigen Ueberzahlungen der Kurgäste.*"[59]

Görbersdorf wird nur von Deutsch und 1912 in der Bäderzeitung als Kurort erwähnt. Warum seine Bespielung in den Almanachen unbeachtet blieb, erklärt sich aus der Beschreibung von Oppenheim/Gettke: „*Ensembles aus benachbarten Orten absolvierten hier nur kurzzeitige Abstecher. Dies wiederum war mangelnder Rentabilität geschuldet, da viele Gäste aus Rußland und Skandinavien kamen.*"[60]

Gottesberg[61] [Boguszów]

Als Kurort nur bei Riesen. Die Almanache registrieren ab 1898 vereinzelte Aufenthalte reisender Gesellschaften ohne Angabe der Spielstätten. Daß Gottesberg schon vor dieser Zeit als Tourneestation diente, geht aus dem Beitrag von Oppenheim/Gettke über Görbersdorf hervor (vgl. dort).

---

57) Vogelsang (wie Anm. 1), S. 126–130.
58) Waikowsky-Biedau (wie Anm. 35), S. 273.
59) Oppenheim/Gettke (wie Anm. 34), S. 326.
60) http://de.wikipedia.org/wiki/Soko%C5%82owsko (zuletzt besucht am 30.3.2015).
61) Vogelsang (wie Anm. 1), S. 162.

Grafenort[62] [Gorzanów]
Hoennicke, Hauck und Osann führen Grafenort als Kurort. Lediglich 1845 meldet der ‚Almanach für Freunde der Schauspielkunst' die Präsenz einer Theatergesellschaft.[63] Das unterschlagene Aufführungslokal war vermutlich das Schloßtheater des kunstsinnigen Grafen Joseph Hieronymus von Herberstein, wo Karl von Holtei und Karl Seydelmann 1816 ihre Bühnenlaufbahn begonnen hatten und bis zum Tod des Grafen, 1847, in der Saison von Herbst bis Frühjahr Vorstellungen stattfanden.[64] Ein Sommertheater für Kurgäste ist nicht dokumentiert.

Greiffenberg[65] [Gryfów Śląski]
Als Kurort nur bei Riesen. Außer für 1898, 1916[66] (nicht genannte Spielstätten) und 1917[67] (im „Hotel Zur Burg") gibt es keine Almanach-Einträge über gastierende Theatergesellschaften.

Hirschberg[68] [Jelenia Góra]
Hauck und Riesen bezeichnen Hirschberg als Kurort. Die Stadt wurde schon im frühen 18. Jahrhundert von Wandertruppen bespielt.[69] Seit 1797 kam die Gesellschaft des Anton Faller bis zu dessen Tod 1824, danach unter Leitung der Witwe Christiane († 1839) während der Sommersaison regelmäßig nach Hirschberg und gastierte ab 1817 von hier aus in Warmbrunn. *„Ihr Theater befand sich zu Hirschberg in einem öffentlichen Saale (Schützenhause)"*, erinnerte sich der Schriftsteller Friedrich Laun an einen Badeaufenthalt 1806 mit amüsanten Details über szenische Notbehelfe.[70]

---

62) Ebd., S. 163–167.
63) Almanach für Freunde der Schauspielkunst (zit. als AFS) 10 (1845), S. [B]148–149.
64) Vgl. auch http://de.wikipedia.org/wiki/Gorzan%C3%B3w (zuletzt besucht am 30.3.2015).
65) Vogelsang (wie Anm. 1), S. 168.
66) NTA 10 (1899), S. 490; DTA 6 (1916), S. 284.
67) DTA 7 (1917), S. 488.
68) Vogelsang (wie Anm. 1), S. 181–188.
69) Rudin (wie Anm. 4), S. 706.
70) Heinrich N[entwig]: Wanderbühnen in Schlesien. 3. Die Faller'sche Gesellschaft, in: Schlesien. Illustrierte Zeitschrift für die Pflege heimatlicher Kultur 7 (1913/14), S. 271–274.

Die Almanache registrieren ab Mitte des 19. Jahrhunderts Bühnenaktivitäten, seit den 1870er Jahren unter dem Namen eines Stadttheaters.[71]

Königshütte[72] [Chorzów]
Hoennicke, Hauck und Osann bezeichnen Königshütte als Kurort mit dem Amalienbad. Im Zeitraum 1858 bis 1862 wurde Königshütte nachweislich von reisenden Gesellschaften besucht. Ab Ende des 19. Jahrhunderts weisen die Almanache die Anwesenheit von Theatergesellschaften – das Oberschlesische Volkstheater – hier nach; u. a. im Saal Ernst Groß.[73] Es gibt in den Almanachen kein Hinweis auf Kurtheater.

Krummhübel[74] [auch Brückenberg, polnisch Karpacz]
Riesen registriert Krummhübel als Kurort, Brückenberg heißt er bei Weber und 1912 in der Badezeitung. Die Almanache wissen nur für die Jahre 1906 und 1907 von Gustav Pohris' Gesellschaft in einem *„Kurtheater"*. Spielstätte war vermutlich eine Gaststätte.

Bad Kudowa[75] [Kudowa-Zdrój]

„Kleiner Badeort in Schlesien. Für Theater kein Raum und auch kein Publikum z. Z. vorhanden. Auch Konzerte sind fast immer schlecht besucht."[76]

Ein Theater wurde schon um 1880 *„nicht gerade sonderlich vermißt"*.[77] Immerhin wissen die Theateralmanache 1891 und 1892 von einem Badetheater, und ein Jahrzehnt später berichtet ein Führer durch Bad Kudowa:

„Die Kurkapelle spielt 2 Mal täglich je 2 Stunden am Kurplatz. Jeden Sonnabend findet Reunion, jeden Mittwoch Abendkonzert statt. Im übrigen

---

71) Laut WAIKOWSKY-BIEDAU (wie Anm. 35), S. 273f. gab es 1895 Spielstätten in der „Kaiser-Halle" und im Gasthof „Zum langen Hause" mit je 400 Sitzplätzen und fünfmal an sechs Wochen im Jahr Vorstellungen im Concert-Haus (500 Plätze).
72) VOGELSANG (wie Anm. 1), S. 216–219.
73) Ebd., S. 217.
74) Ebd., S. 220; WEBER (wie Anm. 1), S. 245.
75) WEBER (wie Anm. 1), S. 237f.; VOGELSANG (wie Anm. 1), S. 221f.; PREIS (wie Anm. 36), S. 46–49.
76) OPPENHEIM/GETTKE (wie Anm. 34), S. 518.
77) VOGELSANG (wie Anm. 1), S. 221.

*Hotel „Fürstenhof" mit Kurtheater in Bad Kudowa. Bildpostkarte nach 1912
[Sammlung B. Rudin, Kieselbronn]*

bieten Künstler Konzerte und Vorstellungen. Wöchentlich viermal Theater. Wasserkorsos, Feuerwerk, Illuminatiinen, Kinderfestlichkeiten und Waldfeste Unterhaltung."[78]
Ab 1902 bringen die Almanache jährlich Nachweise über die Existenz eines Kur- bzw. Sommertheaters (1909 und 1910 Neues Kurtheater). Diese Funktion übernahm 1912 das von einer Aktiengesellschaft erbaute Kurhotel „Fürstenhof" *„mit über 120 Zimmern, eleganten Gesellschaftsräumen, großen Kursälen, Kurtheater und Restaurationsräumen".*[79] Nach der Eröffnungssaison bestand ab 1913 ein Spielverband mit Altheide.

Kunzendorf siehe Centnerbrunn

---

78) Wilhelm PATSCHOVSKY: Führer durch Bad Kudowa und Umgebung, Schweidnitz [um 1902], S. 32.
79) http://de.wikipedia.org/wiki/Kudowa-Zdr%C3%B3j (zuletzt besucht am 30.3.2015),

Kupferberg [Miedziana]

Nur Riesen bezeichnet Kupferberg als Kurort. In den Almanachen gibt es lediglich 1890[80] und 1911[81] Einträge zur Bespielung, ohne Erwähnung eines Kurtheaters.

Bad Landeck[82] [Lądek Zdrój]

„Stadt und Kurort in der Provinz Schlesien, 3000 Einw[ohner]*. AG. Sommer-Theater (Privat-Eigenthum, jedoch ist auch der Magistrat der Stadt L*[andeck] *bei Vergebung maßgebend), faßt 500 Pers*[onen]*. Miethe nach Uebereinkunft. Die Stadt gewährt der Direktion eine Subvention bis 2000 Mk. für die Saison vom 1. Juni bis 15. September. Für Theater und Konzerte während der Saison gut, nicht zu theuere Lebenspreise."*[83]

Der Theaterbetrieb in Bad Landeck ist unter den schlesischen Kurorten am besten dokumentiert. Schon ab 1734 wurde Landeck von Theatergesellschaften besucht. Sie spielten 1750 in der „Taberna"[84], ab 1784/85 im Saal des ersten Kurhauses[85] und ab 1830 in einem Saal des Gasthofs „Zum Schlössel".

„Den Kurgästen wurde vielfältige Abwechslung geboten. [...] es spielte die Badekapelle auf der Promenade und bei Regen in der Albrechtshalle, sonnabends fanden Tanzveranstaltungen statt, und 1872 wurde auch ein ‚elegant gebautes und ausgestattetes, mit guten Kräften versehenes Theater' eingeweiht."[86]

---

80) NTA 2 (1891), S. 466.
81) DTA 2 (1912), S. 604.
82) WEBER (wie Anm. 1), S. 61f., 238f.; VOGELSANG (wie Anm. 1), S. 223–225; Paul PREIS: Die Entwicklung der Kurkapellen und Kurtheater in den Grafschafter Bädern. Ein Beitrag zur Musik- und Theatergeschichte der Grafschaft Glatz. I. Kurmusik und Kurtheater in den Bädern des Kreises Habelschwerdt. Bad Landeck. Bad Langenau, in: Ostdeutsche Heimat. Jahrbuch der Grafschaft Glatz. Grofschoaftersch Häämtebärnla 19 (1967), S. 31–43.
83) OPPENHEIM/GETTKE (wie Anm. 34), S. 525f.
84) WEBER (wie Anm. 1), S. 61.
85) Josef ADLER, Clemens M. GRUBER: Deutschsprachige Theater der Jahrhundertwende, Wien 1987, S. 15; Heinz STOOB, Peter JOHANEK (Hg.): Schlesisches Städtebuch, Stuttgart [usw.] 1995 (= Deutsches Städtebuch 1), S. 210.
86) MARSCH (wie Anm. 17), S. 101.

Es war der 1871 umgewidmete Gesellschaftssaal im Luisenhof[87], der als Victoria-Theater, gelegentlich auch Viktoria-Bad-Theater firmierte und meist über den Sommer hinaus in der Hauptsaison an Schauspielunternehmen verpachtet wurde. Seit 1840 gibt es regelmäßige Einträge in den Almanachen, ab 1879 unter dem Namen des Viktoria-Theaters, ab 1899 des Kurtheaters. Das Haus hatte 230 Sitzplätze, der Vorstellungsbetrieb umfaßte 14 Wochen mit je drei Spieltagen.[88] Es gab oft Abstecher einmal wöchentlich nach Altheide.

Landeshut[89] [Kamienna Góra]
Von Hoennicke und Riesen als Kurort gelistet. Obwohl es vereinzelte Hinweise auf Theater – ohne Angabe der Spielstätten – in Landeshut ab 1857 in den Almanachen gibt,[90] wird nur 1889 die Spielstätte als „Stadttheater" bezeichnet.[91]

Bad Langenau[92] [Długopole-Zdrój]
Hoennicke, Deutsch und Hauck kennen den Ort als Niederlangenau. In den Almanachen taucht er erstmals 1890 auf: Gespielt wurde in einem „*Sommertheater*". 1891 und 1894 fanden Aufführungen statt; den Versammlungsraum erfährt man nicht. Die auf der zeittypisch 1910 errichtete Waldbühne 1911 und 1912 mit Freilicht-Produktionen gewonnenen Erfahrungen veranlaßten 1913 das „Erste Schlesische Waldtheater", den Kursaal bei schlechtem Wetter als Ausweichlokal einzuplanen. Auch 1918 wurden Kur- und Waldtheater kombiniert.

---

87) Adler/Gruber (wie Anm. 85), S. 15; nach Weber (wie Anm. 1), S. 238 Saal des „Vorschußvereins".
88) Waikowsky-Biedau (wie Anm. 35), S. 273.
89) Vogelsang (wie Anm. 1), S. 225–229.
90) DBA 22 (1858), S. [B]233–234; Ferdinand Roeder's Theater-Kalender (zit. als FRTK) 1 (1858), S. 206f.; Deutscher Bühnen-Kalender (zit. als DBK) 1 (1901), S. 94; DBK 3 (1903), S. [B]98; NTA 10 (1899), S. 566f.; NTA 10 (1899), S. 566f.; NTA 11 (1900), S. 590 und NTA 12 (1901), S. 407.
91) DBA 53 (1889), S. [B]283f.
92) Weber (wie Anm. 1), S. 240; Vogelsang (wie Anm. 1), S. 229; Preis (wie Anm. 82).

Langenbielau [Bielawa]

Obwohl von Riesen als Kurort aufgelistet, fehlen entsprechende Hinweise in den Almanachen. Sie belegen, daß Theatergesellschaften 1896, 1897 und 1912 in Langenbielau tätig waren[93] und 1911 eine Ober-Langenbielau besuchte.[94]

Langenbrück [Mostowice]

Nur von Riesen als Kurort registriert. Die Almanache bezeugen zwei Theatergastspiele ohne ortsbezogene Informationen.[95]

Lauban[96] [Lubań]

Wieder nur bei Riesen als Kurort vertreten. Die Tätigkeit eines so genannten *„Stadttheaters"* verfolgen die Almanache ab 1875. Waikowsky-Biedau nennt als Aufführungslokale die Hotels „Drei Kronen" und „Zum Hirsch" mit 500 bzw. 200 Sitzplätzen.[97]

Liegnitz[98] [Legnica]

Nur Ossan bezeichnet Liegnitz als Kurort, wahrscheinlich wegen der berühmten weitläufigen Parkanlage mit Quellvorkommen. Von einem Sommertheater 1857 im Badehaus, das Vogelsang erwähnt, wissen die Almanache nichts. Hingegen berücksichtigen sie von 1878 bis 1905 das Wilhelm-Theater im Wilhelmsbad, ein *„Sommertheater"* mit 444 Sitzplätzen,[99] das 1906 abbrannte. Nebenbei bemerkt: Die Entwicklung des Stadttheaters dokumentieren sie seit 1838.[100]

---

93) NTA 8 (1897), S. 486f.; NTA 9 (1898), S. 505f.; DTA 2 (1912), S. 690f.
94) NTA 23 (1912), S. 954.
95) NTA 2 (1891), S. 168; NTA 5 (1894), S. 41.
96) Vogelsang (wie Anm. 1), S. 230–232.
97) Waikowsky-Biedau (wie Anm. 35), S. 274, 279; das Theater in den „Drei Kronen" hatte eine siebenwöchige Saison mit je fünf bis sechs Spieltagen.
98) Weber (wie Anm. 1), S. 205f.; Vogelsang (wie Anm. 1), S. 234–249.
99) Vgl. Anhang 1. Laut Waikowsky-Biedau (wie Anm. 35), S. 272 wurde es an 13 Wochen im Jahr durchgängig bespielt.
100) Das 1841/42 nach den Plänen von Karl Ferdinand Langhans erbaute Stadttheater war, inklusive der Stehplätze, auf ca. 800 Besucher ausgelegt. Die von Waikowsky-Biedau (wie Anm. 35), S. 272 angegebene Zahl von 666 Sitzen ist als Ergebnis von Sicherungsmaßnahmen (1893) anzusehen.

Löwenberg[101] [Lwówek Śląski]

Nur von Riesen als Kurort eingestuft. Ab 1887 gibt es acht Einträge über Gastspiele in den Almanachen, alle ohne Hinweis auf ein Kurtheater.[102]

Bad Muskau[103]

> *"Stadt in der Provinz Schlesien, 3400 Einw*[ohner]. *AG. Fabriken. Schloß mit bekanntem großartigen Park. Garnison: 1. Bat. Ldw.-Rgts. 6. Rudolf's Theater- und Konzertsaal am Markt, faßt 400 Pers*[onen], *Miethe 8 Mk. Schlechter Theater- und Konzertort.*"[104]

Eines der Projekte für den zwischen 1815 und 1845 geschaffenen Landschaftspark des Fürsten Hermann von Pückler-Muskau blieb der Umbau des nahe am Schloß 1798 in einem *„sogenannten Garten-Palais"* eingerichteten Theaters.[105] Dort amüsierte sich die Hofgesellschaft bei Liebhaber-Aufführungen.[106] Seit wann für die Öffentlichkeit der Theater- und Konzertsaal am Markt zur Verfügung stand, ist unbekannt. Im selben Jahr, als Oppenheim/Gettke vor schlechten Geschäften dort warnten, änderte sich die Lage. Im 1825 erweiterten Holzbau des Sanatoriums „Hermannsbad"[107] – es lag *„am südlichen Ende der Stadt"*[108] – ließ die Gräflich Arnimsche Grundherrschaft 1889 ein *„Kursaaltheater"* mit 300 Sitzen einweihen, dessen Bespielung die Almanache ab 1892 regelmäßig notieren. Die Saison währte acht Wochen

---

101) Vogelsang (wie Anm. 1), S. 249–251.
102) DBA 52 (1888), S. [B]558–559; NTA 9 (1898), S. 404; NTA 10 (1899), S. 490; DTA 2 (1912), S. 306; DTA 2 (1912), S. 582; DTA 3 (1913), S. 319; DTA 6 (1916), S. 284; DTA 7 (1917), S. 488.
103) Weber (wie Anm. 1), S. 246f.; Vogelsang (wie Anm. 1), S. 253–258.
104) Oppenheim/Gettke (wie Anm. 34), S. 839.
105) Vogelsang (wie Anm. 1), S. 256.
106) August Jäger: Das Leben des Fürsten von Pückler-Muskau, Stuttgart 1843, S. 102.
107) Der Name wurde zu Ehren des Grundherrn gewählt (Emil Osann: Physikalisch-medicinische Darstellung der bekannten Heilquellen der vorzüglichsten Länder Europa's, T. 2, Berlin 1832, S. 497), die Pläne für den Erweiterungsbau stammten von Carl Theodor Ottmer (Georg Carl August Kleemann: Das Hermannsbad bei Muskau in der Königlich Preußischen Oberlausitz, in Hinsicht auf seine Umgebungen, so wie seine bewiesenen Heilkräfte, Sorau 1825, S. 18f.).
108) Eduard Petzold: Der Park von Muskau, Hoyerswerda 1856, S. 8. Wenn Hauck (wie Anm. 11) in seiner Auflistung von der *„Lazarusquelle bei Muskau"* spricht, meint er das Hermannsbad.

bei je vier Vorstellungen.[109] Für Auftritte des Süddeutschen Gastspiel-Ensembles von Dezember 1917 bis März 1917 mußte die 800 Besucher fassende Gaststätte „Stadt Görlitz" herhalten.[110]

Naumburg am Bober [Nowogród Bobrzański]
Von Hauck, Hoennicke und Osann als Kurort genannt. Auswirkungen auf die Theaterpraxis geben die Almanache nicht zu erkennen. Nur einmal wird 1916 ein Gastspiel im Hotel „Zum Schwan" gemeldet.[111]

Neisse[112][Nysa]
Hoennicke und Riesen erwähnen einen Kurbetrieb. Er war angesichts der theaterkulturellen Bedeutung Neisses schon zu Zeiten der fürstbischöflichen Residenz und als preußische Festung auch für das kontinuierlich bespielte Stadttheater[113] kein nennenswerter Standortfaktor. Die hier im Verbund mit Schweidnitz seit 1866 beheimatete Theaterdynastie Georgi-Goeschke bewirtschaftete sommers regelmäßig das Kurtheater in Bad Warmbrunn.

Niederlangenau siehe Bad Langenau

Bad Obernigk[114] [Oborniki Śląskie]
Obernigk war des guten Klimas und seiner Heilanstalt wegen ein ganzjährig besuchter Kur- und Erholungort. Deutsch konstatiert noch 1873, das größte Vergnügen biete die Natur, selbst Konzerte gebe es nur alle 14 Tage.[115] Ein 1899 gewecktes Bedürfnis nach Bühnenunterhaltung machte sich 1905, 1910, 1911 ein „*Kurtheater*" bzw. 1912 „*Neues Kurtheater*" zunutze; gespielt wurde viermal die Woche. Laut Vogelsang handelte es

---

109) WAIKOWSKY-BIEDAU (wie Anm. 35), S. 276; der Autor zählt 250 Sitzplätze.
110) DTA 8 (1918), S. 547.
111) DTA 7 (1917), S. 488.
112) VOGELSANG (wie Anm. 1), S. 260–272.
113) Laut WAIKOWSKY-BIEDAU (wie Anm. 35), S. 274 hatte das Stadttheater 714 Sitzplätze und unterhielt einen acht- bis neunwöchigen Vorstellungsbetrieb im Jahr mit fünf Spieltagen pro Woche. Die übrige Hauptsaison entfiel auf die Partnerstadt Schweidnitz.
114) WEBER (wie Anm. 1) S. 247; VOGELSANG (wie Anm. 1), S. 281f.
115) DEUTSCH (wie Anm. 15), S. 49.

sich bei der Spielstätte um einen Saal im Hotel „Bellevue", der 1905 mit 300 Sitzplätzen eröffnet und 1911 renoviert und vergrößert wurde.[116] Angaben zur Bestuhlung schwanken im ‚Neuen Theater-Almanach' zwischen 600 und 700 Plätzen. 1912 standen bei guten Wetter auch Freilichtaufführungen im Kurpark auf dem Programm.

Olbersdorf [Město Albrechtice]
Für Hoennicke und Osann ein Kurort, heute in Tschechien. Der Theaterboom der Jahrhundertwende machte sich 1898, 1901[117] und 1912[118] auch in Olbersdorf bemerkbar. 1912 diente das Hotel „Zum Hirsch" als Spielstätte.

Bad Oppelsdorf [Opolno Zdrój]
Bad Oppelsdorf ist Teil von Reichenau [Bogatynia] in der sächsisch-schlesischen Oberlausitz. Unter dem Namen Reichenau weisen die Almanache 1866, 1893, 1896 und 1900 die Tätigkeit von Schauspielergesellschaften nach. Es dürfte sich durchweg um Bad Oppelsdorf gehandelt haben, denn 1900 firmiert dort der Reichenauer Theaterdirektor Schürmann als Betreiber eines *„Kurtheaters"*. Es bestand auch 1902. 1912 unternahm die in Oybin stationierte Gesellschaft abwechselnd dienstags und freitags Abstecher nach Großschönau und Oppelsdorf.[119]

Bad Reinerz[120] [Duszniki-Zdrój]

„Stadt u. Badeort in Prov[inz] *Schlesien. AG. Theater im ‚Kursaal', faßt 300 Personen. Kleinen Gesellschaften für höchstens 6 Wochen*[121] *(Juli, August), wenn hohe Ansprüche nicht gemacht werden, zu empfehlen."*[122]

---

116) Vogelsang (wie Anm. 1), S. 282.
117) NTA 9 (1898), S. 408f., 12 (1901), S. 345.
118) DTA 2 (1912), S. 470f.
119) Ebd., S. 626f.
120) Weber (wie Anm. 1), S. 61, 240f.; Vogelsang (wie Anm. 1), S. 313–317; Preis (wie Anm. 36), S. 35–46; Marsch: (wie Anm. 17), S. 14.
121) Waikowsky-Biedau (wie Anm. 35), S. 273 behaupete 1895, es werde 15 Wochen im Jahr je fünfmal gespielt.
122) Oppenheim/Gettke (wie Anm. 34), S. 687.

Schauspielunternehmen, die Reinerz in der Badesaison besuchten, konnten ab 1802 einen geräumigen Kursaal[123] und ab 1868 ein darin errichtetes „*nettes Theater* [...] *zur Unterhaltung des Publikums*" pachten.[124]

„*Seit dem v. J.* [1868] *werden im Kursaale auf einer daselbst errichteten Bühne* [...] *von einer Schauspielergesellschaft, welche aus guten Mitgliedern jener Theater besteht, die über den Sommer geschlossen sind, Lust- und Schauspiele aufgeführt, die zur Zerstreuung des Badepublikums viel beitragen. Für Theaterfreunde wurde der Eintritt durch ein Abonnement erleichtert. Die Nothwendigkeit, den Theatervorstellungen eine bleibende Stätte zu verschaffen, stellte sich dabei heraus, und die Commune wird in nächster Zeit im Bade ein eigenes Theater erbauen lassen, in welchem auch Concerte zur Abhaltung gelangen sollen, die bis jetzt in jeder Saison, mitunter auch von Kräften ersten Ranges von Zeit zu Zeit veranstaltet wurden.*"[125]

Für die Zeit bis zum Umbau des Kursalons in einen Theatersaal (1882) gibt es nur 1872 einen Almanach-Eintrag über Schauspielvorstellungen, ab 1884 dann jährliche Nachweise für das „*Kursaaltheater*". 1889 und 1890 ist die Rede vom „*Städtischen Badetheater*" und „*Saisontheater*", danach herrscht Einigkeit über die Bezeichnung „*Kurtheater*". Die Bespielung von Bad Reinerz war seit der Einrichtung des zweckgebundenen Domizils so lukrativ, daß nach der schon stattlichen Direktionsära von Ernst Dittrich (1884–1891) mit dessen Nachfolger Karl Pötter eine Dynastie hier ihre Pfründe fand, die sie auch während des Ersten Weltkriegs nicht aus den Händen gab. Nach Pötters Tod 1907 übernahmen die Witwe Auguste und die Söhne Karl, Eduard und Max die Geschäftsführung.

Bad Salzbrunn[126] [Szczawno-Zdrój]

„*Kurort in der Provinz Schlesien (mit Nieder-Salzbrunn), 6000 Einw*[ohner]. *Wird jährlich von ca. 4-5000 Kurgästen und Fremden besucht. Das Theater (Eigenthum des Fürsten von Pleß) wird alljährlich von der fürstlichen Kurverwaltung vergeben. Das Theater, ein großer, im höchsten Grade feuergefährlicher Holzbau mit zwei Rängen, faßt 500 Pers*[onen]. *Von Seiten*

---

123) Als „*Gesellschaftshaus*" bezeichnet ihn Marsch (wie Anm. 17), S. 14.
124) M. Teller: Bad Reinerz. Geschichtlich, topographisch, naturhistorisch und medicinisch geschildert, Prag 1869, S.19f.
125) Ebd., S. 50f.
126) Weber (wie Anm. 1), S. 241–243; Vogelsang (wie Anm. 1), S. 329–334.

der fürstlichen Verwaltung erhält die Direktion keine Vergünstigung obwohl dasselbe für den Kurort nothwendig, im Gegentheil, der Direktor muß noch 150 Mk. Miethe bezahlen und drei der besten Logen dem Fürsten, dessen Angehörigen, sowie der fürstlichen Verwaltung gratis zur Verfügung stellen. Nur sehr schwer und mit kleinem Personal durchzukommen. Lebensmittel und Wohnungen sehr theuer."[127]

1821 wurde ein Saal des Gasthofs „*das deutsche Haus mit einem Theater*" versehen.[128] 1836 ließ die Gräflich Hochbergsche Brunnenverwaltung an der Kurpromenade neben der Brunnenhalle jenen von Oppenheim/Gettke als extrem feuergefährlich eingestuften Bühnentempel in Holzkonstruktion errichten,[129] und im Folgejahr erwarb Fürst Heinrich von Pleß als Vertreter des Hochbergschen Dominiums „*den Liegnitzer Hof, auf dessen Grund das Theater erbaut ist, wodurch demselben nun eine angenehmere Umgebung geschafft werden*" konnte.[130] Der erste Salzbrunner Badearzt, August Zemplin, äußerte sich dazu:

„*Das Theater befand sich früher [...] im Deutschen Hause, und seine Einrichtung war allerdings nur nothdürftig, aber wer hätte auch einem Salzbrunner Einwohner einen kostbaren Aufwand für ein Theater zugemuthet. Alljährlich wurde es von einer Gesellschaft benutzt, und gewährte Vielen eine angenehme Unterhaltung. Da jedoch der Besitzer in den letzten Jahren seine Rechnung dabei nicht mehr fand, so richtete er das ganze Lokal zu Wohnungen ein, und wir waren einen Sommer ohne Theater.*
So wenig ich als Arzt ein Theater als ein dringendes Bedürfniß einer Brunnen- und Badanstalt anerkennen kann, ja den Einzelnen in vielen Fällen vom Besuch desselben abhalten muß, so bleibt es doch für die allermeisten unserer Gäste, namentlich für Begleiter derselben, für Durchreisende und zum Vergnügen bei uns Verweilende, eine höchst angenehme Unterhaltung, deren Mangel wir recht sehr vermißten. Daher entschloß sich unser Grundherr, ein neues Theater zu bauen, und hat sich dadurch großen Dank erworben. Derselbe Baumeister [Malerarchitekt Joseph Raabe], *der den letzten Hallenbau und den des Kursaals entworfen und ausgeführt hat, leitete auch den Theaterbau, und hat seinem Innern, welches 550 Personen faßt,*

---

127) Oppenheim/Gettke (wie Anm. 34), S. 714.
128) August Zemplin: Die Brunnen- und Molkenanstalt zu Salzbrunn, Bd. 1, Breslau ⁵1841, S. 42.
129) Vogelsang (wie Anm. 1), S. 331.
130) Ebd., S. 54f.

die alle bequem sehen und sitzen können, eine höchst musterhafte Einrichtung gegeben, welche alle Ansprüche befriedigt. Ein vorzüglicher Schmuck desselben sind die von Arreghoni[131] gemalten Dekorationen. Außer einem Parterre mit Sperrsitzen, besitzt es zwei Emporen, von denen die untere in Logen eingetheilt ist. Beide, so wie die Decke, sind mit freundlicher Malerei verziert. Da das Gebäude schnell fertig sein mußte, und man auch, weil es auf einem Grundstück erbaut wurde, welches dem Dominium nicht angehörte, nicht zu viel darauf verwenden wollte, so hat es den Mangel, von Holz errichtet zu sein, welchem aber später, da das Grundstück nun ein Eigenthum des Dominiums geworden ist, abgeholfen werden wird."[132]

Seit 1843 wird die Bespielung des Hauses und seines 1892 eröffneten massiven Ersatzbaus in den Almanachen immer publik gemacht, allerdings erst ab 1857 unter dem offiziellem Namen „Fürstlich Pleß'sches Theater" mit später leichten Abweichungen (Bade-, Saison- oder Kurtheater). Der nach Abtragung des hölzernen Gebäudes seit 1890 durch Fürst Heinrich IX. von Pleß als Imitation eines Rokokotheaters errichtete Neubau hatte ca. 500 Sitzplätze. Ähnlich wie in Reinerz und Warmbrunn konnten sich Schauspielunternehmen mehrere Jahre hier halten: 1857 bis 1869 wirkte die Reißland-Dynastie (bis 1865 Wilhelm Reißland, 1866 seine Witwe Helene Goritz-Reißland und 1867 bis 1869 ihr Sohn Robert Goritz-Reißland). Von 1877 bis 1881 bestritt Adolph Kuhn mit seiner Gesellschaft das Programm, 1890 bis 1911 die Direktrice Juliette Ewers und von 1912 bis 1918 Adolphine Müller.

Schmiedeberg/Riesengebirge[133] [Kowary]

Schmiedeberg ist der erste Kurort, der in den Theateralmanachen erwähnt wird (1821 und 1822).[134] Erst 1894 ist von einem Gastspiel des Dresdner Schauspiel-Ensembles die Rede. Im Jahr darauf erfährt man von Waikowsky-Biedau, das Theater befinde sich im Hotel „Zum Roß", Vorstellungen gebe es drei- bis viermal wöchentlich über eine Dauer von sechs

---

131) Anton Arrigoni, Theaterdekorateur in Breslau.
132) ZEMPLIN (wie Anm. 128), S. 86–88.
133) WEBER (wie Anm. 1), S. 245; VOGELSANG (wie Anm. 1), S. 334f.
134) Taschenbuch für Schauspieler und Schauspielfreunde (zit. als TSSL) 1822, S. 274–278 und TSSL 1823, S. 344f. Es ist nicht klar, ob es sich wirklich um zwei Spielzeiten handelt, denn die Angaben sind identisch. Es könnte sein, daß der Herausgeber Lembert die Angaben zu 1822 nur wiederholt hat.

Salzbrunn, ~~Freitag~~ Donnerstag den ~~~~ 26 Juli 1832,
wird von der Königl. Preuß. privilegirten
Butenop'schen Schauspieler-Gesellschaft
aufgeführt:

Der Vetter aus Surinam.

Lustspiel in 5 Akten, nach Kotzebue's Verwandschaften neu bearbeitet von Blum.

Personen:

Gottlieb Vollmuth, fürstlicher Rath,	Herr Butenop.
Max, sein Sohn,	Herr Bach.
Frau Morgan, seine Haushälterin,	Mad. Butenop.
Hans Vollmuth, ein Bauer,	Herr Zimmermann.
Marthe, sein Weib,	Mad. Großmann.
Anton, ihr Sohn,	Herr Müller.
Peter Vollmuth aus Surinam,	Herr Heinatz.
Gretchen, seine Tochter,	Mad. Conradi.
Ein Schiffer,	Herr Conradi.
Der Wirth zum goldnen Schiff,	Herr Geßmann.
Ein Matrose,	Herr Richter.

Preise der Plätze:
Ein Billet auf die nummerirten Plätze 12½ Sgr. Erstes Parterre 10 Sgr.
Zweites Parterre 5 Sgr. Gallerie 3 Sgr.

Der Anfang ist Punkt 7 Uhr.

Billets für die nummerirten Plätze: das Stück 10 Sgr, und für das erste Parterre: das Dutzend zu 3 Rthlr., sind in meiner Wohnung, im sächsischen Hofe, zu bekommen.
Butenop.

*Theaterzettel aus der Sommersaison 1832 in Bad Salzbrunn
unter Direktor Carl Heinrich Butenop
[Sammlung B. Rudin, Kieselbronn]*

Wochen.[135] 1904 kam das Breslauer Ensemble für die „*Sommertheater*"-Saison, und 1906 bis 1912 erfüllten verschiedene Gesellschaften die Aufgaben eines „*Kurtheaters*" in offenbar wechselnden Lokalen: 1911 wird wieder das Hotel „Zum schwarzen Roß" und 1912 das „Schreibers Hotel" angegeben. Der letzte Eintrag datiert aus dem Jahr 1914.

Schreiberhau[136] [Szklarska Poręba]
Über die Bespielung des Luftkurorts informieren die Almanache seit 1896. Ob das zuerst im Hotel „Union" lokalisierte „*Kurtheater*" auch 1897 dort einquartiert war, erfährt man ebensowenig wie seine Heimstätten 1905 bis 1910 und 1915 bis 1918. Die dreijährige Ausrichtung der Kursaison durch Gustav Hubert (bis 1907)[137] wurde weit übertroffen von Emma Heynau mit einer Vertragsdauer über die Kriegsjahre hinaus bis 1924.

Tannwald [Tanvald]
Als Kurort erwähnt von Hauck. Heute in Nordböhmen an der Grenze zu Polen. Bis zum Beginn des Ersten Weltkriegs dokumentieren die Almanache mehrfach Theatergastspiele,[138] die sich ohne Badepublikum schwerlich gelohnt hätten.

Trebnitz [Trzebnica]
Hoennicke und Riesen nennen Trebnitz als Kurort. Ab 1911 sind fünf Besuche von Theatergesellschaften nachgewiesen.[139] Unklar ist, ob das 1911 so genannte „*Stadttheater*"[140] in der 1912 als Spielstätte angegebenen „*Stadtbrauerei*"[141] sein Domizil hatte. Schon früher war das ambulante Theatergewerbe sporadisch in Trebnitz aufgetaucht, z. B. 1878/79 eine Berliner Operetten-Tourneebühne.[142]

---

135) Waikowsky-Biedau (wie Anm. 35), S. 275.
136) Weber (wie Anm. 1), S. 245; Vogelsang (wie Anm. 1), S. 335f.
137) Anschließend wirkte er vier Jahre in Schmiedeberg.
138) DBA 43 (1879), S. [B]110f.; NTA 2 (1891), S. 465; NTA 7 (1896), S. 274; DBK 1901, S. 132; NTA 13 (1902), S. 396; NTA 25 (1914), S. 645.
139) Ohne Angabe der Spielstätten: 1912: NTA 23 (1912), S. 583; 1913: DTA 3 (1913), S. 312; 1916: DTA 6 (1916), S. 284.
140) DTA 1 (1912), S. 563f.
141) DTA 2 (1912), S. 549f.
142) Weber (wie Anm. 1), S. 226.

Bad Warmbrunn[143] [Cieplice Śląskie-Zdrój]

„*Besuchter Badeort Schlesiens, bei Hirschberg, am Fuße des Riesengebirges, 7200 Einw*[ohner]; *alkalisch-salinische Schwefelthermen (29 bis 30 Grad Reaum.). Glasfabrik. Gräflich Schaffgot'sches Theater, faßt 400 Pers*[onen], *miethfrei. Gutes Sommertheaterunternehmen.*"[144]

Der Verfasser des ‚Spaziergangs durch das Hirschberg Thal' pries Warmbrunn als „*das schlesische Pyrmont*",[145] denn der Kurort war in erster Linie ein gesellschaftlicher Treffpunkt.[146] Es gab fast doppelt so viele Gelegenheitsbesucher wie Kurgäste, darunter die Haute-volée aus den Schlössern und Herrensitzen der prominenten preußischen Urlaubsregion. Schon seit dem frühen 18. Jahrhundert hatten die Reichsgrafen Schaffgotsch Wandertruppen engagiert.[147] Von 1817 bis 1827 und nach wirtschaftlichen Krisenjahren erst wieder ab 1832 gastierte die Fallersche Gesellschaft, die den Winter meist in Glogau zubrachte und einen Gewerbeschein für das gesamte Reichenbacher Regierungsdepartement besaß, von ihrem sommerlichen Hauptsitz Hirschberg aus dreimal wöchentlich in Warmbrunn.[148]

„*Spazirfahrten, Spiel, Bälle und Vorstellungen der Fallerschen Gesellschaft (bei grosser Mittelmässigkeit, unter den wandernden Truppen noch eine der besseren) sind die Hauptvergnügungen der Badegäste.*"[149]

„*Denn bei einer kleinen Gesellschaft verdient es gerade die dankbare Anerkennung des Publikums, wenn jene, bei geringen Mitteln, d.h. bei kleinen Einnahmen, dennoch etwas zu leisten versteht und sich ihre Subsistenz, nicht mit Schulden eine Zeitlang fristet, sondern überall Alles, ihre Mitglieder pünktlich bezahlt und dabei noch eine so vorzügliche Garderobe unterhält, wie sie gewiß selten eine herumziehende Truppe haben wird.*"[150]

---

143) Ebd., S. 243f.; Vogelsang (wie Anm. 1), S. 380–392; vgl. auch Heinrich Nentwig: Geschichte des Reichsgräflichen Theaters zu Warmbrunn, Warmbrunn 1896 (= Mittheilungen aus dem Reichsgräflich Schaffgotsch'schen Archive 1).
144) Oppenheim/Gettke (wie Anm. 34), S. 839.
145) Spaziergang durch das Hirschberger Thal. II, in: Morgenblatt für gebildete Leser vom 26.10.1840.
146) Marsch (wie Anm. 17), S. 42.
147) Johannes Bolte: Komödianten auf der Schneekoppe, in: Euphorion. Zeitschrift für Litteraturgeschichte 5 (1898), S. 58–63.
148) N[entwig] (wie Anm. 70), S. 273f.
149) von Zedlitz (wie Anm. 16), S. 720.
150) *** Zeitung der Ereignisse und Ansichten: Warmbrunn, in: Der Gesellschafter. Blätter für Geist und Herz vom 12.9.1825.

Bis Reichsgraf Gotthard Leopold Christian Schaffgotsch 1836, nach mehreren gescheiterten Plänen seines Vaters, auf eigenem Grund und Boden von seinem Baumeister Albert Tollberg ein Kurtheater mit 600 Sitzplätzen errichten ließ, diente gewöhnlich ein Saal im Gasthof „Zum schwarzen Roß über dem Wasser" als notdürftige Spielstätte.[151] Über das unter der Direktion von Christiane Faller eröffnete klassizistische Bauwerk schrieben Zeitgenossen:

> „Das Theater gehört zu den Zierden unseres Kurortes, im Aeussern würdig und grossartig gehalten, das Innere zweckmässig ausgestattet, ist dieses Gebäude ein schönes Denkmal, welches sich der gegenwärtige Besitzer in dem dankbaren Herzen der Einwohner und der Kurgäste errichtet hat. Die Fallersche Schauspieler-Gesellschaft giebt während der Badezeit Vorstellungen, welche nach dem einstimmigen Urtheile der Sachverständigen jede billige Forderung befriedigen, und daher auch die möglichste Unterstützung verdienen."[152]

> „Der jetzige Standesherr von Warmbrunn, Leopold Gotthard von Schaffgotsch, hat 1836 [...] auch ein Theater bauen [lassen], das 1800 noch gänzlich fehlte, und später nur sehr ärmlich bestellt war. Für die Erhöhung des Genusses, wie für die Zierde des Ortes ist damit etwas Wesentliches geschehen. Ungeachtet des gesunkenen Glanzes der Saison, kann doch neben der hiesigen Fallerschen Schauspielergesellschaft, wenigstens durch einige Monate, gleichzeitig in Hirschberg und selbst in Flinsberg eine solche von einigem Renommée bestehen, während früher nur in Hirschberg Schauspiel war. Die Fallersche Gesellschaft gilt von jeher für die beste Schlesiens, doch sollte sie bei der großen Mittelmäßigkeit des Orchesters sich weniger in großen Opern versuchen. [...] das freundliche, gut eingerichtete Theater Warmbrunns würde unbezweifelt bessere Einnahmen haben, wenn die Natur mit ihren großen Abendschauspielen hier nicht so gefährlich rivalisirte."[153]

Ab 1844 sind die in Neisse stationierten Bühnenunternehmen in den Almanachen nachgewiesen. Diese Gesellschaften besuchten jeden Sommer Warmbrunn und spielten (außer mittwochs und samstags) im Gräflich

---

151) Sein Umbau wurde in den diversen Planungen auch erwogen, vgl. VOGELSANG (wie Anm. 1), S. 385–391.
152) Johann WENDT: Die Thermen zu Warmbrunn im Schlesischen Riesengebirge, Breslau 1840, S. 314f.
153) Julius KREBS: Schlesische Zustände im ersten Jahrhunderte der preußischen Herrschaft. Ein Beitrag zur Cultur- und Sitten-Geschichte Schlesiens, in vertrauten Briefen eines dem Tode Entgegengehenden, Breslau 1840, S. 193.

bzw. Reichsgräflich Schaffgotsch'schen Kurtheater.[154] Merkmal der hier besprochenen rund 80jährigen Ära dieses Hauses ist eine hohe Stabilität in der Leitung: 1855 bis 1865 führte Karl Schiemang die Direktion, 1866 bis 1886 Ernst Georgi, 1887 bis 1892 dessen Witwe Laura bzw. im letzten Jahr deren Schwiegersohn Reinhard Goeschke, 1893 bis 1897 Max Richards und von 1904 bis 1916 Otto Wenghöfer.

Fassade des Kurtheaters in Bad Warmbrunn. Undatierte Bildpostkarte
[Sammlung B. Rudin, Kieselbronn]

---

154) 1889 wurden laut VOGELSANG (wie Anm. 1), S. 391 die ursprünglich 600 Sitzplätze wegen gesetzlicher Sicherheitsbestimmungen auf 410 reduziert. WAIKOWSKY-BIEDAU (wie Anm. 35), S. 273 spricht hingegen 1895 nur von 350, während in den Neuen Theater-Almanachen 1892 450 und ab 1895 400 angegeben werden.

Anhang 1: Nachweis der Kurorte und Spielstätten in Theateralmanachen

Der nachfolgende Katalog umfaßt die in den Theater-Almanachen und -Jahrbüchern bis 1918 ausgewiesenen schlesischen Kurorte nach ihren Spielstätten und der jeweiligen Frequenz von Theaterbetreibern, sofern der Produktionsrahmen mindestens einmal ausdrücklich als Kurtheater bezeichnet ist.

Abkürzungsverzeichnis:
AFS   Almanach für Freunde der Schauspielkunst, Berlin 1836–1853.
AGDB Almanach der Genossenschaft Deutscher Bühnenangehöriger, Berlin 1873–1889.
DBA   Deutscher Bühnen-Almanach, Berlin 1854–1893.
DBJ   Deutsches Bühnen-Jahrbuch, Berlin 1915–1918.
DBK   Deutscher Bühnenkalender, Berlin 1900–1902.
DTA   Deutsches Theater-Adreßbuch, Berlin 1912–1917.
FRTK Ferdinand Roeder's Theater-Kalender, Berlin 1858–1879.
NTA   Neuer Theater-Almanach, Berlin 1890–1914.
SHS   Statistisches Handbuch für deutsche Bühnen (Carl Albrecht Sachse), Hamburg 1854, Wien 1865 u. 1872.
TSSL Taschenbuch für Schauspieler und Schauspielfreunde, Wien 1821–1823.

Altheide Bad [Polanica-Zdrój]

ohne Spielstätte
  1913: Direktor: Herbert Mühlberg; Personal → Bad Kudowa: Kurhotel Fürstenhof <Kurtheater> in: DTA 4 (1914), S. 460.

Badewald <Freilichtaufführungen>
  1913: Direktor: Arthur Hermann Süßenguth; Personal → Altheide Bad: Kurtheater in: DTA 3 (1913), S. 194.

Freiherrlich von der Goltz'sches Kurtheater <Sommersaison>
  1903: Direktor: Bruno Hermann Hottenroth; verbunden mit → Kirchberg/Schlesien: Stadttheater in: NTA 15 (1904), S. 215.

Kurtheater
  1913: Direktor: Arthur Hermann Süßenguth; verbunden mit → Altheide Bad <Badewald – Freilichtaufführungen>, Glatz, Neurode, Zerbst: Stadttheater in: DTA 3 (1913), S. 194.
  Direktor: Herbert Mühlberg; Personal → Bad Kudowa: Kurhotel Fürstenhof <Kurtheater> in: DTA 3 (1913), S. 518.
  1915: Direktor: Oskar Will; Personal → Bad Kudowa: Fürstenhof <Kurtheater> in: DTA 5 (1915), S. 413.
  1916: Direktor: Oskar Will; Personal → Bad Kudowa: Kurtheater in: DBJ 28 (1917), S. 468.
  Direktor: Oskar Will; Personal → Bad Kudowa: Fürstenhof <Kurtheater> in: DTA 6 (1916), S. 450.

1917: Direktor: Oskar Will; Personal → Bad Kudowa: Kurtheater in: DBJ 29 (1918), S. 481f.
Direktor: Oskar Will; Personal → Bad Kudowa: Fürstenhof <Kurtheater> in: DTA 7 (1917), S. 429.
1918: Direktor: Oskar Will; Personal → Bad Kudowa: Kurtheater in: DBJ 30 (1919), S. 448; DTA 8 (1918), S. 412.

Waldbühne an den Spielwiesen
1911: Direktor: Gerlach in: DTA 1 (1912), S. 753; NTA 23 (1912), S. 707.

Bad Altreichenau [Stare Bogaczowice]

Sommertheater
1901: Direktor: Julius Ernst Hennig; Personal → Märzdorf in: DBK 3 (1903), S. [B]106.
1902: Direktor: Julius Ernst Hennig; Personal → Friedeberg/Queis in: NTA 14 (1903), S. 358.

Bad Carlsruhe [Pokój]

ohne Spielstätte
1897: Direktor: Friedrich Ritter; Personal → Kempen/Schlesien in: NTA 9 (1898), S. 419.

Hotel Zum schwarzen Adler <Kurtheater>
1912: Direktor: Otto Gottschalk; verbunden mit → Czarnikau, Oels in: DTA 2 (1912), S. 485–487.

Kurtheater
1898: Direktor: Fritz Ritter; Personal → Namslau in: NTA 10 (1899), S. 568.

Park <Freilichttheater>
1912: Direktor: Otto Gottschalk; verbunden mit → Czarnikau, Oels, Carlsruhe <Hotel Zum schwarzen Adler> in: DTA 2 (1912), S. 485–487.

Bad Charlottenbrunn [Jedlina-Zdrój]

Hotel Kaiserhof <Kurtheater>
1912: Direktorin: Therese Mohr; Personal → Nimptsch: Hotel Schwarzer Bär in: DTA 2 (1912), S. 582.
1913: Direktorin: Therese Mohr; Personal → Nimptsch: Hotel Schwarzer Bär <Stadttheater-Ensemble> in: DTA 3 (1913), S. 566.
1914: Direktorin: Therese Mohr; verbunden mit → Ober-Tannhausen <Sommertheater> in: DTA 4 (1914), S. 303.

Kurtheater
1906: Direktorin: Therese Mohr; Personal → Glatz in: NTA 18 (1907), S. 412.
1907: Direktorin: Therese Mohr; Personal → Neurode in: NTA 19 (1908), S. 497f.
1908: Direktorin: Therese Mohr; Personal → Neurode in: NTA 20 (1909), S. 546.

1909: Direktorin: Therese Mohr; Personal → Neurode in: NTA 21 (1910), S. 560f.
1910: Direktorin: Therese Mohr; Personal → Neurode in: NTA 22 (1911), S. 585.
1911: Direktorin: Therese Mohr; Personal → Freiburg/Schlesien in: DTA 1 (1912), S. 563f.
Direktorin: Therese Mohr; Personal → Patschkau in: NTA 23 (1912), S. 583.
1913: Direktorin: Therese Mohr; Personal → Reichenbach/Schlesien: Saaltheater in: NTA 25 (1914), S. 602f.
1915: Direktorin: Therese Mohr in: DBJ 27 (1916), S. 356.
Direktorin: Therese Mohr; verbunden mit → Ober-Tannhausen in: DTA 5 (1915), S. 273.
1916: Direktorin: Therese Mohr; verbunden mit → Ober-Tannhausen: Hotel Weißes Roß <Sommertheater> in: DTA 6 (1916), S. 293.
1917: Direktorin: Therese Mohr; verbunden mit → Ober-Tannhausen: Sommertheater, Wüstewaltersdorf in: DTA 7 (1917), S. 270f.
1918: Direktorin: Therese Mohr; Personal → Frankenstein: Stadttheater in: DTA 8 (1918), S. 455f.

Sommertheater
1872: Direktoren: Adolf Jentschke; Adolf Opitz; Personal → Reichenbach/Schlesien in: DBA 37 (1873), S. [B]420.

Bad Flinsberg [Świeradów-Zdrój]

Badetheater
1894: Direktor: Harry Norbert in: NTA 6 (1895), S. 362.

Freilichttheater
1914: Direktor: Richard Treu; Personal → Flinsberg, Bad: Kurtheater in: DBJ 26 (1915), S. 404.

Hotel Rübezahl <Kurtheater>
1911: Direktor: Erwin Senff-Georgi in: DTA 1 (1912), S. 380.
1912: Direktor: A. S. Sormand in: DTA 2 (1912), S. 382.
1913: Direktor: A. S. Sormand in: DTA 3 (1913), S. 379f.
1914: Direktor: Richard Treu in: DTA 4 (1914), S. 358f.

Kurtheater
1907: Direktor: Conrad Seidemann in: NTA 19 (1908), S. 366.
1909: Direktor: Georg Strecker in: NTA 21 (1910), S. 410.
1911: Direktor: Erwin Senff-Georgi in: NTA 23 (1912), S. 410.
1913: Direktor: A. S. Sormand in: NTA 25 (1914), S. 428.
1914: Direktor: Richard Treu; verbunden mit → Flinsberg, Bad: Freilichttheater in: DBJ 26 (1915), S. 404.
1916: Direktor: Bruno Hain in: DBJ 28 (1917), S. 398f.
Direktor: Bruno Hain; verbunden mit → Lauban in: DTA 6 (1916), S. 346.

1917: Direktor: Paul Gburek in: DBJ 29 (1918), S. 408.
Direktor: Paul Gburek; verbunden mit → Berlin: Gernsdorfs Novitäten-Theater in: DTA 7 (1917), S. 327.
Direktor: Paul Gburek; Personal → Zerbst: Stadttheater in: DTA 7 (1917), S. 612.
1918: o. Direktor in: DTA 8 (1918), S. 307 (geschlossen).
Direktorin: Therese Mohr; Personal → Frankenstein: Stadttheater in: DTA 8 (1918), S. 455f.

Neues Kurtheater
1895: Direktor: Max Hentze in: NTA 7 (1896), S. 340.

Sommertheater
1887: Direktor: Gustav Mertig; Personal → Friedeberg/Neumark in: DBA 52 (1888), S. [B] 558f.
1889: Direktor: Bernhard Hennig; Personal → Reichenbach/Schlesien: Stadttheater in: DBA 54 (1890), S. [B]442.
1902: Direktor: Julius Ernst Hennig; Personal → Friedeberg/Queis in: NTA 14 (1903), S. 358.

Krummhübel [Brückenberg, polnisch Karpacz]

Kurtheater
1906: Direktor: Gustav Pohris; Personal → Schmiedeberg, Bad in: NTA 18 (1907), S. 561.
1907: Direktor: Gustav Pohris; Personal → Gottesberg in: NTA 19 (1908), S. 385.

Bad Kudowa [*Kudowa*-Zdrój]

ohne Spielstätte
1891: Direktorin: Therese Karichs; verbunden mit → Großenhain in: NTA 3 (1892), S. 486.

Badetheater
1891: Direktorin: Juliette Ewers; Personal → Reinerz, Bad: Städtisches Badetheater <Sommersaison> in: DBA 56 (1892), S. [B]526f.
1892: Direktor: Karl Pötter; Personal → Reinerz, Bad: Kurtheater <Sommersaison> in: DBA 57 (1893), S. [B]291.

Freilichttheater
1913: Direktor: Herbert Mühlberg; Personal → Bad Kudowa: Kurhotel Fürstenhof <Kurtheater> in: DTA 3 (1913), S. 518.

Fürstenhof [Kurhotel Fürstenhof] <Kurtheater>
1912: Direktor: Herbert Mühlberg in: NTA 24 (1913), S. 507.
1913: Direktor: Herbert Mühlberg; verbunden mit → Bad Kudowa: Freilichttheater, Altheide, Bad: Kurtheater in: DTA 3 (1913), S. 518.
1914: Direktor: Herbert Mühlberg; verbunden mit → Altheide in: DTA 4 (1914), S. 460.

1915: Direktor: Oskar Will; verbunden mit → Altheide, Bad <Kurtheater> in: DTA 5 (1915), S. 413.
1916: Direktor: Oskar Will; verbunden mit → Altheide, Bad: Kurtheater in: DTA 6 (1916), S. 450.
1917: Direktor: Oskar Will; verbunden mit → Altheide, Bad: Kurtheater in: DTA 7 (1917), S. 429.

Kurtheater [1910 u. 1911: Neues Kurtheater]
1902: Direktor: Hugo Gerlach in: DBK 3 (1903), S. [B]61.
1905: Direktor: Hugo Gerlach in: NTA 17 (1906), S. 339f.
1906: Direktor: Hugo Gerlach in: NTA 18 (1907), S. 362f.[155]
1909: Direktor: Hugo Gerlach in: NTA 21 (1910), S. 498.
1910: Direktor: Hugo Gerlach in: NTA 22 (1911), S. 521.
1911: Direktor: Hugo Gerlach in: DTA 1 (1912), S. 513; NTA 23 (1912), S. 508f.[156]
1912: Direktor: Herbert Mühlberg in: DTA 2 (1912), S. 525.
1913: Direktor: Herbert Mühlberg in: NTA 25 (1914), S. 518f.
1915: Direktor: Oskar Will in: DBJ 27 (1916), S. 471.
1916: Direktor: Oskar Will; verbunden mit → Altheide, Bad: Kurtheater in: DBJ 28 (1917), S. 468.
1917: Direktor: Oskar Will; verbunden mit → Altheide, Bad: Kurtheater in: DBJ 29 (1918), S. 481f.; DTA 8 (1918), S. 412.
1918: Direktor: Oskar Will; verbunden mit → Altheide, Bad: Kurtheater in: DBJ 30 (1919), S. 448.

Sommertheater
1907: Direktor: Hugo Gerlach in: NTA 19 (1908), S. 440.[157]
1908: Direktor: Hugo Gerlach in: NTA 20 (1909), S. 485f.

Bad Landeck [Lądek Zdrój]
ohne Spielstätte
1840: Direktor: C. Nachtigal; Personal → Neisse in: AFS 5 (1840), S. 384f.
1841: Direktor: C. Nachtigal; Personal → Neisse in: AFS 6 (1841), S. 463–465.
1844: Direktor: J. Thomas; Personal → Reichenbach/Schlesien in: AFS 9 (1844), S. 471f.
1852: Direktor: Julius Heinisch; Personal → Gleiwitz in: AFS 17 (1853), S. [B]129f.
1855: Direktor: Wilhelm Reißland; Personal → Brieg in: DBA 20 (1856), S. [B]425f.

---

155) NTA: 18 (1907): ca. 5.000 Kurgäste. Theater am 1.6.1900 eröffnet; 400 Sitze; Spielzeit: 27.5.–9.9.1906; Neuheiten.
156) NTA 23 (1912): ca. 12.000 Kurgäste. Theater 23.7.1907 eröffnet, 600 Sitze; Spielzeit: 25.5.–15.9.1911.
157) NTA 19 (1908): ca. 5.000 Kurgäste. Theater am 20.7.1907 eröffnet; 650 Sitze; Spielzeit: 15.6.–8.9.1907; Neuheiten.

1856: Direktor: Wilhelm Reißland; Personal → Schweidnitz in: DBA 21 (1857), S. [B]318f.
1861: Direktor: W. Bauer; Personal → Glatz: in: FRTK 5 (1862), S. 318f.
1868: Direktor: C. Nachtigal; Personal → Glatz in: DBA 33 (1869), S. [B]130.
1898: Direktorin: Anna Walden-Jordan; Personal → Berliner Gesammt-Gastspiel in: NTA 10 (1899), S. 271.

Kurtheater
1899: Direktor: Otfrid von Hanstein in: NTA 11 (1900), S. 418.
1900: Direktor: Leopold Friedrich Weiß; verbunden mit → Breslau: Volkstheater in: DBK 1901, S. 88f.
1900: Direktor: Leopold Friedrich Weiß in: NTA 12 (1901), S. 407.
1901: Direktor: Willi Gerlin in: NTA 13 (1902), S. 415.
1902: Direktor: Georg Eger in: DBK 3 (1903), S. [B]97; NTA 14 (1903), S. 422.
1903: Direktor: Leopold Friedrich Weiß in: NTA 15 (1904), S. 400.
1905: Direktor: Georg Eger in: NTA 17 (1906), S. 444.
1906: Direktor: Armand Tresper in: NTA 18 (1907), S. 471.[158]
1907: Direktor: Francesco Sioli in: NTA 19 (1908), S. 442.[159]
1908: Direktor: Francesco Sioli in: NTA 20 (1909), S. 487.
1909: Direktor: Rudolf Beer in: NTA 21 (1910), S. 499f.
1910: Direktor: Friedrich Carl Butz in: NTA 22 (1911), S. 523.
1911: Direktor: Max Preiß in: DTA 1 (1912), S. 515f.; NTA 23 (1912), S. 510.[160]
1912: Direktoren: Anna Goeschke; Paul Harwardt in: NTA 24 (1913), S. 508f.
Direktor: Anna Goeschke; verbunden mit → Leobschütz in: DTA 2 (1912), S. 528.
1913: Direktoren: Paul Harwardt; Adolf Grohmann in: NTA 25 (1914), S. 520.
Direktoren: Paul Harwardt; Adolf Grohmann; verbunden mit → Reichenstein, Wölfesgrund in: DTA 3 (1913), S. 521f.
1914: Direktor: Hans Edmund in: DBJ 26 (1915), S. 472.
Direktor: Hans Edmund; verbunden mit → Ratibor: Stadttheater in: DTA 4 (1914), S. 460–461.
Direktor: Hans Edmund; Personal → Ratibor: Stadttheater in: DTA 4 (1914), S. 548f.
1915: Direktor: Josef Alestra in: DBJ 27 (1916), S. 472; DTA 5 (1915), S. 414.
1916: Direktor: Albrecht Höpfner in: DBJ 28 (1917), S. 469; DTA 6 (1916), S. 451f.

---

158) NTA 18 (1907): 4.000 Einwohner. Theater 1872 eröffnet, 1900 renoviert, 300 Sitze; Saison: 3.7.–2.9.1906; Neuheiten.
159) NTA 19 (1908): 4.000 Einwohner. Theater 1872 eröffnet, 1900 renoviert, 300 Sitze; Saison: 2.6.–8.9.1907; Neuheiten.
160) NTA 23 (1912): 4.000 Einwohner. Theater 1872 eröffnet, 1900 renoviert, 250 Sitze; Saison: 28.5.–10.9.1911.

1917: Direktor: Josef Alestra in: DBJ 29 (1918), S. 482f.; DTA 7 (1917), S. 430f.
1918: Direktor: Josef Alestra in: DBJ 30 (1919), S. 448f.; DTA 8 (1918), S. 414.

Viktoria-Theater [1891: Viktoria-Bad-Theater]
1879: Direktor: Ludwig Thomas in: AGDBA 8 (1880), S. [B]118; DBA 44 (1880), S. [B]177f.
1881: Direktor: Ludwig Thomas in: AGDBA 10 (1882), S. [B]153; DBA 46 (1882), S. [B]194f.
1882: Direktor: Ludwig Thomas; Personal → Charlottenburg: Stadttheater in: DBA 47 (1883), S. [B]401.
1883: Direktor: Ludwig Thomas in: AGDBA 12 (1884), S. [B]160.
1885: Direktor: Hans Heidenreich in: AGDBA 14 (1886), S. [B]174f.; DBA 50 (1886), S. [B]269f.
1886: Direktorin: Juliette Ewers in: DBA 51 (1887), S. [B]248f.
Direktorin: Juliette Ewers; Personal → Brieg: Stadttheater in: AGDBA 15 (1887), S. [B]67f.; DBA 51 (1887), S. [B]55–57.
1887: Direktorin: Juliette Ewers in: AGDBA 16 (1888), S. [B]180f.
Direktorin: Juliette Ewers; Personal → Brieg: Stadttheater in: AGDBA 16 (1888), S. [B]59f.; DBA 52 (1888), S. [B]60f.
1888: Direktorin: Juliette Ewers in: DBA 53 (1889), S. [B]282f.
Direktorin: Juliette Ewers; Personal → Brieg: Stadttheater in: AGDBA 17 (1889), S. [B]313f.
1889: Direktoren: Josef Henschel; Adolf Callenbach in: DBA 54 (1890), S. [B]298.
1890: Direktor: Siegfried Conrad Staack in: NTA 2 (1891), S. 321.
1891: Direktorin: Clara Haberstroh in: NTA 3 (1892), S. 338.
1892: Direktorin: Clara Haberstroh in: NTA 4 (1893), S. 369.
1897: Direktor: Max Neumann in: NTA 9 (1898), S. 428.
1898: Direktor: Max Walden in: NTA 10 (1899), S. 401.

Bad Langenau [Długopole-Zdrój]

ohne Spielstätte
1891: Direktor: Adolf Sattler; Personal → Kamnitz, Bad in: NTA 3 (1892), S. 323.
1894: Direktor: Adolf Pscherer in: NTA 6 (1895), S. 598.
Direktor: Georg Eger; verbunden mit → Glatz in: NTA 6 (1895), S. 422.

Freilichtbühne
1911: o. Direktor in: DTA 1 (1912), S. 753; NTA 23 (1912), S. 707.

Kursaal
1913: Direktor: Fritz Müller; Personal → Langenau, Bad: Waldbühne <Erstes Schlesisches Waldtheater> in: DTA 3 (1913), S. 523.

Kurtheater
1918: Direktor: Paul Isenfels; verbunden mit → Langenau, Bad: Waldtheater in: DBJ 30 (1919), S. 450; DTA 8 (1918), S. 416.

Sommertheater
  1890: Direktor: Hermann Krumschmidt; Personal → Glatz: Stadttheater in: DBA 55 (1891), S. [B]625f.
Waldbühne <Erstes Schlesisches Waldtheater>
  1913: Direktor: Fritz Müller; verbunden mit → Langenau, Bad: Kursaal in: DTA 3 (1913), S. 523.
Waldtheater
  1918: Direktor: Paul Isenfels; Personal → Langenau, Bad: Kurtheater <Sommersaison> in: DBJ 30 (1919), S. 450; DTA 8 (1918), S. 416.

Liegnitz[161] [Legnica]
Wilhelm-Theater
  1881: Direktor: Heinrich Knabenschuh in: DBA 46 (1882), S. [B]208f.
  1885: Direktor: Oskar Will in: AGDBA 14 (1886), S. [B]185.
  1886: Direktor: Oskar Will in: AGDBA 15 (1887), S. [B]204f., DBA 51 (1887), S. [B]567f.
  1887: Direktor: Oskar Will in: AGDBA 16 (1888), S. [B]192f., DBA 52 (1888), S. [B]299.
  1888: Direktor: Oskar Will in: DBA 53 (1889), S. [B]300, AGDBA 17 (1889), S. [B]181.
  1889: Direktor: Oskar Will in: NTA 1 (1890), S. [B]127.
  1890: Direktor: Hugo Walter in: NTA 2 (1891), S. 330.
  1891: Direktor: Hans Bollmann in: NTA 3 (1892), S. 348f.
  1892: Direktor: Hans Bollmann in: NTA 4 (1893), S. 378f.
  1893: Direktor: Hans Bollmann in: NTA 5 (1894), S. 436.
  1894: Direktor: Hans Bollmann in: NTA 6 (1895), S. 432.
  1895: Direktor: Hans Bollmann in: NTA 7 (1896), S. 413.
  1898: Direktor: Reinhard Goeschke in: NTA 10 (1899), S. 413.
  1899: Direktor: Reinhard Goeschke in: NTA 11 (1900), S. 428.
  1900: Direktor: Hans Wahlberg; Personal → Posen: Stadttheater in: DBK 1901, S. 104.
Wilhelm-Theater <Sommersaison>
  1889: Direktor: Oskar Will in: DBA 54 (1890), S. [B]318f.
  1890: Direktor: A. Feuer in: DBA 55 (1891), S. [B]325f.
  1891: Direktor: A. Feuer in: DBA 56 (1892), S. [B]376f.
  1892: Direktor: Hans Bollmann in: DBA 57 (1893), S. [B]210.
  1896: Direktoren: Emil Carl Rudolf Hannemann; Max Neumann in: NTA 8 (1897), S. 419.

---

161) Auf eine vollständige Auflistung aller in den Theateralmanachen erwähnten Spielstätten in Liegnitz wird hier verzichtet, weil sie nicht in Zusammenhang mit dem Kurbetrieb betrieben wurden. Aufgelistet sind hier nur die Theater im Wilhelm-Theater und im Wilhelmsbad, da deren Aufführungen vorwiegend für die Kurgäste gedacht waren.

1897: Direktor: Reinhard Goeschke in: NTA 9 (1898), S. 438.
1901: Direktor: Ernst Reißig in: NTA 13 (1902), S. 426; DBK 3 (1903), S. [B]101.
1902: Direktor: Ernst Reißig in: NTA 14 (1903), S. 432.
1903: Direktor: Ernst Reißig in: NTA 15 (1904), S. 410f.
1904: Direktor: Gustav Botz in: NTA 16 (1905), S. 475.
1905: Direktor: Anton Lederer-Ubrich in: NTA 17 (1906), S. 456.

Wilhelmsbad [Sommertheater]
1878: Direktor: Heinrich Knabenschuh in: DBA43 (1879), S. [B]185f.
Direktoren: Heinrich Knabenschuh; C. R. August Weigelt in: FRTK 22 (1879), S. 240f.
1879: Direktor: Ludwig Hansing in: DBA 44 (1880), S. [B]191f.
1887: Direktor: Oskar Will in: DBA 50 (1886), S. [B]284f.

Bad Muskau

ohne Spielstätte
1859: Direktor: Fr. Moser; Personal → Cottbus in: FRTK 2 (1859), S. 297.
1893: Direktor: Rudolf Drießen; Personal → Forst: Stadttheater in: NTA 5 (1894), S. 364f.
1896: Direktor: Josef Franz Mühlberger; Personal → Sprottau in: NTA 8 (1897), S. 585.
1918: Direktor: Kurt Eberhardt; Personal → Bautzen: Stadttheater in: DTA 8 (1918), S. 155f.

Hermannsbad [1891–92: Gräflich Arnim'sches Kursaaltheater; 1893–94 u. 1900: Kursaaltheater; sonst Gräfliches Kursaaltheater]
1891: Direktor: Louis von Saville in: DBA 56 (1892), S. [B]455f.; NTA 3 (1892), S. 380f.
1892: Direktor: Louis von Saville in: DBA 57 (1893), S. [B]250f.; NTA 4 (1893), S. 410.
1893: Direktor: Rudolf Drießen in: NTA 5 (1894), S. 464.
1894: Direktor: Gustav Frey; verbunden mit → Spremberg in: NTA 6 (1895), S. 464.
1895: Direktor: Julius Ricklinger in: NTA 7 (1896), S. 445.
1896: Direktor: Julius Ricklinger in: NTA 8 (1897), S. 446.
1897: Direktor: Julius Ricklinger in: NTA 9 (1898), S. 470.
1898: Direktor: Julius Ricklinger in: NTA 10 (1899), S. 446.
1900: Direktor: Gustav Lindemann in: NTA 12 (1901), S. 452.
1901: Direktor: Julius Ricklinger in: NTA 13 (1902), S. 461.
1902: Direktor: Julius Ricklinger in: DBK 3 (1903), S. [B]112; NTA 14 (1903), S. 464.
1903: Direktor: Julius Ricklinger in: NTA 15 (1904), S. 446.
1904: Direktor: Julius Ricklinger in: NTA 16 (1905), S. 507.
1905: Direktor: Julius Ricklinger in: NTA 17 (1906), S. 490.
1906: Direktor: Julius Ricklinger in: NTA 18 (1907), S. 518.

1907: Direktor: Julius Ricklinger in: NTA 19 (1908), S. 494f.
1908: Direktor: Julius Ricklinger in: NTA 20 (1909), S. 542f.
1909: Direktor: Julius Ricklinger in: NTA 21 (1910), S. 556.
1910: Direktor: Julius Ricklinger in: NTA 22 (1911), S. 581.
1911: Direktor: Julius Ricklinger in: NTA 23 (1912), S. 564f.
Direktor: Julius Ricklinger; verbunden mit → Weißwasser in: DTA 1 (1912), S. 579.
1912: Direktor: Julius Ricklinger in: DTA 2 (1912), S. 600; NTA 24 (1913), S. 582.
1913: Direktor: Kurt Eberhardt in: NTA 25 (1914), S. 569.
Direktor: Kurt Eberhardt; verbunden mit → Weißwasser in: DTA 3 (1913), S. 582f.
1914: Direktor: Kurt Eberhardt in: DBJ 26 (1915), S. 511.
Direktor: Kurt Eberhardt; verbunden mit → Weißwasser in: DTA 4 (1914), S. 513f.
Direktor: Kurt Eberhardt; Personal → Bautzen: Stadttheater in: DTA 4 (1914), S. 210
1915: Direktor: Kurt Eberhardt in: DTA 5 (1915), S. 460.
Direktor: Kurt Eberhardt; Personal → Bautzen: Stadttheater in: DTA 5 (1915), S. 191.
1916: Direktor: Kurt Eberhardt in: DTA 6 (1916), S. 500.
1917: Direktor: Kurt Eberhardt in: DTA 7 (1917), S. 484 (wurde nicht gespielt).

Stadt Görlitz
1918: Direktor: Martin Fleischmann; Personal → Crailsheim: Zum Ritter <Süddeutsches Gastspiel-Ensemble> in: DTA 8 (1918), S. 547.

Bad Obernigk [Oborniki Śląskie]

ohne Spielstätte
1899: Direktor: Johann Dornbusch; Personal → Wohlau in: NTA 11 (1900), S. XVI.

Kurpark <Freilichtaufführungen>
1912: Direktor: Max Groddeck; Personal → Bad Obernigk: Kurtheater in: DTA 2 (1912), S. 615f.

Kurtheater [1912 laut *Deutschem Theater-Adreßbuch*: Neues Kurtheater]
1905: Direktor: Eugéne Dumont in: NTA 17 (1906), S. 498.
1910: Direktor: Franz Artzt in: NTA 22 (1911), S. 593.
1911: Direktoren: Hermann Rüger; Gustav Adolfi in: NTA 23 (1912), S. 575.[162]
1912: Direktor: Max Groddeck; verbunden mit → Bad Obernigk: Kurpark <Freilichtaufführungen> in: DTA 2 (1912), S. 615f.

---

162) NTA 23 (1912): 3.000 Einwohner. 5.000 Kurgäste, 20.000 Passanten. Theater am 18.6.1911 eröffnet; 700 Sitze; Saison: 18.6.–15.9.1911.

Bad Oppelsdorf [auch Reichenau/Oberlausitz; Opolno Zdrój]

ohne Spielstätte
1866: Direktor: Julius Otto Kunzendorf; Personal → Oderwitz: Reisende Gesellschaft in: DBA 31 (1867), S. [B]222.
1893: Direktor: Franz Stein verbunden mit → Dippoldiswalde, Eibau, Neusalza in: NTA 5 (1894), S. 496f.
1896: Direktor: Franz Stein; Personal → Gross Gersdorf: Reisende Gesellschaft in: NTA 8 (1897), S. 406.
1900: Direktor: Orno Schürmann verbunden mit → Bernstadt/Eigen in: NTA 12 (1901), S. XV.
1912: Direktoren: Ferdinand Hesse; Fritz Klötzel; Personal → Oybin: Waldtheater in: DTA 2 (1912), S. 626f.

Kurtheater
1900: Direktor: Orno Schürmann; verbunden mit → Bernstadt/Eigen, Neusalza: Hotel Duchatsch in: DBK 1901, S. 102.
1902: o. Direktor in: DBK 3 (1903), S. [B]118.

Reichenau/Oberlausitz siehe Bad Oppelsdorf

Bad Reinerz [Duszniki-Zdró]

ohne Spielstatte
1872: Direktor: J. Thomas in: DBA 37 (1873), S. [B]295f.

Badetheater [1890–91: Städtisches Badetheater]
1889: Direktor: Ernst Dittrich in: DBA 54 (1890), S. [B]445f.
1890: Direktor: Ernst Dittrich; Personal → Reichenbach/Schlesien: Stadttheater in: DBA 55 (1891), S. [B]450f.
1891: Direktorin: Juliette Ewers; verbunden mit → Bad Kudowa: Badetheater in: DBA 56 (1892), S. [B]526f.

Chopin-Saal [Kurtheater]
1916: Direktorin: Auguste Pötter in: DBJ 27 (1916), S. 536.

Kursaaltheater
1884: Direktor: Ernst Dittrich; Personal → Hirschberg: Stadttheater in: AGDBA 13 (1885), S. [B]136; DBA 49 (1885), S. [B]218–220.
1885: Direktor: Ernst Dittrich; Personal → Sorau: Stadttheater in: DBA 50 (1886), S. [B]435–437.
1886: Direktor: Ernst Dittrich; Personal → Sorau: Stadttheater in: AGDBA 15 (1887), S. [B]293f.; DBA 51 (1887), S. [B]419f.
1887: Direktor: Ernst Dittrich; Personal → Glatz: Stadttheater in: AGDBA 16 (1888), S. [B]109f.; DBA 52 (1888), S. [B]170f.
1888: Direktor: Ernst Dittrich; Personal → Sorau: Stadttheater in: DBA 53 (1889), S. [B]451f.

Kurtheater
1892: Direktor: Karl Pötter in: NTA 4 (1893), S. 440.[163]
  Direktor: Karl Pötter; verbunden mit → Bad Kudowa: Badetheater in: DBA 57 (1893), S. [B]291.
  Direktor: Karl Pötter; Personal → Oppeln: Stadttheater in: DBA 57 (1893), S. [B]268f.
1893: Direktor: Karl Pötter in: NTA 5 (1894), S. 498.
1894: Direktor: Karl Pötter in: NTA 6 (1895), S. 494.
1895: Direktor: Karl Pötter in: NTA 7 (1896), S. 474.[164]
1896: Direktor: Karl Pötter in: NTA 8 (1897), S. 475.
1897: Direktor: Karl Pötter in: NTA 9 (1898), S. 498.
1898: Direktor: Karl Pötter in: NTA 10 (1899), S. 475.
1899: Direktor: Karl Pötter in: NTA 11 (1900), S. 493f.
1900: Direktor: Karl Pötter in: NTA 12 (1901), S. 482.
  Direktor: Karl Pötter; Personal → Waldenburg: Hotel Goldenes Schwert in: NTA 12 (1901), S. 527.
1901: Direktor: Karl Pötter in: NTA 13 (1902), S. 496.
  Direktor: Karl Pötter; Personal → Waldenburg: Hotel Goldenes Schwert <Stadttheater> in: NTA 13 (1902), S. 548.
1902: Direktor: Karl Pötter in: DBK 3 (1903), S. [B]123f.; NTA 14 (1903), S. 493.
  Direktor: Karl Pötter; Personal → Waldenburg: Hotel Goldenes Schwert <Stadttheater> in: NTA 14 (1903), S. 543.
1903: Direktor: Karl Pötter in: NTA 15 (1904), S. 474.
  Direktor: Karl Pötter; Personal → Waldenburg: Stadttheater in: NTA 15 (1904), S. 519f.
1904: Direktor: Karl Pötter in: NTA 16 (1905), S. 539.
  Direktor: Karl Pötter; Personal → Waldenburg: Stadttheater in: NTA 16 (1905), S. 585f.
1905: Direktor: Karl Pötter in: NTA 17 (1906), S. 519.
  Direktor: Karl Pötter; Personal → Waldenburg: Stadttheater in: NTA 17 (1906), S. 565.
1906: Direktor: Karl Pötter in: NTA 18 (1907), S. 547.[165]
  Direktor: Karl Pötter; Personal → Waldenburg: Stadttheater in: NTA 18 (1907), S. 597f.
1907: Direktor: Karl Pötter jun. in: NTA 19 (1908), S. 528.
1908: Direktor: Karl Pötter jun. in: NTA 20 (1909), S. 578.

---

163) NTA 4 (1893): 3.350 Einwohner. Gebäude 1802 erbaut, 1886 zum Theater umgebaut; 400 Sitze; Saison: 15.6.–15.9.1892, 5mal wöchentlich gespielt. 1mal in der Woche nach Bad Kudowa.
164) NTA 7 (1896): 3.350 Einwohner. Im Saal gespielt, 400 Sitze; Saison: 15.6.–20.9.1895; Neuheiten.
165) NTA 18 (1907): 4.000 Einwohner. 400 Sitze; Saison: 10.6.–20.9.1906: Neuheiten.

1909: Direktor: Eduard Pötter in: NTA 21 (1910), S. 596.
1910: Direktor: Eduard Pötter in: NTA 22 (1911), S. 617.
1911: Direktorin: Auguste Pötter in: NTA 23 (1912), S. 599.[166]
1912: Direktorin: Auguste Pötter in: DTA 2 (1912), S. 655; NTA 24 (1913), S. 597.
1913: Direktorin: Auguste Pötter in: DTA 3 (1913), S. 630; NTA 25 (1914), S. 604.
1914: Direktorin: Auguste Pötter in: DBJ 26 (1915), S. 531.
Direktor: Max Pötter; verbunden mit → Waldenburg: Stadttheater, Jauer: Stadttheater, Striegau in: DTA 4 (1914), S. 551f.
1915: Direktorin: Auguste Pötter; verbunden mit → Waldenburg: Stadttheater, Jauer: Stadttheater in: DTA 5 (1915), S. 492f.
1916: Direktorin: Auguste Pötter in: DBJ 28 (1917), S. 537; DTA 6 (1916), S. 537.
1917: Direktorin: Auguste Pötter in: DBJ 29 (1918), S. 555.
Direktorin: Auguste Pötter; verbunden mit → Waldenburg: Stadttheater in: DTA 7 (1917), S. 520f.
1918: Direktor: Max Pötter in: DTA 8 (1918), S. 507.

Saisontheater
1889: Direktor: Ernst Dittrich in: NTA 1 (1890), S. [B]172.
1890: Direktor: Ernst Dittrich in: NTA 2 (1891), S. 391.
1891: Direktorin: Juliette Ewers in: NTA 3 (1892), S. 412.

Bad Salzbrunn [Szczawno-Zdrój]
ohne Spielstatte
1843: Direktor: Karl Heinrich Friedrich Butenop; Personal → Görlitz in: AFS 8 (1843), S. [B]130f.
1849: Direktor: Julius Heinisch; Personal → Glatz in: AFS 14 (1850), S. [B]123.
1850: Direktor: Julius Heinisch; Personal → Brieg in: AFS 15 (1851), S. [B]64f.
1851: Direktor: J. Thomas; Personal → Ohlau in: AFS 16 (1852), S. [B]299f.
1857: Direktor: Wilhelm Reißland; Personal → Schweidnitz in: DBA 22 (1858), S. [B]338f.
1869: Direktor: Robert Goritz-Reißland; Personal → Oppeln: Stadttheater in: DBA 34 (1870), S. [B]254.

Fürstlich Pleß'sches Theater [1878: Fürstlich Pleß'sches Badetheater; 1879–1881: Fürstlich Pleß'sches Saisontheater]
1857: Direktor: Wilhelm Reißland; Personal → Schweidnitz in: FRTK 1 (1858), S. 375f.
1858: Direktor: Wilhelm Reißland; Personal → Schweidnitz in: DBA 23 (1859), S. [B]367f.; FRTK 2 (1859), S. 299.
1859: Direktor: Wilhelm Reißland; Personal → Oppeln: Stadttheater in: DBA 24 (1860), S. [B]314f.

---

166) NTA 23 (1912): 4.000 Einwohner; Saison: 1.6.–20.9.1911.

1860: Direktor: Wilhelm Reißland; Personal → Oels in: DBA 25 (1861), S. [B]224f.
Direktor: Wilhelm Reißland; Personal → Schweidnitz in: FRTK 4 (1861), S. 332f.
1861: Direktor: Wilhelm Reißland; Personal → Schweidnitz: Stadttheater in: DBA 26 (1862), S. [B]225f.
1862: Direktor: Wilhelm Reißland; Personal → Oels: Stadttheater in: DBA 27 (1863), S. [B]256.
Direktor: Wilhelm Reißland; Personal → Schweidnitz: Stadttheater in: FRTK 6 (1863), S. 350–351.
1863: Direktor: Wilhelm Reißland in: FRTK 7 (1864), S. 371f.
Direktor: Wilhelm Reißland; Personal → Oels in: DBA 28 (1864), S. [B]221.
1864: Direktor: Wilhelm Reißland; Personal → Oels in: DBA 29 (1865), S. [B]232f.
Direktor: Wilhelm Reißland in: FRTK 8 (1865), S. 376f.
1865: Direktor: Wilhelm Reißland; Personal → Oels in: DBA 30 (1866), S. [B]247f.
1866: Direktorin: Helene Goritz-Reißland; Personal → Hirschberg in: FRTK 10 (1867), S. 348f.
1867: Direktoren: Robert Goritz-Reißland; Helene Goritz-Reißland; verbunden mit → Glatz: Stadttheater, Ratibor in: FRTK 11 (1868), S. 384f.
Direktoren: Robert Goritz-Reißland; Helene Goritz-Reißland; Personal → Glatz: Stadttheater in: DBA 32 (1868), S. [B]119f.
1868: Direktor: Robert Goritz-Reißland; Personal → Oppeln: Stadttheater in: DBA 33 (1869), S. [B]255.
1870: Direktor: Adolf Stegemann; Personal → Brieg: Stadttheater in: FRTK 14 (1871), S. 374f.
1874: Direktor: Adolf Stegemann; Personal → Brieg: Stadttheater in: AGDBA 3 (1875), S. 192f.
1875: Direktor: Karl Schiemang; Personal → Bautzen: Stadttheater in: AGDBA 4 (1876), S. 194.
1877: Direktor: Adolph Kuhn; Personal → Striegau in: DBA 42 (1878), S. [B]277f.
1878: Direktor: Adolph Kuhn; Personal → Striegau in: DBA 43 (1879), S. [B]300f.
1879: Direktor: Adolph Kuhn; Personal → Striegau in: DBA 44 (1880), S. [B]307f.
1880: Direktor: Adolph Kuhn; Personal → Striegau in: DBA 45 (1881), S. [B]312f.
1881: Direktor: Adolph Kuhn; Personal → Striegau in: DBA 46 (1882), S. [B]328.
1883: Direktor: Adolf Oppenheim; Personal → Glogau: Stadttheater in: AGDBA 12 (1884), S. [B]111f.; DBA 48 (1884), S. [B]462f.
1885: Direktor: Karl Schiemang in: DBA 50 (1886), S. [B]418.

1887: Direktor: Ludwig Thomas in: AGDBA 16 (1888), S. [B]264f.; DBA 52 (1888), S. [B]436f.
1888: Direktor: Ludwig Thomas in: AGDBA 17 (1889), S. [B]250; DBA 53 (1889), S. [B]432.
1889: Direktor: Ludwig Thomas in: DBA 54 (1890), S. [B]464f.; NTA 1 (1890), S. [B]178.
1890: Direktorin: Juliette Ewers in: DBA 55 (1891), S. [B]471f.; NTA 2 (1891), S. 398.
1892: Direktorin: Juliette Ewers in: NTA 4 (1893), S. 449.[167]
1893: Direktorin: Juliette Ewers in: NTA 5 (1894), S. 505.
1894: Direktorin: Juliette Ewers in: NTA 6 (1895), S. 502.
1895: Direktorin: Juliette Ewers in: NTA 7 (1896), S. 482.[168]
1896: Direktorin: Juliette Ewers in: NTA 8 (1897), S. 487.
1899: Direktorin: Juliette Ewers in: NTA 11 (1900), S. 505.

Fürstliches Kurtheater
1901: Direktorin: Juliette Ewers in: DBK 3 (1903), S. [B]126.
1904: Direktorin: Juliette Ewers in: NTA 16 (1905), S. 549.
1905: Direktorin: Juliette Ewers in: NTA 17 (1906), S. 529.
1906: Direktorin: Juliette Ewers in: NTA 18 (1907), S. 557.[169]
1908: Direktorin: Juliette Ewers in: NTA 20 (1909), S. 587.
1909: Direktorin: Juliette Ewers in: NTA 21 (1910), S. 604.
1910: Direktorin: Juliette Ewers in: NTA 22 (1911), S. 626f.
1911: Direktorin: Juliette Ewers in: NTA 23 (1912), S. 609.[170]
1912: Direktorin: Adolfine Müller in: DTA 2 (1912), S. 671f.; NTA 24 (1913), S. 607f.
1913: Direktorin: Adolfine Müller in: DTA 3 (1913), S. 646; NTA 25 (1914), S. 614.
1914: Direktorin: Adolfine Müller in: DBJ 26 (1915), S. 533f.; DTA 4 (1914), S. 560.
1915: Direktorin: Adolfine Müller in: DBJ 27 (1916), S. 537f.; DTA 5 (1915), S. 498f.
1916: Direktorin: Adolfine Müller in: DBJ 28 (1917), S. 541; DTA 6 (1916), S. 544f.
1917: Direktorin: Adolfine Müller in: DBJ 29 (1918), S. 560; DTA 7 (1917), S. 528f.

---

167) NTA 4 (1893): 4.000 Einwohner. Theater 1892 neu erbaut; 500 Sitze; Saison 15.6.–20.9.1892. Neuheiten, Zeitungen.
168) NTA 7 (1896): 4.000 Einwohner. Theater 1892 erbaut; 500 Sitze; Saison: 15.6.–16.9.1895; Neuheiten, Zeitungen, Hotels.
169) NTA 18 (1907): 4.000 Einwohner, 16.000 Kurgäste. Theater 1892 erbaut; 500 Sitze.
170) NTA 23 (1912): 4.000 Einwohner, 16.000 Kurgäste. Theater 1892 eröffnet; 500 Sitze; Saison: 28.5.–17.9.1911.

1918: Direktorin: Adolfine Müller in: DBJ 30 (1919), S. 531; DTA 8 (1918), S. 517f.

Kurtheater [1892: Neues Kurtheater]
  1892: Direktorin: Juliette Ewers in: DBA 57 (1893), S. [B]424f.
  1897: Direktorin: Juliette Ewers in: NTA 9 (1898), S. 506f.
  1898: Direktorin: Juliette Ewers in: NTA 10 (1899), S. 484.
  1899: Direktorin: Juliette Ewers; Personal → Brieg: Stadttheater in: DBK 1901, S. 59.
  1900: Direktorin: Juliette Ewers in: NTA 12 (1901), S. 491.
  1901: Direktorin: Juliette Ewers in: NTA 13 (1902), S. 509f.
  1902: Direktorin: Juliette Ewers in: NTA 14 (1903), S. 502f.
  1903: Direktorin: Juliette Ewers in: NTA 15 (1904), S. 483.

Sommertheater
  1853: Direktor: Hermann Conradi; Personal → Hirschberg in: DBA 18 (1854), S. [B]206f.; SHS 1854, S. [A]145f.
  1854: Direktor: Hermann Conradi; Personal → Hirschberg in: SHS 2 (1855), S. [B]123.
  Direktor: Hermann Conradi; Personal → Glatz in: DBA 19 (1855), S. [B]146f.; SHS 2 (1855), S. [B]393f.

Schmiedeberg/Riesengebirge

ohne Spielstatte
  1822: Direktor: Karl Heinrich Friedrich Butenop; Personal → Liegnitz in: TSSL 1822, S. 274–278.
  1823: Direktor: Karl Heinrich Friedrich Butenop; Personal → Liegnitz in: TSSL 1823, S. 344f.
  1894: Direktor: Richard Kaiser-Randow; Personal → Dresden: Schauspiel-Ensemble in: NTA 6 (1895), S. 348f.
  1906: Direktor: Gustav Pohris; verbunden mit → Gottesberg, Krummhübel: Kurtheater in: NTA 18 (1907), S. 561.
  1907: Direktor: Gustav Pohris; Personal → Gottesberg in: NTA 19 (1908), S. 385.
  1908: Direktor: Gustav Pohris; Personal → Gottesberg in: NTA 20 (1909), S. 425.
  1913: Direktor: Fritz Ritter; Personal → Hirschberg: Fischerberg <Waldfestspiele> in: DTA 3 (1913), S. 460f.

Hotel Zum schwarzen Roß <Kurtheater>
  1911: Direktor: Gustav Hubert; verbunden mit → Freiburg/Schlesien in: DTA 1 (1912), S. 654.

Kurtheater
  1908: Direktor: Gustav Hubert; verbunden mit → Weißwasser in: NTA 20 (1909), S. 591.
  1909: Direktor: Gustav Hubert; verbunden mit → Weißwasser in: NTA 21 (1910), S. 609.

1910: Direktor: Gustav Hubert; verbunden mit → Weißwasser, Penzig in: NTA 22 (1911), S. 631.
1914: Direktor: Bruno Hain in: NTA 25 (1914), S. 619.

Schreibers Hotel <Kurtheater>
1912: Direktor: Gustav Hubert; verbunden mit → Freiburg/Schlesien in: DTA 2 (1912), S. 687f.

Sommertheater <Breslauer Ensemble>
1904: Direktor: Hugo Wald; verbunden mit → Strehlen in: NTA 16 (1905), S. 552.

Bad Schreiberhau [Szklarska Poręba]

Kurtheater
1897: Direktor: Leo Sydow; Personal → Rawitsch in: NTA 9 (1898), S. 495f.
1905: Direktor: Gustav Hubert in: NTA 17 (1906), S. 771f.
1906: Direktor: Gustav Hubert in: NTA 18 (1907), S. 561f.
1907: Direktor: Gustav Hubert in: NTA 19 (1908), S. 541f.[171]
1908: Direktor: Max Engelhardt in: NTA 20 (1909), S. 592.
1909: Direktor: Julius Fleischer in: NTA 21 (1910), S. 609f.
1915: Direktorin: Emma Heynau in: DBJ 27 (1916), S. 540; DTA 5 (1915), S. 506f.
1916: Direktorin: Emma Heynau in: DBJ 28 (1917), S. 544f.; DTA 6 (1916), S. 553f.
1917: Direktorin: Emma Heynau in: DBJ 29 (1918), S. 563f.
Direktorin: Emma Heynau; verbunden mit → Landeshut/Schlesien in: DTA 7 (1917), S. 535.
1918: Direktorin: Emma Heynau in: DBJ 30 (1919), S. 534; DTA 8 (1918), S. 524.

Union-Hotel <Kurtheater>
1896: Direktor: Leo Sydow; Personal → Rawitsch in: NTA 8 (1897), S. 473.

Bad Warmbrunn [Cieplice Śląskie-Zdrój]

ohne Spielstätte
1861: Direktor: Karl Schiemang; Personal → Brieg: Stadttheater in: DBA 26 (1862), S. [B]32f.

Gräflich Schaffgott'sches Theater [1893–1918: Reichsgräflich Schaffgott'sches Kurtheater]
1844: Direktor: J. Carl Lobe; Personal → Neisse in: AFS 10 (1845), S. [B]233f.
1847: Direktorin: Jeanette Keller; Personal → Glogau: Stadttheater in: AFS 12 (1848), S. [B]151–153.

---

171) NTA 19 (1908): 5.300 Einwohner, 14.000 Kurgäste, 10.200 Passanten. 500 Sitze; Saison: 21.5.–15.9.1907; Theater spielt Sommer und Winter.

1848: Direktor: Joseph Keller; Personal → Glogau: Stadttheater in: AFS 13 (1849), S. [B]122.
1850: Direktor: Joseph Keller; Personal → Glogau: Stadttheater in: AFS 15 (1851), S. [B]335f.
1853: Direktor: Joseph Keller; Personal → Neisse: Stadttheater in: AFS 17 (1853), S. [B]237f.
1855: Direktor: Karl Schiemang; Personal → Hirschberg in: DBA 20 (1856), S. [B]226–228.
1856: Direktor: Karl Schiemang; Personal → Hirschberg in: DBA 21 (1857), S. [B]183f.
1857: Direktor: Karl Schiemang; Personal → Hirschberg in: DBA 22 (1858), S. [B]198f.; FRTK 1 (1858), S. 167f.
1859: Direktor: Karl Schiemang; Personal → Bunzlau in: DBA 24 (1860), S. [B]109f.
1860: Direktor: Karl Schiemang; Personal → Liegnitz: Stadttheater in: DBA 25 (1861), S. [B]185f.
1862: Direktor: Karl Schiemang; Personal → Neisse: Stadttheater in: DBA 27 (1863), S. [B]249f.
1863: Direktor: Karl Schiemang; Personal → Neisse: Stadttheater in: DBA 28 (1864), S. [B]213f.; FRTK 7 (1864), S. 287f.
1864: Direktor: Karl Schiemang; Personal → Neisse: Stadttheater in: DBA 29 (1865), S. [B]225f.; FRTK 8 (1865), S. 278f.
1865: Direktor: Karl Schiemang; Personal → Neisse: Stadttheater in: DBA 30 (1866), S. [B]241f.; FRTK 9 (1866), S. 278f.
1866: Direktor: Ernst Georgi; Personal → Neisse: Stadttheater in: DBA 31 (1867), S. [B]217f.; FRTK 10 (1867), S. 344f.
1867: Direktor: Ernst Georgi; Personal → Neisse: Stadttheater in: DBA 32 (1868), S. [B]222–224; FRTK 11 (1868), S. 288–290.
1868: Direktor: Ernst Georgi; Personal → Neisse: Stadttheater in: DBA 33 (1869), S. [B]235–237; FRTK 12 (1869), S. 281–283.
1869: Direktor: Ernst Georgi; Personal → Neisse: Stadttheater in: DBA 34 (1870), S. [B]236f.; FRTK 13 (1870), S. 366f.
1870: Direktor: Ernst Georgi; Personal → Neisse: Stadttheater in: DBA 35 (1871), S. [B]217f.
1871: Direktor: Ernst Georgi; Personal → Neisse: Stadttheater in: DBA 36 (1872), S. [B]225f.
1872: o. Direktor; Personal → Neisse: Stadttheater in: AGDBA 1 (1873), S. CII.
Direktor: Ernst Georgi; Personal → Neisse: Stadttheater in: DBA 37 (1873), S. [B]248–250.
1873: o. Direktor; Personal → Neisse: Stadttheater in: AGDBA 2 (1874), S. [A]248f.
Direktor: Ernst Georgi; Personal → Neisse: Stadttheater in: DBA 38 (1874), S. [B]215f.
1874: Direktor: Ernst Georgi; Personal → Neisse: Stadttheater in: AGDBA 3 (1875), S. 343–345; DBA 39 (1875), S. [B]251–253.

1875: Direktor: Ernst Georgi; Personal → Neisse: Stadttheater in: AGDBA 4 (1876), S. 360f.; DBA 40 (1876), S. [B]231–233.
1876: Direktor: Ernst Georgi; Personal → Neisse: Stadttheater in: AGDBA 5 (1877), S. 335f.; DBA 41 (1877), S. [B]224–226; FRTK 20 (1877), S. 407–409.
1877: Direktor: Ernst Georgi; Personal → Neisse: Stadttheater in: AGDBA 6 (1878), S. 341f.; DBA 42 (1878), S. [B]210f.
1878: Direktor: Ernst Georgi; Personal → Neisse: Stadttheater in: AGDBA 7 (1879), S. 446; DBA 43 (1879), S. [B]220–222; FRTK 22 (1879), S. 276–278.
1879: Direktor: Ernst Georgi; Personal → Neisse: Stadttheater in: AGDBA 8 (1880), S. [B]148; DBA 44 (1880), S. [B]232–234.
1880: Direktor: Ernst Georgi; Personal → Neisse: Stadttheater in: AGDBA 9 (1881), S. [B]167f.; DBA 45 (1881), S. [B]239–241.
1881: Direktor: Ernst Georgi; Personal → Neisse: Stadttheater in: AGDBA 10 (1882), S. [B]187f.; DBA 46 (1882), S. [B]249f.
1882: Direktor: Ernst Georgi; Personal → Neisse: Stadttheater in: AGDBA 11 (1883), S. [B]197f.; DBA 47 (1883), S. [B]255–257.
1883: Direktor: Ernst Georgi; Personal → Neisse: Stadttheater in: AGDBA 12 (1884), S. [B]200f.; DBA 48 (1884), S. [B]284–286.
1884: Direktor: Ernst Georgi; Personal → Neisse: Stadttheater in: AGDBA 13 (1885), S. [B]204f.; DBA 49 (1885), S. [B]327f.
1885: Direktor: Ernst Georgi; Personal → Neisse: Stadttheater in: AGDBA 14 (1886), S. [B]217f.; DBA 50 (1886), S. [B]349–351.
1886: Direktor: Ernst Georgi; Personal → Neisse: Stadttheater in: AGDBA 15 (1887), S. [B]238f.; DBA 51 (1887), S. [B]323–325.
1887: Direktorin: Laura Georgi; Personal → Neisse: Stadttheater in: AGDBA 16 (1888), S. [B]228f.; DBA 52 (1888), S. [B]366–368.
1888: Direktorin: Laura Georgi; Personal → Neisse: Stadttheater in: DBA 53 (1889), S. [B]367–369; AGDBA 17 (1889), S. [B]217f.
1889: Direktorin: Laura Georgi; Personal → Neisse: Stadttheater in: DBA 54 (1890), S. [B]385–387; NTA 1 (1890), S. [B]151f.
1890: Direktorin: Laura Georgi; Personal → Neisse: Stadttheater in: DBA 55 (1891), S. [B]389–391; NTA 2 (1891), S. 360.
1891: Direktorin: Laura Georgi; Personal → Neisse: Stadttheater in: DBA 56 (1892), S. [B]460–462; NTA 3 (1892), S. 383–384.
1892: Direktor: Reinhard Goeschke; Personal → Neisse: Stadttheater in: DBA 57 (1893), S. [B]252f.; NTA 4 (1893), S. 412.[172]
1893: Direktor: Max Richards in: NTA 5 (1894), S. 543.
1894: Direktor: Max Richards in: NTA 6 (1895), S. 537.
1895: Direktor: Max Richards in: NTA 7 (1896), S. 518.[173]

---

172) NTA 4 (1893): 3.600 Einwohner. Theater 1836 erbaut; 450 Sitze; Hotels, Zeitungen.
173) NTA 7 (1896): 3.600 Einwohner. Theater 1836 erbaut; 400 Sitze; Saison: 16.6.–8.9.1895; Neuheiten.

1896: Direktor: Max Richards in: NTA 8 (1897), S. 524.
1897: Direktor: Max Richards in: NTA 9 (1898), S. 541f.
1898: Direktor: Ferdinand Pochmann in: NTA 10 (1899), S. 517.
1899: Direktor: Ferdinand Pochmann in: NTA 11 (1900), S. 544f.
1900: Direktor: Ferdinand Pochmann in: DBK 1901, S. 115; NTA 12 (1901), S. 527.
1901: Direktor: Friedrich Wilhelm Herrmann in: DBK 3 (1903), S. [B]137; NTA 13 (1902), S. 548.
Direktor: Friedrich Wilhelm Herrmann; Personal → Liegnitz: Stadttheater in: DBK 3 (1903), S. [B]101.
1902: Direktor: Friedrich Wilhelm Herrmann in: NTA 14 (1903), S. 543.
1903: Direktor: Friedrich Wilhelm Herrmann in: NTA 15 (1904), S. 520.
1904: Direktor: Otto Wenghöfer in: NTA 16 (1905), S. 586.
1905: Direktor: Otto Wenghöfer in: NTA 17 (1906), S. 565f.
1906: Direktor: Otto Wenghöfer in: NTA 18 (1907), S. 598f.[174]
1907: Direktor: Otto Wenghöfer in: NTA 19 (1908), S. 577.[175]
1908: Direktor: Otto Wenghöfer in: NTA 20 (1909), S. 631.
1909: Direktor: Otto Wenghöfer in: NTA 21 (1910), S. 648.
1910: Direktor: Otto Wenghöfer in: NTA 22 (1911), S. 673f.
1911: Direktor: Otto Wenghöfer in: DTA 1 (1912), S. 704; NTA 23 (1912), S. 651.[176]
1912: Direktor: Otto Wenghöfer in: DTA 2 (1912), S. 740f.; NTA 24 (1913), S. 650.
Direktor: Otto Wenghöfer; Personal → Potsdam: Königliches Schauspielhaus in: DTA 2 (1912), S. 638f.; NTA 24 (1913), S. 588f.
1913: Direktor: Otto Wenghöfer in: DTA 3 (1913), S. 708; NTA 25 (1914), S. 657f.
1914: Direktor: Otto Wenghöfer in: DBJ 26 (1915), S. 559; DTA 4 (1914), S. 602f.
1915: Direktor: Otto Wenghöfer in: DBJ 27 (1916), S. 564; DTA 5 (1915), S. 536f.
1916: Direktor: Otto Wenghöfer in: DBJ 28 (1917), S. 573; DTA 6 (1916), S. 587f.
1917: Direktor: Fritz Pook in: DBJ 29 (1918), S. 591f.; DTA 7 (1917), S. 569f.
1918: Direktor: Fritz Pook; Personal → Liegnitz: Stadttheater in: DBJ 30 (1919), S. 458f.; DTA 8 (1918), S. 460.

---

174) NTA 18 (1907): 3.600 Einwohner. Theater 1836 erbaut; 400 Sitze; Saison: 10.6.–9.9.1907; Neuheiten.
175) NTA 19 (1908): 3.600 Einwohner. Theater 1836 erbaut; 400 Sitze; Saison: 9.6.–8.9.1907; Neuheiten.
176) NTA 23 (1912): 3.000 Einwohner. Theater 1836 eröffnet; 400 Sitze; Saison: 11.6.–11.9.1911.

Anhang 2: Direktoren der schlesischen Kurtheater

Es werden hier Direktoren aufgeführt, die als saisonale Betreiber schlesischer Kurtheater nachgewiesen sind. Die Auflistung sämtlicher Stationen ihrer Direktorenlaufbahn soll über ihr Tätigkeitsprofil und den Stellenwert der schlesischen Bäderlandschaft im regionalen und überregionalen Bühnenbetrieb unterrichten. Die Aufenthaltsorte sind pro Jahr alphabetisch geordnet. Wenn eine Spielstätte bekannt ist, folgt sie dem Ortsnamen. Schlesische Kurorte sind kursiv gekennzeichnet. Die Jahresangaben entsprechen den Erscheinungsjahren der Bühnen-Almanache und -Jahrbücher, wogegen in Anhang 1 jeweils die Sommerspielzeiten hervorgehoben wurden.

Adolfi, Gustav
1912   *Bad Obernigk:* Kurtheater.

Alestra [Szarka-Alestra], Josef
1888   Apatin, Hódság, Mohács, Oppova, Titel.
1905   Wiener Operetten- und Novitäten-Ensemble. Aufführungen in Freising: Sommertheater, Starnberg: Sommertheater.
1906   Wiener Operetten- und Novitäten-Ensemble. Aufführungen in Starnberg: Sommertheater, Zwiesel: Sommertheater.
1907   Wiener Operetten- und Novitäten-Ensemble. Aufführungen in Bad Aibling: Sommertheater, Traunstein: Sommertheater, Simbach: Sommertheater.
1910   Neustadt/Orla: Sommertheater, Saalfeld: Stadttheater, Schleiz: Sommertheater.
1911   Eisenach: Tivoli-Theater, Pößneck, Saalfeld: Stadttheater, Suhl.
1912   Eisenach: Tivoli-Theater, Eisleben: Stadttheater, Saalfeld: Stadttheater.
1913   Eisenach: Tivoli-Theater, Eisleben: Stadttheater, Saalfeld: Stadttheater, Zerbst: Stadttheater.
1914   Eisenach: Tivoli-Theater, Zerbst: Stadttheater.
1915   *Bad Landeck:* Kurtheater, Eisenach: Tivoli-Theater.
1916–1918   *Bad Landeck:* Kurtheater.

Artzt, Franz
1902   Dresden: Charivari-Theater.
1911   *Bad Obernigk:* Kurtheater.
1914   Wiener Modernes Theater. Aufführungen Frankfurt/Oder, Liegnitz, Merseburg.
1915   Wiener Modernes Theater, Wiener Modernes Gastspiel-Theater.
1916   Wiener Modernes Gastspiel-Theater.
1917–1918   Wiener Modernes Gastspiel-Theater (geschlossen).

Bauer, W.
1862   *Bad Landeck,* Brieg, Glatz, Hirschberg, Schweidnitz.
1863   Glatz, Hirschberg, Schweidnitz.

Beer, Rudolf
1910　　　*Bad Landeck:* Kurtheater.
1911　　　Abbazia: Saisontheater <Kurtheater>, Ödenburg: Deutsches Theater.
1912　　　Abbazia: Saisontheater.
1918　　　Brünn: Stadttheater.

Bollmann, Hans (1857–1934)
1892–1896　*Liegnitz:* Wilhelm-Theater.
1897–1911　Freiburg/Breisgau: Stadttheater.
1913–1918　Dortmund: Stadttheater.

Botz, Gustav (1857–1932)
1902–1903　Bad Friedrichroda: Kurtheater.
1905　　　*Liegnitz:* Wilhelm-Theater <Sommersaison>.

Butenop, Karl Heinrich Friedrich (1752–1843)
1790　　　Altona, Lübeck, Wismar.
1822–1823　Altwasser, *Schmiedeberg/Riesengebirge*, Jauer, Landshut, Liegnitz, Schweidnitz.
1839　　　Brieg, Glatz, Görlitz, Liegnitz, Glatz, Schweidnitz, Glatz.
1840　　　Freiburg/Breisgau.
1841　　　Liegnitz.
1842　　　Görlitz.
1843　　　Liegnitz.
1844　　　*Bad Salzbrunn*, Görlitz, Liegnitz, Neisse.
1846　　　Hirschberg, Liegnitz: Stadttheater, Schweidnitz.

Butz, Friedrich Carl (1877–1941)
1911　　　*Bad Landeck:* Kurtheater, Warnemünde: Sommertheater.
1912　　　Freiburg/Schlesien, Langenbielau, Rostock: Sommertheater, Schweidnitz: Stadttheater, Warnemünde: Sommertheater.
1913　　　Rostock: Sommertheater, Schweidnitz: Stadttheater, Warnemünde: Sommertheater, Warnemünde: Waldspiele.
1914–1916　Schweidnitz: Stadttheater.

Callenbach, Adolf
1890　　　*Bad Landeck:* Viktoria-Theater, Bautzen: Stadttheater.

Conradi, Hermann
1846　　　Osnabrück: Stadttheater.
1847　　　Dortmund.
1854　　　*Bad Salzbrunn:* Sommertheater, Brieg, Chemnitz: Aktientheater, Hirschberg, Schweidnitz.
1855　　　*Bad Salzbrunn:* Sommertheater, Ballenstedt: Herzogliches Hoftheater, Bernburg: Herzogliches Hoftheater, Brieg, Glatz, Hirschberg, Schweidnitz.

1856   Ballenstedt: Herzogliches Hoftheater, Bernburg: Herzogliches Hoftheater, Glatz, Schweidnitz.
1857   Ballenstedt: Herzogliches Hoftheater, Bernburg: Herzogliches Hoftheater.
1858   Landeshut/Schlesien.
1860   Eisleben, Schweidnitz: Stadttheater, Torgau: Stadttheater, Wittenberg.

Dessoir, Jeanette → **Keller, Jeanette**

Dittrich, Ernst
1881   Inowrozlaw: Saisontheater, Kulm: Sommertheater, Lissa: Stadttheater, Rawitsch: Stadttheater.
1882   Lissa: Stadttheater, Rawitsch: Stadttheater.
1883   Jauer: Stadttheater, Lauban: Stadttheater.
1884   Beuthen: Stadttheater, Lauban: Stadttheater.
1885   *Bad Reinerz:* Kursaaltheater, Hirschberg: Stadttheater, Lauban: Stadttheater.
1886   *Bad Reinerz:* Kursaaltheater, Hirschberg: Stadttheater, Lauban: Stadttheater, Sorau: Stadttheater.
1887   *Bad Reinerz:* Kursaaltheater, Glatz: Stadttheater, Lauban: Stadttheater, Sorau: Stadttheater.
1888   *Bad Reinerz:* Kursaaltheater, Glatz: Stadttheater, Lauban: Stadttheater, Waldenburg: Stadttheater.
1889   *Bad Reinerz:* Kursaaltheater, Sorau: Stadttheater, Waldenburg: Stadttheater.
1890   *Bad Reinerz:* Badetheater, Glatz: Stadttheater, Waldenburg: Stadttheater.
1891   *Bad Reinerz:* Saisontheater <Städtisches Badetheater>, Lauban: Stadttheater, Reichenbach/Schlesien: Stadttheater.

Dornbusch, Johann
1898   Hirschfelde, Niedercunnersdorf, Niederstrahwalde, Obercunnersdorf, Olbersdorf.
1899   Bad Greiffenberg, Langenöls, Löwenberg/Schlesien, Seidenberg.
1900   *Bad Obernigk,* Großstrehlitz, Wohlau, Zobten am Berge.

Drießen, Rudolf (1820?–1902)
1880   Wesel: Stadttheater.
1881–1882 Marburg/Lahn: Stadttheater.
1883   Bad Harzburg: Sommertheater, Goslar: Stadttheater, Herford: Stadttheater.
1884   Bad Oeynhausen: Königliches Kursaaltheater, Emden: Stadttheater, Verden: Stadttheater.
1885   Bad Nenndorf: Badetheater, Bad Oeynhausen: Königliches Kursaaltheater, Hannoversch Münden: Stadttheater, Verden: Stadttheater.
1886   Kassel, Hameln, Lippstadt.
1887   Bad Schöningen, Wernigerode.
1888   Bad Elmen: Sommertheater, Eisleben: Stadttheater, Schönebeck/Elbe: Sommertheater.

1889	Bad Elmen: Sommertheater, Schönebeck/Elbe: Thalia-Theater, Schönebeck/Elbe: Sommertheater.
1890	Luckenwalde: Hotel Prinz von Preußen, Wittenberge: Dannehl'sches Restaurant.
1891	Jüterbog, Luckenwalde: Hotel Prinz von Preußen, Wittenberge.
1892	Torgau: Stadttheater.
1893	Forst: Stadttheater, Jauer: Sommertheater.
1894	*Bad Muskau:* Kursaaltheater, Forst: Stadttheater.
1895	Weißenfels: Stadttheater.
1896	Bernburg: Tivoli-Theater, Eisleben: Stadttheater.
1897	Hamm: Stadttheater, Schönebeck/Elbe: Stadttheater.
1898	Bad Lauchstädt: Königliches Schauspielhaus, Sagan: Stadttheater, Sommerfeld, Sprottau.
1899	Crossen/Elster, Naumburg/Saale: Stadttheater.
1900	Naumburg/Saale: Stadttheater, Spremberg: Stadttheater.
1901	Riesa: Neues Stadttheater.
1902	Bad Frankenhausen: Kurtheater, Blankenburg: Stadttheater, Verden: Stadttheater.

Dumont, Eugéne

1906   *Bad Obernigk:* Kurtheater.

Eberhardt, Kurt (1862–1938)

1903	Stettin: Bock-Brauerei <Sommertheater>.
1904	Stettin: Bock-Brauerei <Apollo-Theater>.
1912	Wilhelmshaven: Wilhelm-Theater.
1913	*Bad Muskau:* Gräfliches Kursaaltheater, Weißwasser, Wilhelmshaven: Wilhelm-Theater, Rüstringen.
1914	*Bad Muskau:* Gräfliches Kursaaltheater, Bautzen: Stadttheater, Weißwasser.
1914–1917	*Bad Muskau:* Gräfliches Kursaaltheater, Bautzen: Stadttheater.
1917	*Bad Muskau:* Gräfliches Kursaaltheater (nicht gespielt).

Edmund, Hans

1906	Bad Liebenstein: Kurtheater, Basel: Bömly's Theater.
1907	Bad Liebenstein: Kurtheater, Basel: Interims-Theater.
1908–1909	Bad Liebenstein: Kurtheater, Basel: Interims-Theater, Hildburghausen: Stadttheater, Meiningen: Konzerthaus.
1910	Deutsche Operetten-Gastspiele Holland und Belgien: Aufführungen in Amsterdam: Grand Théâtre, Bad Liebenstein: Kurtheater, Eisenach: Kurhaustheater.
1911	Deutsche Operette vom Grand Théâtre und Königlicher Stadsschouwburg zu Amsterdam. Aufführungen in Amsterdam: Grand Théâtre, Amsterdam: Holländische Schouwburg, Amsterdam: Königliche Stadsschouwburg, Antwerpen, Bad Liebenstein: Kurtheater, Brüssel, Danzig: Wilhelmtheater, Den Haag: Gebouw-Haus, Den Haag: Königliche

	Schouwburg, Dortmund: Olympiatheater, Eisenach: Kurhaustheater Freiburg/Breisgau: Colosseum, Halle/Saale: Walhallatheater, Rotterdam: Groote Schouwburg, Rotterdam: Stadsschouwburg.
1912	Amsterdam: Het Duitsche Tooneel, Amsterdam: Grand Théâtre, Amsterdam: Königliche Stadsschouwburg, Bad Liebenstein: Kurtheater, Den Haag: Königliche Schouwburg, Elsterwerda, Falkenberg, Hildburghausen, Ratibor: Stadttheater, Rotterdam: Groote Schouwburg, Ruhla.
1913	Bad Liebenstein: Kurtheater, Bad Liebenstein: Naturbühne, Cosel, Leobschütz, Ratibor: Stadttheater.
1914	*Bad Landeck:* Kurtheater, Ratibor: Stadttheater.
1915	*Bad Landeck:* Kurtheater, Basel: Bömly-Theater, Kaiserslautern: Stadttheater, Luzern: Stadttheater, Ratibor: Stadttheater, Sankt Gallen, Zug: Stadttheater.
1916	Basel: Bömly-Theater, Bern: Neues Operetten-Theater, Davos: Kurtheater, Luzern: Stadttheater, Sankt Gallen, Winterthur.
1917	Bern: Neues Operetten-Theater, Bern: Theater Variété, Davos: Kurtheater, Luzern: Stadttheater, Sankt Gallen: Stadttheater, Winterthur, Zug.
1918	Luzern: Stadttheater.

Eger, Georg

1895	*Bad Langenau*, Glatz.
1896	Bukarest, Konstantinopel, Odessa.
1897	Bukarest.
1902	*Bad Landeck:* Kurtheater, Bukarest, Jassy, Konstantinopel, Moskau: Eremitage-Theater, Odessa.
1903	Ensemble-Gastspiel Deutscher Bühnenkünstler. Aufführungen in *Bad Landeck:* Kurtheater, Bukarest, Moskau: Eremitage, Odessa.
1904	Ensemble-Gastspiel Deutscher Bühnenkünstler. Aufführungen in Breslau: Victoria Vaudeville-Theater, Konstantinopel, Moskau, Odessa.
1906	*Bad Landeck:* Kurtheater.
1911–1912	Breslau: Liebich's Etablissement, Nürnberg: Apollo-Theater.
1913	Deutsches Operetten-Ensemble. Aufführungen in Aachen, Breslau: Zirkus Busch <Schlesische Jubiläums-Festspiele>, Köln, Dresden, Hannover, Mannheim.
1914	Deutsches Operetten-Ensemble. Aufführungen in Aachen, Bremen: Schiller-Theater, Breslau, Breslau: Zirkus Busch <Schlesische Jubiläums-Festspiele>, Coburg: Aktientheater, Köln: Metropol-Theater, Dresden, Düsseldorf, Elberfeld, Gotha: Park-Pavillon, Halle/Saale: Apollo-Theater, Hannover: Residenz-Theater, Mannheim: Apollo-Theater.
1915	Deutsches Operetten-Ensemble. Aufführungen in Bremen, Breslau, Coburg, Köln, Gotha, Halle/Saale, Hannover.

Engelhardt, Max (1870–1942)

1909	*Bad Schreiberhau:* Kurtheater.
1911–1918	Konstanz: Stadttheater.

Ewers [Ewers-Grandjean], Juliette (1839–1912)
1880	Beuthen: Stadttheater, Ratibor: Stadttheater.
1881–1882	Brieg: Stadttheater, Glatz: Stadttheater.
1883	Brieg: Stadttheater, Frankfurt/Oder: Gesellschaftshaus <Sommertheater>, Hirschberg: Stadttheater.
1884	Brieg: Stadttheater, Ratibor: Stadttheater.
1885–1886	Brieg: Stadttheater, Gleiwitz: Sommertheater.
1887	*Bad Landeck:* Viktoria-Theater, Brieg: Stadttheater.
1888	*Bad Landeck:* Viktoria-Theater, Beuthen, Brieg: Stadttheater.
1889	*Bad Landeck:* Viktoria-Theater, Brieg: Stadttheater, Bunzlau: Stadttheater.
1890	Brieg: Stadttheater, Gleiwitz: Schützengarten, Oppeln.
1891	*Bad Salzbrunn:* Fürstlich Pleß'sches Theater, Brieg: Stadttheater, Bunzlau: Stadttheater, Gleiwitz: Schützengarten <Sommertheater>.
1892	*Bad Kudowa* <Badetheater>, Bad Reinerz: Saisontheater <Städtisches Badetheater>, Brieg: Stadttheater.
1893	*Bad Salzbrunn:* Fürstlich Pleß'sches Theater <Neues Kurtheater>, Brieg: Stadttheater.
1894	*Bad Salzbrunn:* Fürstlich Pleß'sches Theater, Brieg: Stadttheater.
1895	*Bad Salzbrunn:* Fürstlich Pleß'sches Theater, Brieg: Stadttheater, Ratibor.
1896	*Bad Salzbrunn:* Fürstlich Pleß'sches Theater, Brieg: Stadttheater.
1897	*Bad Salzbrunn:* Fürstlich Pleß'sches Theater, Brieg: Stadttheater, Lissa, Waldenburg.
1898	*Bad Salzbrunn:* Kurtheater, Brieg: Stadttheater, Lissa, Waldenburg.
1899	*Bad Salzbrunn:* Kurtheater, Brieg: Stadttheater, Hirschberg.
1900	*Bad Salzbrunn:* Fürstlich Pleß'sches Theater <Kurtheater>, Brieg: Stadttheater, Hirschberg: Konzert-Haus, Waldenburg: Hotel Goldenes Schwert <Stadttheater>.
1901	*Bad Salzbrunn:* Kurtheater, Brieg: Stadttheater, Hirschberg: Konzert-Haus.
1902	*Bad Salzbrunn:* Fürstliches Kurtheater, Brieg: Stadttheater, Ratibor: Neues Stadttheater.
1903	*Bad Salzbrunn:* Kurtheater, Brieg: Stadttheater Ratibor: Neues Stadttheater.
1904	*Bad Salzbrunn:* Kurtheater, Brieg: Stadttheater, Hirschberg.
1905–1907	*Bad Salzbrunn:* Fürstliches Kurtheater, Brieg: Stadttheater, Hirschberg: Theater des Kunst- und Vereinshauses.
1908	Brieg: Stadttheater.
1909–1910	*Bad Salzbrunn:* Fürstliches Kurtheater, Brieg: Stadttheater.
1911–1912	*Bad Salzbrunn:* Fürstliches Kurtheater.

Feuer, A.
1910	*Bad Schreiberhau:* Kurtheater, Pettau: Stadttheater.
1913–1914	Przemysl: K.K. Offizierskasinotheater, Jaroslau: K.K. Offizierskasinotheater, Lemberg: K.K. Offizierskasinotheater.
1915	Przemysl: K.K. Offizierskasino-Theater, Jaroslau: K.K. Offizierskasino-Theater, Lemberg: K.K. Offizierskasino-Theater, Wien: Wiener Kabarette.

Fleischer, Julius
1891–1892   *Liegnitz:* Wilhelm-Theater <Sommersaison>.

Fleischmann, Martin
1904   Altötting, Deggendorf, Landau/Isar, Neumarkt/Oberpfalz, Neuötting.
1905   Neumarkt/Oberpfalz, Roth am Sand: Städtische Turnhalle, Treuchtlingen: Hotel Zur Eisenbahn.
1911   Süddeutsches Gastspiel-Ensemble. Aufführungen in Bad Schramberg, Crailsheim, Immenstadt, Lindau-Aeschach: Gärtchen an der Mauer.
1912   Süddeutsches Gastspiel-Ensemble. Aufführungen in Ellwangen: Städtische Turnhalle, Isny, Urach: Waldhornkeller.
1913   Süddeutsches Gastspiel-Ensemble. Aufführungen in Aalen: Spritzenhaus, Crailsheim: Zum Ritter, Ellwangen: Städtische Turnhalle, Urach: Schwanensaal, Urach: Waldhornkeller.
1918   Süddeutsches Gastspiel-Ensemble. Aufführungen in *Bad Muskau:* Stadt Görlitz, Crailsheim: Zum Ritter, Döbern: Deutsches Haus, Weißwasser: Hotel Krone.

Frey, Gustav Adolf (1850?–?)
1891   Braunau/Böhmen: Stadttheater, Gera: Viktoria-Theater.
1892   Maffersdorf.
1893   Außig: Stadttheater, Bad Schandau: Schützenhausgarten, Karlsbad: Tivoli-Theater <Stadttheater>.
1894   Außig: Stadttheater.
1895   Altdöbern, *Bad Muskau:* Kursaaltheater, Finsterwalde, Spremberg.
1897   Freudenthal, Mährisch-Schönberg.
1898   Freudenthal, Warasdin.
1899   Karlsbad, Krumau.
1901   Jaroslau, Lemberg, Mährisch-Weißkirchen, Przemysl.
1902   Friedek, Krakau: Offizierskasino-Theater, Mistek: Neues Deutsches Vereinshaus-Theater.
1903   Krakau: K.K. Offizierskasino-Theater.
1904   Passau: Stadttheater.
1908   Krumau: Stadttheater, Wien: Neues Wiener Volkstheater.

Gburek, Paul [Pseud.: Paul Gernsdorf] (1875–?)
1907   Gleiwitz: Viktoria-Theater, Oppeln: Stadttheater.
1909–1914   Döbeln: Stadttheater.
1915   Ratibor: Stadttheater.
1916   Märkisches Novitäten-Theater. Aufführungen in Mariendorf, Ratibor: Stadttheater, Steglitz.
1917   Märkisches [Gernsdorfs] Novitäten-Theater. Aufführungen in *Bad Flinsberg:* Kurtheater, Neukölln/Berlin, Zerbst: Stadttheater.
1918   Vaterländische Schauspiele. Aufführungen in: *Bad Flinsberg:* Kurtheater, Bad Schandau: Kurtheater, Zerbst: Stadttheater.

Georgi, Anna → **Goeschke, Anna**

Georgi [Georgy], Ernst (1823–1887)
1867–1887 *Bad Warmbrunn:* Gräflich Schaffgott'sches Theater, Neisse: Stadttheater, Schweidnitz: Stadttheater.

Georgi, Erwin → **Senff-Georgi, Erwin**

Georgi, Laura (1831–1903)
1888–1892 *Bad Warmbrunn:* Gräflich Schaffgott'sches Theater, Neisse: Stadttheater, Schweidnitz: Stadttheater.

Gerlach [Kommissionsrat]
1911–1912 *Altheide Bad:* Waldbühne an den Spielwiesen.

Gerlach, Hugo (1850?–1930)
1883–1885 Libau: Stadttheater.
1886 Libau: Stadttheater, Riga: Sommertheater.
1887 Libau: Stadttheater, Riga: Hagensberger Park <Sommertheater>.
1888 Libau: Stadttheater, Riga: Hagensberger Sommertheater.
1889–1892 Riga: Hagensberger Sommertheater.
1893 Lüneburg: Stadttheater, Riga: Hagensberger Sommertheater.
1894 Lüneburg: Stadttheater.
1895–1897 Harburg: Aktientheater, Riga: Hagensberger Sommertheater.
1898 Harburg: Stadttheater, Riga: Hagensberger Sommertheater.
1899 Harburg: Stadttheater.
1900 Berliner Residenz-Ensemble. Aufführungen in Bern: Schänzli-Theater.
1901 Berlin: Königlich subv. Theater-Ensemble.
1902 Posensches Provinzialtheater. Aufführungen in *Bad Kudowa:* Kurtheater.
1903 Posensches Provinzialtheater.
1904 Posensches Provinzialtheater. Aufführungen in Riga: Hagensberger Park.
1905 Posensches Provinzialtheater.
1906–1909 Posensches Provinzialtheater. Aufführungen in *Bad Kudowa:* Kurtheater.
1910–1911 Posensches Provinzialtheater. Aufführungen in *Bad Kudowa:* Neues Kurtheater.
1912 Posensches Provinzialtheater. Aufführungen in: *Bad Kudowa:* Kurtheater, Gumbinnen, Gnesen: Hotel Bristol, Inowrozlaw: Stadtpark, Insterburg: Tivoli-Theater, Lissa: Hotel Kaiserhof, Meseritz: Schloßbrauerei, Ostrowo: Schützenhaus, Rawitsch: Schützenhaus, Schneidemühl: Artus-Hof.
1913 Posensches Provinzialtheater. Aufführungen in Insterburg: Tivoli-Theater.
1914 Posensches Provinzialtheater. Aufführungen in Lissa, Gnesen, Inowrozlaw, Krotoschin, Meseritz, Ostrowo, Rawitsch: Schützenhaus, Schneidemühl.
1915 Bad Kreuznach: Kurtheater, Bad Kreuznach: Naturbühne.
1916 Posensches Provinzialtheater. Aufführungen in Gnesen: Hotel Hindenburg, Inowrozlaw: Basts Hotel, Kowno: Deutsches Theater, Krotoschin:

	Schützenhaus, Lissa: Kaiserhof, Meseritz: Schützenhaus, Ostrowo: Stadthalle, Rawitsch: Schützenhaus, Schneidemühl: Konzertsaal.
1917	Posensches Provinzialtheater. Aufführungen in Kowno: Deutsches Theater.
1918	Posensches Provinzialtheater.

Gerlin, Willi (?–1912)
1900–1901 Breslau: Deutsches Theater.
1902   *Bad Landeck:* Kurtheater.

Gernsdorf, Paul → **Gburek, Paul**

Goeschke, Anna, geb. Georgi
1911	Cosel, Neisse: Stadttheater, Neustadt/Schlesien.
1912	*Bad Landeck:* Kurtheater, Leobschütz, Neisse: Stadttheater, Neustadt/Schlesien.
1913	*Bad Landeck:* Kurtheater, Neisse: Stadttheater.
1914–1917	Neisse: Stadttheater.

Goeschke, Reinhard (1857–1910)
1893	Schweidnitz: Stadttheater.
1894	Görlitz: Wilhelm-Theater, Neisse: Stadttheater.
1895	Neisse: Stadttheater.
1896	Bad Liebenstein: Kurtheater, Neisse: Stadttheater.
1897	Neisse: Stadttheater.
1898–1900	*Liegnitz:* Wilhelm-Theater, Neisse: Stadttheater.
1901	Neisse: Stadttheater.
1902	Köthen: Tivoli-Theater, Neisse: Stadttheater.
1903	Köthen: Tivoli-Theater, Schweidnitz: Stadttheater.
1904	Köthen: Konzerthaus-Theater, Schweidnitz: Stadttheater.
1905	Köthen: Konzerthaus-Theater, Neisse: Stadttheater.
1906–1908	Neisse: Stadttheater.
1909	Neisse: Stadttheater, Neuhaldensleben: Fürst Bismarck <Sommersaison>.
1910	Neisse: Stadttheater.

Goritz-Reißland, Helene
1867	*Bad Warmbrunn:* Gräflich Schaffgott'sches Theater, Hirschberg, Neisse: Stadttheater, Schweidnitz: Stadttheater.
1868	*Bad Salzbrunn:* Fürstlich Pleß'sches Theater, Glatz: Stadttheater, Ratibor: Stadttheater.
1873	Gleiwitz, Oppeln: Stadttheater.

Goritz-Reißland, Robert
1868	*Bad Salzbrunn:* Fürstlich Pleß'sches Theater, Glatz: Stadttheater, Ratibor: Stadttheater.

1869	*Bad Salzbrunn:* Fürstlich Pleß'sches Theater, Hirschberg, Oppeln: Stadttheater.
1870	*Bad Salzbrunn*, Brieg: Stadttheater, Hirschberg, Oppeln: Stadttheater.
1871	Brieg: Stadttheater, Oppeln: Stadttheater, Ratibor: Stadttheater.

Gottschalk, Otto

1911	Posener Provinzial-Schauspiel-Ensemble. Aufführungen in Bentschen: Schützengesellschaft, Birnbaum: Zickermanns Etablissement, Colmar: H. Miethe, Schwerin/Warthe: Gustav Juksch, Wreschen: Julius Goerlt.
1912	Posener Provinzial-Schauspiel-Ensemble. Aufführungen in *Bad Carlsruhe/Schlesien:* Hotel Zum schwarzen Adler <Kurtheater>, Bentschen: Schützenhaus, Birnbaum: Zickermanns Etablissement, Colmar: Frankes Hotel, Czarnikau: Brauereigarten, Oels, Schwerin/Warthe, Wreschen: Kaminskis Theatersaal.
1913	Posener Provinzial-Schauspiel-Ensemble. Aufführungen in Bentschen: Schützenhaus, Birnbaum: Zickermanns Etablissement, Colmar: Frankes Hotel, Czarnikau: Brauereigarten, Schwerin/Warthe, Spremberg, Wreschen: Kaminskis Theatersaal.
1914	Posener Provinzial-Schauspiel-Ensemble. Aufführungen in Bentschen, Birnbaum: Zickermanns Etablissement, Schwerin/Warthe, Spremberg.

Grandjean, Juliette → Ewers, Juliette

Groddeck, Max

1911	Fraustadt: Stadttheater, Gnesen: Café Bristol <Sommertheater>, Haynau, Jarotschin, Krotoschin: Schützenhaus, Lissa: Stadttheater, Lüben: Stadttheater.
1912	Posensches Städtebundtheater. Aufführungen in *Bad Obernigk:* Neues Kurtheater, Fraustadt, Krotoschin, Lissa, Lüben: Schützenhaus, Münsterberg: Schützenhaus, Ostrowo, Sprottau: Stadttheater.
1917	Forst: Hotel Forster Hof <Stadttheater>.

Grohmann, Adolf

1913	*Bad Landeck:* Kurtheater, Reichenstein, Wölfelsgrund.
1914	Allenstein: Stadttheater, *Bad Landeck:* Kurtheater.

Haberstroh [Seder-Haberstroh], Clara

1879	Cottbus: Stadttheater, Landsberg/Warthe: Stadttheater.
1880	Plauen: Stadttheater, Glauchau: Stadttheater.
1881	Annaberg: Stadttheater, Bautzen: Stadttheater.
1882–1883	Bautzen: Stadttheater, Zittau: Stadttheater.
1884	Meißen: Stadttheater, Zittau: Stadttheater.
1885	Bautzen: Stadttheater, Zittau: Stadttheater.
1888–1889	Meißen: Stadttheater, Zittau: Stadttheater.
1890	Döbeln: Stadttheater, Meißen: Stadttheater.

1891	Bad Hitzacker: Viktoria-Theater, Cottbus: Stadttheater, Meißen: Stadttheater.
1892	*Bad Landeck:* Viktoria-Theater, Döbeln: Stadttheater, Meißen: Stadttheater.
1893	*Bad Landeck:* Viktoria-Theater, Meißen: Stadttheater, Torgau: Stadttheater.
1894	Meißen: Stadttheater, Mittweida: Stadttheater.
1895–1896	Meißen: Stadttheater.
1897	Döbeln: Stadttheater, Meißen: Stadttheater.

Hain, Bruno (1875–1944)

1909	Anklam: Stadttheater, Parchim, Perleberg, Überkmünde.
1910	Harzgerode, Parchim, Tangermünde: Stadttheater, Wittenberg.
1911	Bad Grund: Kurtheater, Coswig, Parchim: Stadttheater, Perleberg, Tangermünde, Velten/Berlin, Wittenberg, Zahna.
1912	Bad Grund: Kurtheater, Parchim: Hotel Graf Moltke, Sellin/Rügen: Zentral-Hotel <Kurtheater>, Überkmünde: Waldtheater, Wittenberg: Reichspost.
1913	Parchim: Hotel Graf Moltke, Perleberg: Hotel Deutscher Kaiser, Wittenberg: Reichspost.
1914	Parchim, Perleberg, *Schmiedeberg/Riesengebirge:* Kurtheater.
1915	Görlitz: Konzerthaus.
1916	*Bad Flinsberg:* Kurtheater, Görlitz: Konzerthaus, Lauban.
1917	*Bad Flinsberg:* Kurtheater, Friedeberg/Queis: Hotel Zum Adler, Görlitz: Konzerthaus, Greiffenberg: Hotel Zur Burg, Löwenberg/Schlesien: Hôtel du roi, Naumburg/Bober: Hotel Zum Schwan, Priebus: Hotel Zum Stern.
1918	Forst: Stadttheater, Oybin: Waldtheater, Zittau: Sommertheater.

Hannemann, Emil Carl Rudolf (1849–1904)

1882–1883	Kulm: Stadttheater, Marienwerder: Stadttheater.
1884	Inowrozlaw: Sommertheater, Marienwerder: Stadttheater.
1885	Köslin: Stadttheater, Kulm: Stadttheater, Kulm: Sommertheater, Thorn: Sommertheater.
1886	Greifswald: Stadttheater, Kulm: Sommertheater, Stolp: Stadttheater, Thorn: Sommertheater.
1887–1889	Bromberg: Patzer's Etablissement, Elbing: Stadttheater.
1890	Memel: Stadttheater, Tilsit: Stadttheater.
1891	Bromberg: Patzer's Sommertheater, Memel: Stadttheater, Tilsit: Stadttheater.
1892	Freiberg/Sachsen: Stadttheater, Stettin: Elysium-Theater <Sommersaison>.
1893	Freiberg/Sachsen: Stadttheater, Memel: Stadttheater, Münster: Sommertheater, Tilsit: Stadttheater.
1894	Freiberg/Sachsen: Stadttheater, Königsberg: Schützenhaus-Theater, Tilsit: Neues Stadttheater.
1895	Freiberg/Sachsen: Stadttheater, Königsberg: Schützenhaus-Theater.
1896	Freiberg/Sachsen: Stadttheater, Memel: Stadttheater, Tilsit: Stadttheater.

1897	Freiberg/Sachsen: Stadttheater, *Liegnitz:* Wilhelm-Theater <Sommersaison>, Memel: Stadttheater, Tilsit: Stadttheater.
1898–1899	Memel: Stadttheater, Stettin: Elysium-Theater <Sommersaison>, Tilsit: Stadttheater.
1900–1904	Königsberg: Sommertheater Luisenhöh', Memel: Stadttheater, Tilsit: Stadttheater.
1905	Tilsit: Stadttheater.

Hanstein, Otfrid von (1869–1959)
1894	Fürstenwalde: Philharmonie <Sommertheater>.
1900	*Bad Landeck:* Kurtheater, Glatz, Grünberg/Schlesien, Lissa.
1901	Breslau: Saisontheater.
1907	Nürnberg: Volkstheater.
1908	Deutsche Melville-Tournee. Aufführungen in Nürnberg: Volkstheater.
1909	Erlangen: Colosseum-Theater, Nürnberg: Volkstheater.

Harwardt, Paul
1913	*Bad Landeck:* Kurtheater, Reichenstein, Wölfelsgrund.
1914	Allenstein: Stadttheater, Bad Landeck: Kurtheater.

Heidenreich, Hans
1886	*Bad Landeck:* Viktoria-Theater, Neuruppin: Stadttheater.
1887	Bautzen: Stadttheater, Guben: Stadttheater.
1888	Bautzen: Stadttheater, Frankfurt/Oder: Sommertheater, Guben: Stadttheater.
1889	Glogau: Stadttheater, Guben: Stadttheater.
1890	Glogau: Stadttheater, Guben: Stadttheater, Lübeck: Tivoli-Theater.
1891	Frankfurt/Oder: Gesellschaftshaus <Sommertheater>, Frankfurt/Oder: Operetten-Theater, Meißen: Stadttheater, Neisse: Stadttheater, Schweidnitz: Stadttheater.
1892	Charlottenburg: Flora <Sommeroper>.

Heinisch, Julius
1844	Gleiwitz, Neisse, Oppeln, Ratibor.
1845	Neisse.
1847	Brieg, Gleiwitz, Neisse, Oppeln, Ratibor.
1848	Brieg, Frankenstein, Glatz, Gleiwitz, Neisse, Oppeln, Ratibor, Schweidnitz.
1849	Brieg, Frankenstein, Glatz, Neisse, Oppeln, Ratibor, Schweidnitz.
1850	*Bad Salzbrunn*, Brieg, Glatz, Neisse, Ratibor.
1851	Brieg, Oppeln, Ratibor, Glatz, Bad Salzbrunn.
1853	*Bad Landeck*, Brieg, Glatz, Gleiwitz, Oppeln, Ratibor.

Hennig, Bernhard (1828–1900)
1887	Neurode, Nimptsch.
1890	*Bad Flinsberg:* Sommertheater, Forst: Stadttheater, Reichenbach/Schlesien: Stadttheater.

1897 Friedeberg/Neumark: Hotel Adler, Haynau: Hotel Deutscher Kaiser, Naumburg/Queis: Hotel Pelikan.
1898 Neusalz, Unruhstadt, Wollstein.
1899 Birnbaum, Neutomischel, Schwerin/Warthe.
1900 Landeshut/Schlesien, Liebau, Märzdorf: Sommertheater, Sagan, Senftenberg, Sprottau.
1901 Landeshut/Schlesien, Waldenburg.

Hennig, Julius Ernst
1901 Landeshut/Schlesien, Waldenburg.
1902 *Bad Altreichenau*, Bolkenhain, Crossen/Elster, *Gottesberg, Landeshut/ Schlesien,* Märzdorf, Neusalz, Rudolstadt: Sommertheater Sprottau: Sommertheater.
1903 *Bad Altreichenau:* Sommertheater, *Bad Flinsberg:* Sommertheater, Friedeberg/Queis, Marklissa: Hotel Hirsch, Reichenbach/Schlesien: Hotel Zur Sonne.
1905 Friedeberg/Queis, Reichenbach, Schönberg/Lausitz.

Henschel, Josef
1887 Bad Nauheim: Kursaaltheater.
1888 Bad Nauheim: Kursaaltheater, Cottbus: Stadttheater.
1889 Bad Nauheim: Kursaaltheater, Bautzen: Stadttheater.
1890 *Bad Landeck:* Viktoria-Theater, Bautzen: Stadttheater.
1902 Berliner Novitäten-Ensemble.

Hentze, Max
1896 *Bad Flinsberg:* Neues Kurtheater.

Herrmann, Friedrich Wilhelm
1899–1901 Liegnitz: Stadttheater.
1902–1903 *Bad Warmbrunn:* Reichsgräflich Schaffgott'sches Kurtheater, Liegnitz: Stadttheater.
1904–1906 Liegnitz: Stadttheater.

Hesse, Ferdinand
1912 *Bad Oppelsdorf,* Großschönau, Oybin: Waldtheater, Zittau: Sommertheater.
1913 Görlitz: Stadtpark <Freilichtbühne>, Oybin: Waldtheater, Zittau.
1914 Oybin: Waldtheater, Zittau: Sommertheater.
1915–1916 Oybin: Waldtheater.

Heynau, Emma
1912 Königsberg/Neumark: Sommertheater.
1913–1914 Bad Schönfließ, Königsberg/Neumark: Sommertheater, Lauban: Stadttheater, Sagan: Stadttheater.

1915	*Bad Schreiberhau:* Kurtheater, Königsberg/Neumark: Sommertheater, Lauban: Stadttheater, Sagan: Stadttheater.
1917	*Bad Schreiberhau:* Kurtheater, Landeshut/Schlesien, Sagan: Stadttheater.
1918	*Bad Schreiberhau:* Kurtheater, Lauban: Stadttheater, Sagan: Stadttheater.

Höpfner, Albrecht (?–1920)

1912–1915	Liegnitz: Stadttheater.
1916	*Bad Landeck:* Kurtheater, Liegnitz: Stadttheater.
1917	*Bad Landeck:* Kurtheater, Hannover: Deutsches Theater, Minden: Stadttheater.
1918	Hannover: Deutsches Theater, Hannover: Residenz-Theater, Minden: Stadttheater.

Hottenroth, Bruno Hermann

1904	*Altheide Bad:* Freiherrlich von der Goltz'sches Kurtheater, Kirchberg/Schlesien: Stadttheater.
1911	Dilsberg: Dilsberger Volksspiele, Dilsberg: Freilichtbühne.
1912	Dilsberg: Dilsberger Volksspiele, Dilsberg: Freilichtbühne, Heidelberg: Volks- und Sagenspiele im Neckarthal, Leimen: Gossenbrunnen, Schriesheim: Strahlenburg.
1913	Volks- und Sagenspiele im Neckarthal. Aufführungen in Heidelberg: Freilichttheater.
1914	Heidelberg: Stift Neuburg <Heidelberger Sommerspiele>.
1915	Heidelberg: Stift Neuburg <Heidelberger Sommerspiele - Naturbühne>.

Hubert, Gustav (?–1924)

1889	Hildburghausen: Tivoli, Sonneberg: Turnhalle.
1890	Gräfenthal, Hildburghausen, Ludwigsstadt, Saalfeld, Schmalkalden, Sonneberg.
1891	Eisfeld, Schmalkalden: Sommertheater.
1896	Lübben, Spremberg.
1897–1898	Eisleben: Stadttheater.
1899	Eisleben: Stadttheater, Kamenz: Stadttheater, Weißenfels: Stadttheater.
1900	Inowrozlaw: Stadtpark-Theater, Jauer: Stadttheater, Kulm: Sommertheater, Militsch, Thorn: Viktoria-Theater.
1903	Berliner Gastspiel-Tournee.
1906	*Bad Schreiberhau:* Kurtheater, Holzminden: Stadttheater.
1907	*Bad Schreiberhau:* Kurtheater, Sagan: Apollo-Theater, Sorau: Stadttheater, Spremberg: Stadttheater.
1908	*Bad Schreiberhau:* Kurtheater.
1909–1910	*Schmiedeberg/Riesengebirge:* Kurtheater, Weißwasser.
1911	Freiburg/Schlesien, Penzig, *Schmiedeberg/Riesengebirge:* Hotel Zum schwarzen Roß <Kurtheater>, Weißwasser.
1912	Freiburg/Schlesien, *Schmiedeberg/Riesengebirge:* Schreiber's Hotel <Kurtheater>.
1913–1914	Glatz: Stadttheater.

Isenfels, Paul
1918   *Bad Langenau:* Kurtheater, Bad Langenau: Waldtheater.

Jentschke [Opitz], Adolf
1873   *Bad Charlottenbrunn:* Sommertheater, Reichenbach/Schlesien.
1878   Pritzwalk, Wittenberge.

Kaiser-Randow, Richard (1862–1939)
1895   Hirschberg, *Schmiedeberg/Riesengebirge.*

Karichs, Therese (1826–1903)
1882   Bernstadt/Eigen, Löbau/Westpreußen.
1885   Bautzen: Stadttheater, Kamenz, Löbau/Sachsen: Stadttheater.
1886   Kamenz: Stadttheater.
1892   *Bad Kudowa*, Großenhain.
1898   Eibenstock.

Keller [verw. Lobe, geb. Dessoir], Jeanette (1806–1871)
1848   *Bad Warmbrunn:* Gräflich Schaffgott'sches Theater, Brieg, Glogau: Stadttheater, Liegnitz, Schweidnitz.
1850   Glogau: Stadttheater, Görlitz: Stadttheater, Liegnitz, Schweidnitz.
1856   Glogau: Stadttheater, Görlitz: Stadttheater.
1857–1858   Bromberg: Stadttheater, Glogau: Stadttheater, Posen: Stadttheater.
1859   Posen: Stadttheater.
1860   Bromberg : Stadttheater, Posen: Stadttheater.
1861–1867   Posen: Stadttheater.
1868   Posen: Sommertheater.

Keller, Joseph (1811–1877)
1849   *Bad Warmbrunn:* Gräflich Schaffgott'sches Theater, Glogau: Stadttheater, Görlitz: Stadttheater, Liegnitz, Schweidnitz.
1850   Glogau: Stadttheater, Görlitz: Stadttheater, Liegnitz, Schweidnitz.
1851   *Bad Warmbrunn:* Gräflich Schaffgott'sches Theater, Glogau: Stadttheater, Görlitz: Stadttheater, Liegnitz.
1852   Berlin: Kroll's Garten <Sommertheater>, Görlitz: Stadttheater.
1853   *Bad Warmbrunn:* Gräflich Schaffgott'sches Theater, Glogau: Stadttheater, Neisse: Stadttheater.
1854   Glogau: Stadttheater, Liegnitz, Neisse: Stadttheater.
1855   Glogau: Stadttheater, Neisse: Stadttheater.
1856   Glogau: Stadttheater, Görlitz: Stadttheater.
1857–1859   Bromberg: Stadttheater, Glogau: Stadttheater, Posen: Stadttheater.
1860   Bromberg : Stadttheater, Posen: Stadttheater.
1861–1867   Posen: Stadttheater.
1868   Posen: Sommertheater.
1870–1872   Frankfurt/Main: Thalia-Theater.
1874   Breslau: Lobe-Theater.

Klötzel, Fritz
1911 Oybin: Waldtheater, Zittau: Lindenhof: Zittauer Sommertheater.
1912 *Bad Oppelsdorf*, Großschönau, Oybin: Waldtheater, Zittau: Lindenhof <Sommertheater>.
1913 Görlitz: Stadtpark <Freilichtbühne>, Oybin: Waldtheater, Zittau: Sommertheater.
1914 Oybin: Waldtheater, Zittau: Sommertheater.
1915 Oybin: Waldtheater.

Knabenschuh, Heinrich
1879 *Liegnitz:* Wilhelmsbad <Sommertheater>.
1882 *Liegnitz:* Wilhelm-Theater <Sommersaison>.

Krumschmidt, Hermann
1890 Krotoschin: Stadttheater, Oels: Stadttheater.
1891 *Bad Langenau:* Sommertheater, Glatz: Stadttheater, Krotoschin: Stadttheater, Münsterberg: Stadttheater, Oels: Stadttheater.
1892 Landsberg/Warthe: Stadttheater, Neusalz, Schwiebus, Sorau: Stadttheater.
1893 Köslin: Stadttheater.
1894 Bromberg, Köslin: Stadttheater.
1895–1896 Köslin: Stadttheater, Landsberg/Warthe.
1897 Köslin, Stargard.
1898 Bad Zoppot, Köslin, Stargard: Kurtheater.
1899 Köslin, Stargard.
1900 Greifswald, Köslin: Stadttheater.
1902 Köslin: Stadttheater, Stolp.
1903–1904 Köslin: Stadttheater, Stolp: Stadttheater.
1905 Köslin: Stadttheater.
1906 Köslin: Stadttheater, Landsberg/Warthe: Aktientheater.
1907 Stargard: Stadttheater.
1909 Neubrandenburg: Stadttheater.
1912 Rathenow: Stadttheater, Stendal: Stadttheater.
1913 Stendal: Stadttheater.
1914–1915 Köslin: Lüdtkes Konzerthaus, Stolp: Stadttheater.

Kuhn, Adolph
1868 Neumarkt/Schlesien.
1870 Militsch.
1873 Frankenstein, Reichenbach/Schlesien.
1878 *Bad Salzbrunn:* Fürstlich Pleß'sches Badetheater, Frankenstein, Freiburg/Schlesien, Glatz, Striegau.
1879–1882 *Bad Salzbrunn:* Fürstlich Pleß'sches Badetheater, Freiburg/Schlesien, Striegau.

Knabenschuh, Heinrich
1879   *Liegnitz:* Wilhelmsbad <Sommertheater>.
1882   *Liegnitz:* Wilhelm-Theater <Sommersaison>.

Kunzendorf, Julius Otto
1860   Meißen: Stadttheater, Annaberg: Stadttheater.
1862   Annaberg: Stadttheater, Freiberg/Sachsen: Stadttheater, Zwickau: Stadttheater.
1863   Freiberg/Sachsen: Stadttheater, Bautzen: Stadttheater, Löbau/Sachsen, Kamenz.
1866   Bernstadt/Weide, Ostritz, Weißenberg.
1867   Oderwitz, *Reichenau/Oberlausitz*, Großschönau.

Lederer-Ubrich, Anton
1879   *Liegnitz:* Wilhelm-Theater <Sommersaison>.

Lempke, F. W.
1911   Breslauer Schau- und Lustspiel-Ensemble.
1912   Breslauer Schau-, Lustspiel- und Operetten-Ensemble. Aufführungen in Friedland/Schlesien, Gottesberg: Habelschwerdt, Liebau, Löwenberg/Schlesien, Neumarkt/Schlesien.
1913   Breslauer Theater-Ensemble. Aufführungen in Friedland/Schlesien, Gottesberg, Militsch, Neumarkt/Schlesien, Steinau/Schlesien, Trebnitz, Wohlau.
1916   Breslauer Theater-Gesellschaft. Aufführungen in Gottesberg, Greiffenberg, Löwenberg/Schlesien, Steinau/Schlesien, Trebnitz, Wohlau.
1917   Breslauer (Städtebund-)Theater-Gesellschaft.
1918   Breslauer (Städtebund-)Theater-Gesellschaft. Aufführungen in Altwasser, Friedland/Schlesien.

Lindemann, Gustav (1872–1960)
1898   Berliner Schauspiel-Ensemble.
1899   Graudenz: Stadttheater, Marienwerder, Osterode: Elysium-Theater.
1900   Berliner Schauspiel und Operetten-Ensemble.
1901   Tournee des Ibsen-Theaters. Aufführungen in *Bad Muskau:* Kursaaltheater, Brieg, Frankfurt/Oder: Stadttheater, Gleiwitz: Viktoria-Theater, Görlitz: Stadttheater, Guben: Stadttheater, Königsberg, Neisse, Oppeln, Potsdam: Königliches Schauspielhaus, Schweidnitz: Stadttheater, Ratibor: Stadttheater, Troppau: Tivoli-Theater.
1902   Ibsen-Theater, Internationale Tournee. Aufführungen in Athen, Belgrad, Budapest, Essegg, Fiume, Graz, Jassy, Kiew, Konstantinopel, Krakau, Lemberg, Linz, London, Moskau, Odessa, Pola, Prag, Riga, Sankt Petersburg, Semlin, Sofia, Stockholm, Triest, Venedig, Warschau, Wien.
1903   Internationale Tournee. Aufführungen in Braunschweig, Breslau, Danzig: Stadttheater, Düsseldorf, Halle/Saale, Hamburg, Köln, Königsberg:

Stadttheater, Dresden: Residenz-Theater, Leipzig: Stadttheater, Magdeburg, Posen: Stadttheater.
1904 Internationale Tournee Gustav Lindemann.
1906–1910 Düsseldorf: Schauspielhaus.
1911 Düren: Stadttheater, Düsseldorf: Schauspielhaus.
1912–1918 Düsseldorf: Schauspielhaus.

Lobe, J. Carl (?–1847?)
1842 Brieg, Glatz, Görlitz, Liegnitz.
1843 Görlitz.
1844 Liegnitz.
1845 Liegnitz: Stadttheater.
1846 *Bad Warmbrunn:* Gräflich Schaffgott'sches Theater, Liegnitz, Neisse.
1847 Glogau: Stadttheater.

Lobe, Jeanette → Keller, Jeanette

Lumpe, Johann
1891 Bad Kunnersdorf, Postelberg, Reichstadt/Böhmen, Barchen, Jonsdorf.
1892 Sandau, Drum, Arnsdorf, Kreibitz.
1893 Weißbach/Tafelfichte, Christophsgrund/Böhmen.
1894 Dittersbach, Nixdorf, Niedereinsiedel, Wolfsberg.
1895 Taucherschin.
1896 Herrnskretschen.
1900 Bernsdorf, Halbstadt/Böhmen, Trautenau.
1911 Neudorf/Böhmen: Gasthaus Zur Lederhose, Gmünd/Enns: Hotel Petter, Heidenreichstein, Litschau, Weitra.
1912 Saaz-Ostroff, Postelberg: Theaterhaus.

Mertig, Gustav
1888 *Bad Flinsberg:* Sommertheater, Friedeberg/Neumark, Löwenberg/Schlesien.
1906 Arnswalde, Falkenburg, Schivelbein, Schwedt.
1908 Arnswalde, Pasewalk, Pyritz.
1910 Colberg, Neustettin.
1911 Colberg, Marienburg: Gesellschaftshaus <Stadttheater>, Pillau.
1912 Marienburg: Gesellschaftshaus <Saisontheater>, Marienburg: Hotel Drei Kronen, Marienburg: Katholisches Vereinshaus.
1917 Ahlbeck, Bad Swinemünde: Hotel Drei Kronen <Kurtheater>, Heringsdorf, Midroy.
1918 Pommersches Operetten-Ensemble. Aufführungen in Bad Swinemünde: Hotel Drei Kronen <Kur- und Stadttheater>, Belgard: Stadttheater, Schivelbein: Stadttheater.

Mohr, Therese
1906 Bad Ziegenhals: Hotel Bergkeller, Münsterberg: Deutscher Kaiser, Reichenbach/Schlesien: Hotel Sonne.

1907	*Bad Charlottenbrunn:* Kurtheater, Glatz, Neurode.
1908	*Bad Charlottenbrunn:* Kurtheater, Glatz: Stadttheater, Neurode.
1909–1910	*Bad Charlottenbrunn:* Kurtheater, Münsterberg: Stadttheater, Neurode.
1911	*Bad Charlottenbrunn:* Kurtheater, Freiburg/Schlesien, Münsterberg: Stadttheater, Neurode, Nimptsch: Hotel Schwarzer Bär, Trebnitz: Stadttheater.
1912	*Bad Charlottenbrunn:* Kurtheater, Löwenberg/Schlesien: Hôtel du roi, Münsterberg: Etablissement Deutscher Kaiser, Nimptsch: Hotel Schwarzer Bär <Saaltheater>, Patschkau, Trebnitz.
1913	*Bad Charlottenbrunn:* Hotel Kaiserhof <Kurtheater>, Nimptsch: Hotel Schwarzer Bär, Wünschelburg/Breslau: Tiffes Etablissement.
1914	*Bad Charlottenbrunn:* Hotel Kaiserhof <Kurtheater>, Nimptsch: Saaltheater, Ober-Tannhausen: Sommertheater, Reichenbach/Schlesien: Saaltheater.
1915	*Bad Charlottenbrunn:* Kurtheater, Ober-Tannhausen.
1916	*Bad Charlottenbrunn:* Kurtheater, Neurode: Hotel Kaiserhof, Ober-Tannhausen: Hotel Weißes Roß <Sommertheater>.
1917	*Bad Charlottenbrunn:* Kurtheater, Ober-Tannhausen: Sommertheater, Wüstewaltersdorf.
1918	*Bad Charlottenbrunn:* Kurtheater, *Bad Flinsberg:* Kurtheater, Frankenstein: Stadttheater, Münsterberg: Deutscher Kaiser.

Moser, Fr.
1859	*Bad Muskau*, Cottbus, Sorau.
1860	Moser'sche Gesellschaft.

Mühlberg, Herbert (1881–1952)
1912	*Bad Kudowa:* Kurtheater.
1913	*Altheide Bad:* Kurtheater, *Bad Kudowa:* Kurhotel Fürstenhof <Kurtheater>, *Bad Kudowa:* Freilichttheater.
1914	*Altheide Bad*, *Bad Kudowa:* Kurhotel Fürstenhof <Kurtheater>.

Müller, Adolfine
1912–1918	*Bad Salzbrunn:* Fürstliches Kurtheater.

Müller, Fritz
1909	Erstes Tegernsee'r Bauerntheater. Aufführungen in Berlin: Berliner Theater, Dortmund: Olympia, Elberfeld: Stadttheater, Essen: Kolosseum, Göttingen: Stadttheater, Halle/Saale: Apollo-Theater, Hamburg: Etablissement Westphal, Lübeck: Hansa-Theater, Magdeburg: Walhalla, München: Kolosseum, Tegernsee.
1912	Tegernseer Bauernoperetten-Gesellschaft.
1913	Erstes Schlesisches Waldtheater. Aufführungen in *Bad Langenau:* Kursaal, *Bad Langenau:* Waldbühne.

Nachtigal, C.
1841	*Bad Landeck*, Brieg, Neisse, Oppeln, Ratibor.

1842	*Bad Landeck*, Beuthen, Kreuzburg/Schlesien, Neisse, Oberglogau, Oppeln, Ratibor, Tarnowitz.
1843–1844	Neisse.
1845–1846	Glogau: Stadttheater.
1847–1848	Halle/Saale: Stadttheater.
1853	Görlitz: Stadttheater.
1868	Beuthen, Brieg, Gleiwitz, Oppeln, Pleß, Ratibor.
1869	*Bad Landeck*, Brieg, Frankenstein, Glatz, Neisse, Ratibor.
1870	Köln: Sommertheater.

Neumann, Max (?–1908)

1897	Freiberg/Sachsen: Stadttheater, *Liegnitz:* Wilhelm-Theater.
1898	*Bad Landeck:* Viktoria-Theater, Freiberg/Sachsen: Stadttheater.
1899	Freiberg/Sachsen: Stadttheater.
1900	Freiberg/Sachsen: Stadttheater, Glauchau: Stadttheater.
1901	Freiberg/Sachsen: Stadttheater.
1902	Freiberg/Sachsen: Stadttheater, Glauchau: Stadttheater.
1903–1906	Freiberg/Sachsen: Stadttheater.

Norbert, Harry (1860?–?)

1895	*Bad Flinsberg:* Badetheater.
1899	Bad Frankenhausen: Kurtheater, Bochum: Stadttheater, Kyffhäuser.
1900	Bad Frankenhausen: Kurtheater, Bad Lauchstädt: Königliches Schauspielhaus, Hamm: Stadttheater, Hof, Naumburg/Saale: Stadttheater, Rudolstadt: Fürstliches Theater.
1901	Hof, Naumburg/Saale: Stadttheater, Rudolstadt: Fürstliches Theater.
1902	Erfurt: Auenkeller <Neues Sommertheater>, Goslar, Kaiserslautern: Stadttheater, Naumburg/Saale: Stadttheater, Pirmasens: Stadttheater, Rudolstadt: Fürstliches Theater.
1903	Erfurt: Sommertheater, Kaiserslautern: Stadttheater, Naumburg/Saale: Stadttheater.
1904	Erfurt: Auenkeller <Sommertheater>, Goslar: Stadttheater, Halberstadt: Stadttheater, Naumburg/Saale: Stadttheater.
1905–1906	Erfurt: Auenkeller <Sommertheater>, Magdeburg: Wilhelm-Theater.
1907–1908	Magdeburg: Wilhelm-Theater.
1909–1910	Magdeburg: Wilhelm-Theater, Wiesbaden: Walhalla-Theater.
1911–1912	Magdeburg: Viktoria-Theater, Magdeburg: Wilhelm-Theater.
1913–1916	Magdeburg: Wilhelm-Theater.
1917	Magdeburg: Wilhelm-Theater, Mannheim: Rosengartentheater.
1918	Magdeburg: Wilhelm-Theater.

Opitz, Adolf → **Jentschke, Adolf**

Oppenheim, Adolf (1843–1911)

1878	Zerbst: Stadttheater.
1879–1880	Elbing: Stadttheater.

1881	Posen: Viktoria-(Interims-)Theater. Rostock: Interims-Theater.
1882	Glogau: Stadttheater, Guben: Stadttheater.
1883	Glogau: Stadttheater.
1884	*Bad Salzbrunn:* Fürstlich Pleß'sches Theater, Glogau: Stadttheater.
1885	Celle: Stadttheater, Glauchau: Stadttheater.
1889–1890	Kaufbeuren: Stadttheater, Kempten: Stadttheater, Konstanz: Stadttheater, Memmingen: Stadttheater.
1891	Kempten: Stadttheater, Konstanz: Stadttheater.
1892	Kaufbeuren: Stadttheater, Kempten: Stadttheater, Konstanz: Stadttheater, Memmingen: Stadttheater.
1893	Kempten: Stadttheater, Konstanz: Stadttheater.
1894	Budweis: Stadttheater, Konstanz: Stadttheater.
1895–1896	Cilli: Stadttheater, Laibach: Landestheater.
1897	Laibach: Landestheater.
1898	Abbazia.

Pochmann, Ferdinand (1841–1905)
1883	Celle: Stadttheater, Lüneburg: Stadttheater.
1884–1885	Potsdam: Königliches Schauspielhaus.
1886–1897	Potsdam: Königliches Schauspielhaus, Putbus: Fürstliches Schauspielhaus.
1898	Potsdam: Königliches Schauspielhaus.
1899–1901	*Bad Warmbrunn:* Reichsgräflich Schaffgott'sches Kurtheater, Potsdam: Königliches Schauspielhaus.

Pötter, Auguste (1846–?)
1908–1911	Jauer: Stadttheater, Waldenburg: Stadttheater.
1912–1915	*Bad Reinerz:* Kurtheater, Jauer: Stadttheater, Waldenburg: Stadttheater.
1916	*Bad Reinerz:* Chopin-Saal <Kurtheater>, Jauer: Stadttheater, Waldenburg: Stadttheater.
1917	*Bad Reinerz:* Kurtheater, Jauer: Stadttheater, Waldenburg: Stadttheater.
1918	*Bad Reinerz:* Kurtheater.

Pötter, Eduard (1874–1931)
| 1910–1911 | *Bad Reinerz:* Kurtheater. |

Pötter, Karl (1840–1907)
1867	Alsfeld, Eisenach, Eschwege, Fulda: Sommertheater, Gießen.
1868	Alsfeld, Fulda: Sommertheater, Gießen, Marburg/Lahn.
1869	Fulda, Marburg/Lahn, Siegen: Sommertheater.
1870	Iserlohn: Stadttheater, Siegen: Sommertheater.
1871	Iserlohn.
1875	Marburg/Lahn: Stadttheater.
1877	Hirschberg: Stadttheater, Sorau: Stadttheater.
1878	Hirschberg, Küstrin: Gesellschaftshaus <Sommertheater>, Lauban.
1881	Grünberg/Schlesien, Oppeln: Stadttheater, Rawitsch.

1882	Beuthen: Stadttheater, Grünberg/Schlesien: Stadttheater, Oppeln: Stadttheater.
1883	Oppeln: Stadttheater, Rawitsch: Stadttheater.
1884–1885	Landsberg/Warthe: Sommertheater, Oppeln: Stadttheater.
1886	Glatz: Stadttheater, Landsberg/Warthe: Sommertheater, Oppeln: Stadttheater.
1887	Grünberg/Schlesien, Landsberg/Warthe: Sommertheater, Lissa.
1888	Grünberg/Schlesien: Stadttheater, Landsberg/Warthe: Sommertheater, Lissa.
1889	Grünberg/Schlesien: Stadttheater, Hirschberg: Stadttheater, Landsberg/Warthe: Sommertheater.
1890	Bunzlau: Stadttheater, Grünberg/Schlesien: Stadttheater, Thorn: Viktoria-Garten <Sommertheater>.
1891	Hirschberg: Stadttheater, Lissa: Stadttheater, Oppeln: Stadttheater, Thorn: Viktoria-Garten <Sommertheater>.
1892	Grünberg/Schlesien: Stadttheater, Oppeln: Stadttheater, Thorn: Viktoria-Garten <Sommertheater>.
1893	*Bad Kudowa:* Badetheater <Kurtheater>, *Bad Reinerz:* Kurtheater, Grünberg/Schlesien: Stadttheater, Oppeln: Stadttheater.
1894	*Bad Reinerz:* Kurtheater.
1895	*Bad Reinerz:* Kurtheater, Grünberg/Schlesien, Oppeln: Stadttheater.
1896–1898	*Bad Reinerz:* Kurtheater, Grünberg/Schlesien, Hirschberg: Stadttheater.
1899	*Bad Reinerz:* Kurtheater, Schleswig: Stadttheater.
1900	*Bad Reinerz:* Kurtheater, Schleswig: Stadttheater, Waldenburg: Hotel Goldenes Schwert <Stadttheater>.
1901–1903	*Bad Reinerz:* Kurtheater, Jauer: Stadttheater, Waldenburg: Hotel Goldenes Schwert.
1904–1907	*Bad Reinerz:* Kurtheater, Jauer: Stadttheater, Waldenburg: Stadttheater.

Potter (jun.), Karl
1908–1909	*Bad Reinerz:* Kurtheater.

Pötter, Max (1878–1949)
1908–1909	Jauer: Stadttheater, Waldenburg: Stadttheater.
1914	*Bad Reinerz:* Kurtheater, Jauer: Stadttheater, Striegau, Waldenburg: Stadttheater.
1917	Jauer: Stadttheater, Waldenburg: Stadttheater.
1918	*Bad Reinerz:* Kurtheater, Jauer: Stadttheater, Waldenburg: Stadttheater.

Pohris, Gustav
1904–1905	Breslauer Residenz-Ensemble.
1907–1908	Gottesberg, *Krummhübel:* Kurtheater, *Schmiedeberg/Riesengebirge.*
1909	Gottesberg, *Schmiedeberg/Riesengebirge.*

Pook, Fritz (1857–1944)
1892 Bad Helmstedt: Sommertheater.
1893–1895 Bad Helmstedt: Sommertheater, Bad Schöningen: Sommertheater.
1896–1898 Bad Helmstedt: Sommertheater.
1899 Bad Pyrmont: Fürstliches Theater.
1900 Bad Pyrmont: Fürstliches Theater, Dortmund: Stadttheater.
1901 Bad Pyrmont: Fürstliches Theater, Bochum: Stadttheater, Dortmund: Stadttheater.
1902 Bochum: Stadttheater, Dortmund: Stadttheater, Duisburg: Saisontheater.
1903 Bochum: Stadttheater, Dortmund: Stadttheater.
1905–1912 Frankfurt/Oder: Stadttheater.
1916 Bunzlau, Liegnitz: Stadttheater.
1917–1918 *Bad Warmbrunn:* Reichsgräflich Schaffgott'sches Kurtheater, Bunzlau: Stadttheater, Liegnitz: Stadttheater.

Preiß, Max
1911 *Bad Landeck:* Kurtheater, Mittweida: Stadttheater.
1912 *Bad Landeck:* Kurtheater, Eisleben: Stadttheater.

Pscherer, Adolf
1886 Pockau.
1890 Hilgersdorf, Nixdorf.
1891 Niedergrund/Böhmen, Groß Merkthal, Wartenberg.
1892 Kriesdorf, Röhrsdorf/Böhmen, Schneckendorf.
1894 Krochwitz, Rosendorf/Böhmen, Tichlowitz.
1895 *Bad Langenau.*
1896 Grottau: Gasthaus Zur blauen Donau, Haindorf: Zum Kaiser von Österreich, Kratzau: Schützenhaus.
1897 Radl.
1898 Grottau, Neustadtl/Waag.
1899 Ringenhain-Friedland, Johannesthal, Reichenberg.
1913 Nordböhmisches Operetten-Ensemble. Aufführungen in Görkau: Hotel Roß, Komotau-Oberdorf: Hotel Langer, Lobositz: Hotel Germania, Oberleutensdorf: Hotel Seifert.
1914 Außig: Apollo-Theater, Bensen: Hotel Roß <Sommertheater>.

Reißig, Ernst (1868–1936)
1902–1904 *Liegnitz:* Wilhelm-Theater <Sommersaison>.
1907 Staßfurt: Stadttheater.
1908 Aschersleben: Stadttheater.

Reißland, Helene → **Goritz-Reißland, Helene**

Reißland, Robert → **Goritz-Reißland, Robert**

Reißland, Wilhelm
1847 Tyrnau: Königlich freistädtisches Theater.
1854–1855 Brieg, Glatz, Ratibor, Schweidnitz.
1856 *Bad Landeck*, Brieg, Oels, Ratibor, Schweidnitz.
1857 *Bad Landeck*, Brieg, Oels, Schweidnitz.
1858 *Bad Salzbrunn:* Fürstlich Pleß'sches Theater, Brieg, Glatz, Schweidnitz.
1859 *Bad Salzbrunn:* Fürstlich Pleß'sches Theater, Glatz, Schweidnitz.
1860 *Bad Salzbrunn:* Fürstlich Pleß'sches Theater, Brieg, Glatz, Oppeln: Stadttheater, Schweidnitz.
1861 *Bad Salzbrunn:* Fürstlich Pleß'sches Theater, Brieg, Glatz, Guhrau, Oels, Schweidnitz.
1862 *Bad Salzbrunn:* Fürstlich Pleß'sches Theater, Brieg, Glatz, Oels, Schweidnitz: Stadttheater.
1863 *Bad Salzbrunn:* Fürstlich Pleß'sches Theater, Brieg, Glatz, Oels: Stadttheater, Schweidnitz: Stadttheater.
1864–1866 *Bad Salzbrunn:* Fürstlich Pleß'sches Theater, Oels.

Richards, Max (1852–1932)
1883 Torgau: Stadttheater, Zeitz: Stadttheater.
1884 Bad Lauchstädt: Königliches Badetheater <Königliches Schauspielhaus>, Goslar: Stadttheater, Quedlinburg: Stadttheater, Zeitz: Stadttheater.
1885 Bad Lauchstädt: Königliches Schauspielhaus, Goslar: Stadttheater, Wilhelmshaven: Stadttheater.
1886 Herford: Stadttheater, Wilhelmshaven: Stadttheater.
1887 Bad Lauchstädt: Königliches Schauspielhaus, Eisleben: Stadttheater, Glauchau: Stadttheater.
1888 Glauchau: Stadttheater, Minden: Stadttheater, Münster: Kaisergarten <Sommertheater>.
1889 Frankfurt/Oder: Gesellschaftshaus <Sommertheater>, Rostock: Thalia-Theater <Interims-Stadttheater>.
1890 Rostock: Thalia-Theater.
1891–1892 Posen: Stadttheater.
1893 Görlitz: Stadttheater, Posen: Stadttheater.
1894–1897 *Bad Warmbrunn:* Reichsgräflich Schaffgott'sches Kurtheater, Posen: Stadttheater.
1898 *Bad Warmbrunn:* Reichsgräflich Schaffgott'sches Kurtheater, Halle/Saale: Stadttheater.
1899–1910 Halle/Saale: Stadttheater.
1911 Aschersleben, Halberstadt: Stadttheater, Halle/Saale: Stadttheater.
1912–1914 Halle/Saale: Stadttheater.
1915 Halle/Saale: Stadttheater, Königsberg: Stadttheater.
1916–1918 Königsberg: Stadttheater (geschlossen).

Ricklinger, Julius (1856–1912)
1894 Königshütte: Sommertheater, Grünberg/Schlesien, Oppeln: Stadttheater.

1895	Beuthen: Stadttheater, Königshütte: Sommertheater, Oppeln: Stadttheater.
1896	*Bad Muskau:* Gräfliches Kursaaltheater, Beuthen: Stadttheater, Oppeln: Stadttheater.
1897–1899	*Bad Muskau:* Gräfliches Kursaaltheater, Gleiwitz: Stadttheater, Oppeln: Stadttheater.
1900–1901	Gleiwitz: Stadttheater, Oppeln: Stadttheater.
1902	*Bad Muskau:* Gräfliches Kursaaltheater, Königshütte: Oberschlesisches Volkstheater.
1903	*Bad Muskau:* Gräfliches Kursaaltheater.
1904–1905	*Bad Muskau:* Gräfliches Kursaaltheater, Kattowitz: Stadttheater, Oppeln: Stadttheater.
1906–1909	*Bad Muskau:* Gräfliches Kursaaltheater, Königshütte: Oberschlesisches Volkstheater.
1910	*Bad Muskau:* Gräfliches Kursaaltheater.
1911	*Bad Muskau:* Gräfliches Kursaaltheater, Leobschütz, Ratibor: Stadttheater, Weißwasser.
1912	*Bad Muskau:* Gräfliches Kursaaltheater, Ratibor: Stadttheater.
1913	*Bad Muskau:* Gräfliches Kursaaltheater.

Ritter, Fritz

1885	Bad Weilheim: Stadttheater, Starnberg: Sommertheater, Tutzing: Sommertheater.
1891	Cosel, Kattowitz: Stadttheater.
1893	Arnsdorf.
1894	Wüstegiersdorf.
1899	*Bad Carlsruhe/Schlesien:* Kurtheater, Kempen/Schlesien, Namslau.
1912	Hirschberg: Fischerberg <Hirschberger Waldfestspiele>, Hirschberg: Naturtheater.
1913	Hirschberg: Fischerberg <Waldfestspiele>, *Schmiedeberg/Riesengebirge.*

Rüger, Hermann

1906	Arendsee, *Bad Carlsruhe/Schlesien:* Kurtheater, Osterburg, Seehausen/Altmark: Sommertheater, Stendal, Wittenberge.
1912	*Bad Obernigk:* Kurtheater.

Sattler, Adolf (1835?–1891)

1881	Leipa: Stadttheater.
1883	Kratzau, Rumburg, Schönlinde, Tetschen.
1884	Hohenelbe, Rumburg, Schönlinde, Tetschen.
1885	Friedland/Böhmen, Rumburg, Hohenelbe, Tetschen.
1886	Rumburg: Stadttheater, Schönlinde: Sommertheater.
1887	Arnau/Elbe, Braunau/Böhmen, Hohenelbe.
1888	Arnau/Elbe, Braunau/Böhmen, Trautenau.
1889	Grottau, Tiefenbach/Desse: Sommertheater.
1890	Albrechtsdorf, Gablonz: Hotel Germania, Tiefenbach/Desse: Sommertheater.

1891 Antoniwald, Haindorf, Leipa: Apollo-Saal, Liebenau, Steinschönau: Hotel Langer.
1892 Bad Kamnitz, *Bad Langenau.*

Saville, Louis von (?–1903)
1887 Bad Freienwalde: Saisontheater.
1888 Bad Freienwalde: Herrmann's Hotel <Saisontheater>.
1889 Bad Freienwalde: Herrmann's (Micha) Hotel <Saisontheater>.
1890–1891 Bad Freienwalde: Micha's Hotel <Saison- und Badetheater>.
1892–1893 *Bad Muskau:* Hermanns-Bad <Gräflich Arnim'sches Kursaaltheater>.

Schiemang, Karl (1822–1888)
1849 Guben.
1850 Sorau.
1851 Crossen/Oder.
1852 Sagan.
1853 Leoben, Liegnitz.
1854–1855 Liegnitz: Stadttheater.
1856–1858 *Bad Warmbrunn:* Gräflich Schaffgott'sches Theater, Hirschberg.
1859 Liegnitz: Stadttheater.
1860 *Bad Warmbrunn:* Gräflich Schaffgott'sches Theater, Bunzlau.
1861 *Bad Warmbrunn:* Gräflich Schaffgott'sches Theater, Liegnitz: Stadttheater.
1862 *Bad Warmbrunn:* Gräflich Schaffgott'sches Theater, Brieg: Stadttheater.
1863–1864 *Bad Warmbrunn:* Gräflich Schaffgott'sches Theater, Brieg, Liegnitz: Stadttheater, Neisse: Stadttheater.
1865–1866 *Bad Warmbrunn:* Gräflich Schaffgott'sches Theater, Neisse: Stadttheater.
1867 Regensburg: Stadttheater.
1868–1870 Liegnitz: Stadttheater.
1871 Bunzlau: Stadttheater.
1872–1874 Bautzen: Stadttheater, Zittau: Stadttheater.
1876 *Bad Salzbrunn:* Fürstlich Pleß'sches Theater, Bautzen: Stadttheater, Waldenburg: Stadttheater.
1877 Bautzen: Stadttheater.
1878 Glogau: Stadttheater, Jauer: Stadttheater.
1879 Glogau: Stadttheater, Zittau: Stadttheater.
1880 Bautzen: Stadttheater.
1881 Cottbus: Stadttheater, Merseburg.
1882 Cottbus: Stadttheater, Großenhain.
1883 Forst, Großenhain, Sorau.
1884 Bautzen: Stadttheater, Glatz: Stadttheater, Jauer: Stadttheater, Zittau.
1885 Waldenburg: Stadttheater.
1886 *Bad Salzbrunn:* Fürstlich Pleß'sches Theater, Bautzen: Stadttheater, Waldenburg: Stadttheater.
1887 Waldenburg: Stadttheater.

Schürmann, Orno
1899 Neusalz, Beeskow, Sprottau, Grünberg/Schlesien, Fürstenberg, Prenzlau, Guhrau, Sagan: Sommertheater.
1900 *Bad Oppelsdorf:* Kurtheater, Bernstadt/Eigen, Neusalza: Hotel Duchatsch, Neugersdorf.
1901 * *Reichenau/Oberlausitz*, Bernstadt/Eigen.

Seder-Haberstroh, Clara → **Haberstroh, Clara**

Seidemann, Conrad
1904 Allenstein: Stadttheater, Insterburg: Stadttheater.
1905 Iserlohn: Stadttheater, Neuruppin: Sommertheater.
1906 Stendal: Stadttheater.
1907 Bad Grund, Rathenow: Stadttheater, Osterode/Harz: Kurtheater, Stendal: Stadttheater.
1908 *Bad Flinsberg:* Kurtheater, Rathenow: Stadttheater, Stendal: Stadttheater.
1909 Seidemanns Operetten-Tournee.

Senff-Georgi, Erwin (1878?–1931)
1911 *Bad Flinsberg:* Hotel Rübezahl <Kurtheater>.
1912 Sächsisches Städtebundtheater. Aufführungen in: *Bad Flinsberg:* Kurtheater.
1913–1915 Sächsisches Städtebundtheater.
1916 Senff-George-Gastspiele. Aufführungen in *Altheide Bad:* Kurtheater, Bad Kreuznach: Kurtheater, Bielefeld, Braunschweig: Hoftheater, Koblenz, Cottbus, Mülhausen/Elsaß, Flensburg, Frankfurt/Main: Neues Theater, Hanau, Heidelberg, Leipzig: Schauspielhaus, Saarbrücken, Wiesbaden: Volkstheater, Wiesbaden: Residenz-Theater.
1917 Senff-Georgi-Gastspiele. Aufführungen in Aachen, *Altheide Bad:* Kurtheater, *Bad Kudowa*, Berlin, Bielefeld, Braunschweig, Breslau, Bromberg, Budapest, Kassel, Colmar, Cottbus, Koblenz, Darmstadt, Dessau, Detmold, Dresden, Elbing, Fiume, Flensburg, Frankfurt/Main: Neues Theater, Gera, Göttingen, Graz, Halle/Saale, Hamburg, Hanau, Hannover, Heidelberg, Jena, Leipzig, Lodz, Lüneburg, Magdeburg, Mühlhausen/Thüringen, Mülhausen/Elsaß, München: Volkstheater, Saarbrücken, Wiesbaden: Residenz-Theater.

Sioli, Francesco [Franz] (1878–1958)
1908 *Bad Landeck:* Kurtheater.
1909 *Bad Landeck:* Kurtheater, Tilsit: Stadttheater.
1910 Bad Swinemünde: Stadt- und Kurtheater, Tilsit: Stadttheater.
1911 Köthen: Tivoli-Theater, Tilsit: Stadttheater.
1912 Tilsit: Stadttheater.
1913 Aschersleben, Blankenburg, Halberstadt: Stadttheater, Oschersleben, Tilsit: Stadttheater.
1914–1916 Halberstadt: Stadttheater.
1918 Halberstadt: Stadttheater.

Sormand, A. S.
1911   Berlin: Berliner Neue Bühne, Marienwerder, Stargard.
1912–1913   *Bad Flinsberg:* Hotel Rübezahl <Kurtheater>, Berlin: Berliner Neue Bühne.
1914   *Bad Flinsberg:* Kurtheater.

Staack, Siegfried Conrad (1850?–?)
1887–1890   Zwickau: Stadttheater.
1891   *Bad Landeck:* Viktoria-Bad-Theater, Zwickau: Stadttheater.
1892–1895   Zwickau: Stadttheater.
1897–1898   Liegnitz: Stadttheater.
1899–1901   Plauen: Stadttheater.
1902–1904   Greiz: Tivoli-Theater <Stadttheater>, Plauen: Stadttheater.
1911   Gleiwitz: Stadttheater.

Strein, Franz
1856   Wischau.
1875   Böhmisch-Aicha, Gablonz, Grottau, Johannesberg/Isergebirge.
1876   Sankt Katharinenberg.
1879   Haida: Stadttheater, Leipa: Stadttheater.
1884   Joachimsthal: Stadttheater.
1885   Komotau, Weipert.
1890   Lengenfeld, Lößnitz, Netzschkau, Rodewisch.
1891   Markneukirchen, Netzschkau, Rodewisch.
1892   Markneukirchen, Siegmar.
1893   Langenau/Sachsen, Niederbobritzsch. Nossen, Schleiz, Siebenlehn.
1894   Dippoldiswalde, Eibau, Neusalza, *Reichenau/Oberlausitz*.
1895   Königstein/Sachsen.
1896   Neukirch/Sachsen.
1897   Ebersbach, Groß-Gersdorf, Großschönau, Hohenstein-Ernstthal, Königsbrück/Oberlausitz, Königstein/Sachsen, Ostritz, Radeburg, *Reichenau/Oberlausitz*.
1898   Mutzschen.
1899–1900   Geithain.

Stolle
1846   *Grafenort.*

Strecker, Georg
1902   Remscheid: Stadttheater, Solingen: Stadttheater.
1909   Bad Lauterberg: Kurtheater.
1910   *Bad Flinsberg:* Kurtheater.
1911   Mainz: Neues Theater.

Stegemann, Adolf (1820?–?)
1856   Ratibor: Stadttheater.
1858   Gleiwitz, Ratibor.

1861	Brieg: Stadttheater, Grünberg/Schlesien: Sommertheater, Neumarkt/Schlesien.
1862	Brieg: Stadttheater, Gleiwitz, Grünberg/Schlesien: Sommertheater, Liegnitz: Stadttheater, Ratibor.
1863	Brieg, Glatz, Neisse, Schweidnitz.
1864	Brieg: Stadttheater, Glatz, Grottkau, Reichenbach/Schlesien, Strehlen.
1865	Brieg: Stadttheater, Glatz.
1868–1869	Brieg: Stadttheater.
1870	Brieg: Stadttheater, Ratibor.
1871	*Bad Salzbrunn:* Fürstlich Pleß'sches Theater, Beuthen: Stadttheater, Brieg: Stadttheater, Ratibor: Stadttheater.
1875	*Bad Salzbrunn:* Fürstlich Pleß'sches Theater, Brieg: Stadttheater, Ratibor: Stadttheater.
1879	Beuthen: Stadttheater, Brieg: Stadttheater, Gleiwitz, Oppeln, Ratibor.
1881	Warschau: Deutsches Theater <Stadttheater>.

Süßenguth [Süßenguth-Waldeck; Waldeck-Süßenguth], Arthur Hermann

1900	Bad Ilmenau: Kurtheater, Hildburghausen: Herzogliches Stadttheater, Rothenburg/Oberlausitz, Schleiz, Schleusingen, Themar.
1901	Bad Ilmenau: Kurtheater, Haynau: Stadttheater, Hildburghausen: Stadttheater, Sprottau: Stadttheater.
1902	Glatz: Hotel Kaiserhof <Stadttheater>, Neurode, Reichenbach/Schlesien: Neues Stadttheater.
1903	Glatz: Stadttheater, Reichenbach/Schlesien: Neues Stadttheater.
1904	Frankenstein: Stadttheater, Kreuzburg/Schlesien: Neues Stadttheater, Tarnowitz.
1906	Driesen, Friedeberg/Neumark, Schwedt, Landsberg/Warthe: Aktientheater.
1907	Anklam, Barth: Burgtheater <Kurtheater>, Deutsch-Krone: Deutsches Haus, Greifswald, Konitz: Hotel Geccelli, Marienwerder: Schützenhaus, Prerow: Mührkes Hotel <Kurtheater>, Stargard, Stralsund, Zingst: Central-Hotel <Kurtheater>.
1909	Barth: Burgtheater, Friedland/Mecklenburg, Graal-Müritz, Prerow: Mührkes Hotel <Kurtheater>, Ribnitz, Röbel, Teterow, Waren, Wustrow, Zingst: Central-Hotel <Kurtheater>.
1910	Ahrenshoop: Kurtheater, Barth: Burgtheater, Frankenstein: Stadttheater, Glatz: Kaiserhof, Graal-Müritz: Kurtheater, Prerow: Mührkes Hotel <Kurtheater>, Reichenbach/Schlesien: Hotel-Etablissement Zur goldenen Sonne, Ribnitz, Wustrow: Kurtheater, Zingst: Central-Hotel <Kurtheater>.
1911	Ahrenshoop, Barth: Burgtheater, Glatz: Stadttheater, Graal-Müritz: Etablissement Lohengrin, Graal-Müritz: Hotel Strandperle, Neurode: Stadttheater, Prerow: Mührkes Hotel <Kurtheater>, Ribnitz: Hotel Erbgroßherzog, Warnemünde: Kurtheater, Wustrow: Hotel Börse, Wustrow: J. Nordens Etablissement, Zingst: Deutsches Haus.
1912	Glatz: Stadttheater, Neurode: Stadttheater, Wurzen: Viktoria-Theater, Zerbst: Stadttheater.

1913	Westfälisches Städtebundtheater. Aufführungen in *Altheide Bad:* Kurtheater, *Altheide Bad:* Badewald <Freilichtaufführungen>, Brakel, Glatz, Höxter, Holzminden: Buntrocks Hotel, Stadtoldendorf, Neurode, Zerbst: Stadttheater.
1914	Borkum: Hotel Seestern <Kurtheater>, Bückeburg: Sommertheater, Gera: Residenz-Theater, Hameln: Sommertheater, Rinteln: Sommertheater.
1918	Bad Kösen: Kurtheater, Bad Sulza: Kurtheater.

Sydow, Leo

1896	Freiburg/Schlesien.
1897	Oels: Elysium, Rawitsch, Bad Schreiberhau: Union-Hotel <Kurtheater>.
1898	Oels: Elysium, Rawitsch, Bad Schreiberhau: Kurtheater.
1899	Bad Ziegenhals, Lauban, Neurode.
1900	Kreuzburg/Schlesien, Neurode, Rawitsch.

Szarka-Alestra, Josef → **Alestra, Josef**

Thomas, J.

1845	*Bad Landeck*, Brieg, Frankenstein, Neisse, Reichenbach/Schlesien, Schweidnitz.
1846	Glatz, Hirschberg, Landshut, Neisse.
1850	Neisse.
1852	*Bad Salzbrunn*, Ohlau.
1856	Neisse: Bartsch's Garten <Tivoli-Theater>.
1858–1859	Oppeln.
1861	Neisse: Sommertheater, Oppeln.
1865	Oppeln.
1873	*Bad Reinerz.*
1874	Oels, Striegau.

Tresper, Armand (1862–1938)

1897	Krefeld: Sommertheater, Mönchengladbach: Stadttheater.
1898	Mönchengladbach: Stadttheater.
1899	Kassel: Königstädter Theater, Weißenfels: Stadttheater.
1900	Greifswald, Grünberg/Schlesien, Hirschberg, Landsberg/Warthe: Stadttheater, Lauban, Nordhausen: Tivoli-Theater, Schwedt: Sommertheater, Stargard: Stadttheater.
1901	Grünberg/Schlesien, Lauban, Schwedt: Schützenhaus <Sommertheater>.
1902	Cottbus: Stadttheater, Grünberg/Schlesien: Konzerthaus, Guben: Stadttheater, Landsberg/Warthe: Aktientheater, Lindenau/Leipzig: Drei Linden <Sommertheater>.
1903	Cottbus: Stadttheater, Lindenau/Leipzig: Drei Linden.
1904–1905	Cottbus: Stadttheater.
1906	Gleiwitz: Stadttheater, Meißen.
1907	*Bad Landeck:* Kurtheater, Gleiwitz: Stadttheater.
1908–1910	Gleiwitz: Stadttheater.

1911	Brandenburg: Ahlerts Berg <Sommertheater>, Bremerhaven: Stadttheater, Glogau: Stadttheater, Grünberg/Schlesien: Stadttheater, Lissa, Meißen: Stadttheater.
1912	Brandenburg: Ahlerts Berg <Sommertheater>, Glogau: Stadttheater, Landsberg/Warthe: Aktien-Sommertheater, Landsberg/Warthe: Aktientheater.
1913	Glogau: Stadttheater, Grünberg/Schlesien, Neusalz, Prenzlau.
1914	Glogau: Stadttheater, Grünberg/Schlesien, Landsberg/Warthe: Aktientheater, Neusalz.
1915	Glogau: Stadttheater, Landsberg/Warthe: Aktientheater, Neusalz.
1916	Glogau: Stadttheater, Neurode, Neusalz.
1917	Glogau: Stadttheater, Sprottau.
1918	Glogau: Stadttheater.

Treu, Richard (1876–?)
1913	Eisenach: Stadttheater, Gotha.
1914	*Bad Flinsberg:* Hotel Rübezahl <Kurtheater>, Eisenach: Stadttheater.
1915	*Bad Flinsberg:* Kurtheater, Bad Flinsberg: Freilichttheater, Bad Friedrichroda: Berg- und Kurtheater, Eisenach: Stadttheater.
1916	Bad Friedrichroda: Am Gottlob <Bergtheater>, Bad Friedrichroda: Hotel zum Stern <Kurtheater>, Eisenach: Stadttheater.
1917–1918	Bad Friedrichroda: Berg- und Kurtheater, Eisenach: Stadttheater.

Ubrich, Anton → **Lederer-Ubrich, Anton**

Wahlberg, Hans (1874–1921)
1900	*Liegnitz:* Wilhelm-Theater, Posen: Stadttheater.
1901	Posen: Stadttheater.
1902	Görlitz: Wilhelm-Theater, Posen: Stadttheater.

Wald, Hugo
1883	Beuthen: Stadttheater, Breslau: Saisontheater, Hirschberg.
1896	Münster: Germania-Theater, Paderborn: Stadttheater.
1898	Braunschweig: Neues Theater.
1901	Breslau: Saisontheater.
1902	Thorn: Viktoria-Theater.
1905	Breslauer Ensemble. Aufführungen in *Schmiedeberg/Riesengebirge:* Sommertheater, Strehlen.
1906	Breslauer Ensemble. Aufführungen in Deutsch-Eylau, Marienburg, Osterode: Gesellschaftshaus.
1907	Breslauer Ensemble. Aufführungen in Dirschau, Marienburg, Thorn: Viktoria-Park.
1908	Westpreußisches Provinzial-Ensemble. Aufführungen in Allenstein: Bellevue, Culmsee: Sommertheater, Kulm, Marienwerder, Strasburg/Westpreußen.
1909	Berliner Operetten-Ensemble.

1910	Berliner Operetten-Ensemble-Tournee. Aufführungen in Bad Leba, Breslau, Lauenburg/Pommern: Sommertheater.
1911	Westpreußisches Provinzial-Ensemble. Aufführungen in Culmsee: Sommertheater, Konitz, Schwetz: Kowallacks Theater-Lokal, Strasburg/Westpreußen.
1912	Westpreußisches Provinzial-Ensemble. Aufführungen in Deutsch-Krone, Flatow, Schwetz.

Waldeck-Süßenguth, Arthur Hermann → **Süßenguth, Arthur Hermann**

Walden, Max (1861–?)
1894	Berliner Ensemble: Neuruppin.
1895	Neuruppin, Stettin: Elysium-Theater.
1898	Cottbus: Stadttheater.
1899	*Bad Landeck:* Viktoria-Theater.
1900	Berliner Gesamt-Gastspiel Walden-Jordan. Aufführungen in Neuruppin, Stargard.
1910	Elberfeld: Thalia-Theater.
1912	Max Walden-Ensemble. Aufführungen in Aachen: Eden-Theater, Bern: Casino-Theater, Kassel: Variété Kaisersäle, Köln: Reichshallen-Theater, Dortmund: Olympia-Theater, Düsseldorf , Duisburg: Burgacker-Theater, Essen: Colosseum-Theater, Gera: Variété Tonhalle, Hannover: Residenz-Theater, Zürich: Corso-Theater.
1914	Max Walden-Ensemble.
1916	Max Walden-Gastspiel-Theater. Aufführungen in Breslau: Viktoria-Theater, Danzig: Wilhelm-Theater, Dortmund: Olympia-Theater, Düsseldorf: Apollo-Theater, Hannover: Deutsches Theater, Saarbrücken: Apollo-Theater, Stuttgart: Friedrichsbau, Wilhelmshaven: Adler-Theater.
1917	Max Walden Gastspiel-Theater. Aufführungen in Breslau: Viktoria-Theater, Halle/Saale: Walhalla-Theater, Wilhelmshaven: Burg Hohenzollern.
1918	Max Walden Gastspiel-Theater. Aufführungen in Bremen: Eden-Theater, Breslau: Lobe-Theater, Dresden: Viktoria-Theater, Halle/Saale: Apollo-Theater.

Walden-Jordan, Anna
1899	Berliner Gesamt-Gastspiel. Aufführungen in *Bad Landeck*, Neuruppin, Landsberg/Warthe, Stargard.

Walter, Hugo (1858–1923)
1891	*Liegnitz:* Wilhelm-Theater.
1895–1898	Mülheim/Ruhr: Centralhallen-Theater.
1907–1918	Neustrelitz: Großherzogliches Hoftheater.

Weiß, Leopold Friedrich [Friedrich Leopold]
1900	*Bad Landeck:* Kurtheater, Breslau: Volkstheater.
1901	*Bad Landeck:* Kurtheater, Schleswig: Stadttheater.

1902–1903 Rendsburg: Stadttheater, Schleswig: Stadttheater.
1904 *Bad Landeck:* Kurtheater, Glatz: Stadttheater, Reichenbach/Schlesien: Stadttheater.
1905 Charlottenburg: Charlottenburger Theater <Stadttheater>, Reichenbach/Schlesien.
1909–1910 Berliner Operetten-Ensemble.

Wenghöfer, Otto (1859?–1917)
1902–1904 Potsdam: Königliches Schauspielhaus.
1905–1914 *Bad Warmbrunn:* Reichsgräflich Schaffgott'sches Kurtheater, Potsdam: Königliches Schauspielhaus.
1915–1917 *Bad Warmbrunn:* Reichsgräflich Schaffgott'sches Kurtheater.

Will [Will-Willutzki; Will-Wullutzky], Oskar [Ludwig Oskar] (1847–1932)
1877 Breslau: Thalia-Theater.
1878 Gleiwitz: Sommertheater, Ratibor.
1884–1885 *Liegnitz:* Sommertheater.
1886 *Liegnitz:* Wilhelm-Theater <Wilhelmsbad>.
1887–1890 *Liegnitz:* Wilhelm-Theater.
1891–1910 Bad Elster: Albert-Theater.
1911 Bad Elster: Albert-Theater, Bad Elster: An der Waldquelle.
1912 Bad Elster: Albert-Theater, Bad Elster: An der Waldquelle <Freilichtaufführungen>.
1913–1914 Bad Elster: Albert-Theater.
1915–1918 *Altheide Bad:* Kurtheater, *Bad Kudowa:* Fürstenhof <Kurtheater>.

Beiträge

Das Lateinschulwesen in Niederschlesien und der böhmische Adel (1550–1620)

Von Martin Holý

I.

Schlesien bildete seit dem Hochmittelalter bis zu den Österreichischen Erbfolgekriegen, die nach dem Tode Karls VI. (1711–1740) ausbrachen, einen untrennbaren Bestandteil des Böhmischen Staates. Im 16. und zu Beginn des 17. Jahrhunderts spielte Schlesien in der Kultur- und Bildungsgeschichte der böhmischen Länder eine viel größere Rolle, als bisher angenommen wurde. Einer der Kernbestandteile dieser Rolle war der beträchtliche Anteil namentlich niederschlesischer Lateinschulen an der Formierung der gesellschaftlichen Eliten Böhmens und Mährens während ihrer Erziehung und Bildung. Die vorliegende Studie konzentriert sich daher vor allem auf diese Lateinschulen als Objekt des Studieninteresses des Adels aus den böhmischen Ländern.

Das angerissene Thema wurde in der bisherigen Historiographie noch nicht komplex bearbeitet, obgleich eine ganze Reihe verschiedenartiger Quellen (siehe unten), die solch ein Studium ermöglichen, erhalten ist. Erstaunlicherweise gab selbst die langjährige Tradition in der Untersuchung der Bildungsgeschichte Schlesiens, die vor allem im 19. und 20. Jahrhundert (sowie zu Beginn des dritten Jahrtausends) zahlreiche wertvolle – und auch für diese Studie nützliche – Früchte hervorbrachte, keinen deutlichen Impuls für eine ähnlich ausgerichtete Untersuchung.[1]

---

1) Vgl. v. a. folgende Monographien: Carl Friedrich Schönwälder, Johannes Julius Guttmann: Geschichte des königlichen Gymnasiums zu Brieg, Breslau 1869; Ludwig Sturm: Valentin Trotzendorf und die Lateinische Schule zu Goldberg, Goldberg 1888; Gustav Bauch: Geschichte des Breslauer Schulwesens in der Zeit der Reformation, Breslau 1911 (= CdS 25); Ders.: Valentin Trotzendorf und die Goldberger Schule, Berlin 1921 (= Monumenta Germaniae Paedagogica 57); Arno Lubos: Valentin Trozendorf. Ein Bild aus der schlesischen Kulturgeschichte, Ulm 1962; Robert Seidel: Späthumanismus in Schlesien. Caspar Dornau (1577–1631), Leben und Werk, Tübingen 1994 (= Frühe Neuzeit 20); Alfred Michler: Valentin Trotzen-

Zur Erforschung der Rolle Niederschlesiens im Erziehungs- und Bildungsprozeß des Adels der böhmischen Länder lassen sich Quellen verschiedener Art nutzen. Es handelt sich sowohl um Quellen amtlicher Art (Matrikeln, amtliche Korrespondenz, Schul- und Kirchenordnungen u. dgl.) oder um Ego-Dokumente (z. B. Tagebücher verschiedener Art, Stammbücher, Korrespondenz) als auch um literarische Quellen (schulische Disputationen, humanistische Gelegenheitsliteratur, Leichenpredigten u. dgl.).[2] Zur Analyse vieler Teilfragen dieser Materie können auch einige biographische, enzyklopädische und/oder heimatkundliche Werke herangezogen werden, die noch in der Frühen Neuzeit entstanden sind und zahlreiche Aspekte der von uns untersuchten Thematik widerspiegeln. Einige davon sind in Druck erschienen, andere blieben im Manuskript.[3]

Das Thema selbst evoziert mehrere Fragestellungen. Neben der einfachen Topographie des Studiums von böhmischen und mährischen Adligen wird uns z. B. auch Folgendes interessieren: Was führte sie zum Besuch

---

dorf – nauczyciel Śląska [Valentin Trotzendorf – der Lehrer Schlesiens], Złotoryja 1996; Claudia A. ZONTA: Schlesische Studenten an italienischen Universitäten. Eine prosopographische Studie zur frühneuzeitlichen Bildungsgeschichte, Köln, Weimar, Wien 2004 (= Neue Forschungen zur schlesischen Geschichte 10); Marek HAŁUB, Anna MAŃKO-MATYSIAK (Hg.): Śląska republika uczonych. Schlesische Gelehrtenrepublik. Slezská vědecká obec I–II, Wrocław 2004–2006; Bogumiła BURDA: Szkolnictwo średnie na Dolnym Śląsku w okresie wczesnonowożytnym (1526–1740) [Das mittlere Schulwesen in Niederschlesien während der Frühneuzeit (1526–1749)], Zielona Góra 2007. Siehe auch Christine ABSMEIER: Schul- und Bildungsgeschichte, in: Joachim BAHLCKE (Hg.): Historische Schlesienforschung. Methoden. Themen und Perspektiven zwischen traditioneller Landesgeschichtsschreibung und moderner Kulturwissenschaft, Köln, Weimar, Wien 2005 (= Neue Forschungen zur schlesischen Geschichte 11), S. 543–563. Aufsätze aus Zeitschriften und Sammelbänden werden wegen ihrer zu großen Anzahl erst in den nachstehenden Anmerkungen angeführt.
2) Auf einzelne dieser Quellen wird noch nachstehend hingewiesen.
3) Iochim CUREUS: Newe Cronica des Hertzogthums Ober und Nieder Schlesien …, Eisleben 1601; Martinus HANKIUS: Vratislavienses eruditionis propagatores, id est, Vratislaviensum scholarum praesides, inspectores, rectores, professores, praeceptores, tabulis chronologicis comprehensi, ab anno Christi 1525 ad 1700 …, Lipsiae 1701; Johannes Henricus CUNRADI: Silesia togata, sive Silesiorum doctrina et virtutibus clarissimorum elogia …, Lignicii 1706; Johann Christian KUNDMANN: Academiae et scholae Germaniae, praecipue ducatus Silesiae …, Breslau 1741; Friedrich Bernhard WERNHER: Topographia oder Prodromus delineati Silesiae Ducatus …, S. l. 1755 (Handschrift; Universitätsbibliothek in Breslau, Sign. R 551). Weitere Werke in bezug auf einzelne Lateinschulen oder Persönlichkeiten werden noch nachstehend angegeben.

gerade jener Schulen? Welche Faktoren spielten hier eine Rolle? War die geographische Lage dieser Schulen, ihr Ruf, die mehr oder weniger intensiv gepflegten Beziehungen einiger ihrer Vertreter (Rektoren, Konrektoren und weiterer Lehrer) zum böhmischen oder mährischen Milieu oder noch weitere Umstände von größerer Wichtigkeit? Boten diese Schulen eine vergleichbare Bildung wie z. B. Lateinschulen in den böhmischen Ländern oder wie ihre Pendants in der Niederlausitz oder außerhalb der Böhmischen Krone? Welche Stellung nahm das Studium in Niederschlesien in den Bildungsgängen (bzw. in den Lebensläufen) ihrer Absolventen ein? Die Beantwortung dieser sowie einiger weiterer Fragen wird die Aufgabe der vorliegenden Studie sein.

II.

Obwohl die Wurzeln des schlesischen Lateinschulwesens bereits im Mittelalter liegen, entwickelte es sich nach der Reformation in bedeutendem Maße weiter. An dieser Stelle können wir jedoch auf diesen Prozeß und seine Gründe nicht eingehen, wir taten dies bereits anderenorts.[4] Die markanteste Entwicklung von Partikularschulen gab es gerade in Niederschlesien,[5] doch nur bei einigen Schulen läßt sich nachweisen, daß sie von Angehörigen des böhmischen und mährischen Adels besucht wurden. Dies muß nicht unbedingt bedeuten, daß an den übrigen Schulen kein Interesse bestand, es hängt eher mit dem Überlieferungsgrad der Quellen zusammen und vor allem damit, daß für das Gros der niederschlesischen Bildungsstätten des untersuchten Zeitraums keine Evidenzquellen existieren.[6]

---

4) Martin HOLÝ: Vliv luterské reformace na rozvoj partikulárního školství ve vedlejších zemích České koruny v 16. století [Der Einfluß der lutherischen Reformation auf die Entwicklung des patikularen Schulwesens in den Nachbarländern der Böhmischen Krone im 16. Jh.], in: Lenka BOBKOVÁ, Jana KONVIČNÁ u. a. (Hg.): Korunní země IV. Náboženský život a církevní poměry v zemích Koruny české ve 14.–17. století, Praha 2009, S. 535–550 (hier auch Hinweise auf weitere Literatur).
5) Mit dem Lateinschulwesen in Schlesien hat sich bis auf eine Ausnahme bei BURDA (wie Anm. 1) bisher, und zwar am umfassendsten, KUNDMANN (wie Anm. 3) befaßt. Inzwischen ist die beim Verfassen dieses Aufsatzes noch nicht erschienene Arbeit von Christine ABSMEIER: Das schlesische Schulwesen im Jahrhundert der Reformation. Ständische Bildungsreformen im Geiste Philipp Melanchthons. Stuttgart 2011 (= Contubernium 74) herausgekommen.
6) Aus dem untersuchten Zeitraum ist nur eine Schulmatrikel überliefert, und zwar

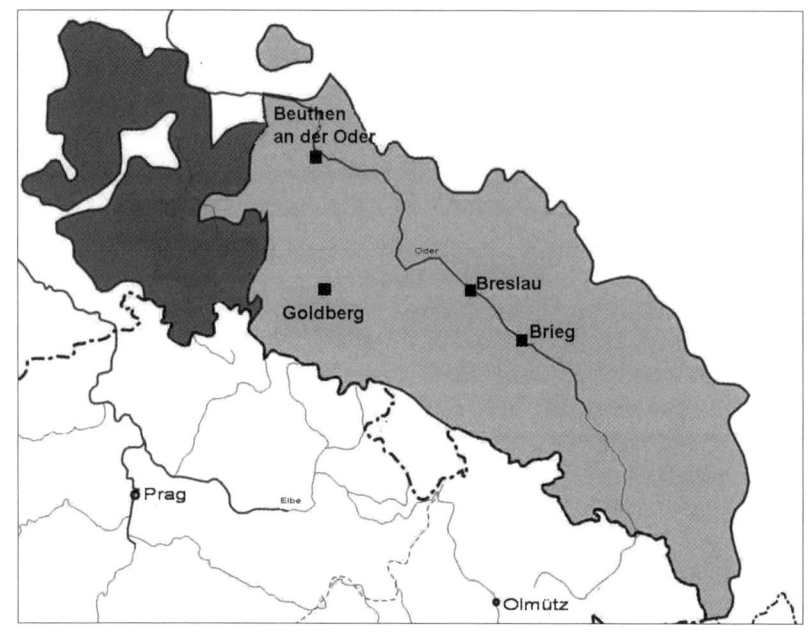

Schlesische Schulorte, die von böhmischen und mährischen Adligen besucht wurden.
Karte: Martin Holý

Konzentrieren wir uns also gerade auf diese Schulen. Eine von ihnen war das nichtkatholische Gymnasium in Goldberg. Schon vor der Reformation hatte es hier eine Lateinschule gegeben.[7] Am berühmtesten wurde sie jedoch unter der Leitung des bekannten Schulreformators Valentin Trotzendorf (1490–1556), der das Gymnasium in den Jahren 1524 bis

---

die der Schule bei Maria Magdalena in Breslau. Leider beinhaltet sie Angaben erst seit 1617. Vgl. Liber scholae Mariae Magdalenae …, Archiwum Państwowe we Wrocławiu, Akta miasta Wrocławia, Sign. P 141,1. Für manche andere Lateinschulen können jedoch einige ergänzende Quellen in die Untersuchung miteinbezogen werden, die teilweise auch umfassender Art sind (s. u. am Beispiel des Elisabethanum in Breslau).
7) Zur mittelalterlichen Tradition des Goldberger Lateinschulwesens vgl. v. a. BAUCH: Valentin Trotzendorf (wie Anm. 1), S. 1–9 (bis zur Reformierung der Schule 1504) und S. 10–45 (bis zur Einführung des Luthertums in Goldberg zu Beginn der 20er Jahre).

1526 und 1531 bis 1554 leitete.[8] Vom guten Ruf der Schule zeugt beispielsweise der sog. *Catalogus academiarum totius orbis Christiani* aus dem Jahre 1554, in dem gerade das Gymnasium in Goldberg unter den acht bedeutendsten höheren Lateinschulen im deutschsprachigen Raum des Heiligen Römischen Reichs rangiert.[9]

Besonders in den 30er und 40er Jahren gewann die Aurimontana, wie diese Schule manchmal nach der Stadt, in der sie ihren Sitz hatte, bezeichnet wird, unter Trotzendorfs Leitung zahlreiche neue Lehrer hinzu, so daß sie ihren Unterricht ausweiten und verbessern konnte. Für die Schule, die dank der Gewogenheit Herzog Friedrichs II. von Liegnitz-Brieg (1480–1547)[10] nicht nur den Status einer *„scholae ducalis"*, sondern auch

---

8) Zu Trotzendorf vgl. v. a. Leopold HAUPT: Valentin Friedland genannt Trotzendorf, in: Neues Lausitzisches Magazin 41 (1864), S. 134–144; STURM (wie Anm. 1); Georg MERTZ: Das Schulwesen der deutschen Reformation im 16. Jahrhundert, Heidelberg 1902, S. 152f.; MEISTER: Trotzendorf, in: ADB 38 (1894), S. 661–667; BAUCH: Valentin Trotzendorf (wie Anm. 1), hier v. a. S. 52–169; Karl WEIDEL: Valentin Trozendorf, in: Schlesische Lebensbilder (zit. als SLb) 4, Breslau 1931, S. 98–101; LUBOS (wie Anm. 1); MICHLER (wie Anm. 1); Elke AXMACHER: Trozendorf, Valentin, in: Biographisch-Bibliographisches Kirchenlexikon (zit. als BBKL) 12, Herzberg 1997, Sp. 618–623. Praktisch in allen diesen Arbeiten ist auch die Geschichte des Goldberger Gymnasiums behandelt worden. Vgl. dazu auch KUNDMANN (wie Anm. 3), S. 431–446; Alfred OESTERHELD: Die Pyramide von Goldberg. Ein Beitrag zur schlesischen Rolle in der Pädagogik, in: JSFWUB 4 (1959), S. 142–151; Teresa BOGACZ: Złotoryja w dziejach szkolnictwa śląskiego XVI–XVIII wieku [Goldberg in der Geschichte des schlesischen Schulwesens des 16.–18. Jhs.], in: Ryszard GŁADKIEWICZ (Hg.): Dzieje Złotoryji, Złotoryja/Wrocław 1997, S. 88–95. Eine hochinteressante Quelle zur Goldberger Schulgeschichte im 16. Jahrhundert stellt das Werk eines dortigen Lehrers dar, das in moderner Edition vorliegt: Gustav BAUCH (Hg.): Aus dem Hausbuche des Goldberger Lehrers Zacharias Bart. 1529–1612. Familien- und Schulnachrichten, Breslau 1907.

9) Catalogus academiarum totius orbis Christiani, fol. B4a. Dazu vgl. auch Josef HEJNIC, Jan MARTÍNEK: Rukověť humanistického básnictví v Čechách a na Moravě I–V (zit. als RHB) [Handbuch humanistischer Dichtkunst in Böhmen und Mähren], Praha 1966–1982, hier Bd. I, S. 436.

10) Zu Friedrich II. von Liegnitz siehe v. a. Johann Heinrich ZEDLER: Grosses vollständiges Universal-Lexicon aller Wissenschaften und Künste, I–LXIV, Halle, Leipzig 1732–1750, hier IX, Sp. 2079–2081; Colmar GRÜNHAGEN: Friedrich II. von Liegnitz, in: ADB 8 (1878), S. 13–15; Albrecht JANDER: Liegnitz in seinem Entwicklungsgange von den Anfängen bis zur Gegenwart, Liegnitz 1905, S. 64–72; Arnold ZUM WINKEL: Friedrich II. Herzog von Liegnitz, in: SLb 4, Breslau 1931, S. 49–59; Zygmunt BORAS: Książęta piastowscy Śląska [Die Piastenherzöge Schlesiens], Katowice ³1982, S. 396–397.

das Gebäude des einstigen Franziskanerklosters erwarb,[11] wurde 1546 eine Schulordnung geschaffen, die der Schulrektor in Form eines Briefes an Friedrich II. vom 12. März 1546 verfaßte.[12] Die einzelnen Forscher, die sich mit der Geschichte des Goldberger Gymnasiums befaßten, sind sich nicht darüber einig, in welcher Beziehung diese knappe, auf Deutsch geschriebene Schulordnung von 1546 zur ausführlicheren Studienvorschrift stand, die in Breslau erst einige Jahre nach Trotzendorfs Tod (1563) herausgegeben wurde, und wer der Verfasser der zweitgenannten Studienvorschrift ist. Einige Forscher[13] nehmen an, daß es Trotzendorf selbst war und daß er von ihr wohl schon zu Zeiten seines Rektorats Gebrauch machte.[14] Andererseits ist Gustav Bauch, der größte Kenner der Geschichte der *scholae Aurimontanae*, der Ansicht, daß zwar diese spätere Studienvorschrift auch von der Trotzendorf-Tradition ausgeht, daß sie jedoch nicht von Trotzendorf selbst, sondern eher von Heinrich Paxmann († 1580) verfaßt wurde, der Trotzendorfs zweiter Amtsnachfolger in der Schulleitung war.[15]

Für die Erkundung der pädagogischen Tätigkeit Valentin Trotzendorfs sind auch seine Lehrbücher oder Katechismen (bzw. weitere pädagogische Schriften), die meist erst nach seinem Tode erschienen, wichtig.[16] Einige davon wurden auch an zahlreichen weiteren (nichtschlesischen) Schulen rezipiert, was wiederum auf Trotzendorfs großen, überregionalen Bekanntheitsgrad hinweist. Trotz der wiederholt zitierten Arbeit von Gustav Bauch wurde diese Thematik bislang nicht systematisch erforscht, obwohl dies wesentlich zur Beleuchtung gewisser Aspekte der Kultur- und Bildungs-

---

11) Dieses Gebäude diente bis zum Brand in Juli 1554 als Schule. Danach siedelte die Goldberger Schule vorübergehend nach Liegnitz über, nach dem Bau des neuen Schulgebäudes (1556) dann wieder nach Goldberg. Ausführlich dazu KUNDMANN (wie Anm. 3), S. 436–438; BAUCH: Valentin Trotzendorf (wie Anm. 1), S. 106–115.
12) Laut BAUCH: Valentin Trotzendorf (wie Anm. 1), S. 94 verfügte die Schule bereits früher über eine Studienvorschrift, die jedoch nicht mehr erhalten ist.
13) Reinhold VORNBAUM (Hg.): Die evangelischen Schulordnungen des sechszehnten Jahrhunderts, Gütersloh 1860, S. 53–54; MERTZ (wie Anm. 8), S. 499; MICHLER (wie Anm. 1), S. 61.
14) Vgl. VORNBAUM (wie Anm. 13), S. 53–59; MERTZ (wie Anm. 8), S. 499–501; BAUCH: Valentin Trotzendorf (wie Anm. 1), S. 97–98; MICHLER (wie Anm. 1), S. 61–73.
15) BAUCH: Valentin Trotzendorf (wie Anm. 1), S. 194–195 (zu Paxmann ebd., S. 175–193). Siehe auch ZEDLER (wie Anm. 10) XXVI, Sp. 1658.
16) Vgl. ihr Verzeichnis in AXMACHER (wie Anm. 8), Sp. 618–623. Siehe auch BAUCH: Valentin Trotzendorf (wie Anm. 1), S. 137–160.

geschichte Mitteleuropas beitragen sowie zur neuen Sicht einiger (u. a. intellektueller) Beziehungen innerhalb der Böhmischen Krone und über ihre Grenzen hinaus bringen könnte.

Die Schulordnungen aus den Jahren 1546 und 1563, jüngere Schulordnungen (eine weitere wurde beispielsweise 1599 herausgegeben)[17] sowie andere Quellen und Schlußfolgerungen der einschlägigen Literatur (vor allem die bis heute geschätzte Arbeit von Gustav Bauch) zeugen von der Qualität der humanistischen Bildung, die am Goldberger Gymnasium geboten wurde. Einige der dort unterrichteten Fächer überschnitten sich teilweise mit dem Lehrstoff der zeitgenössischen Universitäten. Die Schüler absolvierten nämlich nicht nur den für höhere Lateinschulen typischen Unterricht, sondern auch einige Theologie-, Medizin- oder Juravorlesungen. In diesem Sinne läßt sich die Aurimontana gewissermaßen als Vorgänger des konfessionell anders ausgerichteten Gymnasiums in Beuthen an der Oder auffassen, dem wir uns noch widmen werden. Neben der Verbesserung der Sprachkenntnisse und der Aneignung eines gewissen Wissenspensums wird in den Schulordnungen auch die Leibesertüchtigung berücksichtigt, der sich die Schüler – vor allem durch verschiedene Spiele – in ihrer Freizeit widmen sollten.[18]

Die Persönlichkeit des bekannten Rektors (bzw. der Nachfolger Trotzendorfs, von denen jedoch keiner seinen Ruf erlangte)[19] sowie der hochwertige und aus lutherischer Sicht konfessionell zuverlässige Unterricht führten nicht nur dazu, daß Goldberg „*der Schlesier Zucht- und Lehrmeisterin*"[20] wurde, sondern lockten adelige und nichtadelige Studierende an, die aus verschiedenen Gebieten Mitteleuropas und sogar aus Regionen stammten,

---

17) Leges scholae Goldbergensis, in: Ioannes Feigius, Melchior Laubanus: Illustris scholae Goldbergensis instauratio …, Lignicii 1599, fol. M2a–N4a und Operarum annuarum illustris Aurimontanae nova recensio, in: ebd., fol. P2a–V1b. Aus der zweiten Schulordnung, die auch in Bauchs Monographie herausgegeben wurde, geht hervor, daß der Unterricht in vier Klassen eingeteilt wurde. Die ursprüngliche (Trotzendorfsche) Organisation war vermutlich anders. Vgl. dazu Kundmann (wie Anm. 3), S. 435; Bauch: Valentin Trotzendorf (wie Anm. 1), S. 87.
18) Operarum annuarum illustris Aurimontanae nova recensio, passim (zur Freizeittätigkeit vgl. fol. T4b–V1b). Siehe auch Bauch: Valentin Trotzendorf (wie Anm. 1), passim (zur Freizeittätigkeit ebd., S. 377f.).
19) Zu seinen Nachfolgern siehe Kundmann (wie Anm. 3), S. 436–441 (bis 1620); Bauch: Valentin Trotzendorf (wie Anm. 1), S. 170–193 (nur bis in die 60er Jahre des 16. Jahrhunderts).
20) Cureus (wie Anm. 3), S. 276.

Valentin Trotzendorf
Gemälde von Adam Winckler von 1595.
[Aus: Schlesische Lebensbilder 4, Breslau 1931, nach S. 104]

die außerhalb des Heiligen Römischen Reiches Deutscher Nation lagen. Selbst wenn uns keine Matrikel zur Verfügung steht, weisen verschiedene Quellen sowie auch die ältere Literatur darauf hin, daß es sich dabei neben Schlesiern vor allem um Studenten aus Sachsen, Franken, Böhmen, Mähren, Kärnten, Ungarn, Siebenbürgen, Polen und Litauen handelte.[21]

Wir kennen nur einige Adelige aus Böhmen und Mähren, die das Goldberger Gymnasium besuchten; alle gehörten dem Herrenstand an. Noch zu Trotzendorfs Lebzeiten (also vor 1556) schickte der mährische Landeshauptmann Zdenek von Waldstein auf Pirnitz seinen 1545 geborenen Sohn Hynek an dieses Gymnasium. Er wurde dorthin von seinem aus Königgrätz stammendem literarisch tätigen Präzeptor Georg Vabruschius († 1565) begleitet, der ihn auch weiter unterrichtete und somit den institutionellen Unterricht ergänzte.[22] Vor seiner Bildungsetappe in Goldberg erhielt Hynek in der Residenz Wilhelms von Waldstein in Neu Bydschau in der dortigen Schloßschule Unterricht von Peter Codicillus und später auch von Georg Vabruschius.[23] Wir wissen leider nicht, wie lange Vabruschius und Hynek in Goldberg (bzw. in Lieg-

---

21) Diese Angabe, bezeugt auch in anderen Quellen, stammt ursprünglich von KUNDMANN (wie Anm. 3), S. 435. Von ihm hat sie dann auch die spätere Literatur übernommen. Mit welchen Quellen Kundmann gearbeitet hat, wissen wir aber nicht, denn er verweist auf sie nur selten. Bestimmt waren es viel mehr Quellen, als wir heute zur Verfügung haben.
22) Vgl. sein Biogramm (mit weiteren Quellen- und Literaturhinweisen) in Martin HOLÝ: Ve službách šlechty. Vychovatelé nobility z českých zemí (1500–1620) [In Diensten des Adels. Die Privatzieher der Nobilität aus den böhmischen Ländern (1500–1620)], Praha 2011, S. 321.
23) Ebd., S. 208f.

nitz, wo die Aurimontana in den Jahren 1554 bis 1556 ihren Sitz hatte) verweilten. In der ersten Hälfte der 60er Jahre hielten sich beide bereits in Wien auf.[24] Vermutlich diente der Aufenthalt, so wie das in jener Zeit üblich war, einer Erweiterung des Bildungshorizontes des Jungen. Nähere Informationen über ihren Aufenthalt in Schlesien fehlen leider.

Bei der Wahl Goldbergs als Weiterbildungsort des jungen Herren mag auch die Tatsache eine Rolle gespielt haben, daß einige Absolventen der Aurimontana dem Freundeskreis von Matthaeus Collinus von Chotěřina (bzw. zu dem der Hilfslehrer in seiner Privatschule)[25] angehörten: beispielsweise Georg Handsch (1529–1578)[26] oder ein weiterer Königgrätzer, Veit Orcinus Pekelský,[27] zu denen auch Hyneks Erzieher Kontakte unterhielt. Inwiefern konfessionelle Fragen bei der Schulwahl eine Rolle spielten (Anna von Kreig, die Mutter des Jungen, gehörte anscheinend der Brüderunität an, die Konfession des Vaters ist unbekannt, er war wohl Utraquist), ist nicht genau bekannt.

Wir haben leider auch nur wenige Informationen über einen weiteren adeligen Studenten (bzw. adelige Studenten), den (die) im Mai 1559 Johann Strialius von Pomnouš (1535/1536–1582),[28] seines Zeichens Magister der Wittenberger Universität und Verfasser der bis heute überlieferten lateinisch-tschechischen Tagebuchaufzeichnungen aus den Jahren 1555 bis 1582, nach Goldberg mitgebracht hat. Dank dieser Quelle wissen wir, daß es sich um einen oder mehrere Angehörige der Herrenfamilie Slavata von Chlum und Košumberk handelte; ihre Namen sind uns jedoch nicht

---

24) Bartoloměj PAPROCKÝ Z HLHOL: Zrcadlo slavného Markrabství moravského … [Ruhmesspiegel der mährischen Markgrafschaft …], Olomouc 1593 (Nachdruck Ostrava 1993), fol. 82r; August SEDLÁČEK: z Valdšteina [von Wadstein], in: Ottův slovník naučný (zit. als OSN) XXVI, Praha 1907, S. 336; RHB I, S. 389; RHB V, S. 429; Martin HOLÝ: Význam vedlejších zemí České koruny pro vzdělání české a moravské šlechty v předbělohorské době [Die Bedeutung der Nachbarländer der Böhmischen Krone für die Bildung des böhmischen und mährischen Adels in der Zeit vor der Schlacht am Weißen Berg], in: Luděk BŘEZINA, Jana KONVIČNÁ, Jan ZDICHYNEC (Hg.): Ve znamení zemí Koruny české. Sborník k šedesátým narozeninám prof. PhDr. Lenky Bobkové, CSc., Praha 2006, S. 421.
25) Vgl. Martin HOLÝ: Soukromá škola Matouše Kollina z Chotěřiny v Praze a její šlechtičtí žáci [Die Privatschule des Matthaeus Collinus von Chotěřina in Prag und ihre adligen Schüler], in: Eva SEMOTANOVÁ (Hg.): Cestou dějin. K poctě prof. PhDr. Svatavy Rakové, CSc., Praha 2007, S. 159–184.
26) RHB II, S. 255–259.
27) Vgl. RHB IV, S. 70–72.
28) HOLÝ (wie Anm. 22), S. 300f.

bekannt. Strialius nennt sie nicht, und aus seinen außerordentlich knappen Aufzeichnungen ist nicht einmal ersichtlich, ob es sich um einen oder um mehrere Angehörige der Familie Slavata handelte.[29] Wahrscheinlich bezogen sie sich auf den Sohn/die Söhne von Diviš Slavata von Chlum, aktives Mitglied der Brüderunität, und der katholischen Elisabeth von Neuhaus.[30] Strialius blieb jedoch mit dem jungen Mann/den jungen Männern nicht in Goldberg, sondern kehrte nach Košumberk zurück, von wo aus er ihn/sie nach Goldberg gebracht hatte. Wie lange Slavata (die Slavatas) am Goldberger Gymnasium, das damals bereits Heinrich Paxmann leitete, blieb(en), können wir angesichts der unzulänglichen Quellenlage nicht sagen. Es ist nicht auszuschließen, daß er (sie) später in Meißen studierte(n).[31]

Das Goldberger Gymnasium erfreute sich vor allem des Interesses jener Studierenden aus den böhmischen Ländern, die den Kreisen der Brüderunität entstammten. Zu den bekanntesten darunter gehörte Johann Blahoslav, der spätere Bischof der Bruderunität.[32] Der böhmische und mährische Adel besuchte dieses Gymnasium offensichtlich auch in späteren Zeiten. Von den weiteren adligen Frequentanten kennen wir namentlich nur den späteren Generalissimus der kaiserlichen Armee Albrecht von Waldstein (1583–1634). Er ging 1597 im Alter von 14 Jahren (wahrscheinlich im

---

29) Vgl. Strialius' Notizen in: Ephemerides novae et exactae Ioannis Stadii Leonnovthesii ab anno 1554 ad annum 1570 ad divum Philippum Hispaniarum, Angliae, Franciae, Neapolis, Hierusalem et Siciliae Regem, Coloniae Agrippinae 1556, fol. 115r. Siehe auch Rudolf BRÁZDIL, Oldřich KOTYZA: History of Weather and Climate in the Czech Lands III. Daily Weather Records in the Czech lands in the Sixteenth Century II, Brno 1999, S. 19, 124. Siehe auch Jan MARTÍNEK: Vztahy žateckého rodu Strialiů k jižním Čechám [Über die Beziehungen der Familie Strialius ins südliche Böhmen], in: Jihočeský sborník historický 42 (1973), S. 16 (hier vermutet der Verfasser auch, daß es sich um mehrere Mitglieder des Geschlechts Slavata handelte, die Strialius nach Goldberg gebracht hat) und RHB V, S. 224.
30) Weil sie mehrere Söhne hatten, ist nicht ganz klar, um welche es sich handelte. Vielleicht um Adam († 1616) oder Heinrich († um 1600) (bzw. beide). Siehe August SEDLÁČEK: Slavata z Chlumu a Košumberka [Slavata von Chlum und Košumberk], in: OSN XXIII, S. 340–341.
31) HOLÝ (wie Anm. 22), S. 300f.
32) Zu seinem Studium in Goldberg siehe BAUCH: Valentin Trotzendorf (wie Anm. 1), S. 161 (ebd. S. 160–166; G. Bauch hat eine Liste von Trotzendorfs Schülern zusammengestellt, doch kommen darin weder böhmische noch mährische Adlige vor); Rudolf ŘÍČAN: Dějiny Jednoty bratrské [Geschichte der Brüderunität], Praha 1957, S. 178, 220. Vgl. auch Josef JANÁČEK: Jan Blahoslav. Studie s ukázkami z díla [Johann Blahoslav. Eine Studie mit Werkproben], Praha 1966.

September) nach Goldberg, nachdem er die Bildungsgrundlagen an der Schloßschule von Košumberk erhalten hatte, wohl auf Wunsch seiner Vormunde und wahrscheinlich aufgrund der Empfehlung von Laurentius Cirkler (1534–1598),[33] dem damaligen Rektor der Schule, der ihn angeblich persönlich nach Goldberg begleitete.[34]

Neben dem Gymnasialunterricht (wir wissen leider nicht, in welche Klasse er eingetreten ist) genoß er hier wohl auch den Unterricht eines Privatlehrers – Georg Walther aus Liegnitz –, den man durch Vermittlung des Liegnitzer Superintendenten Simon Grunaeus (1564–1628)[35] erst in Schlesien engagiert hatte. Er war aber offensichtlich für Albrecht nicht sehr geeignet. Schon während des ersten Monats seines Dienstes (Ende Oktober 1597) frönte er angeblich mit seinem Schüler so sehr dem Alkohol, daß er auf Cirklers Eingreifen hin durch den genannten Grunaeus unter Androhung seiner Entlassung gemahnt werden mußte, wodurch er sich wohl zeitweilig besserte.[36]

Der heranwachsende Waldstein erwarb in Goldberg neben Latein- auch aktive Deutschkenntnisse. Er wird wohl mit Hilfe des genannten Präzeptors (bzw. einer anderen eingestellten Person) Deutsch gelernt haben sowie durch Gespräche mit Kommilitonen (auch wenn die offizielle Sprache der Schule natürlich Latein war) bzw. auch mit anderen Personen in Goldberg, das damals eine deutsche Stadt war. Josef Janáček ist der Meinung, daß für den künftigen Generalissimus der kaiserlichen Armee auch die Erfahrung nützlich war, die er mit der konfessionellen Intoleranz der hiesigen Bürger machte, die ihn des Kalvinismus verdächtigten. Ob jedoch der Aufenthalt in Goldberg Waldsteins „*kosmopolitischen Weitblick, der ihn später über die ständischen, nationalen und familiären Interessen erhob*", prägte, wie der gerade genannte tschechische Forscher fragt, wage ich nicht zu sagen.[37]

---

33) Siehe sein Biogramm in: HOLÝ (wie Anm. 22), S. 145f.
34) Archiwum Państwowe ve Wrocławiu, Zbiór rękopisów archiwalnych, Rep. 135, Sign. LP 471, V 60; F. DVORSKÝ: Albrecht z Valdštejna až na konec roku 1621 [Albrecht von Waldstein bis zum Ende des Jahres 1621], Praha 1892, S. 28–32; Karl SIEGL: Wallenstein „auf der hohen Schul" zu Altdorf, in: Mittheilungen des Vereins für Geschichte der Deutschen in Böhmen, S. 129, 131f.; BAUCH, Valentin Trotzendorf (wie Anm. 1), S. 262, 329–333, 335; Josef JANÁČEK: Valdštejn a jeho doba [Waldstein und seine Zeit], Praha 1978, S. 33–39.
35) Zu ihm vgl. BAUCH: Valentin Trotzendorf (wie Anm. 1), passim.
36) Ebd. S. 331.
37) JANÁČEK (wie Anm. 34), S. 33–34. Zum konfessionell geprägten Konflikt vom Mai 1598 zwischen Albrecht von Waldstein und den Goldberger Bürgern vgl. auch

Der Aufenthalt in Goldberg unterschied sich wohl nicht allzu sehr von den Aufenthalten anderer Adeliger aus den böhmischen Ländern in deutschsprachigen Städten, in welchen die Mehrzahl der Bewohner einer anderen Konfession zugehörig war als der böhmische bzw. mährische Adel.

Im Unterschied zu den vorher erwähnten Adeligen aus den böhmischen Ländern sind – dank der bis heute wertvollen Arbeit Gustav Bauchs – bei Albrecht von Waldstein auch Informationen darüber überliefert, wo er in Goldberg gewohnt hat. Zusammen mit seinem Präzeptor war er im Haus des Neffen von Laurentius Cirkler (eines gewissen Hans) untergebracht. Beide verpflegten sich jedoch anderswo, und zwar im Hause von Georg Vechner († 1628), Professor am Goldberger Gymnasium, der dort offensichtlich ein Schülerkonvikt unterhielt.[38]

Zu den adeligen Kommilitonen Albrechts am Gymnasium Ende der 90er Jahre des 16. Jahrhunderts – also zur Zeit, die in der Geschichte dieser Schule eher zu den Jahren des Niedergangs zählt[39] – gehörte u. a. der spätere Rat der Schlesischen Kammer, Friedrich Tschirnhaus, der bereits vorher am Gymnasium in Brieg studierte, und auf den wir bald näher eingehen werden.[40] Der junge Waldstein kehrte im Frühjahr 1599, wohl unter dem Druck der Umstände (Änderung der Zusammensetzung des Vormundschaftskollegiums), aus Goldberg nach Böhmen zurück. Aus diesem Anlaß hielt der bereits erwähnte Georg Vechner, einer der Lehrer an der Aurimontana, eine Festrede, die nicht überliefert ist.[41] Albrecht bildete sich danach an der Akademie in Altdorf weiter, danach unternahm er noch eine Kavalierstour durch Europa, deren genauen Verlauf wir jedoch leider nicht kennen.[42]

BAUCH: Valentin Trotzendorf (wie Anm. 1), S. 331–333; DVORSKÝ (wie Anm. 34), S. 32–34.

38) BAUCH: Valentin Trotzendorf (wie Anm. 1), S. 330. Zu Georg Vechner als Waldsteins Lehrer vgl. einen bemerkenswerten Vorfall, zu dem es 1626 in Goldberg gekommen sein soll (damals hat Albrecht von Waldstein als kaiserlicher Generalissimus die Stadt erobert) KUNDMANN (wie Anm. 3), S. 441–443; DVORSKÝ (wie Anm. 34), S. 34–35 und SIEGL (wie Anm. 34), S. 131–132.

39) Siehe v. a. KUNDMANN (wie Anm. 3), S. 440; BAUCH: Valentin Trotzendorf (wie Anm. 1), hier v. a. S. 328–351.

40) ZONTA (wie Anm. 1), S. 428–429.

41) BAUCH: Valentin Trotzendorf (wie Anm. 1), S. 331.

42) Zu seinem Aufenthalt in Altdorf und zu seiner Kavalierstour vgl. Joseph BAADER: Wallenstein als Student an der Universität Altdorf, Nürnberg 1860; SIEGL (wie

Eine weitere schlesische Lateinschule, an der im 16. Jahrhundert und in den ersten Jahrzehnten des 17. Jahrhunderts adelige Studenten aus Böhmen und Mähren nachgewiesen sind, ist das akademische Gymnasium, das Ende der 60er Jahre des 16. Jahrhunderts in der Residenzstadt der Herzöge von Brieg, im niederschlesischen Brieg, gegründet wurde. Die Tradition des Lateinschulwesens in dieser Stadt reicht freilich noch weiter zurück.[43] Das lutherische Gymnasium, für dessen materielle Absicherung Georg II. von Brieg (1547–1586) die Mittel des in den zwanziger Jahren aufgehobenen „Domstifts zu heiligen Hedwig" nutzen konnte, erhielt bei seiner Gründung auch ein neues Renaissancegebäude. Später – in der Zeit der Nachfolger Georgs – war das Gymnasium gemäßigt lutherisch oder stand gar dem Kalvinismus nahe, den Johann Christian von Brieg (Herzog 1602–1639) ab 1609 in seinem Herzogtum eingeführt hatte.[44] Das Gebäude ist bis heute erhalten, auch wenn es vor allem im 18. Jahrhundert von verschiedenen Katastrophen heimgesucht wurde und daher wiederholt umgebaut werden mußte.[45]

Anm. 34); DVORSKÝ (wie Anm. 34), S. 37–43; JANÁČEK (wie Anm. 34), S. 34–39; Heinrich KUNSTMANN: Die Nürnberger Universität Altdorf und Böhmen. Beiträge zur Erforschung der Ostbeziehungen deutscher Universitäten, Köln, Graz 1963, S. 14, 225.
43) Zur Geschichte des Brieger Fürstengymnasiums vgl. v. a. KUNDMANN (wie Anm. 3), S. 457–468; Johann Gotfried WEINSCHENK: Historische Nachricht von der Stiftung und den Schicksalen des königlichen Gymnasii Illustris zu Brieg wie auch von dessen Rectoribus und Professoribus, bey den Andenken der vor zweyhundert Jahren geschehenen Grundlegung desselben abgefasset …, Brieg 1764; SCHÖNWÄLDER/ GUTTMANN (wie Anm. 1); Helena WIĘCZEK: Z dziejów gimnazjum Piastowskiego w Brzegu [Zur Geschichte des Piastengymnasiums in Brieg], in: Kwartalnik opolski 3 (1957), Nr. 4, S. 28–43; Ewa PIETRZAK: Das Brieger Gymnasium und seine Rektoren in den Jahren 1604–1633, in: Germanica Wratislaviensia 88, 1989, S. 29–46.
44) KREBS: Johann Christian Herzog von Schlesien-Brieg, in: ADB 14 (1881), S. 189–200. Zu Georg von Brieg vgl. v. a. BORAS (wie Anm. 10), S. 396–431; Gerda EICHBAUM: Georg II. Herzog von Brieg, in: SLb 4, S. 59–68.
45) Zu den Feierlichkeiten bei der Eröffnung des Gymnasiums (10. August 1569) vgl. WEINSCHENK (wie Anm. 43), S. 16–19; SCHÖNWÄLDER/GUTTMANN (wie Anm. 1), S. 33–36. Zum Bildungsmäzenatentum Georgs II. von Brieg vgl. eingehend Christine ABSMEIER: Herzog Georg II. von Brieg. Ein Bild von einem Mäzen. Funktion und Nutzen frühneuzeitlichen Bildungsmäzenatentums am Beispiel eines schlesischen Renaissancefürsten, in: Jonas FLÖTER, Christian RITZI (Hg.): Bildungsmäzenatentum. Privates Handeln – Bürgersinn – kulturelle Kompetenz seit der Frühen Neuzeit, Köln, Weimar, Wien 2007, S. 107–123.

Das Schulgebäude in Brieg [Foto: Martin Holý 2007]

Obwohl die Matrikel dieser Schule auch nicht überliefert ist (ihr neuerer Teil, der wahrscheinlich 1604 entstand, existierte noch im 19. Jahrhundert und ist wohl im Zweiten Weltkrieg verschollen),[46] stehen uns relativ viele andere Quellen zur Verfügung – sowohl normative (also Schulordnungen),[47] literarische als auch Quellen persönlicher Art (Tagebücher, Autobiographien, Korrespondenz, Stammbücher und dgl., siehe unten). Sie ermöglichen uns eine relativ gute Vorstellung vom Unterricht am Brieger

---

46) So geben z. B. noch SCHÖNWÄLDER/GUTTMANN (wie Anm. 1), S. VII an: „*Die Matrikel, welche von 1604 an erhalten ist*". Nach dieser Matrikel (aber auch nach noch älteren Brieger Matrikeln) habe ich bisher an verschiedenen Orten erfolglos gesucht.
47) Die ursprüngliche Schulordnung des Brieger Gymnasiums kennen wir nicht. Bekannt ist die Schulordnung vom Jahre 1581: Petrus SICKIUS: Illustris scholae Bregensis Constitutiones in duas partes digestae, quarum prior doctrinae posterior disciplinae rationem complectitur …, Vratislaviae 1581. Vgl. auch ihre unvollständige Edition: VORNBAUM (wie Anm. 13), S. 297–345 sowie deren deutschen Extrakt von MERTZ (wie Anm. 8), S. 607–618. Zu Sickius' Pädagogik und der Brieger Schultradition siehe auch SCHÖNWÄLDER/GUTTMANN (wie Anm. 1), S. 61–64, 71, 118–120.

Gymnasium, lassen jedoch vor allem eine Identifikation zumindest einiger Schüler aus den Reihen des böhmischen und mährischen Adels zu. Die meisten stammten dabei aus der Markgrafschaft Mähren. Nur bei einigen jedoch läßt sich ihre Wahl des Studienortes zumindest teilweise durch die geographische Lage von Brieg erklären. Andere stammten aus Gebieten, die von der Residenzstadt der Herzöge von Brieg teilweise bis zu 200 bis 300 km entfernt lagen (siehe unten). Auch andere Faktoren müssen hier offensichtlich eine Rolle gespielt haben: der Ruhm der Schule, ihre konfessionelle Ausrichtung, Kontakte mit einigen ihrer Vertreter etc.

Zur Anziehungskraft des Brieger Studiums für den Adel aus den böhmischen Ländern hat möglicherweise der Hof der Herzöge von Brieg[48] beigetragen ebenso wie einige bekannte Rektoren – vor allem die vier aufeinander folgenden Verwalter des Gymnasiums: der einstige Professor der Universität in Königsberg Peter Sickius († 1588),[49] Verfasser der Schulordnung von 1581, ferner der bereits genannte Laurentius Cirkler, Melchior Tilesius (1554–1603)[50] und schließlich Jakob Schickfuss (1574–1637),[51] Autor der bekannten Schrift *New vermehrete Schlesische Chronica*.[52]

---

48) Zu den Brieger Piasten im 16. Jahrhundert vgl. v. a. Boras (wie Anm. 10), S. 396–431.
49) Cunradi (wie Anm. 3), S. 290; Kundmann (wie Anm. 3), S. 439; Zedler (wie Anm. 10) XXXVII, Sp. 939; Weinschenk (wie Anm. 43), S. 20–21, 54; Schönwälder, Guttmann (wie Anm. 1), S. 43; Mertz (wie Anm. 8), S. 143; Paul Tschackert: Sickius, Peter, in: ADB 34 (1892), S. 161.
50) Zu Tilesius und zum weiteren Lehrpersonal der Schule vgl. v. a. Kundmann (wie Anm. 3), S. 464; Zedler (wie Anm. 10) XLIII, Sp. 1421; Weinschenk (wie Anm. 43), S. 24, 55–56; Schönwälder/Guttmann (wie Anm. 1), S. 50.
51) Gerade unter dem Rektorat von Jakob Schickfuss erlebte das Brieger Gymnasium einen bedeutenden Aufschwung. 1607 sollen hier 503 Schüler studiert haben, außer Schlesiern waren unter ihnen auch adelige sowie nichtadelige Personen aus Böhmen, Mähren, Brandenburg, den österreichischen Ländern, Ungarn, Siebenbürgen usw. Zu Schickfuss und auch zum Gymnasiums in seiner Zeit vgl. Cunradi (wie Anm. 3), S. 264; Kundmann (wie Anm. 3), S. 464–468; Zedler (wie Anm. 10) XXXIV, Sp. 1399–1402; Weinschenk (wie Anm. 43), S. 26–31; Schönwälder/Guttmann (wie Anm. 1), S. 64–91; R. Schwarze: Schickfuss, Jakob, in: ADB 31 (1890), S. 175f.; Gottfried Kliesch: Jakob Schickfuss, in: SLb 5, S. 29–40.
52) Jacobus Schickfuss: New vermehrete Schlesische Chronica I–IV, Leipzig 1625. Der vierte Teil dieser Schrift informiert auch über das Brieger Gymnasium. Schickfuss hat auch viele andere Werke verfaßt. Siehe deren Verzeichnis, in: Zedler (wie Anm. 10) XXXIV, Sp. 1401–1402.

Bereits in den 80er Jahren des 16. Jahrhunderts studierten in Brieg Hans Wilhelm, Bartolomäus, Alexander Jost und Rudolf, die hinterbliebenen Söhne des mährischen Landeshauptmanns Hans Haugwitz von Biskupitz. Seinem Testament vom 13. Juli 1580 zufolge sollten diese Jungen *„an keine andere Schule und auch an keinen anderen Hof geschickt werden ... als an einen solchen, wo die heilige römische Religion ohne Unterbrechung hochgehalten und erhalten wird"*. Zunächst besuchten sie in der Tat eine katholische Schule (nämlich bei den Brünner Jesuiten), aber einer ihrer Vormunde, der nichtkatholische Wenzel Haugwitz von Biskupitz, schickte sie gegen den letzten Willen ihres Vaters gerade an das Gymnasium in Brieg. Ein weiterer Vormund der Jungen, Matthias Žalkovský von Žalkovice, Mitglied der Brüderunität, erklärte sich zwar damit einverstanden, doch der Olmützer Bischof Stanislaus Pavlovský von Pavlovitz († 1598) stellte sich dagegen. Er forderte am 16. Januar 1586 Wilhelm von Rosenberg (1535–1592), einen der weiteren im Testament bestellten Vormunde von Haugwitz' Kindern, auf einzugreifen. Wie das Ganze ausgegangen ist und wie lange die Brüder in Brieg studierten, wissen wir leider nicht.[53] Es fehlen uns ebenso Berichte darüber, ob die Kinder während dieser Erziehungs- und Bildungsetappe einen eigenen Präzeptor hatten. Sicher ist nur, daß Bartolomäus (bzw. Johann Bartolomäus) und Alexander Jost im Jahr 1592 an der katholischen Universität in Ingolstadt eingeschrieben waren. Dies weist darauf hin, daß bei ihnen letztendlich wieder die katholische Bildung und Erziehung die Oberhand gewann.[54]

Ein weiterer nachgewiesener Student in Brieg war seit Herbst 1594 etwa ein Jahr lang Johann von Wartenberg, ein Angehöriger des mährischen Herrenstandes, der vorher in Iglau und Znaim studiert hatte. Zu seinen Brieger Kommilitonen gehörten damals (unter Rektor Tilesius) Zdenek von Waldstein auf Pirnitz,[55] Heinrich Zahrádecký von Zahrádky und Ge-

---

53) Bohumil NAVRÁTIL (Hg.): Jesuité olomoučtí za protireformace. Akta a listiny z let 1558–1619 [Die Olmützer Jesuiten während der Gegenreformation] I, Brno 1916, S. 501 (das Zitat ebd.).

54) K. HRDINA: Studenti z českých zemí na vysokých školách v cizině [Studenten aus den böhmischen Ländern an ausländischen Hohen Schulen], in: Věstník České akademie pro vědy, slovesnost a umění 28–29 (1919–1920), S. 50.

55) Er verbrachte in Brieg fast zwei Jahre (Juni 1594 – Mai 1596). Dann studierte er in Straßburg (bis Juni 1599). Danach absolvierte er noch eine Kavalierstour (Frankreich, England, die Niederlande, die Schweiz, Italien). Mehr oder weniger ausführliche Auskünfte über sein Studium enthält sein lateinisches Tagebuch: Zdenek VON WALDSTEIN AUF PIRNITZ: Ephemeris seu Diarium, id est annotatio rerum,

org Siegmund Prakšický von Zástřizly sowie Paul Volkard und Weikhard, Freiherren von Auersperg. Alle diese Adeligen studierten bereits gemeinsam in Iglau.[56]

In den überlieferten lateinischen Tagebüchern von Matthias Borbonius von Borbenheim,[57] der mit ihnen ab dem Herbst 1594 ein Jahr lang in Brieg weilte, finden wir Informationen zu ihrer Unterkunft und ihrem Privatstudium, das den Unterricht am akademischen Gymnasium ergänzte. Die Jungen wohnten im Konvikt, das der kaiserliche Zollbeamte Josia Rottermelius in seinem Haus ‚Zum schwarzen Adler' errichtet hatte. Neben dem schulischen Unterricht wurden sie alle auch von Adam Ropal von Ryfmberg und von Borbonius unterrichtet und geprüft.[58]

Bis 1595 studierte auch Wenzel der Jüngere Morkovský von Zástřizly an der Brieger Schule und nahm am Privatunterricht seines in Brieg gebürtigen Präzeptors Johann Paludius[59] teil. Um die Bildung des Waisen kümmerten sich mit Gewissenhaftigkeit sein Vormund Wenzel der Ältere Morkovský von Zástřizly und Karl der Ältere von Zierotin.[60] Wie die ein-

---

actionum et studiorum unius cuiusque diei inde ab anno exuberantis gratiae 1597 domini Zdenconis Brtnicensis, baronis a Waldstein (1597–1603). Das Original befindet sich in der Bibliotheca Apostolica Vaticana, Bibliotheca Reginae n. 666, die von mir benutzte Abschrift im Nationalarchiv in Prag, Handschriftensammlung B, Sign. B21 (zu seinem Studium in Brieg ebd. fol. 7). Eine interessante Quelle zu seinem Studium in Brieg ist auch der folgende Abschiedsdruck: Valedictio qua … Ioachimum Fridericum ducem Silesiae Lignicensem et Bregensem … salutavit suo suique generosi sodalitii nomine, discedens ex illustri schola Bregensi generosus baron, dn. Zdenco Brtnicensis Waldsteinius, dominus … Additum est responsum Illustrissimi principis nomine datum. Anno 1596 Mense Majo, Lignicii s.d. Vgl. auch RHB V, S. 438; Petr Maťa: Svět české aristokracie (1500–170) [Die Welt der böhmischen Aristokratie], Praha 2004, S. 326.
56) Zu diesen Adeligen, auch mit weiteren Hinweisen: Max Dvořák (Hg.): Dva denníky dra. Matyáše Borbonia z Borbenheimu [Zwei Tagebücher des Matthias Borbonius von Borbenheim], Praha 1896, S. 102; Gustav Gellner: Životopis lékaře Borbonia a výklad jeho deníků [Der Lebenslauf des Arztes Borbonius und Erläuterung seiner Tagebücher], Praha 1938, S. 10.
57) Siehe die vorherige Anmerkung. Zu Borbonius vgl. auch seine Biogramme in RHB I, 218–222; Holý (wie Anm. 22), S. 58–80.
58) Gellner (wie Anm. 56), S. 10.
59) Vgl. sein Biogramm, in: Holý (wie Anm. 22), S. 250f.
60) August Sedláček, ze Zástřizl [von Zástřizly], in: OSN XXVII, S. 465–466; Josef Pilnáček: Staromoravští rodové [Altmährische Stammtafeln], Vídeň 1930, S. 248; Gellner (wie Anm. 56), S. 30, 39, 42–43; RHB V, S. 564. Später studierte er noch in Basel und Genf.

zelnen Einträge im Stammbuch von Zdenek von Waldstein auf Pirnitz aus den Jahren 1595 bis 1596 zeigen, studierte in jener Zeit eine ganze Reihe weiterer Adeliger aus den böhmischen Ländern in Brieg. Es handelte sich dabei sowohl um den höheren als auch den niederen Adel.[61]

Der Adel aus den böhmischen Ländern setzte seine Bildungstradition in Brieg fort. An der Wende vom 16. zum 17. Jahrhundert studierte hier beispielsweise Peter der Jüngere Sedlnitzky von Choltitz, der dann sein Studium in Frankfurt an der Oder fortsetzte, wo er studentischer Rektor wurde. Danach unternahm er eine Kavalierstour durch Westeuropa (wobei er u. a. Frankreich und Italien besuchte).[62] Etwas später (in der zweiten Hälfte des ersten Jahrzehnts des 17. Jahrhunderts, unter dem Rektor Schickfuss) studierte Johann Georg Czikan von Slupsko zu Freistadt, Dobroslawitz und Sakraw († 1640) am Brieger Gymnasium. Der Sohn von Johann Ignatz Czikann und von Marie von Redern,[63] der laut Weinschenk[64] und Schönwälder/Guttmann[65] 1605 in die vierte Klasse der Schule aufgenommen wurde, bildete sich später in Straßburg weiter (vor 1614). An diesen Orten – und eventuell auch woanders, während oder bereits vor seiner Kavalierstour durch Westeuropa, die er mit anderen Adeligen aus

---

61) Namentlich kennen wir dank dem erwähnten Stammbuch folgende Adelige: aus dem höheren Adel Bartolomäus von Waldstein, Johann und Theodorik von Kunowitz, vom niederen Adel Johann und Adam Silber von Silberstein, Georg Sádovský von Sloupno und Johann Skrbenský von Hříště. Dazu vgl. ÖNB Wien, Handschriftensammlung, Sign. Cod. Series nova 2607, pag. 62, 79, 80, 94, 113.
62) Als Rektor hat er z. B. eine Trauerrede zum Tode von Johann Schickfuss, Sohn des obengenannten Jakob Schickfuss, gehalten: Rector academiae Francofortanae ad Oderam illustris et generosus dominus dn. Petrus Sedlnitzky senior … Ad exequia, quas … dn. M. Iacobus Schickfus … filiolo suo carissimo Ioanni, d. 29. Julii Anno 1602 nato, 2. Septembris, eiusdem denato honestas parare cupit, Francofurti ad Oderam [1602]. Zu Sedlnický und seinen Studien siehe auch sein Stammbuch (1602–1604; Mährische Landesbibliothek Brünn, Sign. RKP 0833.293), mit dem sich schon František HRUBÝ: Moravské památníky z doby předbělohorské [Mährische Stammbücher aus der Zeit der Schlacht am Weißen Berg], in: Časopis matice moravské 49 (1925), S. 198–202 befaßt hat. Vgl. auch Otakar ODLOŽILÍK: Jednota bratrská a reformovaní francouzského jazyka [Die Brüderunität und die Reformierung der französischen Sprache], Philadelphia 1964, S. 68 und RHB V, S. 39.
63) Vgl. PAPROCKÝ Z HLOHOL (wie Anm. 24), fol. 326v; ZEDLER (wie Anm. 10) VI, Sp. 1982; [ktr !], Cikánové ze Slupska [Czikann von Slupska], in: OSN V, S. 367; PILNÁČEK (wie Anm. 60), S. 501. Zu Johann Georg Czikann siehe auch ZONTA (wie Anm. 1), S. 197.
64) WEINSCHENK (wie Anm. 43), S. 30.
65) SCHÖNWÄLDER/GUTTMANN (wie Anm. 1), S. 88.

der Familie Maltzan von Wartemberg[66] und Kochticky von Kochtitz[67] und dem Präzeptor Jakob von Bruck[68] unternahm – erwarb er angeblich eine ausgezeichnete humanistische Bildung. Auch dank dieser Bildung wurde er zum Gönner zahlreicher zeitgenössischer Gelehrter und war angeblich auch selbst wissenschaftlich tätig. Er soll am Werk des deutschen Historikers und Geografen Philipp Clüver (Cluverius, 1580–1622)[69] *Germaniae antiquae libri tres*[70] mitgearbeitet haben.

Auch wenn wir uns nicht mehr systematisch mit der Zeit nach 1620 befassen, können wir sagen, daß die Kontakte des mährischen Adels zum Gymnasium im schlesischen Brieg auch nach der Schlacht am Weißen Berg fortdauerten. Einer der Adeligen, die bereits unter den veränderten politischen und konfessionellen Verhältnissen aus den böhmischen Ländern an die Schule in Brieg gingen, die damals bereits kalvinistisch war, war Karl von Wirben und Freudenthal, der 1612 geborene Enkel Karls des Älteren von Zierotin. Nach seinem Studium in Eibenschütz und Görlitz vervollständigte er seine Bildung ab 1629 in Brieg.[71]

Das Brieger Gymnasium mag vielleicht nicht so berühmt gewesen sein wie jenes in Goldberg, dennoch bot es humanistische Bildung in fünf Klassen, die nicht allzu sehr von dem abwich, was man an anderen höheren Lateinschulen erlernen konnte – sei es nun in den Nebenländern der Böhmischen

---

66) Es handelte sich um Joachim, Johann Bernard und Otto Heinrich, die Söhne Joachim Maltzans von Wartenberg († 1625) – eines schlesischen Adeligen, der auch einige Güter in Böhmen hatte – und dessen Frau Eva Popel von Lobkowicz. Diese jungen Adeligen studierten vorher u. a. in Görlitz und Straßburg. Dazu vgl. OSN XI, S. 52; OSN XXI, S. 952; A. Sedláček: Hrady, zámky a tvrze Království českého [Burgen, Schlösser und Festungen im böhmischen Königreich] XIV, S. 104, 302; Karel Hrdina: Čechové na gymnasiu ve Zhořelci [Böhmen am Gymnasium in Görlitz], Praha 1930, S. 90; Zonta (wie Anm. 1), S. 310.
67) Es handelte sich um Andreas und Joachim Kochticky von Kochtitz. Vgl. Zonta (wie Anm. 1), S. 287–288.
68) Vgl. sein Biogramm, in: Holý (wie Anm. 22), S. 142f.
69) Conrad Bursina: Cluverius, Philipp, in: ADB 4 (1876), S. 353f.; Joseph Partsch: Philipp Clüver, der Begründer der historischen Länderkunde. Ein Beitrag zur Geschichte der geographischen Wissenschaft, Wien/Olmütz 1891.
70) Philippus Cluverius: Germaniae Antiquae Libri tres …, Lugduni Batavorum 1616.
71) František Hrubý (Hg.): Moravská korespondence a akta z let 1620–1636 [Mährische Korrespondenzen und Akten der Jahre 1620–1636], II, Brno 1937, S. 252; Antonín Haas: Karel Bruntálský z Vrbna [Karl von Bruntal zu Würben], Praha 1948, S. 57–67; Seidel (wie Anm. 1), S. 33.

Krone oder anderswo. Vom hohen Niveau der Schule zeugt die erwähnte Schulordnung von 1581,[72] die offensichtlich von mehreren Vorlagen ausging (beispielsweise von zwei Schulordnungen Vincentius' aus den Jahren 1566[73] und 1570[74] für die Gymnasien in Görlitz sowie für St. Elisabeth und für St. Maria Magdalena in Breslau). Die Qualität des Unterrichts an dieser Schule jedoch war, so wie das auch bei anderen Bildungsstätten der Fall ist, nicht nur durch die eigentliche Studienordnung bedingt, sondern auch durch die Möglichkeiten ihrer praktischen Anwendung: also vor allem durch die Anzahl und den Bildungsgrad der Lehrer (was wiederum von der finanziellen Situation der Schule bzw. durch den Umfang der Mittel, mit welchen der Schulbetrieb laufend finanziert wurde, geprägt war).

Ein gewisser Vorteil des Brieger Gymnasiums gegenüber anderen Schulen war der Neubau des großen Schulgebäudes, das neben Unterrichtsräumen auch vielen – zum Teil auch aus adeligen Kreisen kommenden – Schülern Unterkunft bot (vor allem jenen, die nicht aus Brieg stammten). Wir sind hier jedoch durch die Quellenlage und den Forschungsstand massiv eingeschränkt, denn die Tatsache, daß sich bei einigen Schulen keine Konvikte erhalten haben, muß nicht bedeuten, daß bei diesen Schulen keine Konvikte errichtet waren. Die adeligen Studenten aus den böhmischen Ländern bevorzugten aber wohl eher Privatunterkünfte (siehe oben) – sofern wir überhaupt Informationen zu ihrer Unterkunft haben.

Wie wir an einigen Beispielen darzustellen versuchten, folgte der kurze oder längere Studienaufenthalt der Adeligen aus den böhmischen Ländern in Brieg auf den Besuch einer anderen Lateinschule, meist in den böhmischen Ländern. Sofern wir Informationen über den weiteren Bildungsprozeß der einstigen Brieger Gymnasiasten haben, führte sie ihr weiterer Weg an berühmte höhere Lateinschulen oder Akademien und Universitäten in Mittel- und Westeuropa, wo sie ihre Kenntnisse weiter vertieften. Am markantesten ist dies wohl bei Zdenek von Waldstein auf Pirnitz (1581–1623) bzw. bei Johann Georg Czikann der Fall. Nach ihrer Bildungsetappe in Brieg studierten beide in Straßburg weiter, wohl an einer höheren Stufe der dortigen Schule. Einen Teil der einstigen Brieger

---

72) Siehe Anm. 46.
73) Dazu, auch mit weiteren Hinweisen: Martin HOLÝ: Die Bedeutung der Oberlausitz und Oberlausitzer für die Erziehung und Ausbildung des böhmischen Adels in der zweiten Hälfte des 16. und am Anfang des 17. Jahrhunderts, in: Neues Lausitzisches Magazin. N.F. 12 (2009), S. 31f.
74) Siehe Anm. 102.

Studenten aus den Reihen des Adels der böhmischen Länder zog es jedoch nicht in die genannte Reichsstadt, sondern an Gymnasien, Akademien oder Universitäten in anderen Städten: nach Altdorf, Basel etc.[75] Wie wir noch sehen werden, stoßen wir bei der Beurteilung ihrer Bildungsgänge auf ein gewisses Problem. Bei Straßburg wissen wir beispielsweise häufig nicht, ob die Adeligen aus den böhmischen Ländern dort das Gymnasium oder die Akademie besuchten.[76]

Nun kommen wir zum vorletzten schlesischen Gymnasium, an dem in der Zeit vor der Schlacht am Weißen Berg nachweislich Studenten aus den Kreisen des böhmischen und mährischen Adels unterrichtet wurden: dem Gymnasium im niederschlesischen Beuthen an der Oder. Die Matrikel dieses Gymnasiums ist heute leider verschollen, ähnlich wie bei Brieg und den meisten anderen Schulen aus den Nebenländern der Böhmischen Krone. Das Gymnasium wurde im Herbst 1614 von Georg von Schönaich (1557–1619),[77] Vizekanzler von Schlesien und der Lausitz, gegründet und feierlich eröffnet. Es wurde auch nach ihm benannt. Es entstand im Zuge der Reformierung der bestehenden Lateinschule (siehe unten), die von Trotzendorfs pädagogischen Innovationen inspiriert war. Der Eigentümer Beuthens wandelte die Lateinschule zunächst in ein Paedagogium mit fünf Klassen um, das auch nach 1614 als Vorstufe des Gymnasiums funktionierte. Eine gute Vorstellung über den Unterricht in den einzelnen Klassen sowie über seine Organisation bietet die Schulordnung[78] von Magister Adam Liebig (1578–1637) aus dem Jahre 1614.

---

75) Zum Auslandsstudium des böhmischen und mährischen Adels vgl. Martin HOLÝ: Zrození renesančního kavalíra. Výchova a vzdělávání šlechty z českých zemí na prahu novověku (1500–1620) [Die Geburt eines Renaissance-Kavaliers. Erziehung und Bildung des Adels aus den böhmischen Ländern an der Schwelle zur Neuzeit (1500–1620)], Praha 2010, S. 241–313, 347–383.
76) Ebd., S. 259–288.
77) Zu diesem gebildeten Adeligen (er studierte u. a. in Wittenberg) vgl. v. a. Caspar DORNAVIUS: Euergetes Christianus, hoc est, de vita et morte illustr. et generos. domini ... Georgii a Schönaich ... panegyricus parentalis, die altero exsequiarum dictus, Bethaniae [1619]; ZEDLER (wie Anm. 10), XXXV, Sp. 636; Konrad WUTKE: Schönaich, ADB 32 (1891), S. 249–253, hier 250–253; Günther GRUNDMANN: Georg Freiherr von Schönaich, in: SLb 4, S. 68–74; DERS.: Die Lebensbilder der Herren von Schoenaich auf Schloss Carolath, in: JSFWUB 6 (1961), S. 229–330, hier S. 255–264; SEIDEL (wie Anm. 1), S. 232–239.
78) Adamus LIEBIG: Legum et annuarum operarum illustris scholae Schönaichianae ..., Lignicii 1614; Reinhold VORNBAUM (Hg.): Die evangelischen Schulordnungen des siebenzehnten Jahrhunderts, Gütersloh 1863, S. 109–135. Zu Liebig vgl. SEIDEL

Durch die Errichtung neuer Professuren und ihre finanzielle Absicherung wurde das akademische Gymnasium als höhere Stufe dem Paedagogium nachgeschaltet. Eine moderne Aufarbeitung seiner Geschichte hat das Schönaichianum bislang nicht bekommen, mit Ausnahme der Arbeit von Robert Seidel zum Rektorat von Caspar Dornavius.[79]

Da die Schulmatrikel nicht erhalten ist, sind unsere Informationen über Adelige aus den böhmischen Ländern, die in Beuthen studierten, nur lückenhaft. Mehr wissen wir hingegen über den hiesigen Unterricht: zum einen aufgrund verschiedener Quellen, beispielsweise literarischer Art,[80] zum anderen auch Dank der älteren Literatur, die noch Quellen nutzen konnte, die am Ende des Zweiten Weltkriegs im Schloß Carolath in Schlesien vernichtet wurden.[81] Gerade der breit gefächerte Unterrichtsplan, den wir aus der Gründungsurkunde des Schönaichianums kennen (bis auf die bereits genannte Schulordnung von 1614 für das Paedagogium ist jedoch keine eigenständige Schulordnung für das Gymnasium überliefert),[82] und

---

(wie Anm. 1), passim, sowie Siegfried WOLLGAST: Zum Schönaichianum in Beuthen an der Oder, in: JSFWUB 35 (1994), S. 68–69.

79) Zur Geschichte des Gymnasiums in Beuthen a.d. Oder siehe KUNDMANN (wie Anm. 3), S. 507–522; Daniel Heinrich HERING: Geschichte des ehemaligen berühmten Gymnasiums zu Beuthen an der Oder, 4 Bde., Breslau 1784–1789; Christian David KLOPSCH: Geschichte des berühmten Schönaichischen Gymnasiums zu Beuthen an der Oder, aus den Urkunden des Fürstlich-Carolatischen Archivs und den besten darüber vorhandenen Schriften gesammelt, Groß-Glogau 1818; WOLLGAST (wie Anm. 78), S. 63–103; DERS.: Jurisprudenz am Gymnasium (bzw. an der Universität) Beuthen an der Oder (1614–1628), in: Gerhard HANEY u. a. (Hg.): Recht und Ideologie in historischer Perspektive. Festschrift für Hermann Klenner. Bd. 2, Freiburg 1998, S. 277–311; DERS.: Beuthen an der Oder, 1614–1628. Gymnasium oder Universität?, in: Zbliżenia Polska-Niemcy 1998, 3 (21), S. 71–83; SEIDEL (wie Anm. 1), S. 230–264 (hier v. a. über Dornavius Tätigkeit in Beuthen a. O.); Martin HOLÝ: Silesia fere academica. Vergebliche Bemühungen um die Gründung einer Universität in Schlesien im 16. und 17. Jahrhundert und ihre Folgen, in: Acta universitatis Carolinae – Historia Universitatis Carolinae Pragensis 49 (2009), Nr. 2, S. 249f.

80) Die meisten der erhaltenen alten Drucke, die in Beuthen a. O. herausgegeben wurden oder die Geschichte des Beuthener Gymnasiums betreffen, befinden sich heute in der Universitätsbibliothek in Breslau. Die meisten stammen aus der Rektorenzeit von Caspar Dornavius. Siehe dazu SEIDEL (wie Anm. 1), S. 409–410, 413–422, 447–452 und 474.

81) SEIDEL (wie Anm. 1), S. 230–231, 253; WOLLGAST (wie Anm. 78), S. 66.

82) Konrad KOLBE (Hg.): Stiftungsurkunde der Schule und des Gymnasiums zu Beuthen an der Oder aus dem Jahre 1616, in: Mitteilungen für Erziehungs- und

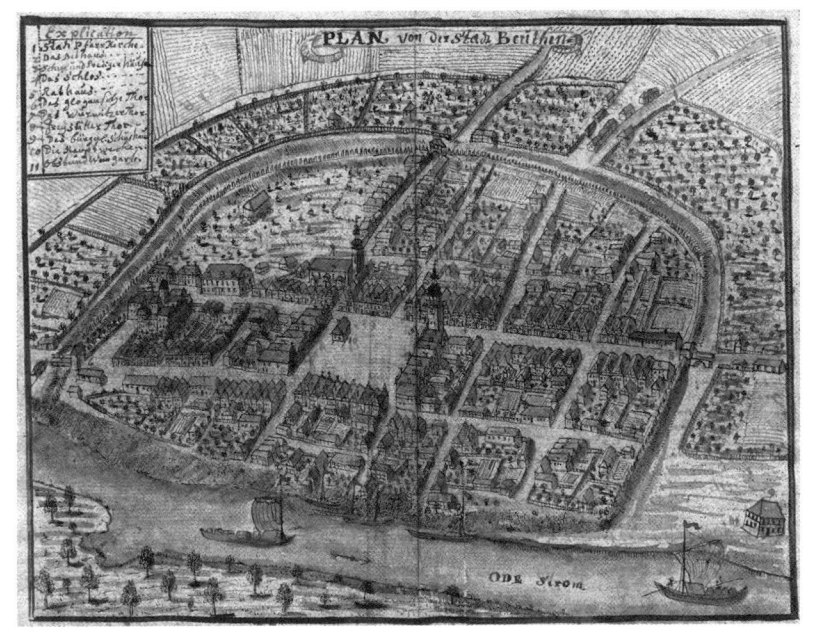

Plan von der Stadt Beuthen
Zeichnung von Friedrich Bernhard Werner (1690–1776)
[UB Breslau]

vielleicht das erworbene, aber wohl nie umgesetzte Recht, akademische Grade zu erteilen, führten dazu, daß das Beuthener Gymnasium manchmal als „semi-universitas" und in Ausnahmefällen gar als Universität bezeichnet wird.[83] Die bisherige Forschung des 18. bis 20. Jahrhunderts förderte anhand der angeführten Quellen auch eine relativ große Menge von Informationen zum Lehrpersonal zu Tage, das an jener Schule den

---

Schulgeschichte 3 (1893), S. 209–268. Diese Stiftungsurkunde bestimmte auch die einzelnen Professuren an dem Gymnasium und reglementierte auch ziemlich eingehend den Unterricht; über eine ordentliche Schulordnung für das Gymnasium verfügen wir heute leider nicht. Zu diesen Professoren vgl. neben der Stiftungsurkunde selbst auch KUNDMANN (wie Anm. 3), S. 513–159; HERING (wie Anm. 79), I, S. 9–10.; WOLLGAST (wie Anm. 78), S. 74–82; WOLLGAST, Jurisprudenz (wie Anm. 79).
83) KLOPSCH (wie Anm. 79), S. 63; SEIDEL (wie Anm. 1), S. 205, 242–243; WOLLGAST (wie Anm. 78), S. 66, 71–73. Siehe auch HOLÝ (wie Anm. 75), S. 229–233 und HOLÝ (wie Anm. 79), S. 250.

Unterricht erteilte.[84] Auch dies ermöglicht uns, zumindest teilweise die Beziehungen zwischen der Schule und den böhmischen Ländern zu rekonstruieren, die bislang bis auf einige wenige Einträge im Handbuch der humanistischen Dichtung *(Rukověť humanistického básnictví)*[85] abseits des Interesses tschechischer Forscher standen.

In den Jahren 1616/1617 bis 1619 war Caspar Dornavius, der einstige Vorstand der Görlitzer Schule, Rektor des Gymnasiums in Beuthen an der Oder. Er wirkte seit 1617 zugleich auch als *professor morum*.[86] So wie in Görlitz[87] unterhielt er auch in jener Zeit regelmäßige Kontakte mit dem böhmischen und mährischen Adel (z. B. mit den Familien Waldstein,[88] Smiřický von Smiřice oder Budowetz von Budow), wovon u. a. sein damaliges literarisches Werk zeugt.[89] Die Schule hatte ein hohes Niveau; ihre konfessionelle Ausrichtung war vom Irenismus beeinflußt,[90] es wirkten an ihr ein berühmter Rektor sowie einige bekannte Lehrer,[91] sie lag in den Nebenländern der Böhmischen Krone und wurde von Studenten aus den böhmischen Ländern besucht, die der Bruderunität angehörten.[92] Das

---

84) Vgl. v. a. KLOPSCH (wie Anm. 79), S. 201–330.
85) Siehe weiter unten im Anmerkungsapparat.
86) Zu seinem Rektorat und seiner literarischen Tätigkeit in Beuthen vgl. SEIDEL (wie Anm. 1), S. 247–364.
87) Dazu vgl. ebd., S. 142–229 und HOLÝ (wie Anm. 73), S. 32, 40, 48.
88) Zum Besuch Hannibals von Waldstein bei Dornavius siehe die Angaben in seinem Stammbuch: Gustav SIEG: Freiherr Hannibal von Waldstein und sein Stammbuch, Görlitz-Biesnitz 1929, S. 52f. Waldsteins Aufenthalt in Beuthen hing vielleicht mit dem vorgesehenen Studium seiner Familienmitglieder (seines Sohns Wilhelm und seines Neffen Johann) in Beuthen zusammen, ebd., S. 53. Siehe auch Anm. 99.
89) Außer dem Verzeichnis von SEIDEL (siehe Anm. 80) vgl. auch RHB II, S. 60–64.
90) SEIDEL (wie Anm. 1), S. 232–239.
91) Einige von ihnen wirkten früher in den böhmischen Ländern, wie z. B. der Mathematikprofessor in Beuthen Benjamin Ursinus (1587–1633), der früher Rektor des Gymnasiums Rosenbergense im südböhmischen Sobieslau war. Zu ihm siehe SEIDEL (wie Anm. 1), S. 246; RHB V, S. 421; Martin HOLÝ: Bildungsmäzenatentum und Schulgründungen des Adels für Protestanten in Böhmen und Mähren (1526–1620), in: Joachim BAHLCKE, Thomas WINKELBAUER (Hg.): Schulstiftungen und Studienfinanzierung. Bildungsmäzenatentum in den böhmischen, österreichischen und ungarischen Ländern, 1500–1800, Wien 2011 (= Veröffentlichungen des Instituts für Österreichische Geschichtsforschung 58), S. 93–107.
92) Dazu vgl. Quadrigae Emanuelis, hoc est adventus … Christi quadruplex in carnem, ad passionem, ad iudicium, in corda fidelium, totidem orationibus ductu … I. Melidei …, Bethaniae typis Iohannis Dörferi [1618]; Hermann BALL: Das Schulwesen der böhmischen Brüder, Berlin 1898, S. 156; Rudolf ŘÍČAN: Několik pohledů

alles machte das Gymnasium auch für die böhmische und mährische Nobilität attraktiv.

Einer der adeligen Studenten am Schönaichianum[93] war im zweiten Jahrzehnt des 17. Jahrhunderts Ulrich Hostakovský von Arklebice. Neben dem Schulunterricht bekam er auch Stunden vom Privatpräzeptor Martin Crato aus Mährisch Weißkirchen.[94] Zur gleichen Zeit studierte an der Schule auch Smil Vlinský von Vliněves. Diese Erkenntnis verdanken wir seinem Beitrag, den er – so wie Ulrich Hostakovský (und viele andere, darunter auch einige Lehrer) – für den Almanach der lateinischen Poesie schrieb, welcher 1619 in Beuthen an der Oder anläßlich des Todes von Thomas Cedar aus Byšice in Böhmen erschien, der am Schönaichianum Theologie studiert hatte.[95] Ähnlich ist in jener Zeit auch das Studium von Johann Ledčanský von Popice, einem weiteren Angehörigen des niederen Adels der böhmischen Länder, belegt.[96]

do českobratrského vyššího školství za mladých let Jana Amose Komenského [Einige Blicke auf die Höheren Schulen der Böhmischen Brüderkirche in den jungen Jahren von Johann Amos Comenius], in: Archiv pro bádání o životě a díle Jana Amose Komenského 21 (1962), S. 141; WOLLGAST (wie Anm. 78), S. 99; Markéta RŮČKOVÁ: Kněžský dorost Jednoty bratrské aneb studenti z mladoboleslavských truhliček. Střípky ze života bratrských mládenců na počátku 17. století [Die Priesterjugend der Brüderunität oder die Studenten aus den Jungbunzlauer Kästchen. Splitter aus dem Studienleben der Priesterjugend am Anfang des 17. Jhs.], in: Historie 2008. Sborník prací ze 14. celostátní studentské vědecké konference konané dne 5. a 6. března 2009 v Hradci Králové, Ústí nad Orlicí 2009, S. 81ff. Der Autorin danke ich für einige Quellenangaben zu Beuthener Studenten, die Mitglieder der Brüderunität waren.
93) Meistens wissen wir aber nicht, ob die von uns untersuchten Personen am Paedagogium (als Vorstufe des Gymnasiums) oder am Gymnasium selbst studiert haben. Weil aber beide Schulen eigentlich eine Institution bildeten (sie hatten auch ein gemeinsames Gebäude), kann man den Begriff Schönaichianum für beide Teile benutzen, WOLLGAST (wie Anm. 78), S. 86.
94) Bartoloměj PAPROCKÝ Z HLOHOL: O stavu rytířském [Über den Ritterstand], Praha 1602, S. 339; PILNÁČEK (wie Anm. 60), S. 104, 533; RHB I, S. 470; RHB II, S. 350. Zu Crato vgl. sein Biogramm in HOLÝ (wie Anm. 22), S. 149f.
95) Memoriae Thomae Cedaris, S. s. theol. studiosi, funeralia ab amicis lugentibus conscripta, Bethaniae 1619, fol. A3a. Siehe auch RHB I, S. 350f.; RHB V, S. 516. Zu Vlinsky von Vliněves vgl. [Autor unbekannt], Vlinský z Vliněvsi, in: OSN XXVI, S. 826 und Jiří ČEPELÁK: Vlinští z Vliněvsi [Vlinský von Vliněves], Mělník 2007, hier v. a. S. 54 und 68 (Smil war Sohn des Heinrich Vlinský von Vliněves).
96) RŮČKOVÁ (wie Anm. 92), im Druck. Zu diesem Geschlecht siehe auch Martin KOLÁŘ, August SEDLÁČEK: Českomoravská heraldika [Böhmisch-mährische Heraldik] II, Praha 1925, S. 503.

Wahrscheinlich mag hier zu der Zeit, in der Dornavius als Rektor wirkte und in der am Schönaichianum auch der später berühmt gewordene Dichter und Gelehrte Martin Opitz (1597–1639)[97] studierte, Johann studiert haben, Sohn von Karl von Waldstein zu Weiß-Politschan (†1604), der wohl 1615 nach einem kurzen Studium in Görlitz nach Beuthen an der Oder kam. Er starb jedoch frühzeitig, noch vor 1619. Zugleich studierte hier auch sein Cousin Wilhelm, Sohn Hannibal von Waldsteins (1576–1622).[98] Gerade ihr Studium gab offenbar Anlaß dazu, daß der letztgenannte Adelige Beuthen kurz vor der Schlacht am Weißen Berg besuchte, was durch Einträge in seinem Stammbuch belegt ist.[99]

Wir wissen zwar, daß Georg von Schönaich für das Gymnasium ein neues dreistöckiges Gebäude erbaute und darin auch für die Schüler des Paedagogiums und des Gymnasiums Alumnate errichten ließ, einschließlich Küche, Speisesaal etc. (u. a. wurde auch ein Schulspital eröffnet).[100] Es fehlen uns jedoch Berichte darüber, daß die oben genannten fünf Adeligen hier auch untergebracht waren. Es ist nicht ausgeschlossen, daß sie in einem der Bürgerhäuser wohnten, sei es individuell in Privatunterkunft oder in einem größeren Privatkonvikt. Doch dies sind natürlich lediglich Spekulationen.

Ob seinerzeit noch mehr adelige Studenten aus den böhmischen Ländern am Beuthener Gymnasium studierten, wie dies einige Quellen andeuten,[101] können wir leider nicht sagen. Es ist nicht ausgeschlossen, daß die künftige Erforschung der bruchteilhaft erhaltenen und heute sehr zerstreuten Quellen, vor allem persönlicher und literarischer Art, die Anzahl jener Studierenden noch steigen lassen wird, die wir namentlich

---

97) Zu Opitz vgl. Martin LUCHTERHANDT: Opitz, Martin, in: BBKL VI, Sp. 1223–1225 (hier auch weitere Literatur).
98) Er war der Sohn Georg von Waldsteins und der Alena von Lobkowicz, vgl. August SEDLÁČEK: z Valdšteina [von Waldstein], in: OSN XXVI, S. 338; SIEG (wie Anm. 88), S. 40, 43, 47, 50, 60–64; RHB V, S. 435–436.
99) Vgl. SIEG (wie Anm. 88), S. 40 Anm. 175 und S. 53 Anm. 230. Auf das Studium der beiden Waldsteins in Beuthen deutet auch die Anwesenheit von Gregor und Georg Graff aus Chotějovice bei Arnau in Beuthen zu jener Zeit hin, siehe Quadrigae Emanuelis (wie Anm. 92), fol. D1a-E3b a G2a-I2a; RHB II, S. 226.
100) HERING (wie Anm. 79), IV, S. 5–6; WOLLGAST (wie Anm. 78), S. 75.
101) Vgl. z. B. den Ausspruch D. H. Herings über die Zeit der Eröffnung des Gymnasiums: „Viele junge Edelleute nicht nur aus Schlesien, sondern auch aus Böhmen, Mähren, Lausitz, Pohlen, Brandenburg und Preussen fanden sich ein, um in derselben zu studieren" [Hervorhebungen von M. H.]; HERING (wie Anm. 79), II, S. 4.

kennen. Bei der Beurteilung der Attraktivität des Schönaichianums in jener Zeit müssen wir uns vor Augen halten, daß es lediglich vier Jahre vor dem Ausbruch des böhmischen Ständeaufstands gegründet wurde und 1628 aus politisch-konfessionellen Gründen (wegen seiner kryptokalvinistischen Orientierung; einige Forscher – z. B. Siegfried Wollgast – sprechen in diesem Zusammenhang gar vom Sozinianismus) auf Befehl Ferdinands II. geschlossen wurde.[102] Der protestantische Adel aus den böhmischen Ländern hatte chronologisch gesehen also nur eine sehr eingeschränkte Möglichkeit, seine Kinder zum Studium ans Schönaichianum zu schicken.

Auch Breslau, die größte und bedeutendste schlesische Stadt, stand als Studienort der Kinder des böhmischen und mährischen Adels zur Wahl. Auch wenn es während des untersuchten Zeitraums in dieser Stadt zwei bekannte Gymnasien gab – St. Elisabeth und St. Maria Magdalena –, zu deren Geschichte zahlreiche Quellen unterschiedlicher Art überliefert sind, und obwohl für das zweitgenannte Gymnasium eine Matrikel existiert (wenn auch nur für den Zeitraum ab 1617),[103] sind Studenten aus den böhmischen Ländern nur für das erste Gymnasium, also das sog. Elisabethanum, nachgewiesen. Da wir nur die Namen zweier Adeliger, welche die Schule besuchten, mit Gewißheit kennen, werden wir uns ihr nur knapp widmen.

Das Elisabethanum wurde 1562 feierlich in einem neu gebauten Gebäude eröffnet. Die Fundamente stammten jedoch von der Pfarrschule der St. Elisabethkirche, deren Anfänge bis ins Mittelalter reichen und die in den 20er Jahren des 16. Jahrhunderts lutherisch wurde.[104] 1570

---

102) Über das Schicksal des Schönaichianums nach 1620 berichten v. a. Hugo WECZERKA: Handbuch der historischen Stätten. Schlesien, Stuttgart 1977, S. 26; Franz MACHILEK: Schlesien, in: Anton SCHINDLING, Walter ZIEGLER (Hg.): Die Territorien des Reiches im Zeitalter der Reformation und Konfessionalisierung. Land und Konfession 1500–1650, Bd. 2: Der Nordosten, Münster 1990, S. 120; Carsten RABE: Alma Mater Leopoldina. Kolleg und Universität der Jesuiten in Breslau 1638–1811, Wien, Köln, Weimar 1999 (= Neue Forschungen zur schlesischen Geschichte 7), S. 44; WOLLGAST (wie Anm. 78), S. 84–103; ZONTA (wie Anm. 1), S. 18.
103) Liber scholae Mariae Magdalenae (wie Anm. 6). Obwohl manche Bewohner Böhmens und Mährens hier vorkommen, finden wir unter ihnen erst seit den 20er Jahren Adelige (Haugwitz von Biskupitz, Bludovský von Bludovice, Praschma von Bilkau).
104) Zum Breslauer Lateinschulwesen im 16. Jahrhundert vgl. v. a. KUNDMANN (wie Anm. 3), S. 20–86 und passim; Gustav BAUCH: Geschichte des Breslauer Schulwesens vor der Reformation, Breslau 1909; BAUCH: Geschichte (wie Anm. 1). Derselbe

Gesamtansicht von Breslau
Kupferstich aus Nikolaus Henel: Breslographia ...
Frankfurt bei Ioannis Bringer, 1613, nach S. 16.
[Stiftung Kulturwerk Schlesien, Würzburg, Bibliothek für Schlesische Landeskunde, Sign.: SS 100 E930 H498]

erhielten das Gymnasium und die Schule bei St. Maria Magdalena eine Schulordnung. Sie wurde auf Anweisung des Stadtrats von Peter Vincentius (1519–1581) sorgfältig verfaßt, dem einstigen Rektor der Görlitzer Schule, der nun Vorstand des Elisabethanums und zugleich Inspektor der Breslauer Lateinschulen war.

Seine *Der Stadt Breslaw Schul Ordnung*[105] für ein fünfklassiges Gymnasium gehört zu den am gründlichsten ausgearbeiteten zeitgenössischen

---

Autor hat auch verschiedene Dokumente zur Geschichte des Schulwesens in der schlesischen Metropole in der ersten Hälfte des 16. Jahrhunderts herausgegeben; siehe Gustav BAUCH (Hg.): Aktenstücke zur Geschichte des Breslauer Schulwesen im XVI. Jahrhundert, Breslau 1898 s. d. Zur Maria-Magdalena-Schule vgl. auch Otmar EITNER: Das St.-Maria-Magdalenen-Gymnasium zu Breslau vom 13. bis zum 20. Jahrhundert. Die Geschichte des ehrwürdigen Gymnasiums. Prominente, ehemalige Rektoren und Schüler, Bad Honnef 2003.
105) Petrus VINCENTIUS: Der Stadt Breslaw Schul Ordnung …, Vratislaviae 1570.

Studienvorschriften. Vincentius nutzte bei ihrer Konzeption seine bereits erwähnte Schulordnung für das Görlitzer Gymnasium vom Jahr 1566. Die Schulordnung von 1570 blieb auch, nachdem Vincentius 1578 die Schulleitung verlassen hatte, in Kraft, und zwar bis 1617, als der damalige Gymnasialrektor Thomas Sagittarius (1577–1621), einstiger Professor der Universität Jena, eine neue Schulordnung besorgte.[106] Da an diesen Schulen nachweislich nur sehr wenige Adelige aus den böhmischen Ländern studierten, werden wir diese Schulordnungen hier nicht detaillierter analysieren. Beide bieten uns jedoch ein gutes Bild über das Niveau des Gymnasiums bzw. beider höheren Lateinschulen in Breslau, für die sie damals verbindlich waren, also auch der Maria-Magdalena-Schule.[107]

An der Breslauer St. Elisabethschule studierten zumindest in den Jahren 1617 und 1618 die Söhne des Ladislaus Welen von Zierotin, des bekannten Anführers des Ständeaufstands in Mähren, und zwar der ältere Sohn Johann (1603–1632) und der jüngere Bartolomäus (1607–1642). Schon die ältere Forschung wußte um ihr Studium in der schlesischen Metropole, sie konnte jedoch ihren Aufenthalt nicht mit einer konkreten Bildungsstätte in Verbindung bringen.[108] Dies ermöglichte erst die Analyse des überlieferten Drucks aus der Österreichischen Nationalbibliothek, des *Actus gratulationis*,[109] der 1617 anläßlich der wenig bekannten Huldigungsreise Ferdinands II. nach Breslau erschien, die nach seiner Krönung zum König von Böhmen im selben Jahr erfolgte. Zu den vielen Beteiligten an

---

Siehe auch Vornbaum (wie Anm. 13), S. 184–216 und Mertz (wie Anm. 8), S. 572–578 (in diesem Fall handelt es sich nur um einen Extrakt).
106) Thomas Sagittarius: Leges scholarum Vratislaviensium renovatae …, Vratislaviae 1617. Zu Sagittarius und seinen Schriften vgl. Zedler (wie Anm. 10), XXXIII, Sp. 591; Richard Hoche: Sagittarius, Thomas, in: ADB 30 (1890), S. 172; Bauch: Geschichte (wie Anm. 1), S. 344f.
107) Bauch: Geschichte (wie Anm. 1), hier v. a. S. 206–224
108) František Hrubý: Ladislav Velen ze Žerotína [Ladislaus Welen von Zierotin], Praha 1930, S. 182f., 305f.; Odložilík (wie Anm. 62), S. 113; Libuše Urbánková-Hrubá (Hg.): František Hrubý. Etudiants tchèques aux écoles protestantes de l'Europe occidentale à la fin du 16e et au début du 17e siècle. Documents, Brno 1970, S. 279–281; RHB V, S. 595.
109) Actus gratulatorius, quo in honorem divi Ferdinandi II. regis Bohemiae … accessum et ingressum ad Vratislaviam meditantis et maturantis, partim personas sexaginta sex, verbis suis loquentes omnes et regi gratulantes, partim alias musica tam vocali quam instrumentali canentes et Deum laudantes, XX. Septemb. horis postmeridian. in gymnasi Elisabethani, quod est Vratislav, Vratislaviae 1617.

den Breslauer Festivitäten gehörte damals gerade auch das lutherische St. Elisabethgymnasium. Unter der Leitung des genannten Rektors Sagittarius trugen bei diesem Anlaß 66 Studenten eine Festrede vor – jeder von ihnen natürlich nur einen Teil davon. Für den Prolog wurde Johann von Zierotin ausgewählt. Neben vielen anderen Adeligen (die nicht nur aus den Ländern der Böhmischen Krone – vor allem aus Schlesien –, sondern auch aus Polen stammten: z. B. drei Grafen aus Lissa), Wappenbürgern und auch nicht adeligen Personen (darunter z. B. auch Studenten aus den österreichischen Ländern oder aus Ungarn) finden wir unter den Rednern auch Johanns jüngeren Bruder Bartolomäus, und zwar an sechster Stelle.[110]

Vor allem dank der erhaltenen Korrespondenz vom März und April 1618 stehen uns weitere Angaben über den Aufenthalt der beiden jungen Zierotin in Breslau zur Verfügung. Sie wurden von einem Privatpräzeptor begleitet – Johann Steinberg aus Görlitz (1592–1653).[111] Neben dem Schulstoff übte dieser Erzieher mit den Jungen Latein (zugleich auch den Katechismus, *„ethica praecepta mit schönen regulis und historiolis politicis"* und weitere Fächer)[112] und wohl auch Deutsch – Steinbergs Muttersprache. Der damals elfjährige Bartolomäus war schon im Stande, auf einem relativ guten Niveau mit seinem Vater auf deutsch zu korrespondieren; wir wissen jedoch nicht, ob nicht auch sein Präzeptor an der Konzipierung der Briefe beteiligt war.[113] Sein älterer Bruder begann wohl bereits in Breslau ein nicht näher bekanntes Musikinstrument zu erlernen, was er auch später in Straßburg fortsetzte.[114]

In Breslau wohnten die Zierotins bei Georg Scherhackel von Hartenfels (1558–1636), dem einstigen Hofmeister ihres Vaters, und zwar aufgrund

---

110) Vgl. ebd., fol. A3b-A4b.
111) Zu ihm siehe auch Holý (wie Anm. 73), S. 42, 45f., mit weiteren Literatur- und Quellenhinweisen.
112) Vgl. Steinbergs Brief an Ladislaus Welen vom 24. März 1618, in: Urbánková-Hrubá (wie Anm. 108), S. 279f. (hier auf S. 280 auch Erwähnung „*H. Johann in publica disputatione ein gutes Lob eingeleget hat*").
113) Siehe die Briefe von Bartholomäus an seinen Vater vom 24. März und vom 21. April 1618, in: Hrubý (wie Anm. 108), S. 305f.; Urbánková-Hrubá (wie Anm. 108), S. 280f.
114) Urbánková-Hrubá (wie Anm. 108), S. 280; mit weiteren Hinweisen vgl. auch Holý (wie Anm. 75), S. 286–288.

eines abgeschlossenen Mietvertrags, in dem die Höhe und die Zahlungsart der Miete festgelegt wurden.[115] Die Eltern zeigten an dem Ergehen ihrer Söhne, die mindestens knapp zwei Jahre lang (1617/18) in der schlesischen Metropole verweilten, ständiges Interesse. Sie schickten ihnen nicht nur verschiedene Sachen nach Breslau (was die Kleidung anbelangt, beispielsweise Strümpfe für Bartolomäus),[116] sondern sorgten auch dafür, daß zu ihnen ein Arzt (wohl aus Mähren) gesandt wurde, der ihre *„Gesundheit und Zustand zu erforschen"* und darüber dann den Eltern *„mündlich ... [zu] ... referieren"* hatte.[117]

Die erhaltene Korrespondenz bringt leider kein Licht in die Frage, welche Gründe Ladislaus Welen von Zierotin dazu führten, seine Söhne in die schlesische Metropole zu schicken. Es ist nicht auszuschließen, daß ein Grund für die Wahl des Elisabethanums als Bildungsort neben dessen traditionellem Ruf (dessen Kontinuität auch der oben genannte Thomas Sagittarius aufrecht hielt) auch die Tatsache war, daß der einstige Erzieher des Vaters, der in Troppau geborene und später berühmt gewordene Professor an der Universität Basel Amandus Polanus (1561–1610),[118] der zusammen mit Karl dem Älteren von Zierotin auch die spätere Bildung der Jungen beeinflußte, ein Absolvent des Elisabethanums war.[119]

In Breslau studierten offensichtlich auch weitere Adelige aus den böhmischen Ländern. Auch wenn wir einige von ihnen namentlich kennen, wissen wir nicht, welche der dortigen Schulen sie besuchten. Dies gilt z. B. in der ersten Hälfte des ersten Jahrzehnts des 17. Jahrhunderts (jedenfalls vor 1606) für Johann von Wirben und Freudenthal (1590–1638), den einstigen Schüler der Lateinschule in Troppau, der in der schlesischen Metropole zusammen mit weiteren Adeligen – Friedrich und Christoph

---

115) Ebd. Für mehrere Informationen zu Scherhackel vgl. sein Biogramm, in: Holý (wie Anm. 22), S. 285f.
116) Hrubý (wie Anm. 108), S. 304.
117) Urbánková-Hrubá (wie Anm. 108), S. 280f.
118) Vgl. v. a. Ernst Staehelin: Amandus Polanus von Polansdorf, Basel 1955. Zu Polans Beziehungen zum Adel aus Böhmen und Mähren siehe auch Martin Holý: Šlechtičtí vzdělanci harantovské doby a evropská res publica litteraria [Jugendliche adlige Intellektuelle und das Europa der res publica litteraria], in: Historie – otázky – problémy 1 (2009), Nr. 1, S.13–34.
119) Siehe Anm. 114.

Sedlnitzky von Choltitz [120] und Wenzel Joachim Haugwitz von Biskupitz[121] – studiert haben mag.[122]

Obschon Johann von Wirben und Freudenthal damals wahrscheinlich auch einen Privaterzieher hatte (den er sich womöglich mit den anderen oben genannten Jungen teilte), dessen Namen wir jedoch leider nicht kennen, spricht er in seiner Autobiographie ausdrücklich davon, daß sie in Breslau die Schule besuchten. Ob es jedoch das Elisabethanum oder die Maria-Magdalena-Schule war, wissen wir nicht. Die Dauer seines Aufenthalts in der schlesischen Metropole betrug drei Jahre. Weil er dort dann schon *„ohne nuczen verharret, haben mich* [also Johann von Wirben und Freudenthal, Anm. M. H.] *die meinigen nach Haus beruffen"*.[123] Schon in Breslau hatte Johann Gesundheitsprobleme – konkret einen Leistenbruch, den er sich angeblich *„durch daß der Jugend gewönliche lauffen vnndt springen"* zugezogen hatte.[124]

Wir haben leider keine Berichte darüber, wo Johann von Wirben und Freudenthal (bzw. seine adeligen Gefährten) in Breslau wohnte. Nachdem er die Stadt verlassen hatte und wohl kurz zu Hause verweilte, um sich von den Folgen eines „Truncks" bei einer nicht näher bestimmten Hochzeit zu erholen (bei der er den eigenen Worten nach zuviel Wein und Bier getrunken hatte) sowie von *„schwarzen blättern"* zu kurieren, begab er sich 1605 oder 1606 mit dem Hofmeister, dem Präzeptor und einem weiteren Adeligen – Veikhard Skoch Čertoryjský – zur Fortsetzung seines Studiums nach Straßburg.[125]

---

120) Die genealogische Einordnung dieser beiden Jungen ist nicht ganz eindeutig. Zu diesem Geschlecht im 16. Jahrhundert vgl. PAPROCKÝ Z HLOHOL (wie Anm. 24), fol. 114r–116v; August SEDLÁČEK: Sedlnický z Choltic [Sedlnitzky von Choltitz], in: OSN XXII, S. 757–759; PILNÁČEK (wie Anm. 60), S. 400–401; Josef PILNÁČEK, Rody starého Slezska [Alte Geschlechter Schlesiens], III, Jílové u Prahy 1972, S. 100–101.
121) Es handelt sich vielleicht um Wenceslaus Joachim, Sohn von Wenceslaus dem Älteren Haugwitz von Biskupitz († 1588) und Anna von Bítov. Siehe PAPROCKÝ Z HLOHOL (wie Anm. 24), fol. 124v–128r; Martin KOLÁŘ: z Haugvic [von Haugwitz], in: OSN X, S. 959–961; PILNÁČEK (wie Anm. 60), S. 389f.; PILNÁČEK (wie Anm. 120), I, Jílové u Prahy 1969, S. 64.
122) Johann VON WIRBEN UND FREUDENTHAL: Curriculum vitae meae conscriptum Schönhofii A[nno] 1638 m[ense] Martii (ÖNB Wien, Handschriftensammlung, Cod. 15.414), fol. 17r.
123) Ebd., fol. 17r.
124) Ebd. Siehe auch ODLOŽILÍK (wie Anm. 62), S. 70.
125) VON WIRBEN UND FREUDENTHAL (wie Anm. 122), fol. 17r–18v.

III.

Mit Breslau als Ort der Partikularbildung von Adeligen aus den böhmischen Ländern sind wir am Ende dieser Studie angelangt. Wir versuchten darin, auf die unübersehbare Bedeutung Niederschlesiens für die Bildung des böhmischen und mährischen Adels in der Zeit vor der Schlacht am Weißen Berg hinzuweisen. Dabei wurde vor allem – wenn auch nicht ausschließlich – die institutionelle Bildungsebene in Betracht gezogen. Bei der Wahl der konkreten Schule in diesem Raum, an die der junge Adelige geschickt werden sollte, spielten neben anderen Faktoren (insbesondere der Konfession, dem in jener Zeit empfundenen Niveau der Schule sowie der geographischen Lage) die langfristig unterhaltenen Kontakte zwischen den Rektoren dieser Institutionen (bzw. ihren Lehrern) und dem Adel der böhmischen Länder wohl die bedeutendste Rolle.

Alle verfolgten Schulen waren nichtkatholisch und wurden aus diesem Grunde vom protestantischen Adel der böhmischen Länder aufgesucht. Neben den Angehörigen der Brüderunität interessierte sich auch die utraquistische bzw. lutherische Nobilität für diese Bildungsstätten. Obwohl Schlesien im untersuchten Zeitraum auch mit einigen katholischen Schulen von gutem Niveau aufwartete,[126] suchte der katholische Adel aus den böhmischen Ländern keine schlesischen Partikularschulen auf – er wählte eher andere Varianten (er studierte im 16. und zu Beginn des 17. Jh. beispielsweise häufig an jesuitischen Gymnasien in Prag, Krumau, Neuhaus, Olmütz, Brünn, in den österreichischen Ländern oder auch in Bayern).

Zu den Schulen in Schlesien, an denen im untersuchten Zeitraum kürzer oder länger Angehörige der Ritter- und Herrenfamilien aus Böhmen und Mähren studierten, zählten vor allem die Schulen in Goldberg, Brieg, Beuthen an der Oder und Breslau. Sie waren allesamt höhere Lateinschulen und boten somit eine ähnliche Ausbildung wie zahlreiche Bildungsstätten dieser Art im Ausland sowie gute Voraussetzungen für ein weiteres Studium. In Böhmen und Mähren hingegen gehörten bei weitem nicht alle Partikularschulen, die vom einheimischen Adel besucht wurden, zu diesem Typus – häufig handelte es sich um niedere Lateinschulen.

---

126) Im 16. Jahrhundert waren es jedoch nicht viele. Der Adel (aber nicht jener aus den böhmischen Ländern) besuchte z. B. das bischöfliche Lateingymnasium in Neisse.

In der Regel kamen die Adligen meistens im Alter von ungefähr 10 bis 16 Jahren an diese Schulen, zumeist in Begleitung von Präzeptoren. Danach bildeten sie sich an ausländischen Lateinschulen weiter (beispielsweise in Straßburg) oder sie entschlossen sich, eine Kavalierstour zu unternehmen, die seinerzeit auch ein mehr oder weniger kurzes oder langes Studium an einer der damaligen europäischen Akademien/Universitäten einschloß. Bei einigen der Adeligen brachte das langjährige Studium an einer der genannten schlesischen Schulen die Erweiterung ihres Bildungshorizonts, den Erwerb von Sprachkenntnissen (Latein, Deutsch) sowie das Knüpfen von Kontakten mit gleichgesinnten Personen mit sich, deren spätere Vertiefung zur weiteren Stärkung der Ausbildung von Adeligen in diesem Gebiet führte.

Die nicht zu vernachlässigende Bedeutung Niederschlesiens im Bildungsprozeß des aus den böhmischen Ländern stammenden Adels in der Zeit der Renaissance und des Manierismus kann man neben der institutionellen Ebene auch woanders sehen. Viele böhmische und mährische Adelige, die in der untersuchten Region weder studierten noch sich dort länger aufhielten, wurden u. a. auch von Privaterziehern ausgebildet, die aus Schlesien stammten. Diese Präzeptoren, von denen der Verfasser dieser Studie mehr als vierzig erfaßt, verdankten ihre späthumanistische Bildung nicht selten eben jenen Lateinschulen in den angeführten Städten. Sie konnten somit über die Bildungs- und Kulturtradition der Nebenländer der Böhmischen Krone Angehörige des böhmischen und mährischen Adels indirekt beeinflussen.

Lamentation über Schlesiens Landwirtschaft.
Zur Biographie des Zentrumspolitikers Julius Szmula

Von Bernhard W. Scholz

Unter den oberschlesischen Politikern um die Wende vom 19. zum 20. Jahrhundert war der Gutsbesitzer Major a.D. Julius Szmula (1829–1909), langjähriges Mitglied des preußischen Abgeordnetenhauses und des Reichstags, eine umstrittene Figur. Seine eigene Partei desavouierte ihn mehr als einmal, er erfreute sich aber großer Popularität, und man hat ihn mit Recht als den wichtigsten Vertreter der polnischen Oberschlesier seiner Zeit in Land- und Reichstag bezeichnet.[1] Wofür er stand und was

---

1) Szmulas Rolle im oberschlesischen Zentrum wird behandelt in Mieczysław PATER: Centrum a ruch polski na Górnym Śląsku [Das Zentrum und die polnische Bewegung in Oberschlesien] (1879–1893), Katowice 1971, passim, seine Rolle im Abgeordnetenhaus in bezug auf die polnischen Saisonarbeiter beschreibt Johannes NICHTWEISS: Die ausländischen Saisonarbeiter in der Landwirtschaft der östlichen und mittleren Gebiete des Deutschen Reiches. Ein Beitrag zur Geschichte der preußisch-deutschen Politik von 1890 bis 1914, Berlin 1959 (= Schriftenreihe des Instituts für allgemeine Geschichte an der Humboldt-Universität Berlin 4), S. 54–57, 66–71. Eine Szmula gewidmete Einzelschrift ist J. PIERNIKARCZYK: Juliusz Szmula. Zapomniany wódz i wielki obrońca polskiego ludu na Górnym Śląsku [Julius Szmula. Ein vergessener Führer und großer Verteidiger des polnischen Volkes in Oberschlesien], Katowice 1939 (= Instytut Sląski I Katowicach, Seria III, Kommunikat 47), ein Text von vier Seiten; für eine Kopie ist der Verf. der Biblioteka Śląska in Kattowitz dankbar. Josef Piernikarczyk (1885–1946) war Lehrer an höheren Schulen, Verfasser mehrerer historischer Werke, in den Jahren 1937–39 Archivar in Kattowitz. Helmut NEUBACH: Parteien und Politiker in Oberschlesien zur Bismarckzeit, in: Jahrbuch der Schlesischen Friedrich-Wilhelms-Universität zu Breslau (zit. als JSFWUB) 13 (1968), S. 193–231 widmet Szmula nicht eine seiner Kurzbiographien, berührt ihn aber in DERS.: Parteien und Politiker in Schlesien, Dortmund 1988 (= Veröffentlichungen der Forschungsstelle Ostmitteleuropa an der Universität Dortmund B, 34), S. 71, 74f., 77, 82. Arne THOMSEN: Die zentrumspolnische Bewegung in Oberschlesien, in: Inter Finitimos. Jahrbuch zur deutsch-polnischen Beziehungsgeschichte 4 (2006), S. 210–221, hier S. 214–215 – ein ausgewogenes Urteil über Szmula. Etwaiges Quellenmaterial über Szmula auf seinem Herrenhaus in Friedewalde hat die Ereignisse des Jahres 1945 nicht überlebt. Das Staatsarchiv

er zu sagen hatte, wissen wir vor allem aus den stenographischen Berichten der beiden Parlamente, besonders dem unteren Haus des preußischen Landtags, wo er 111mal für eine längere Ansprache das Wort ergriff.[2] In erster Linie nahm er sich der Belange der polnischen Oberschlesier an. Sein Eintreten für diese war es auch, was ihn in Gegensatz zu den damals in Preußen herrschenden Meinungen und Kreisen treten ließ. Eine zweite Passion begleitete Szmula von Anfang bis Ende seiner parlamentarischen Karriere, nämlich seine Sorge um die Situation und die Zukunft der schlesischen Landwirtschaft. Sie wurzelte in seiner Rolle als Landwirt, genauer als Besitzer eines Gutes von mittlerer Größe, der täglich mit landwirtschaftlichen Problemen ringen mußte, und als Kenner und scharfer Beobachter der ländlichen Bevölkerung in seiner Umgebung. Szmulas Auseinandersetzung mit den Problemen der schlesischen Landwirtschaft,

Oppeln (Archiwum Państwowe w Opolu; zit. als APO), an das alle lokalen Archivalien in der Nachkriegszeit übergeben wurden, besitzt nur eine (aus dem Landratsamt Grottkau stammende) Akte, die sich speziell mit Szmula befaßt. Das Breslauer Erzdiözesanarchiv (Archiwum Archidiecezjalne we Wrocławiu), wo wir z.B. die sich gelegentlich auf Szmula beziehende Korrespondenz des Abgeordneten Felix Porsch finden, enthält kein derartiges Material, nach Helmut RICHTER (Hg.): Register der Personennamen zum Katalog des Erzbischöflichen Diözesan-Archivs Breslau. Handschriftliche Bestände, Ganderkesee 1973. Von seiner Korrespondenz, die doch beträchtlich gewesen sein sollte, konnte ein Stück identifiziert werden, das sich auf seine Rolle als Amtsvorsteher bezieht (an den Landrat 30.3.1897, APO, Landratsamt Grottkau 200, S. 216–218); er korrespondierte mit den Kanzlern von Bülow (APO, Landratsamt Grottkau 218, 21.11.1899) und von Caprivi (PATER wie oben, S. 278 Anm. 162). Szmula betreffende Artikel in der oberschlesischen Presse wurden besonders von Mieczysław PATER in dem oben genannten Werke benutzt. Leonhard MÜLLER: Der Kampf zwischen politischem Katholizismus und Bismarcks Politik im Spiegel der Schlesischen Volkszeitung. Ein Beitrag zur schlesischen Kirchen-, Parteien- und Zeitungsgeschichte, Breslau 1929 (= Breslauer Studien zur historischen Theologie 14) endet mit der Reichstagswahl 1890 und trägt zur Biographie Szmulas nichts bei. Die katholische „Schlesische Volkszeitung" (zit. als SVZ) betrachtete sich als das „Hauptorgan der schlesischen Zentrumspartei", hatte aber 1872 nicht viel mehr als ein Viertel der Abonnentenzahl der „Schlesischen Zeitung", MÜLLER (wie oben), S. 229, 265.
2) Stenographische Berichte über die Verhandlungen des Reichstags, Stenographische Berichte über die Verhandlungen der beiden Häuser des Landtages: Haus der Abgeordneten (später: des Preußischen Hauses der Abgeordneten), die Bände beider Reihen in Berlin veröffentlicht, gewöhnlich im Jahr der Sitzung (zit. als Rt. bzw. Abg. mit Datum). Im Reichstag sprach Szmula 28mal zwischen dem 11. Mai 1887 und dem 10. Juni 1902.

einschließlich solcher auf seinem eigenen Gute, sollen im folgenden näher in Augenschein genommen werden

1. Herkunft, militärische Laufbahn, Gutsherrschaft

Maria Gustav Julius Szmula wurde am 30. Dezember 1829 in Pschow, Kreis Rybnik, geboren. Er stammte aus einer Gutsbesitzerfamilie, die vielleicht ursprünglich in oder bei Krappitz ansässig war, sein Vater war der Rittergutsbesitzer Karl Szmula, die Mutter Franziska eine geborene Siebler. Hundert Jahre früher, sagte er einmal im Abgeordnetenhaus, habe man in seiner Familie fast nur polnisch gesprochen, jetzt beherrsche man zwar noch das Polnische, spreche aber deutsch. Der Vater war einige Jahre im Besitz des Rittergutes Czissowka im Kreise Rybnik, ein kleines Dorf, dessen Kinder in die über vier km entfernte Schule in Ruptau gingen. Szmula besuchte wenigstens zeitweise polnische Volksschulen und dann das Gymnasium in Ratibor, wahrscheinlich das evangelische Gymnasium in der Nordwestecke der ummauerten Stadt nahe der Oder, eingerichtet in dem 1823 umgebauten ehemaligen Kloster der Dominikanerinnen in der Jungfernstraße. Von dort aus hatte er die Schiffe auf der Oder beobachten können, ein Erlebnis, über das er einmal am Rednerpult des Abgeordnetenhauses reminiszierte. Die Eisenbahnlinie Berlin-Wien über Ratibor wurde damals, 1846, eröffnet. Als Achtzehnjähriger war er 1848 bei Bauernversammlungen in Oberschlesien zugegen, bei denen es um die Aufhebung der Roboten ging. Ein halbes Jahrhundert später erinnerte er sich der großen Hungersnot in den Kreisen Rybnik und Pleß im Winter 1847/48, nach einem verregneten Sommer, der das Getreide und die Kartoffeln auf den Feldern verfaulen ließ. Als die Regierung endlich aus Berlin einen Arzt schickte, sah er mit diesem in den veröldeten Behausungen von Zawada die Leichen der Verhungerten.[3] Von 1849 bis

---

3) Das Taufbuch von Pschow, die Einträge deutsch, die Namen meistens polnisch, beginnt erst mit dem Jahr 1830. Abg. 25.2.1886, S. 801, 799 (Beziehung der Familie zu Krappitz, Besitz des Rittergutes Czissowka); Friedewalde Totenbuch 2.4.1909 (die Eltern); Abg. 25.2.1886, S. 799 (Deutsch in der Familie); Abg. 6.3.1894, S. 912, 23.2.1893, S. 1110 (Besuch einer polnischen Dorfschule); Abg. 9.2.1886, S. 429 (Bauernversammlungen); Abg. 9.2.1886, S. 428, 11.2.1897, S. 900 (Hungersnot 1847–48); Abg. 8.3.1890, S. 551 (Schiffe auf der Oder in Ratibor); Hugo WECZERKA (Hg.): Schlesien, Stuttgart ²2003 (= Handbuch der historischen Stätten

1871 diente Szmula als Berufssoldat. Um 1860 war ungefähr ein Drittel des aktiven Offizierskorps bürgerlicher Herkunft. Szmula trat am 18. April 1849 ins Garde-Schützen-Batallion ein und wurde dort Unteroffzier und am 17. Januar 1851 Portepeefähnrich. 1852 wurde er ins 1. Oberschlesische Infanterie-Regiment Nr. 22 versetzt und am 14. August zum Sekondeleutnant befördert, dort diente er unter General von Witzleben und verfaßte auf dessen Veranlassung eine Geschichte des Regiments auf polnisch. Wohl in die 1860er Jahre fällt eine zeitweilige Lehrtätigkeit an der Neisser Kriegsschule.[4] Am 18. April 1865 wurde er zum Hauptmann befördert, ein Rang, den viele erst im Alter von 40 Jahren erreichten, und zum Kompaniechef im Pommerschen Füsilier-Regiment Nr. 34 ernannt. 1866 nahm er am preußisch-österreichischen Krieg teil, und am 16. Februar 1869 wurde er in den Generalstab versetzt und dem Großen Generalstab überwiesen (Voraussetzung für den Dienst im Generalstab war der Besuch der preußischen Kriegsakademie in Berlin). Am 10. März 1870 übernahm er als Major à la suite im Generalstab der Armee die Leitung der neuen Kriegsschule in Anklam, am 4. Dezember 1871 wurde ihm der Abschied bewilligt mit Pension und der Erlaubnis zum Tragen der Uniform.[5] Fünf

---

15), S. 421 (Pschow), 426–430 (Ratibor), über das Gymnasium S. 430; Waldemar GROSCH (Bearb.): Deutsches Städtebuch. Handbuch städtischer Geschichte 1, Schlesien (Neubearbeitung), Stuttgart, Berlin, Köln 1995, S. 346–352 (Ratibor), über die Schulen S. 351. Rudolf VIRCHOW schrieb auf amtliche Anweisung einen Bericht „Mitteilungen über die in Oberschlesien herrschende Typhus-Epidemie", veröffentlicht in: Archiv für pathologische Anatomie und Physiologie und für klinische Medizin 2 (1849), S. 143–322; Szmula bezieht sich auf diesen Bericht Virchows, seines Kollegen im Abgeordnetenhaus, Abg. 11.2.897, S. 900.
4) Georg HIRTH: Hirth's Parlaments-Almanach 16, Berlin 1887, S. 227; die Kriegsschule in Neisse 1859–1919.
5) Personalakten wurden erst 1870/71 in der preußischen Armee eingeführt, eine für Szmula gab es deshalb wohl nicht. Das Heeresarchiv der preußischen Armee in Potsdam fiel fast ganz einem Luftangriff in der Nacht vom 14. zum 15. April 1945 zum Opfer. Im Restbestand verblieben noch einige Bände der sogenannten Offiziersnomenklatur: Geheimes Staatsarchiv Preußischer Kulturbesitz (zit. als GStA PK), IV Preußische Armee Rep. 1 Geheime Kriegskanzlei Nr. 89 Buchstabe S unter Szmula. Eine gedruckte Offiziersstammliste des Pommerschen Füsilier-Regiments Nr. 34, GStA PK, Bibl.sign. 6 b B 342, hat einen Eintrag über Julius Szmula auf S. 225f.; Mitteilung des GStA PK 12.1.2004. Abg. 25.2.1886, S. 801 (Regimentsgeschichte auf polnisch); Abg. 9.2.1886, S. 431 (Zugehörigkeit zum Generalstab). Der Portepee-Fähnrich war Offiziersanwärter im Range eines Unteroffiziers. Von 1867 an bestand der Generalstab aus 88 Offizieren, davon waren 25 im Großen Generalstab, vgl.

Monate nach dem Abschied, am 13. Mai 1872, kaufte Szmula im Kreise Grottkau an der Westgrenze Oberschlesiens das „Rittergut" Friedewalde, der Kaufpreis betrug 90.500 Taler.[6] Sein Wohnsitz nach Beendigung seiner militärischen Laufbahn bis zu seinem Tode blieb dann immer das Dorf Friedewalde, 16 km nördlich von Neisse, aber seit 1817 dem *„stockdeutschen Kreise Grottkau"*, wie er meinte, zugehörend. Seine drei Kinder wurden dort geboren, seine Frau starb dort 1897 an der Influenza.[7] Julius Szmula

---

Curt JANY: Geschichte der Preußischen Armee vom 15. Jahrhundert bis 1914, 4 Bde. Osnabrück ²1967, Bd. 4, S. 254.
6) APO, Amtsgericht Grottkau 3336, S. 210a–212a (der Kaufvertrag). Die zeitgenössischen Verzeichnisse der Mitglieder des Reichstags nennen ihn 1890 als Besitzer der Güter Dzieckowitz/Dzieckowic und Golawietz/Golawics im Kreise Pleß, aber nicht mehr 1898; vgl. Amtliches Reichstags-Handbuch. Achte Legislaturperiode 1890/95, Berlin 1890, S. 260; Zehnte Legislaturperiode 1898/1903, Berlin 1898, S. 272.
7) Tod der Anna Szmula geb. Groehling, Pfarrmatrikeln Friedewalde, Totenbuch 1897, 8.4. Pfarrmatrikeln Friedewalde, Taufbuch 1871, 9.9. (Helena), 1872, 19.8. (Gertrud Maria Elisabeth); Standesamtsregister Friedewalde, Geburten 1876, 4.6.; Pfarrmatrikeln Friedewalde, Taufbuch 1876, 30.5. (Stanislaus). Die Taufpaten, wenn nicht Verwandte, waren Adlige aus der Umgebung; neben dem Fräulein Albertine Gröhling (1871, 1872), erst in Friedewalde und dann in Schweidnitz wohnend, eine Freiin Aloysia Hanel aus Breslau und Rittergutsbesitzer Graf Adolph von Zedlitz-Trützschler auf Nieder-Pomsdorf (1871), und bei dem Sohn der Baron Hans von Prinz auf Kühschmalz und die Baronin Johanna von Hüne geb. von Blacha, Ehefrau des Reichstags- und Landtagsabgeordneten Carl von Hüne (Freiherr von Hoiningen gen. Huene), Gutsbesitzer von Groß-Mahlendorf. Ein Taufzeuge in absentia war 1872 der Wirtschaftsinspektor Oskar Szmula aus Krappitz, vielleicht ein Bruder des Julius. Helena wurde 1893 in Friedewalde getraut mit Thaddäus Simon Johannes von Jarotzky (1858–1938) aus Berlin, 1891–94 Lehrer an der Kriegsschule in Neisse, im Ersten Weltkrieg Generalleutnant und Kommandeur der 25. Reserve-Division, Pfarrmatrikeln Friedewalde, Verzeichnis der Trauungen 1765–1907, keine Seitenzahlen (ein kirchliches oder Standesamts-Register der Trauungen fehlt für 1893). Der Sohn und Erbe des Gutes, Stanislaus Szmula, Oberleutnant a.D., der den Militärdienst wegen Herzkrankheit quittierte, erschoß sich am 28. Juni 1932 und wurde im Schloßpark begraben; sein schlichter Grabstein steht heute noch dort. Dessen hochgeschätzte, 17 Jahre jüngere Witwe Erica geb. Braune teilte Flucht, Rückkehr ins Dorf und Vertreibung mit ihren Leuten. Sie wurde 1946 nach sechsmonatiger Inhaftierung ausgewiesen und starb 1973 in Wolfsburg, Niedersachsen. Der Ehe entstammte nur der 1915 geborene Hans-Wolfgang, der ohne Nachkommen am 6. November 1996 in Wolfsburg starb. Einige Informationen verdanke ich dessen Witwe, Margarete Szmula, in Wolfsburg, Dezember 2006, Januar 2007. Ein Verzeichnis der erhaltenen Pfarrmatrikeln und Standesamtsakten und ihr jetziger Bewahrungsort

selbst starb auf seinem Gut am 30. März 1909 an einer Lungenentzündung, neun Monate vor seinem achtzigsten Geburtstag. Er wurde am 2. April auf dem Friedewälder Friedhof begraben.[8] Während seiner fast vier Jahrzehnte in Friedewalde nahm er rege am öffentlichen Leben teil. Er diente als Amtsvorsteher, *„gewöhnt alle Verfügungen meiner Oberen pünktlich auszuführen"*, als Mitglied des Grottkauer Kreistages und als Landesältester.[9] Als man 1874 Standesämter einrichtete, übernahm er sogar für die ersten Jahre die Rolle des Standesbeamten. Seine wohlgeformte, leserliche und fast zierliche Handschrift erscheint in den Standesamtsregistern und in den Akten des Amtsbezirks Friedewalde.

Szmula hatte das Gut Friedewalde vier Jahrzehnte in seinem Besitz, länger als jeder seiner Vorgänger in den fast vier Jahrhunderten seines Bestehens.[10] Das Dorf war eine der größeren bischöflichen Gründungen, aus dem Jahre 1237, in Szmulas Tagen mit tausend Seelen und hundert bäuerlichen Besitzern. Das Gut war im frühen 17. Jahrhundert auf der Basis der alten Scholtisei von einem bischöflichen Neffen aus Bauernstellen zusammengezimmert worden. Der Gutsherr war niemals der Dorfherr oder überhaupt Herr über Bauern, nur über eine Handvoll von Kleinbesitzern, Dreschgärtnern, und wiederholt im Laufe der Jahrhunderte im Konflikt mit der Bauernschaft, über Hutungsrechte schon im 16. und bis ins 19. Jahrhundert, über den gutsherrlichen Beitrag zum dörflichen Straßenbau noch im 20. Jahrhundert. Gemeinde und Gutsherr prozessierten wiederholt miteinander.[11] Julius Szmula bewirtschaftete das Gut persönlich, und

---

bei Bernhard W. SCHOLZ: Im schlesischen Friedewalde. Bewohnte Grundstücke, Eigentümer, letzte Einwohner, Scheinfeld 2007, S. 306–308.
8) Pfarrmatrikeln Friedewalde, Totenbuch 1909, 2.4. (Julius Szmula). Die letzten zehn Seiten des Totenbuches sind beschädigt, einschließlich des Eintrags für Julius Szmula. Eine ganz neutrale Notiz von 68 Worten – mit einigen Unrichtigkeiten – auf einer Innenseite der Morgenausgabe der „Schlesischen Volkszeitung" berichtete seinen Tod, SVZ 41, Nr. 145, 31.3.1909, S. 5.
9) Abg. 21.3.1888, S. 1022.
10) Eine Zusammenstellung der Gutsbesitzer von 1565 bis 1945 bei SCHOLZ (wie Anm. 7), S. 70–72.
11) Die Eingemeindung des Gutsbezirks nach dem Gesetz vom 30.9.1928 führte zu Streitereien vor Gericht zwischen Gut und Gemeinde, die sich bis 1935 verfolgen lassen: APO, Kreisausschuß Grottkau 214, S. 512–631. Über Querelen zwischen Gutsherr und Gemeinde im 18. Jahrhundert und Gerichtsprozesse, die Schafhutung und den gutsherrlichen Beitrag zu den Gemeindelasten betreffend, im 19. Jahrhundert s. Bernhard W. SCHOLZ: Aufstieg zur rittermäßigen Scholtisei im geistlichen Fürstentum Neisse, in: JSFWUB 50 (2009), S. 155–197, hier S. 192–194. Szmula beklagte,

dessen Umfang und Eigenart noch 1945 gingen weitgehend auf seine Wirtschaftsführung zurück.[12] Sein Gut war von mäßiger Größe, nur zehnmal so groß wie der größte Bauernhof im Dorf, die Familie brachte es nie zu besonderem Wohlstand.[13] Szmula ging zur Kur nach Karlsbad, war aber dennoch kein reicher Mann wie sein Zentrumskollege Graf Ballestrem, Besitzer von Hütten und Gruben, oder die oberschlesischen Gutsbesitzer mit 40 oder 50 Rittergütern, die er einmal etwas ungehalten erwähnt.[14] Das Schicksal des Gutes 36 Jahre nach seinem Tode konnte Szmula nicht einmal in seinen schlimmsten Alpträumen für möglich gehalten haben.

2. Der Abgeordnete

Mehr als zwanzig Jahre war Szmula als Mitglied des Zentrums aktiv in der Politik.[15] Von 1886 bis 1903 saß er im preußischen Abgeordnetenhaus, von 1887 bis 1906 im Reichstag.[16] Die 16. Legislaturperiode des Abgeordne-

---

daß der Gutsherr „*jetzt im Dorfe nichts mehr zu sagen hat.*" Er hatte wohl dieses Gefühl nicht nur, weil man 1872 die Gutspolizei abgeschafft hatte, der Gutsbesitzer trug jetzt auch die Schullasten genau wie die übrigen Besitzer, Abg. 25.2.1886, S. 356f.

12) Äcker und Gärten 264,66 ha, Wiesen 30,13 ha, Wald 24,79 ha, Ödland, Unland, Wege, Hofräume 6,31 ha, Wasser 0,51 ha, so Georg VOLGER: Handbuch des Grundbesitzes im deutschen Reich. Provinz Schlesien, Berlin ²1892, S. 500f.

13) Eine Beschreibung des Dominiums mit Lageplan und Abbildungen des Herrenhauses und der Grabmäler des Julius Szmula und seines Sohnes Stanislaus bei SCHOLZ (wie Anm. 7), S. 65–82, 87f. Szmulas Bautätigkeit belegen APO, Amtsgericht Grottkau 5168, Friedewalde Flurbuch, Gebäudesteuerrolle und die Veränderungen dokumentierenden Anhänge 1, S. 390, 402, 409, 428, 445, 487, 606, 641; APO, Amtsgericht Grottkau 4163, Friedewalde Flurbuch, Gebäudesteuerrolle und die Veränderungen dokumentierenden Anhänge 2, S. 53a, 62a, 64a, 78a, 93.

14) Abg. 4.3.1896, S. 1051 (Besitzer von 30 oder 40 Rittergütern). Im Lastenausgleichsverfahren wurden das land- und forstwirtschaftliche Vermögen auf 668.000, das Reinvermögen auf 608.000 Mark, der Wert des Gutes auf 300.000 Reichsmark geschätzt, Bundesarchiv Bayreuth, Lastenausgleichsakte 14000092 (Szmula Erica geb. 1893).

15) Szmulas Rolle im oberschlesischen Zentrum und im Abgeordnetenhaus im Zusammenhang mit der Frage der polnischen Wanderarbeiter sind die Aspekte, die in der Forschung behandelt worden sind, s. die in Anm. 1 genannten Werke.

16) Die gesetzliche Mitgliederzahl des preußischen Abgeordnetenhauses betrug 433, in der 16. Legislaturperiode 1886–1888 belief sich die tatsächliche Zahl jedoch auf 466, Szmula war einer von 121 Neulingen, vgl. Bernhard MANN: Biographisches Handbuch für das preußische Abgeordnetenhaus 1867–1918, Düsseldorf 1988

tenhauses wurde am 14. Januar 1886 eröffnet, und schon am 9. Februar hielt Szmula eine lange Rede.[17] Seine erste Ansprache im preußischen Parlament war eine schneidende Erwiderung auf die Polenrede des Kanzlers vom 28. Januar, deren Tenor gewesen war: *„Wir wollen die fremden Polen los sein, weil wir an unseren eigenen genug haben.*"[18] Zum letzten Mal sprach Szmula im preußischen Abgeordnetenhaus am 23. März 1903, das er am Ende der Legislaturperiode verließ. Schon am 14. Februar 1899, damals 69 Jahre alt, bekannte er, er habe seine Interpellation kurz halten müssen, *„weil mich momentan eine Herzaffektion befallen hatte".*[19] In den Reichstag wurde Julius Szmula bei der Wahl vom 21. Februar 1887 gewählt, wieder als Mitglied des Zentrums. Eine ganze Reihe von Abgeordneten diente in

---

(= Handbücher zur Geschichte des Parlamentarismus und der politischen Parteien 3), S. 15. Zum Wahlkreis 104: Oppeln 2 s. Thomas KÜHNE: Handbuch der Wahlen zum Preußischen Abgeordnetenhaus 1867–1918. Wahlergebnisse, Wahlbündnisse und Wahlkandidaten, Düssledorf 1994 (= Handbücher zur Geschichte des Parlamentarismus und der politischen Parteien 6), S. 347–350.

17) In der 16. und 17. Legislaturperiode (14.1.1886 bis 28.6.1888 bzw. 14.1.1889 bis 5.7.1893) war Szmula einer von zwei Abgeordneten des Wahlkreises 107: Beuthen (Tarnowitz, Beuthen-Kattowitz, Zabrze,), in der 18. und 19. Legislaturperiode (16.1.1894 bis 18.5.1898 bzw. 16.1.1899 bis 1.5.1903) vertrat er als einer von zwei Abgeordneten den Wahlkreis 104: Oppeln, s. MANN (wie Anm. 16), S. 383, Übersicht nach Wahlkreisen (Anhang zu diesem Buch mit eigener Seitenzählung), Sp. 104–107.

18) Abg. 9.2.1886, S. 428–432. Im Laufe des Jahres 1885 war mit der Ausweisung von 30.000 nicht naturalisierten polnischen und jüdischen Einwanderern – Überläufer hieß man sie, weil viele den Militärdienst in Rußland vermeiden wollten – auf Anordnungen des preußischen Innenministers (26.3. und 26.7.) begonnen worden. Der Reichstag debattierte am 15. und 16. Januar den Vorschlag der Regierung, Polen auszuweisen, und nahm einen Antrag des Abgeordneten Windthorst an, der diese Maßnahme der Regierung zurückwies – eine empfindliche Niederlage des Reichskanzlers, Rt. 15.–16.1.1886, S. 525–597. Die Regierung hatte bereits entschieden, dieser Maßnahme Rechtskraft durch das preußische Abgeordnetenhaus zu verleihen. Am 28. Januar 1886 hielt Bismarck seine große Polenrede im preußischen Landtag, in welcher er von einem Akt der Notwehr sprach. Von den 9.057 im Jahre 1884 in der Provinz Schlesien gezählten Überläufern waren im Jahre 1887 6.624 ausgewiesen worden, vgl. Helmut NEUBACH: Die Ausweisungen von Polen und Juden aus Preußen 1885/86. Ein Beitrag zu Bismarcks Polenpolitik und zur Geschichte des deutsch-polnischen Verhältnisses, Wiesbaden 1967 (= Marburger Ostforschungen 27), S. 92–119, 127.

19) Abg. 14.2.1899, Sp. 590. Zur Interpellation s. unten Anm. 109. Merkwürdigerweise fühlte er sich am gleichen Datum drei Jahre später in einer Sitzung *„nicht ganz wohl",* Abg. 14.2.1902, Sp. 4201.

beiden Parlamenten. Sein Kopf mit dem Schnauzbart nach dem Vorbild von Kaiser und Kanzler erschien auf dem Photo von Julius Braatz „Die Zentrumsfraktion im Jahre 1890".[20] Er wurde noch viermal in den Reichstag gewählt: 1890, 1893, 1898, 1903, saß also dort vom Beginn der 7. bis zum Abschluß der 11. Legislaturperiode, von März 1887 bis Juni 1898 als Vertreter des Wahlkreises Oppeln 5 (Beuthen, Tarnowitz, Königshütte) und von Juni 1898 bis Januar 1907 – die Session endete eigentlich am 13. Dezember 1906 – als Vertreter des Wahlkreises Oppeln 2 (Oppeln).[21] Seine Beziehung zum Zentrum war nicht unkompliziert. Auf einer Versammlung in Beuthen 1888 übte Julius Szmula, der damals schon einige Jahre der polnischen, in Oberschlesien veröffentlichten Zeitschrift „Katolik" nahestand, scharfe und für einen Zentrumsmann im preußischen Abgeordnetenhaus und im Reichstag ungewohnte Kritik an der Politik der Zentrumspartei und des Breslauer Bischofs Kardinal Georg von Kopp (1887–1914) wegen des Gebrauchs der polnischen Sprache in Oberschlesien.[22] Damit schloß

20) Bernd HAUNFELDER: Reichstagsabgeordnete der Deutschen Zentrumspartei 1871–1933. Biographisches Handbuch und historische Photographien, Düsseldorf 1999, S. 270f. (Kurzbiographie); 23 (Foto 1890), Fotos auch bei Josef KÜRSCHNER: Der neue Reichstag, Stuttgart u.a. 1890, 1893, 1898 und Hermann HILLGER (Hg.): Kürschners Deutscher Reichstag. Biographisch-statistisches Handbuch 1903–1908, Berlin, Leizpzig 1903. Die siebente Legislaturperiode begann am 3.3.1887, Szmula war anwesend, Rt. 3.3.1887, S. 4.
21) HAUNFELDER (wie Anm. 20), S. 270 (Wahlkreise), S. 387 (Daten der Legislaturperioden des Reichstags).
22) Szmulas Rede in Beuthen, die ihn in Gegensatz zur schlesischen Zentrumspartei brachte, war eine mit viel Enthusiasmus empfangene Ansprache; er hielt sie in der Sitzung am 18.7. von 1–4:45 Uhr nachmittags, für Katholiken polnischer Sprache im Verlaufe der Schlesischen Katholikenversammlung 1888. Die Versammlung fand statt im eleganten Hotel Sanssouci vom 17. bis 19. Juli, Szmula war einer der angekündigten Redner, eine ganze Reihe der Reden, so die von Porsch und Praschma, druckte die „Schlesische Volkszeitung", sie kündigte dies auch für Szmulas Rede an, veröffentlichte sie dann aber doch nicht. Sie berichtete aber, daß die Sitzung *„einen glänzenden, alle Beteiligten begeisternden Verlauf"* nahm. Szmula gab seinen Wählern Rechenschaft über seine parlamentarische Tätigkeit, die *„der Verteidigung der Rechte des polnischen Volkes"* diene, in welchem Vorhaben er aber behindert werde. Die Versammelten gaben ihrer Übereinstimmung mit jedem seiner Punkte Ausdruck und bestanden darauf, daß er wiedergewählt werden müsse. Szmula nutzte also den Katholikentag für eine Wahlrede, Landtagswahlen standen bevor. *„Die Beuthener Katholikenversammlung war eine der glänzendsten und gemütlichsten, die Schlesien je gesehen"*, so die „Schlesische Volkszeitung". Sie sagte nichts über den Konflikt, den

sich Szmula dem polnischen Flügel innerhalb des Zentrums an.[23] Eine polnische politische Bewegung im Regierungsbezirk Oppeln, damals fast mit ganz Oberschlesien identisch, machte sich um die Mitte der 1880er Jahre bemerkbar. Sie wurde zunächst innerhalb des Zentrums aktiv und stellte bei der Reichstagswahl 1893 ihre eigenen polnischsprachigen Kandidaten auf – gegen die offiziellen Kandidaten der Partei. Das Beuthener Wahlkomitee des Zentrums versagte Szmula 1893 die Reichstagskandidatur, da er nicht öffentlich gegen die polnische Bewegung Stellung genommen hatte. Szmula kandidierte darauf als Unabhängiger gegen den offiziellen Vertreter des Zentrums und gewann im ersten Wahlgang mit absoluter Stimmenmehrheit, er war der erste erfolgreiche Kandidat der polnischen Initiative.[24] Im Reichstag schloß er sich dann wieder der Zentrumsfraktion an. Später kam es zu einem innerparteilichen Ausgleich, und das Zentrum stellte offiziell polnischsprachige Kandidaten auf. Szmula war dann 1898 und 1903 wieder der offizielle Kandidat des Zentrums.[25] Später, im Jahre 1893 entschied sich das Beuthener Wahlkomitee des Zentrums auch gegen Szmula bei der Auswahl eines Kandidaten für das Abgeordnetenhaus. Er wurde aber vom Zentrum in Oppeln aufgestellt und errang eines der

---

Szmulas Position im schlesischen Zentrum auslöste. Ausführlich über die Katholikenversammlung SVZ 20, Nr. 323, 18.7. Morgen-Ausgabe, S. 5, 7; 324, 18.7. Mittags-Ausgabe, S. 1; 325, 19.7. Morgen-Ausgabe, S. 4–7; 326, 19.7. Mittags-Ausgabe, S. 1–2; 327, 20.7. Morgen-Ausgabe, S. 5–7; 328, 20.7. Mittags-Ausgabe, S. 1; 329, 21.7. Morgen-Ausgabe, S. 4–6; über Szmulas Rede s. vor allem Nr. 325, S. 7 und Nr. 326, S. 2.
23) PATER (wie Anm. 1), S. 111–119, 305.
24) Im März 1893 griff die „Schlesische Volkszeitung" Szmula an als den *„Drahtzieher* [eines] *oberschlesischen Puppentheaters"*. Die „Gazeta Opolska", *„das Organ des Herrn Zentrumsabgeordneten Major a.D. Szmula", „eines der oberschlesischen Hetzblätter"*, hatte angedeutet, die Oberschlesier könnten polnische Abgeordnete wählen, auf Kosten des Zentrums, und sogar ihre eigene Partei gründen, SVZ 25, Nr. 105, 5.3.1893, S. 1. Zur Beuthener Versammlung „der Vertrauensmänner" des Zentrums am 23. Mai 1893, die Szmula fallen ließen und den Erzpriester Nerlich als Kandidaten aufstellten, besonders ausführlich SVZ 25, Nr. 232, 24.5; Nr. 233, 25.5; Nr. 235, 26.5., S. 5–6; zur Wahl Nr. 251, 6.6.1893, Morgen-Ausgabe, S. 4, Nr. 271, 17.6., Morgenausgabe, S. 4 („*der von den polnischen Bauern unterstützte Major Szmula"* gewinnt), Nr. 283, 24.6., S. 6 (Szmula, *„der Kandidat des ‚Katholik'"*, erhielt 21.887 Stimmen gegenüber 10.120 für Nerlich).
25) Zu Szmulas Nominierung 1903 s. Sigmund KARSKI, Helmut NEUBACH: Albert (Wojciech) Korfanty. Eine Biographie, Dülmen 1990, S. 90, 92.

beiden Mandate.²⁶ Der „*volksnahe*" Szmula wurde „*der wichtigste parlamentarische Vertreter der oberschlesischen Polen.*"²⁷ 1903 unterlag Szmula in seinem Oppelner Wahlkreis bei der Wahl des Zentrumskandidaten für den preußischen Landtag – wahrscheinlich hatte dabei Felix Porsch die Hand im Spiele –, und damit endete sein Mandat im Abgeordnetenhaus, das ihm wohl immer wichtiger als sein Sitz im Reichstag gewesen war. Der Verlust des Mandats war mehr als eine persönliche Niederlage, er bedeutete auch das Ende der zentrumspolnischen Bewegung. Schon als Szmula 1893 gegen den Vertreter des Zentrums kandidierte, bekam er die Gegnerschaft der Parteiführung, der katholischen Geistlichkeit und der „Schlesischen Volkszeitung", Sprachrohr des schlesischen Zentrums, zu spüren. Die Partei unterstützte wie Szmula das Recht der Oberschlesier auf ihre Religion und ihre Sprache in den Schulen, war aber nicht an der Verbesserung der sozialen Verhältnisse interessiert und stand der polnischen Bewegung ablehnend gegenüber. Die Parteiführung wollte eine Annäherung an die Reichsregierung nicht gefährden, fürchtete wieder in den Verdacht des Vaterlandsverrates zu gelangen und wollte daher demokratischen Elementen oder einer Modernisierung keinen Raum geben.²⁸

26) Als die Wahlmänner des Zentrums eine neue Kandidatur Szmulas für das Abgeordnetenhaus in Beuthen-Kattowitz im September 1893 ablehnten, interpretierte man das in den polnischen Zeitungen Oberschlesiens als einen Schlag ins Gesicht. Eine von der „Gazeta Opolska" einberufene Wählerversammlung am 10. Oktober, in der Szmula enthusiastisch begrüßt wurde, stellte dann diesen als Kandidaten in Oppeln auf gegen die offiziellen Kandidaten des Zentrums, SVZ 25, Nr. 467, 11.10.1893, Morgen-Ausgabe, S. 5. Aus dem komplizierten indirekten Wahlverfahren am 31.10. und 7.11. ging Szmula neben einem der Zentrumskandidaten als Sieger hervor. In den offiziellen Wahlergebnissen zählte Szmula dann zunächst nicht mehr zum Zentrum, sondern zu den „Polen", SVZ 25, Nr. 516, 9.11.1893, Mittags-Ausgabe, S. 1; in einer Danksagung an die Wähler, veröffentlicht in der „Gazeta Opolska", bekannte sich Szmula aber als ein glühender Zentrumsmann und erklärte, er wolle auch weiterhin „*ein Mitglied jenes nicht wankenden Turmes sein*", SVZ 25, Nr. 525, 15.11.1893, Morgen-Ausgabe, S. 5. In der „Neisser Zeitung" wurde damals Szmula als „*der oberste Leiter der polnischen Agitation in Oberschlesien*" bezeichnet, SVZ 25, Nr. 471, 13.10.1893, Morgen-Ausgabe, S. 5. Ebenso reflektierte die „Schlesische Volkszeitung" die Unzufriedenheit des Zentrums mit Szmula, SVZ 25, Nr. 473, 14.10.1893, Morgen-Ausgabe, S. 5. Eine heiße Attacke der Redaktion gegen Szmula am Vorabend der Wahlen zum Abgeordnetenhaus auch in SVZ 25, Nr. 489, 24.10.1893, Morgen-Ausgabe, S. 4.
27) Thomsen (wie Anm. 1), S. 214.
28) Ebd., S. 215f., 220f.; Karl Bachem: Vorgeschichte, Geschichte und Politik der Deutschen Zentrumspartei, zugleich ein Beitrag zur Geschichte der katholischen Be-

Diese Richtung vertrat in Oberschlesien insbesondere Felix Porsch. Eine eigene Polenpartei trat im Regierungsbezirk Oppeln im Jahre 1903 in Erscheinung. Ihr Führer war der Oberschlesier Albert (Wojciech) Korfanty, der als einziger Vertreter der neuen Partei 1903 in den Reichstag gewählt wurde. Eine vertrauliche Erklärung über die künftige Richtung des Zentrums teilte Szmula Korfanty mit, woraufhin Porsch ein internes Verfahren gegen Szmula anstrengte, das allerdings bald eingestellt wurde. Eine nochmalige Kandidatur Szmulas für den Reichtstag kam jetzt nicht mehr in Frage.[29] Szmula, der anscheinend herzkrank war, vollendete sein 77. Lebensjahr, als er 1906 seine zwanzigjährige parlamentarische Laufbahn beendete. Alters- und Gesundheitsüberlegungen allein – er starb zwei Jahre später – hätten wahrscheinlich genügt, ihn von einer nochmaligen Kandidatur Abstand nehmen zu lassen.

Die Positionen, die Szmula einnahm, erscheinen uns heute als maßvoll und im Einklang mit den Nöten und Wünschen seiner Wähler. Als Parlamentarier vertrat er immer oberschlesische Wahlkreise mit einer zum größeren Teil polnischen Bevölkerung. Kein Wunder, daß er als Vorkämpfer für die Rechte der polnischen Oberschlesier auftrat, die er gerade in jenen Jahren durch eine Reihe von Verordnungen der preußischen Regierung und Verwaltung bedroht sah. Schon in seinen ersten Reden im Abgeordnetenhaus, im Winter und Frühjahr 1886, schlug er die Themen an, auf die er bis zu seiner letzten Rede im März 1903 immer wieder zurückkommen sollte. Er fand sich dabei weitgehend in Übereinstimmung mit anderen Zentrumsabgeordneten, vor allem den oberschlesischen, und nicht nur denen, die zum polnischen Flügel des Zentrums gehörten.[30] Als Szmula im Mai 1886 gegen die *„Versuche zur Entnationalisierung"* der polnischen Oberschlesier und die *„gewaltsame Germanisierung"* gesprochen hatte, kam gleich nach ihm der führende Zentrumsabgeordnete Dr. Ludwig Windthorst zu Wort: *„Ich habe die volle Überzeugung, daß das, was der letzte Herr Abgeordnete eben gesprochen hat, erfolgen wird: die Gesetze, die wir machen, werden das Gegenteil bewirken von dem, was sie erstreben, und*

---

wegung sowie zur allgemeinen Geschichte des neueren und neuesten Deutschland 1815–1914, 9 Bde., Köln 1927–1932, Bd. 9, S. 408–410.
29) August Hermann Leuger-Scherzberg: Felix Porsch 1853–1930. Politiker für katholische Interessen in Kaiserreich und Republik, Mainz 1990 (= Veröffentlichungen der Kommission für Zeitgeschichte B, 54), S. 77f., 106f., 122f.
30) *„Die Nachfolger Bismarcks und die Polen"*, SVZ 25, Nr. 193, 29.4.1893, Morgen-Ausgabe, S. 1, kritisiert scharf die Sprachen- und Schulpolitik der Regierung.

sie werden unsere polnischen Mitbürger abwendig gemacht haben im Herzen, und wir werden schwere, schwere Tage erleben und lange Arbeit nötig haben, bis wir sie wiedergewinnen."[31] Die Themen, die Szmula immer wieder berührte, waren die Maßnahmen der Regierung gegen den Gebrauch der polnischen Sprache und im Zusammenhang damit die ganze Schulpolitik in Oberschlesien,[32] die Behandlung der katholischen Kirche und insbesondere der Geistlichen,[33] die Verunglimpfung der Oberschlesier und ihre Behandlung allgemein als Preußen zweiter Klasse[34] und schließlich die Verdächtigung der polnischen Oberschlesier, sie seien nicht ganz loyale

---

31) Abg. 28.5.1886, S. 2418.
32) Die Schönheit des „Wasserpolnischen", die Regierung will den polnischen Regionaldialekt ausrotten, Abg. 23.2.1893 (die Rede druckte die SVZ 25, Nr. 103, 4.3.1893, Morgen-Ausgabe, S. 1–2); 9.3.1896, S. 1195f., ähnlich 4.3.1896, S. 1050; 9.3.1897, S. 1421. „*Es hat ein Untertan das Recht,* [vor Gericht] *in seiner Muttersprache … vernommen zu werden.*", Abg. 25.5.1895; S. 2219, 26.1.1893, S. 578f. Von harmlosen, in polnischer Sprache von Laien aufgeführten Theaterstücken verlangt man gegen das Gesetz erst eine beglaubigte Übersetzung, Abg. 29.3.1898, S. 1941. Versammlungen werden aufgelöst, wenn man polnisch spricht, Abg. 11.2.1897, S. 869f. Die Menschen haben ein göttliches Recht auf ihre Sprache, die Oberschlesier gehörten überdies zu Polen vor der böhmischen Herrschaft, Abg. 18.2.1893, S. 956; 26.1.1893, S. 578. Die nur polnisch sprechenden Kinder sollten nicht von Anfang an auf deutsch unterrichtet werden, Abg. 25.5.1895, S. 2220–2223; auch 18.2.1893, S. 956f. Es ist ungerecht, bei Schulversäumnis sofort mit Geldstrafen und Verhaftung vorzugehen, Abg. 11.3.1901. Aus den Schulen verbannt man das Polnische, indessen wird es in der Kriegsakademie und den schlesischen Regimentern eingeführt, Abg. 26.1.1893, S. 578f.
33) Inhaftierung von Geistlichen, Verdrängung der Orden, der Kanzelparagraph, Abg. 23.3.1903, Sp. 3717, 3723; 4.3.1896, S. 1050; so auch 1.2.1893, S. 954f. Verdrängung der Geistlichen als Schulinspektoren, eine Konsequenz die Verwilderung der Sitten, Abg. 11.3.1901, Sp. 3156; 21.3.1888, S. 1023; 4.3.1896, S. 1052. Zu wenig Geistliche wegen des Kulturkampfes, die Pfarrer werden ausspioniert, die Gendarmen versuchen in den Kneipen, den Umgang der Pfarrer herauszufinden, Abg. 18.2.1893, S. 955.
34) In Oberschlesien gibt es kaum einen polnischen Adel, kaum eine polnische Intelligenz, die Leute sind kleine Landbesitzer oder Arbeiter, die nicht „mucksen" dürfen, wenn sie nicht aus Grube oder Fabrik verjagt werden wollen, Abg. 11.2.1897, S. 869. Die Regierung antwortet nicht auf eine Petition von 53.000 Leuten, behandelt sie als Preußen zweiter Klasse, die Kinder als Heloten, Abg. 28.5.1886, S. 2417. Wenn ein paar Leute eine Ausstellung in Lemberg oder eine Kirche in Krakau besuchen, werden sie sofort als großpolnische Agitatoren gebrandmarkt, Abg. 4.3.1896, S. 1050. Zwei Männer, die in Kattowitz in der Tracht des Sokolvereins erscheinen, werden verhaftet und des Landes verwiesen, Abg. 14.2.1899, S. 392. Unverschämte

Untertanen der preußischen Krone, die mit der Trennung der deutschen Ostprovinzen von Preußen und der Wiedererrichtung eines polnisches Königreiches sympathisierten.[35]

3. „Not und Jammer" in der schlesischen Landwirtschaft

Szmula, der mit vierzig Jahren eine glänzende militärische Karriere aufgab und dann in den Parlamenten den größten industrialisierten Wahlbezirk des deutschen Ostens vertrat, war mit ganzer Seele Landwirt: *„... ich bekenne, daß ich warm an meinem Fache hafte"*,[36] sagte er dem Abgeordnetenhaus einmal. Die Landwirtschaft war für ihn *„das Fundament und die Lebenskraft des Staates".*[37] Als Julius Szmula im preußischen Abgeordnetenhaus saß, bestand die Hälfte der Mitglieder und fast ein Drittel der Zentrumsabgeordneten aus Landwirten.[38] Landwirtschaftliche Probleme kamen häufig zur Sprache. In seinen Reden in Reichs- und Landtag vertrat er nicht nur seine eigenen Interessen und die der anderen Großgrundbesitzer, sondern ganz bewußt auch die der Bauern, einschließlich der Kleinbesitzer. Seine Ausführungen lassen keinen Zweifel, daß er ein hohes Maß an Wissen über die Landwirtschaft besaß, da er ja persönlich jahrzehntelang einen Gutsbetrieb leitete, aber auch auf Grund eines eingehenden Studiums des landwirtschaftlichen Schrifttums, seiner regen Kontakte mit anderen

---

Lügen über die Oberschlesier werden in der Presse verbreitet, Abg. 9.3.896, S. 1194; 4.3.1896, S. 1051f.; 21.2.1893, S. 1008.
35) Die Oberschlesier sind die treuesten und gehorsamsten Untertanen, bereit Gut und Blut für das Vaterland und die Hohenzollern zu opfern, Abg. 13.3.1886, S. 1156. 17 Jahre später: Das oberschlesische polnische Volk „in seiner überwiegenden Mehrheit" hält auch heute noch zum preussischen Staat, ist königstreu trotz der Wunden, welche die Regierung der Religion und Sprache geschlagen hat, Abg. 23.3.1903, Sp. 3717; s.a. Abg. 29.3.1898, S. 1940. Eine großpolnische Bewegung, die den Abfall von der Krone Preussens und die Wiederherstellung des Königreiches Polen zum Ziel hat, „die existiert nicht", Abg. 18.2.1893, S. 957. Die Wiederherstellung eines großpolnischen Staates ist ein Gespenst der Hakatisten, sie wollen damit nur die Regierung zu schärferen Maßnahmen hinreißen, Abg. 23.3.1903, Sp. 717. Wir sind durch Gottes Zulassung Teil des preussischen Staates geworden, Abg. 4.3.1896, S. 1051f. Entrüstet weist er den Vorwurf zurück, er wolle das Land „slawisieren", Rt. 12.6.1900, S. 6031.
36) Abg. 15.2.1893, S. 880.
37) Abg. 20.4.1898, S. 2072.
38) MANN (wie Anm. 16), S. 26.

Landwirten in Vereinen und Versammlungen, seiner Beobachtungen auf Reisen. Obwohl er ansonsten in seinen Ansichten über Politik und Gesellschaft eisern am Alten festhielt, zeigte er sich aufgeschlossen gegenüber wissenschaftlichen und technischen Neuerungen, die der Landwirtschaft zugute kommen konnten.[39] Gutsbesitzer und Bauern wollten die neuen Erkenntnisse der Wissenschaft von der Landwirtschaft anwenden, jeder las Bücher, hielt sich Zeitschriften, gehörte zu einem Verein, *„sucht*[e] *sich fortzubilden"*.[40] Szmula kannte die agrarwissenschaftliche Literatur, erwähnte wichtige Bücher, war an der Gründung des Bundes der Landwirte beteiligt und war Vorsitzender des Vereins der Landwirte in den Kreisen Neisse und Grottkau.[41] Er nahm an den regelmäßigen Versammlungen der Landwirte in Patschkau teil und war einer der Kuratoren der Winterschule in Neisse.[42] Wie gesagt, schien er sich von Leuten mit Dutzenden von Gütern zu distanzieren, er hatte aber eine hohe Vorstellung von der Rolle, die Großgrundbesitzer überhaupt spielten. Seiner Meinung nach

---

39) Institut für das Brennereigewerbe, Abg. 29.3.1887, S. 750f.; meteorologisches Institut, Abg. 26.3.1890, S. 993–995, 997f.; 12.3.1889, S. 989f.; eine staatliche Fischzuchtanstalt, Abg. 7.2.1891, S. 674, 678f.; Förderung der Naturwissenschaften, Abg. 8.3.1894, S. 963f.; Lehrstuhl für Fischzucht, Abg. 4.2.1896, S. 318, 321f., 1.2.1898, S. 310f.; Sternwarte, biologische Anstalt in Helgoland, Abg. 10.3.1896, S. 1252, 1254, 1256f.; ein pomologisches Institut in Niederschlesien, Abg. 30.1.1901, Sp. 838f.
40) Abg. 29.1.1898, S. 243. Zum landwirtschaftlichen Bildungswesen in Schlesien: Wilhelm MAGURA: Geschichte der Landwirtschaft Schlesiens, Hamburg, Berlin 1986 (= Berichte über Landwirtschaft. Zeitschrift für Agrarpolitik und Landwirtschaft 199. Sonderheft), S. 103–111.
41) Abg. 15.2.1901, Sp. 1698 (Bund der Landwirte, gegründet 18.2.1893); 29.1.1889, S. 163 (Vorsitzender eines zwei Kreise umfassenden landwirtschaftlichen Vereins). Szmula bezog sich einmal auf den Agronomen Rosenberg-Lipinski, Abg. 29.1.1898, S. 241. Johann Albrecht von Rosenberg-Lipinski (1797–1881) war Besitzer des Gutes Gutwohne nordöstlich von Oels und verfaßte das zweibändige Werk „Der praktische Ackerbau", 1. Aufl. 1862 (es erschien in sieben Auflagen), ein viel benutztes Lehrbuch der Landwirtschaft; Alfons HAASE: Schlesiens Landwirtschaft, ein Gang durch die Geschichte der schlesischen Landwirtschaft von den ersten Anfängen bis zum Leistungsstand bei Beginn des Zweiten Weltkriegs. Eine agrarhistorische und agrargeographische Darstellung, Wolfenbüttel 1981, S. 154; Wilhelm ZORN: Die Geschichte der Landwirtschaftswissenschaft in Schlesien, Würzburg 1965 (= Beihefte zum JSFWUB 2), S. 16f. Der Premier-Leutnant Georg von Rosenberg-Lipinski war 1850–1856 im Besitz des Gutes Friedewalde, APO, Amtsgericht Grottkau 3336, S. 62f., 1a–10a.
42) Abg. 3.2.1898, S. 344; 31.1.1898, S. 272; 12.3.1889, S. 990.

standen sie zu Unrecht im Verdacht, die kleinen Leute ausbeuten zu wollen. Großgrundbesitzer hätten in Westfalen und Schlesien Bauernvereine ins Leben gerufen, Raiffeisensche Darlehnskassen und Konsumvereine gegründet. Die Bauernvereine brachten den Bauern große Vorteile, z.B. einen Erlaß von mehreren Prozenten bei der Hagel- und Feuerversicherung.[43] Er unterstützte den Zusammenschluß der kleineren Landwirte in Genossenschaften; das schützte sie gegen Betrügereien seitens der Lieferanten von Dünger und Futtermitteln.[44] Vom landwirtschaftlichen Akumen der preußischen Regierungvertreter hielt Szmula nicht viel. Der Landwirtschaftsminister äußere irrige Ansichten von der Landwirtschaft, seine Regierungsräte hätten keine *„blasse Ahnung"* von landwirtschaftlichen Dingen, die Regierung behandle die Landwirtschaft falsch und nähme auf sie zu wenig Rücksicht, bevorzuge die Industrie. Ein Geheimrat und dann sogar der Innenminister persönlich sagten ihm, daß es doch im Winter in der Landwirtschaft nichts zu tun gäbe, der praktische Landwirt Szmula wußte da besser Bescheid.[45] Szmula mußte sich der enormen Fortschritte der deutschen Landwirtschaft in den letzten Jahrzehnten des 19. Jahrhunderts bewußt gewesen sein, aber im Abgeordnetenhaus sprach er in erster Linie davon, wie schlecht es um die schlesische Landwirtschaft stand.[46] Hier war er Pessimist, und die Litanei der landwirtschaftlichen Probleme in seinen Reden nahm kein Ende.[47]

Die Voraussetzungen für die schlesische Landwirtschaft waren Szmulas Meinung nach denkbar ungünstig. Klima, Bodenqualität, Umweltschäden behinderten die Landwirtschaft besonders in Oberschlesien. In Oberschlesien wechselten die Bodenverhältnisse manchmal zehn- oder

---

43) Abg. 21.1.1893, S. 482f.
44) Abg. 26.2.1897, S. 1178.
45) Abg. 25.2.1902, Sp. 2345–2346; ähnlich 29.1.1898, S. 242, 26.1.1902, Sp. 525, 8.2.1899, S. 429, 24.8.1899, S. 3001 (die Industrie bevorzugt), 21.4.1896, S. 1780 (der Westen bevorzugt).
46) Zu den landwirtschaftlichen Verhältnissen in den vier Jahrzehnten, 1871–1909, als Szmula ein Gut bewirtschaftete, s. die oben zitierten Werke von HAASE (wie Anm. 41), S. 193–287, und MAGURA (wie Anm. 40), S. 88–252, über das „Notstandsgebiet" Oberschlesien S. 276–281 mit einer kurzen Zusammenfassung der Notstandslage durch einen Regierungsvertreter im Jahre 1880 S. 277f. Die Probleme der Landwirtschaft in Oberschlesien wurden betont in einem Werk, das ein Jahr nach Szmulas Tod erschien: Anton JELITTO: Geschichte der oberschlesischen Landwirtschaft, Berlin 1910.
47) Abg. 9.2.1899, S. 430.

zwanzigmal in einem Kreise, das Klima sei rauher als in Niederschlesien, Obstbäume, die um Trebnitz gediehen, könnten der Kälte in Oberschlesien nicht widerstehen.[48] Überhaupt seien Erde, Luft und Klima Schlesiens jetzt – er sagte das 1896 – neuen Gefahren ausgesetzt. *„Eine ganz gewaltige Entwaldung"* hätte in den letzten Jahrzehnten im schlesischen Gebirge, von der Tafelfichte bis zu den Quellen der Oppa, stattgefunden. Die Habelschwerdter Kämme, vor zwanzig Jahren noch ganz bewaldet, seien jetzt kahl. Die kleineren Besitzer holzten den Wald ab, ohne sich um die Konsequenzen, wie Dürre, Überschwemmungen, Verschlechterung des Klimas, Schäden für die Allgemeinheit zu kümmern.

Weil die landwirtschaftliche Kultivierung dieser hochgelegenen Landstriche zu schwierig war, wandelten sie sich schnell zu Wüstungen. Glücklicherweise war viel Wald im Besitz des Staates oder in den Händen größerer Grundbesitzer. Große Komplexe sollten zusammengekauft und aufgeforstet werden in Anlehnung an schon bestehende Wälder.[49] Die *„unangenehmen rauhen Ostwinde"*, die manchmal die Kartoffeln in den Mieten auf der Ostseite erfrieren ließen, seien noch schärfer geworden, seit in Rußland *„überall die Axt an die großen Wälder gelegt worden"* war, während niemand an Aufforstung dächte.

Einige Kreise in Schlesien seien jetzt sehr niederschlagsarm, daher sei eine Wiederbelebung der Teichwirtschaft notwendig, was vielleicht zu einem feuchteren Klima führen könnte.[50] Das *„Zerwühlen der Erde in Oberschlesien"* verschlechtere die Wasserverhältnisse, im Industriegebiet zögen die Bergwerke und Hütten, vor allem die Zinkhütten, mit ihrem Rauch und ihren Gasen, die Landwirtschaft in Mitleidenschaft.[51]

Szmula betrachtete als eine wesentliche Ursache der Probleme in der Landwirtschaft die niedrigen Preise für landwirtschaftliche Erzeugnisse, insbesondere die niedrigen Getreidepreise, die niedrigsten seit 100 Jahren als Folge der Überschwemmung des Marktes mit Einfuhren aus den USA und Argentinien. Die kleinen Leute in seiner Gegend verkauften das Getreide unter dem Selbstkostenpreis, und der Anbau von Rüben sei das einzige, was ihnen etwas einbrächte.[52] In der Wirtschaft vertrat Szmula

---

48) Abg. 30.1.1901, Sp. 839.
49) Abg. 8.2.1896, S. 417, 4.2.1896 , S. 321.
50) Abg. 4.2.1896, S. 321, 21.1.1893, S. 485f.
51) Abg. 17.3.1890, S. 766, 18.3.1892, S. 998, 6.3.1893, S. 1388, 31.1.1898, S. 273; 30.1.1889, S. 185.
52) Rt. 17.5.1895, S. 2330f. Von den USA, Argentinien, Rußland drohende Gefahren, Abg. 26.1.1900, Sp. 522–524.

einen Autarkismus; man müßte so weit wie möglich dafür sorgen, daß das Geld im Lande bliebe.[53] Zollerhöhungen würden eine gewisse Hilfe darstellen, und er befürwortete sie bei Roggen, Weizen, Gerste und Hafer, glaubte aber, *„die Zölle allein werden uns nicht glücklich machen".*[54] Die Preise für Vieh wären ebenfalls niedrig. Die Rindviehzucht sei auf vielen größeren Gütern unrentabel.[55] Es wäre viel besser gewesen, auf den leichteren Böden der Schafzucht nachzugehen und die Rinderzucht auf die besseren Böden zu beschränken mit sicherem Graswuchs und Kleeanbau. Die schlesische Schafzucht sei aber heruntergekommen. Früher hätte man in Schlesien Millionen für Wolle eingenommen. Schafe bräuchten große Weideflächen, wären aber auch mit sandigeren Böden zufrieden. Man sollte den Körnerbau beschränken und einen Wollzoll einführen. Was schuldete man schon den großen Einfuhrländern Amerika, Argentinien oder Australien? Zwischen 1894 und 1896 hätte sich die Tierseuche auf das Fünf- oder Sechsfache erhöht; Vieh würde eingeschmuggelt aus Rußland und Österreich, davon zum Teil krankes.[56]

Immer wieder erinnerte Szmula im Abgeordnetenhaus daran, wie viel Not und Armut auf dem Lande herrsche. Das Land der kleinen Besitzer sei zersplittert; häufig bestünde der Besitz eines Bauern aus 10 bis 15 Parzellen.[57] Das Steueraufkommen auf dem Lande sei niedrig, *„ein Beweis von der Bedürftigkeit der Landwirtschaft."* Man fände ganze Dörfer, in denen die Leute ein Einkommen von nicht mehr als 900 Mark hätten und erschöpft wären von schlechten Ernten, hohen Kommunallasten, den Kosten des Wegebaus.[58] Wenn die Ernte schlecht wäre, wie 1891, äße kaum ein schlesischer Bauer Roggenbrot, bestenfalls Gerstenbrot. Die kleinen Leute rackerten sich ab, um auf ihrer Scholle bleiben zu können, würden von Kraut und Kartoffeln leben, gingen hungrig zu Bett.[59] Die Landbewohner bräuchten die Waldstreu als Viehstreu und Dünger, aber auch um ihre Wohnungen im Winter gegen die Kälte zu schützen. Jetzt kämen ganze

---

53) Abg. 8.5.1895, S. 1981. Englische Kohle gelangte bis nach Berlin, englisches Eisen bis nach Oberschlesien.
54) Abg. 15.2.1901, Sp. 1698.
55) Abg. 29.4.1898, S. 2254, 26.2.1897, S. 1178.
56) Rt. 13.3.1895, S. 1453; Abg. 26.2.1897, S. 1177f.; 29.4.1898, S. 2254; 24.8.1899, S. 3001.
57) Abg. 29.1.1898, S. 241.
58) Abg. 29.1.1901, Sp. 791.
59) Abg. 21.1.1893, S. 485.

Dörfer in den Ruf, von Dieben bewohnt zu sein, da so viele, die sich in ihrer Not zu Waldstreu verhalfen, zu Geldstrafen oder Gefängnis verurteilt würden.[60] In einem Dorf hätten in vierzehn Jahren siebzehn kleinere Grundbesitzer Bankrott gemacht. Besitzer sänken zu Landarbeitern herab, fristeten mit ihren Kindern ein kümmerliches Dasein.[61] Bauernsöhne würden jetzt lieber Handwerker oder Lehrer, Bauerntöchter wollten keinen Bauern heiraten, lieber noch einen Briefträger, selbst größere Bauern lösten deshalb ihre Wirtschaften auf.[62] Auch die Großgrundbesitzer verschone die landwirtschaftliche Misere nicht, mancher müsse liquidieren wie kürzlich in seiner Nähe einer mit einem Gut von 2.500 Morgen und ein anderer mit zwei Gütern von je 4.000 Morgen.[63] Eine Reihe von Brennereien in seiner Umgebung seien bankrott gegangen; diese Industrie befände sich in übler Verfassung, weil man angesichts der niedrigen Getreidepreise zu viel Kartoffeln anbaue und daraus Schnaps brenne. Im Gebiete Neisse-Grottkau habe es bis vor fünfzehn Jahren elf Brennereien gegeben, jetzt nur noch fünf.[64] Die mit der Landwirtschaft so eng verbundene Zuckerindustrie würde mit dem Tode ringen, und mit der Zuckerindustrie ginge die Landwirtschaft herunter. Auf den erst mit Zuckerrüben bepflanzten Flächen baue man dann Getreide an, was zu einer noch größeren Getreideproduktion und einem weiteren Rückgang der Preise führe.[65] Szmula beklagte auch die

---

60) Abg. 26.1.1893, S. 583; 14.3.1895, S. 1406–1408; 8.3.1897, S. 1374; 12.2. 1898, S. 604–606; 26.1.1903, Sp. 346.
61) Abg. 29.1.1889, S. 163: *„Ich kann ein Dorf nennen mit 700 Einwohnern, wo in den letzten Jahren 27 Leute bankrott geworden sind; Leute, die 40, 30, 20 Morgen hatten, sind heute Proletarier."*, Abg. 18.2.1898, S. 782.
62) Abg. 29.1.1898, S. 244.
63) Abg. 15.5.1899, 2153f.
64) Zum ersten Male ergriff Szmula das Wort zu einer längeren Rede im Reichstag bei der Debatte über die Branntweinsteuer, Rt. 11.5.1887, S. 545–548; s.a. Rt. 9.12.1889, S. 791–793, Abg. 21.1.1893, S. 483f.; 26.2.1897, S. 1177; über stillgelegte Brennereien in seiner unmittelbaren Umgebung, Rt. 27.4.1895, S. 1937. Szmulas Brennerei war eine landwirtschaftliche, nicht eine kommerzielle, d.h. man brannte nur die eigenen Kartoffeln. Szmula trat für die Erhöhung des Kontingents der zu kurz Gekommenen ein, Abg. 26.2.1897, S. 1177; 29.1.1898, S. 241. Magura (wie Anm. 40), S. 203–205. Zur Szmula-Brennerei bis 1945, Bundesarchiv Bayreuth Lastenausgleichs-Akte 14000092 (Szmula Erica), S. 17.
65) Abg. 8.5.1895, S. 1982; Rt. 17.5.1895, S. 2331, 10.6.1902, S. 5540f. Von den 38 schlesischen Zuckerfabriken vor dem Ersten Weltkrieg war die 1880 in Ottmachau gegründete die einzige in Szmulas näherer Umgebung, vgl. Horst-Dieter Loebner (Hg.): Die schlesische Rübenzuckerfabrikation. Zuckerrübenfabriken und

Verwilderung der Sitten auf dem Lande, was er auf die üblen Schulverhältnisse und die Verfolgung der Geistlichen im Kulturkampf zurückführte. Er nahm eine *„Verrohung der Leute"* wahr, *„namentlich bei den unverheirateten Knechten der Bauern."*[66] Seine Kollegen und die Vertreter der Regierung versuchte er zu überzeugen, daß die ländlichen Gemeinden dringend der Erleichterung ihres Loses durch staatliche Intervention bedürften. Die Amtsboten in den Dörfern würden eine bessere Besoldung verdienen, die Amtsvorsteher sollten Portofreiheit genießen, Leute, die nur für den eigenen Bedarf schlachteten, sollten von der Fleischbeschau ausgenommen sein, das Los der Nachwächter wäre zu verbessern.[67] Wegen des großen Wildschadens sei es notwendig, die großen Staatsforsten im Oppelner Gebiet einzuzäunen.[68] Erlaubte man den kleinen Besitzern, am Rande der staatlichen Domänen angrenzendes Domänenland zu kaufen, dann würden sie *„mit Lust und Liebe an der Scholle haften"*, keine *„fliegende Bevölkerung"* werden und in die Fabriken und Bergwerke am Rhein flüchten.[69] Seine Verbesserungsvorschläge wollte er aus der Staatskasse finanziert sehen, ein Leichtes *„bei den Unsummen, die wir haben, bei dem Gelde, in dem wir schwimmen, wie es ja vom Ministertische heißt."*[70]

Szmulas Bewirtschaftung seiner 326 Hektar von nur durchschnittlicher Bodenqualität in einem ganz dem Ackerbau gewidmeten Teile Oberschlesiens ließ ihn am eigenen Leibe die Probleme der schlesischen Landwirtschaft erfahren, die er dann immer wieder seinen Kollegen, der Regierung und der Öffentlichkeit unterbreitete. Nur gelegentlich gab es Andeutungen in seinen Jeremiaden vor Reichs- und Landtag, daß die Landwirtschaft, und insbesondere die deutsche einschließlich der schlesischen, in den Jahrzehnten seiner Gutsherrschaft gewaltige Fortschritte gemacht, eine große Leistungssteigerung erfahren habe, auf Grund einer

---

Zuckerindustrie Schlesiens, St. Katharinen 2005 (= Beihefte zum JSFWUB 14), S. 186–190. Zu den Zuckerkrisen in den 1880er und 1890er Jahren s. Gerhard WEBERSINN: Die schlesische Zuckerindustrie, in: Ebd., S. 317–402 [Wiederabdruck aus JSFWUB 18 (1973), S. 140–211], hier S. 377–381.
66) Abg. 14.2.1899, S. 590f.
67) Ebd., S. 591.
68) Abg. 8.3.1897, S. 1374; 26.1.1903, Sp. 346–348; 12.2.1898, S. 605; 8.3.1897, S. 1374f.; 8.2.1896, S. 399f. Bienenzüchtern sollte es erlaubt sein, ihre Stöcke in Wäldern aufzustellen, wie in der Lüneburger Heide.
69) Abg. 14.3.1896, S. 1378; 8.3.1897, S. 1371; 31.1.1898, S. 273; 3.2.1898, S. 345.
70) Abg. 14.2.1899, S. 590f.

erweiterten und besser genutzten Anbaufläche, der Ertragssteigerung durch die Anwendung künstlicher Düngemittel, einer wissenschaftlich fundierten Tier- und Pflanzenzucht, der Entwicklung einer Landmaschinenindustrie und der Verbesserung des Verkehrswesens durch Eisenbahn und Straßenbau.[71] Die Schwierigkeiten, von denen er sprach, waren aber ganz reale, die Schattenseiten des Fortschritts in der Landwirtschaft, der Industrialisierung Deutschlands und der Eingliederung der deutschen Wirtschaft in die Weltwirtschaft. Überdies waren die 1890er Jahre, aus denen die Mehrzahl seiner Kommentare zur Landwirtschaft datieren, tatsächlich eine Zeit der Krise für die Landwirtschaft. Auf die Getreideschutzpolitik unter Bismarck folgten die Eliminierung des Getreideschutzzolls und eine Periode des Freihandels, die Getreideimporte begünstigten. Daraufhin sanken die Getreidepreise, mit den Getreidepreisen fielen die Bodenwerte, kam es zu Verschuldungen von Bauern und Gutsherren und zahlreichen Zwangsversteigerungen auf dem Lande. Die Krise wurde erst mit dem Getreideeinfuhrschein 1894 und dem neuen Zolltariff 1902 überwunden.[72] Szmulas Lamentationen über den traurigen Zustand der schlesischen Landwirtschaft waren durchaus nicht außergewöhnlich. Sicherlich haftet ihnen etwas an von der angeborenen Skepsis und dem Mißtrauen des Landmanns, der sein Wohlergehen von den Launen der Witterung und dem Auf und Ab des Marktes abhängig weiß. Auch ließ ihn der geringe Umfang seines Besitzes vielleicht besonders empfindlich reagieren, wenn die Branntweinpreise heruntergingen, das Korn unter dem Erzeugerpreise verkauft werden mußte oder ein paar hundert Saatkrähen die Körner in seiner Feldscheune auffraßen.[73] Seine Stimme war aber nur eine unter anderen, welche die Öffentlichkeit und die Regierungen auf die Nöte der schlesischen Bauern und Gutsbesitzer aufmerksam machen wollten und damit auch den *„Selbstbehauptungswillen"* der Landwirtschaft

---

71) Heinz HAUSHOFER: Die deutsche Landwirtschaft im technischen Zeitalter, Stuttgart ²1972, S. 126–224. Mit dem Getreideeinfuhrschein (1894) und dem neuen Zolltarif (1902) blühte die deutsche Landwirtschaft in den Jahren vor dem Ersten Weltkrieg, besaß jetzt *„einen Produktionsapparat wie nie zuvor und wie kein anderes europäisches Land"* (ebd., S. 222); HAASE (wie Anm. 41), S. 222–252.
72) HAASE (wie Anm. 41), S. 256–258; Karl RITTER: „Getreidezölle", „Getreidepreise", in: Handwörterbuch der Staatswissenschaften 4, Jena ⁴1927, S. 960 und 899, 903.
73) Abg. 12.2.1898, S. 605f. (Der Minister soll den Förstern das Abschießen der Saatkrähen nahelegen).

demonstrierten.[74] Die Notstandslage insbesondere der oberschlesischen Landwirtschaft und deren Ursachen und die Notwendigkeit staatlicher Hilfe hatte man schon lange erkannt.[75] Szmulas Fraktionskollege Freiherr Carl von Hoiningen-Huene, der *„schlesische Bauernkönig"*, Gutsbesitzer im nur acht km von Szmulas Gut entfernten Groß-Mahlendorf, gründete 1881 den Schlesischen Bauernverein, der sich u.a. mit der Kreditnot in der Landwirtschaft befaßte.[76] Was Szmula von anderen unterschied, war eher, daß er die Malaise der schlesischen Landwirtschaft ganz persönlich empfand und sie mit fast ermüdender Häufigkeit vom Rednerpult des Abgeordnetenhauses aus anprangerte.

4. Die „landwirtschaftliche Arbeiterkalamität"

Als das größte Problem des schlesischen Landwirts betrachtete Szmula den Mangel an landwirtschaftlichen Hilfskräften.[77] So groß sei der Gesinde- und Arbeitermangel, klagte er im Januar 1898, *„daß einer dem anderen die Leute wegzukapern sucht."*[78] Hier sah er dann seine Lebensaufgabe, nämlich

74) Der schlesische Gutspächter Alfred Ruprecht-Ransern rief in der Fachzeitschrift „Landwirtschaftliche Viehzucht" (Bunzlau; 31.12.1892) zur Bildung einer Agrarier-Partei auf; vgl. HAASE (wie Anm. 41), S. 256.
75) S. oben Anm. 46; MAGURA (wie Anm. 40), S. 277f., ein Regierungsvertreter über die Ursachen der oberschlesischen Probleme vor dem Zentralkollegium der landwirtschaftlichen Vereine März 1880.
76) Gerhard WEBERSINN: Carl Freiherr von Hoiningen gen. Huene, der schlesische Bauernkönig, in: JSFWUB 17 (1972), S. 143–188, hier 169–176. Der Verein hatte seinen Sitz bis 1905 in Neisse, seine Zeitschrift war „Der Schlesische Bauer"; vgl. Der Schlesische Bauernverein und sein Wirken, in: Dr. [Albert] FRANKE u.a. (Hg.): Neisse mit Anhang Stadt und Bad Ziegenhals, Berlin-Friedenau 1925 (= Monographien deutscher Städte 14), S. 234f. Zur Beziehung der Familien Szmula und Huene s. oben Anm. 7.
77) Szmula befaßte sich 23mal mit dem Mangel an Landarbeitern und Gesinde, mit einer Ausnahme, nur im Abgeordnetenhaus: Rt. 12.6.1900, S. 6031f.; Abg. 16.3.1891, S. 1495; 15.2.1893, S. 880; 9.3.1893, S. 1483f.; 26.2.1897, S. 1178f.; 29.1.1898, S. 240f.; 31.1.1898, S. 271–273; 18.2.1898, S. 779–781; 29.3.1898, S. 1937–1941; 20.4.1898, S. 2069–2073, 2101; 21.4.1898, S. 2110–2113, 2130; 9.2.1899, S. 429–432; 14.2.1899, S. 590; 15.5.1899, S. 2152–2154; 24.8.1899, S. 3001, 3005; 26.1.1900, Sp. 525; 15.2.1900, Sp. 1495–1499; 16.5.1900, Sp. 4356–4359; 29.1.1901, Sp. 790–793; 15.2.1901, Sp. 1691, 1695–1698; 25.2.1902, Sp. 2344–2353; 24.4.1902, Sp. 4848–4854, 4860, 4865; 23.3.1903, Sp. 3748.
78) Abg. 29.1.1898, S. 241.

bei der landwirtschaftlichen Arbeiterkalamität, *„für die Landwirtschaft zu tun, was überhaupt möglich ist"*, denn er kannte *„die Misere, die in der Landwirtschaft herrscht, durch und durch"*, wußte, *„wo die Landwirtschaft der Schuh drückt"*.[79] Seinen Kollegen demonstrierte er den Arbeitermangel an Beispielen aus seiner näherer Umgebung.[80] Wenn ein Bauer nicht mehrere Kinder hätte, sei er nicht mehr im Stande, seine Felder zu bestellen.[81] In manchen Dörfern fände nur jeder zehnte Bauer eine Magd. Die Gesinde- und Landarbeitervermittler trieben auch keine Leute auf, die „Vermietfrau" in Grottkau habe für 20 offene Stellen nur einen einzigen Knecht gefunden. Die Kriegervereine des Neisser Kreises bäten das dortige Bezirkskommando, ihnen jene Reservisten zu nennen, die nach abgeleistetem Dienst in die Dörfer zurückkehren würden; kein einziger hätte sich gemeldet. Es helfe auch nicht, höhere Löhne zu zahlen; im Kreise Grottkau könne man auch *„für das schwerste Geld"* weder Knecht noch Magd bekommen.[82] Der Mangel an Knechten und Mägden mache es dann manchem Eigentümer praktisch unmöglich, die Wirtschaft weiterzuführen.[83] Leute im Dorf zu engagieren, sei auch keine rechte Lösung für den Gutsbesitzer; man könne sich auf die Leute nicht verlassen.[84] Dabei sei der Mangel an Dienstboten ein größeres Problem als der an Tagelöhnern. Die letzteren stünden sich besser, sie könnten weggehen, wenn ihnen die Arbeit nicht mehr gefalle. Die festangestellten Dienstboten unterlägen der Gesindeordnung und dürften nicht jeden Augenblick den Dienst und Ort wechseln. *„Also diese Leute sind zum Teil gar nicht mehr zu bekommen."* Selbst wenn man Saisonarbeiter aus dem österreichischen oder russischen Teil Polens von März bis Dezember einstellte, wäre das Dienstbotenproblem nicht gelöst.[85] Die Gutsbesitzer seien bei der Suche nach Gesinde immerhin in einer besseren Position als die Bauern, da sie unverheiratete Mägde, die Kinder hatten,

---

79) Rt. 12.6.1900, S. 6031. Das Problem der Landarbeiter- und Gesindefrage würde ihn veranlassen, gegen die Flotte zu stimmen, ebd. S. 6032. Vorher hatte er *für* die Flotte gestimmt, Abg. 21.4.1898, S. 2112; 29.3.1898, S. 1939.
80) Abg. 29.1.1898, S. 240–244; Abg. 20.4.1898, S. 2070f.
81) Abg. 29.3.1898, S. 1939.
82) Abg. 9.2.1899, S. 430; 25.2.1902, Sp. 2346; 29.3.1898, S. 1940; 15.5.1899, S. 2152. Einige Gutsbesitzer gaben zu, polnische Saisonarbeiter den einheimischen vorzuziehen, sie waren gefügiger, billiger und stellten weniger Ansprüche, NICHTWEISS (wie Anm. 1), S. 234f.
83) Abg. 20.4.1898, S. 2073, mit noch weiteren Fällen aus seinem Dorfe.
84) Abg. 25.2.1902, Sp. 2346f.
85) Abg. 30.4.1898, S. 2070; 21.4.1898, S. 2113; 9.2.1899, S. 430.

engagieren könnten. Viele Dominien beschäftigten überhaupt nur Mägde mit Kindern. Einmal hätten auf seinem Gutshof vier Mägde mit zusammen sieben Kindern gedient. Der Bauer dagegen wolle von Dienstleuten mit Kindern nichts wissen, *"denn die würden bei ihm mit aus der Schüssel essen."* Auf den Dominien hätten solche Frauen Wohnungen und Naturallohn, so daß sie in der Lage wären, auch ihren Kindern eine Unterkunft zu bieten und sie zu ernähren.[86] Auf die Behauptung, auf dem Land zahle man Hungerlöhne, entgegnete Szmula, daß in einzelnen industrielosen Gebieten Oberschlesiens *"die baren Löhne nicht so groß sind, so sind die in Naturalien ganz bedeutend."*[87] Die Wohnverhältnisse der Landarbeiter auf

---

86) Abg. 26.2.1897, S. 1178.

87) Auf seinem eigenen Gut von 1300 Morgen bestand um 1900 das Gesinde aus 15 Männern, 4 Mägden für den Kuhstall und den Ehefrauen der Knechte. Unter den Männern waren zwei Schaffer, ein Kutscher, ein Schäfer, ein Scheuerwirt und zehn Knechte. Dazu hatte er um diese Zeit acht galizische Saisonarbeiter, obwohl sich deren Zahl auch einmal bis auf 16 erhöhte. Szmula stellte eine detaillierte „Nachweisung über Lohn und Deputat des Gesindes auf Dominium Friedewalde" für den Landrat zusammen, APO, Landratsamt Grottkau 118, S. 91. Die Löhne für die Galizier waren, verglichen mit jenen für einheimische Arbeiter im Jahre 1907, respektabel, vgl. NICHTWEISS (wie Anm. 1), S. 251f. Szmula beschrieb den Reichtstagsabgeordneten das Arbeitspensum seiner Leute: Der 11-Stunden Tag (mit 3 Pausen), die 6-Tage Woche und 300 Arbeitstage im Jahr waren die Norm, Rt. 27.4.1895, S. 1938; zu den 300 Arbeitstagen im Jahr auch Abg. 15.2.1901, Sp. 1658. Der Grottkauer Landrat Thilo, mit dem Szmula nicht auf bestem Fuß stand, und ein Neisser Arbeiter, der sich die Mühe machte, einen Brief an den Landwirtschaftsminister zu schreiben, sagten Szmula schlechte Bezahlung – und Behandlung – seiner Leute nach. Landrat Thilo schrieb an den Regierungspräsidenten Friedrich Ludwig Elias von Moltke (Februar 1898–5.4.1900) auf ein Gesuch Szmulas hin, die polnischen Arbeiter über den 1. Dezember hinaus beschäftigen zu dürfen, das auch der Gutsbesitzer von Würben unterzeichnet hatte: *"Nicht unerwähnt will ich lassen, daß in beiden Fällen die Gutsherren zum Theil den Arbeitermangel auf ihrer Besitzung verschulden. Schlechte Behandlung, bei Szmula auch unzureichende Löhne, haben beide in einen Ruf gebracht, der einheimisches Gesinde wie Arbeiter abhält, bei ihnen in ein Dienstverhältnis zu treten",* APO, Landratsamt Grottkau 118, 13.11.1899. Ein Arbeiter aus Neisse, der Leute aus Szmulas Dorf zu kennen vorgab, schickte dem Landwirtschaftsminister Freiherrn von Hammerstein im Mai 1898 einen sarkastischen anonymen Brief, dessen Anlaß die Berichte in der „Neisser Zeitung" über Szmulas Ausführungen im Abgeordnetenhaus zu Arbeiter- und Gesindemangel am 18.2. und 20.4.1898 waren. Er bezeichnete Szmulas Klagen über Arbeiter- und Gesindemangel im *"übervölkerten Schlesien"* als zum Lachen; Szmula *"und Genossen"* zahlten den Arbeitern 2 bis 3 Böhmen, dem Gesinde 6 bis 8 Taler, und wem es nicht behage, der würde geschlagen: *"Das sind nach Szmula und Genossen die billigsten Löhne, Stock und*

den Domänen- und Rittergütern seien nach Szmulas Meinung im großen ganzen gut, die Leute hätten *„leidliche Wohnungen"* und lebten immer in frischer Luft.[88]

Wie Szmula nur zu gut wußte, waren Industrialisierung und Urbanisierung in erster Linie verantwortlich für den Mangel an Landarbeitern im Deutschen Reich während der letzten Jahrzehnte des 19. Jahrhunderts. Und das Problem bestand nicht nur in Schlesien und den anderen Provinzen des Ostens, sondern im ganzen Reich, wie nicht zuletzt die Reden seiner Kollegen im preußischen Abgeordnetenhaus bezeugen. Auch auf dem Lande fanden die Leute Möglichkeiten, sich ein Auskommen in der Industrie zu schaffen, gewöhnlich unter viel leichteren Arbeitsbedingungen als in der Landwirtschaft. Die auf den Dörfern Verbliebenen zogen die Arbeit in der Industrie vor; im Neisser Kreis wurden 80 % der Handschuhe in Deutschland produziert, weitgehend von Frauen in Heimarbeit. *„In Neustadt ist die große Damastwarenfabrik von Fränkel, welche 6000 Mädchen beschäftigt; da ist in der ganzen Umgegend keine Magd, kein Dienstmädchen zu bekommen."*[89] *„Die Leute, die einmal in der Fabrik arbeiten, […] sind fürs Land vollständig verloren"*, der größte Teil ziehe in die Städte, *„weil sie dort größere Annehmlichkeiten und Vergnügungen finden […]"*. Sogar den Fabriken auf dem Lande würden die Arbeiter fehlen, *„weil die Leute sich*

Peitsche, wer sich daran nicht versteht, kann bei Szmula kein Geschäft machen." Szmula und seinesgleichen, im Gegensatz zu den Großindustriellen, sagte der Brief weiter, bauten keine Arbeiterwohnungen, wären überhaupt gegen Armenunterstützung auf dem Dorf. Ein Hinweis auf dieses Schreiben bei Nichtweiss (wie Anm. 1), S. 56 Anm. 112. Der Volltext wurde eingesehen, als ein Zeugnis für Szmulas Einstellungen möchte man den Brief mit Vorsicht behandeln; in einer Akte „Arbeitermangel. Beschäftigung ausländischer Arbeiter, 1898–1902", jetzt GStA PK, I. HA Rep. 87 Ministerium für Landwirtschaft, Domänen und Forsten, Abt. B Nr. 251, S. 3f. Im Wahlkampf im Herbst 1893 warfen ihm seine Gegner schroffe Behandlung seiner Untergebenen vor, was Szmula nicht leugnete, aber als gelegentlich notwendig hinstellte, SVZ 25, Nr. 473, 14.10.1893, Morgen-Ausgabe, S. 5. Vage Erinnerungen im Dorf Friedewalde an den „alten Szmula", der vom Pferd und mit der Peitsche in der Hand die „Hofeleute" schikanierte oder einen bäuerlichen Nachbarn böse anfuhr, wenn dessen Gespann über einen Fußbreit Gutsacker rollte, bezogen sich wahrscheinlich auf den 1932 verstorbenen Sohn Stanislaus, mündliche Mitteilung von Anna Dienst geb. Langer, Jahrgang 1923, 13.12.2010; über das Schicksal des Stanislaus Szmula s. oben Anm.7.
88) Abg. 30.1.1899, S. 213; 29.1.1898, S. 243; 16.5.1900, Sp. 4358f.; 21.4.1898, S. 2111; 9.2.1899, S. 432; Rt. 27.4.1895, S. 1939.
89) Abg. 15.5.1899, S. 2153f.; 21.4.1898, S. 213.

auf dem Lande langweilen [...]."[90] Aus den Fabrikstädten aufs Land zurückkehrende Arbeiter brächten sozialdemokratische Ideen mit. Überdies hätten die Männer oft Frauen aus der Stadt geheiratet. Wie könnte so eine Frau, die niemals eine Mistgabel in der Hand gehabt hatte, den Dünger aufladen, *„der Geruch ist ihr schon höchst unangenehm."*[91] Dazu gäbe es eine ständige Abwanderung von Arbeitern aus den östlichen Provinzen nach dem Westen des Reiches, wo das Klima besser, die Kultur älter, der Reichtum größer sei.[92] Nach dem Westen wollten nicht nur die deutschen Arbeiter in Industrie und Landwirtschaft, sondern auch die Polen, die arbeitsuchend in die östlichen Provinzen des Reiches kämen. *„Meine Herren, die Sachsengängerei speziell aus Schlesien und Polen hat kolossale Dimensionen angenommen."*[93] Die Leute wollten auch in den Westen gehen, um ein freieres, ungebundenes Leben zu führen, mit ihren Geliebten zu leben; viele Mädchen kämen mit unehelichen Kindern zurück.[94] Knechte und Mägde akzeptierten das Dienstgeld, kämen dann aber nicht zur Arbeit; im Kreise Neisse hätten 180 Leute das getan. Das alte Gesetz von 1854 belege solchen Kontraktbruch mit Geldstrafe oder sogar Gefängnis. Leider bestünden die Gerichte darauf, daß ein schriftlicher Vertrag vorliegt. Eine strengere Interpretation des Gesetzes sei notwendig, auch eine Bestrafung der Arbeitgeber, die Kontraktbrüchige beschäftigten.[95] Während die Bevölkerung Deutschlands jährlich um eine halbe Million zunähme (und auch die Bevölkerung im oberschlesischen Industriebezirk ein beträchtliches Anwachsen zeige), verlören einige Kreise an Einwohnerschaft, so auch der Kreis Grottkau. Bei der Musterung im Kreise Frankenstein habe sich herausgestellt, daß von 1.576 Verpflichteten 571 irgendwo anders in Deutschland lebten. Das platte Land entvölkere sich.[96]

---

90) Abg. 16.5.1900, Sp. 4358f. Der „Wanderungsverlust" für Schlesien in den drei Jahrzehnten von 1880 bis 1910 belief sich auf 490.000, s. die Tabelle für die einzelnen Jahrzehnte bei HAASE (wie Anm. 41), S. 221.
91) Abg. 25.2.1902, Sp. 2345.
92) Abg. 15.2.1900, Sp. 1496.
93) Abg. 20.4.1898, S. 2070.
94) Abg. 9.2.1899, S. 432.
95) Abg. 14.2.1899, S. 592; 1.5.1899, S. 2016, 16.5.1900, Sp. 4356–4358.
96) Abg. 29.1.1898, S. 241f. Die Bevölkerung im Regierungsbezirk Oppeln wuchs von 1886 bis 1891 um 80.555 auf 1.577.731 Personen, in vier ackerbaubetreibenden Kreisen einschließlich Grottkau gingen die Einwohnerzahlen jedoch zurück, SVZ 25, Nr. 463, 8.10.1893, S. 5.

Die *"landwirtschaftliche Arbeiterkalamität"* führte Szmula wie andere wenigstens zum Teil auf die *"bedingungslose Freizügigkeit"* zurück, die erst in die Verfassung des Norddeutschen Bundes und dann in die Reichsverfassung aufgenommen worden war. Handel und Industrie nach dem Kriege von 1870/71 entwickelten sich unter dem Einfluß des *"Milliardensegens"* (der französischen Reparationen) und zogen die Arbeiter in die Städte. Szmula war kein *"Freund der Freizügigkeit"*, sagte er einmal, seine grundkonservative Gesinnung bestätigend.[97] Auch die Vergrößerung der Armee um 20.000 und der Flotte um 8.000 Mann hatten zum Arbeitermangel auf dem Lande beigetragen, und schließlich auch die Ausweisung von 30.000 bis 40.000 Einwanderern aus dem russischen und österreichischen Polen.[98] Die Einführung der Invalidenrente verschärfte den Arbeitskräftemangel. Mit der Hilfe von Agenten und anderen Ratgebern gelang es den Leuten verhältnismäßig leicht, in den Genuß der Invalidenrente zu kommen. Solche Rentenempfänger hätten gern weitergearbeitet, durften aber nach dem Gesetz nur ein Drittel ihrer früheren Bezüge verdienen. *"Diese Invalidenrentner werden Spaziergänger, gehen in den Dörfern nichtstuend herum; wenn ihre Zahl noch wachsen wird, werden die Gemeinden vielleicht noch verpflichtet werden, allerlei Annehmlichkeiten, irgendwelche Einrichtungen zur Unterhaltung für die Leute zu treffen, weil die Leute nicht arbeiten können und dürfen."*[99]

Während Bauern und große Besitzer seit Jahrhunderten ihre Wirtschaften mit der Hilfe von Gesinde betrieben, entstand eine Klasse der landwirtschaftlichen Lohnarbeiter erst als Folge der Bauernbefreiung und der agrargesetzlichen Reformen in der ersten Hälfte des 19. Jahrhunderts, welche dem Grundherrn geschuldete Dienste und Abgaben der Bauern ablösten. Damit verschwanden in Schlesien auch die Dresch- und Robotgärtner, bäuerliche Kleinbesitzer, deren raison d'être der Dienst auf dem herrschaftlichen Gute, das fast in jedem schlesischen Dorf bestand, gewesen war. Industrialisierung und Auswanderung führten in den 1860er Jahren zu einem Mangel an Landarbeitern, zudem forderte der Hackfruchtanbau, insbesondere der Anbau von Zuckerrüben, eine intensivere Bearbeitung und bedingte damit einen höheren Bedarf an Arbeitskräften

---

97) Abg. 17.3.1890, S. 751; 20.4.1898, S. 2070; wegen des Freizügigkeitsgesetzes verschlechtern sich die Verhältnisse in der Landwirtschaft von Tag zu Tag, Abg. 12.3.1889, S. 990.
98) Abg. 20.4.1898, S. 2070.
99) Abg. 24.4.1902, Sp. 4851.

zu bestimmten Jahreszeiten, die Saison bestimmte jetzt den Charakter des jährlichen Arbeitszyklus in der Landwirtschaft. Anfang der 1870er Jahre veranlaßte der „Congress deutscher Landwirthe" eine Untersuchung des Landarbeitermangels.[100] Das preußische Ministerium für Landwirtschaft, Domänen und Forsten erteilte 1889 einen Forschungsauftrag für eine Untersuchung der „Sachsengängerei", der jährlichen Wanderung ostdeutscher Landarbeiter in die „Rübenwirtschaften" westlich der Elbe.[101] Max Weber veröffentlichte sein Buch über „Die Lage der Landarbeiter im ostelbischen Deutschland", mit einem 150 Seiten langen Kapitel über die schlesischen Verhältnisse, im Jahre 1892, Theodor Freiherr von der Goltz sein Werk „Die ländliche Arbeiterklasse und der preußische Staat" im folgenden Jahr, mit einer Liste der Initiativen, welche die preußische Regierung im Interesse der Landarbeiter unternehmen sollte. Bald erschienen dann Werke speziell über die Land- und die Saisonarbeiter in Schlesien.[102] Die Verdingung von Wanderarbeitern begann um 1890 und wuchs dann in Schlesien auf 20 oder 30 Prozent bei den größeren Gütern im Verlauf der nächsten zwei Jahrzehnte.[103] 1891 diskutierte Julius Szmula zum ersten Mal im preußischen Abgeordnetenhaus den Mangel an Arbeitern in seinem

---

100) Theodor VON DER GOLTZ: Die Lage der ländlichen Arbeiter im Deutschen Reich. Bericht an die vom Congress deutscher Landwirthe niedergesetzte Commission zur Ermittelung der Lage der Landarbeiter im Dt. Reich, Berlin 1875.
101) Das Resultat war das Buch von Karl KAERGER: Die Sachsengängerei. Auf Grund persönlicher Ermittlungen und statistischer Erhebungen, Berlin 1890.
102) Max WEBER: Die Lage der Landarbeiter im ostelbischen Deutschland 1892, in: DERS.: Gesamtausgabe. Abt. 1, Bd. 3, 2, Tübingen 1984, über Schlesien S. 593–747; s. auch die zusammenfassenden Bemerkungen des Herausgebers über die Landarbeitersituation S. 3–11; Theodor VON DER GOLTZ: Die ländliche Arbeiterklasse und der preußische Staat, Jena 1893; Fritz BRÖSSLING: Die Lage der landwirtschaftlichen Arbeiter in Schlesien am Ende des 19. Jahrhunderts vom Standpunkte des Landwirts aus, Merseburg 1900; Paul GRUND: Die ausländischen Wanderarbeiter in ihrer Bedeutung für Oberschlesien, Leipzig 1913 (= Veröffentlichungen des Mitteleuropäischen Wirtschaftsvereins in Deutschland 16).
103) MAGURA (wie Anm. 40), S. 128; Weber datierte das Erscheinen der Wanderarbeiter in Schlesien ebenfalls auf um 1890, s. Max WEBER: Landarbeiterfrage, Nationalstaat und Volkswirtschaftspolitik, in: DERS.: Gesamtausgabe. Abt. 1, Bd. 4, 2, Tübingen 1984, S. 601, 631, 685. Ausführlich und nützlich trotz der häufigen Invokation Lenins (auch Stalin erscheint im Literaturverzeichnis) NICHTWEISS (wie Anm. 1), S. 27–58. 1914 arbeitete in Deutschland die höchste je erreichte Zahl von ausländischen Saisonarbeitern: 433.247; vgl. MAGURA (wie Anm. 40), S. 214. Die Zahl der ausländischen Landarbeiter belief sich in Schlesien noch 1922 auf 16.500, vgl. ebd., S. 128.

eigenen Gutsbetrieb.[104] Szmula betrachtete das Problem aus der Perspektive des Großgrundbesitzers, eigentlich ganz aus der persönlichen Sicht des Friedewälder Gutsherrn; er war weder Reformer noch wissenschaftlicher Beobachter. Er wußte, daß die Leute auf dem Lande schwer arbeiteten, aber über ihre wirtschaftliche Lage äußerte er sich eher mit einer gewissen Selbstzufriedenheit. Ihre sich steigernden Lohnforderungen irritierten ihn, an ihrer Lebensweise fand er manches auszusetzen.[105] Für die Pläne, Landarbeiter auf minimalen Landstücken anzusiedeln, konnte er sich nicht begeistern; es schien ihm unpraktisch und zum Scheitern verurteilt.[106] Sie das Gemeindeland nutzen zu lassen, wie man gelegentlich vorschlug, war ihm wahrscheinlich gleichgültig, als Gutsherr wollte er ja die Auen loswerden. Ihre größere Beteiligung am Gemeindeleben war etwas, das er in seinen Reden nicht berührte und das ihm wohl niemals durch den Kopf gegangen war. Ausländische Arbeiter sah er nicht wie der Akademiker Goltz als unwillkommene Konkurrenz der deutschen Landarbeiter, deren Zuzug der Staat verhindern sollte, sondern als unbedingt notwendige Kräfte, ohne die die ostdeutsche Landwirtschaft zugrunde gehen würde und deren Zugang und Aufenthalt die Regierung nicht durch allerhand Vorschriften und Einschränkungen komplizieren sollte.[107]

5. Szmula und die polnischen Saisonarbeiter

Szmula schwebte immer eine einfache Lösung des Arbeitermangels in der schlesischen Landwirtschaft vor, nämlich die Öffnung der Ostgrenze, so daß Landarbeiter vor allem aus dem österreichischen Galizien auf den schlesischen Gütern beschäftigt werden konnten. Er machte die Verwendung polnischer Wanderarbeiter zu seinem besonderen Anliegen im Abgeordnetenhaus und war sogar einmal der Wortführer der für diese

---

104) Abg. 16.3.1891, S. 1495.
105) Abg. 15.5.1899, S. 2152–2154, 2162. S. oben S. 500, 504f.
106) Abg. 9.2.1899, S. 432; VON DER GOLTZ (wie Anm. 102), S. 201–258 (Abschnitt „Beförderung der Ansiedlung von grundbesitzenden Arbeitern"). Das schlesische Zentrum unterstützte die Idee, aus Landarbeitern Grundbesitzer zu machen, SVZ 25, Nr. 63, 9.2.1893, Morgenausgabe, S. 1.
107) VON DER GOLTZ (wie Anm. 102), S. 259–272 (Gemeindeland), 273–278 (Gemeindeleben), 279–282 (ausländische Arbeiter). Abg. 24.8.1899, S. 3030 (Die Auen).

Lösung agitierenden Gutsbesitzer. Nach den Ausweisungen von polnischen und jüdischen Einwanderern in den Jahren 1885/86, von denen ein guter Teil auf den Gütern der ostdeutschen Großgrundbesitzer Arbeit gefunden hatte, und dem Aufenthaltsverbot ließ sich die Regierung schließlich am Ende des Jahres 1890 überzeugen, daß man ohne polnische Arbeiter aus den beiden großen Nachbarstaaten in der ostdeutschen Landwirtschaft nicht auskommen konnte.[108] Man erlaubte deshalb landwirtschaftlichen Arbeitern, ins Land zu kommen, aber, so Szmula, *„mit allerhand Kautelen und Schwierigkeiten"*, gestattete ihnen den Aufenthalt nur für eine bestimmte Zeit, zunächst vom 1. April bis 1. November (1890), dann vom 1. März bis 1. Dezember (1898 nach Szmulas Interpellation), schließlich vom 1. Februar bis 20. Dezember (1900). Eine Interpellation, d.h. eine formelle Anfrage an die Regierung, des Abgeordneten Szmula zusammen mit den Abgeordneten Letocha und Stanke im preußischen Landtag erst im Februar 1898, dann im Februar 1899 hatte vor allem die Zulassung polnischer Arbeiter im Auge. Szmulas Initiative veranlaßte andere, wie den ostpreußischen Abgeordneten Karl Gamp, und die preußische Regierung zum Thema Arbeitermangel Stellung zu nehmen; die Reden und Debatten 1899 füllen 90 Seiten der Stenographischen Berichte, und das Preußische Staatsministerium befaßte sich wiederholt mit der „Szmula Interpellation".[109] Szmula hätte es vorgezogen, die Arbeiter in ein dauerndes

---

108) Erlaß des Innenministers Schlesien betreffend 18.12.1890; Abg. 20.4.1898, S. 2071; 25.2.1902, S. 2353 (der Vertreter der Regierung über Verkürzung der „Karenzzeiten").
109) Die Interpellation der Abgeordneten Szmula, Letocha und Stanke stand schon am 12. Februar (Szmula sagte irrtümlicherweise 15.2.1898) auf der Tagesordnung, als der Landwirtschaftsminister nicht anwesend war, Szmula äußerte sich dann ausführlich zum Thema zwei Monate später, und der Landwirtschaftsminister gab seine Antwort, Abg. 20.4.1898, S. 2069–2073, der Text der Interpellation S. 2069. Das preußische Staatsministerium befaßte sich mit ihr mehrmals bald nach ihrer Einführung im Februar 1898, Acta Borussica. NF 1. Reihe, Die Protokolle des Preußischen Staatsministeriums 1817–1934/38, 8/I, bearb. von Hartwin Spenkuch, Hildesheim, Zürich, New York 2003, Nr. 324 (19.3.1898), 325 (22.3.1898), 328 (16.4.1898), 361 (8.2.1899). Eine weitere Interpellation Szmulas ähnlichen Inhalts am 9.2.1899, Abg. 9.2.1899, S. 429–432 (Szmula), der Text der Interpellation und ein zusätzlicher Antrag S. 428, 432, andere Redner 432–490, 498–527. Daß Szmula die Dinge in Bewegung setzte, kann man kaum bezweifeln, Weber (wie Anm. 103), S. 678 („Editorischer Bericht"). Szmulas herausragende Rolle in der Frage der ausländischen Wanderarbeiter beschreibt Nichtweiss (wie Anm. 1), S. 54–57, 66–71. Szmula sagte allerdings schon 1891, daß die einschränkenden Maßnahmen der Re-

Dienstverhältnis treten zu lassen, damit sie während des ganzen Jahres zur Verfügung standen.[110] Seine Vorstellung, wie man das Landarbeiterproblem in Schlesien lösen konnte, stand aber im Gegensatz zu einer ganz offen bekannten Politik der preußischen Regierung, nämlich die Einwanderung von Polen in die östlichen Provinzen Preußens so weit wie möglich zu verhindern.[111] Einmal richtete sich im Abgeordnetenhaus der preußische Minister für Landwirtschaft, Domänen und Forsten speziell an Szmula, um dessen *„radikale Abhülfsmittel"* zur Behebung des Landarbeitermangels zurückzuweisen, *„wie ich glaube, in Uebereinstimmung mit der Mehrheit des Hohen Hauses."*[112] Ein anderes Mal zog der ganz entrüstete Minister des Inneren seine Einladung für den Abgeordneten Szmula zu einer Konferenz zurück, weil dieser anscheinend nicht verstehen wollte, daß die von ihm diskutierten wirtschaftlichen Fragen *„aufs intimste mit politischen Fragen von der größten Tragweite zusammenhängen"* und sich gerade deswegen *„hier der Erörterung in der Oeffentlichkeit entziehen."*[113]

Da die polnischen Arbeiter nur auf bestimmte Zeit ins Land gelassen wurden, hatten die Landwirte Scherereien mit Anwerbung, Genehmigungen und Meldungen bei den Amtsstellen und mußten überdies Jahr um Jahr die Reisekosten zwischen Heimat- und Arbeitsort tragen. Dabei verärgerte Szmula, daß die Aufenthaltsbeschränkungen für die polnischen Arbeiter nur in Ostdeutschland und nur für die Landwirtschaft galten, während die westdeutschen Arbeitgeber und die Industrie ihre polnischen Beschäftigten das ganz Jahr hindurch behalten konnten.[114] Wenn der Parlamentarier Szmula für eine Politik eintrat, die ihm vernünftig und erfolgversprechend für die Landwirtschaft des deutschen Ostens schien, so vermischte sich das mit den besonderen Nöten seines Landbesitzes und damit persönlichen Motiven, und zwar so weit, daß schließlich seine

---

gierung in Hinsicht auf die polnischen Landarbeiter die Landwirtschaft ruinierten, Abg. 16.3.1891, S. 1495, seine früheste Äußerung im Abgeordnetenhaus über den Landarbeitermangel; zum Thema auch Abg. 15.2.1893, S. 880f.; 9.3.1893, S. 1483f. (hier über das Problem auf seinem Gut).
110) Abg. 31.1.1898, S. 273.
111) Oben S. 488.
112) Abg. 20.4.1898, S. 2101.
113) Abg. 15.2.1900, Sp. 1499, Szmula gab ihm eine ebenso scharfe Antwort, ebd., Sp. 1500. Der Innenminister richtete sich auch an Szmula in der Sitzung im Abgeordnetenhaus, während dieser zum letzten Mal eine Rede hielt, aber da ging es um die polnische Bewegung in Oberschlesien, Abg. 23.3.1903, Sp. 3721f.
114) Abg. 9.2.1899, S. 429; 24.8.1899, S. 3001.

Auseinandersetzung mit dem Grottkauer Landrat in Sachen der galizischen Arbeiter auf seinem Gut im preußischen Abgeordnetenhaus zur Sprache kam und ein Regierungskommissar als Vertreter des Innenministers dazu Stellung nahm.[115] Der preußische Innenminister, der Regierungspräsident und der Landrat betrachteten das Problem vom politischen und nationalen Standpunkt (obwohl sie auch manchmal gesundheitspolitische Gründe anführten), glaubten, eine weitere Unterwanderung der deutschen Ostgebiete durch Polen müsse im Interesse der nationalen Einheit verhindert werden.[116] Dem Gutsbesitzer Szmula dagegen war die Einstellung polnischer Landarbeiter eine Existenzfrage für die schlesische Landwirtschaft, *„das muß doch jeder einsehen, daß wir ohne die slawischen Arbeiter im Lande nicht existieren können."*[117] Schließlich empfand er die Behandlung der polnischen Arbeiter durch die preußischen Behörden, die mit ihnen manchmal umgingen, als ob sie Vagabunden oder Verbrecher wären, als ungerecht und von nationalen Vorurteilen geleitet.[118] Wie kompliziert für einen Gutsbesitzer die Beschäftigung von polnischen Landarbeitern unter den einschränkenden Vorschriften war, schilderte er seinen Kollegen im Abgeordnetenhaus in allen Einzelheiten.[119] Weitere Erleichterungen, so ein Regierungskommissar, der Geheime Regierungsrat von Dallwitz, wären aus politischen und nationalen Gründen nicht möglich, *„denn die*

---

115) Die Frage der polnischen Saisonarbeiter auf Szmulas Gut Friedewalde kam im preußischen Abgeordnetenhaus mehrmals zur Sprache: Abg. 9.3.1893, S. 1483f.; 26.2.1897, S. 1178f.; 18.2.1898, S. 780; 20.4.1898, S. 2073; 25.2.1902, Sp. 2349, 2351, 2352f. (Regierungskommissar nimmt gegen Szmula Stellung); 24.4.1902, Sp. 4848–4853; 4853f. (Regierungskommissar antwortet Szmula), 4865.
116) Der Regierungspräsident von Oppeln schickte über den Oberpräsidenten Zeitungsberichte an die Regierung in Berlin mit Meldungen der Ländrate und Oberbürgermeister, Einschleppung von Ruhr und Cholera wurde erwähnt, Gerhard REICHLING: Nationale und soziale Probleme in Oberschlesien in den Zeitungsberichten des Oppelner Regierungspräsidenten 1881–1902, in: Csaba János KENÉZ u.a. (Hg.): Beiträge zur deutsch-polnischen Nachbarschaft. Festschrift Richard Breyer, Berlin, Bonn 1992, S. 104–112.
117) Abg. 25.2.1902, S. 2351 (es ist eine Existenzfrage für den schlesischen Landwirt), 20.4.1898, S. 2072 *(„der Landwirtschaft ist nicht anders zu helfen"),* 9.2.1899, S. 430 (die Landwirtschaft geht zugrunde, wenn die Regierung ihre Einstellung nicht ändert), 29.1.1901, S. 793 (Zitat). S.a. 24.8.1899, S. 3005.
118) Die Saisonarbeiter sind doch *„keine Verbrecher, keine Vagabunden",* Abg. 15.2.1900, S. 1498.
119) Abg. 26.2.1897, S. 1179; auf diesen Vorfall bezieht sich wohl auch Abg. 20.4.1898, S. 2073.

unvermeidliche Folge würde die dauernde Seßhaftmachung fremdsprachiger Elemente im Inlande sein."[120] Die Ausweisungen bei Übertretung der Beschäftigungsperioden brachten Szmula in Harnisch. Die reichen Reeder könnten Afrikaner und Chinesen beschäftigen, sich Leute nehmen, woher sie wollten, nicht aber die Landwirte im Osten.[121] Szmula wollte nur, daß man den ausländischen Landarbeitern den Aufenthalt so lange erlaubte, wie die Besitzer ihrer Arbeitskraft bedurften.[122] Gegen einen Abgeordneten, der glaubte, Szmula habe sich für den ständigen Aufenthalt der Saisonarbeiter in Deutschland ausgesprochen, erklärte er ausdrücklich, sie sollten nicht naturalisiert werden, unter der Kontrolle des Landrates stehen und in dem Augenblick ausgewiesen werden, wenn sie mit den Staatsgesetzen in Konflikt kämen.[123]

Während Szmula im Abgeordnetenhaus wiederholt gegen die Polenpolitik der preußischen Regierung wetterte, geriet er auf seinem Gut in Konflikt mit den Behörden wegen der Ausführung der strikten Maßnahmen zur Beschränkung des Aufenthalts seiner polnischen Saisonarbeiter. Der Grottkauer Landrat Franz Thilo (1897–1919) wollte die Verordnungen der Regierungen auf das Genaueste ausführen; er legte eine spezielle Akte über Szmula an. In dieser findet sich ein Auszug aus der Zeitschrift „Die Ostmark" vom Januar 1901 (6. Jg., Nr. 1), dem Monatsblatt des „Deutschen Ostmarkenvereins", mit den Leitsätzen des Vereins „Zur Frage der Zulassung russisch-polnischer Arbeiter".[124] Der 1894 gegründete Verein hieß vor Mai 1899 „Verein zur Förderung des Deutschtums in den Ostmarken".[125] Szmula glaubte, der Ostmarkenverein sei *„von den*

---

120) Abg. 25.2.1902, Sp. 2349, 2353f.
121) Abg. 29.1.1898, S. 242.
122) Abg. 31.1.1898, S. 272. Daß die Leute ausgewiesen werden, weil sie sich lästig machen, ist eine amtliche Lüge, Rt. 12.6.1900, S. 6039. Die Leute wollen gar nicht seßhaft werden, was der Staat sowieso verhindern konnte, indem er sie nicht naturalisierte. Die Ausweisungen schaden den internationalen Beziehungen, der Minister soll den Schikanen einzelner Landräte einen Riegel vorzuschieben, Abg. 24.4.1902, Sp. 4848–4853, 4860.
123) Abg. 20.4.1898, S. 2101; ähnlich 21.4.1898, S. 2130.
124) APO, Landratsamt Grottkau 118, „Rittergutsbesitzer Major a.D. Szmula.V.I. 1873–1904", 85 Blätter, nicht durchgehend nummeriert, mit acht gedruckten Blättern aus der Zeitschrift „Die Ostmark". Abg. 24.8.1899, S. 3001 (Szmula gegen die enge Auslegung der Bestimmungen durch die Landräte).
125) Adam Galos, Felix-Heinrich Gentzen, Witold Jakóbczyk: Die Hakatisten. Der Deutsche Ostmarkenverein, Berlin 1966 (= Schriftenreihe der Kommission der Historiker der DDR und Volkspolens), S. 1.

nachteiligsten Folgen" für die Ostprovinzen des Reiches; er sei tendenziös, verdrehe die Dinge, hetze die Leute auf, verlange immer schärfere Maßnahmen der Regierung, lasse die Provinzen nicht zur Ruhe kommen. Der Verein hatte einmal in Posen getagt und eine der dort vertretenen Thesen war, daß alle polnischen Arbeiter allmählich aus Deutschland verdrängt werden sollten. Zu diesem Vereine, glaubte Szmula, gehörten Leute, *„die sich mit Politik beschäftigen, aber keinen Ar und Halm besitzen"* und *„von der Landwirtschaft gerade so viel verstehen, wie die Kuh vom Monde.*"[126] Landrat, Regierungspräsident und Innenminister korrespondierten miteinander über Szmula. Man bezichtigte ihn *„groß-polnischer"* Verbindungen und stellte seine national-deutsche und vaterländische Gesinnung in Frage. Die behördlichen Vorbehalte gegen Szmula stammen vor allem aus dem Jahre 1899, aber der Kleinkrieg zwischen Gutsbesitzer und Behörde zog sich über mehrere Jahre hin und hinterließ Spuren in den Akten bis ins Jahr 1904. Man argumentierte, Szmula sei selbst schuld am Arbeitermangel auf seinem Gut, er behandle und bezahle die Leute schlecht.[127] Der Landrat bediente sich sogar der Polizei, um dem Gutsbesitzer Szmula nachzuspüren.[128] Er wies den berittenen Gendarmen Busse im Nachbarort Falkenau an, Zahl und Geschlecht der für das ganze Jahr auf dem Friedewälder Dominium eingestellten Arbeiter (sechs) und der Tagelöhner (vier männliche, sechs weibliche) zu ermitteln und ihre Wohnungen zu inspizieren. Busse sollte auch in Erfahrung bringen, wo sich der Gutsbesitzer im Augenblick befinde (zur Kur in Marienbad) und ob er noch daran denke, sein Domizil zu ändern (das konnte er nicht herausfinden). Er berichtete über die Arbeiterwohnungen auf dem Gute, gemeint ist wohl auf dem Oberhof, dem eigentlichen Gutshof, sie seien in einem *„unsauberen, schlechten, ungesunden Zustande"*, geräumig und in gutem Zustande dagegen seien sie auf dem Vorwerk an der Neisse-Grottkauer Chaussee.[129] Landrat Thilo fürchtete: *„Im Falle Szmula mit seiner Beschwerde durchdringen sollte, wird*

---

126) Abg. 23.3.1903, Sp. 3716f.; 29.1.1901, Sp. 793; 15.2.1901, Sp. 1696, 1698.
127) S. oben Anm. 87.
128) *„Die Landräte […] vertraten meistens die von der Regierung erwünschten Ansichten, waren dem Polentum abgeneigt, unterstützten sogar die Germanisierungspolitik, nicht selten waren sie auch gegen die Katholiken feindlich gesinnt"*, so Marek CZAPLIŃSKI: Die preußischen Landräte in Oberschlesien (1873–1918). Versuch einer Analyse, in: JSFWUB 32 (1991), S. 221–237, hier S. 237 (zu den Personalakten der Landräte dort S. 223 Anm. 8).
129) APO, Landratsamt Grottkau 118, 30.11.1899.

er für die Verbreitung seines Sieges durch die ultramontane und polnische Presse sorgen, so daß seine Ansichten über die Zulässigkeit der Anwerbung polnischer Arbeiter bald Schule machen würde."[130] Als man hörte, daß Szmula von dem oberschlesischen Besitz der Landbank ein Gut zu kaufen gedachte, zog die Güter-Direktion und Geschäftsstelle der Landbank Berlin, Abteilung Schlesien, Erkundigungen ein: *„Da ich erfahren habe, daß genannter Herr polnischer Abstammung ist, bitte ich [...], mir vertrauliche Mitteilung machen zu wollen, ob vom deutsch-nationalen Standpunkt aus gegen einen Ankauf des Herrn Szmula in Oberschlesien nichts einzuwenden ist. Seitdem die Landbank im Einvernehmen mit dem Ministerium und unter Mitwirkung sämtlicher in Betracht kommender Behörden die nationale Besiedlung Oberschlesien[s] aufgenommen hat, verkauft sie an niemanden, durch den das Polentum irgendwelche Förderung erfahren könnte.*"[131] Den Behörden schien der alte Major a.D. jetzt gefährlich, da *„Grottkau ein rein deutscher Kreis sei, und die polnische Gesinnung des Schmula [sic!] das Deutschtum schädigen [...]"* könne.[132] Der Regierungspräsident von Oppeln, Ernst Holtz (1901–1907), wies den Landrat an, Szmula für den Fall seiner Wiederernennung zum Amtsvorsteher von Friedewalde und Groß-Briesen *„ausdrücklich zu eröffnen, daß die Ernennung nur erfolgen könne, wenn Szmula stets eine königs- und vaterlandstreue Gesinnung bestätigen* [könne] *und sich von jeder Hinneigung zu großpolnischen Bestrebungen freizuhalten entschlossen sei."*[133] Schließlich kam eine Ernennungsurkunde vom Regierungspräsidenten in die Hände des Landrates, die Szmula aber mit einem Sonderschreiben mit dem Hinweis erhalten sollte, daß der Herr Oberpräsident, damals D.Dr. Robert Graf von Zedlitz und Trützschler (September 1903 – Dezember 1909) die Wiederernennung des Majors a.D. Szmula vollzogen habe, *„weil ihm berichtet worden sei, daß sich derselbe von den Führern der polnischen Bewegung losgesagt habe, mit deren Vorgehen er nicht einverstanden sei."*[134]

Die Politik der Aufenthaltsbeschränkungen und Ausweisungen seiner galizischen Landarbeiter bekämpfte Szmula, weil sie der schlesischen

---

130) Ebd., 12.1.1902.
131) Ebd., 14.1.1904.
132) Ebd., 10.2.1903.
133) Ebd., 26.6.1904.
134) APO, Landratsamt Grottkau 118, 12.10.1904. Der Minister persönlich sprach dem Landrat *„politisches Geschick"* ab, Holtz an Thilo, ebd., 10.2.1903. Thilos Versetzung wurde anscheinend nur durch den Krieg verhindert, vgl. CZAPLIŃSKI (wie Anm. 131), S. 237.

Landwirtschaft schadete und ihm persönlich die Bewirtschaftung seines Gutes erschwerte. Sie wurzelte seiner Meinung nach in nationalen Vorurteilen und einem falsch verstandenen Nationalinteresse. Mit diesem Urteil stand er durchaus nicht allein. Daß man Szmula einer *„Hinneigung zu großpolnischen Bestrebungen"* verdächtigte und seine vaterländische Gesinnung in Frage stellte, zeigt, daß die preußischen Beamten – wie so mancher seiner Kollegen in den Parlamenten, in seiner eigenen Fraktion und selbst unter seinen oberschlesischen Parteifreunden – nicht imstande oder willens waren, ein differenziertes Urteil zu fällen.[135] Szmula hatte ein *„Herz"* für die polnischen Oberschlesier – so eine Neigung empfahl er einmal seinen Kollegen im Abgeordnetenhaus –, schätzte ihre Sprache und Sitte, fühlte ihre Armut, wollte ihr Los verbessern. In der preußischen Sprach-, Schul- und Kirchenpolitik sah er eine unnötige Bedrängung der Menschen in seinem Wahlkreis und eine grobe Verletzung ihrer Rechte. Warum konnte das Deutsche Reich nicht nach dem Muster der Schweiz ein Staat mit Bürgern verschiedener Sprachen sein? Dabei verstand er sich ohne jeden Zweifel immer als ein ganz königs- und preußentreuer, dem Deutschen Reiche absolut verpflichteter Staatsbürger. Was er von der Wiedererrichtung eines unabhängigen Polen dachte, wissen wir heute so wenig wie der Landrat oder Regierungspräsident damals, wahrscheinlich lag sie für ihn außerhalb des zu seiner Zeit Möglichen. Sie war auf jeden Fall etwas ganz anderes als das, wofür er sich mit Leib und Seele einsetzte.

6. Persönlichkeit

Wir kennen den Politiker, Volksvertreter und in etwa auch den Menschen Julius Szmula, da er uns als Abgeordneter in den Stenographischen Berichten von Reichs- und Landtag ein Zeugnis nicht nur seiner politischen Einstellungen und Ziele, sondern auch seiner Meinungen über so manches andere ihn interessierende Thema hinterlassen hat. Wir sehen ihn in diesen exakten Aufzeichnungen durch das Prisma seiner Parlamentsreden, ein leicht verzerrtes Bild, denn als Abgeordneter wollte man beeindrucken und beeinflussen, nicht nur die Wähler, sondern auch die Fraktions- und Parteikollegen, *„meine politischen Freunde"*, wie sie immer geheißen werden, den Landwirtschafts- oder Innenminister und die Geheimräte am Ministertisch,

---

135) Unten S. 522.

die Vertreter der Presse auf der Tribüne und durch die Zeitungen auch die Allgemeinheit. Bei den Reden war gewöhnlich ein wenig Schauspiel dabei, auch Angeberei und Eitelkeit, man wollte die Heiterkeit des Hauses erregen, einem politischen Gegner einen Hieb versetzen, auch den Minister ein wenig provozieren. Die hohen Vertreter der königlichen Regierung mußten so manchen Stich von dem ausgedienten Major einstecken. *„Ich würde also doch bitten, daß die landwirtschaftlichen Kenntnisse auch unter die Herren Geheimräte mehr eindringen möchten."* Da die Minister oder ihre Ministerialräte bei den Verhandlungen anwesend waren, ging es darum, ihr Ohr zu erreichen, im Wetteifer mit den Vertretern von Industrie und Handel den Regierenden Regulierungen oder Subventionen einzureden und abzuringen, welche die Landwirtschaft schützen und fördern würden; Szmula drängte sie, *„nicht bloß mit schönen Worten und Versprechungen sondern mit Taten der Landwirtschaft, also speziell unserer schlesischen Landwirtschaft, zu helfen."*[136] Er hatte politische Ansichten, die andere entschieden zurückwiesen, und er vertrat sie passioniert. Das schuf ihm Gegner, in den Parlamenten, der preußischen Verwaltung, in seiner Partei, beim schlesischen Klerus und in der schlesischen Presse. Es wäre ungerecht ihn nach dem Bilde, das seine Gegner von ihm zeichneten, zu beurteilen.

Bei den Mitgliedern des Abgeordnetenhauses, unter denen es auch Amtsgerichtsräte, Bauerngutsbesitzer, Rentner und Schornsteinfegermeister gab, und in einer Umwelt, die dem Militärdienst einen so hohen Wert beimaß, sicherte dem Abgeordneten Szmula, so möchte man meinen, seine Stellung als Rittergutsbesitzer und als Major a.D., der im Großen Generalstab gedient hatte, den Respekt des Hauses, auch wenn er nicht wie viele seiner Kollegen und die hohen Staatsbeamten einen adligen Namen oder einen Doktor- oder Professortitel trug. Als Katholik gehörte er zu einer damals bedrängten Minderheit und bekundete als einer von wenigen Solidarität mit seinen oberschlesischen Wählern polnischer Sprache. Szmula war ein streitbarer Mensch, erregbar, angriffslustig, scharfzüngig, durchaus willens, den hohen Regierungsbeamten zu widersprechen, sie zu korrigieren, sie mit Ironie und Sarkasmus zu behandeln – *„meine paar Scheffel Weizen kann ich auch verkaufen ohne den Herrn Handelsminister"* –, ihnen die Fehler und unheilvollen Konsequenzen ihrer Politik vorzuhalten, sie wissen zu lassen, daß das Gegenteil von dem eintreten würde, was die Regierung

---

136) Abg. 26.1.1900, Sp. 526; 8.5.1895, S. 1983.

erreichen wollte.[137] Er war ein Mann von weiten Kenntnissen und Interessen. Die dreijährige Ausbildung in der Allgemeinen Kriegsschule, später die Kriegsakademie, rüstete ihn mit einem gediegenen Wissen auf gewissen technischen Gebieten und in den Naturwissenschaften aus. Er hatte fremde Länder bereist, kannte mindestens Italien, wo er die Landarbeiter beobachtete, Frankreich, Österreich, Polen.[138] Er übersetzte für seine Kollegen gelegentlich am Rednerpult einen Paragraphen aus einer russischen Zeitung. *„Ich glaube, die russischen Verhältnisse, die ich Jahre lang studiert habe, ziemlich genau zu kennen [...].“*[139] Einen Krieg mit Rußland hielt er für unvermeidbar.[140] *„Persönliche Erfahrungen und Wahrnehmungen“* waren ihm wichtiger als alle Theorie.[141] Es war wohl keine Übertreibung, wenn er behauptete, *„ich kenne die Verhältnisse Oberschlesiens genau [...] Ich kenne fast jedes einzelne Dorf [...].“*[142] Szmula nutzte seine Position,

137) Abg. 25.2.1886, S. 799; 8.2.1896, S. 400; 18.2.1898, S. 779; 29.3.1898, S. 1941. Zitat: Abg. 25.5.1886, S. 2352. Szmula bediente sich einer kräftigen Sprache: Der Schalterbeamte *„schnauzt“* den Kartenkäufer an, der einen polnischen Ortsnamen nennt, und wirft den Schieber zu, die Spatzen pfeifen schon eine Sache von den Dächern, *„gleiche Sonne und gleichen Wind“* verlangt er für die Landwirtschaft im Wettstreit mit der Industrie, der Gutsbesitzer *„zieht am gleichen Strange“* wie der Bauer, es gibt einzelne Amtsvorsteher, *„die in jedem Oberschlesier einen niederträchtigen Polacken wittern“*, Schlesien ist Preußens *„Aschenbrödel“*, Abg. 9.3.1897, S. 1421; 20.4.1898, S. 2069; 9.2.1899, S. 429; 29.1.1901, Sp. 791; 11.3.1901, Sp. 3158; 11.2.1897, S. 870.
138) Abg. 14.3.1900, Sp. 3042. Auch in Italien fehlte es an Landarbeitern, Abg. 25.2.1902, Sp. 2346; 9.2.1899, S. 429. Eine Pilgerreise zum Hl. Stuhl unternahm er 1893, vgl. PATER (wie Anm. 1), S. 272 Anm. 24. Frankreich mochte er während des Krieges 1870/71 kennengelernt haben. Er hatte die französischen Provinzmuseen besucht; dort *„haben Städte von der Größe von Brieg meist ihre eigenen Museen [...]“*, Abg. 14.3.1900, Sp. 3042, Abg. 8.3.1894, S. 963.
139) Abg. 3.2.1887, S. 373; Abg. 9.2.1886, S. 429; Abg. 26.2.1897, S. 1177; Abg. 18.2.1898, S. 781. Er wußte, wie die Bewohner deutscher Dörfer an der Wolga, deren Namen er nannte, mit der russischen Regierung zurechtkamen, sprach über die Erträge in der Orenburger Steppe und dem Altaigebiet, auf die der Bau der transsibirischen Eisenbahn Auswirkungen hatte; der preußische Staat, so schlug er vor, sollte Mittel zur Verfügung stellen für frühgeschichtliche Ausgrabungen in Rußland, die Offiziere und Unteroffiziere in der Armee sollten russisch lernen, Abg. 26.1.1900, S. 523f.; Abg. 6.3.1901, Sp. 2836f.; Abg. 9.3.1894, S. 1013.
140) Abg. 9.3.1894, S. 1013.
141) Die Unkenntnis seiner städtischen Kollegen, Abg. 11.2.1897, S. 867; 3.2.1898, S. 345; 14.2.1899, S. 590.
142) Abg. 11.2.1897, S. 899; 14.3.1895, S. 1408; 30.3.1898, S. 1960; 25.2.1886, S. 799; 6.3.1894, S. 911; 21.3.1888, S. 1028.

um eingehendst Unternehmen zu beschreiben, welche die Landwirtschaft, den deutschen Export oder den Wohlstand der Bevölkerung heben, die Verhältnisse „*für die leidende Menschheit*" verbessern konnten.[143] Kein Problem war da zu unbedeutend, um nicht dem Parlament und den Ministern unterbreitet zu werden. Oft waren das Projekte außerhalb seines Wahlkreises, manchmal nahe bei seinem Wohnort, andere weit weg in Niederschlesien oder ganz außerhalb der Provinz.[144] Einmal war es die Verbesserung der naturkundlichen Museen in Berlin,[145] ein anderes Mal ein Nachtzug nach Neisse, damit die Leute gelegentlich ins Theater gehen konnten, ohne gleich in Breslau übernachten zu müssen, oder ein zweiter Warteraum auf dem Bahnhof Falkenau, von wo er den Zug nach Berlin nahm, den er für notwendig hielt, damit nicht jeder den Käse riechen müßte, den die Butterfrauen in ihren Körben nach Breslau brachten, oder das „*hübsche Kraut*", das so mancher da rauchte; er war selbst Nichtraucher, ließ er das Parlament wissen.[146] Er empfahl der Regierung eine ganze Reihe von Bauprojekten in Schlesien, unter anderen die Wiederherstellung des Brieger Piastenschlosses.[147] Im Zusammenhang mit Neisse riet er den Abgeordneten aus den fernen Landesteilen Preußens, die „*wunderschönen Sudeten*" mit dem „*prachtvollen Altvatergebirge*" zu besuchen. Die Neisser Befestigungen wollte er allerdings „*auf den Aussterbeetat*" setzen; das Terrain um Neisse, hier war er ja Experte, machte es unmöglich, die Stadt zu verteidigen.[148]

Als überzeugter Katholik glaubte Szmula an eine göttliche Ordnung, die Nationen und Sprachen eingerichtet und die polnischen Oberschlesier dem preußischen Staat zugeordnet hatte, auch an eine gesellschaftliche Ordnung, nach der die Menschen zur Arbeit geschaffen waren, jeder an seinem Platze. Seine eigene gehobene Stellung als Gutsbesitzer bereitete ihm kein Kopfzerbrechen. In seinem Verständnis für Fortschritt hinkte er manchmal sogar hinter der Mehrzahl seiner Kollegen her, so in seiner

---

143) Abg. 8.3.1894, S. 963f.
144) Abg. 14.3.1900, Sp. 3041–3044; auch 30.3.1898, S. 1559f.
145) Abg. 8.3.1894, S. 963f. (naturwissenschaftliche Sammlungen, naturwissenschaftliche Kenntnisse), Abg. 8.3.1890, S. 549–51 (Oder-Donaukanal), Abg. 24.2.1890, S. 327 (Marmorbrüche im Schneegebirge).
146) Abg. 19.3.1895, S. 1498; 9.3.1897, S. 1420.
147) Abg. 14.3.1900, Sp. 3041–3044; 12.3.1901, Sp. 3258–3260; über Schloß und Hedwigkirche in Brieg auch Abg. 30.3.1898, S. 1959f.
148) Abg. 15.3.1897, S. 1587f.; Abg. 19.3.1895, S. 1498.

Ablehnung der Freizügigkeit.[149] „*Verknöchert*" nannte ein Sozialdemokrat im Reichstag seine Einstellung, als Szmula die Armee gegen Bebels Bezichtigung der Rekrutenschinderei in Schutz nahm und dabei auch für den nichtöffentlichen Charakter militärischer Gerichtsverfahren eintrat.[150] Kinder sollten seiner Meinung nach nur bis zum 13. Lebensjahr schulpflichtig, Fortbildungsunterricht für Lehrlinge nicht Pflicht sein und Mädchen kochen und nähen zu Hause lernen, nicht in Haushaltungsschulen, die nur eine Last für die Gemeinden werden würden.[151] Mit der Mehrheit des Zentrums stimmte er gegen das 1889 verabschiedete Gesetz zur Alters- und Invalidenversicherung, das „*Klebegesetz*", und bedauerte die Notwendigkeit neuer Amtsgebäude (zur Aufbewahrung der Alters- und Invalidenkarten), „*wenn wir das Gesetz nicht loswerden*". Die Invalidenrente, glaubte er, schufe Müßiggänger auf den Dörfern.[152] Er teilte auch die damals weitverbreiteten Vorurteile gegen bestimmte Volksteile oder fremde Völker.[153] Er schlug vor, man sollte jenen Journalisten, die in ihren Zeitungen falsche Berichte gaben – oder ihm Äußerungen zuschrieben, die er nie gemacht hatte – und eine Richtigstellung nachher nicht für nötig hielten, den Zutritt zur Tribüne entziehen.[154] Sein soziales Verantwortungsgefühl beweist sein Eintreten für die Belange der „*kleineren Leute*".[155] Schon in seiner

---

149) Abg. 12.3.1889, S. 989f.; Abg. 20.4.1898, S. 2070.
150) Szmulas Bemerkungen und kritische Entgegnungen, Rt. 13.3.1891, S. 2043–2045, 14.3.1891, S. 2050–2056.
151) Abg. 29.1.1898, S. 243, 11.2.1899, S. 524; Rt. 16.2.1891, S. 1735f.; Abg. 20.3.1888, S. 994f.
152) Abg. 12.3.1894, S. 1103. Das Zentrum lehnte das Gesetz ab, als sozialdemokratisch und einen Schritt in Richtung auf den Staat als „*allgemeinen Brotvater*", so Windthorst; 13 Zentrumsabgeordnete stimmten für das Gesetz, 77, einschließlich Szmula, dagegen, vgl. BACHEM (wie Anm. 28), Bd. 5, S. 64–77, besonders S. 73; Rt. 24.5.1889, S. 2003.; s.a. „*Die Stellung der Zentrumsfraktion zum sogenannten 'Klebe-Gesetze'*", SVZ 25, Nr. 257, 9.6.1893, Morgen-Ausgabe, S. 1; Abg. 24.4.1902, Sp. 4851 (Invalidenrentner auf dem Lande).
153) Er machte unfreundliche Bemerkungen über jüdische Kaufleute, Abg. 16.3.1891, S. 1495 und über jüdische Gesellschaften in Galizien, die angeblich Güter aufkauften und sie ausschlachteten und zu Grunde richteten, 29.1.1889, S. 163; von den Chinesen behauptete er, daß sie „*nicht gerade zu den moralischen Menschen gehören*", 29.1.1898, S. 242. Chinesen wurden von den Reedern angeheuert, und 1889 hatten ostdeutsche Gutsbesitzer die Einführung chinesischer Landarbeiter vorgeschlagen, vgl. NICHTWEISS (wie Anm. 1), S. 38–40.
154) Abg. 16.5.1900, Sp. 4356; Abg. 31.1.1898, S. 271.
155) Oben S. 488f.

ersten Rede im Reichstag am 11. Mai 1887, als er zum Branntweingesetz Stellung nahm, wollte er die Konsumsteuer niedrig angesetzt sehen; ihm leuchtete ein, obwohl er selbst *„ein Feind des Schapstrinkens"* war, daß ein schwerarbeitender Landarbeiter Ursache haben möchte, sich in seinem Kontrakt mit dem Gutsbesitzer einen halben Liter Schnaps auszubedingen.[156] Seine Verbesserungsideen beschränkten sich dabei nicht auf die Landbewohner. Der Staat sollte noch mehr Arbeiterwohnungen bauen, in den Fabriken sollten kritische Reparaturen an Sonn- und Feiertagen auf ein Mindestmaß beschränkt werden, die Staatsregierung sollte mit den Hütten eine gemeinschaftliche Knappschaftskasse für Invaliden- und Hinterbliebenenversorgung einrichten, damit die Arbeiter, die ihren Arbeitsplatz wechselten, nicht ihre bis dahin geleisteten Beiträge verloren.[157] Er wies auf das Entschiedenste zurück, daß er sozialistische Tendenzen förderte, wie ihm ein Abgeordneter unterstellt hatte: *„Ich bin Landwirt, wohne auf dem Lande, und als solcher bekämpfe ich sozialistische Tendenzen."* Früher gab es in den oberschlesischen Revieren keine Sozialdemokratie, jetzt war sie an einzelnen Orten und in mancher Hütte stark vertreten. Wiederholt beschwor er die Gefahr einer weiteren Ausbreitung, wenn die Regierung den Beschwerden der Oberschlesier keine Aufmerksamkeit schenken sollte. Andererseits forderte er die Regierung auf, die Staatsanwaltschaft überprüfen zu lassen, was die „Gazeta robotnicza", ein sozialdemokratisches, in Berlin veröffentlichtes Blatt in polnischer Sprache, an verleumderischen und staatsfeindlichen Artikeln in ihren Spalten veröffentliche.[158]

Szmula frappierte vielleicht anfänglich seine Kollegen im Abgeordnetenhaus mit der Heftigkeit, Leidenschaftlichkeit, ja Aggressivität seiner Reden, obwohl man wohl im Laufe der Zeit Feuer und Hiebe und Stiche bei ihm erwartete; er selbst war sich seiner Art durchaus bewußt.[159] Das Urteil – dem Szmula dürfe man nicht trauen – des in Ratibor geborenen Zentrumspolitikers Felix Porsch, eines Breslauer Rechtsanwaltes, vierundzwanzig Jahre jünger als Szmula, ebenfalls im Reichstag und im preußischen Abgeordnetenhaus, in einem Brief an den Breslauer Erzbischof Georg Kopp (26.9.1893) können wir als fragwürdig betrachten. Es war das

---

156) Rt. 11.5.1887, S. 547f.
157) Abg. 24.2.1898, S. 954f.
158) Abg. 11.2.1897, S. 899; 24.2.1898, S. 954; 18.2.1893, S. 955.
159) Abg. 9.3.1896, S. 1196, 1200. Wie aggressiv er sein konnte, zeigen Abg. 25.2. 1886, S. 799; 8.2.1896, S. 400; 18.2.1898, S. 779; 29.3.1898, S. 1941. Szmula über sich selbst, Abg. 9.3.1896, S. 1200.

schließlich die persönliche Meinung eines erbitterten Gegners innerhalb des Zentrums, ausgesprochen im Jahre 1893, nachdem Szmula gerade den offiziellen Kandidaten des Zentrums in der Reichstagswahl am 15. Juni besiegt hatte. Und es war Porsch, der seinem Fraktionskollegen im gleichen Zusammenhang großpolnische Tendenzen und *„sozialrevolutionäre"* Intentionen anhängte, ihn sogar beschuldigte, Arbeiter in Beuthen gegen Arbeitgeber, das Landvolk um Oppeln gegen die Geistlichkeit aufgewiegelt zu haben.[160] Daß er in den Wortgefechten im Parlament gelegentlich übertrieb, gab Szmula selbst zu. Öfters mußte er sich Korrekturen der von ihm angeführten Fakten oder Zahlen von Seiten der Vertreter der Regierung oder der anderen Parteien gefallen lassen.[161] Indiskretion war eine seiner Schwächen. Im Februar 1900 wurde der 70jährige Szmula von dem 30 Jahre jüngeren konservativen Abgeordneten Christian Diederich Hahn, Direktor des Bundes der Landwirte, zu einem Duell gefordert, weil er vor der Zentrumsfraktion eine Bemerkung Hahns (die *„gräßliche Flotte"*) preisgab; zu einem Duell kam es nicht.[162] Die unter vier Augen gemachte Äußerung des schlesischen Zentrumsvorsitzenden Franz Graf Ballestrem *„Die oberschlesischen Polen muß man aufs Maul schlagen"*, die Empörung bei den polnischen Oberschlesiern auslöste, hatte Szmula *„an die große Glocke gehängt"*.[163] Szmulas Kritiker waren zahlreich, und mancher

---

160) *„Ich halte Szmula für einen unwahren Mann (Beweise dafür kann ich nennen) und darum ist ihm gegenüber Vorsicht geboten."* Der Brief bei PATER (wie Anm. 1), S. 290f. Über Felix Porsch s. NEUBACH (wie Anm. 1), S. 152–168 und LEUGERS-SCHERZBERG (wie Anm. 29), hier S. 78.

161) Abg. 20.2., 3.4.1889, S. 504, 1468; 17.3.1890, S. 765; 6.2., 18.3.1892, S. 354, 1003; 21.2.1893, S. 1010.

162) Hahn *„wollte durch das Duell nur seine schwierig gewordene Stellung im Bunde der Landwirte sowie in seiner deutschkonservativen Fraktion wieder befestigen"*, so BACHEM (wie Anm. 28), Bd. 6, S. 26, Bd. 9, S. 183. Eine Indiskretion, die Mitteilung einer vertraulichen Information, wurde ihm auch einmal von seinem Kollegen Letocha vorgeworfen. Sie teilten ihre respektiven Positionen in der Schlesischen Volkszeitung mit, beide leugneten, die Gründung einer schlesischen Volkspartei vertreten zu haben, SVZ 25, Nr. 241, 30.5.1893, Morgen-Ausgabe, S. 1; Nr. 247, 3.6.1893, Morgen-Ausgabe, S. 1; Nr. 291, 29.6.1893, S. 2. Auch die „Schlesische Volkszeitung" tadelte *„die öffentliche Preisgabe einer von ihm ausdrücklich als vertraulich erbetenen Aussprache mit dem Redakteur dieser Zeitung"*, betrachtete sie aber als wertvoll *„zur Beurteilung der Persönlichkeit des Majors"*, SVZ 25, Nr. 489, 24.10.1893, Morgen-Ausgabe, S. 4.

163) Helmut NEUBACH: Entstehung und Wirkung des Schlagwortes „Man muss die Polen aufs Maul schlagen", in: Zeitschrift für Ostmitteleuropa-Forschung 54

Tadel war zweifellos verdient. Am Ende waren es aber weniger die Ecken und Kanten seiner Persönlichkeit, weniger auch, daß er im Raufen der Parteien selten ein Blatt vor den Mund nahm, was ihm so manchen zum Gegner machte, sondern seine fest gehaltenen und zäh vertretenen Überzeugungen. Er war gegen Chauvinismus und Katholikenverfolgung und für Großzügigkeit gegenüber den kleinen Landbesitzern und Arbeitern, für Achtung vor der Sprache und Nationalität der polnischen Oberschlesier, für Humanität in der Behandlung der arbeitsuchenden Einwanderer aus dem Osten, ehrenwerte Positionen, selbst wenn sie wenig Erfolg und Widerhall fanden.

(2005), S. 194–215, hier S. 197f. Daß Szmula die ihm gegenüber unter vier Augen gemachte Bemerkung in die Presse brachte, betrachtet Neubach als einen Vertrauensbruch, S. 213. Nach Neubach war Szmula einer der drei Reichstagsabgeordneten vor Korfanty, die sich bewußt zum Polentum bekannten, vgl. Helmut NEUBACH: Zum deutsch-polnischen Nationalitätenverhältnis in Oberschlesien um das Jahr 1895, in: JSFWUB 25 (1984), S. 236–247, hier S. 235, 246 Anm. 60. Graf Ballestrems Tagebucheintrag vom 28.6.1891 bezieht sich auf Szmula.

Zum Spannungsfeld der frühneuzeitlichen Gelehrten-Laien-Kommunikation.
Der Fall Johann Crato von Crafftheim

Von Anna Mańko-Matysiak

> *„Folget auch nicht/ dieser oder jener lerer hat von dem nichts geschrieben oder gewust/ darum ist es ein irthumb/ oder das niemant was schreiben oder leren dürff/ es sey dann der alten lehre gleich"*
> Johann Crato von Crafftheim

Die Rolle Schlesiens innerhalb der frühneuzeitlichen *res publica litteraria* war bis dato mehrmals Gegenstand intensiver wissenschaftlicher Debatten,[1] die nicht zuletzt in der im Jahr 2002 initiierten wissenschaftlichen Reihe „Schlesische Gelehrtenrepublik" eine starke, internationale Resonanz gefunden hat.[2] Denn trotz der zahlreich erschienenen, immer häufiger interdisziplinär angelegten Regionalstudien stellt das bereits von den Humanisten hochgepriesene schlesische Gelehrtentum mit einem unerschöpflichen Reichtum an literarischen Quellen und Dokumenten stets ein solides Fundament für neue Forschungsperspektiven und -desiderate dar. Die Fachbereiche der Wissens- und Bildungsgeschichte gehören neuerdings in den Fokus der Untersuchungen.[3] Den Dignitäten des

---

1) Aus der Vielzahl der Publikationen sind stellvertretend zwei zu nennen: der Sammelband von Klaus Garber (Hg.): Kulturgeschichte Schlesiens in der Frühen Neuzeit, 2 Bde., Tübingen 2005 (= Frühe Neuzeit 111) und Norbert Conrads: Schlesien in der Frühmoderne. Zur politischen und geistigen Kultur eines habsburgischen Landes, Köln, Weimar, Wien 2009 (= Neue Forschungen zur schlesischen Geschichte 16).
2) Marek Hałub, Anna Mańko-Matysiak (Hg.): Śląska Republika Uczonych. Schlesische Gelehrtenrepublik. Slezská vědecká obec, 6 Bde., Wrocław, Dresden 2004–2014. Die Reihe bietet ein breites, auch über die frühe Neuzeit hinausgehendes Themenspektrum zur Bildungs- und Wissenschaftsgeschichte in Schlesien.
3) Zu den aktuellsten Publikationen zählt die Druckfassung der Dissertation von Christine Absmeier: Das schlesische Schulwesen im Jahrhundert der Reformation.

frühneuzeitlichen Medien- und Kulturwandels, der zu Beginn des 16. Jahrhunderts seinen Siegeszug begann und der auch in Schlesien und insbesondere in der Oderstadt deutliche Spuren hinterließ, kommt in diesem Zusammenhang besondere Bedeutung zu.[4] Mit dem Einsatz der neuen typographischen Informationssysteme wurde bekanntlich das gesamte europäische Gesellschaftsbild revolutioniert: Wie die soziale Umwelt änderte sich auch das Bildungsbewußtsein der Zeitgenossen, für die – so Peter Burke – die Geburtsstunde einer Wissensgesellschaft[5] schlug. Der Geist der neuen Epoche erreichte immer breitere Bevölkerungskreise, der bereits seit dem Spätmittelalter voranschreitenden mehrdimensionalen Gelehrten-Laien-Kommunikation wurden neue Möglichkeiten der Wissensvermittlung – sei es im Ausbau des Schulwesens, sei es in der Popu-

---

Ständische Bildungsreformen im Geiste Philipp Melanchthons, Stuttgart 2011 (= Contubernium 74). Ab 2011 läuft ein deutsch-polnisches Projekt (Kooperation der Breslauer Germanisten und des Bundesinstituts für Kultur und Geschichte der Deutschen im östlichen Europa in Oldenburg) zum schlesischen Verlagswesen von den Anfängen bis 1945.
4) Hierzu Manfred P. FLEISCHER: Späthumanismus in Schlesien. Ausgewählte Aufsätze, München 1984 (= Silesia 32); Ludwig PETRY: Breslau in der frühen Neuzeit – Metropole des Südostens, in: Zeitschrift für Ostforschung (zit. als ZfO) 33 (1984), S. 161–179; Mirosława CZARNECKA (Hg.): Zur Literatur und Kultur Schlesiens in der Frühen Neuzeit aus interdisziplinärer Sicht, Wrocław 1998 (= Acta Universitatis Wratislaviensis 1968); Jan HARASIMOWICZ: Unter dem Szepter der Jagiellonen und Habsburger. Das ‚goldene' und ‚silberne' Zeitalter der Hauptstadt Schlesiens (1490–1740), in: DERS. (Hg.): Das Bild von Wrocław/Breslau im Laufe der Geschichte. Tagungsband zum gleichnamigen Symposion im Österreichischen Staatsarchiv und im Wissenschaftlichen Zentrum der Polnischen Akademie der Wissenschaften in Wien 18.–19. Juni 2008, Wien 2008, S. 29–44 und ferner Detlef HABERLAND: Schlesien im Kontext deutscher und europäischer Kultur – Regionale Literarhistorie als Geschichte des Wissens- und Ideentransfers. Zu Problemen und Entwicklungen der Literaturgeschichtsschreibung, in: ZfO 53 (2004), S. 409–438; DERS. (Hg.): Buch- und Wissenstransfer in Ostmittel- und Südosteuropa in der Frühen Neuzeit. Beiträge der Tagung an der Universität Szeged vom 25. – 28. April 2006, München 2007 (= Schriften des Bundesinstituts für Kultur und Geschichte der Deutschen im östlichen Europa 34); DERS. in Verbindung mit Weronika KARLAK u. Bernhard KWOKA: Kommentierte Bibliographie zum Buch- und Bibliothekswesen in Schlesien bis 1800, München 2010 (= Schriften des Bundesinstituts für Kultur und Geschichte der Deutschen im östlichen Europa 39).
5) Peter BURKE: Papier und Marktgeschrei. Die Geburt der Wissensgesellschaft. Berlin 2001.

larisierung diverser Lesestoffe – zur Verfügung gestellt.[6] Aktive Akteure, wenn nicht Initiatoren dieses mentalitäts- und kulturhistorischen Paradigmenwechsels finden sich auch in Schlesien, wofür die Leistungen der etwa um Valentin Trotzendorf (1490–1556), Johann Hess (1490–1547) und Andreas Winckler (1498–1575) versammelten Humanistenkreise ein gravierendes Beispiel liefern. Aus ihren Reihen stammt nicht zuletzt der Mediziner Johann Crato von Crafftheim, an den heute eines der wenigen, erhalten gebliebenen Epitaphien in der Breslauer Elisabeth-Kirche erinnert und dessen Ruhm einst ein wirkungsgeschichtlich fulminantes, medizinisches Werk begründete. Als Theoretiker und praktizierender Arzt wurde er viel zu oft mit den ambivalenten Bildern seiner Epoche, allen voran mit Krankheiten, Not und Elend konfrontiert, und er nahm entschieden für eine damals stets kontroverse, aufklärerische Auffassung Partei: die gesellschaftliche Bedeutung von Gebrauch und Umgang mit den medizinischen Wissensinhalten.[7]

---

6) Vgl. Rolf ENGELSING: Der Bürger als Leser. Lesergeschichte in Deutschland 1500–1800, Stuttgart 1974; Gunter E. GRIMM: Literatur und Gelehrtentum in Deutschland. Untersuchungen zum Wandel ihres Verhältnisses vom Humanismus bis zur Frühaufklärung, Tübingen 1983; Ludger GRENZMANN und Karl STACKMANN (Hg.): Literatur und Laienbildung im Spätmittelalter und in der Reformationszeit. Symposion Wolfenbüttel 1981, Stuttgart 1984 (= Germanistische Symposions-Berichtsbände 5); Wolfgang BRÜCKNER, Peter BLICKLE, Peter BREUER (Hg.): Literatur und Volk im 17. Jahrhundert. Probleme populärer Kultur in Deutschland, 2 Bde., Wiesbaden 1985 (= Wolfenbütteler Arbeiten zur Barockforschung 13); Michael GIESECKE: Der Buchdruck in den frühen Neuzeit. Eine historische Fallstudie über die Durchsetzung neuer Informations- und Kommunikationstechnologien, Frankfurt a. M. 1991; BURKE: (wie Anm. 5); Albert BUSCH, Oliver STENSCHKE: Wissenstransfer und gesellschaftliche Kommunikation. Festschrift für Sigurt Wichter zum 60. Geburtstag, Frankfurt a. M., Berlin, Bern u.a. 2004 u.v.a.
7) Die Erforschung des spätmittelalterlichen Fachschrifttums ist vorrangig den beiden Medizinhistorikern verpflichtet: Gerhard EIS (z. B. Medizinische Fachprosa des späten Mittelalters und der frühen Neuzeit, Amsterdam 1982) und Gundolf KEIL (Organisationsformen medizinischen Wissens, in: Norbert Richard WOLF [Hg.]: Wissensorganisierende und wissensvermittelnde Literatur im Mittelalter. Perspektiven ihrer Erforschung. Kolloquium 5.–7. Dezember 1985, Wiesbaden 1987 [= Wissensliteratur im Mittelalter 1], S. 221–245; DERS. [Hg.]: „ein teutsch puech machen". Untersuchungen zur landessprachlichen Vermittlung medizinischen Wissens, Wiesbaden 1993 [= Ortolf-Studien 1, Wissensliteratur im Mittelalter 11] u.a.). Vgl. auch Volker ZIMMERMANN: Rezeption und Rolle der Heilkunde in landessprachlichen handschriftlichen Kompendien des Spätmittelalters, Stuttgart 1986 (= Ars medica. Texte und Untersuchungen zur Quellenkunde der Alten Medizin IV., 2). Von

Nach der Lektüre der einschlägigen Fachliteratur, in der – sieht man von den älteren Beiträgen ab – enzyklopädische Biogramme überwiegen, zeigt sich Crato als einer der geistigen Mittelpunkte in der europäischen *res publica litteraria*, im Reich und insbesondere in seiner Heimatstadt Breslau.[8] Als Leibarzt dreier Kaiser hat er sich einen Namen gemacht, doch das Augenmerk der jüngsten Forschung gilt in erster Linie den heiklen theologischen Streitigkeiten der Zeit, an denen der Mediziner rege beteiligt war.[9] Als Calvinist verrufen, fiel er am kaiserlichen Hof einer Reihe von Intrigen zum Opfer, die ihm im beruflichen Leben, Breslau nicht ausgenommen, Schwierigkeiten bereitet und seine Verdienste um

den neuesten Publikationen ist zu nennen der Sammelband von Nicolas PETHES und Sandra RICHTER (Hg.): Medizinische Schreibweisen. Ausdifferenzierung und Transfer zwischen Medizin und Literatur (1600–1900), Tübingen 2008 (= Studien und Texte zur Sozialgeschichte der Literatur 117).
8) Karl U. SIEGEL: Crato von Kraftheim, Johann, in: Schlesische Lebensbilder. Bd. 4: Schlesier des 16. bis 19. Jahrhunderts, Breslau 1931, S. 124–133; Adolf SCHIMMELPFENNIG: Crato von Crafftheim, Johannes, in: Allgemeine Deutsche Biographie (4) 1876, S. 567–569; August Wilhelm E. Th. HENSCHEL: Crato v. Krafftheim's Leben und ärztliches Wirken. Denkschrift zur Feier des 50jährigen Bestandes der Schlesischen Gesellschaft für Vaterländische Cultur, Breslau 1853; J[onas] GRAETZER: Lebensbilder hervorragender schlesischer Ärzte aus den letzten vier Jahrhunderten, Breslau 1889, S. 5–19; Gerhard EIS: Crato von Crafftheim, Johannes, in: Neue Deutsche Biographie (3) 1957, S. 402f; Paul DZIALLAS: Johann Crato von Krafftheim und Johann von Jessen, in: Eberhard G. SCHULZ (Hg.): Leistung und Schicksal. Abhandlungen und Berichte über die Deutschen im Osten, Köln, Graz 1967, S. 147–156; Marlene JANTSCH: Crato von Krafftheim, in: Sepp DOMANDL (Hg.): Gestalten und Ideen um Paracelsus. Aus der Arbeit der Internationalen Paracelsusgesellschaft anläßlich ihres zwanzigjährigen Bestehens, Wien 1972 (= Salzburger Beiträge zur Paracelsusforschung 119), S. 99–108; Deutsche Biographische Enzyklopädie, München, New Providence u.a. 1995, Bd. 2, S. 394; Michael SACHS (Bearb.): Historisches Ärztelexikon für Schlesien. Biographisch-bibliographisches Lexikon schlesischer Ärzte und Wundärzte (Chirurgen). Bd. 1 (A–C), Wunstorf 1997, S. 232–238; Heinz SCHEIBLE: Melanchthons Briefwechsel. Kritische und kommentierte Gesamtausgabe. Bd. 11: Personen A–E, Stuttgart, Bad Cannstatt 2003, S. 313f.
9) J[ohann] F[ranz] A[lbert] GILLET: Crato von Crafftheim und seine Freunde. Ein Beitrag zur Kirchengeschichte. Nach handschriftlichen Quellen, 2 Tle. Frankfurt a. M. 1860, 1861 behandelt Crato hauptsächlich unter religiösem Gesichtspunkt. Ebenso Howard LOUTHAN: Johannis Crato and the Austrian Habsburgs. Reforming a counter-reform court, Princeton 1994 (= Studies in reformed theology and history 2, 3) und Ralf BRÖER: Friedenspolitik durch Verketzerung: Johannes Crato (1519–1585) und die Denunziation der Paracelsisten als Arianer, in: Medizinhistorisches Journal 37 (2002), S. 139–182.

die Kontagionslehre überschattet haben. An den Lebensweg[10] des Verfassers einer gewichtigen, in deutscher Sprache verfaßten Pestschrift soll kurz erinnert werden, um dann dem bis dato nur rudimentär fokussierten Werk unter kulturhistorischem Ansatz Rechnung zu tragen.

Am 22. November[11] 1519 in Breslau geboren und im Kreis einer alten, angesehenen Bürgerfamilie[12] aufgewachsen, nahm Crato früh Kontakte zu den Elitekreisen der Stadt auf. Zu ihren Reihen gehörten die beiden Geistlichen und Pädagogen Johannes Hess (1490–1547) und Ambrosius Moiban (1494–1554); sie sollen jene mächtigen Gönner gewesen sein, die dem sich durch Fähigkeiten und Lerneifer auszeichnenden Schüler beim Breslauer Rat ein Stipendium für je drei Jahre erwirkt haben. Die erste akademische Station bot sich in der Universitätsstadt Wittenberg, dem damals meistbesuchten Ort der Breslauer Studenten, wo Crato 1536 ins Haus Martin Luthers aufgenommen wurde.[13] Die Umgebung des Reformators sowie ein bald mit Melanchthon geknüpftes Freundschaftsverhältnis scheinen den Jungen begeistert und nachhaltig beeinflußt zu haben. Dennoch war Cratos „*complexion*" zum Predigen zu schwach gewesen, um an die Worte Luthers zu erinnern, weshalb er nach der Erlangung des philosophischen Magistergrads 1542 zum Medizinstudium nach Leipzig (1544 Immatrikulation) wechselte. Ein Empfehlungsschreiben Luthers an den Rat der Stadt Breslau (1543), in diesem wird Crato als „*feiner, gelerter man*" gelobt, und die darauf folgende Genehmigung für ein sechsjähriges Medizinstudium lagen der Entscheidung zugrunde.[14]

Die Freundschaft mit der Familie von Joachim Camerarius dem Älteren (1500–1574), vor allem mit dessen Sohn, dem später berühmten Arzt Joachim (1534–1598), und nicht zuletzt mit den reichen Augsburger Patri-

---

10) Die biographische Skizze basiert grundsätzlich auf den Ergebnissen von GILLET (wie Anm. 9), GRAETZER und HENSCHEL (wie Anm. 8).
11) Das Geburtsdatum Cratos nach der Oratio Matthei Dresseri de curricolo vitae Joannis Cratonis a Crafftheim, Leipzig 1587, alternativ wird auch der 22. November angegeben, etwa bei SCHEIBLE (wie Anm. 8).
12) In der „Pestordnung" legt Crato Zeugnis von der Herkunft seiner Familie (den Crafften) ab, deren Angehörige in der Stadt Breslau „über zwey hundert jar/ als ehrliche/ auffrichtige/ vnsträffliche/ Ehrliebende/ vntadelhaffte/ vnnd Christliche Bürger/ friedsam mit menniglich gelebet" haben.
13) Cratos Aufzeichnungen über Luthers Gespräche bildeten u.a. eine Basis für die von Johann Aurifaber zusammengestellten „Tischreden".
14) D. Martin Luthers Werke. Kritische Gesamtausgabe [Weimarer Ausgabe]. Briefwechsel 10 (1947), S. 294–295, 324–325.

ziersöhnen Johann Baptist und Paul Hainzel sollte sich auf die Zukunft des Breslauers entscheidend auswirken. Als Reisebegleiter der letzteren gelangte Crato um 1546 nach Padua, dem bekannten und ersehnten Ort vieler Ärzte. Padua genoß seit langem den Ruf als Mekka des Medizinstudiums, das damals in der Person des berühmten italienischen Lehrers Johannes Baptista Montanus (1498–1551) neue Impulse erhielt. Der Anhänger der antiken Heilkunde, exzellente Kenner der Werke Galens und Avicennas, erkannte mit seltenem Scharfsinn die Belange der klinischen Medizin. Er war einer der Pioniere, der die Studenten über die Krankheit und die Diagnose in Gegenwart der Patienten unterrichte. Die Famulatur, die Crato bei dem Gelehrten absolvierte, muß somit eine äußerst anregende gewesen sein, woran er sich sein Leben lang erinnerte. Als promovierter Arzt (ab 1549) hielt sich Crato noch einige Zeit in Italien auf; er soll u.a. in Verona praktiziert haben. 1550 in die Heimatstadt zurückgekehrt, konnte er nun der Verpflichtung, mit seinem gelehrten Wissen „der gemeinen Stadt und den Schulen zum Besten" zu dienen, die ihm bei der Verleihung der Stipendien auferlegt worden war, nachkommen. Anfänglich nur mit halbem, ab 1554 mit dem vollem Gehalt des zweiten Stadtphysikus, der die armen Angestellten und Schüler umsonst zu behandeln hatte, begann er seine Praxis, für die ihm die Stadtbürger bald Lob spendeten und hohe Anerkennung zollten. Crato ging gleichwohl nicht in den Mühen seines ärztlichen Berufes auf, er verstand diesen auch im Sinne der medizinischen Wissensvermittlung: Der Herkunft und Anwendung des Wissens, der Gültigkeit und Autorität, der Speicherung und Weitergabe, indem er kleine Studien über die Lehren der medizinischen Autoritäten verfaßte, so namentlich in der „Idea doctrinae Hippocraticae" (1554) oder im „Methodus therapeutica ex sententia Galeni et J. B. Montani" (1555). Die Beschäftigung mit der Pest fiel ebenso in diesen Zeitraum; mit der Heimsuchung der Seuche hatte er während der *peregrinatio academica* sowie in der Heimat offensichtlich mehrmals direkt zu tun.

Cratos ärztlicher Ruf drang sehr rasch weit über die Grenzen der Heimat hinaus.[15] Sein Aufstieg begann 1560 mit der Berufung als Leibarzt Kaiser Ferdinands I. nach Wien, 1565 setzte er den Dienst bei dessen Nachfol-

---

15) Von diesem Ruf zeugt sein mit den Gelehrten in ganz Europa gepflegter, intensiver Briefwechsel. Ein erhalten gebliebener Teil davon (ca. 210 Briefe) wird heute als Dept Breslau (Nr. 10) in der Handschriftenabteilung der Staatsbibliothek zu Berlin Preußischer Kulturbesitz aufbewahrt.

ger Maximilian II. fort. Zahlreiche Ehren, wie etwa die Ernennung zum kaiserlichen Rat und die Erhebung in den erblichen Adelsstand, die am katholischen Hof letztendlich zu mehr Sorgen als Freuden führten – nicht zuletzt aus religiösen Gründen wurde Crato seines Amtes in Breslau enthoben –, fallen in die Wiener Zeit. Nach Maximilians Tod (1576) aus dem Hofdienst entlassen, war er zunächst wieder Arzt in Breslau, doch 1578 bis 1581 erneut im kaiserlichen Dienst, nun für den psychisch kranken Rudolf II. in Prag. Die ersehnte Ruhezeit war für Crato nur kurz. Sein Landgut Rückerts in der Grafschaft Glatz und die Heimatstadt waren seine letzten Lebensstationen. Crato starb am 19. Oktober 1585 an der Schwindsucht. Aus der Ehe mit der Tochter des Breslauer Ratsschreibers Johannes Scharffius von Werth (1550) gingen drei Kinder, ein Sohn und zwei Töchter, hervor, von denen nur der Junge überlebte, der spätere Jurist Johann Baptista.

Wie diese biographische Skizze zeigt, fällt der Druck der „Ordnung der Präservation zur Zeit der Pest" (Breslau 1555)[16] in die Frühzeit seiner wissenschaftlichen Tätigkeit. Die jahrelang in Italien gesammelten Erfahrungen müssen Crato stets stark beschäftigt haben, doch ein direkter Impuls, sich mit der Pest auseinandersetzen zu müssen, kam wohl eher unerwartet, als die Seuche im August 1552 die Einwohner der schlesischen Städte dezimierte, und dies war bekanntlich nicht das erste Mal.[17] Im

---

16) Der vollständige Titel lautet: Ordnung der preseruation, wie man sich wider die erschreckliche seuche der pestilenz verwahren, auch rath, wie die erkandt, vnd curiret werden sol …, Breslau 1555, und der der Ausgabe von 1585: Ordung der *Præservation*: Wie man sich zur zeit der Jnfection verwahren/ Auch bericht/ wie die rechte *Pestilentia* erkandt/ vnd curirt werden sol: Mit einer lere/ von dem vorsorg der Geschwieren. Durch *Johannem Cratonem* von Crafftheim. Dreyer Röm: Keiserlicher/ auch zu Hungern vnd Behaim Königlicher Maiestaten u. Leib *Medicum* u. Der Keiserlichen Stadt Breßlau/ im Jar 1553 zu nutz vnd sonderlichen ehren gestellet: Jetzo aber alles mit fleiß auffs neu übersehen vnd corrigiret … Breslau 1585.

17) Über die ersten Pestwellen in Schlesien herrscht bis heute große Unklarheit, zumal darüber fast ausschließlich chronikalische Überlieferungen vorliegen, wie etwa jene über den Schwarzen Tod, von Nikolaus Pol: „Dieses und das nächstfolgende Jahr regierte eine erschreckliche Pestilenz, nicht alleine in Pohlen und Schlesien, sondern fast durch die ganze Welt … Denn eine brennende Gift die Menschen dermaßen entzündet, geängstet und gequälet hat, daß sie rasend und unsinnig worden sein. Viele haben sich ins Feuer, viele ins Wasser gestürzet" (Johann Gustav BÜSCHING [Hg.]: Jahrbücher der Stadt Breslau von Nikolaus Pol, Bd. 1, Breslau 1813, S. 122f. [zit. als POL]). Erst um 1413 sollte in der Oderstadt eine drei Jahre anhaltende Epidemie einsetzen, die dann immer wieder zum Ausbruch kam. Insbesondere das Jahr

Erscheinungsjahr der Cratonischen Schrift lag die Zahl der Pesttoten bei ca. 1.500 Personen[18].

Die fast 40 Seiten starke Schrift erregte bereits bei ihrer Veröffentlichung großes Aufsehen und zog den Autor ins Zentrum einer akuten medizinischen Debatte,[19] doch seine berufliche Position war damals alles andere als konkurrenzfähig. Cratos Autorität muß zu diesem Zeitpunkt auch für den Rat der Stadt Breslau nicht überzeugend genug gewesen sein, weshalb seine Pestordnung zuerst durch jene des Zeitgenossen und Amtskollegen Johann Spremberger (1511–1577)[20] und dann von „Der Kayserlichen Stadt Bresslaw/ new auffgerichtete Infection Ordnung" (Breslau 1568)[21] ersetzt wurde. Die in die Stadt immer wiederkehrende

---

1464 hinterließ schmerzhafte Spuren; so verlor die von Breslau 60 km entfernte Stadt Namslau im Laufe des Jahres zwei Drittel ihrer Bürger. Als weitere Pestjahre gelten: 1474/1475, 1482/1483, 1496/1497, 1507, 1516, 1524, 1542, 1552, 1555, 1568, 1570, 1585, 1600/1601, 1624, 1630, 1633/34, 1708/9, 1710 und 1714. Vgl. S. GRAETZER: Die Pest-Epidemien Breslaus. Festschrift zum goldenen Doctorjubiläum des Geh. Sanitätsraths Dr. Jonas Graetzer, Breslau 1882; Joseph REICH: Breslauer Seuchen und ihre Bekämpfung in frühen Jahrhunderten, in: 101. Jahres-Bericht der Schlesischen Gesellschaft für vaterländische Cultur (1928), Breslau 1929, S. 88–111. Hierzu auch die kürzlich erschienene Monographie von Elke SCHLENKRICH: Gevatter Tod. Pestzeiten im 17. und 18. Jahrhundert im sächsisch-schlesisch-böhmischen Vergleich. Stuttgart 2013, hier Kap. 2.
18) POL (wie Anm. 17).
19) Mit der 1542 erschienenen Pestordnung des Breslauer Physicus Mathias (Nicolai) Auctus (1490–1543; er hieß eigentlich Maciej Przybyło), eines aus Krakau stammenden Mediziners und Humanisten, bekam die Debatte einen neuen Impuls. Vgl. SACHS: Historisches Ärztelexikon (wie Anm. 8), S. 40.
20) Aus der Feder Johann SPREMBERGERS stammt der im gleichen Jahr gedruckte Text: Ein kurtzer und gründlicher bericht, rath und hülff wider die Pestilentischen Kranckheit …, Breslau 1555; dieser Schrift ging eine lateinische Fassung voraus unter dem Titel: De febre pestifera disputatio pro loco Joannis Sprembergij … (Leipzig 1544) und ferner: Kurtzer Bericht von zweyerlei Gesellschaft der Pestilentischen Febern …, Breslau 1568. Spremberger hält an den herkömmlichen Theorien fest und bemerkt hierzu: „Die Alten sindt war und recht/ Wier bleiben wol ihre Knecht. Derhalben zu ihnen sich/ Halte jedermann rath ich." In diesem Sinne gibt er folgende Ursachen der Pest an: 1. verunreinigte Luft (faule Brünste von toten Körpern u.ä.), 2. ungünstige Wetterbedingungen (Nässe, Wärme), 3. ungesunde Ernährung. Das Echo der Pestschriften aus der Zeit der ersten Pandemie klingt hier deutlich nach.
21) Der Text geht auf zwei Autoren zurück: Kaspar KEGLER und Johann SPREMBERGER. Keglers Schrift „Eyn Nutzlichs vnd trostlich Regiment wider dy Pestilentz" (Leipzig 1529) wurde in einer erweiterten Fassung mehrmals (1539, 1545, 1551, 1552, 1553) nachgedruckt. Der Sohn Melchior KEGLER besorgte 1565 eine bear-

Krankheit hörte jedoch keineswegs auf: sie forderte immer wieder ihre Opfer (darunter auch Cratos Frau, gest. 3. Juni 1585), was den Mediziner offensichtlich zu einem neuen Versuch veranlaßte, die eigenen Thesen zur Bekämpfung der Pest durchzusetzen. Eine verbesserte Ausgabe seiner Pestschrift lag 1585[22] vor; dieses Jahr ging in die Geschichte der Stadt als ein grausames Pestjahr ein.[23]

Was den in deutscher Sprache verfaßten Text – dem einzigen im Schaffenswerk des Autors[24] – aus der Reihe der vor bzw. um 1555 entstandenen Traktate[25] hervorhebt, ist seine benutzerorientierte, wissensorganisierende

---

beitete, sog. „Breslauer" Fassung: Ein nützliches vnd tröstliches Regiment/ wider die Pestilentz/ vnd gifftig pestilentzisch Fieber/ die Schweissucht genant/ Vnd sonst mancherley gifftige vnd tödliche Kranckheit Durch Casparum Kegler/ der Ertzney Doctorn/ zusammen gebracht/ vernewert/ vnd mit viel tröstlichen Experimenten gebessert/ die zuuor heimlich gehalten/ vnd an den tag nie gegeben sind/ Anno 1529. ausgegangen. Auffs new widerumb Gedruckt durch Andream Petri. Anno M D LXV. Eine weitere, a priori die Verhaltensregeln fokussierende Schrift bot: Balthasar Scheider: Bericht/ wes sich bey jetzund regirender gefehrlicher Seuchen der Pestilentz/ so wol die Krancken als die Gesunden zuvorhalten/ … Breslau 1568.
22) Im gleichen Jahr wurde der Druck noch in Nürnberg und Frankfurt a. M. neu aufgelegt. Die Frankfurter Ausgabe ist als Digitalisat zugänglich: URL:http://nbn-resolving.de/urn:nbn:de:hbz:061:2-21554; Hinw.: Resolving-System.
23) Nach Pol (wie Anm. 17), S. 120f. sind innerhalb von 33 Wochen (von Juli bis Dezember 1585) in und außerhalb der Stadt 5.913 Personen an der Pest gestorben.
24) Liste der zu Cratos Lebzeiten und nach dessen Tod herausgegebenen Schriften bei Sachs: Historisches Ärztelexikon (wie Anm. 8), S. 234–238.
25) Vgl. Karl Sudhoff: Deutsche medizinische Inkunabeln. Bibliographisch-literarische Untersuchungen, Leipzig 1908 (= Studien zur Geschichte der Medizin 2/3); Arnold C. Klebs: Die ersten gedruckten Pestschriften. Geschichtliche und bibliographische Untersuchungen. Beigefügtes Werk: Karl Sudhoff: Der Ulmer Stadtarzt und Schriftsteller Heinrich Steinhöwel mit Abbilungen im Text, 24 Tafeln und Faksimile von Steinhöwels Büchlein der Pestilenz Ulm 1473, München 1926. Und ferner Wolfenbütteler Verzeichnis medizinischer und naturwissenschaftlicher Drucke 1472–1831, 14 Bde., München 1976–1990. Einen Überblick über den Inhalt einiger Pestschriften aus dem 16. Jahrhundert verschafft die Studie von Sigrid Dienel: Die Pestschrift des schlesischen Arztes Heinrich Cunitz (1580–1629) aus dem Jahr 1625 – ein zeitgenössisches medizinisch-pharmazeutisches Dokument? Eine vergleichende Untersuchung mit Pestschriften aus dem 16. und 17. Jahrhundert, [Diss. Techn. Univ. München 2000] München 2000 und Heinz Flamm: Die ersten Infektions- oder Pest-Ordnungen in den österreichischen Erblanden, im Fürstlichen Erzstift Salzburg und im Innviertel im 16. Jahrhundert, Wien 2008 (= Veröffentlichungen der Kommission für Geschichte der Naturwissenschaften, Mathematik und Medizin 58). Die Autorin hat selbst eine Reihe von Pestschriften, v.a. aus den Beständen

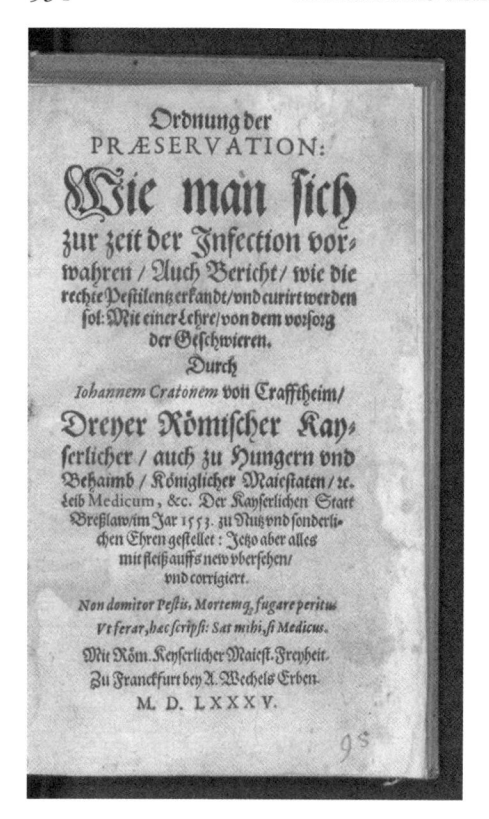

Titelblatt der Frankfurter Ausgabe von 1585
[digital.ub.uni-duesseldorf.de/vester/content/pageview/2230687]

Perspektive, die dem Leser – von der erst kurz vorher propagierten Kontagienlehre ausgehend – einen neuen Umgang mit dem Wesen der Pest vor Augen führt.[26] Der Breslauer Gelehrte trat somit nicht in die Fußstapfen

---

der Herzog August Bibliothek, der Universitätsbibliothek Breslau und der Staatsbibliothek zu Berlin Preußischer Kulturbesitz gesichtet.
26) Sieht man von den übernatürlichen, als Strafe Gottes aufgefaßten Ursachen der Pest ab, bezweifelten die Mediziner immer häufiger die hippokratische Lehre von den Miasmen, d.h. giftigen Ausdünstungen des Bodens, die mit der Luft fortgetragen werden und so zur Weiterverbreitung von Krankheiten beitragen sollten. Seit der Mitte des 16. Jahrhunderts gewann demgegenüber die konkurrierende Auffassung von spezifischen Keimen, die die Ansteckung verursachen (die Kontagiosität), immer mehr Anhänger. Der italienische Arzt Fracastoro gilt als Wegbereiter dieser Lehre. Siehe Anm. 27. Überblicksdarstellungen bieten Klaus BERGDOLT: Der Schwarze Tod in Europa. Die Große Pest und das Ende des Mittelalters, München 1994; Otto

seines verehrten Lehrers Montanus, sondern eines anderen Veroneser Zeitgenossen, nämlich Hieronymus Fracostoro (1483–1553),[27] der sich als erster mit dem 1546 erschienenen Werk „De contagionibus et contagiosis morbis et eorum curatione libri tres" um die Pathologie der ansteckenden Krankheiten verdient gemacht hatte. Crato gebührt demgegenüber das Verdienst, trotz zurückhaltender bzw. ablehnender Stellungnahmen als erster deutscher Arzt an der Kontagiosität der Pest mit Eifer und Klarheit festgehalten zu haben.[28]

Die Grundstruktur der Schrift, in zwei Teile, nämlich Prophylaxe und Therapie, gegliedert, entspricht der der meisten Pestschriften, doch in Zweck- und Gebrauchsform des zu behandelnden Objekts hatte Crato seine eigenen Schwerpunkte gesetzt. Diese sollen im Folgenden näher beleuchtet werden.[29]

Der der Stadt Breslau zu Diensten verpflichtete Arzt legt einleitend ein Bekenntnis jener Ideen ab, die ihn veranlaßt haben, nicht nur gegen die Fachkollegen, sondern auch gegen die „unerfahrenen Ärzte" und die „Scharlatane"[30] zu Felde zu ziehen und zudem eigene Reflexionen vorrangig zur Krankheitslehre anzustellen:[31] „Es haben so vil Gelehrte vnd erfarne *Medici*, von der grausamen anfallenden kranckheit der Pestilentz geschrieben/ dz es fast vnnötig/ davon ferner in Druck was zu verfertigen. Doch weil ich mich schuldig erkenne/ meine gaben auch außzuspenden vnnd Christlich mitzutheilen/ damit dem Nechsten gedienet/ vnnd ich mich gemeiner Stadt vnd meines Vatterlandes anneme/ habe ich diesen dienst durch gegenwertige Schrifft wollen bezeugen." (Bl. A ij^r)

ULBRICHT (Hg.): Die leidige Seuche. Pest-Fälle in der Frühen Neuzeit, Köln, Weimar, Wien 2004; Mischa MEIER (Hg.): Pest. Die Geschichte eines Menschheitstraumas, Stuttgart 2005. *Gottes verhengnis und seine straffe* – Zur Geschichte der Seuchen in der Frühen Neuzeit. Ausstellungskatalog Herzog August Bibliothek Wolfenbüttel, Wiesbaden 2005.
27) Hieronymus FRACASTORO: Drei Bücher von den Kontagien, den kontagiösen Krankheiten und deren Behandlung (1546). Übersetzt und eingeleitet von Viktor Fossel, Leipzig 1910 (= Klassiker der Medizin 5).
28) HENSCHEL (wie Anm. 8), S. 11.
29) Das von DIENEL (wie Anm. 25), S. 50–53 erstellte Kurzprofil über Cratos Werk hat nur oberflächlichen Charakter.
30) Synonyme Ausdrücke wie etwa „Quacksalber" und „Kurpfuscher" kommen im Text ebenso vor.
31) Die zitierten Passagen stammen aus der Ausgabe von 1585, wobei diese mit dem früheren Druck von 1555 verglichen wurde.

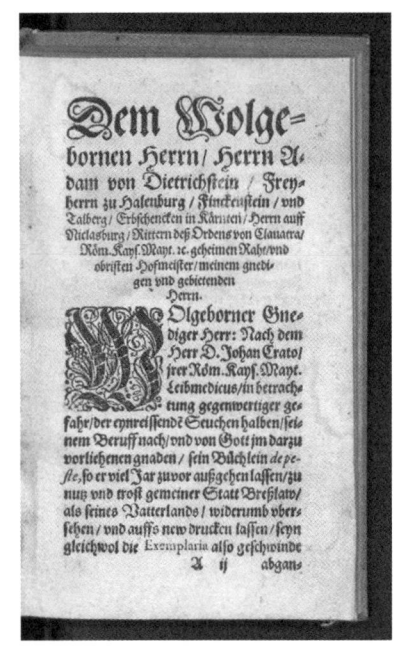

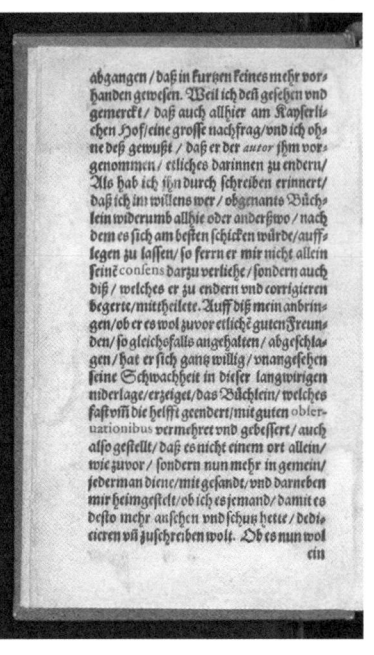

Beginn der Widmung der Frankfurter Ausgabe von 1585 an den Ksl. Geheimen Rat Adam von Dietrichstein durch des Ksl. Hofmedicus Peter Monau [digital.ub.uni-duesseldorf.de/vester/content/pageview/2230687 bzw. 2230690]

In der zweiten Ausgabe der Schrift wurde das Fragment um einige Zeilen erweitert, um des Autors Distanz zu den zeitgenössischen, kritisch bewerteten deutschsprachigen Pestschriften und dennoch seine bewußte, auf wenig Ansehen ausgerichtete Entscheidung, in der Volkssprache zu schreiben, noch deutlicher auszudrücken: „Weiß auch wol/ daß man mit disen deutschen schrifften/ darunter etliche von vnerfarnen *Medicis* gestellet/ wenig rhum erlangen kan: Sondern ich hab meine liebe Herrn vnd Freunde/ vnnd die es jetziger zeit/ oder künfftig bedürffen/ bedacht/ Verhoffend/ weil es guthertzig gemeinet/ werde es auch dermassen angenommen/ an welchem danck ich mich allein lasse begnügen." (Bl. A ij^{r-v}) Die Modalitäten der Ansteckung – nach Cratos Einsicht durch die Verunreinigung der Luft verursacht, die ihrerseits auf die von den Kranken aufsteigenden Dämpfe und Keime zurückgeht – werden gleich zu Beginn des Textes in den Vordergrund gestellt, wissend, daß seine Meinung wohl nicht bei jedem gut ankommen mag. Cratos Postulate richten sich nämlich gegen die unhygienischen Verhältnisse, allen voran gegen die weit verbreitete Gewohnheit, in den Pestzeiten mit dem Harn des Kranken zum Arzt zu laufen.[32] Der Letztere könne dadurch nur aufgehalten werden, denn es sei möglich, daß der Harn noch kein Sterbenszeichen aufweise, der Patient aber bereits in Todesgefahr sei. Derjenige, der aber mit dem Urin herumlaufe, könne die Verbreitung der Infektion verursachen.

Auf die Diskussion über die bis dato tradierten Pestursachen, vor allem jene der Astrologen,[33] wolle er sich nicht einlassen, er verneine diese auch nicht („Von diser vrsachen wil ich nicht disputieren/ auch niht verneinen."), sondern erinnere nachdrücklich „das gute acht zu geben/ damit alles vermiden/ dadurch die lufft mehr verunreiniget möchte werden/ sintemal vnsauber lufft vnd gestanck sonderlich zu der außbreitung der gifft vrsach geben." (Bl. A ijᵛ).

Nach diesen Erläuterungen beginnt der den mangelhaft wirksamen Schutzmaßnahmen gewidmete Teil. Ohne Scheu vor der Obrigkeit äußert sich der Mediziner zu deren Verantwortlichkeit für die Säuberung und Reinhaltung der Straßen und Wasserleitungen: „Wird derhalben ein Obrigkeit mit ernst darob sein/ auff daß die strassen/ vnnd sonderlich enge gäßlein vnnd winckel/ da doch vil personen füruber täglich müssen gehen/ rein gehalten werden. Das todte Viehe/ allerhand vnsauberkeit/ mist vnd vnlust von der gassen geschaffet/ die gemeinen wasser/ es sey Brunnen/ Rhören oder Flüsse/ rein gehalten/ weil durch verunreinigung der wasser/

---

32) Die weit verbreitete Praxis, bei der Diagnose einer Krankheit besonderen Wert auf die Untersuchung von Harn zu legen, geht auf Galen zurück. Diese war eine oft praktizierte Methode bei der Behandlung von Kranken. Zur Bedeutung der Harnpraktiken siehe u.a. Joachim TELLE: Arzneikunst und der „gemeine Mann". Zum deutsch-polnischen Sprachenstreit in der frühneuzeitlichen Medizin, in: Pharmazie und der gemeine Mann. Hausarznei und Apotheke in deutschen Schriften der frühen Neuzeit. Ausstellung der Herzog August Bibliothek Wolfenbüttel (vom 23. August bis März 1983), Braunschweig 1982, S. 43–50, hier S. 46.
33) Auch an dieser Stelle wird deutlich, daß Crato von den spätmittelalterlichen Pesttheorien, so wie diese im „Sinn der höchsten Meister" oder im „Prager Sendbrief" dargelegt wurden, nicht viel hielt. Zum Inhalt der ersten handschriftlichen Quellen in deutscher Sprache siehe u.a. Volker GRÄTER: Der Sinn der höchsten Meister von Paris. Studien zu Überlieferung und Gestaltenwandel, [Med. Diss. Bonn 1974] Pattensen 1974 (= Untersuchungen zur mittelalterlichen Pestliteratur 3, 1); Gloria WERTHMANN-HAAS (Bearb.): Altdeutsche Übersetzungen des Prager Sendbriefs „Missum imperatori". Auf Grund der Ausgabe von Andreas Rutz neu bearb., [Diss. Würzburg 1983] Pattensen 1983 (= Würzburger medizinhistorische Forschungen 27, Untersuchungen zur mittelalterlichen Pestliteratur 1).

die Lufft vnd menschen verunreiniget/ vnd offt gesunde örter von wegen der Wasserlauff/ vngesund vnd vnrein werden." (Bl. A iij^v).

Der Luftreinigung sollen nicht zuletzt Räucherungen[34] als ein bewährtes, bereits in der Antike bekanntes Schutzmittel gegen „schlechte lüfte" dienen, daher auch der Verweis auf die Autoritäten, allen voran auf Hippokrates: „Die Lufft aber wird fürnemlich gereiniget durch das feuer. Derwegen/ wie Hippocrates vnd andere *Medici* gethan/ auff den gassen feuer angezündet sein worden. Dann wo die vergifftung der Lufft folget/ lehret vns die erfahrung/ daß durch feuer/ so von Wacholtern/ Kyfern/ Eychenholtz vnd laub gemacht/ die Gifft/ so auß den *infectis corporibus*, wegen der dünst vnd brodem außrauchen/ mit der Lufft vermischen/ ein widerstand gethan. Item durch ablassung grosses Geschütz vnnd dergleichen rauch." (Bl. A iij^v) Dem gemeinen Mann gegenüber, hier in der Person des „Hausvaters" verbalisiert,[35] werden in diesem Fall ebenso praktische Ratschläge gegeben. Crato empfiehlt traditionsgemäß Kaminfeuer aus stark duftenden Pflanzen und Gewürzen[36] und ferner aus dürrem Eichenholz, nicht zuletzt findet sich der Verweis, man werde immer bei den Apothekern Rat finden: „Es mag aber ein jeder Haußvater täglich zwey oder dreymal in seinem hause/ damit er darinne reine lufft erhalte/ mit Wacholterbeer/ dürren Rosmarin/ Eychenlaub/ oder Kym [Kümmel]/ lassen ein guten Rauch machen/ sonderlich zur zeit des Winters/ vnnd angehenden Herbst/ oder da man Camin hat/ ein resch feuer von gutem dürren Eychenholtz anbrennen: Die es aber vermögen/ werden in der Apotecken Kertzlein/ Zeltlein vnd Pulver/ zu solchem Rauch verordnet finden." (Bl. A iiij^v)

Crato meint ferner, die von den Bürgern oft und zahlreich besuchten Orte wie etwa Bade-, Bier- und Weinstuben seien aufgrund eines erhöhten Ansteckungsrisikos unbedingt zu meiden. Die Übertragung der Pest auf andere Menschen geschehe nämlich durch die Luft, und zwar nicht nur

---

34) Die Luftreinigung erfolgte meistens durch normales Holzfeuer und durch Räucherung mit aromatischen Hölzern und Harzen wie auch durch Besprengen und Abwaschen mit Essig. Auf diesbezügliche Anweisungen in den Pestordnungen verweist u.a. FLAMM (wie Anm. 25), S. 19.
35) Vgl. TELLE (wie Anm. 32) und Gundolf KEIL: Der Hausvater als Arzt, in: Trude EHLERT (Hg.): Haushalt und Familie in Mittelalter und früher Neuzeit. Vorträge eines interdisziplinären Symposions vom 6.–9. Juni 1990 an der Rheinischen Friedrich-Wilhelms-Universität Bonn, Sigmaringen 1991, S. 219–243.
36) Wacholderbeeren und Rosmarin gehörten zu den meistbenutzten Heil- und Rezepturhilfsmitteln. Hierzu u.a. DIENEL (wie Anm. 25), S. 286, 295f.

durch ihre Einatmung: „Allhie soll ich erinnern/ Demnach der Mensch die Gifft/ wie ermeldet/ fürnemlich durch anziehen des Luffts vnnd des Athems empfahet/ welchs nicht allein durch den mund/ sondern alle lufftlöcher im leib geschicht." (Bl. B^r). Sein Rat lautet demzufolge: „Damit aber niemand vrsach zu der *Infection* oder vergifftung geben/ solt man die Badstuben/ Bier vnd Weinheuser/ auch andere ort/ da inn warmen stuben vil zusammen kommen/ abschaffen/ vnnd ein jeder sich also verhalten/ damit er nicht zu letzt in seinem gewissen beschweret/ daß er andern mutwillig geschadet oder jm gifft selbst geholet." (Bl. B^v).

Als nächsten Punkt bespricht der Autor die „*res non naturales*", die sowohl im Prozeß der Prophylaxe als auch der Therapie von Belang sind, und damit der Zwitterstellung dieser Lebensbereiche, deren Vernachlässigung die Bildung der bösen Feuchtigkeiten verursachen könne.[37] Die Begründung hierfür lautet wie folgt: „So rathe ich doch einem jeden treulich/ daß er sich messig/ in essen/ trincken/ vnnd anderm thun halte/ für dem laster der Trunckenheit/ Vnkeuschheit hüte/ suche freud mit messigkeit/ zucht vnnd Gottes forcht/ Vermeide vndeutliche schedliche Speise/ von welchen böse feuchtigkeit sich verursachen/ als die Fische so nicht schuppen haben/ Gens vnnd allerley geflügel so sich auff dem wasser verhelt/ Milchspeise/ die vndeulich bald corrumpiret/ übrigen brauch des Krauts/ rohes Obs/ allerley Pültze vnd Schwemme/ Vnd gebe acht/ damit nicht im leib *Cruditates*, das ist/ übermessige feuchtigkeit mit hinderung der deutung/ oder *Obstructiones*, das ist/ verstoppfung werden/ u. Es hüte sich auch ein jeder für starcken vnreinen Wein/ vor hefftiger grosser übung/ darauff harter schweiß vnnd grosse enderung des athems folgt/ vnd sehe zu/ damit der leib offen sey/ sonderlich aber vermeide man traurigkeit vnd schwermütigkeit/ vnd die forchte/ welche das hertz schwechet/ vnd zu annemung der gifft ein gewaltig vrsach gibet.

Dieweil man sich aber nicht so wol mit essen vnnd trincken halten kan/ es samlet sich doch böse feuchtigkeit/ Ermane ich dise/ so durch arbeit dieselben nicht verzehren/ daß sie sich nach rath eines verstendigen Medici/ der da jre natur/ alter/ krefften/ vnnd zeit des Jars inn acht nimpt/ lassen

---

37) Die harmonisch-gesundheitserhaltende Lebensführung hatte ihren Ursprung in der antiken Lehre von der Diätetik. Vgl. Hugo Kupferschmidt: Die Epidemiologie der Pest. Der Konzeptwandel in der Erforschung der Infektionsketten seit der Entdeckung des Pesterregers im Jahre 1894, [Diss. Zürich 1992] Aarau, Frankfurt a. M., Salzburg 1993 (Gesnerus/Supplement 43), S. 119.

purgiren/ doch zusehen/ damit sie nicht einen antreffen/ der gifftige starcke Ertzney brauche." (Bl. B iij^r).

Der hippokratisch-galenischen Medizin, hier in der Form von humoraltherapeutischen Praktiken wie Purgation und Aderlass, wird an dieser Stelle nur eine eingeschränkte Würdigung zuteil. Die häufige Reinigung des Blutes auch im Sinne prophylaktischer Maßnahmen hält Crato für zulässig, empfiehlt aber je nach der Komplexion des Körpers diese anzuwenden, anderenfalls verursacht die Antidotwirkung mehr Schaden als Nutzen (Bl. B iiij^v).

Als bewährte Mittel zur Stärkung des Herzens werden schließlich empfohlen: ein Oleo Scorpionum (mit Rezept), Arsenicum album (von einem Wundarzt aus Bononien mitgeteilt) und die „gemeinen" Pestpillen. Angesichts der hohen Kosten solcher Arzneien und der viel zu langen Rezepttexte[38] weiß Crato für die Armen ein eigenes alternatives, selbständig herzustellendes Mittel zu verordnen, wie etwa in diesem Fall: „Die es aber nicht zu bezahlen/ die machen jnen selbst disen nachgeschrieben safft/ vnd nemen ein quart Essig/ darmit zustossen sie zwo hand vol Weintrauttenbletter/ drucken es rein durch ein tuch/ vnd thun darzu Campher vnd Saffran jedes ein quintl/ darein netzen sie ein schwemmlein/ tragen das bey sich/ vnd riechen daran. Item/ mögen sie denselben Safft in die naßlöcher (wie vermeldet) vnd auff die Puls vnnd Hertzstreichen/ sonderlich Leute die hitzig vnd zur zeit/ da es warm wetter/ denn es ist ein sonderliche gute Præservation." (Bl. B ij^v). Der Text gliedert sich folglich in kleinere Teile, die nach wie vor den Komplex der Prophylaxe reflektieren, deren Fälle aber in Bezug auf Alter und Geschlecht ausdifferenziert werden. Kinder, schwangere Frauen, junge Knaben und Jungfrauen sowie letztlich ältere Personen, mit der jeweiligen Berücksichtigung der „Armen", gehören zu den fokussierten Gruppen. Den Rezipienten wird somit ein breit angelegtes, nach Cratos Meinung „nützliches" Spektrum an medikamentösen Mitteln zur Verfügung gestellt. Die meisten, aus den Büchern anderer Autoren geschöpften Kenntnisse, bereichert er um die herkömmlichen Arzneien, wie etwa die aus Striegau stammende *Terra sigillata*.[39] Über das

---

38) Auf die Textsorte „Rezept" und ihre Gebrauchsformen macht aufmerksam Joachim TELLE: Das Rezept als literarische Form. Bausteine zu seiner Kulturgeschichte, in: Medizinische Monatsschrift 28 (1974), S. 389–395.
39) Die aus Striegau und Goldberg stammende Tonerde war in Schlesien besonders beliebt; Crato schrieb ihr mit Recht eine starke exsikkierende Wirkung zu. Vgl. REICH (wie Anm. 17), S. 105.

Ersatzprodukt der Paracelsisten äußert er sich allerdings distanziert: „Weil aber jetziger zeit inn der Schlesien ein *Marga*, welche die Paracelsisten *Axungiam Solis* nennen/ vnd für *Terram Sigillatam* verkauffen/ dieselbe auch von vielen approbiret: So bin ich nit darwider/ daß solcher Steinmarck/ so fern kein betrug dabey/ vnd nicht die *Trochisci* so verkauffet werden/ eine Mixtur vnd *compositum*, dazu andere sachen/ dann das Erdrich oder Steinmarck/ kommen/ weil er *exicciret*/ vnd eine *vim* wider die *venena* haben sol/ zu der Præservation gebrauchet: Ob er aber inn der Curation was thun möcht/ wird die *experientia* lehren." (Bl. C iiij^r).

Das nächste Kapitel handelt – auf „Anfragen der Interessierten", zu denen nicht allein der gemeine Mann, sondern auch vornehme Personen zählten – von Maßnahmen, die hier als Rezepturenteil fungieren und die am Wiener und Prager Hof, namentlich von den Kaisern Maximilian I., Karl V., Ferdinand II., Maximilian II. und dessen Frau, Kaiserin Maria, hoch geachtet wurden. Damit man sich jedoch von den genannten Maßnahmen nicht zu viel verspreche, erinnerte der Arzt an ein unbestrittenes Faktum: ein „gewiß *Antidotum* vnd *verum Alexipharmacum pestis* ... sey noch bey Gott dem Allmechtigen/ vnnd seiner Göttlichen Maistat/ verborgen." (Bl. D iiij^r– E^v). Umso mehr lag es dem Mediziner daran, über die Modalitäten der Krankheit und deren Bekämpfung Auskunft zu geben. Diese sind Gegenstand des nachfolgenden Teils über die „Curation".

In diesem Abschnitt weicht Crato von den vorherrschenden Krankheitslehren dezidiert ab, indem er einführend seine Bedenken – genauso wie Fracastoro – gegen die bisherigen, generalisierenden Fiebertheorien, d.h. den Trugschluß, verschiedene Krankheiten für eine zu halten, äußert und folglich zwischen der wahren Pest (publicas pestes) und dem nicht anstekkenden, pestilenzialischen Fieber (privatas pestes) unterscheidet: „So muß ich allhie vermelden/ daß ich nach vieler *sententiarum* Collation/ mit den fürtrefflichsten *Medicis*, so jetzo leben/ oder jüngst verschiener zeit gelebt haben/ dises befinde: Daß kein *morbus* oder *febris* für ein recht *Pestis* oder *pestilens* zu achten/ es sey dann anfellig vnd *contagiosa*, Vnnd ehe dann solcher anfall oder *contagium*, von einem inficirten Cörper in den andern gehe/ vnd die fürnemsten innerlichen Gliedmaß vnd krefften berüre/ sonderlich aber das hertz in welchem fall ein schnelles böses/ Feber/ nach empfangenem *seminario* sich erreget/ vnnd das hertz gentzlich oppugniret ..." (Bl. E iij^r)

Er demonstriert im besonderen die Wirkung eines heftigen Gifts in den Pestzeiten, sein andersartiges Wesen und Verhalten, um die Differenzierung der beiden Krankheitsfälle näher zu verfolgen: „Derwegen soll ich anfenglich die Medicos berichten/ daß von mir ein *discrimen* gehalten/ zwischen den *pestilentialibus febribus*, so mit Hauptwehe/ bösen Hälften/ vnd dergleichen zufall … aber doch nit *contagiosæ*, … Vnd zwischen den *febribus*, so eine *morbidā exspirationem* haben/ von welcher sich in dem Lufft vnd in andern sachen/ darinn der lufft verbleiben kan/ die *inquinamenta & seminaria Pestilentiæ & infectionis* verhalten vnnd mehren/ dadurch außgebreitet/ vnd vilen menschen schedlich. Dann dise Feber nenne ich *publicas*, darumb/ daß sie nicht bey einem hauß oder ort verbleiben/ sonder je lenger je gemeiner/ nach dem die *inquinamenta* inn dem lufft gemehret werden." (Bl. E iij^v).

An der spezifischen Natur der Kontagiösität der Pest festhaltend, tritt Crato für das Gebot eines spezifischen Heilverfahrens ein und befürwortet die Vernichtung bzw. Minderung der Gifte bei den infizierten Patienten. Die Indikationen des Aderlasses, der abführenden oder schweißtreibenden Mittel, je nach Komplexion des Körpers angewendet, und endlich die hohe Wertschätzung der Diät verraten den kundigen Arzt, dessen Erfahrungen über die damals geübten allgemeinen und örtlichen Behandlungen ein breites Spektrum an Maßnahmen widerspiegeln. Oft werden italienische Ärzte zu Rate gezogen, aus Breslau – sieht man von den Apotheken ab – weiß er allerdings auf ein Pulverrezept *(Commune curativum febrium)* seines Präzeptors Dr. Johann Hess zu verweisen; die Arznei sei – so der Autor – „in das Spital vnd sonsten gegeben worden/ vnd von vil hundert menschen mit grossem nutz gebrauchet/ auch lengst bevor gelobet …" (Bl. G iij^v).

In dem den Pesttraktat[40] abschließenden Passus artikuliert Crato wiederholt, welche theoretischen sowie praktischen Prioritäten er beim Verfassen der Schrift setzte: Seiner Vaterstadt wollte er mit ärztlichem Rat dienen, d.h. die potenziellen Patienten – die medizinischen Laien – für die kommenden „Zufälle" vorbereiten und ihnen das von ihm erworbene, notwendige Fachwissen über die öffentliche Seuchenhygiene, Selbstprophylaxe und Eigentherapie vermitteln. Cratos Schrift grenzt sich allerdings von den bis dahin rezipierten Hypothesen deutlich ab, zumal der Autor die sonst ausführlich dargestellten Ursachen der Pest nur beiläufig bespricht oder an diesen stillschweigend vorbeigeht. Sein Ziel ist es, die Benutzer nicht nur auf den endemischen, sondern den verhängnisvollen, ansteckenden

---

[40] Die Behandlung der Geschwüre, die im zweiten Teil der Schrift stichpunktartig erläutert wird, soll grundsätzlich den Wundärzten überlassen werden.

Charakter der Krankheit aufmerksam zu machen und somit diesbezügliche Ratschläge zu geben. Darin ist die gebrauchsfunktionale und wissensvermittelnde Grundtendenz seines Werkes zu sehen!

Überblickt man noch einmal die Struktur des Inhalts, so gewinnt man den Eindruck, daß es sich hier um ein wohlüberlegtes, heilkundliches Programm handelt, welches auf die Bedürfnisse der nach Alter und Stand ausdifferenzierten Benutzergruppen abgestimmt war. Hiermit sollte sich jeder aus dem Buch Rat (auch auf Vorrat) holen, wie die Krankheit zu erkennen sei und vor allem, welche Medikamente bei welchen Krankheitssymptomen anzuwenden seien. Aus germanistischer Perspektive nicht zu übersehen ist noch ein anderer Gesichtspunkt: Die stellenweise sehr anspruchsvolle Sprache der Schrift läßt unbestritten nur einen begrenzten Kreis als direkten Adressaten des Werkes in Frage kommen. Die häufigen lateinischen Halbsätze und Wörter, auf die der Autor offensichtlich nicht verzichten wollte (Crato geht auf die sprachlichen Probleme abschließend ein, Bl. J iij^r)[41] und für die es im Deutschen wohl noch keine passable Entsprechung gegeben hat, konnte nur von einem relativ gebildeten (lateinkundigen) Publikum[42] zur Kenntnis genommen werden, um im Endergebnis ein Rezept oder eine Behandlung korrekt anzusetzen. An dieser Stelle sei daran erinnert, daß das Breslau der zweiten Hälfte des 16. Jahrhunderts zu den mittelgroßen Städten des Deutschen Reiches gehörte und mit seinen ca. 36.000 Einwohnern[43] eine

---

41) Den Kollegen vom Fach riet er zur Lektüre seiner in lateinischer Sprache verfaßten Schriften, etwa des *Commentarius de vera praecavendi et curandi febrem pestilentem contagiosum ratione* (1583).
42) Es wäre durchaus falsch anzunehmen, daß Crato seine Schrift nur an die Wund- bzw. Laienärzte adressierte. Er geht im ganzen Text mit dem Adressatenkreis sehr bewußt und ausgewogen um. Erst im dritten Teil unterrichtet er expressis verbis die Wundärzte über die Geschwüre näher.
43) Die Angaben zur Einwohnerzahl um 1550 schwanken zwischen 19.800 und 23.500. Für die Jahre 1556/57 wird die Zahl ca. 36.000 angegeben. Vgl. Franz Eulenburg: Drei Jahrhunderte städtischen Gewerbewesens. Zur Gewerbestatistik Alt-Breslau 1470–1790, in: Vierteljahrsschrift für Sozial- und Wirtschaftsgeschichte 2 (1904), S. 254–285. Eine Tabelle der Einwohnerzahlen Breslaus von 1403 bis 1741 findet sich bei Leszek Ziątkowski: Wrocław w czasach habsburskich (1520–1740) [Breslau in der Habsburgerzeit], in: Cezary Buśko, Mateusz Goliński, Michał Kaczmarek, Leszek Ziątkowski (Hg.): Historia Wrocławia. Od pradziejów do końca czasów habsburskich [Geschichte Breslaus. Von der Vorgeschichte bis zum Ende der Hansburgerzeit], Wrocław 2001 (= Historia Wrocławia. Bd. 1), S. 221–295, hier S. 246.

nicht geringe potentielle Leserschaft[44] stellte, gefördert durch die beiden illustren Gymnasien, das Elisabethanum und das Magdaleneum, die wie Magnete auf den jugendlichen Nachwuchs wirkten, durch einen Stadtrat und ein Patriziat, die beide die Fortbildung an den besten Universitäten förderten und durch „Hausierer", Buchverkäufer, die ihre Waren vor die Haustür stellten.[45] Der Kreis der Leser wurde zudem erweitert durch die passiv, nämlich akustisch Rezipierenden, denen die wichtigsten Verhaltensregeln und Vorschriften der Pestschrift auf dem Weg der mündlichen Kommunikation vermittelt wurden.

Durch die explizit pragmatische Ausrichtung der Schrift auf den Fall der Krankheit gelingt es Crato, sein Werk ganz bewußt, wenn nicht provozierend, in die Reihe der laienorientierten Gebrauchsliteratur zu stellen und somit ihren status quo zu bewahren.[46] Die Auseinandersetzung der Fachelite um die Popularisierung des medizinischen Lehrgutes[47] eskalierte immer wieder, umso belangvoller erscheint in dieser Debatte Cratos

---

44) Gegen Ende des 16. Jahrhunderts gehörten in Breslau ebenso wie in anderen Großstädten des Deutschen Reiches zum Kreis der lese- und schreibkundigen Benutzer ca. 5–6 Prozent der Bevölkerung. Hierzu u.a. Rolf ENGELSING: Der Bürger als Leser. Lesergeschichte in Deutschland 1500–1800, Stuttgart 1974; Ingeborg SPRIEWALD: Literatur zwischen Hören und Lesen. Wandel von Funktion und Rezeption im späten Mittelalter. Fallstudien zu Beheim, Folz und Sachs. Berlin, Weimar 1990; Sandra POTT: ‚Medicus poeta'. Poetisierung medizinischen Wissens über die Pest und Blässe: Hans Folz und einige unbekannte Mediziner-Dichter, in: Florian STEGER und Kay Peter JANKRIFT (Hg.): Gesundheit – Krankheit. Kulturtransfer medizinischen Wissens von der Spätantike bis in die Frühe Neuzeit, Köln, Weimar, Wien 2004 (= Beihefte zum Archiv für Kulturgeschichte 55), S. 237–262; Bernhard SCHNELL: Die volkssprachliche Medizinliteratur des Mittelalters – Wissen für wen?, in: Thomas KOCK und Rita SCHLUSEMANN (Hg.): Laienlektüre und Buchmarkt im späten Mittelalter, Frankfurt a. M., Berlin, Bern u.a. 1997 (= Gesellschaft, Kultur und Schrift. Mediävistische Beiträge 5), S. 129–146.
45) Hierzu Albrecht KIRCHHOFF: Hausierer und Buchbinder in Breslau im 16. Jahrhundert, in: Archiv für Geschichte des Deutschen Buchhandels 4 (1879), S. 35–53.
46) 1500 erinnerte Hieronymus Brunschwygk (Liber pestilentialis de veneris epidemie. Das bouch der vergift der pestilentz ..., Straßburg 1500) mit Nachdruck daran, daß medizinische Fachtexte nicht nur an die „jungen angehenden Meister und Scherer" und auch nicht nur für die „kranken Laien" gedacht sind sondern ebenso für die „Gesunden". Vgl. GIESECKE (wie Anm. 6), S. 541.
47) Zum Problem Joachim TELLE: Wissenschaft und Öffentlichkeit im Spiegel der deutschen Arzneibuchliteratur. Zum deutsch-lateinischen Sprachenstreit in der Medizin des 16. und 17. Jahrhunderts, in: Medizinhistorisches Journal 14 (1979), S. 32–51; GIESECKE (wie Anm. 6), S. 682–696.

Stimme, mit der dem Informationsverlangen medizinischer Laien ein wirkungsmächtiger Impuls gegeben wurde.

Was Crato in diesem Gesamtkontext in gleichem Grad wie die Bekämpfung der Krankheit beschäftigte und was er an der medizinischen Behandlung auszusetzen wußte, waren die Unkenntnis und das mangelnde ethische Verhalten seiner Berufskollegen, von denen er sich entschieden distanzierte. Der um die Laienkreise besorgte Mediziner warnte daher vor der Gefahr, von den nur Schaden anrichtenden, „ungeschickten Ärzten" kuriert zu werden. Der Appell an deren Gewissen und die berufliche Ethik des Arztberufes müssen zu den dringenden Angelegenheiten der Zeit gehört haben.

Daß der Breslauer Arzt weder mit seinen originellen theoretischen Konzeptionen noch mit dem wissensvermittelnden Programm die medizinische, an der Konkurrenz und am Gewinn orientierte Welt revolutionierte, darf nicht verwundern; über die Ursachen der Pest schieden sich wie bekannt bis 1898 die Geister. Die genannte „Ordnung" wurde dennoch als ein „nützliches" Werk 1613 erneut in Breslau und ferner in Nürnberg und Frankfurt am Main (hier zweimal) aufgelegt, infolgedessen erreichte das Wissen über die Kontagionslehre immer breitere Gelehrten- und Laienkreise. Dies scheint umso anerkennenswerter, als selbst ein Sprottauer Pfarrer, Martin Behme[48] (1557–1622), dem Verdienst des Breslauers ein Denkmal setzte, indem er seine Gläubigen neben der „Seelenarznei" auch vom Primat der Lehre Cratos – der Kontagiosität – zu überzeugen versuchte. Ihr Anteil an der Verbreitung des Pestwissens vor dem Hintergrund der Experten-Laien-Kommunikation kann bis dato nicht hoch genug veranschlagt werden.

---

48) Martin Behme: Die drey Landplagen/ Krieg/ Tewrung/ Pestilentz/ welche jetz undt vor der Welt Ende/ in vollem schwang gehen/ Den frommen Kindern Gottes/ welchen bey dieser kümmerlichen Zeit hertzlich bange ist/ zu Lehr vnd Trost: den sichern Weltkindern aber zur warnung vnd schrecken. In XXIII. Predigten erkleret …, Wittenberg 1601, Bl. 149ᵛ. Hierzu Anna Mańko-Matysiak: Zwischen Glaube und Wissensvermittlung. Auf den Spuren der Pest im Schlesien des Reformationszeitalters, in: Carl Christian Wahrmann u.a. (Hg.): Seuche und Mensch. Herausforderung in den Jahrhunderten. Ergebnisse der internationalen Tagung vom 29.–31. Oktober 2010 in Rostock, Berlin 2012 (= Historische Forschungen 95), S. 99–119, hier S. 113.

Zur Verleihung des Nobelpreises für Literatur an Gerhart Hauptmann im Jahr 1912

Von Klaus Hildebrandt

Vorbemerkungen

Am 15. November 1912 feierte Gerhart Hauptmann seinen 50. Geburtstag. Am Vortage wurde ihm auch der Nobelpreis für Literatur verliehen. Der Dichter war der vierte Deutsche, der diese hohe Auszeichnung von der Schwedischen Akademie erhielt – nach Theodor Mommsen (1902), Rudolf Eucken (1908) und Paul Heyse (1910).

Mit dieser Ehrung stand Gerhart Hauptmann, dessen sozialkritische Dramen lange umstritten waren, auf dem Zenit seines Ruhmes. Schon vorher war er übrigens mehrfach ausgezeichnet worden. Am 30. Mai 1905 war er zum Doctor Litterarum honoris causa am Worcester College in Oxford promoviert worden, als „artis dramaticae summus inter hodiernos artifex".[1] Am 30. Juli 1909 fand seine Promotion zum Dr. phil. h.c. der Universität Leipzig aus Anlaß ihrer Fünfhundertjahrfeier statt. Hauptmann schrieb darüber: „Es war die erste offizielle Ehrung, die mir auf dem Boden meines deutschen Vaterlandes zuteil wurde."[2] Dreimal hatte Gerhart Hauptmann den Grillparzer-Preis der Wiener Akademie der Wissenschaften erhalten (1896 für „Hannele", 1899 für „Fuhrmann Henschel" und 1905 für „Der arme Heinrich"). Der Nobelpreis für Literatur überstrahlte das alles. Danach sah sich sogar Kaiser Wilhelm II. genötigt, dem Dichter eine Ehrung zukommen zu lassen. Am 27. Januar 1915 wurde Gerhart Hauptmann der Rote Adler-Orden IV. Klasse mit der Krone verliehen.

---

1) C.F.W. Behl und Felix A. Voigt: Chronik von Gerhart Hauptmanns Leben und Schaffen. Bearbeitet von Mechthild Pfeiffer-Voigt, Würzburg 1993, S. 68.
2) „Kunst und Wissenschaft". Rede, gehalten in der Aula der Universität Leipzig am 23. November 1912, in Gerhart Hauptmann: Sämtliche Werke. Hg. von Hans-Egon Hass. Centenar-Ausgabe (zit. CA). Band VI (1963): Erzählungen, Theoretische Prosa, S. 697–700, Zitat: S. 699.

Der Nobelpreis für Literatur

Der schwedische Erfinder und Industrielle Alfred Nobel (1833–1896) stiftete fünf Preise, die seinen Namen tragen: die Nobelpreise für Physik, Chemie, Physiologie oder Medizin, Literatur und Friedensbemühungen. Die Zinsen aus dem Vermögen der Stiftung sollten „denen zugeteilt werden, die [...] der Menschheit den größten Nutzen geleistet haben".[3] Die Nobelstiftung wurde am 29. Juni 1900 gegründet, vier Jahre nach dem Tode des Stifters. Die Nobelpreise werden in jedem Jahr am 10. Dezember, dem Todestag des Preisstifters, ausgehändigt. Vier Preise werden im Stockholmer Konzerthaus feierlich vom schwedischen König überreicht. Der Friedensnobelpreis wird im Osloer Rathaus in einem festlichen Rahmen ausgehändigt. Die Bekanntgabe erfolgt jedes Jahr viel früher, nämlich Anfang bis Mitte Oktober.

Der Nobelpreis für Literatur soll dem zugesprochen werden, der „das Vorzüglichste in idealistischer Richtung geschaffen hat".[4] Zuständig für die Zuteilung des Preises ist die Schwedische Akademie. Die Auswahl delegiert diese zum Teil an ein Nobelkomitee, dessen Mitglieder (zur Zeit sind es mit dem Vorsitzenden und dem Sekretär fünf Personen) für drei Jahre aus den Reihen der Schwedischen Akademie gewählt werden. Schon im September des Vorjahres der Zuerkennung bittet das Nobelpreiskomitee sechs- bis siebenhundert ausgewählte Personen und Institutionen, und zwar weltweit, um Kandidatenvorschläge für den Literaturnobelpreis des kommenden Jahres. Es gehören dazu: bisherige Preisträger des Nobelpreises für Literatur, Mitglieder der Schwedischen Akademie sowie anderer Akademien, Gesellschaften oder Institutionen, die in ihren Zielen und in ihrem Aufbau mit dieser vergleichbar sind, Universitäts- und Hochschulprofessoren für Literatur sowie Präsidenten von Schriftstellerverbänden, die für die Literaturproduktion ihres jeweiligen Landes repräsentativ sind.

Die Angeschriebenen können ihre Vorschläge bis zum 31. Januar beim Nobelpreiskomitee einreichen. Nur lebende Autoren sind zugelassen. Aus den ca. 350 Vorschlägen stellt das Komitee für die Schwedische Akademie eine Liste von 15 bis 20 Personen zusammen. Nach Bestätigung durch die Akademie erarbeitet das Komitee bis Mai eine engere Auswahlliste mit fünf

---

3) Auszug aus dem Testament in deutscher Übersetzung: www.nobelpreis.org/testament (zuletzt besucht am 31.1.2014).
4) Vgl. ebd.

Namen. Dann können sich die Mitglieder während der Sommermonate mit dem Werk der fünf Kandidaten vertraut machen. Ab September wird über die Kandidaten und ihr Werk debattiert, Anfang oder Mitte Oktober wird abgestimmt. Der neue Nobelpreisträger für Literatur muß mehr als die Hälfte der Stimmen auf sich vereinigen. Nur der Preisträger wird bekanntgegeben; die Namen der anderen Kandidaten unterliegen einer 50jährigen Sperrfrist. Der Preisträger erhält neben einer Nobelmedaille und einem persönlichen Diplom ein Preisgeld von derzeit zehn Millionen Schwedischen Kronen. Wenn der Nobelpreis für Literatur mehreren Personen zuerkannt wird, muß auch das Preisgeld geteilt werden. Bis heute wurde der Nobelpreis für Literatur nur viermal geteilt, also an zwei Personen vergeben: 1904, 1917, 1966 und 1974.

Preisträger

Seit der ersten Verleihung im Jahr 1901 an den französischen Lyriker und Philosophen Sully Prudhomme wurde der Nobelpreis für Literatur bisher, also bis 2012, 109 Personen zuerkannt. Viermal wurde, wie erwähnt, der Preis geteilt. In den Jahren 1914, 1918, 1935 sowie 1940 bis 1943 wurde der Nobelpreis für Literatur nicht vergeben.

Autoren, die man dem englischen Sprachraum zurechnen kann, stellen die größte Anzahl der Preisträger dar. Es folgen Verfasser aus dem französischen, dem deutschen, dem spanischen, dem schwedischen, dem italienischen und dem russischen Sprachraum.

Bisher erhielten 13 deutschsprachige Autoren bzw. Verfasser der deutschen Kulturnation den Literaturnobelpreis. 1902, bei der zweiten Verleihung, wurde der deutsche Historiker Theodor Mommsen ausgezeichnet. Es folgen der Philosoph Rudolf Eucken (1908), der Schriftsteller Paul Heyse (1910), Gerhart Hauptmann (1912), Thomas Mann (1929), Heinrich Böll (1972), Günter Grass (1999) und Herta Müller (2009). 1966 erhielt Nelly Sachs, die 1940 nach Schweden ins Exil gegangen war und auch nach dem Zweiten Weltkrieg dort lebte, die Auszeichnung, die sie sich mit Samuel Agnon teilen mußte. Neben dem lange Zeit in der Schweiz wohnenden Deutschen Hermann Hesse (1946) und dem gleichfalls häufig in der Schweiz wohnenden, in Bulgarien geborenen Elias Canetti (1981) war der einzige Schweizer Preisträger Carl Spitteler (1919). Die bisher einzige österreichische Preisträgerin ist Elfriede Jelinek (2004).

Geschichte der Verleihung des Nobelpreises für Literatur 1912 an Gerhart Hauptmann

Die Verleihung des Nobelpreises für Literatur des Jahres 1912 an den gerade fünfzigjährigen Gerhart Hauptmann war eine große Überraschung für viele. Diese Verleihung war etwas völlig Neues, denn erstmals wurde ein „moderner" Autor berücksichtigt. Bisher hatte man ältere Autoren geehrt, wie Sully Prudhomme (eigentlich René François Armand Prudhomme), Björnstjerne Björnson, Frédéric Mistral, Theodor Mommsen und Paul Heyse „oder auch mehr oder weniger von Romantik und Exotik umstrahlte Persönlichkeiten wie Henryk Sienkiewicz, Rudyard Kipling, Selma Lagerlöf und Maurice Maeterlinck", wie Gunnar Ahlström schrieb.[5] Ahlström faßte zusammen: „Der Siegerlorbeer war entweder ergrauten, in offiziellen Reden zitierten Klassikern zuteil geworden oder Schriftstellern, die das Geheimnis ferner Länder oder alter Zeiten umgab, von den Katakomben bis zu den Türmen des Mittelalters, vom indischen Dschungel bis zur schwedischen Märchenwelt."[6] Gerhart Hauptmann, der Preisträger des Jahres 1912, gehörte sozusagen ganz in die Gegenwart. Dieser Dichter war vor allem durch sein Schauspiel „Die Weber" bekannt. Man brachte ihn – ob das richtig war oder nicht – mit Revolutionärem in der Literatur in Verbindung, und man sah in ihm einen Verfasser, der in einem gewissen Gegensatz zu den im Deutschen Reich Herrschenden stand. Die Londoner *Pall Mall Gazette* schrieb in einem Kommentar: „Die Verleihung des Nobelpreises an Herrn Hauptmann wird vom Kaiser wahrscheinlich nicht mit ungeteilter Freude begrüßt werden. Zwar ist es ein Triumph für sein Land, daß es diesen Preis bereits viermal errang, während Frankreich ihn erst zweimal erhielt und kein sonstiges Land ihn mehr als einmal bekommen hat. Doch vertritt Gerhart Hauptmann eine dramatische Schule, für die der Kaiser wenig Sympathie empfinden dürfte."[7] Für die Schwedische Akademie unangenehm war ein scharfer Protest, der sich in England erhob. Die Londoner *Times* publizierte einen Brief, den der bekannte Kritiker Edmund Gosse an die Redaktion gerichtet hatte. Er machte sich

---

5) Gunnar AHLSTRÖM: Kleine Geschichte der Zuerkennung des Nobelpreises an Gerhart Hauptmann, in: Nobelpreis für Literatur 1912. Sammlung Nobelpreis für Literatur, Band 13: Gerhart Hauptmann: Große Erzählungen, Zürich o. J., S. 7–20, Zitat: S. 9.
6) Ebd.
7) Ebd.

zum Sprachrohr der Society of Authors, die seit 1902 eigene Vorschläge nach Stockholm geschickt hatte. Das Komitee war zutiefst enttäuscht und beendete seine Arbeit. In Stockholm war man überrascht. Man bestritt, daß man jemals das Komitee der Society of Authors um Empfehlungen gebeten hatte. Aber das war nicht richtig. Die Royal Society of Literature war neben der Society of Authors auf eine Liste gesetzt worden, und die Formulare waren übermittelt worden. Nun konnte man die britische Enttäuschung nicht mehr rückgängig machen. Man wollte ja auch, wie bekannt, etwas ganz anderes.

Dazu muß man sagen, daß sich der stärkste Wandel in der Schwedischen Akademie selbst und bei ihrem Nobelpreis-Komitee vollzogen hatte. Am 15. Juni 1912 starb Dr. C. D. af Wirsén, der bei der Verleihung der ersten Preise viel zu sagen hatte. Er war als kämpferisch-konservativer Literaturkritiker bekannt. Seit 1894 war er der Ständige Sekretär der Schwedischen Akademie. Als es darum ging, einen Nobelpreis für Literatur einzurichten, baute er den dazu notwendigen Verwaltungsapparat auf. Er beherrschte die Akademie. Ihr gehörte das Leben des 1842 Geborenen. Seine Ideale verteidigte er. Es ging ihm um hohe moralische Werte, und er kämpfte gegen den Wertverfall in der modernen Zeit. Nach seinem Tod im Juni 1912 schrieb ein Kritiker: „C. D. W. führte seinen kleinen Staat wie Calvin Genf; bei der Wahl neuer Akademie-Mitglieder wachte er aufmerksam darüber, daß sein Geist ihn so lange wie möglich überlebe."[8]

Im Jahre 1912 blieb der Platz des streitbaren Konservativen leer. Erst Ende 1912 wählte man einen Nachfolger. Bis dahin wurden die Funktionen des Ständigen Sekretärs von Wirséns altem Vertrauten ausgeübt, dem damaligen Generaldirektor der Geschichtsdenkmäler, Hans Hildebrand, einem würdigen Greis. Er war es auch, der zu gegebener Zeit die Laudatio auf den Preisträger hielt.

Die veränderten Verhältnisse ließen erahnen, daß lange Erhofftes eintreten könnte. Irgendwie ahnte man, daß der Preisträger endlich aus Deutschland kommen könnte. Einige Zeitungen veröffentlichten Artikel über einen Autor, den heute kaum noch jemand kennt – über Gustav Frenssen, den Verfasser des damals weitverbreiteten und gerne gelesenen Kleinstadt-Romans „Jörn Uhl". Man lag hier völlig falsch, wie des öfteren in dieser Branche. Heute ist bekannt, daß Gustav Frenssen für das Jahr 1912 nicht einmal vorgeschlagen worden war.

8) Ebd., S. 13.

1912 gab es 31 Kandidaten, über die diskutiert werden mußte. Alle Unterlagen waren, wie man seit langem weiß, sorgfältig ausgearbeitet worden. Es gab viele erstklassige Kandidaten.

Aus Frankreich kam ein Vorschlag für Henri Fabre und seine „Entomologischen Souvenirs". Der Kandidat war ein Greis von 81 Jahren. Aber die Herren der Schwedischen Akademie interessierten sich nicht in so starkem Maße für die Insektenwelt, daß sie den Preis an den Verfasser des „Lebens der Bienen" vergeben hätten, auch wenn sich in Frankreich viele Prominente dafür einsetzten, darunter Romain Rolland. Frankreich hatte auch noch andere Kandidaten aufzubieten. An erster Stelle stand Pierre Lotis. Auch er hatte namhafte Unterstützer, darunter den Ständigen Sekretär der Académie Française. Ein weiterer Kandidat war Anatole France, ein großer Gelehrter, und es gab noch einen dritten Kandidaten: Henri Bergson, den bekannten französischen Philosophen.

Auch die Schweiz, das Land Gottfried Kellers und Conrad Ferdinand Meyers, meldete Ansprüche an. Zwei Berner Literaturprofessoren schlugen Carl Spitteler vor und nannten insbesondere dessen „Europäischen Frühling". Carl Spitteler blieb noch unberücksichtigt; den Nobelpreis für Literatur erhielt er erst 1919.

Ein hervorragender Kandidat kam aus den Vereinigten Staaten von Amerika. Universitätskreise, besonders aus Harvard und Columbia, benannten Henry James, der damals einen hervorragenden Platz in der angelsächsischen literarischen Welt einnahm. Henry James erhielt den Nobelpreis für Literatur weder 1912 noch später.

Aus Großbritannien kamen zwei Empfehlungen. Ein Dokument, mit siebzig Unterschriften versehen, wurde für Thomas Hardy eingereicht. Hinzu trat der Name des Cambridger Mythendichters James George Frazer, der mit dem „Goldenen Zweig" einen Welterfolg erlangt hatte.

Erwähnen sollte man auch noch, daß George Bernard Shaw seit 1912 regelmäßig vorgeschlagen wurde. Shaw schrieb englisch, stammte aber aus Irland, und so wurde er nicht von Großbritannien vorgeschlagen, sondern von einem norwegischen Bewunderer. Shaw erhielt übrigens erst im Jahr 1925 den Nobelpreis für Literatur.

Besondere Aufmerksamkeit erweckte 1912 Gerhart Hauptmann. Er war 1902 schon einmal vorgeschlagen worden. Diese alte Kandidatur konnte einen Vorteil bedeuten. Überdies genoß Gerhart Hauptmann schon damals in vielen Ländern ein hohes Ansehen aufgrund des Erfolges etlicher Theaterstücke. Man sah in ihm einen Goethe seiner Zeit, vom Glanz des

Ruhms umstrahlt. Betonen sollte man, daß Gerhart Hauptmann zwar als naturalistischer Dichter begonnen hatte, aber dem Naturalismus nur noch mit einem Teil seines dichterischen Wesens angehörte. Gerhart Hauptmann zeigte ein schon 1902 breitgefächertes Schaffen. Er taugte durchaus als Kandidat für den Nobelpreis für Literatur.

Damals, im Jahr 1902, trat vor allem Richard M. Meyer, ein angesehener Literaturprofessor an der Universität Berlin, für den Schlesier ein: „In den Kreisen, die sich in Deutschland mit liebevollstem Ernst der Literatur widmen, zweifelt kaum jemand daran, daß Gerhart Hauptmann der begabteste unter den im Laufe der letzten Jahre hervorgetretenen Autoren ist."[9] Richard M. Meyer hob noch hervor, daß der Verfasser der Dramen „Die Weber" und „Hanneles Himmelfahrt" durch eine „hohe idealistische Ausrichtung"[10] geprägt sei. Eine solche Haltung wurde übrigens – wie schon erwähnt – ganz allgemein von einem Verfasser gefordert, der den Nobelpreis für Literatur verdiente. So etwas geschah in Großbritannien. Der Edinburgher Professor Frederick Polock gab eine Empfehlung ab, versah sie aber mit polemischen Bemerkungen gegen den Hauptkandidaten der englischen Society of Authors: „Eine idealistische Tendenz wäre die letzte Eigenschaft, die man dem Werk Herbert Spencers zubilligen könnte."[11]

1902 war das Nobelpreis-Komitee noch nicht bereit, Gerhart Hauptmann zu ehren. Der bedeutende Historiker Theodor Mommsen wurde bevorzugt. Man versäumte es nicht, die revolutionäre Seite einiger Werke Gerhart Hauptmanns hervorzuheben, besonders beim Schauspiel „Die Weber": „Bei der Premiere in Berlin wurde der Beifall von Bebel, Liebknecht und Singer angeführt, und ein Teil des Publikums forderte die Schauspieler auf, das Haus des Fabrikbesitzers zu plündern."[12] Das Komitee wollte aber auch nicht vermuten lassen, daß es völlig gegen Gerhart Hauptmann war: „Gerhart Hauptmann ist erst 40 Jahre alt, und es mag sein, daß das, was heute noch gärt und in Bewegung ist, sich im Laufe der Zeit klären und zur Harmonie finden wird."[13] Die Entscheidung wurde also auf eine spätere Zeit verschoben.

---

9) Ebd., S. 17
10) Ebd.
11) Ebd.
12) Ebd.
13) Ebd., S. 18.

Schon 1906 wurde Gerhart Hauptmann mit Nachdruck als Kandidat vorgeschlagen. Die Schwedische Akademie bekam eine gedruckte Eingabe; es war eine ausführliche Abhandlung mit Hinweisen auf Gerhart Hauptmanns Meisterschaft und über seinen Stellenwert im literarischen Leben Deutschlands. Es hatten insgesamt 35 Persönlichkeiten aus dem Deutschen Reich und Österreich-Ungarn unterschrieben, Literaturwissenschaftler und Mitglieder von Akademien, unter ihnen Hans Delbrück, Adolf Harnack, Alois Brandl und Erich Schmidt. Dieses Schreiben machte natürlich Eindruck. Gerhart Hauptmann wurde zwar noch einmal abgelehnt, aber seine Berücksichtigung reifte, auch weil er weitere große literarische Erfolge hatte. Besondere Beachtung fand der Roman „Der Narr in Christo Emanuel Quint" aus dem Jahr 1910. So war es möglich, daß der deutsche Germanist Erich Schmidt nur wenig schrieb, als er Gerhart Hauptmann 1912 erneut vorschlug; er verwies auf bereits Dargelegtes. Man kann auch vermuten, daß er in der Zwischenzeit direkten Kontakt mit dem Komitee aufgenommen hatte.

Alle mit dem Gegenstand Vertrauten waren nicht überrascht, als die Akademie am 14. November 1912 Gerhart Hauptmann den Preis zuerkannte, „vornehmlich für sein reiches, vielseitiges und hervorragendes Wirken auf dem Gebiet der dramatischen Dichtung".[14]

Damit war für viele nach zehn Jahren das Ziel erreicht. Der 50. Geburtstag Gerhart Hauptmanns war ein willkommener Anlaß, den Dichter zu ehren. Das wollten in diesen Tagen auch noch andere. Am 10. November 1912 wurde der Ehrenbürgerbrief der Stadt Hirschberg zu Hauptmanns bevorstehenden 50. Geburtstag überreicht. Am 11. November 1912 übergab die Bürgerschaft des Geburtsortes Obersalzbrunn ein Ehrengeschenk und protestierte damit gleichzeitig gegen die Ablehnung einer Ehrung des Dichters durch die Gemeindevertretung. Am 13. November 1912 erhielt Gerhart Hauptmann eine Glückwunschadresse des Ortes Agnetendorf, in dem er am 10. August 1901 sein neues Haus „Wiesenstein" bezogen hatte. Der Nobelpreis für Literatur war selbstverständlich die Krönung von allen genannten Ehrungen.

Das öffentliche Leben Schwedens beherrschte gerade ein heftiger politischer Kampf. Zunehmenden Einfluß erlangte die schwedische Sozialdemokratie unter ihrem Anführer Hjalmar Branting, der ein großer Freund Frankreichs war. Seine Zeitung bemühte sich darum, Gerhart

---

14) Ebd.

Hauptmanns politische Einstellung zu erforschen. Am Morgen des 12. Dezember 1912 gab er dieser Zeitung ein Telefoninterview. Der Dichter des Schauspiels „Die Weber" galt bislang als Radikaler, aber nun mußte man zur Kenntnis nehmen, daß der deutsche Dichter nie einer Partei angehört hatte und das auch nicht ändern wollte und daß Hauptmann der Meinung war, ein Dichter solle nie Politiker werden, weil Kunst frei sein müsse. In Brantings Zeitung *Social-Demokraten* (Stockholm) konnte man lesen, was Gerhart Hauptmann auf die Frage, welche Bewandtnis es mit Dichtung mit sozialer Thematik habe, geantwortet hatte: „In dem Maße wie es politisch gefärbt ist, ist sie nicht länger Kunst. Ich verstehe, daß Sie auf ‚Die Weber' anspielen. Aber dieses Drama ist ein rein menschliches Dokument und keinesfalls gesellschaftskritisch."[15] Der Zeitung konnte man Enttäuschung entnehmen, vor allem deswegen, weil er sich in dem Interview zu keiner politischen Partei bekennen wollte: „Ich war nie Mitglied einer politischen Partei und werde nie irgendeiner Partei angehören. [...]. Ein Künstler darf kein Politiker sein. So etwas bindet zu sehr. Und alle Kunst muß frei sein."[16] Man hielt fest, der Dichter sei wohl nicht mehr der junge Kämpfer, den man von seinem Jugendwerk her kannte: „Der Nobelpreisträger Gerhart Hauptmann ist offensichtlich nicht genau derselbe wie der Autor von ‚Vor Sonnenaufgang' und ‚Die Weber'. Um sich nicht selbst genötigt zu sehen, die fehlende Identifizierung mit seinem Jugenddrama anzuerkennen, leugnet er dessen soziale Tendenz, was die Diskrepanz nicht mindern dürfte. Denn daß es sie gibt, ist unwiderlegbar. Es ist doch amüsant zu wissen, wen man da vor sich hat."[17]

In der Folgezeit erlebten immer mehr Bewunderer Gerhart Hauptmanns solche Enttäuschungen. Sie stellten fest, daß in neuen Werken des Dichters immer häufiger statt fester Überzeugungen nur noch wechselnde Meinungen bzw. Stimmungen vorkamen. Man vermißte ein eindeutiges Engagement, und das in einer immer schwieriger werdenden Zeit. Europa erlebte den Balkankrieg. Nach Aufständen in Albanien schlossen im März 1912 Serbien, Bulgarien, Griechenland und Montenegro den Balkanbund, der gegen das Osmanische Reich gerichtet war. Im Oktober 1912 marschierte

---

15) H. D. Tschörtner (Hg.): Gespräche und Interviews mit Gerhart Hauptmann (1894–1946), Berlin 1994, S. 57f.; Ein Gespräch mit Gerhart Hauptmann, in: Social-Demokraten (Stockholm), 12. Dezember 1912, Zitat: S. 58. – Vgl. Anm. 5, S. 19; der Zeitungstext wird hier in Teilen anders übersetzt.
16) Tschörtner (wie Anm. 15), S. 58.
17) Ebd.

diese Allianz gegen die Türken und drängte sie im Ersten Balkankrieg fast an die Meerengen zurück. Österreich-Ungarn bezog neuerlich Front gegen Rußland, das seinen Einfluß mit Hilfe der orthodoxen Bruderstaaten auf dem Balkan ausdehnen wollte. Im Deutschen Reich traten Kaiser Wilhelm II. und sein Generalstabschef Moltke für ein kräftiges Auftreten Österreich-Ungarns gegenüber den „auswärtigen Slaven" ein. Der Krieg, so Wilhelm II., sei unvermeidlich, wenn Rußland weiterhin die Serben stütze. Es braute sich also Drohendes zusammen. Noch meinte man aber, klare Worte könnten die Probleme in Schach halten. An solchen Worten fehlte es auch im Dezember 1912 nicht, als man Gerhart Hauptmann den Nobelpreis für Literatur überreichte. Wenige Wochen vorher war die Verleihung erfolgt.

Die Verleihung des Nobelpreises für Literatur und der Dank des Preisträgers

Am 14. November 1912, einen Tag vor seinem 50. Geburtstag, wurde Gerhart Hauptmann der Nobelpreis für Literatur verliehen. Gänzlich überraschend kam diese Nachricht für ihn nicht. Schon am 9. November 1912 schrieb der Journalist und Schriftsteller Gustaf Blomquist aus Berlin-Friedenau: „Von dem von mir vertretenen Stockholmer ‚Aftonbladet' habe ich die telegraphische Nachricht bekommen, dass Sie für den diesjährigen litterarischen Nobelpreis in Aussicht genommen sind. Man hat mich deshalb gebeten, mich mit Ihnen in Verbindung zu setzen. Ich wäre Ihnen sehr verbunden, wenn Sie mir gefälligst mitteilen wollten, ob ich Sie entweder in Agnetendorf oder in Berlin sprechen könnte. Im ersteren Falle würde ich sehr zu Dank verpflichtet für eine Angabe der bequemsten Verbindung Berlin – Agnetendorf. Mit vorzüglicher Hochachtung ergebenst G. Blomquist".[18]

Offiziell erfuhr Gerhart Hauptmann erst am 17. November 1912 in Wien (dort war er vom 17. bis zum 19. November) von der Verleihung des Nobelpreises für Literatur an ihn, und zwar durch ein Telegramm aus Agnetendorf ins Hotel Sacher: „wortlaut des stockholmer telegrammes

---

18) Gerhart Hauptmann Briefnachlaß (zit. als GH Br Nl) B I (Ehrungen und Orden), Nr. 9 – Staatsbibliothek zu Berlin – Preußischer Kulturbesitz, Handschriftenabteilung, (zit. als StBB-PK, Hs.-Abt.). – Der Handschriftenabteilung der Staatsbibliothek zu Berlin – Preußischer Kulturbesitz danke ich für etliche Kopien aus dem Briefnachlaß Gerhart Hauptmanns.

lautet als geburtstag anbinde ankuendigung des letteraischen nobelpreises der schwedischen akademie brief folgt. – sekretaer der akademie hans hildebrand".[19]

Schon 15. November 1912 sandte der Sekretär der Schwedischen Akademie, Hans Hildebrand, den im Telegramm erwähnten Brief:

„Sehr geehrter Herr,

Ich habe die Ehre Ihnen die Mitteilung zu machen, dass die Schwedische Akademie gestern, in Anerkennung Ihrer langen und hervorragenden Dichterwirksamkeit, Ihnen den diesjährigen litterarischen Nobelpreis zugeteilt hat.

Ich bitte Sie mir die Nachricht geben zu wollen, ob Sie nach Stockholm kommen werden um am 10. December den Preis mit dem Diplom selbst in Empfang zu nehmen oder ob sie in der feierlichen Sitzung des genannten Tages dem hiesigen Deutschen Botschafter zu übergeben sind.

Der Stifter des Preises hat den Wunsch ausgesprochen, dass derjenige der den Preis bekommen hat, einen öffentlichen Vortrag in Stockholm halten möchte. Wenn Sie dieses thun wollen – es ist keine Verpflichtung – möchte ich gern davon benachrichtigt werden um nötige Vorbereitungen zu treffen.

Mit vorzüglicher Hochachtung
Ihr ganz ergebener
Hans Hildebrand
Sekretär der Schwedischen Akademie"[20]

Die Nachricht davon, daß ihm der Nobelpreis für Literatur verliehen worden sei, erfüllte Gerhart Hauptmann ganz bestimmt mit großer Freude. Erstaunlich ist, daß sein Tagebuch das kaum erkennen läßt. Am 19. November 1912 hielt er in Wien fest: „Tage eines ungeahnten allgemeinen Durchbruchs, der Nobelpreis."[21]

Gerhart Hauptmann dankte dem Sekretär der Schwedischen Akademie am 22. November 1912 mit einem Brief:

---

19) GH Br Nl B I (Ehrungen und Orden), Nr. 9 – StBB-PK, Hs.-Abt.
20) Ebd.
21) Gerhart HAUPTMANN: Tagebücher 1906 bis 1913. Mit dem Reisetagebuch Griechenland-Türkei 1907. Nach Vorarbeiten von Martin Machatzke hg. von Peter Sprengel, Frankfurt am Main, Berlin 1994, S. 318.

„Sehr geehrter Herr

Mit ganz ergebenem Dank bestätige ich den Empfang Ihres Schreibens vom 15ten November, das bei meinem langen Umherreisen erst gestern in meine Hände gelangte. Ich habe bereits Gelegenheit genommen, Ihnen meine Freude über die grosse mir zuteil gewordene Ehre telegrafisch auszudrücken.

Natürlich komme ich nach Stockholm und betrachte es überhaupt als Ehrenpflicht, den Satzungen des grossen Stifters und der Stiftung in jeder Beziehung zu genügen. Leider bin ich kein Redner und könnte nur etwas aus meinen Werken vorlesen. Freilich weiss ich nicht, in wie weit eine solche kurze Vorlesung aus irgend einem meiner Dramen, sich in die bei der Nobelfeier üblichen Gepflogenheiten einordnen liesse. Jedenfalls bitte ich von meiner Bereitwilligkeit Kenntnis zu nehmen und ganz über mich zu verfügen.

Mit vorzüglicher Hochachtung"[22]
[Gerhart Hauptmann]

Am 25. November 1912 schrieb Hans Hildebrand, der Sekretär der Schwedischen Akademie, an Gerhart Hauptmann:

„Sehr geehrter Herr,

Die Festsitzung des Nobeltages findet am 10. December 5 Uhr Nachmittags statt im grossen Saale der k. Akademie der Musik und dauert etwa anderthalb Stunden. Unmittelbar nachher Diner im Grand Hôtel, der ganz in der Nähe liegt.

Am 11. December wird wohl der König ein Diner geben. So ist wenigstens bisher die Sitte gewesen.

Ich finde, dass Sie für den 12ten eine Einladung zu einem Diner beim Mathematiker Prof. Mittag-Leffler angenommen haben.[23]

---

22) Von Gerhart Hauptmanns Brief liegt nur eine handschriftliche Abschrift vor: GH Br Nl B I (Ehrungen und Orden), Nr. 9 – StBB-PK, Hs.-Abt.
23) Am 19. November 1912 sandte Prof. Mittag-Leffler aus Stockholm ein Telegramm an Gerhart Hauptmann, Hotel Sacher, Wien: „aufrichtigste glueckwuensche erlaube mir sie zum diner abend zwoelften december zusammen mit den andern nobelpreistraegern einzuladen = professor mittag leffler". GH Br Nl B I (Ehrungen und Orden), Nr. 9 – StBB-PK, Hs.-Abt.

Wenn Sie Stockholm etwas näher kennen lernen wollen, wird es wohl das Beste sein vor dem 10ten hier anzukommen. Wann Sie kommen werden Sie willkommen sein.

Wenn Sie von Ihrer Frau Gemahlin begleitet werden, möchte ich bitten, recht bald davon benachrichtigt zu werden.

Sie wohnen in Stockholm am Bequemsten im Grand Hôtel, dessen jetziger Dirigent Frutssen früher Dirigent des Hôtels Kaiserhof in Berlin war. Die Lage ist ausgezeichnet, in der Mitte der Stadt, nahe am Wasser, dem k. Schlosse gegenüber.

Vom Vortrag werde ich Ihnen sicherlich schreiben.

Ihr ganz ergebener
Hans Hildebrand"[24]

Die aufbewahrten Texte vom November 1912 enden hier; weitere Aufzeichnungen gibt es erst vom Dezember 1912.

Wir können einen Blick darauf werfen, was Gerhart Hauptmann zwischen der Verleihung des Nobelpreises für Literatur am 14. November 1912 und der Entgegennahme des Preises am 10. Dezember 1912 so alles unternahm.

Am 15. November 1912 feierte der Dichter seinen 50. Geburtstag in Berlin. Im Hotel Adlon gab es ein Festbankett. Reden hielten der Schriftsteller und Theaterleiter Paul Schlenther für den schwerkranken Regisseur Otto Brahm, der Germanist und Literaturhistoriker Prof. Gustav Roethe, der Schauspieler Emanuel Reicher für seine Kollegen und der Schriftsteller Emil Ludwig für die Jugend. Gerhart Hauptmann hielt eine Ansprache, die unter der Überschrift „Kunst und Jugend" überliefert ist.[25]

Vom 17. bis zum 19. November 1912 hielt sich der Dichter – wie schon erwähnt – in Wien auf. Am 18. November fand eine Lesung Gerhart Hauptmanns im Großen Musikvereinssaal statt. Es folgte ein Festmahl des Schriftstellervereins „Concordia". Ansprachen hielten Felix Salten, Hugo Thimig und Kultusminister von Hussarek. Alexander Girardi bot eine Rezitation. Gerhart Hauptmann hielt eine Rede, die unter dem Titel „In der Concordia zu Wien" überliefert ist.[26]

---

24) GH Br Nl BI (Ehrungen und Orden), Nr. 9 – StBB-PK, Hs.-Abt.
25) CA VI (1963), S. 692–694.
26) Ebd., S. 695f.

Vier Tage später, am 22. November 1912, hatte Gerhart Hauptmann eine Lesung aus eigenen Werken in Berlin. Am folgenden Tag, dem 23. November, hielt er in der Aula der Universität Leipzig eine Rede, die unter dem Titel „Kunst und Wissenschaft"[27] überliefert ist.

Der nunmehr Fünfzigjährige war unermüdlich. Am 24. November 1912 traf er sich mit dem Maler, Grafiker und Bildhauer Max Klinger in Leipzig. Am 25. November fand der vermutlich letzte Besuch bei dem schwerkranken Theaterleiter und Regisseur Otto Brahm statt. Schon am 28. November 1912 starb dieser Große des deutschen Theaters. Gerhart Hauptmann hielt am 1. Dezember 1912 die Trauerrede in der Urnenhalle des Krematoriums in der Gerichtsstraße, Berlin.

Schon wenige Tage später, am 6. Dezember 1912, widmete sich der Dichter dem Kunstgenuß. Er sah das Kaiserlich Russische Ballett mit dem russischen Tänzer Waclaw Nijinski, der russischen Tänzerin Anna Pawlowa und der Tänzerin Tamara Karsavina. Die Leitung hatte Baron Serge Diaghilew, der Chef des kaiserlich-russischen Balletts. So klangen die Tage zwischen der Verleihung des Nobelpreises für Literatur und dem Aufbruch zur Entgegennahme festlich aus.

Die Entgegennahme des Nobelpreises durch Gerhart Hauptmann

Am 7. Dezember 1912 fuhr der neue Nobelpreisträger für Literatur nach Stockholm. In seinem Tagebuch hielt Gerhart Hauptmann unter dem 9. December [sic!] fest:

„*Stockholm. – Grand Hotel.*
Reichsantiquar [Korrekt: Reichsarchivar] Hildebrand.
Möven.
Seeluft. – Morgen Nobellfeier [sic!] –
Sonderbar diese Realisierungen –
Das Bauernland, die Bauernkunst"[28]

Am 10. Dezember nahm Gerhart Hauptmann den Nobelpreis für Literatur entgegen. Anläßlich der feierlichen Überreichung hielt Hans Hil-

---

27) Ebd., S. 697–700.
28) Tagebucheintrag vom 9. 12. 1912, wie Anm. 21, S. 319.

debrand, der Ständige Sekretär der Schwedischen Akademie, eine lange Verleihungsrede. Nach einleitenden Ausführungen über das Drama im allgemeinen sagte er: „In unserer Zeit ist Gerhart Hauptmann ein ‚großer Meister' auf dem Gebiet der dramatischen Dichtung. Hinter ihm liegt eine außerordentlich reiche künstlerische Tätigkeit, und jetzt, als Fünfzigjähriger, befindet er sich mitten in seiner fruchtbarsten Lebensspanne. Sein erstes Bühnenwerk hat er mit siebenundzwanzig Jahren vorgelegt. Mit dreißig Jahren offenbarte er sich in seinem Drama ‚Die Weber' als vollendeter Künstler, und zu diesem Drama ist seitdem eine ganze Reihe anderer, seinen Ruhm rechtfertigender Werke getreten. In den meisten behandelt er die Lebensbedingungen des kleinen Mannes, die er an vielen Orten, besonders aber in seiner schlesischen Heimat, studieren konnte. Seine Darstellung beruht auf sehr genauen Beobachtungen der Umstände und der Menschen. Jede seiner Figuren stellt eine ganz aus dem Individuellen charakterisierte Persönlichkeit dar; nirgends findet man lebensferne Typen, nirgends auch nur die Spur eines abgestempelten Charakters. Diese Bilder, deren Wahrhaftigkeit niemand in Zweifel ziehen kann, haben Hauptmann den Ruf eines großen Darstellers der Realität eingebracht. Doch nie verherrlicht er die sogenannten ‚niederen' Erscheinungen. Im Gegenteil: Wenn man von der Aufführung oder der Lektüre solcher Dramen gefesselt ist und sich ganz und gar in die so gut beschriebenen trostlosen Lebensbedingungen hineinversetzten kann, fühlt man sich gezwungen, wieder Atem zu schöpfen und auf Mittel zur Abschaffung eines solchen Elends für die Zukunft zu sinnen. Der Realismus seiner Beschreibungen zwingt uns, neue und bessere Lebensbedingungen anzustreben und deren Verwirklichung zu wünschen.

Hauptmann hat auch dramatische Werke ganz anderer Art geschaffen, Märchendramen, wie er sie nennt. Dazu zählt ‚Hannelés Himmelfahrt', ein entzückendes Stück, in dem sich der Kontrast zwischen dem Elend des Lebens und der himmlischen Verklärung deutlich abzeichnet. ‚Die versunkene Glocke' gehört hierher, ein Werk, das von allen Stücken Hauptmanns in seinem Vaterland sich der größten Beliebtheit erfreut. Das Textbuch dieses Dramas, das dem Nobelpreis-Komitee der Schwedischen Akademie zur Verfügung stand, war in 60. Auflage erschienen.

Sowohl auf dem Gebiet des historischen Dramas wie auf dem der Komödie hat sich Gerhart Hauptmann als Dichter erwiesen.

Eine Sammlung seiner lyrischen Gedichte ist bisher nicht veröffentlicht worden, aber die in seine Dramen eingefügten Verse bezeugen, was er auch in diesem literarischen Bereich vermag.

Nachdem er in seinen schriftstellerischen Anfängen einige kurze Erzählungen publiziert hatte, übergab er der Öffentlichkeit im Jahre 1910 einen ausgeprägten Roman: ‚Der Narr in Christo Emanuel Quint', eine Arbeit, die ihn viele Jahre lang in Anspruch nahm. Die Erzählung ‚Der Apostel' aus dem Jahre 1890 ist eine Vorstudie zu diesem Werk, in dem das Gemüt eines armen Mannes dargestellt wird, der keine andere Bildung besitzt als die beim Lesen der Bibel erworbene, der aber das Gelesene nicht richtig zu beurteilen vermag und sich schließlich für den zur Erde wiedergekehrten Christus hält. [...] Die Meinungen über dieses Werk des Dichters sind geteilt. Ich schließe mich mit Freude der großen Zahl jener an, die ‚Emanuel Quint' für die schlechthin meisterhafte Lösung eines schwierigen Problems halten.

Was Gerhart Hauptmann hier vor allem auszeichnet, ist eine Betrachtungsweise, die gründlich untersucht und tief in das innere Leben des Menschen vordringt. Dadurch ist es ihm gelungen, in seinen Dramen wie in den Romanen wirklich lebendige menschliche Individuen darzustellen und nicht Typen, die diese oder jene charakterliche Tendenz, diese oder jene Lebensanschauung zum Ausdruck bringen sollen. Alle, denen wir begegnen, sogar die Gestalten der Nebenrollen, haben ein komplexes Leben. In seinen Romanen muß man die Naturbeschreibungen, in deren Rahmen die Ereignisse ablaufen, ebenso bewundern wie die Schilderung der Personen, die mit der Hauptfigur der Handlung mehr oder weniger zusammenhängen. In seinen Dramen erweist er sich als großer Künstler besonders durch eine Konzentration, die so dicht ist, daß der Zuschauer oder Leser von Anfang bis zum Ende in die Handlung einbezogen ist. Welches Thema er auch behandelt, stets scheint seine noble Persönlichkeit durch, auch dann, wenn er die dunklen Seiten des menschlichen Lebens ins Auge faßt. Im Zusammenhang mit der vollkommenen Beherrschung des dramaturgischen Handwerks verleiht gerade das seinen Schöpfungen eine erstaunliche Kraft.

Mit diesen meinen bisherigen Ausführungen wollte ich die Gründe darlegen, von denen sich die Schwedische Akademie bei der Zuerkennung des Nobelpreises an Gerhart Hauptmann hat leiten lassen."

Nach dieser offiziellen Begründung für die Verleihung des Nobelpreises für Literatur wandte sich Hildebrand noch mit einigen persönlichen Worten an Gerhart Hauptmann. Am Ende der gesamten Rede sagte er: „Sie haben durch eine gewissenhafte, aber niemals pedantische Arbeit an Ihren Werken, durch die Logik Ihrer Gefühle, Gedanken und Taten, durch die strenge Konstruktion Ihrer Stücke die höchste künstlerische Meisterschaft erlangt. Die Schwedische Akademie hat den großen Künstler Gerhart Hauptmann für würdig befunden, in diesem Jahr den Nobelpreis zu empfangen, den Seine Majestät der König ihm jetzt zu überreichen geruhen wird."[29]

König Gustav V. übergab Gerhart Hauptmann nun die Nobelpreisurkunde. Die von Olle Hjortzberg handgeschriebene und kolorierte Verleihungsurkunde ist unterschrieben von E. A. Carlfeldt und Hans Hildebrand. In der offiziellen Übersetzung heißt es, daß der Nobelpreis Gerhart Hauptmann „in Anerkennung seiner reichen, vielseitigen, hervorragenden Thätigkeit besonders im Gebiete der dramatischen Dichtung gegeben" worden sei.[30]

Beim Nobelpreis-Bankett zu Stockholm hielt Gerhart Hauptmann eine Rede, die mit der Überschrift „Der Sinn des Nobelpreises" gedruckt wurde.[31] Sie war nicht lang und kann hier voll wiedergegeben werden: „Als Empfänger des diesjährigen Nobelpreises für Literatur danke ich Ihnen für die auch mich betreffenden warmen und freundlichen Worte. Sie dürfen gewiß sein, daß ich, und mit mir meine Nation, die mir widerfahrene Ehre von Grund aus zu würdigen weiß. Der Nobeltag ist eine Kulturangelegenheit des ganzen Erdballs geworden, und der großartige Stifter hat seinen Namen für unabsehbare Zeiten mit dem Geistesleben aller Nationen verknüpft. Bedeutende Menschen aller Zonen werden so wie heute noch in fernen Zeiten den Namen Nobel mit ähnlichen Empfindungen aussprechen wie Menschen früherer Zeiten den eines Schutzpatrons, des hilfreiche Kraft nicht zu bezweifeln ist, und seine Denkmünze wird in Familien aller Völker von Geschlecht zu Geschlecht fortgeerbt und zu Ehren gehalten werden. Es kann nicht anders sein, als daß ich hier dem großen Donator den sich immer erneuernden Tribut des Respekts darbringe. Und nach ihm der ganzen schwedischen Nation, die diesen Mann

---

29) Verleihungsrede von Hans Hildebrand anläßlich der feierlichen Überreichung des Nobelpreises für Literatur an Gerhart Hauptmann am 10. Dezember 1912, in: Nobelpreis für Literatur 1912 (wie Anm. 5), S. 21–29, Zitate S. 23–26 und S. 29.
30) Vgl. Verleihungsurkunde mit offizieller Übersetzung – StBB-PK, Hs.-Abt., GH Dok. 21.
31) CA VI (1963), S. 703. Erstveröffentlichung: Als Sammlung unter dem Titel „Um Volk und Geist. Ansprachen", Berlin 1932. Die Sammlung im Band VI der Centenar-Ausgabe, S. 687–892, trägt die Überschrift „Um Volk und Geist. Reden, Ansprachen und Aufrufe".

hervorgebracht und die sein humanitäres Vermächtnis so treu verwaltet. Und hierbei gedenke ich jener Männer, deren aufopfernde Lynkeusarbeit über den Kulturländereien der Erde zu wachen berufen ist, damit gute Keime genährt, das Unkraut gemindert werde. Ich danke Ihnen und wünsche, daß Sie in der segensreichsten aller Tätigkeiten nie erlahmen und nie wahrhaft reicher Ernte ermangeln mögen. Und nun trinke ich darauf, daß das der Stiftung zugrunde liegende Ideal seiner Verwirklichung immer näher geführt werde: ich meine das Ideal des Weltfriedens, das ja die letzten Ideale der Wissenschaft und der Kunst in sich schließt. Die dem Kriege dienende Kunst und Wissenschaft ist nicht die letzte und echte, die echte und letzte ist die, die der Friede gebiert und die den Frieden gebiert. Und ich trinke auf den großen, letzten und rein ideellen Nobelpreis, den die Menschheit sich dann zusprechen wird, wenn die rohe Gewalt unter den Völkern eine ebenso verfemte Sache geworden sein wird, als es die rohe Gewalt unter den menschlichen Individuen der zivilisierten Gesellschaft bereits geworden ist."

In Gerhart Hauptmanns Tagebuch steht über den Tag der Entgegennahme des Nobelpreises für Literatur nur wenig:

„Stockholm. Nobel=Tag
¾ Stunden vor der Feier i[n] d[er] Akademie für Musik
Prinz Wilhelm, Sohn des Königs, führte Greten zu
Tisch beim Bankett!"[32]

Einen Tag nach der Entgegennahme des Nobelpreises für Literatur wurde Gerhart Hauptmann durch König Gustav V. empfangen. Am 12. Dezember speiste Hauptmann, von dem Mathematiker Magnus Gösta Mittag-Leffler eingeladen, gemeinsam mit anderen Nobelpreisträgern. Am 13. Dezember kam es zu einer Begegnung mit Sven Hedin (1865–1952), dem großen schwedischen Asienforscher.

Von Stockholm, der Hauptstadt Schwedens, reiste Gerhart Hauptmann nach Kopenhagen, der Hauptstadt Dänemarks, weiter. Am 14. Dezember nahm der Dichter an einer Festaufführung von „Fuhrmann Henschel" im Dagmar-Theater Kopenhagen teil. Dazu hatten ihn die Direktoren des Dagmarteatret schon am 4. Dezember schriftlich eingeladen:

---

32) Wie Anm. 21, S. 319.

„*S. v.*
Herr Gerhard Hauptmann!
Die Direktion des Dagmartheaters erlaubt sich hierdurch um die Ehre Ihrer Gegenwart bei der Aufführung von ‚Fuhrmann Henschel' Sonnabend den 14ten Abend zu bitten.
Mit vorzüglicher Hochachtung.
Johannes Nielsen. Adam Paulsen."[33]

Am Rande dieser Veranstaltung sah Hauptmann den Freund Peter Nansen (1861–1918) wieder, einen dänischen Schriftsteller und Verleger. Abends gab es ein Bankett; Gerhart Hauptmann hielt eine Rede. Der Tagebucheintrag zu diesem Tag in Kopenhagen lautet:

„*15 Dec[ember] Copenhagen | Sonntag.*
Sonniger Tag. Gestern Festlichkeiten"[34]

Das war leider außerordentlich wenig.
Am 15. Dezember 1912 hatten Gerhart und Margarete Hauptmann ein Frühstück bei Peter Nansen, dem schon erwähnten dänischen Schriftsteller und Verleger.[35] Am 15. Dezember fuhr der Dichter von Kopenhagen aus nach Berlin zurück. Dort erwartete ihn am 16. Dezember eine Geburtstagsfeier der akademischen Jugend Berlins. Gerhart Hauptmann fuhr in einem vierspännigen Wagen über die Straße Unter den Linden, gefolgt von Vertretern der Freien Studentenschaft und der Korporationen in Wichs. Es folgte eine Festaufführung der Komödie „Der Biberpelz" im Lessingtheater. Gerhart Hauptmann hielt eine kurze Ansprache.
Ende Dezember suchte der neue Nobelpreisträger für Literatur Abstand von allen Ehrungen und Feiern. Er reiste mit Frau Margarete nach Portofino, wo er bis Mai 1913 in der Villa Carnarvon wohnte. Hier vollendete er Anfang 1913 das „Festspiel in deutschen Reimen", das am 31. Mai 1913 in der Jahrhunderthalle zu Breslau uraufgeführt wurde.

---

33) GH Br Nl B I: Ehrungen und Orden, Nr. 9 – StBB-PK, Hs.-Abt.
34) Wie Anm. 32.
35) Vgl. Anm. 21, S. 647.

Nachbemerkungen

Am 1. August 1914 begann der Erste Weltkrieg. Gerhart Hauptmann stand als Patriot auf der Seite des Deutschen Reiches und seiner Verbündeten. Der Nobelpreisträger für Literatur 1912 konnte in der Zeit von 1914 bis 1918 im Grunde nur im Vaterland wirken. Das europäische Ausland blieb ihm versperrt. Als der Dichter wieder ungehindert reisen konnte, waren die Begebenheiten des Jahres 1912 längst Vergangenheit und eine Vorkriegsangelegenheit. Der Ruhm war ziemlich verblaßt. Zudem gehörte der Nobelpreisträger für Literatur 1912 dem Volk an, das man für alles Böse verantwortlich machte. Die Deutschen standen nach dem Friedensschluß von Versailles als die am Kriege allein Schuldigen da. Gerhart Hauptmann trat ganz offen für die Rechte der Besiegten ein.

Gleichzeitig bekannte er sich schon am 15. November 1918 und am 16. November 1918 zu einem demokratischen Deutschland, und zwar mit einem von ihm verfaßten Text, mit dem er im *8-Uhr-Abendblatt* und im *Berliner Tageblatt* zu einer „Kundgebung von Berliner Künstlern und Dichtern" aufrief; hier hieß es: „Heute hat das Volk sein Geschick in die Hand genommen. Keiner wird jetzt zurückstehen, dessen Kräfte im Nationaldienst verwendbar sind. Auch die neue Regierung möge mit uns rechnen, wo sie unser Wirken für ersprießlich hält. Keiner von uns wird zögern, im Wohlfahrtsdienste des Friedens das Seine von Herzen und nach Kräften zu tun."[36] In der Weimarer Republik, die mit der Wahl zur Nationalversammlung am 19. Januar 1919 begann, genoß er dann höchstes Ansehen; er war der bekannteste deutsche Dichter seiner Zeit.

Dagegen brauchte es Jahre, bis er im Ausland wieder volle Anerkennung fand. Man kann sagen, daß diese Anerkennung spätestens im Jahre 1932 voll wiederhergestellt war. Am 19. Februar 1932 fuhr Gerhart Hauptmann von Bremerhaven aus an Bord der „Europa" in die USA. Am 25. Februar erreichten er, Frau Margarete, Sohn Benvenuto und die Sekretärin Elisabeth Jungmann New York. Am 28. Februar gab es ein festliches Diner im Lotos-Club. Gerhart Hauptmann hielt die Rede „Die Epopöe von der Eroberung Amerikas"[37]. Am 29. Februar 1932 wurde Gerhart Hauptmann zum Doctor litterarum h.c. der Columbia University in New York promoviert. Am selben Tag wurde die Gerhart-Hauptmann-Ausstellung des

---

36) CA XI (1974): Nachgelassene Werke/Fragmente, S. 898 f.; Zitat: S. 899.
37) CA VI (1963), S. 832–834.

„Deutschen Hauses" der Columbia University in der Avery Hall eröffnet. Der Dichter hielt eine Dankesansprache, die unter dem Titel „Eröffnung der Gerhart-Hauptmann-Ausstellung in New York"[38] überliefert ist. Gerhart Hauptmanns zweite USA-Reise fand in dem Jahr statt, in dem man in Deutschland des 100. Todestages Goethes gedachte, und so hielt Gerhart Hauptmann am 1. März 1932 im McMillin Theater der Columbia University seine große Goethe-Rede, die unter der Überschrift „Goethe"[39] überliefert ist. Gerhart Hauptmann stand in dem Jahr, in dem sein Drama „Vor Sonnenuntergang" uraufgeführt wurde und in dem er seinen 70. Geburtstag feierte, auf dem Zenit seiner Popularität. Der Nobelpreis für Literatur aus dem Jahre 1912 verlieh dem großen Dichter dabei stets eine ganz besondere Aura; er hob die Person und ihr Werk besonders heraus und verlieh beiden etwas Besonderes.

---

38) Ebd., S. 835.
39) Ebd., S. 836–858.

Die Geschichtswissenschaft an der Universität Breslau 1811 bis 1945.
Fachentwicklung – Personalstand – Forschungsschwerpunkte

Von Joachim Bahlcke

I.

Die Entwicklung einzelner Lehrstühle, Institute und Fächer an einer Universität ist ein komplexer Vorgang, der stets auch von überregionalen Entwicklungen und Planungen abhängt. Durch die Hochschulreformen in Preußen und anderen deutschen Staaten zu Beginn des 19. Jahrhunderts entstand eine neue Konkurrenzsituation unter den Universitäten, die sich vor allem einem grundlegenden Wandel im Berufungsverfahren verdankte. Mit der seither zunehmenden Erteilung von Rufen an Dozenten auswärtiger Hochschulen wurden zugleich umfassende Berufungsverhandlungen notwendig, in denen nicht selten Entscheidungen über die Gründung oder Ausstattung von Seminaren und die Einrichtung neuer Planstellen fielen. Darüber hinaus schuf die wachsende Mobilität der Hochschullehrer, wie ein Blick auf die einzelnen akademischen Karrierewege zeigt, ein neues Beziehungssystem zwischen den Lehranstalten.[1] Welchen Platz eine Hochschule dabei in der Rangfolgeordnung der Universitäten einnahm, hing freilich nicht nur von den fachspezifischen Bedingungen am Ort und der Attraktivität der Universität selbst ab, sondern auch und in nicht geringem Maße von deren geographischer Lage und dem intellektuellen und kulturellen Umfeld.

Für die große Mehrheit der Historiker, die in Breslau lehrten, war die 1811 gegründete Hochschule während des gesamten 19. und frühen 20. Jahrhunderts eine typische Einstiegs- und Durchgangsuniversität. In Brie-

---

1) Marita BAUMGARTEN: Professoren und Universitäten im 19. Jahrhundert. Zur Sozialgeschichte deutscher Geistes- und Naturwissenschaftler, Göttingen 1997 (= Kritische Studien zur Geschichtswissenschaft 121), S. 16f., 193–202.

fen und autobiographischen Zeugnissen der Dozenten, die häufig nur wenige Jahre an der Universität blieben, finden sich vielerlei Belege, in denen die Randlage Schlesiens und Breslaus sowie eine gewisse Rückständigkeit, Enge und Provinzialität beklagt werden. Alfred Dove zum Beispiel, der 1874 als Privatdozent von Leipzig nach Breslau kam, dort zunächst als Extraordinarius, seit 1879 dann als Ordinarius tätig war und 1884 an die Universität Bonn wechselte, schilderte seinem selbst aus Oberschlesien stammenden Freund Gustav Freytag in einem Brief vom 16. Januar 1875 die Eindrücke seines ersten Jahres in Breslau. Seine Beurteilung der örtlichen Situation faßte er in der knappen Sentenz zusammen: Dort sei „gar wohl zu leben, aber nicht zu sterben!"[2] Doves Nachfolger in Breslau, Dietrich Schäfer, der 1885 aus Jena nach Schlesien kam und nach nur drei Jahren einen Ruf an die Universität Tübingen annahm, äußerte sein Befremden vor allem über den provinziellen Charakter der Studentenschaft:[3] „Für einen Gelehrten von Format lag es nahe, Breslau als Sprungbrett für die Berufung an eine der führenden Universitäten anzusehen"[4] – diese Aussage trifft nicht nur auf den aus Südtirol stammenden Mediävisten Leo Santifaller zu, der 1929 nach Schlesien kam und von dort auf einen Lehrstuhl in München zu wechseln hoffte, sondern gilt fraglos auch für viele andere an die Universität Breslau berufene Historiker in früheren Jahren. Nur wenige Hochschullehrer, wie der von 1860 bis zu seinem Tod 1880 als letzter Ordinarius Alte Geschichte in Verbindung mit Geographie

---

[2] Alfred Dove an Gustav Freytag, 16. Januar 1875. Alfred DOVE: Ausgewählte Aufsätze und Briefe. Hg. v. Friedrich MEINECKE und Oswald DAMMANN, Bd. 2, München 1925, S. 41–45, hier S. 44. Zu Dove vgl. Verena STADLER-LABHART, Peter STADLER-LABHART: Die Welt des Alfred Dove 1844–1916. Profil eines Historikers der Jahrhundertwende, Zürich 2008.
[3] Dietrich SCHÄFER: Mein Leben, Berlin, Leipzig 1926, S. 103–106. Zu Schäfer vgl. Jens P. ACKERMANN: Die Geburt des modernen Propagandakrieges im Ersten Weltkrieg. Dietrich Schäfer – Gelehrter und Politiker, Frankfurt am Main u.a. 2004 (= Europäische Hochschulschriften III/987).
[4] Heinrich APPELT: Die Mediävistik an der Universität Breslau am Vorabend des Zweiten Weltkrieges. Erinnerungen, in: Jahrbuch der Schlesischen Friedrich-Wilhelms-Universität zu Breslau (zit. als JSFWUB) 30 (1989), S. 320–336, hier S. 328. Zu Santifaller vgl. Hannes OBERMAIR: Willfährige Wissenschaft – Wissenschaft als Beruf. Leo Santifaller zwischen Bozen, Breslau und Wien, in: Sönke LORENZ, Thomas ZOTZ (Hg.): Frühformen von Stiftskirchen in Europa. Funktion und Wandel religiöser Gemeinschaften vom 6. bis zum Ende des 11. Jahrhunderts, Leinfelden-Echterdingen 2005 (= Schriften zur südwestdeutschen Landeskunde 54), S. 393–406.

lesende Karl Neumann – er hatte einen Ruf nach Greifswald erhalten, diesen aber nicht angenommen –, gaben Breslau den Vorzug vor einer anderen Universität.⁵

Hinzu kam die für viele Neuberufene unbekannte Nachbarschaft zu Polen und Tschechen. Der aus Halle 1811 nach Breslau gekommene Henrik Steffens, dessen mehrbändigen Erinnerungen wir wichtige Einblicke in das Innenleben der Philosophischen Fakultät und die Integration der Geisteswissenschaftler in das Breslauer Gesellschaftsleben verdanken, bekannte freimütig: „Mir kamen die Schlesier wie ein halb slavisches Volk vor."⁶ Gustav Adolf Harald Stenzel, der 1820 als Privatdozent von Berlin nach Breslau kam, dort zum Extraordinarius für Geschichte und zum Leiter des schlesischen Provinzialarchivs avancierte und als einer der wenigen Historiker der Breslauer Alma mater die Treue hielt, sah sich in Schlesien gleich „auf drei Seiten von slavischen Volksstämmen" umgeben und von dem aus seiner Sicht eigentlichen – dem deutschen – Kulturleben abgeschnitten.⁷ Daß man sich in Schlesien als akademische Provinz empfand, klang auch 1862 im Vorwort zur damals wichtigsten Kulturzeitschrift des Landes an, wenn es hieß, die Neue Folge der „Schlesischen Provinzialblätter" sei „ein Produkt des Deutschthums und deutschen Wesens in dieser Grenzmark deutschen Landes, ein Bindeglied, welches das nur zu oft vergessene, zu wenig beachtete und gekannte Schlesien näher an die Mitte deutschen Lebens" heranführte.⁸

Nach dem Ersten Weltkrieg, als Schlesien von zwei neuentstandenen slawischen Staaten umgeben war, wurde dann das Argument des „Grenzlandes", das besondere Aufgaben für Staat und Nation wahrnehme, immer

---

5) Gabriele SCHWARZ: Das Geographische Institut der Universität Breslau, in: JSFWUB 1 (1955), S. 133–142, hier S. 133.
6) Henrich STEFFENS: Was ich erlebte. Aus der Erinnerung niedergeschrieben, Bd. 7, Breslau 1843, S. 1. Zu Steffens vgl. Otto LORENZ, Bernd HENNINGSEN (Hg.): Henrik Steffens – Vermittler zwischen Natur und Geist, Berlin 1999 (= Wahlverwandtschaft – der Norden und Deutschland 3).
7) Karl Gustav Wilhelm STENZEL: Gustav Adolf Harald Stenzels Leben, Gotha 1897, S. 79. Zu Stenzel vgl. Felix RACHFAHL: Gustav Adolf Harald Stenzel, in: Forschungen zur Brandenburgischen und Preußischen Geschichte 11 (1898), S. 1–31.
8) Brigitte BÖNISCH-BREDNICH: Volkskundliche Forschung in Schlesien. Eine Wissenschaftsgeschichte, Marburg 1994 (= Schriftenreihe der Kommission für deutsche und osteuropäische Volkskunde in der Deutschen Gesellschaft für Volkskunde 68), S. 21.

offensiver eingesetzt. Es blieb freilich schwierig, Dozenten und Studenten für die „Ost-Universität" zu gewinnen. Dies zeigt eine Werbebroschüre der Breslauer Studentenschaften, in der es Anfang der 1930er Jahre über die Wahrnehmung der schlesischen Hauptstadt im Westen Deutschlands hieß: „Wenn man auch nicht mehr glaubt, daß im Winter hungrige Wölfe durch die ungepflasterten Straßen Breslaus strolchen, so meinen doch noch viele, Schlesien sei ein öder und verlassener Landstrich hart an der sibirischen Grenze."[9]

Die kurze Verweildauer der meisten Historiker an der Universität Breslau in den knapp eineinhalb Jahrhunderten zwischen 1811 und 1945 wirft zugleich ein methodisches Problem auf, wenn man die spezifischen Arbeitsschwerpunkte und Forschungsinhalte betrachtet. Denn wann ist eine akademische, oft über lange Jahre erarbeitete Abhandlung unmittelbar mit der Tätigkeit in Schlesien zu verbinden? In welchen Fällen war das akademische Wirken im Oderland derart prägend, daß man rückblickend einen Wissenschaftler, der an mehreren Orten wirkte, als Breslauer Historiker bezeichnen darf? Der bereits genannte Dietrich Schäfer zum Beispiel, einer der angesehensten Geschichtswissenschaftler der wilhelminischen Epoche, ist heute vor allem durch seine Stellungnahmen im Zusammenhang mit dem Methodenstreit um die Position der Kulturgeschichte Ende des 19. Jahrhunderts und seine Weltgeschichtsschreibung bekannt,[10] nicht aber durch Arbeiten, die er während seiner Breslauer Zeit verfaßte. Auch bei anderen Historikern ist fraglich, ob die wenigen in Schlesien verbrachten Jahre Einfluß auf ihr Œuvre und ihre wissenschaftliche Ausrichtung hatten.

Weitere Probleme betreffen die oft schwierige disziplinäre und institutionelle Zuordnung einzelner Gelehrter. Der umtriebige, mit zahllosen kultur- und literaturhistorischen Projekten beschäftigte Johann Gustav Gottlieb Büsching beispielsweise, der gleich mehreren in Breslau am Anfang ihrer akademischen Tradition stehenden Wissenschaftszweigen, wie

---

9) [Hans BAUER]: Dein Ostsemester in Breslau an Universität und Techn. Hochschule, Breslau [um 1933], [S. 7].
10) Philipp MÜLLER: Imperiale Globalisierung um 1900. Ambivalenzen des Nationalen in Dietrich Schäfers Weltgeschichtsschreibung, in: Wolfgang HARDTWIG, Philipp MÜLLER (Hg.): Die Vergangenheit der Weltgeschichte. Universalhistorisches Denken in Berlin 1800–1933, Göttingen 2010, S. 251–274; Eugen THURNHER: Was ist Kulturgeschichte? Der historische Methodenstreit zwischen Dietrich Schäfer und Eberhard Gothein in den Jahren 1888/89, in: Marianne SAMMER (Hg.): Leitmotive. Kulturgeschichtliche Studien zur Traditionsbildung, Kallmünz 1999, S. 663–670.

der Diplomatik, Kunstgeschichte und Volkskunde, Bahn brach, las seit seiner Habilitation im Jahr 1816 auch historische Hilfswissenschaften; ein eigenständiges Extraordinariat für diese historische Teildisziplin wurde allerdings erst ein halbes Jahrhundert später eingerichtet.[11] Andere Gelehrte, wie Theodor Mommsen und Felix Dahn, beide 1854 bzw. 1888 als Juristen nach Breslau berufen, wandten sich in ihren Lehrveranstaltungen und Publikationen ebenfalls klassischen Gegenständen der Geschichte zu, so daß sie in der Öffentlichkeit mitunter ganz als Historiker wahrgenommen wurden.[12] Auch Karl Gustav Kries – er publizierte 1842 eine grundsolide, vollständig aus archivalischen Quellen erarbeitete Abhandlung über die Steuerverfassung des 16. und 17. Jahrhunderts, die, so Colmar Grünhagen noch 1883, das Beste sei, „was wir über die inneren Verhältnisse Schlesiens unter habsburgischer Herrschaft besitzen"[13] – war offiziell Professor der Staatswissenschaften, nicht Historiker. Bisweilen schwierig ist schließlich auch die Stellung derjenigen Personen zu fassen, die an außeruniversitären Einrichtungen tätig waren: im Provinzialarchiv etwa, das wie die Universität im Jahr 1811 begründet worden war,[14] oder am interdisziplinären Osteuropa-Institut, das 1918 als privater Verein an Universität und Technischer Hochschule entstand.[15] Der aus Gnesen gebürtige deutsch-jüdische

---

11) Marek Hałub: Johann Gustav Gottlieb Büsching 1783–1829. Ein Beitrag zur Begründung der schlesischen Kulturgeschichte, Wrocław 1997 (= Acta Universitatis Wratislaviensis 1978), S. 66f.
12) Lothar Wickert: Theodor Mommsen. Eine Biographie, Bd. 3: Wanderjahre. Leipzig – Zürich – Breslau – Berlin, Frankfurt am Main 1969; Roland Gehrke: Felix Dahn (1834–1912), in: Joachim Bahlcke (Hg.): Schlesische Lebensbilder, Bd. 9, Insingen 2007, S. 285–292.
13) Karl Gustav Kries: Historische Entwickelung der Steuerverfassung in Schlesien unter Theilnahme der allgemeinen Landtags-Versammlungen. Ein Beitrag zur Geschichte der schlesischen Stände, Breslau 1842. Das Zitat bei [Colmar] Grünhagen: Kries, Karl Gustav, in: Allgemeine Deutsche Biographie 17 (1883), S. 169–171, hier S. 170.
14) Andrzej Dereń: Zarys dziejów Archiwum Państwowego we Wrocławiu (z okazji 150. rocznicy założenia) [Abriß der Geschichte des Staatsarchivs in Breslau (aus Anlaß des 150. Jahrestags seiner Gründung)], in: Archeion 35 (1961), S. 75–88.
15) Zygmunt Szuszkiewicz: Powstanie Instytutu Wschodniej Europy (Osteuropa Institut) we Wrocławiu w 1918 r. [Die Entstehung des Osteuropainstituts in Breslau im Jahr 1918], in: Studia Historyczne 13 (1970), S. 495–510; Hans-Jürgen Bömelburg: Das Osteuropa-Institut in Breslau 1930–1940. Wissenschaft, Propaganda und nationale Feindbilder in der Arbeit eines interdisziplinären Zentrums der Osteuropaforschung in Deutschland, in: Michael Garleff (Hg.): Zwischen Kon-

Historiker Jacob Caro wiederum, der sich mit besonderem Nachdruck der Geschichte und Kultur der slawischen Völker widmete,[16] kam 1869 als Honorarprofessor nach Breslau und wurde zunächst vom Auswärtigen Amt in Berlin besoldet, bevor man ihn 1876 zum Extraordinarius und sechs Jahre später zum *professor ordinarius* an der Universität ernannte.

Die folgenden Ausführungen gelten zunächst der institutionellen Etablierung der Geschichtswissenschaft in der schlesischen Landeshauptstadt nach der Zusammenlegung der reformierten Viadrina in Frankfurt an der Oder mit der katholischen Breslauer Leopoldina, wobei das Hauptaugenmerk den etatmäßigen Lehrstühlen im 19. Jahrhundert gilt; die Entwicklung in der ersten Hälfte des 20. Jahrhunderts dagegen ist nicht nur deutlich überschaubarer, sondern in der Forschung auch besser bekannt. Im Anschluß wird ein kurzer Blick auf die regionale und akademische Herkunft des Lehrkörpers geworfen, bevor dann ausgewählte Werke und methodische Ansätze derjenigen Historiker betrachtet werden sollen, die länger an der Hochschule tätig waren und deren geisteswissenschaftliches Profil stärker prägen als die nur kurz in der Odermetropole wirkenden Kollegen. Der Forschungsstand für diese Fragen ist wenig befriedigend: Im Gegensatz zu anderen an der Philosophischen Fakultät vertretenen Fächern – der Germanistik, Slawischen Philologie, Philosophie und Kunstgeschichte – liegt für die vom Gründungsjahr 1811 an kontinuierlich an der Universität vertretene Geschichte bisher keine moderne, die vorhandenen Akten, Berufungsunterlagen, Personal- und Vorlesungsverzeichnisse sowie Nachlässe auswertende Gesamtdarstellung vor.[17] Auch von den in Breslau lehrenden und forschenden Historikern selbst haben nur die wenigsten bisher einen Biographen gefunden.

---

frontation und Kompromiss. Oldenburger Symposium „Interethnische Beziehungen in Ostmitteleuropa als historiographisches Problem der 1930er/1940er Jahre", München 1995 (= Schriften des Bundesinstituts für ostdeutsche Kultur und Geschichte 8), S. 47–72.
16) Gotthold RHODE: Jüdische Historiker als Geschichtsschreiber Ostmitteleuropas: Jacob Caro, Adolf Warschauer, Ezechiel Zivier, in: DERS. (Hg.): Juden in Ostmitteleuropa. Von der Emanzipation bis zum Ersten Weltkrieg, Marburg/Lahn 1989 (= Historische und landeskundliche Ostmitteleuropa-Studien 3), S. 99–113.
17) Zur archivalischen Überlieferung vgl. Józef DROZD: Inwentarz akt Uniwersytetu Wrocławskiego 1811–1945 [Inventar der Akten der Universität Breslau 1811–1945], Wrocław 1977; DERS.: Die Universität zu Breslau und ihre Akten aus den Jahren 1811–1945, in: JSFWUB 31 (1990), S. 239–263.

II.

Die neue *Universitas litterarum Viadrina Vratislaviensis*, die infolge der Säkularisation von Beginn an über eine üppige Ausstattung an Sachmitteln, Räumlichkeiten und Bibliotheken verfügte, war in Preußen die erste konfessionell paritätische Universität. Der zunächst von der Regierung verfolgte Plan, neben der Einrichtung einer Katholischen und einer Evangelischen Theologischen Fakultät auch die philosophischen und historischen Lehrstühle jeweils doppelt zu besetzen, wurde allerdings für die Geschichte nicht verwirklicht. Im Jahr 1849, als Joseph August Kutzen, der die vergangenen acht Jahre historische Hilfswissenschaften und Geographie an der Universität gelehrt hatte,[18] seine Professur niederlegte, um sich ganz seiner schriftstellerischen Tätigkeit widmen zu können, kam es in dieser Sache allerdings durch den Breslauer Fürstbischof Melchior von Diepenbrock und die Katholisch-Theologische Fakultät zu einem neuerlichen Vorstoß.[19] Da Kutzen Katholik gewesen war, stellte man sich auf den Standpunkt, die frei gewordene Professur dürfe nur mit einem Katholiken neu besetzt werden. Die Philosophische Fakultät trat dieser Auffassung jedoch mit Nachdruck entgegen, und auch die Regierung wies den Antrag zurück. In einer Kabinettsordre vom 26. September 1853 entschied König Friedrich Wilhelm IV. dagegen, daß an der Landesuniversität Breslau künftig der Lehrstuhl für Geschichte – und daneben auch derjenige für Kirchenrecht an der Juristischen Fakultät – doppelt, mit einem evangelischen und einem katholischen Professor, besetzt werden solle.[20] Die Tatsache, daß damit auch kirchliche Behörden und Amtsträger Einfluß auf die Besetzung der

---

18) Zu Kutzen vgl. Walter SCHMIDT: Moritz Elsner und die schlesische 1848er Demokratie [2004], in: Helmut BLEIBER, Walter SCHMIDT: Schlesien auf dem Weg in die bürgerliche Gesellschaft. Bewegungen und Protagonisten der schlesischen Demokratie im Umfeld von 1848, Bd. 2, Berlin 2007 (= Silesia. Schlesien im europäischen Bezugsfeld. Quellen und Forschungen 6), S. 211–251.
19) Zdzisław LEC, Antoni MŁOTEK: Teologia katolicka na Uniwersytecie Wrocławskim w XIX w. [Die Katholische Theologie an der Universität Breslau im 19. Jahrhundert], in: Śląski Kwartalnik Historyczny Sobótka (zit. als Sobótka) 57 (2002), S. 331–344; Georg MAY: Mit Katholiken zu besetzende Professuren an der Universität Breslau von 1811 bis 1945. Ein Beitrag zu dem Ringen um Parität in Preußen, in: Zeitschrift der Savigny-Stiftung für Rechtsgeschichte. Kanonistische Abteilung 53 (1967), S. 155–272, 54 (1968), S. 200–268.
20) Josef ENGEL: Die deutschen Universitäten und die Geschichtswissenschaft, in: Historische Zeitschrift (zit. als HZ) 189 (1959), S. 223–378, hier S. 344.

historischen Professuren gewannen, führte innerhalb der Philosophischen Fakultät wiederholt zu Differenzen.[21]

Betrachtet man den Gründungsprozeß der geisteswissenschaftlichen Lehrstühle in der ersten Hälfte des 19. Jahrhunderts in ganz Deutschland, so gehörte Breslau durchaus zu den fortschrittlichen Universitäten. Die Entwicklung der einzelnen Disziplinen wurde dabei ganz entscheidend durch ein neues Verständnis von Wissenschaft und Wissenschaftlichkeit geprägt, das auch eine Ausdifferenzierung der traditionellen Fächer und deren Aufspaltung in immer weitere Teilbereiche zur Folge hatte.[22] Im Rahmen des Faches Geschichte an der Universität Breslau wird dies an der Abspaltung der Alten Geschichte im Jahr 1860 deutlich, deren Vertreter zunächst noch für die Geographie zuständig war, bevor auch für dieses Fach – das man zuvor als eine Hilfswissenschaft der Geschichte betrachtet hatte – 1876 ein eigener Lehrstuhl eingerichtet wurde.[23] Bis zur Mitte des 19. Jahrhunderts sind die Denominationen der gemeinhin dem Fach Geschichte zugerechneten Stellen generell schwierig abzugrenzen, die Professuren waren weder nach Epochen noch nach inhaltlichen Schwerpunkten klar definiert. Wer über Alte Geschichte las, griff in aller Regel auch Themen der Klassischen Philologie, der Philosophie, Kunst- und Rechtsgeschichte auf. Gustav Adolf Harald Stenzel wiederum, seit 1820 als außerordentlicher Professor für Geschichte in Breslau tätig, hielt neben seinen historischen Vorlesungen nicht nur ein Übungskolleg über Geographie und Ethnographie, sondern auch ein Privatkolleg über allgemeine Statistik,[24] zu der freilich auch Vertreter der Staatswissenschaften eigene Lehrveranstaltungen anboten. Richard Roepell, der sich 1841 eigentlich auf eine Professur für slawische und speziell polnische Geschichte in Breslau beworben hatte, wurde dort nach seiner Berufung allerdings für andere Lehrveranstaltungen benötigt und klagte in einem Brief an seinen Freund Max Duncker vom 17. Mai 1849, daß er „seit Jahren an der Universität die Altertumsgeschichte" unterrichten müsse.[25]

---

21) Georg KAUFMANN, Johannes ZIEKURSCH: Geschichte, in: Georg KAUFMANN (Hg.): Festschrift zur Feier des hundertjährigen Bestehens der Universität Breslau, Bd. 2: Geschichte der Fächer, Institute und Ämter der Universität Breslau 1811–1911, Breslau 1911, S. 359–368, hier S. 363f.
22) BAUMGARTEN (wie Anm. 1), S. 15f., 198.
23) Alexander SUPAN: Geographie, in: KAUFMANN (wie Anm. 21), S. 348–353.
24) STENZEL (wie Anm. 7), S. 302–331.
25) Richard Roepell an Max Duncker, 17. Mai 1849. Zit. nach Hubert GERLICH: Organische Arbeit und nationale Einheit. Polen und Deutschland (1830–1880) aus

Der Lehrkörper der Philosophischen Fakultät, der mit 18 Professoren sowie zwei Privatdozenten mit Abstand größten Fakultät, setzte sich im Wintersemester 1811/12 zu je einem Drittel aus Dozenten der Frankfurter Viadrina, der alten Leopoldina und aus Neuberufenen zusammen.[26] Der Proporz galt auch für die Geschichte: Aus Frankfurt wurde Gabriel Gottfried Bredow übernommen, von der örtlichen Jesuitenuniversität kam Eligius Aloys Jung, und als Auswärtiger konnte Friedrich von Raumer gewonnen werden. Die Lehrstuhlentwicklung, aber auch die Einrichtung und Auflösung von Extraordinaten in den folgenden Jahrzehnten ist einerseits auf die Ausdifferenzierung des Faches zurückzuführen, hing andererseits aber auch mit Konflikten zwischen den für die Besetzung maßgeblichen Stellen zusammen. So genehmigte die preußische Regierung beispielsweise 1873 die Einrichtung eines Extraordinats für Mittlere und Neuere Geschichte, weil man einen zu starken Einfluß der katholischen Kirche befürchtete, die zwei Jahrzehnte zuvor mit der Begründung einer nur mit Katholiken zu besetzenden historischen Professur erfolgreich gewesen war; offiziell dagegen wurde die Berufung eines neuen Extraordinarius mit der häufigen Abwesenheit des Lehrstuhlinhabers Richard Roepell begründet, der 1850 in das Erfurter Parlament gewählt wurde, seit 1861 im Preußischen Landtag saß und ein Jahrzehnt später auch dem Norddeutschen Reichstag angehörte.[27]

Erste Anstrengungen für eine Systematisierung des historischen Lehrbetriebs wurden in Breslau schon im Jahr 1820 vorgenommen. Ludwig Wachler, der 1815 als Nachfolger des im Vorjahr verstorbenen Bredow nach Breslau gekommen war,[28] und Stenzel entwarfen auf Anordnung des preußischen Kultusministers einen „vollständigen Kursus der Geschichte,

---

der Sicht Richard Roepells, Münster 2004 (= Arbeiten zur Geschichte Osteuropas 13), S. 80.
26) Teresa KULAK, Mieczysław PATER, Wojciech WRZESIŃSKI: Historia Uniwersytetu Wrocławskiego 1702–2002 [Geschichte der Universität Breslau 1702–2002], Wrocław 2002, S. 44–48; Bernhard NADBYL: Chronik und Statistik der Königlichen Universität zu Breslau, Breslau 1861, S. 14, 45–53.
27) Zdzisław SURMAN: Seminarium historyczne Uniwersytetu Wrocławskiego (1843–1918) [Das Historische Seminar der Universität Breslau (1843–1918)], in: Sobótka 38,1 (1983), S. 63–81, hier S. 66. Zu Roepell vgl. GERLICH (wie Anm. 25), S. 4–9.
28) Max WACHLER: Ludwig Wachler, in: Ingeborg SCHNACK (Hg.): Lebensbilder aus Kurhessen und Waldeck 1830–1930, Bd. 4, Marburg 1950 (= Veröffentlichungen der Historischen Kommission für Hessen und Waldeck 20), S. 404–415.

Statistik und Geographie auf 2 Jahre",[29] um auf diese Weise die einzelnen Veranstaltungen aufeinander abzustimmen und den Dozenten Richtlinien für den zu behandelnden Stoff an die Hand zu geben. Mit dem, ähnlich wie an anderen deutschen Universitäten, 1843 in Breslau eingerichteten Seminar, einer offiziell anerkannten, über jährliche Haushaltsmittel, Räume und eine kleine Bibliothek verfügenden Hochschuleinrichtung, in dem vor allem mit quellenkritischen Übungen der Grundstein für eine methodisch reflektierte Fachausbildung gelegt wurde, erhielt die Differenzierung und Spezialisierung des Forschungsbetriebs einen weiteren nachhaltigen Schub.[30] Das Historische Seminar hatte die Aufgabe, so das Statut von 1863, „sowohl in die Methode historischer Forschung einzuführen, als auch tüchtige Lehrer für den Unterricht in der Geschichte an höheren Schul-Anstalten vorzubilden". Die Leitung sollten, wie es in Paragraph 5 hieß, bis auf weiteres die beiden gegenwärtigen ordentlichen Professoren der Geschichte – gemeint waren der Inhaber der traditionellen Lehrkanzel und der seit 1853 mit einem Katholiken zu besetzenden Professur – übernehmen, die auch für die formale Aufnahme der Studenten in das Seminar zuständig waren.[31]

Im Statut von 1874 wurde dann die Neugliederung des Seminars in drei voneinander unabhängige gleichberechtigte Abteilungen – für Alte, Mittlere und Neuere Geschichte – festgeschrieben.[32] Neben die von Beginn an bestehende Lehrkanzel für Geschichte und die zweite durch die Kabinettsordre Friedrich Wilhelms IV. begründete Professur war 1863 der noch einige Jahre mit der Geographie verbundene Lehrstuhl für Alte

---

29) KAUFMANN, ZIEKURSCH (wie Anm. 21), S. 361f.
30) Markus HUTTNER: Historische Gesellschaften und die Entwicklung historischer Institute – zu den Anfängen institutionalisierter Geschichtsstudien an den deutschen Universitäten des 19. Jahrhunderts, in: Matthias MIDDELL, Gabriele LINGELBACH, Frank HADLER (Hg.): Historische Institute im internationalen Vergleich, Leipzig 2001 (= Geschichtswissenschaft und Geschichtskultur im 20. Jahrhundert 3), S. 39–83, hier S. 48f. Speziell zur Entwicklung in Breslau vgl. Friedrich ANDREAE: Zur Geschichte des Breslauer Historischen Seminars, in: Zeitschrift des Vereins für Geschichte Schlesiens (zit. als ZVGS) 70 (1936), S. 320–328.
31) Statut für das historische Seminar der Königlichen Universität in Breslau vom 7. September 1863, in: Centralblatt für die gesammte Unterrichts-Verwaltung in Preußen (1863), S. 526–527.
32) Statut für das historische Seminar der Königlichen Universität in Breslau vom 12. Juni 1874, in: Centralblatt für die gesammte Unterrichts-Verwaltung in Preußen (1874), S. 469–470.

Geschichte getreten; die nur interimistisch in den Jahren 1873 bis 1893 eingerichtete Entlastungsprofessur, deren Deputat der Abteilung für Mittlere und Neuere Geschichte zugute kommen sollte, ist bereits angesprochen worden. Zu diesen drei ordentlichen Professuren kam 1908 eine vierte, die sich vor allem der Wirtschaftsgeschichte des Mittelalters und der Neuzeit widmen sollte. Daneben existierten in Breslau während des 19. Jahrhunderts mehrere historische Extraordinate, unter denen besonders die 1866 eingerichtete Professur für schlesische Provinzialgeschichte hervorgehoben werden muß. Die personelle Besetzung dieser Stellen, die im allgemeinen eine große Fluktuation aufwiesen, kann im folgenden nur in aller Kürze vorgestellt werden.[33]

Als Stenzel 1854 starb, übernahm der seit bereits mehr als einem Jahrzehnt in Breslau lehrende Roepell das Ordinariat für Mittlere und Neuere Geschichte. Nach dessen Tod 1893 fiel der Lehrstuhl an den aus Straßburg gebürtigen Georg Kaufmann, der zwei Jahre zuvor als außerordentlicher Professor nach Breslau gekommen war. Kaufmann, der bis zum Ende des Ersten Weltkriegs an der Universität unterrichtete, gab 1911 im Auftrag von Rektor und Senat die große zweibändige Festschrift zur Hundertjahrfeier der Universität heraus, in der er sich in bemerkenswerter Offenheit über örtliche Mißstände, aber auch über die Folgen von Bürokratisierung und politischer Gängelung äußerte.[34] Auf das ebenfalls für die Mittlere und Neuere Geschichte eingerichtete Extraordinariat war 1873 als erster Historiker der zuvor an der Universität Greifswald lehrende Bernhard Erdmannsdörffer berufen worden, der jedoch schon ein Jahr später als Nachfolger Heinrich von Treitschkes an die Universität Heidelberg wechselte.[35] Ihm folgten in kurzen Abständen die bereits genannten Dove und Schäfer, 1888 dann Max Lenz, 1890 Goswin Freiherr von der Ropp sowie

---

33) Zum Überblick vgl. Mieczysław PATER: Historia Uniwersytetu Wrocławskiego do roku 1918 [Geschichte der Universität Breslau bis zum Jahr 1918], Wrocław 1997 (= Acta Universitatis Wratislaviensis 1945), S. 143–149; SURMAN (wie Anm. 27), S. 65f.
34) Georg KAUFMANN: Festschrift zur Feier des hundertjährigen Bestehens der Universität Breslau, Bd. 1: Geschichte der Universität 1811–1911, Breslau 1911, S. 246–255. Zu Kaufmann vgl. Manfred HETTLING: Politische Bürgerlichkeit. Der Bürger zwischen Individualität und Vergesellschaftung in Deutschland und der Schweiz von 1860 bis 1918, Göttingen 1999 (= Bürgertum. Beiträge zur europäischen Gesellschaftsgeschichte 13), S. 104, 232.
35) Vgl. den Nachruf von Dietrich SCHÄFER: Bernhard Erdmannsdörffer, in: HZ 87 (1901), S. 56–66.

1891 Kaufmann, der zwei Jahre später auf den renommierten, durch Roepells Tod freigewordenen Lehrstuhl wechselte.

Der zweite, einem katholischen Dozenten vorbehaltene Lehrstuhl für Geschichte in Breslau wurde 1854 zuerst mit Carl Adolph Cornelius besetzt, der allerdings nach nur einem Jahr einen Ruf nach Bonn annahm. Sein Nachfolger wurde Wilhelm Junkmann, ein politisch engagierter Hochschullehrer, der sich auch als Publizist und Schriftsteller einen Namen machte und bis zu seinem Tod 1886 in Breslau lehrte.[36] Ihm folgten bis zum Ende des Ersten Weltkriegs Georg Hüffer, der sein Amt 1896 niederlegte, Aloys Schulte, der als Katholik an der Universität Freiburg im Breisgau zuvor einen schwierigen Stand gehabt hatte und 1903 nach Bonn wechselte, sowie Franz Kampers.

Den althistorischen Lehrstuhl übernahm 1881 – nach dem Tod Neumanns, der die neue Abteilung im Historischen Seminar während der vergangenen zwei Jahrzehnte fest etabliert hatte – Benedictus Niese, der zwei Jahre zuvor einen ersten Ruf an die Universität Marburg erhalten hatte und dorthin 1885 auch zurückkehrte.[37] Sein Nachfolger wurde Eduard Meyer, ein ungemein produktiver und bereits in jungen Jahren als Universalhistoriker des Altertums hochgeschätzter Gelehrter, der 1889 allerdings einen Ruf an die Universität Halle annahm.[38] Ulrich Wilcken, ein Schüler Theodor Mommsens in Berlin, erhielt mit dessen tatkräftiger Hilfe den Ruf nach Breslau,[39] wechselte aber schon ein Jahr später nach Würzburg. Ihm folgte 1900 Conrad Cichorius, der 16 Jahre in Breslau blieb, ehe er an die Universität Bonn ging. Sein Nachfolger Walter Otto, der in Breslau studiert hatte und bei Wilcken promoviert worden war, hatte bereits zwei Rufe erhalten, bevor er in seine Heimatstadt zurückkehrte, wechselte aber nach nur zwei Jahren erneut und ging nach München. Mit Georg Friedrich Preuß, der in München promoviert worden war und dort

---

36) Josefine NETTESHEIM: Wilhelm Junkmann. Dichter, Lehrer, Politiker, Historiker. 1811–1886, Münster 1969.
37) Karl CHRIST: Klios Wandlungen. Die deutsche Althistorie vom Neuhumanismus bis zur Gegenwart, München 2006, S. 28, 186.
38) William M. CALDER III, Alexander DEMANDT (Hg.): Eduard Meyer. Leben und Leistung eines Universalhistorikers, Leiden 1990.
39) Zur Berufungspolitik allgemein – mit wichtigen Einzelbeobachtungen zur Situation an der Universität Breslau – vgl. William M. CALDER III, Alexander KOŠENINA (Hg.): Berufungspolitik innerhalb der Altertumswissenschaften im wilhelminischen Preußen. Die Briefe Ulrich von Wilamowitz-Moellendorffs an Friedrich Althoff (1883–1908), Frankfurt am Main 1989.

auch seine Habilitationsschrift verfaßte, wurde 1908 zudem erstmals ein für Wirtschaftsgeschichte eingerichteter Lehrstuhl besetzt. Nachfolger des zu Beginn des Weltkriegs gefallenen Preuß wurde 1916 Robert Holtzmann, der sieben Jahre später nach Halle wechselte.

Bedeutsam für die Ausbildung der schlesischen Landesgeschichtsschreibung, die traditionell von den Leitern des Breslauers Provinzialarchivs (seit 1867 Staatsarchivs) vertreten wurde, war 1866 die Einrichtung eines Extraordinariats. Die außerordentliche Professur wurde erstmals mit Colmar Grünhagen besetzt, dem vier Jahre zuvor die Leitung des Provinzialarchivs übertragen worden war. Sein Nachfolger Johannes Ziekursch, seit 1912 außerordentlicher Professor, seit 1917 Inhaber eines persönlichen Ordinariats, blieb bis 1927 in Breslau und wechselte dann nach Köln. Neben der Universität und dem Staats- und Stadtarchiv gab es in Breslau zudem ein dichtes Netz von Vereinen und Gesellschaften, die sich mit der Vergangenheit Schlesiens beschäftigten – von der bereits 1809 gegründeten Schlesischen Gesellschaft für vaterländische Cultur über den seit 1846 bestehenden Verein für Geschichte und Alterthum Schlesiens bis hin zu der 1894 ins Leben gerufenen Schlesischen Gesellschaft für Volkskunde und dem 1899 eingerichteten Museum für Kunstgewerbe und Alterthümer. Für die Breslauer Historiker entwickelte sich überdies die 1921 unter dem Eindruck der Volksabstimmung in Oberschlesien begründete Historische Kommission für Schlesien, die Arbeiten unterschiedlicher Disziplinen anregte und zusammenführte, zu einem wichtigen Mittelpunkt.[40]

Für die Besetzung der historischen Lehrstühle in Breslau stellte der Erste Weltkrieg insofern eine Zäsur dar, als mit der Staatsgründung Polens und der Tschechoslowakei auch eine neue wissenschaftliche Konkurrenz in unmittelbarer Nachbarschaft entstand und fortan nationalpolitische Erwägungen im universitären Leben eine zunehmend größere Rolle spielten. Als 1929 beispielsweise die Philosophische Fakultät einen Nachfolger für den zu Anfang des Jahres verstorbenen Hermann Reincke-Bloch suchte, der seit 1923 das Ordinariat für Mittlere und Neuere Geschichte innegehabt hatte, hielt man nach einem Akademiker Ausschau, der in der Lage sei, den Studenten „die frühgeschichtlichen Grundlagen des gegenwärtigen

---

40) Ludwig Petry: Fünfzig Jahre Historische Kommission für Schlesien [1972], in: Ders.: Dem Osten zugewandt. Gesammelte Aufsätze zur schlesischen und ostdeutschen Geschichte, Sigmaringen 1983 (= Quellen und Darstellungen zur schlesischen Geschichte 22), S. 71–88.

Kampfes um das Deutschtum auf schlesischem Boden lebendig zu machen und ihnen dadurch den Blick für das Verständnis der Gegenwartsaufgaben zu schärfen".[41] Mit Hermann Aubin wurde schließlich ein Mediävist und Landeshistoriker berufen, der mit dem realpolitischen „Grenz- und Volkstumskampf" jener Jahre ebenso vertraut war wie mit dem völkischnationalen Diskurs der Weimarer Geschichts- und Kulturwissenschaft.[42] Auch die Einrichtung eines neuen Lehrstuhls für Osteuropäische Geschichte 1934 – auf ihn wurde als erster der gebürtige Kärntner Hans Uebersberger, ein fachlich anerkannter wie politisch exponierter Rußlandexperte, berufen, der gleichzeitig die Leitung des Osteuropa-Instituts übernahm[43] – ist in diesen zeitgeschichtlichen Zusammenhängen zu sehen.

Die sich nach der Machtergreifung der Nationalsozialisten in Deutschland vollziehende Gleichschaltung der Universitäten zeigte auch in Breslau rasch Wirkung.[44] Richard Koebner, Sohn eines Breslauer jüdischen Arztes

---

41) Siegfried Kaehler an Albert Brackmann, 17. Januar 1929. Zit. nach Eduard MÜHLE: „Von den wilden Schlachzizen glücklich wieder zurückgekehrt." Hermann Aubin und der Internationale Historikerkongress in Warschau 1933, in: Bernhard SYMANZIK (Hg.): Studia Philologica Slavica. Festschrift für Gerhard Birkfellner zum 65. Geburtstag, Bd. 2, Berlin 2006 (= Münstersche Texte zur Slavistik 4), S. 477–494, hier S. 477.
42) Eduard MÜHLE: Für Volk und deutschen Osten. Der Historiker Hermann Aubin und die deutsche Ostforschung, Düsseldorf 2005 (= Schriften des Bundesarchivs 65).
43) Arnold SUPPAN, Marija WAKOUNIG: Hans Uebersberger (1877–1962), in: Arnold SUPPAN, Marija WAKOUNIG, Georg KASTNER (Hg.): Osteuropäische Geschichte in Wien. 100 Jahre Forschung und Lehre an der Universität, Innsbruck 2007, S. 91–165.
44) Karol JONCA: Indoktrynacja nazistowska w Uniwersytecie Wrocławskim w okresie Trzeciej Rzeszy [Die nazistische Indoktrination an der Universität Breslau in der Zeit des Dritten Reichs], in: DERS. (Hg.): Studia nad Faszyzmem i Zbrodniami Hitlerowskimi [Studien über Faschismus und die Verbrechen des Hitlerregimes], Bd. 26, Wrocław 2003 (= Acta Universitatis Wratislaviensis 2532), S. 379–392; Teresa KULAK: Nauka i polityka. Uwagi nad udziałem środowiska naukowego Uniwersytetu Wrocławskiego w kształtowaniu polityki i propagandy niemieckiej w latach 1918–1939 [Wissenschaft und Politik. Anmerkungen zum Anteil der Wissenschaftskreise der Breslauer Universität an der Gestaltung der deutschen Politik und Propaganda in den Jahren 1918–1939], in: Wojciech WRZESIŃSKI (Hg.): Studia nad przeszłościa i dniem dzisiejszym Uniwersytetu Wrocławskiego [Studien über die Vergangenheit und die heutigen Tage der Breslauer Universität], Warszawa 1989 (= Studia i materiały do dziejów Uniwersytetu Wrocławskiego 1), S. 53–81; Arno HERZIG: Der „Fall Cohn" und die Gleichschaltung der Universität Breslau 1932/33, in: Rainer SACHS (Hg.): Amator Scientiae. Festschrift für Dr. Peter Ohr, Breslau 2004, S. 359–

und seit 1924 als Professor für Geschichte an der Friedrich-Wilhelms-Universität tätig, verlor aufgrund des Gesetzes zur Wiederherstellung des Berufsbeamtentums vom 7. April 1933 seine Stelle. „Koebner ist ein gänzlich unpolitischer Mensch, der weder jüdisch noch politisch hervorgetreten ist, aber heute vielleicht einer der besten Kenner ostdeutscher Geschichte! Aber die ‚Grenzlanduniversität' muß umgebaut werden!", notierte der Breslauer Historiker Willy Cohn am 29. April in seinem Tagebuch.[45] Der ebenfalls aus einer jüdischen Familie stammende, seit 1918 als außerordentlicher Professor an der Universität lehrende Friedrich Andreae wurde 1935 aufgrund der Nürnberger Gesetze seines Lehramts enthoben, erhielt aber im Universitätsarchiv eine neue Funktion; die ein Jahr später zum 125jährigen Bestehen der Universität von ihm zusammengestellte Quellenedition, die gerade für die Entwicklung der Geschichtswissenschaft in Breslau wichtige Hinweise enthält, erschien ohne Nennung seines Namens.[46] Sehr viel schwieriger ist die außerwissenschaftliche Einflußnahme auf die Neubesetzung der Lehrstühle zu ermitteln, die – so etwa im Fall von Ernst Hohl, der als Nachfolger des 1936 emeritierten Althistorikers Ernst Kornemann vorgesehen war – von seiten des Nationalsozialistischen Deutschen Dozentenbundes ausging.[47]

Die mehr als 70 Professoren und Privatdozenten, die in den Jahren 1811 bis 1945 an der Universität Breslau lehrten und hier nur zum Teil namentlich genannt werden konnten, kamen mehrheitlich nicht aus Schlesien, sondern aus anderen deutschen Landschaften und aus Österreich.

367; Ludwig PETRY: Zur Rolle der Universität Breslau in der Zeit des Nationalsozialismus. Aus Erinnerungen, Aufzeichnungen und Korrespondenzen eines Habilitanden und Dozenten der Philosophischen Fakultät, in: Lothar BOSSLE u.a. (Hg.): Nationalsozialismus und Widerstand in Schlesien, Sigmaringen 1989 (= Schlesische Forschungen 3), S. 79–103.
45) Willy COHN: Kein Recht, nirgends. Tagebuch vom Untergang des Breslauer Judentums 1933–1941, Bd. 1. Hg. v. Norbert CONRADS, Köln, Weimar, Wien 2006 (= Neue Forschungen zur Schlesischen Geschichte 13,1), S. 36. Zu Koebner vgl. Dieter LANGEWIESCHE: „Zeitwende" – eine Grundfigur neuzeitlichen Geschichtsdenkens: Richard Koebner im Vergleich mit Francis Fukuyama und Eric Hobsbawm [2002], in: DERS.: Zeitwende. Geschichtsdenken heute, Göttingen 2008, S. 41–55.
46) [Friedrich ANDREAE (Hg.)]: Aus dem Leben der Universität Breslau, [Breslau 1936]. Zu Andreae vgl. Gabriele CAMPHAUSEN: Die wissenschaftliche historische Rußlandforschung im Dritten Reich 1933–1945, Frankfurt am Main u.a. 1990 (= Europäische Hochschulschriften III/418), S. 104–106.
47) Ursula WOLF: Litteris et patriae. Das Janusgesicht der Historie, Stuttgart 1996 (= Frankfurter historische Abhandlungen 37), S. 177, 231, 468.

Ausnahmen bildeten die aus der Odermetropole gebürtigen Walter Otto, Georg Friedrich Preuß, Theodor Lindner, Johannes Ziekursch, Theodor Goerlitz und Richard Koebner sowie Joseph August Kutzen (Frankenstein) und Colmar Grünhagen (Trebnitz). Nur Roepell und Grünhagen verbrachten faktisch ihr gesamtes wissenschaftliches Leben in Breslau, ansonsten zeigt ein Blick auf die Verweildauer der Historiker ein ähnlich differenziertes Bild wie bei den Professoren der Juristischen Fakultät.[48] Der Berufungswandel dagegen, also ein Vergleich von sozialer Herkunft, verwandtschaftlicher Verflechtung, Bedeutung von Schülerkreisen, Konfession und Väterberufen, bedarf noch eingehenderer Forschungen, bevor man hierzu klare Aussagen machen kann.

III.

Im Gegensatz zu anderen Fachrichtungen – zu denken wäre hier etwa an den Philosophen Wilhelm Dilthey, der von 1871 bis 1882 in Breslau lehrte, den Soziologen Werner Sombart oder den Psychologen William Stern – finden sich unter den Historikern nur wenige überragende Persönlichkeiten, deren Name heute noch unmittelbar mit ihrer Tätigkeit an der Universität Breslau verbunden wird. Zwar gab es durchaus renommierte Historiker, die zwischen 1811 und 1945 in der Odermetropole lehrten, nur war ihr Aufenthalt dort zu kurz, oder ihre Hauptwerke entstanden andernorts. Während an der Juristischen Fakultät Otto Gierke große Teile seines „Deutschen Genossenschaftsrechts" erarbeitete und auch Theodor Mommsen dort die ersten Bände seiner „Römischen Geschichte" verfaßte, für die er 1902 den Literaturnobelpreis erhielt, erschienen wichtige Abhandlungen Breslauer Historiker in Form akademischer Qualifikationsschriften oft vor beziehungsweise als Alterswerke nach deren Lehrtätigkeit in Schlesien. Andere Werke wiederum fanden zu ihrer Zeit durchaus Anerkennung, sind aber in der Gegenwart vollständig in Vergessenheit geraten. Dies gilt beispielsweise für die prosopographischen und sozialgeschichtlichen Untersuchungen der Spätantike, die Conrad Cichorius nach Übernahme des Breslauer althistorischen Lehrstuhls im Jahr 1900

---

48) Marek CZAPLIŃSKI: Die Professoren der juristischen Fakultät der Universität Breslau in den Jahren 1811–1945. Versuch einer Analyse, in: JSFWUB 38/39 (1997/98), S. 685–701.

anstellte,⁴⁹ und auch die von seinem Kollegen Aloys Schulte zu jener Zeit unternommenen Studien zur europäischen Wirtschafts-, Handels- und Stadtgeschichte im Mittelalter, die von der zeitgenössischen Forschung als wichtiger Beitrag zur Genese des modernen Kapitalismus gewürdigt wurden, sind trotz eines noch 1966 erfolgten Nachdrucks heute nur noch einem kleinen Kreis von Spezialisten bekannt.⁵⁰

Schwerpunkte in inhaltlicher und methodischer Hinsicht lassen sich vor allem in zwei Bereichen ausmachen. Zum einen im Umfeld der als eigenständige historische Teildisziplin aus der Territorial- und Dynastiegeschichte hervorgegangenen Landesgeschichte, für die sich neben Universität und Provinzialarchiv auch viele der im 19. Jahrhundert entstandenen stadt- und regionalgeschichtlichen Vereine und Gesellschaften zuständig sahen. Wie in anderen deutschen Landschaften entstanden in dieser Phase große Quellen- und Aktenpublikationen, angefangen von Gustav Adolf Harald Stenzels zahlreichen Urkundeneditionen bis hin zu Colmar Grünhagens 1871 herausgegebenen „Geschichtsquellen der Hussitenkriege".⁵¹ Wenn bei diesen Quellenwerken, ebenso wie bei Abhandlungen und Aufsätzen, die polnische und tschechische Entwicklung mitbehandelt wurde, so ist dies durchaus bemerkenswert. Richard Roepell hatte seine außerordentliche Professur 1841 sogar explizit für die Veröffentlichung des ersten Bandes seiner „Geschichte Polens" erhalten, in der es einleitend hieß: „Es wird uns Deutschen nicht leicht, den nationalen Geist der Slawen unbefangen

---

49) W[illem] DEN BOER: Die prosopographische Methode in der modernen Historiographie der hohen Kaiserzeit, in: Mnemosyne 22 (1969), S. 268–280.
50) Aloys SCHULTE: Geschichte des mittelalterlichen Handels und Verkehrs zwischen Westdeutschland und Italien mit Ausschluß von Venedig, 2 Bde., Leipzig 1900 [Nachdruck Berlin 1966]. Zu Schulte vgl. Max BRAUBACH: Aloys Schulte und die rheinische Geschichte, in: Rheinische Vierteljahrsblätter 22 (1957), S. 1–30.
51) Marek CZAPLIŃSKI: Wolność, obiektywizm, niezależność poglądów profesorów Uniwersytetu Wrocławskiego w XIX wieku. Studium wybranych przykładów [Freiheit, Objektivität und Unabhängigkeit der Ansichten der Professoren der Universität Breslau im 19. Jahrhundert. Studium ausgewählter Beispiele], in: Włodzimierz STĘPIŃSKI, Dariusz SZUDRA, Ryszard TECHMAN (Hg.): Tempus nostrum est. Księga pamiątkowa ofiarowana profesorowi Edwardowi Włodarczykowi w 60. rocznicę urodzin [Tempus nostrum est. Festschrift zum 60. Geburtstag von Prof. Edward Włodarczyk], Szczecin 2006, S. 427–442; Winfried IRGANG: Urkundenforschung, in: Joachim BAHLCKE (Hg.): Historische Schlesienforschung. Methoden, Themen und Perspektiven zwischen traditioneller Landesgeschichtsschreibung und moderner Kulturwissenschaft, Köln, Weimar, Wien 2005 (= Neue Forschungen zur Schlesischen Geschichte 11), S. 53–67.

aufzufassen und zu würdigen; aber mit dem reinen Negiren, absoluten Verurtheilen desselben, wie man solches in unsern Tagen gar häufig findet, kommt man sicher der Sache nicht auf den Grund." Roepells Blick auf die Geschichte der Slawen und seine feste Überzeugung, daß „dieser Völkerkreis an politischer, welthistorischer Wichtigkeit" in der Gegenwart gewinne,[52] wurde auch für andere Kollegen an der Universität Breslau zur Maxime. Dies gilt etwa für Jacob Caro, der Roepells Werk zur Geschichte Polens 1863 bis 1888 in fünf weiteren Bänden fortsetzte. Das nach langen Archivreisen und nicht zuletzt durch einen regen Gedankenaustausch mit polnischen Historikern entstandene Gesamtwerk – Roepell selbst war seit 1873 Mitglied der Krakauer Akademie der Wissenschaften und seit 1888 Ehrenmitglied der polnischen Historischen Gesellschaft in Posen – wurde noch im 19. Jahrhundert ins Polnische übersetzt.[53] Daß diese Arbeiten, und das gilt auch für Forschungen zur schlesisch-böhmischen Geschichte, wie sie Grünhagen und andere betrieben, nicht in einem unpolitischen Raum verfaßt wurden, ist fraglos richtig, vermag aber die innovativen Ansätze dieser Arbeiten nicht in Zweifel zu ziehen.

An der Wende vom 19. zum 20. Jahrhundert hatte die Historische Schlesienforschung an der Universität Breslau ein beachtliches organisatorisches und intellektuelles Niveau.[54] In methodischer Hinsicht kamen auch in den folgenden Jahrzehnten wichtige Impulse von den dortigen Hochschullehrern. Zu nennen ist in diesem Zusammenhang vor allem Johannes Ziekursch, der sich 1904 in Breslau mit einer Studie zur Geschichte des Österreichischen Erbfolgekrieges für Mittlere und Neuere Geschichte habilitiert hatte und später ein persönliches Ordinariat erhielt; er beschäftigte sich intensiv mit der Verwaltungs-, Stadt- und Agrargeschichte Schlesiens im 18. und 19. Jahrhundert. Die Befunde seiner in kurzen Abständen vorgelegten Monographien „Beiträge zur Charakteristik der preußischen

---

52) Richard ROEPELL: Geschichte Polens, Bd. 1, Hamburg 1840, S. VIIf.
53) Ryszard ERGETOWSKI (Hg.): Listy Jacoba Caro do uczonych polskich (1862–1902) [Briefe Jacob Caros an polnische Gelehrte (1862–1902)], Warszawa 2005 (= Rozprawy z dziejów nauki i techniki 16); Henryk OLSZEWSKI: Werke deutscher Geschichtswissenschaft in polnischer Sprache, in: Armin Paul FRANK u.a. (Hg.): Übersetzen, verstehen, Brücken bauen. Geisteswissenschaftliches und literarisches Übersetzen im internationalen Kulturaustausch, Bd. 1, Berlin 1993 (= Göttinger Beiträge zur Internationalen Übersetzungsforschung 8/1), S. 445–458.
54) Wilhelm DERSCH: Vierzig Jahre schlesische Geschichtsforschung, in: ZVGS 65 (1931), S. 1–53.

Verwaltungsbeamten in Schlesien bis zum Untergang des friderizianischen Staates" (1907), „Das Ergebnis der friderizianischen Städteverwaltung und die Städteordnung Steins. Am Beispiel der schlesischen Städte dargestellt" (1908) sowie „Hundert Jahre schlesischer Agrargeschichte. Vom Hubertusburger Frieden bis zum Abschluß der Bauernbefreiung" (1915) haben bis heute Bestand.[55]

Ein zweites, inhaltlich wie methodisch klar abzugrenzendes und eng mit der politisch-geographischen Lage der Universität zusammenhängendes Themenfeld berührt die unter dem Begriff „Ostforschung" versammelten Forschungsbemühungen, die in Breslau vor allem mit den Namen von Hermann Aubin sowie dessen Assistenten, Projektmitarbeitern und Schülern – Ernst Birke, Herbert Schlenger, Ludwig Petry, Emil Schieche und anderen – verbunden sind. Aubin, 1929 von Gießen nach Breslau berufen, baute seinen dortigen Lehrstuhl zu einem Institut für geschichtliche Landeskunde Schlesiens aus und übernahm 1933 auch den Vorsitz der Historischen Kommission für Schlesien. Sowohl der aus dem nordböhmischen Reichenberg gebürtige Ordinarius selbst als auch die meisten Mitglieder seines Breslauer Arbeitskreises brachten schon aufgrund ihrer Herkunft besonderes Interesse für Nationalitätenfragen im östlichen Mitteleuropa und die spezifischen Probleme der ostdeutschen Grenzgebiete mit. Fachwissenschaftliche Ambitionen und politische Bestrebungen gingen dabei, dies zeigt ein Blick auf Titel, Anlage und Erscheinungsort der zahlreichen Publikationen jener Jahre, oft nahtlos ineinander über: So finden sich solide Studien wie Ludwig Petrys „Die Popplau. Eine Breslauer Kaufmannsfamilie des 15. und 16. Jahrhunderts" (1935) neben populären Beiträgen zu Volkstumsfragen, revisionspolitischen Ideen des „gesamtschlesischen Stammesraumes" und konkreten Zielen der nationalsozialistischen Ostpolitik.[56]

Vieles von dem, was Historiker in der ersten Hälfte des 20. Jahrhunderts an der Universität Breslau fachwissenschaftlich wie methodisch anregten, fand nach dem Zweiten Weltkrieg unter geänderten politischen und gesellschaftlichen Rahmenbedingungen im westlichen Deutschland eine Fort-

---

55) Karl-Georg FABER: Johannes Ziekursch, in: Hans-Ulrich WEHLER (Hg.): Deutsche Historiker, Göttingen 1973, S. 343–357.
56) Eduard MÜHLE: Die „schlesische Schule der Ostforschung". Hermann Aubin und sein Breslauer Arbeitskreis in den Jahren des Nationalsozialismus, in: Marek HAŁUB, Anna MAŃKO-MATYSIAK (Hg.): Śląska republika uczonych. Schlesische Gelehrtenrepublik. Slezska vědecká obec, Bd. 1, Wrocław 2004, S. 568–607.

führung. Vieles riß umgekehrt jäh ab und wurde auch auf polnischer Seite nicht wieder aufgenommen, so daß man für nicht wenige Fragestellungen noch immer auf die vor Jahrzehnten entstandenen Arbeiten angewiesen ist. Ein kritischer Rückblick auf diese Kontinuitäten und Brüche, der für einzelne Historiker bereits mit Gewinn geleistet worden ist,[57] fehlt bis zur Gegenwart ebenso wie eine Gesamtschau der Genese und Entwicklung der Geschichtswissenschaft an der Universität Breslau zwischen 1811 und 1945. Die Zeit scheint günstig, eine solche Aufgabe gemeinsam mit polnischen und deutschen Fachleuten in Angriff zu nehmen.

---

[57] Vgl. exemplarisch Eduard MÜHLE: Der europäische Osten in der Wahrnehmung deutscher Historiker. Das Beispiel Hermann Aubin, in: Gregor THUM (Hg.): Traumland Osten. Deutsche Bilder vom östlichen Europa im 20. Jahrhundert, Göttingen 2006, S. 110–137; DERS. (Hg.): Briefe des Ostforschers Hermann Aubin aus den Jahren 1910–1968, Marburg 2008 (= Quellen zur Geschichte und Landeskunde Ostmitteleuropas 7).

Das ungeliebte Patenkind.
Die Geschichte der Traditionspflege der „Universitas litterarum Vratislaviensis", der späteren „Schlesischen Friedrich-Wilhelms-Universität zu Breslau" von 1811, durch die Universität zu Köln

Von Tobias Körfer

I. Einleitung

Gegenstand der Erörterungen des vorliegenden Textes wird ein bisher gänzlich unerforschtes Kapitel der Breslauer und Kölner Universitätsgeschichte sein. Mitnichten handelt es sich um ein sehr bedeutsames oder in seiner Wichtigkeit überragendes Thema der Wechselbeziehungen west- und ostdeutscher Geistesgeschichte. Dessen ungeachtet lassen sich gleichsam wie unter einem Brennglas all jene Mißgeschicke und all das Unverständnis betrachten, mit dem man in Westdeutschland nicht erst nach dem Krieg den östlich von Oder und Neiße gelegenen Provinzen Preußens und ihren Bewohnern stets zu begegnen pflegte.[1] Ein Unverständnis, das sich nach Flucht und Vertreibung gegenüber den nunmehr zu unmittelbaren Nachbarn gewordenen Menschen fortsetzte: Menschen, deren Bedürfnisse selten genug ernst genommen, doch umso häufiger politisch instrumentalisiert wurden, Menschen denen man nicht nur hinter vorgehaltener Hand, sondern vielfach auch mit offener Ablehnung begegnete.

---

1) Hugo Hartung: Deutschland deine Schlesier. Rübezahls unruhige Kinder, Hamburg 1970, S. 9: *„Es gibt heute noch Bundesdeutsche, für die Deutschland mit dem Westufer des Rheins oder jenseits des Mains aufhört. Hinter der Elbe wird's für sie mulmig. Aber gar jenseits der Oder … Sarmaten reiten dort mit Pfeil und Bogen über Sandsteppen, so mochten verworrene Vorstellungen in einer kurzen gesamtdeutschen Geschichte aussehen, und daran änderte sich auch nicht viel, als diese auf großdeutsch umfunktioniert wurde. Es ist erwiesen, daß zum Turn- und Sportfest 1938 vorsichtige Süd- und Westdeutsche mit polnischen Wörterbüchern in Breslau anreisten."*

Das geringe Interesse der Forschung ist nicht nur der zunehmenden zeitlichen Distanz zwischen den im Folgenden geschilderten Ereignissen und der heutigen Zeit geschuldet. Vielmehr scheinen die Übernahme der Patenschaft über die Universität zu Breslau durch die Universität zu Köln und die mit einer derartigen, selbstauferlegten Verpflichtung einhergehende Traditionspflege Zeit ihres Bestehens nie eine breitere Akzeptanz gefunden zu haben. Derlei wäre jedoch ohne Zweifel notwendig gewesen, um das Gedenken an eine der jüngeren aber nichtsdestoweniger bedeutsamen deutschen Universitäten, auch nach der Vertreibung und nach dem Ende des Krieges sowie dem Neuanfang in Westdeutschland aufrecht zu erhalten. Im weiteren Verlauf dieses Beitrags mag deutlich werden, wie gering die Aufmerksamkeit war, die man der 2003 beendeten und in eine Partnerschaft mit der heutigen polnischen Universität Breslau überführten Patenschaft Zeit ihres Bestehens in Köln geschenkt hat.

Daher sei es gestattet, mit der These, daß die Art der „Traditionspflege" der Schlesischen Friedrich-Wilhelms-Universität zu Breslau durch die Universität zu Köln eine nicht mit großem Interesse und ebenso wenig aus Überzeugung heraus angenommene Aufgabe war, an die Erörterung des Untersuchungsgegenstandes heranzutreten.

All dessen ungeachtet, bestand die Patenschaft der Universität Köln über die Schlesische Friedrich-Wilhelms-Universität zu Breslau bzw. die Arbeit der damit konkret beauftragten Senatskommission aus viel mehr, als aus der ausschließlichen Pflege ostdeutscher, akademischer Folklore. Ganz im Gegensatz zu der Annahme, mit der die Untersuchung begonnen wurde, stellte sich im Zuge der Recherchen immer deutlicher heraus, daß gerade die Punkte der Traditionspflege, der Fragen von öffentlichkeitswirksamen Veranstaltungen und solche der Errichtung von Erinnerungsstätten an die Breslauer Universität in der neuen Kölner Alma Mater eine erhebliche Rolle in der Entwicklungsgeschichte der Patenschaft spielten. So wird auch dieser Gesichtspunkt den Hauptgehalt der Betrachtungen bilden. Den nach außen hin wahrnehmbaren Teil der Senatskommission stellte die sogenannte „Traditionsstelle" dar. Sie besaß Räumlichkeiten im Hauptgebäude der Kölner Universität, von denen aus die Geschäftsführung der Traditionsstelle die anfallenden Arbeiten wahrnahm. Neben der Traditionspflege bildete die Betreuung vertriebener Breslauer Akademiker und ihrer Angehörigen das zweite Standbein der Arbeit der Traditionsstelle. Dazu zählten seinerzeit insbesondere die Erneuerung von Doktorurkunden zum 50. Jubiläum der Verleihung wie auch die wissenschaftliche Rehabilitation von solchen

Akademikern, die unter den Nationalsozialisten verfolgten worden waren. Dieser Aspekt hält einige anrührende Anekdoten bereit. Durch eine ausschließliche Betrachtung des Gegenstandes ließe sich aber kein umfassendes Bild der Tätigkeit rekonstruieren. Daher werden an passenden Stellen entsprechende Episoden in die Betrachtung eingeflochten werden.

Die vorliegende Ausarbeitung stützt sich zum überwiegenden Teil auf das im Kölner Universitätsarchiv einsehbare Aktenmaterial. Die Akten erwecken einen äußerlich ordentlichen Eindruck, jedoch darf die Vollständigkeit der Akten der Traditionsstelle bzw. der Senatskommission für die Patenschaft aufgrund der Ermangelung von Seitenzahlen nicht als gesichert angesehen werden. Die Akten beginnen mit der Übernahme der Patenschaft 1951 bzw. einige Wochen zuvor mit entsprechendem Schriftverkehr. Sie enden 1972 bereits 30 Jahre vor dem offiziellen Ende der Patenschaft im Jahr 2003. Sekundärliteratur wurde kaum zur Bearbeitung hinzugezogen. Zur Traditionspflege ehemals ostdeutscher Universitäten und Hochschulen liegen bisher, den Recherchen des Autors des vorliegenden Aufsatzes zufolge, keine wissenschaftlichen Bearbeitungen vor. Einige Artikel aus Vertriebenenzeitungen, die die Thematik zumindest am Rande streifen, mag es geben. Doch hat das Thema an sich die Aufmerksamkeit der Forschung bisher kaum auf sich gezogen. Freilich ist es nicht ungefährlich, einen Weg zu beschreiten, bei dem man sich fast zur Gänze an nicht edierten Archivalien orientiert. Amtliche Sitzungsprotokolle und noch vielmehr persönliche sowie dienstliche Schreiben können nie als eine völlig objektive Wiedergabe eines bestimmten Sachverhaltes angesehen werden. In sie fließt immer auch die Meinung des Schreibenden mit ein. Jedoch können solche Quellen bei entsprechend kritischer Begutachtung dazu beitragen, ein durchaus plausibles Bild der Lage zu vermitteln.

Die Gliederung des vorliegenden Textes ist grundsätzlich chronologisch aufgebaut. Da es ein Anliegen des Aufsatzes ist, die Entwicklung der Patenschaft und Traditionspflege im Laufe der Jahre ihres Bestehens zu schildern, wird eine derartige Herangehensweise als zweckmäßig erachtet.

Der Text möchte daher auch einen gedanklichen Anstoß dazu darstellen, aus den Versäumnissen der Traditionspflege vergangener Jahrzehnte zu lernen, damit die mittlerweile seit 2003 bestehende Partnerschaft von Kölner und Breslauer Universität dazu genutzt werden kann, die Zusammenarbeit deutscher und polnischer Wissenschaftler in Köln und Breslau zu intensivieren.

II. Die Anfänge in den Fünfziger Jahren

Der eigentliche Anlaß für die Übernahme der Patenschaft über die Universität zu Breslau durch Senatsbeschluß der Universität zu Köln vom 20. Januar 1951 liegt im Dunkeln und läßt sich aus den eingesehenen Akten nicht erschließen.[2] Zunächst hatte die Universität Tübingen mit dem Gedanken gespielt, als Patin zu fungieren, dann jedoch, als das Angebot aus Köln eintraf, sehr bereitwillig verzichtet.[3] Gänzlich abwegig erscheint der Entschluß des Kölner Universitätssenats dennoch nicht zu sein. So haben nach Krieg und Vertreibung etwa 35.000 Breslauer in Köln eine neue Bleibe gefunden. Die Stadt Köln unterhält bis heute zur Bundesvereinigung der Breslauer e.V. enge Kontakte. Deren Ausfluß waren und sind die Übernahme der Patenschaft durch die Stadt Köln über die Stadt Breslau, die Gründung des Patenschaftswerks Köln-Breslau und schließlich die Einrichtung eines Heimatmuseums, der Breslauer Sammlung Köln. Zudem befanden sich seit Anfang der 1950er Jahre die Akten der Stadtverwaltung Breslau, darunter sämtliche Personalakten, in der Obhut der Stadt Köln. Bis in die siebziger Jahre des 20. Jahrhunderts hinein bestand in Köln die „Auskunftsstelle der früheren Stadtverwaltung Breslau". Dort konnten ehemalige Breslauer u.a. Auskünfte über ihre Berufstätigkeit vor 1945 in Breslau zwecks Erbringung des Nachweises von Rentenansprüchen, einholen.

a. Zurückhaltung trotz Patenschaft

Dennoch begegnet man, gleich nachdem die Patenschaft aus der Taufe gehoben wurde, einem bezeichnenden Wesenszug des Kölner Universitätssenats im Umgang mit dem selbst erwählten Patenkind. Von Anfang an wurde versucht auszuschließen, daß irgendwelche (finanziellen) Verpflich-

---

2) Universität zu Köln, Universitätsarchiv: Niederschrift über die Senatssitzung am 20.1.1951, Protokolle des Senats der Universität zu Köln [zit. als: Protokolle Senat], Zugang 331/6, Bl. 37: „*Weiterhin soll eine Kommission aus Dozenten der Universität Köln gebildet werden, die früher der Universität Breslau angehört haben. Diese Kommission soll alle Fragen der Patenschaft, insbesondere die der Traditionsführung erörtern und in einem Bericht niederlegen. Der Senat bittet Herrn Prof. Dr. Schwarzbach, den Vorsitz zu übernehmen.*"
3) Niederschrift über die Senatssitzung am 11.11.1950, Protokolle Senat, Zugang 331/6, Bl. 30f.

tungen für die Universität zu Köln aus der Übernahme der Patenschaft entstehen könnten.[4] Nun war aller Wahrscheinlichkeit nach keine westdeutsche Universität fünf Jahre nach Kriegsende mit finanziellen Mittel übermäßig gesegnet. Eine solche Frage jedoch gleich an den Beginn der Erörterungen zu stellen, noch bevor nach den Bedürfnissen des Patenkindes gefragt wurde, wirkt befremdlich.

In einem Schreiben des Rektors der Universität Köln an den designierten Senatsbeauftragten für die Traditionspflege, Prof. Dr. Martin Schwarzbach, wurde der Senatsbeschluß zur Übernahme der Patenschaft mitgeteilt, der in Kopie an verschiedene ehemalige Breslauer Dozenten ging und diese zur Mitarbeit aufforderte.[5] Schwarzbach schickte sich umgehend an, die Arbeit aufzunehmen. Er lud die vom Rektor Benannten zu einer ersten Sitzung ein, in deren Verlauf verschiedene inhaltliche Eckpunkte der Arbeit der Senatskommission benannt wurden. Einen Monat später legte er den ersten Bericht über die Arbeit der Senatskommission dem Senat der Universität zu Köln zur Kenntnisnahme vor.[6]

Das Protokoll dieser ersten Besprechung enthält eine Erörterung derjenigen rechtlichen Befugnisse, die sich aus der Übernahme der Patenschaft ergaben.[7] Ebenfalls widmete man sich der Konzeption eines Leitbildes für die Arbeit der Senatskommission, deren Ziel darin bestehen sollte, vorhandenes Breslauer Traditionsgut zu erhalten, damit das Wissen über eine einstmals bedeutende Universität in Breslau nicht dem Vergessen anheimfalle.[8] Hierzu dachte man kurze Zeit auch die Gründung eines

---

4) Niederschrift über die Senatssitzung am 20.1.1951, Protokolle Senat, Zugang 331/6, Bl. 37: Prof. Dr. Friesenhahn wird damit beauftragt, ein Gutachten über möglicherweise entstehende Verpflichtungen aus einer Patenschaft für eine ostdeutsche Universität zu erstellen. Das Protokoll findet sich leider nicht in den Akten.
5) Brief des Rektors der Universität zu Köln, Prof. Dr. Theodor Wessels, an Prof. Dr. Schwarzbach vom 24.1.1951, Akten der Patenschaft Universität Breslau [zit. als: Akten Patenschaft Breslau], Zugang 313/1.
6) Niederschrift über die Senatssitzung am 17.2.1951, Protokolle Senat, Zugang 331/6, Bl. 41, Bericht von Prof. Dr. Schwarzbach.
7) Protokoll der ersten Besprechung der Senatskommission für die Patenschaft über die Universität Breslau vom 5.2.1951, Akten Patenschaft Breslau, Zugang 313/1: Die Befugnisse sollten demnach in dem Recht der Universität zu Köln, Breslauer Promotionsurkunden zu erneuern, Austausch mit anderen Patenhochschulen zu pflegen, die Anschriftenliste von Angehörigen der Breslauer Universität zu führen, zum Ausdruck kommen.
8) Ebd.: Die Erhaltung des Traditionsgutes und der Erinnerung daran, daß in Breslau eine bedeutende Universität bestand, soll ausgedrückt werden durch 1) Aufhän-

eigenen „Schlesien-Instituts" an, dessen Namen aufgrund politischer Bedenken später in „Gerhart-Hauptmann-Institut" abgeändert wurde.[9] Die Behutsamkeit, mag sie auch für die Mitglieder der Senatskommission sprechen, erstaunt vor dem Hintergrund der damaligen politischen Atmosphäre in Westdeutschland. Sprach doch selbst die SPD unter Kurt Schumacher von der Vereinigung Deutschlands in den Vorkriegsgrenzen von 1937. Eventuell wollten die Kommissionsmitglieder jedem möglichen Konflikt aus dem Weg zu gehen. Ihr Standpunkt schien ihnen wahrscheinlich schwer genug zu sein. Daher sollte er nicht auch noch durch politische Diskussionen zusätzlich belastet werden.

Die Arbeit der Kommission schritt nicht ohne Mühen voran. Am 6. Juni 1951 wurden erneut die möglichen Aufgabenstellungen besprochen sowie der Plan einer Institutsgründung endgültig verworfen. Die Motive, die zu diesem Entschluß geführt haben, gehen aus dem abgelegten Schriftverkehr nicht hervor. Stattdessen verfiel die Senatskommission darauf, die Tradition der „Schlesischen Gesellschaft für vaterländische Cultur" fortführen zu wollen. Heutzutage stellt sich die Frage, weshalb der Name „Schlesien" für ein zu gründendes Institut als politisch bedenklich eingestuft wurde, zugleich aber die Wahl „Schlesische Gesellschaft für Vaterländische Cultur" passender erschien. Die Diskussion über den Namen des Instituts und die schließlich getroffene Auswahl einer Bezeichnung, die an der Kölner Universität denkbar wenig Klang haben würde, verwundert nicht nur. Vielmehr noch zeigt der Wunsch der Kommissionsmitglieder etwas Althergebrachtes, wie die „Schlesische Gesellschaft", zumindest dem Namen nach wiederzubeleben, wie wenig diese zunächst ihre Lage als Senatskommission und die allgemeine Lage an der „neuen" Universität einzuschätzen vermochten.

Das Vorhaben der Herausgabe eines dreibändigen Werkes über die Rechts- und Verwaltungsgeschichte Breslaus begrüßten die Kommissionsmitglieder hingegen einmütig. Der Vorschlag, eine Vorlesungsreihe über Schlesien zu veranstalten, fand allerdings keine ungeteilte Zustimmung.

---

gung von Bildern der Universität Breslau, Aula Leopoldina, des Musiksaales u.ä., 2) den ständigen Vermerk im Vorlesungsverzeichnis, daß die Patenschaft besteht, 3) die Einbeziehung des Gründungstages der Universität Breslau in das akademische Leben Kölns.
9) Schreiben Prof. Dr. Schwarzbach an die Mitglieder der Senatskommission für die Patenschaft vom 7.2.1951, Akten Patenschaft Breslau, Zugang 313/1.

Das Interesse der Studenten könne möglicherweise zu gering ausfallen, so lautete der vorgebrachte Einwand.[10] Erste Ernüchterung schien der Leiter der Senatskommission, Schwarzbach, in einem wenige Tage später verfaßten Brief auszudrücken, der an den Leiter der Historischen Kommission für Schlesien, Prof. Dr. Herbert Schlenger, gerichtet war.[11]

Auf einer Sitzung des Senats der Universität am 21. Juli 1951 wurde der zweite Bericht über die Tätigkeiten der Senatskommission für die Patenschaft über die Universität zu Breslau vorgelegt. Im Zuge der Beratungen wurden der Senatskommission eigene Räumlichkeiten im Hauptgebäude zugestanden, die den Namen „Traditionsstelle der ehemaligen Universität Breslau" tragen sollten. Ebenso zeigte sich der Senat der Kölner Universität mit der Ausarbeitung eines dreibändigen Werkes zur Breslauer Rechts- und Verwaltungsgeschichte einverstanden. In einem Schreiben des Rektors der Universität zu Köln an Schwarzbach vom 24. Juli 1951 regte jener zugleich an, deswegen ebenfalls bei der „Notgemeinschaft der deutschen Wissenschaft" um Unterstützung nachzusuchen. Die an und für sich erfreuliche Zustimmung hatte aus Sicht der Kommissionsmitglieder einen erheblichen Haken. Beantragt worden war die Einrichtung der „Traditionsstelle" unter dem Namen „Traditionsstelle der Schlesischen Gesellschaft für vaterländische Cultur". Diesen Umstand bedauerte Schwarzbach in einem Schreiben an die Mitglieder der Senatskommission, in dem er über die Tätigkeit der Kommission seit der letzten Sitzung am 6. Juni berichtete, ausdrücklich.[12]

---

10) Protokoll der Sitzung der Kommission der Patenschaft Universität Breslau vom 6.6.1951, Akten Patenschaft Breslau, Zugang 313/1.
11) Schreiben von Prof. Dr. Schwarzbach an den Vorsitzenden der Historischen Kommission für Schlesien, Prof. Dr. Schlenger, vom 11.6.1951, Akten Patenschaft Breslau, Zugang 313/1: *„Die Patenschaft für die Universität Breslau ist ja eine etwas unglückliche Angelegenheit und das* [die Herausgabe eine Breslauer Verwaltungs- und Rechtsgeschichte, Anm. d. Verf.] *wäre eine gute Sache."*
12) Niederschrift über die Senatssitzung am 21.7.1951, Protokolle Senat, Zugang 331/6, Bl. 53; Bericht über die Tätigkeit der Kommission für die Patenschaft Universität Breslau vom 20.7.1951, Akten Patenschaft Breslau, Zugang 313/1: Der Bericht enthält auf einer DIN A4 Seite eine kurze Zusammenfassung über die laufenden Entwicklungen der Arbeit; Schreiben des Rektors der Universität Köln an den Leiter der Senatskommission Patenschaft Breslau vom 24.7.1951, Akten Patenschaft Breslau, Zugang 313/1; Schreiben von Prof. Dr. Schwarzbach an die Mitglieder der Kommission für die Patenschaft Breslau vom 27.7.1951, Akten Patenschaft Breslau, Zugang 313/1.

Zeitgleich zeigten sich bald darauf erste Auflösungserscheinungen innerhalb der Senatskommission. Ende Juli 1951 beendete Prof. Dr. Schaefer seine Mitarbeit in der Kommission. Schwarzbach, der Senatsbeauftragte für die Traditionspflege, trat zumindest vorübergehend – genaueres konnte anhand der Akten nicht in Erfahrung gebracht werden – von den Funktionen als Senatsbeauftragter und Leiter der Traditionsstelle zurück. Beide Herren vollzogen diesen Schritt unter Verweis auf den für sie erwiesenen Unwillen der Universität Köln, die Patenschaft mit Leben zu füllen. Anlaß für den einschneidenden Entschluß war die vom Senat der Universität zu Köln abgelehnte Honorarprofessur für den Breslauer Professor Dr. Ferdinand Pax. Obwohl Pax durch eine Pension der Universität Bremen finanziell bereits abgesichert gewesen wäre, seine Berufung folglich keinerlei finanziellen Belastungen für die Universität zu Köln nach sich gezogen hätte, lehnte der Senat der Kölner Universität die Berufung ab.[13]

Auf der politischen Ebene versuchte man, Boden gut zu machen. Noch während der auslaufenden Amtstätigkeit von Schwarzbach – seinen Nachfolger Prof. Dr. Koch benannte der Senat der Universität zu Köln am 17. November 1951 – wandte sich die Senatskommission an den zuständigen Ministerialrat im nordrhein-westfälischen Kultusministerium Prof. Dr. Dr. Conrad. Man unterrichtete Conrad über die Vorgänge rund um die abgelehnte Honorarprofessur für den Breslauer Hydrobiologen Pax. Drei Monate später bot Ministerialrat Conrad den Angehörigen der Senatskommission ein persönliches Gespräch an.[14] Das Protokoll des Treffens, welches als Bericht über die Tätigkeit der Senatskommission vorliegt, datiert vom 19. Dezember 1951 und trägt interessanterweise die Unterschrift von Schwarzbach, der nach seinem Rücktritt im Juli 1951 durch Ernennung von Koch seines Amtes enthoben worden war. Im Rahmen der Unterredung im Kultusministerium reifte neben grundsätzlichen Erwägungen zur Traditionspflege auch der Plan einer Vortragsreihe mit dem Titel „Ostdeutsche Kultur- und Geistesgeschichte", die im Sommersemester

---

13) Brief von Prof. Dr. Schwarzbach an den Rektor der Universität zu Köln vom 24.7.1951, Akten Patenschaft Breslau, Zugang 313/1; Brief von Prof. Dr. Schaefer an Prof. Dr. Schwarzbach vom 25.7.1951, Akten Patenschaft Breslau, Zugang 313/1.
14) Schreiben Prof. Dr. Schwarzbach an den Ministerialrat Prof. Dr. Dr. Conrad vom 9.8.1951, Akten Patenschaft Breslau, Zugang 313/1; Schreiben Prof. Dr. Schwarzbach an die Mitglieder der Senatskommission vom 22.11.1951, Akten Patenschaft Breslau, Zugang 313/1.

1952 abzuhalten sei.[15] Für die Arbeit der Senatskommission bedeutete dies geradezu einen Durchbruch, denn der Senat der Kölner Universität zeigte sich mit dem Vorschlag, dem Vorlesungsverzeichnis ein loses Blatt über die Vortragsreihe beizufügen, nicht nur einverstanden, es wurde sogar ein ausdrücklicher Bezug auf die Universität zu Köln als Traditionsträgerin der Universität zu Breslau an dieser Stelle gestattet.[16]

Koch hat die Leitung der Senatskommission entweder sehr zügig wieder abgegeben oder aber sich nicht am Tagesgeschäft beteiligt. Denn im Frühjahr 1952 agierte wieder Schwarzbach scheinbar als Vorsitzender bzw. als Hauptansprechpartner gegenüber der Universität zu Köln. Zu weiteren Details schweigen die Akten. Im gesichteten Schriftverkehr und in Gesprächsprotokollen wurde fast immer der Name von Schwarzbach erwähnt.

Ob nun die Planungen zu der Vortragsreihe oder aber das Gespräch mit Ministerialrat Conrad dazu beigetragen hatten, kann nicht abschließend beurteilt werden, doch meldete sich am 14. März 1952 der Kultusminister Nordrhein-Westfalens bei der Senatskommission und lud Schwarzbach zu einem weiteren Gespräch ein.[17] Über die Inhalte der Unterredung in Düsseldorf, die aufzeigte, wie intensiv die Traditionspflege an anderen Universitäten in Westdeutschland betrieben wurde, erfuhren die anderen Kommissionsmitglieder einen Monat später im Rahmen einer Sitzung

---

15) Bericht der Traditionsstelle der ehemaligen Universität Breslau vom 19.12.1951, Akten der Patenschaft Breslau, Zugang 313/1: *„Es wird festgestellt, daß die äußerliche Fortführung der Breslauer Tradition nicht genügt, sondern, daß auch den Studenten immer wieder Fragen des Deutschen Ostens nahegebracht werden müssen. Daher wird für das Sommersemester eine entsprechende Vorlesungsreihe vorgeschlagen. Es wird Geld dafür zur Verfügung stehen."* Schreiben von Prof. Dr. Schwarzbach an den Rektor der Universität zu Köln vom 1.2.1952, Akten Patenschaft Breslau, Zugang 313/1: Dem Rektor wird das Programm der Vorlesungsreihe „Ostdeutsche Kultur- und Geistesgeschichte" zugeschickt. Prof. Dr. Schwarzbach bittet darum, die Vorträge für jedermann offen zu halten, um so möglichst viele Interessierte an die Universität zu holen.
16) Niederschrift über die Senatssitzung vom 2.2.1952, Protokolle Senat, Zugang 331/6, Bl. 69: *„Der Senat ist damit einverstanden, daß dem Vorlesungsverzeichnis ein loses Blatt mit der Vortragsreihe über Ostdeutsche Kultur- und Geistesgeschichte beigefügt und auf diesem Blatt kenntlich gemacht wird, daß die Universität Traditionsträgerin der Universität Breslau ist."*
17) Schreiben des Kultusministers des Landes Nordrhein-Westfalen an Prof. Dr. Schwarzbach vom 14.2.1952, Akten Patenschaft Breslau, Zugang 313/1.

Genaueres. In Münster, so berichtete Schwarzbach, sei sogar der Rektor Mitglied im „Ausschuß für Ostforschung". Insgesamt schienen die Ausschüsse sehr regsam zu sein. Man müsse infolgedessen zu dem Schluß gelangen, daß sich deren Lage von derjenigen der „Traditionsstelle Breslau" an der Universität zu Köln grundlegend unterscheide.[18]

Die oben bereits erwähnte Vortragsreihe stellte einen wesentlichen Programmpunkt der Arbeit der Traditionsstelle im Sommersemester 1952 dar. Eröffnet wurde der Reigen mit einem Referat des Bundesministers für Vertriebenenfragen, Dr. Hans Lukaschek, am 12. Mai 1952 unter dem Titel „Die Bedeutung der Oder-Neiße-Linie in der Vergangenheit, Gegenwart und Zukunft des deutschen Volkes". Ein Bericht aus der ‚Kölnischen Rundschau', der in den Akten der Senatskommission enthalten ist, zeigte sich wenig begeistert von dem Gesagten. Der Artikel trug den unzweideutigen Titel „700 Jahre Verteidigungsbeitrag – Minister Lukaschek über die Bedeutung der Heimat im Osten".[19] Sätze wie die in dem Zeitungsbericht kolportierten würden heutzutage sicherlich als „unerhört" bezeichnet werden. Doch bieten sie einen guten Einblick in die Gefühlswelt der deutschen Heimatvertriebenen in den fünfziger Jahren. Sieben Jahre nach dem Verlust der Heimat saß der Schrecken und das Unverständnis darüber noch tief. Man sah sich nicht nur entwurzelt, sondern auch geistig stets in der Defensive befindlich. Das Gefühl, sich fortlaufend verteidigen und rechtfertigen zu müssen, bestimmte offenbar nicht nur das Handeln der Mitglieder der Senatskommission. Es betraf zudem die Perspektive des Blickes, den man zurück auf die verlorene Heimat richtete; ein Verlust, den man damals noch nicht einzugestehen bereit war, was sich am Titel des Referats von Minister Lukaschek ablesen läßt.

---

18) Bericht über die Sitzung der Senatskommission vom 17.3.1952, Akten Patenschaft Breslau, Zugang 313/1.
19) Artikel „700 Jahre Verteidigungsbeitrag – Minister Lukaschek über die Bedeutung der Heimat im Osten", in: Kölnische Rundschau vom 13.5.1952: *„Einführend erklärte Univ.-Prof. Dr. Josef Koch, es sei notwendig, daß der deutsche Osten, der trotz aller Gewaltmaßnahmen deutsch sei, auch bei der jungen Generation mit seinen Werten lebendig bliebe [...] Anschließend verbreitete sich Minister Lukaschek darüber, daß diese Gebiete niemals Kolonialland gewesen seien, sondern daß sie von den Tagen des Hermann von Salza ab mit der Anziehungskraft des Christentums und der abendländischen Kultur zu einem echten deutschen Volksland geworden seien."*

b. Der Streit um die Frankfurter Gedenkfeier

Wenig angetan ihrerseits zeigten sich Senatskommission sowie Universität zu Köln im Herbst 1952 von einem Vorhaben Prof. Dr. Emil Brzoskas, eine Feierstunde an der Universität zu Frankfurt am Main abzuhalten, die den Titel „250 Jahre Universität Breslau" tragen sollte.[20] Wollte man doch mit dem Festakt, über den der Bundespräsident die Schirmherrschaft übernommen hatte, der Gründung des Breslauer Jesuitenkollegs „Leopoldina" im Jahre 1702 und eben nicht der Gründung der Breslauer Universität im Jahre 1811 gedenken. Die Universität Köln bestand darauf, sie sei die Patin der 1811 gegründeten Breslauer Universität. Diese sei aus einer Zusammenlegung der Viadrina-Universität in Frankfurt an der Oder von 1506 mit dem 1702 gestifteten Breslauer Jesuitenkolleg hervorgegangen; das Jesuitenkolleg sei – so die Protokolle des Kölner Universitätssenats – nach allgemeinem Verständnis keine Universität gewesen, da es nur zwei Fakultäten umfaßt habe. Daher könne das Jesuitenkolleg auch nicht als Vorläufer der „Universitas litterarum Vratislaviensis", der späteren „Schlesischen Friedrich-Wilhelms-Universität zu Breslau" gelten.

In den folgenden Wochen entwickelte sich ein lebhafter Briefwechsel zwischen Senatskommission bzw. der Traditionsstelle und dem Rektorat der Universität zu Köln. Der eingeplante Festredner der Frankfurter Veranstaltung, Prof. Dr. Dr. Hans Helfritz, schilderte gegenüber der Kölner Senatskommission, weshalb er allen inhaltlichen Unzulänglichkeiten zum Trotz beabsichtige, die Festrede zu halten.[21] Der Kölner Professor Dr. Koch wandte sich an seinen Kollegen Schwarzbach, dem er darlegte, daß er zum einen verwundert darüber sei, daß Kollege Helfritz überhaupt den Festvortrag halten wolle, und er zum zweiten eine Einladung des Bundesministers Lukaschek, ihn wenigstens als Privatperson nach Frankfurt zu begleiten, unter Verweis auf die Position der Universität zu Köln abgelehnt

---

20) Aktennotiz des Rektors der Universität zu Köln vom 27.9.1952 „Betrifft: 250 Jahre Universität Breslau", in Kopie an Prof. Dr. Schwarzbach weitergeleitet, Akten Patenschaft Breslau, Zugang 313/1.
21) Schreiben des Geheimen Regierungsrats Prof. Dr. Dr. Hans Helfritz an den Rektor der Universität zu Köln und an die Senatskommission für die Patenschaft über die Universität Breslau vom 30.9.1952, Akten Patenschaft Breslau, Zugang 313/1: Das Schreiben stellt eine Reaktion von Prof. Dr. Dr. Helfritz auf einen Brief des Rektors der Universität Köln, Prof. Dr. Wessels, dar. Dieses Schreiben befindet sich jedoch nicht in den Akten der Traditionsstelle.

habe.²² Am 8. Oktober schrieb Prof. Dr. Felgentraeger aus Hamburg an Brzoska und verlieh zunächst seinem Bedauern darüber Ausdruck, daß die vorgesehene Veranstaltung ohne jede Absprache mit den Breslauer Professoren und der Breslauer Patenuniversität zu Köln stattfinden sollte. Dies wäre, so Felgentraeger, ein schwerwiegender Fehler, denn die Feier hätte mit gutem Recht zu einer *„Angelegenheit"* zumindest der *„westdeutschen akademischen Welt"* gemacht werden können. Des weiteren widersprach er der Altersangabe der Breslauer Universität, auf welche sich die Initiatoren der Frankfurter Veranstaltung bezogen.²³ Selbst der Senat der Kölner Universität, der sich bis dahin nie in besonderer Weise um die Patenschaft gekümmert hatte, sah sich veranlaßt, einen Beschluß zu diesem Thema zu fassen. Darin wurde festgelegt, daß die Kölner Universität sich als Patin der 1811 gegründeten Breslauer Voll-Universität betrachte.²⁴ Der Rektor der Universität Köln sprach seinem Kollegen Felgentraeger Anerkennung für dessen Intervention aus.²⁵ Ferner wandte er sich an den Festredner und legte Helfritz die Gründe der Universität Köln dar, an der Frankfurter Gedenkfeier nicht teilzunehmen. Er bezog sich vor allem auf die aus seiner Sicht fragliche Datierung des Gründungsaktes der Universität Breslau.²⁶ Zusätzlich kam es zu einem Briefwechsel mit dem Justiziar der Bank Deutscher Länder, Reinhart von Eichborn, der seinerseits versuchte, den Kölner Universitätsrektor noch umzustimmen. Gleichfalls ergab sich eine

---

22) Schreiben von Prof. Dr. Koch an den Kollegen Schwarzbach vom 7.10.1952, Akten Patenschaft Breslau, Zugang 313/1.
23) Schreiben von Prof. Dr. Felgentraeger an Prof. Dr. Brzoska bzgl. der Einladung zur 250-Jahr-Feier der Universität Breslau vom 8.10.1952.
24) Niederschrift über die Senatssitzung vom 12.10.1952, Protokolle Senat, Zugang 331/6, Bl. 81.
25) Schreiben von Prof. Dr. Wessels an Prof. Dr. Felgentraeger vom 13.10.1952, Akten Patenschaft Breslau, Zugang 313/1.
26) Schreiben von Prof. Dr. Wessels an Prof. Dr. Dr. Helfritz in Angelegenheit der Ablehnung der 250-Jahr-Feier der Universität Breslau durch den Senat der Universität Köln vom 13.10.1952: *„Der Ihnen gut bekannte Probst von Bernhardin, Prof. Dr. G. Hoffmann, schreibt in seinem Artikel in ‚Religion in Geschichte und Gegenwart' über die Universität Breslau von 1811: ‚Tatsächlich war es eine neue Anstalt mit anderer Verfassung und anderen Zielen.' Es war darum wohl begründet, daß 1911 die 100-Jahrfeier in Breslau festlich begangen wurde. Es geht nun aber u. E. nicht an, nach 41 Jahren eine 250-Jahrfeier zu veranstalten, nur damit die Öffentlichkeit wieder an die Breslauer Universität erinnert wird."*; vgl. G. HOFFMANN: Breslau, in: Religion in Geschichte und Gegenwart. Bd. 1, Tübingen 1957, Sp. 1405.

Korrespondenz mit dem Rektor der Universität zu Frankfurt am Main, Professor Dr. Horkheimer, der signalisierte, keinerlei Unterstützung für die Feier an seiner Universität gewähren zu wollen.[27]

Nach der Veranstaltung wandte sich Helfritz an seinen Kollegen Schmölders in Köln. Seiner Ansicht nach wäre die Gedenkfeier gut angenommen worden. Vor dem Hintergrund, daß zahlreiche prominente Persönlichkeiten aus Politik und Gesellschaft teilgenommen hätten, seien Auseinandersetzungen wegen des Gründungsdatums lediglich als *„historische Pedanterie"* zu bezeichnen. Nun ist das Gründungsdatum einer Universität, d.h. einer Körperschaft des öffentlichen Rechts, keine Kleinigkeit. Nichtsdestoweniger lag Helfritz mit der Aussage, daß man in Köln wohl nicht viel Sinn für den *„deutschen Osten"* habe, nicht ganz falsch.[28]

Trotz der Debatte über die historisch korrekte Datierung der Universitätsgründung entsteht der Eindruck, daß es der Kölner Senatskommission für die Patenschaft Universität Breslau und der Universität zu Köln vorrangig darum gegangen ist, eine vermeintliche „Konkurrenz" zu schneiden. Selten hatte die Senatskommission für die Patenschaft über die Schlesische Friedrich-Wilhelms-Universität – vielleicht von Neid angesichts der eigenen *„unbefriedigenden"* Lage getrieben – während der Zeit ihres Bestehens eine solche Aktivität entwickelt, und genauso selten hatte sich die Universität zu Köln so intensiv mit ihrem Patenkind befaßt, wie in diesen Wochen des Jahres 1952. Bezeichnenderweise stellte die nahezu einhellige Ablehnung einer Teilnahme an der Feier in Frankfurt einen der wenigen Momente der Eintracht im Verhältnis zwischen dem Senat der Universität zu Köln und den Mitgliedern der Senatskommission dar. Wie selten diese Momente waren, wurde wenige Monate später deutlich.

---

27) Schreiben des Justiziars der Bank deutscher Länder, Reinhart von Eichborn, an Prof. Dr. Wessels vom 14.10.1952, Akten Patenschaft Breslau, Zugang 313/1; Schreiben des Rektors der Universität Frankfurt am Main, Prof. Dr. Max Horkheimer an seinen Kollegen Prof. Dr. Wessels vom 17.10.1952, Akten Patenschaft Breslau, Zugang 313/1.
28) Schreiben von Prof. Dr. Dr. Helfritz an seinen Kollegen Prof. Dr. Schmölders vom 30.10.1952, Akten Patenschaft Breslau, Zugang 313/1: *„Vor allem aber scheint man in Köln nicht viel Sinn für den deutschen Osten zu haben. Der Rektor erwiderte mir am 13. Oktober nicht gerade in der Sprache einer Magnifizenz […]."*

c. Desinteresse und Frustration

In einem überblicksweisen Bericht über die bisherigen Tätigkeiten der Traditionsstelle Breslau ging Schwarzbach Ende November oder Anfang Dezember 1952 – ein genaues Datum ist aus den Akten nicht ersichtlich – auf die vielfältigen Schwierigkeiten ein, durch die die Senatskommission und die Arbeit der Traditionsstelle behindert wurden. In außerordentlicher Offenheit beschrieb er die unbefriedigenden Umstände, in denen sich die Tätigkeit bewegte.[29] Der Enttäuschung verlieh er zusätzlich in einem weiteren, kurz vor Weihnachten 1952 an Felgentraeger gerichteten Brief Ausdruck.[30] Beide Beispiele zeigen deutlich, mit welcher Ernüchterung kanpp zwei Jahre nach ihrer Gründung die Senatskommission bzw. die Traditionsstelle zu kämpfen hatten.

Vielleicht aufgrund der Beschwerden und zahlreicher Klagen scheint sich die Universitätsleitung Anfang 1953 eines Besseren besonnen zu haben. Der Senat genehmigte die Drucklegung eines Programms für die öffentliche Vortragsreihe „Schlesien – Land und Leute", die im Sommersemester 1953 stattfinden sollte. Das Heft wurde dem Vorlesungsverzeichnis beigelegt.[31]

Für den weiteren Verlauf des Jahres 1953 können dessen ungeachtet nicht mehr allzu viele Aktenstücke benannt werden, die die organisatorische Arbeit der Traditionsstelle betrafen, außer einem aufschlußreichen Vorgang: Mit Schreiben vom 7. November 1953 wandte sich der Zweite

---

29) Bericht über die bisherige Tätigkeit der Traditionsstelle für die Patenschaft über die Universität Breslau von Ende November/Anfang Dezember 1952, Akten Patenschaft Breslau, Zugang 313/1: *„Die bisherige Arbeit der Traditionsstelle muß als unbefriedigend bezeichnet werden. Die Patenschaft spielt eine ganz untergeordnete, nach außen kaum hervortretende Rolle im Leben der Universität; sie wird von der Universität als etwas hingenommen, das sich nicht ändern läßt. Das Vorlesungsverzeichnis trägt keinerlei Hinweis auf die Patenschaft, eine diesbezügliche Anregung der Kommission ist ohne Erfolg geblieben. Ebensowenig ist der Vorschlag, den Gründungstag der Universität Breslau in das akademische Leben der Universität Köln einzubeziehen, verwirklicht worden [...] Bei skeptischer Betrachtung erhält man zusammengefasst den Eindruck, dass die Übernahme der Patenschaft besser unterblieben wäre, denn sie ist kaum etwas Halbes und noch viel weniger ein Ganzes. Dies in aller Offenheit einmal auszusprechen, fühle ich mich verpflichtet. Was bisher geschehen ist, hätte (mit Ausnahme der Erneuerung von Dr.-Diplomen) keiner Patenschaft bedurft."*
30) Schreiben von Prof. Dr. Schwarzbach an Prof. Dr. Felgentraeger aus Hamburg vom 22.12.1952, Akten Patenschaft Breslau, Zugang 313/1.
31) Niederschrift über die Senatssitzung vom 28.2.1953, Protokolle Senat, Zugang 331/6, Bl. 101.

Vorsitzende des Kulturwerks Schlesien, Prof. Dr. Herbert Schlenger, an den Leiter der Senatskommission für Patenschaft über die Universität Breslau, Schwarzbach. Er beschrieb sein Vorhaben, eine gemeinsame Veranstaltung von Kulturwerk und Traditionsstelle/Senatskommission Breslau für den Sommer 1954 zu planen. Damit, so Schlenger, könne man gegebenenfalls etwas anderes anbieten, als das, was bisher seitens der Traditionsstelle offeriert worden sei.[32] Nun wäre nach der großen Enttäuschung, die ihren Eingang in die beiden oben genannten Briefe gefunden hatte, anzunehmen gewesen, Schwarzbach hätte den Vorschlag seines Kollegen begierig aufgegriffen. Hingegen betonte er in seinem Antwortschreiben, wie sehr ihn seine Dozententätigkeit einnähme und wie wenig Zeit er daher für anderweitige Unternehmungen erübrigen könne.[33] Hierdurch wird der Mangel an Eigeninitiative, der sich oftmals in der Arbeit der Traditionsstelle ausmachen läßt, eventuell nachvollziehbarer, abgesehen von allen berechtigten Klagen. Nach wesentlich mehr als nur eigene, für ein interessiertes Publikum gedachte Vortragsreihen anzubieten, stand der Sinn nicht. Der Schritt an eine breitere Öffentlichkeit wurde jedenfalls nicht nur bei dieser Gelegenheit unterlassen.

Für die zweite Hälfte der fünfziger Jahre läßt sich entgegen allen Erwartungen – politisch dominierte Adenauer nach seiner absoluten Mehrheit bei der Bundestagswahl 1957 die junge Bundesrepublik Deutschland nach Belieben – auch und gerade aufgrund der gezielten Politik mit und für die Heimatvertriebenen dennoch keine Zunahme der Arbeiten der Traditionsstelle erkennen. Vielmehr war das krasse Gegenteil der Fall. Für die Jahre 1954 bis 1956 finden sich lediglich vier Schriftsätze in den Akten der Traditionsstelle und drei Vermerke in den Protokollen des Senats der Universität zu Köln. Die Aktenfunde aus dem Jahr 1956 mögen auf eine der Ursachen für die Entwicklung hindeuten. In seinem an den Rektor der Universität Köln gerichteten Brief vom 27. November 1956 bat Schwarzbach abermals um die Entbindung von der Leitung der Traditionsstelle. Der Senat nahm das Gesuch an und forderte den Nachfolger, Professor Dr. Euler, vielsagend dazu auf, die *„Tätigkeit der Kommission zu aktivieren".*[34] Das Argument

---

32) Schreiben des Zweiten Vorsitzenden des Kulturwerks Schlesien, Prof. Dr. Schlenger, an Prof. Dr. Schwarzbach vom 7.11.1953, Akten Patenschaft Breslau, Zugang 313/1.
33) Schreiben von Prof. Dr. Schwarzbach an Prof. Dr. Schlenger vom 10.12.1953, Akten Patenschaft Breslau, Zugang 313/1.
34) Schreiben von Prof. Dr. Schwarzbach an den Rektor der Universität zu Köln,

Schwarzbachs, er sei mit der Arbeit an seinem eigenen Institut ausgelastet, mag zugetroffen haben. Immerhin hätte die hohe Arbeitsbelastung des Leiters der Senatskommission die drastisch zurückgegangene Aktivität der Traditionsstelle erklären können. Doch dürften vor dem Hintergrund der geschilderten Entwicklungen auch mangelndes Interesse und daraus resultierende Lustlosigkeit mit ursächlich gewesen sein.

Euler hat sich in der vergleichsweise kurzen Zeit seiner Tätigkeit von 1956 bis 1959 die Aufforderung des Senats der Universität Köln offenbar nicht besonders zu Herzen genommen. In den durchgesehenen Akten finden sich keinerlei Anzeichen für eine vermehrte Aktivität der Traditionsstelle oder der Senatskommission.

III. Ein Neubeginn in den Sechziger Jahren?

Zwischenzeitlich trat der schon betagtere Koch als Leiter der Traditionsstelle wieder in Erscheinung. Schwarzbach brachte sich ab Februar 1960, entgegen seiner 1956 bei der Bitte um Entbindung von seinem Amt vorgetragenen Argumente, er sei arbeitsmäßig überlastet, zunehmend in die Arbeit der Traditionsstelle Breslau ein. Seine erste wahrnehmbare Handlung in dieser Phase stellte eine Eingabe an den Senat der Universität zu Köln dar, nun endlich einen Hinweis auf die Patenschaft in das Vorlesungsverzeichnis aufzunehmen. Die Patenschaft sei an der Universität selber immer noch kaum bekannt, so die Klage.[35] Der Senat hatte dem Vorhaben zwar schon früher zugestimmt, dann aber scheinbar die Umsetzung nicht weiter verfolgt.

a. Die 150-Jahr-Feier der Gründung der Breslauer Universität

Ende 1960 kam Bewegung in die Arbeit von Traditionsstelle und Senatskommission. Die Landsmannschaft Schlesien plante anläßlich des 150. Gründungstages der Universität Breslau im Jahr 1961 eine eigene Feier

---

Prof. Dr. Hans Schulten vom 27.11.1956, Akten Patenschaft Breslau, Zugang 313/1; Niederschrift über die Senatssitzung vom 15.12.1956, Protokolle Senat, Zugang 331/7, Bl. 52.
35) Niederschrift über die Senatssitzung vom 20.2.1960, Protokolle Senat, Zugang 331/7, Bl. 135.

und trat an die Universität Köln mit dem Wunsch heran, sie möge als Patenuniversität Einladungen im eigenen Namen verschicken. Der Senat der Universität Köln zeigte sich dieses Mal aufgeschlossen, verwies jedoch auf die Traditionsstelle als zuständige Ansprechpartnerin.[36]

Im Zuge der Vorbereitungen kam es zu einer erstaunlichen Begebenheit. Auf der Senatssitzung vom 23. Februar 1961 wurde der Vorschlag unterbreitet, auch den Rektor der polnischen Universität in Breslau einzuladen. Sofort wurden etliche Bedenken dagegen vorgebracht. Das Senatsmitglied Prof. Dr. Lange schlug daher vor, zunächst eine Anfrage an Prof. Dr. Carstens, seines Zeichens Staatssekretär im Auswärtigen Amt, zu richten, um eventuelle diplomatische Schwierigkeiten eruieren zu lassen.[37] Bedauerlicherweise schweigen die Akten sowohl des Senats als auch der Traditionsstelle fortan zu diesem überraschenden Kapitel in der Arbeit der Traditionsstelle. Ob nun die erwähnten *„diplomatischen Schwierigkeiten"* oder aber Aversionen gegen den 1961 wohl geradezu unerhörten Vorschlag, den Rektor einer Universität aus der kommunistischen Volksrepublik Polen einzuladen, dafür ausschlaggebend waren, läßt sich daher nicht mehr klären.

Zaudernde Vorsicht, aus welchen Gründen auch immer, begleitete weiterhin die Arbeiten der Traditionsstelle bei den Planungen zu den Feierlichkeiten. So wandte sich Schwarzbach am 19. Mai 1961 an den Rektor der Universität zu Köln, Prof. Dr. Tönnies. Neben der Klärung von Fragen der Pressearbeit drängte er darauf, Bundespräsidial- und Bundeskanzleramt einzubeziehen und sowohl dem Staatsoberhaupt als auch dem Regierungschef eine Einladung zukommen zu lassen. Interessanterweise äußerte er in diesem Zusammenhang große Vorbehalte gegenüber Bundeskanzler Adenauer. Der Kanzler hätte *„dem Osten gegenüber nicht die innere Einstellung, die eigentlich für unsere Zwecke nötig wäre."*[38] Einer breiteren Erörterung dieser Frage entgingen alle Seiten dadurch, daß sich

---

36) Niederschrift über die Senatssitzung vom 29.11.1960, Protokolle Senat, Zugang 331/7, Bl. 153.
37) Niederschrift über die Senatssitzung vom 23.2.1961, Protokolle Senat, Zugang 331/7, Bl. 162.
38) Schreiben von Prof. Dr. Schwarzbach an den Rektor der Universität zu Köln vom 19.5.1961, Akten Patenschaft Breslau, Zugang 313/2: *„Es müsste die Mitwirkung des Bundespräsidenten oder (und) des Bundeskanzlers möglichst bald gesichert werden […]. Bei dem Bundeskanzler besteht natürlich das Bedenken, daß er dem Osten gegenüber nicht die innere Einstellung hat, die eigentlich für unseren Zweck nötig wäre. Andererseits hätte er politisch das größere Gewicht."*

der Senat der Universität Köln zwei Monate später gegen jeglichen politischen Charakter der Feier aussprach. Andernfalls sei die rege Teilnahme von zahlreichen Professoren gefährdet. Deswegen müsse eine Einladung an politische Amtsträger unterbleiben.[39]

Weitere Unterlagen zur Feier selber fanden sich in den Akten nicht mehr. In einem Brief vom 29. Dezember 1961, den Schwarzbach an seinen Kollegen Schäfer richtete, artikulierte er seine Enttäuschung sowohl über den Verlauf der Feier als auch über die Berichterstattung des Westdeutschen Rundfunks (WDR), an den er sich diesbezüglich mit einer Beschwerde gewandt habe. Die Kritik des Westdeutschen Rundfunks an der 150-Jahr-Feier der Gründung der Universität Breslau schmerze ihn sehr. Zugleich räumte er ein, wie *„einfältig"* die Rede des Rektors und wie *„kläglich der Auftritt"* der meisten Dekane gewesen seien.[40] Dr. Herbert Hupka, der stellvertretende Vorsitzende der Landsmannschaft Schlesien, hingegen dankte Schwarzbach ausdrücklich für die erfolgreiche Gestaltung der Feier, für *„die"* nicht näher konkretisierte *„gute Sache."* Er plante voller Euphorie die nächsten Veranstaltungen zusammen mit der Traditionsstelle unter Hinzuziehung externer, prominenter Professoren aus Schlesien. Dr. Hupka brachte dabei unter anderem den Namen eines jüdischen Professors aus Breslau – der, nachdem ihm 1933 die Lehrbefugnis aufgrund des „Gesetzes zur Wiederherstellung des Berufsbeamtentums" vom 7. April 1933 entzogen worden war, nach London emigriert war – zum wiederholten Mal als Referent für Vorträge ins Spiel.[41] Hupka hatte bereits im Rahmen der Vorbereitungen zur 150-Jahr-Feier versucht, Prof. Dr. Cohn durch die Universität zu Köln einladen zu lassen. Auf das erstmalige Vorbringen dieses Ansinnens im November 1960 scheint die Traditionsstelle nicht reagiert zu haben. Das geht aus einer Nachfrage von Hupka an Schwarzbach hervor. Denn obwohl er dies schon 1960 angeregt hatte, war bis Anfang November 1961 – die 150-Jahr-Feier war für den 24. November

---

39) Niederschrift über die Senatssitzung vom 22.7.1961, Protokolle Senat, Zugang 331/7, Bl. 172: *„Es besteht Einvernehmen darüber, daß die Feier keinen politischen Charakter haben darf, nur dann kann mit einer regen Teilnahme von Professoren gerechnet werden. Politiker, wie Bundespräsident, Bundeskanzler, Vertriebenenminister etc. sollen daher nicht eingeladen werden."*
40) Schreiben von Prof. Dr. Schwarzbach an Prof. Dr. Schäfer vom 29.12.1961, Akten Patenschaft Breslau, Zugang 313/2.
41) Schreiben des stellvertretenden Vorsitzenden der Landsmannschaft Schlesien, Dr. Herbert Hupka, an Prof. Dr. Schwarzbach vom 3.1.1962, Akten Patenschaft Breslau, Zugang 313/2.

1961 geplant – diesbezüglich keine Einladung an Cohn ergangen.[42] In seiner Antwort dankte Schwarzbach für den Brief vom 3. Januar 1962 und sagte zu, die Anregungen weiterzureichen. Er gab an, den Namen *„eines der genannten drei Professoren"* – hierbei kann es sich nach Aktenlage nur um den jüdischen Gelehrten Cohn handeln – zwecks Einladung zur 150-Jahr-Feier gegenüber der Universitätsleitung seinerzeit erwähnt zu haben. Darauf wären die zuständigen Stellen der Kölner Universität jedoch nicht eingegangen.[43] Ob ähnlich wie bei dem polnischen Universitätsrektor *„diplomatische"* oder andere *„Vorbehalte"* bzw. schlichtweg Nachlässigkeit im Spiel waren, bleibt im Unklaren.

b. Untätigkeit und Unvermögen?

In den folgenden knapp drei Jahren kam die Tätigkeit der Traditionsstelle abermals nahezu vollständig zum Erliegen. Außer der Anregung, eine Gedenktafel im Hauptgebäude der Universität anbringen zu lassen – ein Versuch, der nie zur Umsetzung gelangte – und einer Initiative zur Benennung einer Straße im Universitätsviertel nach Kurt Alder, dem aus Oberschlesien stammenden einzigen Nobelpreisträger der Universität Köln, der kein Erfolg beschieden war, kann den Unterlagen nicht viel entnommen werden.[44] Dementsprechend mag es als folgerichtig angesehen werden, wenn der kaum in Erscheinung getretene zwischenzeitliche Leiter der Senatskommission zur Traditionspflege der Universität Breslau, Josef Koch, aus Altersgründen sein Amt abgab und man es Schwarzbach 1964 abermals übertrug.[45]

---

42) Schreiben von Dr. Hupka an Prof. Dr. Schwarzbach vom 2.11.1961, Akten Patenschaft Breslau, Zugang 313/2.
43) Schreiben von Prof. Dr. Schwarzbach an Dr. Herbert Hupka vom 4.1.1962, Akten Patenschaft Breslau, Zugang 313/2.
44) Schreiben von Prof. Dr. Schwarzbach an den Rektor der Universität zu Köln vom 27.10.1964 bezüglich der Anbringung einer Gedenktafel; Schreiben von Prof. Dr. Schwarzbach an die Dekane der Fakultäten der Universität Köln vom 30.10.1964 wegen der Benennung einer Straße im Universitätsviertel nach Kurt Alder; Schreiben von Prof. Dr. Schwarzbach an den Rektor der Universität zu Köln vom 17.11.1964, in dem auf die Zustimmung der Dekane und der Mitglieder der Senatskommission verwiesen wird; alle Schreiben entnommen Akten Patenschaft Breslau, Zugang 313/2.
45) Niederschrift über die Senatssitzung vom 27.5.1964, Protokolle Senat, Zugang 331/8, Bl. 78: Ein Brief von Prof. Dr. Koch wird verlesen, in dem er um die Ent-

Anfang des Jahres 1965 kam es zu einem kleinen Eklat, der zwar ohne weitere Folgen blieb, doch den hüben wie drüben, in Köln wie in Breslau, herrschenden Geist der 1960er Jahre ganz gut widerspiegelt. Schwarzbach wandte sich im Januar 1965 an die Mitglieder der Traditionsstelle und berichtete von einem Schreiben des ihm persönlich bekannten, jetzigen Rektors der Universität Breslau, Prof. Dr. Murawski. Dieser habe die *„Taktlosigkeit"* besessen, einen an ihn persönlich gerichteten Neujahrsgruß mit der Wendung *„in libera Wratislavia"* (lat.: im freien Breslau) zu schließen.[46]

Dieser eher possierlich anmutende Vorgang gewinnt vor dem Hintergrund zweier weiterer Ereignisse in der Rückschau größere Bedeutung. Ein Professor der Universität Köln namens Zwirner berichtete in einem Brief an Schwarzbach von einer Reise nach Breslau. Er habe im Rahmen dieser Fahrt sehr positive Eindrücke gewinnen können und rege deswegen die Kontaktaufnahme mit den polnischen Professoren der Universität Breslau an. Prof. Dr. Dr. Zwirner argumentierte besonders vor dem Hintergrund der kommunistischen Bedrohung Westeuropas. Der Lehrkörper der Breslauer Universität sei insgesamt antikommunistisch ausgerichtet, und wenn es früher zu den Aufgaben der deutschen Universität gehört habe, den *„slawischen Einfall im Osten"* abzuwehren, so scheine ihm heutzutage die Aufgabe der polnischen Universität Breslau darin zu bestehen, den Einfluß des Kommunismus zurückzudrängen. Schwarzbach sicherte seinem Kollegen Zwirner zu, diese Frage der Senatskommission vorzulegen.[47] In

---

bindung vom Amt des Leiters der Senatskommission der Patenschaft Breslau bittet; Schreiben des Rektors der Universität Köln an Prof. Dr. Schwarzbach vom 2.12. 1964, Akten Patenschaft Breslau, Zugang 313/2: In diesem Brief äußert der Rektor die Bitte, Prof. Dr. Koch möge die Leitung der Senatskommission wieder übernehmen; Schreiben von Prof. Dr. Schwarzbach an den Rektor der Universität zu Köln vom 3.12.1964, Akten Patenschaft Breslau, Zugang 313/2: Prof. Dr. Schwarzbach erklärt seine Bereitschaft zur Übernahme unter der Voraussetzung, daß die Universität Köln bereit ist, die Traditionspflege nunmehr ernsthaft zu betreiben.
46) Schreiben von Prof. Dr. Schwarzbach an die Mitglieder der Senatskommission vom 12.1.1965, Akten Patenschaft Breslau, Zugang 313/2: *„Die Taktlosigkeit eines mir persönlich bekannten polnischen Fachkollegen, des derzeitigen Rektors der Universität Breslau, mir den beiliegenden Neujahrsgruß mit der Wendung „in libera Wratislavia" zu senden, möchte ich Ihnen nicht vorenthalten."*
47) Schreiben von Prof. Dr. Dr. Zwirner an Prof. Dr. Schwarzbach vom 23.3.1965, Akten Patenschaft Breslau, Zugang 313/2: *„Ich meine, wir würden alte Beziehungen wieder aufnehmen, wenn wir heute Beziehungen zu* [sic!] *jetzigen Universität Breslau anknüpfen wollen [...] Wenn es zu den Aufgaben der Universität gehört hat, den slavi-*

seiner Entgegnung darauf erwiderte Zwirner, der Austausch müsse auf der untersten Ebene stattfinden, um niemanden in Polen politisch zu gefährden. Er selber beabsichtige namens der Universität in Münster, ein ähnliches Programm mit der Posener Universität in die Wege zu leiten. Zudem glaube er, daß die Traditionsstelle in Köln ihrer Arbeit nur durch einen Austausch mit der polnischen Universität Breslau Glaubwürdigkeit verleihen könne. Andernfalls drohe der Abstand zwischen Anspruch und Wirklichkeit immer größer zu werden.[48] Zu diesem interessanten und vielversprechenden Vorgang fanden sich ebenfalls keine weiteren Informationen in den Akten der Senatskommission und Traditionsstelle für die Patenschaft über die Universität zu Breslau.

Eine weitere, ähnlich gelagerte Begebenheit trug sich im Jahr 1972 zu. Dr. Reta Schmitz, Mitglied des Ökumenischen Arbeitskreises ‚Politisches Nachtgebet', schrieb damals an Schwarzbach und bezog sich in ihrem Brief auf die sogenannten „*Ostverträge*" der Regierung Brandt. Diese nunmehr ratifizierten Dokumente sollten ihrer Ansicht nach dazu dienen, die Versöhnung zwischen dem deutschen und dem polnischen Volk zu fördern. Von einem ähnlichen Aspekt wie Zwirner ausgehend, vorrangig das Freiheitsstreben der polnischen Jugend zu unterstützen, schlug sie daher vor, die Patenschaft in eine Partnerschaft mit der polnischen Universität „*Wrozlaw*" [sic!] umzuwandeln.[49] Kurze Zeit darauf erging eine offenher-

---

schen Einfall im Osten abzuwehren, so scheint mir die Aufgabe heute darin zu bestehen, den Einfluß des Kommunismus zurückzudrängen. Das aber können wir nicht wirksamer tun, als dadurch, daß wir diejenigen, die in ganz anderer Weise wie wir im Abwehrkampf stehen, in diesem Kampf zu unterstützen." Antwortschreiben von Prof. Dr. Schwarzbach an Prof. Dr. Dr. Zwirner vom 26.3.1965, Akten Patenschaft Breslau, Zugang 313/2.
48) Schreiben von Prof. Dr. Dr. Zwirner an Prof. Dr. Schwarzbach vom 29.3.1965, Akten Patenschaft Breslau, Zugang 313/2: *„Aber in jedem Fall scheint mir, daß wir daran interessiert sein sollten, daß man in Breslau nicht so tut, als handle es sich dort um eine polnische Neugründung von 1945, sondern daß man die Tradition der Breslauer Universität auch dort fortführt, wo das natürlich sehr viel leichter und wirksamer geschehen kann, als in Köln. Ja ich meine, daß wir es in Köln überhaupt nur tun können, wenn wir es auf diesem Wege machen. Sonst wird der Hiatus zwischen Anspruch und Wirklichkeit von Jahr zu Jahr größer."*
49) Schreiben von Dr. Reta Schmitz an Prof. Dr. Schwarzbach vom 7.6.1972, Akten Patenschaft Breslau, Zugang 313/2: *„Namentlich die studierende Jugend in Polen, die mit großer Aufmerksamkeit die Vorgänge in der BRD verfolgt, kann einen solchen Schritt von unserer Seite erwarten. Sie würde die sich damit eröffnenden Möglichkeiten friedlichen Austauschs nicht weniger gerne nutzen, als die auf unseren deutschen Universitäten studierende Jugend. Wir bitten Sie dringend und herzlich, sich unser Anliegen zu eigen*

zige, ablehnende Antwort von Schwarzbach an Schmitz.[50] Ironischerweise schließt sich mit diesem Eintrag die Akte der Senatskommission der Universität zu Köln für die Patenschaft über die Universität zu Breslau.

Anhand der beiden geschilderten Vorgänge zeigt sich einmal mehr, wie – zusätzlich zu all den schon genannten Problemen – gering die Bereitschaft war, neuartige Vorschläge wenigstens zu bedenken. Die Ansinnen von Zwirner und Reta Schmitz, erstens eine Kooperation mit der polnischen Universität Breslau anzubahnen und zweitens die Patenschaft bereits 1972 in eine Partnerschaft umzuwandeln, wären angesichts von Kaltem Krieg und Eisernem Vorhang in der Tat nur schwer zu verwirklichen gewesen. Zudem hatte Schwarzbach wenige Wochen vor dem Zwirner-Schreiben der *„taktlose"* Brief des Rektors der Universität zu Breslau erreicht. Eine so schroffe Ablehnung hingegen, wie sie dem Vorschlag von Schmitz durch Schwarzbach erfuhr, dem zufolge *„die Pflege der Tradition der Universität Breslau mit der heutigen Universität Wrocław nicht das geringste zu tun"* habe, verweist noch auf ein weiteres Problem. Beide Anregungen waren neuartige Vorschläge aus einer sich verändert habenden Gegenwart – wenn sie von den Betroffenen auch nicht als solche wahrgenommen wurde –, mit denen sich nicht nur die Senatskommission und die Traditionsstelle der Patenschaft für die Universität Breslau konfrontiert sahen, sondern auch viele andere Verbände aus dem Bereich der Heimatvertriebenen, damals und zum Teil noch bis heute.

Um zu verstehen, was gemeint ist, ist es notwendig, sich in die Lage der ostdeutschen Vertriebenen hineinzuversetzen. Unwillkommen im Westen Deutschlands und gänzlich verschwiegen in der DDR, mit einer nach und nach zugelegten *„Wagenburgmentalität"* ausgestattet, waren sie alle von einer, im Vergleich zu anderen gesellschaftlichen Gruppen, geringen Frequenz im Wechsel von Führungspersonal und bei der Mitgliederstruk-

---

zu machen, es der Kommission vorzutragen und vor dieser und den akademischen Behörden der Universität zu Köln zu vertreten."
50) Antwortschreiben von Prof. Dr. Schwarzbach an Dr. Reta Schmitz vom 30.6.1972, Akten Patenschaft Breslau, Zugang 313/2: *„Da die Pflege der Tradition der Universität Breslau mit der heutigen Universität Worclaw* [sic!] *nicht das geringste zu tun hat, so wäre die Kommission Breslau an unserer Universität für ihren Vorschlag auch gar nicht zuständig."* Die Frage stellt sich durchaus, inwiefern die polnische Universität in Breslau nach 1945 sich selber überhaupt als in der Nachfolge der 1811 gegründeten preußischen Hochschule stehend ansah, war sie doch zwischen 1952 und 1989 nach dem Chef der Kommunistischen Partei und Premier sowie Präsidenten der Volksrepublik Polen, Bolesław Bierut, benannt.

tur betroffen. So gab und gibt es Vorsitzende landsmannschaftlicher Gliederungen, die Amtszeiten von oftmals mehreren Dekaden vorweisen konnten und können. Bedingt durch das starre personelle Korsett könnte sich auch das starre Festhalten an liebgewonnenen Vorstellungen über die alte Heimat und den neuen polnischen Bewohnern ergeben haben. Die aus einer solchen Gemengelage resultierenden Aversionen gegen bislang nicht für möglich gehaltene Schritte, wie z.b. die Kontaktaufnahme mit den polnischen Professoren der Universität zu Breslau, kennzeichneten dann auch den, wie Zwirner es in seinem Brief beschrieb, zunehmend größer werdenden Abstand zwischen Anspruch und Wirklichkeit. Das ist nach 1945 die, wenn man es so nennen möchte, zweite große Tragödie der deutschen Heimatvertriebenen.

c. Anspruch und Wirklichkeit – ungleiche Geschwister

Der zunehmende Abstand zwischen Anspruch und Wirklichkeit schlug sich nicht nur im fahrlässigen Umgang mit potentiell wertvollen Kontakten nach Schlesien nieder, sondern wurde allzu sinnfällig angesichts des Scheiterns mehrerer, auf das reine Bewahren und Erinnern ausgerichteter Initiativen der Traditionsstelle und der Senatskommission. Dazu zählten neben der angestrebten Kreierung einer „Breslau-Gedenkmedaille" zur Ehrung besonderer Verdienste um die Erforschung Schlesiens und neben der zum wiederholten Male vorgetragenen Bitte, im Hauptgebäude der Universität eine Gedenktafel an die Universität Breslau anbringen zu lassen, auch die Anregung, einem Hörsaalgebäude die Bezeichnung „Breslau-Bau" zu geben.[51] Lediglich bezüglich der Widmung eines Gebäudes faßte der Senat der Universität zu Köln den Beschluß, eventuell ein Studentenwohn-

---

51) Schreiben von Prof. Dr. Schwarzbach an die Mitglieder der Senatskommission Patenschaft Breslau vom 12.1.1965: In diesem Schreiben schlägt Professor Schwarzbach die Schaffung einer „Breslau-Gedenkmedaille" vor; Schreiben des Rektors der Universität zu Köln, Prof. Dr. Schmölders an Professor Schwarzbach vom 13.1.1965: In diesem Schreiben begrüßt der Rektor den Vorschlag ausdrücklich; Schreiben von Prof. Dr. Schwarzbach an den Rektor der Universität Köln, Prof. Dr. Schmölders vom 31.1.1966: Dieser Brief betrifft die Anbringung einer Gedenktafel an die Universität Breslau im Hauptgebäude der Universität Köln; Schreiben von Prof. Dr. Schwarzbach an den Rektor der Universität Köln vom 10.5.1966: Dieser Brief hat die Benennung eines der neuen Hörsaalgebäude mit dem Namen „Breslau-Bau" zum Inhalt; alle Schriftstücke aus Akten Patenschaft Breslau, Zugang 313/2.

heim „*Breslauhaus*" zu nennen.⁵² Nach diesem Eintrag vom 18. Juni 1966 finden sich in den Protokollen des Senats der Universität zu Köln keine weiteren Aktenstücke zur Arbeit der Senatskommission für die Patenschaft. Die Ergebnislosigkeit der Tätigkeit der Traditionsstelle überrascht umso mehr, als zu jener Zeit eines der Gründungsmitglieder der Senatskommission für die Patenschaft über die Universität zu Breslau, Prof. Dr. Günter Schmölders, das Rektorat der Universität Köln innehatte. Vielleicht haben auch bei ihm politische Vorsicht und Anforderungen seines Amtes ineinander gegriffen und für eine deutliche Zurückhaltung gesorgt.

d. Die Abrechnung – ein Brief als Schlußstrich

Die Wirkungslosigkeit bzw. Untätigkeit der Traditionsstelle fiel in der zweiten Hälfte der sechziger Jahre auch auswärtigen Interessenten ins Auge. Im August 1966 wandte sich ein aus Ostpreußen stammender Student der Naturwissenschaften als Vorsitzender des „Ostpolitischen Deutschen Studentenverbands an der Universität zu Köln" an Schwarzbach. Er regte an, die Patenschaft der Universität Köln sichtbarer werden zu lassen, indem an Festtagen unter anderem auch die Breslauer Stadtfahne am Universitätsgebäude gehißt werden könnte. Die Stadt Köln als Patin der Stadt Breslau verfahre ganz ähnlich.⁵³ Die Antworten Schwarzbachs an den interessierten Studenten einerseits⁵⁴ und an den Rektor der Universität zu Köln andererseits lesen sich wie eine Abrechnung über all die Enttäuschungen und Zurücksetzungen der vergangenen 15 Jahre. Insbesondere das Schreiben an den Rektor der Kölner Universität ließ an schonungsloser Offenheit nichts vermissen. Daher sei ein längeres Zitat aus dem selbigen gestattet: „*Er*

---

52) Niederschrift über die Senatssitzung vom 18.6.1966, Protokolle Senat, Zugang 331/8, Bl. 158: „*Der Rektor gibt einen Antrag des Vorsitzenden der Senatskommission Breslau, Professor Schwarzbach, bekannt, das neue Hörsaalgebäude ‚Breslau-Bau' oder ähnlich zu benennen. Der Senat ist der Auffassung, daß ein Hörsaalgebäude eine Funktion kennzeichne und daher nicht einen Erinnerungsnamen erhalten sollte. Es wird vorgeschlagen, einem Studentenheim den Namen Breslauhaus zur Erinnerung an die ehemalige Universität Breslau zu geben.*"
53) Schreiben des Vorsitzenden des „Ostpolitischen Deutschen Studentenverbandes an der Universität zu Köln", stud. rer. nat. Werner Wolff an Prof. Dr. Schwarzbach vom 4.8.1966, Akten Patenschaft Breslau, Zugang 313/2.
54) Schreiben von Prof. Dr. Schwarzbach an stud. rer. nat. Werner Wolff vom 9.8. 1966, Akten Patenschaft Breslau, Zugang 313/2.

[der Vorschlag für eine Gedenktafel, Anm. des Verf.] *teilt also offenbar das Schicksal zahlreicher anderer Anregungen, die im Laufe der Jahre dem Rektor oder dem Senat zugingen. Sie sind noch länger im akademischen Leben tätig und wissen, daß dieser oft angewandte Weg des Aufschiebens außerordentlich bequem ist, weil sich in den meisten Fällen niemand mehr um die Sache kümmert, und sie sich damit von selbst erledigt. Man darf aber wohl nun doch die Frage stellen, ob sich der Senat unter diesen Umständen nicht besser aufraffen sollte, die sogenannte Patenschaft für Breslau zu widerrufen. [...] Es war mir in diesem Zusammenhang außerordentlich peinlich, in diesen Tagen den Brief eines ostpreußischen Studenten zu erhalten, der mich bat, doch beim ‚Hohen Senat' zu erwirken, daß etwas mehr geschähe. Was für ehrfürchtige Vorstellungen mögen unsere Studenten von dieser akademischen Behörde haben! [...] Es ist jedenfalls ein bedrückendes Gefühl, zu einer Aufgabe eingesetzt zu sein, ohne die Möglichkeit zu haben, etwas durchzusetzen.*"[55]

Selbst als Monate später eine wohlwollende Reaktion des Rektors erfolgte, zu einer tatsächlichen Neuaufnahme der Tätigkeit von Traditionsstelle und Senatskommission kam es nie mehr.[56] Die deutlich erkennbare Abnahme der Aktivitäten setzte sich vielmehr ungehemmt fort. Aus der Zeit zwischen dem Jahresende 1966 und dem Jahr 1972 – dem Ende der Akten der Senatskommission – sind lediglich noch knapp zwei Dutzend Schriftsätze mit Anfragen von Witwen Breslauer Professoren oder Korrespondenzen mit landsmannschaftlichen Gruppierungen in der Ablage zu finden. Mit dem Ende der Akten endete jedoch noch nicht die Erinnerungsarbeit in Köln. 1986 veranstaltete die Bundesvereinigung der Breslauer e.V. zusammen mit der Historischen Kommission für Schlesien und dem Gerhard-Möbus-Institut für Schlesienforschung zum 175-jährigen Jubiläum der Breslauer Universität einen größeren Festakt. Die Senatskommission und ihr Vorsitzender, Schwarzbach, wurden zwar im Programmheft genannt, traten jedoch nicht einmal mehr als Mitveranstalter in Erscheinung. Ausdrückliche Beachtung fand die Patenschaft noch ein letztes Mal im Rahmen der Feierstunde zum 600. Gründungstag der Kölner Universität am 25. November 1988.

Ein Jahr später kam es in der Volksrepublik Polen zum Sturz der kommunistischen Diktatur. Ein neuer Wind begann zwischen der Bundesrepublik

---

55) Schreiben von Prof. Dr. Schwarzbach an den Rektor der Universität zu Köln, Prof. Dr. Schmölders vom 9.8.1966, Akten Patenschaft Breslau, Zugang 313/2.
56) Schreiben des Rektors der Universität zu Köln, Prof. Dr. Werner Scheid, an Prof. Dr. Schwarzbach vom 24.11.1966, Akten Patenschaft Breslau, Zugang 313/2.

Deutschland und der Republik Polen zu wehen. Im Jahr 2000 verabschiedete der Senat der polnischen Universität zu Breslau im Hinblick auf das 2002 anstehende 300. Jubiläum der Gründung des Jesuitenkollegs „Leopoldina" einen Beschluß, der als Meilenstein der historischen Aufarbeitung Breslauer Universitätsgeschichte gewertet werden darf. Selbst wenn aus dem Wortlaut des Beschlusses nicht eindeutig hervorgeht, ob man sich in Breslau nunmehr als eigene polnische Neugründung von 1945 oder aber als Nachfolgerin der Vorgängereinrichtungen ansieht, so manifestierte sich vor nunmehr über zehn Jahren deutlich der Wille dazu, die Breslauer Universitäts- und Geistesgeschichte in ihrer Gesamtheit zu würdigen. In den vergangenen zehn Jahren hat sich vieles nochmals weiterentwickelt. Dank des stets zunehmenden und fortlaufend intensivierten wissenschaftlichen Austauschs, der voranschreitenden Normalisierung der deutsch-polnischen Beziehungen, insbesondere was den wissenschaftlichen Diskurs anbelangt, spricht der aktuelle Beschluß des Senats der Universität Breslau vom 31. März 2010 eine Sprache der historischen Unvoreingenommenheit und des Miteinanders von Deutschen und Polen. Dies sollten die interessierten Kreise und Personen östlich und westlich von Oder und Neiße zu würdigen wissen und ihre diesbezügliche Wertschätzung durch eine aktive Begleitung am Prozeß der Europäisierung der bilateralen Beziehungen zum Ausdruck bringen.

IV. Resümee

Der Titel dieses Aufsatzes sollte andeuten, wie die Entwicklung der Patenschaft in den zwei Jahrzehnten ihres Bestehens, über die Akten im Universitätsarchiv vorhanden sind, verlaufen ist. Das Verhalten der Mitglieder der Senatskommission, die Art, wie in der Traditionsstelle Zeit ihres Bestehens gearbeitet wurde, und die Vorbehalte der *„neuen Heimat"*, der Universität zu Köln, gegenüber den *„fremden"* Landsleuten aus dem Osten, all das ist Teil des wie unter einem Brennglas zu beobachtenden Prozesses der sogenannten *„erfolgreichen Integration"* der deutschen Heimatvertriebenen in Westdeutschland. Von einem *„erfolgreichen"* Vorgang, von dem landauf und landab gerne gesprochen wird, kann im Falle der Traditionspflege durch die Kölner Universität nicht die Rede sein. Daher kann auch die These, welche der Untersuchung zugrunde lag, daß die Art der *„Traditionspflege"* der Universität zu Breslau durch die Universität zu Köln eine nicht mit großem Wohlwollen betriebene und ebenso wenig aus Überzeugung heraus angenommene Aufgabe war, als bestätigt angesehen werden.

Nicht nur weil es in den Archivordnern an Belegen dafür mangelt, aus welchem Grund die Universität zu Köln überhaupt die Patenschaft zur Pflege der Tradition der Schlesischen Friedrich-Wilhelms-Universität übernahm, liegen die Gründe auch am Ende des Aufsatzes weiterhin im Dunkeln. Der Unwille sowie die mehrfach nachgewiesene Ignoranz gegenüber den Bedürfnissen und den Ansinnen der Kölner Senatskommission für die Patenschaft über die Universität zu Breslau lassen die Frage nach dem Warum der Übernahme der Traditionspflege ebenso unbeantwortet. Mögen manche Vorschläge, die seitens der Traditionsstelle bzw. der Senatskommission unterbreitet wurden, schlechterdings nicht umsetzbar gewesen sein, so steht es auf einem anderen Blatt, wie mindestens genauso häufig die Universität zu Köln kaum mehr als bloßes Desinteresse an der Traditionspflege zeigte.

Es mag daher als konsequent angesehen werden, daß 2003 die Universität zu Köln die Patenschaft für beendet erklärte und dieses vermeintliche „Relikt" aus den fünfziger Jahren in eine neue, europäisch orientierte Partnerschaft mit der polnischen Universität in Breslau einmünden ließ. Doch stellt sich die Frage, ob dieser Schritt wirklich so folgerichtig war, wie aus der Entwicklung hervorzugehen scheint. Betrachtet man die aufrichtigen Bemühungen der polnischen Universität in Breslau in den Jahren 2002, 2010 und 2011, sich die Tradition ihrer Vorgängeruniversität von 1811 von einem nicht nationalen, geschichtspolitischen Standpunkt aus zu erschließen bzw. wiederzugewinnen, nimmt sich die Beendigung der Patenschaft über die Schlesische Friedrich-Wilhelms-Universität zu Breslau in Köln fast schon widersinnig aus. Will man aufrichtig in eine gemeinsame Zukunft von Kölner und Breslauer Universität aufbrechen, sollte man die Vergangenheit nicht vergessen und im Archiv verschwinden lassen. Die weiterhin fortbestehende Patenschaft (!) der Stadt Köln für die Stadt Breslau und die in diesem Zusammenhang erfolgende Förderung der grenzüberschreitenden Arbeit der Bundesvereinigung der Breslauer e.V. bzw. der Breslauer Sammlung Köln zeigen, wie sinnvoll es sein kann, auf einem positiven Verständnis des Überlieferten aufbauend, für eine Zukunft von deutschen und polnischen Breslauern zu arbeiten. Worauf, wenn nicht auf einem Stück gemeinsamer Geschichte und dem Willen, aus der Erinnerung an diese Geschichte heraus zu handeln, könnte zukunftsorientiertes wissenschaftliches Handeln zwischen Köln und Breslau in Zukunft aufbauen?

Miszellen

Laudatio auf Therese Chromik anläßlich der Verleihung des Edith-Heine-Lyrikpreises*

Von Bodo Heimann

Therese Chromik erhält als erste Autorin den neuen Edith-Heine-Lyrikpreis. Der von Edith Heine gestiftete und von der Stiftung Kulturwerk Schlesien verliehene Preis ehrt das bisherige Schaffen einer Autorin, die besonders durch ihre zahlreichen Lyrikbände bekannt wurde, so „Unterwegs", „Schlüsselworte", „Lichtblicke", „Flugschatten", „Stachelblüte", „Kores Gesang", „Wir Planetenkinder", „Der Himmel über mir", „Das schöne Prinzip" und „Ich will glauben es sei Sommer". Zwei ihrer Gedichtbände und ein Band autobiografischer Kurzprosa erschienen in Würzburg im Bergstadtverlag Wilhelm Gottlieb Korn. Zwei ihrer Gedichtbände wurden ins Polnische übersetzt und erschienen in der Reihe „POETAE SILESIAE".

Die Themen ihrer Gedichte sind vielseitig und spannungsreich: Schönheit und Gefährdung der Natur, modernes Leben und Wiederbelebung altgriechischer Gottheiten, Liebe und ironisches Spiel, Empfindungen und poetische Reflexion.

Therese Chromik wurde in Liegnitz geboren. Im Januar 1945 ging sie mit ihrer Mutter von Breslau aus auf die Flucht. Obwohl sie ihr Geburtsland im Alter von 15 Monaten verließ, bewahrt sie Schlesien bis heute eine Sympathie, die auch auf Gegenseitigkeit beruht, wie wiederholte Einladungen zu Lesungen in Liegnitz, Breslau, Neisse und Oppeln zeigen. Die innere Nähe ist auch in vielen ihrer Gedichte erkennbar, immer wieder erscheinen in ihren Gedichtbänden auch schlesische Orte. Ihre Kindheit erlebte die Dichterin in der Lüneburger Heide, auch ihr bleibt sie verbunden, wie zahlreiche lyrische Naturbilder und Kindheitserinnerungen zeigen. Dem Studium der Philosophie, Germanistik, Geographie und Kunst in Marburg und Kiel folgten die Eheschließung mit Dr. Christian Chromik, die Geburt von zwei Söhnen, das Unterrichten an Gymnasien in Kiel und Husum. Ihre neue Heimat wurde Schleswig-Holstein, auch das drückt sich in den Vorstellungsräumen ihrer Poesie aus.

* Gehalten am 27. Januar 2012 in Würzburg während der Verleihungsfeier.

Ihr erster Gedichtband „Unterwegs" war vor allem Ausdruck von Trauer und Auseinandersetzung mit der Situation nach dem Tod ihres Mannes. Bereits hier zeigte sich ihre Fähigkeit, Erfahrungen so prägnant zu formulieren, daß auch andere sich betroffen fühlen. Das Gedicht „Christian" fand Eingang in Anthologien, Zeitschriften und Schullesebücher, kein geringerer als der Literaturwissenschaftler Erich Trunz interpretierte es für die „Frankfurter Anthologie" und rühmte es als „Poesie, die bei aller Knappheit Größe hat".

Ihre Doppelrolle als Autorin und Pädagogin, zuletzt Oberstudiendirektorin, verwirklichte Therese Chromik auch in Lehraufträgen für Kreatives Schreiben an der Universität Kiel, in Kursen im Rahmen der Hochbegabtenförderung und Volkshochschulen, als Herausgeberin zahlreicher Bände junger Lyrik und mit ihren Veröffentlichungen zum Kreativen Schreiben bereits zu einer Zeit, als das noch Pioniertat war. Nun krönte sie vor wenigen Monaten diesen Zweig ihrer Tätigkeit mit dem Abschluß ihrer Dissertation „Theorie und Praxis des Kreativen Schreibens" und ihrer Promotion zum Dr. phil. an der Universität Breslau. Seit 1984 ist sie Herausgeberin der „Edition Euterpe", Mitherausgeberin des literarischen Jahrbuchs „Euterpe" und der Anthologien „Poetische Landschaften", „Poetische Porträts", „Poetische Gärten" und „Anrufung des Friedens". Als Literaturwissenschaftlerin veröffentlichte sie Essays und Abhandlungen zu Hilde Domin, Rose Ausländer und Franziska zu Reventlow.

Und immer wieder erschienen von ihr eindrucksstarke Bücher: Lyrikbände, in denen sich Gedichte finden, die auch nach Jahren ihre Frische behalten, immer wieder neu gelesen und neu verstanden werden können, und Prosadichtungen wie der Zyklus „Als es zurückkam, das Paradies", eine Schöpfungsgeschichte aus weiblicher Sicht, solidarisch mit Eva, und die Sammlung „Holzkopftexte", seltsam wie der Titel, ebenso eindringlich wie merkwürdig, ebenso verfremdet skurril wie bildstark und hintersinnig.

Wer den Reiz ihrer Poesie beschreiben will, muß spannende Gegensätze ins Spiel bringen. Therese Chromiks Dichtung vereint in sich, was sonst eher getrennt begegnet: Tiefenschärfe der Bilder und hintergründige Bedeutungen, Emotionalität und Intelligenz, Sensibilität und Kraft, Sinnlichkeit und Verstand. Immer wieder erscheint, was Therese Chromik schreibt, erfrischend lebendig, aber auch nachdenklich. Auch Götter und Göttinnen aus alter Zeit erscheinen, aber mit heutigem, kritischem Bewußtsein gestaltet, oft mit heiter-ironischer Anmut und immer mit poetischer Präzision. In wenigen Zeilen entwirft das Gedicht „Olymp" mit der konkreten Erscheinung des Götterberges zugleich eine Theogonie:

Hier, zwischen Abgrund und Gipfel
aus Hagel und Zorn
wo der Wind nicht mehr Atem holt,
zeugte der Mensch den Zeus
im Beischlaf mit der Natur
wurde die Phantasie
geboren.
(Kores Gesang, S. 65)

    Der Mensch, der im Beischlaf mit der Natur seine Gottheiten zeugt? Das ist tiefsinnig und sinnlich zugleich.
    Das viel behandelte Thema „Liebe" bringt Therese Chromik in einen Vierzeiler:

Du gehst mir
über alles
du bist mein
Übergang
(Kores Gesang, S. 32)

    Witzig? Ja, aber auch mehrdeutig und ernsthaften Nachdenkens wert. Was alles kann Übergang sein, und wer? Und in welcher Weise? Vielleicht auch Übergang wohin? Die Dichterin bringt nicht nur Dinge auf den Punkt, sie läßt dem Leser auch die Freiheit, sich zu jedem Wort eigene Gedanken zu machen.
    Und auch das folgende ist ein unerhört spannendes Liebesgedicht, bisher noch unveröffentlicht, in Kürze erscheint es unter dem Titel „Liebe" im Liebe Verlag:

Liebe – ein Geheimnis
oder
die Reduzierung des Hormons
genannt Serotozin
für die Bindung der Liebenden
verantwortlich das Oxytozin,
ein Botenstoff,
den trage ich mit mir herum,
darauf kannst du dich verlassen.

Es kommt also zunächst Liebe als Geheimnis, dann die Wissenschaft: Serotozin und Oxytozin. Ist das die Erklärung? Nicht die Person handelt, sondern das Oxytozin? Und das ist ein Botenstoff? Was für ein Bote? Und welche Botschaft bringt der Bote, etwa eine göttliche? Steckt dahinter ein Götterbote wie Hermes, dem wir mehrfach in Therese Chromiks Gedichten begegnen – auch in dieser neuen Sammlung? Und schließlich die Wendung ins heiter ironisch Persönliche: „den trage ich mit mir herum, / darauf kannst du dich verlassen." eine unerhörte Leichtigkeit, und doch zugleich was für eine zuverlässige Bestimmtheit.

Hören wir kurz hinein in das Gedicht „Hermes' Botschaft":

Das Meer, der Strand
und ich allein
im Schatten meines Schirmes –
das alles reicht für eine lyrische Situation
und dann das regelmäßige Protestschlagen
der Wellen, weil ein Schiff sich nähert,
und gegenüber der Berg Athos im Nebel.
Schreib ein Gedicht, sagt der Götterbote,
es ist wichtig genug für wenige.
Du musst es ja wissen, du Bote des Windes.
Ungläubig schaue ich auf das Meer,
dessen Schaum ich eben entstiegen bin.
Und was sollte mich treiben?
frage ich.
Das Meer, das Leben, Aphrodite.
(Der Himmel über mir, Husum 2003, S. 9)

Eine im Wortverstand wunderbare Botschaft, das Gedicht verbindet Natur (Meer, Strand, Wind), den Protest der personifizierten Natur gegen die Zivilisation (das regelmäße Protestschlagen der Wellen, weil ein Schiff sich nähert), die poetische Reflexion (das alles reicht für eine lyrische Situation), die Götternähe (Berg Athos im Nebel), die Botschaft des Götterboten Hermes (der auch als Bote des Windes die Natur repräsentiert und zugleich zum Dichten inspiriert), die zweifelnde, fragende Haltung des lyrischen Ich (Und was sollte mich treiben?) – und was für eine Antwort: „Das Meer, das Leben, Aphrodite." Die Göttin der Liebe soll antreiben. Aber ist die Zeile auch zweideutig? Auf die Frage „Was sollte mich treiben?" erscheint die Antwort dreifältig: Das Meer, das Leben, Aphrodite. Aber Aphrodite kann hier grammatisch auch Anrede sein. Und auch das gibt guten Sinn. Sie ist ja die Schaumgeborene. Und die Sprecherin sagt von sich: „Ungläubig schaue ich auf das Meer, / dessen Schaum ich eben entstiegen bin." Eine im Wortverstand einleuchtende Verbindung von Natur, Liebe, Inspiration und menschlicher Göttlichkeit, auf die hier zugleich „ungläubig" zurückgeschaut wird.

Zu Schlesien hat Therese Chromik nach wie vor ein intensives Verhältnis. Die Eichendorff-Stätten in Lubowitz und Neisse besuchte sie mehrfach, mehrere ihrer Gedichte zeugen davon. Das Gedicht „Lubowitz" ist eine der hintergründigsten und schönsten Huldigungen auf den Dichter Eichendorff.

Hörst du den Schloßherrn
gehn den Wind, die Mauern
halten wortbrüchiges Gestein
die Fenster sehen
mehr denn in den Himmel
laufen ihre Bögen aus
in das Gewölbe greifen Äste
das Licht fällt ein
tief
steckt der Sänger
im Wald.
(Flugschatten, Husum 1987, S. 51)

Anspielungsreich, liedhaft vertraut, doch verblüffend ist der Einsatz: „Hörst du den Schloßherrn gehn den Wind". Der Gestus der Anrede erinnert an ein Gedicht, in dem Eichendorff „Die Heimat" wachrief, die ihm selbst damals verloren war und der er auf seine Weise zu wiederkehrender Allgegenwart verhalf: „Denkst du des Schlosses noch auf stiller Höh?" Zugleich versetzt die veränderte Eingangsfrage bei Therese Chromik in die Gegenwart und erinnert an einen der überzeugendsten Verse Brechts: „Von diesen Städten wird bleiben, der durch sie hindurchging, der Wind". Angesichts der historischen Relikte erweisen sich die sprichwörtliche Festigkeit der Mauern und die vielversprechende Dauerhaftigkeit des Gesteins als brüchig. Die Worte wie das, wofür sie standen, hielten nicht, was sie versprachen. Man kann sich Wort für Wort eine Reihe aufgebaut denken, um die Umkehrung des Sinns sinnfällig zu erleben: Die Mauern halten – die Mauern halten Wort –, die Mauern halten wortbrüchiges Gestein. Wie das Gestein mit menschlicher Qualität ausgestattet ist, so sind es auch „die Fenster", sie „sehen mehr". Für das gesteigerte Sehen wird ein Grund genannt, der ins Offene, „in den Himmel" weist. Das Gewölbe wird von vegetativer Natur wieder geöffnet, „in das Gewölbe greifen Äste". Hier dominiert nicht der negative Aspekt Zerstörung, sondern der positive: Öffnung und Freiheit, „Licht fällt ein". Der Sänger des Waldes scheint mit dem Vegetabilen im Bunde, darin wohnend, „tief" in die Wurzeln des Waldes eingedrungen, im Wald versteckt zu sein, zum genius loci, im Wortsinn, geworden zu sein.

Hinter dem unausgesprochenen individuellen Namen des Sängers von Lubowitz erscheint „der Sänger" schlechthin. Von Orpheus, Urbild der Lyriker, berichtet die Sage, er sei von den Mänaden zerrissen worden, seine Teile hätten sich mit der Welt vereinigt, er singe in allem, das innerste Wesen der Welt sei Gesang. Rilke schrieb in einem seiner Sonette an Orpheus: „Wir sollen uns nicht mühn / um andre Namen. Ein für alle Male / ists Orpheus, wenn es singt." Vor diesem orphischen Hintergrund könnte dieses Lubowitz-Gedicht mit keinem besseren Wort anfangen als mit „Hörst du". Auch der Wind singt, auch die Steine reden, sonst könnten sie nicht „wortbrüchig" sein.

Eichendorff war ein Naturdichter par excellance. Und heutige Naturdichter? Hören wir das noch unveröffentlichte Gedicht „Naturdichter heute":

Wie Werther an einem süßen Sommermorgen
im hohen Grase liegen und
das Wimmeln und Surren der Mückchen,
Hummeln und Bienen, Stechfliegen
und Brummer um das Ohr schwirren hören
und dichten.

Aber sich nicht retten können
vor dem Surren um den Kopf,
den Stichen in Arme und Beine
und erliegen unter der Gewalt
aller Erscheinungen.

Die blühende Wiese sehen
nur durch den Tränenschleier

aus verquollenen Lidern
und sich zurückziehen
in den hintersten Winkel des Hauses
und träumen und schreiben
vom Glück in der Natur.

Spannungsvoll und spöttisch: Mit Goethes Werther beginnt es, der im hohen Grase liegt, vom Wimmeln und Surren der Mückchen umgeben, und zur Zeit nicht dichten kann, weil er der Gewalt der Erscheinungen erliegt. Und witzig ironisch benennt das Gedicht typische Gegensätze von Leiden und Glück in der Natur, zugleich intensiv realistisch, wenn man etwa an schöne, aber auch mückenreiche Sommerwochen in Schweden denkt.

„Das schöne Prinzip" ist für Therese Chromik ein Weltprinzip, aber wie hintergründig und in welchem Sinne auch eine Illusion?

Illusion
die lautlosen Sterne
der friedliche Planet
aus Explosionen geboren
unsere Erde
Illusion
das schöne Prinzip
das alles durchzieht.
(Das schöne Prinzip. Gedichte, Husum 2006, S. 30)

Auch dieses Beispiel zeigt: Man sollte nie zu schnell glauben, ein Gedicht verstanden zu haben. Es lohnt sich, auch über ganz kurze Gedichte immer wieder ganz lange nachzudenken.

Mit Recht verleiht die Stiftung Kulturwerk Schlesien den Edith-Heine-Lyrikpreis an Therese Chromik. Diese Auszeichnung ehrt das bisherige Schaffen der auch in erzählender Kurzprosa und literarischem Essay bewährten, in Liegnitz geborenen Lyrikerin, die in ihren Gedichtbänden auf überzeugend eigene Weise authentische Erfahrung und sprachliche Schönheit, Tiefenschärfe der Bilder und hintergründige Bedeutungen, Emotionalität und Intelligenz, Sensibilität und Kraft, Sinnlichkeit und Verstand, Intensität und anmutige Leichtigkeit verbindet und mit jeder ihrer Veröffentlichungen offenbart, wie unverzichtbar Gedichte auch in dieser Zeit sind. Möge der Preis sie zu weiterem erfolgreichem Schaffen ermuntern.

Bau- und Festungsgefangene auf der schlesischen Festung Glatz.
Drei ungewöhnliche Schicksale aus den Jahren 1825, 1832 und 1896

Von Jürgen W. Schmidt

Das Leben als „Festungsgefangener" auf einer preußischen Festung ist vor allem durch Fritz Reuter, einen der populärsten deutschen Schriftsteller im 19. Jahrhundert, mit dem Buch „Ut mine Festungstid" in die Literatur eingegangen. Neben der Festung Magdeburg, dem westpreußischen Graudenz und dem mecklenburgischen Dömitz verbrachte Reuter seine Festungszeit in den schlesischen Festungen Glogau und Silberberg. Doch auch in der kleinen schlesischen Festung Glatz war die Unterbringung von Festungsgefangenen keineswegs ungewöhnlich. Wohl der namhafteste und bekannteste Festungsgefangene dort, neben der berühmten Berliner Giftmischerin Charlotte Ursinus[1] (1804–1828) und den beiden wegen angeblichen Landesverrats in Glatz inhaftierten Staatsgefangenen Kriegsrat Friedrich von Cölln (1808–1810) und Oberst Christian von Massenbach[2] (1816–1826), war in den Jahren 1745/1746 der aus Königsberg in

---

1) Die Witwe des Geheimen Justizrates und Regierungsdirektors Ursinus wurde am 5.3.1803 in Berlin verhaftet. Das Berliner Kammergericht sprach sie zwar am 12.9. 1803 vom Verdacht frei, ihren Ehemann sowie den von ihr geliebten holländischen Hauptmann Ragay vergiftet zu haben. Doch wurde sie wegen Giftmordes an ihrer Tante und Giftmordversuchs an ihrem Diener zu lebenslänglicher Festungshaft verurteilt. S. zu ihrem Fall Willibald ALEXIS, Julius Eduard HITZIG: Hexen, Räuber und Magister. Ein preußischer Pitaval. Ausgew., hgg. u. mit einem Nachw. vers. von Werner Liersch, Berlin 1997, S. 33–61.
2) Christian Freiherr v. Massenbach, der in diesem Aufsatz gleich der Giftmörderin Ursinus nur am Rande erwähnt wird, tat sich in Preußen als gelehrter Militär, Ingenieurgeograph und Mathematiklehrer der Söhne von König Friedrich Wilhelm II. hervor. Seine wichtigste Leistung für Preußen war jedoch die Schaffung des „Generalquartiermeisterstabes", des Vorläufers des preußischen „Generalstabes". Im Verlaufe des Feldzuges von 1806 übte Massenbach als Generalquartiermeister des Feldherrn Fürst Hohenlohe einen nachteiligen Einfluß aus und trug maßgeblich zur

Ostpreußen gebürtige, ehemalige preußische Offizier Friedrich Freiherr von der Trenck, welcher darüber Memoiren im Stile eines Mantel- und Degenromans verfaßte und angeblich auch der Liebhaber der Prinzessin Amalie, einer Schwester Friedrichs des Großen, war. Ein Zeitgenosse berichtete, daß „*Trencks Erzählung seiner Gefangenschaft*" für „*lange Zeit*" das „*Volksbuch in Österreich*", das „*Bibliotheksstück der Hütte und des Palastes*" war. Selbst Goethe zeigte sich im September 1787 fasziniert von der Lektüre des Buches.[3] Sogar noch in der Neuzeit, zu Ende des 19. und zu Beginn des 20. Jahrhunderts wurde in der preußischen Monarchie die zwar veraltete, in den Kämpfen mit Napoleon[4] letztmals militärische Bedeutung erlangt habende Festung[5] zur Unterbringung von Festungsgefangenen genutzt. Unter „*Festungsgefangenen*" waren dabei immer „*Standespersonen*" zu verstehen, die Verfehlungen irgendwelcher Art begangen hatten, keinesfalls aber „*gewöhnliche*" Kriminelle. Festungshaft galt seinerzeit nämlich im Gegensatz zu Zuchthaus und Gefängnis nicht als „*entehrend*". So saßen auf der Festung Glatz sogar mehrmals ausländische Offiziere ein, welche beim Spionieren in Deutschland erwischt worden waren. Dazu gehörten

schmachvollen Kapitulation des Hohenloheschen Korps bei Prenzlau bei. Als Massenbach, der die Person Napoleon vergötterte und sich von jeher für ein französisch-preußisches Bündnis ausgesprochen hatte, auch noch den preußischen Staat zur Zahlung bedeutender Geldsummen erpressen wollte, andernfalls drohte der verschuldete Offizier nämlich mit der Publikation von Preußen schädigenden Enthüllungen, wurde er 1817 in Frankfurt verhaftet. In Küstrin kriegsgerichtlich zu 14jähriger Festungshaft verurteilt, saß er bis zu seiner Begnadigung im August 1826 in der Festung Glatz ein. Kurz nach erfolgter Begnadigung verstarb er im November 1827 auf seinem Gut Bialokosz in der Provinz Posen. Vgl. Stefan HARTMANN: Massenbach, Freiherren v., in: Neue Deutsche Biographie 16 (1990), S. 358f.
3) S. das erklärende Nachwort von Manfred Hoffmann zur gekürzten und bearbeiteten Ausgabe von Friedrich Freiherr VON DER TRENCK: Das merkwürdige und abenteuerliche Leben des Friedrich Freiherrn von der Trenck. Von ihm selbst erzählt, Berlin 1985, S. 303f.
4) S. zum erbitterten Kampf um die schlesischen Festungen im Jahre 1807, der in der deutschen Geschichtsschreibung leider seit jeher hinter dem gleichzeitigen Kampf um die Festung Kolberg in Pommern (Gneisenau, Schill und Nettelbeck) zurücktrat, neben Eduard KÖHL: Die Geschichte der Festung Glatz, Würzburg 1972 (= Ostdeutsche Beiträge aus dem Göttinger Arbeitskreis 51) auch meinen Aufsatz Jürgen W. SCHMIDT: Neue Dokumente zur Geschichte von Silberberg in Schlesien, in: Jahrbuch der Schlesischen Friedrich-Wilhelms-Universität zu Breslau 47/48 (2006/2007), S. 359–384.
5) Zur Geschichte der Festung Glatz sowie einiger prominenter Glatzer Festungsgefangenen ist das Buch von KÖHL (wie Anm. 4) zu empfehlen.

die beiden 1893 im Hafen von Kiel ertappten französischen Marineoffiziere Korvettenkapitän Degouy und Kapitänleutnant Delguey-Malavas, der englische Hauptmann der Marineinfanterie Trench und auch ein englischer „*Gentlemanspion*", der Reserveoffizier und Rechtsanwalt Bertrand Stewart.[6] Besonderes Aufsehen erregte hingegen seinerzeit im In- und Ausland der Fall des ebenfalls wegen Spionage in Glatz inhaftierten französischen Nachrichtendiensthauptmanns Karl Eugen Lux, hatte dieser doch die ihm in Glatz gewährten Freiheiten in der Nacht vom 27. zum 28. Dezember 1911 zu einer geglückten Flucht nach Böhmen und anschließend nach Frankreich genutzt. Auch Teilnehmer an strafrechtlich verbotenen Duellen oder wegen „*politischer Vergehen*" Verurteilte, wie etwa der Sozialdemokrat Karl Liebknecht (vom 24.10.1907 bis 1.6.1909), weilten auf der Festung Glatz. Eine andere Kategorie von Festungsgefangenen stellten jene an einem schweren Konstruktions- und Montagefehler schuldigen Angestellten der Stettiner „Vulcan"-Werft dar, welche die dafür erhaltene Gefängnisstrafe als besondere kaiserliche Gunst als Festungsgefangene in Glatz verbüßen durften. Die Explosion auf dem neuen Linienschiff ‚Brandenburg' während einer Probefahrt in der Ostsee nahe Kiel im Jahre 1894 hatte nämlich Dutzende von Toten und schrecklich Verstümmelten gefordert. Doch lag in jenem Fall kein vorsätzliches Handeln der Verurteilten sondern „*nur*" Fahrlässigkeit vor, die allerdings unterstützt durch die auf der Werft herrschende, aber niemand konkret zurechenbare Unordnung und Schlamperei zur Ursache einer technischen Katastrophe wurde.[7]

Manches Interessante über das Leben auf der Festung Glatz vor und während des Ersten Weltkrieges sowie über die dortigen Festungsgefangenen kann man den Lebenserinnerungen der Ehefrau eines der letzten preußischen Festungskommandanten, des 1911 zum Generalmajor beförderten Freiherrn Friedrich von Gregory (Festungskommandant in Glatz von 1910–1916), entnehmen.[8]

---

6) Zu den erwähnten Fällen Trench und Stewart siehe meinen Aufsatz Jürgen W. SCHMIDT: Britische Marinespionage 1910/11 verschärfte die deutsch-britischen Beziehungen vor dem Ersten Weltkrieg, in: DERS. Hg.): Geheimdienste, Militär und Politik in Deutschland, Ludwigsfelde 2008 (= Geheimdienstgeschichte 2), S. 77–119.
7) Vgl. hierzu meinen Aufsatz Jürgen W. SCHMIDT: Der verheerende Unfall auf dem Linienschiff *Brandenburg* am 16. Februar 1894. Technische Ursachen und gerichtliche Ahndung, in: Deutsches Schiffahrtsarchiv – Wissenschaftliches Jahrbuch des Deutschen Schiffahrtsmuseums 30 (2007), S. 323–346.
8) Mathilde FREIFRAU VON GREGORY: Dreißig Jahre preußische Soldatenfrau, Brünn,

Von den einer „*ehrenhaften Festungshaft*" unterliegenden Gefangenen völlig zu unterscheiden war allerdings das Leben der im 18. und im ersten Drittel des 19. Jahrhunderts nicht nur in preußischen Festungen anzutreffenden „*Baugefangenen*". Bei diesen handelte es sich in den allermeisten Fällen um Schwerkriminelle, die zu lebenslanger oder zumindest langjähriger Freiheitsstrafe verurteilt worden waren. Zwecks Verhinderung von Fluchtversuchen oftmals mit einer Kette an eine Schubkarre geschmiedet – deshalb wurden sie im Volksmund auch „*Karrensträflinge*" genannt –, waren sie auf den preußischen Festungen zu den einen beträchtlichen Arbeitsaufwand erfordernden Erdarbeiten an Gräben und Wällen eingesetzt. Während im ersten Unterkapitel anhand des Falles Johann Schwidernock ein Einblick in das Leben der Baugefangenen auf der Festung Glatz um 1825, aber zugleich auch in die Wohn- und Lebensverhältnisse einiger prominenter Festungsgefangener jener Zeit wie der Witwe Ursinus und des Oberst v. Massenbach gegeben wird, gehen die folgenden beiden Unterkapitel näher auf jene Verfehlungen ein, die zwei schlesische Adelige aus unterschiedlichen Gründen zeitweise als Festungsgefangene in die Festung Glatz führten.

I. Der Baugefangene und schlesische Ausbrecherkönig Johann Schwidernock ermordete 1825 seinen Mitgefangenen Friedrich Erdmann und wurde zum Tode durch das Rad verurteilt

Der in Glatz einsitzende Baugefangene Johann Schwidernock ermordete in der Nacht vom 17. zum 18. August 1825 den Baugefangenen Friedrich Erdmann und wurde deswegen zum Tode verurteilt.[9] Gemäß dem Urteil des Kriminal-Senats des Oberlandesgerichtes von Schlesien zu Breslau war er deshalb „*mit einem Rade von oben herab vom Leben zu Tode zu bringen*". Doch was war in jener verhängnisvollen Sommernacht in der Festung

---

München, Wien ²o.J. (ca. 1942), S. 204 und 226. Leider erwähnt die Kommandantenfrau aus naheliegendem Gründen mit keinem Wort die erfolgreiche Flucht des bereits erwähnten französischen Hauptmanns Lux, die ihrem Mann gewiß eine Menge dienstlicher Unannnehmlichkeiten einbrachte.
9) S. hierzu die sehr ausführliche und viele Details zur Festung Glatz enthaltende Akte im Geheimen Staatsarchiv Preußischer Kulturbesitz (GStA) in Berlin-Dahlem mit der Signatur Rep. 84 a Nr. 57446: Die Criminal-Untersuchung wider den Baugefangenen Schwidernock. Mord an dem Gefangenen Erdmann.

Glatz geschehen, und warum verhängte das Breslauer Gericht 1831 eine solch grausame Strafe?

Auf dem *„Donjon-Platz"* der Festung Glatz befand sich die Kasematte der Militärsträflinge und mit ihr *„in gleicher fortlaufender Linie das Lazarett der Baugefangenen"*, zu welchem ein besonderer Eingang führte. Vor der Kasematte war stets eine Schildwache postiert, welche von ihrem Standpunkt aus das Lazarett ebenfalls im Auge behalten konnte. In der Nacht vom 17. zum 18. August 1825, etwa gegen 1.15 Uhr vernahm der Posten während seines Auf- und Abgehens ein Gepolter, das aus dem Hausflur des benachbarten Lazaretts zu kommen schien. Als sich der Posten näherte, verstummte das Geräusch, so daß er glaubte, sich getäuscht zu haben. Als dasselbe Geräusch, nur weit stärker, nach einer Viertelstunde wieder hörbar war, verständigte der Posten nunmehr unverzüglich die Festungs-Hauptwache. Kurz darauf erschienen der wachhabende Offizier Leutnant Fichtener in Begleitung des herbeigeeilten Gefangenenaufsehers Tielsch und einiger Soldaten, darunter die Musketiere Unzner und Mattuschek, welche auch zwei Laternen mit sich führten. Nach Öffnung der äußeren, in das Lazarett der Baugefangenen führenden Kasemattentür erblickten sie einige Strohsäcke auf dem zwischen äußerer und innerer Kasemattentür aufgestellten Nachtkübel. Als die Soldaten in die Kasematte eindrangen, sahen sie den zu zwanzigjähriger Baugefangenschaft verurteilten Militärsträfling Johann Schwidernock völlig angekleidet auf seinem Bette sitzen und eine Pfeife Tabak rauchen. Der zu zehnjähriger Baugefangenschaft verurteilte Sträfling Joseph Pawlitzky lag hingegen in seinem Bett, während der dritte Gefangene, der wegen wiederholten Diebstahls zu fünfzehnjähriger Baugefangenschaft verurteilte, fast 62 Jahre alte Sträfling Friedrich Erdmann *„in bloßem Hemde"* anscheinend an der dem Eingang gegenüberliegenden, zugemauerten Türnische lehnte. Doch bald zeigte sich, daß er tot war, aufgehängt an einem dort befindlichen Haken. Außer Schwidernock, Pawlitzky und Erdmann befand sich niemand im Lazarett.

Gefangenenwärter Tielsch hegte sofort einen starken Verdacht gegen Schwidernock und fragte ihn, was er gemacht habe. Schwidernock antwortete kühl, *„desertieren wollten wir"*, worauf er auf Befehl des Offiziers unverzüglich gefesselt auf die Wache abtransportiert wurde. Dasselbe geschah bald darauf mit Pawlitzky. Unverzüglich hatte man auch Erdmann, dessen Füße den Erdboden nicht erreichten, mitsamt der Schnur vom Haken abgenommen und auf sein Bett gelegt. Er war offenkundig mit einer zweimal um den Hals gewundenen Schnur erhängt worden, welche so dünn war, daß sie tief in die Haut einschnitt und von dieser verdeckt wurde. Die Schnur wurde nun mit aller Vorsicht vom Hals entfernt. Der Körper von Erdmann zeigte bei oberflächlicher Besichtigung keine Spuren von Gewalttätigkeiten, außer daß die Haut oberhalb des rechten Auges abgeschürft war und etwas Blut aus seinem Munde floß. Hände und Füße waren schon ganz starr, und nur die linke Körperseite schien „noch etwas lau" zu sein. Erdmann wurde an allen Körperteilen mit Bürsten gerieben, um ihn wieder zu beleben, doch vergeblich. Der nach einigen Stunden eintreffende Garnisons-Stabsarzt Masthoff fand den Leichnam bei seinem Erscheinen dermaßen erstarrt vor, daß er sich überzeugt zeigte, Erdmann sei schon seit vielen Stunden tot gewesen und daß alle Wiederbelebungsversuche daher fruchtlos bleiben mußten. In dieser Überzeugung bestärkte ihn die Öffnung der linken „Drossel-Ader", ein Versuch, welcher völlig ohne Erfolg blieb.

Die zuständige Kriminal-Untersuchungsbehörde, das ‚Königliche Inquisitoriat zu Glatz', wurde von der Festungskommandantur vom Vorfall verständigt. Ein Behördenvertreter begab sich unverzüglich in die Kasematte und verfügte gleichzeitig die sichere Aufbewahrung der Leiche von Erdmann in letzterer. Im Zeitraum vom 18. bis 20. August 1825 wurde sodann die Kasematte untersucht und Erdmanns Leichnam sorgfältig gemäß den medizinischen Standards der Zeit obduziert. Die gründlichen Untersuchungen der Örtlichkeit ergaben das folgende, in einem schriftlichen Bericht umständlich geschilderte Resultat: *„Das Lazarett der Baugefangenen befindet sich auf dem Donjon-Platze, und zu demselben führt eine besondere Hausthüre, welche auch zur Nachtzeit offen steht. An das Gebäude, in dem sich das Lazarett befindet, stößt zwar unmittelbar ein anderes Kasematten-Gebäude, jedoch sind beide durch keine Thüren mit einander verbunden. In diesem letzteren Gebäude haben die Militärsträflinge ihre Wohn-Kasematte, welche von der Hausthüre der Kasematte, in welcher das Lazareth der Baugefangenen ist, 20 Schritte entfernt liegt.*

Anlangend die Lazareth-Kasematte der Baugefangenen selbst, so befindet sich solche rechter Hand, wenn man auf den Hausflur eintritt, und die äußere Thüre derselben ist von der Hausthüre selbst nur vier gute Schritte entfernt.

Diese Thür, welche stets von außen verschloßen gehalten wird, besteht aus doppelten Spundbrettern, von denen die inneren, vier an der Zahl, in die Höhe, die äußeren aber in die Quere gelegt sind, und sich übergreifen. Die Stärke von beiden Brettern zusammengerechnet ist 10 ½ Viertelzoll und die Höhe der Thüre beträgt 7 Fuß 2 Zoll. An dieser Thüre, und zwar an der inneren

Seite derselben, zeigten sich Spuren eines Durchbruchs. Es waren nämlich, von der Schlußseite aus gerechnet, an dem zweiten, einen Fuß breiten Brette dicht an den oberen Dämmleisten der Thüre frische, <u>nur ½ Zoll tiefe</u> Einschnitte sichtbar. Von dem Fuße der Thüre bis zu diesen Einschnitten beträgt die Höhe 5 Fuß 9 Zoll, und von diesen Einschnitten wieder bis zum oberen Ausgange der Thüre am Bogen der Mauer 1 Fuß 6 Zoll. Mehr als die beiden mittleren Bretter der Thüre zu durchbrechen, war nicht wohl möglich, und der ganze Raum, der hierdurch zum Durchkriechen entstanden wäre, hätte zwei Fuß, zwei Zoll in der Breite, und einen Fuß, sechs Zoll in gewählter Höhe betragen, so daß durch diese Oeffnung ein nicht allzu starker Mann durchkriechen konnte. Bei der geringen Tiefe der Einschnitte war der ganze Versuch als wenig vorgerückt zu betrachten. Durch diese äußere Thüre tritt man in eine mächtige Thürspalte, welche durch die fünf Fuß breiten Wandmauern gebildet wird, und an welcher sich im Inneren der Lazarettstube eine weitere leichte Thüre, die nur von innen durch einen Vorschub oder sogenannten Nachtriegel geschloßen werden kann, befindet.

Die Lazarettstube selbst hat zwei Fenster, die auf den Donjonplatz gehen, und mit eisernen Tenaillen [Gittern – J.S.] versehen sind. An diese Stube stößt das Gefängniß der Geheimen Räthin Ursinus.[10] *Die Mauer derselben ist gleichfalls 5 Fuß stark. Dieselbe hat eine Verbindungsspalte nach dem Lazareth hin, welche dem Eingange in die Lazarethstuben gegenüber gelegen, jedoch nach der Seite der Wohnstube der Ursinus vermauert ist. Die sonst im Inneren der Lazarethstube vorhanden gewesene Thüre ist fortgenommen, und es bildet daher den Durchgang durch die Mauer bis dahin, wo er auf der anderen Seite zugemauert ist, eine gewölbte Höhlung oder Nische im Lazareth. Dagegen finden sich die zum Einfügen der Thüre gebrauchten drei starken eisernen Haken, und am entgegengesetzten Thürfutter die zum Einklinken des Thürschloßes angebrachte starke Haspe noch vor, und war Erdmann an dem obersten Haken aufgehängt gefunden worden. An die Wohnstube der Ursinus, deren Fenster, wie der Lazareth-Stube nach dem Donjon-Platze hinausgehen, stößt die Wohnung des vormaligen Oberst von Massenbach,*[11] *der zwei Zimmer*

---

10) Gemeint ist die eingangs erwähnte Berliner Giftmörderin und Witwe des Geheimen Kriegsrates Friedrich August Ursinus, welche nach ihrer im Jahr 1828 erfolgten Begnadigung weiter in der Stadt Glatz lebte und dort 1836 starb. Sie bewohnte also kein Zimmer im Kommandantenhaus der Festung Glatz, wie bei ALEXIS/HITZIG (wie Anm. 1), S. 59f. angegeben ist und wird in Glatz wohl auch kaum „*im Schleppkleide von Atlas über die Festungswälle*" gerauscht sein.
11) Massenbach wurde 1826 begnadigt, starb aber schon im Jahr darauf.

inne hat, deren Fenster auf den Garten des Ingenieur-Offiziers vom Platze hinausgehen. Dasjenige Zimmer, welches unmittelbar an die Stube der p. Ursinus stößt, bewohnt der p. Massenbach selbst, während das seitens der Lazarethstube gelegene Zimmer sein Bedienter inne hat.

Linker Hand an dem Eingange zur Lazarethstube befindet sich an der Seitenwand der tönerne Ofen, welcher von innen eingeheizt wird, und aus welchem der Rauch durch eine eiserne Röhre zu dem Schornstein geleitet wird, der sich in der Mauer befindet. Hinter dem Ofen ist der Fußboden gepflastert, auf welchem die aus dem Ofen und aus der Mauer herausgebrochene eiserne Ofenröhre vorgefunden wurde. Zwischen dem Ofen und der Eingangsthüre stand die Bettstelle des Erdmann, in welcher die Leiche bis zur Section aufbewahrt wurde. Dagegen befand sich rechts von dem Eingange, dicht an der Thüre stehend, die gewesene Schlafstelle des Schwidernock und gegenüber an der Wand, rechts von der erwähnten Nische die des Pawlitzky, auf dessen Bettstelle und dem darauf liegenden Nachtzeugkissen ein nicht unbedeutender Blutfleck sichtbar war. Der herbeigerufene Pawlitzky erklärte das Kopfkissen für das des verstorbenen Erdmann. – Auf dem Fensterbrett bei der Bettstatt des Pawlitzky fand man das eine der beiden eisernen Hörner, welche Schwidernock getragen;[12] *der Augenschein zeigte, daß es nicht etwa abgebrochen, sondern ganz aus den Nieten, mit welchen er es um den Hals getragen, herausgebrochen worden war. Auf dem Fensterbrett bei der Bettstelle des Schwidernock fand man ein in Leinwand eingehülltes Barbier-Messer mit einer grüngelblichen hörnernen Schale, und auf den Tische vor dem Pfeiler zwischen den beidem Fenstern einen Topfscherben, welcher mit Butter gefüllt war, und in welchem sich ein Docht zum Brennen befand. Endlich in der mehrerwähnten Nische der Verbindungsmauer stand auf der Erde ein kleines Kästchen und in demselben eine 5/4 tel Quart fassende, nach Branntwein riechende Flasche. – In der Bettstelle des Erdmann lag, dessen in der Nacht vom 17. zum 18. August dorthin gelangte Leiche, bis zur Brust mit einer wollenen Decke zugedeckt. Unter dem Kopfkissen fand man ein bunt gegittertes Schnupf- oder Halstuch zusammengeballt vor, auf dem sich mehrere rot markante Blutflecken zeigten. An dem oberen Teile des Hemdes, welches außerhalb des Bett auf der Erde lag, so wie auf dem Kopfkissen selbst, auf welchem der Körper ruhte, war eine Menge hellrother, schon getrockneter Blutflecke sichtbar. – Nachdem die Leiche des Baugefangenen Erdmann von mehreren Anwesenden, insbesondere von den beiden Baugefangenen Schwider-*

---

12) Warum Schwidernock zur Verhinderung einer Flucht eiserne Hörner an einem metallenen Halsreif tragen mußte, wird weiter unten geschildert.

nock und Pawlitzky rekognosziert [identifiziert – J.S.] *worden, wurde sie von den beiden Sachverständigen, Kreisphysikus* [Amtsarzt – J.S.] *und Medicinal-Rath Dr. Welzel und Kreisphysikus Steiner zur Obduktion übergeben. Die einzelnen Data dieser Sektion sollen später zur Sprache gebracht werden, wenn ihre Beurtheilung erfolgen wird, jetzt ist nur das Endresultat der Obduktion von Interesse, welches nach dem Befund der Aerzte dahin ausfiel: ‚daß Denatus* [der Verstorbene – J.S.] *sich nicht selbst aufgehängt, sondern vielmehr recht gewaltsamer Art durch fremde Hand sein Leben verloren habe'.*

Der Verdacht dieser gewaltsamen Tötung des Erdmann konnte danach nur auf die beiden zur Zeit der Tat mit ihm in demselben Zimmer eingeschloßenen gewesenen Baugefangenen Schwidernock und Pawlitzky fallen, und wurde deshalb gegen beide die Criminal-Untersuchung eingeleitet ..."[13]

Johann Schwidernock blickte zu jenem Zeitpunkt bereits auf eine schier unglaubliche kriminelle Karriere zurück. Er war aus Ostrog[14] bei Ratibor gebürtig, besaß kein Vermögen, war katholischer Religion und zum Tatzeitpunkt ungefähr 35 Jahre alt. Sein Vater, der Fleischer Franz Schwidernock, war entweder 1806 oder 1807 verstorben. Seine Mutter Mariane geb. Sobetzka, die bereits verheirateten Schwestern Mariane, Catherine und Johanne sowie die Brüder Franz und Jacob (beide Schwarzviehhändler[15]) und Anton (Schneider) lebten alle noch in Ostrog. Seinen Schulunterricht hatte Johann in der Stadtschule von Ratibor genossen. Er erlernte noch bei seinem später verstorbenen Vater die „*Fleischer-Profession*" und wurde dann als Fleischergeselle freigesprochen. 1809 rückte Johann Schwidernock als Rekrut beim Kürassierregiment Nr. 1 ein, welches damals in Breslau und Ohlau in Garnison lag und machte die Feldzüge von 1813 bis 1815 gegen Frankreich mit. Bereits während der Feldzüge mußte er zweimal standrechtlich wegen Trunkenheit und Disziplinarvergehen bestraft werden. Am 18. März 1816 überwies ihn sein Regiment dem 12. Schlesischen Landwehrregiment, stationiert in Reichenbach und Frankenstein, wo er erneut wegen Trunkenheit und anderer Exzesse unangenehm auffiel und eine vierwöchige Arreststrafe verbüßen mußte. Am 2. Juli

---

13) Aus der dem Breslauer Gerichtsurteil beigefügten „*Geschichtserzählung*".
14) Ostrog war ein oberschlesisches Dorf im Kreis Ratibor im Regierungsbezirk Oppeln, das um 1898 3.113 Einwohner zählte; vgl. RITTERS Geographisch-Statistisches Lexikon über die Erdteile, Länder, Meere, Buchten, Häfen, Seen, Flüsse, Inseln, Gebirge, Staaten, Städte, Flecken, Dörfer, Weiler, Bäder, Bergwerke, Kanäle, Leipzig 8. vollst. umgearb., verm. u. verb. Aufl. 1898, Bd. 2, S. 422 (zit. als: RITTER).
15) Unter „*Schwarzvieh*" verstand man damals Kühe.

1817 schließlich wurde er kriegsgerichtlich wegen unerlaubter nächtlicher Entfernung während einer Übung unter Mitnahme seines Dienstpferdes zu sechs Monaten Festungshaft verurteilt, die er bis zum 17. Januar 1818 auf der schlesischen Festung Cosel verbüßte.

Aber nach seiner Entlassung aus der Festung Cosel und zugleich auch aus dem Militär geriet er in Ostrog mit dem Mauteinnehmer Hartmann im Juni 1818 so heftig in Streit, daß er vom dortigen Gerichtsschulzen Nowack in den Stock gesetzt werden mußte. Doch Schwidernock brach aus, trieb sich in der Gegend „*liederlich*" herum und wurde in Ratibor der Teilnahme am Diebstahl von sieben Stück Schwarzvieh verdächtigt. Um seiner Strafe zu entgehen, ging der umtriebige Ex-Kavallerist nun nach Österreichisch-Schlesien, wo er sich als Reiter für das in Ungarn garnisonierende österreichische Ulanen-Regiment Erzherzog Carl anwerben ließ. Doch während des Transportes nach Ungarn entwich er und flüchtete nun nach Russisch-Polen. Die russischen Behörden lieferten Johann Schwidernock allerdings im Januar 1819 wieder nach Preußen aus, wo man ihn am 22. Juni 1819 in Cosel kriegsgerichtlich wegen Verletzung des 18. Kriegsartikels (unerlaubtes Verlassen der Heimat und Desertierung ins Ausland) mit:
– dem Verlust des Militär-Abzeichens,
– dem Verlust des Landwehrkreuzes und der Kriegs-Denkmünze,
– der Versetzung in die zweite Klasse des Soldatenstandes
sowie mit 12 Monaten Festungsarbeit bestrafte. Wegen der von ihm eingestandenen Diebstähle erhielt er eine Zusatzstrafe von sechs Monaten Festung und 50 Stockschlägen.

Das preußische Kriegsministerium, dem das Kriegsgerichtsurteil aus Cosel zur Bestätigung vorgelegt werden mußte, erließ allerdings dem langgedienten Soldaten Schwidernock die körperliche Züchtigung und gleichfalls den als Ehrenstrafe schimpflichen Verlust des Militär-Abzeichens. Nach der Verbüßung von insgesamt 16 Monaten seiner Strafzeit in der schlesischen Festung Neisse ließ ihn ein offenkundig viel zu mitleidiger Wallmeister am 5. Oktober 1820 von der Arbeit aus in die Stadt gehen, um Bier zu holen. Diese günstige Gelegenheit, obgleich nur zwei Monate vor seiner bevorstehenden Entlassung, nutzte Johann Schwidernock zum Entweichen nach Russisch-Polen. Hier verübte er mehrere, zum Teil ganz erhebliche Diebstähle, wurde aber schon am 25. Oktober 1820 aufgegriffen. Auf dem Transport nach Preußen entsprang er dem ihn begleitenden Unteroffizier und flüchtete nun ins Österreichische. Hier erneut festgenommen, lieferte man ihn nach Preußen aus. Das Kriegsgericht in Neisse zog ihn am 23. November 1821 in gerichtliche Untersuchung und verurteilte ihn nunmehr wegen seiner zweiten Desertation in Friedenszeiten sowie wegen mehrfachen gemeinen sowie gewaltsamen Diebstahls mittels Einbruchs zu 9jähriger Festungshaft in einer Strafabteilung und 50 Stockschlägen. Aber auch diesmal ließ der preußische König Friedrich Wilhelm III. bei der Bestätigung des Urteils noch einmal Gnade vor Recht ergehen. Die Festungsstrafe ermäßigte er am 28. Dezember 1821 auf acht Jahre und die Zahl der Stockschläge auf 20. Da Schwidernock schon fast alle schlesischen Festungen kannte, brachte man ihn diesmal zur Strafverbüßung auf die Festung Silberberg. Doch selbst hier entwich er auf abenteuerliche Art und Weise – nachdem er seinen Mithäftling Stehr überredet hatte, seine Kasemattentür aufzubrechen, seilte er sich in einem Eimer aus beträchtlicher Höhe ab – am 8. Mai 1823 nach Österreichisch-Schlesien. Von dort aus streifte er von Zeit zu Zeit auf preußisches Gebiet nach Schlesien, um hier Diebstähle zu begehen. Am 7. Juli 1823 wurde er jedoch ungeachtet seines falschen Namens und seiner Beteuerungen, ein Deserteur aus Österreich zu sein, in Troppau arretiert und ins Landratsamt nach Leobschütz abgeführt.

Doch wieder entwich Schwidernock, obgleich gefesselt, den beiden ihn nach Neisse transportierenden Husaren, die dem Flüchtenden zu Pferde nicht so schnell in das Gebüsch folgen konnten. Einige Tage darauf jedoch verhaftete man ihn erneut, diesmal in der Gegend von Ratibor, und lieferte ihn nach Silberberg aus. Hier eröffnete man gegen Schwidernock die Untersuchung wegen Desertierung und wegen Diebstahls, aber auch weil er gedroht hatte, *„er wolle einen gewissen Wieczorek ausbrennen"*. Am 17. November 1823 verurteilte ihn das Kriegsgericht in Silberberg wegen seiner dritten Desertierung und wegen Diebstahls zu lebenslanger Haft und zu 80 Stockschlägen. Gleichzeitig wurde Schwidernock aus dem Soldatenstande schimpflich ausgestoßen und für unfähig erklärt, das Bürgerrecht oder das Eigentumsrecht an Grundstücken in Preußen zu besitzen. Bezüglich der von ihm ausgestoßenen schweren Drohungen in Bezug auf Brandstiftung sprach ihn das Kriegsgericht allerdings frei. Der preußische König bestätigte das Urteil, übte aber auch jetzt noch einmal Gnade, indem er am 21. Dezember 1823 die ausgesprochene lebenslange Haft auf 20 Jahre ermäßigte. Nunmehr wurde Schwidernock in die Festung Glatz am 31. Dezember 1823 als Baugefangener eingeliefert.

Doch selbst hier gab der immer noch unbändige Johann Schwidernock seine Ausbruchsgedanken nicht auf, dabei in seinem wilden Freiheitsdrange an den berühmten schlesischen Räuber Exner erinnernd.[16] Auf Befehl des Glatzer Festungskommandanten, von 1817 bis 1834 war dies Oberstleutnant Rudolf Karl von Glan,[17] mußte Schwidernock wegen eines *„nächtlichen Excesses"* disziplinarisch mit 48stündigem Krummschließen bestraft werden. Als ihn sodann der Gefangene Schneider wegen Fluchtplänen beschuldigte, schmiedete man dem Ausbrecherkönig einen eisernen Ring um den Hals, an welchem sich zwei eiserne Hörner befanden, welche seinen ungestümen Drang nach Freiheit bremsen sollten.[18]

Das ihm zur Last gelegte Verbrechen des Mordes an seinem Mitgefangenen Erdmann gestand Johann Schwidernock schließlich ein, doch machte er es dem Glatzer Untersuchungsrichter Justizrat Geyer ungeheuer schwer, weil er immer wieder völlig oder zumindest stark von einander abweichende Aussagen machte. Am 19. August 1825 sagte er beispielsweise vor Justizrat Geyer aus: *„Seit der Zeit, daß ich auf Angaben des Baugefangenen Schneider in der angegebenen Art bestraft worden war, hegte ich einen Groll in mir und ging deshalb beständig mit dem Gedanken um, bei der ersten Gelegenheit zu desertieren. Am verflossenen Sonnabende*[19] *kam ich eines schlimmen Fußes wegen ins Lazareth der Baugefangenen, und mit mir zugleich der Baugefangene Pawlitzky, welcher ebenfalls an einem schlimmen Fuß litt. Im Lazarett fanden wir den alten beinahe blinden Baugefangenen*

---

16) Der aus der Oberpfalz gebürtige Wollspinner Exner war um 1800 durch seine Raubzüge der Schrecken Schlesiens. Dabei brach er nach Verhaftungen immer wieder aus seinen Gefängnissen aus. Ketten und Fesseln konnten ihn nicht halten, selbst aus den Festungen Silberberg und Glatz entsprang der zu lebenslänglicher Haft Verurteilte. Als letztes verzweifeltes Mittel wurde Exner schließlich auf Bitten der preußischen Regierung 1802 nach Rußland zur Haft in die sibirischen Bergwerke von Nertschinsk deportiert. Als Exner bei einem Einbruchsversuch in die Harpersdorfer Mühle nahe Glogau in der Nacht vom 12. zum 13.7.1805 vom Müller Meschter in Notwehr getötet wurde, stellte man anhand der bei der Leiche vorgefundenen Pässe fest, daß er anscheinend schon kurz nach seiner Übergabe in Narwa seinen russischen Bewachern entwischt und mit falschen Papieren nach Preußen zurückgekehrt war. Vgl ALEXIS/HITZIG (wie Anm. 1), S. 80–92.
17) KÖHL (wie Anm. 4), S. 165.
18) ALEXIS/HITZIG (wie Anm. 1), S. 60, die sich in ihrem Buch auf Kriminalakten des Berliner Kammergerichts stützen, die dem früheren Kammergerichtsdirektoren Hitzig zugänglich waren, geben gleichfalls an, daß in Glatz kriminelle Sträflinge *„in schwere Ketten an Karren geschmiedet, mit über die Stirn ragenden Eisenhörnern, in den tiefen Gräben arbeiteten"*.
19) Sein Komplize Pawlitzky behauptete hingegen, zusammen mit Schwidernock bereits am Freitag, dem 12. August 1825, in das Lazareth gekommen zu sein.

Erdmann, und es war am verfloßenen Diensttage, als dieser Erdmann gegen mich und den Pawlitzky davon, daß er zu desertieren Willens wäre, zu sprechen anfing. Obgleich ich dem Erdmann vorhielt, wenn wir auch aus der Lazareth-Kasematte selbst, obwohl diese wohl verschloßen und verwahrt ist, herauskönnen, wir dann doch nicht weiter als auf den Donjon Platz kommen könnten, so erwiderte doch Erdmann, daß wenn wir in den Keller, der sich in dem Hausflure von dem Lazareth befindet, herunter gesprungen wären, als dann in einen finstern Gang an ein Fenster können, welches unter der Wohnung des Wallmeisters auf dem Garten des Ingenieur-Offiziers vom Platz ginge, ohne Gitter wäre, und nur 15 Fuß hoch von der Erde läge, mithin wir leicht hinunterspringen könnten. Ich erklärte dem Erdmann, wie es dennoch für uns unmöglich wäre fortzukommen, er aber blieb dabei, und Pawlitzky erklärte, daß wenn Erdmann und ich fortgingen, er mit uns gehen würde."

Am vergangenen Mittwoch habe Erdmann dann von seinem allmittäglichen Spaziergang auf dem Donjon-Platz eine Glasflasche von etwa einem Quart Inhalt unter der Jacke ins Lazarett geschmuggelt. Aus dieser Flasche gab Erdmann gegen 17.00 Uhr Schwidernock von außen Kornbranntwein durch das „*Gegitter*" der Lazarettkasematte zu trinken, weil sie die folgende Nacht fliehen wollten und dazu „*Courage*" brauchten. Woher Erdmann den Branntwein erhielt, wußte Schwidernock angeblich nicht, wohl aber, daß der Alkohol fünf Silbergroschen gekostet hatte, die er Erdmann übergeben hatte. Um aus der Kasematte herauszukommen, hatte Erdmann auch vorgeschlagen, das Holz der äußeren Tür „*anzuzeichnen*" und dann „*herauszustoßen*", womit sich Schwidernock während des nächsten Spazierganges von Erdmann auf dem Donjon-Platz gegen 15.00 Uhr beschäftigte. Dazu benützte Schwidernock ein Barbiermesser, das er vom Baugefangenen Fiebig entliehen und mit in das Lazarett genommen hatte. Dabei half ihm Pawlitzky, während Erdmann gegen 18.00 wieder in die Kasematte von seinem Spaziergang zurückkehrte. Gleich nach Erdmanns Rückkehr trank man dann zu dritt den Rest der Branntweinflasche aus. Nachdem der Aufseher Nowack die Lazarett-Kasematte untersucht hatte, zogen sich alle drei Gefangenen bis aufs Hemd aus und gingen bis ca. 21.30 Uhr ins Bett. Danach bemühte sich Schwidernock weiter, die Türe „*auszuschneiden*", und stellte sich dabei auf den mit einem Deckel versehenen Nachtkübel, damit ihn nicht etwa zufällig Schildwachen durch das Fenster erblicken konnten. Durch die Tätigkeit ermüdet, legte er sich nach einer halben Stunde wieder hin, während nun Pawlitzky für ihn weiter arbeitete, ebenfalls auf dem Deckel des nunmehr mit einem Strohsack bedeckten Nachtkübels stehend. Da polterte es draußen, worauf Erdmann zu klagen anfing, daß nun die Sache entdeckt werden könnte. Nachdem Pawlitzky etwa eine halbe Stunde an der Tür herumgeschnitten hatte, kehrte er in die Kasematte zurück und sagte, daß „*das Durchschneiden wohl nicht gehen werde*". Daraufhin arbeitete jetzt Schwidernock selbst wieder, kehrte aber dann gleichfalls in die Kasematte zurück und meinte, daß man wohl nicht durchkäme und auch schon verraten wäre, weil er beim Durchschneiden gepoltert habe. Dann legte sich Schwidernock auf sein Bett, obwohl der Strohsack noch auf dem Kübel lag und wollte mit der ganzen Sache nichts mehr zu tun haben. Nachdem er auf dem Bett lag, habe er noch zu Erdmann geäußert: „*Nun sind wir unglücklich, und wenn es Tag wird, so werde ich alles und mich anzeigen: Daß Du der Anstifter gewesen bist, denn durch Dich kommen wir nun in das Unglück.*"

Eigentlich habe er auf der Stelle die Wache rufen wollen, doch auf Grund der Bitten von Erdmann die Angelegenheit auf den kommenden Tag verschoben. Während dieses Gesprächs lag Erdmann nicht mehr im Bett, sondern ging lamentierend in der finsteren Kasematte auf und ab. Da Schwidernock beim Durchkriechen der Tür durch die beiden eisernen Hörner an seinem Halsreif gehindert worden wäre, hatte ihm schon abends Pawlitzkiy geholfen, eines der beiden Hörner abzubrechen. Nun begann Pawlitzky ungeachtet des Lamentierens von Erdmann mit dem eisernen Horn am Rohre des Ofens zu arbeiten, weil, wie er sagte, „*er nun in jedem Falle fort und durchkommen müßte.*" Schwidernock sagte gar nichts mehr und lag ruhig auf dem Bett, bis plötzlich mit großem Gepolter das Rohr des Ofens auf den Fußboden fiel. Bald darauf hörte er die Schildwache vor dem Fenster sagen, daß es hier an dieser Stelle gepoltert habe. Kurz darauf kam der Aufseher Tielsch mit Soldaten in die Kasematte, während Schwidernock und Pawlitzky ruhig im Bett lagen und Erdmann vor der zugemauerten Verbindungstür zur nächsten Kasematte stand. Daß Erdmann sich aufgehangen habe, bekam Schwidernock angeblich erst mit, als die Soldaten ihn abgenommen und für tot befunden hatten. Tielsch habe aus dem hinter der Tür stehenden Kübel und der angeschnittenen Tür erraten, daß ein Ausbruch geplant war. Anfangs hätten die Soldaten sogar gezögert, in die Kasematte einzudringen, worauf Schwidernock ihnen zugerufen habe: „*Kommen Sie nur, es ist nichts, wir haben desertieren wollen.*" Daraufhin wurden Ketten geholt und er selbst gefesselt in Arrest gebracht. Alles sei allein durch die Schuld von Erdmann entstanden.

Dagegen legte Schwidernock Monate später, am 15. Februar 1826, ein ganz anderes Geständnis ab. Pawlitzky, mit welchem er in einer Kasematte lag und mit welchem zusammen er später ins Lazarett einzog, habe den Gedanken zur Flucht gehabt und ihn dafür gewonnen. Die Flucht wollten beide aus dem Lazarett heraus versuchen. Dazu band sich Pawlitzky auf seinen schlimmen Fuß einen Hering und ließ ihn dort verfaulen, wodurch der Fuß noch schlimmer wurde. Als Pawlitzky wegen seines schlimmen Knies nun ins Lazarett einzog, kam auch Schwidernock, der aus *„Rache"* schon wochenlang nicht zur Arbeit gegangen war, gleichfalls ins Lazarett. Durch seine hartnäckige Arbeitsverweigerung hatte Schwidernock nämlich sein Recht auf warme Kost verspielt, und nun schickte ihn der anscheinend mitleidige Ober-Aufseher Mohr mit Einwilligung des Garnisons-Stabs-Arztes Masthoff ins Lazarett, damit der wohl schon stark abgemagerte Schwidernock wieder normale warme Verpflegung erhielt. Im Lazarett trafen Pawlitzky und Schwidernock den Baugefangenen Erdmann an, der nicht nur alt war, sondern auch ganz schlechte Augen hatte. Gemäß Pawlitzkys Idee wollten die beiden Gefangenen im Lazarett die hölzerne Vordertür durchbrechen. Danach wollten beide durch ein im Hausflur befindliches rundes Loch in den bewußten Keller absteigen und diesen durch ein auf den Garten des Ingenieuroffiziers vom Platz führendes Fenster verlassen. Dann wollten sie in Schlafdecken gehüllt, die äußeren Festungsmauern herunter rutschen. Die Tür der eigentlichen Kasematte sollte in Abständen angebohrt und dann ausgebrochen werden. Am Freitag waren beide Gefangenen ins Lazarett gekommen, und am Dienstag versuchte Pawlitzky, sich vom Aufseher Nowack einen Bohrer zu borgen, weil er angeblich einen Vogelbauer basteln wollte. Doch Nowack überzeugte sich davon, daß Pawlitzky keinerlei Holz zum Bau eines Vogelbauers vorrätig hatte und nahm deshalb den Bohrer wieder mit sich. Da dies nun gerade die Zeit war, an welcher Erdmann täglich auf dem Donjon-Platz spazierengehen durfte, nützten Schwidernock und Pawlitzky den Moment zur Bearbeitung der Tür. Mit Rückkehr von Erdmann beendeten sie diese Tätigkeit und warteten auf den nächsten Tag, um in Erdmanns Abwesenheit weiter zu arbeiten. Am gedachten Mittwochnachmittag schnitten beide die Tür ein Zoll tief aus und verschmierten die Schnitte mit gekautem Brot. Schwidernock wollte bei der Arbeit gegenüber Pawlitzky geäußert haben, es sei schwer aus der Festung weg zu kommen, worauf dieser kaltblütig geäußert habe, *„daß wir zwei den alten Erdmann todt machen müßten."* Sich an diesen Gedanken zu gewöhnen, wäre Schwidernock anfänglich schwer gefallen, doch Pawlitzky habe immer wieder gesagt: *„man muß"*, und schließlich habe er geantwortet: *„Wie Du willst!"* Nach der Untersuchung des Lazaretts durch den Aufseher Nowack wurde es am Abend verschlossen, und Erdmann ging im Hemd zu Bett. Schwidernock und Pawlitzky blieben noch auf und unterhielten sich auf Polnisch, damit Erdmann nichts verstehen konnte. Gegen 21.00 Uhr hörte man am Schnarchen von Erdmann, daß er eingeschlafen war, und Pwalitzky äußerte nun angeblich: *„Jetzt müssen wir langsam zu Erdmann hingehen, ihn packen und erwürgen."* Beide gingen zum Bett, und Schwidernock begann, Erdmann mit beiden Händen am Hals so zu würgen, daß er zu schreien anfing. Da steckte Pawlitzky Erdmann sein Schnupftuch in den Mund, drückte ihm *„das Geschäft zusammen und nun war er tot."* Die beiden Ausbrecher ließen Erdmann tot auf seinem Bett liegen und wandten sich der Tür zu, dazu leuchtete ihnen eine Lampe, welche Schwidernock aus alten Scherben und Butter angefertigt hatte. Die Lampe wurde mit Feuer aus dem in der Kasematte befindlichen Ofen, in welchem auch die Kartoffeln zum Abendbrot gekocht wurden, entzündet. Während Schwidernock arbeitete, verhängte Pawlitzky mit Schlafdecken die Tür und die Fenster, damit die Schildwache das Licht nicht sehen konnte. Als Schwidernock nach einer halben Stunde zwecks Erholung in die Kasematte zurückkehrte, erläuterte ihm Pawlitzky, daß er inzwischen den Erdmann aufgehangen habe. Falls der Fluchtversuch nämlich scheitere, könne man sich so besser herausreden und auf einen Selbstmord von Erdmann verweisen. Schwidernock sah auch selbst Erdmann an der (zugemauerten) Verbindungstür zur Kasematte der *„Geheimen Räthin Ursinus"* hängen, ging aber nicht näher an ihn heran. Als er nach einer weiteren halben Stunde Arbeit schließlich feststellte, daß der Fluchtversuch wohl scheitern würde, machte ihn im selben Moment Pawlitzky darauf aufmerksam, daß sich eine Schildwache am Fenster aufgehalten und wohl etwas bemerkt habe. Schwidernock betrachtete die Flucht daraufhin als gescheitert und legte sich wieder aufs Bett. Pawlitzky hingegen gab den Fluchtgedanken nicht auf und faßte nunmehr das Loch, in welches das Ofenrohr führte, näher ins Auge. Doch das heraus gezogene Ofenrohr fiel auf die Ziegeln des Bodens, der den Ofen umgab, und so entstand ein Höllenlärm. Daraufhin gab die Schildwache Alarm, und Soldaten drangen in die Kasematte ein. Diesmal also gab Johann Schwidernock alle Schuld dem Joseph Pawlitzky, welcher ihn angestiftet habe.

Sein nächstes Geständnis legte Johann Schwidernock, diesmal unaufgefordert, am 29. August 1827 ab. Schwidernock begann mit folgenden Worten: *„Ich habe seit dem 20. d. Mts. mein und meines Genossen Pawlitzky Schicksal nach wirklicher Ueberlegung zu entscheiden beschloßen. Ich sehe wohl ein, daß ich meine Freiheit nicht mehr erlangen kann; es ist mir gleichgültig,* *ob ich heute oder morgen sterbe, und ich will nicht weiter in mein Unglück verflechten; ich will vielmehr jetzt eingestehen, daß Pawlitzky wirklich unschuldig, und ich der alleinige Thäter bin. Nehmen Sie die Sache ganz kurz auf: Ich habe desertieren wollen, ich habe den Erdmann deshalb getödtet, und ich habe den Erdmann deshalb gezwungen, in meinen Desertionsplan mit einzugehen. Somit dächte ich, wären wir fertig und ich sollte meinen, daß es nun weiter keine Weitläufigkeiten bedürfen werde. Ich allein will die That auf mich nehmen und dafür büßen, Pawlitzky soll freigesprochen werden."*

Da sich der Untersuchungsrichter von der Unschuld Pawlitzkys trotzdem nicht völlig überzeugt erwies, erzählte Schwidernock noch am selben Tage eine neue Variante der Mordnacht.

Er versicherte zuerst, seine obige Erklärung nach reiflicher Überlegung gemacht zu haben und auf ihr zu beharren. Sterben müsse er ohnehin und mehr könne man von ihm nicht verlangen. Sollte Pawlitzky ungeachtet dessen seine Schuld bekennen, so mache er dies aus eigenem Antrieb und man könne dafür ihm, Schwidernock, keine Schuld beimessen. Doch er, Schwidernock, habe die Idee zur Desertion gehabt, und er habe Pawlitzky dazu überredet. Auch dieses Geständnis schien dem Untersuchungsrichter sehr allgemein zu sein, und er forderte deshalb nähere Angaben. Schwidernock erwiderte darauf, daß ihm wohl manchmal der rechte Ausdruck fehlen würde, um anzudeuten daß seine Kenntnis der deutschen Sprache nicht allzu gut sei. Doch der Untersuchungsrichter verwies darauf, daß bislang alle Verhöre ohne Dolmetscher abgelaufen seien und seiner Meinung nach Schwidernock der deutschen Sprache durchaus mächtig wäre.

Daraufhin äußerte Schwidernock, ihm sei völlig unklar, wie Erdmann zu Tode gekommen wäre. Habe man ihn aufgehängt, so müsse es Pawlitzky gewesen sein, denn er könne sich an nichts derartiges erinnern. Dann wiederholte er merkwürdigerweise sein Geständnis in der ersten Variante, so wie er es am 19. August 1825 abgelegt hatte. Zwar habe er sich am 15. Februar 1826 dazu bekannt, gemeinsam mit Pawlitzky den Erdmann ermordet zu haben. Doch habe er damals nur eine Strafe befürchtet wegen eines mit dem *„jungen Donath"*[20] gehabten Exzesses und geglaubt, davon

---

20) Damit war der Unteroffizier Friedrich Donath gemeint, der seinen Vater, den Gefangenenaufseher Donath, vertrat. Dieser hatte sich am 14. Februar 1826 über Schwidernocks neue Jacke gewundert, welcher abweichend von den halb grün und gelben Jacken, welche die Festungsgefangenen gewöhnlich trugen, eine graue erhalten hatte. Als Schwidernock anschließend vom jungen Donath Branntwein verlang-

abzulenken, wenn er in der „*Hauptsache*" ein Geständnis ablege. Auch habe er sein Geständnis so gestaltet, wie es ihm über die von Pawlitzky gemachten Angaben zu Ohren gekommen war. Pawlitzky habe nämlich während der Untersuchung lange in Zelle No. 8 gesessen und wäre dann ausquartiert worden. Er, Schwidernock, sei danach auf Zelle No. 8 gekommen und habe von den Zelleninsassen von Pawlitzkys Aussagen gehört. Wer diese Zelleninsassen gewesen seien, könne er allerdings nicht sagen, weil sie schon lange fort seien.

Am 12. Juli 1829 ließ sich Johann Schwidernock durch den Gefangenenaufseher Nowack wiederum bei den Untersuchungsbehörden melden, mit der Absicht zur Ablegung eines zweiten freiwilligen Geständnisses. Zur Einleitung erklärte er: „*Ich weiß recht wohl, was auf mein Geständnis folgt, ich weiß, daß wer tödtet, wieder soll getödtet werden, allein ich für meinen Theil fürchte keine Strafe, welche sie auch sei, und ich hätte schon längst wieder ein Erkenntniss abgelegt, wenn man mich nicht immer so hart behandelt hätte.*

Meine Aussagen soll sehr kurz sein: Nehmen Sie das Verhör her, in welchem ich den Justizrath Geyer ein Geständnis abgelegt habe. Das ist die reine Wahrheit, so hat es sich zugetragen, und bei alle dem, was ich dort gesagt habe, muß ich stehen bleiben."

Danach erläuterte Schwidernock in einer längeren Erklärung, daß er seit dem Zeitpunkt, als er das Halseisen mit den beiden Hörnern zur Erschwerung einer Flucht tragen mußte, sehr mißmutig gewesen sei und glaubte, so etwas nicht verdient zu haben. Das Halseisen habe er nur auf Grund der falschen Aussagen eines anderen Baugefangenen wegen eines angeblichen Fluchtprojektes erhalten. Deshalb habe er fortwährend an Flucht gedacht. Mit Pawlitzky habe er nicht viel Gemeinschaft gehabt, war sogar öfters mit ihm verfeindet, weil er dessen kindisches Wesen schwer ertrug. Gerade zu der Zeit hatten Schwidernocks Eltern, gemeint ist hier wohl die Mutter, ihm einen Taler Courant gesandt und durch den Oberaufseher Mohr ausrichte lassen, er solle sich gut führen. Sein an sich schon „*böser Fuß*" wurde immer schlimmer, und deshalb hatte er bereits wochenlang nicht arbeiten können. Pawlitzky ging ungeachtet seines kranken Fußes noch zur Arbeit, und ohne daß sie es beabsichtigt hatten, wurden sie gleichzeitig von einem „*Militair-Chirurgus*" untersucht und auf dessen Veranlassung ins Lazarett überwiesen. Im Lazarett fanden sie den alten „*Blinden Erdmann*"

te, ließ er ihn von Wachsoldaten in eine Extra-Kammer führen, wo Schwidernock danach randalierte und Inventar zerschlug.

vor, von dem sie gesprächsweise vom viereckigen Loch im Hausflur der Kasematte, zum Keller hinführend, Mitteilung erhielten. Ob die Flucht dadurch möglich war, wußte Schwidernock nicht, doch wollte Erdmann vor mehreren Jahren in eben jenen Kellern beschäftigt gewesen sein, und deshalb hielt Schwidernock schließlich eine Flucht für möglich. Pwalitzky habe jedoch die Idee gehabt, Erdmann zu töten, damit dieser von den Ausbruchsvorbereitungen nichts verraten könne. Weil die *„angeschnittene"* Tür jederzeit einem Aufseher auffallen konnte, drängte es mit dem Ausbruch. Schwidernock legte sich vorher die Karten und glaubte daraus zu ersehen, daß alles unglücklich ablaufen werde. Er verlor dadurch allen Mut, auch tat ihm der alte Erdmann leid, und so versuchte er Pawlitzky zu überreden, den Fluchtversuch nicht zu unternehmen. Pawlitzky gelang es jedoch, ihn trotzdem zu überreden, nicht zuletzt, weil Johann Schwidernock sich plötzlich für sein Zurückweichen schämte. Er erwürgte daraufhin Erdmann mit aller Kraft am Hals, welcher versuchte *„Kamerad"* zu sagen. Pawlitzky brauchte er zur Hilfe nicht aufzufordern, denn dieser kam von selbst dazu. Plötzlich war Erdmann tot, wie Schwidernock annahm, durch seinen Würgegriff, weil Pawlitzky gerade erst herangetreten war. Daß Erdmann aufgehängt gefunden wurde, nahm Schwidernock, welchen die in die Lazarettkasematte eindringenden Soldaten sogleich abführten, nicht wahr. Als er auf der Hauptwache hörte, einer habe sich aufgehängt, dachte er anfangs sogar, Pawlitzky hätte sich aus Angst erhängt. Erst durch die folgende Untersuchung erfuhr er, daß Erdmann an der *„Communikations-Türe"* zur Kasematte der Giftmörderin Ursinus hängend aufgefunden wurde. Dieses Aufhängen müsse Pawlitzky vollbracht haben, da er selbst, obwohl er Erdmann getötet hatte, dazu keine Hand gerührt haben wollte.

Jedoch leugnete Schwidernock anschließend in den folgenden Verhören wieder alles und bezeichnete seine bisherigen Geständnisse als falsch.

Zur Klärung des Mordfalles Erdmann konnte Schwidernocks Komplize Pawlitzky zwar einiges beitragen, er starb jedoch noch im Laufe der Untersuchung am 9. Oktober 1830 im Inquisitoriat Glatz an *„Auszehrung"*.[21] Joseph Pawlitzky war als Sohn des Dienstknechts Matthias Pawlitzky und der Catharina geb. Potazenka im Städtchen Trzemesno (Tremessen) in der damals auch als „Großherzogtum Posen" bezeichneten gleichnamigen preußischen Provinz geboren worden. Er war katholischer Religion

---

21) Unter dem Krankheitsbegriff *„Auszehrung"* verstand man damals die Zuckerkrankheit.

und zur Untersuchungszeit ungefähr 25 Jahre alt. Bei seinen Eltern war nicht klar, ob diese noch am Leben waren. Auch bei seinen Geschwistern, einem Bruder und drei Halbschwestern, konnte Joseph Pawlitzky nicht angeben, ob diese noch lebten. Pawlitzky besuchte keine Schule und konnte deshalb weder Lesen noch Schreiben, erhielt jedoch nach eigener Aussage Religionsunterricht, und das 5. Gebot war ihm nicht fremd. In seiner Vaterstadt kam er bei einem Schmied in die Lehre, bis er als Rekrut eingezogen wurde. Als vereidigter Rekrut des 37. Infanterie-Regiments[22] nahm er gemeinsam mit dem Eindinger Johann Arendanska in der Nacht vom 28. Januar 1821 an einem gewaltsamen Diebstahl bei dem jüdischen Handelsmann Abraham Nathan zu Trzemesno teil, wurde deshalb verhaftet, entwich aber aus dem Gefängnis. Das Kriegsgerichtsurteil vom 4. Mai 1822 lautete in seinem Falle auf:
– Versetzung in die zweite Klasse des Soldatenstandes,
– Verlust der National-Kokarde und des National-Militärabzeichens,
– 50 Stockschläge in zwei Raten und
– einjähriger Festungsstrafe in der Strafabteilung einer Garnisonskompanie, wobei der seit dem 21. Juni 1821 erlittene Arrest auf die Strafe angerechnet werden sollte.

Doch mußte Joseph Pawlitzky als Musketier der 7. Regiments-Garnisonskompanie schon im Jahr 1823 wegen wiederholter Entweichung in Friedenszeiten und wegen wiederholtem schweren Diebstahls zu:
– Ausstoßung aus dem Soldatenstande,
– Unfähigkeit zum Erwerb des Bürgerrechts und
– zehnjähriger Festungs-Bau-Arbeit in Glatz
verurteilt werden. Bereits am 18. August 1825 legte Joseph Pawlitzky ein Schwidernock sehr schwer belastendes, umfassendes Geständnis bezüglich der Ermordung Erdmanns ab. So war er angeblich am Tatabend nach der gegen 19 Uhr stattfindenden allabendlichen Zellenrevision durch den Gefangenenwärter Tielsch ruhig zu Bette gegangen, wurde plötzlich im Dunkeln an der Gurgel gefaßt und hörte folgende Worte: *„Du verfluchter Racker, wenn Du hier auch nur ein Wort sprichst, so schneide ich Dir die Gurgel ab, Du mußt es mir zuschwören, daß Du nicht ein Wort sagst."*

---

22) Das „Westfälische Füsilierregiment Nr. 37" war von 1821 bis 1823 im schlesischen Schweidnitz, danach von 1823 bis 1828 in Bromberg und Thorn stationiert; vgl. A. v LYNCKER: Die preußische Armee 1807–1867 und ihre sippenkundlichen Quellen, Berlin 1939, S. 84f.

Joseph Pawlitzky erkannte die Stimme Johann Schwidernocks, welcher ihm zugleich ein dem Baugefangenen Fiebig gehöriges Rasiermesser vors Gesicht hielt. Pawlitzky fragte daraufhin: „*Warum lieber Bruder, was willst Du machen?*" Schwidernock erwiderte, daß er desertieren wolle, worauf Pawlitzky sich bereit erklärte mitzugehen, wenn er ihn nur am Leben lasse. Schwidernock ließ ihn daraufhin schwören, kein Wort zu sagen, andernfalls er ihn töten würde. Daraufhin ging Schwidernock zum bereits schlafenden Erdmann und begann ihn zu würgen, worauf dieser krächzte, er wolle nichts sagen, wenn man ihn leben ließe. Schwidernock erwiderte: „*Jetzt, verfluchter Hund, ist es zu spät.*".

Nach ca. zehnminütigem Würgen forderte Schwidernock schließlich Pawlitzky auf, ihm beim Aufhängen von Erdmann zu helfen. Auch sollte Pawlitzky auf Geheiß von Schwidernock im Falle des Mißlingens der Flucht aussagen, Erdmann habe sich nur blind gestellt und für seine eigene Flucht Löcher in die Tür gebohrt. Aus Furcht vor den Prügeln im Falle der Entdeckung habe Erdmann sich danach angeblich selbst aufgehangen. Pawlitzky half Schwidernock beim Aufhängen von Erdmann angeblich nur, weil er um sein eigenes Leben fürchtete. Deshalb veranstaltete Pawlitzky, während Schwidernock sich mit seinem Messer an der Tür abmühte, schließlich den Lärm mit dem eisernen Ofenrohr, um die Schildwache aufmerksam zu machen, wobei er gegenüber Schwidernock vorgab, ihm bei seinem Ausbruchsversuch helfen zu wollen. Als dann die Soldaten in die Kasematte eindrangen, erklärte Schwidernock Pawlitzky noch einmal eindringlich, er werde nie etwas gestehen und beide müßten nun behaupten, daß Erdmann sich selbst aufgehangen habe. Nachdem die Soldaten Erdmann von der Tür abgeschnitten hatten, bürstete ihm der reuige Pawlitzky nach eigener Aussage selbst die Fußsohlen, um ihn ins Leben zurückzubringen.

Trotz der Ermahnungen der Untersuchungsbehörden blieb Joseph Pawlitzky auch späterhin bei seiner Aussage. Schwidernock selbst, der nach ca. zwei Jahren Untersuchung plötzlich darauf bestand, der deutschen Sprache nicht mächtig zu sein, versuchte über den Erbschulzen Mildener, mit dem er in einer Kasematte zusammenlag, Pawlitzky zu bewegen, seine Kenntnis des Deutschen zu leugnen. Dieser solle behaupten, „*als Pollack der deutschen Sprache nicht mächtig zu sein, einen polnischen Inquisiten* [Untersuchungsrichter – J.S.]" verlangen und dann alles widerrufen. Ein polnischer Dolmetscher wurde trotzdem nicht hinzugezogen, eine „*qualifizierte Person*" hätte auf der Festung Glatz auch schwer gefunden werden können. Die äußerst lange Untersuchungsdauer vom 18. August 1825 bis Ende Februar 1831 glaubte das Untersuchungsgericht mit den vielen

Winkelzügen und Weitschweifigkeiten Schwidernocks entschuldigen zu müssen. Eine Gegenüberstellung der beiden Beschuldigten fand allerdings nicht statt, sie wurde während des Hauptverhörs aus „*Zeitmangel*" abgesagt. Alle Ergebnisse der Untersuchung wiesen jedoch eindeutig auf Johann Schwidernock hin. Die sehr ausführliche medizinische Obduktion ergab eindeutig, daß der Baugefangene Erdmann an „*Erstickung*" gestorben war und im totem Zustande aufgehängt wurde. Nach Zeugnis aller der ihn gut kennenden Gefangenenaufseher sowie des ihn behandelnden Stabsarztes Masthoff hatte sich Erdmann einerseits in sein Schicksal ergeben, andererseits aber für einen Gefangenen beträchtliche Freiheiten in Form stundenlanger Spaziergänge genossen sowie auch den zu seiner Stärkung notwendigen Branntwein erhalten. Folglich hatte er es kaum nötig gehabt, sich in seinem kranken Zustande mit Fluchtplänen abzugeben, wie Schwidernock behauptete. Andererseits hätten auch oft Reibereien zwischen den in Glatz einsitzenden polnischen und deutschen Baugefangenen stattgefunden, und es wäre demnach undenkbar, daß Erdmann als Deutscher mit einem Polen ein so „*gefährliches Wagstück*" wie eine Flucht eingegangen wäre. Auch habe Erdmann seine Furcht vor „*den beiden Polacken*" geäußert, welche in seiner Anwesenheit nur polnisch miteinander sprachen und deshalb seine Barschaft dem Aufseher Tielsch zur Aufbewahrung übergeben. Hätte Erdmann wirklich fliehen wollen, so hätte er wohl kaum am Tage vor der Flucht sein Geld einem Aufseher ausgehändigt.

Laut Schwidernocks Aussagen habe sich Erdmann entweder selbst aufgehängt oder wäre von Pawlitzky getötet worden. Das Erstere wurde durch das Ergebnis der Obduktion aus medizinischen Gründen völlig ausgeschlossen. Auch habe er mit seinen Füßen über dem Erdboden gehangen und sich nicht selbst in diese Position bringen können. Und schließlich lasse sich niemand gutwillig das Leben nehmen. Auch sei der von Schwidernock angegebene Todeszeitpunkt für Erdmann falsch, da die in die Kasematte eindringenden Soldaten diesen „*bereits ganz erstarrt an Händen und Füßen*" vorgefunden hatten. Alle diese Gründe ließen die Unwahrheit der Aussagen Schwidernocks bei der Untersuchungsbehörde ganz deutlich zu Tage treten. Das Pawlitzky entlastende Geständnis Schwidernocks vom 29. August 1827 sei hingegen folgendermaßen zustande gekommen: Schwidernock habe in der Untersuchungshaft versucht, von Pawlitzky mehrere „*Erdzeichen*" (?) zu erhalten, wofür er „*wolle ihn freimachen*". Pawlitzky habe anfangs erwidert, „*Er hätte das nicht nötig.*" Doch schließlich ließ er sich vom ebenfalls einsitzenden Erbschulzen Mildner dazu bewegen und äußerte nach Schwidernocks Geständnis zu einigen Gefangenen: *„Gottlob! Er hat mich frei gemacht, und er hat die Wahrheit gesagt, nun komme ich wieder auf die Festung, und in die halbe Freiheit."* Der im Inqusitoriat Glatz einsitzenden Einwohner Hilse aus Stein-Seifersdorf bestätigte dies.

Während der Untersuchungshaft wurde Schwidernock mehrmals gewalttätig gegenüber dem Aufsichtspersonal bzw. zerstörte das Zelleninventar. Dies geschah immer dann, wenn ihm der Branntwein, den Gefangene damals anscheinend oft zur persönlichen Kräftigung erhielten, verweigert wurde. Schwidernock äußerte nach einem derartigen Exzeß im Juli 1829, *„daß er auf der Welt keinen anderen Freund als den Schnaps habe, und sich ärgere, wenn man ihm diesen verweigere."* Auch schmiedete er zu Ende des Jahres 1828 mit zwei in Glatz wegen Diebstahls einsitzenden Untersuchungshäftlingen, dem Dienstknecht Franz Horn und dem Fleischer Karl Friedrich, wieder neue Ausbruchspläne. Dabei hatte Schwidernock die Diele seines Haftraumes durchgeschnitten und darunter schon anderthalb Fuß (ca. 45 cm – J.S.) Schutt entfernt, welchen er täglich beim Leeren seines Toilettenkübels verschwinden ließ. Als Schwidernock nach Friedrichs Entlassung von einem Schlosser Rieger diesbezüglich unterstützt wurde, wurde die ganze Fluchtangelegenheit durch Horn dem Pawlitzky und durch diesen dem Gericht verraten. Im April 1831 gelang es Schwidernock, der wegen seiner zunehmenden Gefährlichkeit mit einer Kette an die Wand seiner Zelle gefesselt war, mehrmals sich loszumachen. Am 22. April entkam er sogar aus seiner Zelle, schlug mehrere Gefangenenaufseher nieder und suchte den ihm verhaßten Gefangeneninspektor Martini mit einem eisernen Stab zu erschlagen, fügte ihm jedoch nur eine talergroße blutende Verletzung am Arm zu.

Aus seinem Heimatort Ostrog bestätigte der Gerichtsschulze Nowack auf Anfrage unter Amtseid: *„Schwidernock ist in der ganzen Gemeinde von jeher als Unruhestifter und Tumultant, und als vorzüglicher Dieb bekannt, er ist ein ganz unbändiger Mensch."*

Der in Glatz einsitzende jüdische Handelsmann Samuel Sachs, welcher Johann Schwidernock großer Verstocktheit und Tücke beschuldigte, gab gleichfalls zu Protokoll, dieser habe immer geäußert: *„Kameraden! Nur nichts einräumen, ein rechter Dieb muß nichts gestehen!".*

Der Kriminal-Senat des Breslauer Oberlandesgerichts verurteilte Johann Schwidernock am 12. Dezember 1832 wegen Mordes zum Tode, reichte aber die ausführlichen Untersuchungsunterlagen am 28. April 1832 an das Berliner Kammergericht zwecks Erstattung eines Gutachtens ein. In einem ausführlichen Gutachten vom 23. Juli 1832 fand das Kammergericht keine mildernden Umstände für Johann Schwisernock und bestätigte die gefällte Todesstrafe, wobei man ihn nur für die Mordtat, nicht aber für die in der anschließenden Untersuchungshaft verübten vielfältigen Exzesse zur Verantwortung zog. Schwidernock war deshalb *„mit dem Rade von oben herab vom Leben zum Tode zu bringen."*[23] Über die daraufhin erfolgte Vollstreckung des Urteils finden sich in der betreffenden Akte des Geheimen Staatsarchivs in Berlin-Dahlem allerdings keine näheren Informationen.

II. Der Fall des Sekonde-Lieutenant Julius von Strachwitz vom Jahre 1832

Am 2. Januar 1832 richtete der in der schlesischen Festung Glatz in Festungshaft sitzende Sekonde-Lieutenant Julius von Strachwitz vom 11. Landwehr-Regiment[24] ein Immediatgesuch an den preußischen König Friedrich Wilhelm III., in welchem er um Erlaß der verhängten achtzehnmonatigen Haft bat. Der König beauftragte seinen Justizminister[25] in einer *„Allerhöchsten Kabinettsordre"* vom 17. Januar 1832,[26] dieses Ge-

---

23) Aus dem Schreiben des Kgl. Kammergerichts zu Berlin an den Kriminalsenat des Oberlandesgerichts zu Breslau vom 3.9.1832.
24) Ausweislich der Rang- und Quartierliste der Königlich Preußischen Armee für das Jahr 1831, Berlin o.J., S. 223 (zit. als Rangliste) diente Leutnant v. Strachwitz (erwähnt als *„Bar(on) von Strachwitz"*) im III. Bataillon des oben erwähnten 11. Landwehr-Regiments, das in Frankenstein lag und von Major v. Stanckar befehligt wurde. Das I. Bataillon war in Glatz stationiert, das II. Bataillon in Brieg. Bei dem genannten Leutnant v. Strachwitz ist allerdings ausdrücklich vermerkt, daß er zur *„Cav.(allerie) 1sten und 2ten Aufgebots"* gehörte, also kein Infanterieoffizier war.
25) In Nachfolge des am 19.12.1830 verstorbenen Grafen Heinrich v. Danckelmann war dies der bisherige Director im Justizministerium Karl v. Kamptz bis zum Amtsantritt des offiziellen Justizministers ab Februar 1832, Heinrich Gottlob v. Mühler; vgl. Walther HUBATSCH (Hg.): Grundriß zur deutschen Verwaltungsgeschichte 1815–1945, Reihe A: Preußen, Bd. 12: Preußische Zentralbehörden. Bearb. v. Friedrich Wilhelm WEHRSTEDT, Marburg/Lahn 1978, S. 135 sowie Handbuch über den Königlich Preußischen Hof und Staat für das Jahr 1832, Berlin o.J., S. 171 (zit. als Hofhandbuch).
26) Diese Kabinettsordre mit eigenhändiger Unterschrift des Königs sowie alle weiteren im Aufsatz erwähnten Dokumente befinden sich in der im Geheimen Staatsarchiv in Berlin-Dahlem (GStA) unter der Signatur HA I Rep. 84a Nr. 58142

such abzulehnen, und ordnete zugleich die „*möglichste Beschleunigung*" des zweiten gegen Leutnant v. Strachwitz vor dem Oberlandesgericht zu Breslau laufenden Verfahrens an. Über den Ausgang dieses Verfahrens sowie die Ergebnisse der gegen den Leutnant geführten Untersuchungen wollte König Friedrich Wilhelm III. sodann einen genauen Bericht erstattet haben.

Gemäß des erteilten königlichen Auftrages wurde der Sekondeleutnant v. Strachwitz am 19. Januar 1832 von der Ablehnung seines Gesuches um Haftbefreiung in Kenntnis gesetzt, und am gleichen Tage forderte das Justizministerium einen Bericht des Oberlandesgerichts zu Breslau betreffs des anderen, noch gegen Julius v. Strachwitz laufenden Verfahrens an.

Dem am 31. Januar 1832 verfaßten und von elf Mitgliedern des Kriminalsenats des Oberlandesgerichts Breslau unterzeichneten Bericht war zu entnehmen, daß gegen Leutnant v. Strachwitz in Breslau zwei unterschiedliche Untersuchungen geführt wurden, von denen eine tatsächlich noch nicht abgeschlossen war. Im ersten, bereits abgeschlossenen Falle hatte man gegen den Offizier wegen „*unerlaubter Selbsthülfe*" und „*gefährlicher Drohungen*" gegen den Amtmann Bevern und den Schafmeister Bleicher und zusätzlich wegen „*thätlicher Widersetzlichkeit*" gegen den Gendarm Appel ermittelt. Leutnant v. Strachwitz wurde infolge der Untersuchungen am 2. Oktober 1830 in erster Instanz zu einer achtzehnmonatigen Festungshaft verurteilt und legte sofort das Rechtsmittel der weiteren Verteidigung ein. Die weitere Verfolgung dieser Angelegenheit wurde durch eine längere Reise des Verurteilten nach Mecklenburg stark behindert, jedoch befand sich der Betreffende nach seiner Rückkehr seit dem 4. Januar 1832 „*auf der Festung Glatz zur interemistischen Abbüßung der wider ihn erkannten Freiheitsstrafe.*" Es ergab sich hieraus die nicht uninteressante Tatsache, daß Leutnant v. Strachwitz sein Immediatgesuch an den König um Erlaß der verhängten Festungshaft bereits zwei Tage vor seinem eigentlichen Antritt derselben in der Festung Glatz gestellt hatte!

Während der „*Instruktion des Remedii*"[27] tauchten allerdings Zweifel am Geisteszustand des „*Inkulpaten*" auf. Die sich deshalb notwendig machende „*Observation*" (Beobachtung) durch das damit beauftragte Festungslazarett

---

aufbewahrten Akte des preußischen Justizministeriums: Das Immediatgesuch des Sekonde-Lieutenant von Strachwitz um Erlaß der Haft.
27) Gemeint ist höchstwahrscheinlich die Belehrung des zukünftigen Gefangenen über die Art und Weise des Haftvollzugs.

zu Glatz verzögerte sich jedoch, weil diesem der notwendige ärztliche Bericht und das ärztliche Gutachten nicht rechtzeitig zugingen. Alles dies wirkte sich zugleich zögerlich auf die Behandlung des Strachwitz'schen Vorganges in II. Instanz aus, zumal der Verteidiger von Strachwitz dem Gericht die betreffenden Dokumente erst am 31. Oktober 1831 einreichte. Danach befanden sich die erwähnten ärztlichen Gutachten im Königlichen Medizinalkollegium in Breslau[28] zwecks Begutachtung des Geisteszustands und der Zurechnungsfähigkeit des Offiziers.

Eine zweite, noch laufende Untersuchung gegen Julius v. Strachwitz wegen der Beleidigung seines Frankensteiner Bataillonskommandeurs Major v. Stanckar, er hatte diesen u. a. sogar zum Duell herausgefordert, ruhten einstweilen, bis zum Abschluß der Untersuchungen betreffs der geistigen Zurechnungsfähigkeit des Glatzer Festungsgefangenen.

Am 21. Februar 1832 ging dem Justizministerium erneut ein Bericht des Kriminalsenats des Oberlandesgerichts Breslau betreffs *„der Criminal-Untersuchung wider den Landwehr-Lieutenant Julius von Strachwitz"* zu. Dem Bericht lag als Anlage eine Entscheidung des zweiten Senats des Oberlandesgerichts Breslau vom 21. Februar 1832 bei.

Der zweite Senat hatte nämlich auf der *„Wahnsinnigkeits-Erklärung des Inkulpaten"* bestanden und diese auch sofort über das *„Inquisitorium zu Glatz"*[29] dem Vater des betreffenden Leutnants mitteilen lassen. Bei dem Vater handelte es sich um den Kriegs- und Domänenrat sowie Polizei-Districts-Commissarius von Strachwitz[30] zu Kleutsch[31] im Frankensteiner Kreise. Die gerichtliche Entscheidung wurde dem Vater ausdrücklich *„ohne Zuziehung des Beschuldigten"* bekannt gemacht. Auch sollte sodann vor Ort entschieden werden, ob man nun Julius von Strachwitz unter Berücksich-

---

28) Das Breslauer Medizinalkollegium stand 1832 unter Leitung des Oberpräsidenten von Schlesien, Exzellenz Dr. v. Merckel. Ihm gehörten insgesamt sieben namhafte Universitätsmediziner, Medizinalräte, Chirurgen und Apotheker an. Vgl. Hofhandbuch 1832 (wie Anm. 25), S. 285.
29) Gemeint sind hiermit die Glatzer juristischen Untersuchungsbehörden.
30) Seinen letzteren, für Schlesien merkwürdig anmutenden Amtstitel als Polizei-Districts-Commissarius hatte Strachwitz sen. in benachbarten preußischen Provinzen erworben, denn (Polizei)-Distrikt-Kommissare gab es nur in Posen, und als Kriegs- und Domänenrat hatte er in dem allerdings nur kurzzeitig von 1793–1807 nach den polnischen Teilungen zu Preußen gehörenden „Südpreußen" gewirkt. Vgl. Hofhandbuch 1806 (wie Anm. 25), S. 148.
31) Kleutsch war zu Ende des 19. Jahrhunderts ein kleines schlesisches Dorf mit 234 Einwohnern, s. Ritter (wie Anm. 14), Bd. 1, S. 1003.

tigung der öffentlichen Sicherheit aus der Festungshaft in Glatz entlassen könne, bis „*sein Vater oder die competenten Behörden anderweite Maaßregeln* [zur sicheren Unterbringung – J.S.] *ergriffen haben würden.*" Die gegen Strachwitz noch schwebenden Untersuchungen wegen Aufforderung zum Duell und Beleidigung seines Bataillonskommandeurs wurden angesichts seines gestörten Geisteszustandes niedergeschlagen.

Aus der Entscheidung des zweiten Senates des Oberlandesgerichtes Breslau ging hervor, daß das sachverständige Gutachten über den Geisteszustand des Festungshäftlings vom Glatzer Garnisonsarzt Stabsarzt Brauner[32] in Zusammenarbeit mit dem Königlichen Medizinalkollegium zu Breslau am 2. Februar 1832 erstellt worden war. Es erschien unzweifelhaft, daß die von Strachwitz verursachten „*Excesse*" als „*Erscheinungen des Wahnsinns*" zu betrachten seien. Auch wäre bei ihm eine „*Störung seines Gemüths*" feststellbar, und er könne deshalb für seine Handlungen nicht als zurechnungsfähig betrachtet werden. Daraufhin befreite das Gericht den unzurechnungsfähigen Leutnant von der verhängten Strafe und ordnete an, „*es der kompetenten Behörde zu überlaßen, die Wahnsinnigkeits-Erklärung des Inkulpaten zu bewirken*" und danach für eine seinem Krankheitszustand entsprechende sichere Aufbewahrung und Behandlung Sorge zu tragen. Die Kosten der vorgenommenen Untersuchung und seiner Verteidigung seien dagegen aus dem Vermögen des Julius v. Strachwitz zu bestreiten.

Justizminister v. Mühler erstattete hierauf am 10. März 1832 König Friedrich Wilhelm III. dem von diesem gewünschten ausführlichen schriftlichen Bericht in der Angelegenheit des vormaligen Festungsgefangenen Leutnant v. Strachwitz.

III. Der ungewöhnliche Fall des schlesischen Rittergutsbesitzers Heinrich von Sprenger vom Jahr 1897

Der Landesälteste und Rittergutsbesitzer Heinrich von Sprenger aus Malitsch[33] in der preußischen Provinz Schlesien mußte wegen eines im Kaiserreich strafrechtlich verbotenen Duells als Festungsgefangener Anfang

---

32) Als solcher nachgewiesen in Rangliste 1831 (wie Anm. 24), S. 177. Festungskommandant von Glatz war zu dieser Zeit Oberst v. Glan, und die Stelle als Platz-Major bekleidete Capitän v. Wenckstern.
33) Malitsch im Kreis Jauer, Regierungsbezirk Liegnitz in der Provinz Schlesien zählte um 1898 insgesamt 419 Einwohner; vgl. Ritter (wie Anm. 14), Bd. 2, S. 134.

1897 in die Festung Glatz einziehen.[34] Bei seinem Duellgegner vom März 1896 handelte es sich um einen Rittmeister a.D. Edwin von Hünerbein.[35] Sprenger wurde deswegen auf Grund eines Urteils der Ferienstrafkammer I des Königlichen Landgerichts II in Berlin wegen des verbotenen Zweikampfes zu sechs Monaten Festungshaft verurteilt. Ermächtigt durch den zuständigen Oberstaatsanwalt Wachler erteilte ihm der Erste Staatsanwalt Lademann am 21. September 1896 jedoch auf Antrag einen Strafaufschub bis zum 2. Januar 1897. Obwohl für Duellanten wie Heinrich v. Sprenger gemäß justizministeriellem Erlaß vom 18. Februar 1895 eigentlich die Festungshaftanstalt Weichselmünde bei Danzig vorgesehen war, bat v. Sprenger gleichfalls darum, unter Berücksichtigung seiner Gesundheit und seiner wirtschaftlichen Verhältnisse die Strafe in der schlesischen Festung Glatz verbüßen zu dürfen.[36] Diese Genehmigung konnte der von Staatsanwalt Lademann um seine Entscheidung ersuchte preußische Justizminister Karl Heinrich v. Schönstedt allerdings nur im Einvernehmen mit dem für die Festungen zuständigen preußischen Kriegsminister General Walter Bronsart v. Schellendorf erteilen. *„Ausnahmsweise"* erklärte sich das Kriegsministerium am 3. November 1896 mit dem diesbezüglichen Ersuchen des Justizministeriums einverstanden. Der Festungskommandant von Glatz[37] wurde vom Kriegsministerium über den bevorstehenden Strafantritt Heinrich v. Sprengers am 2. Januar 1897 informiert.

Doch schon knapp sieben Wochen nach dem Strafantritt Heinrich v. Sprengers mußte sich Justizminister v. Schönstedt erneut und diesmal wesentlich tiefgründiger mit dessen Fall befassen. Der Leiter des Geheimen Civil-Cabinets Kaiser Wilhelms II., Exzellenz Hermann v. Lucanus,

---

34) Siehe zum Fall Sprenger die im Geheimen Staatsarchiv in Berlin-Dahlem unter der Signatur HA I Rep. 84a Nr. 57780 verwahrte diesbezügliche Akte des Justizministeriums, die für ihre Habilitationsschrift auch Ute FREVERT: Ehrenmänner. Das Duell in der bürgerlichen Gesellschaft, München 1991 einsah, aber nicht nutzte, wahrscheinlich weil der Vorgang ihren Vorstellungen von *„Gewaltphantasien und -ritualen früherer Männergenerationen"* (ebd., S. 267) so gar nicht entsprach.
35) Der Rittmeister hatte bis zu seiner Pensionierung die 2. Eskadron des 1. Badischen Leib-Dragoner-Regiments Nr. 20 in Karlsruhe befehligt; s. Rangliste 1890 (wie Anm. 24), S. 293.
36) Schreiben des Ersten Staatsanwalts Lademann an Justizminister v. Schönstedt vom 10.10.1896.
37) Das Kommando über die Festung Silberberg hatte soeben Generalmajor Wilhelm Ludwig Adolph Freiherr v. Sell von Oberst Eugen Emil Richard von Albedyll übernommen; s. KÖHL (wie Anm. 4), S. 165.

erinnerte den Justizminister mittels Schreiben vom 22. Februar 1897 etwas unsanft daran, daß der Kaiser „*infolge erneuter Anregung der Sache*" den bereits am 29. Januar 1897 eingeforderten justizministeriellen Bericht bezüglich des Immediatgesuchs des Regierungs-Assessors v. Tschirschky und Bögendorff zu Rathenow vom 27. Januar 1897 nunmehr „*baldigst*" verlange. Assessor v. Tschirschky und Bögendorff, der Schwiegersohn des Festungshäftlings, hatte in seinem unmittelbar an den Kaiser gerichteten Gesuch die Begnadigung des wegen eines Zweikampfes auf der Festung Glatz einsitzenden Heinrich v. Sprenger erbeten. Ursache der von Hermann v. Lucanus namens des Kaisers bemängelten Verzögerung war das streng rechtsstaatliche Denken des preußischen Justizministers. Dieser hatte nämlich am 1. Februar 1897 zuallererst die Stellungnahme der zuständigen Staatsanwaltschaft beim Königlichen Landgericht II in Berlin zu dieser Gnadensache verlangt, welche ihm in schriftlicher Form aber erst am 23. Februar 1897 zuging.

Demgemäß war der am 30. Mai 1833 in Lüben, Kreis Sternberg im Regierungsbezirk Frankfurt/O., geborene Gutsbesitzer und schlesische Landesälteste Heinrich v. Sprenger, welcher nicht vorbestraft und wegen seines Alters auch nicht mehr Soldat war, am 25. August 1896 durch das bereits erwähnte Urteil der Ferienstrafkammer des Landgerichts II in Berlin mit sechs Monaten Festungshaft wegen Zweikampfes gemäß § 205 StGB bestraft worden. Auch sein Widerpart, der gleichfalls nicht vorbestrafte Rittmeister a.D. Arthur Julius Heinrich Edwin v. Hünerbein aus Berlin, geboren am 30. März 1832 zu Neuwied in der Rheinprovinz, erhielt wegen desselben Delikts sechs Monate Festungshaft. Die Strafvollstreckung hatte bis jetzt nur im Falle Heinrichs v. Sprengers eingesetzt, der bekanntlich seit dem 2. Januar 1897 in der Festung Glatz einsaß. Dem Rittmeister v. Hünerbein war wegen seiner in dem Duell erlittenen Verletzungen, welche auf längere Zeit eine ärztliche Pflege erforderlich machten, Strafaufschub bis zum 31. März 1897 gewährt worden. Das Urteil war gemäß der Berliner Staatsanwaltschaft rechtskräftig, auch lagen „*sowohl in thatsächlicher, wie rechtlicher Beziehung Bedenken*" dagegen nicht vor.

Der erwähnte Schwiegersohn des Festungsgefangenen machte dagegen in seiner Bittschrift an den Kaiser und König von Preußen geltend, daß Heinrich v. Sprenger trotz seines beträchtlichen Alters zu dem Zweikampf wegen der Wahrung seiner persönlichen Ehre und der Ehre seiner Familie gezwungen worden sei. Jetzt ernähre er sogar die Familie seines vormaligen Gegners und würde bei der Vollstreckung der Strafe wegen seines Alters und des beeinträchtigten Körperzustandes irreparable Schäden für seine

Gesundheit davontragen. Der Erste Staatsanwalt Lademann betonte in seinem Bericht für den Justizminister, daß er dem Gesuch beipflichten müsse. So habe der Beleidiger gegenüber Heinrich v. Sprenger *„schwere Vorwürfe gegen dessen Ehefrau erhoben, die auch zur Kenntniß der übrigen Familienmitglieder gelangt sind."* Darüber hinaus habe der erwähnte Rittmeister v. Hünerbein dem Gutsbesitzer v. Sprenger während der Auseinandersetzung zusätzlich den Vorwurf der Feigheit gemacht. Solcherart beleidigt, habe Heinrich v. Sprenger schließlich *„in Übereinstimmung mit den in seinem Stande und seiner gesellschaftlichen Stellung herrschenden Ehrbegriffe"* trotz seines Alters zur Wahrung seiner Ehre und zur Wahrung der Ehre seiner Familie zum Mittel des Zweikampfes gegriffen. Erst an dieser Stelle des Schreibens wird der eigentlich ziemlich überraschende Umstand erwähnt, daß es sich bei dem erwähnten Rittmeister Edwin v. Hünerbein gleichfalls um einen Schwiegersohn Heinrich v. Sprengers handelte!

Der Erste Staatsanwalt Lademann verfehlte nicht darauf hinzuweisen, daß dieses Duell unter engen Verwandten sich gleichwohl durch eine *„schwere Forderung"*, die von Heinrich v. Sprenger ausgegangen war, auszeichnete. Trotzdem habe sich die öffentliche Meinung ungeachtet der sehr delikaten Natur dieses Ehrenhandels, vor allem weil es Rittmeister v. Hünerbein als Familienangehöriger und Schwiegersohn mehrfach an der schuldigen Rücksicht fehlen ließ, auf die Seite des um viele Jahre älteren, 63jährigen Heinrich v. Sprenger gestellt. Auch habe sich v. Sprenger bis auf den gedachten Zweikampf immer tadellos geführt. Deshalb erachte es die Staatsanwaltschaft für möglich, auf dem Gnadenwege die Strafe für Heinrich v. Sprenger auf die Hälfte zu ermäßigen. Was eine etwaige Begnadigung des Rittmeisters v. Hünerbein anbelange, so wolle er sich unter Berücksichtigung des v. Hünerbein bereits gewährten Strafaufschubes vorerst nicht dazu äußern.

Aus der für die Entscheidungsfindung Kaiser Wilhelms II. in der Gnadensache bestimmten Meinungsäußerung des Justizministers v. Schönstedt vom 3. März 1897 ging Näheres zu der wahrlich sehr heiklen Natur des familiären Ehrenhandels und auch zum Ablauf und zur Vorgeschichte des Duells zwischen Schwiegervater und Schwiegersohn hervor. Rittmeister a. D. Edwin v. Hünerbein war nämlich mit seinem Schwiegervater im Februar 1894 in heftigen Streit geraten, als er, ob nun wahr oder unwahr sei an dieser Stelle dahingestellt,[38] behauptete, seine Schwiegermutter habe

---

38) Während des Entmündigungsverfahren des Rittmeisters v. Hünerbein stellte der ärztliche Sachverständige Prof. Dr. Fürstner zumindest fest, daß *„die Beziehungen*

ihn zum Ehebruch verführen wollen. Der heftige Streit wegen der Beschuldigung von Heinrich v. Sprengers Ehefrau führte dazu, daß Rittmeister v. Hünerbein am 5. September 1894 seinen Schwiegervater durch seinen Bruder, den Oberförster v. Hünerbein,[39] zum Duell mit Pistolen auf 25 Schritt Distanz fordern ließ. Heinrich v. Sprenger nahm diese Forderung unter dem Vorbehalt an, daß vorher die von ihm angezweifelte geistige Gesundheit des Rittmeisters v. Hünerbein gerichtlich festgestellt werde und sich der zuständige Ehrenrat unter Berücksichtigung der besonderen Umstände mit der Durchführung des Zweikampfes einverstanden erkläre. Auf Veranlassung Heinrich v. Sprengers hatte nämlich seine Tochter Vally, die Ehefrau des Rittmeisters, inzwischen ein Entmündigungsverfahren[40] wegen dessen geistiger Erkrankung eingeleitet. Als das Gericht die Entmündigung des Rittmeisters wegen der Verneinung einer geistigen Erkrankung abgelehnt hatte, ließ Heinrich v. Sprenger dem Rittmeister v. Hünerbein mitteilen, daß er dessen Forderung nunmehr unbedingt annehmen werde. Edwin v. Hünerbein verhielt sich gemäß den Gebräuchen jener Zeit jetzt ungemein taktlos, weil er die bedingte Annahme der seinerzeitigen Duell-

---

zwischen Schwiegermutter und Schwiegersohn ungewöhnlich und beiderseits von exaltierter Stimmung begleitet gewesen sind." Auch das Amtsgericht in Niederbronn ging während des Entmündigungsverfahrens gegen v. Hünerbein von der Richtigkeit der Behauptungen des Rittmeisters aus. Auch habe der als „weichlich" bezeichnete v. Hünerbein bereits vor der Verehelichung mit seiner künftigen Schwiegermutter einen mündlichen und schriftlichen Umgang gepflegt, welcher wegen seiner Überschwänglichkeit erstaunen müsse, obschon alle anderen Familienmitglieder trotzdem fest an die Schuldlosigkeit der Frau v. Sprenger glaubten, so das Schreiben des Ersten Staatsanwaltes vom Berliner Landgericht II an das Justizministerium vom 14.9.1897.
39) Wahrscheinlich handelte es sich bei jenem Oberförster um den Sekondeleutnant der Landwehr v. Hünerbein, der im Landwehrbezirk Schwerin, welcher die Gebiete um Schwerin und Ludwigslust umfaßte, ansässig war; s. Rangliste 1890 (wie Anm. 24), S. 707.
40) Das Entmündigungsverfahren lief am Amtsgericht von Niederbronn im Elsaß, wo das Ehepaar Vally und Edwin von Hünerbein samt seiner beiden gemeinsamen Kinder seinerzeit ansässig war. Das Ehepaar lebte augenscheinlich keineswegs üppig von den 2.247 Mark (ca. 11.250 €) jährlicher Militärpension, da der Ehemann kein sonstiges Vermögen besaß. Im Mai 1895 erhob die Ehefrau Vally wegen völligen ehelichen Zerwürfnisses schließlich Ehescheidungsklage beim Landgericht zu Straßburg/Elsaß, so der Bericht des Ersten Staatsanwaltes Lademann vom Berliner Landgericht II vom 14.9.1897 in der Gnadensache des Rittmeister a.D. v. Hünerbein, bestimmt für den Justizminister.

forderung durch seinen Schwiegervater als „*Ablehnung*" interpretierte und daher als nicht mehr bestehend betrachtete. Er wolle sich jedoch trotzdem einem Duell stellen, weil sich Heinrich v. Sprenger durch die Aussprache im Februar 1894 bzw. durch deren Folgen ganz bewußt „*persönlich beleidigt fühlen sollte.*" Nunmehr übersandte Heinrich v. Sprenger, aufs Höchste gereizt, dem Rittmeister v. Hünerbein eine Duellforderung unter den denkbar schwersten Bedingungen:
– gezogene Pistolen ohne Visier und Stecher,
– 15 Schritte Distanz sowie
– „*Kugelwechsel bis zur Kampfunfähigkeit eines der beiden Gegner*".

Die beiderseitigen Sekundanten vereinbarten allerdings, daß das Duell erst nach „*Erledigung*" der gegen Rittmeister v. Hünerbein im elsässischen Hagenau eingeleiteten ehrengerichtlichen militärischen Untersuchung stattfinden solle. Nachdem diese Untersuchung im März 1896 beendet worden war, ohne Edwin v. Hünerbein die Satisfaktionsfähigkeit abzuerkennen, fand das Duell am Morgen des 27. März 1896 in der Jungfernheide bei Berlin unter den von Heinrich v. Sprenger gestellten strengen Bedingungen statt. Nachdem Rittmeister von Hünerbein bereits im zweiten Schußwechsel einen „*Prellschuß*" gegen die rechte Brust erhalten hatte, traf ihn schließlich beim vierten Schußwechsel eine Kugel in den rechten Unterschenkel, zersplitterte beide Knochen und machte ihn so kampfunfähig. Nur nach längerem Krankenlager konnte er wiederhergestellt werden, während Heinrich v. Sprenger beim Duell unverletzt blieb.

Gegen den nunmehrigen Glatzer Festungshäftling sprach nach Meinung des Justizministers, daß er für „*seine Forderung erheblich schwere Bedingungen gestellt*" und auch seinen Kontrahenten verhältnismäßig schwer verletzt habe. Für Heinrich v. Sprenger sprach hingegen, daß er sich nicht leichtfertig, sondern erst nach schweren Beleidigungen und Unterstellungen auf den Zweikampf eingelassen habe. Außerdem spreche für ihn sein Alter, sein körperlich leidender Zustand sowie der Umstand, daß er sich bislang in der Festungshaft tadellos geführt habe. In Übereinstimmung mit der Staatsanwaltschaft befürwortete Justizminister v. Schönstedt deshalb die Halbierung der ausgesprochenen Festungshaft für Heinrich v. Sprenger auf dem Gnadenwege, während er im Falle des Rittmeisters a. D. v. Hünerbein, zumal dieser seine Haft noch nicht einmal angetreten habe, vorerst von einem Gnadenakt abzusehen bat.

Am 18. März 1897 begnadigte Kaiser Wilhelm II. den schlesischen Gutsbesitzer v. Sprenger und ordnete dessen Entlassung aus der Festungshaft bereits für den 20. März 1897 an. Aus den Unterlagen des Justizministeriums geht außerdem hervor, daß neben dem bereits erwähnten zweiten Schwiegersohn Heinrich v. Sprengers auch die Mitglieder des Landschafts-Kollegiums der Fürstentümer Schweidnitz und Jauer am 4. Februar 1897 ein Bittgesuch für dessen vorzeitige Freilassung beim Justizministerium einreichten.

Der Rheinländer Edwin v. Hünerbein hingegen bat darum, seine Festungshaft auf der Festung Ehrenbreitstein bei Koblenz verbüßen zu dürfen und wurde dann zum 1. April 1897 zum Strafantritt daselbst geladen.[41] Für Edwin v. Hünerbein ging noch vor seinem Strafantritt in Ehrenbreitstein, der wahrscheinlich aus Kapazitätsgründen beim Haftvollzug erst am 22. April 1897 erfolgte, nämlich am 30. März 1897, ein Gnadengesuch seiner in Berlin lebenden, verwitweten Schwester Wera Bertha v. Mecklenburg geb. v. Hünerbein bei den preußischen Justizbehörden ein. Laut einer Aktennotiz im Justizministerium sollte das Gnadengesuch allerdings erst dann, wenn der Verurteilte zwei Monate seiner Haft verbüßt hatte, weitergereicht werden. Folglich wurde das Gnadengesuch erst am 27. April 1897 zur weiteren Bearbeitung weitergeleitet. Der Erste Staatsanwalt am Landgericht II in Berlin sprach sich jedoch am 14. September 1897 im Falle des Rittmeisters a. D. v. Hünerbein gegen eine vorzeitige Haftentlassung aus, da dieser mit seiner Handlungsweise maßgeblich zum Unglück zweier Familien, der v. Sprengers und der v. Hünerbeins, beigetragen habe. Ungeachtet dessen, ob seine Behauptungen bezüglich der Schwiegermutter wahr seien oder nicht, hätte er keinesfalls als Ehrenmann über mehr als zehn Jahre einen so überschwänglichen mündlichen wie schriftlichen Verkehr mit ihr unterhalten dürfen, sondern auf wesentlich mehr Abstand achten müssen. Als Schuldiger für die unbestreitbar viel zu lange dauernde Prüfung des betreffenden Gnadengesuchs im Zeitraum von April bis September 1897 wurde seitens der Staatsanwaltschaft des Landgerichts II in Berlin der dortige Gerichtsassessor Matz namentlich benannt, welcher dafür disziplinar zur Rechenschaft gezogen wurde.

---

41) Schreiben des Ersten Staatsanwaltes am Landgericht II in Berlin an den Justizminister vom 15.3.1897.

Besprechungen

Bernhard W. Scholz: **Das geistliche Fürstentum Neisse.** Eine ländliche Elite unter der Herrschaft des Bischofs (1300–1650), Böhlau Verlag, Köln, Weimar, Wien 2011 (= Forschungen und Quellen zur Kirchen- und Kulturgeschichte Ostdeutschlands 42), X, 488 S., 8 farb., 28 sw. Abb., 18 Tab., 1 Plan, 5 Ktn., 2 Vorsatzktn., 59,90 €. ISBN 978-3-412-20628-4.

Die gründliche, aspektreiche Darstellung beruht auf drei Quellengruppen, die für drei Zeitschnitte um 1300, um 1400 und um 1600 jeweils detailliert Einblick gewähren in die Besitz- und Herrschaftsverhältnisse der bischöflich-breslauischen Territorien um Neisse und Ottmachau. Damit werden exemplarisch zentrale Fragen nicht nur der schlesischen, sondern insgesamt der ostmitteleuropäischen Geschichte angesprochen, Kolonisation und Landesausbau im Hochmittelalter, Krise und Territorienbildung im Spätmittelalter sowie die Gutsherrschaft in der Frühneuzeit. Für die Zeit um 1300 stützt sich der Autor auf den Breslauer *Liber fundationis*, herangezogen in der Ausgabe von Hermann Markgraf und Wilhelm Schulte von 1889, da die einzige Vorlage, ohnehin nur eine Abschrift aus dem frühen 16. Jahrhundert, seit dem Zweiten Weltkrieg verschollen ist. Den zweiten Zeitschnitt repräsentieren die drei Neisser Landbücher der Jahre 1360–1393, 1368–1376 und 1376–1383, herangezogen in der Ausgabe von Kurt Engelbert 1964, die auf Abschriften von August Müller von 1920/21 beruht, weil damals die Vorlagen (Archiwum Państwowe we Wrocławiu [zit. als APW] Księstwo Nyskie 706, 707, 708) nicht zur Verfügung standen, sowie das von Wilhelm Schulte 1907 edierte Zins- und Einkünfteregister des Breslauer Bistums von 1421–1425. Für den letzten Zeitschnitt wurden herangezogen (1) drei Verzeichnisse aus dem Jahre 1579 (APW Księstwo Nyskie 189, 191 und 192), die nur einen Teil der Zusammenstellungen ausmachen, welche Bischof Martin von Gerstmann durch seine Visitationen veranlaßte, (2) ein Schatzungsverzeichnis von 1614/16 für die Gebiete von Neisse und Ottmachau, ebenfalls ediert durch Wilhelm Schulte 1907, (3) ein Verzeichnis des bischöflichen Landeshauptmanns Nikolaus Kochtizky 1619 (APW Księstwo Nyskie 626) und (4) ein Verzeichnis des Notars Martin Geil Jenkwitz 1645 (APW Księstwo Nyskie 190), heute kaum lesbar, aber gedruckt durch Reinhard Schindler in den Heimatblättern des Neissegaus 1935. Auf diesen Grundlagen listen in der vorliegenden Arbeit zwei umfangreiche Verzeichnisse, zum einen die Besitzer (S. 285–337) und zum anderen die Ortschaften auf (S. 338–397); eine Karte auf dem rückwärtigen Innendeckel veranschaulicht die geographische Lage.

Gegliedert ist die Publikation in sechs Hauptkapitel. Deren erstes (S. 9–51) verfolgt die schrittweise Ausweitung bischöflicher Herrschaftsrechte in den Gebieten von Ottmachau und Neisse gegen die piastischen Herzöge, die vor allem im 13. Jahrhundert einherging mit der Anlage von deutschen Städtchen wie Wansen, Ziegenhals, Patschkau, Freiwaldau oder Weidenau und dem Landesausbau. Von 206 ländlichen Siedlungen waren 106 sicher deutsch oder deutschrechtlich verfaßt, und von diesen wiederum waren 72 an Stellen entstanden, wo vorher nur Wald oder Heideland existierte. Um 1300 besaß der Bischof 124 Dörfer ganz und 45 Dörfer teilweise. Neben ihm gab es 129 andere Landbesitzer, davon 115 Laien, zumeist Adelige, die aber zum Teil auch in Städten ansässig und ratsfähig waren; neun werden ausdrücklich als Bürger bezeichnet.

Das zweite und dritte Hauptkapitel betrifft das Spätmittelalter (S. 52–121): Bis zur Zeit um 1400 kristallisierten sich 22 rittermäßige Geschlechter heraus, die in 46 Orten mit einer gewöhnlich kleinen Anzahl von Hufen begütert waren, ferner 33 Familien von Vasallen. 78 Grundbesitzer lassen sich nicht klar zuweisen, während 46 eindeutig bürgerliche Familien aus Neisse, Ottmachau, Patschkau, Ziegenhals und Grottkau über ähnlichen Landbesitz verfügten. Alle zusammen berieten gelegentlich als Ritter und Mannen den bischöflichen Territorialherrn, der vermutlich aus Finanznot immer wieder Güter veräußerte an Personen aus dieser Gruppe, darunter in mindestens 17 Dörfern die gesamte Dorfherrschaft. Andererseits verfestigten sich jetzt die territorialherrschaftlichen Rechte des Bischofs und zugleich seine Administration mit einem Landeshauptmann, zuerst Albert Bart 1289, und verschiedenen Amtsleuten, die allerdings auch wieder aus dem Kreis der Grundbesitzer hervorgingen.

Drei weitere Kapitel behandeln die Frühneuzeit (S. 122–278): Nach den Krisen des 15. Jahrhunderts, namentlich den Hussitenkriegen, beschreibt der dritte Querschnitt den durch die Bildung gutsherrlicher Eigenbetriebe, der Vorwerke, erreichten Zustand. Im Jahre 1579 gab es im Untersuchungsgebiet nur noch 39 von ursprünglich 106 Scholtiseien alten Stils; aus den anderen entwickelten sich die rittermäßigen Scholtiseien mit drei- bis vierfacher Hufenzahl, die von Fron- und Gesindediensten abhingen und deshalb als Gutsherrschaften angesehen werden können. Am Ende zählte man 1798 insgesamt 87 Rittergüter und 61 rittermäßige Scholtiseien, wie in preußischer Zeit nun einheitlich Rittergüter in bürgerlichem Besitz hießen.

Nächst der statistischen Auswertung der Quellen finden sich in der Veröffentlichung immer konkrete Beispiele, welche die nackten Zahlen zum Leben erwecken und die Zusammenhänge besser begreifbar machen. Viele der Grundbesitzer werden anhand von spätmittelalterlich-frühneuzeitlichen Grabplatten sogar abgebildet. Nur die immer auch besitzanzeigende und gruppenbildende Heraldik kommt kaum vor. Mit guter Kenntnis aber werden die Vorgänge im bischöflichen Territorium eingeordnet in gesamtschlesische Zusammenhänge. Man findet Ausführungen zu den Abgaben, zu Dienst und Steuern, zur Gerichtsbarkeit, zu den Spannungen zwischen dem Territorialherrn und seinen Ständen, auch, was der Titel vielleicht nicht erwarten läßt, zu seinem Verhältnis zu den Städten des Gebietes – und außerdem natürlich über Beziehungen zur königlichen Verwaltung in Breslau (Oberlandeshauptmann, Oberamt, Kammer), Prag und Wien. Die evangelischen Neigungen vieler Landbesitzer im 16. Jahrhundert, die Folgen des Dreißigjährigen Krieges und die Gegenreformation im 17. Jahrhundert werden angesprochen und sogar die in Neisse-Ottmachau besonders intensiven Hexenverfolgungen nicht vergessen (S. 162). Ein eher trockenes, wirtschafts-, verwaltungs- und rechtsgeschichtliches Thema wird auf diese Weise anschaulich und lebendig erläutert. Zu kritisieren wäre höchstens das Fehlen eines Sachregisters – Personen- und Ortsregister sind selbstverständlich vorhanden, letzteres immerhin mit Angaben zu Institutionen in den einzelnen Orten – und die allzu knappe Ausstattung mit Karten und Kartenskizzen. Insgesamt kann man dem Autor nur gratulieren und sich weitere, vergleichbare Publikationen wünschen, für die Schlesien mit dem unter Kaiser Karl VI. in der ersten Hälfte des 18. Jahrhunderts begonnenen Kataster bekanntlich eine gute Quellenbasis besitzt, um zeitlich rückschreitend wie vorwärts die Genese einer mitteleuropäischen Kulturlandschaft zu verfolgen. Karl Borchardt, München

Tomasz ANDRZEJEWSKI: **Der Herren von Rechenberg im Herzogtum Glogau während des 16. und 17. Jahrhunderts.** Familie, Wirtschaft, Politik, Kunst, Würzburg 2012 (= Wissenschaftliche Schriften des Vereins für Geschichte Schlesiens 7), 342 S., 34 farb., 4 sw. Abb., 2 Ktn., 9 Tab., 1 Grafik, 36,00 €. ISBN 978-3-931889-08-1.

Nach langen Jahren geringer Aufmerksamkeit, der kritischen Distanz und der Verdrängung erfreut sich die wissenschaftliche Auseinandersetzung mit der Geschichte und Kultur des schlesischen Adels seit den politischen Umbrüchen in Ostmitteleuropa 1989/90 eines verstärkten Interesses.

Mit der Entwicklung und Zusammensetzung des schlesischen Adels, seiner regionalen Identität und seinen internationalen Verflechtungen, seiner politischen Funktion sowie seinen Bildungswegen und kulturellen Interessen befaßt sich seit 2005 ein interdisziplinär angelegtes, deutsch-polnisches Kooperationsprojekt, das vom Bundesinstitut für Kultur und Geschichte der Deutschen im östlichen Europa (Oldenburg) koordiniert wird. Die bisherigen Ergebnisse in drei umfangreichen Bänden bieten historische Grundlagenforschung gleichermaßen wie die methodische Vielfalt der modernen Kulturwissenschaften. Darüber hinaus bilanzieren sie epochenübergreifend den aktuellen Forschungsstand, vermitteln Anstöße für eine vergleichende Adelsforschung und verweisen auf wichtige Quellenbestände. Dieser Befund wird sich durch laufende Forschungsprojekte (wie beispielsweise an der Universität Passau) weiter verdichten und die bisherigen Ergebnisse ergänzen. Den Blick über die Grenzen im Kontext des erweiterten Europa eröffnete im vergangenen Jahr zudem das Ausstellungsprojekt ‚Adel in Schlesien', das in Kooperation mit zahlreichen kulturellen Institutionen die Adelslandschaften Schlesiens und der Oberlausitz als gemeinsames Thema der deutschen, polnischen und tschechischen Geschichte in Görlitz, Breslau und Liegnitz einer breiteren Öffentlichkeit präsentierte.

Diese „*lebendige Forschungslandschaft*" (Matthias Weber) bildet den Kontext einer regionalgeschichtlichen Studie zur Geschichte der Herren von Rechenberg im Herzogtum Glogau, die aus einer an der erst 2001 gegründeten Universität Grünberg (Uniwersytet Zielonogórski) betreuten Dissertation entstanden ist. Eine erste Druckversion der Arbeit, die auf umfangreichen Archivstudien des Verfassers u.a. in Breslau, Grünberg, Berlin und Bückeburg beruht, erschien 2007, eine zweite, veränderte Ausgabe mit verändertem Titel 2010. Die nun vorliegende deutschsprachige Fassung ist keine direkte Übersetzung dieser Ausgaben, sondern wurde mehrfach umgearbeitet und erweitert und verdankt ihre Entstehung dem Engagement der Familie von Rechenberg (Trier) und dem Verein für Geschichte Schlesiens (Würzburg).

Im Anschluß an eine knappe Darstellung der politischen, gesellschaftlichen und konfessionellen Entwicklung des Herzogtums Glogau im 16. und 17. Jahrhundert beschreibt der Verfasser die Herkunft und den Aufstieg der Familie von Rechenberg, der sich u.a. in der Verleihung des Freiherrntitels durch den böhmischen König Ferdinand I. an Hans von Rechenberg (1465–1537) aus der Linie Windischborau im Jahr 1534 manifestierte.

In seiner Person verband sich der Wille zur ständischen Autonomie mit der Hinwendung zur reformatorischen Bewegung, die aufgrund seines Vorbildes schnell ihren eigentlichen Rückhalt im Adel des Herzogtums Glogau fand. Hans von Rechenberg lehnte jedoch alle radikalreformatorischen Bewegungen ab und genoß das Vertrauen des Herrschers und des Bischofs von Breslau, Jakob von Salza. Die eindrucksvolle Biografie Hans von Rechenbergs verdeutlicht exemplarisch den methodisch gelungenen Ansatz des Verfassers, genealogisch-biographische Informationen mit Hilfe statistischer Befunde (u.a. Geburtenzahlen, Eheschließungen, Kindersterblichkeit) weiter zu erschließen. Darüber hinaus werden Fragen der Heraldik und der Standeserhebungen berücksichtigt.

Anhand der Geschichte und Struktur des umfangreichen Gutsbesitzes der Familie werden die komplizierten finanziellen Verhältnisse und die wirtschaftliche Lage der Familie analysiert. Aufgrund der Größe der Besitzungen und der damit verbundenen Einnahmen erlangte die Familie eine herausragende Stellung im wirtschaftlichen Gefüge Schlesiens und des Herzogtums Glogau. Dabei setzte man nicht nur auf den Ausbau der Landwirtschaft, der Viehzucht und der Fischerei, sondern betätigte sich erfolgreich im Abbau von Eisenerz und im Hüttenwesen sowie in der Forstwirtschaft. Die ausführlich beschriebene, ambitionierte wirtschaftliche Tätigkeit (mit zahlreichen interessanten Einblicken in die schlesische Agrar- und Wirtschaftsgeschichte) machte die Familie auch zu einem Partner und Konkurrenten der schlesischen Städte. Während die Rechenbergs in ihren eigenen Städten vor allem aus wirtschaftlichen Gründen eine pragmatische Politik betrieben, blieben die Beziehungen zur Stadt Glogau bis in das 17. Jahrhundert angespannt.

Spätestens an dieser Stelle wird mehr als deutlich, daß die teilweise sehr detailreiche Studie die Erträge der deutschen wie polnischen Forschung zur Entwicklung der Agrarverfassung und der Erbuntertänigkeit kaum oder nur ansatzweise berücksichtigt hat. Dabei sind gerade die Entwicklung der schlesischen Grundherrschaft bzw. der Übergang von der Grund- zur Gutsherrschaft in neueren Arbeiten von Helmuth Feigl (1990) oder Matthias Weber (1998) behandelt worden. Gerade anhand einer regionalen Studie hätte man die Qualität der adeligen Grundherrschaft, die Ausbildung der bäuerlichen Erbuntertänigkeit und die Verschlechterung der bäuerlichen Besitzrechte, die Steigerung der Abgaben sowie die Beschränkung der Freizügigkeit ausführlicher thematisieren können. Der Verfasser begnügt sich mit knappen Hinweisen auf die sich verschärfende Lage der Bauern und daraus resultierenden sozialen Spannungen; die Fragen der Bauernschutzpolitik oder des bäuerlichen Widerstandes bis zum 18. Jahrhundert werden nur am Rande berücksichtigt. Darüber hinaus wird die Lektüre durch eine teilweise problematische und unkritische Verwendung von Begriffen wie Grund- und Gutsherrschaft, Großgrundbesitz, Latifundien, feudale Lasten, Magnaten oder Vasallen erschwert. Die zahlreichen Unschärfen und auch Wiederholungen hätten durch eine sorgfältigere Übersetzung bzw. durch ein fachkundiges Lektorat vermieden werden können.

Als Ergebnis der günstigen Wirtschaftskonjunktur im 16. Jahrhundert und der damit verbundenen planvollen Verbreiterung der wirtschaftlichen Grundlagen konnte die Familie (und insbesondere die Glogauer Linie der Rechenbergs) ihren politischen Einfluß weiter ausdehnen. Die Folge waren politische und militärische Karrieren in Schlesien sowie an den Höfen von Prag, Wien und Krakau, die als Zentren der Adelsgesellschaft fungierten. Dabei hätte man gerne mehr über die Beziehungen der Familie zum böhmischen und polnischen Adel erfahren. In der zweiten Hälfte des 16. Jahrhunderts verlangsamte sich die dynamische wirtschaftliche Entwicklung, mit dem Beginn des Dreißigjährigen Krieges und unter dem Druck der Gegenreformation geriet die Familie in eine finanzielle und machtpolitische Krise, die letztlich zu ihrem Abstieg und ihrer Verdrängung aus dem Herzogtum Glogau führte. Aufgrund wirtschaftlicher Schwierigkeiten sah sich der protestantische Adel vielfach gezwungen, seinen Grundbesitz an katholische Standesgenossen oder an den Jesuitenorden zu verkaufen, was zu bedeutenden sozialen Umschichtungen und Güterverschiebungen führte.

In einem letzten Abschnitt widmet sich der Verfasser den Repräsentationsformen und dem Selbstverständnis der Familie, die in der architektonischen und künstlerischen Ausgestaltung der Residenzen (wie beispielsweise Deutsch Wartenberg), in kirchlichen Stiftungen, der Umgestaltung von Kirchen sowie in den Grablegen ihren Ausdruck fanden. Darüber hinaus geht der Verfasser auch auf die Erziehungsmodelle und die Bildungswege des schlesischen Adels und der Familie ein. Was an materiellen Zeugnissen dieser reichen Adelskultur die Jahrhunderte und Kriege überdauert hat, das dokumentiert der mit genealogischen Tafeln, Karten und zahlreichen Abbildungen reich ausgestattete Band, der ungeachtet mancher Einschränkungen einen wichtigen Beitrag zur schlesischen Adelsgeschichte des 16. und 17. Jahrhunderts leistet. Johannes Schellakowsky, Würzburg

Joachim BAHLCKE und Albrecht ERNST (Hg.): **Schlesien und der deutsche Südwesten um 1600**. Späthumanismus – reformierte Konfessionalisierung – politische Formierung, Verlag Regionalkultur, Heidelberg 2012 (= Pforzheimer Gespräche zur Sozial-, Wirtschafts- und Stadtgeschichte 5), 388 S., 22 Abb., 4 Tab., 2 Grafiken, 39,80 €. ISBN 978-3-89735-751-8.

Die 15 Beiträge dieses Bandes gehen auf eine Tagung im Reuchlinhaus in Pforzheim vom 21. bis 23. September 2011 zurück, bei der die ‚Schlesisch-kurpfälzischen Beziehungen im 16. und 17. Jahrhundert' in Anlehnung an Gustav Hechts klassischen Aufsatz von 1929 überprüft, vertieft und durch neue Bezüge erweitert werden sollten. Und um es vorweg zu sagen, das Thema erweist sich als ausgesprochen fruchtbar für die Landesgeschichte Schlesiens und die Erforschung seiner reformierten Konfessionsvertreter. Der Schwerpunkt der Beiträge behandelt die bildungspolitischen und literaturgeschichtlichen, aber auch die politischen Beziehungen beider Länder – Kurfürst Friedrich V. von der Pfalz wurde am 26. August 1619 zum König von Böhmen (mit Schlesien) gewählt und verursachte mit der Niederlage in der Schlacht am Weißen Berg bei Prag 1620 die für die evangelische Bewegung in Böhmen und Schlesien größte Katastrophe des 17. Jahrhunderts. Die Beiträge verdeutlichen, welche Anziehungskraft die Kurpfalz für das geistige Leben in Schlesien besaß. *„Beide Territorien sind Hochburgen des Späthumanismus", „beide singulär im Zeitalter des Späthumanismus"* (Garber, S. 20f.) und daher in ihrer Begegnung außerordentlich fruchtbar. Freilich kann der Inhalt der Beiträge hier nicht genauer gewürdigt werden, aber die Vielfalt der behandelten Themen soll wenigstens angesprochen werden.

Daß Martin Opitz eine wichtige Rolle in diesem Band spielen muß, da er ohne seine südwestdeutschen Freunde nicht das geworden wäre, was er für die Literaturgeschichte bedeutet, ist selbstverständlich. Er wird in den Beiträgen von Klaus Garber über ‚Späthumanismus und Konfessionalismus' und von Axel E. Walter über die Beziehungen von Martin Opitz und seines schlesischen Freundeskreises zu Georg Michael Lingelsheim gewürdigt. Während Garbers Beitrag forschungsgeschichtlich orientiert ist und auf die Fülle der zu beachtenden Gesichtspunkte hinweist, knüpft Walter an seine große Arbeit über ‚Späthumanismus und Konfessionspolitik' von 2004 an, in der er die Korrespondenz Lingelsheims untersuchte. Anhand dieser Korrespondenz blättert er das literarische Netzwerk des Südwestens auf, um die Vielfalt der Bezüge und Personen zu zeigen und endet mit einer Würdigung von Christoph Colerus, dem Landsmann von Opitz aus Bunzlau, Professor am Elisabethgymnasium und seit 1639 Bibliothekar der Maria-Magdalenen-Bibliothek in Breslau, der aus diesem Anlaß eine Lobschrift seines Freundeskreises erhielt. – Matthias Asche informiert über die schlesischen Studenten und Professoren an den Universitäten Heidelberg, Tübingen (nur lutherische Studenten) und dem später zur Universität ausgebauten Gymnasium illustre in Straßburg und steckt damit das Feld der geistigen Arena ab. In Heidelberg und Straßburg unterrichteten regelmäßig ein oder mehrere schlesische Professoren in den unterschiedlichen Fakultäten. Die Niederlage von 1620 am Weißen Berg bedeutete auch den Untergang der alten Heidelberger Universität und das Ende des schlesischen Studentenstroms. Ganz anders die Geschichte und Netzwerke der katholischen Studenten, die in Wien, Olmütz oder Graz studierten. – Ulrich Schmilewski fragt nach reformierten Einflüssen aus Südwestdeutschland auf das schlesische Schulwesen und findet diese nach 1600 vorherrschend in zwei fürstlichen Schulgründungen, einmal in dem Gymnasium illustre des Piasten Georg II. von Brieg und zum andern in dem Schönaichianum in Beuthen a.d. Oder, das Georg von Schönaich seit 1616 ausbaute. Letzteres wurde in seinem irenisch-reformierten Geist in jüngster Zeit durch die Untersuchungen von Robert Seidel zu Caspar von Dornau vorzüglich erforscht.

Albrecht Ernst wertet das ‚Rote Buch', das Verzeichnis der in der Kurpfalz angestellten Pfarrer von 1585 bis 1621 aus, von denen etwa die Hälfte von außen in die Pfalz kam. Er geht den schlesischen Predigern nach und verweilt ausführlicher bei dem Pfälzer Quirin Reuter, der zwei Jahre als Hauslehrer bei dem Breslauer Humanisten Andreas Dudith, einst katholischer Bischof von Fünfkirchen, fungierte und hier dessen aufgeklärt-reformierten Freundeskreis kennenlernte. Reuter wurde später Leiter des Sapienzkollegs und Professor für Altes Testament in Heidelberg, nahm sich aber auch der im Exil lebenden Schlesier menschlich und literarisch an. – Tobias Sarx beleuchtet das Interesse Kurfürst Friedrichs III. an den schlesischen Theologen, weil ihm deren Philippismus und Nähe zu Wittenberg kirchenpolitisch nützlich war. Er würdigt neben Zacharias Ursin die Schlesier Melchior Anger, die Hofprediger Christoph Schilling und Bartholomäus Pitiscus, den Studiendirektor David Tilenus, der Friedrich V. am Hof Herzog Heinrichs von Bouillon in Sedan erzog, David Pareus und Abraham Scultetus, Hofprediger Friedrichs V., allesamt in hervorgehobenen Positionen und von Einfluß.

Joachim Bahlcke liefert wichtige Bausteine für eine Biographie von Abraham Scultetus, in dem man den eigentlichen Propagandisten und

‚Kriegshetzer' der pfälzischen Offensivpolitik Friedrichs V. gesehen hat, wogegen sich dieser in einer ausführlichen Verteidigung wehren mußte. Es ist faszinierend, mit Bahlcke in das Netzwerk dieses Gelehrten zu fürstlichen Familien wie Fürst Christian I. von Anhalt-Bernburg oder Fürst Krzysztof Radziwiłł in Litauen, zu den schlesischen Adligen Abraham zu Dohna und Joachim vom Berge und zu Gelehrten wie dem Historiker Nikolaus Henel von Hennenfeld oder dem brandenburgischen Hofprediger Martin Füssel einzutreten und einen Einstieg in das reiche schriftstellerische Werk dieses Gelehrten zu erhalten. – Roland Gehrke zeichnet ein eindrückliches Portrait der Diplomatie Christians I. von Anhalt-Bernburg, in dem man wohl den eigentlichen Drahtzieher einer ‚calvinistischen Aktionspartei' und ihrer 1608 geschlossenen Union gegen das ‚Bedrohungssyndrom', das durch die antiprotestantischen Gewalttaten von Seiten Habsburgs, Frankreichs und Spaniens geschürt wurde, sehen muß und der doch das Scheitern seiner Bemühungen und die militärische Niederlage 1620 miterlebte. – Auch Václav Bůžek behandelt die Bemühungen Christians I. um ein evangelisches Bündnis, doch steht bei ihm der südböhmische Magnat Peter Wok des Rosenbergischen Geschlechts im Mittelpunkt, auf dessen Schloß Wittingau sich die Vornehmen Böhmens und Österreichs in der Zeit des Bruderzwists von Rudolf II. und Matthias trafen. Er und Wenzel Budovetz von Budov, Mitglieder der Brüder-Unität, formulierten die von Rudolf II. unterschriebene Fassung des Majestätsbriefs. Doch so sehr Wok die Sache der evangelischen Stände vertrat und als Verbindungsmann der evangelischen Stände zu Mitteleuropa und zu Österreich und Ungarn fungierte, er lehnte eine militärische Zusammenarbeit ab und starb 1711. Sein Sekretär Theobald Hock führte das reformierte Bekenntnis 1614 ein und wurde deshalb 1617 inhaftiert und zum Tode verurteilt, überlebte aber.
Armin Schlechter stellt das ‚böhmische Abenteuer' Kurfürst Friedrichs V. im Spiegel der zeitgenössischen Publizistik in den unterschiedlichen Phasen vor, zur Zeit von dessen Wahl zum König und während der Huldigungsfahrt nach Böhmen und Schlesien, aber auch nach dessen jähem Fall, und zwar anhand von Einblattdrucken, über Flugschriften, Zeitungen bis zu Gelegenheitsschriften, schließlich auch den Einzug des sächsischen Kurfürsten Johann Georg in Breslau, der für die Schlesier einen glimpflichen Ausgang mit Habsburg vermitteln konnte – eine spannende Lektüre mit einem kenntnisreichen Einblick in die Dichterkreise und in die poetischen Gepflogenheiten der Zeit.
Angesichts des Themas bietet es sich an, Beschreibungen von Reisen von Schlesiern in die Kurpfalz vorzustellen. Robert Seidel zeigt, wie die poe-

tische Reisebeschreibung von David Pareus aus dem Jahre 1566 älteren literarischen Modellen und einem dramatischen Aufbau folgt, während Wojciech Mrozowicz der Bildungsreise Johann Hubrigs aus Oels in den Jahren 1633 bis 1635 von Nürnberg über die Schweiz nach Frankreich und England und über die Niederlande nach Hamburg anhand eines umfangreichen Berichtes von 1.200 Seiten nachgeht und mit der Studienreise von Philipp Jakob Sachs von Löwenheim aus Breslau vergleicht, der 1646 von Leipzig aus über die Niederlande nach Straßburg, Frankreich und Italien und zurück nach Leipzig reiste. Entsprechende Reisebeschreibungen durch die Städte Schlesiens fanden sich nicht, aber Sabine Holtz kann eine topographische Beschreibung Schlesiens aus dem Jahr 1650 von dem aus der Steiermark stammenden Martin Zeiller vorstellen. Als die Protestanten 1628 aus der Steiermark vertrieben wurden, ließ sich Zeiller in Ulm nieder. Er erstellte den Text zu der von Matthäus Merian von 1642 bis 1654 herausgegebenen ‚Topographia Germaniae'.

Ging der prägende Einfluß auf Schlesier in der Regel von den Bildungsstätten und Gelehrtenkreisen des Südwestens aus, so ist Caspar von Schwenckfeld das seltene Beispiel, daß ein schlesischer Adliger Einfluß auf die Städte des Südwestens gewann und dort bis ins 16. Jahrhundert Anhänger fand. Paul Warmbrunn nennt als besonders herausragend das Örtchen Eder und die Städte Landau und Speyer und vor allem den freilich schwer zu bestimmenden Einfluß von schwenckfeldischen Gedanken auf den Fürstbischof Marquard von Hattstein in Speyer und dessen Familie und Hofstaat, die jüngst Heinz Peter Mielke genauer untersucht hat. Durch seine Position am Reichskammergericht konnte er auch einzelne Anhänger Schwenckfelds unter den Juristen decken. Daß Kaiser Maximilian II. ebenfalls von schwenckfeldischen Gedanken beeinflußt worden sei, wie Mielke zu belegen sucht, hält Warmbrunn sicherlich zu Recht für unwahrscheinlich, weil sie sich nicht in seine sonstige konfessionspolitische Haltung fügten.

Diese Inhaltsbeschreibung dürfte die Fruchtbarkeit der Arbeiten des Bandes belegt haben. Gabriela Wąs weist freilich darauf hin, daß die Zahl der schlesischen evangelischen Studenten in Wittenberg und Leipzig sowie der in Olmütz studierenden katholischen Schlesier erheblich höher ist und belegt damit die Notwendigkeit einer vergleichenden Perspektive. Bei dem Weggang von Schlesiern in den Südwesten handelt es sich um eine besondere historische Situation, die zu einem Auszug einer schlesischen Elite vornehmlich in die Kurpfalz führte. Damit wird ja zugleich die andere Frage gestellt, warum war es in Schlesien nach 1560 so wenig attraktiv und kirchenpolitisch tolerabel, einen Dienst in der heimischen lutherischen Kirche anzutreten. Es war ja nicht nur die fehlende schlesische Universität, weshalb die akademische Jugend auswärts studieren mußte, sondern mehr noch ein intolerantes Luthertum, das überall Häretiker aufspürte und die Nachfolger Melanchthons des Calvinismus verdächtigte. Diese bedauerliche Entwicklung einer von Wittenberg ausgehenden starren lutherischen Orthodoxie wirkte sich in Schlesien tragisch aus, weil dort die Gegenreformation langsam Schritt faßte und das Luthertum nun seinerseits in Bedrängnis brachte.

Die andere Frage, die sich bei der Lektüre des Buches stellt, ist die nach dem Verhältnis der evangelischen Kirche zur Politik. Warum konnte es auf protestantischer Seite nicht gelingen, ein Defensivbündnis gegen Habsburg aufzubauen? War es nur das Mißtrauen der lutherischen Fraktion gegen die reformierten Fürsten? Wie konnte sich Friedrich V. überstürzt auf ein Abenteuer einlassen, dem er nicht gewachsen war? Mit diesen Fragen stehen wir ganz dicht bei den damaligen Zeitgenossen. Es ist das Verdienst dieser Vortragssammlung, mit einer Fülle von Detailkenntnissen und unter vielfältigen Aspekten in die Spannungen, Hoffnungen und Enttäuschungen der Zeit um 1600 aus der Perspektive reformierter Kirchenpolitik und Kulturgeschichte am Beispiel einer Länderbeziehung einzuführen, die einen zentralen Ausschnitt der europäischen Geschichte allgemein darstellt. Ein Personen- und Ortsregister sowie zahlreiche Abbildungen erleichtern dem Leser den Zugang und machen den Band zu einem wertvollen Nachschlagewerk. Dietrich Meyer, Herrnhut

Heinz GELHOIT: **Das Korporationswesen in Breslau 1811–1938**, WJK-Verlag, Hilden 2009, 312 S., 81 farb., 206 sw. Abb., 34,90 €. ISBN 3-933892-03-3.

Die auf die Tradition der 1702 gegründeten habsburgischen Jesuitenakademie und der älteren brandenburgischen Landesuniversität Frankfurt an der Oder zurückgehende Breslauer Universitätsgründung der preußischen Reformzeit entwickelte bereits in frühen Jahren ein blühendes und vielgestaltiges Korporationsleben, dessen Spuren nach 1945 in Breslau nahezu völlig untergegangen sind, dessen Traditionen jedoch von den in der Bundesrepublik wieder begründeten Korporationen fortgeführt wurden.

Das ehemalige Breslauer Korporationswesen lebte somit im Westen unter neuen und anderen Bedingungen weiter – vielfach bescheiden und mit der schwierigen Aufgabe einer komplexen Traditionspflege, die aus dem Ortswechsel und der Hinwendung zu einer neuen Hochschule entstanden war. Darüber hinaus kam es nach dem Krieg zu zahlreichen Fusionen und Umbenennungen dislozierter Verbindungen. Nach dem Umbruch der politischen Verhältnisse und der Ablösung des kommunistischen Regimes in Polen 1989/90 erfreute sich die Geschichte der Schlesischen Friedrich-Wilhelms-Universität eines neuen Interesses, was in zahlreichen deutschen und polnischen Publikationen vor allem im Zusammenhang mit den Jubiläumsfeierlichkeiten der Universität Breslau im Jahr 2002 seinen Niederschlag fand. Im Rahmen einer Ausstellung anläßlich dieser Feierlichkeiten wurde auch die Breslauer Studentengeschichte vor 1945 thematisiert.

Auf der Grundlage archivalischer Quellen und der umfangreichen Literatur hat der Verfasser, selbst 27 Jahre Archivar einer in Breslau gegründeten Verbindung, in langjähriger Arbeit und mit großer Sorgfalt Material zur Geschichte der Breslauer Studentenverbindungen und ihrer Dachverbände von der Gründung bis zu ihrer erzwungenen Auflösung durch das NS-Regime zusammengetragen. Im Anschluß an eine allgemeine historische Einführung zur Universitäts- und Korporationsgeschichte werden die über 100 Breslauer Verbindungen mit ihren Farben, Zirkeln und ihrer Geschichte dargestellt. Die Zusammenstellung umfaßt auch verbandsfreie Korporationen, studentische oder wissenschaftliche Vereine, Frauenverbindungen sowie die jüdischen Verbindungen. Ein besonderes Augenmerk gilt dabei auch den teilweise heute nicht mehr bestehenden Verbindungshäusern, die das Stadtbild Breslaus vor 1945 prägten und anhand zahlreicher alter oder moderner Fotos, von Bauplänen und Grundrissen vorgestellt werden. Die regionalen und kulturellen Besonderheiten der Breslauer Studentengeschichte und der studentischen Erinnerungskultur wie beispielsweise der Schweidnitzer Keller oder die berühmten Zobtenkommerse werden eigens gewürdigt.

Insgesamt entstand somit ein umfangreiches, überaus nützliches und verdienstvolles Kompendium, das erstmals seit 1945 eine verbandsübergreifende Gesamtdarstellung der Breslauer Korporationen an der Friedrich-Wilhelms-Universität Breslau, an der 1910 gegründeten Technischen Universität Breslau und am Fürstbischöflich Theologischen Konvikt bietet und weit über die Ansätze der traditionellen Verbindungs- und Verbändegeschichte hinausgeht. Die Darstellung, deren mögliche Neuauflage um ein Register ergänzt werden sollte, stellt eine gelungene Ergänzung zu der bereits 1991 erschienenen sozialgeschichtlichen Untersuchung des Breslauer Studententums von Krzysztof Popiński: Borussia, Luasatia, Marcomania ... Świat burszów, piwiarń i pojedynków. Studenci Uniwersytetu Wrocławskiego 1871–1921 [Borussia, Lusatia, Marcomania ... Die Welt der Burschen, Bierstuben und Duelle. Studenten der Universität Breslau 1871–1921], Wrocław 1991 (Neuauflage Wrocław 2002) dar, die seit 2009 auch in deutscher Übersetzung vorliegt.

Johannes Schellakowsky, Würzburg

Rahel Černá-Willi: **Polnisches Deutsch – Deutsches Polnisch.** Edition und Analyse einer Sammlung von Paralleltexten des 18. Jahrhunderts aus Teschen/Oberschlesien, Peter Lang Verlag, Bern, Berlin, Bruxelles u.a. 2012 (= Slavica Helvetica 82), 472 S. + CD-ROM, 63,30 €. ISBN 978-3-0343-0571-6.

Ihre im Jahre 2009 von der Philosophisch-historischen Fakultät der Universität Bern als Dissertation angenommene und 2012 als Buch veröffentlichte Arbeit beginnt Rahel Černá-Willi mit dem Kapitel ‚Vom Bauernsohn zum Bibelübersetzer' und dem Satz *„Am 19. Februar 1737 wurde in Tritiesch, einem Dorf in Oberschlesien, ein Junge namens Paul Twardy geboren"* (S. 9). Im Kontext der erwarteten linguistischen Untersuchung weckt die Vorstellung der Person Twardys und seines weiteren Lebenslaufs die Neugier des Lesers. Auf den folgenden Seiten stellt sich heraus, daß Twardy Sohn eines Häuslers war, dem es vergönnt wurde, mit zehn Jahren in Teschen eine Lateinschule – nach der Jesuskirche, bei der sie sich befand, Jesusschule genannt – zu besuchen, die evangelische Kinder auf das spätere Hochschulstudium vorbereitete. Im Anschluß an seine Teschener Schulzeit absolvierte Paul Twardy ein Studium der evangelischen Theologie an der Universität Halle, wirkte danach als Polnischlehrer, Pfarrer und Prediger. Bekannt geworden ist er hauptsächlich als Herausgeber einer revidierten Fassung der hallischen polnischen Bibelübersetzung von 1726, die in den polnischen lutherischen Gemeinden teilweise noch im 20. Jahrhundert verwendet wurde, wie auch durch sein polnischsprachiges Gebetbuch ‚Modlitwy dla nabożnego chrześcijanina' [Gebete für den frommen Christen].

Herausgegriffen wurde die Geschichte von Paul Twardy von der Autorin deshalb, weil seine Person stellvertretend für eine ganze Generation von Lutheranern aus Teschen steht, für die die deutsch-polnische Zweisprachigkeit zum Alltag gehörte. Seine in der Jesusschule geschriebenen Klausuren, die Übersetzungen von Texten aus dem Deutschen ins Polnische und aus dem Polnischen ins Deutsche beinhalten, bilden samt den Arbeiten seiner Mitschüler und folgender Schülergenerationen das Korpus aus rund 300 Texten, welche die Grundlage der linguistischen Analyse der Arbeit bilden. Da bisherige Arbeiten, die sich mit den Schülerarbeiten auseinandergesetzt haben, meist nur die polnischen Texte untersuchen, ohne dabei die deutschen Paralleltexte zu berücksichtigen, die deutschen Texte wiederum noch nie zuvor untersucht worden sind, werden mit der vorliegenden Untersuchung gleich zwei wichtige Forschungsdesiderata behoben.

Neben der Einführung umfaßt die Untersuchung vier Kapitel: I. Historischer Hintergrund (S. 15–94), II. Linguistische Analyse (S. 95–400), III. Ergebnisse (401–428), IV. Anhänge (429–470) und eine Danksagung (S. 471f.); eine hinzugefügte CD-ROM beinhaltet das Kapitel V. Edition mit Abbildungen der Originaltexte und der Karte des Herzogtums Teschen von Jonas Nigrini.

Das Kapitel I beginnt die Autorin mit der Darstellung der Geschichte des Herzogtums und der Stadt Teschen. Sie skizziert die geographische Lage der Stadt, durch die heute die polnisch-tschechische Grenze verläuft, die den Ort in Cieszyn und Český Těšín teilt, wonach sie in einem chronologischen Überblick die wichtigsten historischen Ereignisse der Region präsentiert. Als Nächstes wird die Sprachgeschichte des Teschener Schlesien vorgestellt, wobei zum einen die *„Teschener Mundart (gwara cieszyńska) des Polnischen, zum anderen deutsche Dialekte, die im folgenden – etwas vereinfacht – als* Oberschlesisch *bezeichnet werden"* (S. 21), in ihren Eigentümlichkeiten beleuchtet werden. Ein wenig problematisch erscheint in diesem Zusammenhang die uneinheitliche Handhabung des Begriffes „Oberschlesisch", unter dem einmal deutsche Dialekte verstanden werden sollen (so z.B. auf S. 21), der an anderen Stellen aber zur Bezeichnung polnischer Dialekte eingesetzt (so z.B. auf S. 29) und noch weiter mit dem *„oberschlesischen Deutsch"* gleichgesetzt wird (so z.B. auf S. 30), wobei kein Unterschied zwischen der deutschen Umgangssprache der Gegenwart und den auf das Mittelalter zurückgehenden deutschen Dialekten in vereinzelten Sprachinseln Oberschlesiens sowie der deutschen Sprache in Niederschlesien gemacht wird (wie u.a. an den herangezogenen Arbeiten von Reiter, Lasatowicz und Łopuszańska-Kryszczuk[1] zu sehen ist). Schwie-

---

1) Im laufenden Text der Arbeit fälschlicherweise als „Lopuszańska-Kryszuk" (z.B. S. 31), im Literaturverzeichnis als „Katarzyna Kryszczuk" (statt Grażyna, S. 457) und „Łopuszczańska-Kryszczuk" (S. 458) angeführt.

rigkeiten bereitet auch der Verweis auf Reiter, wonach „*das Oberschlesische weniger vom Polnischen beeinflußt* [sei] *als das Niederschlesische, da es in Oberschlesien vergleichsweise weniger Kontakte zwischen den Sprechergruppen gegeben habe.*" (S. 31)[2] Nach der Besprechung der regional begrenzten Varietäten wird die Aufmerksamkeit auf die Teschener „*Schriftsprachen*" Latein, Deutsch, Tschechisch und Polnisch (vgl. S. 35) gerichtet, die als offizielle und überregionale Sprachvarietäten (auch in mündlicher Kommunikation) den lokalen Varietäten gegenübergestellt werden. Die Darstellung der Verwendungsbereiche dieser Sprachen – als Amts-, Gottesdienst-, Unterrichts- oder Literatursprache – im Laufe der Jahrhunderte liefert dabei interessante Einblicke in die sich immer wieder ändernden sprachlichen Konstellationen einer multilingualen Gemeinde. Ähnlich aufschlußreich ist das folgende Unterkapitel, in dem die wichtigsten konfessionellen und schulpolitischen Entwicklungen besprochen werden, welche das Wirken der Jesusschule geprägt haben. Nach einer – in dem vorgestellten Kapitel eher als Exkurs zu wertenden – Skizze der allgemeinen Sprachgeschichte des Deutschen und des Polnischen im 18. Jahrhundert wird in dem letzten Unterkapitel die Geschichte der Jesusgemeinde und -schule präsentiert, wobei viel Aufmerksamkeit der Organisation des Sprachunterrichtes gewidmet wird. Ein Vorteil der Darstellung ist, daß dabei neben Veröffentlichungen der Sekundärliteratur auch Materialien des Schularchivs, die sich heute im Archiv der lutherischen Gemeinde von Cieszyn befinden, herangezogen und kritisch ausgewertet werden, wodurch das Wissen um die Schule um Tatsachen erweitert wird, die für die Interpretation der Korpusanalyseergebnisse von nicht unwesentlicher Bedeutung sind.

Nach der Darstellung des historischen Rahmens sowie des kultur- und sprachhistorischen Hintergrundes des untersuchten Korpus beginnt der zentrale Teil der Arbeit – die linguistische Analyse der deutschen und polnischen Texte aus den edierten Prüfungsheften. Wie detailliert das Kapitel II aufgebaut ist, zeigt schon die Tatsache, daß im Inhaltsverzeichnis am Anfang des Buches nur eine verkürzte Angabe der einzelnen Unter- und Unterunterkapitel usw. erfolgt. Ein ausführliches Inhaltsverzeichnis

---

2) Abgesehen davon, daß an der zitierten Stelle bei Reiter nichts derartiges zu finden ist, weisen zahlreiche andere Untersuchungen darauf hin, daß die deutsch-polnischen Sprachkontakte in Oberschlesien im Laufe der Jahrhunderte stärker waren als in Niederschlesien.

erscheint im Anhang und umfaßt rund sechs Seiten. Ein Vergleich der darin zu findenden Punkte mit der Aufteilung des Textes ergibt, daß auch darin noch nicht alle „Unter-unter-usw.-Kapitel" erfaßt wurden (vgl. z.B. S. 156–169 mit den Punkten: 1. phraseologische Kollokationen, 2. Funktionsverbgefüge und 3. andere Kollokationen) und manche wohl eher versehentlich unerwähnt blieben (vgl. z.B. S. 229 oder 357). Nicht verwunderlich ist bei der Aneihung von römischen und arabischen Zahlen sowie großen und kleinen Buchstaben zur Markierung der einzelnen Punkte der Arbeit, daß manche davon nicht ganz korrekt in das Verzeichnis eingegliedert wurden (vgl. z.B. S. 187 oder 235). Trotz der kleinen Mängel in der Gliederung läßt sich die aus translatologischer Perspektive durchgeführte linguistische Analyse insgesamt als eine wissenschaftliche Höchstleistung betrachten.

Der erste Schritt vor der eigentlichen Analyse, bei der *corpus-driven* vorgegangen wird, besteht in der Beschreibung der einzelnen Korpus-Texte, die nach einem Raster erfolgt, das die Textnummer, das Datum der Prüfung, die Klassenstufe, die Namen der Schüler, die Textsorte, den Titel bzw. das Thema und die Textquelle enthält. Der Vorteil einer solchen Beschreibung liegt darin, daß bei der Lektüre der eigentlichen Analyse der Belege darin konkrete Informationen zu dem Text, aus dem sie stammen, nachgeschlagen werden können. Auf Grundlage einer tabellarischen Übersicht wird das Korpus anschließend in drei Textgruppen eingeteilt: abhängige Sprachversionen mit deutschem Ausgangs- und polnischem Zieltext (Gruppe 1), abhängige Sprachversionen mit polnischem Ausgangs- und deutschem Zieltext (Gruppe 2) und unabhängige Sprachversionen, d.h. Texte ohne erkennbare Übersetzungsrichtung – Briefe (Gruppe 3) und „Nicht-Briefe" (also der nicht kategorisierbare „Rest" (S. 135) (Gruppe 4).

Die linguistische Analyse beginnt die Autorin mit der Gruppe 1, die im Hinblick auf die ihr zuzurechnenden Texte die größte ist. Bei der Untersuchung der deutschen und polnischen Paralleltexte geht sie dabei von Auffälligkeiten – atypischen und ungrammatischen Formulierungen – in den Zieltexten aus, die als Interferenzübertragungen klassifiziert werden. Aufgeteilt in zwei große Gruppen der lexikalischen und syntaktischen Strukturen erfahren innerhalb der ersten Gruppe Kollokationen, komplexe Verben und Substantivkomposita eine Untersuchung, innerhalb der zweiten Präpositionalausdrücke, Modalverbkomplexe, Nominalsyntagmen mit Artikel und finite Verbformen mit Subjektpronomen. In jedem Unterkapitel wird zunächst der Untersuchungsgegenstand definiert und die

Vorgehensweise vorgestellt, wonach die Besprechung der einzelnen Fälle erfolgt, welche mit einer Zusammenfassung der Analyseergebnisse schließt. Als positiv ist hier zu werten, daß die polnischen Belege soweit übersetzt und erklärt werden, daß die Argumentation nicht nur für deutschsprachige Slawisten, sondern auch für Leser ohne Polnischkenntnisse nachvollziehbar ist, wenn auch an manchen Stellen die Einführung eines breiteren Kontextes dafür vorteilhaft gewesen wäre. Insgesamt läßt die Analyse allerdings erkennen, daß die untersuchten ungewöhnlichen lexikalischen und syntaktischen Strukturen der polnischen Texte nicht ohne Berücksichtigung der deutschen Ausgangstexte betrachtet werden sollten, da sie stark von der Übersetzungssituation beeinflußt sind, bei der wiederum einerseits die Interlinearmethode im Sprachunterricht der Jesusschule, andererseits der polnische Teschener Dialekt als Erstsprache der Schüler und die Orientierung an der Sprachform des Bibeltextes von nicht unwesentlicher Bedeutung waren. Da es anhand der Texte der Gruppe 1 allerdings nicht möglich ist zu entscheiden, welche der ungewöhnlichen Parallelismen – im Buch verstanden als „*lexikalische Kongruenz*" – zwischen den Strukturen der deutschen und polnischen Texte als reine Übersetzungsfehler und welche als Auswirkungen des Dialektes (der seinerseits selber durch deutsche Einflüsse gekennzeichnet ist) bzw. der Bibelsprache zu erklären sind, erfolgt im Anschluß an die Analyse der Gruppe 1 eine in weitgehend analoger Weise durchgeführte Analyse der Gruppe 2 sowie der Gruppen 3 und 4. Analog heißt hier allerdings nicht, daß darin Strukturen untersucht werden, deren Übersetzung zu Auffälligkeiten in den deutschen Texten führte, sondern daß in erster Linie dieselben Strukturen – d.h. Kollokationen, komplexe Verben usw. – unter die Lupe genommen werden. Auch die hier durchgeführte Analyse gibt zwar keine eindeutigen Antworten auf die Frage nach der Ursache der Fehler, die laut der Autorin von Fall zu Fall beantwortet werden müßte (vgl. S. 342, 398), doch durch die hier erzielten Ergebnisse werden die bisher gemachten Feststellungen weitgehend bestätigt und teilweise präzisiert.

Liefert die Berücksichtigung des historischen und soziokulturellen Kontextes der Entstehung der untersuchten Texte interessante Erkenntnisse zu der Organisation des Sprachunterrichtes an einer konfessionellen Schule des 18. Jahrhunderts, in der das Übersetzen der oft nach religiösen Prinzipien gewählten Texte das wichtigste Instrument im Unterricht einer Fremdsprache war, so ist sie auch aus linguistischer Perspektive wichtig und als Vorteil der Arbeit anzusehen.

Ein wichtiges Ergebnis der Untersuchung ist dabei, daß manche Ansichten, die in älteren slawistischen Arbeiten anzufinden sind und noch nach Jahren von manchen Autoren recht unkritisch wiederholt werden (Bezug genommen wird v.a. auf die Untersuchung von Buzek aus dem Jahr 1931 und die Arbeiten von Raclavská 1998 und 2001 und Greń 2000), revidiert werden. So wird z.b. dank der genauen Beschreibung der Texte u.a. deutlich, daß die Annahme, die polnische Sprache im Teschen des 18. Jahrhunderts habe sich durch den Einfluß der Zentren polnischer Kultur entwickelt, keine Bestätigung findet und daher zurückgenommen werden sollte. Es wird nämlich gezeigt, daß die von den Schülern übersetzten Texte aus Büchern stammten, die aus deutschen lutherischen Gegenden kamen (Königlich Preußen, Niederschlesien), wobei ein Kontakt mit Texten aus dem Zentrum des polnischen Sprachgebietes nicht nachgewiesen werden konnte. Auch wird deutlich, daß die Untersuchung nur einer Sprachversion der Texte ohne Berücksichtigung der anderen dem Material nicht gerecht wird, da die in den Zieltexten vorzufindende Sprache in vielen Fällen von den Strukturen des übersetzten Ausgangstextes beeinflußt ist. Wurden also in bisherigen Analysen der polnischen Textversionen diese *„oft als autonome Zeugnisse für die Entwicklung des Teschener Polnischen beigezogen [...][, so deutet d]ie hier vorgelegte Analyse [...] darauf hin, dass manches, das bisher als Teschener Archaismus oder Dialektismus eingeordnet wurde, auch als Germanismus zu werten sein könnte. Dies nicht unbedingt aus dem Grund, dass der Dialekt deutsche Interferenzen aufweist, sondern eher aus dem Grund, dass sich die lutherische polnische Schriftsprache vor allem auf der Grundlage von Übersetzungen aus dem Deutschen entwickelt hat"* (S. 399).

Sind manche recht lapidar formulierten Ergebnisse der Arbeit, wie z.B. die Feststellung, daß fehlerhafte Übersetzungen in den polnischsprachigen Zieltexten *„eher dadurch zustande kommen, dass lexikalische und syntaktische Strukturen imitiert werden, während beim Übersetzen ins Deutsche die Fehler eher als gewöhnliche Fehler von polnischsprachigen Deutschlernern zu erklären sind"* (S. 398), allein schon wegen der nicht allzu großen Menge der hier untersuchten deutschsprachigen Zieltexte mit Vorsicht zu betrachten und wenn auch das Phänomen vielleicht noch genauer erforscht werden sollte, so zeigt sich dennoch, daß neue Herangehensweisen an ein Forschungssujet zu neuen, interessanten Erkenntnissen führen können, dies es dem Leser erlauben, die Realität besser zu verstehen und objektiver zu beurteilen – und allein das läßt sich als unbestrittener Vorteil der Arbeit ansehen.

Daniela Pelka, Oppeln

Krystian HEFFNER und Wolfgang KREFT (Bearb.): **Opole. Oppeln,** Verlag Herder-Institut, Marburg 2011 (= Historyczno-topograficzny atlas miast śląskich. Historisch-topographischer Atlas schlesischer Städte 2), 52 S., 27 Ktn., 46 Abb. 15,00 €. ISBN 978-3-87969-362-7.

Im Jahre 1955 gründete sich anläßlich des Internationalen Historikerkongresses in Rom eine Commission Internationale pour l'Histoire des Villes mit dem Ziel, den wissenschaftlichen Gedankenaustausch zwischen den europäischen Städtehistorikern zu intensivieren. Zu den Initiatoren dieses Dachverbandes gehörten aus dem deutschsprachigen Raum Hektor Ammann, Hermann Aubin und Edith Ennen. Zu den zentralen Zielen der Kommission zählte das Projekt eines Europäischen Historischen Städteatlas. In den beteiligten Ländern sollten nationale Stadtatlanten nach gleichen formalen und inhaltlichen Prinzipien entstehen. Es sollte allerdings noch bis 1968 dauern, ehe die Kommission entsprechende Leitlinien verabschiedete. Diese sahen vor, die Urkataster und Urmeßtischblätter aus dem 19. Jahrhundert als Ausgangspunkt zu nehmen und anhand weiterer großmaßstäbiger Karten sowie begleitender Texte die Stadtentwicklung von der Frühindustrialisierung bis in die Gegenwart im Kartenbild zu dokumentieren und damit der Stadtgeschichtsforschung wichtige Grundlagen an die Hand geben. 1969 begann dann in Großbritannien mit dem Lieferungswerk ‚Historic Towns' der erste Städteatlas sein Erscheinen. Seither sind in fast zwanzig europäischen Staaten Städteatlanten erschienen, die Zahl der behandelten Städte beläuft sich inzwischen auf beinahe 500, wovon alleine etwa die Hälfte in Deutschland entstanden ist. Im selben Jahr wurde mit der Gründung eines Instituts für vergleichende Städtegeschichte an der Universität Münster mit Heinz Stoob als Direktor die institutionelle Voraussetzung geschaffen, um auch in Deutschland mit dem Atlasprojekt zu beginnen. 1973 erschien die erste Lieferung des ‚Deutschen Städteatlas', in dem bis 2000 51 Städte behandelt wurden. Seit 2006 wird dieses Werk mit neuer Konzeption als ‚Deutscher Historischer Städteatlas' in Münster fortgeführt. Als Besonderheit und der deutschen Territorialgeschichte geschuldet, entstanden in Deutschland unterhalb der nationalen Ebene weitere regionale Städteatlanten: Seit 1972 erscheint in Bonn ein ‚Rheinischer Städteatlas', initiiert von Edith Ennen, der damaligen Direktorin des Instituts für geschichtliche Landeskunde der Rheinlande. Mit bisher 18 Lieferungen und 95 Städten ist dieses Werk von allen europäischen Städteatlanten am weitesten fortgeschritten. Kaum geringeren Umfangs ist der ‚Westfälische Städteatlas', der seit 1975 in Münster bearbeitet wird und inzwischen 80 Stadtatlanten umfaßt. Als dritter deutscher Regionalatlas erscheint seit 2005 im Hessischen Landesamt für geschichtliche Landeskunde der ‚Hessische Städteatlas'.

Diese kurze historische Einführung sollte zeigen, daß Städteatlanten gerade in Deutschland eine lange Tradition besitzen, aber auch, daß Städteatlanten zu den großen Langzeitprojekten zählen, für deren Erfolg ein sicherer institutioneller Rahmen mit entsprechender Finanz- und Personalausstattung eine notwendige Voraussetzung bildet.

Bis zum politischen Umbruch 1989/90 beschränkte sich die Beteiligung am europäischen Atlasprojekt auf die Staaten westlich des Eisernen Vorhangs. Allerdings bezog der ‚Deutsche Städteatlas' die historischen deutschen Gebiete in seinen Bearbeitungsraum ein; aus Schlesien erschienen Kartenmappen zu Breslau, Frankenstein, Goldberg und Oppeln. Nach 1990 war Polen der erste ostmitteleuropäische Staat, für dessen Territorium ein Städteatlas zu erscheinen begann. Der ‚Atlas historyczny miast Polskich' wird in regionale Bände unterteilt, wobei Band 4 Schlesien umfaßt. Bisher wurden darin Breslau, Neumarkt in Schlesien, Trebnitz, Nimptsch und Schweidnitz dargestellt und in zweisprachigen Texten polnisch und deutsch erläutert. Auch im seit 1995 erscheinenden ‚Historický atlas měst České republiky' ist mit Troppau bereits eine Stadt aus dem schlesischen Raum behandelt worden. Somit findet man in verschiedenen Städteatlanten Abhandlungen zu schlesischen Städten. Es ist dem Engagement und der Beharrlichkeit von Wolfgang Kreft, Leiter der Kartensammlung des Herder-Instituts in Marburg, zu verdanken, daß nun auch ein Städteatlas ausschließlich für Schlesien realisiert werden konnte. Die Idee hierzu kam ihm bei der Bearbeitung einer umfangreichen Sammlung von Senkrechtluftbildern aus der Zeit des Zweiten Weltkriegs, die im Herder-Institut vorhanden ist, in den 1990er Jahre. Es dauerte dann noch Jahre, bis die konzeptionellen, organisatorischen und vor allem finanziellen Rahmenbedingungen gegeben waren, um das Projekt zu starten. Als erstes Heft erschien 2010 Görlitz/Zgorzelec, bearbeitet von Christoph Waack. Nun liegt mit Oppeln die zweite Lieferung vor, die Kreft selbst gemeinsam mit dem Oppelner Geographen Krystian Heffner erarbeitet hat. Insgesamt sieht das Projekt vor, 34 der insgesamt etwa 200 schlesischen Städte zu behandeln. Diese liegen, bis auf die beiden geteilten Städte Görlitz und Teschen sowie die zu Tschechien gehörenden Troppau und Ostrau, heute alle in Polen. Die Auswahl der 34 Städte erfolgte nach Funktionen und

Besonderheiten, mit dem Ziel, alle (historischen) Stadttypen zumindest exemplarisch darzustellen.

Der Oppeln-Atlas gliedert sich in drei Kapitel: Einer kurzen geographischen Lagebeschreibung der Stadt folgt ein Abriß der Stadtgeschichte bis zum Ende des 18. Jahrhunderts, illustriert mit einigen historischen Stadtansichten. Im Hauptteil, der drei Viertel des Textteils einnimmt, wird die Stadtentwicklung vom 19. bis zum 21. Jahrhundert behandelt, unterteilt in fünf Perioden (bis 1870, Kaiserreich, Weimarer Republik und NS-Zeit, Nachkriegszeit und die jüngsten Entwicklungen seit 1990). Die Texte sind kurz gehalten, bieten aber einen fundierten Überblick zur städtebaulichen Entwicklung. Stadtpläne, Grafiken, Luftbilder und Fotografien tragen wesentlich zur Veranschaulichung bei. Einige verkleinerte Pläne und Karten befinden sich allerdings – trotz technisch sehr sauberer Reproduktion – an der Grenze der Lesbarkeit. Dies ist aber ein grundsätzliches Problem bei dieser Art Atlanten. Mit einem Format von DIN A 3 bzw. DIN A 2 ausgeklappt läßt sich der ‚Historisch-topographische Atlas schlesischer Städte' gerade noch auf einem normalen Schreibtisch betrachten. Besonders hervorgehoben werden muß der Kartenanhang. Verschiedene Karten im Maßstab 1:25 000, beginnend mit dem Urmeßtischblatt von 1825 und endend mit einer modernen topographischen Karte, lassen das Wachstum der Stadt und den Landschaftswandel im Umland Oppelns deutlich werden. Ein formatfüllendes Luftbild aus dem Februar 1945 läßt die Kriegszerstörungen erahnen. Die Kartenserie wird abgeschlossen durch eine siedlungsgenetische Darstellung, die die Stadterweiterungen nochmals im Zusammenblick abbildet. Alle Texte sind konsequent zweisprachig verfaßt, gleiches gilt für alle geographischen Namen, so daß man hoffen darf, daß der Atlas auch in Polen weite Verbreitung findet.

Jeder, der sich für die Stadtgeschichte Oppelns interessiert, wird gerne zu diesem Atlas greifen. Er bildet eine hervorragende Grundlage für weitere historisch-geographische Untersuchungen. Dem Herder-Institut und seinen Partnereinrichtungen bleibt zu wünschen, daß dieses Großprojekt den eingeschlagenen Weg erfolgreich weiter beschreiten kann und nicht – wie so manches andere kartographische Langzeitunternehmen – als Torso endet.

Heinz Peter Brogiato, Leipzig

Berichte

1. Bericht der Historischen Kommission für Schlesien für die Jahre 2010 bis 2012

1. Jahrestagungen und Mitgliederversammlungen

Die Jahrestagung 2010 wurde gemeinsam mit dem Herder-Institut in Marburg in dessen Räumlichkeiten am 4. Oktober veranstaltet und war dem Thema „Schlesien digital – Neue Wege zu den Quellen" gewidmet. Vornehmlich vor dem Hintergrund der bereits angelaufenen oder geplanten digitalen Editionsprojekte von einschlägigen archivalischen Quellen, Karten und Bildern in den Sammlungen des Herder-Instituts sowie den Breslauer Bibliotheken und Hochschulen wurden der internationale Forschungsstand dargelegt und die sich daraus ergebenden multimedialen Zugänge und Chancen für die historische und kulturwissenschaftliche Schlesienforschung diskutiert.

Bei der Mitgliederversammlung am Abend des 3. Oktober wurden Dr. Maximilian Eiden (Görlitz), Dr. Andrzej Michalczyk (Bochum), Dr. Rüdiger Ritter (Bremen) und PD Dr. Andreas Rüther (Bochum) als neue ordentliche Mitglieder kooptiert. Ausgetreten aus der Kommission ist Prof. Dr. Michael Heinemann.

2011 konnte die Kommission als Gast an der vom Institut für die Geschichte der deutschen Juden, Hamburg, dem Willy-Brandt-Zentrum für Deutschland- und Europa-Studien der Universität Wrocław und dem Leo Baeck Institut, New York/London/Jerusalem, vom 25. bis 28. September organisierten Internationalen Tagung „Juden in Schlesien" in Wrocław/Breslau teilnehmen. Nach der feierlichen Eröffnung im Oratorium Marianum der Universität wurde die sehr gut besuchte Konferenz vornehmlich in den Räumen des Willy-Brandt-Zentrums abgehalten; besucht wurden zudem die wiederhergestellte Storchensynagoge und der Jüdische Friedhof Lohestraße. Unter den Vortragenden waren auch mehrere Kommissionsmitglieder. Ein Bericht über die Tagung wurde im ‚Schlesischen Kulturspiegel' 46 (2011), S. 94f. veröffentlicht; die Beiträge selbst werden in einem Sammelband herausgegeben.

Bei der Mitgliederversammlung am 27. September wurden die Verdienste der verstorbenen Mitglieder Prof. Dr. Lothar Hoffmann-Erbrecht und

Prof. Dr. Dr. h.c. mult. Horst Fuhrmann sowie des langjährigen Direktors des Herder-Instituts Prof. Dr. Dr. theol. h.c. Roderich Schmidt um die schlesische Geschichtsforschung gewürdigt. Zuwahlen fanden nicht statt. Die Jahrestagung 2012, die am 2. und 3. November im Stadtarchiv Pforzheim abgehalten wurde, stand im Vorfeld des Jubiläumsjahres 2013 unter dem Motto „Die antinapoleonischen Befreiungskriege in zeitgenössischer Erfahrung und geschichtspolitischer Deutung: Schlesien – Preußen – Deutschland". Zehn Historikerinnen und Historiker aus Deutschland und Österreich referierten über unterschiedliche Aspekte der Ereignisse von gesamteuropäischer Tragweite; die Beiträge werden in erweiterter Form in einem vom Organisator der Tagung, PD Dr. Roland Gehrke, herausgegebenen Sammelband in der Reihe „Neue Forschungen zur Schlesischen Geschichte" veröffentlicht.

In der Mitgliederversammlung am 2. November wurde des verstorbenen Mitglieds Dr. h.c. Angelika Marsch gedacht. Zugewählt als neues ordentliches Mitglied wurde Dr. Christian Speer (Halle); als korrespondierende Mitglieder wurden Prof. Dr. Ryszard Kaczmarek (Katowice/Kattowitz), Prof. Dr. Krzysztof Ruchniewicz, Dr. habil. Małgorzata Ruchniewicz (beide Wrocław/Breslau) und Dr. Ewa Wółkiewicz (Warszawa/Warschau) kooptiert. Nach dem Austritt von Prof. Dr. Hans-Wolfgang Bergerhausen setzte sich damit am 31. Dezember 2012 die Kommission aus 67 ordentlichen und elf korrespondierenden Mitgliedern zusammen; eine Mitgliederliste findet sich auf der Homepage der Kommission (www.hiko-schlesien.de).

2. Projekte der Kommission

In den drei Berichtsjahren konnten folgende Projekte finanziell gefördert werden:
– die Bearbeitung, Drucklegung und Veröffentlichung der Bände 10 (hrsg. von Karl Borchardt, 297 S.) und 11 (hrsg. von Joachim Bahlcke, 671 S.) der „Schlesischen Lebensbilder" (Insingen 2010–2012);
– die Drucklegung der Habilitationsschriften von Roland Gehrke (Landtag und Öffentlichkeit. Provinzialständischer Parlamentarismus in Schlesien 1825–1845, Köln u.a. 2009) und Andreas Rüther (Region und Identität. Schlesien und das Reich im späten Mittelalter, Köln u.a. 2010) sowie der Dissertationen von Andrzej Michalczyk (Heimat, Kirche und Nation. Deutsche und polnische Nationalisierungsprozesse im geteilten

Oberschlesien (1922–1939), Köln u.a. 2010) und Maximilian Eiden (Das Nachleben der schlesischen Piasten. Dynastische Tradition und moderne Erinnerungskultur vom 17. bis 20. Jahrhundert, Köln u.a. 2011) in der Reihe „Neue Forschungen zur Schlesischen Geschichte";
– die Drucklegung der Monographie von Angelika Marsch: Friedrich Bernhard Werner 1690–1776. Corpus seiner europäischen Städteansichten, illustrierten Reisemanuskripte und der Topographien von Schlesien und Böhmen-Mähren, Weißenhorn 2010; dank einer Förderung seitens des Beauftragten der Bundesregierung für Kultur und Medien konnten ferner vom Verlag Anton Konrad 20 Exemplare dieses Werkes angekauft und öffentlichen Bibliotheken in Polen und Tschechien zur Verfügung gestellt werden;
– die Drucklegung des 1. Bandes der neuen Reihe Radices Silesiae – Silesiacae Radices: Śląsk: kraj, ludzie, *memoria* a kształtowanie się społecznych więzi i tożsamości (do końca XVIII wieku) – Schlesien: Land, Leute, *memoria* und die Herausbildung der sozialen Bindungen und der Identitäten (bis zum Ende des 18. Jahrhunderts), Wrocław 2011 (vgl. auch Berichtsjahr 2009);
– der Ankauf von 72 Exemplaren des Werks: Das Haus Schaffgotsch – Konfession, Politik und Gedächtnis eines schlesischen Adelsgeschlechts vom Mittelalter bis zur Moderne. Hrsg. von Joachim Bahlcke, Ulrich Schmilewski und Thomas Wünsch, Würzburg 2010, vom Bergstadtverlag für die Kommissionsmitglieder (vgl. auch Berichtsjahr 2009);
– die Redaktion der Schlesien betreffenden Artikel des Handbuch-Projekts „Religiöse Erinnerungsorte in Ostmitteleuropa" (Erscheinungstermin 2013);
– die Sichtung und Ersterfassung des wissenschaftlichen Nachlasses von Angelika Marsch im Herder-Institut in Marburg.

3. Projekte in Verbindung mit der Kommission

In der Reihe „Bibliographie zur Geschichte Schlesiens", die vom Herder-Institut in Marburg in Kooperation mit dem Instytut Historyczny Uniwersytetu Wrocławskiego und dem Slezský ústav Slezského zemského muzea Opava sowie in Zusammenarbeit mit der Kommission herausgegeben wird, ist 2010 ein Band für die Berichtsjahre 1999–2000 und 2012 ein Band für das Jahr 2003 erschienen. Das aktuelle Datenmaterial wird in der Literaturdatenbank des Herder-Instituts (www.litdok.de) vorgehalten, die vielfache Recherchemöglichkeiten bietet.

Im Verlag des Herder-Instituts wurden ferner die ersten Bände des gemeinsam mit der Kommission entwickelten Projekts „Historisch-topographischer Atlas schlesischer Städte" für Görlitz/Zgorzelec (2010), Opole/Oppeln und Węgliniec/Kohlfurt (beide 2012) veröffentlicht.

Weimar/Lahn, im Frühjahr 2013 *Dr. Dr. h.c. Winfried Irgang*
1. Vorsitzender

2. Bericht der Stiftung Kulturwerk Schlesien für die Jahre 2010 bis 2012

Aufgabe der Stiftung Kulturwerk Schlesien mit Sitz in Würzburg ist es, den schlesischen Beitrag zur deutschen und europäischen Kultur deutlich zu machen, seine weitere Wirksamkeit zu fördern sowie schlesisches Kulturgut zu erhalten und zu pflegen. Die Stiftung ist selbsttätig und erfüllt ihren Zweck vorrangig durch Ausstellungen, Publikationen und Tagungen.

Im Jahr **2010** finanzierte die Stiftung Kulturwerk Schlesien ihre Arbeit aus Vermögenserträgnissen, die in Zeiten der Banken- und Finanzkrise geringer ausfallen, Spenden, Einnahmen und Zuwendungen der ‚Freunde und Förderer der Stiftung Kulturwerk Schlesien e.V.' Einzelne Projekte wurden vom Beauftragten der Bundesregierung für Kultur und Medien (Bonn), dem Freistaat Bayern über das Haus des Deutschen Ostens (München) und dem Land Baden-Württemberg finanziell gefördert. – Ihre ehrenamtliche Arbeit für die Stiftung setzte Maxi-Monika Thürl (Seckach) fort. – Ein Betriebsausflug führte die Mitarbeiter der Stiftung am 6. Juli 2010 nach Kulmbach.

Der Stiftungsrat kam am 29. März und infolge des Todes des bisherigen Vermögensverwalters Prof. Dr. Eberhard G. Schulz († 3.8.2010) nochmals am 20. September 2010 zu Sitzungen zusammen. Dabei wurden die satzungsgemäßen Angelegenheiten erledigt und Fragen der Vermögensverwaltung besprochen. – Die Bergstadtverlag Wilhelm Gottlieb Korn GmbH, ein eigenständiger Wirtschaftsbetrieb, deren alleiniger Gesellschafter die

Stiftung Kulturwerk Schlesien war, wurde zum Stichtag 1. Januar 2010 mit notariell beglaubigtem Vertrag vom 4. Juni 2010 veräußert. – Das Kuratorium wurde in seiner Sitzung am 4. Juni 2010 über die Tätigkeiten der Stiftung Kulturwerk Schlesien im vergangenen Jahr informiert und gab seinerseits thematische Hinweise für die zukünftige Arbeit der Stiftung; es kooptierte zudem weitere Mitglieder. Im Laufe des Jahres hielt der Vorstand fünf Sitzungen zur Besprechung der laufenden Dinge ab.

An Ausstellungen zeigte die Stiftung Kulturwerk Schlesien in ihrem ‚Schlesischen Kabinett' im Grafschaftsmuseum Wertheim die Ausstellungen „Schlesien im Kartenbild. Historische Landkarten aus der Sammlung der Stiftung Kulturwerk Schlesien" (1.12.2009–18.4.2010), „Breslau 1948 in Graphiken von Jerzy Grabiański" (20.4.–18.7.2010), „Industrieansichten von Wolf Röhricht", eine Übernahme vom Museum für Schlesische Landeskunde, Königswinter (20.7.–31.10.2010) und „Das Riesengebirge in Radierungen von Friedrich Iwan (1889–1967)" (2.11.2010–27.2.2011).

An Publikationen wurden herausgegeben als Periodika
– das vierteljährlich erscheinende Informationsblatt „Schlesischer Kulturspiegel" 45. Jg., 2010, (96 S.),
– das wissenschaftliche „Jahrbuch der Schlesischen Friedrich-Wilhelms-Universität zu Breslau" 50, 2009 (383 S.)
sowie als Monographie
– Ralph Michael Wrobel: Die Johanniter in Oberschlesien. Gründung, Entwicklung und Niedergang der Kommenden Makau, Alt-Zülz und Cosel. Würzburg 2010 (124 S.).

Ihre Jahrestagung führte die Stiftung Kulturwerk Schlesien vom 4.–6. Juni 2010 im Exerzitienhaus „Himmelspforten" in Würzburg durch. Die von Johannes Schellakowsky M.A. (Würzburg) gestaltete Tagung galt dem Thema „Schlesien und die ehemaligen deutschen Ostgebiete im Prozeß der Wiedervereinigung 1989/90". Dabei wurden folgende Vorträge gehalten: Johannes Schellakowsky M.A.: Die Rolle des Zufalls in der Geschichte und der 9. November 1989 in Schlesien; Dr. Tobias Irmscher, LLM (LSE) (München): Der deutsch-polnische Vertrag vom 14. November 1990 über die Anerkennung der zwischen Polen und Deutschland bestehenden Grenze; Verena v. Wiczlinski (Mainz): Schlesien und die ehemaligen deutschen Ostgebiete in den Diskussionen um die deutsche Wiedervereinigung; Prof. Dr. Peter Maser (Bad Kösen): Die Rolle der Kirchen im Prozeß der Wiedervereinigung; Priv.-Doz. Dr. Matthias Stickler (Würzburg): Die Vertriebenenverbände und ihre Rolle im Prozeß der

Wiedervereinigung; Lisa Bicknell M.A. (Mainz): Die Wiedervereinigung und die deutschen Ostgebiete aus polnischer Sicht; Landrat Bernd Lange (Görlitz): Schlesien als historische Kategorie oder konkrete Wirklichkeit? Die Bildung des „Niederschlesischen Oberlausitzkreises" in Sachsen bzw. die Umstrukturierung 2008; Prof. Dr. Joachim-Felix Leonhard (Alsbach): Die Wiedervereinigung als mediales Ereignis – Ton- und Bilddokumente aus den Jahren 1989/90; Dr. Markus Bauer (Görlitz): Das Projekt eines „Schlesischen Landesmuseums" in Deutschland und seine Realisierung im Jahre 2006; Dr. Christian-Erdmann Schott (Mainz): Trauerarbeit und Erinnerungskultur – Schlesien und die Schlesier nach der Wiedervereinigung. Im Rahmen der Tagung fanden auch die Sitzung des Kuratoriums der Stiftung Kulturwerk Schlesien sowie die Mitgliederversammlungen der ‚Freunde und Förderer der Stiftung Kulturwerk Schlesien e.V.' und des ‚Vereins für Geschichte Schlesiens e.V.' statt.

Die verschiedenen Sammlungen der Stiftung wurden um 18 Objekte, ausschließlich Schenkungen, erweitert, und zwar ganz überwiegend um historische Ansichtskarten. Der Silesiaca-Nachlaß des Musikwissenschaftlers Prof. Dr. Rudolf Walter (Heidelberg) wurde von dessen Witwe der Stiftung geschenkt. Ferner erhielt die Stiftung die Unterlagen über die Heimattreffen der Herrnstadter in Sondheim vor der Rhön von 1983 bis 2007 von deren Organisatorin Gertrud Diemar (Würzburg). – Die öffentlich zugängliche ‚Bibliothek für Schlesische Landeskunde' der Stiftung wurde durch den Erwerb von Neuerscheinungen und antiquarisch angebotenen Büchern erweitert, auch durch Schenkungen. Fortgesetzt bis zum 30. April 2010 und somit zum Abschluß gebracht wurde durch Diplom-Bibliothekarin (FH) Ute Frischke das vom Beauftragten der Bundesregierung für Kultur und Medien (Bonn) finanzierte Projekt der computermäßigen Titelerfassung der Bücher der Bibliothek zwecks Einstellung der Daten in den virtuellen „Verbundkatalog Östliches Europa" (www2.herne.de/voe). Der Gesamtbestand der Bibliothek ist somit im Internet einsehbar, Neuerwerbungen werden laufend eingearbeitet. Für Nachinventarisierung und Signierung war Dr. Regine Blättler (Gerbrunn) ganzjährig tätig. – Die Bibliothek wurde wieder von zahlreichen Benutzern in Anspruch genommen und auch von Besuchergruppen besichtigt.

Als Mitveranstalter beteiligte sich die Stiftung Kulturwerk Schlesien neben dem ‚Wangener Kreis. Gesellschaft für Literatur und Kunst „Der Osten" e.V.' und der Stadt Wangen an den 60. Wangener Gesprächen vom 23.–26. September 2010 ebenda. Der diesjährige Eichendorff-Literaturpreis wurde im Verlauf dieser Literatur- und Kunstveranstaltung an den in Heinzendorf bei Münsterberg geborenen Schriftsteller Christoph Hein verliehen.

Leihgaben stellte die Stiftung Kulturwerk Schlesien aus ihren Sammlungen für die Dauerausstellungen des Schlesischen Museums zu Görlitz und des Städtischen Museums „Gerhart Hauptmann Haus" (Muzeum Miejskie „Dom Gerharta Hauptmanna") in Hirschberg zur Verfügung sowie für die Sonderausstellung „200 Jahre Säkularisation in Schlesien am Beispiel der Zisterzienser" im Museum für Schlesische Landeskunde in Königswinter.

Auch im Jahr **2011** finanzierte die Stiftung Kulturwerk Schlesien ihre Arbeit aus Vermögenserträgnissen, Spenden, Einnahmen und Zuwendungen der ‚Freunde und Förderer der Stiftung Kulturwerk Schlesien e.V.' Einzelne Projekte wurden vom Kulturreferenten für Schlesien (Görlitz), dem Freistaat Bayern und dem Land Baden-Württemberg finanziell gefördert. – Im Jahre 2011 war Maxi-Monika Thürl (Seckach) weiterhin ehrenamtlich für die Stiftung Kulturwerk Schlesien tätig, wobei sie mit der Inventarisierung des Nachlasses der Schriftstellerin Dagmar von Mutius begann. – Ziel des Betriebsausflugs am 3. Juni 2011 war Iphofen mit dem Besuch einer Ausstellung mit Werken des oberschlesischen Tiermalers Wilhelm Kuhnert.

Der Stiftungsrat kam am 30. Mai 2011 zu einer Sitzung zusammen, wählte jedoch für seinen am 3. August 2010 verstorbenen Vorsitzenden, Prof. Dr. Eberhard G. Schulz, in Anbetracht der nur noch das laufende Jahr umfassenden Amtsperiode keinen neuen Vorsitzenden; dessen Aufgaben nahm sein Stellvertreter Dr. Christian-Erdmann Schott wahr. Neben der Erledigung der satzungsgemäßen Aufgaben ermächtigte der Stiftungsrat den Stiftungsvorstand, einen Vermögensverwalter nach seiner Wahl zu bestellen und im Rahmen seiner laufenden Geschäfte eine Anlagerichtlinie zu beschließen. Der Vorstand setzte daraufhin die Anlagerichtlinie vom 5. Januar 2011 in Kraft und bestimmte die KANA-Vermögensmanagement GmbH (Schifferstadt) mit der Vermögensverwaltung. – Das Kuratorium wurde in seiner Sitzung am 24. Juni 2011 über die Tätigkeiten der Stiftung Kulturwerk Schlesien im vergangen Jahr informiert und gab seinerseits Anregungen für die zukünftige Arbeit der Stiftung; es kooptierte zudem weitere Mitglieder. Im Laufe des Jahres traf sich der Vorstand zu fünf Sitzungen.

Zwei Ausstellungen präsentierte die Stiftung Kulturwerk Schlesien in ihrem ‚Schlesischen Kabinett' im Grafschaftsmuseum Wertheim, nämlich „Das Riesengebirge in Radierungen von Friedrich Iwan (1889–1967)" (2.11.2010–27.2.2011) und – in Zusammenarbeit mit dem Senfkornverlag

Alfred Theisen (Görlitz) und der Erika-Simon-Stiftung (Rinteln) – „Schlesien bei Nacht. Fotografien von Marek Maruszak" (29.3.–29.5.2011) sowie im Stadtmuseum Breslau (Muzeum Miejskie Wrocławia) und in Kooperation mit diesem die Ausstellung „Mit Nadel und Säure. Radierungen von Christian Mischke" (13.05.–12.06.2011). Die Räumlichkeiten im Grafschaftsmuseum Wertheim stehen der Stiftung für ständige Ausstellungen nicht mehr zur Verfügung, so daß der Betrieb des ‚Schlesischen Kabinetts' eingestellt werden mußte.

An Publikationen wurde der vierteljährlich erscheinende „Schlesischer Kulturspiegel", 46. Jg., 2011 (96 S.) herausgebracht.

Die Jahrestagung stand unter dem Thema „Europäische Gartenkunst in Schlesien" und fand vom 24.–26. Juni 2011 wieder im Exerzitienhaus „Himmelspforten" in Würzburg statt. Dabei wurden folgende Vorträge gehalten: Dr. Verena Friedrich (Würzburg): Die Entwicklung der Gartenkunst im Laufe der Geschichte; Prof. Dr. Bernhard Kytzler (Durban/Berlin): Der Garten des Laurentius Scholz. Ein humanistischer Garten in Breslau; Dr. Ulrich Schmilewski (Würzburg): Barockgärten in Schlesien am Beispiel der Gärten von Trachenberg, Rohnstock und Fürstenstein; Dipl.-Ing. Kathrin Schulze M.A. (Berlin/München): Parkanlagen an Schlössern und Herrenhäusern der Grafschaft Glatz – eine Spurensuche; Dipl.-Ing. Astrid Roscher (Muskau): Der Muskauer Park – idealisierte Natur à la Pückler; Dr. Verena Friedrich (Würzburg): Schlesische Gärtner und ihr Wirken im Hofgarten der Würzburger Residenz; Dr. Magdalena Mularczyk (Breslau): Der Botanische Garten der Universität Breslau und das Arboretum in Woislowitz; Grażyna Humeńczuk (Liegnitz): Der Liegnitzer Stadtpark. Ergänzt wurden die Vorträge durch eine Schiffs-Bus-Exkursion nach Veitshöchheim, wo Dr. Peter A. Süß (Würzburg) durch den Rokokogarten des dortigen Schlosses führte. In Zusammenhang mit der Tagung fanden auch die Sitzung des Kuratoriums der Stiftung Kulturwerk Schlesien sowie die Mitgliederversammlungen der ‚Freunde und Förderer der Stiftung Kulturwerk Schlesien e.V.' und des ‚Vereins für Geschichte Schlesiens e.V.' statt.

Als weitere Tagung wurde in Zusammenarbeit mit dem ‚Verein für Geschichte Schlesiens e.V.' vom 28.–30. Oktober 2011 ein „Heimatgeschichtliches Wochenende für schlesische Ortschronisten und Familienforscher" in der Franken-Akademie Schloß Schney bei Lichtenfels durchgeführt. Dabei wurden folgende Vorträge gehalten: Dr. Ulrich Schmilewski (Würzburg): Leichenpredigten als kulturgeschichtlich-genealogische Quellen; Tilmann Taube (Essen): Die bäuerliche Führungsschicht im Grüssauer Klosterland.

Erweiterter Forschungsstand seit 2003; Prof. Dr. Andreas Klose (Potsdam): Gedruckte Statistiken, Schematismen, Adressverzeichnisse, Zeitschriften etc. als Quelle heimatkundlicher Forschungen für das 19. und 20. Jahrhundert im preußischen Teil Schlesiens; Stefan Guzy (Berlin): Urbare als Quelle für Ortschronisten und Familienforscher. Zudem stellten die Teilnehmer ihre eigenen Arbeitsprojekte in Referaten vor.

Als gemeinsame Veranstaltung mit der Polnischen Historischen Mission an der Universität Würzburg wurde zu dem Vortrag von Dr. Wojciech Mrożowicz (Universität Breslau) „In Verteidigung der Christenheit. Vor 770 Jahren: Die Schlacht gegen die Mongolen bei Liegnitz in Schlesien 1241" am 18. November 2011 in der Würzburger Universität geladen.

Die verschiedenen Sammlungen der Stiftung wurden um neun Objekte, ausschließlich Schenkungen, erweitert, darunter historische Ansichtskarten, Veduten und Autographe. – Die öffentlich zugängliche Stiftungsbibliothek wurde durch den Erwerb von Neuerscheinungen und antiquarisch angebotenen Büchern erweitert, auch durch Schenkungen. Im Rahmen eines vom Freistaat Bayern über das Haus des Deutschen Ostens (München) geförderten Projektes wurde der Erwerb hochpreisiger aktueller wissenschaftlicher Literatur realisiert. Fortgesetzt wurde zudem die Titelaufnahme von Neuerwerbungen der Bibliothek zur Übernahme in den elektronischen „Verbundkatalog Östliches Europa" (www2.herne.de/voe) durch Dr. Regine Blättler (Gerbrunn). – Die Bibliothek erfreute sich wieder des Zuspruchs zahlreicher Benutzer und wurde auch von Besuchergruppen besichtigt.

Als Mitveranstalter beteiligte sich die Stiftung Kulturwerk Schlesien an den 61. Wangener Gesprächen (29.9.–2.10.2011) ebenda, und zwar neben dem ‚Wangener Kreis. Gesellschaft für Literatur und Kunst „Der Osten" e.V.' und der Stadt Wangen. Der Eichendorff-Literaturpreis 2011 wurde im Verlauf dieser, der Literatur und der Kunst gewidmeten Veranstaltung an den Schriftsteller Jörg Bernig verliehen.

Unterstützt hat die Stiftung Kulturwerk Schlesien das Anbringen einer Gedenkplatte am Familiengrab derer von Eichendorff auf dem alten Friedhof in Lubowitz/Oberschlesien.

Aus ihren Sammlungen stellte die Stiftung Kulturwerk Schlesien Leihgaben für die Dauerausstellungen des Schlesischen Museums zu Görlitz und des Städtischen Museums „Gerhart Hauptmann Haus" (Muzeum Miejskie „Dom Gerharta Hauptmanna") in Hirschberg zur Verfügung.

Im Jahr **2012** finanzierte die Stiftung Kulturwerk Schlesien ihre Arbeit unter erschwerten Bedingungen aus Vermögenserträgnissen sowie aus

Spenden, Einnahmen und Zuwendungen der ‚Freunde und Förderer der Stiftung Kulturwerk Schlesien e.V.' Einzelne Projekte wurden vom Beauftragten der Bundesregierung für Kultur und Medien (Bonn), dem Freistaat Bayern und dem Land Baden-Württemberg finanziell gefördert. – Ihre ehrenamtliche Arbeit führte Maxi-Monika Thürl (Seckach) fort. – Die Mitarbeiter der Stiftung unternahmen am 1. August 2012 einen Betriebsausflug nach Coburg.

Der Stiftungsrat kam am 23. April 2012 zur ersten Sitzung der Amtsperiode 2012–2014 zusammen. Zu seinem Vorsitzenden wählte er Prof. Dr. Jürgen Hein (Köln), zu seinem stellvertretenden Vorsitzenden Dr. Christian-Erdmann Schott (Mainz). Nach der Entlastung des alten Vorstandes wählte er für die neue Amtsperiode Dr. Dietrich Meyer (Herrnhut) zum Vorsitzenden des Vorstandes, Johannes Schellakowsky M.A. (Würzburg) zum stellvertretenden Vorsitzenden und Prof. Dr. Dr. Rainer Bendel (Tübingen) zum weiteren Vorstandsmitglied. Der Stiftungsrat verabschiedete den Haushalts- und Arbeitsplan für das laufende Geschäftsjahr. – Das Kuratorium wurde in seiner Sitzung am 8. Juni 2012 über die Tätigkeiten der Stiftung Kulturwerk Schlesien des vergangenen Jahres informiert und gab seinerseits Anregungen für die zukünftige Arbeit der Stiftung. Im Laufe des Jahres hielt der Vorstand fünf Sitzungen zur Besprechung der laufenden Dinge ab.

Die Ausstellung „Johann Christoph Kimpfel (1750–1805). Zeichnungen zwischen Realität und Karikatur" zeigte die Stiftung Kulturwerk Schlesien im Stadtmuseum Breslau (Muzeum Miejskie Wrocławia) und in Zusammenarbeit mit diesem vom 18. Mai – 24. Juni 2012.

Im Bereich der Publikationen wurden von der Stiftung herausgebracht
– die Informationszeitschrift „Schlesischer Kulturspiegel" 47. Jg., 2012, (68 S.)
und das Buch von
– Siegfried Ulbrecht: Schloss Johannesberg, Jauernig und Umgebung. Begegnungen von Personen und Kulturen in einer europäischen Region. Freiburg, Görlitz 2012 (88 S.), eine Monographie über das Kulturleben in der Residenzstadt der Breslauer Bischöfe in Österreichisch-Schlesien.

Die erste Veranstaltung der Stiftung fand am 27. Januar 2012 in Würzburg statt. Erstmals wurde der Edith-Heine-Lyrikpreises verliehen, und zwar an Dr. Therese Chromik (Husum) in Würdigung ihres poetischen Schaffens. Edith Heine hatte der Stiftung Kulturwerk Schlesien testamentarisch einen Geldbetrag vermacht mit der Auflage, je nach Ertragslage einen Preis an

einen Lyriker zu vergeben, der vorrangig über Themen wie etwa Flucht, Vertreibung, Heimatverlust, Integration, Erinnerung und ähnliches schreibt.
Die Jahrestagung wurde wieder im Exerzitienhaus „Himmelspforten" in Würzburg durchgeführt, diesmal vom 8.–10. Juni 2012. Während der von Bärbel Rudin M.A. (Kieselbronn) inhaltlich gestalteten Tagung „Theater in Schlesien" wurden folgende Vorträge gehalten: Prof. Dr. Bernhard Jahn (Hamburg): Johann Christian Hallmanns Spätwerk (1699–1704) und der Kontext des Wiener Kaiserhofs; Bärbel Rudin M.A. (Kieselbronn): An der Schwelle zur Theaterreform. Die Neuberin in Breslau 1724; Dr. Rainer Theobald (Berlin): Schuloper und Virtuosenkunst. Beispiele für Formen und Stoffe des schlesischen Musiktheaters im 18. Jahrhundert; Dr. Adolf Scherl (Prag): Wenzel Tham und das Schloßtheater in Pleß. Das Schloß des Fürsten von Anhalt-Köthen-Pleß als schlesisches Kulturzentrum; Lars Rebehn M.A. (Dresden): Der Marionettenspieler Geisselbrecht in Schlesien – oder wie man in der Provinz auf eine preußische Generalkonzession hinarbeitet; Frank Ziegler (Berlin): Carl Maria von Weber und das Musiktheater in Breslau zwischen 1804 und 1806 – Fakten, Anekdoten, Irrtümer; Lars Rebehn M.A. (Dresden): Von Strippenziehern und Holzköpfen. Schlesisch-Sächsisches Marionettentheater. Ein multimedialer Vortrag; Dr. Till Gerrit Waidelich (Wien): Umstrittener als anderswo? Breslauer Musiktheater in der Ära Gottlob Benedict Bierey; Paul S. Ulrich (Berlin): Bühnenalmanache als Quelle zu den schlesischen Badetheatern; Matthias Luft M.A. (Gießen): Die Deutsche Bühne in Breslau e.V. – Neuorganisation des Breslauer Theaterwesens im Zuge des Machtwechsels von 1933. Die Exkursion, geführt von Dr. Peter A. Süß M.A. (Würzburg), führte in Fortsetzung der vorjährigen Tagungen in den barocken Hofgarten der Würzburger Residenz. Im Verlauf der Veranstaltung fanden auch die Sitzung des Kuratoriums der Stiftung Kulturwerk Schlesien sowie die Mitgliederversammlungen der ‚Freunde und Förderer der Stiftung Kulturwerk Schlesien e.V.' und des ‚Vereins für Geschichte Schlesiens e.V.' statt.
Die Sammlungen der Stiftungen wurden um 53 Objekte, ausschließlich Schenkungen, erweitert, darunter vor allem historische Ansichtskarten und ein 25teiliges Set Kunstpostkarten von Siegbert Hahn (* Breslau 22.5.1937). – Ebenfalls erweitert wurde die öffentlich zugängliche ‚Bibliothek für Schlesische Landeskunde' der Stiftung Kulturwerk Schlesien durch den Erwerb von Neuerscheinungen und durch verschiedene Schenkungen. Fortgeführt wurde die Titelaufnahme von Neuerwerbungen der Bibliothek zur Übernahme in den elektronischen „Verbundkatalog Östliches Euro-

pa" (www2.herne.de/voe) durch Dr. Regine Blättler (Gerbrunn). – Die Bibliothek wurde während der Öffnungszeiten der Geschäftsstelle für die allgemeine Öffentlichkeit das ganze Jahr über zugänglich gehalten, wieder von zahlreichen Benutzern in Anspruch genommen und auch von Besuchergruppen besichtigt.

Als Mitveranstalter beteiligte sich die Stiftung Kulturwerk Schlesien an der Konzerttournee „Die Nacht, die will verbergen sich. Geistliche und weltliche Musik der Spätgotik aus Schlesien aus dem Jahreslauf (aus den Glogauer Liederbuch von 1480)" mit Aufführungen in Glogau (Głogów in Polen), Görlitz, Berlin und Brandenburg (4.–8.9.2012). Die Konzerttournee wurde in Zusammenarbeit mit der Stadtverwaltung Glogau, dem Kulturreferenten für Schlesien (Görlitz) und dem Deutschen Kulturforum östliches Europa (Potsdam) durchgeführt sowie vom Beauftragten der Bundesregierung für Kultur und Medien finanziert. Zu den Mitveranstaltern gehörte die Stiftung Kulturwerk Schlesien auch bei den 62. Wangener Gesprächen vom 27.–30. September 2012, und zwar neben dem ‚Wangener Kreis. Gesellschaft für Literatur und Kunst „Der Osten" e.V.' und der Stadt Wangen. Der Eichendorff-Literaturpreis 2012 wurde im Verlauf dieser Literatur- und Kunstveranstaltung an den Schriftsteller Catalin Florescu verliehen.

Mit dem Anbringen einer Gedenkplatte am Familiengrab derer von Eichendorff auf dem alten Friedhof in Lubowitz wurde dieses von der Stiftung Kulturwerk Schlesien unterstützte Projekt abgeschlossen.

Leihgaben stellte die Stiftung Kulturwerk Schlesien aus ihren Sammlungen für die Dauerausstellungen des Schlesischen Museums zu Görlitz und des Städtischen Museums „Gerhart Hauptmann Haus" (Muzeum Miejskie „Dom Gerharta Hauptmanna") in Hirschberg sowie für die Sonderausstellung „300xFriedrich. Preußens großer König in Schlesien" im Oberschlesischen Landesmuseum in Ratingen (29.1.–16.9.2012) zur Verfügung.

In allen drei Berichtsjahren wurde die Homepage der Stiftung (www.kulturwerk-schlesien.de) ergänzt und laufend aktualisiert. Gruppen und Einzelpersonen wurden bei Besuchen durch die Räume der Stiftung Kulturwerk Schlesien geführt. Bibliotheksbenutzer wurden beraten sowie zahlreiche Fachauskünfte zu allen Bereichen der historischen Landeskunde Schlesiens durch die Mitarbeiter der Stiftung in schriftlicher und mündlicher Form erteilt.

Würzburg, im März 2015 *Dr. Ulrich Schmilewski*
Geschäftsführer

… BERICHTE

3. Gerhard-Möbus-Institut für Schlesienforschung (ehemals AN-Institut der Universität Würzburg), Bericht der Projektleitung über die Jahre 2012–2014

I. Allgemeines

Im Frühjahr 2009 hatte das Gerhard-Möbus-Institut seine Räume verloren und seinen regulären Betrieb eingestellt; im Jahr 2011 erfolgte die Aberkennung des Titels eines universitären AN-Instituts, und 2013 wurde der Eintrag des Instituts aus dem Vereinsregister gestrichen. Bis auf Reste liefen 2013 auch die projektbezogenen Fördermittel aus. Für die Veröffentlichung des Jahrbuchs ‚Fachprosaforschung – Grenzüberschreitungen', das nach wie vor über ein Silesiaca-Segment verfügt, stellte die PP/MGH-Stiftung einen Zuschuß zur Verfügung.

II. Projekte/Veröffentlichungen

Unter begrenzten Bedingungen konnten die im JSFWUB 51/52 (2010/11), S. 231–247 genannten Projekte – vielfach ehrenamtlich – weitergeführt und in Verbindung mit der Erfurter Akademie gemeinnütziger Wissenschaften, der Münchner Sudetendeutschen Akademie und dem Ostrauer Lehrstuhl für Germanistik dem Abschluß nähergebracht werden. Folgende Publikationen aus dem Institut beziehungsweise seinem Umfeld sind zu verzeichnen [in Auswahl]:
– Gundolf Keil: „dits die beste raet die icker toe can gegeuen genomen vte platearise". Quellenkundliche Anmerkungen zu Ypermans *Medicine*, in: Herwig Deumens und Ria Jansen-Sieben (Hg.): Geneeskunde in Nederlandstalige teksten. Handelingen van het zesde symposium ‚geschiedenis der geneeskundige wetenschappen', ingericht door de Koninklijke Academie voor Geneeskunde van België, Brussel 2012 (= Academia Regia Belgica Medicinae: Dissertationes, series historica, 12), S. 93–137.
– Konrad Goehl: Anmerkungen zu Gundolf Keils quellenkundlicher Dekodierung von Ypermans ‚Medicine', in: Fachprosaforschung – Grenzüberschreitungen 8/9 (2012/13), S. 547–550.
– Gundolf Keil zusammen mit Christine Wolf: *blutken – bloedekijn*. Anmerkungen zur Ätiologie der Hyposphagma-Genese im ‚Pommersfeldener

schlesischen Augenbüchlein' (1. Drittel des 15. Jahrhunderts). Mit einer Übersicht über die augenheilkundlichen Texte des deutschen Mittelalters, in: Fachprosaforschung – Grenzüberschreitungen 8/9 (2012/13), S. 7–175 [vorgetragen am 2. Dezember 2011 auf der Tagung ‚Mittelalterlich-frühneuzeitliche Fachtexte als Objekt der Fachsprachen- und Fachprosaforschung' an der Ostrauer Universität zu Mährisch Ostrau].
– Gundolf Keil/Hilde-Marie Groß zusammen mit Christine Wolf: ‚Das Breslauer Arzneibuch' (13. Jh.) im ‚Olmützer medizinischen Kompendium' (15. Jh.). Beobachtungen zur Kompilationsleittechnik anhand einiger Versatzstücke, in: Fachprosaforschung – Grenzüberschreitungen 7 (2011 [2012]), S. 27–48.
– Gundolf Keil: Heilkunde bei den Germanen, in: Altertumskunde – Altertumswissenschaft – Kulturwissenschaft. Erträge und Perspektiven nach 40 Jahren Reallexikon der Germanischen Altertumskunde [namens der Göttinger Akademie der Wissenschaft], hg. von Heinrich Beck, Dieter Geuenich und Heiko Steuer, Berlin und Boston 2012 (= Ergänzungsbände zum Reallexikon der Germanischen Altertumskunde 77), S. 317–388.
– Gundolf Keil: „Kurze versuochte dinge". Ein mährisch-schlesisches wundärztliches Rezeptar des 15. Jahrhunderts, in: Herbs and Healers from the Ancient Mediterranean through the Medieval West. Essays in Honor of John M. Riddle, hg. von Anne van Arsdall and Timothy Graham, Farnham/Surrey und Burlington/VT [2012] (= Medicine in the Medieval Mediterranean [4]), S. 231–264.
– Gundolf Keil zusammen mit Jürgen Kiefer: Das ‚Erfurter Kartäuserregimen'. Anmerkungen zu Inhalt, Aufbau und zur Verfasserfrage einer klösterlichen Gesundheitslehre des 15. Jahrhunderts, in: Heilkunde und Heilmittel. Zum Erwerb und Transfer von medizinisch-pharmazeutischem Wissen in Europa. [Verhandlungen des Festsymposiums zu Ehren von Ingrid Kästner am 16. und 17. März 2012 in der Akademie gemeinnütziger Wissenschaften zu Erfurt], hg. von Jürgen Kiefer, Aachen 2013 (= Europäische Wissenschaftsbeziehungen 5), S. 217–259.
– Gundolf Keil zusammen mit Christine Wolf: Das führende Kräuterbuch als *transporter*. Altdeutsche Fachprosa in Johann Wonneckes *Gart*, in: Erkunden, Sammeln, Notieren und Vermitteln – Wissenschaft im Gepäck von Handelsleuten, Diplomaten und Missionaren [Verhandlungen der 7. Tagung der Projektgruppe „Europäische Wissenschaftsbeziehungen" der Akademie gemeinnütziger Wissenschaften zu Erfurt, an der

Universität Wien, im Mai 2013], hg. von Ingrid Kästner, Jürgen Kiefer, Michael Kiehn und Johannes Seidl, Aachen 2014 (= Europäische Wissenschaftsbeziehungen 7), S. 37–74.
– Johannes Gottfried Mayer: Das ‚Leipziger Drogenkompendium‘ und der ‚Gart der Gesundheit‘. Ein Vergleich, in: Fachtexte des Spätmittelalters und der Frühen Neuzeit. Tradition und Perspektiven der Fachprosa- und Fachsprachenforschung [Verhandlungen der gleichsinnigen Tagung vom 1.–3. Dezember 2011 an der Ostrauer Universität zu Mährisch Ostrau], hg. von Lenka Vaňková, Berlin [und Boston] 2014 (= Lingua historica germanica. Studien und Quellen zur Geschichte der deutschen Sprache und Literatur 7), S. 133–142.
– Gundolf Keil: Ein schlesisches Aderlassbüchlein des 15. Jahrhunderts. Untersuchungen zum funktionsbedingten Gestaltwandel des Vierundzwanzig-Paragraphen-Textes, in: Ebd., S. 75–118 [Kurzfassung eines für Band 10/11 (2014/15) vorgesehenen Aufsatzes; der in Ostrau gehaltene *blutken – bloedekijn*-Vortrag wurde in die ‚Fachprosaforschung – Grenzüberschreitungen‘ eingerückt, vgl. oben S. 699f.).
– Konrad Goehl: Wie Gerhard Eis das Weinbuch Gottfrieds las, in: Fachprosaforschung – Grenzüberschreitungen 8/9 (2012/13), S. 299–309 [vorgetragen am 1. Dezember 2011 auf der Tagung ‚Mittelalterlich-frühneuzeitliche Fachtexte als Objekt der Fachsprachen- und Fachprosaforschung‘ an der Ostrauer Universität zu Mährisch Ostrau].
– Rudolf Peitz und Gundolf Keil: Die ‚Decem quaestiones de medicorum statu‘. Beobachtungen zur ärztlichen Standeskunde des 14. und 15. Jahrhunderts, in: Fachprosaforschung – Grenzüberschreitungen 8/9 (2012/13), S. 283–297 [vorgetragen am 7. Juni 2014 auf einem Symposion zur ärztlichen Ethik am Medizinhistorischen Institut der Universität Krakau. Eine polnische Veröffentlichung ist in Vorbereitung].
– Gundolf Keil: Balneotherapie im ‚Buch von alten Schäden‘ der ältesten balneotherapeutischen Spezialschrift des Abendlands, in: Schriften der Sudetendeutschen Akademie der Wissenschaften und Künste, 32: Forschungsbeiträge der Geisteswissenschaftlichen Klasse, hg. von Eduard Hlawitschka, München 2012, S. 97–101.
– Gundolf Keil: Der Chirurg Johann von Mikulicz-Radecki – zweifach kaiserlich-königlicher Generalarzt. Für Professor Heinrich F. K. Männl zum 75. Geburtstag (2013), in: Schriften der Sudetendeutschen Akademie der Wissenschaften und Künste, 34: Forschungsbeiträge der Naturwissenschaftlichen Klasse, hg. von Guenter J. Krejs, Rudolf Fritsch,

Elisabeth Fabian und Barbara Gießmann, München 2014, S. 321–342 [Kurzfassung; der vollständige Text soll 2015 in einem „Sonderheft" der Akademie erscheinen].
– Das Arzneibuch Ortolfs von Baierland. Auf der Grundlage der Arbeit des von Gundolf Keil geleiteten Teilprojekts des SFB 226 ‚Wissensvermittelnde und wissensorganisierende Literatur im Mittelalter' zum Druck gebracht, eingeleitet und kommentiert von Ortrun Riha, Wiesbaden 2014 (= Wissensliteratur im Mittelalter. Schriften des Sonderforschungsbereichs 226 Würzburg/Eichstätt 50), 319 S., gedruckt mit Unterstützung der Deutschen Forschungsgemeinschaft [zahlreiche ostmitteldeutsche Überlieferungen sind aufgenommen, aber nicht alle: siehe ergänzend oben S. 700 Keil/Groß/Wolf zum ‚Olmützer medizinischen Kompendium'].
– Benedikt Ignatzek: Schlesischer Bergbau. Die Verfassung der Arbeit 1740–1840, in: Fachprosaforschung – Grenzüberschreitungen 7 (2011 [2012]), S. 305–338.
– Beate Löffler: Die franziskanischen Gründungen im Bistum Breslau bis zur Reformation, in: Fachprosaforschung – Grenzüberschreitungen 7 (2011 [2012]), S. 163–304.
– Jürgen W. Schmidt: Kein Fall von „Ritueller Blutabzapfung" – die Strafprozesse gegen den Rabbinatskandidaten Max Bernstein in Breslau 1889/90 und deren sexualpsychologischer Hintergrund, in: Fachprosaforschung – Grenzüberschreitungen 8/9 (2012/13), S. 483–516.
– Walter Schmidt: Johannes Halm (1893–1953). Widerstand und Verfolgungen des evangelischen Pastors von Auras/Oder in der Zeit von 1933–1945, in: Fachprosaforschung – Grenzüberschreitungen 8/9 (2012/13), S. 517–546.
– Gundolf Keil, [über:] Helmut Bleiber und Walter Schmidt: Schlesien auf dem Weg in eine bürgerliche Gesellschaft. Bewegungen und Protagonisten der schlesischen Demokratie im Umfeld von 1848, [2 Bde.], in: Fachprosaforschung – Grenzüberschreitungen 8/9 (2012/13), S. 563–566.
– Einige weitere Beiträge zur Schlesienforschung aus dem „Silesiaca-Segment" der ‚Fachprosaforschung – Grenzüberschreitungen', Bände 7–9, seien hier nur pauschalisierend angedeutet: Sie befassen sich mit der letzten Hinrichtung durch Rädern im Königreich Schlesien, mit der Wetterstation auf der Schneekoppe, mit einem Naturereignis bei Neisse und mit der Biobiographie von Hermann Rosczyk S.J., Adam Christian Thebesius und Johann Gottfried Thebesius.

III. Herausgebertätigkeit

Was die editorische Tätigkeit betrifft, so war der Projektbereich beteiligt an der Herausgabe dreier Jahrgänge der ‚Fachprosaforschung – Grenzüberschreitungen' (7–9, 2011–13), die im Wissenschaftsverlag DWV in Baden-Baden verlegt wurden, wie das auch für die seit 2012 erscheinende Serie der ‚Beihefte' gilt:

– Dr.med. Dr.phil. Martha Haussperger: Die mesopotamische Medizin aus ärztlicher Sicht, Baden-Baden 2012 (= DWV-Schriften zur Medizingeschichte 12 [= Fachprosaforschung – Grenzüberschreitungen, Beiheft 1]). 340 S. [Bearbeitung der Druckvorlage durch Christine Wolf und Alexander Schütz]. – Vgl. die Besprechung in: Sudhoffs Archiv 98 (2014), S. 239f.
– Prof. Dr.sc.phil. Dr.med. Klemens Dieckhöfer: Dichtung und Medizin. Zur Persönlichkeitsstruktur, körperlichen Verfassheit in seinem dichterischen Schaffen und zur medizinischen Profession der Arztfiguren in den Werken Gerhart Hauptmanns, Baden-Baden 2012 (= DWV-Schriften zur Medizingeschichte 13 [= Fachprosaforschung – Grenzüberschreitungen, Beiheft 2]). 253 S., 5 Abb. [Phil. Diss. am Lehrstuhl für Germanistik und Judaistik der Palacký-Universität Olmütz (Prof. Dr. Ingeborg Fiala-Fürst), Erster Gutachter: Prof. Dr. Ludvik Václavek]. – Vgl. die Besprechung in: Fachprosaforschung – Grenzüberschreitungen 8/9 (2012/13), S. 571–575.

IV. Mitarbeit an Veröffentlichungen

– Planerische und editorische Mitarbeit am Herausgeben der Verhandlungen einer Olmützer internationalen Tagung ‚Mittelalterlich-frühneuzeitliche Fachtexte als Objekt der Fachsprachen- und Fachprosaforschung' im Zusammenwirken mit Prof. Lenka Vaňková; vgl. oben die Bibliographie zu Goehl (2012/13), S. 299–309; Keil/Wolf (2012/13); Keil (2014), S. 75–118.
– Beratung von Hubertus Averbeck: Von der Kaltwasserkur bis zur physikalischen Therapie. Betrachtungen zu Personen und zur Zeit der wichtigsten Entwicklungen im 19. Jahrhundert, Bremen: Europäischer Hochschulverlag 2012, 6, IV, 1180 S., 12 Abb. [mit umfangreichen Darstellungen (österreichisch-)schlesischer Wasserheilkunde des 18.–20. Jhs.].

BERICHTE

V. Vorträge und Vorlesungen

Im April 2013 hielt Prof. Keil eine Fachprosa-Vorlesung (‚Zur mährisch-schlesischen Medizinliteratur') am Lehrstuhl für Germanistik der Ostrauer Universität. Aus den Forschungsprojekten des Möbus-Instituts referierte er in Saalfeld (2013, 2014), in Heringsdorf auf Usedom (2012, 2013, 2014), in Leipzig und Bad Elster (2014), in Berlin (2012, 2014), in Erfurt (2012, 2014), in München (2013), in Wien (2013), in Krakau (2014) und in Glandorf (2012, 2013, 2014). Meist handelte es sich um Hauptreferate bei Sitzungen von Akademien, Stiftungen und Kongressen, beispielsweise bei der Mitteldeutschen Akademie für Onkologie (MAO), bei der Erfurter Akademie gemeinnütziger Wissenschaften, bei der Sudetendeutschen Akademie der Wissenschaften und Künste, bei der Dr. Pandalis-Stiftung, bei der Carl-Christoph-von-Lengefeld-Stiftung zu Reschwitz (Rundfunk-Interview), vor den Krakauer Medizinhistorikern, bei der Usedomer Werkstatt Onkologie (Kneipp kontra Krebs) und auf dem 14. Bundeskongreß deutscher Pathologen in Berlin.

VI. Auszeichungen, Berufungen, Anerkennungen

2012 durfte Prof. Keil die Jubiläumsmedaille zum 200jährigen Bestehen der Universität Breslau entgegennehmen; im gleichen Jahr bestellte ihn die Erfurter Akademie als Mitglied in die Akademiekommission für Hochschul- und Wissenschaftsgeschichte; der de Gruyter-Verlag berief ihn 2011/12 in das Editorial Board der Verfasser-Datenbank „Die Autoren der deutschsprachigen Literatur von den Anfängen bis zur Gegenwart" und betraute ihn mit Aufgaben im Wissenschaftlichen Beirat für das Verfasserlexikon Mittelalter. Das Publications Board des Marquis Who's Who nominierte Prof. Keil für die Aufnahme in die 69. Auflage (2015) des Who's Who in America, wobei „outstanding contributions to … the History of Silesia" mit den Ausschlag gaben. Berücksichtigt wurde auch, daß das von Prof. Keil untersuchte und 1989 herausgegebene ‚Lorscher Arzneibuch' aus dem 8. Jahrhundert seitens der UNESCO im Juni 2013 ins Weltdokumentenerbe aufgenommen wurde. Die gleiche Anerkennung widerfuhr der Goldenen Bulle von 1356, deren Vorgeschichte auf Anregung der Professoren Peter Herde und Gundolf Keil über Arbeiten von Prof. Wihoda vom Möbus-Institut aus erforscht worden war, vergleiche:

– Prof. Dr. Martin Wihoda [Masaryk Universität Brünn]: Die sizilischen Goldenen Bullen von 1212: Kaiser Friedrichs II. Privilegien für die Přemysliden im Erinnerungsdiskurs. „Überarbeitete und erweiterte" Fassung des „ursprünglich tschechischen Textes", übersetzt von Jiří Knap, redigiert und korrigiert von Karel Hruza, Daniel Luger, Marcus Schmidt und Anett Werner, Wien, Köln, Weimar: Böhlau-Verlag 2012 (= Forschungen zur Kaiser- und Papstgeschichte des Mittelalters. Beihefte zu <den> Regesta Imperii, hg. von der Österreichischen Akademie der Wissenschaften und der Akademie der Wissenschaften und der Literatur <zu> Mainz 33), 330, 2 S., 12 Abb., 1 Stammtfl.

VII. Ausblick und Perspektiven

– Die Mitarbeit an Hubertus Averbecks Kaltwasser-Studie wird sich niederschlagen im Vortrag ‚Wasser und Gesundheit', der am 11. September 2015 in der Tradition „Kneipp kontra Krebs" die 15. Usedomer Werkstatt Onkologie eröffnen werden wird.
– Die Abschluß-Arbeiten am Projekt *‚Soupis a základní filologické vyhodnocení středověkých a raně novověkých rukopisů dochovaných v českých zemích'* der tschechischen Forschungsgemeinschaft, in das über den germanistischen Lehrstuhl der Ostrauer Universität auch das Gerhard-Möbus-Institut eingebunden war, werden nach Auslaufen der Förderung seit 2013 ehrenamtlich weitergeführt. Vorgesehen für 2015 ist die Herausgabe eines ‚Korpus deutscher medizinischer Texte des 14.–16. Jahrhunderts aus böhmischen sowie mährischen Archiven und Bibliotheken', an dem unter Federführung von Prof. Vaňková das Gerhard-Möbus-Institut (beziehungsweise dessen Projektbereich) seit mehr als einem Jahrzehnt arbeitet und bei dem die Blutentzugs-Thematik durch Lassen, Schröpfen und Egel-Setzen im Vordergrund stehen wird.
– Der Aderlaß wird auch im Doppelband 10/11 (2014/15) der ‚Fachprosaforschung – Grenzüberschreitungen' eine Rolle spielen, in dem ein ‚Niederschlesisches Aderlaßbüchlein' des 15. Jahrhunderts lokalisiert, strukturell untersucht, quellenkundlich dekodiert und textkritisch vorgestellt werden soll.
– Für die Erfurter Akademie gemeinnütziger Wissenschaften ist ein Vortragsmanuskript in Bearbeitung, das – beginnend mit Breslau und abschließend mit Farfa (beziehungsweise Mährisch-Schlesien) – sich mit

der deutschen Isaak-Judäus-Rezeption des Hoch- und Spätmittelalters befaßt.
– Für die Erfurter Akademie angekündigt ist ein Vortrag über die ostmitteldeutsche Montanliteratur der Zeitenwende (15./16. Jahrhundert).
– Die Sudetendeutsche Akademie in München wartet auf den Abschluß der Mikulicz-Radecki-Biographie, von der 2014 nur ein Torso erschienen ist und in der der Abschnitt über die Königsberger und vor allem Breslauer Zeit noch ausgearbeitet werden muß.
– Nach Beendigung der Abschlußarbeiten am mährisch-böhmischen Handschriften-Projekt der tschechischen Forschungsgemeinschaft ist vorgesehen, die editorischen Arbeiten am ‚Breslauer Arzneibuch' wieder aufzunehmen, mit dem sich das Gerhard-Möbus-Institut (nicht zuletzt durch die Transkriptionen Dr. Schmilewskis) mehr als ein Vierteljahrhundert lang auseinandergesetzt hat.

Würzburg, am Frühlingsanfang 2015

Prof. Dr. Dr. Dr.h.c. Gundolf Keil *Christine Wolf, M.A.*
Projektleiter *Mitarbeiterin*

4. Jahresberichte 2010, 2011 und 2012 des Vereins für Geschichte Schlesiens e.V.

Im Berichtszeitraum traf der Vorstand seine Absprachen wie gewohnt auf elektronischem Wege und fernmündlich. Auf zahlreiche Anfragen zur Geschichte und Landeskunde Schlesiens wurden von ihm Auskünfte erteilt. Laufend aktualisiert und ausgebaut, insbesondere mit Verlinkungen auf landeskundliche Literatur, wurde die Homepage des Vereins (www.vfgs.eu), die erfreulich häufig aufgerufen wird.

Im Jahre 2010 erhielten die Mitglieder zwei Rundschreiben mit einer Auflistung der von ihnen gemeldeten, eigenen Veröffentlichungen, einem aktualisierten Mitgliederverzeichnis sowie einem Hinweis zum verbilligten Bezug des Buches von Hans-Wolfgang Bergerhausen (Hg.): Die Altranstädter Konvention von 1707. Beiträge zu ihrer Entstehungsgeschichte und zu ihrer Bedeutung für die konfessionelle Entwicklung in Schlesien (Beihefte zum Jahrbuch für Schlesische Kirchengeschichte 11). Würzburg 2009. Als kostenfreie Sondergabe ging an sie das vom Ehrenmitglied des Vereins, Prof. Dr. Norbert Conrads, herausgegebene Buch von Willy Cohn: Kein Recht – nirgends. Breslauer Tagebücher 1933–1941. Eine Auswahl. Bonn 2009. Vierteljährlich wurde den Mitgliedern das Informationsblatt „Schlesischer Kulturspiegel" mit der vom Verein betreuten Rubrik ‚Schlesische Geschichtsnotiz' zugesandt, in diesem Jahr mit fünf Beiträgen von fünf Autoren.

Wiederaufgenommen wurde die Vorkriegspublikation des Vereins „Schlesische Geschichtsblätter", und zwar als Zeitschrift für Regionalgeschichte Schlesiens. Es erschienen im Jahrgang 37 (2010) drei Hefte im Umfang von insgesamt 112 Seiten. In dieser Zeitschrift sollen bevorzugt heimatkundliche Beiträge der Vereinsmitglieder, aber auch anderer Autoren veröffentlicht werden. Gedankt sei Herrn Stefan Guzy (Berlin) für die gestalterische und herstellungstechnische sowie Prof. Dr. Andreas Klose (Potsdam) für die redaktionelle Betreuung. Der Bezug der Zeitschrift ist im Mitgliedsbeitrag enthalten.

Wie stets konnten die Vereinsmitglieder an der Jahrestagung der Stiftung Kulturwerk Schlesien, diesmal vom 4.–6. Juni 2010, im Exerzitienhaus Himmelspforten in Würzburg teilnehmen. Zum Tagungsthema „Schlesien und die ehemaligen deutschen Ostprovinzen im Prozeß der Wiedervereinigung 1989/1990" steuerte der Verein einen Vortrag über „Das Projekt eines ‚Schlesischen Landesmuseums' in Deutschland und seine Realisierung im Jahre 2006" bei, den der Direktor des Schlesischen Museums zu Görlitz, Dr. Markus Bauer, hielt.

Im direkten Anschluß an die Jahrestagung, am 6. Juni 2010, wurde die Mitgliederversammlung abgehalten. Der Vorstand gab seine Tätigkeits-, Kassen- und Vermögensberichte; die Kassenprüfer trugen ihren Bericht vor, woraufhin dem Vorstand Entlastung erteilt wurde. In der folgenden Vorstandswahl wurde der amtierende Vorstand bestätigt; ihm gehören an als Erster Vorsitzender Prof. Dr. Dr. Dr.h.c. Gundolf Keil (Würzburg), als Zweiter Vorsitzender Prof. Dr. Andreas Klose (Potsdam), als Schriftführer Dr. Peter M. Wolfrum (Würzburg) und als Schatzmeister Dr. Ulrich Schmilewski (Karlstadt am Main). Ebenfalls wiedergewählt wurden als Kassenprüfer Werner Schwarzer (Thalmässing) und Dr. Matthias Wessinghage (Petersberg). Zum Jahre 2011 wurde der reduzierte Jahresbeitrag für Mitglieder mit Wohnsitz in den neuen Bundesländern aufgehoben; der reguläre Jahresbeitrag beläuft sich weiterhin auf 26,00 Euro bzw. 13,00 Euro für Studenten.

Zum Jahresende 2010 zählte der Verein bei 17 Beitritten und 11 Austritten insgesamt 309 Mitglieder.

2011 wurden an die Mitglieder drei Rundschreiben mit einer Titelauflistung der von ihnen gemeldeten, eigenen Veröffentlichungen und dem Angebot des verbilligten Bezugs des Buches von Ralph Michael Wrobel: Die Johanniter in Oberschlesien. Gründung, Entwicklung und Niedergang der Kommenden Makau, Alt-Zülz und Cosel. Würzburg 2010 verschickt. Als kostenlose Jahresgabe wurde ihnen Band 50 (2009) des „Jahrbuchs der Schlesischen Friedrich-Wilhelms-Universität zu Breslau" zugesandt, ebenso kostenfrei die drei Hefte des Jahrgangs 38 (2011) der „Schlesischen Geschichtsblätter" mit einem Umfang von insgesamt 120 Seiten. Vierteljährlich ging an sie das Informationsblatt „Schlesischer Kulturspiegel" mit der vom Verein betreuten Rubrik ‚Schlesische Geschichtsnotiz', in diesem Jahr mit fünf Beiträgen von drei Autoren.

Die Vereinsmitglieder wurden auch wieder zur Jahrestagung der Stiftung Kulturwerk Schlesien vom 24.–26. Juni 2011 im Exerzitienhaus Himmelspforten in Würzburg eingeladen. Zum Tagungsthema „Europäische Gartenkunst in Schlesien" steuerte der Verein einen Vortrag über „Schlesische Gärtner und ihr Wirken im Hofgarten der Würzburger Residenz" bei, den Dr. Verena Friedrich (Würzburg) hielt.

An eine frühere Veranstaltungsfolge anknüpfend, führte der Verein wieder ein „Heimatgeschichtliches Wochenende für schlesische Ortschronisten und Familienforscher" durch, und zwar in Zusammenarbeit mit der Stiftung Kulturwerk Schlesien und unter Beteiligung von Jürgen Schwanitz (Metten). Besonders angesprochen waren diesmal die Regionalforscher aus dem Bobertal und dem Waldenburger Land. Sie konnten ihre Arbeitsprojekte ausführlich während der Veranstaltung vom 28.–30. Oktober 2011 in der Franken-Akademie Schloß Schney bei Lichtenfels vorstellen. Ergänzt wurden ihre Referate durch Vorstellungen der veranstaltenden Organisationen sowie folgende Vorträge: „Leichenpredigten als kulturgeschichtlich-genealogische Quellen" (Dr. Ulrich Schmilewski, Karlstadt am Main), „Deutsche Christen – Bekennende Kirche. Die evangelische Kirche während des Nationalsozialismus" (Dr. Christian-Erdmann Schott, Mainz), „Die bäuerliche Führungsschicht im Grüssauer Klosterland (Tilmann Taube, Essen), „Gedruckte Statistiken, Schematismen, Adreßverzeichnisse, Zeitschriften etc. als Quellen heimatkundlicher Forschungen für das 19. und 20. Jahrhundert im preußischen Teil Schlesiens" (Prof. Dr. Andreas Klose, Potsdam), „Urbare als Quelle für Ortschronisten und Familienforscher" (Stefan Guzy, Berlin) und „Der schlesische General Hans Ulrich Freiherr Schaffgotsch (1595–1635) – hingerichtet in Regensburg" (Jürgen Schwanitz). Der Druck der Referate und Vorträge ist vorgesehen.

Mit einem Druckkostenzuschuß wurde die Veröffentlichung der Dissertation von Christian Speer: Frömmigkeit und Politik. Städtische Eliten in Görlitz zwischen 1300 und 1550 (Hallische Beiträge zur Geschichte des Mittelalters und der Frühen Neuzeit 8), Berlin 2011 gefördert.

Im direkten Anschluß an die Jahrestagung der Stiftung Kulturwerk Schlesien, am 26. Juni 2011, wurde die Mitgliederversammlung abgehalten. Der Vorstand erstattete den Tätigkeits-, Kassen- und Vermögensbericht. Aufgrund des Berichtes der Kassenprüfer wurde der Vorstand für das abgelaufene Jahr entlastet. Werner Schwarzer (Thalmässing) und Dr. Matthias Wessinghage (Petersberg) wurden als Kassenprüfer bestätigt. Der Jahresbeitrag blieb unverändert bei 26,00 € bzw. reduziert 13,00 €.

Zum Ende des Jahres 2011 zählte der Verein bei 6 Beitritten und 12 Austritten insgesamt 303 Mitglieder.

Im Jahre 2012 erhielten die Mitglieder drei Rundschreiben mit einer Titelauflistung der von ihnen gemeldeten, eigenen Veröffentlichungen, einem Fragebogen und Hinweisen auf eine Reise, neue Buchpublikationen, Angeboten zum verbilligten Bezug von älteren Vereinspublikationen und des Buchs von Siegfried Ulbrecht: Schloß Johannesberg, Jauernig und Umgebung. Begegnungen von Personen und Kulturen in einer europäischen Region. Freiburg, Görlitz 2012. Im Mitgliedbeitrag enthalten war der Bezug der vom Verein herausgegebenen „Schlesischen Geschichtsblätter", deren Jahrgang 39 (2012) drei Hefte mit einem Gesamtumfang von 120 Seiten umfaßt. Zudem ging an sie vierteljährlich das Informationsblatt „Schlesischer Kulturspiegel" mit der vom Verein betreuten Rubrik ‚Schlesische Geschichtsnotiz', die in diesem Jahr vier Beiträgen von vier Autoren enthielt.

An eigenen Publikationen hat der Verein im Eigenverlag herausgebracht:
– Ulrich Schmilewski, Jürgen Schwanitz (Hg.): Auf historischer Spurensuche im Bobertal 2011/2012. Aktuelle Forschungsergebnisse von und für Regionalforscher, Ortschronisten, Genealogen und Historiker im niederschlesischen Riesengebirge (Einzelschriften des Vereins für Geschichte Schlesiens 4), 272 S. Das Buch enthält die Beiträge des vorjährigen „Heimatgeschichtlichen Wochenendes" sowie weitere Texte.

– Tomasz Andrzejewski: Die Herren von Rechenberg im Herzogtum Glogau während des 16. und 17. Jahrhunderts. Familie, Wirtschaft, Politik, Kunst (Wissenschaftliche Schriften des Vereins für Geschichte Schlesiens 7), 342 S. Bei dem Buch handelt es sich um die von der Familie von Rechenberg geförderte Übersetzung einer polnischen Dissertation. Erstmals in seiner über 165jährigen Geschichte legt damit der Verein eine polnische Publikation in deutscher Übersetzung vor.

Wie stets hatten die Vereinsmitglieder die Möglichkeit, an der Jahrestagung der Stiftung Kulturwerk Schlesien vom 8.–10. Juni 2012 im Exerzitienhaus Himmelspforten in Würzburg teilzunehmen. Zum Tagungsthema „Theater in Schlesien" steuerte der Verein einen Vortrag mit dem Titel „Umstrittener als anderswo? Breslauer Musiktheater in der Ära Gottlob Benedict Bierey" bei, gehalten von Dr. Till Gerrit Waidelich (Wien).

Im direkten Anschluß an die Jahrestagung, am 10. Juni 2012, wurde die Mitgliederversammlung abgehalten. Der Vorstand gab seine Tätigkeits-, Kassen- und Vermögensberichte. Aufgrund des Berichts der Kassenprüfer wurde der Vorstand für das vergangene Jahr entlastet. Als Kassenprüfer wurden Werner Schwarzer (Thalmässing) und Dr. Matthias Wessinghage (Petersberg) wiedergewählt. Der Jahresbeitrag blieb unverändert bei 26,00 € bzw. reduziert 13,00 €.

Zum Jahresende 2012 zählte der Verein bei 9 Beitritten und 16 Austritten insgesamt 296 Mitglieder.

Würzburg, im März 2015

Prof. Dr. Dr. Dr.h.c. Gundolf Keil
Erster Vorsitzender

Dr. Ulrich Schmilewski
Schatzmeister

5. Bericht des Vereins für Schlesische Kirchengeschichte für die Jahre 2010, 2011 und 2012

Vom 1. bis 3. Oktober 2010 erinnerte die „Gemeinschaft evangelischer Schlesier (Hilfskomitee) e.V." mit einer besonderen Gedenkveranstaltung in Wiesbaden, Hotel Oranien, an ihren Weg und Einsatz seit ihrer Gründung im Jahr 1950. Im Zusammenhang damit hielt der „Verein für

Schlesische Kirchengeschichte e.V." seine jährliche Arbeitstagung vom 29. September bis 1. Oktober 2010 ebenfalls in Wiesbaden im Hotel Oranien ab. Passend zum Jubiläum der „Gemeinschaft evangelischer Schlesier (Hilfskomitee) e.v." hatte sich der Vorstand für das Thema „Der deutsche Nachkriegsprotestantismus und die Vertriebenen – offene Fragen" entschieden.

Die Hauptvorträge hielten Dr. Hans-Ulrich Minke (Oldenburg): Die Evangelische Kirche in Deutschland (EKD) und die Vertriebenen – das Beispiel Oldenburg; Prof. Dr. Dorothea Wendebourg (Berlin): Wie ging die EKD mit den Vertriebenen um?; Dr. Christian-Erdmann Schott (Mainz): Welchen Beitrag haben die Vertriebenen bei ihrer Aufnahme in den Nachkriegskirchen geleistet?; PD Dr. Claudia Lepp (München): Die EKD-Denkschrift zur Lage der Vertriebenen. Aktuell berichteten aus ihren Arbeitsbereichen Superintendent Dr. Thomas Koppehl (Niesky): Die Schlesische Oberlausitz; OKR i.R. Margrit Kempgen (Görlitz): Die Kirchliche Stiftung Evangelisches Schlesien; Pfarrer em. Dr. Christian-Erdmann Schott: Die Gemeinschaft evangelischer Schlesier und ihr Jubiläum; Prof. Dr. Dorothea Wendebourg: Der Verein für Berlin-Brandenburgische Kirchengeschichte; Pfarrer Dr. Reiner Braun (Dautphetal-Dautphe): Die Hessische Kirchengeschichtliche Vereinigung; Pfarrer Magister Ulrich Hutter-Wolandt (Berlin): Die evangelische Kirchengeschichtsforschung in Polen seit 1945; Johannes Schellakowsky M.A. (Würzburg): Die „Stiftung Kulturwerk Schlesien" in Würzburg.

Vorbereitet wurde die Arbeitstagung in den beiden Vorstandssitzungen am 2. Juni 2010 in der Evangelischen Theologischen Fakultät der Humboldt-Universität in Berlin und am 29. September 2010 im Hotel Oranien in Wiesbaden. In der Mitgliederversammlung des Vereins für Schlesische Kirchengeschichte e.V. am 30. September 2010 bat Christian-Erdmann Schott nach 20 Jahren Vorstandsvorsitz um Entbindung von diesem Amt. Daraufhin wurde der Nieskyer Superintendent Dr. Thomas Koppehl zum neuen Vorsitzenden gewählt. Dr. Koppehl dankte dem bisherigen Vorsitzenden für seine langjährige, engagierte und vorbildliche Arbeit als Vorsitzender und für die, neben aller Tätigkeit als Pfarrer, bewundernswerte Erforschung schlesischer Kirchengeschichte in zahllosen Aufsätzen und Monographien. Dr. Schott wünschte dem Verein unter der neuen Führung eine gute, erfolgreiche Zukunft unter Gottes Schutz und Segen.

Im Jahr 2011 ist der Vorstand des Vereins für Schlesische Kirchengeschichte zu drei Sitzungen zusammengekommen: am 13. Januar und am

9. Juni jeweils in der Evangelischen Theologischen Fakultät der Humboldt-Universität in Berlin und am 5. September während der Jahrestagung in Ustroń. Bei den beiden ersten Sitzungen ging es schwerpunktmäßig um die Vorbereitung der Mitgliederversammlung in Verbindung mit der Arbeitstagung in Teschen.

Die Mitgliederversammlung fand am 6. September im Hotel Daniel in Ustroń bei Teschen statt. Auf ihr wurde Dr. Christian-Erdmann Schott aufgrund seiner langjährigen Verdienste um den Verein zum Ehrenvorsitzenden gewählt. Dr. Dietrich Meyer (Herrnhut), der sich viele Jahre besonders um die Publikationen des Vereins bemühte, wurde zum Ehrenmitglied ernannt. Die Ehrungen wurden vom neuen Vorsitzenden des Vereins, Dr. Thomas Koppehl, vorgenommen und im „Schlesischen Gottesfreund" veröffentlicht.

Die Arbeitstagung fand vom 5. bis 7. September in Ustroń/Teschen unter dem Thema „Teschen als Brennpunkt protestantischer Kirchengeschichte" statt. Die Hauptvorträge hielten Dr. Herbert Patzelt (München): Die Reformation in Teschen; Dr. Christian-Erdmann Schott (Mainz): Die Gegenreformation in Teschen; Prof. Karl Schwarz (Wien): Teschen zwischen Toleranz und konfessioneller Parität – die Evangelische Kirche in Österreichisch-Schlesien im 19. Jahrhundert; Andrzej Kowalczyk (Bielsko-Biała): Die Evangelische Kirche im Teschener Schlesien 1918–2010.

Im Jahre 2012 ist der Vorstand jeweils zu drei Sitzungen zusammengekommen, am 12. Januar und 30. Oktober 2012 in der Evangelischen Theologischen Fakultät der Humboldt-Universität zu Berlin und am 3. September 2012 im Rahmen der Jahrestagung im Hotel Bonhoefferhaus, Berlin. Bei den Sitzungen in der Fakultät ging es schwerpunktmäßig um die Planung der Jahrestagung, auch wurden die letzten Vorbereitungen für die bevorstehende Drucklegung des von Pfarrer Magister Dietmar Neß herausgegebenen „Schlesischen Pfarrerbuches" getroffen.

Die Mitgliederversammlung fand am 4. September 2012 im Bonhoefferhaus Berlin statt. Die Jahrestagung 2012 wurde vom Verein für Schlesische Kirchengeschichte zusammen mit dem Verein für Berlin-Brandenburgische Kirchengeschichte veranstaltet. Sie fand vom 2. bis 5. September in Berlin statt und stand unter dem Thema „Friedrich II. von Preußen und die Kirchen". Es wurden folgende Vorträge gehalten: Prof. Dr. Dr.h.c. Johannes Wallmann (Berlin): Friedrich II. von Preußen und die christlichen Kirchen; Prof. Dr. Albrecht Beutel (Münster): Die evangelischen Kirchen des Königreiches Preußen (abgesehen von Schlesien) und

Friedrich II.; Dr. Christian-Erdmann Schott (Mainz): Die evangelische Kirche Schlesiens und Friedrich II.; Prof. Dr. Joachim Köhler (Tübingen): Die römisch-katholische Kirche und Friedrich II.; Prof. Dr. Dr.h.c. Jan Harasimowicz (Breslau): Der Kirchenbau unter Friedrich II. (öffentlicher Vortrag). Eine ganztägige Exkursion führte ins Oderbruch, nach Küstrin und nach Sonnenburg.

Niesky, im März 2015

Sup. Dr. Thomas Koppehl
Vorsitzender

6. Institut für ostdeutsche Kirchen- und Kulturgeschichte e.V., Jahresberichte 2010–2012

Arbeitstagungen 2010–2012

Das Institut für ostdeutsche Kirchen- und Kulturgeschichte e.V. (Sitz Regensburg) veranstaltet – wie seit 1963 eingeführt – jedes Jahr eine Arbeitstagung. Die 47. Arbeitstagung fand vom 6. bis 9. September 2010 im Kloster der hl. Birgitta in Danzig-Oliva zum Thema „Die ‚cura animarum' (Seelsorge) im mittelalterlichen Deutschordensland" mit 39 Teilnehmern statt. Von den zwölf auf die Geschichte des Deutschen Ordens im Mittelalter spezialisierten Referentinnen und Referenten stammten sechs aus der Bundesrepublik Deutschland, fünf aus Polen und eine aus Schweden. Die Moderation hatte Prof. Dr. Stefan Samerski (München/Regensburg) übernommen. Bemerkenswert war, daß das Institut zum ersten Mal im ehemaligen Westpreußen tagte. Die Geschichte des Deutschen Ordens war in den letzten Jahrzehnten intensiv von deutscher und polnischer Seite erforscht, der Aspekt der Seelsorge in diesem geistlichen Ritterstaat vom 13. bis zum 15. Jahrhundert allerdings ausgeklammert worden. In einem Dutzend Vorträgen suchten die Referenten Antworten auf die Fragen zu geben: Wer betrieb die Seelsorge im Deutschordensstaat? Waren es die Deutschordenspriester alleine oder holten sie andere Orden, etwa die Bettelorden, zu Hilfe? Gab es eine spezifische Art der Deutschordensseelsorge? Wie war das Verhältnis zwischen Bistumsorganisation und Deutschordensstaat? Welche Heiligen wurden im Deutschen Orden besonders verehrt usw.? Einen Einstieg lieferte Prof. Dr. Arno Mentzel-Reuters (München) mit seinem Vortrag „Der Deutsche Orden als geistlicher Orden". Den Kern der Thematik erschloß Prof. Dr. Roman Czaja (Thorn) mit seinem Vortrag „Die Identität des Deutschen Ordens in Preußen". Er legte dar, daß zum Selbstverständnis des Deutschen Ordens die Idee des Heidenkampfes, die Kreuzzugsideologie, eine Frömmigkeit mit besonderer Verehrung des hl. Georg, der hl. Elisabeth und der Muttergottes sowie das Bewußtsein, Landesherren zu sein, gehörte. Die „Bistümer im Ordensland Preußen" – Kulm, Pomesanien, Samland und Ermland – beleuchtete Dr. Radosław Biskup (Thorn). Auf den Einsatz der Bettelorden (Dominikaner, Franziskaner, Augustiner-Eremiten und Karmeliten) gingen Dr. Rafał Kubicki (Danzig) und Dr. Piotr Oliński (Thorn) ein. Mit Aspekten der Deutschordensliteratur befaßten sich zwei Literaturwissenschaftler der Universität Regensburg: Prof. Dr. Edith Feistner widmete sich der „Katechese der Ritterbrüder in den Anfängen des Deutschordensstaates: Bibeldichtungen als Fallbeispiele" und Dr. Michael Neecke der „Identitätsstiftung durch Bibelethik: Die ‚Judith von 1254'". Ein Vortrag von Prof. Dr. Christofer Herrmann (Allenstein) führte mit farbenprächtigen Fotos die „Architektur der Kirchen im Deutschordensland Preußen" vor Augen. Der Vortrag war zugleich Vorbereitung auf eine ganztägige Busexkursion, bei der zunächst die Bettelordenskirchen St. Trinitatis, Nicolai und Josef in Danzig, dann die Marienburg, Marienwerder und die Pfarrkirche Großmontau, Heimatkirche der heiligen Dorothea von Montau, besichtigt wurden. Der besonderen Spiritualität des Deutschen Ordens näherte sich die Tagung auch durch Vorträge zu Ordensheiligen an: Zu ihnen zählt Dorothea von Montau. Prof. Samerski entfaltete ihre Kultgeschichte vom Mittelalter bis heute. Die spannungsgeladene Verehrungsgeschichte der Gottesmutter Maria, der Patronin des Deutschen Ordens wie auch des polnischen Volkes, zeigte Dr. Cornelia Hess (Stockholm) auf. Den Bogen der Frömmigkeitsgeschichte schloß Prof. Dr. Klaus Militzer (Köln) mit seinen Ausführungen über „Die verzögerten Wirkungen der Bruderschaften im Osten im Mittelalter". Insgesamt zeigten sich die Tagungsteilnehmer sehr zufrieden über die neuen Forschungsergebnisse. Freilich blieben auch einige Fragen, z.B. zur Rolle der Deutschordenspriester als Seelsorger in den einzelnen Jahrhunderten, offen. Hier muß die Forschung weiter vorangetrieben werden. Begeistert waren die Tagungsgäste vom Birgittenkloster in Danzig-Oliva als Tagungshaus, das nach einer Restaurierung der Gebäude im klassizistischen Stil einen edlen Rahmen für die Veranstaltung bot.

Zur 48. Arbeitstagung wurde vom 1. bis 4. August 2011 zum Thema „Katholische Aufklärung und Josephinismus" in das Augustiner-Chorherrenstift St. Florian (Österreich) eingeladen. 1. Vorsitzender Msgr. Dr. Paul Mai konnte bei dieser internationalen Tagung rund dreißig Teilnehmer aus Deutschland, Tschechien, Ungarn und Österreich begrüßen. Die Wahl des Augustiner-Chorherrenstifts St. Florian als Tagungsort war im Blick auf das Thema bewußt getroffen worden, bot dieses Stift doch einen prächtigen Tagungsrahmen als eines der Klöster, das die Aufhebung durch Kaiser Joseph II. unbeschadet überstanden hatte. Joseph II., Sohn und Mitregent Maria Theresias, hatte als Kaiser (1765–1790) für die Länder der Habsburger Monarchie als aufgeklärt-absolutistischer Monarch ein System des Staatskirchentums eingeführt. Dieses wies der Kirche eine dem Staat gegenüber dienende Rolle zu. Mit dem Schlagwort Josephinismus verbindet sich bis heute die Erinnerung an die Aufhebung der in Josephs II. Augen „unnützen Klöster" – so sie nicht der Krankenpflege oder Bildung dienten –, des Verbots von Prozessionen, Wallfahrten und der Bruderschaften usw. Umgekehrt intensivierten eine verbesserte Bildung des Klerus, die Errichtung neuer Pfarreien, neuer Bistümer, ein verbessertes Schulsystem das kirchliche und religiöse Leben. Angesichts zahlreicher Forschungsfortschritte auf dem Gebiet des Josephinismus warfen die Tagungsmoderatoren Prof. Dr. Rainer Bendel (Tübingen) und Dr. Norbert Spannenberger (Leipzig) die Frage auf: Ist die traditionelle Polemik in katholischen Kirchen- und Historikerkreisen gegenüber Joseph II. gerechtfertigt? Noch grundsätzlicher gefragt: Stehen Aufklärung und Kirche zwangsläufig in einem Gegensatz? Rund ein Dutzend Referenten aus Deutschland und dem Gebiet der ehemaligen Habsburgermonarchie suchten Antworten auf die Fragen der Kirchlichkeit und aufgeklärten Modernität der josephinischen Maßnahmen. Eine erste Serie widmete sich regionalen Perspektiven im Vergleich. Dr. Odřej Bastl (Prag) berichtete über die Einschätzung der Reformen Josephs II. in Böhmen und Dr. István Soós (Budapest) über die Rezeption des Josephinismus in der ungarischen Elite. Dr. Peter Šoltés (Preßburg) beleuchtete Rezeption und Folgerungen der josephinischen Kirchenreformen im konfessionell gemischten Grenzgebiet des nordöstlichen Ungarn/Ostslowakei und Dr. Zoltán Gözsy (Fünfkirchen) Kontrolle und Sozialdisziplinierung im

Spiegel der kanonischen Visitationen in Südtransdanubien. Dr. György Janka (Nyíregyháza) behandelte die Auswirkungen der Aufklärung auf die griechisch-katholische Kirche (Referat verlesen). Dr. Horst Miekisch (Bamberg) hob die Beziehungen des aufgeklärten Bamberger Bischofs Franz Ludwig von Erthal zu Joseph II. hervor. Eine zweite Serie ordnete die Vorträge den Themen ‚Schule – Priesterbild – Ökumene' unter. Hier legte Dr. Andreas Hegedüs (Gran) die Priesterbildung in Ungarn mit besonderer Berücksichtigung des Generalseminars in Pressburg dar. Prof. Dr. Werner Simon (Mainz) führte Benedikt Strauch (1724–1803) und die Reform der Schule und Katechese in Schlesien im letzten Drittel des 18. Jahrhunderts vor. Biographisch setzten auch die Vorträge von Dr. Norbert Jung (Bamberg) und Dr. Norbert Spannenberger (Leipzig) über Franz Stephan Rautenstrauch – seine Rolle im Fall Isenbiehl und Abt Pyrker OCist. als Grenzgänger zwischen Zeiten, Reichen und Systemen an. Prof. Dr. Rainer Bendel (Tübingen) deckte Bezüge zwischen Aufklärung und Ökumene auf. Mag. Franz Leander Fillafer (Konstanz) arbeitete „Drei Stufen josephinischer Sinnbildung" heraus. In Beantwortung der oben aufgeworfenen Frage ergab sich als Resümee: Kirche und Aufklärung stehen nicht in einem zwangsläufigen Gegensatz. Joseph II. hatte mit seinen Maßnahmen dem Verhältnis von Glaube und Vernunft staats- und kirchenpolitisch bedenkens- und beachtenswerte Wege bereitet. Eine Exkursion zum Benediktinerstift Kremsmünster (Tassilokelch im Klosterschatz) und zum Zisterzienserstift Schlierbach rundete die Tagung ab.

Zu ihrer 49. Arbeitstagung „Zwischen kirchlicher Disziplin und gesellschaftlichen Ansprüchen. Der Seelsorgeklerus in den Auseinandersetzungen mit den Zeitströmungen des 19. Jahrhunderts – am Beispiel preußischer Diözesen" hatte das Institut für ostdeutsche Kirchen- und Kulturgeschichte vom 6. bis 9. August 2012 nach Breslau eingeladen. 1. Institutsvorsitzender Msgr. Dr. Paul Mai (Regensburg) konnte rund 30 reguläre – mit Tagesgästen rund 40 – Tagungsteilnehmer begrüßen. Als eine gute Entscheidung erwies sich die Wahl des Priesterseminars Breslau als Tagungshaus, vermittelte es doch als neugotischer Backsteinbau vom Ende des 19. Jahrhunderts viel von der Atmosphäre dieser Zeit. Außerdem war dieses Haus das Zentrum der Priesterausbildung des Bistums Breslau, das unter den damals preußischen Diözesen zu den größten zählte. Bei dieser deutsch-polnischen Tagung übernahm neben Prof. Dr. Rainer Bendel (Tübingen) Prof. Dr. Kazimierz Dola (Neisse/Nysa) als Moderator Verantwortung, ein Zeichen internationaler wissenschaftlicher Kooperation. Von den elf Referenten stammten fünf aus Polen und sechs aus der Bundesrepublik Deutschland. Moderator Bendel hob in seiner Einführung hervor, daß der Entwurf eines neuen Priesterbildes im 19. Jahrhundert zwischen Rückzug aus dem öffentlich-sozialen Raum und Engagement in diesem Raum geschwankt habe. In einem Grundsatzvortrag „Klerus und Reform in einem langen 19. Jahrhundert" unterstrich Bendel weiter, daß Reflexion um abwägendes Mitgehen mit den Veränderungen der Zeit die Seelsorge nach der Aufklärung zunächst bestimmt, römisch-ultramontanes Denken dann aber eine gewisse Abschottung ab der Jahrhunderthälfte nach sich gezogen habe. Mit der Priesterbildung bei Simon Sobiech (1749–1832) beleuchtete Moderator Dola einen ganz konkreten Weg der Priesterausbildung in Schlesien zu Beginn des 19. Jahrhunderts. Eine Reihe vergleichender Vorträge zog Parallelen zwischen Schlesien und westdeutschen Gebieten: Prof. Dr. Hans-Georg Aschoff (Hannover) schilderte Priester in der Diaspora des 19. Jahrhunderts, Privatdozent Dr. Michael Hirschfeld (Vechta) arbeitete den Typus des sozialen Pfarrers in Schlesien und Westfalen heraus. Das Wirken schlesischer Kulturkampfpriester im Bistum Regensburg von 1876 bis 1884 beleuchtete Msgr. Dr. Paul Mai (Regensburg). Tobias Körfer (Köln) konzentrierte sich auf Priester im Kulturkampf in oberschlesischen Gemeinden. Andreas Gayda (Haltern am See) eruierte verschiedene Priesterbilder im oberschlesischen Industriegebiet zur Zeit des Kulturkampfes. Die Konflikte um das Unfehlbarkeitsdogma des Ersten Vatikanischen Konzils im schlesischen Klerus thematisierte Prof. Dr. Joachim Köhler (Tübingen) anhand der Beispiele Carl Frhr. v. Richthofen und Carl Jentsch. Die Professorenkritik Joseph Hubert Reinkens am schlesischen Klerus führte Prof. Dr. Lydia Bendel-Maidl (München) vor Augen. Themen zum Ermland und zu Westpreußen steuerten polnische Referenten bei: Prof. Dr. Andrzej Kopiczko (Allenstein/Olsztyn) befaßte sich mit Gottesdiensten und Predigten der ermländischen Geistlichen im 19. Jahrhundert, und Prof. Dr. Wojciech Zawadzki (Elbing/Elbląg) dokumentierte Schicksale der Franziskaner-Patres in Westpreußen in der Zeit der Aufhebung ihrer Klöster. Der Vortrag über typisch schlesischen Witz und Humor bei den Priestern im 19. Jahrhundert von Prof. Dr. Jan Górecki (Ruda Śląska) wurde wegen Erkrankung des Referenten verlesen. Eine qualifizierte Stadtführung von Prof. Dr. Jan Harasimowicz durch die gotischen Kirchen Breslaus und die Universität schloß die wissenschaftlich ertragreiche Tagung ab.

BERICHTE

Sondertagung Universität Breslau 2011

Prof. Dr. Jan Harasimowicz lud das Institut für ostdeutsche Kirchen- und Kulturgeschichte anläßlich des Jubiläums „200 Jahre Neugründung der Universität Breslau" zur Beteiligung an der internationalen wissenschaftlichen Konferenz „Die Universität Breslau in der europäischen Kultur des 19. und 20. Jahrhunderts" vom 4. bis 7. Oktober 2011 in Breslau ein. Das Institut beteiligte sich mit folgenden Referenten und Themen: Paul Mai: Berthold Altaner (1885–1964), Kirchenhistoriker und Patrologe; Joachim Köhler: „Jesuanisch", „soziologisch", „ökumenisch", Kirche und Kirchengeschichte im Werk des Patrologen, Kirchenhistorikers und Schriftstellers Joseph Wittig (1879–1949); Stefan Samerski: Der Papsthistoriker Franz Xaver Seppelt (1883–1956) und die Kirchengeschichte in Breslau; Rainer Bendel: Max Sdraleks Perspektiven für die Breslauer kirchenhistorische Schule und ihre Wirkungen; Lydia Bendel-Maidl: Aufbrüche in der christlichen Philosophie- und Theologie-Geschichtsschreibung in Breslau 1900 bis 1945; Werner Chrobak: Hubert Jedin (1900–1980), Privatdozent und Diözesanarchivar in Breslau, profilierter Kirchenhistoriker in Rom und Bonn; Dieter Haberl: Moritz Brosig (1815–1887). Der Breslauer Domkapellmeister und die Regensburger Kirchenmusikreform.

„Forschungen und Quellen zur Kirchen- und Kulturgeschichte Ostdeutschlands"

In der Institutsreihe der „Forschungen und Quellen zur Kirchen- und Kulturgeschichte Ostdeutschlands" erschienen im Böhlau-Verlag Köln 2010 bis 2012 drei Bände: Band 42: Bernhard W. Scholz: Das geistliche Fürstentum Neisse. Eine ländliche Elite unter der Herrschaft des Bischofs 1300–1650, Köln, Weimar, Wien 2011, VIII, 488 S., 8 Farb-Tafln., 34 sw. Abb., 2 Ktn., 59,90 €, ISBN 978-3-412-20628-4. Der Band wurde im März 2011 von der Druckerei ausgeliefert. Die Arbeit darf als herausragende Leistung auf dem Gebiet der Herrschafts- und Besitzgeschichte Schlesiens bezeichnet werden.

Band 43: Paul Mai: Institut für ostdeutsche Kirchen- und Kulturgeschichte e.V. 1988–2010, Köln, Weimar, Wien 2011, XII, 176 S., 58 sw. Abb., 1 farb. Kte., 22,90 €, ISBN 978-3-412-20700-7. Der Band wurde im Mai 2011 von der Druckerei ausgeliefert. Das Regensburger Institut für ostdeutsche Kirchen- und Kulturgeschichte e.V. konnte im Dezember 2008 sein 50jähriges Bestehen feiern. Aus diesem Anlaß erwuchs der Vorstandsbeschluß, die von Bernhard Stasiewski vorgelegte Institutsgeschichte (Köln, 1988) für die Jahre 1988 bis 2010 fortzuschreiben. Der vorliegende Band stellt die Entwicklung des Instituts und seine Hauptaktivitäten dar: Die jährlichen Arbeitstagungen, die Herausgabe der „Forschungen und Quellen zur Kirchen- und Kulturgeschichte Ostdeutschlands" und der „Arbeiten zur schlesischen Kirchengeschichte" sowie der Zeitschrift „Archiv für schlesische Kirchengeschichte", ferner die Organisation des Kardinal-Bertram-Stipendiums und den Aufbau einer Bibliothek.

Band 44: Die Hussitische Revolution. Religiöse, politische und regionale Aspekte, hg. v. Franz Machilek, Köln, Weimar, Wien 2011, VI, 292 S., 2 sw. Abb., 39,90 €, ISBN 978-3-412-20891-2. Der Band enthält die Vorträge der 46. Arbeitstagung vom 6. bis 9. August 2008 in Regenstauf, Schloß Spindlhof. Der Band wurde im März 2012 ausgeliefert.

Schriftenreihe „Arbeiten zur schlesischen Kirchengeschichte"

In der zweiten Instituts-Schriftenreihe „Arbeiten zur schlesischen Kirchengeschichte" erschienen im Verlag Aschendoff 2010 bis 2012 drei Bände:

Band 21: Maik Schmerbauch: Prälat Franz Wosnitza (1902–1979), ehemaliger Generalvikar von Kattowitz, Münster 2010, 199 S., 12 sw. Abb., 19,50 €, ISBN 978-3-402-10179-7. Diese von Prof. Kuropka als Tutor betreute Kardinal-Bertram-Stipendiaten-Arbeit der Ausschreibung 2006 wurde bei Prof. Dr. Klaus Arnold als Diplomarbeit in Kath. Theologie an der Phil.-Theol. Hochschule St. Georgen in Frankfurt am Main im Januar 2008 eingereicht und mit „sehr gut" bewertet.

Band 22: Konrad Hartelt: Josef Negwer (1882–1964). Der letzte deutsche Generalvikar des Erzbistums Breslau, Münster 2012, 221 S., 8 S. Reg., 21 sw. Abb., 19,90 €, ISBN 978-3-402-10180-3. Diese Arbeit wurde von Prof. em. Dr. Konrad Hartelt in Erfurt verfaßt und erschien im April 2012.

Band 23: Maik Schmerbauch: Die Seelsorge für die deutschen Katholiken in der polnischen Diözese Kattowitz und die Bedeutung des deutschen Diözesanblattes „Der Sonntagsbote" in den Jahren 1925–1939/41, Münster 2012, 370 S., 23 sw. Abb., 19,80 €, ISBN 978-3-402-10181-0. Bei

dieser Publikation handelt es sich um eine an der Phil.-Theol. Hochschule
St. Georgen in Frankfurt a.M. 2010 eingereichte Dissertation. Der Band
erschien Anfang August 2012.

Zeitschrift „Archiv für schlesische Kirchengeschichte"

Die 1936 in Breslau gegründete Zeitschrift „Archiv für schlesische Kirchengeschichte" wird seit Juli 2009 jährlich im Auftrag des Instituts von Prof. Dr. Rainer Bendel (Tübingen) herausgegeben.

Band 68 (2010) wurde in der ersten Aprilwoche 2011 ausgeliefert. Das 377 Seiten umfassende Werk enthält drei Würdigungen, sieben Aufsätze, drei Miszellen und einen Abschnitt „Mitteilungen und Verschiedenes". Chronologisch erstrecken sich die Beiträge vom Mittelalter bis zur Neuzeit mit Schwerpunkt auf dem 19./20. Jahrhundert. Die Beiträge im einzelnen: Würdigungen: Rainer Bendel: Mit kritischer Sympathie erforscht er die Geschichte des christlichen Lebens. Joachim Köhler zum 9. August 2010 (75. Geburtstag); Rainer Bendel: Eine Kultur des gerechten Gedächtnisses über Grenzen hinweg. Dr. Hans Jürgen Karp zum 20. Februar 2010 (75. Geburtstag); Werner Chrobak: Mehr als ein Vierteljahrhundert Vorsitzender des Institutes für ostdeutsche Kirchen- und Kulturgeschichte. Msgr. Dr. Paul Mai zum 11. April 2010 (75. Geburtstag); Aufsätze: Michael Hirschfeld: Staatskatholik oder Ultramontaner? Adolf Bertram als Bischofskandidat im Kaiserreich; Werner Chrobak: Adolf Kardinal Bertram auf der 65. General-Versammlung der Katholiken Deutschlands zu Breslau vom 21.-25. August 1926; Rainer Bendel: Zwischen Kulturkampf und Totalitarismus. Der Hirte als Hort des Widerstandes?; Paul Mai: Adolf Kardinal Bertrams Rezeption in Deutschland nach 1945; Horst-Alfons Meißner: Feldpost Glatzer Theologen 1941–1945; Raymond Dittrich: Musikalien aus schlesischen Archiven in der Bischöflichen Zentralbibliothek Regensburg; Otfrid Pustejovsky: Die „Eichstätter Deklaration" vom 1. Adventssonntag, dem 27. November 1949. Das erste politische Dokument der deutschen Vertriebenen mit ethisch begründeten und christlich motivierten Zukunftsvorstellungen? Eine historisch-politisch-biographische Analyse; Miszellen: Mieczysława Chmielewska: Zur Ikonographie der Notarszeichen auf Urkunden der Zisterzienser in Schlesien; Joachim Köhler: Ein fast vergessener Künstler: Der schlesische Kirchen- und Historienmaler Paul Stankiewicz (1834–1897); Rainer Bendel: „Sich seines

Lebens und seines Gottes bewusst werden, heißt menschlicher werden. Beschäftigung mit Geschichte kann dabei helfen." Joachim Köhler als langjähriger Herausgeber des Archivs für schlesische Kirchengeschichte; Mitteilungen und Verschiedenes: Bericht über die 47. Arbeitstagung des Instituts für ostdeutsche Kirchen- und Kulturgeschichte e.V.; Vorschau auf die 49. Arbeitstagung; Kardinal-Bertram-Stipendium: Ausschreibung 2011; Zusammenfassung in polnischer Sprache; Verzeichnis der Mitarbeiterinnen und Mitarbeiter; Personen- und Ortsregister.

Band 69 (2011) wurde in der ersten Februarwoche 2012 ausgeliefert. Der 297 Seiten umfassende Band enthält neun Aufsätze, drei Miszellen und einen Abschnitt „Mitteilungen und Verschiedenes". Chronologisch haben die Beiträge ihren Schwerpunkt im 19. und 20. Jahrhundert. Die Beiträge im einzelnen: Aufsätze: Felix Haase: Kirchliche Lage in Oberschlesien; Franz Pietsch: Auszug aus der Chronik der Pfarrei St. Michael, 1945–1946, Neustadt OS.; Maik Schmerbauch: Die „Innere Mission" der Diözese Kattowitz und die Bedeutung für die deutschen Katholiken 1931–1939; Michael Hirschfeld: Beiträge zu einer Sozial- und Kulturgeschichte des Klerus der Grafschaft Glatz; Joachim Köhler: Romantische Schwärmerei oder reformerischer Impuls? Jugendbewegung und Aufbruch im deutschen Katholizismus nach dem Ersten Weltkrieg; Maik Schmerbauch: Strukturen und Themen im „Oberschlesischen Katholischen Kirchenblatt" in den Jahren 1936–1941; Evelyne A. Adenauer: Johannes Liebelt und Helmut Richter. Zwei deutsche Priester im polnisch werdenden Schlesien; Konrad Glombik: „Lieber Jedin!" – „Lieber Doms!" Korrespondenz zwischen zwei befreundeten Gelehrten; Markus Schubert: Die Chronik der Barmherzigen Schwestern des Deutschen Ordens, Mutterhaus Passau 1945–1961; Miszellen: Inge Steinsträßer: Klosterdämmerung – vom Umbruch zum Aufbruch – 200 Jahre Säkularisation in Schlesien, am Beispiel der Zisterzienser; Kazimierz Dola: Ferdinand Piontek (1878–1963) Bischof – Seelsorger aus Schlesien; Tomasz Kałuski (Bearb.): Archivinventar der römisch-katholischen Pfarrgemeinde des Erzengels Michael in Świebodzin (Schwiebus) bis 1945.

Band 70 (2012) wurde Mitte März 2013 vom Verlag ausgeliefert. Der diesmal ungewöhnlich umfangreiche, 452 Seiten umfassende Band enthält zwei Quelleneditionen, sechs Aufsätze, fünf Miszellen, einen Abschnitt ‚In der Diskussion' (fünf Buchbesprechungen), ferner Mitteilungen und Verschiedenes. Chronologisch beziehen sich die Beiträge auf das 16. bis 18. Jahrhundert, vor allem aber auf das 19. und 20. Jahrhundert. Die Beiträge im einzelnen: Quellen: Winfried Töpler: Das Kirchliche Amtsblatt des Erzbistums Breslau 1944 und 1945; Evelyne A. Adenauer: Der Krieg ist zu Ende – Aufzeichnungen des Breslauer Pfarrers Karl Schenke vom Sommer bis Dezember 1945; Aufsätze: Bernhard W. Scholz: Die Gravamina der Landstände – Neisse 1608; Ralph M. Wrobel: Das Kloster Wiese-Pauliner bei Oberglogau in den „Regesta Perceptarum et Expensarum ..." von 1711; Maik Schmerbauch: Deutsche Jugend in der polnischen Diözese Kattowitz 1925–1939; Klaus Unterburger: Roman mit Gott? Die Verurteilung und Exkommunikation des schlesischen Kirchenhistorikers und Schriftstellers Joseph Wittig (1879–1949) im Licht der neu zugänglichen vatikanischen Quellen; Inge Steinsträßer: Ein Leben zwischen Kulmerland, Lemberg und Grüssau – Sr. Josepha Jettka OSB (1901–1981); Meinulf Barbers: Restauration oder Neubesinnung? Das Schicksal der Bündischen Jugendbewegung in Deutschland nach 1945; Miszellen: Manfred Spata: Wurde Adam Schall von Bell (1592–1666) in Glatz geboren?; Dieter Pohl: Das Urbar der Pfarrwidmut Oberschwedeldorf in der Grafschaft Glatz vom Jahre 1785; Severin Gawlitta: „Ein Politikón hohen Ranges" – Der Kardinal Bertram-Nachlass im Erzbischöflichen Archiv Breslau; Otfried Pustejowski: Josef Tippelt – Lehrer und Kolping-Senior – NS-Gegner – geb. 1908 – hingerichtet in Berlin-Plötzensee 1943; Rainer Bendel: 65 Jahre Eichendorff-Gilde auf dem Hintergrund der Initiativen und Konzepte der Vertriebenenseelsorge; ‚In der Diskussion': Michael Hirschfeld: Die Vertriebenenorganisationen der katholischen Schlesier und das Verhältnis zwischen katholischer Kirche in Deutschland und Polen im Kalten Krieg; Gregor Ploch: Prälat Franz Wosnitza (1902–1979) im jüngsten Fokus der Forschung; Rainer Bendel: Vertriebener Klerus in Sachsen 1945–1955; Rainer Bendel: Wie die Schlesier Christen wurden, waren und sind. Ein Beitrag zur schlesischen Kulturgeschichte; Rainer Bendel: ‚Damit das Volk eins sei' – hussitische Revolution zwischen Oboedienz und konziliarem Ringen um die unio in der Christenheit – oder gar unter den Religionen?; Mitteilungen und Verschiedenes: 49. Arbeitstagung des Instituts für ostdeutsche Kirchen- und Kulturgeschichte e.V. 2012 in Breslau; Vorschau auf die 50. Tagung; Kardinal-Bertram-Stipendium: Ausschreibung 2013; Tradition und Partnerschaft – 200 Jahre Universität Breslau/Wrocław; Zusammenfassung in polnischer Sprache; Verzeichnis der Mitarbeiterinnen und Mitarbeiter; Register der Namen und Orte.

Kardinal-Bertram-Stipendien

Seit 1973 schreibt das Schlesische Priesterwerk e.V. in Verbindung mit dem Institut für ostdeutsche Kirchen- und Kulturgeschichte e.V. jährlich drei Kardinal-Bertram-Stipendien in Höhe von je 3.000 DM – seit 2002 in Höhe von 2.000 € – aus, um jüngere Kräfte für die Beschäftigung mit dem kirchen- und kulturgeschichtlichen Erbe Schlesiens zu gewinnen.

Im März 2010 wurden die Themen „Wartha als großer Marienwallfahrtsort in Schlesien" an Mariola Cupók (Nürnberg) und „Die Kolpingbewegung in Schlesien" an Stefan Stippler (München) vergeben. – Im März 2011 wurde das Thema „Kirchliches Amtsblatt des Erzbischöflichen Ordinariats in Breslau 1922–1933 im Spiegel der Zeitgeschichte" Dirk Carolus Metzig (Frankfurt/M.), das Thema „Hedwigskirchen in Deutschland nach 1945" Pfarrer Martin Kirchbichler (Münsing am See) zuerkannt. – Im März 2012 folgte die Zuteilung der Themen „Krieg und Nachkriegszeit in den Tagebüchern von Joseph Knossalla (1878–1951), Pfarrer von Radzionkau" an Dr. Ireneusz Celary (Kattowitz) und „Die Tagebücher des Pfarrers Johannes Melz (1933, 1938–1947). Das Schicksal eines oberschlesischen Priesters im aktiven Widerstand gegen die braune Diktatur und im Leiden unter der roten Diktatur" an Gregor Walczak (Münster i.W.).

Eine seit 2003 ins Netz gestellte Homepage wird weiter gepflegt und ist aufrufbar unter www.institut-fuer-ostdeutsche-kirchen-und-kulturgeschichte.de.

Regensburg, im März 2015
Msgr. Dr. Paul Mai
1. Vorsitzender

Verzeichnis der Mitarbeiter

Prof. Dr. Joachim BAHLCKE, Universität Stuttgart, Historisches Institut, Lehrstuhl für Geschichte der Frühen Neuzeit, Keplerstr. 17, 70174 Stuttgart; joachim.bahlcke@hi.uni-stuttgart.de

Dr. Markus BAUER, Schlesisches Museum zu Görlitz, Postfach 300 461, 02809 Görlitz; mbauer@schlesisches-museum.de

Lisa BICKNELL M.A., Johannes Gutenberg-Universität Mainz, Historisches Seminar, Arbeitsbereich Osteuropäische Geschichte, Jakob-Welder-Weg 18, 55128 Mainz; lisa.bicknell@uni-mainz.de

Prof. Dr. Karl BORCHARDT, Monumenta Germaniae Historica, Ludwigstr. 15, 80539 München: karl.borchardt@mgh.de

Dr. Heinz Peter BROGIATO, Leibniz-Institut für Länderkunde, Schongauerstr. 9, 04329 Leipzig; h_brogiato@ifl-leipzig.de

Dr. Bodo HEIMANN, Holtenauer Str. 69, 24105 Kiel; bodoheimann@aol.com

Dr. Klaus HILDEBRANDT, Wilhelmshavener Str. 33, 90425 Nürnberg; hildebrandt.dr.k@t-online.de

Doz. Dr. Martin HOLÝ, Historický ústav, Akademie věd ČR, Prosecká 76, 190 00 Praha 9, Tschechische Republik; martholy@seznam.cz

Dr. Tobias H. IRMSCHER, LL.M., Fürstenstr. 9, 80333 München; T.Irmscher@gmx.de

Prof. Dr. Bernhard JAHN, Universität Hamburg, Institut für Germanistik I + Germanistik II, Von-Melle-Park 6, 20146 Hamburg; bernhard.jahn@uni-hamburg.de

Prof. Dr. Dr. Dr. h.c. Gundolf KEIL, Walther-von-der-Vogelweide-Str. 44, 97074 Würzburg; gundolf.keil@gmx.de

Superintendent Dr. Thomas KOPPEHL, Bautzener Str. 4, 02906 Niesky; sup.sol@kkvsol.net

Dr. Tobias KÖRFER, Lothringer Str. 2, 50677 Köln; tn.koerfer@googlemail.com

Prof. Dr. Joachim-Felix LEONHARD, Staatssekretär a.D., Melibokusstr. 22, 64665 Alsbach-Hähnlein

Msgr. Dr. Paul MAI, St. Petersweg 11-13, 93047 Regensburg

Prof. Dr. Anna Mańko-Matysiak, Uniwersytet Wrocławski, Instytut Filologii Germańskiej, pl. Biskupa Nankiera 15, 50-140 Wrocław, Polen; manko@uni.wroc.pl
Prof. Dr. Peter Maser, Berbigstr. 7, 06628 Naumburg (OT Bad Kösen); peter.maser@t-online.de
Dr. habil. Daniela Pelka, Instytut Filologii Germańskiej, Plac Staszica 1, 45-052 Opole, Polen; pelkad@uni.opole.pl
Lars Rebehn M.A., Bürgerstr. 51, 01127 Dresden; Lars.Rebehn@skd.museum
Bärbel Rudin M.A., Am Bühlwald 1/1 + 3, 75249 Kieselbronn; brudin@gmx.de
Dr. Adolf Scherl, Šafaříkova 1, 120 00 Praha 2, Tschechische Republik; scherl@iol.cz
Dr. Jürgen W. Schmidt, Franz-Stenzer-Str. 69, 12679 Berlin; juergenschmidt-69@t-online.de
Prof. Dr. Bernhard W. Scholz, 126 Riverwoods Drive, New Hope, PA 18939, USA; bernhard.scholz@shu.edu
Dr. Christian-Erdmann Schott, Elsa-Brändström-Str. 21, 55124 Mainz; ce.schott@arcor.de
Prof. Dr. Matthias Stickler, Institut für Geschichte, Lehrstuhl für Neueste Geschichte II, Am Hubland, 97074 Würzburg; matthias.stickler@uni-wuerzburg.de
Dr. Rainer Theobald, Postfach 28 04 45, 13444 Berlin; dr.rainer.theobald@web.de
Paul S. Ulrich, Bamberger Str. 53, 10777 Berlin; psulrich@gmx.de
Dr. Verena von Wiczlinski, Johannes Gutenberg-Universität Mainz, Historisches Seminar, Jakob-Welder-Weg 18, 55128 Mainz; v.wiczlinski@uni-mainz.de
Christine Wolf M.A., Sieboldstr. 12, 97218 Gerbrunn
Frank Ziegler, Buschkrugallee 131, 12359 Berlin; frank.ziegler@sbb.spk-berlin.de

Redaktion

Dr. Ulrich Schmilewski, Stiftung Kulturwerk Schlesien, Kardinal-Döpfner-Platz 1, 97070 Würzburg; info@kulturwerk-schlesien.de

Herausgeber

Dr. Dr. h.c. Winfried IRGANG, Unter dem Heiligenwald 12, 35096 Weimar-Wolfshausen; irgang@staff.uni-marburg.de

Dr. Dietrich MEYER, Zittauer Str. 27, 02747 Herrnhut; MeyerHt@t-online.de

Dr. Karel Müller, Zemský archiv v Opavě, Sněmovní 1, 746 22 Opava, Tschechische Republik; k.muller@zao.archives.cz

Johannes SCHELLAKOWSKY M.A., Steinbachtal 75 b, 97082 Würzburg; schellakowsky@web.de

Dr. Ulrich SCHMILEWSKI, Stiftung Kulturwerk Schlesien, Kardinal-Döpfner-Platz 1, 97070 Würzburg; info@kulturwerk-schlesien.de